Williams
Ernährung, Fitness und Sport

Melvin H. Williams

Ernährung, Fitness und Sport

Deutsche Ausgabe herausgegeben von
Richard Rost

**ULLSTEIN
MOSBY**

Melvin H. Williams
Director of the Human Performance
Laboratory
Old Dominion University
Norfolk, VA
USA

Herausgeber der deutschen Ausgabe:
Univ.-Prof. Dr. med. Richard Rost
Deutsche Sporthochschule Köln
Institut für Kreislaufforschung
und Sportmedizin, Köln

Übersetzer:
Prof. Dr. med. Richard Rost, Sylvia Rost

Der Firma Adidas, Herzogenaurach, danken wir für die Überlassung der Abb. 2.1, 9.1 und 12.1, der CMA (Centrale Marketing-Gesellschaft der Deutschen Agrarwirtschaft, Bonn) für die Abb. 2.8, 6.3, 7.3, 7.5, 7.6, 8.1, 8.5 u. 11.1, dem VFGE (Verein zur Förderung der gesunden Ernährung und Diätetik e. V.), Aachen, für die Abb. 4.3, der Techniker Krankenkasse für die Abb. 11.10 sowie Karin Helleport für die Abb. 2.2, 2.7, 4.10, 5.4, 9.4.

Die Deutsche Bibliothek – CIP-Einheitsaufnahme

Williams, Melvin H.:
Ernährung, Fitness und Sport / Melvin H. Williams.
Dt. Ausg. hrsg. von Richard Rost. - Berlin ; Wiesbaden : Ullstein
Mosby, 1997
   Einheitssacht.: Nutrition for fitness and sport <dt.>
   ISBN 3-86126-150-2

Das vorliegende Buch ist die Übersetzung aus dem Amerikanischen des Werkes:
Nutrition for Fitness and Sport von Melvin H. Williams, 4th Edition. © Brown & Benchmark Publishers, USA, 1995

Die Verfasser haben größte Mühe darauf verwandt, daß die Angaben von Medikamenten, ihren Dosierungen und Applikationen dem jeweiligen Wissensstand bei Fertigstellung des Werkes entsprechen. Da jedoch die Medizin als Wissenschaft ständig im Fluß ist, da menschliche Irrtümer und Druckfehler nie auszuschließen sind, übernimmt der Verlag für derartige Angaben keine Gewähr. Jeder Anwender ist daher dringend aufgefordert, alle Angaben in eigener Verantwortung auf ihre Richtigkeit zu überprüfen.

Lektorat: Karin Helleport
Herstellung: Detlef Mädje
Satz: Mitterweger Werksatz GmbH, Plankstadt bei Heidelberg
Druck und buchbinderische Verarbeitung: Media-Print Informationstechnologie

Printed in Germany

ISBN 3-86126-150-2

Vorwort zur deutschen Ausgabe

Die problematischen Beziehungen im Dreieck zwischen Gesundheit, Ernährung, Bewegung und Sport stellen sich in allen Industrieländern, und damit auch in Deutschland, ähnlich wie in den USA dar, wenngleich aufgrund der unterschiedlichen Ausgangsbedingungen mit unterschiedlichen Akzentsetzungen. Auch hierzulande gehören Bewegungsmangel und Über- bzw. Fehlernährung zu den wichtigsten Risikofaktoren für die große Zahl der immer wichtiger werdenden Zivilisations- und Wohlstandskrankheiten. Auch hierzulande interessiert sich ein wachsendes Heer von Joggern und anderen Fitneßfans für eine vernünftige Ernährung, sei es aus Fitneß- oder Gesundheitsgründen. Die alte Feststellung von Hippokrates, daß Gesundheit das richtige Maß von Diät und Bewegung sei, wurde vom Deutschen Sportbund in die Formel geprägt: *Essen und Trimmen, beides muß stimmen* – eine Formel, die auch über dieses Buch gesetzt werden könnte. Auch in Deutschland versucht inzwischen ein unüberschaubares Angebot von mehr oder minder sinnvollen, oft unsinnigen Patentdiäten, Abnahmekuren, Spezialnahrungsmitteln, Vitaminpillen, Fitneßgeräten zur Bewältigung der Probleme der Käufer und speziell der Hersteller beizutragen.

Nirgendwo, diese Feststellung des vorliegenden Buches kann auch für Deutschland übernommen werden, gibt es soviel Aberglauben wie in der Beziehung zwischen Ernährung und Sport. Andererseits wurden diese Probleme in den USA wesentlich früher und konsequenter angegangen als in Deutschland, allerdings ausgehend von einem viel negativeren Niveau. Die Umsetzung der Fitneßwelle erfolgt dort konsequenter, andererseits ist das Ernährungsproblem erheblich größer als hierzulande, zumindest drängt sich dem Besucher der Vereinigten Staaten dieser Eindruck auf,

wenn er die dort vorhandene quantitativ und qualitativ extreme Population von Übergewichtigen sieht, die wir hier glücklicherweise (noch) nicht haben. Vor diesem Hintergrund erklären sich einige Aspekte des Bandes von Williams, die nicht bedingungslos auf deutsche Verhältnisse übertragbar sind. Aber auch und gerade solche Unterschiede lassen den Band für den deutschen Leser besonders wertvoll erscheinen, sie lassen ihn über die speziellen Stärken und meist Schwächen unserer Zugangswege zur Bewältigung der Ernährungs- und Bewegungsproblematik reflektieren.

Diese Unterschiede zwischen den USA und Deutschland zeigen sich schon darin, daß ein Band, der sich mit den Problemen in der Beziehung zwischen Ernährung und Sport in einer Gründlichkeit und Ausführlichkeit auseinandersetzt wie der vorliegende, bisher im deutschen Sprachraum nicht verfügbar ist. Derjenige, der das Buch durcharbeitet, zur Bewältigung eigener Probleme, zum Lernen oder als Grundlage für die Lehre, wird sicherlich den gleichen Eindruck mitnehmen wie den, der bei den Arbeiten für die deutsche Ausgabe beim Herausgeber entstanden ist. Der Band bietet eine intensive Darstellung der physiologischen Grundlagen von Ernährung und Bewegung sowie praktikable Ratschläge zur Bewältigung von Problemen, die in diesem Bereich entstehen, die jeden Leser, auf welcher Ebene auch immer, bereichern werden.

Bei der Übersetzung war das Problem zu lösen, den richtigen Mittelwert zu finden zwischen der Erhaltung derjenigen amerikanischen Aspekte, die für uns interessant und lehrreich sind, und dem Weglassen von spezifischen amerikanischen Bedingungen, die hier nicht vorhanden sind und uns nicht weiterhelfen. Wir hoffen, daß es gelungen ist, diesen Mittelweg zu finden. Schon, um dem

Buch zu einem auf dem deutschen Markt vertretbaren Preis zu verhelfen, war es erforderlich, Kürzungen vorzunehmen, die etwa 30 % des Originalwerkes ausmachen. Weggelassen wurden insbesondere ausführliche Empfehlungen amerikanischer Ernährungs- und Sportgesellschaften sowie Fitneßprogramme, die auch in speziellen deutschen Büchern nachgelesen werden können. Erheblich gekürzt wurden die ausführlichen Literaturhinweise, da es sich dabei ausschließlich um amerikanische Literatur handelt, die in Deutschland kaum verfügbar oder schwer zugänglich ist, bzw. für die es auch vergleichbare deutsche Literatur gibt. Für letztere wurden einige deutsche Standardwerke eingefügt. Erwähnt wurden insbesondere solche amerikanischen Literaturhinweise, die sich auf spezielle Untersuchungen zu Detailproblemen beziehen, die auch für den Leser der deutschen Ausgabe wichtig sein könnten, der hier wissenschaftlich nachhaken möchte. Derjenige, der den Verdacht hat, daß etwas herausgekürzt wurde, was für ihn besonders wichtig gewesen wäre, kann mit der Bitte um Verständnis nur auf den Originalband verwiesen werden.

Abschließend hoffen wir, daß das Buch, dem Wunsch des Autors entsprechend, auch für den deutschen ernährungsbewußten Sportler, für Übergewichtige, die den Sport in ihre Abnahmeprogramme einbeziehen wollen, für Sportler oder Nichtsportler mit Ernährungsproblemen, für Trainer, Sportlehrer, Sportstudenten, Sportmediziner sowie Eltern sporttreibender Kinder und Jugendlicher eine Bereicherung und Hilfe darstellen möge.

Köln, im Mai 1997
Richard Rost

Vorwort zur amerikanischen Ausgabe

Je schneller wir uns gewissermaßen im Sprinttempo auf das Jahr 2000 zu bewegen, umso mehr Menschen lassen sich von der Begeisterung für Fitness und Sport anstecken. Immer mehr Bürger, besonders der Industrieländer, wollen den Sport nicht mehr nur passiv als Fernsehsportler konsumieren, sondern ihn aktiv betreiben in Form von traditionellen Sportarten wie Radfahren, Joggen, Golf, Schwimmen, Tennis oder in einer zunehmenden Zahl von attraktiven neuen, sog. Trendsportarten wie Aerobic, Mountainbiking, Roller-skating und vielen anderen mehr. Nach wie vor werden viele Menschen durch die klassischen Motivationen zu mehr Bewegung stimuliert, durch die Erfahrung von Leistung und Wettkampf, durch die Hoffnung auf eine vordere Plazierung im Volkslauf oder anderen breitensportlichen Wettbewerben. Zunehmend tritt aber als Motivationsfaktor das Bestreben nach mehr Gesundheit und Fitness in den Vordergrund, Begriffe, die inzwischen von vielen fast identisch benutzt werden.

Dementsprechend haben soziologische Untersuchungen gezeigt, daß von dieser wachsenden Fraktion der Fitness- und Gesundheitssportler Bewegung nicht als Selbstzweck gesehen wird, sondern als Teil eines gesundheitsorientierten Lebensstils, in dem auch andere gesundheitsbildende Faktoren, ganz speziell vernünftige Ernährung, eine wichtige Rolle spielen.

Aber auch viele, die den Sport aus der Leistungssicht heraus betreiben, sind sich inzwischen der Tatsache bewußt geworden, daß zur Verbesserung ihrer sportlichen Resultate nicht nur ein Optimum im Bereich von Ausrüstung und Trainingsmethoden erforderlich ist, sondern auch eine geeignete, der jeweiligen Sportart angepaßte Ernährung.

Die Ernährungswissenschaft beschäftigt sich mit der Untersuchung der Nährstoffe und ihrer Auswirkungen auf Gesundheit, Entwicklung und Leistungsfähigkeit. Entsprechende wissenschaftliche Bemühungen haben im letzten Jahrhundert unsere Kenntnisse über die Nahrungsinhaltsstoffe explosionsartig vermehrt. Trotzdem muß festgestellt werden, daß die Ernährungswissenschaft nicht im gleichen Sinne eine exakte Naturwissenschaft ist wie die Physik oder Chemie, da die Auswirkungen der Ernährung auf den Menschen von zahlreichen Faktoren modifiziert und nicht etwa unter Laborbedingungen gewissermaßen im Doppelblindversuch kontrolliert werden können. Unter teilweise mißbräuchlicher Ausnutzung der grundlegenden menschlichen Bedürfnisse nach Nahrungs- und Flüssigkeitszufuhr sowie des hiermit verbundenen psychologischen Überbaus haben gerade im letzten Jahrzehnt zahlreiche selbsternannte Ernährungsapostel und kommerzielle Organisationen diese wissenschaftliche Unschärfe zu ihrem finanziellen Vorteil ausgenutzt, wobei wissenschaftlich belegte Fakten über die Ernährung oft sehr großzügig, wenn nicht gar betrügerisch verzerrt dargestellt werden. In wohl kaum einem anderen Bereich findet man so viel Aberglauben wie in der Ernährung, der Markt ist voller Quacksalber, die betrügerische Produkte verkaufen. Kein Teil der Bevölkerung wird davon verschont, vom Kind bis zum Seniorenalter.

Kaum eine Bevölkerungsgruppe unterliegt jedoch den Verführungen von angeblichen Spezialnahrungen mit Wunderkraft so sehr wie die Sportler. Wer sich körperlich quält, wird besonders leicht geneigt sein, zu versuchen, den Erfolg seiner Kasteiungen durch Nahrungszusätze, Sportlergetränke oder was auch immer zu verbessern, die in überreicher Zahl in Tageszeitungen und Sportlermagazinen angepriesen werden. Viele dieser Zusatzstoffe enthalten anerkannte Nährstoffe wie Kalzium, Vitamin E und andere, von denen aber meist nicht belegt ist, daß sie dem Sportler zusätzlichen Nutzen bringen. Aber auch Substanzen zweifelhafteren Charakters wie Bienenpollen oder das sog. Vitamin B_{15}, für das kein Vitamincharakter nachgewiesen wurde, um nur zwei Beispiele zu nennen, werden angepriesen. Eines der Ziele dieses Buches besteht darin, mit diesen Mythen aufzuräumen und das Ernährungswissen des Sportlers auf eine vernünftige Basis zu stellen.

In der Darstellung gehen wir von einem klar gegliederten Konzept aus, mit dem sichergestellt werden soll, daß der Leser das Buch auch dann mit Gewinn in die Hand nehmen kann, wenn ihm nur wenige Minuten zur Verfügung stehen, beispielsweise auf einer Busreise oder während einer Sportpause. Die Themen sind in einer logischen Reihenfolge aufgebaut, die Antwort auf eine Frage leitet häufig zur nächsten über. Wo dies sinnvoll erscheint, werden Querverweise auf andere Lehrbücher gegeben, um die Diskussionsbasis zu erweitern. Die Darstellung erfolgt bewußt auf einem Niveau, das es auch demjenigen ermöglicht, sie zu verstehen, der über keinen größeren wissenschaftlichen Hintergrund verfügt. Soweit biochemisches Wissen unverzichtbar ist, wird dies auf einem möglichst verständlichen Niveau dargestellt. Demjenigen, der dieses Buch in der Lehre als Unterrichtsgrundlage benutzen will, steht es natürlich frei, zusätzliches biochemisches Wissen ergänzend einzubringen, soweit ihm dies erforderlich erscheint.

Kapitel 1 führt in das grundsätzliche Konzept einer gesunden, sportbezogenen Ernährung ein. Kapitel 2 gibt eine breit angelegte Übersicht über die Grundlagen körperlicher Aktivität und Ernährung aus der Sicht von Gesundheit und Leistung. Dieser Aspekt zieht sich wie ein roter Faden durch die folgenden Kapitel. Im Kapitel 3 findet sich eine Darstellung der Energiebereitstellung und der Stoffwechselprozesse, die Basis jeder körperlichen Aktivität.

In den Kapiteln 4–9 werden die sechs wichtigsten Nahrungsprinzipien abgehandelt – Kohlenhydrate, Fette, Eiweiße, Vitamine, Mineralstoffe und Wasser – gleichfalls wieder aus der Sicht von Leistung und Gesundheit. In den Kapiteln 10–12 finden sich neue Konzepte über die Fragen von Gewichtskontrolle und Körperzusammensetzung mit Hinweisen auf das optimale Vorgehen zur Gewichtszunahme, bzw. – meist wichtiger – zur Gewichtsabnahme, je nach Bedarf. Gerade diese Aspekte spielen für die Gesundheit und Leistungsfähigkeit eines Sporttreibenden oft eine entscheidende Rolle. Zum Abschluß folgt im Anhang eine Reihe von Tabellen und Empfehlungen mit Informationen über den Kalorienverbrauch bei verschiedenen Belastungsformen, Methoden zur Bestimmung der Körperzusammensetzung, zum Nährwert von unterschiedlichen Lebensmitteln sowie zahlreichen weiteren Aspekten, die für den Sporttreibenden von Bedeutung sein können.

Das Buch ist primär als Lehrbuch für die universitäre Ausbildung in Berufen mit gesundheitsbezogenen Aspekten konzipiert, speziell für die Bereiche Sportwissenschaft, Leistungsphysiologie, Sportmedizin und Sporternährung. Es richtet sich darüber hinaus aber auch an alle diejenigen, die in besonderem Maße an den Ernährungsaspekten von körperlicher Aktivität und sportlicher Leistung interessiert sind. Derjenige, der für sich selbst ein Trainingsprogramm zusammenstellen will und sich gleichzeitig für eine sportgerechte Ernährung interessiert, findet für beide Aspekte entsprechende Hinweise. Das Buch versteht sich auch als Handbuch für Trainer, Sportlehrer und den Sportler selbst. Mit der zunehmenden Verlagerung des Leistungssports in das Kindesalter stellt der Band aber auch eine wichtige Informationsquelle für alle Eltern dar, deren Kinder im Leistungssport aktiv sind bzw. für Lehrer, Trainer und Funktionäre, die hier Verantwortung tragen.

Melvin H. Williams
Virginia Beach, VA

Inhaltsverzeichnis

Anhang

1 Ernährung für Gesundheit, Fitness und Sport

1.1 Einführung

Der Begriff der körperlichen Fitness stellt einen Sammelbegriff für unterschiedliche körperliche Eigenschaften dar, die wichtig sind, um verschiedene körperliche Bewegungsformen möglichst erfolgreich zu absolvieren. In der Vergangenheit wurde dieser Begriff ausschließlich für sportbezogene Fertigkeiten, beispielsweise Ausdauer, Beweglichkeit und Koordination, verwandt. In jüngster Zeit ist das Fitnesskonzept generalisiert worden, Gesundheitsaspekte werden einbezogen, z. B. die „Herz-Kreislauf-Fitness". Die natürliche Methode zur Verbesserung der körperlichen Fitness, und damit auch der sportlichen Leistungsfähigkeit und der Gesundheit, ist das körperliche Training. Aber auch einer geeigneten Ernährung kommt in diesem Zusammenhang eine wichtige Rolle zu.

Regelmäßige körperliche Aktivität wird daher als wesentliche Komponente eines gesundheitsorientierten Lebensstiles betrachtet. Zahlreiche in diesem Bereich engagierte Organisationen, Sportbünde, Krankenkassen, Gesundheitsministerien und Ärzteorganisationen, fordern die Bevölkerung zu mehr Sport und Bewegung, aber gleichzeitig auch zu einer Verbesserung ihrer Ernährungsgewohnheiten auf. Mehr und mehr läßt sich ein Erfolg solcher Bemühungen erkennen. Diesem Aspekt soll auch in dem vorliegenden Buch Rechnung getragen werden.

Im Leistungssport ist die Basis jeden sportlichen Erfolges das intensive sportartspezifische Training. Bewegung, Spiel und Sport sind seit jeher ein integraler Anteil des menschlichen Lebens gewesen. Mit der zunehmenden Ausdifferenzierung der Gesellschaft hat sich hieraus die spezifische Form des modernen Hochleistungssports in ihren sehr unterschiedlichen Ausprägungen entwickelt. Der Erfolg im Leistungssport basiert primär auf den natürlichen genetischen Voraussetzungen, also dem Talent, und dem Trainingszustand. Um an der Spitze mitlaufen bzw. -spielen zu können, muß der Athlet die notwendigen biomechanischen, physiologischen und psychologischen Eigenschaften mitbringen und durch ein geeignetes Training realisieren bzw. optimieren.

Jeder Leistungssportler, der Olympionike, der die Hand nach dem olympischen Gold ausstreckt, aber auch derjenige, der nur in einem Volkslauf in seiner Altersgruppe erfolgreich abschneiden will, ist an allem interessiert, was zur Vergrößerung seines sportlichen Erfolges beitragen kann. An den gegebenen biologischen Voraussetzungen, dem Talent, läßt sich naturgemäß wenig ändern. Auf der anderen Seite haben sich die Trainingsprogramme im Leistungssport in den letzten Jahrzehnten extrem intensiviert, mit einer entsprechenden Steigerung der erzielten Rekorde. Die Sport- bzw. Trainingswissenschaften haben diese Bemühungen durch die Entwicklung ausgeklügelter Methoden zur Leistungssteigerung unterstützt, nicht zuletzt auch durch Fortschritte im Bereich der Sporternährung.

Die adäquate Ernährung ist eine der wichtigsten Voraussetzungen für die konsequente Durchführung eines intensiven Trainingsprogramms und den sportlichen Erfolg. Mangelzustände im Bereich bestimmter Nährstoffe beeinträchtigen die Leistungsfähigkeit, umgekehrt kann die Substitution von Nährstoffen über den biologischen Bedarf hinaus die Ermüdung verzögern und die erbrachten Leistungen steigern. In den letzten beiden Dekaden hat uns die Wissenschaft zahlreiche neue Erkenntnisse über die Rolle der Ernährung für die sportliche Leistung zur Verfügung gestellt. Andererseits wurden solche wissenschaftlichen Ergebnisse häufig leider auch

1

fehl- und überinterpretiert. Gerade im leistungssportlichen Bereich ist der Aberglaube über die Wunderwirkung mancher Ernährungskonzepte kaum zu beseitigen.

In diesem Kapitel soll eine Übersicht über die Rolle der Ernährung für Gesundheit, Sport und Fitness gegeben werden. Diese Aspekte werden dann, soweit erforderlich, in den nachfolgenden Abschnitten vertieft.

1.2 Gesunde Ernährung

Definition der Ernährung

Unter Ernährung wird die Summe aller Prozesse verstanden, die bei der Aufnahme und Verwertung von Nährstoffen durch lebende Organismen eine Rolle spielen, wie Nahrungsaufnahme, Verdauung, Resorption und Verstoffwechselung von Nährstoffen. Eine solche naturwissenschaftliche Definition berücksichtigt nur die biochemischen und physiologischen Funktionen der Ernährung, bei der aber auch eine große Zahl von Faktoren im psychologischen, soziologischen und ökonomischen Bereich bedeutsam sind. Solche Aspekte können Nahrungsmittel oft viel stärker voneinander unterscheiden und für ihre Auswahl entscheidend sein als biochemische und physiologische Faktoren, nach denen sich scheinbar sehr unterschiedliche Nahrungsmittel oft kaum wesentlich voneinander unterscheiden. Im Hinblick auf Gesundheit und sportliche Leistung sind es aber weniger die werbewirksamen psychologischen und ökonomischen Faktoren, die wichtig sind, sondern die grundlegenden biologischen Prozesse.

Funktion der Ernährung

Aufgabe der Ernährung ist es, den Organismus mit den erforderlichen Nährstoffen zu versorgen. Unter einem **Nährstoff** versteht man eine spezifische Substanz, die im Organismus eine oder mehrere physiologische oder biochemische Funktionen erfüllt. Wir unterscheiden sechs Hauptklassen von Nährstoffen: Kohlenhydrate, Fette, Eiweiße, Vitamine, Mineralstoffe und Wasser.

Die Nährstoffe erfüllen drei Hauptfunktionen:

1. Sie versorgen den Organismus mit Energie (siehe Kapitel 3). Die wichtigsten Energiequellen sind Kohlenhydrate und Fette, aber auch Eiweiße können zur Energieversorgung beitragen, wenngleich dies nicht ihre Hauptfunktion darstellt. Vitamine, Mineralstoffe und Wasser enthalten dagegen keine Energie.

2. Nährstoffe werden genutzt, um Gewebe aufzubauen und bei Bedarf zu regenerieren. Die Eiweiße sind die wichtigsten Baustoffe für die Muskulatur, für Weichteilgewebe und Enzyme. Das Knochenskelett wird dagegen vorwiegend aus Mineralstoffen, speziell Kalzium und Phosphaten, aufgebaut.

3. Bestimmte Nährstoffe werden in der Regulierung der Stoffwechselprozesse benötigt. Vitamine, Mineralstoffe und Proteine arbeiten bei den physiologischen Prozessen des menschlichen Organismus eng miteinander zusammen. So ist beispielsweise das Hämoglobin der roten Blutzellen wesentlich für den Transport des Sauerstoffs über das Blut zur Muskelfaser. Es stellt einen Komplex aus einer Eiweißstruktur und einem Eisenatom, also einem Mineralstoff, dar. Andererseits werden zahlreiche Mineralstoffe und Vitamine benötigt, um den Blutfarbstoff aufzubauen.

Ein bekannter Satz sagt: „Der Mensch ist, was er ißt". Daß diese Aussage zutrifft, wird uns sowohl aus der Sicht der Gesundheit wie der sportlichen Leistungsfähigkeit zunehmend bewußt. Die sorgfältige Auswahl eines möglichst breiten Spektrums an gesunden und natürlichen Nahrungsmitteln stellt daher eine wichtige Voraussetzung für die Optimierung der Energiequellen, die Entwicklung und die Regeneration von Gewebsstrukturen, sowie die Regulierung der Stoffwechselprozesse und Organfunktionen dar. Wie in den weiteren Abschnitten zu besprechen sein wird, kann eine unzureichende bzw. unausgewogene Aufnahme von Nährstoffen wesentlich zum Auftreten von Gesundheitsstörungen beitragen.

Diese drei Hauptfunktionen der Ernährung, die schon für den Menschen in Körperruhe von großer Bedeutung sind, steigern sich in ihrer Wichtigkeit beim Sporttreibenden. Das ist leicht einzusehen, wenn man berücksichtigt, daß dieser unter sportlicher Belastung seine Stoffwechselprozesse über Stunden hinweg vervielfachen, im Extremfall verzehnfachen kann. In einer Reihe von wissenschaftlichen Untersuchungen konnte gezeigt werden, daß eine inadäquate Ernährung die sportliche Leistungsfähigkeit erheblich beeinträchtigt. Auf der anderen Seite, und auch dies wird in dem vorliegenden Band an verschiedenen Stellen zu zeigen sein, führt eine über das normale Maß hinausgehende Zufuhr bestimmter Nährstoffe nicht grundsätzlich zu einer Steigerung der sportlichen Leistungsfähigkeit, obwohl es von dieser Aussage auch Ausnahmen geben kann. Ob Sportler oder Nichtsportler, die Grundanforderung an jede Art der Ernährung besteht darin, die erforderliche Menge an Energie, ausgedrückt in der aufgenommenen Kalorienzahl, sowie von speziellen Nährstoffen, zuzuführen. Diese Mengen, die wir aufgrund unseres derzeitigen Wissenstandes definieren, variieren unter anderem nach Art und Umfang der jeweiligen körperlichen Aktivität stark.

Essentielle Nährstoffe

Wie erwähnt werden sechs Klassen von Nährstoffen für erforderlich gehalten und voneinander abgegrenzt: Kohlenhydrate, Fette, Eiweiße, Vitamine, Mineralstoffe und Wasser. Innerhalb dieser Gruppen finden sich in unterschiedlichem Maße, speziell bei den Proteinen, den Vitaminen und den Mineralstoffen, Nährstoffe, die für das Leben unverzichtbar sind. Wir kennen beispielsweise mehr als ein Dutzend Vitamine, die für die optimale Funktion unerläßlich sind. Unter dem Begriff der essentiellen Nährstoffe werden solche Nährstoffe verstanden, die der Körper nicht oder nicht in ausreichender Menge produzieren kann und auf deren Aufnahme durch die Nahrung er daher dringend angewiesen ist. Nicht-essentielle Nährstoffe sind dagegen solche, die der Organismus aus

anderen Nährstoffen synthetisieren kann. Ein gutes Beispiel für einen solchen nicht-essentiellen, aber trotzdem sehr wichtigen Nährstoff ist die Glukose, der Traubenzucker, ein einfaches Kohlenhydrat. Wir nehmen zwar sehr viel Glukose mit der Nahrung auf, im Bedarfsfall kann der Organismus diese aber auch aus anderen Nährstoffen wie Eiweißen und Fetten synthetisieren. Wir werden im weiteren Verlauf darstellen, daß die Glukose gerade für die köperliche Aktivität einen sehr wichtigen Brennstoff darstellt. Dieser kann bei Ausdauerbelastungen zwar auch vom Körper produziert werden, aber nicht in Mengen, die groß genug sind, um den Bedarf bei intensiver Belastung abzudecken. Im Hinblick auf die Erhaltung des Lebens ist Glukose somit kein essentieller Nährstoff, wohl aber im Hinblick auf bestimmte körperliche Belastungsformen. In der Nahrung finden sich weiterhin in großen Mengen auch nicht-essentielle Nährstoffe wie Carnitin, oder Stoffe, die vom Organismus nicht energetisch verwertet werden können, wie Oxalate, die aber trotzdem eine physiologische Bedeutung haben. Auch auf solche Stoffe soll im weiteren Verlauf – soweit erforderlich – eingegangen werden.

Tabelle 1.1 listet diejenigen Nährstoffe auf, die nach unserem derzeitigen Wissensstand für den Menschen essentiell oder wahrscheinlich essentiell sind. Bei manchen dieser Stoffe ist diese Eigenschaft bisher erst im Tierversuch nachgewiesen worden, ihre essentielle Bedeutung für den Menschen ist daher nur wahrscheinlich. Man darf wohl annehmen, daß diese Liste in Zukunft noch erweitert werden muß, wenn genauere analytische Methoden für die Untersuchung der Bedeutung bestimmter Nährstoffe verfügbar sein werden. Auch wenn die Kohlenhydrate keinen essentiellen Nährstoff im engeren Sinne darstellen, nehmen manche Ernährungswissenschaftler doch Pflanzenfasern, die vorwiegend aus Kohlenhydraten bestehen, als essentiell an, da sie eine wichtige Rolle bei der Vorbeugung gegen bestimmte Erkrankungen spielen.

Manche Nahrungsmittel, wie z.B. Weizenvollkorn, können alle sechs Nährstoffklassen enthalten, während sich in anderen Lebensmitteln, wie z.B. im Kristallzucker, nur eine einzige Gruppe findet. Diese Aussage ist aber

Tab. 1.1 Für den Menschen essentielle oder wahrscheinlich essentielle Nährstoffe

Kohlenhydrate
Pflanzenfasern*

Essentielle Fettsäuren
Linolsäure
Alpha-Linolensäure

Essentielle Aminosäuren

Histidin	Methionin
Isoleuzin	Phenylalanin
Leuzin	Threonin
Lysin	Tryptophan
Methionin	Valin

Vitamine

Wasserlösliche	*Fettlösliche*
B_1 (Thiamin)	A (Retinol)
B_2 (Riboflavin)	D (Kalziferol)
Niacin	E (Tocopherol)
B_6 (Pyridoxin)	K (Phyllochinon)
Pantothensäure	
Folsäure	
B_{12} (Cyanocobalamin)	
Biotin	
C (Ascorbinsäure)	

Mineralstoffe

Makromineralstoffe	Phosphor
Kalzium	Kalium
Chlorid	Natrium
Magnesium	Schwefel

Spurenelemente

Chrom	Molybdän
Kobalt	Nickel
Kupfer	Selen
Fluor	Silikon
Iod	Zinn
Eisen	Vanadium
Mangan	Zink

Wasser

* Bezüglich weiterer Einteilung s. Text

tum und Erhalt der Körperstrukturen, speziell von Kohlenhydraten, Fetten, Eiweißen und Wasser. Diese Nährstoffe werden auch als **Makronährstoffe** bezeichnet, da die täglich aufzunehmende Menge mehr als nur wenige Gramm beträgt. Die meisten Nährstoffe, die in die Regulation der Stoffwechselprozesse eingreifen, speziell Vitamine und Mineralstoffe, werden in viel geringeren Mengen benötigt, üblicherweise gemessen in Milli- oder sogar nur Mikrogramm. Sie werden dementsprechend als **Mikronährstoffe** oder **Spurenelemente** bezeichnet, wenn auch, wie in Kapitel 8 näher dargestellt, die empfohlenen Tagesaufnahmemengen der Mineralstoffe in einer anderen Terminologie angegeben werden.

Essentielle Nährstoffe sind für das menschliche Leben unverzichtbar. Ein Mangelzustand kann zu metabolischen und gesundheitlichen Störungen führen, bis hin zum Tod. Auf der anderen Seite kann auch eine zu hohe Aufnahme an bestimmten Nährstoffen zu einer Störung des gesunden Stoffwechsels führen und möglicherweise tödlich enden.

Empfohlene tägliche Aufnahmemengen von Nährstoffen

Der Mensch ist auf die Zufuhr von mehr als 40 unterschiedlichen Nährstoffen angewiesen. Verschiedene nationale und internationale Gesundheits- und Ernährungsgesellschaften haben auf der Basis des derzeitigen wissenschaftlichen Standes Empfehlungen erarbeitet, wie viele dieser einzelnen Nährstoffe täglich aufgenommen werden sollten, um die Bedürfnisse eines gesunden Menschen zu befriedigen. Hierbei kann es sich allerdings immer nur um Durchschnittswerte handeln, die nicht in jedem Fall den objektiven Erfordernissen entsprechen können. Solche Empfehlungen wurden für die Gesamtenergieaufnahme (Kalorien), die Proteine, verschiedene Vitamine und Mineralstoffe gegeben. Darüber hinaus wurden Sicherheitsgrenzen für verschiedene Vitamine und Mineralstoffe festgelegt. Hierzu wird auf die Tabellen im Anhang A verwiesen. Solche Tabellen wer-

nur qualitativ, nicht quantitativ zu verstehen. Auch Weizenvollkorn kann nicht als das „komplette Nahrungsmittel" gelten, da es zwar alle essentiellen Nährstoffe enthält, allerdings nicht in den erforderlichen ausgewogenen Mengen.

Von bestimmten Nahrungsmitteln benötigt der Organismus relativ große Quantitäten für die Energiebereitstellung sowie für Wachs-

den regelmäßig überarbeitet und den neuesten Erkenntnissen angepaßt.

Die Empfehlungen orientieren sich an Menschen mit durchschnittlicher Körpergröße und mittlerem Körpergewicht. Übergewichtige können im Einzelfall größere, Untergewichtige kleinere Mengen benötigen.

Weiterhin handelt es sich bei diesen Angaben um einen Mittelwert, der im allgemeinen für eine 5–8 Tages-Periode errechnet wurde. Wenn von einem bestimmten Nährstoff, beispielsweise Eisen, an einem Tag nicht die empfohlene Menge aufgenommen wird, so bedeutet dies nicht notwendigerweise eine Mangelernährung, wenn dieser Bedarf durch eine erhöhte Aufnahme an den folgenden Tagen gedeckt wird. Bedenken müssen im allgemeinen nur dann bestehen, wenn die Zufuhr eines bestimmten Nährstoffs über längere Zeit hinweg unter zwei Drittel, d.h. unter 67% der empfohlenen Menge liegt.

Die Richtwerte sollen zur Sicherung der allgemeinen Ernährung beitragen. Wer sich innerhalb einer Gesellschaft nach den dort gültigen Empfehlungen richtet, vermeidet dadurch weitgehend das Risiko einer Mangel- bzw. Fehlernährung sowie die Gefahr von hierdurch bedingten, ernährungsabhängigen Erkrankungen. Es handelt sich dabei im allgemeinen nicht um Minimalempfehlungen, d.h. es ist stets eine bestimmte Sicherheitsmarge einkalkuliert, speziell für Nährstoffe wie Eiweiße, Vitamine und Mineralstoffe, die aus gesundheitlicher Sicht besonders wichtig sind.

Da es sich nur um Durchschnitts- und nicht um individuelle Empfehlungen handelt, kann im Einzelfall auch nur eine laborche-mische bzw. biochemische Untersuchung darüber entscheiden, ob die Versorgung mit einem spezifischen Nährstoff ausreichend ist oder nicht. Trotzdem kann der Vergleich der individuell aufgenommenen Menge eines bestimmten Nährstoffes mit den allgemeinen Empfehlungen mit relativ großer Sicherheit darüber Auskunft geben, ob eine Mangel- oder Fehlernährung vorliegen könnte oder auszuschließen ist.

Die Umsetzung der Ernährungsempfehlungen in die Praxis

Um die Erfüllung der Ernährungsrichtlinien in der Praxis zu gewährleisten und zu vereinfachen, wurden von Ernährungswissenschaftlern Klassifizierungssysteme entwickelt. Zu diesem Zweck wurden Nahrungsmittel mit gleichartigem Nährstoffgehalt in Gruppen kategorisiert. In den USA wurde hierzu die **Lebensmittelpyramide** geschaffen. Sie enthält sechs Kategorien von Lebensmitteln, wobei die wichtigsten in der jeweiligen Kategorie enthaltenen Nährstoffe in der Tabelle 1.2 aufgeführt werden. Eine ausführliche Diskussion dieses Systems findet sich im Kapitel 2.

Ein ähnliches System sind die **Lebensmittelaustauschtabellen**, entwickelt von der Amerikanischen Ernährungsgesellschaft, der Amerikanischen Diabetesgesellschaft gemeinsam mit anderen Berufsverbänden und Regierungsorganisationen im Gesundheitswesen, speziell für Diabetiker (siehe auch Kapitel 11). Die Nahrungsmittel in jeder der sechs Austauschkategorien enthalten unge-

Tab. 1.2 Die wichtigsten Nährstoffe, die jeweils in den sechs Lebensmittelgruppen der Lebensmittelpyramide gefunden werden

Milch, Joghurt, Käse	Fleisch, Geflügel, Fisch, Eier, Hülsenfrüchte, Nüsse	Brot, Getreideprodukte, Reis, Nudelgerichte	Gemüse	Obst	Fette, Öl, Süßigkeiten*
Kalzium Eiweiß Riboflavin Vitamin A	Protein Thiamin Niacin Eisen	Thiamin Niacin Riboflavin Eisen	Vitamin A Vitamin C	Vitamin A Vitamin C	Vitamin A Vitamin D Vitamin E

* Enthalten vor allem „leere Kalorien", z. T. auch fettlösliche Vitamine

Tab. 1.3 Der Anteil der wichtigsten Energieträger – Kohlenhydrate, Fett, Eiweiß – in ausgewählten Lebensmitteln aus den sechs Gruppen der Lebensmittelpyramide

Austauschgruppe	Kohlenhydrate	Fett	Eiweiß	Kalorien
Milch				
Magermilch	12	Spur	8	90
fettarm	12	5	8	120
Vollmilch	12	8	8	150
Fleisch				
mager	0	3	7	55
mittelfett	0	5	7	75
fett	0	8	7	100
Getreide/Brot	15	Spur	3	80
Obst	15	0	0	60
Gemüse	5	0	2	25
Fett	0	5	0	45

Kohlenhydrate, Fette und Eiweiß in Gramm (g)
1 g Kohlenhydrate = 4 Kalorien
1 g Fett = 9 Kalorien
1 g Eiweiß = 4 Kalorien

fähr gleich große Mengen an Kalorien, Kohlenhydraten, Fetten und Eiweißen. Ebenso wie beim System der Lebensmittelpyramide kann man davon ausgehen, daß man dann, wenn man seine tägliche Ernährung aus einer möglichst großen Breite dieser sechs Gruppen auswählt, ausreichend mit allen essentiellen Nährstoffen versorgt ist. Den Gehalt an den verschiedenen Nährstoffen in den sechs Austauschkategorien zeigt die Tabelle 1.3. Eine ins Detail gehende Liste wird im Anhang E gegeben.

Trotzdem kann man auch bei gewissenhafter Benutzung eines dieser beiden Systeme in Ernährungsschwierigkeiten kommen, wenn die Auswahl der einzelnen Nahrungsmittel unglücklich erfolgt. Es ist durchaus möglich, daß man sich jeweils aus jeder Gruppierung gerade die Nahrungsmittel mit dem geringsten Nährstoffgehalt aussucht und dann in eine Mangelernährung gerät. Auch aus gesundheitlicher Sicht können bei der Auswahl Fehler gemacht werden, in dem man gerade diejenigen Nahrungsmittel ausläßt, die heute als gesundheitlich besonders positiv bewertet werden. In Kapitel 2 wird daher der Gebrauch solcher Empfehlungen aus gesundheitlicher Sicht näher diskutiert. Darüber hinaus gibt es Dutzende vom Empfehlungen für eine gesundheitsbewußte Ernährung, die hier nicht näher ausgeführt werden können.

Empfehlungen für eine gesundheitsbewußte Ernährung

Wie bereits erwähnt, bedeutet die Tatsache, daß man alle Empfehlungen hinsichtlich der empfohlenen Tagesmengen an bestimmten Nährstoffen erfüllt, noch längst nicht, daß man sich auch gesund ernährt. In den 80er Jahren hat daher eine Vielzahl von staatlichen und nichtstaatlichen Gesundheitsorganisationen Empfehlungen herausgegeben, die sich teilweise erheblich voneinander unterscheiden. Aus diesem Grund haben sich die 10 in diesem Bereich wichtigsten amerikanischen Organisationen zu einem „Ernährungsgipfel" getroffen und **zwölf Empfehlungen für eine gesunde Ernährung** erarbeitet:

1. Man sollte ein normales Körpergewicht anstreben und sich dies durch eine ausgewogene Ernährung und körperliche Bewegung erhalten.

2. Man sollte sich durch ein möglichst breites Spektrum natürlicher und gesunder Nahrungsmittel ernähren.

3. Die Kalzium- und Eisenzufuhr sollte ausreichend sein. Dies ist für jedes Lebensalter und beide Geschlechter gleichermaßen wichtig, ganz besonders wesentlich aber für Frauen und Kinder.

4. Die Eiweißaufnahme sollte ausreichend, aber nicht zu hoch sein.

5. Die Ernährung sollte ausreichend Ballaststoffe enthalten, speziell komplexe Kohlenhydrate und Pflanzenfasern, wie sie besonders in Getreide, Gemüse, speziell tiefgrünem und gelbem Gemüse, sowie Früchten, besonders Zitrusfrüchten, vorkommen.

6. Rohrzucker sollte sparsam verwendet werden.

7. Fette, gesättigte Fette und Cholesterin sollten möglichst wenig aufgenommen werden.

8. Die Zufuhr von Salz bzw. Natrium ist einzuschränken.

9. Kinder und Menschen mit Neigung zu Karies sollten auf eine ausreichende Fluorzufuhr in der Nahrung achten und möglichst wenig Zucker essen.

10. Man sollte Lebenmittel meiden, die zu einem ausgeprägten Überschuß eines bestimmten Nährstoffs über die empfohlene Tagesmenge hinaus führen.

11. Produkte mit fragwürdigen bzw. undefinierbaren Inhaltsstoffen sollte man nicht zu sich nehmen.

12. Alkohol sollte nur mäßig genossen werden. Schwangere sollten grundsätzlich keinen Alkohol trinken.

Eine eingehendere Diskussion dieses Konzeptes zieht sich wie ein roter Faden durch das gesamte Buch, speziell auch durch das Kapitel 2.

1.3 Sport, körperliche Aktivität und Ernährung

Beziehungen zwischen körperlicher Aktivität und gesundheitsbewußter Ernährung

Wissenschaftliche Untersuchungen wie die des bekannten Epidemiologen Ralph Paffenbarger haben gezeigt, daß regelmäßige körperliche Aktivität zu einer Abnahme der Gesamtsterberate, und speziell der Sterberate an der koronaren Herzkrankheit, führt. Aufgrund dieser und anderer Daten hat der Öffentliche Gesundheitsdienst in den USA in seinem Programm: „Gesundheit 2000" der Empfehlung regelmäßiger körperlicher Aktivität hohe Priorität gegeben.

Wie dies in den Empfehlungen zur körperlichen Aktivität der Amerikanischen Herz-Kreislauf-Gesellschaft (American Heart Association) sowie in einer Übersicht über die Beziehung zwischen körperlicher Aktivität und Gesundheit von Steve Blair deutlich hervorgehoben wird, liegen immer mehr wissenschaftliche Beweise für die immense Bedeutung von Bewegung und Sport aus gesundheitlicher Sicht vor. Regelmäßige körperliche Aktivität hat einen präventiven und/oder therapeutischen Effekt gegen zahlreiche chronische Erkrankungen bei Männern und bei Frauen, speziell gegen Herz-Kreislauf-Erkrankungen wie koronare Herzkrankheit und Schlaganfall, Typ II-Diabetes, Hypertonie, Übergewicht, bestimmte Krebsformen, Osteoporose und für die geistige Gesundheit. Viele dieser einzelnen Effekte stehen untereinander in wechselseitiger Beziehung. So führt die Verminderung von Übergewicht durch körperliche Aktivität auch zu einer Reduzierung des Risikos für Hypertonie, Diabetes mellitus und koronare Herzkrankheit. Diese Punkte werden an verschiedenen Stellen des Bandes näher dargelegt.

Durch gesundheitsbewußte Ernährung kann der positive Effekt von Bewegung und Sport verstärkt werden. Obwohl der adäquaten Ernährung aufgrund einer Vielzahl von Mechanismen eine eigenständige gesundheitliche Bedeutung zukommt, kann die Kombination von vernünftiger Ernährung und Bewegung diese Effekte additiv bzw. multiplikativ verstärken. Man kann beispielsweise Übergewicht sowohl durch Diät als auch durch Ausdauertraining angehen, besonders erfolgreich wird man sein, wenn man beides miteinander kombiniert.

Sporternährung

Für den sportlichen Erfolg eines Athleten ist in erster Linie die adäquate Durchführung seines Trainings zur Verbesserung seiner psychischen und physischen Leistungsfähigkeit entscheidend. Wie wir aber auch sehen werden, gibt es eine Reihe von Ernährungsformen, durch die biomechanische, physiologische und psychologische Faktoren im Sport beeinflußt werden können. Der Abbau von überschüssigem Fett kann beispielsweise die biomechanische Effektivität eines Bewegungsablaufs steigern, durch eine Verbesserung der Kohlenhydratverbrennung kann der Blutzucker länger aufrecht erhalten und vorzeitiger Erschöpfung vorgebeugt werden, eine ausreichende Zufuhr an Eisen mit der Nahrung ist die Voraussetzung für eine adäquate Versorgung des Muskels mit Sauerstoff, alles Beispiele für ernährungsbezogene Faktoren, die Einfluß auf den sportlichen Erfolg nehmen können.

Die Beschäftigung mit der **Sporternährung** stellt einen relativ neuen Forschungszweig dar, die Anwendung von allgemeinen Ernährungsprinzipien auf den Spezialfall des Leistungssports. Vereinzelte Untersuchungen über die Auswirkungen der Ernährung in verschiedenen Sportarten finden sich schon seit mehr als 100 Jahren. Eine systematische wissenschaftliche Beschäftigung mit der Ernährung des Hochleistungssportlers existiert erst seit relativ kurzer Zeit. Zu dieser Entwicklung haben eine Reihe von Faktoren beigetragen.

Der erste und wohl wichtigste Faktor ist die Tatsache, daß in den letzten 25 Jahren generell sehr viel auf dem Gebiet der Wechselwirkungen zwischen Ernährung und körperlicher Aktivität geforscht wurde. Hinzu kam die Entdeckung der Sportler als Markt, das wirtschaftliche Interesse der Nahrungsmittelproduzenten an der Vermarktung von Energieriegeln, Zusatznährstoffen, Energiedrinks etc. an die sporttreibende Bevölkerung. Die Hersteller haben deshalb z.T. die Forschung, die Durchführung von wissenschaftlichen Untersuchungen und von Kongressen, gesponsert. Dies hat zu einer Reihe von internationalen Konsensus-Konferenzen zu Fragen in bezug auf den Komplex von Ernährung, Gesundheit und Fitness geführt.

Ein dritter Faktor ist die Tatsache, daß auch die Ernährungswissenschaftler den Sport als Berufsfeld entdeckt haben. Immer mehr Ernährungswissenschaftler und Ernährungsberater engagieren sich im Sportbereich und betreuen einzelne Sportler und Mannschaften. Dieser Aspekt wird zunehmend in die Ausbildung von Sportlehrern und Trainern an Universitäten und Sportschulen einbezogen, um sie in die Lage zu versetzen, ihre Sportler besser über eine gesunde bzw. leistungsfördernde Ernährung beraten zu können.

All diese Gründe haben auch dazu geführt, daß die wissenschaftliche Literatur zu Fragen der Sporternährung erheblich gewachsen ist. Inzwischen existiert hierzu sogar ein eigenes Publikationsorgan, das *International Journal of Sport Nutrition*. In kaum einer Nummer der zahlreichen Sportlermagazine, die sich an die unterschiedlichsten Athleten wie Läufer, Ruderer, Triathleten, Gewichtheber etc. wenden, fehlt ein Artikel zu Ernährungsfragen. Dem interessierten Leser steht inzwischen auch eine Reihe von sehr guten Büchern zu Fragen der Sporternährung zur Verfügung, auf die zum Teil auch in diesem Band Bezug genommen wird. Zusammengefaßt ist die Sporternährung zwar noch ein recht junges Gebiet, aber eines, das sich rasant entwickelt.

Wie vernünftig ernähren sich die Sportler?

Die Ernährungsgewohnheiten und auch die Qualität einer bedarfsgerechten Ernährung variieren in den einzelnen Sportarten ganz erheblich. Es gibt Sportler, die sich absolut korrekt ernähren, bei anderen lassen sich erhebliche Defizite aufdecken. Eine ausgezeichnete Übersicht hierzu wurde von Sarah Short veröffentlicht, die besonders Kritik an der Validität, bzw. den Methoden von Untersuchungen zur Analyse der Ernährungsgewohnheiten von Sportlern übt. Im allgemeinen beruhen diese auf der Auswertung von 3–7 tägigen Ernährungsprotokollen mittels Computeranalyse und Vergleich der Ergebnisse mit den üblichen Ernährungsempfehlungen. Trotz Unterschiede in den Resultaten scheinen sich die Fußballer und Kraftathleten eher korrekt zu ernähren, während sich Defizite vor allem bei Ballettänzern, Basketballern, Bodybuildern, Turnern, Läufern, Skifahrern, Schwimmern, Triathleten und Ruderern ergeben.

Ernährungsdefizite lassen sich auf den verschiedenen Ebenen des Leistungssports feststellen, vom leistungssportlich orientierten Freizeitsportler bis zum Hochleistungssportler des Olympiakaders. Frauen sind hiervon häufiger betroffen als Männer. Am häufigsten finden sich Defizite bei der Eisenaufnahme, bei den Elektrolyten im Bereich von Zink und Kalzium, bei Eiweißen sowie bei verschiedenen Vitaminen des B-Komplexes. Häufig sind die Mangelzustände Folge einer zu geringen Kalorienaufnahme. In einigen Studien fand sich ferner bei Ausdauerathle-ten eine, gemessen an den üblichen Empfehlungen, zu geringe Aufnahme von Kohlenhydraten.

Am anfälligsten für Mangelernährung erweisen sich Athleten in Sportarten, in denen ein niedriges Gewicht von Vorteil ist, bzw. bestimmte Gewichtsgrenzen eingehalten werden müssen, z.B. bei Tänzern, Turnern, Bodybuildern, Boxern und Ringern. Besonders Kunstturner und Ballettänzer neigen zu Mangel- bzw. Fehlernährung. In diesen Sportarten wird versucht, mit z.T. absurd erscheinenden Techniken das Körpergewicht niedrig zu halten. Obwohl auch Männer hiervon betroffen sein können, finden sich solche Ernährungsstörungen vorwiegend bei Frauen. Diese Problematik wird in Kapitel 10 näher angesprochen.

Diese Beispiele zeigen, daß in bestimmten Sportarten die Nahrungszufuhr den empfohlenen Bedarf für verschiedene Nährstoffe nicht abdeckt. Es muß allerdings unterstrichen werden, daß sich diese Übersichten an den empfohlenen Aufnahmemengen orientierten. Untersuchungen zu der Auswirkung einer so definierten Mangelernährung auf die sportliche Leistungsfähigkeit wurden nicht durchgeführt. Die empfohlenen Tagesmengen für Vitamine und Mineralien enthalten einen großen Sicherheitsfaktor, so daß Sportler, die in ihrer Tagesaufnahme tiefer liegen, deshalb nicht notwendigerweise als mangelernährt bezeichnet werden müssen. Auf der anderen Seite kann sich gerade beim Leistungssportler ein Ernährungsdefizit besonders schnell negativ auf die Leistungsfähigkeit auswirken und die Entstehung von Überlastungsschäden begünstigen.

Die Ursachen für Ernährungsmängel bei Sportlern können vielfältig sein. Wie die Übersicht von Short ergab, ist das Wissen der Athleten zum Thema Ernährung häufig dürftig. Dem Sportler fehlen oft die erforderlichen Grundkenntnisse, um sich seine Nahrungsmittel adäquat auszusuchen und zuzubereiten. Auch Mangel an Geld und/oder Zeit kann sich auf Einkauf und Zubereitung der Nahrungsmittel negativ auswirken. Häufig sind auch die Trainer nicht in der Lage, ihre Sportler hinreichend über eine gesundheits- und leistungsorientierte Ernährung aufzuklären. Auch bei ihnen ist das erforderliche Wissen oft nur unzureichend vorhanden. 60–80% der Trainer gaben an, nie einen Ernährungskurs mitgemacht bzw. Defizite in diesem Bereich zu haben. Diese Situation bessert sich offensichtlich in neuester Zeit. Mehr und mehr Trainer nehmen an Ausbildungskursen über gesunde Ernährung, speziell Sporternährung, teil.

Die Bedeutung der Ernährung für die sportliche Leistungsfähigkeit

Wie schon mehrfach betont, sind für die sportliche Leistungsfähigkeit die genetischen Voraussetzungen von entscheidender Bedeutung. Kein Langläufer kann erfolgreich in der Weltklasse abschneiden, wenn er nicht von Haus aus ein großes Sauerstoffaufnahmevermögen und einen niedrigen Körperfettanteil mitbringt. Diese genetische Begabung nützt ihm aber nur dann, wenn er sie durch ein geeignetes intensives Training optimiert und seinen Leistungszustand maximiert. Der Trainingszustand ist das Kriterium, das zwischen Athleten mit vergleichbarem genetischen Hintergrund differenziert. Der besser trainierte Athlet wird gewinnen. Unabhängig vom Leistungsniveau stellen somit genetisches Talent und Trainingszustand die entscheidenden Kriterien für die erbrachte Leistung dar. Aber auch der Ernährungszustand kann sich erheblich auf die Leistungsfähigkeit auswirken. Der international bekannte österreichische Sportmediziner L. Prokop hat beispielsweise wiederholt berichtet, daß schon kleinere Fehler in der Ernährung im entscheidenden Moment den Erfolg eines jahrelangen intensiven Trainings zunichte machen können.

Fehlernährung kann als nicht ausgewogene Ernährung definiert werden. Sie umfaßt die Zustände von Unter- wie von Überernährung, d.h. der Betroffene erfährt entweder eine zu geringe (Unterernährung) oder eine zu hohe (Überernährung) Zufuhr einzelner oder mehrerer Nährstoffe. Beide Zustände können sich negativ auf die Leistungsfähigkeit auswirken. Wie weiter oben vermerkt, liegen die drei Hauptfunktionen der Nährstoffe in der Versorgung mit Energie, der Strukturentwicklung und Regeneration von Körpergeweben sowie der Stoffwechselsteuerung. Eine unausgewogene Ernährung kann somit die sportliche Leistungsfähigkeit in diesen drei Bereichen stören: Die Energiemenge kann nicht ausreichend sein, es können Defizite in der optimalen Steuerung des Belastungsstoffwechsels auftreten, oder die Synthese von wichtigen Körperstrukturen bzw. Schlüsselenzymen kann gestört sein. Umgekehrt kann auch eine zu hohe Aufnahme bestimmter Nährstoffe die Leistungsfähigkeit und Gesundheit des Sportlers beeinträchtigen. Sie kann die normalen physiologischen Abläufe stören oder zu einer ungünstigen Körperzusammensetzung führen.

Die Sporternährung kann grundsätzlich unter zwei Aspekten betrachtet werden: aus der Sicht des Wettkampfs und aus der Sicht des Trainings. Von den drei genannten Hauptaufgaben der Nährstoffe sind für den Wettkampf die beiden ersten, nämlich die Energieversorgung und die Regulierung der Stoffwechselprozesse, von entscheidender Bedeutung, weniger die dritte Aufgabe, die

Synthese der Körperstrukturen. Alle drei Aufgaben spielen jedoch eine wichtige Rolle im Rahmen des Trainingsprozesses.

Wettkampfernährung

Der Athlet nutzt im Wettkampf die verschiedenen Energiequellen bzw. Energiebereitstellungsformen jeweils in Abhängigkeit von Intensität, Dauer und Art der von ihm betriebenen sportlichen Aktivität. Die drei Hauptformen der Energiebereitstellung werden im einzelnen in Kapitel 3 dargestellt. Kurzgefaßt kann an dieser Stelle gesagt werden, daß bei kurzen, hochintensiven Belastungen ausschließlich im Muskel gespeicherte Energiequellen genutzt werden. Im Muskel finden sich Kohlenhydratdepots in Form von Glykogen, das bei intensiven Belastungen von 1–3 min Dauer auch ohne Sauerstoff energetisch genutzt werden kann. Dagegen kommt der oxidativen Energiebereitstellung aus Glykogen und Fetten eine zunehmende Bedeutung bei Ausdauerbelastungen mit einer Dauer von mehr als 5 min zu. Bei allen Formen der Energiefreisetzung spielen verschiedene Vitamine und Mineralstoffe eine wichtige Rolle.

Bei einem gut ernährten Sportler werden in der überwiegenden Zahl sportlicher Belastungen keine höhergradigen Anforderungen an eine der drei Hauptklassen der Nährstoffe gestellt. Die Kohlenhydrat- und Fettdepots reichen meistens problemlos aus, um Belastungen abzudecken, die weniger als eine Stunde dauern. Eiweiße werden im allgemeinen nicht als eine Energiequelle betrachtet, die für körperliche Aktivität von größerer Bedeutung ist. Der normale Vitamin- und Mineralgehalt des Körpers ist für die Steuerung der metabolischen Aktivität auch unter Belastung fast immer ausreichend. Der Flüssigkeitsgehalt des Körpers reicht unter üblichen klimatischen Bedingungen problemlos aus.

Bestimmte Ernährungsverfahren, die vor und während des Wettkampfs durchgeführt werden, können u.U. die Leistungsfähigkeit steigern. Aufgrund der hierzu vorliegenden Daten ist beispielsweise anzunehmen, daß eine Kohlenhydratzufuhr vor und während längerdauernder Belastungen mittelgradiger bis hoher Intensität die Leistungsfähigkeit verbessert. Das gleiche gilt für eine Flüssigkeitszufuhr vor und während Ausdauerbelastungen bei hohen Temperaturen. Spezielle Empfehlungen hierzu werden in den Kapiteln 4 und 9 gegeben.

Auch wenn die Ergebnisse hierzu nicht einheitlich sind, so finden sich in der Literatur doch eine Reihe von gut geplanten und durchgeführten Untersuchungen, in denen mit Hilfe von Feld- bzw. Labortests eine Steigerung der Leistungsfähigkeit durch Mineralstoffpräparate nachgewiesen wurde. Mit manchen dieser Verbindungen wurden bessere Resultate erzielt als mit anderen. So findet sich beispielsweise nach Gabe von Natriumbikarbonat eine größere Leistungssteigerung als nach Gabe von Natriumphosphat. Diese Aspekte werden in den einzelnen Kapiteln im Zusammenhang mit den jeweiligen Substanzen besprochen. Dies gilt auch für die Diskussion der Wertigkeit von kommerziell angebotenen Nahrungszusätzen für Sportler.

Ernährung im Training

Die adäquate Ernährung im Training ist einer der Schlüssel für den Erfolg im Wettkampf. Da durch körperliches Training der Energieverbrauch gesteigert wird, kann die für den Erhalt des Körpergewichts notwendige Energiezufuhr erheblich ansteigen, je nach Sportart um 500–1.000 oder mehr Zusatzkalorien pro Tag. Wenn diese zusätzlich aufgenommenen Nährstoffe geschickt aus dem großen Nahrungsmittelangebot ausgewählt werden, ist es möglich, hierdurch ein optimales Angebot an denjenigen Nährstoffen bereitzustellen, die für die trainingsbedingte Hypertrophie bzw. die Regeneration der Gewebe und für eine optimale Funktion der Organsysteme unter intensiver körperlicher Belastung erforderlich sind. Eine ausgewogene Ernährung mit ausreichendem Gehalt an Kohlenhydraten, Fetten, Proteinen, Vitaminen, Mineralstoffen und Wasser ist eigentlich alles, was hierzu notwendig ist, spezielle Sporternährungen, Zusätze, Energiedrinks etc. sind im allgemeinen überflüssig. Allerdings können ja nach Sportart Modifikationen der Ernäh-

rung sinnvoll sein. Bei Ausdauerathleten kommt z.B. einer erhöhten Kohlenhydratzufuhr besondere Bedeutung zu.

Durch Training kommt es im Rahmen der Anpassungsvorgänge des Organismus zur Entwicklung einer größeren Effektivität der energiebereitstellenden Systeme. Um diesen **Trainingseffekt** zu erreichen, ist der Körper auf die ausreichende Verfügbarkeit einer Reihe von spezifischen Nährstoffen angewiesen. Beim Ausdauersportler kommt es beispielsweise als Anpassungsreaktion zur Vermehrung der Hämoglobinmenge und zu einem Anstieg des Myoglobin- und Zytochromgehalts in den Muskelfasern. Alle drei Verbindungen benötigen für ihre Bildung Eisen. Damit dieser Trainingseffekt eintreten kann, ist der Organismus also auf eine adäquate Eisenzufuhr angewiesen.

Auf der Basis unseres derzeitigen Wissens kann zusammenfassend festgestellt werden, daß im Training bei einer ausgewogenen Ernährung keine Zusatznährstoffe erforderlich sind. Andererseits liegen eine Reihe von plausiblen Hypothesen vor, nach denen sich eine Substitution bestimmter Nährstoffe positiv auf die Leistungsfähigkeit auswirken könnte. So soll die erhöhte Zufuhr von Vitamin E unter intensiver körperlicher Belastung vorbeugend gegen Verletzungen und Überlastungsschäden wirken, eine erhöhte Zufuhr von Aminosäuren soll die Leistungsfähigkeit des Immunsystems steigern. Auch wenn solche Thesen z.T. recht wahrscheinlich klingen, sind die bisher vorliegenden Daten, die sie belegen, im allgemeinen jedoch sehr beschränkt und in sich widersprüchlich, so daß für die meisten vieler kommerziell angepriesener Spezialpräparate die Ergebnisse weiterer wissenschaftlicher Untersuchungen abzuwarten bleiben.

Unter bestimmten Bedingungen können bestimmte Ernährungsverfahren jedoch durchaus sinnvoll sein. In Sportarten, in denen sich ein erhöhtes Körpergewicht leistungshemmend auswirkt, kann der verstärkte Abbau von Fetten leistungssteigernd wirken. Empfehlungen zur Gewichtsabnahme werden im Kapitel 11 gegeben. Auch wenn grundsätzlich eine stark kalorienreduzierte Kost im Rahmen des sog. „Gewichtmachens" zum Erreichen bestimmter Gewichtsgrenzen sehr kritisch zu betrachten ist, sollte trotzdem, bzw. umso mehr, bei einem Athleten, der sich einer solchen Prozedur unterzieht, eine Vitamin- und Mineralsubstitution durchgeführt werden.

Empfehlungen für eine optimale Sporternährung

Die Bedeutung der Ernährung für die sportliche Leistungsfähigkeit ist von zahlreichen Faktoren abhängig, wie Geschlecht, Lebensalter, Körpergewicht, Körperstatur, Ernährungsgewohnheiten und Lebensstil, Umgebung, Sportart und Trainingsprogramm bzw. -intensität. Die Anforderungen an eine optimale Ernährung dürften sich beispielsweise bei einem Golf- oder Baseballspieler nur wenig von denen eines gleichaltrigen Nichtsportlers unterscheiden, ganz im Gegensatz zu einem Marathonläufer oder einem Ultratriathleten, bei denen das intensive Ausdauertraining erhebliche Umstellungen in der Ernährung erfordert.

Die Empfehlungen für die optimale Ernährung des Sportlers schwanken von einem Extrem zum anderen. Zahlreiche Wissenschaftler, die sich mit dieser Frage beschäftigen, sind der Ansicht, daß die Ernährung des Sportlers weitgehend derjenigen entsprechen sollte, die auch dem Durchschnittsbürger im Rahmen einer gesundheitsorientierten, ausgewogenen Kost empfohlen wird, die Notwendigkeit spezieller Empfehlungen für den Athleten wird von ihnen nicht gesehen. Auf der anderen Seite der Skala finden sich Empfehlungen, nach denen die normale Durchschnittsernährung für den Sportler weitgehend ungeeignet ist, ohne spezielle sportartspezifische Zusatzpräparate seien Medaillen nicht zu gewinnen. Eine dritte Gruppe nimmt hier eine Kompromißhaltung ein, ihrer Ansicht nach entspricht die Basis der Sporternährung zwar der gesunden Durchschnittsernährung, unter speziellen Bedingungen ist jedoch eine Ernährungsergänzung nicht nur sinnvoll, sondern auch notwendig. Die Übersicht über die wissenschaftliche Literatur, die im vorliegenden Band gegeben wird, unterstützt die letztgenannte Ansicht. Wenn Sportler sich kalorisch ausrei-

chend ernähren und die empfohlenen Tagesmengen an essentiellen Nährstoffen einnehmen, können sie als adäquat ernährt betrachtet werden. Die Ernährungsrichtlinien, die in Kapitel 2 aus gesundheitlicher Sicht gegeben werden, können im Prinzip ohne Änderungen auch zur Verbesserung der Leistungsfähigkeit genutzt werden. Der Schlüssel zu einer vernünftigen, gesundheits- und leistungsorientierten Ernährung liegt auch für den Sportler in der Aufnahme einer möglichst großen Vielfalt von gesunden und naturbelassenen Lebensmitteln.

Eine ausreichende und gesunde Ernährung ist besonders für Frauen, Kinder und Jugendliche wichtig, die ein Leistungstraining durchführen. Frauen sollten dabei speziell an eine genügende Zufuhr von Eisen und Kalzium denken. Die hiermit verbundenen Probleme werden im einzelnen im Kapitel 8 abgehandelt. Während der Entwicklungsphase von Kindern und Jugendlichen besteht aufgrund des erhöhten Bedarfs in der Muskulatur, den Knochen und anderen schnell wachsenden Geweben für sie die Notwendigkeit, sich relativ große Mengen an Eiweiß, Kalzium, Eisen und anderen wichtigen Nährstoffen zuzuführen. Intensives Training kann den sowieso schon vorhandenen, wachstumsbedingt gesteigerten Bedarf noch weiter ansteigen lassen. Eine adäquate Kalorienzufuhr im Rahmen einer gesundheitsbewußten Ernährung deckt jedoch auch beim leistungssporttreibenden Kind und Jugendlichen den erhöhten Bedarf an wichtigen Nährstoffen im allgemeinen problemlos ab.

Obwohl somit eine ausgewogene, gesundheitsorientierte Kost auch für den Sportler die Basis jeder vernünftigen Ernährung darstellt, können Athleten in bestimmten Sportarten von speziellen Ernährungsformen profitieren. Solche speziellen Ernährungsverfahren werden in den nachfolgenden Kapiteln, dort wo es erforderlich ist, abgehandelt.

Trotz der großen Bedeutung, die eine adäquate Ernährung für das Leistungsvermögen des Sportlers besitzt, ist es sehr zu bedauern, daß einige wissenschaftliche Befunde in der Literatur zur Wirkung spezieller Nährstoffe in der Darstellung für den Laien z.T. erheblich fehl- und überinterpretiert dargestellt werden. Vorwiegend in Sportmagazinen, aber auch in manchen Ernährungsbüchern, finden sich immer wieder Berichte über die angeblich magische Kraft von bestimmten Zusatznährstoffen, die die Leistungsfähigkeit immens verbessern sollen. In den nächsten beiden Abschnitten soll daher zu möglichen oder angeblich leistungssteigernden Wirkungen von bestimmten Nährstoffen und speziellen Ernährungsformen sowie zum Aberglauben in der Sporternährung Stellung genommen werden.

1.4 Methoden zur Leistungssteigerung

Wie schon mehrfach erwähnt, sind die beiden Schlüsselfaktoren für die optimale Leistung das genetisch festgelegte Talent und der Trainingszustand. Ab einem bestimmten Niveau des Sports steigt die Wahrscheinlichkeit, daß sich Athleten mit ähnlichen genetischen Voraussetzungen und gleichem Trainingszustand gegenüber stehen, die somit praktisch gleichwertig sind. Angesichts der Bedeutung, die im Spitzensport dem Sieg um jeden Preis zugemessen wird, ist dadurch die Verführung, nach erlaubten, manchmal auch unerlaubten Hilfen zu suchen und zu greifen, darunter Ernährungsmethoden, sehr groß. In einer neueren Übersicht zu dieser Problematik wurde die Meinung vertreten, daß die beiden Schlüsselfaktoren, die zur Zeit im Spitzensport noch weitere Erfolge gewährleisten können, in einer verbesserten Ernährung und in anderen leistungssteigernden Methoden liegen, die mit Training nicht unbedingt etwas zu tun haben.

Ergogene Hilfen

Im Sport wurde bzw. wird eine Vielfalt von leistungssteigernden Methoden, auch als ergogene Hilfen bezeichnet, eingesetzt bzw. ausprobiert, um die individuelle Leistungsfähigkeit zu verbessern. Sie lassen sich, je nach Mechanismus, in verschiedene Gruppen unterteilen, die im folgenden mit jeweils einem typischen Beispiel aufgelistet werden.

Mechanische Methoden

Beispiel: Leichtgewichtschuhe, die einem Läufer bei jedem Schritt etwas weniger Energie abfordern und damit seine Laufökonomie steigern.

Psychologische Methoden

Beispiel: Hypnose, der Versuch, durch eine posthypnotische Suggestion psychologische Barrieren abzubauen, die die Leistungsfähigkeit einschränken.

Physiologische Methoden

Beispiel: Blutdoping, also die Reinfusion von vorher abgenommenem Blut eines Athleten, um seine Sauerstofftransportkapazität und damit seine aerobe Leistungsfähigkeit zu steigern.

Pharmakologische Methoden
(auch als Doping im engeren Sinn bezeichnet)

Beispiel: die Einnahme von anabolen Steroiden, Medikamente, die die Wirkung des männlichen Sexualhormons Testosteron imitieren und dadurch die Muskelkraft und -größe steigern. Die potentiellen Risiken der Einnahme von Anabolika sowie anderer Dopingmittel werden in den anschließenden Kapiteln diskutiert.

Gründe für die Popularität von leistungssteigernden Ernährungsmethoden

Der Versuch, die Leistungsfähigkeit durch Nahrungszusätze oder spezielle Ernährungsformen zu verbessern, gehört zu den am häufigsten eingesetzten leistungssteigernden Verfahren. Wahrscheinlich ist der fast magische Glaube des Sportlers an die Möglichkeit, seine Leistung über die Ernährung zu verbessern, der Grund dafür, daß schon seit Urzeiten solche Versuche durchgeführt wurden, wenn es darum ging, schneller zu laufen, höher zu springen oder weiter zu werfen. Nachdem die Jagd nach medikamentösen Dopingsündern im Sport immer erfolgreicher wird, bzw. die Nachweismethoden in diesem Bereich immer besser werden, versuchen immer mehr Sportler in den legalen Bereich von Ernährungstricks auszuweichen, um sich einen Vorteil für den Wettkampf zu verschaffen.

Die meisten Sportler nehmen Nahrungsergänzungspräparate, um ihre Leistungsfähigkeit zu steigern. In allen der sechs genannten Hauptklassen von Nährstoffen wurden leistungsfördernde Verfahren entwickelt, wie dies die folgenden Beispiele belegen:

– Zur besseren Resorption, Speicherung und Metabolisierung von **Kohlenhydraten** wurden spezielle Kohlenhydratverbindungen entwickelt.

– Spezielle **Fettsäuren** werden als alternativer Brennstoff anstelle von Kohlenhydraten eingesetzt.

– Von **Eiweißen** abgeleitete Aminosäuren werden anstelle von Anabolika genutzt, ihr Stimulationseffekt auf das Muskelwachstum und die Kraftentwicklung soll noch größer sein als der von anabolen Steroiden.

– Speziellen Mixturen von **Vitaminen** und Vitamin-ähnlichen Substanzen wie dem sog. Vitamin B_{15} werden leistungssteigernde Qualitäten in den verschiedensten neuromotorischen Bereichen zugeschrieben, von der Kraftentwicklung bis hin zur Sehfähigkeit im Sport.

– Manche **Mineralstoffe**, wie Chrom oder Bor, sollen anabol wirken.

– Selbst ein spezielles **„Sportlerwasser"** wurde entwickelt.

Zusätzlich zu den anerkannten 40 essentiellen Nährstoffen werden Hunderte von natürlicherweise vorkommenden oder künstlich entwickelten Substanzen oder Verbindungen als Nahrungsergänzungsstoffe bezeichnet und speziell dem Athleten zur Leistungssteigerung angeboten, wie z.B. L-Carnitin, Koenzym Q 10 Inosin, Octacosanol und Ginseng. Die meisten angeblich leistungssteigernden Substanzen dieser Art, einschließ-

lich der gesellschaftlich anerkannten Drogen Kaffee und Alkohol werden in diesem Buch abgehandelt. Bezüglich seltener eingesetzter Substanzen muß der Leser teilweise auf die Literatur verwiesen werden.

Wie vor allem in den Kapiteln 4 und 9 besprochen, können unter bestimmten Umständen für bestimmte Athleten manche Nahrungsergänzungsstoffe sinnvoll sein, vor allem dann, wenn die Möglichkeit von Mangelzuständen gegeben ist. Trotzdem, in den allermeisten Fällen besteht keine Notwendigkeit für eine Substitution von Nährstoffen über die allgemein empfohlenen täglichen Aufnahmemengen hinaus. Bisher konnten mit nur sehr wenigen Ausnahmen kaum leistungssteigernde Effekte im Sport durch die zusätzliche Gabe von Nährstoffen oder Nahrungsergänzungsstoffen nachgewiesen werden.

Die Legalität von leistungssteigernden Ernährungshilfen

Die Einnahme von Medikamenten zur Leistungssteigerung ist von den meisten Sportorganisationen als Doping verboten worden. Doping wird von der medizinischen Kommission des Internationalen Olympischen Kommittees (IOC) wie folgt definiert:

Doping ist die Einnahme oder sonstige Nutzung einer körperfremden Substanz oder auch einer physiologischen Substanz in abnormaler Menge zum Zwecke der Leistungssteigerung ... d.h. in der Absicht, die Leistungsfähigkeit im Wettkampf künstlich und unfair zu steigern.

Bisher werden alle essentiellen Nährstoffe und Nahrungsergänzungsstoffe nicht zu den Medikamenten, also auch nicht zu den Dopingsubstanzen, gerechnet. Ihre Einnahme durch den Leistungssportler zum Zwecke der Leistungssteigerung kann somit als legal betrachtet werden. Für manche Substanzen läßt sich allerdings die Grenze zwischen Nährstoff und Medikament nur unscharf ziehen. Die zunehmenden biochemischen Erkenntnisse über die auch therapeutische Rolle mancher Nährstoffe haben zu dem

Begriff der **Nutrazeutika** geführt, in der Absicht, die Doppeleigenschaft dieser Substanzen als Nährstoffe und gleichzeitig Pharmazeutika, also Medikamente, zu kennzeichnen. Die Frage Nährstoff oder Medikament ist nicht zuletzt auch eine Frage der Dosis. Wie dies in den weiteren Kapiteln klargestellt wird, können übliche Nährstoffe oder Nahrungsmittel leistungssteigernd wirken, wenn sie in abnormal großen Mengen eingenommen werden. In diesem Fall sind sie, nach der Definition des IOC, dann als Doping zu betrachten, da eine an und für sich physiologische Substanz, in abnormal großer Menge zur Leistungssteigerung zugeführt, dieser Definition gerecht wird.

Die Werbung nutzt diese Situation zunehmend. Eine immer größer werdende Zahl von Substanzen wird auf der einen Seite Sportlern als Leistungshilfen, auf der anderen Seite auf dem allgemeinen Markt als gesundheitsfördernd angeboten. Nachdem die Begriffe Fitness und Gesundheit einen großen Überschneidungsbereich aufweisen, kann eine entsprechende Diät theoretisch tatsächlich beide Ziele verwirklichen, für die meisten marktschreierischen Ankündigungen dieser Art fehlt bis jetzt allerdings jede wissenschaftliche Basis.

1.5 Ernährungsbetrug im Gesundheits- und Sportbereich

Nach einer Definition der Amerikanischen Ernährungs- und Medikamentenbehörde (*Food and Drug Administration = FDA*) soll der Begriff des Ernährungsbetrugs nicht nur auf denjenigen Anwendung finden, der angebliche Wunderprodukte verkauft, sondern auch auf solche nutzlose Produkte selbst, sowie auf ihre Hersteller und Vermarktung, d.h. auf unwahre und irreführende Verkaufsargumente.

Parallel zu der explosionsartigen Entwicklung der modernen Naturwissenschaft hat in den letzten Jahrzehnten auch unser Wissen im Ernährungsbereich rasant zugenommen. Tausende von wissenschaftlichen Untersuchungen haben dazu beigetragen, die Geheimnisse der menschlichen Ernährung transparenter zu machen. Findige Köpfe haben diese Fortschritte allerdings teilweise zu ihrem eigenen finanziellen Vorteil mißbraucht. Ernährungswissenschaftliche Erkenntnisse werden verzerrt dargestellt, bisher noch nicht bestätigte Einzelergebnisse werden benutzt, um Nahrungsprodukte überzogen zu vermarkten. Im Gesundheitsbereich findet sich für einen solchen Mißbrauch eine Fülle von Beispielen, wobei entweder die Hoffnung auf mehr Gesundheit durch eine bestimmte Ernährung ausgenutzt wird, oder umgekehrt, die Angst geschürt wird, daß die heute angebotenen Nahrungsmittel aufgrund der modernen Verarbeitungs- und Gewinnungsmethoden an Qualität verlieren könnten. Ähnliches findet sich auf dem Markt des Leistungssports in Form einer Unzahl von Produkten, die die Leistungsfähigkeit angeblich verbessern sollen.

Der Nahrungsmittelbetrug ist „big business". In den USA werden schätzungsweise jährlich fünfundzwanzig Milliarden Dollar für fragwürdige gesundheitliche Verfahren ausgegeben, ein großer Prozentsatz hiervon im Ernährungsbereich. Kenner der Materie weisen darauf hin, daß die Desinformation in der allgemeinen Bevölkerung zu Ernährungsfragen ungeheuer groß ist und von hieran Interessierten, die davon profitieren, bewußt noch vergrößert wird. Wer unter einem Quacksalber immer noch eine komische Figur aus dem wilden Westen versteht, der eine geheimnisvolle Medizin aus seinem Planwagen zieht und der staunenden Kundschaft verkauft, geht weit an der Realität vorbei. Ernährungsbetrug wird heute in großem Stil von cleveren Geschäftsleuten betrieben, die fragwürdige wissenschaftliche Informationen nutzen, um ihren Produkten den Anschein von Autorität und Glaubwürdigkeit zu verleihen, und die modernste psychologische Marketingstrategien nutzen.

Seit jeher gibt es gewisse Grundannahmen über die gesundheitlichen Vorteile bestimmter Nährstoffe. Wie in Kapitel 2 dargestellt wird, hat darüber hinaus die zuständige Gesetzgebung strenge Richtlinien zu den Ansprüchen erlassen, die an öffentlich vermarktete Nahrungsmittel aus gesundheitlicher Sicht zu stellen sind. Nach heutiger

Sicht sollten Nährstoffe mit der normalen Ernährung aufgenommen werden und nicht als Zusatzstoffe, wenngleich derzeit Untersuchungen darüber durchgeführt werden, ob die gleichen Gesundheitseffekte nicht auch durch eine Substitution solcher Stoffe erreicht werden können. Einige Befunde in dieser Richtung, z.B. bezogen auf Vitamin E und Betakarotin, sind ermutigend, wenngleich die für diese Stoffe nachgewiesenen Gesundheitseffekte eher bescheiden sind gegenüber dem, was clevere und z.T. verantwortungslose Nahrungsmittelhersteller für ihre Produkte in Anspruch nehmen. So werden Übergewichtigen Spezialmittel verkauft, die angeblich Fett selbst im Schaf abbauen. Solche Ankündigungen sind ganz klar betrügerisch. Den zuständigen staatlichen Stellen fehlt leider aufgrund von Unterbesetzung meist die Möglichkeit, gegen jeden einzelnen dieser Fälle strafrechtlich vorzugehen. Der gutgläubige Kunde kauft im Vertrauen auf die Reklame und die staatlichen Überwachungsstellen somit häufig teure, angeblich besonders gesundheitsfördernde Ernährungsprodukte, die keine wissenschaftliche Legitimation besitzen.

Obwohl solche Betrügereien schon in der allgemeinen Ernährung weit verbreitet sind, hat J.V. Durnin, eine internationale Autorität auf dem Gebiet der Sporternährung, festgestellt, daß sich ernährungsmäßiger Aberglaube, basierend auf Unwissen und fehlerhaften Vorstellungen, in keinem Bereich so breit macht wie in Sportlerkreisen. Zahlreiche Studien belegen, daß Sportler auf allen Leistungsebenen eine große Zahl von Nahrungsergänzungsstoffen als Trainingshilfe oder in der Hoffnung auf Leistungssteigerung im Wettkampf zu sich nehmen.

Gründe für die weite Verbreitung des Ernährungsaberglaubens im Sport

Wie in der allgemeinen Ernährung auch, sind die Gründe für die weite Verbreitung des Ernährungsaberglaubens im Sport in den beiden Motiven Hoffnung und Furcht zu suchen. Die Sportler hoffen, sich durch Spezialnahrung den kleinen Vorteil zu verschaffen, der sie zum Sieg führt, oder, falls sie nicht daran glauben, fürchten sie zumindest, etwas möglicherweise Positives zu unterlassen, wenn sie keine speziellen Pulver in ihre Ernährung rühren. Im einzelnen lassen sich aus diesen Motivationen heraus vier Faktoren isolieren, die in der Sportlerszene solche Hoffnungen und Befürchtungen nähren:

1. Das Eßverhalten wird häufig von bestimmten sportlichen Vorbildern bestimmt. Wenn beispielsweise ein Olympiasieger oder ein Profistar öffentlich bekanntgibt, daß ein Teil seines Erfolges auf einer vegetarischen Diät oder dem Trinken von Sauerkrautsaft oder warmer Kuhmilch beruht, so werden zahlreiche hoffnungsvolle Nachwuchsathleten sich vegetarisch ernähren, Sauerkrautsaft oder Kuhmilch trinken.

2. Viele Trainer suggerieren ihren Sportlern, daß die Einnahme von bestimmten Nahrungsmitteln oder Nahrungsergänzungsstoffen für den sportlichen Erfolg unverzichtbar sei. Entsprechende Untersuchungen haben gezeigt, daß die Ernährungsgewohnheiten des Sportlers zum großen Teil vom Trainer bestimmt werden, die Untersuchungen zeigen aber auch, daß das Hintergrundwissen der Trainer in diesem Bereich im allgemeinen eher dürftig ist. Die fehlerhaften Vorstellungen, die sie von ihren Trainern übernommen haben, werden dann von den Sportlern tradiert. In diesem Bereich zeigt sich jedoch eine Tendenz zur Verbesserung, nachdem immer mehr Trainer und Sportlehrer an Universitäten ausgebildet werden, bzw. durch die obligatorische Aufnahme von Ernährungskursen in die Trainerausbildung besser geschult werden.

3. Die Desinformation wird häufig von einschlägigen Sportzeitschriften und Büchern gefördert, in denen sich nicht selten Artikel bzw. Angaben zu Fragen der Sporternährung finden, die einen sehr fragwürdigen wissenschaftlichen Hintergrund haben. Aufgrund von pseudowissenschaftlichen Untersuchungen werden kritiklos Behauptungen aufgestellt und zur Vermarktung aller möglichen Nahrungsergänzungspräparate genutzt.

Eine neuere Untersuchung von Jacobson und Gemmell berichtet, daß selbst die meisten Universitätsathleten ihre Ernährungsinformation Sportzeitschriften entnehmen. In einem Trainingshandbuch für die Vermarktung von Gesundheitsernährung wird festgestellt, daß solche Medien eine treibende Verkaufskraft sind. Zitat: Wenn Sie einem Sportler eine Packung Bienenpollen verkaufen, dann befriedigen Sie letztlich nur sein aktuelles Bedürfnis. Wenn Sie ihm aber ein Ernährungsbuch verkaufen, so können Sie bei ihm ganz neue Bedürfnisse wecken.

4. Der wohl wichtigste Faktor ist die marktschreierische Ankündigung von angeblich leistungssteigernden Produkten. In einschlägigen Magazinen finden sich Hunderte fragwürdiger Werbeanzeigen dieser Art. Als Beispiel sei eine Werbung in Läufermagazinen erwähnt, über ein Wundermittel, das angeblich die letzten Energiereserven mobilisiert. Tatsächlich bestand das Produkt aus getrockneten Bananen, die Kalium enthalten, die Kosten lagen bei DM 3,20 pro 0,5 kg, sicherlich ziemlich teure Bananen. Nebenbei bemerkt, auch frische Bananen enthalten viel Kalium. Die direkten Werbekampagnen werden häufig durch indirekte Methoden verstärkt, wie sie oben unter den Punkten 1–3 genannt wurden. Nicht selten werden Stars angeworben, um für bestimmte Produkte Reklame zu machen. In der Werbung finden sich dann Bilder von bekannten Athleten, die den Namen des Produkts auf ihrem T-Shirt tragen. Im Text wird behauptet, daß sie einen großen Teil ihres Erfolges diesem Wunderprodukt verdanken. Auch Sportmagazine werden von der Industrie häufig gekauft. Sie veröffentlichen dann angeblich wissenschaftlich begründete Artikel über den Effekt solcher Präparate, wobei sich dann rein zufällig in der Nähe des Artikels eine einschlägige Anzeige findet. Aufgrund der Meinungsfreiheit kann der Autor des Artikels unwidersprochen die verwegensten Behauptungen über angebliche Effekte des Produkts aufstellen, die in der Anzeige nicht erlaubt wären. Hierzu ist allerdings anzumerken, daß die Meinungs-

freiheit nicht so weit geht, daß irreführende Behauptungen in betrügerischer Weise verbreitet werden dürfen. Solche Vermarktungsmethoden können strafrechtlich verfolgt werden. Durch die scheinbar zufällige Kombination von pseudo-wissenschaftlichen Artikeln mit Werbeanzeigen lassen sich gesetzliche Vorschriften und Konsequenzen allerdings oft geschickt unterlaufen. Klassische Beispiele für diese Methoden finden sich besonders in den Magazinen der Bodybuilder in der Werbung für Protein- bzw. Aminosäurezusätze.

Viele dieser Anpreisungen können eindeutig als zumindest ökonomischer Betrug bezeichnet werden. Die beworbenen Produkte enthalten im allgemeinen nur normale Nahrungsmittel, die für wenig Geld zu erhalten sind, hier aber zu exorbitanten Preisen verkauft werden. Die wissenschaftliche Basis für die angeblichen Wirkungen der Wundermittel ist im allgemeinen dürftig. Häufig bezieht sie sich auf banale physiologische Aussagen über die in den Produkten enthaltenen Nährstoffe, die ins Überdimensionale verzerrt werden und dem Sportler suggerieren, daß er hierdurch seine Leistungsfähigkeit steigern könne. Leider sind Sportler aus den erwähnten Gründen einer solchen Werbung gegenüber besonders anfällig. Sie sind Scharlatanen und cleveren Geschäftsleuten meist wehrlos ausgeliefert und geben ihr gutes Geld für meist nutzlose, manchmal sogar gesundheitsgefährdende Produkte aus.

Aufdeckung von Ernährungsbetrug

Es ist nicht immer einfach, zwischen Betrug und seriöser, produktbezogener Ernährungsinformation zu unterscheiden. Die Propagandisten für nutzlose Produkte legitimieren sich häufig mit eindrucksvollen Titeln und Universitätsdiplomen, die bei genauerem Hinsehen aus sehr dubiosen Quellen stammen, wenn nicht sogar frei erfunden sind. Wenn man sich über die Seriosität eines Angebots informieren will, können die folgenden Hinweise weiterhelfen. Wenn nur eine der nachfolgenden Fragen mit Ja zu beantworten ist, sollte man gegenüber dem angepriesenen Produkt sehr skeptisch sein und es sehr genau prüfen, bevor man dafür sein gutes Geld ausgibt.

1. Verspricht das Produkt eine rasche Verbesserung der Gesundheit und/oder Leistungsfähigkeit?

2. Enthält das Produkt einen angeblich geheimen Inhaltsstoff oder basiert es auf einer mysteriösen Formel?

3. Bezieht sich die Werbung auf Einzelbeobachtungen oder persönliche Erfahrungsberichte?

4. Wird mit bekannten Persönlichkeiten oder Sportstars geworben?

5. Handelt es sich um banale physiologische Erkenntnisse über die Wirkung eines Nährstoffs, die lediglich überzogen dargestellt werden?

6. Handelt es sich um eine Anzeige in einem Gesundheits- oder Sportmagazin, dessen Herausgeber selbst Ernährungshilfen verkauft?

7. Bezieht sich die Werbung nur auf eine einzelne wissenschaftliche Studie bzw. auf schlecht kontrollierbare wissenschaftliche Untersuchungen?

8. Ist das beworbene Produkt ausgesprochen teuer gegenüber dem, was man für gleichartige Nährstoffe in normalen Lebensmitteln bezahlt?

9. Handelt es sich um eine sensationelle Neuentdeckung, die mit bisher bekannten Produkten nicht vergleichbar sein soll?

10. Verspricht das Produkt Erfolge, die zu schön sind, um wahr zu sein?

Informationsquellen über vernünftige Sporternährung

Den besten Schutz gegenüber Betrug in der Sporternährung stellen ein guter Wissenshintergrund und profunde Kenntnisse über den derzeitigen wissenschaftlichen Stand auf dem Gebiet der Sporternährung dar. Leider haben die meisten Sportlehrer, Trainer und Athleten, ja selbst die meisten Ärzte keine entsprechende Ausbildung erfahren. In diesem Fall sollte man ihnen raten, einen Kurs über Sporternährung zu besuchen, sich zu belesen oder sich bei entsprechenden Experten zu informieren.

Der vorliegende Band wurde als Lehrbuch zur Begleitung von Sporternährungskursen an Universitäten konzipiert. Natürlich kann er auch eigenständig benutzt werden. Er ist das Ergebnis unserer Bemühungen, die einschlägige wissenschaftliche Literatur zu analysieren und unter dem Aspekt der sportlichen Leistungsfähigkeit zu interpretieren. Das Ergebnis soll als Grundlage für die Ernährungsplanung im Breiten- und Leistungssport dienen, sowie die Bewertung von speziellen Ernährungsverfahren oder Ernährungszusätzen ermöglichen. Bezüglich weiterführender Informationen wird auf die am Ende jedes Kapitels gegebene Literaturzusammenstellung verwiesen.

Natürlich finden sich auch wertvolle Informationen in den sportmedizinischen und ernährungswissenschaftlichen Fachzeitschriften, die allerdings nicht für jedermann zugänglich und für denjenigen, der üblicherweise nicht mit wissenschaftlicher Literatur arbeitet, nicht immer leicht verständlich sind. Artikel in populärwissenschaftlichen Zeitungen und Sportmagazinen müssen dagegen mit Vorsicht zur Kenntnis genommen werden. Nicht immer sind sie glaubwürdig. Gelegenlich bürgt der Name des Autors für die Qualität des Artikels. Ein Doktortitel vor dem Namen muß allerdings nicht unbedingt immer einen hohen wissenschaftlichen Standard garantieren. Vorsicht ist dann angezeigt, wenn Artikel aus der Feder eines Autors oder von Organisationen stammen, der/die gleichzeitig Nahrungszusätze vermarkten.

Weitere exakte Informationen finden sich in Richtlinien oder Empfehlungen, die von staatlichen Stellen oder von einschlägigen wissenschaftlichen Fachgesellschaften veröffentlicht werden, wie z.B. dem Deutschen Sportärztebund (DSÄB) oder der Deutschen Gesellschaft für Ernährung (DGE). Auch manche Hersteller von Sporternährung, wie die Firma Sandoz (Isostar) oder auch Gatorade, stellen seriöse, wissenschaftlich begründete Informationen zur Verfügung.

Ferner kann man sich von gut ausgebildeten Ernährungsberatern bzw. Ökotrophologen informieren lassen. Besonders glaubwürdig sind diese dann, wenn sie Mitglieder der entsprechender Fachgesellschaften sind bzw. speziell auf dem Gebiet der Sporternährung arbeiten. Qualifizierte Ernährungsberater sind in der Lage, den individuellen Ernährungszustand unter Berücksichtigung der Körperzusammensetzung, der Ernährungs- und allgemeinen Lebensgewohnheiten zu analysieren und die Ergebnisse dieser Analyse mit den Anforderungen des jeweiligen Sportprogramms abzustimmen. Hieraus resultiert dann ein Ernährungsplan, der optimale Voraussetzungen für die Verwirklichung der individuellen sportlichen Ziele garantiert.

Ernährungsempfehlungen unter dem Aspekt von Gesundheit und Leistungsfähigkeit

Die Frage, wie wir uns unter dem Aspekt von Gesundheit und Leistungsfähigkeit ernähren sollten, kann nur auf der Basis wissenschaftlicher Befunde vernünftig beantwortet werden. Die Geschichte der exakten Ernährungswissenschaft ist verhältnismäßig jung. Bis vor nicht allzu langer Zeit sahen die Ernährungswissenschaftler ihre Aufgabe nur darin, die aufgenommenen Nahrungsmittel hinsichtlich ihrer Inhaltsstoffe und deren Funktion im Organismus zu analysieren. Erst neuerdings hat sich das Interesse der Ökotrophologen auch auf die gesundheitlichen Auswirkungen bestimmter Nährstoffe konzentriert, und, im Falle der Sporternährung, auf mögliche Wirkungen auf die körperliche Leistungsfähigkeit. Dabei werden nicht nur die Auswirkungen der Ernährung insgesamt auf Gesundheit und Leistungsfähigkeit überprüft, sondern auch die Effekte spezifischer Nährstoffe auf zellulärem Niveau, in dem Versuch, eventuelle Auswirkungen dieser Nährstoffe aus den jeweiligen Zielvorstellungen heraus nicht nur zu identifizieren, sondern auch in ihren Mechanismen zu verstehen.

Die Zielsetzung des vorliegenden Bandes macht es erforderlich, die wichtigsten in diesen Bereichen angewandten wissenschaftlichen Untersuchungstechniken darzustellen, um ihre Möglichkeiten und Grenzen einschätzen zu können. Wenn es auch sehr unterschiedliche Untersuchungsansätze gibt, so lassen sich die wichtigsten unter ihnen doch in die beiden Gruppen *epidemiologische* und *experimentelle* Untersuchungsverfahren eingliedern. **Epidemiologische Untersuchungen** beschäftigen sich mit der Analyse großer Bevölkerungsgruppen in dem Versuch, Korrelationen zwischen zwei oder mehr Variablen aufzudecken. Das Ergebnis solcher Untersuchungen war beispielsweise die Feststellung, daß Personen, die sich fettreich ernähren, häufiger an einer koronaren Herzkrankheit leiden, ein Beispiel für die Aufdeckung einer wichtigen Beziehung zwischen Ernährung und Gesundheit bzw. Krankheit. Dabei muß allerdings immer klar bleiben, daß hier keine kausalen, sondern nur statistische Zusammenhänge untersucht werden. Hierdurch wird nicht etwa bewiesen, daß eine fettreiche Ernährung die mögliche Ursache für den Herzinfarkt (möglicher Effekt) sein muß, sondern nur daß ein wie auch immer gearteter Zusammenhang zwischen beiden Phänomenen besteht. Manchmal sind solche epidemiologischen Korrelationen allerdings so eng, daß sich hieraus mit hoher Wahrscheinlichkeit eine Kausalität ableiten läßt.

Während epidemiologische Untersuchungen zunächst nur mögliche Beziehungen zwischen Variablen aufdecken, gelingt es durch **experimentelle Untersuchungen** einen Ursachen-Wirkungszusammenhang festzustellen. In Studien dieser Art wird oder werden eine oder mehrere unabhängige Variablen (die Ursache) verändert und der Effekt dieser Änderung auf die abhängige Variable oder die abhängigen Variablen (die Wirkung) überprüft. Wenn wir bei dem Beispiel des Zusammenhangs zwischen fettreicher Ernährung und Herzinfarkt bleiben, so müßte beispielsweise zum Beweis eines möglichen Kausalzusammenhangs durch eine große (und sehr teure) klinische Interventionsstudie festgestellt werden, ob eine fettarme Diät der Entwicklung einer koronaren

Herzkrankheit vorbeugen kann oder nicht. Am günstigsten wird dies in Form einer kontrollierten prospektiven Untersuchung durchgeführt, d.h. es werden zwei möglichst gleichartige Gruppen mit ähnlichem Risikofaktorenprofil gebildet, von denen die eine über eine bestimmte Zeit, beispielsweise 10 Jahre, eine fettarme Diät erhält. Die Häufigkeit des Herzinfarktes in dieser Gruppe wird dann mit der anderen Gruppe verglichen, die ihre für sie normale fettreiche Diät unverändert einnimmt. Wenn dann in der fettarm ernährten Gruppe (ursächlicher Faktor) die Inzidenz des Herzinfarktes (Wirkung) geringer ist, so spricht dies für den präventiven Effekt einer solchen Ernährung.

Angenommen, eine solche Untersuchung bestätigt das erwartete Resultat nicht, d.h. die fettarm ernährte Gruppe hat eine unverändert hohe Herzinfarktrate, heißt dies dann, daß wir weiterhin fettreich essen dürfen? Nicht notwendigerweise! Man muß wissen, daß eine einzige Untersuchung in einem menschlichen Kollektiv letztlich nur wenig beweist. Hierzu sind die Verhältnisse zu kompliziert, da sich häufig viele Faktoren gegenseitig beeinflussen. Scheinbar sehr ähnliche Studien können zu verschiedenen Ergebnissen kommen. Man muß immer die Gesamtheit aller Studien sehen. Wenn eine Studie zu überraschenden Resultaten führt, sollte sie zunächst an anderer Stelle überprüft werden. Am günstigsten ist es, wenn sich in strittigen Fällen einschlägige Wissenschaftler zusammensetzen und zu einer übereinstimmenden Meinung (Konsens) kommen. Gerade zu Fragen einer vernünftigen Ernährung unter dem Aspekt von Gesundheit und Leistungsfähigkeit fehlt ein solcher Konsens leider häufig. So empfehlen beispielsweise manche Sportwissenschaftler, ein Marathonläufer sollte vor dem Lauf Kaffee trinken, andere raten dringend davon ab, eine dritte Gruppe ist der Meinung, daß Kaffee vor dem Lauf oder nicht überhaupt keine Rolle spielt. Wer hat nun recht? In Kapitel 5 wird dargestellt, daß möglicherweise alle drei recht haben, in Abhängigkeit von den individuellen Voraussetzungen des Sportlers und den Umgebungsbedingungen, unter denen das Rennen stattfindet.

Die Auswirkungen spezifischer Ernährungsformen lassen sich gerade am Menschen oft nur schwer überprüfen. Bei der Entstehung der wichtigsten Krankheitsgruppen, die die Mortalität in den Industrieländern bestimmen, wie Herz-Kreislauf- und Krebserkrankungen, spielt wahrscheinlich die Interaktion zahlreicher Risikofaktoren über viele Jahre eine Rolle. Um die Auswirkungen einer einzigen Variablen, wie beispielsweise des Nahrungsfettgehalts, auf die Entwicklung einer koronaren Herzkrankheit festzustellen, wäre es erforderlich, über lange Zeit hinweg, etwa 10–20 Jahre, diese verschiedenen Risikofaktoren unter Kontrolle zu halten – in einer frei lebenden menschlichen Gesellschaft ein unmögliches Unterfangen.

Auch die sportliche Leistungsfähigkeit wird von zahlreichen physiologischen, psychologischen und biomechanischen Faktoren bestimmt. Kein Athlet kann beispielsweise – gewissermaßen auf Bestellung – jeden Tag seinen persönlichen Rekord reproduzieren, da diese zahlreichen Faktoren von Tag zu Tag und auch innerhalb des Tagesrhythmus stark wechseln können. Um die Auswirkungen eines spezifischen Nährstoffes oder eines Ernährungsverfahrens zu objektivieren, müßte der Untersucher alle diese interferierenden Faktoren unter Kontrolle halten. Die halbwegs ideale Lösung des Problems besteht in der Durchführung eines sog. **Doppelblind-cross-over-Versuchs**. Bei einer solchen Studie wird der Effekt der zu überprüfenden Substanz, **Verum**, mit einer wirkungslosen Substanz, **Placebo**, verglichen, wobei weder der Untersucher noch der Untersuchte wissen, welches Präparat den Wirkstoff enthält und welches nicht (doppelblind). Beide Gruppen erhalten einmal das Verum und einmal das Placebo, jeder Proband dient somit gewissermaßen als seine eigene Kontrolle (cross-over). In die Studie sollten sowohl Athleten einbezogen werden, die von dem Verfahren profitieren dürften, sowie solche, bei denen kein Effekt zu erwarten ist. Die erhöhte Zufuhr von Kohlenhydraten läßt beispielsweise einen positiven Effekt bei Ausdauerathleten vermuten, nicht bei Golfspielern. Seriöse, erfahrene Untersucher versuchen, durch einen solchen komplizierten Untersuchungsansatz von vornherein die zu erwartenden Daten möglichst optimal abzusichern und damit aussagekräftig zu machen.

Literatur

Übersichten

Blair, S. 1993. Physical activity, physical fitness and health. *Research Quarterly for Exercise and Sport* 64:365–76

Durnin, J. V. 1967. The influence of nutrition. *Canadian Medical Association Journal* 96:715–20

Prokop, L. 1989. International Olympic Committee Medical Commission's policies and programms in nutrition and physical fitness. *American Journal of Clinical Nutrition* 49:1065

Short, S. 1994. Survey of dietary intake and nutrition knowledge of athletes and their coaches. In Nutrition in Exercise and Sports. Eds. I. Wolinsky and J. Hickson, Boca Raton FL CRC Press

US Department of Health and Human Services Public Health Service 1991. Healthy People 2000. National Health Promotion and Disease Prevention Objectives. Washington DC, US Government Printing Office

Spezielle Studien

Jacobson, B., and Gemmell, H. 1991. Nutrition information sources of college varsity athletes. *Journal of Applied Sport Science Research* 5:204–07

Paffenbarger, R. Jr. 1993. The association of changes in physical activity level and other lifestyle characteristics with mortality among men. *New England Journal of Medicine* 328, 538–45

2 Gesundheitsbewußte Ernährung aus der Sicht von Sport und Fitness

2.1 Einleitung

In den Industrieländern hat sich im letzten Jahrhundert das öffentliche Gesundheitswesen erheblich verbessert und große präventive Erfolge erzielt. Dies gilt vor allem für die Bekämpfung von Infektionskrankheiten wie Kinderlähmung, Pocken und Tuberkulose. Dafür sind zunehmend chronische Erkrankungen in das medizinische, präventive sowie therapeutische Interesse getreten. Herz-Kreislauf- und Krebserkrankungen bestimmen zu 75% die Sterblichkeitsstatistiken in den Industrieländern. Dieser Prozentsatz wird in Zukunft eher noch ansteigen, angesichts des zunehmenden Anteils älterer Menschen in der Bevölkerung, ganz besonders im ersten Viertel des kommenden 21. Jahrhunderts aufgrund des Babybooms der fünfziger und sechziger Jahre. Die zahlreichen Kinder von damals werden dann zu ebenso zahlreichen Senioren werden.

Zwar haben sich auch die Behandlungsmöglichkeiten dieser chronischen Erkrankungen im letzten Jahrzehnt erheblich verbessert, beispielsweise durch die Bypassoperation bei der koronaren Herzkrankheit oder durch neue Bestrahlungstechniken bei Krebserkrankungen, diese neuen Techniken sind jedoch aufwendig und haben zu einer erheblichen finanziellen Belastung unseres Gesundheitssystems bzw. dieses in eine finanzielle Krise geführt. Der wichtigste Lösungsansatz für diese säkuläre Problematik besteht nach Ansicht fast aller Experten, die sich hiermit beschäftigen, in der Prävention, in der Verhinderung von unnötigen und vorzeitigen Erkrankungen durch eine globale Lebensstiländerung in breiten Bevölkerungskreisen, die nur dann realisierbar ist, wenn in jedem einzelnen Mitglied dieser Gesellschaft ein entsprechendes Gesundheits- bzw. Verantwortungsbewußtsein geweckt wird.

Die epidemiologische Forschung hat in den letzten Jahrzehnten eine Reihe von Lebensstilfaktoren identifiziert, die mit einem erhöhten Gesundheitsrisiko hinsichtlich des Auftretens spezieller Erkrankungen verbunden sind, und die daher als **Risikofaktoren** bezeichnet werden. Hierbei handelt es sich zunächst nur um eine statistische Beziehung, d.h. sie besagt, daß zwischen einem bestimmten Faktor und der Häufigkeit des Auftretens einer bestimmten Erkrankung in einer definierten Population ein Zusammenhang besteht, womit noch nicht gesagt wird, daß es sich hierbei um eine Ursache-Wirkungs-Beziehung handeln muß. Tabelle 2.1 gibt eine Übersicht über wichtige lebensstilabhängige Risikofaktoren und hiermit in Verbindung gebrachte Erkrankungen.

Unter einem **gesundheitsbewußten Lebensstil** wird jede Art von Lebensführung verstanden, die zur Verhinderung von chronischen Erkrankungen beiträgt, wie beispielsweise Nichtrauchen, Stressbewältigungstechniken, sicheres Fahrverhalten und Safer Sex. Eine generelle Darstellung dieser Zusammenhänge würde die Thematik dieses Bandes sprengen.

Schon Hippokrates, der griechische Urvater aller Ärzte, hat den Zusammenhang zwischen Gesundheit und Bewegung erkannt, indem er Gesundheit als das Resultat von vernünftiger Ernährung und Bewegung definierte. Umgekehrt zeigt Tabelle 2.1, daß ungünstige Ernährung und Bewegungsmangel zur Entwicklung zahlreicher chronischer Erkrankungen beitragen können. Entsprechend der Zielsetzung dieses Buches wird in dem folgenden Kapitel der Zusammenhang zwischen vernünftiger Ernährung und körperlicher Aktivität als gesundheitsfördernde Faktoren dargestellt.

Auch wenn wir in vielen Fällen noch keine absoluten Beweise dafür haben, daß be-

Tab. 2.1 Ausgewählte Risikofaktoren und hiermit verbundene Gesundheitsstörungen

Risikofaktor	Gesundheitsstörung
Übergewicht	koronare Herzkrankheit Diabetes
Bewegungsarmut	koronare Herzkrankheit Übergewicht
Fehlernährung	Krebs Übergewicht
Fett- und cholesterinreiche Ernährung	Arteriosklerose Fettsucht
Salzreiche Ernährung	Bluthochdruck Schlaganfall
Bluthochdruck	koronare Herzkrankheit Schlaganfall
Psychosozialer Stress	koronare Herzkrankheit psychovegetative Störungen
Zigarettenrauchen	Lungenkrebs koronare Herzkrankheit
Alkoholmißbrauch	Leberzirrhose Autounfälle
Schlechtes Autofahren	Verkehrsunfälle
Ungesunde Lebensführung	Krebs
Häufig wechselnde Geschlechtspartner	Geschlechtskrankheiten

stimmte, als gesund angenommene Verhaltensweisen tatsächlich auch zu mehr Gesundheit führen, so erlaubt es das vorliegende Wissen doch, Empfehlungen zu geben, deren Befolgung sich wahrscheinlich positiv auswirken und zumindest nicht schaden dürfte. In diesem Sinne sollten die in dem folgenden Kapitel gegebenen Empfehlungen als vernünftig betrachtet werden. Sie basieren auf einer sorgfältigen Analyse des derzeitig verfügbaren wissenschaftlichen Schrifttums.

2.2 Sport/Bewegung, Ernährung und Gesundheit

Die Bedeutung von Bewegung, Sport und Fitness für die Gesundheit

Wie in Kapitel 1 hervorgehoben, liegt der Schlüssel für den sportlichen Erfolg in der Durchführung eines sportartspezifischen Trainings, um auf der Grundlage des genetischen Potentials die Leistungsfähigkeit der energiebereitstellenden Systeme zu steigern. Der Sportler erreicht durch sein Training eine **sportartbezogene Fitness**, d.h. er steigert seine Leistungsfähigkeit gezielt in bestimmten sportmotorischen Bereichen, wie Ausdauer, Schnelligkeit oder Kraft, bzw. er verbessert spezielle sportmotorische Fertigkeiten. Dementsprechend kann man auch gezielt seine **gesundheitsbezogene Fitness** verbessern, ein Begriff, in dem im allgemeinen folgende Parameter zusammengefaßt werden: kardiovaskulär-respiratorische Fitness, optimales Körpergewicht, bzw. Körperzusammensetzung, Muskelkraft und Muskelausdauer bzw. Beweglichkeit (Abb. 2.1).

Unter **körperlicher Aktivität** versteht man die Summe aller Prozesse, bei denen durch aktive Muskelkontraktionen Bewegungen hervorgerufen werden, bzw. vermehrt Energie umgesetzt wird. Für wissenschaftliche Studien wurde von epidemiologischer Seite die körperliche Aktivität in eine strukturierte bzw. unstrukturierte unterteilt.

Mit dem Betriff der **unstrukturierten Aktivität** bezeichnet man die Summe aller Alltagsaktivitäten wie Gehen, Treppensteigen, Radfahren als Fortbewegungsform, Gesellschaftstanz, Gartenarbeit, berufliche körperliche Aktivität, spielerische und sonstige Aktivitäten von Kindern etc. Solche Formen der körperlichen Aktivität sind im allgemeinen von niedriger Intensität, aber dafür längerer Dauer gekennzeichnet als **strukturierte körperliche Aktivitäten**. Obwohl von ihnen daher meist keine Verbesserung der körper-

Abbildung 2.1   Sportbezogene Fitness: Ausdauer, Schnelligkeit, Kraft

lichen Leistungsfähigkeit zu erwarten ist, kommt ihnen doch ein präventiver Effekt zur Vorbeugung gegenüber chronischen Erkrankungen zu. Der Amerikanische Öffentliche Gesundheitsdienst (PHS = Public Health Service) hat daher in seinem Programm „Gesundheit 2000" folgende Zielvorstellungen entwickelt:

1. Der Anteil der Bevölkerung, der 6 Jahre und älter ist und sich täglich 30 min und mehr mit geringer bis mäßiggradiger Intensität bewegt, sollte um mindestens 30% gesteigert werden.

2. Der Anteil der Bevölkerung, der 6 Jahre und älter ist und keinerlei körperliche Freizeitaktivitäten durchführt, sollte auf höchstens 15% reduziert werden.

An verschiedenen Stellen des vorliegenden Bandes soll diskutiert werden, welche Möglichkeiten es gibt, solche Alltagsaktivitäten verstärkt in seine Lebensführung einzubauen. Dies gilt besonders für Kapitel 11, in dem es um Gewichtabnahme geht. Wenn dies geplant geschieht, so kann aus der unstrukturierten körperlichen Aktivität eine strukturierte werden.

   Unter **strukturierter körperlicher Aktivität** werden gezielt aufgebaute Bewegungs-

programme verstanden, durch die im allgemeinen die körperliche Fitness verbessert werden soll. Die Zielvorstellungen im Plan Gesundheit 2000 hierzu sehen wie folgt aus:

1. Der Anteil der Bevölkerung, die mindestens 3 × wöchentlich über mindestens 20 min körperliche Aktivitäten durchführt, die die aerobe Leistungsfähigkeit verbessern, sollte unter den über 18jährigen auf mindestens 20% und bei den zwischen 6 und 18 Jahre alten Kindern und Jugendlichen auf mindestens 75% erhöht werden.

2. Der Anteil der über 6 Jahre alten Bevölkerung, der körperliche Aktivitäten zur Verbesserung von Muskelkraft, Ausdauer und Flexibilität ausführt, sollte auf mindestens 40% ansteigen.

3. Unter den über 12 Jahre alten übergewichtigen Amerikanern sollte der Anteil derjenigen, die sich bemühen, durch regelmäßige körperliche Aktivität in Verbindung mit einer vernünftigen Ernährung abzunehmen, auf mindestens 50% gesteigert werden.

Nach Ansicht des Gesundheitsdienstes der USA trägt Bewegungsmangel in erheblichem Maße zur Entstehung zahlreicher gesundheitlicher Probleme bei, wie Bluthochdruck, chronischer Erschöpfung und körperlicher Leistungsschwäche, vorzeitiger Alterung, Muskelschwäche und Mangel an Beweglichkeit. Diese Faktoren verursachen dann ihrerseits wiederum Rückenschmerzen und Verschleißerscheinungen, psychische Spannungen, Übergewicht und koronare Herzkrankheit (KHK).

Zusätzlich zu solchen indirekten Beziehungen lassen sich nach zahlreichen Untersuchungen auch direkte Korrelationen zwischen Bewegungsmangel und der Häufigkeit der KHK nachweisen. Dies gilt gleichfalls für weitere wichtige Risikofaktoren in der Entstehung der KHK, speziell Hypercholesterinämie, also erhöhtes Serumcholesterin, und Zigarettenrauchen. Hierzu liegen eine Reihe von Statements bzw. Empfehlungen wichtiger amerikanischer Gesellschaften vor, wie der amerikanischen Herz-Kreislauf-Gesellschaft (*American Heart Association* (*AHA*)), der Amerikanischen Gesellschaft für Sportmedizin (*American College for Sportsmedicine* (ACSM)) und der internationalen Gesellschaft für Sportmedizin (*International Federation of Sportsmedicine* (FIMS).

Zu Fragen der Beziehungen zwischen mentaler und emotionaler Gesundheit und Fitness liegen die Ergebnisse einer unter Leitung des Nationalen Instituts für mentale Gesundheit (National Institute of Mental Health) durchgeführten Konsensuskonferenz vor, nach der Bewegung und Sport, bzw. körperliche Fitness positiv mit gesteigerter psychischer Gesundheit und Wohlbefinden, Stressabbau und einer Verminderung des Vorkommens von leichteren bis mittelgradigen Depressions- und Angstzuständen korreliert sind (Morgan 1984). Aus all diesen Gründen beginnt sich inzwischen zunehmend auch in ärztlichen Kreisen die Erkenntnis durchzusetzen, daß der körperlichen Aktivität ein wichtiger therapeutischer und präventiver Effekt zukommt, der bisher von der Medizin weitgehend vernachlässigt wurde. Von dem Präsidenten des Deutschen Sportärztebundes und früheren Präsidenten des Weltsportärztebundes, Hollmann, wird hervorgehoben, daß Bewegung und Sport aus ärztlicher Sicht ein Medikament mit einer solchen Anwendungsbreite darstellt, daß dann, wenn es dieses Medikament nicht schon gäbe, es von den

Ärzten erfunden werden müßte. Bezüglich einer weiterführenden Darstellung der Beziehungen zwischen Sport, Bewegung und Gesundheit wird der Leser auf die in der Literatur angegebenen Standardwerke verwiesen (Hollmann, Rost, Shephard, Skinner).

Die Rolle, die Sport und Bewegung in der Prävention chronischer Erkrankungen und Risikofaktoren zukommt, wird an verschiedenen Stellen in diesem Band diskutiert. In Kapitel 11 werden die Grundlagen für die Planung von aeroben Trainingsprogrammen zur Verbesserung der kardiovaskulär-respiratorischen Fitness und zur Gewichtskontrolle dargestellt, Kapitel 12 beschäftigt sich mit den Prinzipien des Krafttrainings zur Steigerung von Muskelkraft und Ausdauer.

Bedeutung der Ernährung für die Gesundheit

„Deine Ernährung soll Deine Arznei sein und Deine Arznei Deine Ernährung", dieses Zitat, das Hippokrates vor mehr als zweitausend Jahren zugeschrieben wird, hat heute angesichts der zunehmenden Zahl der chronischen Erkrankungen eine immense präventive und therapeutische Bedeutung gewonnen.

Die meisten chronischen Erkrankungen haben eine genetische Basis. Derjenige, dessen Eltern oder sonstige Anverwandte gehäuft an einer koronaren Herzkrankheit oder einer Krebserkrankung leiden bzw. sterben, unterliegt auch selbst einem erhöhten Risiko für eine solche Erkrankung. Die Frage, ob die Erkrankung zum Ausbruch kommt oder nicht, hängt jedoch bei genetisch gegebener Disposition von der Lebensführung bzw. den Umweltbedingungen ab. Dies gilt ganz besonders auch für die Ernährung. Es gibt bestimmte Nährstoffe, die sich fördernd auf den Ausbruch von Erkrankungen auswirken können, sie werden als **Risikofaktoren** bezeichnet. Umgekehrt können andere Nährstoffe den Ausbruch der Erkrankung hemmen, sog. **Hemmstoffe** oder **Schutzfaktoren**. Die Art der Ernährung spielt eine wichtige Rolle für die Frage, ob und in welcher Form bzw. Geschwindigkeit sich chronische Erkrankungen entwickeln und ausbreiten, wie koronare Herzkrankheit,

Diabetes mellitus, Bluthochdruck, Osteoporose, Adipositas und verschiedene Formen der Krebserkrankungen. Etwa ein Drittel aller Krebserkrankungen können in irgendeiner Form als ernährungsabhängig betrachtet werden.

Angesichts der großen Bedeutung, die heute der Prävention zukommt, nimmt es nicht wunder, daß inzwischen Tausende von Studien zu möglichen positiven oder negativen Einflüssen verschiedenster Nährstoffe auf die Entwicklung bzw. Hemmung von Krankheiten vorliegen. Das Interesse konzentriert sich auf die Effekte der Nährstoffe in den Zellen auf der molekularen Ebene, auf die Interaktion zwischen verschiedenen Nährstoffen und die Identifikation sonstiger, möglicherweise protektiver Wirkungen verschiedener Nahrungsmittel. Auf der Grundlage der bisher vorliegenden Daten kommt der amerikanische Gesundheitsdienst in dem im vorausgehenden Abschnitt bereits erwähnten Plan „Gesundheit 2000" zu der Feststellung, daß die Fehlernährung eines der wichtigsten Gesundheitsprobleme in den USA darstellt. (Diese Feststellung läßt sich, wenn auch in modifizierter Form, sicher auch auf andere Industrieländer wie Deutschland übertragen. Anmerkung der Übersetzer). Unter den deshalb für das Jahr 2000 in diesem Plan entwickelten Zielvorstellungen zur Verbesserung der Ernährungsgewohnheiten seien die folgenden hervorgehoben:

1. Reduktion des durchschnittlichen Fettverzehrs auf 30% oder weniger, bzw. des Anteils der gesättigten Fettsäuren auf weniger als 10% der aufgenommenen Kalorien.

2. Steigerung der Aufnahme von komplexen Kohlenhydraten bzw. pflanzenfaserhaltigen Nahrungsmitteln auf mindestens fünf oder mehr Portionen pro Tag für Gemüse und Früchte, bzw. auf sechs oder mehr Portionen pro Tag für Getreideprodukte.

3. Steigerung des Anteils der Übergewichtigen im Alter von 12 Jahren und mehr, die versuchen, durch vernünftige Ernährung und regelmäßige körperliche Aktivität abzunehmen, auf mindestens 50%.

4. Steigerung der Kalziumaufnahme mit der Ernährung mit dem Ziel, daß mindestens 50% der Jugendlichen zwischen 12 und 24 Jahren und 50% der schwangeren bzw. stillenden Frauen mindestens drei Portionen kalziumreicher Nahrungsmittel täglich zu sich nehmen, bzw. mindestens 50% der Bevölkerung im Alter von 25 Jahren und mehr mindestens 2 Portionen kalziumreicher Lebensmittel pro Tag.

5. Verminderung der durchschnittlichen Aufnahme von Kochsalz bzw. Natrium in der Bevölkerung mit dem Ziel, daß mindestens 65% der Mahlzeiten zu Hause ohne Kochsalzzusatz zubereitet werden, mindestens 80% der Bevölkerung beim Essen nicht zusätzlich salzen und mindestens 40% der Erwachsenen vorzugsweise kochsalzarme Nahrungsmittel bzw. eine kochsalzreduzierte Kost zu sich nehmen.

6. Eisenmangelzustände sollten bei Kindern und bei Frauen im gebärfähigen Alter auf weniger als 3% reduziert werden.

7. Wenigstens 85% der über 18 Jahre alten Bevölkerung sollen dazu gebracht werden, sich beim Einkauf von Lebensmitteln nach den gesetzlich vorgeschriebenen, aufgedruckten Informationen zu richten.

Man kann das in den meisten Industrieländern und damit auch hierzulande bestehende Ernährungsdefizit auf eine einfache Formel bringen: **die meisten Deutschen essen mehr Lebensmittel als sie brauchen und zu wenig von den Nahrungsmitteln, von denen sie mehr brauchen**. Das Ziel des vorliegenden Kapitels besteht in der Vermittlung von Informationen, die erforderlich sind, um die Ernährung unter dem Aspekt von mehr Gesundheit und weniger Krankheiten zu planen. Der Leser soll das lernen, was er wissen muß, um gesünder zu essen.

Der kombinierte Effekt von gesundheitsbewußter Ernährung, Bewegung und Sport

Nachdem, wie ausgeführt, Ernährung einerseits und Bewegung bzw. Sport andererseits Gesundheit steigern bzw. Risikofaktoren abschwächen können, ist davon auszugehen,

Tab. 2.2 Risikofaktoren der koronaren Herzkrankheit

Risikofaktor	Bedeutung	Erforderliche Lebensstiländerung
Bluthochdruck	1. Ordnung	Vernünftige Ernährung, Ausdauertraining
Fettstoffwechselstörungen	1. Ordnung	Vernünftige Ernährung, Ausdauertraining
Zigarettenrauchen	1. Ordnung	Raucherentwöhnung
EKG-Veränderungen	1. Ordnung	Vernünftige Ernährung, Ausdauertraining
Adipositas	1. Ordnung	Niedrigkalorische Kost, Ausdauertraining
Diabetes	1. Ordnung	Ernährungsumstellung, Gewichtsabnahme, Audauertraining
Psychosozialer Stress	2. Ordnung	Stress reduzieren
Fehlernährung	2. Ordnung	Ernährungsumstellung
Bewegungsmangel	2. Ordnung	Ausdauertraining
Antibabypille	2. Ordnung	Alternative Methoden der Empfängnisverhütung
Familiäre Belastung	1. Ordnung	unveränderbar
Männliches Geschlecht	2. Ordnung	unveränderbar
Rasse	2. Ordnung	unveränderbar
Höheres Lebensalter	2. Ordnung	unveränderbar

daß sich beide Faktoren gemeinsam im Rahmen eines gesundheitsbewußten Lebensstils in ihrer Wirkung nicht nur addieren, sondern potenzieren. In Tabelle 2.2 sind die wichtigsten Risikofaktoren für die Entstehung der koronaren Herzkrankheit zusammengefaßt. Zur Abschwächung der meisten dieser Faktoren sind, soweit sie überhaupt veränderbar sind, vernünftige Ernährung und mehr Bewegung von entscheidender Bedeutung. Manche dieser Risikofaktoren, wie Diabetes mellitus, Bluthochdruck und ausgeprägte Adipositas, stellen schon an sich Krankheiten dar, für deren Behandlung wiederum vernünftige Ernährung und mehr Bewegung wesentlich sind. Bezüglich weiterer Einzelheiten wird auf die nachfolgenden Kapitel verwiesen.

2.3 Ausgewogene Ernährung und Nährstoffdichte

Eines der wichtigsten Konzepte, die von den Ernährungswissenschaftlern in den letzten Jahren zur Vermittlung vernünftiger Ernährungsgewohnheiten entwickelt wurden, ist das Prinzip der ausgewogenen Ernährung, ein Begriff, mit dem vor allem auf die Notwendigkeit einer qualitativen Vielfalt bei gleichzeitiger quantitativer Mäßigung in der Ernäh-

rung hingewiesen werden soll. Um die Auswahl der erforderlichen Nahrungsmittel zu erleichtern und die Versorgung mit essentiellen Nährstoffen zu sichern, wurden entsprechende Richtlinien entwickelt, nach denen die verschiedenen Nahrungsmittel in Lebensmittelgruppen eingeordnet werden, wobei jede Gruppe von einem Schlüsselnährstoff bestimmt wird. In den letzten Jahren hat sich das Interesse auf das Konzept der Nährstoffdichte konzentriert.

Ausgewogene Ernährung

Wie im Kapitel 1 festgestellt, benötigt der menschliche Organismus für seine adäquate Funktion mehr als 40 verschiedene Nährstoffe. Das Konzept der ausgewogenen Kost besagt, daß es erforderlich ist, eine hinreichende Breite an Nahrungsmitteln zu sich zu nehmen, um den Körper mit denjenigen Nährstoffen zu versorgen, die er benötigt, um das Wachstum und die Entwicklung der Körpergewebe bzw. die Regulation der Stoffwechselprozesse sicherzustellen, verbunden mit einer hinreichenden Energiemenge zum Aufrechterhalt der Körpermasse (siehe Abb. 2.2). Auch wenn die essentiellen Nährstoffe stets alle qualitativ in der Ernährung jedes menschlichen Individuums vorhanden sein müssen, wechseln die quantitativen Bedürf-

Milchgruppe   Gemüsegruppe   Obstgruppe   Fleischgruppe   Brot/   Fettgruppe
Getreidegruppe

Abbildung 2.2
Der Schlüssel zu einer gesunden Ernährung ist eine ausgewogene Diät, die einen hohen Nähr-
stoff- und einen geringen Kaloriengehalt aufweist. Aus den Austauschlisten in Anhang E oder den
Austauschgruppen der Lebensmittelpyramide kann man eine ausgewogene Ernährung zusammenstellen.

nisse an ihnen jedoch je nach den persönlichen Bedingungen bzw. den verschiedenen
Lebensstadien zum Teil ganz erheblich. Die
Bedürfnisse des Säuglings unterscheiden sich
von denen des Greises, die schwangere bzw.
die stillende Frau hat andere Ernährungs-
erfordernisse als ihre heranwachsende Toch-
ter. Es bestehen geschlechtsabhängige Unterschiede, speziell im Hinblick auf den
Eisengehalt der Nahrung. Auch lebensstilabhängige Faktoren können die Ernährungsbedürfnisse modifizieren. Ein Langstrecken-
läufer, der für einen Marathonwettbewerb
trainiert, wird sich anders ernähren müssen
als sein bewegungsarmer Bürokollege. Wer
abnehmen will muß auf eine kalorienarme
Ernährung achten, gleichzeitig aber auch für
eine ausreichende Aufnahme von essentiellen
Nährstoffen sorgen. Diabetiker sind auf eine
besonders strenge Bilanzierung von Energiezufuhr und verbrauch angewiesen. Diese
wenigen Beispiele mögen zeigen, daß die
Ernährungsbedürfnisse individuell unterschiedlich sind und somit in jedem Einzelfall
die Verwirklichung des Konzepts einer ausgewogenen Ernährung verschieden ausfallen
kann.

Die individuelle Ernährungsweise differiert sehr stark. Trotzdem kann festgestellt
werden, daß zumindest in den Industriestaa-
ten die Nährstoffversorgung im allgemeinen
ausreichend ist. Gerade für die USA bestehen

allerdings Bedenken, daß viele Amerikaner
sich nicht ausreichend ernähren, weil sie sehr
viele hochverarbeitete Nahrungsmittel zu
sich nehmen, Bedenken, die mit gewissen
Einschränkungen auch auf Deutschland übertragen werden müssen. Eine zu starke und vor
allem ungeeignete Verarbeitung der Lebensmittel kann zu einer Verarmung an essentiellen Nährstoffen führen, d.h. zu einer Ernährung, die von einer geringen Nährstoffdichte
bestimmt ist, die zwar viel Kalorien enthält,
dies aber vorwiegend in Form von Fetten und
hochgereinigten Kohlenhydraten, mit nur
wenig essentiellen Nährstoffen. Drei von fünf
Kalorien, die der durchschnittliche Amerikaner zu sich nimmt, stammen aus Fetten oder
Kohlenhydraten.

Eine nicht ausgewogene Ernährung entsteht in den Industrieländern nicht aufgrund
einer mangelnden Verfügbarkeit von geeigneten Lebensmitteln, sondern aufgrund einer
schlechten Auswahl. Um die Ernährungsgewohnheiten zu verbessern, gilt es zunächst
also, entsprechendes Wissen über die Wahl
der geeigneten Lebensmittel zu verbreiten.

Entscheidungshilfen für die
Auswahl geeigneter Lebensmittel

Entsprechende Tabellen über die täglich empfohlene, aufzunehmende Menge bestimmter

Nährstoffe (*RDA = Recommended Dietary Allowances*) vermitteln zwar hinreichende Informationen, sie sind allerdings oft wenig geeignet, um danach praktisch die tägliche Ernährung zusammenzustellen. Von den Ernährungswissenschaftlern wurden daher eine Reihe von pädagogischen Ansätzen entwickelt, die dazu beitragen sollen, das Konzept der ausgewogenen Ernährung zur hinreichenden Versorgung mit allen essentiellen Nährstoffen in die Praxis umzusetzen. Zwar existierten bereits auch schon früher solche Ansätze, etwa in Form der basalen vier Nahrungsmittelgruppen, mit deren Hilfe es durchaus möglich war, eine vollwertige Ernährung mit allen notwendigen Nährstoffen zusammenzustellen. Trotzdem waren diese älteren Konzepte doch teilweise erheblich fehlerhaft. Auch wenn man sich strikt an ihre Vorgaben hielt, war es nicht auszuschließen, daß man sich danach fehlernährte und im guten Glauben der Entwicklung chronischer ernährungsabhängiger Krankheiten Vorschub leistete. Das neueste Konzept zur optimalen Auswahl der täglich aufgenommenen Nahrungsmittel stellte die **Lebensmittelpyramide** dar, die vom Amerikanischen Landwirtschaftsministerium entwickelt wurde. Sie wird im Verlaufe dieses Kapitels, aber auch des gesamten Bandes, noch an mehreren Stellen näher erläutert. Bei der Konzeption dieser Pyramide ging man davon aus, einen optischen Eindruck von folgenden Ernährungsaspekten zu vermitteln: der Variationsbreite der Nahrungsmittel, die man täglich zu sich nehmen sollte, dem Kalorienanteil, der aus jeder einzelnen Nahrungsgruppe stammen soll, und der zurückhaltenden Einnahme von Fetten, Ölen und Süßigkeiten. Die Pyramide ist das Ergebnis einer jahrelangen intensiven Zusammenarbeit bekannter Ernährungswissenschaftler. Der Leser, der sich hierfür näher interessiert, sei auf Welsh et al. verwiesen.

Die Pyramide besteht aus fünf Lebensmittelgruppen. Die Basis stellt den Anteil an der Ernährung dar, aus dem sich die Hauptzufuhr der täglich aufgenommenen Kalorien rekrutieren sollte, nämlich Brot, Getreideprodukte und Teigwaren (6–11 Portionen), Gemüse (3–5 Portionen) und Obst (2–4 Portionen), also alles Nahrungsmittel pflanzlicher Herkunft. Niedriger sollte der Anteil von Portionen sein, die aus den Bereichen Milch, Joghurt und Käse (2–3 Portionen) sowie Fleisch, Geflügel, Fisch, getrocknete Bohnen, Eier und Nüssen (2–3 Portionen) stammen. Diese zweite Gruppe enthält vorwiegend Nahrungsmittel tierischer Herkunft. Mit Fetten, Ölen und Süßigkeiten, die nicht näher klassifiziert werden, soll insgesamt nur sparsam umgegangen werden. Die Lebensmittelpyramide ist in der Abbildung 2.3 dargestellt.

Tabelle 2.3 vermittelt einen Eindruck von typischen Portionsgrößen. Tabelle 2.4 gibt allgemeine Empfehlungen für verschiedene Bevölkerungsgruppen. Die Zahl der täglich zuzuführenden Portionen hängt von den kalorischen Bedürfnissen des jeweiligen Individuums ab.

Obwohl die Pyramide sicher einen deutlichen Fortschritt aus der Sicht einer gesundheitsbewußten Ernährung darstellt, hat sie nach wie vor noch Mängel. So wird an ihr kritisiert, daß sie nur diskrete Hinweise darauf gibt, daß Fleisch- und Milchprodukte die wichtigsten Quellen für Fette insgesamt und für gesättigte Fettsäuren im besonderen in der Ernährung darstellen. Die Tatsache, daß Bohnen und Fleisch in dieselbe Kategorie eingeordnet werden, könnte zu dem Mißverständnis führen, man sollte weniger Bohnen essen. Wie später auszuführen ist, gehören Bohnen zu den gesündesten Nahrungsmitteln überhaupt. Den Versuch einer Verbesserung dieser Pyramide stellt daher Tabelle 2.5 dar, in der Beispiele von Lebensmitteln aufgeführt werden, die häufig, manchmal oder selten, gegessen werden sollten.

Neben dem System der Lebensmittelpyramide gibt es noch eine Reihe von anderen Systemen, darunter das bereits im Kapitel 1 genannte **Lebensmittelaustauschsystem**. Für alle diese Systeme gilt allerdings, daß sie nur dann funktionieren, wenn nach ihnen auch wirklich qualitativ wertvolle Nahrungsmittel ausgesucht werden. Falls dies nicht der Fall ist, kann auch mit solchen Systemen eine minderwertige Ernährung zusammengestellt werden. Es ist daher erforderlich, sich über die Auswahl der geeigneten Nahrungsmittel zu informieren. Einige Empfehlungen hierzu werden im weiteren Verlauf dieses Kapitels gegeben.

Die Lebensmittelpyramide
als Hilfe bei der Zusammenstellung einer vernünftigen Ernährung

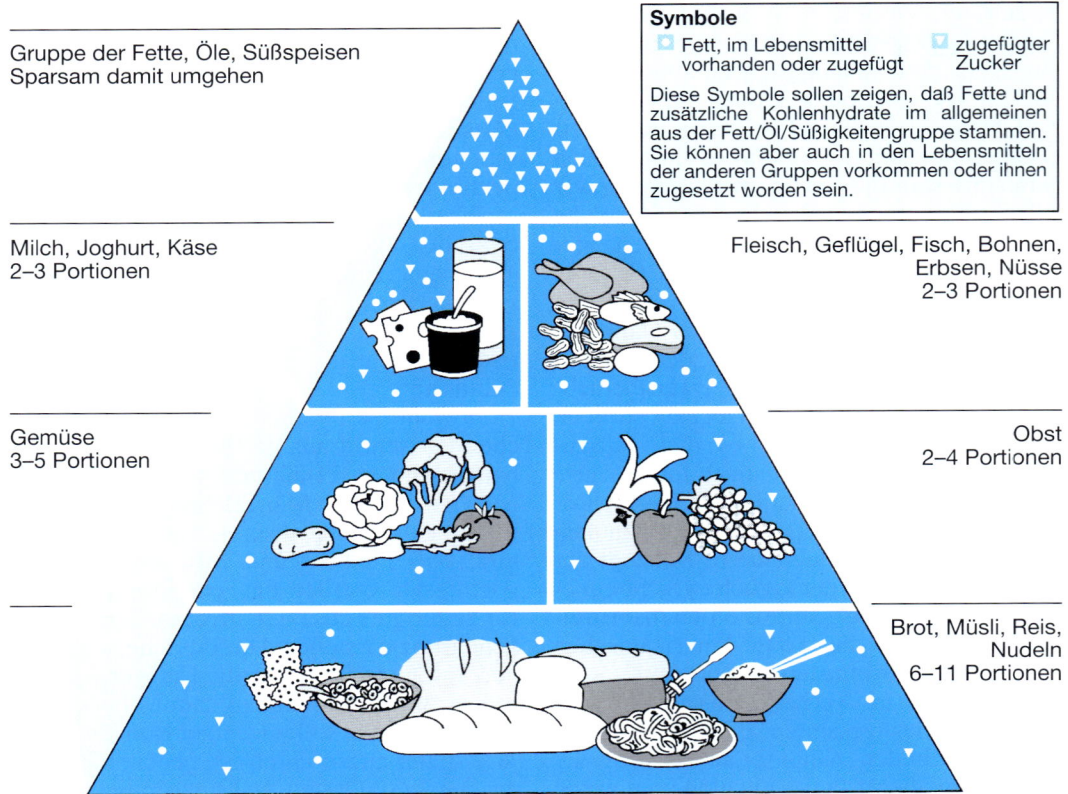

Gruppe der Fette, Öle, Süßspeisen
Sparsam damit umgehen

Symbole

🔹 Fett, im Lebensmittel   🔻 zugefügter
vorhanden oder zugefügt   Zucker

Diese Symbole sollen zeigen, daß Fette und zusätzliche Kohlenhydrate im allgemeinen aus der Fett/Öl/Süßigkeitengruppe stammen. Sie können aber auch in den Lebensmitteln der anderen Gruppen vorkommen oder ihnen zugesetzt worden sein.

Milch, Joghurt, Käse
2–3 Portionen

Fleisch, Geflügel, Fisch, Bohnen,
Erbsen, Nüsse
2–3 Portionen

Gemüse
3–5 Portionen

Obst
2–4 Portionen

Brot, Müsli, Reis,
Nudeln
6–11 Portionen

Abbildung 2.3   Die Lebensmittelpyramide als Hilfe für die Zusammenstellung einer gesunden und vernünftigen Ernährung. Die Basis jeder Ernährung und damit auch der Pyramide stellt ein relativ großer Anteil an Getreideprodukten in Form von Brot, Müsli, Reis, Nudeln sowie Obst und Gemüse etc. dar. Diese wird durch je 2–3 Portionen täglich aus der Gruppe der Milchprodukte sowie der Fleisch-Eiweiß-Gruppe ergänzt. Alle Gruppen enthalten jeweils mehrere, aber nie gleichzeitig alle Nährstoffe in ausreichender Menge, die man benötigt. Keine der Lebensmittelgruppen ist wichtiger als die andere, man benötigt sie aus gesundheitlicher Sicht stets alle. Sparsam sollte man umgehen mit Fetten, Ölen und Süßigkeiten, diese bilden daher die kleine Spitze der Pyramide.

Das Konzept der Schlüsselnährstoffe im Rahmen einer ausgewogenen Ernährung

Der Mensch benötigt viele und unterschiedliche Nährstoffe, darunter 20 Aminosäuren, 13 Vitamine und mehr als 25 Mineralstoffe. Wenn man wirklich darauf achten wollte, daß jede dieser 40 und mehr Substanzen auch

tatsächlich täglich ausreichend im Essen vertreten sind, wäre dies wenig praktikabel. Aus diesem Grund wurden vereinfachte Verfahren zur Gestaltung einer vernünftigen Ernährung entwickelt.

Die Zusammensetzung der einzelnen Lebensmittel ist teilweise sehr unterschiedlich. Wenn man sich eine einschlägige Tabelle über den Nährstoffgehalt der einzelnen Nahrungsmittel ansieht, so wird man rasch fest-

Tab. 2.3 Portionsgröße in der Lebensmittelpyramide bzw. dem Lebensmittelaustauschsystem

Lebensmittel-pyramide	Portionsgröße	Lebensmittel-austausch-Gruppe	Portionsgröße*
Milch, Joghurt, Käse	1 Meßbecher** Milch oder Joghurt 50 g Käse 60 g verarbeiteter Käse	Milchgruppe	1 Meßbecher Milch oder Joghurt
Fleisch, Geflügel, Fisch, Hülsen-früchte, Eier, Nüsse	50–75 g gekochtes mageres Fleisch, Geflügel oder Fisch $1/_2$ Meßbecher gekochte Hülsenfrüchte 1 Ei 10 g Erdnußbutter	Fleischgruppe	30 g Fleisch, Geflügel, Fisch 60 g Krabben, Hummer, Muscheln 30 g Käse 1 Ei
Brot, Müsli, Reis, Nudeln	1 Scheibe Brot 30 g Getreideflocken $1/_2$ Meßbecher gekochter Getreidebrei, Reis oder Nudeln	Brot/Getreide-gruppe	30 g Brot $1/_2$ Meßbecher Getreide- oder Weizenflocken oder Nudeln
Gemüse	1 Meßbecher rohes Blattgemüse $1/_2$ Meßbecher sonstiges Gemüse, roh oder gekocht $3/_4$ Meßbecher Gemüsesaft	Gemüsegruppe	1 Meßbecher frisches Gemüse $1/_2$ Meßbecher gekochtes Gemüse oder Gemüsesaft
Obst	1 mittelgroße(r) Apfel, Banane, Orange $1/_2$ Meßbecher zerkleinertes, gekochtes oder Dosenobst $1/_4$ Meßbecher Fruchtsaft	Obstgruppe	$1/_2$ Meßbecher frisches Obst oder Obstsaft $1/_4$ Meßbecher Trockenobst 1 Apfel, Orange oder Pfirsich $1/_2$ Banane
Fette, Öle, Süßspeisen (keine eigentliche Gruppe)	Keine Angabe	Fettgruppe	1 Teelöffel Butter, Margarine oder Öl 1 Teel. Mayonnaise 1 Eßl. Nüsse 1 Eßl. Salatdressing

* Die Portionsgröße kann wechseln, siehe hierzu auch Anhang E
** Ein Meßbecher entspricht 250 ml, $1/_2$ Meßbecher entsprechend 125 ml und $1/_3$ Meßbecher 80 ml.

Tab. 2.4 Zahl der täglichen Portionen aus den einzelnen Lebensmittelgruppen

	Frauen, ältere Men-schen, durchschnitt-liche Männer	Kinder, weibliche Jugendliche, körper-lich aktive Frauen	männliche Jugendliche, körperlich aktive Männer
Kalorienverbrauch*	ca. 1.600	ca. 2.200	ca. 2.800
Brotgruppe, Portionen	6	9	11
Gemüsegruppe, Portionen	3	4	5
Obstgruppe, Portionen	2	3	4
Milchgruppe, Portionen	2–3+	2–3+	2–3+
Fleischgruppe, Portionen	2, insgesamt 150 g	2, insgesamt 180 g	3, insgesamt 210 g
Gesamtfett	53	73	93

* Kalorienaufnahme bei Auswahl fettarmer Lebensmittel aus den 5 Hauptgruppen und sparsamem Verzehr von Fetten, Ölen und Süßspeisen
+ Schwangere, Stillende, Jugendliche und junge Erwachsene bis 24 Jahre brauchen 3 Portionen

Tab. 2.5 Modifikation der Lebensmittelpyramide

Lebensmittelgruppe	uneingeschränkt*	eingeschränkt**	selten***
Brot, Getreide, Reis, Nudeln, Backwaren	Brot, Gebäck, Brötchen (Vollkornprodukte), Frühstücksgetreide mit wenig Zucker, Hafermehl, Knäckebrot, alle Vollkornprodukte	Backwaren und Getreideprodukte aus stark ausgemahlenem Getreide (nicht Vollkorn) mit starkem Zuckerzusatz wie Kuchen, Biskuits, Kekse, Croissants, Weißbrot, weißer Reis	Apfeltorte, halbgefrorener Kuchen, Schokoladenkekse, Doughnuts, Sahnetorte, Buttergebäck
Gemüse und Hülsenfrüchte	Gemüse - frisch, gefroren, in Konserven; Gemüsesaft, leicht oder nicht gesalzen; Erbsen, Bohnen, Linsen	Avocado, Kartoffelchips, Pommes frites, Kartoffelsalat, Tomatensaft aus der Dose, Tofu	fritierte Zwiebelringe, Kartoffelgratin, Gemüse mit Sauce hollandaise
Obst	Obst - frisch, gefroren, getrocknet, konserviert im eigenen Saft; Obstsaft	Fruchtsaftkonserven mit Sirup, Fruchtsaft	Kokosfett
Milchprodukte	Milch, Magermilch oder 1%-fette Milch, fettfreier Käse, Hirtenkäse, fettfreies oder fettarmes Joghurt, Buttermilch	Milch mit 2% Fett, fettarmes Joghurt, fettarmer bzw. fettfreier Käse oder fettarme bzw. fettfreie Eiscreme	Vollmilch, Vollmilchjoghurt, Vollfettkäse, Schmelzkäse, Eiscreme, Käsekuchen
Fisch, Geflügel, Fleisch, Nüsse, Eier	Fisch, Muscheln, fettarme Fischstäbchen, Hummer, Krabbencocktail, Thunfischkonserven, Hühnchenbrust, Truthahn, mageres Fleisch, fettfreie Würstchen, Eiweiß, Eiweißersatzstoffe	Fischstäbchen, Thunfischkonserven in Öl, Hühnchen oder Truthahn mit Haut, Lendenfleisch, Nüsse, Erdnußbutter	Hähnchenschenkel bzw. -flügel mit Haut, Hotdog vom Truthahn, Beefsteak, Rippchen, Schinken, Eisbein, Salami, Leber, Eier
Fette, Süßspeisen, Zutaten	Ketchup, Senf, fettfreie Mayonnaise und Salatdressings, Oliven	Kandierte Früchte, Bonbons, Gelees, Sirup, Margarine, Mayonnaise, Pflanzenöle, Mixed pickles, Salatdressing, Sojasoße	Butter, Schokoladenriegel, Margarine
Vermischtes	Pizza ohne Käse, gegrilltes Hühnchensandwich, Spaghetti mit Tomatensauce, Fertigsuppen mit wenig Salz, Gemüsesandwich.	Gebackene Kartoffeln mit Käse, Käsepizza, Lasagne mit Fleisch, Nudelgerichte mit Käse, Sandwich mit Erdnußbutter und Gelee, Sandwich mit Hühnchenfleisch und Salat, Spaghetti bolognese	Hamburger, Salat mit Dressing, Cheeseburger, Käsesandwich, Hotdogs, Salamipizza etc.

* Diese Gruppe sollte die Basis der Ernährung darstellen
** Aus dieser Gruppe nur 2–3 Portionen und oder kleine Portionen täglich
*** Aus dieser Gruppe nur 2–3 Portionen und/oder kleine Portionen wöchentlich

stellen, daß es keine zwei Lebensmittel gibt, die in ihrer Zusammensetzung völlig identisch sind. Trotzdem gibt es mehr oder minder ausgeprägte Ähnlichkeiten, die es erlauben, eine Klassifizierung der verschiedenen Nahrungsmittel zu erarbeiten. Hierauf beruhen die vorgestellten Verfahren der Lebensmittelpyramide und der Lebensmittelaustauschtabellen. Die Klassifizierung erfolgt nach Ähnlichkeiten im Kalorien- und Nährstoffgehalt. Man kann acht für den Menschen besonders wichtige Nährstoffe hervorheben: Eiweiße, Thiamin, Riboflavin, Niacin, die Vitamine A und C, Eisen und Kalzium (Abb. 2.4). Wenn einer oder mehrere dieser Nährstoffe in einem tierischen oder pflanzlichen Nahrungsmittel auftauchen, so kann man sicher sein, daß auch andere essentielle Nährstoffe vertreten sind. Das **Konzept der Schlüsselnährstoffe** geht davon aus, daß dann, wenn diese acht Substanzen in der Ernährung vertreten sind, mit großer Wahrscheinlichkeit auch eine ausreichende Versorgung an allen essentiellen Nährstoffen angenommen werden kann. Damit das

Abbildung 2.4
Das Konzept der Schlüsselnährstoffe. Wenn der empfohlene Tagesbedarf an diesen 8 Schlüsselnährstoffen im Rahmen einer ausgewogenen, aus den 6 Lebensmittelgruppen zusammengestellten Ernährung abgedeckt ist, kann man davon ausgehen, daß dies für sämtliche essentielle Nährstoffe gilt.

Eiweiß
Vitamin A
Thiamin
Riboflavin
Niazin
Vitamin C
Eisen
Kalzium

Konzept funktioniert, sollten die Produkte, die die zentralen Nährstoffe enthalten, aus einer möglichst großen Palette an gesunden, möglichst naturbelassenen Lebensmitteln ausgewählt werden. Hochgereinigte Nahrungsmittel, die sekundär wieder mit Vitaminzusätzen angereichert worden sind, können trotzdem beispielsweise Defizite vor allem bei den Spurenelementen aufweisen. So geht besonders Chrom leicht bei den Aufbereitungsprozessen verloren.

Tabelle 2.6 zeigt die acht Schlüsselnährstoffe und einige typische pflanzliche und

Tab. 2.6 Die acht Schlüsselnährstoffe und wichtige pflanzliche und tierische Quellen

Nährstoff	Tages-bedarf	Pflanzliche Quellen	Tierische Quellen	Lebensmittel-gruppen
Eiweiß	56 g	Erbsen, Bohnen, Nüsse	Fleisch, Geflügel, Fisch, Käse, Milch	Fleisch, Milch
Vitamin A	500 IU	Dunkelgrüne Blattgemüse, gelbe Gemüse, Margarine	Butter, vitaminangereicherte Milch, Leber	Obst, Gemüse, Fett
Vitamin C	60 mg	Zitrusfrüchte, Brokkoli, Kartoffeln, Erdbeeren, Tomaten, Kohl, dunkelgrüne Blattgemüse	Leber	Obst, Gemüse
Thiamin (Vitamin B$_1$)	1,5 mg	Brot, Getreideprodukte, Nudeln, Nüsse	Schweinefleisch, Schinken	Brot/Getreide, Fleisch
Riboflavin (Vitamin B$_2$)	1,7 mg	Brot, Getreideprodukte, Nudeln	Milch, Käse, Leber	Brot/Getreide, Milch
Niacin	20 mg	Brot, Getreideprodukte, Nudeln, Nüsse	Fleisch, Fisch, Geflügel	Brot/Getreide, Fleisch
Eisen	18 mg	Hülsenfrüchte, Spinat, Spargel, Trockenobst	Fleisch, Leber	Fleisch, Brot/Getreide
Kalzium	1000 mg	Rübenkraut, Brokkoli, Spinat, Kohl	Milch, Käse, Sardinen, Lachs	Milch, Gemüse

* Empfohlene Tagesaufnahme

Tab. 2.7 Beispiel eines Tagesspeiseplans auf der Basis der Lebensmittelaustauschtabellen

Austauschgruppe	Lebensmittel	Austauschgruppe	Lebensmittel
Frühstück		*Abendessen*	
Fleisch	Speck	Fleisch	gebackene Bohnen
Brot/Getreide	Brötchen	Brot/Getreide	Reis oder Nudeln
Milch	Magermilch		Gebäck
Obst	Orangensaft	Milch	Joghurt
Fett	Pflanzenmargarine	Obst	Pfirsichstücke mit Joghurt
Mittagessen			gemischter Salat
Fleisch	Thunfisch in Wasser	Gemüse	fettarmes Dressing
Brot/Getreide	Vollkornbrot	Fett	
Milch	Magermilch		
Obst	Apfel	*Zwischenmahlzeiten*	
Gemüse	Salat und Tomaten	Obst	Banane
Fett	fettarme Mayonnaise		

Zur Beachtung: Diese Tabelle enthält einige Beispiele für häufig genutzte Lebensmittel aus den sechs Austauschgruppen. Wie im Text dargestellt, sollte man die einzelnen Lebensmittel sehr sorgfältig auswählen. Um eine zu hohe Zufuhr von Kalorien, Fetten, speziell gesättigten Fetten und Cholesterin zu vermeiden, sollte man immer die fettarme Variante eines Lebensmittels aussuchen, also Magermilch, mageres Fleisch wie enthäutetes Geflügelfleisch, Thunfisch in Wasser, fettarmes Joghurt, Pflanzenmargarine.

tierische Produkte, in denen sie besonders vorkommen. Mit Hilfe der Lebensmittelaustauschtabellen ist es möglich, die Versorgung mit diesen acht Schlüsselnährstoffen sicherzustellen. Man sollte allerdings berücksichtigen, daß die Verteilung dieser Nährstoffe nicht immer identisch ist. Es gibt nicht nur Unterschiede zwischen den einzelnen Austauschkategorien, sondern auch innerhalb ein und derselben Kategorie. Die Einheit Brot/Getreide enthält beispielsweise auch Eiweiß, allerdings ist die Qualität dieses Eiweißes geringer als die des tierischen Eiweiß aus der Gruppe der Fleisch- bzw. Milchprodukte. In der Gruppe der Früchte sind Orangen eine ausgezeichnete Quelle für Vitamin C, Pfirsiche enthalten dagegen weniger Vitamin C, dafür relativ viel Vitamin A. Wenn man sich angewöhnt, jeweils auch innerhalb einer Gruppe eine möglichst breite Auswahl zu treffen, kann man sicher sein, sich ausgewogen zu ernähren. Tabelle 2.7 gibt ein Beispiel für eine auf der Grundlage der Austauschtabellen zusammengestellte Tagesernährung.

Ein Beispiel einer auf der Basis der Nahrungsmittelaustauschtabellen zusammengestellten kalorienarmen Reduktionskost wird in Kapitel 11 gegeben. Gleichzeitig werden dort Methoden vorgestellt, nach denen eine Ernährung mit bestimmten kalorischen Vorgaben geplant werden kann.

Das Konzept der Nährstoffdichte

Der Nährstoffgehalt in den einzelnen Lebensmitteln variiert erheblich, wobei die Unterschiede zwischen zwei Nahrungsmitteln aus verschiedenen Gruppen im allgemeinen ausgeprägter sind als innerhalb einer Gruppe. Die **Nährstoffdichte** ist ein wichtiger Begriff, der angibt, wie hoch der Anteil an essentiellen Nährstoffen wie Eiweiß, Vitaminen oder Minerstoffen an einem bestimmten Lebensmittel ist. Ein Nahrungsmittel mit hoher Nährstoffdichte enthält, gemessen an seinem kalorischen Gehalt, eine große Menge eines oder mehrerer essentieller Nährstoffe. Man kann in diesem Fall von hochwertigen Kalorien sprechen, im Gegensatz zu „leeren Kalorien", also einem Nahrungsmittel, das im wesentlichen nur Kalorien enthält, aber kaum essentielle Nährstoffe.

Dies wird an einem Vergleich zwischen dem Nährstoffgehalt einer Büchse Thunfisch und eines Stücks Sahnekuchen deutlich. Beide enthalten ungefähr 220 Kalorien. Mit dem Thunfisch kann man mehr als die empfohlene Tagesmenge von zwei Schlüsselelementen aufnehmen, nämlich Eiweiß und Niacin, zusätzlich große Mengen wichtiger Vitamine und Mineralien, gleichzeitig wenig Fett. Der Sahnekuchen enthält überwiegend Fett und stark gereinigte Kohlenhydrate, nur wenig Eiweiß, wenige Vitamine und Mineralien. Somit hat der Thunfisch eine wesentlich größere Nährstoffdichte und damit einen höheren Nährwert als der Sahnekuchen. Ein weiteres Beispiel wird in Abbildung 2.5 gegeben, die die Nährstoffdichte verschiedener Getränke miteinander vergleicht.

Zur weiteren Erläuterung soll ein Beispiel aus der ein- und derselben Gruppe, nämlich der Fleisch-/Fischgruppe, gegeben werden. Die folgende Tabelle gibt den Kalorien-, Eiweiß- und Eisengehalt für jeweils 100 g Thunfisch und 100 g Muscheln wieder.

	Kalorien	Eiweiße	Eisen
100 g Thunfisch	110 Kal	28 g	1,9 mg
100 g Muscheln	77 Kal	13 g	6,1 mg

Die Eiweißdichte ist in beiden Nahrungsmitteln ähnlich mit etwa je 1 g Eiweiß auf 5 kal Thunfisch (145/28), bzw. 6 kal Muscheln (77/13). Andererseits enthält die gleiche Menge Muscheln 3 × mehr Eisen als Thunfisch. Berücksichtigt man darüber hinaus die geringere Kalorienzahl der Muscheln, so ist die Nährstoffdichte für Eisen im Muschelfleisch sogar 5 × höher als im Thunfisch. Beide Nahrungsmittel sind ausgezeichnete Eiweißquellen. Der Thunfisch ist eine gute Eisenquelle, die Muscheln sind ihm in diesem Punkt jedoch noch überlegen. Dieses Beispiel macht klar, daß man sich auch innerhalb einer bestimmten Gruppe von Lebensmitteln eine möglichst große Vielfalt aussuchen sollte.

Wenn man sich eine gesunde Ernährung zusammenstellt, wie dies im nächsten Abschnitt beschrieben wird, so wird hiermit

Abbildung 2.5
Das Konzept der Nährstoffdichte. Das Grundprinzip einer vernünftigen Ernährung besteht in der Auswahl von Lebensmitteln, die reich an hochwertigen Nährstoffen und arm an Kalorien sind. Man beachte den Nährstoffgehalt der in der Tabelle enthaltenen Getränke. Wie erkennbar, sind Orangensaft und Milch wichtige Quellen für mehrere Schlüsselnährstoffe, Coca Cola enthält dagegen nur Kalorien in Form von Zucker. Der Vergleich zeigt ferner, daß Voll- und Magermilch zwar jeweils den gleichen Anteil an wichtigen Nährstoffen beinhalten, Vollmilch enthält jedoch 60 % mehr Kalorien als die gleiche Menge Magermilch.

Menge	0,25 l	0,25 l	0,25 l	0,25 l
Kalorien	120	150	90	100
Eiweiß (g)	0	8*	8*	0
Fett (g)	0	8	Spur	0
Kohlenhydrate (g)	30	12	12	25
Kalzium (mg)	27	352*	352*	0
Eisen (mg)	0,5	0,1	0,1	0
Vitamin A (IU)	500*	500*	500*	0
Thiamin (mg)	0,2*	0,1	0,1	0
Riboflavin (mg)	0,07	0,5*	0,5*	0
Niacin (mg)	1,0	0,2	0,2	0
Vitamin C (mg)	152*	2	2	0
	Orangensaft	Vollmich	Magermilch	Cola

* Signifikante Menge des jeweiligen Schlüsselnährstoffs, mehr als 10% des Tagesbedarfs.

automatisch die Nährstoffdichte erhöht und die Menge an aufgenommenen Fetten und Kohlenhydraten vermindert.

2.4 Empfehlungen für eine gesunde Ernährung

Sowohl ein Zuviel wie auch ein Zuwenig an einem essentiellen Nährstoff kann zu Gesundheitsstörungen oder chronischen Erkrankungen führen. Akute Gesundheitsstörungen lassen sich meist rasch wieder durch eine Normalisierung der Nahrungsaufnahme beseitigen. Auch chronische, ernährungsabhängige Erkrankungen können durch eine vernünftige Ernährung verhindert, bzw. bei ihrem Auftreten durch Ernährungsumstellung positiv beeinflußt werden. Im folgenden soll ausgeführt werden, wie eine gesundheitsbewußte Ernährung aussehen sollte und welche Möglichkeiten bestehen, die Ernährungsgewohnheiten in unserer Gesellschaft in eine solche Richtung zu ändern.

Empfehlungen für eine Ernährung zur Verhinderung von ernährungsabhängigen Erkrankungen

Zwar läßt sich sicher nicht jede chronische Erkrankung allein durch vernünftige Ernährung verhindern und vieles in diesem Bereich steht noch in der Diskussion. Trotzdem können die nachfolgend gegebenen Empfehlungen aus der Sicht unseres derzeitig wissenschaftlich begründeten Wissens für die Mehrheit der Bevölkerung als vernünftig angesehen werden. Sie stellen eine Synthese der Empfehlungen einschlägiger Fachgesellschaften wie der Amerikanischen Herz-Kreislaufgesellschaft (American Heart Association), des Nationalen Krebsinstitutes (National Cancer Institute) und des Amerikanischen Gesundheitsministeriums dar. Die Verbreitung dieser Empfehlungen trägt dazu bei, chronische Erkrankungen, speziell Herz-Kreislauf-Erkrankungen und Krebs, zu verhindern. Eine Reihe dieser diätetischen Empfehlungen wird durch regelmäßige körperliche Aktivität verstärkt. Die Begründung

für diese Empfehlungen wird teilweise in späteren Kapiteln dieses Bandes an geeigneter Stelle nachgeliefert.

1. Man sollte bestrebt sein, sein Körpergewicht im Normbereich zu halten. Zu diesem Zweck sollte ein Gleichgewicht zwischen der täglichen Kalorienaufnahme und dem Kalorienverbrauch bestehen. Die Methoden zur Steuerung des Körpergewichts werden im einzelnen im Kapitel 11 dargestellt.

2. Die Ernährung sollte möglichst abwechselungsreich aus den einzelnen Lebensmitteln ausgewählt werden, entsprechend der Lebensmittelpyramide oder den Austauschtabellen. Eine solche Ernährung mit möglichst naturbelassenen Nahrungsmitteln garantiert eine ausgewogene Kost mit ausreichender Zufuhr von allen essentiellen Nährstoffen. Man sollte Lebensmittel bevorzugen, die eine hohe Dichte an Schlüsselnährstoffen aufweisen.

3. Die Ernährung sollte ausreichend Kalzium und Eisen enthalten. In dieser Hinsicht besonders wertvolle Lebensmittel zeigt die Tabelle 2.8. Dies gilt besonders für Frauen und Kinder. Mager- bzw. fettarme Milch und andere fettarme Milchprodukte stellen hervorragende Kalziumquellen dar. Ein Glas Magermilch enthält beispielsweise schon ein Drittel der täglich empfohlenen Kalziummenge. Weitere gute Kalziumquellen sind die meisten Gemüse, ganz besonders Brokkoli. Eisen findet sich vor allem in Fleisch sowie in Stärkeprodukten wie Brot. Dabei sollte man mageres Fleisch vorziehen, um die Fettaufnahme zu beschränken, bzw. Vollkorn- oder angereicherte Produkte, die mehr Eisen enthalten als gebleichtes, nicht angereichertes Mehl.

4. Eiweiß sollte man in Maßen zu sich nehmen. Die tägliche Eiweißmenge sollte 0,8 g Eiweiß pro kg Körpergewicht betragen, also etwa 50–60 g pro Tag oder 10–12% der täglich aufgenommenen Kalorienmenge. Als Obergrenze werden 1,6 g/kg Körpergewicht angegeben. Der durchschnittliche Amerikaner (die hier geschilderten Verhältnisse dürften auch für den durchschnittlichen Deutschen zutreffen, Anmer-

kung der Übersetzer) nimmt täglich etwa 100 g Eiweiß zu sich. Er liegt somit im oberen Bereich der angegebenen Empfehlungen. Nachteilig ist dabei, daß es sich vor allem um tierisches Eiweiß handelt. Tierisches Eiweiß ist zwar biologisch besonders hochwertig, es wird naturgemäß allerdings in Form von Fleisch aufgenommen. Die hohe Eiweißzufuhr ist somit automatisch mit einer entsprechend hohen Einnahme an gesättigten Fetten und Cholesterin verbunden. Die Eiweißaufnahme in Form von pflanzlichen Proteinen wäre aus dieser Sicht wesentlich besser. Auf der anderen Seite stellt tierisches Eiweiß eine wesentlich bessere Quelle für wichtige Mineralstoffe wie Eisen, Zink und Kupfer dar als pflanzliches Protein.

Der Gesamteiweißbedarf von ca. 35 g vollwertigem Protein kann beispielsweise durch ca. 100 g Fleisch, Fisch oder Geflügel, zusätzlich 2 Glas Magermilch, gedeckt werden. Wenn man zu diesen tierischen Proteinen noch pflanzliche Eiweiße aufnimmt, beispielsweise in Form von Getreideprodukten, Hülsenfrüchten oder Gemüse, so ist der tägliche Eiweißbedarf mehr als gedeckt.

Eine besonders günstige Eiweißquelle ist ferner Seefisch. Seefisch hat den zusätz-

lichen Vorteil, daß er fettarm ist und gleichzeitig sehr viel Omega 3-Fettsäuren enthält, die aus gesundheitlicher Sicht besonders günstig sind.

5. Die Ernährung sollte reichlich **komplexe Kohlenhydrate** und Pflanzenfasern in Form von Gemüsen, Früchten und Getreideprodukten enthalten (siehe Abb. 2.6). Etwa 60% der aufgenommenen Kalorien sollten aus Kohlenhydraten stammen, davon 50% in Form von komplexen Kohlenhydraten und die restlichen 10% als natürlicherweise vorkommende Einfachzucker. Um dieser Forderung gerecht zu werden, sollte man die Kohlenhydrate vor allem in Form von Vollkornprodukten (Brot- und Getreideprodukte), Gemüse (vor allem Hülsenfrüchte) und Obst zu sich nehmen. Beim Gemüse und den Früchten sollte man vor allem auf solche achten, die viel Antioxidantien enthalten, wie Betakarotin und Vitamin C, z.B. Karotten, Pfirsiche und Kürbisse. Grundsätzlich sind gelbe und orange Früchte und Gemüse, sowie dunkelgrüne Blattgemüse gute Quellen für die genannten Vitamine. Besonders günstig sind auch alle Kohlarten, einschließlich Brokkoli, Blumenkohl und Rosenkohl. Allen Früchten und Gemüsen kommt eine Schutzwirkung gegen Krebserkrankungen im Magen-Darm-Kanal zu, speziell gegen Magen-, Dickdarm- und Enddarmkrebs.

Tab. 2.8 Kalzium- bzw. eisenreiche Lebensmittel

Mineral	Lebensmittel
Kalzium	Alle Milchprodukte: Milch, Käse, Eiscreme, Joghurt, Eidotter, Hülsenfrüchte (Erbsen, Bohnen), tiefgrüne Gemüse wie Rübenkraut, Spinat, Brokkoli, Blumenkohl
Eisen	Innereien wie Leber, Fleisch, Fisch, Geflügel, Schellfisch, Austern, getrocknete Hülsenfrüchte (Erbsen, Bohnen), Vollkornprodukte wie Brot und Frühstücksgetreide, dunkelgrüne Blattgemüse wie Spinat und Brokkoli, getrocknete Früchte wie Feigen, Rosinen, Aprikosen und Datteln

Abbildung 2.6 Die tägliche Ernährung sollte ausreichend Ballaststoffe enthalten. Man sollte deshalb nur Obst, Gemüse und Vollkornprodukte zu sich nehmen.

Ein wichtiger Vorteil der komplexen Kohlenhydrate ist ihr hoher Gehalt an Pflanzenfasern. Besonders Vollkornprodukte und zahlreiche Gemüse sind eine sehr gute Quelle für wasserunlösliche Fasern. Wasserlösliche Pflanzenfasern finden sich vor allem in Früchten, Bohnen und Haferprodukten wie Hafermehl und Haferkleie. Der hohe Fasergehalt dieser Nahrungsmittel ist die Ursache für ihre Schutzwirkung gegenüber Dickdarmkrebs und der koronaren Herzkrankheit.

6. **Rohrzucker** sollte nur eingeschränkt Verwendung finden. Die Zielvorstellungen der Ernährungsplaner laufen darauf hinaus, den derzeitigen durchschnittlichen Verbrauch von 24% der in Form von Zucker eingenommenen täglichen Kalorien auf unter 12% zu senken. Eine zu hohe Zufuhr von stark gereinigten Einfachzuckern führt zu einem Anstieg der Triglyzeridkonzentration im Blut. Zucker und Süßigkeiten sind wichtige Faktoren für die Entwicklung von Karies. Ein hoher Zuckergehalt von Nahrungsmitteln erhöht ihren Kaloriengehalt, ohne ihren Nährwert zu verbessern, ein Aspekt, den vor allem derjenige berücksichtigen sollte, der Gewichtsprobleme hat.

In der Praxis sollte man daher so weit als möglich auf das Süßen von Speisen mit Rohrzucker verzichten und stark gesüßte Nahrungsmittel meiden. Der Zuckerzusatz gehört zu den häufigsten Prozessen bei der Lebensmittelverarbeitung. Man sollte sich daraufhin die Produktinformation eines Nahrungsmittels ansehen. Wenn hier Zucker an erster Stelle auftaucht, so bedeutet dies, daß er der wichtigste kalorische Inhaltsstoff des Nahrungsmittels ist. Weitere Begriffe, hinter denen sich vor allem Zucker verbirgt und die hier auftauchen, sind beispielsweise Sirup, Dextrose, Fruktose und Malzzucker (Abb. 2.7). Wenn man schon süßen will, so ist es günstiger, hierfür natürlicherweise vorkommende Zucker zu nutzen.

7. Die Ernährung sollte wenig **Fette**, vor allem gesättigte Fette, und Cholesterin enthalten. Für diese Substanzen besteht in der Ernährung eigentlich überhaupt kein Bedarf. Notwendig ist jedoch die Zufuhr von essentiellen Fettsäuren wie Linolsäure und Linolensäure, sowie von fettlöslichen Vitaminen, die mit dem Fett aufgenommen werden. Nachdem alle Nahrungsmittel einen mehr oder weniger großen Fettanteil enthalten, ist bei einer üblichen Ernährung stets für eine hinreichende Zufuhr von essentiellen Fettsäuren und fettlöslichen Vitaminen gesorgt. Dies gilt selbst für den reinen Vegetarier, der mit Früchten, Gemüsen und Getreideprodukten immerhin noch 5–10% seiner Kalorien in Form von Fett aufnimmt, und damit genügend essentielle Nährstoffe aus diesem Bereich erhält. Die Fettzufuhr mit der Ernährung sollte im Durchschnitt unter 30% der Gesamtkalorien liegen. Der effektive mittlere Wert beträgt in der amerikanischen sowie in der deutschen Bevölkerung fast 40%. Die Aufnahme an gesättigten Fetten sollte maximal bei 10% der Gesamtkalorien- menge liegen, die maximale Cholesterinmenge pro Tag in der Ernährung bei 300 mg oder weniger. Zur Verwirklichung dieser Ernährungsziele trägt die Berücksichtigung folgender Hinweise bei:

a) Man sollte **mageres Fleisch** bevorzugen, fettes Fleisch, insbesondere Wurst und fetten Schinken soweit als möglich meiden. Überschüssiges Fett sollte vor der Zubereitung abgeschnitten werden. Man sollte mageres rotes Fleisch, und weißes Fleisch wie Huhn und Fisch bevorzugen, die einen geringeren Fettanteil aufweisen. Beim Geflügel sollte vor dem Essen die Haut entfernt werden.

b) Eier sollte man maximal 2–3 pro Woche essen. Ein Eidotter enthält 220–250 mg Cholesterin. Wenn man ein Ei pro Tag ißt, so liegt man also schon dicht unter dem empfohlenen Maximalwert von 300 mg. Das Eiweiß enthält dagegen kein Cholesterin und ist eine ausgezeichnete Quelle für hochwertiges Protein. Statt natürlicher Eier kann man auch kommerziell angebotene Eiweißpräparate benutzen, vor allem solche, die einen niedrigen Fettanteil enthalten.

c) Bei den Milchprodukten sollte man solche bevorzugen, die fettarm sind, beispielsweise statt Vollmilch Magermilch, bzw. Produkte, die aus Magermilch oder entfetteter Milch hergestellt sind wie Joghurt oder Magerkäse. Grundsätzlich sind Weichkäse fettärmer als Hartkäse, die im allgemeinen viel Fett und Kalorien enthalten. Inzwischen werden auch fettfreie Käsearten angeboten.

d) Beim Streichfett sollte man von der Butter auf Margarine ausweichen, vor allem auf solche Margarinearten, die viel einfach oder mehrfach ungesättigte Fettsäuren enthalten, speziell solche aus Pflanzenölen. Weniger günstig und zu meiden sind Margarinesorten, die aus hydrogenierten oder teilweise hydrogenierten (gehärteten) Ölen hergestellt werden, und die ähnlich verstoffwechselt werden wie gesättigte Fette. Grundsätzlich sollte man aber auch mit der Margarine ebenso sparsam umgehen wie mit der Butter. Inzwischen werden aber auch fettfreie Margarinearten angeboten.

e) Man sollte soweit als möglich kommerziell gefertigte Backwaren meiden, besonders wenn sie mit Eiern, gesättigten oder gehärteten Fetten hergestellt werden.

f) Man sollte so wenig wie möglich „Fast Food" verzehren. Die Fast-Food-Ketten-Produkte sind häufig sehr fettreich. Das durchschnittliche McDonald-Sandwich enthält etwa 50% seiner Kalorien in Form von Fetten. Aber auch die Fast-Food-Ketten beginnen umzulernen. Einige bieten inzwischen schon Nahrungsmittel mit hoher Nährstoffdichte und geringem Fettgehalt an. Man kann sich auch in Schnellimbißrestaurants vernünftig ernähren, wenn man gebackenen Fisch, gegrilltes enthäutetes Hühnchen, mageres Fleisch, gebackene Kartoffeln und Salate bestellt.

g Man sollte sich vor dem Kauf über den Inhalt von Lebensmitteln informieren. Auf den entsprechenden Produktinformationen sollte man auf Ausdrücke wie Backfett, Kokos- oder Palmöl, Schmalz, Mono- oder Diglyzeride, Triglyzeride, Stearin und Palmitat achten. Alles dies sind Synonyma für Fette, teilweise für gesättigte Fette (siehe Abb. 2.7). Wenn angegeben wird, daß das Produkt nur mit Pflanzenölen hergestellt wird, so bedeutet dies nicht notwendigerweise, daß es sich dabei um ungesättigte Fette handelt, da vor allem die tropischen Öle wie Palmöl und Kokosfett sehr viele gesättigte Fette enthalten.

h) Man sollte die Nahrung vorwiegend grillen oder in der Mikrowelle erhitzen, auf das Backen in Fett sollte man so weit als möglich zu verzichten. Wenn die Verwendung von Ölen beim Kochen unvermeidlich ist, sollte man einfach

Abbildung 2.7
Bezeichnungen für Kohlenhydrate und Fette, die auf den Produktinformationen von industriell aufgearbeiteten Lebensmitteln erscheinen können. Solche Bezeichnungen sollte man kennen und auf sie achten.

Zucker	Fette
Rohrzucker	Schmalz
Glukose	Palmöl
Fruktose	Kokosöl
Sirup	Monoglyzeride
Honig	Diglyzeride
Melasse	Triglyzeride
Sorbitol	Stearin
Mannitol	Palmitat
Brauner Zucker	Pflanzenfett
Laevulose	Hydrogenierte Öle
Invertzucker	

ungesättigte Fettsäuren bevorzugen, wie Oliven- oder Erdnussöl.

i) Besonders günstig ist Fisch. Viele Fischarten, wie Sardinen, Lachs, Thunfisch oder Makrelen sind reich an Omega-3-Fettsäuren. Weißer Fisch, z.B. die Flunder, enthält sehr wenige Fettkalorien.

Zusammengefaßt sollte man die Zufuhr von Fett, speziell Cholesterin und gesättigten Fettsäuren, soweit als möglich reduzieren und statt gesättigten bzw. hydrogenierten Fetten einfach oder mehrfach ungesättigte Fette, speziell Omega-3-Fettsäuren, bevorzugen.

8. Der Verzehr von Kochsalz bzw. Natrium sollte eingeschränkt werden. Die Natriumzufuhr sollte täglich unter 2.400 mg liegen, entsprechend 6 g Kochsalz. Mehr braucht der Körper nicht, um die physiologischen Funktionen aufrecht zu erhalten. Natrium bzw. Kochsalz ist in sehr vielen Nahrungsmitteln enthalten, so daß eine ausreichende Versorgung keine Schwierigkeiten bereitet; im Gegenteil, es ist wesentlich schwieriger, die Kochsalzaufnahme auf ein vertretbares Maß zu reduzieren. Zur Einschränkung der Kochsalzaufnahme können folgende Hinweise beitragen:

a) Der Salzstreuer sollte vom Tisch verschwinden. Ein Teelöffel Salz entspricht 2 g Natrium, eine durchschnittlich gesalzene Mahlzeit enthält 3–4 g Natrium. Man sollte beim Kochen und beim Essen so wenig wie möglich Salz zusetzen bzw. nicht nachsalzen.

b) Ausgesprochen salzreiche Nahrungsmittel sollte man nur sehr eingeschränkt zu sich nehmen, wie Bretzeln, Kartoffelchips, Mixed Pickles, die meisten Snacks, etc.

c) Überprüfen Sie die **Produktinformationen** hinsichtlich des Natrium- bzw. Kochsalzgehaltes. Wenn darin Kochsalz oder Natrium auftauchen, so ist davon auszugehen, daß sie in relativ großer Menge in dem Produkt vorhanden sind. Salz ist ein häufig benutzter Zusatz bei der Nahrungsverarbeitung,

es verbirgt sich auch unter Ausdrücken wie Monosodium, Glutamat und anderen.

d) Frische Früchte und Gemüse enthalten im allgemeinen nur wenig Natrium und sollten auch aus diesem Grund bevorzugt gegessen werden. Sowohl frische wie auch konservierte Früchte haben einen Natriumgehalt von weniger als 8 mg pro Portion. Bei frischem oder eingefrorenem Gemüse liegt der Natriumgehalt meist bei 35 mg pro Portion und darunter, er kann allerdings auch bis zu 460 mg betragen.

e) Eine gute Möglichkeit, den Salzverbrauch zu reduzieren, ist das Ausweichen auf frische Kräuter oder andere Gewürze.

9. Die Nahrung sollte ausreichend Fluoride enthalten. Dies ist besonders in der Kindheit wichtig, vor allem während der ersten und zweiten Zahnbildung, da die Fluoride dem Zahnverfall entgegenwirken und den Zahnschmelz kräftigen. Häufig enthält das Trinkwasser natürlicherweise oder substituiert genügend Fluor, um den Tagesbedarf zu decken. Ist dies nicht der Fall, wird die Einnahme von Fluorpräparaten oder die Verwendung von fluorhaltiger Zahnpasta empfohlen.

10. Die Einnahme von Nahrungszusatzstoffen über die täglich empfohlenen Nährstoffmengen hinaus ist fast immer unnötig und möglicherweise schädlich. Wie in den Kapiteln 7 bis 9 diskutiert, ist eine zusätzliche Zufuhr der meisten Vitamine und Mineralstoffe bei Menschen, die sich ausgewogen ernähren, überflüssig. Eine vernünftige Ernährung, die sich auf qualitativ gute Nahrungsmittel mit hinreichender Nährstoffdichte gründet, garantiert eine adäquate Vitamin- und Mineralzufuhr. Wer trotzdem der Meinung ist, Vitamin- und/oder Mineralzusätze zu benötigen, sollte diese auf die Höhe der empfohlenen Tagesmenge beschränken.
Zahlreiche Präparate dieser Art halten sich an diesen Standard. Eine allzu hohe

Substitution mit manchen Vitaminen und Mineralien kann zu ernsthaften gesundheitlichen Schäden führen. Wie in Kapitel 7 näher ausgeführt, kann allerdings die Zufuhr von antioxidierend wirkenden Vitaminen gesundheitliche Vorteile mit sich bringen. Das letzte wissenschaftliche Wort ist hierzu allerdings noch nicht gesprochen, wie dies in den weiteren Kapiteln auszuführen sein wird. Bis zu einer endgültigen Stellungnahme müssen hier noch weitere Untersuchungsergebnisse abgewartet werden.

11. Bei **Nahrungsmitteln mit fragwürdigen Zusätzen** ist Zurückhaltung geboten. Zwar kann davon ausgegangen werden, daß die meisten Zusätze unschädlich sind, es bestehen jedoch teilweise durchaus Bedenken. So wurden durch Saccharin und Nitrate im Tierversuch Krebserkrankungen ausgelöst, Sulfide und Nahrungsfarbstoffe können bei dafür anfälligen Personen allergische Reaktionen verursachen. Am besten ist es, naturbelassene Nahrungsmittel zu sich zu nehmen und auf solche Additive völlig zu verzichten.

12. **Alkohol** sollte man, wenn überhaupt, nur mit Maßen trinken. Nach dem derzeitigen Stand des Wissens kann davon ausgegangen werden, daß geringer bis mäßiger Alkoholgenuß beim gesunden Erwachsenen keinerlei gesundheitliche Schäden verursacht, von Schwangeren für das werdende Kind abgesehen. Geringer bis mäßiger Alkoholgenuß bedeutet ein Getränk pro 25 kg Körpergewicht. Ein Getränk ist beispielsweise definiert als ein Glas Bier (0,3 l), ein Glas Wein (120 ml) oder ein doppelter Schnaps (40 ml). Nach dieser Definition kann sich ein Erwachsener, der circa 75 kg wiegt, täglich 3 Getränke dieser Art leisten. Andererseits ist Alkoholismus eines der ernsthaftesten Gesundheitsprobleme unserer Gesellschaft. Schon sehr kleine Mengen Alkohol können bei besonders empfindlichen Menschen Gesundheitsprobleme hervorrufen. Eine ausführliche Diskussion dieser Problematik findet sich in Kapitel 4.

Grundsätzlich ist festzustellen, daß man alles essen kann, die Frage ist nur wie oft. Es gibt keine ungesunden Nahrungsmittel, es gibt nur ungesunde Ernährungsweisen. Die Empfehlung lautet nicht, man solle auf bestimmte Nahrungsmittel wie fettreiches Fleisch oder Eiscreme völlig verzichten, sondern, man sollte solche potentiell problematische Lebensmittel seltener zu sich nehmen und dies eingebettet in eine wohlausgewogene Ernährung, d.h. unter Ausgleich durch andere, nährstoffdichte Nahrungsmittel. Das, was die Ernährung gesund macht, sind Gleichgewicht und Variabilität einer maßvollen Diät, nicht das einzelne Nahrungsmittel.

Unsere Gesundheit hängt von zahlreichen Faktoren ab, insbesondere von Erbmasse und Umweltfaktoren. Wenn man sich an die oben aufgeführten 12 relativ einfachen Gesundheitsrichtlinien hält, so garantiert dies nicht automatisch absolute Gesundheit. Nach unserem bisherigen Wissensstand kann aber davon ausgegangen werden, daß derjenige, der sich in dieser Form ernährt, alles tut, um sich gesund zu erhalten bzw. seine Gesundheit zu verbessern.

In den obigen Empfehlungen kommt pflanzlichen Produkten eine bedeutende Rolle zu. Dies könnte den nicht zutreffenden Eindruck erwecken, daß eine gesunde Ernährung zum Vegetariertum tendiert. Trotzdem soll im folgenden auf den Stellenwert einer solchen Ernährungsform eingegangen werden.

2.5 Vegetarische Ernährung

In dem Bemühen, sich vernünftig zu ernähren, wenden sich immer mehr Menschen einer rein pflanzlichen Kost zu. Was ist davon zu halten?

Unterschiedliche vegetarische Ernährungsformen

Die vegetarische Ernährung wird in unterschiedlicher Strenge durchgehalten. Derjenige, der völlig auf Nahrungsmittel tierischer Herkunft verzichtet und sich nur rein pflanz-

41

lich mit Früchten, Gemüse und Brot, Getreideprodukten, Nüssen und Körnern etc. ernährt, wird als **Vegan** bezeichnet. **Ovovegetarier** reichern ihre Ernährung zusätzlich mit Eiern an, **Laktovegetarier** nehmen auch Milchprodukte wie Käse etc. zu sich. **Ovolaktovegetarier** essen entsprechend neben pflanzlichen Lebensmitteln Eier- und Milchprodukte. Letztgenannte sind strenggenommen eigentlich keine Vegetarier, da Eier und Milchprodukte tierischer Herkunft sind.

Als **Semivegetarier** bezeichnen sich Menschen, die nur auf bestimmte tierische Produkte verzichten, wie rotes Fleisch, z.B. Rind- und Schweinefleisch, dafür aber Fisch und Geflügel in ihre Ernährung einbeziehen. Der Begriff des Vegetarismus stellt somit ein breites Spektrum dar, gewissermaßen ein Kontinuum, das vom reinen Vegetarier reicht, der sich nur von pflanzlichen Produkten ernährt, bis zu dem, der im Grunde eine wie oben beschriebene „gesunde Kost" zu sich nimmt und nur auf rotes Fleisch verzichtet. Die Frage, wie ausgewogen eine vegetarische Ernährung ist, ist somit eine Frage, wo sich der Vegetarier in diesem Kontinuum bewegt.

Besonderheiten der vegetarischen Ernährung

Nach Ansicht der meisten Ernährungswissenschaftler ist die vegetarische Kost durchaus gesund und bedarfsgerecht, es können aber Defizite auftreten, wenn sie nicht adäquat durchgeführt wird. Bei fehlerhafter Auswahl der Nahrungsmittel kann es zu Mangelzuständen kommen, zu einer generellen Unterernährung, aber auch zu selektiven Defiziten im Bereich von Kalorien, Vitaminen, Mineralstoffen oder Eiweißen.

Nachdem Pflanzenprodukte grundsätzlich weniger Kalorien enthalten als tierische Lebensmittel, kann es leichter zu einem Kalorienmangel kommen mit Gewichtsverlust, wenngleich dies ein eher seltenes Problem darstellt. Die Gefahr besteht jedoch insbesondere bei körperlich aktiven Personen, die sich vegetarisch ernähren, also auch bei Sportlern, dann, wenn sie mehr als 1000 Kalorien pro Tag durch Bewegung verbrauchen. Das Problem läßt sich auch vegetarisch leicht lösen, indem man quantitativ mehr vegetarische Produkte zu sich nimmt und/oder gleichzeitig kalorienreiche pflanzliche Nahrungsmittel bevorzugt, wie Nüsse, Bohnen, Mais, Erbsen, Kartoffeln, Avocados, Orangensaft, Rosinen, Datteln, Feigen, Vollkornbrot und Teigwaren. Diese können zu den Hauptmahlzeiten oder als Zwischenmahlzeiten gegessen werden. Auf der anderen Seite ist der geringere Kaloriengehalt der vegetarischen Kost für die meisten Menschen eher ein Vorteil, wenn es darum geht, abzunehmen oder sich eine schlanke Figur zu erhalten.

Bei strengen Vegetariern kann es zu einem Vitamin B_{12}-Mangel kommen, da sich dieses Vitamin nicht in Pflanzen findet, sondern nur in tierischen Produkten wie Fleisch, Eier, Fisch und Geflügel. Der Ovolaktovegetarier, der Nahrungsmittel aus dieser B_{12}-haltigen Gruppe zu sich nimmt, hat solche Probleme im allgemeinen nicht. Ein strenger Vegetarier kann das Problem durch zusätzliche B_{12}-Quellen wie Sojamehl oder kommerziell angebotene B_{12}-Präparate lösen. Für die Veganer besteht ferner die Gefahr eines Vitamin-D-Mangels, wenn sie sich nicht häufig der Sonne aussetzen, da Vitamin D gleichfalls in pflanzlicher Nahrung nicht vorkommt, aber unter Sonneneinstrahlung in der Haut gebildet wird.

Auch Mineralmangelzustände können vorkommen, insbesondere im Bereich von Eisen, Kalzium und Zink. Im Verlaufe des Verdauungsprozesses können komplexe Verbindungen entstehen, bekannt als Phytate und Oxalate, die diese Mineralien an sich binden und damit ihre Resorption aus dem Darm in den Körper verhindern. Einschlägige Untersuchungen haben allerdings gezeigt, daß man durch eine ausgewogene pflanzliche Ernährung unter Einschluß von Getreideprodukten und Gemüsen Defizite im Bereich der Mineralresorption vermeiden kann. Ferner sollte man darauf achten, speziell solche Pflanzenprodukte in die Ernährung aufzunehmen, die viel Eisen, Kalzium und Zink enthalten. Eisen kommt besonders in Nüssen, Bohnen, Erdnüssen, Datteln, Pflaumensaft, Rosinen, dunkelgrünen Gemüsen und in manchen eisenhaltigen Getreideprodukten vor. Kalzium findet sich reichlich in vielen dunkelgrünen Gemüsen wie Brokkoli, Kohl, der Senfpflanze und Spinat. Wer als Laktovegetarier Milchprodukte zu sich nimmt, nimmt damit auch reichlich Kalzium auf. Zink findet sich vor allem in weißem Brot, Erbsen, Mais und Karotten. Ovo- bzw. Semivegetarier nehmen viel Zink in Form von Eidotter bzw. von Meeresfrüchten auf.

Das Hauptproblem des Vegetariers ist eine ausreichende Eiweißversorgung, dies gilt ganz besonders für Kinder. Wie im einzelnen in Kapitel 6 dargestellt, werden die Eiweiße nach ihrem Gehalt an essentiellen Aminosäuren in biologisch vollwertig oder weniger vollwertig eingeteilt. Ein biologisch vollwertiges Eiweiß enthält alle essentiellen Aminosäuren, die der menschliche Körper nicht herzustellen in der Lage ist. Tierische Eiweiße sind, im Gegensatz zu pflanzlichen Eiweißen, im allgemeinen biologisch vollwertig. Trotzdem kann man seinen Eiweißbedarf auch sehr gut mit rein pflanzlichen Produkten absättigen. Ein hoher Eiweißgehalt findet sich in Getreideprodukten wie Reis und Mais, Sojabohnen, Hülsenfrüchten (Bohnen, Erbsen) und Nüssen. Diese Eiweiße sind aber nicht vollwertig, es fehlt ihnen die eine oder andere essentielle Aminosäure in ausreichender Menge. Wer seinen Eiweißbedarf nur aus einem der genannten pflanzlichen Produkte decken will, wird somit leicht in ein Defizit geraten. Kombiniert man allerdings die verschiedenen pflanzlichen Eiweiße miteinander, so gelingt es, die einzelnen Defizite auszugleichen und mit einer rein pflanzlichen Eiweißzufuhr eine genau so gute Proteinversorgung zu erreichen wie mit tierischen Eiweißen (siehe Abb. 2.8)

Der strenge Vegetarier muß sich seine essentiellen Nährstoffe, speziell seine essentiellen Aminosäuren, somit aus den verschiedenen pflanzlichen Produkten wie Brot und Getreideerzeugnisse, Nüssen und Körnern, Gemüsen und Früchten, so zusammensuchen, daß sich eventuelle Defizite ausgleichen, man spricht von den **komplementären Proteinen.** Ein Defizit an einer bestimmten Aminosäure in einem der Nahrungsmittel wird dadurch ausgeglichen, daß man ein anderes Pflanzenprodukt zu sich nimmt, das die fehlende Aminosäure in ausreichender Menge enthält. Getreideprodukte sind beispielsweise relativ arm an Lysin, sie werden gut komplementiert durch Gemüse, die einen relativ hohen Lysingehalt besitzten. Umgekehrt wird der niedrige Gehalt an Methionin in Gemüse durch einen entsprechend hohen Gehalt dieser Aminosäure in Getreideprodukten ausgeglichen. Diese Kombinationspraxis ist im übrigen uralt und hat sich in den Ernährungsgewohnheiten zahlreicher Völker bewährt. Mexikaner kom-

Abbildung 2.8
Nahrungsmittel mit hohem Ballaststoffanteil

binieren beispielsweise gern Bohnen mit Mais, Chinesen Sojabohnen und Reis. Durch geeignete Auswahl seiner Nahrungsmittel kann also auch der strenge Vgetarier für eine ausreichende Zufuhr an essentiellen Aminosäuren in seiner Ernährung sorgen. Umgekehrt kann auch das Fehlen von nur einer oder zwei Aminosäuren in der Ernährung zu erheblichen Einschränkungen im Gewebswachstum führen, da grundsätzlich das Vorhandensein aller Aminosäuren notwendig ist, damit die Eiweißstrukturen ausgebildet werden können.

Komplementierung muß nicht bedeuten, daß alle essentiellen Aminosäuren immer gleichzeitig in jeder Mahlzeit vorhanden sind, da sie bis zu einem gewissen Grade in dem Aminosäurenpool des Körpers gespeichert werden können und dort verfügbar sind. Trotzdem ist es besonders günstig, komplementäre Eiweiße in der Ernährung miteinander zu kombinieren, wie dies die oben genannten Ernährungsformen der Mexikaner und der Chinesen gewährleisten, da ihre gleichzeitige Zufuhr besonders günstig für die Ausnutzung dieser Aminosäuren im Körper ist.

Tabelle 2.9 gibt einige Beispiele für solche sinnvolle Kombination von komplementären

Tab. 2.9 Günstige Kombinationen verschiedener Lebensmittel zur Komplementierung von biologisch nicht vollwertigen Eiweißen

---

Milch- und Getreideprodukte
Nudeln mit Milch oder Käse
Reis mit Milchpudding
Frühstücksgetreide mit Milch
Makkaroni mit Käse
Käsesandwich

Milchprodukte mit Gemüsen
* Bohnensuppe mit Sahne
* Bohnengerichte mit Käse

Getreideprodukte mit Hülsenfrüchten
Reis mit Bohnen
* Brot mit Bohnen
* Maisgerichte mit Bohnen
Erbsensuppe mit Toastbrot
Erdnußbutter-Sandwich

---

* Bei der Auswahl der Lebensmittel sollte man solche bevorzugen, die wenig Fett und Natrium enthalten.

Eiweißen. Milch wurde dabei aufgeführt, da sie eine der häufigsten Eiweißquellen ist, die genutzt werden, um die Qualität von Pflanzeneiweißen zu verbessern. Gleichermaßen günstig ist aber auch die Verwendung des Eiklars. Die am häufigsten verwendeten Pflanzeneiweiße, die zu einer solchen Kombination genutzt werden, sind Getreide und Hülsenfrüchte, bei den Getreiden vor allem Weizen, Mais, Reis und Hafer, bei den Hülsenfrüchten alle möglichen Formen von Linsen, Erbsen und Bohnen, einschließlich Sojabohnen.

Gesundheitliche Bedeutung einer vegetarischen Ernährung

Bisher konnte der definitive Beweis des größeren gesundheitlichen Wertes einer vegetarischen Kost im Vergleich zur normalen Mischkost nicht erbracht werden. Aus theoretischer Sicht sollte sie jedoch gesundheitliche Vorteile haben, nachdem sie auf Ernährungsprinzipien beruht, für die ein besonders hoher Wert unter dem Aspekt der Prävention von ernährungsabhängigen Zivilisationskrankheiten angenommen wird. Der Fettgehalt ist niedrig, da Pflanzen wenig Fett enthalten; soweit dies der Fall ist, handelt es sich überwiegend um ungesättigte Fette. Cholesterin findet sich in Pflanzenkost überhaupt nicht, sondern nur in tierischen Produkten. Vegetarier weisen im Durchschnitt niedrigere Blutspiegel an Triglyzeriden und Cholesterin auf als Fleischesser, ein wichtiger Aspekt in der Vorbeugung gegenüber der koronaren Herzkrankheit. Weiterhin findet sich in Pflanzenkost ein hoher Anteil an Ballaststoffen (Pflanzenfasern) und anderen Nährstoffen, die den Cholesterinspiegel senken und Magen-Darm-Erkrankungen vorbeugen. Bei geeigneter Nahrungsmittelauswahl läßt sich auch mit einer rein pflanzlichen Kost eine ausreichende Versorgung mit allen essentiellen Nährstoffen erreichen, bei gleichzeitig niedriger Kalorienaufnahme. Mit einer vegetarischen Ernährung kann man somit auch gut abnehmen.

Tabelle 2.10 gibt Hinweise für eine vegetarische Kost, mit deren Hilfe man eine vollwertige Ernährung sicherstellen kann. Bei Bedarf kann man die angegebenen Mengen

Tab. 2.10 Empfehlungen für eine vegetarische Ernährung

Brot/Getreidegruppe

Portionen: 4 oder mehr täglich

Hinweis: Soweit als möglich sollte man Vollkornprodukte verwenden. Soweit diese aus Hafer, Reis, Roggen, Mais oder Weizen gewonnen werden, enthalten sie viel Eiweiß, Vitamin B und Eisen. Dies gilt natürlich ganz besonders für angereicherte Produkte.

Beispiele:

Buchweizen	Makkaroni, gekocht
Gerste	Pfannkuchen
Hafermehl	Reis ungeschält
Kartoffeln	Roggenbrötchen
Kartoffelstärke	Spaghetti
Kleieflocken	Vollkornbrötchen
Maisbrot	Weizenflocken

Hülsenfrüchte (aufgrund ihres hohen Eiweißgehaltes werden sie in der Fleischgruppe geführt)

Portionen: 2 oder mehr täglich

Hinweis: Gute Quellen für Eiweiß, Niacin, Eisen und Kalorien.

In diese Gruppe fallen alle Sorten von Bohnen einschl. Sojabohnen, Erbsen und Linsen.

Nüsse und Pflanzensamen (Fettgruppe)

Portionen: 2 oder mehr täglich

Hinweis: Gute Quellen für Kalorien, Eiweiß, Niacin und Eisen, besonders gut geeignet auch als Zwischenmahlzeiten.

Erdnüsse
Erdnußbutter
Haselnüsse
Kürbissamen
Mandeln
Sesamsamen
Sonnenblumenkerne
Walnüsse

Obstgruppe

Portionen: 3 oder mehr täglich

Hinweis: Früchte sind ganz allgemein sehr gute Quellen für Vitamine und Mineralstoffe. Man sollte täglich mindestens eine Frucht aus der Gruppe der Zitrus- bzw. der eisenreichen Früchte verzehren.

Beispiele:

Allgemein:	*Zitrusfrüchte:*
Äpfel	Grapefruit
Ananas	Grapefruitsaft
Bananen	Mandarinen
Birnen	Orangen
Erdbeeren	Orangensaft
Pfirsiche	Zitronen
Tomatensaft	Zitronensaft
Trauben	

Besonders eisenhaltige Früchte:
getrocknete Aprikosen
getrocknete Datteln
getrocknete Feigen
getrocknete Pfirsiche
getrocknete Pflaumen
Pflaumensaft
Rosinen

Gemüsegruppe

Portionen: 2 oder mehr täglich

Hinweis: Dunkelgrüne bzw. gelbe Gemüse sind eine gute Quelle für Vitamine und Mineralstoffe. Jeweils mindestens eine Portion sollte täglich aus der Gruppe der dunkelgrünen bzw. gelben Gemüse stammen.

Beispiele:

Allgemein:	*dunkelgrüne/gelbe Gemüse:*
Artischocken	Brokkoli
Auberginen	Karotten
Blumenkohl	Kopfsalat
grüne Bohnen	Kürbis
Gurken	Rübenkraut
Radieschen	Spinat
Spargel	Süßkartoffeln
Tomaten	

erhöhen, um für eine hinreichende Kalorienzufuhr zu sorgen. Zusätzlich sollte man Nahrungsmittel aufnehmen, die reich an Kalzium, Eisen und Riboflavin sind.

Leider ist es nicht möglich, im Rahmen
dieses Buches auch die Fragen einer vegetarischen Nahrungszubereitung darzustellen.
Dies kann man jedoch problemlos in einem
der zahlreichen, oft sehr guten Kochbücher
zur vegetarischen Ernährung nachlesen, die
man in jeder größeren Buchhandlung erhält.
Hier findet man eine Fülle von Rezepten, die
nicht nur ernährungswissenschaftliche Ansprüche erfüllen, d.h. auf dem Prinzip der
komplementären Eiweiße beruhen, sondern
vegetarisches Essen auch zu einem lukulli-
schen Genuß werden lassen.

Die Frage, ob man zum Vegetarier werden
will oder nicht, ist jedem selbst überlassen.
Auf jeden Fall bedeutet die vegetarische
Ernährung eine abrupte Änderung der
Ernährungsgewohnheiten. Jeder, der sich
hierzu entschließt, sollte sich vorher sorgfältig über die Prinzipien der vegetarischen
Ernährung informieren und entsprechend
belesen. Nach dieser Informationsphase gibt
es verschiedene Möglichkeiten für den Einstieg in die Pflanzenkost. Man kann beispielsweise als Teilvegetarier beginnen und
zunächst nur das rote Fleisch weglassen. Man
kann anfangs mehrere fleischlose Tage in der
Woche einhalten oder ein bis zwei Mahlzeiten am Tag fleischfrei lassen, z.B. Frühstück
und Mittagessen. Man verzichtet beispielsweise auf Wurst und Schinken zum Frühstück
und ißt zum Mittagessen eine Salatplatte.
Stattdessen kann man sich an weißes Fleisch
halten, also Fisch und Geflügel, das deutlich
weniger Fett enthält als rotes Fleisch. Oder
man stellt sich auf eine ovolaktovegetarische
Kost um, d.h. man ißt zusätzlich zu Pflanzenprodukten auch Eier und Milchprodukte, entweder im Rahmen von vegetarischen Gerichten gemeinsam oder als separate Mahlzeiten.
Wenn man dies möchte, kann man sich dann
aus diesem gewissermaßen Zwischenstadium
zum strengen Vegetarier fortentwickeln,
indem man mit zunehmendem Wissen um die
geeignete Auswahl und Zubereitung von
Pflanzenkost unter Berücksichtigung des
Prinzips der komplementären Eiweiße tierische Produkte völlig wegläßt.

Man sollte allerdings auch unterstreichen,
daß im Prinzip der Nichtvegetarier dann,
wenn er seine Nahrungsmittel bewußt und
sorgfältig aus der Fleisch- und Milchgruppe
auswählt, unter Einschluß auch von magerem roten Fleisch, die gleichen gesundheitlichen Vorteile für sich erwarten kann wie
der Vegetarier. Der wichtigste Unterschied
zwischen der vegetarischen und der nicht-
vegetarischen Kost ist der höhere Fett- und
Cholesteringehalt in der letzteren. Wenn
man bei den tierischen Produkten darauf
achtet, Fleisch mit wenig Fett und Cholesterin auszuwählen, so schwächt sich dieser
Unterschied ab und man hat den Vorteil
einer hochwertigen Eiweißversorgung. Die
Ernährungsgesellschaften empfehlen daher
nicht grundsätzlich, das Fleisch wegzulas-
sen, aber sie empfehlen den Verzehr vor
allem von fettarmem Fleisch in weniger und
kleineren Portionen.

Einfluß einer vegetarischen Kost auf die Leistungsfähigkeit

Zur Frage, ob eine vegetarische Ernährung
nicht nur, wie im vorausgehenden Abschnitt
diskutiert, gesund ist, sondern sich auch positiv auf die Leistungsfähigkeit auswirken
kann, liegen bisher nur wenige experimentelle Untersuchungen vor, die meistens schon
älteren Datums sind und den heutigen technischen Ansprüchen an solche Untersuchungen
nicht mehr unbedingt genügen. In einer relativ neuen Studie von Hanne et al. wurden
weder für die aerobe noch die anaerobe
Leistungsfähigkeit Unterschiede zwischen
männlichen bzw. weiblichen Vegetariern im
Vergleich zu Nichtvegetariern gefunden. In
einer anderen Untersuchung führte eine
14tägige rein vegetarische Ernährung nicht
zu einer Veränderung der Leistungsfähigkeit
im Langlauf, ebenso wenig veränderte eine
über 6 Wochen durchgeführte ovolaktovegetarische Kost die Leistungsfähigkeit von 8
Ausdauersportlern. Auch wenn sich nach den
wenigen bisher vorliegenden Daten eine rein
vegetarische Kost weder positiv noch negativ
auf die Leistungsfähigkeit auswirkt, sollten
sich Sportler doch sehr genau über die
Grundprinzipien einer pflanzlichen Kost

informieren, wenn sie in eine solche einsteigen wollen.

Viele Spitzensportler der Weltklasse sind bzw. waren Vegetarier, ein Aspekt, der in dieser Diskussion häufig als Teilursache für ihren Erfolg angeführt wird. Dem muß entgegen gehalten werden, daß sich die Mehrzahl der Weltklasseathleten durch eine ausgewogene Mischkost ernährt. Offensichtlich versorgen beide Ernährungsformen, die vegetarische ebenso wie die nichtvegetarische, auch den körperlich Aktiven hinreichend mit den erforderlichen Nährstoffen, wenn die Nahrungsmittel in geeigneter Form und Zusammensetzung ausgewählt werden. Für weibliche Vegetarier ist es besonders wichtig, für eine ausreichende Zufuhr an Eisen und Kalzium zu sorgen. In der Literatur wurde das häufige Phänomen der Amenorrhö von Sportlerinnen, speziell Ausdauersportlerinnen, mit einer vegetarischen Ernährung in Verbindung gebracht, ebenso wie die Abnahme des Testosteronspiegels bei männlichen Ausdauersportlern. Vegetarische Kost ist ferner häufig arm an Kreatin, einer Substanz, der eine leistungsfördernde Wirkung zugeschrieben wird, wie dies im Kapitel 6 näher dargestellt wird. Trotz eines deshalb möglichen potentiell negativen Einflusses des Vegetarismus auf die Leistungsfähigkeit kann festgestellt werden, daß die vegetarische Ernährung bei geeigneter Zusammensetzung weder die Leistungsfähigkeit des Weltklasseathleten noch des Wochenendläufers in irgendeiner Form negativ beeinflußt.

Die vegetarische Ernährung ist im allgemeinen reich an Kohlenhydraten, ein Punkt, der besonders wichtig für Ausdauersportler wie Läufer, Schwimmer, Radfahrer und Ruderer ist, die im Spitzenbereich viele Stunden am Tag trainieren. Durch den hohen Kohlenhydratgehalt trägt die pflanzliche Kost dazu bei, die verbrauchten Glykogenvorräte des Körpers rascher wieder aufzubauen. Aber auch derjenige, der auf Fleisch nicht verzichten will, kann sich genügend kohlenhydrathaltige Nahrungsmittel einverleiben und damit den gleichen Effekt erzielen.

Wie oben ausgeführt, sollte man sich, bevor man beginnt, sich vegetarisch zu ernähren, sorgfältig informieren und nur allmählich umstellen. Man sollte, wie dies Athleten häufig ausdrücken, „in seinen Körper hinein hören". Wie fühlt man sich insbesondere während der körperlichen Aktivität, d.h. im Training, seit man vegetarisch ißt, wie steht es mit der allgemeinen und speziellen Leistungsfähigkeit, wird sie besser oder schlechter, steigt oder fällt das Körpergewicht. Die Antwort auf diese und andere Fragen und die Beobachtung der Reaktionen seines Körpers ermöglichen eine Rückkopplung über positive oder negative Auswirkungen der Ernährungsumstellung.

Zusammengefaßt sind von einer vegetarischen Ernährung keine Wunderwirkungen auf die Leistungsfähigkeit zu erwarten. Sie kann bei geeigneter Durchführung ein gesunder Weg sein, einen sportlichen Organismus ausreichend mit den erforderlichen Nährstoffen zu versorgen, dies gilt aber letztlich auch für eine wohlausgewogene gemischte Ernährung unter Einschluß tierischer Produkte.

2.6 Verbraucherverhalten

Alle Empfehlungen zu einer gesunden Ernährung können nur dann einen durchschlagenden Erfolg haben, wenn in einem breit angelegten Informationsprogramm der Bevölkerung beigebracht wird, beim Einkauf und Verzehr gesunde Nahrungsmittel zu bevorzugen. Aus pädagogischer Sicht muß ein solches Erziehungsprogramm folgende Schritte enthalten:

1. Wissensvermittlung.

2. Vermittlung einer bestimmten Grundeinstellung bzw. Wertesetzung und

3. auf dieser Basis die Entwicklung entsprechenden Verhaltens. Der Entwicklung gesundheitsbewußten Verhaltens geht somit als erster Schritt stets die Wissensvermittlung voraus. Die Informationen über die Nahrungsinhaltsstoffe werden über die den Nahrungsmitteln aufgedruckten Produktinformationen weitergegeben. Dieser Information kommt daher zur Auswahl der geeigneten Lebensmittel besondere Bedeutung zu.

Lebensmittelproduktinformation

Viele Nahrungsmittelproduzenten nutzen die gesetzlich vorgeschriebenen Produktinformationen weniger zur Information des Verbrauchers, wie dies eigentlich der Fall sein sollte, sondern vor allem als Werbeträger, um den potentiellen Kunden zum Kauf anzuregen. Man braucht nur einmal mit offenen Augen durch die Gänge eines Supermarktes zu gehen, um sich der riesigen Auswahl im Nahrungsmittelbereich bewußt zu werden. Mit der Zunahme des Angebots steigt auch der Wettbewerb um das Geld der Käufer. Für die Hersteller liegt hier eine große Verführung, um selbst über eine Manipulation der Produktinformationen den Verkauf zu steigern. Viele solcher Praktiken werden so geschickt durchgeführt, daß der Kunde kaum eine Möglichkeit hat, sich reell über den tatsächlichen Wert vieler Fertignahrungsmittel zu informieren. Um diesen Mißständen abzuhelfen, wurden von Seiten des Gesetzgebers Richtlinien über die Auszeichnung von Nahrungsmitteln erlassen, um dem Verbraucher eine ehrliche Informationsmöglichkeit über die Nahrungsmittel zu geben, die er zu sich nehmen will.

Die Produktinformationen müssen die wichtigsten Nährstoffe, die in einem Nahrungsmittel enthalten sind, aufführen (s. Tabelle 2.11). Obwohl solche Produktinformationen natürlich keine Patentlösung für das Problem der geeigneten Nahrungsmittelauswahl darstellen, können sie doch in Verbindung mit einem breit angelegten Erziehungsprogramm wesentlich zu einem größeren Nahrungsmittelbewußtsein und zu einem besseren Ernährungsverhalten großer Bevölkerungsschichten beitragen.

Folgende Angaben sollten in einer Produktinformation enthalten sein:

Inhaltsstoffe:
Die Inhaltsstoffe sollen in absteigender Reihenfolge nach dem Gewicht aufgelistet werden, dies gilt auch für standardisierte Nahrungsmittel wie Mayonnaise oder Brot.

Inhalt pro Gewichtseinheit für:
Gesamtkalorien
Fettkalorien

Tab. 2.11 Empfohlene Tagesaufnahmemenge für wichtige ausgewählte Vitamine und Mineralstoffe

Schlüsselnährstoffe	
Eiweiß	56 g
Vitamin A	5000 IU, 1 mg
Vitamin C	60 mg
Thiamin	1,5 mg
Riboflavin	1,7 mg
Niacin	20 mg
Kalzium	1000 mg
Eisen	18 mg
Sonstige Nährstoffe	
Vitamin D	400 IU
Vitamin E	30 IU
Vitamin B_6	2 mg
Folsäure	400 mg
Vitamin B_{12}	6 mg
Zink	15 mg
Kupfer	2 mg
Magnesium	400 mg

Gesamtfett
Gesättigte Fette
Cholesterin
Natrium
Gesamtkohlenhydrate
Pflanzenfasern
Zucker
Eiweiß
Vitamin A
Vitamin C
Kalzium
Eisen

Folgende Zusatzangaben können fakultativ erfolgen:
Kalorien an gesättigten Fetten
Mehrfach ungesättigte Fette
Einfach ungesättigte Fette
Kalium
Lösliche Pflanzenfasern
Unlösliche Pflanzenfasern
Alkohole
Sonstige Kohlenhydrate

Die Produktinformation sollte ferner Nahrungsmittelzusätze aufführen wie Sulfite,

Nahrungsfarbstoffe und Milchprodukte, um entsprechend überempfindlichen Verbrauchern die Möglichkeit zu geben, Lebensmittel mit Inhaltsstoffen zu vermeiden, die bei ihnen allergische Reaktionen auslösen könnten (s. Tabelle 2.12).

Der gesundheitliche Wert von Fast Food

Von den USA ausgehend haben inzwischen auch in Deutschland die Fast Food-Ketten mit dem Marktführer Mc Donald eine große Verbreitung erreicht. Wie oben ausgeführt, sollte der Verzehr von Fast Food aus gesund-

Tab. 2.12 Definitionen der Auszeichnung von Lebensmitteln

Die folgenden Angaben beziehen sich jeweils auf eine Essensportion. Als Referenz gilt ein Lebensmittel mit einem standardisierten Nährstoffgehalt

„frei": Das Lebensmittel enthält keine oder nur minimale Mengen eines bestimmten Nährstoffs. Wenn das Lebensmittel von Natur aus frei von diesem Nährstoff ist, so muß dieses angegeben werden.

Fettfrei: weniger als 0,5 g Fett pro Portion.
Frei von gesättigten Fetten: weniger als 0,5 g gesättigte Fette pro Portion
Cholesterinfrei: weniger als 2 mg Cholesterin pro Portion
Zuckerfrei: weniger als 0,5 g Zucker pro Portion
Natriumfrei: weniger als 5 mg Natrium pro Portion
Kalorienfrei: weniger als 5 Kalorien pro Portion

„arm": Das Lebensmittel enthält sehr wenig von einem bestimmten Nährstoff

Fettarm: nicht mehr als 3 g Fett pro Portion
Natriumarm: weniger als 40 mg Natrium pro Portion
Kalorienarm: weniger als 40 Kalorien pro Portion
Arm an gesättigten Fetten: weniger als 1 g pro Portion
Cholesterinarm: weniger als 20 mg Cholesterin pro Portion

„reich": Das Lebensmittel enthält relativ viel von einem Nährstoff, mindestens 20 % der empfohlenen Tagesmenge.
Ballaststoffreich bedeutet beispielsweise mindestens 5 g Ballaststoffe pro Portion, da die empfohlene Tagesmenge bei 25 g liegt.

„reduziert": Das Lebensmittel enthält mindestens 25 % weniger von einem bestimmten Nährstoff als das Referenzlebensmittel.

„vermehrt zugesetzt": Das Lebensmittel enthält mindestens 10 % mehr von einem bestimmten Nährstoff als das Referenzlebensmittel.

„Light oder Lite": Das Lebensmittel enthält maximal 50 % der in dem Referenzlebensmittel üblichen Menge von einem bestimmten Nährstoff. Wenn ein Lebensmittel beispielsweise 50 % oder mehr seiner Kalorien in Form von Fett enthält, dann kann es als „Light" bezeichnet werden, wenn die Fettkalorien um mindestens 50 % reduziert sind bzw. die Gesamtkalorien um mindestens 1/3. Bezogen auf Natrium kann ein Mineralwasser als „lite" bezeichnet werden, wenn der Natriumgehalt um mindestens 50 % reduziert ist. Der Grad der Reduktion muß angegeben werden.

„mager" (bezogen auf Fleisch, Fisch oder Wild)
enthält weniger als 10 g Fett, 4 g gesättigte Fette und 95 mg Cholesterin pro 100 g.

„extramager"
Enthält weniger als 5 g Fett, 2 g gesättigte Fette und 95 mg Cholesterin pro 100 g.

„frisch"
Bezogen auf Lebensmittel, die in keiner Weise verarbeitet, auch nicht tiefgekühlt worden sind.

Gerichte bzw. Mahlzeiten (pro 100 g)
Um als kalorien- bzw. fettarm definiert zu werden, darf eine Einzelmahlzeit nicht mehr als 120 Kalorien/100 g enthalten. Eine cholesterinarme Mahlzeit darf nicht mehr als 20 mg Cholesterin bzw. 2 g gesättigte Fette pro 100 g enthalten.

Quelle: Amerikanische Lebensmittel- und Medikamentenbehörde (Food and Drug Administration), US-amerikanisches Landwirtschaftsministerium

heitlichen Gründen eingeschränkt werden. Selbstverständlich können auch alle Nahrungsprodukte, die unter dem Begriff des Fast Food zusammengefaßt werden, in eine ausgewogene Ernährung eingebaut werden, dann allerdings nur in eingeschränkten Mengen, denn viele dieser Gerichte enthalten sehr viel Fett. Man muß fairerweise allerdings hinzufügen, daß inzwischen manche dieser Schnellrestaurants auch gesundheitsbewußte Gerichte anbieten, beispielsweise Sandwiches mit weniger als 30% Fettkalorien, Geflügel, speziell unter Verwendung von enthäutetem Hühnerfleisch etc.

In einem neueren Übersichtartikel wurde von der Ernährungswissenschaftlerin Marion Franz festgestellt, daß man sich auch in einem Fast Food-Restaurant durchaus gesund ernähren kann. Dies erfordert dann eine besonders sorgfältige Auswahl der Gerichte. Im nächsten Abschnitt werden einige praktische Ratschläge für Sportler gegeben, die während Sportreisen auf solche Restaurants angewiesen sind. Fast alle Fast Food-Restaurants geben sehr exakte Informationen über die genaue Nährstoffzusammensetzung jedes einzelnen ihrer Produkte. Soweit man diese nicht im Restaurant erhält, kann man sie in den regionalen bzw. nationalen Geschäftsleitungen anfordern.

Einfluß der Verarbeitungsprozesse auf die Nahrungsmittelqualität

Eine gesundheitsbewußte Ernährung stützt sich vorwiegend auf den Verbrauch von möglichst bekömmlichen, naturbelassenen Nahrungsmitteln mit niedrigem Fettgehalt. Ein großer Teil unserer Ernährung besteht jedoch aus industriell vorgefertigten und mehr oder minder ausgeprägt verarbeiteten Produkten, deren Wert für eine gesunde Ernährung oft nur schwer beurteilt werden kann. In der Diskussion hierüber wird sehr häufig die Befürchtung geäußert, daß die Qualität unserer Nahrungsmittel durch die industriellen Verarbeitungsmethoden in unkontrollierbarer Art und Weise verschlechtert werden könnte. Danach enthalten viele Nahrungsmittel zu viel hochgereinigte bzw. leere Zucker, extrahierte Öle oder weißes Mehl, alles Produkte

von Verarbeitungsprozessen. Hochgereinigte Zucker stellen reine Kohlenhydrate dar, die nur Kalorien, aber sonst keine wertvollen Nährstoffe enthalten. Das gleiche gilt für Ölextrakte, die reines Fett darstellen. Bei der Verarbeitung von Weizen zu gebleichtem weißem Mehl werden mindestens 22 Nährstoffe entfernt bzw. vernichtet, einschließlich der B-Vitamine, Vitamin D, Kalzium, Phosphor, Kalium und Magnesium. Viele Früchte und Gemüse werden vorzeitig geerntet und reifen künstlich, als Ergebnis besitzen sie eine geringere Vitaminmenge und weniger Mineralstoffe als die natürlich auf dem Feld ausgereiften Produkte. Wir verzehren zahlreiche synthetische Lebensmittel wie künstlichen Orangensaft, Eiscreme aus Nicht-Milchprodukten und andere imitierte Eisformen, die nicht den gleichen Nährwert aufweisen wie die natürlichen Produkte. Die häufig gehörte Klage über den angeblich besorgniserregenden Zustand unserer Ernährung erscheint somit vordergründig berechtigt. Aber, die Verarbeitung von Nahrungsmitteln muß keineswegs so schlecht sein wie ihr Ruf.

In der öffentlichen Meinung sind verarbeitete Lebensmittel stets schlechter als natürliche, tiefgekühltes Gemüse ist danach beispielsweise grundsätzlich schlechter als frisches. Dabei ist der Hauptzweck der Nahrungsmittelverarbeitung die Verhinderung von Verfall und Verderb. Hierzu gibt es eine Reihe von Methoden, wie Erhitzen, Dehydrierung, Kühlung und Tiefkühlung, sowie chemische Zusätze. Die Verarbeitung zu Fertigprodukten findet in Nahrungsmittelfabriken statt, aber auch in der Nahrungszubereitung zu Hause. Man kann auch zu Hause Lebensmittel waschen, schneiden, kochen und anschließend tiefkühlen. Die Nahrungsmittelverarbeitung, zu Hause ebenso wie kommerziell, führt immer zum Verlust einiger Nährstoffe. Die verbesserten Techniken der Industrie sorgen allerdings inzwischen dafür, daß dieser Nährstoffverlust bei ihren Produkten oft wesentlich geringer ist als derjenige, der bei der häuslichen Zubereitung eintritt. Bei zahlreichen Industrieprodukten, keineswegs natürlich bei allen, werden inzwischen viele der bei der Verarbeitung verloren gegangenen Nährstoffe anschließend wieder

50

zugesetzt, teilweise sogar überkompensiert, beispielsweise Vitamin B und Eisen zu Getreideprodukten, Vitamin A und D zu Milch, Vitamin A zu Margarine und Jod zum Kochsalz.

Die Empfindlichkeit der einzelnen Nährstoffe bei der Verarbeitung und während der Lagerung ist sehr unterschiedlich. Sie ist relativ gering für Kohlenhydrate, Fette, Eiweiße, Niacin, Vitamin K und Mineralien. Vitamin A, D, E, B_2, B_6, B_{12}, Pantothen- und Folsäure sind dagegen weniger stabil. Besonders empfindlich sind Vitamin B_1 und Vitamin C, die bei der kommerziellen ebenso wie bei der häuslichen Verarbeitung völlig verloren gehen können.

Zusammenfassend muß die Nahrungsmittelverarbeitung nicht notwendigerweise zu minderwertigen Lebensmitteln führen. Auch wenn durch den Verarbeitungsvorgang ein geringer Verlust an Nahrungsmittelqualität eintreten kann, so erhöht sie doch die Breite des Nahrungsangebotes und ermöglicht eine bessere Versorgung breiter Bevölkerungskreise mit den erforderlichen Nährstoffen. Die Hauptprobleme bei der Verarbeitung entstehen durch den unnötig großen Verbrauch von hochgereinigten Produkten wie Zucker, Ölen, nicht angereichertem weißen Mehl, Salz und fragwürdigen Zusätzen. Durch eine vernünftige Nahrungsmittelauswahl kann man solche Produkte aus seinem persönlichen Speiseplan eliminieren, dies ist allerdings bei der Art der heutigen Präsentation der Produkte auf dem Nahrungsmittelmarkt nicht immer einfach. Man sollte hierzu sorgfältig die aufgedruckten Produktinformationen lesen.

Nahrungsmittelzusätze

Wenn man sich einmal die Mühe macht, die Nahrungsmittelinformationen durchzulesen, wird man rasch feststellen, daß man gut die Hälfte der angegebenen Inhaltsstoffe und ihren Zweck nicht kennt. Auf einem Stück Apfelkuchen fand der Autor beispielsweise folgende Angaben: Wasser, Zucker, Mehl, Früchte, Margarine, Salz, Geschmacksstoffe, Farbstoffe, Harze, Mikrokristalle, Natriumpropionat, Kaliumsorbat, Polysorbat, Sorbitan Monostearat, Natriumphosphat und Kar-

boxylzellulose. Der Apfelkuchen schmeckte vorzüglich, aber waren alle diese Zusatzstoffe wirklich notwendig und wofür waren sie gut?

Nahrungsmittelzusatzstoffe werden den Lebensmitteln aus mehr als 40 unterschiedlichen Gründen beigefügt. Die wichtigsten Gründe sind Geschmacksverbesserung, Farbänderungen, Texturverbesserungen und Nahrungsmittelkonservierung. So macht beispielsweise ein geeigneter Zusatz aus normalem Speiseeis eine Vanilleeiscreme, Vitamin C (Ascorbinsäure) wird Obst und Gemüse zugesetzt, um einen Farbverfall zu verhindern, durch Emulgierungsstoffe soll Öl gleichmäßig über ein Produkt verteilt werden, damit es frischer aussieht und durch Natriumproprionatzusatz soll die Lagerfähigkeit von Lebensmitteln verlängert werden.

Solche Zusätze müssen von den Aufsichtsbehörden zugelassen werden, sie müssen gesundheitlich unschädlich sein und sie dürfen nur bei ganz bestimmten Nahrungsmitteln zu ganz bestimmten Zwecken verwendet werden, die im allgemeinen einer Verbesserung der Produktqualität dienen, ohne für den Verbraucher mit einem gesundheitlichen Risiko verbunden zu sein. Nur das für die jeweilige Zielsetzung erforderliche Minimum darf angewendet werden.

Auch wenn es absolute Sicherheit niemals geben kann, darf man heute doch davon ausgehen, daß die Nahrungsmittel, die verkauft werden, ein höchstmögliches Maß an Sicherheit gewährleisten. Den Herstellern ebenso wie den zuständigen Aufsichtsbehörden kommt die Aufgabe zu, sicherzustellen, daß Zusätze keinen gesundheitlichen Schaden anrichten können. Auf der anderen Seite hat auch der Verbraucher Verantwortung bei der Auswahl der Lebensmittel, die er einkauft und verzehrt. Die Auszeichnungspflicht in der Produktinformation gibt uns die Möglichkeit, uns über Inhaltsstoffe und eventuelle Zusätze der Lebensmittel, die wir essen, zu informieren, auch wenn wir nicht immer wissen, wozu sie gut sind. Diese Möglichkeit sollen wir daher auch nutzen.

Das Hauptproblem mancher Zusatzstoffe ist die Tatsache, daß sie Krebs hervorrufen können. Wenn Zusatzstoffe aufgrund von Tierversuchen oder bei Beobachtungen am

Menschen in diesen Verdacht geraten, werden sie selbstverständlich sofort verboten. Übertriebene Angst vor solchen „unnatürlichen Zubereitungen" ist daher wohl nicht erforderlich. Die größte gesundheitliche Gefährdung, die heute von unserer Ernährung ausgeht, dürfte in den großen Mengen von Fett, Natrium und Zucker liegen, die während des Verarbeitungsprozesses vielen Nahrungsmitteln beigefügt werden.

Gesundheitliche Gefährdung durch Pestizide in Lebensmitteln

Über 2000 verschiedene Arten von Insekten, wildwachsenden Pflanzen und Pflanzenschädlingen gefährden jährlich die Ernte unserer Felder. Zu ihrer Bekämpfung werden zahlreiche Herbizide und Pestizide eingesetzt, die aber ihrerseits wiederum bei zu langem Gebrauch zu Krankheit und Todesfällen führen können, einschließlich Krebs, Nervenschäden, genetischen Mutationen, angeborenen Mißbildungen und Fehlgeburten. Einerseits gilt es, die Gefährdung unserer Ernten in Grenzen zu halten, andererseits darf durch die eingesetzten Chemikalien die öffentliche Gesundheit nicht geschädigt werden. Die Lösung dieses Zwiespalts im Einsatz von Schädlingsbekämpfungsmitteln ist nicht immer einfach.

Die meisten Krankheitsfälle durch Pestizide treten nur bei der Einwirkung hoher Konzentrationen ein, etwa bei Landarbeitern, die mit diesen Substanzen täglich arbeiten, oder bei Menschen, die in der Umgebung von Feldern leben, die regelmäßig besprüht werden. Andererseits ist aber auch bekannt, daß selbst das Versprühen von kleinen Mengen von Insektiziden, wie dies in vielen Haushalten der Fall ist, zu Veränderungen der Hirnfunktion, erhöhter Reizbarkeit, Schlaflosigkeit und Verlust der Konzentrationsfähigkeit führen kann. Man sollte den direkten Kontakt mit Pestiziden vermeiden, denn, geraten sie erst einmal auf die Haut, lassen sie sich selbst durch intensives Waschen mit Wasser und Seife nur schwer entfernen.

Durch die landwirtschaftliche Düngung können Pestizide in die Nahrung gelangen bzw. in das Wasser. Kommerziell angebotene Nahrungsmittel und Trinkwasser werden daher regelmäßig auf ihren Gehalt an Pestiziden überprüft. Im allgemeinen signalisieren diese Ergebnisse Entwarnung, die meisten gemessenen Konzentrationen liegen deutlich unterhalb der Toleranzgrenzen, die für Erwachsene als ungefährlich angesehen werden dürfen. Höhere Konzentrationen können vor allem in Fleischprodukten beobachtet werden, da die Tiere große Mengen möglicherweise pestizidhaltiger Pflanzen aufnehmen können. Auch Fisch kann, wenn er in verschmutztem Wasser lebt, größere Konzentrationen an Pestiziden aufweisen. Besonders gefährdet sind Kinder, da die üblicherweise angegebenen Toleranzgrenzen für Erwachsene bestimmt wurden und für ihre Nahrungsaufnahme bzw. Körpergröße Geltung haben. Kinder sind kleiner und essen normalerweise mehr Obst und Gemüse pro Kilogramm Körpergewicht als Erwachsene, sie nehmen daher möglicherweise wesentlich mehr Pestizide auf.

Die Behörden versuchen daher, den Gehalt an Pestiziden in den Lebensmitteln, die wir verzehren, so niedrig wie möglich zu halten. Immer mehr Landwirte gehen auf ökologischen Anbau über, d.h. sie verzichten auf den Einsatz von Pflanzenschutzmitteln, um pestizidfreie Produkte auf den Markt zu bringen. Die Kenntnisse über den Einfluß von Pestiziden auf die menschliche Gesundheit sind bisher allerdings noch stark lückenhaft. Auf der Basis unseres derzeitigen Wissensstandes können die folgenden Ratschläge gegeben werden, um die Aufnahme von Pestiziden zu reduzieren, wenn auch eine vollständige Eliminierung nicht möglich sein wird.

1. Der direkte Hautkontakt mit oder das Einatmen von Pestiziden ist zu vermeiden.

2. Durch geeignete Zubereitung kann der Pestizidgehalt von Nahrungsmitteln vermindert werden. Obst und Gemüse sollten sorgfältig gewaschen werden. Wenn auch nicht alle Pestizide wasserlöslich sind, so lassen sich hierdurch auch mechanisch Schädlingsbekämpfungsmittel von Früchten wie Äpfeln, Bananen, Weintrauben, Radieschen, Pfirsichen, Tomaten etc. entfernen. Auch durch die Entfernung der Schalen bzw. Außenschichten von Obst

und Gemüse werden Pestizide mitentfernt, beispielsweise durch das Schälen von Äpfeln, Karotten, Gurken, Orangen, Pfirsichen und Kartoffeln. Ferner werden Schädlingsbekämpfungsmittel teilweise durch Kochen zerstört, besonders bei Brokkoli, Bohnen, Kartoffeln und Tomaten.

3. Man sollte Fisch und Meeresfrüchte aus verschmutztem Wasser meiden, da sich die Pestizide vor allem im Fettgewebe dieser Tiere anreichern.

4. Wenn möglich, sollte man Obst und Gemüse vor Ort beim Bauern kaufen. Landwirte setzen weniger Pestizide ein, wenn sie ihre Produkte direkt vermarkten.

5. Man sollte landwirtschaftliche Produkte bevorzugen, die aus ökologischem Anbau stammen. Auch wenn dies nicht immer gut kontrollierbar ist und einheitliche Definitionen für den ökologischen Anbau noch fehlen, so gibt es doch inzwischen eine Reihe von Zertifikaten durch staatliche Stellen und unabhängige Gesellschaften für entsprechend arbeitende Betriebe. Im allgemeinen kann man wohl davon ausgehen, daß bei Produktion in einem ökologischen Betrieb auf den Einsatz von künstlichen Wachstumsförderern und Pestiziden verzichtet wird.

Nahrungsmittelunverträglichkeiten

Bei zahlreichen Menschen bestehen **Nahrungsmittelunverträglichkeiten** bzw. **Nahrungsmittelallergien**, die zu klinischen Symptomen wie Kopfschmerzen oder Magen-Darm-Störungen führen können, wenn sie bestimmte Nahrungsmittel essen. In besonders schweren Fällen kann es zum anaphylaktischen Schock und zu Todesfällen kommen. Inzwischen wurden mehrere hundert Inhaltsstoffe von Lebensmitteln definiert, die solche Reaktionen auslösen können; aus der Gruppe der Kohlenhydrate z.B. Laktose (Milchzucker) und Fruktose (Fruchtzucker) sowie bestimmte Eiweiße aus Milch, Eiern, Schellfisch, Weizen und viele andere. Die pathophysiologischen Ursachen von solchen Unverträglichkeiten sind unterschiedlich. Häufig liegt ein Defekt an einem bestimmten Enzym vor, das erforderlich ist, um einen Nährstoff abzubauen, z.B. die Laktase zum Abbau der Laktose, oder es spielen immunologische Reaktionen auf ein bestimmtes Protein eine Rolle, die zu einer allergischen Reaktion führen.

Wer unter einer solchen Überempfindlichkeit leidet, sollte – soweit als möglich – das auslösende Nahrungsmittel aus seiner Ernährung völlig entfernen oder zumindest die aufgenommene Menge reduzieren. In manchen Fällen ist dies einfach. Wer beispielsweise überempfindlich auf Muscheln reagiert, eine häufige Form der Nahrungsmittelüberempfindlichkeit, hat es leicht, eine andere hochwertige Proteinquelle zu finden. Wenn man auf Milch überempfindlich reagiert, ist es schon schwieriger, sich anderweitig mit der erforderlichen Menge an Kalzium zu versorgen. Entsprechende Vorschläge finden sich in Kapitel 8. Wer allein mit seinem Problem nicht zurecht kommt, sollte seine Ernährung mit einem/r Ernährungsberater/in besprechen. Weiterhin ist eine Abklärung der Ursache einer eventuellen Allergie durch einen Arzt bzw. Allergologen sinnvoll.

Akute Nahrungsmittelunverträglichkeiten können sich durch verdorbene Nahrungsmittel ergeben, die durch toxische Substanzen, meist Bakterien oder Bakterienprodukte, verseucht sind. Früher waren hierfür meist Salmonellen, Staphylokokken und Klostridien verantwortlich, neuerdings treten Campylobakter und Lysterien in den Vordergrund. Ernährungswissenschaftler sind der Ansicht, daß die Bewohner von Industrieländern aufgrund ihrer veränderten Ernährungsgewohnheiten häufiger von solchen durch Ernährung verursachte Erkrankungen bedroht sind, da ihre Nahrungsmittel weniger konservierende Stoffe enthalten und sie öfter außer Haus essen als ihre Vorfahren. Trotz aller behördlichen Auflagen im hygienischen Bereich kommt es immer wieder zu Ausbrüchen von epidemischen Nahrungsmittelinfektionen aufgrund des inkorrekten Umgangs mit Nahrungsmitteln, nicht selten auch bei der häuslichen Nahrungszubereitung. Es wird geschätzt, daß jedes Jahr 9000 Amerikaner durch verdorbene Nahrungsmittel zu Tode kommen. Folgende minimale hygienischen

Richtlinien sollten beachtet werden, um Nahrungsmittelinfektionen vorzubeugen:

1. Die Hände sind vor der Nahrungszubereitung gründlich zu waschen.

2. Alle Gegenstände, die bei der Nahrungszubereitung verwandt werden, müssen stets sorgfältig gereinigt werden.

3. Die Oberfläche des Tisches, auf dem die Nahrung zubereitet wird, ist sauber zu halten. Wenn Geflügel oder tierische Nahrungsmittel verarbeitet wurden, sollte die Arbeitsplatte hinterher gründlich gesäubert werden, bevor andere Lebensmittel verarbeitet werden.

4. Konserven, die eingedrückt oder beschädigt sind, sollten keine Verwendung mehr finden.

5. Werden Lebensmittel gekocht, sollte dies bei hohen Temperaturen geschehen.

6. Auch Nahrungsmittel, die wieder aufgewärmt werden, sollten ausreichend erhitzt werden.

7. Soweit gekochte Nahrungsmittel gelagert werden, sollten sie ohne Verzug im Eisschrank gekühlt werden.

8. Essensreste sollten innerhalb von wenigen Tagen weiter verwertet werden, im Zweifelsfall sollte man sie lieber wegwerfen.

2.7 Ernährungsempfehlungen für Sportler

Die meisten Veröffentlichungen, die sich in Sportmagazinen mit der Ernährung des Sportlers befassen, erwecken den Eindruck, daß Athleten ganz besondere Ernährungsbedürfnisse haben, die erheblich von denen eines Nichtsportlers abweichen. Für sie sind offensichtlich spezifische Vitamine und Mineralzusätze, Eiweiße und Aminosäuren, Mixturen, fettmobilisierende Substanzen und spezielle Sporternährungen unverzichtbar, wenn man diesen Medien glauben darf, damit sie ihre optimale sportliche Leistung verwirklichen. In Wirklichkeit sind solche Botschaften ziemlich unsinnig, die meisten Sportler

kommen mit einer gut ausgewogenen Ernährung aus, so wie sie auch der Durchschnittsbürger zu sich nimmt. Trotzdem können sich manche Ernährungspraktiken für den Sportler leistungssteigernd auswirken. In den nachfolgenden Kapiteln werden spezielle Empfehlungen zu Nährstoffen gegeben, die die körperliche Leistung verbessern können. Weiterhin hat die sportmedizinische bzw. ernährungswissenschaftliche Forschung Empfehlungen über die Nahrungsaufnahme vor, während und nach intensivem Training bzw. Wettkampf ausgearbeitet, die vorgestellt werden.

Nahrungsaufnahme vor dem Wettkampf

In Kapitel 4 wird auf besondere Ernährungspraktiken vor Wettkämpfen im Ausdauerbereich, etwa vor einem Marathonlauf, eingegangen. Die meisten dieser Ernährungspraktiken, wie das sog. Kohlenhydratloading einige Tage vor dem Wettkampf bzw. die Einnahme von sehr vielen Kohlenhydraten in der letzten Mahlzeit direkt vor einem Lauf zielen darauf ab, die Glykogenvorräte in der Skelettmuskulatur und der Leber zu maximieren. Auch in anderen Sportarten, die nicht dem Ausdauertyp entsprechen, scheint es sinnvoll, einige Gesichtspunkte hinsichtlich des Zeitpunkts und der Zusammensetzung der Mahlzeit, die dem Wettkampf vorausgeht, zu berücksichtigen.

Die Tatsache, daß man nicht direkt vor einem Wettkampf eine größere Mahlzeit zu sich nehmen sollte, da dies die Leistungsfähigkeit verschlechtern kann, ist inzwischen weitgehend bekannt. Aber auch die letzte Mahlzeit, die man etwas länger vor dem Ereignis zu sich nimmt, ist ein wichtiges Gesprächsthema unter den Athleten. Viele Sportler haben sich aufgrund ihrer persönlichen Erfahrungen ihre Spezialmahlzeiten entwickelt, von denen sie glauben, daß die Leistungsfähigkeit hierdurch gesteigert wird, viele spezielle Kraftnahrungen wurden entwickelt und werden kommerziell angeboten, die der Sportler vor dem Wettkampf zu sich nehmen soll. Auch wenn wissenschaftlich bisher keineswegs nachgewiesen werden konnte, daß solche Praktiken die Leistungsfähigkeit positiv beeinflussen können, haben sich in der praktischen Erfahrung einige allgemeine Richtlinien herauskristallisiert, deren Berücksichtigung sinnvoll erscheint.

Hinsichtlich des Zeitpunktes der Einnahme und der Zusammensetzung der letzten Mahlzeit vor einem Wettkampf sollten folgende Punkte beachtet werden:

1. Der Magen sollte bei Beginn des Wettkampfs weitgehend leer sein.

2. Angesichts der hohen körperlichen Belastung sollte auf eine zusätzliche gastrointestinale Belastung verzichtet werden.

3. Das Gefühl von Hunger, Schwindel und Ermüdung als Folge von Nahrungskarenz ist nicht gerade leistungssteigernd und sollte vermieden werden.

4. Die Konzentration an für die Energiebereitstellung wichtigen Nährstoffen in der Muskulatur und im Blut, speziell der Kohlenhydrate, sollten auf einem möglichst optimalen Niveau gehalten werden.

5. Die Flüssigkeitsbilanz des Körpers sollte ausgeglichen sein.

Um diese Forderungen zu verwirklichen, sollte die letzte größere Mahlzeit mindestens 3 Stunden vor einem Wettkampf zurückliegen. In dieser Zeit können die Verdauungsprozesse soweit ablaufen, daß der Magen relativ leer ist, andererseits stehen genügend Nährstoffe zur Verfügung, um Hungergefühle zu vermeiden. Dabei ist zu berücksichtigen, daß bei psychologischer Spannung und Wettkampfangst die Darmtätigkeit behindert und somit der Verdauungsvorgang verzögert sein kann. Ähnliches gilt für einen hohen Fett- und Eiweißgehalt in der Ernährung. Die Zusammensetzung der letzten Mahlzeit ist daher ein wichtiger Faktor. Sie sollte leicht verdaulich sein, d.h. viele Kohlenhydrate und nur wenig Fett und Eiweiß enthalten. Hierdurch bleibt die Magen-Darm-Belastung gering, das Auftreten von gastrointestinalen Reizerscheinungen wie Flatulenz, Beschwerden durch Magensäure, Herzbeschwerden oder Belastungen des Magen-Darm-Kanals mit großen Nahrungsmengen, die störende stärkere Darmbewegungen während des Wettkampfs stimulieren, wird verhindert. Nahrungsmittel, die Gas bilden, wie Hülsenfrüchte, stark gewürzte Speisen oder stark voluminöse Nahrungsmittel wie Eierprodukte sollte man nicht gerade vor einem Wettkampf zu sich nehmen. Ein hoher Zuckergehalt der aufgenommenen Lebensmittel kann die Magen-Darm-Entleerung verzögern und einen negativen osmotischen Effekt auslösen. Hierdurch steigt der Flüssigkeitsgehalt im Magen an, es kann zu Magenbeschwerden wie Magenkrämpfen und Übelkeit kommen. Wenn konzentrierte Zuckerlösungen, vor allem Fruktoselösungen, in den Darm gelangen, so können sie Durchfall auslösen. Reaktiv können Zuckerlösungen bei entsprechend empfindlichen Sportlern zu einem Blutzuckerabfall führen. All diese Beschwerden sind sehr individuell ausgeprägt, im einzelnen sollte der Sportler aufgrund seiner persönlichen Erfahrungen lernen, welche Nahrungsmittel ihm vor einem Wettkampf bekommen und seine Leistungsfähigkeit positiv beeinflussen und welche eher gegenteilige Effekte auslösen und besser vermieden werden sollten.

Auf eine adäquate Flüssigkeitsversorgung ist auch schon vor Beginn eines Wettkampfs zu achten, besonders dann, wenn dieser sehr lang und/oder bei hohen Temperaturen durchgeführt wird. Kaffee und Alkohol wirken diuretisch, d.h. sie erhöhen die Wasserausscheidung über die Nieren, und sollten daher vor einem Wettkampf vermieden werden. Das gleiche gilt für größere Eiweißmengen, die ebenfalls das Urinvolumen steigern. Der Sportler sollte 15–30 min vor einem Wettkampf nochmals 300–500 ml trinken, um sich ausreichend mit Flüssigkeit zu versorgen. Bezüglich weitere Details hierzu wird auf Kapitel 9 verwiesen.

Für die letzte Mahlzeit vor dem Wettkampf bietet sich eine Vielfalt unterschiedlicher Nahrungsmittel an. Beispiele hierfür werden in den weiteren Kapiteln gegeben, vor allem auch im Anhang E, in der dortigen Brot/Getreide-Liste. Das, was der Sportler aus dieser Liste der zahlreichen geeigneten Nahrungsmittel auswählen sollte, hängt vor allem davon ab, was ihm schmeckt und bekommt. Zwei Beispiele für Mahlzeiten, wie sie vor einem Wettkampf geeignet sind, entspre-

Tab. 2.13   Zwei Beispiele für Mahlzeiten, wie sie vor einem Wettkampf eingenommen werden können. Jeweils 500–600 Kalorien

Beispiel A	Beispiel B
ein Glas Orangensaft ein Teller Haferbrei zwei Scheiben Toast mit Gelee Pfirsichscheiben mit Magermilch	ein Becher fettarmes Joghurt eine Banane 30 g Geflügelfleisch eine halbe Tasse Rosinen

chend 500–600 Kal mit einem hohen Anteil an Kohlenhydraten, zeigt die Tabelle 2.13.

Ein letzter wichtiger Punkt: das Ernährungsschema des Wettkampftages sollte sich hinsichtlich der sonstigen Mahlzeiten von dem gewohnten Rhythmus nicht unterscheiden, d.h. es sollte keine der üblichen Mahlzeiten ausgelassen werden. Diese sollten allerdings ebenfalls den Grundsätzen entsprechen, die bisher dargestellt wurden. Folgende Empfehlungen können hierzu gegeben werden:

1. Wenn der Wettkampf morgens stattfindet, sollte die „Vorwettkampf-Mahlzeit" einem üblichen Frühstück entsprechen, als Beispiel kommt die Mahlzeit A in der Tabelle 2.13 in Frage.

2. Für Wettkämpfe am Nachmittag sollte man etwas gehaltvoller frühstücken als sonst üblich, entsprechend der Mahlzeit B in der Tabelle 2.13, das Mittagessen entspricht dann der Vorwettkampfmahlzeit.

3. Wenn der Wettkampf am späten Abend stattfindet, sollte man Frühstück, Mittagessen und eine Zwischenmahlzeit einnehmen. Frühstück und Mittagessen sollten relativ gehaltvoll sein. Als Zwischenmahlzeit kann man sich etwas aussuchen, was einem schmeckt, entweder ein Stück Obst, Gebäck oder andere leicht verdauliche Teilchen.

4. Findet der Wettkampf am Abend statt, sollte man frühstücken, zu Mittag essen und an Stelle des Abendessens die Vorwettkampf-Mahlzeiten einnehmen.

Flüssigmahlzeiten

Flüssige Nahrungsmittel haben gegenüber festen Lebensmitteln vor dem Wettkampf einige Vorteile. Sie sind im allgemeinen in ihrem Nährstoffgehalt sehr ausgeglichen, enthalten einen hohen Kohlenhydrat- und einen gering bis mäßigen Anteil an Eiweißen und Fetten und können leicht und ökonomisch zugeführt werden. Viele solcher Flüssigmahlzeiten sind inzwischen als Fertigprodukte kommerziell erhältlich. Sie enthalten im allgemeinen etwa 250–400 Kal pro Portion und zusätzlich oft auch spezielle Vitamin- und Mineralzusätze.

Nachdem Flüssigmahlzeiten besser verdaut werden können als feste, können sie auch kurzfristiger vor dem Wettkampf eingenommen werden, etwa in einer Zeitspanne von 2–3 Std. zuvor. Ernährungswissenschaftliche Untersuchungen haben aber gezeigt, daß hinsichtlich des Auftretens von subjektiven Beschwerden wie Hunger, Übelkeit, Durchfall oder Gewichtsveränderungen vor einem Wettkampf zwischen flüssigen und festen Mahlzeiten kein grundsätzlicher Unterschied besteht. Im Gegensatz zu manchen Werbebehauptungen wirken sich Flüssigmahlzeiten vor einem Wettkampf auch nicht günstiger auf die Leistungsfähigkeit aus als feste.

Aus praktischer Sicht sparen Flüssigmahlzeiten Zeit und Geld. Man kann sie wesentlich einfacher besorgen und mitnehmen, man verliert keine Zeit durch Einkauf oder Essengehen, sie sind im Preis häufig auch recht günstig. Noch billiger ist es, wenn man sich seine Flüssigmahlzeit nicht kauft, sondern selbst zubereitet. Hierzu besorgt man sich trockenes, fettarmes Milchpulver, das es in jedem Supermarkt gibt, zusätzlich pulverisierte bzw. polymerisierte Kohlenhydratpräparate, die man in einschlägigen spezialisierten Sportgeschäften – speziell Läufer- und Radfahrershops – erhält. Hieraus kann man sich dann eine wohlschmeckende, bekömmliche und energiereiche Mahlzeit erstellen, z.B. nach folgendem Rezept:

$^1/_2$ Tasse Wasser
$^1/_2$ Tasse trockenes fettarmes Milchpulver
$^1/_4$ Tasse eines polymerisierten Glukosepräparates
3 Tassen Magermilch
1 Teelöffel Geschmacksstoff, je nach gusto Kirsche, Vanille, Schokolade etc.

Solche Flüssigmahlzeiten sollten allerdings nur als Alternative in der Vorwettkampfsituation benutzt werden, sie sollten auf keinen Fall längerfristig in das Ernährungsschema integriert werden.

Sportlerfrühstück

Dem Frühstück kommt gerade bei körperlich aktiven Menschen besondere Bedeutung zu. Ein gut zusammengestelltes Frühstück enthält einen großen Anteil der Kohlenhydrate und essentiellen Nährstoffe, die man täglich benötigt. Eine Morgenmahlzeit, die beispielsweise aus Magermilch, Rührei, Vollkorntoast und faserhaltigen Getreidekörnern besteht, versorgt den Körper mit Eiweiß, Kalzium, Eisen, Ballastfasern, Vitamin C, komplexen Kohlenhydraten und anderen essentiellen Nährstoffen. Wenn das Frühstück genügend Ballaststoffe und Proteine enthält, verhindert es das Einsetzen von Hungergefühlen in der Mitte des Vormittags, man fühlt sich den ganzen Morgen hindurch gesättigt. Im Gegensatz hierzu führt ein Frühstück, das sehr viel hochgereinigte Kohlenhydrate enthält, zu einem Blutzuckeranstieg, der wiederum eine Insulinausschüttung stimuliert und damit eine sekundäre Unterzuckerung (Hypoglykämie) in der Mitte des Vormittags bewirkt. Hierdurch entsteht ein Hungergefühl, das oft wiederum mit der Aufnahme von hochgereinigten Kohlenhydraten befriedigt wird. Diese stoppen den Hunger dann immerhin bis zum Mittagessen. Die negativen Auswirkungen einer solchen Ernährung auf das Körpergewicht liegen auf der Hand. Ein gutes Frühstück mit hoher Nährstoffdichte ist daher wesentlich günstiger als ein Frühstück auf der Basis vor allem von hochgereinigten Kohlenhydraten, wie es auch in Deutschland üblich ist, mit ausschließlich Brötchen, Marmelade und Kaffee mit Zucker. Die Anforderungen an ein vernünftiges Frühstück lassen sich übrigens auch durch weniger traditionelle Ernährungsgewohnheiten verwirklichen, beispielsweise durch eine Pizza zum Morgenkaffee.

Wer das Frühstück wegläßt, um abzunehmen, führt dadurch eine Mini-Fastenkur durch, da – gerechnet vom letzten Abendessen – eine Nahrungskarenzzeit von 12–14 Stunden eingehalten wird. Hierdurch kann es zu einer deutlichen Unterzuckerung kommen mit entsprechenden Symptomen wie Schwäche und Leistungsverschlechterung, die beim Sportler das Training negativ beeinflußt. Allerdings sind hierbei auch individuelle Ernährungsgewohnheiten zu berücksichtigen. Trotzdem kann festgestellt werden, daß ein gutes Frühstück den Sportler mit wichtigen Nährstoffen versorgt und für Training und Wettkampf wichtig ist. In einfacher Form besteht dies beispielsweise aus Getreidemüsli, einem Glas Magermilch, Fruchtsaft und Obst. Ein solches Frühstück ist nicht nur schnell zubereitet und leicht bekömmlich, es enthält auch viele Kohlenhydrate, Pflanzenfasern, Eisen, Kalzium und Vitamine, dagegen wenig Fette, Cholesterin und Kalorien.

Nahrungsaufnahme während des Wettkampfs

Während des Wettkampfs kommt man in den meisten Sportarten mit der Zufuhr von Flüssigkeit und Kohlenhydraten aus, weitere Nahrungsmittel sind im allgemeinen nicht erforderlich. Die Kohlenhydratzufuhr ist vor allem bei Ausdauerbelastungen von mehr als einer Stunde wichtig, um genügend Energie bei lang andauernden Belastungen zur Verfügung zu stellen. Die Flüssigkeitszufuhr ist besonders wesentlich, wenn Wettkämpfe unter warmen bzw. heißen Umgebungsbedingungen durchgeführt werden. Nur in seltenen Fällen, bei ultralangen Ausdauerbelastungen, kann die zusätzliche Zufuhr einer hypotonen Kochsalzlösung notwendig werden. Hinsichtlich weiterer Details hierzu siehe Kapitel 4 und 9.

Ernährung nach intensiver Belastung in Training oder Wettkampf

Auch nach intensiver körperlicher Belastung in Training oder Wettkampf reicht eine sog. wohlausgewogene Kost im allgemeinen völlig aus, um alle erforderlichen Nährstoffe in hinreichender Menge zuzuführen und den optimalen Ernährungszustand wiederherzustellen. Die wichtigsten Nährstoffe, die während körperlicher Belastung verbraucht werden, sind Kohlenhydrate und Fette. Sie können leicht durch entsprechende Nahrungsmittel, die den Nahrungsmittelaustauschlisten zu entnehmen sind, ersetzt werden. Die beim Sportler infolge des erhöhten Kalorienbedarfs entsprechend große Nahrungsmenge versorgt den Organismus automatisch auch mit den notwendigen zusätzlichen Mengen an Eiweißen, Vitaminen, Mineralstoffen und Elektrolyten, die für die Regeneration notwendig sind. Der Ausgleich des Wasserverlustes wird durch das natürliche Durstgefühl geregelt. Die Frage, ob der Flüssigkeitshaushalt wieder ausgeglichen ist oder nicht, läßt sich sehr leicht durch Gewichtskontrolle überprüfen. Wenn das morgendliche Körpergewicht wieder normalisiert ist, kann man davon ausgehen, daß auch eventuelle Wasserverluste wieder ausgeglichen sind. Durch eine kohlenhydratreiche Ernährung werden die muskulären Glykogenvorräte wieder aufgefüllt, eine wichtige Voraussetzung für intensive Ausdauerbelastungen. Bei geeigneter Nahrungsmittelwahl werden mit den komplexen Kohlenhydraten gleichzeitig reichlich Vitamine und Mineralstoffe zugeführt, die der Körper für den Energiestoffwechsel benötigt. Wie im Kapitel 4 näher ausgeführt, werden die muskulären Kohlenhydratdepots durch Einfachzucker rasch wieder aufgefüllt, wenn diese nach intensiven Trainingseinheiten aufgenommen werden. Noch günstiger geschieht dies, wenn zusätzlich zu den Kohlenhydraten Eiweiße zugeführt werden. Im einzelnen und bezüglich spezieller Richtlinien hierzu wird auf das Kapitel 4 verwiesen.

Für Sportler, die sich mehrfach im Laufe eines Tages intensiv belasten, etwa im Rahmen eines Tennisturniers oder von Schwimm- oder Fechtwettbewerben, und die zwischen den einzelnen Wettkämpfen Nahrung zu sich nehmen, gelten dann jeweils die oben ausgeführten Grundsätze der Nahrungsaufnahme vor Wettkämpfen.

Die Ernährung des Sportlers unterwegs

Sportler sind, vor allem im Spitzensport, häufig viel unterwegs und haben dann das Problem, sich fern von zu Hause vor, nach und während der Wettkämpfe adäquat ernähren zu müssen. Die Lektüre dieses Kapitels zeigt, wie wichtig es ist, geeignete Nahrungsmittel mit einem hohen Gehalt an Kohlenhydraten bei niedrigem Fettgehalt und mäßigem Eiweißanteil auszuwählen. Spezielle Empfehlungen hierzu werden auch in den Kapiteln 4–6 gegeben. Eine Möglichkeit besteht darin, sich die Nahrungsmittel und Getränke von zu Hause in der Sporttasche oder einer Kühltasche mitzunehmen. Alle in den Austauschlisten aufgeführten Nahrungsmittel kann man eisgekühlt leicht transportieren, z.B. Magermilch, zubereitetes fettarmes Fleisch, Gebäck und Getreideprodukte, Obst, Obstsäfte und Gemüse, Sportgetränke, Zwischenmahlzeiten mit hohem Kohlenhydratanteil wie Knäckebrot und Brezeln, Kekse und Waffeln etc. In der Kühltasche kann man gleichzeitig kleine Behälter mit Zutaten, Gewürzen, Besteck und Geschirr unterbringen. Auf diesem Wege ist es möglich, sich optimal vor- und nach einem Wettkampf mit den gewohnten Nahrungsmitteln zu versorgen, gleichzeitig spart man Geld. Besonders eignet sich dieses Vorgehen bei kurzen Sportreisen von 1–2 Tagen. Wenn es länger dauert, wird es schwierig, alle erforderlichen Nahrungsmittel in ausreichender Menge mitzunehmen, Man kann sie aber dann durch zugekaufte Nahrungsmitteln sinnvoll ergänzen. Tabelle 2.14 zeigt Beispiele für Zwischenmahlzeiten, die man leicht mit sich führen kann.

Auf Sportreisen gibt es verschiedene Möglichkeiten, wie man sich mit Nahrungsmitteln versorgen kann, in Restaurants, Imbißhallen, Steakhäusern, Fischrestaurants, Fast-Food-Ketten, Pizzerias, Supermärkten bis hin zu Nahrungsmittelautomaten. Mit dem entspre-

Tab. 2.14 Zwischenmahlzeiten für unterwegs

Brot/Getreidegruppe	Fleisch/Eiweißgruppe	Gemüsegruppe
Brötchen	kleine Konserve eines fertigen	Karotten
belegtes Brot	Bohnengerichts	
Hörnchen	gekochtes Hühnchen oder Truthahn, fertigverpackt evtl. in Plastikfolie	Brokkoli
Vanillewaffeln	kleine Sardinenkonserve	Blumenkohl
Vollkornknäckebrot	Erdnußbutter	Tomaten
Fertigmüsli	fettarmer Käse	Gemüsesaftkonserven
Popcorn	Walnüsse	

Obst	Milchgruppe
kleine Obstkonserven im eigenen Saft	abgepackte Mager- oder fettarme Milch
Fruchtsaft, Fertigpackungen	Trockenmilchpulver
Orangen	abgepacktes Joghurt
Äpfel	
sonstige Früchte	
Trockenobst	

chenden Hintergrundwissen, wie es in diesem Band aufgezeigt wird, dürfte es kein Problem sein, sich überall die adäquaten Nahrungsmittel in der gewünschten Zusammensetzung auszuwählen. Natürlich hängt die Auswahlmöglichkeit jedoch von den jeweiligen Geschäften bzw. Restaurants, ab, in denen man sich versorgt.

Im folgenden sollen daher einige Vorschläge gemacht werden, wie man sich optimal versorgt, wenn man in einer der üblichen Fast-Food-Ketten essen geht, oder in einem der häufig anzutreffenden Schnellrestaurants, wie man sie zunehmend auch in Supermärkten und Einkaufszentren findet.

Frühstück:
    Brötchen ohne Butter mit Marmelade oder Schinken
    Pfannkuchen mit Sirup
    Toast
    Haferbrötchen, fettarm oder mit geringem Fettanteil
    Vollkorn-, Hafer- und Getreidemüsli
    Mager- oder fettarme Milch
    Orangensaft
    Kakao

Mittag- bzw. Abendessen:
    Sandwiches, mit wenig Fett, ohne Mayonnaise oder mit anderen fettarmen Dressings
    Gegrillte Hühnerbrust mit Vollkornbrötchen

    Gebackener oder gekochter Fisch
    Mageres Roastbeef
    Hamburger auf der Basis von Vollkornbrötchen
    Gebackene Kartoffeln mit Fertigsoßen, die sparsam benutzt werden sollten
    Nudelgerichte wie Spaghetti und Makkaroni mit fettarmer Soße
    Reisgerichte
    Suppen, Reis und Nudeln
    geröstetes Hühnchen oder Meeresfrüchte mit Maistortilla
    Bohnen- und Reisgerichte
    Vollkornbrot
    Salate mit fettarmem Dressing
    Auswahl von der Salatbar, wobei Gemüsen und Nahrungsmitteln mit hohem Kohlenhydratanteil der Vorzug gegeben und fettreiche gemieden werden sollten.
    Pizza mit dickem Rand und Gemüse- bzw. mit einem dünnen Käsebelag
    Mager- oder fettarme Milch
    Orangensaft
    Gefrorenes Joghurt, fettfrei oder fettarm
    Sorbet

Wenn man bestellt, sollte man darum bitten, daß eventuelle Soßen, Mayonnaisen, Dressings etc. extra gereicht werden, damit man selbst entscheiden kann, wieviel man davon nimmt. Bei den Sandwiches sollte man solche mit gebackener, gekochter oder gegrillter Auflage bevorzugen.

Zusammengefaßt ist eine gesunde Ernährung gleichzeitig auch eine Ernährung, die die Leistungsfähigkeit fördert. Vernünftig und gesund essen muß nicht bedeuten, daß das Essen nicht oder schlecht schmeckt. Auch eine gesundheitsorientierte Ernährung kann hervorragend und geschmackvoll angerichtet werden.

Literatur

Bücher

American Heart Association 1985. An Eating Plan for Healthy Americans. Dallas TX American Heart Association.

Hollmann, W., Th. Hettinger 1976 Sportmedizin – Arbeits- und Trainingsgrundlagen. Schattauer Verlag, Stuttgart.

Rost, R. 1996. Sport- und Bewegungstherapie bei Inneren Krankheiten. Deutscher Ärzte Verlag, Köln, 2. Aufl.

Shephard, J., P. Astrand 1993. Ausdauer im Sport. Deutscher Ärzteverlag Köln.

Skinner J., Hrsg. 1989. Rezepte für Sport und Bewegungstherapie. Deutscher Ärzteverlag, Köln.

US-Department of Health and Human Services 1991. Healthy People 2000. National Health Promotion and Disease Prevention Objectives, Washington DC. US Government Printing Office.

Übersichtsartikel

American College of Sports Medicine 1990. The recommended quantity and quality of exercise for developing and maintaining cardiorespiratory and muscular fitness in healthy adults. *Medicine and Science in Sports and Exercise* 22:265–74

Franz, M. 1991. A new look for fast food. *Diabetes Forecast*, April.

International Federation of Sports Medicine, 1990. Physical Exercise: An important factor for health. *The Physician and Sports Medicine* 18:155–56

Morgan, W. 1984. Coping with mental stress: The potential and limits of exercise intervention. (Final report). Bethesda, MD: National Institute of Mental Health.

Welsh, S., et al. 1992. A brief history of food guides in the United States. *Nutrition Today* 27: 6–11, November/December

Spezielle Studien

Hanne, N., et al. 1986. Physical fitness, anthropometric and metabolic parameters in vegetarian athletes. *Journal of Sports Medicine*, 26:180–85

3 Die Energiebereitstellung

3.1 Einleitung

Der Körper benötigt die Nährstoffe, die wir zu uns nehmen, zur Energiebereitstellung, zum Aufbau und zur Regeneration der Gewebe sowie zur Steuerung des Stoffwechsels. Unter diesen drei Funktionen wird vom Organismus der Energieproduktion im Bedarfsfall absoluter Vorrang eingeräumt, im Konfliktfall auch auf Kosten der anderen beiden Funktionen. Energie ist die Essenz des Lebens. Der Mensch hat sich in seiner Umwelt durch seine Technologien eine große Zahl von Energiequellen erschlossen, wie Wind, Wasserkraft, Sonne, Holz und fossile Brennstoffe, um Maschinen zu bewegen, die ihm das Leben leichter machen. Für seinen eigenen Organismus kann er allerdings solche Energiequellen nicht direkt nutzen. Er ist hierbei auf die Nahrungsmittel angewiesen, die uns die Natur zur Verfügung stellt. Diese Lebensmittel müssen in eine Energieform überführt werden, die der Körper nutzen kann. Zu diesem Zweck hat der Organismus eine Reihe von metabolischen Systemen entwickelt, um Energie zu produzieren und für unterschiedliche Zwecke zu nutzen, wie den Aufbau von Geweben, Transportvorgänge zwischen den einzelnen Organen, Muskelkontraktionen etc.

Sport bedeutet Leistung und damit Energieumsatz pro Zeit! Die Basis jeder sportlichen Leistung stellt die Fähigkeit des Organismus dar, die richtige Menge an Energie zur richtigen Zeit bereitzustellen und ihren Umsatz den spezifischen Anforderungen des jeweiligen sportlichen Ablaufes entsprechend zu steuern. Die energetischen Anforderungen können in den verschiedenen sportlichen Disziplinen sehr unterschiedlich sein. In Schnelligkeits- und Schnellkraftbelastungen, z.B. im 100 m-Sprint, hängt der Erfolg von der Fähigkeit ab, große Mengen an Energie in möglichst kurzer Zeit, d.h. mit hoher Geschwindigkeit, bereit zu stellen. In Ausdauerbelastungen geht es darum, die Energieproduktion für eine lange Zeit möglichst konstant zu halten. Der Marathonläufer kommt mit einem viel geringeren Energieverbrauch pro Zeiteinheit aus als der 100 m-Läufer, er muß diesen Energieumsatz allerdings über 42 km aufrecht erhalten. In anderen Sportarten wechselt der Energieverbrauch je nach Situation sehr stark. Man denke beispielsweise an den hohen momentanen Energieverbrauch des Golfers beim langen Treibschlag im Vergleich zum geringen Verbrauch beim Einputten des Balls. Jede Sportart stellt somit für sie typische Ansprüche an die Energiebereitstellung des Athleten.

Die Diskussion der Bedeutung der Ernährung als Energiequelle und als Steuerungsmöglichkeit der Energiebereitstellung ist aus mehreren Aspekten heraus wichtig. Eine nicht ausreichende Versorgung mit wichtigen Nährstoffen, z.B. Kohlenhydraten zur Auffüllung des Muskelglykogens bzw. zur Konstanterhaltung des Blutzuckers, kann vorzeitige Ermüdung bewirken. Ermüdung kann jedoch auch die Folge einer Unfähigkeit der Steuerung der energiebereitstellenden Systeme aufgrund eines Mangels von energetisch an und für sich gar nicht bedeutsamen, aber als Regulationsfaktoren wichtigen Spurenelementen sein wie Vitaminen und Mineralien. Der Organismus ist in der Lage, Energie in verschiedener Form zu speichern, z.B. als Fettgewebe oder auch in der Muskulatur selbst. Ein aufgrund zu großer Fettmengen zu hohes Körpergewicht kann sich ebenso negativ auf die Leistungsfähigkeit auswirken wie ein zu niedriges Körpergewicht als Folge eines Abbaus von aktivem Muskelgewebe.

Ziel des vorliegenden Kapitels ist es, die energiebereitstellenden Systeme des Organismus darzustellen und ihre Bedeutung in Ruhe und unter körperlicher Belastung zu erläutern. In den nachfolgenden sechs Kapiteln wird dann die Rolle jeder einzelnen Nährstoffklasse in ihrer Beziehung zur Energiebereitstellung diskutiert, u.a. auch um dadurch aufzuzeigen, wie vorzeitige Ermüdung durch unzureichende Energiebereitstellung verhindert werden kann. Ferner soll im nachfolgenden Abschnitt dargestellt werden, in welcher Form der Organismus Energie speichert, bzw. verbraucht. Die Kapitel 10–12 beschäftigen sich anschließend mit den Methoden zur Kontrolle des Körpergewichts, wobei einige bereits im vorliegenden Kapitel angesprochene Grundprinzipien weiter ausgebaut werden.

3.2 Definition, Dimension und Meßmethoden der Energie

Definition

Energie wird als die Fähigkeit definiert, Arbeit zu leisten. Arbeit, synonym auch als mechanische Energie bezeichnet, ist eine der möglichen Energieformen. Der Sportler, der einen Ball wirft oder eine Strecke läuft, leistet dabei Arbeit, bzw. produziert mechanische Energie. In der Natur gibt es darüber hinaus eine Vielzahl von anderen Energieformen wie das Sonnenlicht, die nukleare Energie im Uran, die elektrische Energie im Blitzstrahl, Wärmeenergie im Feuer und chemische Energie, die in fossilen Brennstoffen gespeichert ist. Alle diese Energieformen – mechanische, chemische, Wärme-, elektrische, Licht-, und nukleare Energie, sind untereinander nach den Gesetzen der Thermodynamik austauschbar. Diese Möglichkeit nutzen wir tagtäglich, beispielsweise dann, wenn wir chemische Energie von Benzin in mechanische Energie umwandeln, damit unser Auto fährt.

Von diesen sechs Energiearten spielen im menschlichen Organismus nur vier eine Rolle. Unser Körper speichert biochemische Energie. Diese kann im Bedarfsfall genutzt werden, um elektrische Energie für Nervenimpulse zu bilden, oder Wärmeenergie, um die Körpertemperatur auch in kalter Umgebung konstant bei 37 Grad zu halten bzw.

mechanische Energie für die Muskelkontraktion, die die Fortbewegung ermöglicht.

Die ursprüngliche und eigentliche Energiequelle ist letztlich immer die Sonne. Die Solarenergie wird von Pflanzen genutzt, um durch die Photosynthese Kohlenhydrate, Fette und Eiweiße aufzubauen, alles verschiedene Formen von Energiespeichern. Wenn wir tierische oder pflanzliche Lebensmittel zu uns nehmen, werden dann diese Kohlenhydrate, Fette und Proteine durch metabolische Prozesse auf- und umgebaut, um hieraus körpereigene Strukturen zu synthetisieren, die metabolischen Prozesse in Gang zu halten, oder um biochemische Energie zu speichern (Abb. 3.1).

Das Gleichgewicht zwischen Aufnahme und Verbrauch von Energie ist für jeden Menschen wichtig, besonders wichtig ist es aber für körperlich aktive Menschen. Um eine optimale Leistung zu erbringen, muß die im Körper verfügbare Energie so effizient wie möglich genutzt werden.

Messung von Arbeit und Energie

Während im vorausgegangenen Abschnitt Energie als die Möglichkeit definiert wurde, Arbeit zu leisten, stellt die Arbeit ihrerseits das Produkt aus Kraft × Weg dar. Der Begriff der **Leistung** drückt aus, wie schnell eine Arbeit verwirklicht werden kann. Leistung ist somit Arbeit pro Zeit. Für die Messung von Energie, Arbeit und Leistung gibt es verschiedene historisch begründete Dimensionen, die heute eigentlich keine Gültigkeit mehr haben. Heute gilt streng genommen nur noch das System der Internationalen Einheiten (SI-Einheiten), das im wissenschaftlichen Bereich ausschließlich benutzt wird. Einige ältere Einheiten sind trotzdem noch häufig im alltäglichen Gebrauch zu finden. Tabelle 3.1 zeigt einige der am meisten verwendeten Dimensionen. Leistung ist der Definition nach Arbeit pro Zeit oder Kraft × Weg pro Zeit. Die korrekte Dimension der Leistung setzt sich somit aus den Dimensionen der Kraft (N = Newton), der Entfernung, bzw. des Weges (m = Meter) und der Zeit (s = Sekunde) zusammen. Die Einheit von Arbeit oder Energie entspricht somit Kraft × Weg = Nm.

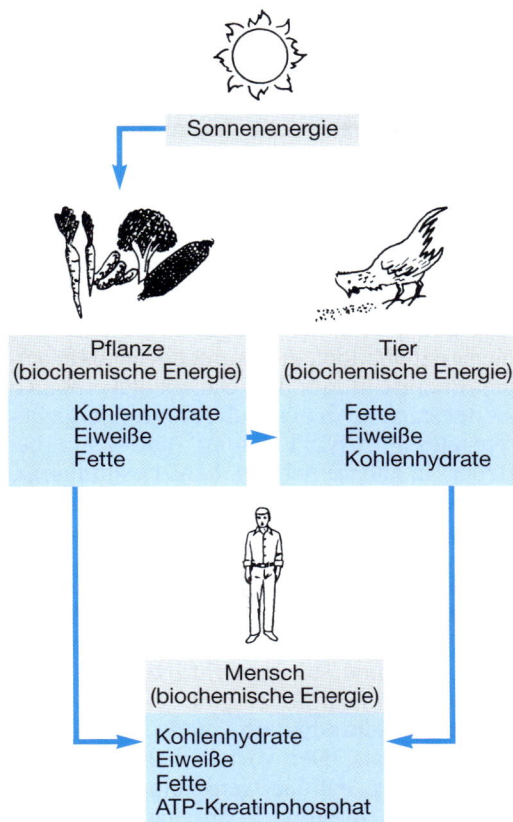

Sonnenenergie

Pflanze
(biochemische Energie)

Kohlenhydrate
Eiweiße
Fette

Tier
(biochemische Energie)

Fette
Eiweiße
Kohlenhydrate

Mensch
(biochemische Energie)

Kohlenhydrate
Eiweiße
Fette
ATP-Kreatinphosphat

Abbildung 3.1 Der biologische Energiekreislauf. Pflanzen nutzen die Sonnenenergie durch die Photosynthese zur Bildung von biochemischer Energie in Form von Kohlenhydraten, Fetten und Eiweißen. Tiere fressen die Pflanzen und wandeln deren biochemische Energie in ihrer eigenen Energieformen um, vor allem in Fette und Proteine. Der Mensch ißt sowohl pflanzliche wie tierische Produkte und benutzt die darin gespeicherte Energie zum Aufbau seiner artspezifischen Energiedepots.

Tab. 3.1 Beziehungen der wichtigsten Dimensionen im Energiesystem untereinander

Masse	1 Kilogramm (kg) = 1000 Gramm (g)
Entfernung	1 Meter (m) = 100 Zentimeter (cm) 1 Kilometer (km) = 1000 m
Zeit	1 Sekunde (s)
Kraft	1 Newton = 1 kg m/s^{-2}
Arbeit	1 Joule (J) = 1 m kg 1 Kilojoule (kJ) = 1000 J 1 Megajoule (mJ) = 1000 kJ
Leistung	1 Watt (W) = 1 J/s 1 Kilowatt (kW) = 1000 Watt 1 mkg/s = 9,81 W 1 PS = 75 mkg/s = 736 W = 0,736 kW

1 Nm ist gleich 1 Joule (J). Der Energieverbrauch von 1 Joule pro Sekunde entspricht einem Watt (W). Statt dieser heute gültigen Leistungseinheit finden sich in der älteren Literatur beispielsweise auch andere Einheiten wie Meter-Kilogramm/Sekunde (mkg/s), also die Arbeit, die geleistet wird, wenn ein Kilogramm pro Sekunde einen Meter hochgehoben wird, oder auch PS, entsprechend 75 mkg/s. Man sollte in der Lage sein, solche Einheiten in Standardeinheiten umzurechnen. Für mkg/s ist dies beispielsweise möglich, wenn man weiß, daß auf die Masse von 1 kg im Erdfeld die Kraft von 9,81 N einwirkt. 1 mkg/s entspricht somit 9,81 N × m/s oder auch 9,81 bzw. ungefähr 10 Watt.

Um mechanische Arbeit zu messen, muß man deshalb wissen, wie groß die Masse eines bewegten Gegenstandes ist, und über welche vertikale Entfernung er gegen die Erdschwere bewegt wird. Mit einer solchen einfachen physikalischen Definition kommt man bei typischen Vertikalbewegungen zurecht, etwa beim Treppaufsteigen. Schwieriger wird es allerdings, wenn man reine Haltearbeit durchführt. Beim ruhigen Halten eines Gegenstandes wird kein Weg zurückgelegt, die Arbeit ist rechnerisch gleich Null. Wenn man eine Treppe hinuntergeht, legt man sogar einen negativen Weg zurück und leistet somit scheinbar negative Arbeit. Jeder weiß, daß es zwar leichter ist, treppab als treppauf zu steigen, ein gewisses Maß an muskulärer Belastung stellt das Treppabsteigen jedoch trotzdem dar. Ein Läufer, der eine Runde um die Aschenbahn zurücklegt, hat dabei keine Höhe überwunden, auch hier wäre rechnerisch nach der einfachen physikalischen Formel Kraft mal Weg/Zeit die Arbeit gleich Null. Trotzdem hat er Energie verbraucht. Um die biologische Leistung erfassen zu können, ist es daher erforderlich, andere Meßmethoden einzuführen, die über die alleinige

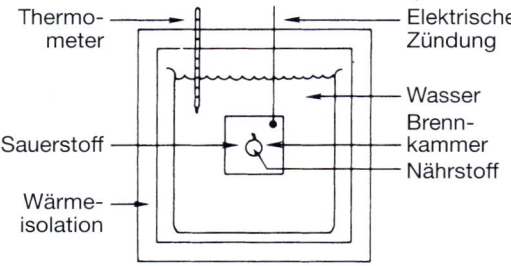

Thermo- — meter
Elektrische Zündung
Wasser
Sauerstoff
Brenn- kammer
Nährstoff
Wärme- isolation

Abbildung 3.2 Die Bestimmung des Energie-inhalts von Lebensmitteln im Kalorimeter. Das Lebensmittel wird in ein geschlossenes Gefäß eingebracht, dort elektrisch entzündet und ver-brannt. Die entstehende Energie (Wärme) läßt die Temperatur des Wassers, das das Kalorime-ter umgibt, ansteigen. Die Zunahme der Tempe-ratur erlaubt es unter Kenntnis der Wassermen-ge die freigewordene Energie zu berechnen.

Bestimmung der mechanischen Arbeit hin-ausgehen.

Um dieses Problem zu lösen, werden Ver-fahren zur Ermittlung der umgesetzten bio-chemischen Energie bzw. der freigesetzten Wärme genutzt. Ohne allzu sehr ins Detail zu gehen, sollen zwei Methoden zur Bestim-mung der Energieproduktion des Menschen vorgestellt werden. Die eine beruht auf der Erfassung der gebildeten Wärme nach dem Prinzip des **Kalorimeters**. Solche Geräte werden genutzt, um den Energieinhalt einer gegebenen Substanz zu bestimmen. Abbil-dung 3.2 zeigt, wie ein Kalorimeter funktio-niert. Um beispielsweise den Energiegehalt von 1 g Fett zu bestimmen, wird dieses in das Kalorimeter eingebracht und vollständig ver-brannt. Dabei entsteht Wärme, die eine umgebende Wasserschicht erhitzt und in ihrer Menge durch die entstehende Temperaturän-derung erfaßt werden kann. Der Wärmege-halt kann dann in biochemische oder mecha-nische Einheiten umgerechnet werden. Im Prinzip gleichartige, wenn natürlich auch wesentlich größere und teurere Kalorimeter werden genutzt, um den Energieumsatz eines Menschen nach dem Prinzip der sog. direkten Kalorimetrie zu bestimmen.

Wesentlich häufiger kommt in der Praxis die Methode der **indirekten Kalorimetrie** zur Anwendung, die auf der Bestimmung der verbrauchten Sauerstoffmenge beruht. Dabei

wird mit Hilfe der sog. **Spiroergometrie** der Sauerstoffverbrauch gemessen und in Litern (l) oder Millilitern (ml) ausgedrückt. Der Sauerstoff wird im Organismus genutzt, um die Nährstoffe zu metabolisieren und Energie zu produzieren. Die Menge an Energie, die bei der Verbindung von 1 g Fett, Kohlenhy-draten oder Eiweiß mit einem bestimmten Sauerstoffvolumen entsteht, ist bekannt. Die Bestimmung der Menge an Sauerstoff, die ein Individuum in einer bestimmten Situation verbraucht, bzw. der Menge an Kohlendioxid, die es dabei bildet, gibt somit ein Maß für sei-nen Energieumsatz. Der Sauerstoffverbrauch ist demnach auch ein Maß für die Energiebe-reitstellung, bzw. Leistung, und kann bei Bedarf in andere Arbeits- bzw. Leistungsein-heiten umgerechnet werden.

Eine weitere, in der Praxis allerdings sel-ten genutzte Methode stellt die Anwendung von mit stabilen Wasserstoff- und Sauer-stoffisotopen doppelt markiertem Wasser ($^2H_2{}^{18}O$) dar. Die Ausscheidung der beiden Isotope ^2H und ^{18}O im Urin bzw. ihre Kon-zentration in Blutproben gibt ein Maß für die Kohlendioxidproduktion und damit den Energieumsatz. Der Vorteil dieser Methode besteht darin, daß sie wenig eingreifend ist. Man kann hiermit Energieumsatzbestim-mungen auch unter Alltagsbedingungen durchführen, ohne daß der Proband in eine Stoffwechselkammer gesetzt oder mit auf-wendigen Meßgeräten zur Bestimmung der Sauerstoffaufnahme bestückt werden muß.

Ein weiteres, sehr einfaches Gerät zur Abschätzung des Energieumsatzes ist das Akzelerometer oder, in einfacher Form, der Schrittzahlmesser, ein Gerät, das an dem Pro-banden befestigt wird und über die Registrie-rung der Erschütterungen die Zahl der durch-geführten Bewegungen in einem definierten Zeitraum beurteilen läßt.

Die Kalorie

Die immer noch populärste Einheit für die Wärmeenergie und speziell den Energiein-halt von Nahrungsmitteln stellt die Kalorie dar, obwohl sie nach den Internationalen Standard (SI-) Einheiten heute eigentlich keine Gültigkeit mehr hat. Die korrekte Standardeinheit der Energie ist das Joule. Eine Kalorie entspricht 4.186 Joule. Trotzdem soll die Kaloriendefinition wegen ihrer großen praktischen Bedeutung im Ernährungsalltag an dieser Stelle näher erläutert werden. Die Kalorie ist ein Wärmemaß. Eine sog. kleine Kalorie ist die Wärmemenge, die erforderlich ist, um 1 g Wasser um 1°C zu erhitzen. Sie wird daher auch als Grammkalorie bezeichnet. Die sog. „große Kalorie" oder Kilokalorie ist diejenige Wärmemenge, die notwendig ist, um 1 Liter Wasser um 1°C zu erhitzen. Sie entspricht somit 1000 „kleinen Kalorien". Da die kleine Kalorie, wie der Name sagt, eine sehr kleine Energieeinheit ist, wird in der Ernährungslehre nur mit Kilokalorien gerechnet. Wenn in diesem Buch von Kalorien die Rede ist, so sind immer große Kalorien oder Kilokalorien gemeint, die deshalb als Kal abgekürzt werden.

Nach dem ersten Gesetz der Thermodynamik lassen sich die verschiedenen Energieformen ineinander überführen. Somit kann auch die Kalorie, eine Wärmeeinheit, in anderen Energieformen ausgedrückt werden. Die Thematik dieses Bandes ist die Beziehung zwischen Ernährung und Bewegung. Hierzu ist es erforderlich, die Beziehung zwischen der Kalorie und mechanischen Energieeinheiten, bzw. der biochemischen und der mechanischen Energie zu kennen. Da die Freisetzung von biochemischer Energie aus körpereigenen Stoffen, wie später auszuführen sein wird, letztlich immer einen Oxidationsprozeß benötigt, wird die biochemische Energie am besten als Sauerstoffverbrauch ausgedrückt.

Im folgenden werden einige Beziehungen zwischen der Kalorie und mechanischen Energieeinheiten bzw. dem Sauerstoffverbrauch gegeben. Anschließend werden diese Beziehungen anhand von Beispielen verdeutlicht.

Der Energieinhalt von einer Kalorie entspricht 427 mkg, das sog. mechanische Wärmeäquivalent, oder einem Sauerstoffverbrauch von ca. 200 ml. Nach den SI-Einheiten wird, wie oben ausgeführt, statt der Kalorie heute korrekterweise Joule benutzt, wobei eine „kleine Kalorie" 4,186 oder aufgerundet ca. 4,2 Joule entspricht bzw. eine große Kalorie 4,2 kJ. Um die Kalorienzahl in kJ umzurechnen, ist somit eine Multiplikation mit 4,2 erforderlich, über den Daumen mit 4. Bei sehr großen Energiemengen wird auch die Einheit Mega-Joule (MJ) verwendet. Ein MJ entspricht 1 Million Joule oder 240 Kal, bzw. 4,2 MJ entsprechen 1000 Kal.

Der Energiegehalt der wichtigsten Energieträger in der Ernährung, Kohlenhydrate, Fette und Eiweiße, sowie zuzüglich Alkohol kann mit Hilfe eines Kalorimeters bestimmt werden. Er wechselt geringfügig, je nach der genauen biochemischen Struktur des jeweilig verbrannten Energieträgers. Der Energiegehalt von einem Gramm Kohlenhydrat differiert somit leicht, je nachdem ob es sich um Glukose, Rohrzucker oder Stärke handelt. Wenn man diesen Energiegehalt im Kalorimeter bestimmt, so ergeben sich folgende Mittelwerte:

1 g Kohlenhydrate	= 4,30 Kal
1 g Fett	= 9,45 Kal
1 g Eiweiß	= 5,65 Kal
1 g Alkohol	= 7,00 Kal

Der menschliche Stoffwechsel ist allerdings kein Kalorimeter und setzt nicht alle in einem Nahrungsmittel enthaltene Energie restlos frei. Dieses Defizit kann man so oder so sehen: aus der Sicht desjenigen, der im Sport eine hohe Leistung erbringen will, mag dies unglücklich sein, derjenige, der versucht, abzunehmen, wird sich darüber eher freuen. Die Ursachen hierfür sind vielfältig. Zum einen werden die Nahrungsmittel nicht vollständig resorbiert. Die Resorptionsrate im Magen-Darm-Kanal beträgt für Kohlenhydrate ca. 97%, für Fette ca. 95% und für Eiweiße ca. 92%. Besonders für die Proteine findet im Organismus keine vollständige Oxidation statt. Die mit dem Urin ausgeschiedenen Stoffwechselendprodukte enthalten daher noch Energiereste. Die oben angegebenen Energieinhalte sind somit für die Praxis der Ernährungslehre zu reduzieren. Im allgemeinen kann man von folgenden biologisch nutzbaren Energieinhalten ausgehen:

1 g Kohlenhydrate oder Eiweiß	4,2 Kal
1 g Fett	9,2 Kal
1 g Alkohol	7 Kal

Beim Alkohol ist die Nutzung vollständig. Für praktische Zwecke wird in dem vorliegenden Buch vereinfacht von folgenden Umrechnungsfaktoren ausgegangen:

1 g Kohlenhydrate = 4 Kal
1 g Fett   = 9 Kal
1 g Eiweiß   = 4 Kal
1 g Akohol   = 7 Kal

Die Nahrungskalorien versorgen den Körper mit potentieller Energie, mit deren Hilfe er Wärme bilden bzw. mechanische Arbeit leisten kann. Hieraus könnte man schließen, daß, nachdem Akohol und Fett fast doppelt so viel Energie pro Gewichtseinheit enthalten wie Kohlenhydrate oder Eiweiße, diese die besseren Energiequellen darstellen sollten. Eine solche Annahme ist allerdings vordergründig und kurzsichtig, wie dies in den späteren Kapiteln darzustellen sein wird, wenn die Effektivität der Nutzung verschiedener Brennstoffe abgehandelt wird.

3.3 Die energiebereit-stellenden Systeme

Energiespeicherung im Organismus

Wie eingangs bereits betont, ist die Quelle aller Energie auf der Erde letztlich die Sonne. Pflanzen benutzen die Solarenergie, um aus den Elementen Kohlenstoff, Wasserstoff und Stickstoff, die sie ihrer Umgebung entnehmen, Kohlenhydrate, Fette und Eiweiße zu synthetisieren. Diese Nahrungsmittel beinhalten gespeicherte Energie. Der Mensch nimmt sie mit seiner Ernährung auf, baut sie im Verlaufe des Verdauungsprozesses zu kleinen Untereinheiten ab, resorbiert diese und transportiert sie in die Körpergewebe, in denen sie entweder einer direkten Nutzung zur Bereitstellung biochemischer Energie zugeführt oder in andere komplexere Formen umgebaut werden, die entweder der Synthese von Geweben oder der Speicherung zum Zwecke einer späteren Energiebereitstellung dienen.

Sämtliche Energiebereitstellung im Organismus erfolgt stets aus dem **Adenosintriphosphat (ATP)**. Dabei handelt es sich um

ein komplexes Molekül, das energiereiche Phosphatbindungen enthält. Wenn diese enzymatisch aufgespalten werden, wird Energie rasch und in größerer Menge frei, die genutzt werden kann, um biologische Prozesse in Gang zu setzen, darunter – für die Bewegung besonders wichtig – die muskuläre Kontraktion. Von dieser energiereichen Substanz ATP finden sich in den Geweben allerdings aktuell nur jeweils sehr kleine Mengen. Trotzdem ist es wichtig zu wissen, daß Energie im Körper unmittelbar immer nur über das ATP freigesetzt werden kann. Alle anderen Energiespeicher können nicht direkt genutzt werden, sondern dienen dazu, im Bedarfsfall das verbrauchte ATP zu resynthetisieren.

Neben dem ATP verfügt die Zelle über eine weitere energiereiche Phophatverbindung, das **Kreatinphosphat (KP)**, das sich gleichfalls nur in geringen Mengen in den Geweben findet. Auch KP kann ohne Nutzung von Sauerstoff direkt Energie bereitstellen, stets allerdings auch wiederum nur über den Weg einer Resynthese von ATP.

ATP wird im Körper im Verlaufe eines komplizierten metabolischen Prozesses aus Kohlenhydraten, Fetten oder Eiweißen gebildet, wie dies in der Abbildung 3.3 dargestellt wird. Kreatinphosphat entsteht aus überschüssigem ATP.

Da beide energiereichen Phosphate, ATP und KP, der Zelle nur in geringer Menge zur Verfügung stehen, müssen sie bei Bedarf aus anderen Energiereserven nachgebildet werden. Solche Energiereserven stehen dem Körper in großer Menge in Form von Kohlenhydraten, Fetten und Eiweißen zur Verfügung, eine Menge, die ohne Nahrungsaufnahme für mehrere Wochen ausreicht. Die Aufnahme und der Stoffwechsel dieser drei wichtigsten Energieträger werden in den nachfolgenden Kapiteln näher dargestellt. Vorab stellt die Abbildung 3.9 die metabolischen Beziehungen dieser drei Nährstoffe untereinander dar. Ein detaillierteres Schema der einschlägigen Stoffwechselwege gibt der Anhang F.

Jeder der drei Energieträger kann bei Bedarf zumindest teilweise in die beiden anderen umgewandelt werden. Bei sehr lang andauernden Belastungen werden beispielsweise auch aus Eiweißen Kohlenhydrate gebildet. Werden zu viele Kohlenhydrate auf-

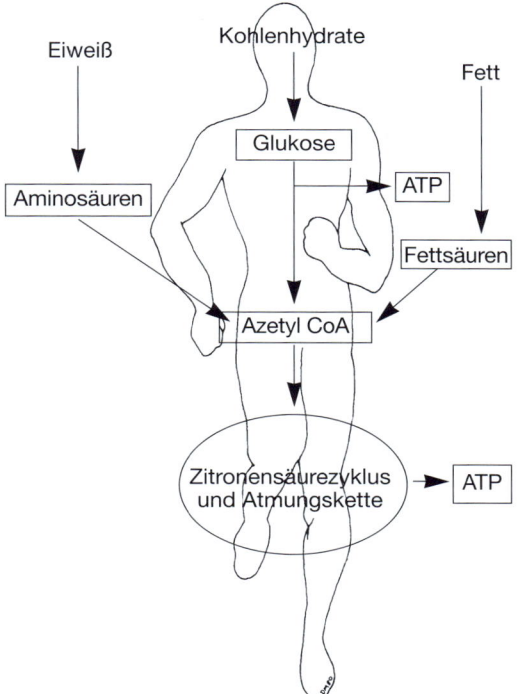

Das größte Energiedepot stellt das Körperfett dar. Fettreserven finden sich in Form von Triglyzeriden in der Skelettmuskulatur sowie im Fettgewebe. Weiterhin steht eine zwar geringe, aber sofort verfügbare Fettmenge in Form der im Blut transportierten Triglyzeride und der freien Fettsäuren zur Verfügung. Auch das körpereigene Eiweiß, speziell das Muskelgewebe, stellt im Prinzip eine Energiereserve dar, die aber unter normalen Umständen nicht oder nur wenig in Anspruch genommen wird. Die Frage, welches dieser Energiedepots unter Belastung unter welchen Umständen genutzt wird, ist ein zentraler Punkt der Energiebereitstellung, der an dieser Stelle nur kurz und dafür ausführlicher in den folgenden Kapiteln behandelt wird.

Die Energiereserven

Die Frage, warum der Organismus Energie in unterschiedlicher Form speichert, läßt sich am besten durch einen Rückblick auf die Entwicklungsgeschichte des Menschen beantworten. Unsere Vorfahren, deren energetisches System auch heute noch in uns wirksam ist, benötigten Energiereserven für stark wechselnde Bedingungen. Dabei lassen sich gewissermaßen zwei Grenzsituation unterscheiden. Auf der Flucht oder während der Jagd war es zum Überleben erforderlich, Energie möglichst rasch bereitstellen zu können, um gefährlichen Tieren zu entkommen oder harmlosere als Energiequelle zu erjagen. Die Fähigkeit einer schnellen Energiebereitstellung war somit essentiell für die Überlebensfähigkeit des Individuums und der menschlichen Rasse. Auf der anderen Seite mußten unsere Vorfahren aber auch in der Lage sein, lange Zeit ohne Energiezufuhr auszukommen, ein Zeitraum, zu dessen Überbrückung sie über eine ausreichende Kapazität zur Energiespeicherung verfügen mußten. Auch diese Fähigkeit war überlebenswichtig. Beide Faktoren – möglichst rasche Energieproduktion und möglichst große Energiespeicherkapazität – haben somit die Entwicklung der energiebereitstellenden Systeme unserer Vorfahren bestimmt.

Abbildung 3.3 Vereinfachtes Schema der ATP-Bildung aus Kohlenhydraten, Fetten und Eiweißen. Von diesen drei Energieträgern sind für die Energiebereitstellung die Kohlenhydrate und Fette, die im Krebszyklus verbrannt werden, von besonderer Bedeutung. Aus Kohlenhydraten kann im Gegensatz zu Fetten auch unter anaeroben Bedingungen, wenn auch in geringerer Menge, Energie zur Verfügung gestellt werden, Voraussetzung dafür, daß der Muskel hochintensive Belastungen ausführen kann, für die die Energiebereitstellung auf dem Wege über die Verbrennung nicht ausreicht, wenn auch nur über kurze Zeit. Bezüglich weiterer Details siehe Anhang F.

genommen, so werden sie in Fett umgewandelt und in Depots gespeichert.

Tabelle 3.2 gibt einen Überblick über die Energiemengen, die dem menschlichen Organismus in Form von Kohlenhydraten, Fett und Eiweiß zur Verfügung stehen. Dabei handelt es sich um Mittelwerte, die im Einzelfall stark variieren können. Kohlenhydrate liegen in Form des Blutzuckers sowie des Leber- und Muskelglykogens vor.

Tab. 3.2   Die wichtigsten Energiespeicher des Menschen und ihr ungefährer Kaloriengehalt*

Energiequelle	Hauptspeicherform	Kalorien	Kilojoule	Strecke, die man damit laufen könnte**
ATP	Gewebe	1	4,2	17,5 m
KP	Gewebe	4	16,8	70 m
Kohlenhydrate	Blutzucker	20	88	350 m
	Leber	400	1680	350 m
	Muskelglykogen	1500	6300	25 km
Fett	Freie Fettsäuren im Serum	7	29,2	123 m
	Triglyzeride im Serum	75	315	1 km
	Triglyzeride im Muskel	2500	10500	40 km
	Fettdepots (Triglyzeride)	80000	336000	1300 km
Eiweiß	Muskeleiweiß	30000	126000	500 km

* Die angegebenen Werte stellen Mittelwerte dar. Sie können in Abhängigkeit von individuellen Faktoren wie Fitness, Ernährung und Konstituion ganz erhebliche Streubreiten aufweisen.
** Umrechnungsfaktor: Energieverbrauch pro 1 km Laufen ca. 65 Kalorien.

Diese Systeme werden heute gewissermaßen zweckentfremdet benötigt, unter anderem zur Energiebereitstellung im modernen Sport. Schon ein kurzer Streifzug durch die verschiedenen Fernsehprogramme zeigt, wie weit sich der Sport heute ausdifferenziert hat, welche unterschiedlichen Sportarten weltweit populär sind und welche verschiedenartigen Anforderungen sich somit aus energetischer Sicht an den Sportler stellen, der im modernen Leistungssport erfolgreich sein will. Der Gewichtheber benötigt ein Maximum an Kraft, der Tennisspieler schnelle Reaktionen und eine hervorragende Auge-Hand-Koordination. Das Muster der Energiebereitstellung reicht von einem Maximum an Energie, das über eine ultrakurze Zeit benötigt wird, wie beispielsweise in Schnellkraftsportarten, bis hin zur Notwendigkeit der Verfügbarkeit von Energie über extrem lange Zeit hinweg beim Ultramarathonläufer. Die sportartspezifischen Anforderungen in den unterschiedlichen Sportarten stellen jeweils sehr differenzierte Ansprüche an die verschiedenen Energiequellen.

Wie oben ausgeführt speichert der Körper Energie in sehr unterschiedlicher Form – ATP, Kreatinphosphat, Muskelglykogen, Fetten etc. Damit diese Energie über Muskelkontraktionen in Bewegung umgewandelt werden kann, bedarf es komplexer biochemischer Reaktionen, die im Muskel ablaufen.

Diese Prozesse können in drei verschiedene energiebereitstellende Systeme unterschieden werden, das ATP-Kreatinphosphatsystem (anaerob-alaktazide Energiebereitstellung), das Milchsäuresystem (anaerob-laktazide Energiebereitstellung) und das Sauerstoffsystem (aerobe Energiebereitstellung).

Das **ATP-Kreatinphosphatsystem**, auch Phosphagensystem genannt, umfaßt die in den beiden energiereichen Phosphaten Adenosintriphosphat (ATP) und Kreatinphosphat (KP) enthaltenen Energiereserven. ATP ist die unmittelbare Energiequelle der meisten im Körper ablaufenden Prozesse, einschließlich der muskulären Kontraktion. Diese energiereiche Verbindung findet sich u.a. in der Muskelfaser und stellt bei Bedarf unter der Einwirkung eines elektrischen Impulses auf den Muskel sehr rasch Energie zur Verfügung. Jede Bewegung, die man durchführt, ob man sich nur an der Nase kratzt oder 50 kg stemmt, beruht stets auf der Aufspaltung von ATP. Ohne ATP gibt es keine muskuläre Kontraktion. Die verfügbaren Mengen an ATP in der Muskelfaser sind allerdings nur sehr gering, so daß es bei Belastungen, die länger als 1–2 s durchgeführt werden, ständig resynthetisiert werden muß. Abbildung 3.4 zeigt schematisch die Aufspaltung des ATP.

Kreatinphosphat stellt eine ebenfalls energiereiche Verbindung dar, die im Bedarfsfall

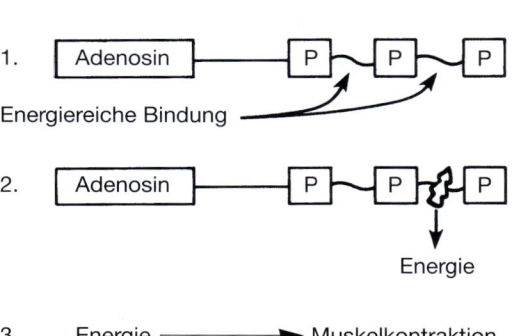

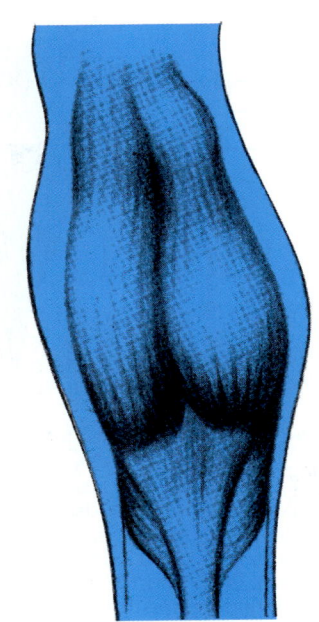

Abbildung 3.4   Die Bedeutung des Adenosintriphosphats (ATP) für den Muskel. (1) ATP wird im Muskel in geringen Mengen gespeichert. (2) Die bei der Aufspaltung seiner energiereichen Phosphatbindungen freiwerdende Energie wird (3) zur Muskelkontraktion genutzt. Die im Muskel vorhandene ATP-Menge reicht für hochintensive Schnellkraftbelastungen von etwa einer Sekunde Dauer. Nach Verbrauch wird das ATP unter Nutzung der anderen Energiequellen des Muskels resynthetisiert.

genutzt werden kann, um ATP zu resynthetisieren. Auch der Kreatinphosphatspeicher muß nach seinem Verbrauch wieder aufgefüllt werden. Abbildung 3.5 zeigt schematisch den Kreatinphosphatabbau zur Resynthese des ATP.

Das ATP-KP-System ist damit für jede Form der Energiebereitstellung von Bedeutung. Nachdem die energiereichen Phosphate dem Muskel nur in geringer Menge zur Verfügung stehen, sind sie bei einer maximalen Belastung bereits nach 5–6 s völlig erschöpft und müssen dann aus anderen Energiequellen wieder regeneriert werden. Auch wenn, wie in den nachfolgenden Kapiteln zu erörtern sein wird, darüber diskutiert wird, ob durch bestimmte mit der Nahrung aufgenommene Stoffe wie z.B. Kreatin der Aufbau von ATP und/oder Kreatinphosphat gesteigert werden kann, müssen beide Phosphate grundsätzlich im Körper selbst hergestellt werden. Auf die Resynthese von Kreatinphosphat wird nicht weiter eingegangen, weil sie stets parallel mit

dem Wiederaufbau des ATP einhergeht. Zusammenfassend ist die Energiebereitstellung aus den energiereichen Phosphaten von entscheidender Bedeutung für Belastungsformen, die sehr rasch bzw. sehr kurz und hochintensiv durchgeführt werden. Im Sport sind dies z.B. alle Sprints bis 100 m, alle Würfe und Sprünge sowie Kraftsportarten wie Gewichtheben.

Die bei der **Bildung von Milchsäure** bereitgestellte Energie kann gleichfalls nicht direkt für die muskuläre Kontraktion genutzt werden, sie kann jedoch im Bedarfsfall für eine rasche Resynthese von ATP sorgen. Bei hochintensiven Belastungen ist die zweitbeste Energiequelle nach Erschöpfung der energiereichen Phosphate das muskuläre Glykogen. Dies wird dabei ohne Einwirkung von Sauerstoff (anaerob) in einer Reihe von Reaktionsschritten, der **Glykolyse**, zu Milchsäure abgebaut, wobei die freiwerdende Energie zur Bildung von ATP genutzt wird. Die Frage, ob Glykogen verbrannt wird **(aerobe**

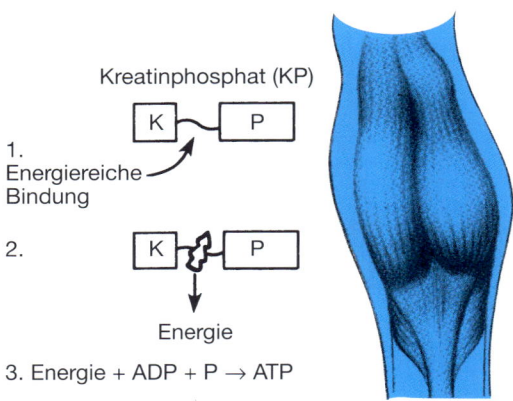

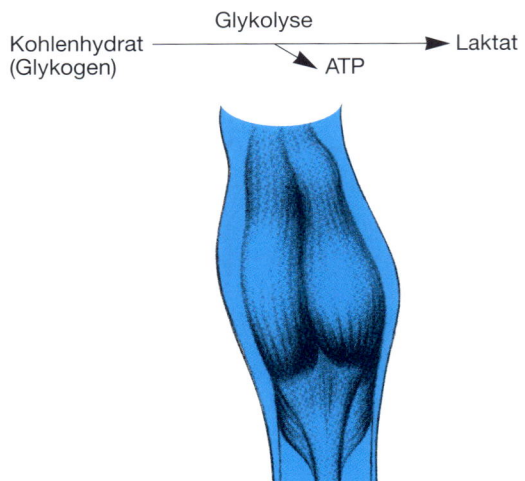

Kreatinphosphat (KP)

1.
Energiereiche
Bindung

2.

Energie

3. Energie + ADP + P → ATP

Abbildung 3.5 Die Bedeutung des Kreatinphosphats (KP) für den Muskel. (1) KP wird in
kleinen Mengen in der Muskulatur gespeichert.
(2) Bei der Aufspaltung der energiereichen
Phosphatbindung des KP entsteht Energie, die
(3) für die schnelle ATP-Resynthese genutzt
werden kann. ATP und KP werden zusammen
auch als Phosphagene bezeichnet und bilden
das System der energiereichen Phosphate, das
für sehr schnelle und hochintensive Belastungen von maximal sechs Sekunden, wie beispielsweise Sprünge, Würfe oder Sprints,
genutzt werden kann.

Kohlenhydrat
(Glykogen) — Glykolyse → Laktat
ATP

Abbildung 3.6 Die Bedeutung der Laktatbildung für den Muskel. Das Muskelglykogen wird
im Rahmen der anaeroben Glykolyse ohne die
Nutzung von Sauerstoff zu Laktat aufgespalten
(siehe auch Anhang F, Abbildung 1). Hierdurch
wird sehr viel ATP pro Zeiteinheit bereitgestellt,
allerdings unter Inkaufnahme der Bildung des
Endprodukts Laktat, das bei höherer Konzentration zur Muskelermüdung führt. Mit Hilfe der
Energiebereitstellung durch die Laktatbildung
lassen sich hochintensive Belastungen über
einen Zeitraum von maximal drei Minuten ausführen.

Glykolyse) oder ohne Sauerstoff zu Milchsäure abgebaut wird **(anaerobe Glykolyse)**
ist weitgehend eine Frage der Verfügbarkeit
von Sauerstoff. Bei hochintensiven Belastungen ist nicht genügend Sauerstoff vorhanden,
um das Glykogen zu verbrennen. Letztlich ist
dies aber auch eine Frage der vorhandenen
Enzyme oder Biokatalysatoren. Auch wenn
genügend Sauerstoff verfügbar ist, kann bei
nicht ausreichender Enzymkapazität die Verbrennung nicht so schnell ablaufen, wie dies
vom Energiebedarf her erforderlich wäre.
Der Prozess der Milchsäurebildung wird in
der Abbildung 3.6 dargestellt. Er spielt bei
allen Belastungsformen eine wichtige Rolle,
bei denen die maximale Leistung für 1–2 min
durchgehalten werden muß, entsprechend
etwa einem 400 oder 800 m Lauf sowie länger durchgehaltenen Kraftbelastungen.
 Der Vorteil der Milchsäurebildung besteht
darin, daß hierdurch sehr rasch ATP und
damit Energie bereitgestellt werden kann.
Andererseits hat sie den Nachteil, daß bei der
Aufspaltung von einem Molekül Glukose zu

Laktat nur 5% der Energie frei werden, die
man erhält, wenn das Molekül völlig verbrannt wird. Ein weiterer Nachteil besteht
darin, daß das Endprodukt dieses Stoffwech-
selweges, das Laktat bzw. die Milchsäure,
wie der Name sagt, eine Säure darstellt. Diese
spaltet ein Wasserstoffion ab, das damit den
Säuregrad des Gewebes, speziell auch der
Muskelfaser, erhöht und das natürliche Zell-
gleichgewicht stört. Alle Prozesse der Energiefreisetzung bei der Muskelkontraktion
werden von Enzymen gesteuert, deren Funktion vom Säuregrad der Zelle, vom pH-Wert,
abhängig ist. Ein Anstieg der Milchsäurekon-
zentration in der Muskelfaser führt somit zu
vorzeitiger Erschöpfung. Andererseits kann
das Laktat nicht als „Abfallprodukt" bezeichnet werden, da es noch sehr viel Energie enthält. Das Laktat kann in anderen Geweben,
z.B. im Herzmuskel, verbrannt oder in der
Leber in Glukose zurückgebildet werden.

Die dritte Form der Energiebereitstellung ist die Verbrennung, also die aerobe Energiebereitstellung im **Sauerstoffsystem**. Unter aeroben Ausdauerbelastungen werden solche Aktivitäten verstanden, bei denen vor allem dieses System zur Energiebereitstellung genutzt wird, und das dadurch in seiner Leistungsfähigkeit verbessert wird. Solche Belastungen tragen erheblich zur Steigerung von Gesundheit und Leistungsfähigkeit des Herz-Kreislauf-Systems sowie der Atmung bei. Sie sind daher heute für ein gesundheitsorientiertes Training in den Industrieländern von besonderer Bedeutung und haben frühere Vorstellungen, die sich vor allem an einem muskulären Training orientierten, revolutioniert. Abbildung 3.7. zeigt die wichtigsten physiologischen Prozesse in Verbindung mit der Verbrennung. Auch die Energie, die bei der Verbrennung frei wird, kann, ebensowenig wie bei der Milchsäurebildung, nicht direkt vom Muskel genutzt werden, sie ermöglicht jedoch die Resynthese von großen Mengen an ATP aus anderen Energiereserven des Organismus. Im Bedarfsfall können das in Leber und Muskel gespeicherte Glykogen, die im Muskel selbst, in den Fettzellen und im Blut vorhandenen Triglyzeride, im Blut gelöste Glukose und freie Fettsäuren sowie als Notfallenergiequelle ein Teil der körpereigenen Proteine verbrannt werden. Zu diesem Zweck müssen die Speichersubstanzen Glykogen, Fette und Proteine in ihre Untereinheiten Glukose, freie Fettsäuren und Aminosäuren abgebaut werden. Soweit sie aus den nichtmuskulären Depots stammen, erfolgt dieser Abbau bereits vor Ort, die Spaltprodukte werden über den Blutweg der Muskelfaser angeboten. Der weitere Abbau erfolgt dann im Rahmen einer komplexen Reaktionskette in den Mitochondrien, den „Kraftstationen" der Zelle, zu Kohlensäure und Wasser. Dies geschieht in zwei hintereinander geschalteten Stoffwechselkreisläufen, dem **Zitronensäurezyklus**, auch als „Krebszyklus" bekannt, und der **Atmungskette**. Beide zusammen bilden die gemeinsame Endstrecke für den Abbau verschiedener Substrate. Sie stellen hochstrukturierte Enzymsysteme dar, deren Aufgabe darin besteht, vom Substrat, wie z.B. der Glukose, Kohlendioxid, Wasserstoff und Elektro-

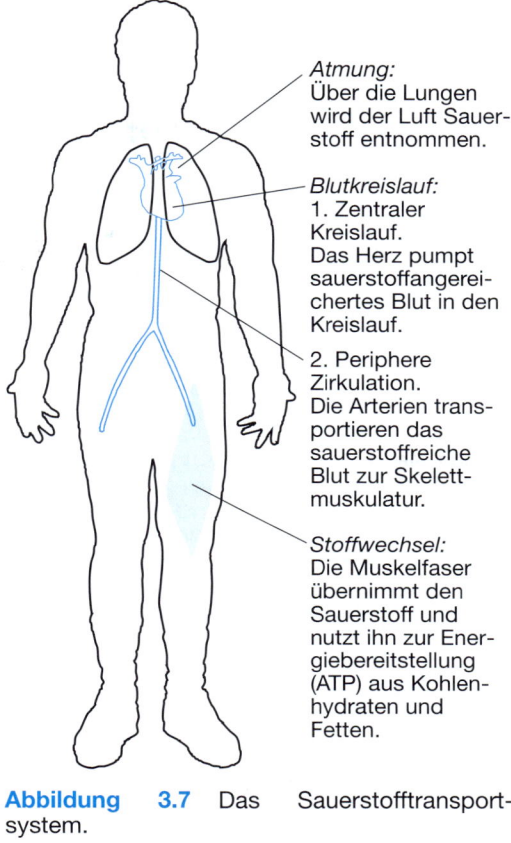

Atmung:
Über die Lungen wird der Luft Sauerstoff entnommen.

Blutkreislauf:
1. Zentraler Kreislauf.
Das Herz pumpt sauerstoffangereichertes Blut in den Kreislauf.

2. Periphere Zirkulation.
Die Arterien transportieren das sauerstoffreiche Blut zur Skelettmuskulatur.

Stoffwechsel:
Die Muskelfaser übernimmt den Sauerstoff und nutzt ihn zur Energiebereitstellung (ATP) aus Kohlenhydraten und Fetten.

Abbildung 3.7 Das Sauerstofftransportsystem.

nen abzuspalten. An verschiedenen Stellen dieser Kette wird Energie gewonnen, die zur Bildung von ATP genutzt wird. Wasserstoff und Elektronen können sich über die Atmungskette mit Sauerstoff zu Wasser vereinigen. Im einzelnen ist das System in Abbildung 3.8 dargestellt.

Der Hauptvorteil der aeroben Energiebereitstellung besteht darin, daß dadurch sehr große Mengen an Energie gebildet werden können. Als Nachteil ist zu vermerken, daß die Energiemenge, die pro Zeit verfügbar ist, eher bescheiden ausfällt. Dies liegt daran, daß zur Verbrennung Sauerstoff vorhanden sein muß, der von der Außenluft auf dem Wege über Atmung und Kreislauf zur Stelle seiner Wirkung transportiert werden muß. Dieser sauerstofftransportierende Apparat wirkt leistungsbegrenzend. Die Sauerstoffmengen, die der Zelle auf diesem Wege angeboten werden können, reichen nicht aus, um über

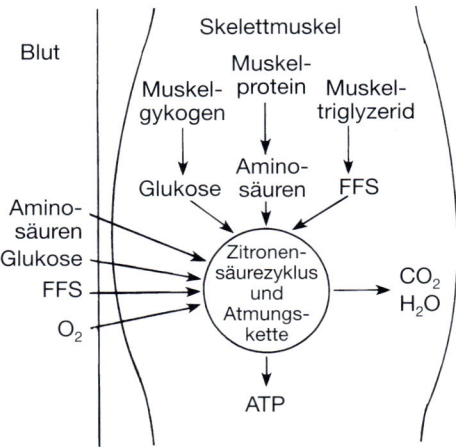

Blut

Skelettmuskel

Muskel-gykogen

Muskel-protein

Muskel-triglyzerid

Glukose

Amino-säuren

FFS

Amino-säuren

Glukose

FFS

O_2

Zitronen-säurezyklus und Atmungs-kette

CO_2
H_2O

ATP

Abbildung 3.8 Die aerobe Energiebereitstel-lung. Als Verbrennungssubstrat dienen mus-kuläre Depots an Glykogen und Triglyzeriden, dem Blut entnommene Glukose sowie freie Fettsäuren, ferner kleinere Mengen an musku-lären Proteinen und Aminosäuren. Diese Sub-strate werden biochemisch abgebaut und treten dann zur endgültigen Verbrennung in den Zitronensäurezyklus und die anschließende Atmungskette ein. Im Verlaufe dieses Prozes-ses, bei dem Sauerstoff den abschließenden Elektronenakzeptor darstellt, werden große Mengen an ATP gebildet. Das System der aeroben Energiebereitstellung dominiert bei allen Ausdauerbelastungen, die länger als vier bis fünf Minuten durchgeführt werden (siehe auch Anhang F).

die Verbrennung maximale energetische Bedürfnisse zu befriedigen. Die aerobe Ener-giebereitstellung ist daher für Belastungsin-tensitäten langer Dauer und geringer bis mit-telgradiger Intensität wichtig, im Sport also bei Ausdauerbelastungen wie Langlauf bzw. Radfahren über längere Strecken. Für hoch-intensive Maximalbelastungen ist sie dage-gen von untergeordneter Bedeutung.

Abbildung 3.9 gibt ein vereinfachtes Sche-ma der drei energiebereitstellenden Systeme.

Die Rolle der Nährstoffe für die Energiebereitstellung beim Menschen

Auch wenn, wie beschrieben, die Bildung von ATP auf dem Abbau der drei wichtigsten

Energieträger Kohlenhydrate, Fette, und bis zu einem gewissen Grade auch Eiweißen beruht, kann die Energiebildung nicht funk-tionieren, wenn nicht auch die anderen Nähr-stoffklassen Wasser, Vitamine und Minerali-en in ausreichender Menge verfügbar sind. Ihre Bedeutung liegt vor allem in der Zusam-menarbeit mit den Proteinen, in der Gewähr-leistung von Aufbau und Funktion zahlrei-cher Enzyme, die an der Regelung der energetischen Prozesse in der Muskelfaser beteiligt sind.

Wasser wird benötigt, um energiereiche komplexe Moleküle im Verlaufe der sog. Hydrolyse aufzuspalten. Zahlreiche **Vitamine** spielen für die energiefreisetzenden Prozesse eine wichtige Rolle. Niacin ist beispielsweise für die Glykolyse bedeutsam, Thiamin wird beim Eintritt in den Zitronensäurezyklus zur Umwandlung von glykolytischen Endpro-dukten in Azetyl-CoA benötigt, Riboflavin ist wichtig für die Bildung von ATP im Krebs-zyklus und in der Atmungskette. Eine Reihe weiterer Vitamine der B-Gruppe ist an ver-schiedenen Stellen an der Energietransforma-tion in der Zelle beteiligt.

Auch zahlreiche **Mineralstoffe** sind für energetische Prozesse unverzichtbar. Dies trifft insbesondere für Eisen zu. Das im Hämoglobin gebundene Eisen sorgt für den Transport des Sauerstoffs zur Muskelfaser. Eisen ist ferner ein Bestandteil des Myoglo-bins sowie der Zytochrome der Atmungsket-te und wird zur zellulären Nutzung des Sauerstoffs benötigt. Weitere wichtige Mine-ralien, die als Bestandteil von Enzymen an der Energiefreisetzung, an der muskulären Kontraktion oder an anderen energetisch bedeutsamen Prozessen beteiligt sind, sind Zink, Magnesium, Kalium, Natrium und Kal-zium.

Zusammenfassend ist für eine adäquate Energiebereitstellung nicht nur eine ausrei-chende Zufuhr der drei Energieträger Koh-lenhydrate, Fette und Eiweiße mit der Ernäh-rung von Bedeutung, sondern auch die ausreichende Aufnahme von Nährstoffen, die für die Regulierung der Energiefreistellung wichtig sind, nämlich Wasser, Vitamine und Mineralstoffe.

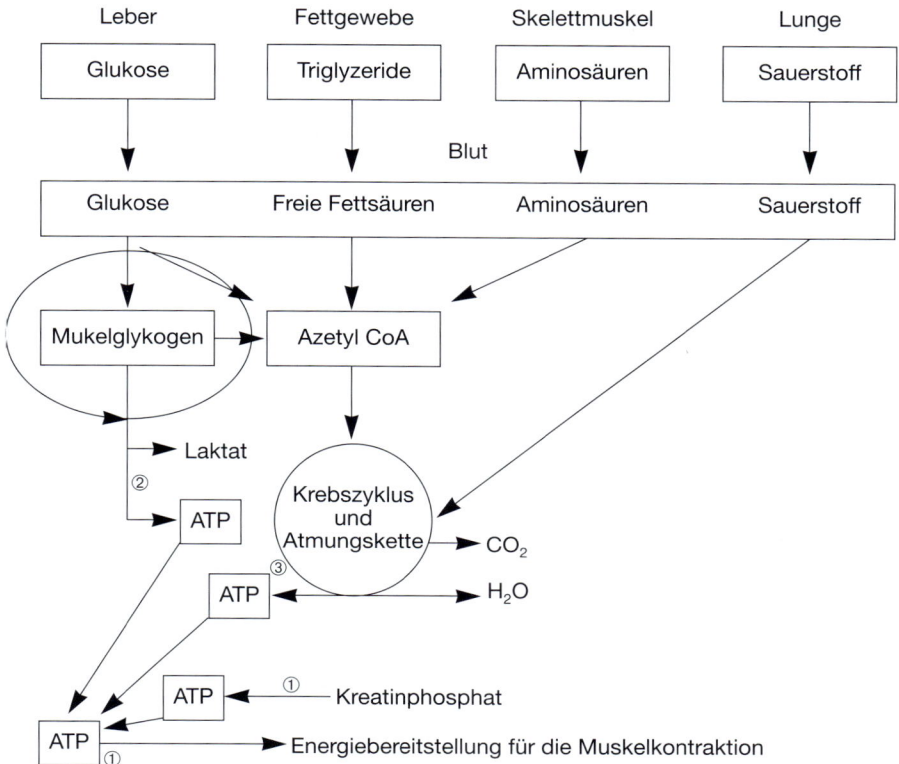

Abbildung 3.9   Vereinfachtes Flußdiagramm der drei energiebereitstellenden Systeme. Nährstoffe und Sauerstoff werden über den Blutkreislauf zur Muskelfaser transportiert und dort zur Energiebereitstellung genutzt. Die primäre Energiequelle für die Muskelkontraktion stellt immer das ATP dar. (1) Das anaerob-alaktazide Energiesystem wird durch die energiereichen Phosphate des Muskels, ATP und Kreatinphosphat, gebildet. (2) Aus Glukose bzw. Gykogen kann auf dem Wege der glykolytischen Aufspaltung im Rahmen der anaerob-laktaziden Energiebereitstellung sehr viel ATP pro Zeiteinheit gebildet werden. (3) Durch die aerobe Energiebereitstellung werden im Verlaufe der Verbrennung über den Zitronensäurezyklus große Mengen an ATP zur Verfügung gestellt. Darüber hinaus gibt es noch eine Reihe von weiteren, energetisch relevanten Stoffwechselwegen, die im Zusammenhang mit der Bedeutung der Kohlenhydrate, Fette und Eiweiße im einzelnen besprochen werden.

3.4 Der Ruhestoffwechsel

Definition des Stoffwechsels

Unter **Stoffwechsel (Metabolismus)** wird die Summe aller physikalischen und biochemischen Prozesse verstanden, die im Organismus ablaufen. Stoffwechselprozesse sind beispielsweise die Umwandlung der aufgenommenen Nahrungsmittel, die Bildung von körpereigenen Strukturen, Hormonen und Enzymen, das Wachstum und der Abbau von Knochen, Muskeln und anderen Geweben sowie viele mehr.

Diese Beispiele zeigen bereits, daß man den Metabolismus grundsätzlich in zwei verschiedene Anteile unterteilen kann, nämlich Aufbauprozesse (Anabolismus) und Abbauvorgänge (Katabolismus). Der Aufbau von komplexen Körperstrukturen, beispielsweise die Zunahme der Muskelmasse unter einem Krafttraining oder die Steigerung der aeroben Enzymkapazität im Verlaufe eines Ausdauertrainings, stellt somit einen anabolen Prozess dar, der Energie benötigt. Umgekehrt wird beim Abbau komplexer Körperstrukturen zu einfacheren Einheiten, z.B. beim Abbau von Muskelglykogen zu Glukose und weiter zu Kohlendioxid und Wasser, Energie gewonnen, die dann wiederum den energetischen Bedarf anaboler Prozesse decken kann.

Der Stoffwechsel stellt somit einen ständigen Wandel von energetischen Prozessen dar oder kurz gesagt: *Stoffwechsel ist Leben.* Die Geschwindigkeit, mit der metabolische Prozesse ablaufen, kann, in Abhängigkeit von den jeweiligen Umständen, sehr unterschiedlich sein. Der tägliche Energiebedarf, d.h. die Summe aller Stoffwechselprozesse, läßt sich grundsätzlich in drei Anteile untergliedern.

1. Der basale Energieumsatz in Ruhe, der sog. Grundumsatz, sowie die Steigerung dieses Energieumsatzes.

2. nach Nahrungsaufnahme.

3. unter körperlicher Belastung.

Der Grundumsatz sowie die durch die Nahrungsaufnahme bedingte Steigerung des Stoffwechsels werden in diesem Abschnitt behandelt, der Stoffwechselsteigerung unter körperlicher Belastung bleibt ein eigener Abschnitt vorbehalten.

Der Stoffwechsel in Körperruhe

Auch in absoluter Ruhe benötigt der Körper ständig Energie. Die Körperstrukturen sind nur scheinbar stabil, es handelt sich um ein sog. Fließgleichgewicht, d.h. es werden ständig Strukturen ab- und wieder aufgebaut. Weitere Energie wird für die basalen lebenserhaltenden Funktionen benötigt, wie für das Herz-Kreislauf-System und die Atmung, die Sekretion von Hormonen, die Aktivität des Nervensystems etc.

Bestimmt man diesen Ruheumsatz unter Bedingungen, bei denen die energieverbrauchssteigernden Außenfaktoren so niedrig wie möglich gehalten werden, so spricht man vom **Grundumsatz.** Er wird mit Hilfe der indirekten Kalorimetrie, also der Messung von Sauerstoffaufnahme und Kohlendioxidabgabe, nach 12-stündigem Fasten in liegender Position bei der sog. Indifferenztemperatur bestimmt, bei der der Körper weder aktiv

Wärme bilden noch abgeben muß. Der Grundumsatz repräsentiert somit das Minimum an Energieumsatz, das in wachem Zustand erforderlich ist, um die zellulären und Gewebsprozesse in Gang zu halten, also von den besonderen Bedingungen des Schlafs abgesehen.

Der Stoffwechselumsatz in Körperruhe unter üblichen Alltagsbedingungen, der sog. **Ruheumsatz**, liegt dagegen geringfügig, im Durchschnitt etwa 10%, höher als der Grundumsatz. Die Ursachen für die Erhöhung des Energieumsatzes können vorausgegangene Nahrungsaufnahme oder körperliche Aktivitäten sowie Temperaturen sein, die von den Indifferenzbedingungen abweichen. Trotzdem werden beide Ausdrücke, nicht ganz zu recht, häufig synonym gebraucht.

Der Einfluß der Nahrungsaufnahme auf den Energieumsatz

Nach Nahrungsaufnahme kommt es durch den hiermit verbundenen Energiebedarf für die Verdauungsprozesse zu einer Steigerung der Stoffwechselprozesse. Diese wurde früher als **spezifisch dynamische Wirkung** bezeichnet, heute spricht man meist von **Diät-induzierter Thermogenese (DIT)** oder dem **thermischen Effekt von Nahrungsmittel (TEF,** F = food). Die Stoffwechselsteigerung erreicht ihr Maximum etwa eine Stunde nach der letzten Mahlzeit und hält bis zu vier Stunden an. Sie ist Ausdruck der energetischen Prozesse für die Resorption, den Transport, die Speicherung und die Verstoffwechselung der aufgenommenen Nährstoffe. Die Größe der Stoffwechselsteigerung hängt von der Quantität und Qualität der aufgenommenen Mahlzeit ab. Sie ist um so größer, je höher die aufgenommene Kalorienmenge ist, zum anderen wird sie aber auch von der Nährstoffzusammensetzung bestimmt. Kohlenhydrate und ganz besonders Proteine haben eine hohe spezifisch dynamische Wirkung, die Stoffwechselsteigerung durch Fette ist dagegen nur gering.

Die durchschnittliche Stoffwechselsteigerung liegt bei einer üblichen aus Kohlenhydraten, Fetten und Eiweißen zusammengesetzten Mahlzeit bei etwa 8–10%, wobei experimentell Werte zwischen 6 und 16% gefunden wurden. Insgesamt macht die ernährungsbedingte Stoffwechselsteigerung etwa 5–10% des gesamten Energiebedarfs im Tagesablauf aus.

In einigen Untersuchungen konnte nachgewiesen werden, daß die DIT bei schlanken Personen ausgeprägter ist als bei übergewichtigen. Danach werden Übergewichtige auch deshalb übergewichtig, weil sie Nahrungsmittel besonders effizient aufnehmen und speichern. Umgekehrt beruht der Effekt einiger Diäten zur Gewichtsabnahme auf dieser spezifisch dynamischen Wirkung. Im einzelnen wird hierauf in den Kapiteln 10 und 11 weiter eingegangen.

Methoden zur Berechnung des Ruheumsatzes

Zur Bestimmung des Ruheumsatzes stehen verschiedene Methoden zur Verfügung. Man muß sich jedoch darüber klar sein, daß es sich dabei weitgehend um Schätzungen mit einer gewissen Fehlerbreite handelt. Exakte Werte erhält man letztlich nur durch die vorstehend geschilderte kalorimetrische Bestimmung des Grundumsatzes. Trotzdem liefern die Ergebnisse der üblichen Schätzverfahren durchaus brauchbare Werte.

Die Tabelle 3.3 zeigt eine Methode zur Schätzung des Ruheumsatzes bei Männern und Frauen in unterschiedlichen Lebensaltern. Gleichzeitig werden Beispiele gegeben, unter Einrechung einer individuellen Variabilität von 10%. Die so erhaltenen Werte geben ein Maß für den Ruheumsatz. Wenn man den effektiven Stoffwechselumsatz im Tagesablauf kennen will, müssen gleichzeitig die Stoffwechselsteigerungen durch die Nahrungsaufnahme bzw. durch körperliche Aktivität bekannt sein.

Eine noch einfachere und brauchbare Regel besagt, daß der Ruheumsatz eine Kalorie pro kg Körpergewicht und Stunde ausmacht. Danach beträgt der Ruheumsatz für einen 70 kg schweren Mann $1 \times 70 \times 24 = 1680$ Kal, für eine 55 kg schwere Frau $1 \times 55 \times 24 = 1320$ Kal. Diese Werte weichen nur unwesentlich von denen ab, die in der Tabelle 3.3 aufgrund eines deutlich komplizierteren Verfahrens ermittelt wurden.

Tab. 3.3 Berechnung des Kalorienverbrauchs in Körperruhe (Ruheumsatz)

Alter (Jahre)	Korrelationsgleichung
männlich	
3–9	$(22,7 \times KG^*) + 495$
10–17	$(17,5 \times KG) + 651$
18–29	$(15,3 \times KG) + 679$
30–60	$(11,6 \times KG) + 879$
> 60	$(13,5 \times KG) + 487$

Beispiel:
70 kg schwerer Mann, 20 Jahre
$(15,3 \times 79) + 679 = 1750$

weiblich	
3–9	$(22,5 \times KG^*) + 499$
10–17	$(12,2 \times KG) + 746$
18–29	$(14,7 \times KG) + 496$
30–60	$(8,7 \times KG) + 829$
> 60	$(10,5 \times KG) + 596$

Beispiel
55 kg schwere Frau, 20 Jahre
$(14,7 \times 55) + 496 = 1304$

Streubreite +/- 10 %
d. h. für das männliche Beispiel:
1750 +/- 10 % = 1575 – 1925 Kal
für das weibliche Beispiel:
1304 +/- 10 % = 1174 – 1434 Kal

* KG = Körpergewicht in kg

Genetische Einflüsse auf den Ruheumsatz

Die Größe des Ruheumsatzes ist direkt korreliert zum Anteil der biologisch aktiven Gewebe an der Gesamtkörpermasse. Die biologische Aktivität ist für die einzelnen Gewebe und Organe sehr unterschiedlich. In Körperruhe sind innere Organe wie Herz, Leber, Niere und andere metabolisch wesentlich aktiver als beispielsweise Muskelgewebe. Dieses hat wiederum einen höheren metabolischen Umsatz als Fettgewebe. Veränderungen im Anteil biologisch aktiver Gewebe an der Körpermasse zeigen sich also auch in Veränderungen des Ruheumsatzes.

Die Höhe des Ruheumsatzes wird von vielen Faktoren bestimmt, die genetisch determiniert sind, wie Lebensalter, Geschlecht, Körpergröße, Körperoberfläche und, bis zu einem bestimmten Grade auch von der Körperzusammensetzung. Die Auswirkungen dieser Faktoren auf den Stoffwechsel sind, wenn auch nicht alle, weitgehend unbekannt. Kinder haben gewichtsbezogen einen sehr hohen Grundumsatz, wobei zahlreiche Gründe eine Rolle spielen. Zum einen haben kleinere Wesen aufgrund des Verhältnisses von Oberfläche zu Volumen grundsätzlich einen relativ höheren Umsatz als große. Bei Kindern kommt ferner ihr relativ hoher Anteil an aktiven Geweben hinzu sowie die Stoffwechselsteigerung durch die Wachstumsvorgänge. Von der Kindheit an fällt dann über die Pubertät und Jugend zum Erwachsenenalter hin mit zunehmender Ausreifung der Ruheumsatz ab. Menschen mit einem relativ hohen Muskelanteil haben einen höheren Stoffwechselumsatz als solche mit einem hohen Fettanteil. Der Ruheumsatz der Frau ist um 10–15% niedriger als der des Mannes, vor allem aufgrund ihres höheren Fettanteils bzw. des geringeren Muskelanteils. Bei gleichem Körpergewicht haben hochgewachsene schlanke Menschen einen höheren Stoffwechselumsatz als untersetzte Pykniker, da ihre Körperoberfläche im Verhältnis zum Körpergewicht größer ist und sie mehr Wärme durch Strahlung und Leitung abgeben. Mit dem Älterwerden nimmt der Ruheumsatz ab. Dies muß nicht primär die Folge des Alters sein, es kann auch die sekundäre Folge eines relativen Bewegungsmangels des älteren Menschen darstellen, der zu einer Verminderung der aktiven Muskelmasse und einer Zunahme des Körperfettanteils führt.

Eine Abnahme des Körperfettanteils bei Zunahme der Muskelmasse kann den Ruheumsatz auf zwei Wegen steigern, zum einen als Folge der größeren Stoffwechselaktivität der Muskulatur im Vergleich zum Fettgewebe, zum anderen aber auch, weil sich hierdurch das Verhältnis von Körperoberfläche zu Körpervolumen vergrößert. Kommt es andererseits zu einem Gewichtsverlust, an dem gleichermaßen das Körperfett wie die Muskelmasse beteiligt sind, nimmt im allge-

meinen der Ruheumsatz ab. Die Frage, die deshalb diskutiert wird, ob nämlich Sportler, die ihr Körpergewicht bewußt durch Training niedrig halten, wie beispielsweise Langstreckenläuferinnen oder Ringer, dadurch auch ihren Grundumsatz erniedrigen, soll im Kapitel 10 im Zusammenhang mit der Körperzusammensetzung weiter diskutiert werden.

Übergewichtige, die versuchen, mit einer unterkalorischen Kost von 800 Kal pro Tag oder weniger abzunehmen, können dadurch auch ihren Grundumsatz reduzieren. Hierbei spielt möglicherweise nicht nur die Gewichtsabnahme an sich eine Rolle, sondern auch die gleichzeitige Abnahme der Freisetzung von Schilddrüsenhormonen. In einer einschlägigen Untersuchung konnte gezeigt werden, daß bei Übergewichtigen, die sich einer Reduktionskost von durchschnittlich 472 Kalorien unterzogen, der Grundumsatz im Mittel um 9,4 % absank. Auch diese Thematik wird in den Kapiteln 10 und 11 weiter diskutiert.

Der Einfluß von exogenen Faktoren auf den Ruheumsatz

Auch wenn **Koffein** keinen Nährstoff darstellt, findet es sich als Substanz in zahlreichen Nahrungsmitteln und Getränken. Koffein ist ein metabolisches Stimulans und kann eine signifikante Steigerung des Stoffwechsels bewirken. In einer einschlägigen Untersuchung wurde gezeigt, daß der Genuß von 2–3 Tassen Kaffee den Ruheumsatz um 10–12% erhöht.

Auch Zigarettenrauchen regt den Stoffwechsel ähnlich wie Koffein an und erhöht damit den Grundumsatz. Dies mag eine der Ursachen dafür sein, daß Menschen, die mit dem Rauchen aufhören, an Gewicht zunehmen.

Ferner können **Klimafaktoren** Einfluß auf die Stoffwechselaktivität nehmen, vor allem Temperaturänderungen. Kälteexposition kann verschiedene stoffwechselaktive Hormone stimulieren, durch das Kältezittern wird die Wärmeproduktion um bis zu 50% erhöht. Umgekehrt kann auch der Aufenthalt in warmer bzw. heißer Umgebung durch die stärkere Herz-Kreislauf-Belastung sowie durch die Schweißproduktion zu einem Anstieg des Energieverbrauchs führen.

Viele dieser Faktoren, die die Stoffwechselaktivität beeinflussen, sind nicht nur von physiologischem Interesse, sondern auch wichtig für Programme zur Gewichtsabnahme bzw. für die Wärmeregulation des Körpers. Aus diesem Grund werden sie in den abschließenden Kapiteln dieses Bandes näher erörtert.

Der Faktor mit dem größten Einfluß auf die Stoffwechselaktivität ist sicherlich die körperliche Belastung. Wie später darzustellen sein wird, hat regelmäßiges **körperliches Training** auch einen Effekt auf den Ruheumsatz.

Energiequellen in Körperruhe

Der Löwenanteil des Energieverbrauchs in Ruhe bezieht sich auf den Ablauf der automatischen physiologischen Prozesse des Organismus. Nachdem die Muskulatur in Ruhe wenig Energie benötigt, besteht auch kein Bedarf für eine sehr schnelle und damit anaerobe ATP-Produktion. Aus diesem Grunde ist die aerobe Energiebereitstellung für Ruhebedingungen völlig ausreichend.

Das aerobe System kann als Energiequellen grundsätzlich Kohlenhydrate, Fette und Eiweiße nutzen. Wie in Kapitel 6 ausgeführt, wird allerdings Eiweiß unter normalen Bedingungen nur in untergeordnetem Maße als Energiequelle eingesetzt. Somit wird der Ruheumsatz fast ausschließlich durch die Verbrennung von Kohlenhydraten und Fetten gedeckt. Die Frage, welcher dieser Brennstoffe in welcher Menge genutzt wird, wird von verschiedenen Faktoren beeinflußt. Im allgemeinen kann man davon ausgehen, daß bei einer üblichen Mischkost aus Kohlenhydraten, Eiweißen und Fetten etwa 40% der freigesetzten Energie in Ruhe aus Kohlenhydraten und 60% aus Fetten stammen.

3.5 Der Energiestoffwechsel unter körperlicher Belastung

Der Einfluß von körperlicher Belastung auf die Stoffwechselintensität

Jede körperliche Aktivität steigert den Stoffwechsel bzw. den Energieverbrauch über den Ruheumsatz hinaus. Man kann den täglichen Kalorienverbrauch bestimmen, wenn man zum Grundumsatz den geschätzten Mehrverbrauch durch körperliche Aktivität hinzurechnet. Hierbei handelt es sich jedoch stets nur um ungefähre Schätzwerte. Auch Alltagsaktivitäten wie Sitzen, Stehen, Kartenspielen, Kochen, Schreibmaschineschreiben etc. steigern den Energieverbrauch, lassen sich aber quantitativ nur sehr schwer ausdrücken. Wenn deshalb im folgenden von **Leistungsumsatz** gesprochen wird, so bezieht sich dieser Ausdruck im allgemeinen auf Stoffwechselsteigerungen durch mittelgradige bis intensive körperliche Aktivitäten wie schnelles Gehen, Treppensteigen, Radfahren, Tanzen, Laufen etc. Der zusätzliche Leistungsumsatz wird auch als **thermischer Belastungseffekt** bezeichnet.

Körperliche Aktivität stellt für den Organismus und für fast alle seine Organsysteme einen kräftigen Reiz dar, der bei regelmäßiger Durchführung zu entsprechenden Anpassungserscheinungen führt. Diese wiederum können, wie im folgenden darzustellen sein wird, von großem gesundheitlichen Vorteil sein. Die wichtigsten Systeme, die unter körperlicher Aktivität beansprucht werden, sind das Nervensystem und die Muskulatur. In den Muskelfasern laufen die energetischen Prozesse ab, die Muskelkontraktionen werden durch das Nervensystem gesteuert. Allen anderen Organsystemen kommt unter Belastung im Grunde nur eine Servicefunktion zur Erfüllung der Bedürfnisse der aktiven Skelettmuskulatur zu.

Die **Muskelfaser** ist letztlich nur eine Maschine, die biochemische in mechanische Energie umwandelt, aber eine Maschine, die überaus komplex funktioniert. Sie stellt eine schlauchartige Struktur dar, in der die kontraktilen Elemente enthalten sind, Filamente, die ineinander gleiten können und dadurch den Muskel verkürzen. Durch diese Muskelverkürzung wird Arbeit ausgeführt. Es werden Knochen gegeneinander bewegt in Form von sehr einfachen Bewegungsabläufen wie beim Heben einer Hantel über kompliziertere Bewegungsmuster beim Laufen bis hin zu den überaus komplexen Bewegungen des Kunstturners beim Dreifachsalto. Wie viele technische Maschinen besitzt auch die Muskelfaser die Fähigkeit einer Energieproduktion in sehr unterschiedlicher Intensität, wobei die Variationsbreite vom niedrigsten muskulären Energieumsatz im Schlaf bis zum 90fachen dieses Wertes unter kurzdauernden maximalen anaeroben Belastungen reicht.

Der wichtigste Faktor, der die Stoffwechselgeschwindigkeit unter Belastung beeinflußt, ist die Belastungsintensität bzw. die Schnelligkeit einer Bewegung. Um schnell Bewegungen auszuführen, muß sich der Muskel mit höherer Geschwindigkeit und damit überproportional hohem Energieverbrauch kontrahieren. In der folgenden Tabelle wird ein Überblick über den Energieverbrauch pro Minute, ausgedrückt in Kalorien, für einen erwachsenen Mann mit durchschnittlicher Körperstatur bei unterschiedlichen Belastungsintensitäten gegeben. Die höheren in der Tabelle aufgeführten Werte werden vom durchschnittlichen Un- bzw. Wenigtrainierten nicht erreicht. Die höchsten Stufen werden auch von Hochtrainierten nur über sehr kurze Zeitintervalle im Bereich von ca. 1 s bewältigt.

Belastungsintensität	Kalorienverbrauch pro kg Körpergewicht und Minute
Ruheumsatz	1,0
Sitzen, Schreiben	2,0
Gehen mit 3 km/h	3,3
Gehen mit 5 km/h	4,2
Laufen mit 8 km/h	9,4
Laufen mit 16 km/h	18,8
Laufen mit 24 km/h	29,3
Laufen mit 32 km/h	38,7
Maximales Gewichtheben	> 90,0

Die Belastungsintensität ist der wichtigste Faktor für den Kalorienverbrauch, aber keineswegs der einzige. Bei einer Reihe von Bewegungsformen ist die Beziehung zwischen Energieverbrauch und Bewegungsgeschwindigkeit nicht linear, dann nämlich nicht, wenn die Bewegungsökonomie den Energieverbrauch maßgeblich beeinflußt. Bei schnellem Gehen braucht man beispielsweise für die gleiche zurückgelegte Strecke überproportional mehr Energie als bei langsamem Gehen, da die Bewegungen weniger ökonomisch ausgeführt werden. Ein ungeübter Schwimmer kann nur einen sehr geringen Prozentsatz seines Energieverbrauchs in Vorwärtsbewegung umsetzen, er verbraucht für die gleiche Schwimmgeschwindigkeit viel mehr Energie als der technisch gute Schwimmer. Andererseits steigt beim Schwimmen, ebenso wie beim Radfahren, bei hohen Geschwindigkeiten der Wasser- bzw. Luftwiderstand exponentiell an, so daß der Kalorienverbrauch mit ansteigender Schwimm- bzw. Radfahrgeschwindigkeit exponentiell zunimmt. Ein Übergewichtiger wird aufgrund seiner höheren zu bewegenden Körpermasse ferner mehr Kalorien für eine gegebene Geschwindigkeit beim Gehen, Joggen oder Laufen benötigen als ein schlanker Geher bzw. Läufer.

Bestimmung der Belastungsintensität

Zur Bestimmung der objektiven Belastungsintensität gibt es zwei Wege, zum einen die direkte Messung der erbrachten Leistung, zum anderen die Erfassung des Stoffwechselumsatzes. Bei manchen Bewegungsformen ist die Messung der Leistung in mkg/s, kJ/s oder Watt einfach, dann beispielsweise, wenn entsprechende Geräte verwendet werden wie z.B. ein Fahrradergometer, deren Konstruktion es ermöglicht, die erbrachte mechanische Arbeit exakt zu erfassen. Viel schwieriger wird dies bei komplexen Bewegungsabläufen. Man stelle sich die Schwierigkeit vor, die mechanische Arbeit eines Basketballspielers über einen bestimmten Zeitraum zu erfassen. In diesem Fall ist der zweite Weg der einfachere, nämlich die Bestimmung des biologischen Energieumsatzes durch Messung der Aktivität der drei energiebereitstellenden Systeme.

Auch die Erfassung des biologischen Energieverbrauchs ist nicht unproblematisch. Dies gilt insbesondere für die Nutzung der energiereichen Phosphate. Hierfür stehen einige aufwendige Laborverfahren unter Verwendung von radioaktiven Markierungstechniken zur Verfügung, die in der Praxis aber kaum durchgeführt werden können.

Sehr stark ausdifferenziert sind inzwischen aber die Methoden zur Beurteilung der Milchsäurebildung, durch die Messung der Laktatkonzentration im Blut, nur in seltenen Fällen auch im Muskelgewebe selbst. Einen hohen Wert hat inzwischen die Bestimmung der sog. **aerob-anaeroben Schwelle (AAS)**, erlangt, auch als Laktatschwelle bezeichnet, die Belastungsintensität ab der eine zunehmende anaerobe Energiebereitstellung stattfindet. Die Laktatschwelle wird auch **Ausdauerleistungsgrenze** genannt, da sie die höchste Belastung angibt, die über längere Zeit durchgeführt werden kann. Neben diesen Begriffen sind in der Literatur noch einige andere Namen hierzu zu finden, wie aerob-anaerober Übergang etc. wobei sich die Fachleute noch nicht darüber einig sind, welcher Terminus zu bevorzugen ist.

Auch zur Bestimmung der Belastung des aeroben Energiebereitstellungssystems sind aufwendige Verfahren erforderlich, die in Form der sog. Spiroergometrie zur Verfügung stehen und häufig zur Beurteilung der Leistungsintensität eingesetzt werden. Der wichtigste hierfür bestimmte Parameter ist die **maximale Sauerstoffaufnahme (VO$_2$max)**, die höchste Sauerstoffmenge, die von einem Individuum pro Minute unter körperlicher Belastung aufgenommen werden kann. Ihre Bestimmung erfolgt im allgemeinen in einem stufenförmig durchgeführten Belastungstest. Wenn der Punkt erreicht ist, ab dem die Sauerstoffaufnahme trotz zunehmender Belastungsintensität nicht mehr ansteigt (levelling off), ist ihr Maximum erreicht. Sie wird als Absolutwert in Litern pro Minute oder als relative maximale Sauerstoffaufnahme körpergewichtsbezogen in ml pro kg Körpergewicht pro Minute angegeben. Um eine Belastungsintensität zu definieren, wird sie häufig als Prozentsatz der individuellen VO$_2$max, z.B. 50 oder 75%, der VO$_2$max

angegeben, die zu ihrer Erbringung erforderlich ist. Zusammenfassend erlaubt die Bestimmung der Aktivität der energiebereitstellenden Systeme eine Beurteilung der Intensität einer erbrachten Leistung aus biologischer Sicht.

Abbildung 3.10 zeigt die Auswirkungen eines körperlichen Trainings auf die maximale Sauerstoffaufnahme und die Ausdauerleistungsgrenze.

Meßgrößen für den Energieverbrauch unter körperlicher Belastung

Zur Frage des Energieverbrauchs unter verschiedenartigen körperlichen bzw. sportlichen Belastungsformen wurden zahlreiche Untersuchungen durchgeführt, wobei für seine Bestimmung in der Literatur auf sehr unterschiedliche Parameter zurückgegriffen wird wie Kalorienverbrauch pro Minute, Kilojoule, Sauerstoffaufnahme oder METS. Die erst-genannten Dimensionen wurden im vorausgehenden Text bereits definiert, neu eingeführt wurde der Begriff **MET** (Metabolic Equivalent), eine Einheit, die den Energieverbrauch unter Belastung als den hierfür erforderlichen Multiplikationsfaktor des Ruheumsatzes beschreibt (siehe Tab. 3.4). Alle genannten Parameter stehen natürlich untereinander in Beziehung und können ineinander umgerechnet werden. Für das vorliegende Buch haben wir uns entschieden, den Energieverbrauch in Kalorien pro Minute und kg Körpergewicht auszudrücken, da dies aus praktischer Sicht am günstigsten erscheint. Trotzdem sollte der Leser in der Lage sein, die genannten Größen ineinander umzurechnen, schon deshalb, weil er in der Literatur häufig auch auf andere Dimensionen stößt. Dies geschieht aufgrund der folgenden Umrechnungsfaktoren:

1 Kilokalorie = 4 Kilojoule
1 Liter Sauerstoffverbrauch = 5 Kalorien
1 MET = 3,5 ml O$_2$/kg × min (der durchschnittliche Sauerstoffverbrauch in Körperruhe)

Im folgenden sollen einige Beispiele zur Umrechnung anderer Energieverbrauchsan-

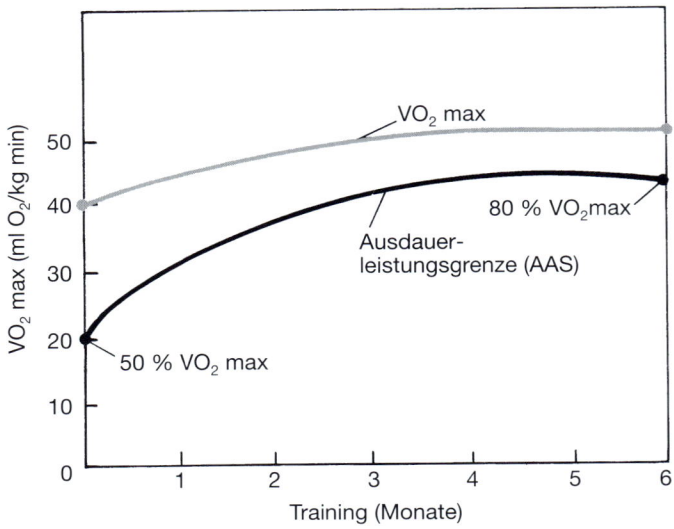

Abbildung 3.10
Auswirkungen eines Trainings auf die maximale Sauerstoffaufnahme (VO$_2$ max) und die Ausdauerleistungsgrenze. Training verbessert sowohl die VO$_2$ max wie auch die aerob-anaerobe (AAS) Schwelle, das Maß der Ausdauerbelastbarkeit. Die anaerobe Schwelle ist als der Prozentsatz der VO$_2$ max definiert, der ohne eine Laktatakkumulation, die zum Abbruch der Belastung zwingen würde, auf Dauer geleistet werden kann. Im vorliegenden Beispiel beträgt die Schwelle zu Beginn eines Trainings 50 % der VO$_2$ max von 40 ml Sauerstoffaufnahme pro Minute und Kilogramm Körpergewicht, also 20 ml. Nach Training steigt die VO$_2$ max auf 50 ml an. Da gleichzeitig die Schwelle auf 80 % zunimmt, bedeutet dies real eine Schwellenleistung entsprechend einer Sauerstoffaufnahme von 40 ml/min, also eine Verdopplung der aeroben Dauerleistungsfähigkeit.

gaben in die Basiseinheit dieses Buches, die Kalorie, gegeben werden.

Beispiel I:
Energieverbrauch = 20 kJ/min.
Um den Kalorienverbrauch zu errechnen, muß dieser Wert durch den Umrechnungsfaktor für kJ in Kalorien von 4 dividiert werden. Der Energieverbrauch entspricht 5 Kal/min.

Beispiel II:
Energieverbrauch = 3 Liter Sauerstoffverbrauch/min
Nachdem bei der Verbrennung von einem Liter Sauerstoff ca. 5 Kalorien freigesetzt

werden, ergibt sich ein Kalorienverbrauch von $3 \times 5 = 15$ Kal/min.

Beispiel III:
Sauerstoffbedarf = 25 ml Sauerstoff/kg Körpergewicht × Minute.
Um diese Angabe in einen absoluten Kalorienverbrauch umzusetzen, wird das Körpergewicht benötigt. Dies sei mit 70 kg angenommen. Der absolute Sauerstoffverbrauch ergibt sich damit als

$$70 \times 25 = 1750 \text{ ml O}_2 = 1,75 \text{ l O}_2$$

Multipliziert mit dem Umrechnungsfaktor in Kalorienverbrauch von 5 ergibt sich ein

Tab. 3.4 Energieverbrauch, angegeben in unterschiedlichen Dimensionen für verschiedene Aktivitätsniveaus für einen ca. 70 kg schweren Mann. Abweichung des Gewichtes nach oben oder unten führen zu einer gleichsinnigen Änderung des Energieverbrauchs.

	Ruhe	Langsames Gehen (3 km/h)	Schnelles Gehen (8 km/h)	Laufen (13 km/h)
VO$_2$l/min	0,25	0,5–7,5	1,5–1,75	2,5–3,0
Kalorien/min	1,25	2,5–3,75	7,5–8,75	12,5–15,0
Kilojoule/min	5	10–15	30–35	50–60
METS	1	2–3	6–7	10–12

Kalorienverbrauch von $1,75 \times 5 = 8,75$ Kal/min.

Beispiel IV:

Energieverbrauch = 12 METS

Auch hier wird zur Ermittlung des absoluten Kalorienverbrauch das Körpergewicht benötigt und mit 70 kg eingesetzt.

12 METS entsprechen

$12 \times 3,5$ ml O_2/ kg $\times$ min $= 42, 0$ ml O_2/kg $\times$ min

Multipliziert mit dem Körpergewicht ergibt sich

70×42 ml O_2/ kg x min $= 2,940$ ml $= 2,94$ l O_2 / min

Multipliziert mit dem Umrechnungsfaktor von Sauerstoff in Kalorien erhält man:

Kalorienverbrauch $= 2,94 \times 5 = 14,7$ Kal/min

Die Bestimmung der Stoffwechselintensität unter körperlicher Belastung

Wie bereits festgestellt, kann aus der Sicht der körperlichen Aktivität der Mensch als eine Muskelmaschine betrachtet werden, die auf die Leistung einer Reihe von Versorgungssystemen angewiesen ist. Das Nervensystem steuert die muskuläre Aktivität. Das Verdauungssystem sorgt für die Aufnahme von Brennstoffen in die Muskulatur, das Kreislaufsystem transportiert diese an den Ort ihres Verbrauchs und sorgt gemeinsam mit der Atmung auch für den Antransport von Sauerstoff. Das endokrine System gibt Hormone ab, die u.a. die Muskelaktivität regeln. Entstehende Abfallstoffe werden von den Ausscheidungsorganen entsorgt. Unter Belastung müssen somit fast alle Organsysteme aktiviert werden, um den energetischen Anforderungen der Muskulatur gerecht zu werden. Das gleiche gilt übrigens auch nach Belastung für die regenerativen Prozesse. Die höchsten Anforderungen kommen, zumindest während Ausdauerleistungen, dabei allerdings auf den sauerstofftransportierenden Apparat zu.

Aus diesem Grund nimmt es nicht wunder, daß, wie vorausgehend geschildert, die Messung des Sauerstoffbedarfs unter Belastung eine der wichtigsten Methoden zur Beurteilung der Belastungsintensität darstellt. Leider ist diese aufwendige Technik in der Praxis selten verfügbar. Nachdem jedoch eine relativ enge Korrelation zwischen der Steigerung des Sauerstoffverbrauchs und der Zunahme der Herzfrequenz besteht, kann die individuelle metabolische Belastung relativ einfach auch aufgrund des Herzfrequenzverhaltens abgeschätzt werden.

Zwischen Belastungsintensität und Sauerstoffverbrauch besteht eine mehr oder minder lineare Korrelation. Mit zunehmender Belastungsintensität steigt der Sauerstoffverbrauch entsprechend an. Die erforderliche Steigerung des Sauerstofftransports muß vom Herz-Kreislauf-System und der Atmung bewältigt werden. Auch zwischen der Aktivität dieser beiden Systeme und der Sauerstoffaufnahme besteht eine annähernd lineare Korrelation (siehe Abb. 3.11).

Nachdem die Herzfrequenz etwa linear mit dem Sauerstoffverbrauch ansteigt und sie unter den Parametern des Herz-Kreislauf-Systems und der Atmung am leichtesten durch einfaches Zählen am Handgelenk oder an der Halsschlagader bestimmt werden kann, ist sie für praktische Zwecke der am häufigsten genutzte Meßwert zur Beurteilung der Stoffwechselintensität. Dabei ist jedoch zu berücksichtigen, daß auch zahlreiche andere Faktoren auf das Verhalten der Herzfrequenz Einfluß nehmen können wie die Art der Belastung, z.B. Laufen oder Schwimmen, Trainingszustand, Geschlecht, Lebensalter, technische Durchführung der Belastung, Prozentsatz des Körperfettanteils und einige weitere externe Faktoren. Die absolute Stoffwechselbelastung kann daher aus dem Verhalten der Herzfrequenz nicht angegeben werden. Wie im einzelnen in Kapitel 11 dargestellt wird, kann sie trotzdem als brauchbarer Parameter für Planung und Steuerung von Fitnessprogrammen zur Leistungsverbesserung, aus gesundheitlicher Sicht und auch zur Körpergewichtskontrolle dienen.

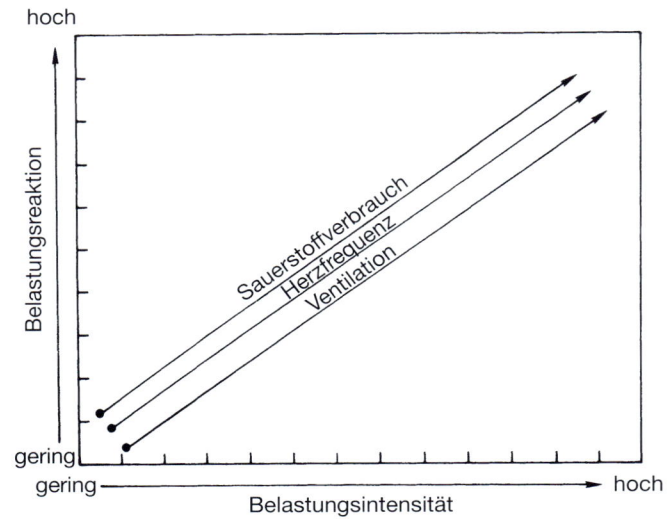

Abbildung 3.11
Mit zunehmender Belastungsintensität steigen Sauerstoffverbrauch, Herzfrequenz und
Ventilation linear an.

Bestimmung des Energieverbrauchs bei verschiedenen Belastungsformen

Um einen Eindruck bzw. ein Maß für den Energieverbrauch bei verschiedenen Belastungsformen unter unterschiedlichen Intensitäten zu geben, wird auf den Anhang B verwiesen. Diese ausführliche Tabelle wurde aus verschiedenen Literaturangaben zusammengestellt. Bei ihrer Benutzung sollten folgende Punkte berücksichtigt werden:

1. Die Zahlenangaben beinhalten den Energieverbrauch in Ruhe. Sie stellen also nicht nur den leistungsbedingten Kalorienverbrauch dar, sondern enthalten auch die Kalorien, die man verbrauchen würde, wenn man in der gleichen Zeit nichts getan hätte. Wenn beispielsweise für eine bestimmte Laufgeschwindigkeit und -zeit ein Kalorienverbrauch von 800 errechnet wird, so bedeutet dies – bei einem Ruheverbrauch von 75 Kalorien für die gleiche Zeit – einen Nettoenergiebedarf für die Belastung von 725 Kal.

2. Die Zahlen geben den Energieverbrauch nur für die Zeit an, in der man sich auch wirklich belastet. Wer beispielsweise eine Stunde Basketball spielt, belastet sich in dieser Zeit effektiv meist nur 35–40 min aufgrund von Pausen, die durch zwi-

schenzeitliche Auszeiten bei Freiwürfen etc. entstehen.

3. Die Zahlen geben Durchschnittswerte an und einen relativ guten allgemeinen Eindruck über den Energieverbrauch bei verschiedenen Belastungen. Im Einzelfall können sie jedoch stark wechseln, in Abhängigkeit von der jeweiligen sportlichen Situation, dem individuellen Leistungsniveau, Außenfaktoren, z.B. der Frage, ob man bergauf oder bergab, mit oder gegen den Wind läuft, u.a.

4. Das Körpergewicht kann jeweils nur in Intervallen angegeben werden, so daß nicht alle möglichen Körpergewichte einzeln aufgeführt sind. Man muß sich in der Tabelle jeweils den Wert aussuchen, der dem individuellen Körpergewicht am nächsten liegt.

5. Theoretisch können Unterschiede im Energieverbrauch zwischen Männern und Frauen bestehen, für praktische Zwecke können diese aber vernachlässigt werden.

Als Beispiel soll der Energieverbrauch für einen 70 kg schweren Läufer errechnet werden, der 8 km in 30 min zurücklegt. Er läuft damit pro Kilometer 3 min 45 sec., d.h. mit einer Geschwindigkeit von 16 km/h. Nach Anhang B ist für diese Laufgeschwindigkeit der Energieverbrauch 18,8 Kal/min und der

Gesamtenergieverbrauch $30 \times 18{,}8 = 564$ Kal.

Für Sportarten, die trotz der Ausführlichkeit dieser Tabelle darin nicht aufgeführt sind, kann man sich eine ähnliche Sportart aussuchen und danach den ungefähren Energieverbrauch abschätzen.

Optimale Belastungsformen zur Steigerung des Energieverbrauchs

Die Steigerung des Energieverbrauchs unter körperlicher Belastung hängt von folgenden Faktoren ab: der eingesetzten Muskelmasse, – je größer sie ist, um so höher der Energieverbrauch – sowie der Intensität und Dauer der Belastung. Einen besonders hohen Energieverbrauch wird man somit erreichen, wenn man eine Belastungsform wählt, die man auf Dauer mit relativ hoher Intensität und großer Muskelmasse durchführen kann. Dies sind die typischen Ausdauerbelastungen, von denen sich die folgenden besonders durchgesetzt haben: Gehen, Joggen, Laufen, Schwimmen, Radfahren und, vor allem in den USA, aber auch hierzulande, Aerobic, d.h. musikalisch begleitete Ausdauergymnastik. Diese Belastungsformen sollen im folgenden näher kommentiert werden.

Das **Gehen**, heute vor allem auch als sportliches Gehen in Form von „Walking" durchgeführt, sowie **Laufen**, sind schon deshalb weit verbreitet, weil sie keinerlei größere technische Anforderungen stellen. Ein gutes Paar Turnschuhe reicht als Ausrüstung aus. Als allgemeine Regel kann gesagt werden, daß der Energieverbrauch beim Laufen von der zurückgelegten Strecke und nicht von der Geschwindigkeit abhängt. Wenn man schneller läuft, verbraucht man zwar mehr Energie, man durchläuft die gleiche Strecke jedoch in kürzerer Zeit, so daß sich bei Multiplikation der gleiche Energieverbrauch ergibt wie bei langsamerer Geschwindigkeit und längerer Laufzeit. Anders sieht dies beim Gehen aus. Gehen ist ökonomischer, man braucht für die gleiche Strecke weniger Energie als beim Laufen. Wenn man beispielsweise fünf Kilometer langsam geht, benötigt man etwa nur die Hälfte der Kalorien, die man bei

flottem Laufen für die gleiche Strecke benötigen würde. Dies trifft, wie gesagt, für langsames Gehen zu, nicht allerdings für das betont schnelle Gehen, wie es heute in Form des **Walkings** propagiert wird.

Wie in entsprechenden Untersuchungen gezeigt werden konnte, liegt bei schnellem Gehen mit einer Geschwindigkeit von 8 km/h der Energieverbrauch nur etwa 5% unter dem beim Laufen mit der gleichen Geschwindigkeit bestimmten Wert. Steigt die Gehgeschwindigkeit noch höher an, über 8 km/h, kann man dabei sogar noch mehr Energie verbrauchen als beim Laufen. Das sog. „aerobe Walking" ist damit auch eine hervorragende Methode, um mehr Kalorien zu verbrennen. Auch hier gilt jedoch, wie für alle anderen sportlichen Tätigkeiten auch, daß man erst trainieren muß, bevor man überhaupt so schnell gehen bzw. walken kann.

Eine leicht praktikable Möglichkeit, den Energieverbrauch zu steigern, besteht auch im **Treppensteigen**, zu Hause oder bei der Arbeit, aber auch auf entsprechenden Geräten („Steppern") in Fitnesstudios. Statt dessen kann man auch zuhause auf der Stelle laufen. Wenn dies sehr schnell durchgeführt wird, kann es allerdings leicht zu Verletzungen bzw. Überlastungsschäden kommen.

Manche Läufer bzw. Geher benutzen Gewichte, um den Energieverbrauch zu steigern, die entweder in Form eines Rucksacks mitgetragen oder um die Knöchel oder Taille befestigt werden (auch als **„Power-Walking"** bekannt). Meist handelt es sich dabei um Gewichte von 1–1,5 kg. Einschlägige Untersuchungen konnten zeigen, daß das Tragen solcher Gewichte in Form von Armmanschetten bei kräftigem Durchschwingen der Arme in einem weiten Geschwindigkeitsbereich beim Gehen den Energieverbrauch um etwa 5–10% steigert. Bei Läufern, die in beiden Händen mitgeführte Gewichte kräftig durchschwingen, konnten sogar Steigerungen des Energieverbrauchs bis zu 30% beobachtet werden. Beim schnellen Gehen steigt auch die Herzfrequenz in einen trainingswirksamen Bereich für das Herz-Kreislaufsystem an. Andererseits muß berücksichtigt werden, daß die zusätzliche Durchführung von Kraftbelastungen durch das Mitnehmen von Gewichten den Blutdruck deutlich steigert und daher von Hochdruckpatienten nur mit Vorsicht durchgeführt werden sollte. In solchen Fällen dürfte es besser sein, auf Gewichte zu verzichten und die Herzfrequenz dadurch zu steigern, daß man etwas schneller geht. Das Laufen mit Gewichtsmanschetten an den Knöcheln erhöht gleichfalls den Energieverbrauch, dadurch kann allerdings auch der Laufstil beeinträchtigt und der Entwicklung von Überlastungsschäden Vorschub geleistet werden.

Aufgrund des erhöhten Widerstands des Wassers braucht man beim **Schwimmen** für die gleiche Strecke etwa 4 × mehr Energie als beim Gehen oder Laufen. Die Größe dieses Multiplikationsfaktors hängt zu einem hohen Grade von Schwimmstil bzw. dem technischen Können des Schwimmers ab. Wer in einem 50 m Becken 5 Bahnen zurücklegt (250 Meter), verbraucht somit etwa ebenso viel Energie wie derjenige, der einen Kilometer läuft. Weitere Möglichkeiten, den Energieverbrauch unter Nutzung des Wassers zu steigern, sind **Wassergymnastik** oder die zunehmend populäre Methode des **Aqua Joggens**, wobei in hüfttiefem, brusttiefem oder, mit Schwimmgürteln ausgerüstet, in tiefem Wasser Laufbewegungen gegen den Wasserwiderstand durchgeführt werden. Diese Methode ist besonders günstig, um Gelenkschäden durch die mechanische Belastung beim Laufen zu Lande zu vermeiden.

Radfahren ist aus der Sicht des Energieverbrauchs wesentlich ökonomischer als Laufen, man braucht auf ebenen Strecken nur 1/3 der Energie, die man beim Laufen über die gleiche Entfernung verbrauchen würde. Auch beim Radfahren hängt der Energieverbrauch von einer Fülle verschiedener Faktoren ab: dem Körpergewicht, dem Fahrrad, der Geländebeschaffenheit und insbesondere auch von der Körperposition auf dem Fahrrad. Eine stromlinienförmige Haltung reduziert den Luftwiderstand erheblich. Nachdem der Luftwiderstand vom Quadrat der Geschwindigkeit abhängt, steigt er allerdings bei hohen Geschwindigkeiten, etwa ab 30 km/h, ganz erheblich an.

Eine einfache Möglichkeit, den Energieverbrauch beim Laufen abzuschätzen, ergibt die folgende Formel:

Kalorienverbrauch beim Laufen = 1 Kalorie × Körpergewicht in kg × Kilometer

Ein 70 kg schwerer Mann verbraucht somit für einen Kilometer Laufstrecke etwa 70 Kalorien, eine 55 kg schwere Frau entsprechend 55 Kalorien.

Aus den oben angegebenen Zahlen kann auch für die anderen diskutierten Bewegungsformen der Energieverbrauch abgeschätzt werden. Langsames Gehen bedeutet nur die Hälfte des Energieverbrauchs beim Laufen. Für den langsamen Geher wären dies für den Kilometer nur 35 Kalorien, Schwimmen bedeutet den vierfachen Energieverbrauch, 1 km Schwimmen entspricht somit im obigen Beispiel für den Mann 280 Kal. Radfahren benötigt nur 1/3 der Energie des Laufens, 1 km Radfahren würde demnach für das männliche Beispiel nur ca. 25 Kalorien bedeuten.

Unter dem Begriff **Aerobic** sind in den letzten 20 Jahren verschiedene gymnastische und andere Tanzformen populär geworden. Einschlägige Untersuchungen haben gezeigt, daß bei intensiven Formen des Aerobic bis zu 10 Kalorien pro Minute verbraucht werden, für Frauen eine sehr hohe Belastung. Auf der Negativseite schlägt zu Buche, daß solch intensive Aerobicformen häufig auch mit Verletzungen und Überlastungsschäden im Bereich der unteren Extremitäten einhergehen. Aus dieser Erfahrung heraus wurden gelenkschonende Formen des Aerobic entwickelt, bei denen zumindest immer ein Fuß auf dem Boden bleibt. Die hierzu ausgeführten Untersuchungen konnten zeigen, daß dann, wenn solche Formen mit hoher Intensität ausgeführt werden, immerhin 9–10 Kalorien pro Minute verbraucht werden können, bei einer deutlich geringeren Zahl von Verletzungen und Überlastungsschäden im Bereich der Beine.

Als weitere Form der Ausdauerbelastung kann das rhythmische Besteigen einer Bank oder einer Treppenstufe genannt werden. Tabelle 3.5 zeigt eine Klassifizierung unterschiedlicher körperlicher Aktivitäten nach dem jeweiligen Energieverbrauch. Die Bedeutung der verschiedenen Belastungsformen zur Gewichtsabnahme wird an gegebener Stelle erörtert.

Tab. 3.5 Einteilung körperlicher Aktivitäten aufgrund des Kalorienverbrauchs*

Körperliche Aktivitäten geringer Intensität (< 7 Kalorien/min)

Badminton (Freizeitsport)	Fitness-Training an Kraftmaschinen	Kegeln
Baseball	Freizeitsport	Radfahren 5–20 km/h
Billard	Gehen 3–6 km/h	Reiten
Bogenschießen	Golf	Schwimmen
		Tanzen (Gesellschaftstanz)

Mittelgradige bis schwere körperliche Aktivitäten (8-12 Kalorien/min)

Badminton (Wettkampfsport)	Handball, Freizeitsport	
Basketball	Krafttraining intensiv	
Feldhockey	Laufen 8–10 km/h	Skilanglauf 6–10 km/h
Fußball	Radfahren 20–30 km/h	Squash
Gehen – sportliches 7–9 km/h	Schwimmen 35–50 m/min	Tennis, Wettkampf
	Seilspringen 60–80 ×/min	Volleyball, Wettkampf

Belastungen mit maximaler Intensität (> 13 Kalorien/min)

Gymnastik, Wettkampf	Radfahren 30–50 km/h
Handball, Wettspiel	Schwimmen 50–70 m/min
Laufen 11–15 km/h	Seilspringen 120–140 ×/min
	Skilanglauf 11–15 km/h

* Die Kalorienangaben beziehen sich auf ein durchschnittliches Körpergewicht von 70 kg. Wer mehr oder weniger wiegt, verbraucht entsprechend mehr oder weniger Kalorien, die relative Belastungsintensität bleibt jedoch die gleiche. Der aktuelle Kalorienverbrauch wird darüber hinaus durch zahlreiche Faktoren modifiziert, beispielsweise Bewegungstechnik und Umweltfaktoren. Wer gegen Wind oder mit Rückenwind fährt, wird bei gleicher Geschwindigkeit wesentlich mehr oder weniger Kalorien verbrauchen.

Der Einfluß körperlicher Aktivität auf den Ruheumsatz

Bei der Betrachtung des – für manchen aus der Sicht der Gewichtsabnahme enttäuschend geringen – Energieverbrauchs unter Belastung wird häufig vergessen, daß körperliche Aktivität in Abhängigkeit von Intensität und Dauer der Belastung auch den Stoffwechsel in der Erholungsphase steigert. Durch den Anstieg der Körpertemperatur auch nach Belastung sowie die zirkulierenden Stresshormone, speziell Adrenalin, kommt es zu einer nachklingenden Stimulation zellulärer Aktivitäten und metabolischer Prozesse, speziell des Blutkreislaufs und der Atmung, ein Vorgang, der als **metabolischer Nachbelastungseffekt** bezeichnet wird. Dieser gesteigerte Energieverbrauch kann durch die Messung der Sauerstoffaufnahme objektiviert werden, er kann je nach Belastungsintensität bis zu mehreren Stunden anhalten. Die über den Ruheumsatz hinausgehende Sauerstoff-

aufnahme ist ein Maß für die Kalorienmenge, deren Verbrauch zusätzlich zu derjenigen, die unter Belastung selbst umgesetzt wurde, durch die körperliche Aktivität stimuliert wird.

Nach den Ergebnissen älterer Untersucher wurde der Nachbelastungsenergieverbrauch nach einer Trainingseinheit jeweils ziemlich einheitlich mit 45–50 Kal angegeben. Die Resultate neuerer mit moderneren Techniken durchgeführten Studien, lassen diesen Wert doch etwas niedriger und variabler in Abhängigkeit von Intensität und Dauer der Belastung erscheinen. Danach liegt die Steigerung des Umsatzes in der Erholungsphase im Bereich von 4–16% des Ruheumsatzes. Die Dauer der Stoffwechselsteigerung wird in den einzelnen Studien allerdings sehr unterschiedlich in einem Bereich von 5–20 min einerseits bzw. 4–5 Stunden andererseits angegeben. Ein solcher Effekt läßt sich sowohl nach Ausdauer- wie nach Kraftbelastungen beobachten, wobei er nach länger durchgeführten Ausdauerbelastungen hoher

Intensität besonders ausgeprägt ist. Nach diesen moderneren Untersuchungen liegt der erhöhte Energieverbrauch nach Belastung nur im Bereich von 3–30 Kalorien.

Trotz auch dieser aus der Sicht einer möglichen Gewichtsabnahme enttäuschend niedrigen Zahl könnte dem gesteigerten Energieverbrauch nach Belastung doch gerade auch zur Gewichtsabnahme eine größere Bedeutung zukommen, wenn man davon ausgeht, daß sich durch körperliche Aktivität die Abnahme des Grundumsatzes, die sich in Verbindung mit einer Reduktionskost einstellt, abschwächen läßt. Dieser Punkt wird im Kapitel 11 weiter ausgeführt.

Der Einfluß körperlicher Aktivität auf den thermischen Ernährungseffekt

Die Frage, ob körperliche Aktivität den Mehrverbrauch an Energie durch die Nahrungsaufnahme, bekannt als thermischer Ernährungseffekt oder spezifisch dynamische Wirkung, beeinflußt, kann trotz der hierzu durchgeführten Untersuchungen bisher noch nicht eindeutig beantwortet werden. Im Akutversuch wurden sowohl eine Steigerung wie eine Abschwächung oder keine Auswirkungen körperlicher Aktivität auf diesen Effekt beobachtet. Auch Querschnittsvergleiche zwischen Trainierten und Untrainierten kamen zu widersprüchlichen Befunden. Anfängliche Resultate, die eine abgeschwächte spezifisch dynamische Wirkung bei Trainierten zeigten, konnten in Nachuntersuchungen nicht bestätigt werden. Wie auch immer – ob Zunahme oder Abnahme – generell waren die gefundenen Veränderungen sowohl im Akutversuch wie nach Training gering, über mehrere Stunden gerechnet, durchschnittlich nur im Bereich von 5–9 Kalorien.

Die Bedeutung des belastungsinduzierten Kalorienverbrauchs für den Gesamtkalorienverbrauch

Der Gesamtkalorienverbrauch setzt sich zusammen aus Ruheumsatz sowie ernäh-

rungs- und leistungsbedingtem Mehrverbrauch. Abbildung 3.12 gibt hierzu die ungefähren Werte eines Durchschnittsbürgers an.

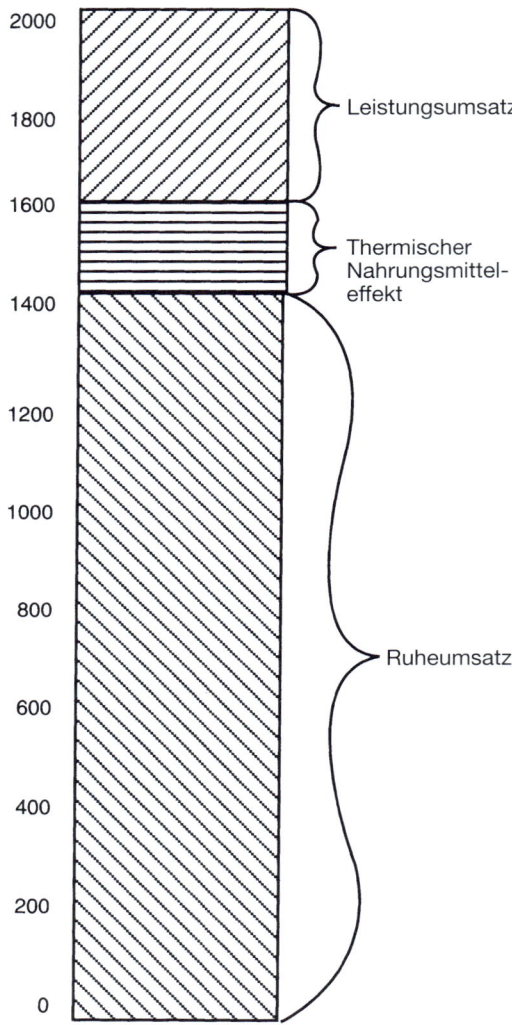

Abbildung 3.12 Der Gesamtenergieverbrauch läßt sich in drei Kompartimente aufgliedern: Der Ruhe- bzw. Grundumsatz macht 60–75 % des Gesamtumsatzes aus, der thermische Effekt der Nahrungsmittel 5–10 %, weitere 15–30 % werden durch den Leistungsumsatz bestimmt. Bei den angegebenen Prozentsätzen handelt es sich um Mittelwerte, die im Einzelfall stark variieren können. Dabei weist der Leistungsumsatz in Abhängigkeit von dem jeweiligen körperlichen Aktivitätszustand die größte Schwankungsbreite auf.

Danach macht der Ruheumsatz etwa 60–75% der täglich verbrauchten Kalorien aus, die durch die Nahrungsaufnahme bedingte Steigerung liegt bei 5–10%, körperliche Aktivitäten verschiedener Art sind für weitere 15–30% verantwortlich. Selbstverständlich sind diese Werte individuell stark variabel. Dies gilt ganz besonders für den Kalorienverbrauch durch körperliche Aktivität, der zwischen nahe Null beim völlig bewegungsarmen Zivilisationsbürger und 50% und mehr beim Ultraausdauersportler liegen kann.

Um den Effekt des belastungsbedingten Energieverbrauchs auf den täglichen Gesamtumsatz zu klassifizieren, wurde ein aus 5 Kategorien bestehendes Einteilungsschema entwickelt. Der Ruheumsatz wird in diesem Schema mit 1,0 gesetzt, der jeweilige Energiemehrverbrauch wird in Form von Vielfachen des Ruheumsatzes ausgedrückt. Körperliche Aktivitäten wie Spazierengehen mit einer Geschwindigkeit von 4 km/h steigern beispielsweise den Kalorienverbrauch auf das 2,5 fache des Ruheumsatzes und erhalten somit einen Faktor von 2,5. Tabelle 3.6 stellt die 5 verschiedenen Klassen dieses Schemas anhand von Beispielen vor. Es ist jedoch darauf zu verweisen, daß es sich hier um ein willkürlich definiertes Klassifikationsschema handelt, das von zahlreichen vorausgehend diskutierten Faktoren beeinflußt werden kann. Trotzdem läßt es eine für die Praxis

wertvolle Einteilung verschiedener Bewegungsformen nach Belastungsintensität zu.

Die Abschätzung des Energieverbrauchs über 24 Stunden soll für zwei zwanzig Jahre alte Frauen mit einem Gewicht von je 60 kg beispielhaft dargestellt werden. Die eine junge Dame bewegt sich gewissermaßen nur vom Sofa zum Eßtisch und zurück, die andere ist körperlich aktiv, sowohl im Beruf wie auch in der Freizeit, sie ist aktive Triathletin. Der Ruheumsatz wird für beide Frauen nach den Angaben in Tabelle 3.4 mit 1378 Kalorien ermittelt. Für die bewegungsarme Frau wird folgender Tagesrhythmus angenommen: täglich 12 Stunden Schlaf bzw. Körperruhe, 10 Stunden körperliche Aktivität geringer Intensität und 2 Stunden Aktivitäten leichterer Intensität. Zur Berechnung ihres täglichen Gesamtumsatzes wird zunächst unter Verwendung der Tabelle 3.6 ein durchschnittlicher Aktivitätsquotient für den Tag errechnet.

Körperruhe:	12 Std. × 1,0 = 12,0
sehr leichte Aktivitäten:	10 Std. × 1,5 = 15,0
leichte Aktivitäten:	2 Std. × 2,5 = 5,0
gesamt:	24 Std. = 32,0

Der durchschnittliche Aktivitätsquotient ergibt sich mit 32 : 24 = 1,33

Die täglich verbrauchte Kalorienmenge beträgt 1,33 × 1378 = 1832

Tab. 3.6 Einteilungssystem für körperliche Aktivitäten

Aktivitätsform	Multiplikationsfaktor des Ruheumsatzes
1. **Körperruhe:** Schlafen, Fernsehen	1,0
2. **Sehr leichte körperliche Aktivitäten:** Sitzende oder stehende Aktivitäten, beispielsweise Autofahren, Kartenspielen, Schreibmaschineschreiben	1,5
3. **Leichte körperliche Aktivitäten** wie Spazierengehen, leichte Hausarbeit, manche Sportarten wie Golf, Kegeln oder Bogenschießen	2,5
4. **Mittelgradige körperliche Aktivitäten:** Schnelles Gehen mit 5–6 km/h inkl. Gartenarbeit, Sport in Form von Radfahren, Tennis oder Tanzen	5,0
5. **Intensive körperliche Aktivitäten:** Schnellgehen, Treppensteigen oder Bergaufgehen, intensive Sportarten wie Basketball oder Fußball	7,0

Für die sportliche junge Frau wird folgender Tagesrhythmus angenommen:

täglich 8 Std. Körperruhe
8 Std. sehr leichte Aktivitäten
4 Std. leichte Aktivitäten
je 2 Std. körperliche Aktivitäten mittlerer bis hoher Intensität
hieraus ergibt sich folgende Berechnung:

Körperruhe	8 Std. × 1,0 =	8,0
sehr leichte Aktivitäten	8 Std. × 1,5 =	12,0
leichte Aktivitäten	4 Std. × 2,5 =	10,0
mittelgradige Aktivitäten	2 Std. × 5,0 =	10,0
intensive Aktivitäten	2 Std. × 7,0 =	14,0
gesamt:	24 Std. =	54,0

Durchschnittlicher Aktivitätsquotient = 54:24 = 2,25

Täglicher Energieverbrauch 2,25 × 1378 = 3100 Kalorien

Der Unterschied im täglichen Kalorienverbrauch beträgt zwischen der sportlichen und der bewegungsarmen Frau 1270 pro Tag. Bei der bewegungsarmen jungen Frau macht der Ruheumsatz 75% des täglichen Gesamtumsatzes aus, bei der körperlich aktiven dagegen nur 44%.

Wie oben ausgeführt, kann man durch bestimmte Verhaltensweisen bzw. Techniken auch den Ruheumsatz beeinflussen. Wenn man mehr Kalorien verbrauchen will, ist es jedoch wesentlich effektiver, leichte, mittelgradige und intensive körperliche Belastungen in seinen Tagesablauf bzw. Lebensstil einzubeziehen. Die Auswirkungen von Bewegung und Sport im Rahmen von Programmen zur Gewichtsabnahme werden in Kapitel 11 näher dargestellt.

3.6 Energiebereitstellende Systeme und Ermüdung

Die Bedeutung unterschiedlicher Formen der Energiebereitstellung für unterschiedliche Belastungsformen

Der wichtigste Faktor, der darüber entscheidet, welche Form der Energiebereitstellung vorwiegend genutzt wird, ist die Belastungsintensität, d.h. die Leistung, die bei einer bestimmten Aktivität erbracht wird, bzw. die Geschwindigkeit, mit der sie durchgeführt wird. Je schneller und intensiver eine Belastung ausgeführt wird, um so höher ist der erforderliche Energieumsatz und um so rascher muß ATP für die muskuläre Kontraktion bereitgestellt werden. Schnelle Muskelkontraktionen erfordern eine hohe Leistung. Man kann sich die Bedeutung der Geschwindigkeit für den Energieumsatz am Beispiel zweier Läufer verdeutlichen, die beide aufgefordert werden, eine bestimmte Strecke mit maximaler Geschwindigkeit zu laufen, der eine 100 m, der andere 5 km. Der 100-m-Läufer wird mit einer für ihn maximalen Geschwindigkeit laufen, eine sehr hohe Leistung erbringen und sehr viel Energie pro Zeiteinheit verbrauchen. Der 5-km-Läufer wird selbstverständlich eine deutlich niedrigere Geschwindigkeit wählen und eine geringere Leistung pro Zeiteinheit erbringen, das typische Beispiel einer Ausdauerbelastung.

Die Beziehungen zwischen Schnelligkeit und Ausdauer sowie die damit verbundenen energetischen Anforderungen bei verschiedenen Belastungsformen kann man sich als Kontinuum vorstellen. Auf der einen Seite des Kontinuums finden sich Schnelligkeitsbelastungen wie etwa der 100-m-Sprint, bei denen in kurzer Zeit sehr hohe Energiemengen bereitgestellt werden müssen. Das andere Extrem stellen Langzeitausdauerbelastungen dar, wie etwa der Marathonlauf, bei denen geringere Energieanforderungen pro Zeiteinheit über sehr lange Zeit zu erfüllen sind. Je mehr man sich in diesem Kontinuum auf der Schnelligkeitsseite befindet, um so mehr ATP muß pro Zeiteinheit bereitgestellt werden. Je weiter man auf die Ausdauerseite hin rutscht, um so wichtiger ist es, zwar geringere Mengen an ATP, diese aber über eine sehr lange Zeit hinweg, kontinuierlich verfügbar zu haben.

In dieser Hinsicht besitzt der Skelettmuskel ausgesprochene Spezialisten, nämlich unterschiedliche **Muskelfasertypen**, die sich in der Verschiedenheit ihrer bevorzugten Energiebereitstellung voneinander unterscheiden. Typ-I-Fasern, auch als rote, langsame oder langsame oxidative Fasern bezeichnet, sind Spezialisten für die aerobe Energiebereitstellung. Typ-IIa-Fasern, auch schnelle rote oder schnelle oxidative glykolytische Fasern genannt, besitzen gleichfalls eine hohe aerobe Kapazität, sie können bei Bedarf aber auch reichlich Energie über die Milchsäurebildung verfügbar machen. Der dritte Fasertyp, II b, sind die schnellen oder weißen Muskelfasern, die die Energie vor allem anaerob bereitstellen und auch als schnelle glykolytische Fasern bezeichnet werden. Typ-II-Fasern nutzen das ATP-Kreatinphosphatsystem stärker als die Typ-I-Fasern und können daher mehr Energie pro Zeiteinheit bereitstellen. Von Suter et al. wurden zwei einfache dynamometrische Tests angegeben, die es erlauben, den Anteil von Typ-I bzw. Typ-II-Fasern in einem Muskel abzuschätzen.

Die drei energiebereitstellenden Systeme – anaerob alaktazide und laktazide bzw. aerobe Energiebereitstellung – werden zwar schematisch voneinander abgegrenzt, sie werden jedoch stets simultan, wenn auch in quantitativ unterschiedlichem Verhältnis bei jeder körperlichen Aktivität aktiviert. Vor allem in Abhängigkeit von der jeweiligen Belastungsintensität dominiert jeweils das eine oder das andere System. Die drei Systeme können nach unterschiedlichen Gesichtspunkten klassifiziert werden, wobei sich dann unterschiedliche Rangfolgen ergeben. Hierzu siehe Tabelle 3.7.

Die anaerobe Energiebereitstellung sowohl über das ATP-KP-System wie auch über die Milchsäurebildung kann sehr viel Energie pro Zeiteinheit, aber nur in beschränktem Umfang, bereitstellen. Sie wird daher für hochintensive Belastungen herangezogen, die nur kurze Zeit durchgehalten werden. Belastungen, die maximal bis zu 10 s dauern, wie alle Sprünge und Würfe, werden allein über die energiereichen Phosphate „energetisch finanziert". Bei Sprintstrecken ab 100 m wird zunehmend die Milchsäurebildung einbezogen, die bei Laufstrecken zwischen 200 und 800 m dominiert. Bei Laufzeiten zwischen 20 und 120 s wird die Energie ganz überwiegend über die Milchsäurebildung bereitgestellt. Entsprechende Untersuchungen haben jedoch gezeigt, daß auch bei kürzeren Belastungen von nur 10 s Dauer die Milchsäurebildung erheblich zur Energiebereitstellung beitragen kann.

Die Energiebereitstellung durch die Verbrennung erfolgt zwar deutlich langsamer als die anaerobe Form, sie besitzt jedoch eine wesentlich größere Kapazität. Die Intensität von Belastungen, bei denen die Energiefreisetzung aerob erfolgt, muß daher notwendigerweise geringer sein als bei anaeroben Belastungen. Trotzdem können Läufer auch rein aerob eine relativ hohe Geschwindigkeit längere Zeit durchhalten. Durch Training gelingt es, die Leistungsfähigkeit der aeroben Energiebereitstellung so stark anzuheben, daß sie auch für relativ intensive Belastungen genügend ATP bereitstellen kann. Hierzu wird auf die vorausgehende Diskussion verwiesen. Bei Ausdauerbelastungen, die 5 min und länger dauern, tritt die Energiebereitstellung durch die Verbrennung ganz in den Vordergrund. Aber auch bei Belastungen einer Dauer von 30–90 s trägt die Verbrennung schon erheblich zur Energiebereitstellung bei.

Zusammenfassend können die aerobe und die anaerobe Energiebereitstellung voneinander abgegrenzt werden. Die anaerobe Energiebereitstellung wird wiederum in die alaktazide über die energiereichen Phosphate und die laktazide über die Milchsäurebildung eingeteilt. Die Tabelle 3.8 zeigt den prozentualen Beitrag der anaeroben und aeroben Energiebereitstellung in Abhängigkeit von der jeweiligen Belastungsintensität, die über eine bestimmte Zeitdauer durchgehalten werden kann. Wenn ein 100-m-Sprint in einer Zeit von 10 s absolviert wird, so werden 85% der Energie anaerob bereitgestellt. Ein Marathonläufer, der über seine Strecke im Weltspitzenbereich 2 h und 10 min läuft, setzt dabei 99% der Energie aerob um. Je länger eine

Tab. 3.7 Die wichtigsten Charakteristika der verschiedenen energiebereitstellenden Systeme*

	Energiereiche Phosphate	Laktat	Kohlenhydrat-verbrennung	Fettverbrennung
Energiequelle	ATP Kreatin-phosphat	Kohlenhydrat	Kohlenhydrat	Fett
Intensitäts-niveau	am höchsten	hoch	geringer	am niedrigsten
Geschwindig-keit der ATP-Produktion	am höchsten	hoch	geringer	am niedrigsten
Leistung	am höchsten	hoch	geringer	am niedrigsten
gesamte ATP-Produktion	am niedrigsten	niedrig	hoch	am höchsten
Ausdauerlei-stungsfähigkeit	am niedrigsten	gering	hoch	am höchsten
Sauerstoff-bedarf	nein	nein	ja	ja
anerob/aerob	anaerob	anaerob	aerob	aerob
Typische Laufdisziplin	50 m Sprint	400–800 m	5000 m	Marathonlauf
Zeitfaktor	1–10 sec	10–120 sec	5 min und länger	Stunden

* Die einzelnen Energiequellen lassen sich nur schematisch voneinander trennen. Sie sind stets bei jeder Belastungsform in irgendeiner Form beteiligt, wobei jedoch jeweils die eine oder andere je nach Intensität der Aktivität dominiert. Bezüglich weiterer Details siehe Text.

Belastung dauert und je niedriger die Intensität ist, umso mehr tritt die aerobe Energiebereitstellung in den Vordergrund.

Energiequellen unter körperlicher Belastung

Die alaktazide Energiebereitstellung erfolgt über das Adenosintriphosphat (ATP) bzw. das Kreatinphosphat (KP), die wie bereits weiter oben betont, nur in geringen Mengen verfügbar sind und nach Verbrauch durch die anderen energiebereitstellenden Systeme resynthetisiert werden müssen. Die laktazide Energiebereitstellung benutzt als Substrat die Kohlenhydrate, speziell die muskulären Glykogendepots. Bei sog. supramaximalen Belastungen, d.h. bei Belastungsintensitäten jenseits der VO_2max, die maximal 4–6 min

Tab. 3.8 Prozentualer Beitrag der aeroben bzw. anaeroben Energiebereitstellung in Abhängigkeit von der Zeit, die eine Belastung maximal durchgehalten werden kann

Zeit	10 s	1 min	2 min	4 min	10 min	30 min	60 min	130 min
Anaerob	85	70	50	30	15	5	2	1
Aerob	15	30	50	70	85	95	98	99

durchgehalten werden können, erfolgt die Energiebereitstellung zu mehr als 95% aus den Kohlenhydraten. Dabei kommt es zu einem hohen Anstieg der Laktatkonzentration, die einen Abbruch der Belastung erzwingt.

Während die Energiequellen des anaeroben Systems somit sehr einseitig sind, kann die aerobe Energiebereitstellung unterschiedliche Energiequellen benutzen, und zwar vorwiegend Kohlenhydrate und Fette, bei Bedarf aber auch Proteine. Kohlenhydrate finden sich in Form des Muskel- und Leberglykogens sowie der Blutglukose. Die Fette werden als Triglyzeride vorwiegend intramuskulär sowie in den Fettdepots gespeichert. Wie nachstehend sowie in den folgenden drei Kapiteln darzustellen sein wird, wird die Frage, welche Energiequellen im aeroben System unter Belastung benutzt werden, von unterschiedlichen Faktoren bestimmt, unter denen Belastungsintensität und -dauer die wichtigsten sind.

Normalerweise wird die Frage, ob vorwiegend Kohlenhydrate oder Fette verbrannt werden, vor allem von der Belastungsintensität bestimmt. Bei leichter bis mittelgradiger Belastung entsprechend 50% der VO$_2$max werden Kohlenhydrate und Fette zu etwa gleichen Teilen in Anspruch genommen. Die wichtigsten Energiequellen sind unter solchen Bedingungen die intramuskulären Glykogen- und Triglyzeriddepots sowie Glukose, die aus der Leber bzw. freie Fettsäuren, die aus den Fettgeweben über die Blutbahn an die Muskulatur abgegeben werden. Wenn die Belastungsintensität bzw. Laufgeschwindigkeit über 50% der VO$_2$max ansteigt, treten die Kohlenhydrate zunehmend in den Vordergrund. Die biochemischen Prozesse der Fettverbrennung sind offensichtlich zu langsam, um bei dieser Belastungsintensität genügend ATP pro Zeiteinheit zur Verfügung zu stellen. Die wichtigste Quelle für die Kohlenhydrate ist dann das Muskelglykogen. Bei hohen Belastungsintensitäten entsprechend 70–80% der VO$_2$max erfolgt die Energiebereitstellung zu 80% und mehr aus Kohlenhydraten. Diese physiologischen Grundlagen belegen die Notwendigkeit des Aufbaus adäquater muskulärer Glykogendepots, wenn Belastungen mit relativ hoher Intensität über eine längere Dauer, z.B. eine Stunde und mehr, durchgehalten werden sollen.

Bei sehr langen Belastungszeiten treten dann, wenn die Kohlenhydrate erschöpft sind, die Fette als Energiequelle zunehmend in den Vordergrund. In der letzten Phase eines Ultramarathonlaufs kann beispielsweise nur noch Fett als Brennstoff verfügbar sein. Unter diesen Bedingungen wird dann allerdings auch zunehmend Protein für die Energiebereitstellung herangezogen. Hierzu siehe auch Kapitel 6.

Weitere Faktoren, die neben Belastungsintensität und -dauer das Muster der Energiequellen unter Belastung bestimmen, sind Hormone, Trainingszustand, Zusammensetzung der Ernährung, Zeitpunkt der letzten Nahrungseinnahme vor Training und Wettkampf, Ernährungszustand, Nährstoffe, die während der Belastung zugeführt werden, Umgebungstemperaturen sowie Medikamente bzw. Drogen. Wenn Belastungen bei hoher Umgebungstemperatur durchgeführt werden, steigt beispielsweise die Nutzung der Kohlenhydrate an, umgekehrt kann Koffein die Fettverbrennung verbessern. Auf diese Gesichtspunkte wird in den nachfolgenden Kapiteln an geeigneter Stelle näher eingegangen.

Ermüdung

Die Ermüdung stellt ein sehr komplexes Phänomen dar, das sowohl psychologische Aspekte aufweist, etwa Erschöpfung als Folge von Frustration bei sportlichem Mißerfolg, wie physiologische Aspekte, dann z.B. wenn ein untrainierter Läufer auf den letzten Metern eines 400-m-Sprints einbricht. Die Ermüdung kann je nach Lokalisation der zugrunde liegenden physiologischen bzw. psychologischen Faktoren als zentral definiert werden, dann, wenn sie sich im wesentlichen im Zentralnervensystem, also im Gehirn oder Rückenmark abspielt, oder als peripher, bezogen auf Ermüdungsvorgänge, die ihre physiologische Basis im Bereich der Skelettmuskulatur oder des neuromuskulären Übergangs besitzen (siehe Abb. 3.13). Die psychologischen und physiologischen Ursa-

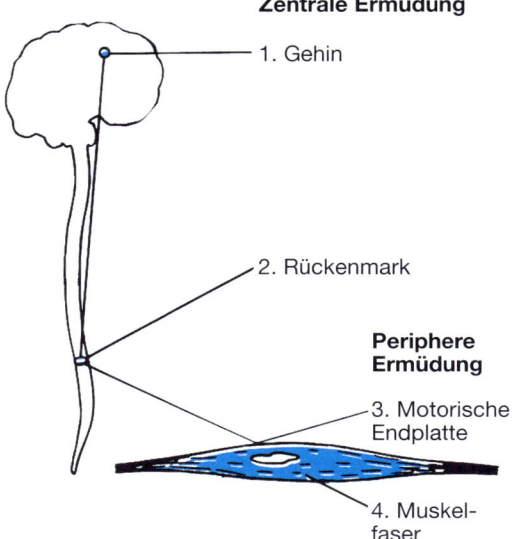

Zentrale Ermüdung

1. Gehin

2. Rückenmark

Periphere Ermüdung

3. Motorische Endplatte

4. Muskel- faser

Abbildung 3.13 Ermüdung stellt einen komplexen Vorgang dar, dessen Ursachen an verschiedenen Stellen lokalisiert sein können, im Gehirn, im Rückenmark oder in der muskulären Peripherie. Ist z. B. eine Hypoglykämie, also ein zu niedriger Blutzucker, die Ursache, so liegt der Ermüdungsmechanismus in einer Störung der Hirnfunktion, also im zentralen Bereich. Liegt die Ursache in einer Übersäuerung durch eine Laktatakkumulation, so führt diese zu einer Störung der Energiefreisetzung in der Skelettmuskulatur. Die Ursache der Ermüdung liegt in diesem Fall also in der Peripherie.

Tab. 3.9 Mögliche Ursachen für Ermüdung

Erschöpfung von metabolischen Substraten Intrazelluläre Kreatinphosphatdepots Muskelglykogendepots Blutzuckerspiegel Plasmakonzentration von verzweigtkettigen Aminosäuren
Störungen im Säurebasenhaushalt Übersäuerung durch überschießende Laktatproduktion
Reduziertes Sauerstofftransportvermögen Abnahme des Blutvolumens aufgrund von Dehydratation
Abfall der Körperkerntemperatur, Hyperthermie
Störungen im Elektrolytgleichgewicht

chen von Ermüdung sind zwar sehr komplex, sie sind jedoch in jedem Fall eng mit Intensität und Dauer der jeweiligen psychophysischen Aufgabe verbunden, die durchzuführen ist. Für die meisten Ermüdungsvorgänge werden jedoch als physiologische Basis leistungshemmende Prozesse angenommen, die sich auf der muskulären Ebene abspielen.

Für die folgende Diskussion wird **Ermüdung** als die Unfähigkeit definiert, eine bestimmte Belastung mit der angestrebten Intensität länger fortzuführen. Die Ursachen dieser Unfähigkeit können sehr verschieden sein. Sie können in der Energiebereitstellung liegen, die den Anforderungen der jeweiligen Aufgabe nicht mehr gerecht wird, in einer Unfähigkeit des Zentralnervensystems, die benötigte Muskulatur ausreichend zu aktivieren, in einer unzureichenden Versorgung mit

der jeweils optimalen Energiequelle, einer nicht ausreichenden energetischen Nutzung der jeweiligen Stoffwechselquelle in der Muskulatur oder auch in einer inadäquaten Funktion der körpereigenen Versorgungssysteme, speziell des Herz-Kreislauf-Systems, das der Muskulatur nicht mehr ausreichend Blut zuführt. Tabelle 3.9 zeigt zusammenfassend einige der möglichen Ursachen für Ermüdung.

Der wichtigste Faktor zur Verhinderung von belastunginduzierter Ermüdung ist ein geeignetes Training, d.h. ein Training, das die für die jeweilige Belastung erforderliche Energiebereitstellung in spezifischer Form anspricht. Nachdem Ermüdung eng mit der Energiebereitstellung zusammenhängt, können bei ihrer Entstehung auch Ernährungsfaktoren eine wichtige Rolle spielen.

Beziehungen zwischen Ernährung und Ermüdung

Wie in der Diskussion zum Kraft- bzw. Ausdauerkontinuum dargestellt, besteht eine inverse Relation zwischen Belastungsintensität und -dauer. Belastungen mit hoher Intensität können nur kurz durchgehalten werden, Belastungen geringer Intensität über lange Zeit hinweg. Auch die Beziehungen zwischen Ernährung und Ermüdung werden von dieser Wechselwirkung zwischen Intensität und Dauer bestimmt.

Bei Ausdauerbelastungen geringer Intensität, etwa Gehen oder langsamem Laufen, kann die Energiebereitstellung fast ausschließlich durch die Fettverbrennung erfolgen. Auch der Ultramarathonläufer nutzt diese Möglichkeit, wenn seine Kohlenhydrate weitgehend erschöpft sind. Nachdem die Fettdepots des Körpers sehr groß sind, müßten somit Belastungen praktisch auf unbeschränkte Dauer durchgehalten werden können. Bei solch lang andauernden Belastungen mit geringer Intensität treten dann jedoch andere ermüdungsproduzierende Faktoren in den Vordergrund wie niedriger Blutzucker, Dehydratation oder Elektrolytverluste. Bei Ausdauerbelastungen mittlerer bis hoher Intensität werden zunehmend Kohlenhydrate verbraucht, es kommt zu einer rascheren Erschöpfung der muskulären Glykogendepots. Wenn dies der Fall ist, muß der Läufer seine Laufgeschwindigkeit vermindern, da, wie im folgenden darzustellen sein wird, die Kohlenhydrate als Brennstoff wesentlich effizienter sind als die Fette. Dies ist der Fall, wenn Ausdauerbelastungen länger durchgeführt werden als 90 min.

Bei hochintensiven Belastungen, die nur 1–2 min durchgehalten werden können, liegt die Ursache für eine Ermüdung, die den Abbruch der Belastung erzwingt, im allgemeinen in einer zunehmenden Unterbrechung der Stoffwechselprozesse durch den intrazellulären Anstieg der Wasserstoffionenkonzentration als Folge einer intensiven Laktatbildung. Wie im Kapitel 9 dargestellt, liegen Hinweise dafür vor, daß es möglich ist, die Azidose bis zu einem gewissen Grade durch Natriumbikarbonat abzupuffern und damit das Einsetzen von Ermüdung zu verzögern. Auch unzureichende Glykogendepots in der Muskulatur können für einen vorzeitigen Abbruch einer anaeroben Belastung verantwortlich sein, da dann nicht mehr genug

Substrat für die Milchsäurebildung bereitsteht.

Bei hochintensiven, insbesondere Kraftbelastungen, die maximal 5–10 s durchgehalten werden können, kann der Abbruchgrund in der Erschöpfung der intramuskulären Kreatinphosphatdepots liegen. Es wurden zwar einige Versuche unternommen, über die Ernährung wie z.B. durch das Phosphatloading oder mit Gelatinepräparaten die Menge an verfügbarem Kreatinphosphat zu vergrößern, diese Versuche haben sich aber als wenig erfolgreich erwiesen. Einige neuere Untersuchungen, insbesondere die Gabe von Kreatinpräparaten, haben dagegen zu erfolgversprechenderen Resultaten geführt. Im einzelnen siehe hierzu Kapitel 6.

Zusammenfassend kann unter bestimmten Bedingungen ein Mangel von fast jedem Nährstoff leistungsbeschränkend werden. Vorzeitige Ermüdung eines Sportlers kann somit ihre Ursache auch in einer unzureichenden Ernährung haben. Für den Athleten ist es daher zur Realisierung seiner sportlichen Leistungsfähigkeit wichtig, sich adäquat zu ernähren, d.h. seinem Organismus alle erforderlichen Nährstoffe in ausreichender Menge zur Verfügung zu stellen, nicht nur die Energieträger, speziell Kohlenhydrate und Fette, sondern auch die Nährstoffe, die für die Regelung der Stoffwechselprozesse erforderlich sind, wie Eiweiße, Vitamine, Mineralstoffe und Flüssigkeit. Die Rolle der einzelnen Nährstoffe im Hinblick auf Ermüdungsprozesse wird jeweils in den nachfolgenden Kapiteln näher dargelegt, die auf die einzelnen Energieträger bzw. Nährstoffgruppen detailliert eingehen.

Literatur

Suter, E. et al. 1993. Muscle fiber type distribution as estimated by Cybex testing and by muscle biopsy. *Medicine and Science in Sports and Exercise* 25: 363–70

4 Die Kohlenhydrate: die wichtigste Energiequelle

4.1 Einleitung

Die Kohlenhydrate (KH) stellen einen der wichtigsten Bestandteile unserer Ernährung dar, sowohl unter gesundheitlichen Aspekten wie auch im Hinblick auf die körperliche Leistungsfähigkeit. In der Vergangenheit wurden die Kohlenhydrate in ihrer Bedeutung für die Ernährung häufig falsch eingeschätzt und unterbewertet, vor allem auch von all denjenigen, die an Gewicht abnehmen wollen. Heute wissen wir wesentlich mehr über die große Bedeutung der Kohlenhydrate für eine gesunde Ernährung, nicht nur zur Verhinderung von bestimmten Erkrankungen sondern auch als wichtiger Bestandteil jeder Ernährung, die dazu dienen soll, überflüssiges Körperfett abzubauen. Die große Bedeutung einer Ernährung, die arm an hochgereinigten Einfachzuckern ist und dafür viel komplexe Kohlenhydrate bzw. Pflanzenfasern aus Kohlenhydraten enthält, wurde aus gesundheitlicher Sicht bereits in Kapitel 2 angesprochen, sie wird im vorliegenden Kapitel weiter ausgeführt. Die Rolle, die die Kohlenhydrate für die Gewichtskontrolle spielen, wird in Kapitel 11 dargestellt.

Wie im Kapitel 3 beschrieben, liegt die Hauptfunktion der Kohlenhydrate in der Bereitstellung von Energie. Ernährungswissenschaftler und Leistungsphysiologen kennen die Kohlenhydrate schon lange als die primäre Energiequelle unter körperlicher Belastung. Von allen Bestandteilen unserer Ernährung wurden daher die Kohlenhydrate in ihrer Bedeutung für die körperliche Leistungsfähigkeit am besten untersucht, ganz speziell im Bereich von Ausdauerbelastungen wie Langlauf, Radfahren, Schwimmen, Rudern etc. Fragen von Sportlern nach einer optimalen Kohlenhydratzufuhr unter dem Aspekt ihrer Leistungsfähigkeit können daher wissenschaftlich exakt beantwortet werden. Neuere Untersuchungen haben hier allerdings auch zu neuen Erkenntnissen geführt.

Im vorliegenden Kapitel werden die Biochemie der Kohlenhydrate besprochen, ihre Stoffwechselwege und Interaktionen im menschlichen Organismus, ihr möglicher Einfluß auf Gesundheit und Leistungsfähigkeit etc. Dabei werden speziell folgende Themen angesprochen: Negative Effekte von kohlenhydratarmen Ernährungsformen, die Zufuhr von Kohlenhydraten vor, während und nach Belastung, die unterschiedliche Effektivität verschiedener Formen der Kohlenhydrate, Kohlenhydrate in Form von Nahrungsmitteln oder Präparaten, denen eine Leistungssteigerung zugesprochen wird, unter Einschluß auch von Alkohol. Auch die Bedeutung von speziellen Sportgetränken, die Kohlenhydrate enthalten, wird angesprochen. Bezüglich weiterer Details dieser Getränke mit Hinblick auf ihren Gehalt an Flüssigkeit und Elektrolyten sowie ihren Einfluß auf den Wärmehaushalt wird auf Kapitel 9 verwiesen.

4.2 Biochemie der Kohlenhydrate

Kohlenhydrate sind neben Fetten und Eiweißen einer der drei grundsätzlichen Energieträger unserer Ernährung. Sie stellen die mit Abstand ökonomischste Form der Energiebereitstellung dar. Kohlenhydrate decken den größten Anteil der Energieversorgung des Menschen ab. Sie werden von Pflanzen mit Hilfe der Photosynthese unter Nutzung der Sonnenenergie gebildet.

Biochemisch sind **Kohlenhydrate** mehr oder minder komplex aufgebaute organische Verbindungen, die sich, wie der Name besagt, auf ein Vielfaches von Kohlenstoff (C) und

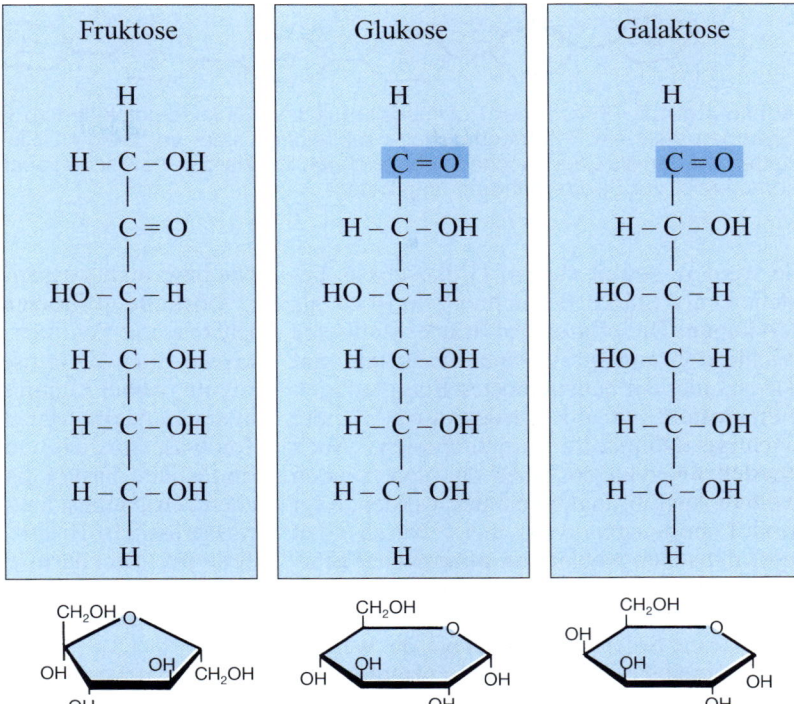

Abbildung 4.1
Biochemische Struktur der drei wichtigsten Monosaccharide in Ketten- bzw. Ringform.

Wasser (H_2O), also auf Kohlenstoff, Wasserstoff (H) und Sauerstoff (O) zurückführen lassen. Die große Fülle der unterschiedlichen Kohlenhydrate, die in der Natur und auch im menschlichen Organismus vorkommt, kann in einfache Kohlenhydrate, Vielfachzucker (Polysaccharide, auch komplexe Kohlenhydrate genannt) und Pflanzenfasern unterteilt werden.

Zu den **einfachen Kohlenhydraten** gehören die Einfachzucker (Monosaccharide) und die Zweifachzucker (Disaccharide). Die drei wichtigsten **Monosaccharide** sind Glukose (= Dextrose oder Traubenzucker), **Fruktose** (= Laevulose oder Fruchtzucker) und **Galaktose**. Fruktose und Glukose kommen in der Natur sehr häufig auch als freie Monosaccharide vor. Galaktose findet sich dagegen vorwiegend als die Hälfte eines Disaccharids, des Milchzucker (Laktose). Abbildung 4.1 zeigt die beiden üblichen biochemischen Darstellungsformen der Monosaccharide.

Die Kombination zweier Monosaccharide miteinander ergibt die **Disaccharide.** Die häufigsten Disaccharide sind Maltose (Malzzucker), Laktose (Milchzucker) und Rohrzucker (Sukrose). Der Rohrzucker, der übliche Kristallzucker, oder kurz Zucker genannt, besteht aus je einem Molekül Glukose und Fruktose, die Laktose aus der Kombination einer Glukoseeinheit mit einer Galaktose, die Maltose aus je zwei Glukoseeinheiten. Wenn Mono- und Disaccharide wie Glukose und Rohrzucker aus Pflanzen bzw. Früchten gewonnen werden, spricht man von gereinigtem bzw. hochgereinigtem Zucker. Solche hochgereinigten Kohlenhydrate stellen auch verschiedene Siruparten dar, die häufig zum Süßen von Lebensmitteln Verwendung finden.

Von **komplexen Kohlenhydraten** spricht man, wenn mindestens drei oder mehr Monosaccharide miteinander verbunden sind. Bei kleineren Einheiten, die aus bis zu 10 Glukosemolekülen bestehen, wird von **Oligosacchariden** gesprochen, bei größeren Einheiten von **Polysacchariden** (siehe Abb. 4.2). Die Polysaccharide stellen die Speicherform der Kohlenhydrate dar. Pflanzliche Polysacchari-

Abbildung 4.2   Prinzip der Polymerisierung von Glukosemolekülen zu Kohlenhydratketten. Das Glykogen stellt ein Polysaccharid aus zahlreichen stark verzweigten Glukoseketten dar. Kürzere Ketten werden als Oligosaccharide bezeichnet. Sie werden inzwischen auch industriell gefertigt und kommerziell zur Sporternährung angeboten.

de werden, soweit sie auf Glukosebasis bestehen, als Stärke bezeichnet, tierische als **Glykogen**. Die pflanzliche **Stärke** stellt eine wichtige Grundlage unserer Ernährung dar. Sie ist einer der bedeutendsten Energieträger. Gemeinsam mit ihr werden auch weitere wichtige Nährstoffe aufgenommen. Auch tierisches Glykogen, über das später noch weitere Ausführungen gemacht werden, trägt zur Energieversorgung bei. Durch den hydrolytischen Abbau von pflanzlicher Stärke werden Oligosaccharidpräparate gewonnen, wie Maltodextrin, und kommerziell angeboten. Solche Oligosaccharide werden in verschiedener Form häufig Sportgetränken beigefügt.

Eine weitere Form der komplexen Kohlenhydrate, die nicht auf Glukosebasis beruhen, stellen die **Pflanzenfasern** dar, die die Struktur der Wand der Pflanzenzellen bilden. Obwohl sie vom menschlichen Verdauungstrakt nur in geringem Maße aufbereitet werden können, stellen sie insbesondere in Form der **Ballaststoffe** einen wichtigen Bestandteil unserer Ernährung dar. Grundsätzlich kann man zwei Formen unterscheiden: wasserlösli-

che bzw. nichtwasserlösliche Pflanzenfasern.

Lösliche Pflanzenfasern bestehen aus Harzen und Pektinen, **unlösliche Pflanzenfasern** aus Zellulose, Hemizellulose und Lignin, wobei Lignin allerdings kein Kohlenhydrat darstellt. Manche Fasern sind nur zum Teil wasserlöslich wie z.B. Psyllium. Wasserunlösliche Fasern passieren den menschlichen Verdauungskanal praktisch unverändert, wasserlösliche Fasern können zumindest zum Teil im Dickdarm metabolisiert werden. Tabelle 4.1 gibt eine Klassifizierung der unterschiedlichen Kohlenhydrate.

Kohlenhydratträger unter den Lebensmitteln

Kohlenhydratträger finden sich in den sechs Lebensmittelgruppen vor allem in den Gruppen Brot/Getreide, Früchte und Gemüse, also in den drei Gruppen, die die Basis der Lebensmittelpyramide bilden. Auch einige Lebensmittel aus den Gruppen Fleisch und Milchprodukte enthalten zum Teil erhebliche Mengen an Kohlenhydraten. Bohnen und

Tab. 4.1   Die wichtigsten Kohlenhydrate in der menschlichen Ernährung

Monosaccharide	Disaccharide	Polysaccharide
Glukose	Rohrzucker	Pflanzliche Stärke
Fruktose	Maltose	Glykogen
Galaktose	Laktose	
Wasserunlösliche Pflanzenfasern	**Wasserlösliche Fasern**	**Sonstige Kohlehydrate****
Zellulose	Harze	Sorbitol (ein Alkohol
Hemizellulose	Pektine	aus Zucker)
Lignin*	Schleimsubstanzen	Ribose (eine Pentose,
		d. h. ein Kohlenhydrat aus
		5 Kohlenstoffatomen)

* Genaugenommen kein Kohlenhydrat
** Hierauf wird im Text nicht weiter eingegangen

Erbsen werden aufgrund ihres dem Fleisch vergleichbar hohen Eiweißgehaltes auch in der Fleisch/Eiweißgruppe aufgelistet. Eine halbe Tasse Bohnen enthält ungefähr 20 g Kohlenhydrate, entsprechend etwa 70% ihres Energiegehaltes. Ein Glas Magermilch enthält 12 g Kohlenhydrate oder 50% ihres Energiegehaltes. Tabelle 4.2 gibt einige Lebensmittel aus den verschiedenen Gruppen wieder, die jeweils einen hohen Kohlenhydratanteil enthalten. Besonders zu empfehlen sind aus gesundheitlicher Sicht Lebensmittel, die Kohlenhydrate in komplexer Form enthalten.

Auch andere Lebensmittel, die nicht in Tabelle 4.2 aufgelistet sind, können größere Kohlenhydratanteile enthalten. Relativ viele Kohlenhydrate finden sich in Körnern und Nüssen. Besonders hoch ist der Kohlenhydratgehalt von Eßkastanien. Viele Kohlenhydrate, allerdings vor allem in hochgereinigter Form, finden sich in Süßwaren und Gebäck, Pudding, Kuchen, Sirup etc. Die Zuckerkonzentration in den üblichen Sportgetränken ist teilweise sehr unterschiedlich. Viele Kohlenhydrate sind auch in den meisten sog. Energieriegeln enthalten, die von der Industrie ganz besonders Sportlern als Zusatzernährung angeboten werden.

Pflanzenfasern finden sich in größeren Mengen in den meisten Gemüsen und Früchten, in Lebensmitteln aus der Brot/Getreidegruppe, vor allem in Vollkornprodukten, sowie in Hülsenfrüchten aus der Fleisch/Eiweißgruppe. Unlösliche Fasern sind vor allem in Weizenprodukten enthalten. Haferprodukte, Bohnen, Erbsen und Früchte sind dagegen hervorragende Quellen für wasserlösliche Fasern. Aufgrund der großen gesundheitlichen Bedeutung, die den Ballaststoffen zukommt, bietet inzwischen die Nahrungsmittelindustrie spezielle Getreideprodukte mit 13–14 g Pflanzenfasern pro Portion an. Psyllium, das früher nur als Abführmittel diente, ist inzwischen zum Frühstücksgetreide avanciert. Tabelle 4.3 gibt den durchschnittlichen Fasergehalt in einer Reihe von Lebensmitteln wieder. Beispiele für Lebensmittel aus den sechs Austauschgruppen, die besonders viele Ballaststoffe enthal-

Tab. 4.2 Lebensmittel mit hohem Kohlenhydratgehalt

Brot/Getreide-gruppe	**Obstgruppe**	**Milchprodukte**
	Ananas	Joghurt mit Früchten
	Äpfel	Magermilch
Vollkornprodukte	Aprikosen	
Buchweizen	Bananen	
Frühstücksgetreide	Birnen	
Hafermehl	Blaubeeren	**Fleisch/Eiweißgruppe**
Maisprodukte	Brombeeren	Bohnen
Nudelgerichte aus Vollkorn	Erdbeeren	Erbsen
Roggenbrot	Feigen	Eßkastanien
ungeschälter Reis	Kirschen	Linsen
Vollkornknäckebrot	Mandarinen	
Weizenvollkornbrot	Orangen	
etc.	Pfirsiche	
	Pflaumen	**Sportgetränke**
Verarbeitete	Trockenfrüchte	Gatorade
Getreideprodukte		Isostar
Bisquit		und andere
Hörnchen		
Kuchen		
Maisbrot	**Gemüsegruppe**	
Makkaroni	Bohnen	
Nudeln	Kürbis	
Semmeln	Mais	
ungeschälter Reis	Süßkartoffel	
Weißbrot		

Tab. 4.3 Pflanzenfasergehalt in einigen häufig genutzten Lebensmitteln

Bohnen gekocht	7–9 g/halber Meßbecher**
Gemüse gekocht	3–5 g/halber Meßbecher
Obst	1–3 g/durchschnittliche Frucht
Brot und Getreideprodukte*	1–3 g/Portion
Nüsse und Pflanzensamen	2–5 g/30 g

* Der Fasergehalt kann je nach industriellem Produkt sehr stark wechseln, bei manchen Produkten werden Werte von 13–15 g erreicht.
** 1 Meßbecher = 250 ml, $1/_2$ Meßbecher = 125 ml

ten, werden in Anhang E sowie in Abbildung 4.3 aufgeführt.

Der erforderliche Kohlenhydratanteil in der Ernährung

Trotz der zahlreichen Funktionen, die den Kohlenhydraten in unserem Stoffwechsel zukommen, gibt es keine genauen Angaben über die täglich empfohlenen Aufnahmemengen, nachdem der Körper in der Lage ist, bei Bedarf Kohlenhydrate auch aus den anderen Energieträgern, Proteinen und Fetten, herzustellen. Trotzdem rechnen manche Ernährungswissenschaftler die Kohlenhydrate zu den essentiellen Nährstoffen. Nach ihnen sollte die tägliche Kohlenhydratzufuhr täglich mindestens bei 50–100 g liegen, um den Katabolismus von körpereigenem Eiweiß zu verhindern. Unter den Kohlenhydraten wird

Abbildung 4.3 Vegetarische Nahrungsmittel

darüber hinaus den Pflanzenfasern der Status eines eigenständigen essentiellen Nährstoffs zubilllligt.

Neuere Ernährungsempfehlungen laufen darauf hinaus, den Kohlenhydratanteil in der Ernährung zu steigern, da hierin besondere gesundheitliche Vorteile gesehen werden. Im Rahmen einer ausgewogenen, gesundheitsorientierten Kost sollte der Kohlenhydratanteil 55–60% der Kalorienaufnahme abdecken, davon maximal 10% in Form von hochgereinigten Zuckern. Komplexe Kohlenhydrate sollten demnach 45–50% ausmachen. 60% Kohlenhydratkalorien entsprechen beispielsweise bei einem täglichen Kalorienbedarf von 2000 Kalorien 300 g KH (60% von 2000 = 1200, dividiert durch 4, dem Kaloriengehalt von 1 g KH = 300 g KH). Andere gesundheitsorientierte Kostformen gehen sogar noch höher. Nach der Pritikin-Kost sollte der tägliche Kalorienbedarf zu 80% aus – weitgehend komplexen – Kohlenhydraten gedeckt werden. Die zur Verhinderung von Darmkrebserkrankungen empfohlene Menge von täglich aufzunehmenden Pflanzenfasern bzw. Ballaststoffen liegt bei 20–35 g. Hier bestehen noch erhebliche Defizite in der Ernährung in den Industrieländern angesichts eines effektiven durchschnittlichen Anteils von derzeit nur 12–14 g. Zur Beseitigung dieses Defizits ist die vermehrte Einbeziehung von komplexen Kohlenhydraten in die Ernährung zu empfehlen.

Für die Mehrheit der Weltbevölkerung kann, zumindest außerhalb der Industrieländer, die Forderung nach einem solch hohen Anteil der Kohlenhydrate in der Ernährung dagegen als realisiert angesehen werden. Die gesundheitliche Bedeutung einer kohlenhydratreichen Kost wird im weiteren Verlauf dieses Kapitels diskutiert.

Auch für die meisten Sportler wird, zumindest im Ausdauerbereich, ein hoher Kohlenhydratanteil in der Ernährung empfohlen. Die oben gegebenen Empfehlungen können im allgemeinen auch auf den Sportler übertragen werden. Wenn ein Athlet täglich 3000 Kalorien benötigt, so bedeuten 55–60% Kohlenhydrat-Kalorien 1650–1800 Kalorien oder etwa 400–450 g Kohlenhydrate. In Ausdauersportarten werden zum Teil sogar noch höhere Kohlenhydratanteile von bis zu 70% empfohlen. Für einen Langläufer, der beispielsweise täglich 3500 Kalorien verbraucht, wären dies dann 2450 Kalorien oder 600 g KH/Tag. Wie die meisten Übersichtsarbeiten neueren Datums zeigen, weicht die tatsächliche Ernährung auch im Ausdauersport jedoch von solchen Empfehlungen meist erheblich ab, die aufgenommenen KH-Mengen sind im allgemeinen deutlich niedriger.

4.3 Stoffwechsel und Funktion

Die Aufnahme von Kohlenhydraten

Kohlenhydrate werden in Form von Polysacchariden (Stärkeprodukte), Disacchariden (Rohrzucker und Milchzucker) und Monosacchariden (Traubenzucker und Fruchtzucker) aufgenommen. Sportler nehmen häufig zusätzlich spezielle Präparate zu sich, in denen die Kohlenhydrate meist als Oligosaccharide vorliegen. Damit sie vom Körper

genutzt werden, müssen die Kohlenhydrate dann verdaut, resorbiert und zu den Körperzellen bzw. Organen transportiert werden.

Abbildung 4.4 zeigt das Verdauungssystem mit seinen wichtigsten Anhangsorganen, das im weiteren Verlauf dieses Kapitels diskutiert wird. Der Verdauungstrakt erstreckt sich vom Mund über den Schlund (Pharynx), Speiseröhre, Magen, Dick- und Dünndarm, Mastdarm bis hin zum Anus. Die wichtigsten Schritte der Verdauung und Resorption erfolgen im Magen und Darm, dem sog. Gastrointestinaltrakt. Abbildung 4.4 zeigt schematisch die in diesem Bereich stattfindende Resorption der wichtigsten Nährstoffe.

Unter **Verdauung** versteht man die mechanische und chemische Aufbereitung von Nahrungsmitteln in eine für den Körper resorbierbare Form. An dieser Stelle ist es nicht möglich, alle einzelnen Schritte der Verdauung im Detail darzustellen. Die wichtigsten Enzyme für den Abbau von Polysacchariden zu Disacchariden und Monosacchariden sollen allerdings genannt werden. Die Schlüsselenzyme und ihre Ziel- bzw. Endprodukte zeigt die Tabelle 4.4. Die Verdauung findet vor allem im Dünndarm statt, anschließend werden die Monosaccharide dann in die Blutbahn resorbiert.

Wenn auch, wie in Abbildung 4.4 dargestellt, einige Substanzen im Magen und im Dickdarm resorbiert werden, so erfolgt doch der Hauptteil der resorptiven Prozesse über die Millionen von kleinen Zotten (Villi) des Dünndarms. Manche Stoffe werden durch passive Diffusion in den Körper aufgenom-

Tab. 4.4   Die wichtigsten an der Kohlenhydratverdauung beteiligten Enzyme

Enzym	Produktionsort	Wirkung
Speichelamylase	Speicheldrüsen	Leitet im Mund den Abbau von Stärke zu Disacchariden ein
Pankreasamylase	Pankreas	Wandelt im Dünndarm Stärke zu Disacchariden um
Sucrase	Darmzellen	Spaltet im Dünndarm Rohrzucker (Sucrose) in Glukose und Fruktose
Maltase	Darmzellen	Spaltet im Dünndarm eine Maltoseeinheit in zwei Glukoseeinheiten
Laktase	Darmzellen	Spaltet im Dünndarm Laktose in Glukose und Galaktose

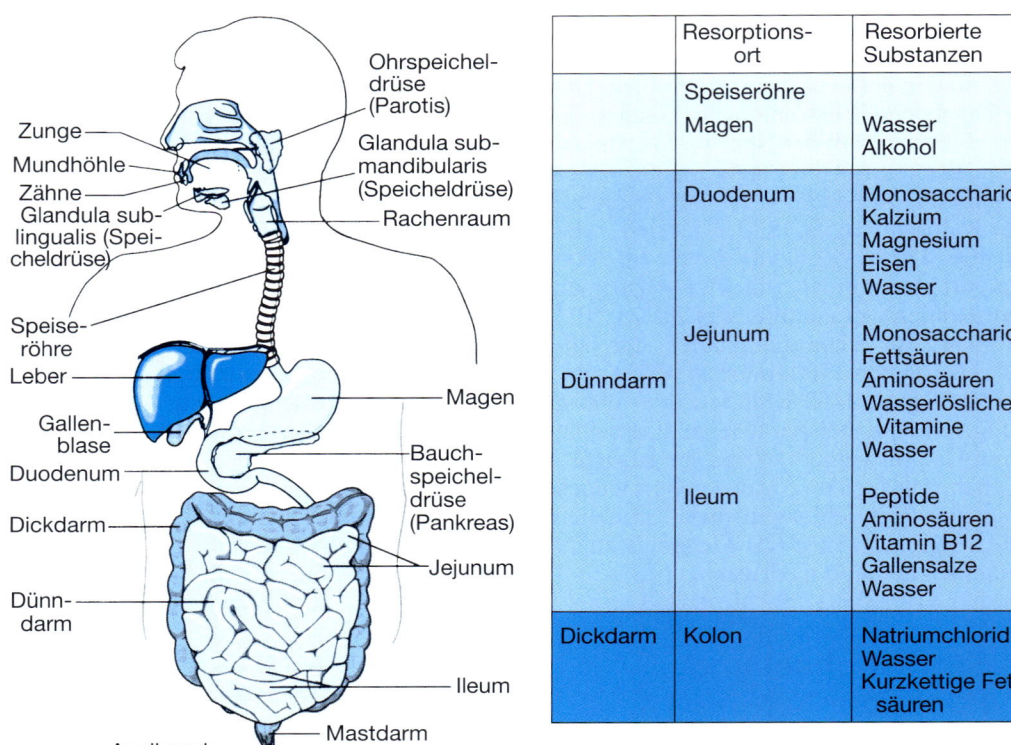

	Resorptions-ort	Resorbierte Substanzen
	Speiseröhre	
	Magen	Wasser Alkohol
Dünndarm	Duodenum	Monosaccharide Kalzium Magnesium Eisen Wasser
	Jejunum	Monosaccharide Fettsäuren Aminosäuren Wasserlösliche Vitamine Wasser
	Ileum	Peptide Aminosäuren Vitamin B12 Gallensalze Wasser
Dickdarm	Kolon	Natriumchlorid Wasser Kurzkettige Fettsäuren

Abbildung 4.4   Der Verdauungskanal. Rechts (a) Der anatomische Aufbau bestehend aus Mund, Rachen (Pharynx), Speiseröhre (Oesophagus), Magen, Dünndarm (Duodenum, Jejunum, Ileum), Dickdarm (Kolon), Mastdarm (Rektum) und Analkanal. In den Verdauungskanal werden von verschiedenen Drüsen und Organen Enzyme und andere Substanzen abgegeben, speziell von den Speicheldrüsen, der Gallenblase und der Bauchspeicheldrüse (Pankreas). Der überwiegende Anteil der im Darm resorbierten Substanzen wird zunächst zum Zwecke der weiteren Verarbeitung zur Leber transportiert. Der rechte Teil der Abbildung (b) zeigt die Lokalisation der Resorption von Schlüsselnährstoffen und anderen Substanzen in den verschiedenen Darmbereichen, wobei die Grenzen allerdings schematisch gezogen sind. In Wirklichkeit gibt es eine mehr oder minder ausgeprägte Überlappung der Resorptionsbereiche. Der Hauptteil der Nahrungsaufnahme erfolgt im Dünndarm.

men, wie z.B. Wasser, bei anderen erfolgt die Resorption über aktive, energieverbrauchende Prozesse in die Zellen der Darmzotten. Abbildung 4.5 zeigt den Querschnitt durch eine Darmzotte (Villus) und gibt gleichzeitig die Aufnahme einiger wichtiger Nährstoffe wieder.

Die optimale Funktion des Magen-Darm-Trakts aus der Sicht der Kohlenhydrataufnahme bzw. des Sportlers wurde ausführlich untersucht, da etwaige Funktionsstörungen in diesem Bereich die Leistungsfähigkeit negativ beeinflussen können. Obwohl beispielsweise im Magen selbst sehr wenige Kohlen-

hydrate resorbiert werden, spielt trotzdem die Geschwindigkeit, mit der sie durch den Magen transportiert werden und, im Zusammenhang damit, ihr Einfluß auf die Flüssigkeitsaufnahme eine wichtige Rolle für Überlegungen zur Frage nach dem optimalen Sportlergetränk, besonders auch zur Frage der Kohlenhydratzufuhr während einer Ausdauerbelastung, ganz speziell bei hohen Temperaturen. Dieses Thema wird nachfolgend und speziell auch im Kapitel 9 weiter diskutiert.

Eine Reihe von Ernährungspraktiken, bei denen auch Kohlenhydrate maßgeblich betei-

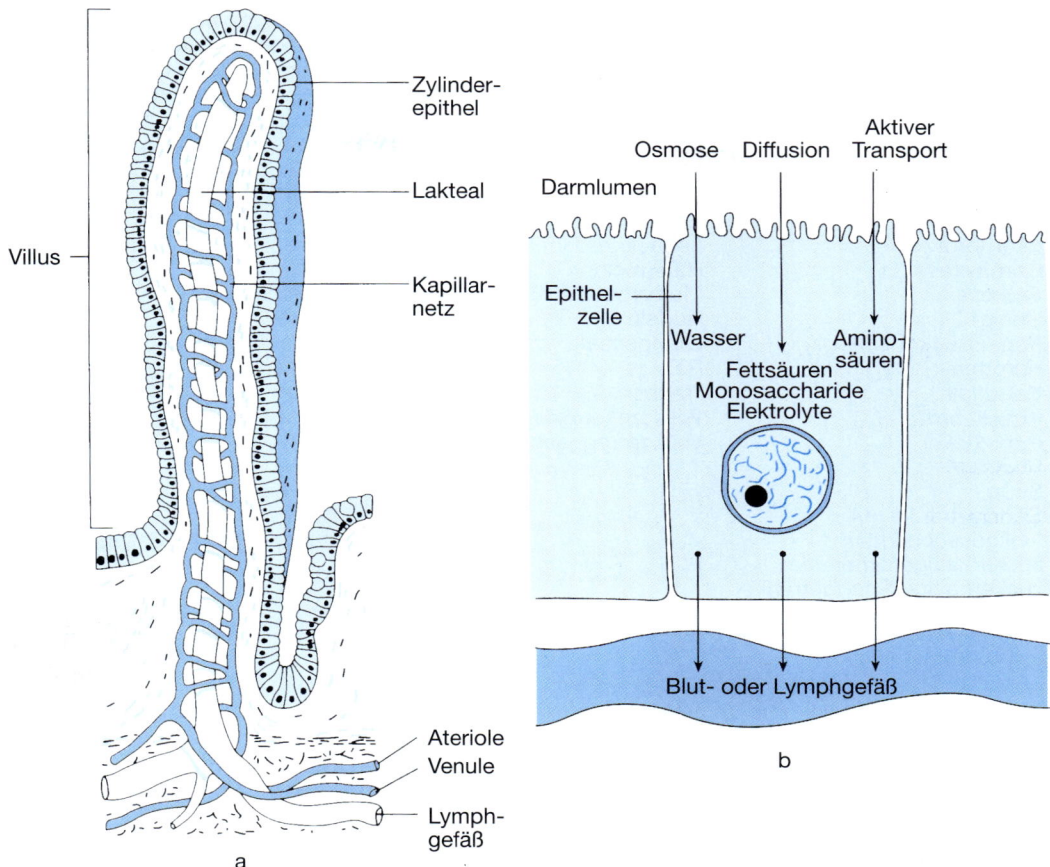

Abbildung 4.5 Die Darmzotten. Links (a) wird die anatomische Struktur einer Darmzotte (Villus) gezeigt, wie sie in millionenfacher Ausgabe zur Resorption der Nährstoffe im Dünndarm vorhanden ist. Die meisten Nährstoffe werden direkt in die Kapillaren der Darmzotten aufgenommen und mit dem Blut abtransportiert. Eine Ausnahme bilden die Fette, die zunächst in die Endaufzweigungen der Lymphgefäße resorbiert werden und von dort über die Lymphstrombahn ebenfalls ins Blut gelangen. Rechts (b) werden schematisch die verschiedenen Resorptionsmöglichkeiten gezeigt. Wasser wird durch Osmose aufgenommen, freie Fettsäuren überwiegend durch Diffusion, die Aminosäuren durch einen aktiven Transportmechanismus, der Energie benötigt. Monosaccharide und Elektrolyte können unterschiedliche Wege benutzen, z.B. Diffusion oder aktiven Transport.

ligt sind, kann bei dafür anfälligen Sportlern Magen-Darm-Störungen auslösen, die die Leistungsfähigkeit beeinträchtigen. Die Aufnahme von hochkonzentrierten Zuckerlösungen, speziell von Fruktose, kann einen umgekehrten osmotischen Effekt bewirken, d.h. es wird Wasser aus dem Kreislaufsystem in den Magen-Darm-Kanal abgezogen. Es kommt zu Schwäche, Schweißausbruch, Durchfall; Symptome, die in dem Begriff „Dumpingsyndrom" zusammengefaßt werden. Speziell

bei Laktose kann eine individuelle Überempfindlichkeit bestehen, die im Verlauf des Kapitels, besonders auch aus gesundheitlicher Sicht, weiter diskutiert wird.

Die Nutzung der mit der Nahrung aufgenommenen Kohlenhydrate

Der wichtigste unter den drei genannten Einfachzuckern für den menschlichen Organis-

Tab. 4.5 Glykämie-Index häufiger Lebensmittel. Der Glykämie-Index gibt ein Maß für die Verdauungs- und Resorptionsgeschwindigkeit kohlenhydrathaltiger Lebensmittel und den hierdurch bewirkten Effekt auf den Blutzucker. Die Bezugsgröße ist der Blutzuckeranstieg bei oraler Zufuhr einer definierten Menge von Glukose, der mit 100 angesetzt wird.

Lebensmittel mit hohem Glykämie-Index (>85)	Lebensmittel mit mittlerem Glykämie-Index (60–85)	Lebensmittel mit niedrigem Glykämie-Index (<60)
Brot, Weißbrot und Vollkornbrot	Bananen	Äpfel
Cornflakes	gebackene Bohnen	Bohnen
Glukose	Hafermehl	Datteln
Honig	Maisprodukte	Eiscreme
Kandiszucker	Nudeln	Erbsen
Karotten	Orangensaft	Feigen
Kartoffeln	Reis	Fruktose
Knäckebrot	Trauben	Joghurt
Rohrzucker	Vollkorngetreideprodukte	Kirschen
Rosinen	Vollkornroggenbrot	Linsen
Sirup		Milch
Sportgetränke mit Oligosacchariden		Pfirsiche
zuckerhaltige Limonade		Pflaumen
zuckerhaltige Sportgetränke		Tomatensuppe

mus ist die Glukose. Die meisten mit der Nahrung aufgenommenen komplexen Kohlenhydrate werden zu Glukose abgebaut. Auch Fruktose und Galaktose werden in der Leber überwiegend zu Glukose umgewandelt. Der Transport von Einfachzuckern im Blut erfolgt in Form von Glukose. Wenn vom „Blutzucker" die Rede ist, so ist damit Glukose gemeint.

Nach Aufnahme einer kohlenhydratreichen Mahlzeit kommt es meist innerhalb einer Stunde zu einem relativ raschen und steilen Anstieg des Blutzuckers. Die Höhe dieses Anstiegs, der durch ein bestimmtes Lebensmittel ausgelöst wird, wird als dessen **Glykämie-Index** bezeichnet, ein Begriff, dessen Sinn allerdings sehr kontrovers gesehen wird. Besonders hoch ist dieser Glykämie-Index bei Lebensmitteln, die viele hochgereinigte Einfachzucker enthalten, d.h. sie führen zu einem sehr steilen Anstieg des Blutzuckers. Dies ist aber auch bei einigen Stärkeprodukten der Fall. Tabelle 4.5 gibt diesen Glykämie-Index für einige wichtige Kohlenhydratträger unter den Lebensmitteln wieder. Stark faserhaltige Lebensmittel, z.B. Hülsenfrüchte, haben im allgemeinen einen niedrigen Glykämie-Index. Das gleiche ist

interessanterweise auch für Fruktose der Fall, deren Einnahme vor dem Wettkampf deshalb gerade für Ausdauerathleten empfohlen wurde. Auf sie wird im weiteren Verlauf dieses Kapitels näher eingegangen.

Die normale Blutzuckerkonzentration, d.h. der Bereich der Normoglykämie, liegt zwischen 60–100 mg pro 100 ml Blut (60–100 mg %, bzw. mg pro Deziliter = mg/dl). Eine möglichst hohe Konstanz des Blutzuckerspiegels ist für den Stoffwechsel offensichtlich von großer Bedeutung. Der menschliche Organismus besitzt daher eine Vielzahl von Regelmechanismen, speziell Hormonen, zur genauen Einstellung des Blutzuckers. Ein Anstieg der Blutglukose, auch als Serumglukose bezeichnet, führt zu einer Stimulation der Abgabe von Insulin aus dem Pankreas, der Bauchspeicheldrüse, in das Blut. **Insulin** ermöglicht die Aufnahme von Blutzucker in die Körpergewebe, ganz speziell in die Skelettmuskulatur und ins Fettgewebe.

Bei Zufuhr von normalen Kohlenhydratmengen im Rahmen einer üblichen gemischt zusammengesetzten Mahlzeit bleibt der Blutzucker weitgehend konstant. Werden jedoch Lebensmittel mit hohem Glykämie-Index aufgenommen, so führen sie zu einem steilen

Anstieg des Blutzuckers auf Werte von > 140 mg%. Es kommt zu einer **Hyperglykämie**, die ihrerseits die vermehrte Abgabe von Insulin aus dem Pankreas stimuliert. Diese wiederum bewirkt eine erhöhte Abgabe von Glukose aus dem Blut in die Gewebe. Es kann reaktiv zu einem Abfall des Blutzuckers auf Werte von < 40 – 50 mg% kommen, und damit zu einer **Hypoglykämie**, also zu einem zu niedrigen Blutzuckerspiegel. Diese mögliche Reaktion ist wichtig für die Beantwortung der Frage, ob Sportler vor einem Wettkampf Kohlenhydrate zu sich nehmen sollen oder nicht. Sie wird im Verlauf des Kapitels diskutiert.

Das weitere Schicksal des Traubenzuckers im Organismus hängt von einer Fülle von Faktoren ab, von denen körperliche Belastung sicher einer der wichtigsten ist. Die bedeutsamsten dieser Stoffwechselwege sind die folgenden vier, die schematisch auch in der Abbildung 4.6 dargestellt werden.

1. Die Glukose wird zur Energiebereitstellung metabolisiert, ganz speziell im Nervensystem einschließlich dem Gehirn, das kaum Fette verbrennen kann und dessen Stoffwechsel daher in ganz besonderem Maße von einer hinreichenden Verfügbarkeit an Glukose abhängig ist. Eine Hypoglykämie führt daher sehr schnell zu einer Störung der zerebralen Funktion. Hypoglykämien stärkeren Ausmaßes sind unter physiologischen Bedingungen selten. Sie können jedoch im Verlaufe von sehr lang durchgeführten körperlichen Belastungen, also vorwiegend Ausdauerbelastungen, vorkommen.

2. Wenn kein akuter energetischer Bedarf vorhanden ist, kann überschüssige Glukose in Form von Leber- und/oder Muskelglykogen gespeichert werden. Das Leberglykogen wird bei Bedarf später wieder aufgespalten, die Glukose wird dann auf dem Wege über den Blutzucker an die Gewebe abgegeben. Interessanterweise ist dies beim Muskelglykogen nicht der Fall. Die Glukose, die einmal im Muskel aufgenommen wurde, bleibt dort gewissermaßen bis zu ihrer Verbrennung „eingesperrt", da offensichtlich Enzyme fehlen, die es der Glukose ermöglichen würden, die Muskelfaser wieder durch die Zellmembran zu verlassen. Die bei Bedarf aus dem Muskelglykogen freigesetzte Glukose bleibt somit der jeweiligen Muskelfaser stets voll erhalten.

Abbildung 4.6
Das Schicksal der Blutglukose. Nach der Resorption kann die Glukose zur Energiebereitstellung direkt in verschiedenen Geweben zur Energiebereitstellung verwertet werden, speziell im Nervensystem. Nicht direkt benötigte Glukose wird in Form von Leber- und/oder Muskelglykogen abgespeichert. Wenn die Speicherkapazität überschritten ist, wird zusätzlich aufgenommene Glukose in Fett umgewandelt und im Fettgewebe gespeichert. Nur dann, wenn nach der Resorption sehr hohe Blutzuckerspiegel erreicht werden, wird ein Teil dieses wichtigen Energieträgers wieder über die Niere ausgeschieden.

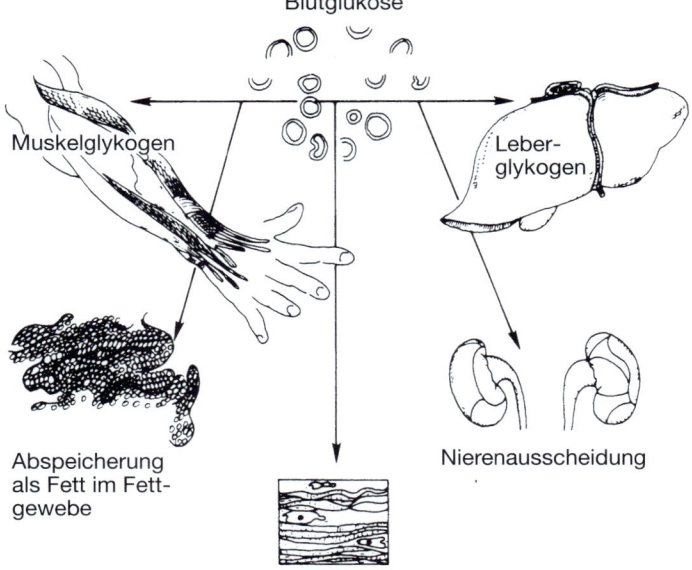

Blutglukose

Muskelglykogen

Leberglykogen

Abspeicherung als Fett im Fettgewebe

Nierenausscheidung

Verbrennung im Gewebe
Glukose $\rightarrow CO_2 + H_2O$ + Energie

3. Wenn die Aufnahme von Kohlenhydraten und anderen Nährstoffen den energetischen Bedarf übersteigt und die Speicherungsfähigkeit für Kohlenhydrate in der Leber und im Skelettmuskel erschöpft ist, wird Glukose in Fette umgewandelt und in den Fettdepots abgelagert.

4. Bei der Aufnahme von sehr großen Mengen von Einfachzuckern kann der Blutzucker so hoch ansteigen, daß die Nierenschwelle überschritten und Zucker über den Urin ausgeschieden wird, also dem Körper somit verloren geht.

Energiereserven des menschlichen Organismus in Form von Kohlenhydraten

Die Mengenangabe für Kohlenhydrate, die im Körper gespeichert werden, erfolgt im allgemeinen in Form von Millimol (mmol). Dieser Begriff soll zunächst näher erläutert werden. Ein Millimol entspricht 1/1000 eines Mols, das die Menge eines Stoffs in Gramm darstellt, die sein Molekulargewicht angibt. Die chemische Formel der Glukose ist beispielsweise $C_6H_{12}O_6$, d.h. ein Glukosemolekül besteht aus jeweils sechs Kohlenstoff- und sechs Sauerstoff- sowie zwölf Wasserstoffatomen. Die Atomgewichte sind für Kohlenstoff 12, Wasserstoff 1 und Sauerstoff 16. Somit ergibt sich bei Multiplikation und Addition das Molekulargewicht für die Glukose mit $6 \times 12 + 12 \times 1 + 6 \times 16 = 180$. Ein Mol Glukose entspricht somit 180 g, ein Millimol 180 mg. Auf dieser Grundlage soll nachfolgend die Menge an Kohlenhydraten errechnet werden, die im Blut verfügbar ist. Die normale Blutzuckerkonzentration liegt bei 5 mmol/l oder 90 mg/100ml (90 mg/dl). Diese Beziehung ergibt sich aus 5 mmol $\times$ 180 mg = 900 mg/l entsprechend 90mg/100ml. Nachdem die Blutmenge bei ca. 5 Litern liegt, entspricht die gesamte im Blut vorhandene Glukosemenge 25 mmol oder 4500 mg (25×180) bzw. 4,5 g.

Die Kenntnis diese Zahlenangaben bzw. Umrechnungsformeln ist erforderlich, da sie in der üblichen, speziell in der wissenschaftlichen Literatur Verwendung finden. Sie wurden hier für Glukose dargestellt, sie gelten sinngemäß natürlich auch für andere Nährstoffe. Da Energieangaben üblicherweise in Kalorien erfolgen, sollen im folgenden die Energiereserven des menschlichen Organismus in Form von Kohlenhydraten auf Kalorienbasis ausgedrückt werden, wobei der Energiegehalt von einem Gramm Kohlenhydraten mit vier Kalorien angesetzt wird.

Im Organismus finden sich Kohlenhydratspeicher in drei Formen, nämlich als Blutglukose, Leber- und Muskelglykogen. Wie oben ausgeführt ist die Menge an Blutzucker verhältnismäßig klein, sie liegt im Bereich von ca. 5 g entsprechend 20 Kal. Die Blutglukose stellt jedoch nur eine Art Zwischenform dar, bei Bedarf kann sie sehr rasch durch die Abgabe von Glukose aus dem Leberglykogen oder durch Resorption aus dem Darm wieder aufgefüllt werden. Die Leber stellt das Gewebe mit der höchsten Glykogenkonzentration im Körper dar. Da sie im Vergleich zur Skelettmuskulatur jedoch nur von geringer Masse ist, liegt der absolute Glykogengehalt in der Leber mit ca. 75–100 g entsprechend 300–400 Kal deutlich unter den Reserven in der Skelettmuskulatur. Ein einstündiger Spaziergang, entsprechend etwa 200 Kal, verbraucht somit etwa schon die Hälfte des Glykogenvorrats der Leber. Der Glykogengehalt der Leber ist ferner stark von der Ernährungssituation abhängig. Er wird durch verminderte KH-Zufuhr stark abgesenkt, durch erhöhte Zufuhr deutlich angehoben. Schon 15-stündiges Hungern führt zu einer fast kompletten Erschöpfung der Glykogenreserven der Leber. Durch eine stark kohlenhydratreiche Mahlzeit kann die Glykogenmenge in der Leber fast verdoppelt werden, ein Faktum, dessen Kenntnis für die Steigerung der Leistungsfähigkeit von Bedeutung sein kann.

Nachdem die Muskelmasse einen hohen Anteil der Gesamtkörpermasse ausmacht, stellt trotz seiner relativ niedrigen Konzentration das muskuläre Glykogen die Hauptmasse der Glykogenreserven dar. Die Größe der Kohlenhydratspeicher in der Muskulatur ist individuell stark unterschiedlich in Abhängigkeit von Körpergröße und Körperzusammensetzung. Als Durchschnittswert kann man davon ausgehen, daß ein untrainierter Mann von durchschnittlichem Körperbau

Tab. 4.6   Durchschnittswerte für die Kohlenhydratdepots eines untrainierten Erwachsenen

Depot	Menge in Gramm	Kaloriengehalt
Blutzucker	5	20
Leberglykogen	75–100	300–400
Muskelglykogen	300–400	1.200–1.600

etwa 30 kg Muskulatur besitzt, die ca. 360 g Glykogen beinhalten entsprechend einer Energiereserve von 1440 Kal. Die Glykogenkonzentration des Muskels wird dabei mit 66 mmol oder 12 g/kg Muskulatur eingesetzt. Ebenso wie für das Leberglykogen gilt für das Muskelglykogen, daß es unter bestimmten Bedingungen in seiner Konzentration zu- oder abnehmen kann mit erheblichen Auswirkungen auf die Leistungsfähigkeit. Hochtrainierte Ausdauersportler können beispielsweise im Vergleich zu Untrainierten eine doppelt so hohe muskuläre Glykogenkonzentration aufweisen.

Rechnet man die angegebenen Kohlenhydratmengen in Blut, Leber und Muskulatur zusammen, so ergibt sich eine Energiereserve von nur 1800 – 1900 Kal. Diese Menge wird schon nach einem einzigem Hungertag erheblich reduziert. Tabelle 4.6 gibt hierzu einige Normalwerte bzw. Normalbereiche an.

Synthese von Kohlenhydraten aus Eiweißen und Fetten

Wie ausgeführt sind die Kohlenhydratreserven des Organismus eher bescheiden. Eine Konstanz des Blutzuckers ist andererseits von erheblicher Bedeutung für eine reguläre Funktion des Zentralnervensystems. Kommt es zu einer Erschöpfung der körpereigenen Kohlenhydratreserven, beispielsweise in Folge einer Mangelernährung, ist es daher von entscheidender Bedeutung, daß Kohlenhydrate aus anderen körpereigenen Substanzen gebildet werden können, ein Vorgang, der mit **Glukoneogenese**, also der Neubildung von Traubenzucker, bezeichnet wird. Die täglich erforderliche Kohlenhydratzufuhr über die Nahrung kann mit 50–100 g angenommen werden. Immer dann, wenn dieser Wert unterschritten wird, kommt die Glukoneo-

genese zum Tragen. Hierzu können Verbindungen aus allen drei Klassen der Energieträger herangezogen werden, wie dies in Abbildung 4.7 dargestellt wird.

Von besonderer Bedeutung für die Glukoneogenese als Ausgangsstoff sind die Proteine. Eiweiße werden im Körper zu Aminosäuren abgebaut, von denen mehrere, ganz speziell das Alanin, in der Leber zu Glukose konvertiert werden können. Dieser sogenannte Glukose-Alanin-Zyklus wird im Kapitel 6 näher dargestellt.

Fette werden im Organismus zu freien Fettsäuren und Glyzerin aufgespalten. Von diesen beiden Bruchstücken können zwar die freien Fettsäuren vom Menschen offensichtlich nicht in Glukose umgewandelt werden, jedoch kann im Bedarfsfall das zweite Bruchstück, das Glyzerin, zur Glukoneogenese in der Leber herangezogen werden.

Auch im Bereich der Kohlenhydrate können manche Metabolite, speziell Pyruvat und Laktat, in der Leber zu Glukose resynthetisiert werden. Abbildung 4.8 zeigt die Stoffwechselbeziehungen zwischen Kohlenhydraten, Fetten und Eiweißen.

Die wichtigsten Funktionen der Kohlenhydrate

Die Hauptfunktion der Kohlenhydrate besteht in der Energiebereitstellung. Bestimmte Körperzellen, speziell die Nervenzellen des Gehirns und der Netzhaut sowie die roten Blutzellen, hängen in ihrer Energieversorgung fast ausschließlich von Kohlenhydraten ab. Glukose wird im Stoffwechsel durch eine komplizierte Abfolge von biochemischen Reaktionen zu Wasser und Kohlendioxid abgebaut, wobei Energie entsteht. Wie in Kapitel 3 ausgeführt, kann die Energiefreisetzung im Verlauf dieses Prozesses aerob oder

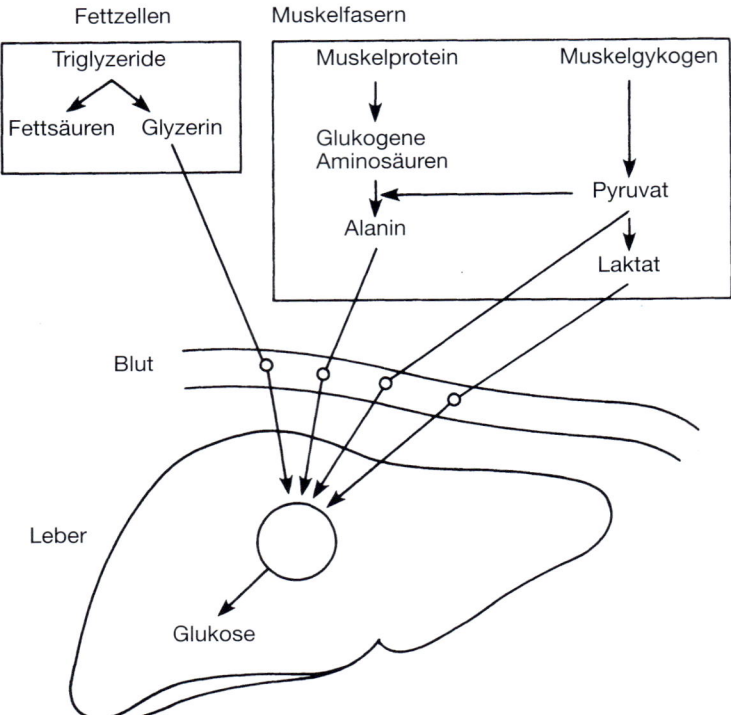

Fettzellen   Muskelfasern

Triglyzeride

Fettsäuren   Glyzerin

Muskelprotein   Muskelgykogen

Glukogene
Aminosäuren

Pyruvat

Alanin

Laktat

Blut

Leber

Glukose

Abbildung 4.7
Die Glukoneogenese. Die
größte chemische Fabrik
im Körper für die Neubil-
dung von Glukose stellt
die Leber dar. Aus Spalt-
produkten von Fetten,
Eiweißen und Kohlen-
hydraten, die von anderen
Körperregionen mit dem
Blutstrom zur Leber transportiert werden, kann dort
Glukose aufgebaut wer-
den. Die wichtigsten Aus-
gangsprodukte hierfür
sind Glyzerin, glukogene
Aminosäuren, Laktat und
Pyruvat.

anaerob erfolgen. Bei der anaeroben Energiegewinnung zur Resynthese von ATP wird die
Glukose bis zum Endprodukt der Glykolyse,
dem Pyruvat, abgebaut. Dieses wird dann in
Milchsäure überführt. Bei der aeroben Energiefreisetzung erfolgt die Glykolyse aerob,
d.h. das Pyruvat wird zu Azetyl-Koenzym A
umgewandelt, das dann in den Zitronensäurezyklus eintritt und dort sowie in der anschließenden Atmungskette vollständig oxidiert wird. Hierbei entstehen große Mengen
an ATP. Die wesentlich effektivere Energiefreisetzung über die aerobe Glykolyse zeigt
sich in der Tatsache, daß bei der anaeroben
Glykolyse aus einem Glukosemolekül Energie für die Resynthese von nur zwei ATP
gewonnen wird, bei der vollständigen Verbrennung eines Glukosemoleküls entstehen
dagegen 36 bis 38 ATP!

Den Kohlenhydraten kommen jedoch über
die reine Energiebereitstellung hinaus auch
noch andere wichtige Funktionen zu. Monosaccharide können genutzt werden, um kleinere Kohlenhydrate herzustellen, speziell

Triosen und Pentosen. Diese werden benötigt,
um in der Kombination mit anderen Nährstoffen biochemisch sehr wichtige Stoffe zu
synthetisieren, wie Glykolipide und Glykoproteine. Die Glykoproteine sind wesentliche
Elemente der Zellmembran, sie spielen dort
vor allem als Rezeptoren für die Steuerung
wichtiger Zellfunktionen eine bedeutsame
Rolle. Als Beispiel für eine Pentose, also
einen aus fünf Kohlenstoffatomen aufgebauten Einfachzucker, sei die Ribose genannt.
Sie ist ein wesentlicher Bestandteil vieler
wichtiger biochemischer Moleküle, wie z.B.
des ATP, aber auch der Ribonukleinsäure
(RNS), die eine Schlüsselsubstanz für alle in
der Zelle ablaufenden anabolen Prozesse darstellt.

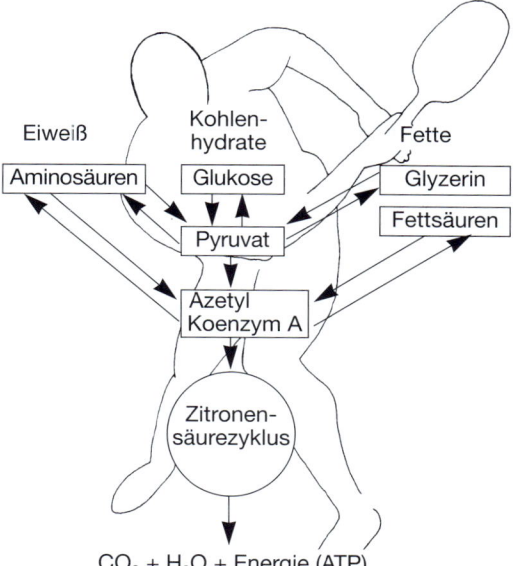

Eiweiß

Kohlen-
hydrate

Fette

Aminosäuren

Glukose

Glyzerin

Fettsäuren

Pyruvat

Azetyl
Koenzym A

Zitronen-
säurezyklus

$CO_2 + H_2O$ + Energie (ATP)

Abbildung 4.8 Die Beziehungen zwischen Kohlenhydrat-, Fett- und Eiweißstoffwechsel. Alle drei Substanzgruppen können prinzipiell zur Energiebereitstellung herangezogen werden, die wichtigsten Energieträger sind jedoch die Kohlenhydrate und die Fette. Zuviel aufgenommene Kohlenhydrate können in Fette umgewandelt werden. Auch zum Aufbau von Eiweißen können Kohlenhydrate genutzt werden, wofür allerdings zusätzlich Stickstoff erforderlich ist. Fett kann nicht in nennenswertem Maße in Kohlenhydrate umgewandelt werden, da Azetyl-CoA nicht in Pyruvat umgeformt werden kann. Lediglich aus der Glyzerinkomponente der Neutralfette können in geringerem Ausmaße Kohlenhydrate gebildet werden. Dagegen können Fette zur Proteinsynthese genutzt werden, wofür wiederum zusätzlicher Stickstoff benötigt wird. Zuviel aufgenommenes Eiweiß kann nicht direkt im Körper gespeichert, jedoch in Kohlenhydrate und/oder Fette umgewandelt werden.

4.4 Die Bedeutung der Kohlenhydrate unter körperlicher Belastung

Wenn nicht genügend Kohlenhydrate zur Verfügung stehen, beispielsweise bei einer Unterzuckerung (Hypoglykämie) bzw. Erschöpfung der muskulären Glykogenvorräte, kommt es zur vorzeitigen Ermüdung. Ausreichende Glykogenvorräte, eine normale Blut-

zuckerkonzentration und gut gefüllte muskuläre Depots sind daher eine wichtige Voraussetzung für sportliche Leistung, ganz besonders in Ausdauersportarten. Im folgenden Kapitel werden die Rolle der Kohlenhydrate für die Energiebereitstellung unter Belastung, die Auswirkungen von Training, speziell Ausdauertraining, auf die verfügbare Kohlenhydrat- und damit Energiemenge, sowie die Aufnahme von Kohlenhydraten vor, während und nach körperlicher Belastung, diskutiert.

Die Bedeutung der Kohlenhydrate für unterschiedliche Belastungsformen

In Körperruhe werden etwa 40 % der verbrauchten Energie aus Kohlenhydraten gewonnen. Bei leichter bis mittelgradiger Belastung steigt dieser Anteil auf 50 % und mehr an. Unter intensiver Belastung werden die Kohlenhydrate zum wichtigsten Brennstoff. Bei hoher Belastungsintensität erfolgt die Energiebereitstellung zu 70–80 % aus Kohlenhydraten. Bei maximaler bis supramaximaler Belastung wird die Energie praktisch ausschließlich aus Kohlenhydraten gewonnen. Sie stellen also unter sehr unterschiedlichen Belastungsbedingungen – bei Belastungen, die maximal über nur eine Minute durchgeführt werden, bis hin zu stundenlangen Ausdauerbelastungen – die wichtigste Energiequelle dar.

Die anteilige Kohlenhydratnutzung wird insbesondere von der Belastungsintensität bestimmt. Je intensiver eine Belastung, um so stärker werden sie zur Energiebereitstellung herangezogen. Umgekehrt setzt auch die Ermüdung um so schneller ein, je höher die Belastungsintensität ist. Ein ausdauertrainierter Athlet kann beispielsweise stundenlang eine Belastungsintensität von 40–50 % der VO_2max durchhalten, 70–80 % der maximalen Sauerstoffaufnahme hält er noch ein bis zwei Stunden durch, maximale bis supramaximale Belastungen werden dagegen nur wenige Minuten toleriert. Wie im Kapitel 3 ausgeführt, liegt die Ursache für die rasche Ermüdung bei hochintensiven Belastungen kurzer Dauer in der zunehmenden Übersäuerung als Folge der intensiven Laktatproduktion. Bei Ausdauerbelastungen ist die Ermüdung dagegen häufig die Folge einer nicht mehr ausreichenden Verfügbarkeit von Glykogen aus den Depots, entweder weil diese durch hohen Verbrauch erschöpft sind oder von vorneherein aufgrund einer unzureichenden Zufuhr von Kohlenhydraten durch die Ernährung nicht vollständig gefüllt worden waren.

Die Kohlenhydrate sind besonders wichtig bei sehr lang durchgeführten Belastungen, bei typischen Ausdauerdisziplinen, die länger als 90–120 Minuten dauern. Einschlägige Daten, die bei extremen Ausdauerbelastungen gewonnen wurden, wie bei der Tour de France, dem Daedalusprojekt, bei dem ein Pilot mit eigener Muskelkraft 100 km über das Ägäische Meer flog, einem Radrennen quer durch Amerika oder dem Ironman-Triathlon in Hawai, zeigen die große Bedeutung der Kohlenhydratzufuhr mit der Ernährung zur Aufrechterhaltung der Energiebereitstellung über so lange Zeit. Die meisten dieser Athleten nahmen während des jeweiligen sportlichen Ereignis eine hochkalorische Diät mit einem hohen Kohlenhydratanteil zu sich. Ein typisches Beispiel hierfür ist der griechische Ultralangläufer Yannis Kouros, der das Rennen von Sydney nach Melbourne in Australien über eine Entfernung von knapp 1000 km in 5 Tagen und 5 Stunden gewann, wobei er täglich etwa 175 km zurücklegte. Er verbrauchte dabei ca. 13400 Kalorien pro Tag, die zu 98% aus Kohlenhydraten stammten. Aber auch bei den Ausdauerbelastungen konventionellerer Größenordnungen wie beispielsweise für den klassischen Marathonlauf über 42 km läßt sich die Bedeutung der Kohlenhydrate als wichtigste Energiequelle aufzeigen.

Auch in Sportarten, bei denen Belastungen über längere Zeit hinweg, aber nicht wie bei den Ausdauersportarten in gleichmäßiger Form sondern unterbrochen durch zahlreiche Intensitätsspitzen, ausgeführt werden müssen, wie in typischen Spielsportarten, z.B. Fußball, Hockey, Handball, Basketball etc. sind die Kohlenhydrate die wichtigste Energiequelle. Da während der Belastungsspitzen die Energie vor allem anaerob im Bereich der schnellen Muskelfasern bereitgestellt werden

muß, kann es zu einer selektiven Glykogenentspeicherung diesen Fasern kommen.

Auch die Umgebungsbedingungen spielen eine Rolle für das Ausmaß der Kohlenhydratutilisation. Extreme Umgebungsbedingungen, wie Sport in großer Höhe, in sehr warmer, aber auch sehr kalter Umgebung, steigern die Verbrennung, speziell der Kohlenhydrate.

Die Begründung für die besondere Bedeutung der Kohlenhydrate

Die Kohlenhydrate sind die wichtigste Energiequelle unter körperlicher Belastung. Sie sind gleichzeitig der effektivste Brennstoff für die aerobe Oxidation und der einzige Energieträger, der für die anaerobe Energiebereitstellung über die Milchsäurebildung genutzt werden kann. Betrachtet man nur den Energiegehalt eines Nährstoffes, so sollte man davon ausgehen, daß die Fette mit neun Kalorien pro Gramm eine wesentlich wichtigere Energiequelle darstellen sollten als die Kohlenhydrate mit nur vier Kalorien pro Gramm. Die Quantität der Energiebereitstellung ist aber nur eines, und keineswegs das wichtigste Argument. Viel wichtiger ist die Geschwindigkeit der Energiebereitstellung. Aufgrund ihrer wesentlich effektiveren Verstoffwechselung kann aus Kohlenhydraten pro Zeiteinheit drei mal mehr ATP und damit Energie für die muskuläre Kontraktion bereitgestellt werden als aus Fetten. Hinzu kommt als weiteres Argument die Tatsache, daß für die Nutzung von Fetten eine größere Sauerstoffmenge gebraucht wird. Bei Verbrennung durch einen Liter Sauerstoff entstehen aus Kohlenhydraten 5,05, aus Fetten nur 4,69 Kalorien. Auch aus dieser Sicht ist somit die Kohlenhydratverbrennung um 7% ökonomischer als die Fettverbrennung.

Die primäre Kohlenhydratquelle unter körperlicher Belastung stellt das Muskelglykogen dar, speziell das Glykogen in derjenigen Muskulatur, die unter Belastung genutzt wird. Hinzu kommt die Utilisation der Kohlenhydrate, die in Form von Blutzucker aus dem Kreislauf in die aktive Muskulatur transportiert werden. Der hierdurch bedingte Blutzuckerabfall führt, um eine Hypoglykämie zu verhindern, zu einer Freisetzung von Glukose aus dem Leberglykogen, das über die Blutbahn dann wiederum der arbeitenden Skelettmuskulatur zur Verfügung gestellt wird.

Zusammenfassend sind alle Formen der Kohlenhydratspeicher des Organismus, Blutzucker, Leber- und Muskelglykogen, gleichermaßen für die Energiebereitstellung bedeutsam, je nach Belastungsform. Es muß daher das Bestreben eines jeden Athleten sein, sich durch geeignetes Training und vernünftige Ernährung die Basis einer optimalen Kohlenhydratbereitstellung und -nutzung zu verschaffen.

Der Einfluß von Ausdauertraining auf den Kohlenhydratstoffwechsel

Kohlenhydrate stellen den wichtigsten Brennstoff unter körperlicher Belastung dar. Bei einem Ausdauertraining wird daher die meiste Energie aus dem muskulären Glykogen bereitgestellt. Körperliches Training hat einen insulinartigen Effekt, d.h. es begünstigt die Aufnahme von Blutzucker in die Muskulatur sowohl während als auch nach körperlicher Aktivität.

Durch ein längerfristig durchgeführtes Ausdauertraining kommt es zu metabolischen Veränderungen, die sich auf die Leistungsfähigkeit sowie die Utilisation verschiedener Brennstoffe auswirken. Abbildung 4.9 zeigt einige dieser Trainingsanpassungen auf zellulärer Ebene. Ein über längere Zeit, z.B. mehrere Monate, hinweg durchgeführtes Ausdauertraining führt zu folgenden adaptativen Prozessen:

1. Anstieg der VO$_2$max durch eine Zunahme der Leistungsfähigkeit des Herz-Kreislauf-Systems sowie des aeroben Enzymsystems in der Skelettmuskulatur. Die Sauerstoffversorgung der Skelettmuskulatur sowie die enzymatischen Voraussetzungen für die aerobe Energiefreisetzung werden hierdurch verbessert, die Ausdauerleistungsfähigkeit steigt an.

2. Nicht nur die maximale Sauerstoffaufnahme wird größer, sondern, mindestens genau so wichtig oder vielleicht noch wichtiger, der Prozentsatz dieser maxima-

len Sauerstoffaufnahme, der auf Dauer ohne Ermüdung realisiert werden kann. Beim Untrainierten liegt die aerob-anaerobe Schwelle im Bereich von 50% der VO$_2$max, d.h. Laktatproduktion und damit Ermüdung setzen bereits bei relativ geringen Belastungsintensitäten ein. Durch Training kann die aerob-anaerobe Schwelle auf 70% und mehr der VO$_2$max ansteigen. Bei Weltklasseathleten kann sie bei 80% und höher liegen. Dies bedeutet, daß gut Trainierte intensive Belastungen auf Dauer ohne Laktatakkumulation ausführen können. Im einzelnen wird hierzu auch auf Abbildung 3.10 verwiesen.

3. Die Kapazität des aeroben Enzymsystems in der Skelettmuskulatur wird gesteigert, speziell die Aktivität der Enzyme des Zitronensäurezyklus. Hierdurch können die Kohlenhydrate effektiver genutzt werden.

4. Die Glykogendepots in der Muskulatur nehmen zu, d.h. die gleiche Belastungsintensität kann länger durchgehalten werden.

Für die Praxis bedeutet dies beispielsweise, daß ein Ausdauerathlet seine Laufgeschwindigkeit ohne Zunahme der Gewebsazidose von 5 min über 1000 m auf 4^1/$_2$ min steigern kann, weil die aerobe Energiebereitstellung aus Kohlenhydraten verbessert wurde. Zusätzlich kommt es, wie im nächsten Kapitel darzustellen sein wird, zu einer Verbesserung der Nutzung von Fetten als Energiequelle unter körperlicher Aktivität. Hierdurch wird der Verbrauch von Kohlenhydraten aus den Depots reduziert, die kostbaren Kohlenhydrate stehen länger zur Verfügung, ein wichtiger metabolischer Anpassungseffekt aus der Sicht der Ausdauerleistungsfähigkeit.

Beziehung zwischen Hypoglykämie und Ermüdung

Wie ausgeführt, steht der Blutzucker in quantitativ nur geringer Menge zur Verfügung. Wird dem Blut Glukose entnommen, so muß sie aus dem Leberglykogen nachgefüllt werden, um eine Hypoglykämie zu vermeiden.

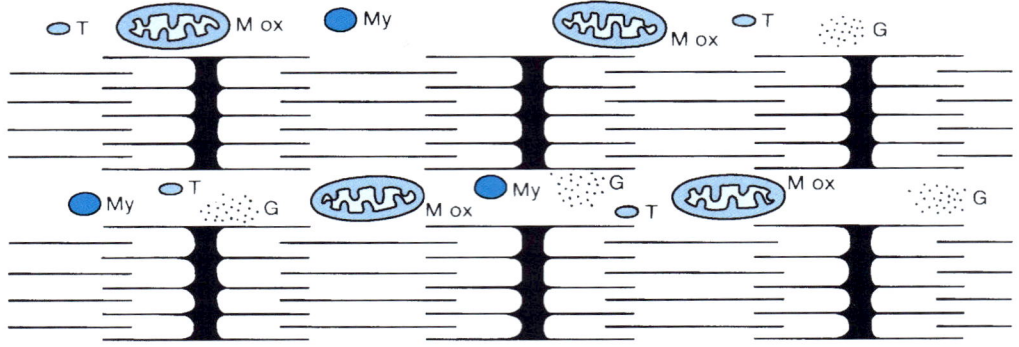

Untrainierter Muskel

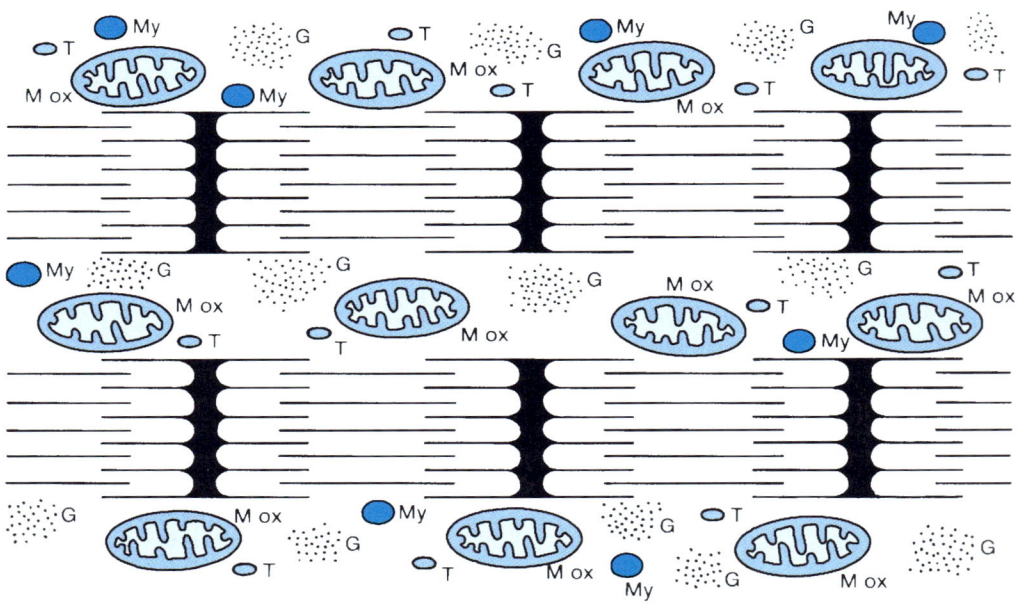

Trainierter Muskel

Abbildung 4.9 Auswirkungen eines aeroben Ausdauertrainings auf den Skelettmuskel. Es kommt zu einer Vergrößerung der Energiedepots in Form von Glykogen (G) bzw. Triglyzeriden (T), zu einer Zunahme der Mitochondriengröße und -zahl (M), des Myoglobingehalts (My), der oxidativen Enzyme (ox) sowie zu einer Vergrößerung der langsamen Muskelfasern. Alle diese Veränderungen tragen zu einer Verbesserung der aeroben Energiebereitstellung bei.

Nach Entspeicherung des Leberglykogens wird es für den Stoffwechsel schwierig, den Blutzuckerspiegel konstant zu halten, da die Glukoneogenese bei intensiveren Belastungen im allgemeinen nicht mehr ausreicht, um die Glukoseutilisation im Skelettmuskel zu egalisieren.

Tritt eine Hypoglykämie ein, so führt sie zu Funktionsstörungen des Zentralnervensystems. Der normale Blutzuckerspiegel liegt im Bereich von 80–100 mg%, bzw. 4,4–5,5 mmol/l. Wenn diese Konzentration absinkt, macht sich dies in Form von Schwindel, Benommenheit, Muskelschwäche und vorzeitiger Ermüdung bemerkbar. Bei der Abnahme des Blutzuckerspiegels handelt es sich um einen kontinuierlichen Übergang. Trotzdem wird aus definitorischen Gründen ein Schwellenwert von 45 mg% bzw. 2,5 mmol/l angegeben, ab dessen Unterschreiten von einer Hypoglykämie gesprochen wird. Manche Autoren setzen die Grenze allerdings auch höher an.

Um Probleme speziell im Bereich der zentralnervösen Steuerung zu vermeiden, ist der Körper bemüht, den Blutzuckerspiegel soweit als möglich stets im optimalen Bereich zu halten. Der körperlichen Aktivität kommt per se ein insulinartiger Effekt zu, d.h. sie begünstigt den Transport von Blutglukose in die Skelettmuskulatur. Da hierdurch weniger Insulin benötigt wird, fällt reaktiv der Insulinspiegel im Serum ab. Dies trägt zur Konstanz des Blutzuckerspiegels bei, da der blutzuckersenkende Effekt des Insulins abgeschwächt wird. Eine Reihe anderer Hormone ist in der Lage, den Blutzuckerspiegel unter Belastung anzuheben, speziell Adrenalin, Glukagon und Kortisol. **Adrenalin** wird unter körperlicher Belastung, besonders bei relativ intensiver körperlicher Aktivität, aus den Nebennieren freigesetzt und stimuliert die Abgabe von Glukose aus dem Leberglykogen. Gleichzeitig begünstigt es die Utilisa-

tion des Glykogens in der Skelettmuskulatur. Glukagon und Kortisol werden reaktiv bei niedrigen Blutzuckerkonzentrationen freigesetzt. Je länger eine Belastung dauert, um so mehr steigt im Blut der Glukagon- und ganz besonders der Kortisolspiegel an. Tabelle 4.7 gibt eine Zusammenfassung der hormonalen Veränderungen unter körperlicher Aktivität, die für einen Blutzuckeranstieg von Bedeutung sind. **Glukagon** stammt aus den Inselzellen der Bauchspeicheldrüse (Pankreas) und steigert die Geschwindigkeit der Glukoneogenese in der Leber. **Kortisol** wird in der Nebennierenrinde gebildet. Es erhöht die Freisetzung und den Abbau von Aminosäuren in der Skelettmuskulatur und stellt damit der Leber Substrate für die Glukoneogenese zur Verfügung. Der Blutzuckerspiegel steigt im allgemeinen zu Beginn einer körperlichen Belastung leicht an und wird im weiteren Verlauf durch die genannten hormonalen Mechanismen auf diesem erhöhten Niveau konstant gehalten.

Zu einer **Hypoglykämie** kann es beim Sportler unter verschiedenen Bedingungen kommen. Eine Möglichkeit besteht in einer reaktiven Unterzuckerung nach Einnahme einer sehr stark kohlenhydrathaltigen Mahlzeit 30–60 min oder früher vor einem sportlichen Ereignis. Unterzuckerung vor oder

Tabelle 4.7 Die wichtigsten an der Regelung des Blutzuckers beteiligten Hormone

Hormon	produzierende Drüse	adäquater Reiz	Wirkung
Insulin	Pankreas	Anstieg des Blutzuckers	Transport der Glukose in die Zelle, Abnahme des Blutzuckers
Glukagon	Pankreas	Abnahme des Blutzuckers	Verstärkung der Glukoneogenese in der Leber, Anstieg des Blutzuckers
Adrenalin	Nebennierenmark	Streß, Blutzuckerabfall	Verstärkung des Glykogenabbaus in der bzw. Glukosefreisetzung aus der Leber, Blutzuckeranstieg
Kortisol	Nebennierenrinde	Streß, Blutzuckerabfall	Verstärkung des Proteinabbaus und dadurch der Glukoneogenese, Blutzuckeranstieg

während eines Wettkampfs wird selbstverständlich die Leistungsfähigkeit negativ beeinflussen. Dies wird im weiteren Verlauf des vorliegenden Abschnitts erörtert.

Ein weiterer Mechanismus, durch den eine Hypoglykämie entstehen kann, ist die Erschöpfung der Kohlenhydratvorräte bei sehr langen Belastungen, in Abhängigkeit von der Belastungsintensität. Bei Belastungen geringer bis mittelgradiger Intensität im Bereich von 30–50% der VO₂max stellen die Fette die Hauptenergiequelle dar, die Kohlenhydrate werden kaum genutzt. Durch die geringe Belastungsintensität reicht dann die Glukoneogenese aus, um eine Entnahme von Blutzucker wieder auszugleichen. Zu einer Hypoglykämie kann es unter solchen Bedingungen kaum kommen. Wenn die Belastungsintensität allerdings auf Werte von mehr als 50% der VO2max ansteigt, steigt entsprechend auch die Nutzung des Muskelglykogens. Es wird zunehmend Blutzucker entnommen. Dann kann möglicherweise die Glukoneogenese nicht mehr ausreichen, um die dem Blut entnommene Glukose zu ersetzen. Es droht die Gefahr einer Unterzuckerung.

Zu Beginn einer Ausdauerbelastung wird für den kohlenhydratbestimmten Anteil der Energiebereitstellung zunächst nur das Muskelglykogen herangezogen. Je länger die Belastung dauert, je stärker die Glykogendepots entspeichert werden, um so mehr Glukose wird dem Blut entnommen, bis schließlich 75–90% der verbrannten Kohlenhydrate dem Blutstrom entstammen. Diese müssen durch das Leberglykogen wieder aufgefüllt werden. Wenn die Glykogenvorräte der Leber erschöpft sind, kann dies, falls das Defizit nicht durch Glukoneogenese und extern zugeführte Kohlenhydrate ausgeglichen werden kann, zu einer Unterzuckerung führen.

Die Frage, ob eine Hypoglykämie die Leistungsfähigkeit beeinträchtigt oder nicht, ist möglicherweise individuell unterschiedlich zu beantworten. Nach älteren Untersuchungen führt jede belastungsinduzierte Hypoglykämie zu den typischen, oben beschriebenen Unterzuckerungssymptomen wie Schwäche, Benommenheit, bis hin zu Bewußtseinstrübung und Bewußtseinsverlust. Neuere Untersuchungen haben jedoch überraschenderweise gezeigt, daß es bei Belastungen, die über lange Zeit bei 60–75% der maximalen Leistungsfähigkeit durchgeführt werden, in der Endphase zu einem Absinken des Blutzuckers in Bereiche bis auf 25 mg% kommen kann, ohne daß klinische Symptome auftreten. Die Hypoglykämie spielt somit bei der Entstehung der Ermüdung sicherlich eine Rolle, die jedoch bisher aber nicht exakt definiert werden kann. Trotz solcher wissenschaftlicher Diskussionen bleibt in der Praxis der Ausdauerbelastung die Konstanterhaltung des Blutzuckers durch Maßnahmen im Vorfeld (geeigneter Trainingsaufbau, gezielte Ernährung), ganz speziell aber auch durch die externe Zufuhr von Kohlenhydraten während der Belastung, eine wichtige Zielsetzung.

Erschöpfung der muskulären Glykogendepots und Ermüdung

Die meisten einschlägigen Autoren sind sich darüber einig, daß der leistungsbeschränkende Faktor bei Ausdauerbelastungen mittlerer bis höherer Intensität, also im Bereich von 65–90% der VO₂max, in der Erschöpfung der muskulären Glykogendepots liegt. Die Ergebnisse wissenschaftlicher Untersuchungen hierzu sind allerdings nicht ganz so eindeutig. Nach manchen Untersuchern tritt Erschöpfung erst dann ein, wenn die Glykogendepots auf einen sehr niedrigen Stand abgesunken sind, andere Untersucher beobachteten jedoch durchaus schon Erschöpfungszeichen trotz noch ausreichender Glykogenreserven. Costill gab an, daß die Leistungsfähigkeit erst dann negativ beeinflußt wird, wenn das Glykogen auf Werte unter 40 mmol/kg Muskelgewebe absinkt. Möglicherweise erklärt sich eine Erschöpfung bereits vor völliger Glykogenentspeicherung dadurch, daß die Energiefreisetzung durch die Glykolyse schon vorher beeinträchtigt werden kann, entweder durch einen niedrigen Glykogengehalt an sich oder durch eine unterschiedliche Entspeicherung der einzelnen Muskelfasern, d.h. es steht nicht mehr in allen Muskelfasern eine für die Glykolyse ausreichende Glykogenkonzentration zur Verfügung.

Das Phänomen der Ermüdung kann möglicherweise mit der Glykogenentspeicherung spezifischer Muskelfasertypen zusammenhängen. Bei Ausdauerbelastungen in einem Bereich von 60–75% der VO_2max werden zu Beginn vor allem Typ I, also rote langsame, und Typ IIa, also rote schnelle Muskelfasern, aktiviert. Mit zunehmender Glykogentspeicherung dieser Fasern ist der Athlet jedoch in wachsendem Maße auch auf die Aktivierung von Typ IIb, also weißen schnellen Muskelfasern, angewiesen. Normalerweise schalten die roten Muskelfasern dann, wenn die Glykogenvorräte erschöpft sind, auf die Verbrennung von Fetten um. Da die Energiefreisetzung aus Fetten pro Zeiteinheit jedoch gering ist, reicht dies nicht aus, um die Geschwindigkeit zu halten. Wenn der Sportler sein Tempo nicht vermindern will, muß er also auch Typ-IIb-Fasern einsetzen. Diese produzieren mehr Milchsäure, die Wasserstoffionenkonzentration steigt an. Dies wird vom Athleten als unangenehm empfunden, er muß gewissermaßen hiergegen „anlaufen", was wiederum eine höhere psychologische Belastung bedeutet.

Die Entstehung von Ermüdung bei hochintensiven, nur kurz durchgeführten Belastungen vom anaeroben Typ wird im allgemeinen durch die Übersäuerung der Muskelfasern als Folge von Laktatproduktion erklärt. Einschlägige Untersuchungen konnten zeigen, daß bei Belastungen, die maximal 60 s durchgeführt werden, das Glykogen nicht auf die für die Ermüdung kritische Grenze von 30 mmol /kg Muskelgewebe absinkt. Die Glykogentspeicherung könnte jedoch bei anaeroben Belastungen längerer Dauer eine Rolle spielen. In einer entsprechenden Untersuchung konnte gezeigt werden, daß bei einem über drei Minuten durchgeführten anaeroben Test die Leistung im Verlauf von 4 Tagen kontinuierlich abnahm, wenn sich die Testpersonen fettreich und kohlenhydratarm ernährten. Obwohl in dieser Untersuchung keine Muskelbiopsien zur Bestimmung des muskulären Glykogengehalts durchgeführt wurden, kann man sich gut vorstellen, daß dieser aufgrund der hochintensiven Kohlenhydratnutzung bei gleichzeitig mangelndem Nachschub reduziert war.

Entsprechende Erfahrungen liegen auch aus Felduntersuchungen vor. In Spielsportarten wie Fußball und Eishockey, die durch eine relativ lange Belastungszeit, verbunden mit zahlreichen Sprints, gekennzeichnet sind, konnten durch Muskelbiopsien zu Ende eines Spiels erniedrigte Glykogenkonzentrationen nachgewiesen werden. Diese waren teilweise nicht nur auf die hohen Belastungen zurückzuführen, sondern auch auf eine falsche, nämlich kohlenhydratarme Ernährung der Spieler. Somit kann, wie dies im folgenden auszuführen sein wird, ein erniedrigtes Muskelglykogen die Ursache für eine verringerte Belastbarkeit in Training und Wettkampf sein.

Zusammengefaßt kann eine zu geringe Glykogenkonzentration in weißen bzw. schnellen Typ-IIb-Fasern die Leistungsfähigkeit bei intermittierenden Belastungen vom anaeroben Typ einschränken. Hypoglykämie und niedrige Glykogenkonzentration in den roten Muskelfasern, speziell aber die Kombination beider Faktoren, tragen wesentlich zu der Entstehung von Ermüdung bei typischen Ausdauerbelastungen bei.

Eine Verminderung der Kohlenhydratspeicher kann auch über andere Mechanismen, nicht nur über den Weg der Energiebereitstellung, Erschöpfung verursachen. Bei lang durchgeführten Ausdauerbelastungen stimuliert ein niedriger muskulärer Glykogengehalt, speziell in Kombination mit einem reduzierten Blutzuckerspiegel, die Glukoneogenese aus Protein. Zu diesem Zweck werden vor allem verzweigtkettige Aminosäuren herangezogen. Die verminderte Freisetzung dieser Aminosäuren bzw. ihre vermehrte Aufnahme in die Muskulatur führten zu einer Abnahme ihrer Konzentration im Blut. In diesem Absinken der Blutkonzentration von verzweigtkettigen Aminosäuren wird heute ein wichtiger Faktor für die Entstehung von Ermüdung gesehen. Die Grundlage dieser Hypothese besteht in der Abnahme des Verhältnisses der Konzentration an verzweigtkettigen Aminosäuren zu anderen Aminosäuren, speziell zum Tryptophan, das für die Aufnahme von Tryptophan ins Gehirn verantwortlich ist. Beide, verzweigtkettige Aminosäuren und freies Tryptophan, konkurrieren um denselben Rezeptor, der ihren Eintritt ins Gehirn regelt. Sinkt das Verhältnis von verzweigtkettigen Aminosäuren zu Tryptophan ab, so wird vermehrt Tryptophan ins Gehirn eintreten. Eine erhöhte Konzentration an Tryptophan im Gehirn regt die Bildung von Serotonin an, ein Neurotransmitter, der mit der Entstehung von Ermüdungsgefühlen in Verbindung gebracht wird. Wenn es gelingt, durch die erhöhte Zufuhr von verzweigtkettigen Aminosäuren das Absinken des Verhältnisses dieser Aminosäuren zum Tryptophan zu verhindern, so könnte dies ein ermüdungshemmender Faktor sein. Im einzelnen wird hierauf weiter in Kapitel 6 eingegangen. Auch die Zufuhr von Kohlenhydraten unter Belastung kann eine Möglichkeit sein, vorzeitige Ermüdung zu verhindern, wie dies im weiteren Verlauf dieses Abschnitts dargestellt wird.

Der Einfluß von vor einem Wettkampf eingenommenen Kohlenhydraten auf die Leistungsfähigkeit

Viele Sportler nehmen vor einem Wettkampf Kohlenhydrate, meist Glukose, zu sich, mit dem Ziel, ihre Leistungsfähigkeit zu verbessern. Angesichts der Tatsache, daß Hypoglykämie und Erschöpfung der Glykogenvorräte die wichtigsten Ursachen für die Ermüdung bei Ausdauerbelastungen darstellen, erscheint dies logisch und sinnvoll. Die wissenschaftliche Datenlage hierzu ist allerdings alles andere als eindeutig. Seitdem schon vor nun mehr als 70 Jahren die Kohlenhydrate als wichtigste Energiequelle unter körperlicher Belastung identifiziert wurden, wurden zu dieser Frage Tausende von Untersuchungen durchgeführt, ohne daß diese bisher zu einer letztlich definitiven Antwort geführt haben. Möglicherweise muß die Frage, ob es Sinn macht, vor Belastungen Kohlenhydrate einzunehmen, jeweils sehr unterschiedlich, je nach den speziellen Bedingungen der Sportdisziplin, möglicherweise auch in Abhängigkeit von der Art des eingenommenen Kohlenhydrates, beantwortet werden. Neuere wissenschaftliche Untersuchungen wurden dementsprechend differenzierter ausgeführt. Ergebnisse von

Untersuchungen, in denen Kohlenhydrate mit Isotopen markiert wurden, um unterscheiden zu können, welche der beobachteten Effekte auf extern zugeführte Kohlenhydrate und welche auf körpereigene Glykogendepots zurückzuführen sind, haben uns in unserem Verständnis der Stoffwechselwege der Kohlenhydrate unter körperlicher Belastung erheblich weitergebracht. Trotzdem lassen sich bei einer Übersicht über die Literatur auch heute noch zahlreiche Fragen nicht endgültig beantworten, nicht zuletzt aufgrund stark differierender Resultate. Die Ursachen solcher Differenzen liegen größtenteils in unterschiedlichen Untersuchungsansätzen und -methodiken, wie in einer quantitativ und qualitativ verschiedenen Zufuhr der KH, in fester, flüssiger Form, oder als Infusion, der Einnahmezeit vor oder während des Wettkampfs, der Basisernährung, die die Versuchspersonen während der Untersuchung durchführten, der Menge des primär vorhandenen Muskel- und Leberglykogens, Intensität und Dauer der jeweiligen Belastung, Belastungsart (Radfahren, Schwimmen, Laufen etc.), dem Leistungsniveau der Versuchspersonen, der Umgebungstemperatur, den Labormethoden zur Bestimmung von Blutzucker und Muskelglykogen und viele andere unterschiedliche Versuchsbedingungen mehr.

Trotz aller solcher Differenzen lassen sich aus den zahlreichen, in der Literatur gegebenen Übersichten zu dieser Problematik zur Zeit die folgenden Feststellungen herausfiltern. Diese werden im weiteren Verlauf des Kapitels differenziert dargestellt. Die Zielvorstellung besteht darin, durch die Zufuhr von externen Kohlenhydraten die muskulären und Leberglykogenvorräte zu schonen, dadurch das Einsetzen der Ermüdung zu verzögern und somit die Leistungsfähigkeit zu verbessern. Hierzu können, nach dem derzeitigen Stand unseres Wissens, folgende Aussagen gemacht werden:

1. Bei Sportlern, bei denen gesättigte Glykogendepots in Leber und Muskulatur angenommen werden können, ist eine zusätzliche Zufuhr von Kohlenhydraten bei Belastungsdauern von bis zu 60–90 min nicht erforderlich. Die Glykogenvorräte reichen normalerweise für diesen Zeit-

raum immer aus. Es muß allerdings sichergestellt sein, daß sie erstens tatsächlich auch aufgefüllt sind und zweitens während des Wettkampfs adäquat genutzt werden können. Für Belastungen dieser Dauer ist es daher nicht notwendig, direkt vor einem Wettkampf zusätzliche Kohlenhydrate einzunehmen, sondern man sollte durch eine kohlenhydratreiche Ernährung zumindest 1–2 Tage vor dem Wettkampf dafür sorgen, daß die Depots auch wirklich aufgefüllt sind. Weiterhin sollte die Belastung nach Art und Dauer so gestaltet werden, daß die Nutzung des körpereigenen Glykogens optimal erfolgen kann.

Aufgrund der bisher verfügbaren Literaturdaten kann festgestellt werden, daß die Einnahme von Kohlenhydraten – in welcher Form auch immer, Glukose, Fruktose, Rohrzucker, Oligosaccharide wie Maltodextrin etc. – die Leistungsfähigkeit bei Belastungen kurzer bis mittlerer Dauer nicht verbessert. Ebenso wenig wie ein fast vollgetanktes Auto über kurze Strecken schneller fährt, wenn man noch einen Liter Benzin mehr in den Tank füllt, wird ein Muskel kurz- bis mittelfristig auch keine größere Leistung erbringen, wenn man ihm bei vollgefüllten Glykogenspeichern zusätzlich Glukose anbietet. Anders sieht dies aus, wenn die Glykogendepots entspeichert sind und/oder die Belastung sehr lange durchgehalten werden muß. In diesem Fall ist es gut vorstellbar, daß zusätzliche Kohlenhydrate die Leistungsfähigkeit steigern. Um im Bild zu bleiben – auch das Auto kann einige Kilometer länger fahren, wenn es etwas mehr Benzin hat.

2. Wenn Kohlenhydrate 1–4 Stunden vor Ausdauerbelastungen, die 90 min und länger durchgehalten werden müssen, eingenommen werden, so können sie die Leistungsfähigkeit steigern. Entsprechende Untersuchungen konnten dies jeweils für eine KH-Zufuhr 1, 3 oder 4 Stunden vor Ausdauerbelastungen nachweisen, bei denen Wettkampfsituationen simuliert wurden. Besonders in der letzten Phase eines so langen Laufes konnte das Tempo besser durchgehalten werden. Als Mechanismus wird eine Verzögerung des Abfalls des Blutzuckers durch eine verstärkte Freisetzung von Glukose aus der Leber und/oder gewissermaßen durch eine Speicherung von Kohlenhydraten im Magen, die dann während Belastung an den Darm abgegeben und dort resorbiert werden, diskutiert.

3. Sportler, die zu Hypoglykämien neigen, sollten keine leicht resorbierbaren Kohlenhydrate in einem Zeitraum von 15–60 min vor einer intensiven Belastung zu sich nehmen. Diese könnten zu einer Blutzuckerspitze führen, mit der Folge einer reaktiven Insulinausschüttung und damit einer ·Hypoglykämie. Als Folge der Hypoglykämie kommt es zu einer Beeinträchtigung der Muskelfunktion und einer Reduktion der globalen Leistungsfähigkeit. Eine weitere negative Folge der Hyperinsulinämie kann die verstärkte Nutzung der muskulären Glykogendepots sein, die dann entsprechend schneller erschöpft sind. Dies wäre für den Ausdauerathleten ein deutlicher Nachteil. Einschlägige Untersuchungen, bei denen Sportler die Aufgabe bekamen, möglichst lange zu laufen, haben gezeigt, daß die Einnahme von 10 g Glukose etwa eine Stunde vor dem Test die Laufzeit um 20–25% verkürzen kann.

Allerdings entwickelt sich eine Hypoglykämie keineswegs zwangsläufig. Hierzu wurden eine Reihe von gut geplanten, zum Teil plazebokontrolliertern Untersuchungen durchgeführt, bei denen Probanden in einem Zeitraum von 30–45 min vor einer Ausdauerbelastung im Bereich von 55–75% ihrer VO_2max unterschiedliche Kohlenhydrate erhielten, wie Glukose, Fruktose oder Maltodextrin. Dies führt dann jeweils zu einem Blutzuckeranstieg mit einer reaktiven Insulinausschüttung, in Verbindung mit einer körperlichen Aktivität vom Ausdauertyp gewissermaßen die „ideale Voraussetzung" für die Provokation einer Unterzuckerung. Eine Unterzuckerung wurde jedoch in den genannten Untersuchungen keineswegs obligatorisch beobachtet, ebensowenig wie eine Einschränkung der muskulären Glukoseutilisation bzw. der körperlichen Leistungsfähigkeit.

Zusammengefaßt ist bei Sportlern, die nicht zur Hypoglykämie neigen, im Ausdauerbereich durch die Zufuhr von Kohlenhydraten 15–60 min vor einer Belastung eher ein leistungssteigernder Effekt zu erwarten als eine Leistungsverschlechterung.

4. Werden Kohlenhydrate unmittelbar (d.h. 5–10 min) vor oder während einer Ausdauerbelastung, die über 2 Stunden oder länger mit Belastungen von mehr als 50%, optimal im Bereich von 60–75% der VO_2max, ausgeführt werden, eingenommen, so ist hiervon eine Verzögerung der Entwicklung von Ermüdungserscheinungen und eine Leistungssteigerung zu erwarten. Diese Aussage läßt sich auf die Ergebnisse der Mehrheit der einschlägigen Studien, sowohl Laboruntersuchungen wie Feldtests, gründen, die zur Klärung dieser Frage durchgeführt wurden. Zusätzlich konnte gezeigt werden, daß Ausdauerbelastungen, die von kurzen Leistungsspitzen unterbrochen werden, wie z.B. Sprints im Fußballspiel, zusätzlich von dieser Form der Kohlenhydratzufuhr profitieren, da insbesondere in der Endphase der Belastung bzw. des Spiels, die Sprints mit höherer Geschwindigkeit und länger durchgehalten werden können. Bei solch hohen Belastungsintensitäten wird die durch die Kohlenhydrateinnahme sonst stimulierte reaktive Insulinausschüttung unterdrückt. Zusätzlich werden vermehrt Katecholamine aus dem Nebennierenmark abgegeben. Beide Faktoren führen zu einer Steigerung des Blutzuckerspiegels, d.h. sie verhindern die Entstehung einer hypoglykämischen Reaktion, die typischerweise bei hierfür anfälligen Personen auftreten kann, wenn sich die Belastung nicht direkt an die Einnahme der Kohlenhydrate anschließt, sondern bis zum Beginn der Belastung einige Zeit vergeht, in der die Insulinreaktion ablaufen kann.

Die Aufnahme von Kohlenhydraten während einer Ausdauerbelastung trägt zu einer Stabilisierung des Blutzuckers bei, sie reduziert das subjektive Belastungsempfinden vor allem in der Endphase einer Ausdauerbelastung, wie sich dies mit Hilfe entsprechender Testskalen, z.B. der Borgskala, aufzeigen läßt. Mit zunehmender Belastungsdauer und damit Entspeicherung der muskulären Glykogendepots steigt der Energieanteil, der aus den zugeführten Kohlenhydraten freigesetzt wird. Wenn eine Ausdauerbelastung über längere Zeit erfolgt, kann schon eine einmalige Kohlenhydratzufuhr den Blutzuckerspiegel ansteigen lassen, die Kohlenhydratoxidation verbessern und das Einsetzen von Ermüdungserscheinungen verzögern.

5. Zusammenfassend zeigen alle wichtigen wissenschaftlichen Untersuchungen, sowohl Labor- wie Feldtests, einheitlich, daß die Zufuhr von Kohlenhydraten während Ausdauerbelastungen im Vergleich zu Plazebobedingungen die Ausdauerleistungsfähigkeit steigert. Während einer Ausdauerbelastung exogen zugeführte Kohlenhydrate können vom Organismus sehr schnell genutzt werden. Die Utilisation beginnt bereits nach 5–10 min und erreicht ihr Maximum nach 75–90 min, d.h. die Kohlenhydrate werden sehr rasch über den Magen in den Darm weitertransportiert, von dort in das Blut resorbiert und in den Stoffwechsel eingeschleust. Diese Erkenntnis ist das Ergebnis von Untersuchungen, in denen eine Markierung der zugeführten Kohlenhydrate mit radioaktiven Isotopen und anschließend eine Bestimmung der CO_2-Radioaktivität in der Ausatemluft erfolgte. Durch solche Untersuchungsansätze ließ sich zeigen, daß exogen zugeführte Kohlenhydrate erheblich zur Energiebereitstellung beitragen. Als Durchschnittswert kann angenommen werden, daß sie etwa 20–40% der aus Kohlenhydraten gewonnenen Energie bereitstellen. In der Endphase einer Ausdauerbelastung, dann, wenn die endogenen Glykogendepots in Muskel und Leber erschöpft sind, kann dieser Prozentsatz auf 60–70 ansteigen.

6. Der genaue Mechanismus, über den eine externe Glukosezufuhr den Einsatz von Ermüdung bei mittelgradigen bis hochintensiven Belastungen von mehr als 65% der VO_2max verzögert, ist letztlich noch nicht völlig geklärt. Nach den derzeit ver-

fügbaren wissenschaftlichen Daten dürfte jedoch die Konstanterhaltung einer ausreichenden Blutzuckerkonzentration der wichtigste Effekt sein. Hierdurch wird Leberglykogen eingespart und bei hierfür empfindlichen Individuen die Entstehung einer Hypoglykämie verhindert. Es steht ausreichend Blutzucker zur Verfügung, der von dem Skelettmuskel aufgenommen und zur aeroben Glykolyse genutzt werden kann. Wie oben ausgeführt, werden die exogenen Kohlenhydrate um so wichtiger, je länger eine Belastung dauert. Weitere Untersuchungen konnten zeigen, daß die Glukosezufuhr auch die subjektive Belastungstoleranz verbessert. Die physiologischen Wirkungen der Glukose, sei dies im Gehirn oder in der Muskulatur, reduzieren somit auch die psychologische Belastung durch eine Ausdauerleistung.

Die häufige Annahme, daß die Zufuhr externer Kohlenhydrate dazu beiträgt, bei mittelgradigen bis hochintensiven Belastungen die körpereigenen Glykogendepots zu schonen, läßt sich wissenschaftlich dagegen nicht hinreichend absichern, sie ist zumindest nicht in jedem Einzelfall nachzuvollziehen. In einer entsprechenden Untersuchung wurde bei Probanden während einer Ausdauerbelastung entsprechend 73% der VO_2max durch eine Glukoseinfusion der Blutzuckerspiegel künstlich hoch gehalten. Trotzdem kam es nicht zu einer Verminderung der Nutzung des muskulären Glykogens. Dies zeigt, daß eine externe Glukosezufuhr die Abhängigkeit des Muskels von seinen eigenen Glykogenspeichern nicht aufheben kann.

Andere Untersuchungen zeigten dagegen, daß eine Kohlenhydratzufuhr bei Ausdauerbelastungen geringer Intensität, d.h. weniger als 50% der VO_2max, einen solchen glykogeneinsparenden Effekt vor allem in den langsamen Muskelfasern mit sich bringt und die Leistungsfähigkeit steigern kann. In diesen Untersuchungen fand sich nach Glukosezufuhr ein Anstieg der Konzentration von Glukose sowie von Insulin im Serum, wodurch es zu einer vermehrten Nutzung der Serumglukose und zu einer Einsparung an muskulärem Glykogen kommen kann. Trotzdem ist festzu-

stellen, daß unser Verständnis für die Mechanismen, die bei einer externen Glukosezufuhr zu einer vermehrten Kohlenhydratnutzung und zu einer Steigerung der Leistungsfähigkeit führen, noch nicht ausreichend ist. Dies gilt insbesondere auch mit Hinblick auf die Ermüdungstheorien auf der Grundlage des Verhältnisses von verzweigtkettigen Aminosäuren zu freiem Tryptophan, die weiter oben diskutiert wurden. In einer Reihe von Untersuchungen konnte gezeigt werden, daß eine Kohlenhydratzufuhr während Ausdauerbelastungen zu einem Abfall der Konzentration an verzweigtkettigen Aminosäuren führt, wahrscheinlich die Folge einer Abschwächung der Sekretion von Kortisol. Dies führt zu einer Verhinderung der Abnahme des Quotienten aus verzweigtkettigen Aminosäuren zu freiem Tryptophan und wäre nach dieser Hypothese der eigentliche Mechanismus, der das Einsetzen der Ermüdung verzögert.

7. Auch wenn die Zufuhr von Glukose bei Belastungen mittlerer bis höherer Intensität Muskelglykogen einsparen kann, kann sie die Entstehung von Ermüdung schon deshalb nicht vollständig verhindern, weil bei höheren Belastungsintensitäten die Menge der von außen zuführbaren Glukose nicht ausreicht, um die energetischen Anforderungen des Muskels voll abzudecken. Wenn die muskulären Glykogendepots auf einen kritischen Wert entspeichert sind, so muß zwangsläufig Ermüdung einsetzen, bzw. die Belastungsintensität, z.B. die Laufgeschwindigkeit, muß reduziert werden. Die Menge an Kohlenhydraten, die maximal aufgenommen werden kann, liegt bei einem Gramm pro Minute, entsprechend einem Energiegehalt von 4 Kilokalorien pro Minute. Dies ist wesentlich weniger als der Energiebedarf, der bei einer Belastung von 65–85% der VO_2max besteht.

8. Der günstigste Effekt läßt sich beobachten, wenn Kohlenhydrate sowohl vor wie während einer Ausdauerbelastung zugeführt werden, wenngleich auch beide Applikationsformen jede für sich eine Leistungssteigerung mit sich bringen können.

9. Die externe Zufuhr von Kohlenhydraten während Ausdauerbelastungen vermindert die Abhängigkeit der Energiefreisetzung aus der Glukoneogenese. Wie oben ausgeführt läßt sich während Ausdauerbelastungen nach der Aufnahme von Kohlenhydraten eine Reduktion des Katabolismus von Aminosäuren beobachten. Unabhängig davon, ob dieser Vorgang etwas mit der Verhinderung von Ermüdung zu tun hat oder nicht, kann er als Protektion der Muskelproteine vor einer unnötigen Utilisation zur Energiebereitstellung angesehen werden.

10. Angesichts der großen individuellen Reaktionsbreite auf die Zufuhr von Kohlenhydraten empfiehlt es sich in der Praxis, dem Sportler zu raten, für sich selbst auszuprobieren, was ihm die Zufuhr welcher Kohlenhydrate in welchen Mengen und zu welchem Zeitpunkt bringt und was für ihn am besten ist. Ebenso wie jeder Sportler für sich selbst austesten muß, welche Trainingsform und -intensität sich bei ihm am besten auswirkt, gilt dies auch für die Ernährung, speziell für die Kohlenhydratzufuhr. Die Aufnahme von hochkonzentrierten Zuckerlösungen kurz vor einem Wettkampf kann im Einzelfall beispielsweise einen osmotischen Effekt bewirken und Flüssigkeit im Magen und Darm zurückhalten. Dies kann die Ursache für Magen-Darm-Beschwerden sein und die Leistungsfähigkeit beeinträchtigen. Andere Sportler vertragen die gleiche Lösung dagegen problemlos und fühlen sich in ihrer Leistungsfähigkeit verbessert. Ebenso, wie man seine Muskulatur und ihre Reaktionsweise auf Belastungen kennen muß, sollte man die Leistungsfähigkeit und die Leistungsgrenzen seines Verdauungssystems erkunden. Trotz aller wissenschaftlichen Aussagen, die stets auf Mittelwerten beruhen müssen, ergibt sich für den einzelnen Sportler die optimale Methode zur Nutzung der Kohlenhydrate aus der individuellen Erfahrung von Versuch und Irrtum.

Die Kohlenhydratzufuhr vor einer Belastung: was, wann, wieviel?

Von einer Kohlenhydratzufuhr profitiert der Sportler am meisten bei Ausdauerbelastungen wie Langlauf, Skilanglauf, Radfahren etc. mit mittlerer bis hoher Intensität bei einer Dauer von 90–120 Minuten und mehr. Auch bei intervallförmigen Belastungen, die relativ lange ausgeführt werden, die somit von Länge und intermittierenden Belastungsspitzen gekennzeichnet sind, wie z.B. Fußball oder Tennis, kann sich eine Kohlenhydratzufuhr positiv auswirken. Dabei sollte jedoch die Aufnahme der Kohlenhydrate nicht isoliert gesehen werden. Besonders bei hohen Temperaturen ist der Ausgleich des Flüssigkeitsverlustes durch den Schweiß und damit eine adäquate Flüssigkeitszufuhr oft wichtiger als die Kohlenhydrate. Obwohl dieses Thema im einzelnen in Kapitel 9 abgehandelt wird, soll auch an dieser Stelle darauf eingegangen werden, da die Kohlenhydrate häufig in gelöster Form aufgenommen werden. Die meisten sog. Sportgetränke enthalten mehr oder minder große Mengen an Kohlenhydraten.

Zur Frage, wie man Kohlenhydrate optimal zuführen sollte, um vorzeitige Ermüdung soweit als möglich zu vermeiden, in welcher Form, Menge und Konzentration, zu welchem Zeitpunkt etc., liegen zahlreiche Untersuchungen vor. Im folgenden werden die Empfehlungen dargestellt, die sich aus diesen Studien für eine Ausdauerbelastung mittlerer bis höherer Intensität, also eine Belastung von zwei Stunden und mehr mit einer Intensität entsprechend 60–80% der VO_2max ableiten lassen. Diese Empfehlungen haben gleichfalls in Sportarten Gültigkeit, die intervallförmig länger als eine Stunde ausgeführt werden. Trotzdem soll vorab noch einmal daran erinnert werden, daß die Reaktionsweise auf Kohlenhydratzufuhr individuell sehr unterschiedlich ausfallen kann. Ein Sportler, der die nachfolgenden Empfehlungen nutzen will, sollte daher seine persönliche Reaktionsweise auf eine Kohlenhydratzufuhr zunächst im Training austesten, bevor er sie im Wettkampf umsetzt, um keine unangenehmen Überraschungen zu erleben.

1. Die innerhalb der letzten 4 Stunden vor einem Wettkampf zugeführte Kohlenhydratmenge sollte nach dem Körpergewicht bestimmt werden. In der Literatur wurden gute Erfahrungen mit einer Zufuhr von 4–5 g/kg Körpergewicht gemacht, für einen Sportler mit einem Gewicht von 60 kg sind dies beispielsweise 240–300 g. Die Form, in der die Kohlenhydrate aufgenommen werden, z.B. in Getränken wie Obstsäften bzw. Oligosaccharidlösungen (Maltodextrin) oder in Form von festen Nahrungsmitteln wie Obst oder Getreidemüsli, ist dabei zweitrangig. Der Gehalt an Pflanzenfasern, also Ballaststoffen sollte eher gering sein, um Verdauungsprobleme während der Belastung zu vermeiden. 300 g KH bedeuten immerhin 1200 Kalorien, also auf Kohlenhydratbasis eine schon recht voluminöse Mahlzeit, die man sich nach den Angaben in Anhang E zusammenstellen kann. Im folgenden werden einige Beispiele für kohlenhydratreiche Lebensmittel gegeben, die aus den beiden Austauschgruppen Früchte/Obst bzw. Brot/Getreide gewählt wurden, die die KHreichen Lebensmittel enthalten. Eine weitere wichtige KH-Quelle für den Athleten sind Sportgetränke.

1 Obsteinheit = 15 g KH
  1 Apfel
  1 Orange
  $1/2$ Banane
  $1/4$ l Orangensaft

1 Brot/Getreideeinheit = 15 g KH
  1 Scheibe Brot
  $1/2$ Meßbecher Getreideflocken
  $1/4$ Baguette
  $1/2$ Meßbecher gekochte Teigwaren
  1 kleine gebackene Kartoffel

1 Sportgetränk, 1 Glas (125 ml) = 15 g KH

Hierzu wird auch auf die Empfehlungen zur Nahrungszufuhr vor einem Wettkampf auf Seite 54–55 verwiesen.

2. Werden Kohlenhydrate etwa eine Stunde vor einem Wettkampf aufgenommen, sollte dies in einem Größenordnungsbereich von 1–2 g/kg Körpergewicht liegen, für den 60 kg schweren Beispielathleten somit bei 60–120 g. Nach den Ergebnissen mehrerer Untersuchungen läßt sich hiervon eine Leistungssteigerung erwarten. Geringere Mengen haben dagegen wahrscheinlich keinen Effekt. In einer Untersuchung wurde durch eine Zufuhr von nur 12 g eine Stunde vor der Belastung keine Leistungssteigerung gesehen. Bezüglich der Art der zugeführten Kohlenhydrate ist darauf zu verweisen, daß eine Leistungssteigerung vor allem nach Gabe von Kohlenhydraten gesehen wurde, die nicht sehr rasch resorbiert werden, also Lebensmittel mit einem niedrigen glykämischen Index (siehe Seite 102), bzw. Oligosaccharidlösungen.

3. Werden Kohlenhydrate direkt vor einem Wettkampf eingenommen, also innerhalb der letzten 10 min vor dem Start, so sollte dies nach den Ergebnissen der vorliegenden Untersuchungen am besten in Form von 40–50%igen Oligosaccharidlösung geschehen, die ca. 50–60 g Kohlenhydrate enthalten. Zur Zubereitung stehen kommerziell angebotene pulverisierte Oligosaccharide zur Verfügung, die in Wasser aufzulösen sind. Ein Teelöffel entspricht dabei 5 g. Zur Herstellung einer 50%igen Lösung mit 50 g Oligosacchariden werden 10 Teelöffel in 100 ml Flüssigkeit aufgelöst. Für eine 7,5%ige Lösung mit 15 g Kohlenhydraten benötigt man 3 Teelöffel in 200 ml Flüssigkeit, um nur zwei Beispiele für die Zubereitung einer individuell gut verträglichen Lösung zu geben.

4. Während einer Ausdauerbelastung sollten alle 15–30 min Kohlenhydrate zugeführt werden. Nach der Literatur liegt die Obergrenze an Kohlenhydraten, die genutzt werden können, bei $1/2$–1 g/min, bzw. 30–60 g/h. Technisch können zwar mehr Kohlenhydrate aufgenommen werden, diese werden dann aber nicht mehr genutzt. Die Ursache für diese Limitierung ist nicht genau bekannt. Diskutiert wird eine eingeschränkte Kapazität für die Resorption und/oder den Transport der Glukose zur Muskulatur.

Am besten geschieht die Aufnahme in Form einer 5–10%igen Lösung von 15–20 g Kohlenhydraten alle 15-20 min. $1/4$ l

(250 ml) eines üblichen Sportgetränks enthält im allgemeinen ca. 15 g Kohlenhydrate. Die Trinkmenge pro Einzeldosis sollte somit ca. 300 ml betragen. Liegt die Konzentration der Lösung höher als 10%, können hierdurch die Entleerung des Magens verzögert und gastrointestinale Beschwerden ausgelöst werden. Auch dies ist allerdings wieder individuell sehr unterschiedlich. Es gibt durchaus Sportler, die Konzentrationen bis zu 15–20% tolerieren. Ultramarathonläufer, die vergleichsweise langsam laufen, vertragen in Einzelfällen sogar Konzentrationen von 20–50%!

Die praktische Erfahrung hat folgendes Schema als günstig erwiesen: Einnahme einer relativ großen Kohlenhydratmenge (etwa 1 g/kg Körpergewicht) direkt vor oder innerhalb der ersten 20 min einer Ausdauerbelastung, dann Zufuhr von kleineren Kohlenhydratmengen, etwa 0,2–0,3 g/kg in regelmäßigen Abständen von 15–30 min. Manche Autoren empfehlen zusätzlich die Aufnahme einer großen Kohlenhydratmenge von 100–200 g als Einzeldosis in der Spätphase einer Ausdauerbelastung. Für Fußballspieler und andere Athleten mit einem ähnlichen vom Regelwerk bestimmten sportlichen Aktivitätsrhythmus empfiehlt sich die Aufnahme einer großen Kohlenhydratmenge direkt vor Beginn des Spieles und einer nochmaligen gleich großen Menge in der Halbzeit.

5. Bezüglich der Art der zugeführten Kohlenhydrate wurde in der Literatur mit den unterschiedlichsten Substanzen bzw. Kombinationen experimentiert wie Glukose, Fruktose, Rohrzucker, Oligosaccharide oder Polysaccharide in Form von löslicher Stärke, mit jeder dieser Substanzen für sich allein oder in verschiedenen Kombinationen, sowie mit Nahrungsmitteln mit leicht freisetzbaren Kohlenhydraten wie Kartoffeln oder schwerer aufschließbaren Kohlenhydraten wie verschiedenen Gemüsearten. Im allgemeinen ergeben sich bei qualitativ und quantitativ adäquater Zufuhr hierbei jedoch bezüglich der Leistungsfähigkeit kaum nennenswerte Unterschiede. Einige spezielle Überlegungen sind jedoch für Fruktose und Oligosaccharide erforderlich.

Die **Fruktose** wird aus theoretischen Überlegungen als eine besonders günstige Kohlenhydratquelle angesehen, da sie im Darm langsamer resorbiert wird als Glukose und damit die Gefahr einer reaktiven Hypoglykämie geringer sein sollte. Tatsächlich konnte gezeigt werden, daß Fruktose, die 45 min vor einer Ausdauerbelastung zugeführt wird, zu einer größeren Stabilität des Blutzuckers führt als die Aufnahme einer gleich großen Glukosemenge, wahrscheinlich deshalb, weil Fruktose zunächst in der Leber in Glukose umgewandelt werden muß. Dieser Unterschied läßt sich allerdings nicht mehr beobachten, wenn Fruktose direkt vor oder während einer Belastung aufgenommen wird. Auch ein größerer Einsparungseffekt der Fruktose auf das Muskelglykogen, der häufig angenommen wird, läßt sich nicht realisieren. Als Nachteil der Fruktose ist anzuführen, daß sie nur relativ langsam aus dem Darm resorbiert wird. Dies kann zu einem osmotischen Effekt und damit bei entsprechend empfindlichen Personen zu gastrointestinalen Beschwerden und Diarrhö führen, die häufiger auftreten als bei einer quantitativ vergleichbaren Glukosezufuhr. Für den Sportler ist es daher im allgemeinen nicht ratsam, Fruktose als einzige Energiequelle kurz vor oder während Ausdauerbelastungen zu nutzen.

Als besonders günstig hat sich dagegen nach der Literatur und der praktischen Erfahrung die Zufuhr von **Oligosacchariden** bewährt. Es handelt sich dabei um KH-Ketten, die kürzer sind als Polysaccharide, aber länger als Einfachzucker und die durch Hydrolyse von Polysacchariden gewonnen werden. Typisch für die Oligosaccharide ist ihre rasche Entleerung aus dem Magen, gute Verdaulichkeit und rasche Resorption aufgrund ihres im Vergleich zu den Einfachzuckern geringeren osmotischen Drucks.

In einer neueren Metaanalyse der verfügbaren Literaturergebnisse konnte gezeigt werden, daß nach Zufuhr von Oligosacchariden die Magenentleerung weniger stark behindert ist und Magen-Darm-

Beschwerden seltener auftreten als nach Zufuhr von Glukoselösungen. Oligosaccharidlösungen können somit gleichzeitig und besonders günstig den Energiebedarf über die Kohlenhydrate und den Flüssigkeitsbedarf abdecken. Zahlreiche der zitierten Studien, in denen eine Leistungssteigerung durch Kohlenhydratzufuhr kurz vor oder während Ausdauerbelastungen nachgewiesen werden konnte, wurden mit Oligosacchariden durchgeführt.

In weiteren neueren Untersuchungen stellte sich ferner als wahrscheinlich heraus, daß zusätzlich zu den bereits genannten positiven Effekten die Oligosaccharide auch einfacher oxidiert werden als Glukose oder Rohrzucker. Sie sind somit für die Kohlenhydratsubstitution unter Belastung besonders günstig. Trotzdem sollte nochmals daran erinnert werden, daß sich insgesamt hinsichtlich der Auswirkungen auf die Leistungsfähigkeit für die verschiedenen Kohlenhydratarten nur geringe oder keine wesentlichen Unterschiede ergaben. Das gleiche gilt hinsichtlich unterschiedlicher Applikationsformen, speziell der Zufuhr von Kohlenhydraten in flüssiger oder fester Form. Einige neuere Literaturangaben bedürfen erst noch der Bestätigung, so etwa der Befund, daß flüssige Stärke, also ein Polysaccharid, noch besser verbrannt werden kann als die Oligosaccharide, möglicherweise aufgrund ihrer rascheren Resorption im Darm. Ein ähnlicher Befund, der ebenfalls noch bestätigt werden muß, ist die Angabe, daß Lebensmittel, die langsam resorbierbare KH enthalten, wie Hülsenfrüchte, die Leistungsfähigkeit stärker erhöhen als Lebensmittel mit leicht aufschließbaren Kohlenhydraten wie Kartoffeln oder auch Oligosaccharide. Nachdem Kohlenhydrate häufig in gelöster Form zugeführt werden, z.B. in Form von Sportgetränken, ergeben sich hier Interaktionen hinsichtlich der Befriedigung des Energiebedarfs und der Flüssigkeitszufuhr, besonders dann, wenn Ausdauerbelastungen bei höheren Temperaturen durchgeführt werden. Die Wechselwirkungen von Flüssigkeit- und Kohlenhydratzufuhr während Belastung werden im einzelnen im Kapitel 9 erörtert.

Kohlenhydratzufuhr nach Ausdauerbelastungen

Die Regeneration von erschöpften Kohlenhydratdepots kann unter unterschiedlichen Voraussetzungen erfolgen: Als Ersatz der verbrauchten Energie nach den täglichen Trainingseinheiten, in der Intervallphase zwischen zwei Ausdauerbelastungen am gleichen Tag und das sog. Kohlenhydrat-Loading, das im nächsten Abschnitt besprochen wird. In einer Reihe von Studien konnte nachgewiesen werden, daß die Zufuhr von Kohlenhydraten im Intervall zwischen zwei Ausdauerbelastungen die Leistungsfähigkeit bei der zweiten Belastung verbessert, vergleichbar dem Effekt einer Kohlenhydratzufuhr während einer Ausdauerbelastung. Die im Intervall zugeführten Kohlenhydrate heben den Blutzuckerspiegel an, sie können aber auch schon in dieser Zeit zur Resynthese des Muskelglykogens beitragen. Wenn es darum geht, die erschöpften Glykogendepots möglichst rasch wieder aufzufüllen, so sind leicht aufschließbare Kohlenhydrate wie Glukose, Rohrzucker und Oligosaccharide günstiger als komplexe Kohlenhydrate, die nur relativ langsam aufgenommen werden. Durch Bestimmung der Glykogenresynthese innerhalb eines Zeitraums von vier Stunden konnten Zawadzki et al. zeigen, daß die kombinierte Zufuhr von Eiweißen und Kohlenhydraten zu einer schnelleren Regeneration führt als die alleinige Aufnahme beider Nährstoffe jeweils für sich allein. Die Probanden erhielten in dieser Untersuchung 112 g Kohlenhydrate sowie 41 g Eiweiß direkt nach einer Belastung und nochmals in gleicher Menge zwei Stunden später. Die Autoren fanden unter dieser Kombination nicht nur höhere Blutzuckerspiegel, sondern auch höhere Insulinkonzentrationen im Serum. Das Insulin stimuliert die Glukoseaufnahme in die Muskulatur und aktiviert die muskuläre Glykogensynthetase, also das Enzym, das Glukose in Glykogen umwandelt. Dementsprechend werden für Sportler Präparate angeboten, in denen Kohlenhydrate und Eiweiße in polymerisierter Form kombiniert sind. Man kann sich eine solche Mischung allerdings auch selbst herstellen, beispielsweise in folgender Form: Man nehme zwei

Glas Magermilch, führe eine Eiweißanreicherung mit 1/3 Tasse fettarmem Milchpulver durch, füge Kohlenhydrate hinzu in Form von Cornflakes und drei Teelöffeln Zucker. Eine solche Kombination enthält etwa 110 g Kohlenhydrate und 35 g Eiweiß.

Während somit zur schnellen Regeneration der Kohlenhydratdepots in der Muskulatur die Zufuhr von Kohlenhydrat/Eiweißmischungen besonders günstig ist, dürfte dies etwas anders aussehen, wenn die Regeneration über längere Perioden, etwa 24 Stunden und mehr, erfolgen kann. Der tägliche Kohlenhydratbedarf wird bei Athleten, die jeweils intensiv bis zur Erschöpfung ihrer Glykogendepots trainieren, mit 8–10 g/kg Körpergewicht angegeben und zwar für Ausdauer- wie Kraftsportler gleichermaßen. Für einen 70 kg schweren Athleten würde dies 560–700 g Kohlenhydrate oder 2240–2800 Kohlenhydrat-Kalorien bedeuten. Bei einem geschätzten Energiebedarf von 3500 Kal täglich macht dies 65–80% der Kalorienaufnahme aus, die über die Kohlenhydrate abgedeckt wird. Bei Ultralangzeitbelastungen kann der Kohlenhydratbedarf noch deutlich höher, nämlich bis zu 14 g/kg Körpergewicht, liegen.

Nach den Untersuchungen von Blom und Ivy sollten nach einer intensiven Ausdauerbelastung etwa 0,7–1,0 g KH/kg Körpergewicht in leicht aufschließbarer Form eingenommen werden. Diese Menge sollte dann über die nächsten 4–6 Stunden in jeweils 2-stündigen Intervallen erneut zugeführt werden. Für einen 70 kg schweren Athleten bedeuten dies somit jedes Mal 50–70 g Kohlenhydrate. Über 24 Stunden gesehen liegt die Geschwindigkeit der Glykogenresynthese bei etwa 5–7% pro Stunde. Zu diesem Zweck können Sportgetränke eine sehr gute Möglichkeit der Kohlenhydratzufuhr direkt nach Belastung sein. Im weiteren Verlauf sollte man dann besser auf natürliche Kohlenhydratquellen zurückgreifen, wie einfache Zucker in Form von Obst oder komplexe Kohlenhydrate aus Getreidefasern oder anderen Nahrungsmitteln, die reich an Ballaststoffen sind. Leicht resorbierbare Kohlenhydrate führen zwar zu einer schnelleren Erholung der muskulären Glykogendepots innerhalb der ersten 6 Stunden, über 20 Stunden gesehen läßt sich der gleiche Effekt jedoch genau so gut mit komplexen Kohlenhydraten, d.h. Polysacchariden, erreichen.

Die meisten Ernährungswissenschaftler und -praktiker unterstreichen den Vorteil einer kohlenhydratreichen Diät für eine Vielzahl unterschiedlicher Sportarten. Dies gilt ganz besonders für Ausdauersportarten, in denen die Durchführung eines optimalen Trainings zum Erreichen eines höchstmöglichen Leistungsniveaus in erheblichem Maße von einer ausreichenden Zufuhr an Kohlenhydraten abhängig ist.

Nach einigen, allerdings nur in beschränkter Zahl vorliegenden Daten verbessert eine kohlenhydratreiche Diät die Trainingskapazität. Diese Untersuchungen wurden als Feld- oder Labortests unter Simulation realistischer Sportbedingungen durchgeführt. In einer dieser Studien kam es beispielsweise bei Fußballspielern unter einer kohlenhydratreichen Kost zu einer Verbesserung der Leistung in einem intervallförmig durchgeführten, einer Spielsituation nachempfundenen Test. Eine zweite Gruppe der Spieler verbesserte ihre Leistungsfähigkeit in einem standardisierten Intervallauf bzw. in einem Ausdauerlauf bis zur subjektiven Erschöpfung. Ähnliche Ergebnisse fanden sich bei Ausdauerbelastungen, die bei Läufern auf einem Laufband durchgeführt wurden, bzw. bei Triathleten, die ihrer Sportart entsprechend in Form von je 30 min Schwimmen, Radfahren und Laufen belastet wurden. In zwei dieser Untersuchungen wurde auch die psychologische Situation der Sportler überprüft, und zwar mit Hilfe der Aktivitäts- bzw. Ermüdungs-Komponente des POMS-Fragebogens (Profile of Mood States = Profiltest der Stimmungslage), gleichzeitig wurde das subjektive Belastungsempfinden, der RPE-Wert (RPE = Rating of Perceived Exertion) überprüft. Nach beiden Parametern kam es dann, wenn der Kohlenhydratanteil in der Ernährung der Versuchspersonen von durchschnittlich 40–45% der Tageskalorien über eine Woche und länger auf 65–70% erhöht wurde, zu einer deutlichen Verbesserung des subjektiven Befindens.

Während somit eine kohlenhydratreiche Ernährung die Leistungsfähigkeit zu verbessern scheint, ist der Umkehrschluß wahrscheinlich nicht möglich. Sherman und Wimer fanden in einer Literaturübersicht keinen Hinweis darauf, daß eine unterdurchschnittliche Kohlenhydrataufnahme die Leistungsfähigkeit in Training und Wettkampf beeinträchtigt. In einer experimentellen Untersuchung beobachten die gleichen Autoren, daß durch eine kohlenhydratreiche Ernährung entsprechend 84% der aufgenommenen Kalorien die Glykogenspeicher deutlich besser konserviert werden konnten als bei einer Kohlenhydratzufuhr entsprechend 42% der aufgenommenen Kalorien. Trotzdem kam es bei der geringeren Kohlenhydratzufuhr nicht zu einer Einschränkung der Trainingsfähigkeit bzw. der Leistung im Wettkampf. Die Autoren sind der Ansicht, daß es weiterer wissenschaftlicher Untersuchungen bedarf, um diesen offensichtlichen Widerspruch aufzulösen. Aus praktischer Sicht empfehlen sie trotzdem, angesichts der großen Bedeutung der Kohlenhydrate als Energiequelle und zur Konservierung der Glykogenvorräte, eine kohlenhydratreiche Kost, da sie zumindest die Leistungsfähigkeit nicht beeinträchtigt, selbst wenn ihre Notwendigkeit für eine Leistungsoptimierung bisher noch nicht hieb- und stichfest bewiesen werden konnte.

Zur Frage, in welcher Form die Kohlenhydratzufuhr in der Ernährung vernünftigerweise gesteigert werden sollte, wurde bereits in den vorausgehenden Abschnitten dieses Kapitels Stellung genommen. Weitere Hinweise folgen später im Zusammenhang mit dem Kohlenhydratloading. Kapitel 11 enthält ergänzende Angaben mit Hinblick auf die praktische Planung der Ernährung. Zusätzlich wird auf die im Literaturverzeichnis angegebenen Standardwerke verwiesen.

Auch an dieser Stelle muß nochmals darauf hingewiesen werden, daß die Zufuhr von Kohlenhydraten häufig in gelöster Form erfolgt, ein Aspekt, der gerade auch aus dem Blickpunkt der Flüssigkeitssubstitution, besonders bei Belastungen bei hoher Temperatur zur Regelung des Wärme- und Wasserhaushalts von großer Bedeutung ist. Hierauf wird in Kapitel 9 weiter eingegangen. Die Tabelle 9.8, Seite 334, gibt eine Übersicht über die Zufuhr von Kohlenhydraten und den Flüssigkeitsersatz während und nach Belastung.

4.5 Kohlenhydratloading

Definition

Angesichts der großen Bedeutung der Glykogendepots als Energiequelle für Ausdauerbelastungen liegt es nahe, nach Verfahren zu suchen, diese Depots zu vergrößern, um das Einsetzen der Ermüdungsphänomene bei Ausdauerbelastungen zu verzögern. Unter dem Kohlenhydratloading, auch als Glykogenloading oder Glykogensuperkompensation bezeichnet, versteht man eine Ernährungstechnik, die meist über 3–7 Tage vor größeren Wettkämpfen durchgeführt wird, um die dem Körper in der Leber und der Muskulatur zur Verfügung stehenden Glykogenreserven anzuheben.

Sportarten, in denen sinnvollerweise ein Kohlenhydratloading durchgeführt wird

Das Kohlenhydratloading ist insbesondere in solchen Sportarten sinnvoll, in denen die Leistung von einer möglichst langen Verfügbarkeit an Glykogen abhängig ist, bei denen also Glykogen die wichtigste Energiequelle darstellt und die Erschöpfung der Glykogendepots zur Ermüdung führt. Dies sind vor allem Ausdauerbelastungen, in denen über lange Zeit hinweg eine intensive Leistung erbracht werden muß, wie Langlauf, Schwimmen, Radfahren, Triathlon, Skilanglauf etc. An zweiter Stelle stehen Sportarten, die eine intervallförmige Leistung über längere Zeit hinweg erfordern, also typische Spielsportarten wie Handball, Fußball, Tennis etc. Für manchen überraschend haben aber auch Bodybuilder mit dem Kohlenhydratloading experimentiert, mit der Zielvorstellung, durch eine erhöhte muskuläre Glykogenkonzentration im Muskel mehr Wasser zu binden und damit muskulöser zu erscheinen.

Wie im Kapitel 3 dargestellt, verfügt der menschliche Skelettmuskel über drei unterschiedliche Typen von Muskelfasern, die langsamen bzw. schnellen roten Muskelfasern, die ihre Energie vorwiegend aerob bereitstellen und die für Ausdauerbelastungen besonders geeignet sind, sowie die anaerob arbeitenden schnellen Muskelfasern, die Spezialisten für Kraft- und Schnellkraftbelastungen darstellen. Diese Muskelfasertypen werden in verschiedenen Sportarten in unterschiedlicher Art und Weise gefordert. Der Langläufer belastet seine Muskeln bis zu Stunden hinweg weitgehend gleichmäßig. Bei einem Fußballspieler wechseln dagegen hochintensive Belastungen mit Phasen der Ruhe oder relativ geringer Belastungsintensität. Durch Muskelbiopsien konnte gezeigt werden, daß die Glykogenentspeicherung in den einzelnen Muskelfasertypen sehr unterschiedlich erfolgt, je nach Belastungsform. Bei gleichmäßigen Ausdauerbelastungen werden vorwiegend die Glykogenreserven der langsamen und schnellen roten Fasern in Anspruch genommen, schnelle intermittierende Belastungen entspeichern dagegen vor allem das Glykogen in den weißen Muskelfasern. Trotz dieser Unterschiede bleibt der Grundmechanismus immer der gleiche, jeder Muskelfasertyp kann eine selektive Glykogenentspeicherung erfahren, wenn er spezifisch beansprucht wird. Wenn es umgekehrt möglich ist, durch das Kohlenhydratloading eine vermehrte Glykogenspeicherung in einem spezifischen Muskelfasertyp zu erreichen, so wird der Athlet auf jeden Fall hiervon profitieren, in welcher Form auch immer er sich belastet. Er wird dann, wenn es in die Endphase des Wettkampfs geht, über größere Glykogenreserven und damit über größere Siegeschancen verfügen.

Auch wenn festgestellt werden kann, daß die Mehrzahl aller Athleten von einer kohlenhydratreichen Kost profitiert, so bedeutet dies nicht, daß die extreme Form der Kohlenhydratzufuhr, das Kohlenhydratloading, ebenfalls in allen Sportarten einen zusätzlichen Vorteil erbringen muß. Wie einschlägige Untersuchungen gezeigt haben, kann dies noch nicht einmal für jede Ausdauersportart in Anspruch genommen werden. Für Läufe bis zur Halbmarathonstrecke (21 km) wurde im Vergleich zu einer normalen Mischkost kein Vorteil durch das KH-Loading nachgewiesen.

Die Technik des Kohlenhydratloadings

Das Prinzip des Kohlenhydratloadings besteht im Wechsel von einer normalen ausgewogenen Mischkost zu einer Ernährung mit einem sehr hohen Kohlenhydratanteil. In der klassischen, ursprünglich aus Skandinavien stammenden Technik wird zwischen diesen beiden Phasen eine Phase eingeschaltet, in der eine weitgehend vollständige Entspeicherung der Glykogenvorräte angestrebt wird. Im Prinzip besteht dieses auch nach Saltin benannte Verfahren aus drei Phasen: In der ersten Phase wird eine Reduzierung der Glykogenvorräte angestrebt, und zwar durch ein Ausdauertraining bei stark eingeschränkter Kalorienzufuhr. Anschließend folgen zwei bis drei Tage, in denen eine ausgesprochen kohlenhydratarme, dafür fett- und eiweißreiche Kost eingenommen wird unter Fortführung des Ausdauertrainings mit hohen Trainingsumfängen von beispielsweise täglich 30–40 km. Die Glykogenvorräte in der Muskulatur sinken praktisch auf Null. Danach folgt die Phase des eigentlichen Kohlenhydratloadings durch eine sehr kohlenhydratreiche Kost, in der Kohlenhydrate 70 % und mehr der aufgenommenen Kalorien ausmachen. In dieser Phase wird der Trainingsumfang, nach Intensität und Dauer deutlich reduziert, manche Athleten schalten sogar 2–3 tägige Ruhephasen ein. Diese klassische Form des Kohlenhydratloadings wird allerdings von vielen Athleten nicht immer problemlos toleriert. Besonders dann, wenn es darum geht, in der Entspeicherungsphase bei kohlenhydratfreier Kost das volle Trainingspensum durchzuführen, kommt es aufgrund des Kohlenhydratmangels häufig zu hypoglykämischen Symptomen, wie Schwäche, Erschöpfung, psychische Reizbarkeit etc. Intensive Ausdauerbelastungen in dieser Phase können speziell auch zu muskulären Überlastungsschäden führen, die ihrerseits die später angestrebte Glykogeneinlagerung beeinträchtigen können. Tabelle 4.8 gibt einen Überblick über die klassische Form des Kohlenhydratloadings.

Neuere Untersuchungen und praktische Erfahrungen haben allerdings gezeigt, daß es keineswegs immer erforderlich ist, in

Tab. 4.8 Methoden des Kohlenhydratloadings

A Vereinfachte Methode

1. Tag	Körperliche Belastung zur Erschöpfung der Glykogenvorräte (optional)
2.–4. Tag	normale Mischkost mit durchschnittlichem Kohlenhydratanteil, Training im Rahmen der Wettkampfvorbereitung
5. Tag	Kohlenhydratreiche Ernährung, Training im Rahmen der Wettkampfvorbereitung
6.–7. Tag	Kohlenhydratreiche Ernährung, normale Wettkampfvorbereitung im Training oder Trainingspause
8. Tag	Wettkampf

Originalmethode

1. Tag	Körperliches Training zur Erschöpfung der Glykogenvorräte
2.–4.Tag	Kohlenhydratarme protein- und fettreiche Ernährung bei Fortführung des Trainings zur Wettkampfvorbereitung
5. Tag	Kohlenhydratreiche Ernährung, Fortführung des Trainings
6.–7. Tag	Kohlenhydratreiche Ernährung, Fortführung des Trainings oderTrainingspause
8. Tag	Wettkampf

Kohlenhydratreiche Ernährung: 500–600 g KH/Tag, 70–80 % der aufgenommenen Kalorien in Form von Kohlenhydraten.

jedem Fall das komplette Programm der Saltin-Diät strikt durchzuführen. Besonders bei gut trainierten Läufern reicht es oft schon aus, ohne die kohlenhydratfreie Phase direkt auf eine kohlenhydratreiche Kost umzuschalten, möglicherweise in Kombination mit 1–2 Tagen Ruhe oder reduzierter Trainingsintensität. Auch die im Originalschema geforderten Ausdauerbelastungen bis zu Erschöpfung während der kohlenhydratarmen Ernährungsphase, sind nicht notwendige Voraussetzung für das Erreichen einer Glykogensuperkompensation, wie dies neuere Untersuchungen eindeutig nachweisen konnten. Wichtig ist es offensichtlich, mindestens 7–14 Tage vor dem jeweiligen Wettkampf ein hochintensives Ausdauertraining bzw. in anderen Sportarten ein entsprechend intensives sportartspezifisches Training auszuführen. Hierdurch werden hinreichende Mengen an Glykogensynthetase vorgehalten, das Enzym, das im Muskel für die Synthese von Glykogen aus Glukose verantwortlich zeichnet. Auf diese Art wird die KH-Ent-speicherung nicht in 2–3 Tagen, sondern in einer Woche, also schonender erreicht. Der letztendlich erzielte Effekt der KH-Superkompensation nach der Loadingphase wird dadurch offensichtlich nicht beeinträchtigt.

Tabelle 4.8 zeigt eine Empfehlung des KH-Loadings, wie es heute sehr häufig durchgeführt wird, wobei allerdings darauf hinzuweisen ist, daß auch zahlreiche andere Variationen existieren. Der Athlet kann diese verschiedenen Möglichkeiten austesten und sich diejenige Form aussuchen, die für ihn die besten Ergebnisse bringt.

In der Phase der kohlenhydratreichen Ernährung sollten täglich 8–10 g Kohlenhydrate pro Kilogramm Körpergewicht aufgenommen werden, also etwa 400–700 g. Diese Angabe unterscheidet sich nur unwesentlich von den Empfehlungen, die auch sonst hinsichtlich einer kohlenhydratreichen Kost für Ausdauersportler gegeben werden. Ferner sollte man dem Athleten raten, auf keinen Fall kurz vor dem Wettkampf seine Ernährungsform drastisch zu ändern. Die Gewöhnung des Körpers an eine kohlenhydratreiche Diät während des Trainings schafft die metabolischen Voraussetzungen für die Utilisation großer Kohlenhydratmengen während der Loadingphase. Tabelle 4.9 gibt eine allgemeine Übersicht über die Ernährungsplanung für das Kohlenhydratloading. Die individuelle Kalorienzufuhr bzw. die Menge der aufgenommenen Kohlenhydrate sind nach der jeweiligen Kohlenhydrattoleranz bzw. der Körpergröße und dem Trainingsumfang des Sportlers, also seinem täglichen Energiebedarf, festzulegen. Auf jeden Fall sollte man darauf achten, daß die Kohlenhydratzufuhr

Tab. 4.9   Ernährungsplan für das Kohlenhydratloading

Lebensmittelquellen für Fette, Eiweiße und Kohlenhydrate	Menge Kalorien	Gramm Kohlenhydrate, Eiweiße und Fette
Fleisch, Fisch, Geflügel, Eier, Käse, jeweils fettarm	200–250 g 330–440 Kalorien	0 g Kohlenhydrate* 42–56 g Eiweiße 18–24 g Fett
Brot, Getreideprodukte	10–20 Portionen 800–1600 Kalorien	150–300 g Kohlenhydrate 24–60 g Eiweiß
Kalorienreiches Gemüse, z. B. Mais	4 Portionen 280 Kalorien	60 g Kohlenhydrate 8 g Eiweiß
Obst	4 Portionen 240 Kalorien	60 g Kohlenhydrate
Fette und Öle	2–4 Teelöffel 90–180 Kalorien	10–20 g Fett
Magermilch	2 Glas 180 Kalorien	24 g Kohlenhydrate 16 g Proteine
Desserts, z. B. Apfelkuchen	2 Portionen 700 Kalorien	102 g Kohlenhydrate 6 g Proteine 30 g Fett
Getränke mit natürlicher Süße	1/4–3/4 l 80–240 Kalorien	20–60 g Kohlenhydrate
Wasser	8 Glas oder mehr je nach Bedarf 0 Kalorien	
Gesamtkalorien	2700–3860	
Gesamtmenge und relative Verteilung der Kalorien		
Kohlenhydrate	416–606	65 %
Eiweiß	96–146	15 %
Fett	58– 74	20 %

Bezüglich der Auswahl von stark kohlenhydrathaltigen Nahrungsmitteln in den einzelnen Austauschgruppen wird auf Tabelle 4.2 verwiesen.

* Bohnen werden aufgrund ihres hohen Eiweißgehaltes in der Fleischgruppe aufgelistet. Sie sind gleichzeitig fettarm und kohlenhydratreich, somit sind sie für die Zwecke eines Kohlenhydratloadings besonders gut geeignet. Durch die Substitution von Fleisch durch Kohlenhydrate wird die Gesamtmenge an aufgenommenen Kohlenhydraten und der relative Kalorienbeitrag der Kohlenhydrate zur Gesamternährung erhöht. Kohlenhydratreiche Sportgetränke, besonders solche mit Oligosacchariden, können ebenfalls den Kohlenhydratanteil erhöhen und andere Lebensmittel, z.B. Desserts, ersetzen.

nicht so hoch ist, daß die Speicherkapazität in Muskulatur und Leber überfordert wird. In diesem Fall würden die Zusatzkohlenhydratkalorien in Fettdepots umgewandelt werden und eine unnötige Gewichtsbelastung darstellen.

In den vorausgegangenen Abschnitten dieses Kapitels wurden einige Hinweise für eine optimale schnelle bzw. mittelfristige Glykogenspeicherung gegeben. Da bei Ausdauerbelastungen das Glykogenloading im allgemeinen über 2–3 Tage erfolgt, sollte man hierfür wegen ihres höheren Nährstoffgehalts komplexe Kohlenhydrate bevorzugen. Es können jedoch auch einfache Zucker zur Glykogenspeicherung beitragen, beispielsweise der Zuckergehalt in üblichen Sportgetränken. Zusätzlich sollte man darauf achten, daß der tägliche Minimalbedarf des Körpers an Eiweißen und Fetten gedeckt wird.

Die meisten Ausdauerwettbewerbe beginnen in den frühen Morgenstunden. Die letzte größere Mahlzeit sollte dann 15 Stunden vorher eingenommen werden, abgerundet durch einen kleineren Kohlenhydratsnack kurz vor dem Schlafengehen. Manche Ausdauerathleten ziehen es vor, die letzte Mahlzeit vor dem Wettbewerb in Form eines Oligosaccharidpräparates einzunehmen, um eine größere Magen-Darmbelastung während des Wettkampfs am nächsten Morgen auszuschließen. Nach dem Aufstehen kann 3-4 Stunden vor dem Wettkampf ein kohlenhydratreiches Frühstück eingenommen werden, bestehend beispielsweise aus Orangensaft, Toast, Marmelade und anderen Kohlenhydraten. Hierdurch wird eine optimale Sättigung der muskulären und Leberglykogenvorräte sichergestellt. Bezüglich der weiteren Glykogenzufuhr kurz vor und während des Wettkampfs wird auf die vorausgegangenen Abschnitte verwiesen.

Kontrolle der muskulären Glykogenvorräte

Eine exakte Bestimmung der Kohlenhydratspeicher in der Muskulatur ist nur durch eine Muskelbiopsie möglich, d.h. durch die Entnahme einer Muskelprobe mit Hilfe einer Biopsienadel. Ein solches Verfahren ist natür-lich in der Praxis weder möglich noch wünschenswert. Eine ungefähre Abschätzung erlaubt jedoch die einfache Methode der exakten Bestimmung des Körpergewichts, also das Wiegen jeweils am Morgen mit gleicher Bekleidung und nach Urinentleerung. Grundlage dieses Verfahrens ist die Tatsache, daß 1 g Glykogen jeweils 3 ml Wasser bindet. Eine Speicherung von 300–400 g Glykogen geht somit mit der Bindung einer Wassermenge von 900–1200 g einher, das Körpergewicht wird somit unter Berücksichtigung der Wasser- und Glykogenspeicherung um 1200–1600 g über das übliche Trainingsgewicht hinaus ansteigen. Wenn es bei sonst gleichen Trainingsumfängen zu einer raschen Gewichtssteigerung in der angegebenen Größenordnung kommt, so ist dies ein deutlicher Hinweis für den Erfolg des Kohlenhydratloadings. Plötzliche Gewichtsänderungen sind im allgemeinen auf Veränderungen des Körperwassergehaltes zurückzuführen.

Der praktische Nutzen des Kohlenhydratloadings

Die Antwort auf die Frage, ob es möglich ist, durch das Kohlenhydratloading tatsächlich den Glykogengehalt in der Muskulatur und der Leber zu steigern, ist ein eindeutiges Ja. Dies setzt allerdings voraus, daß tatsächlich 2–3 Tage vor dem Wettkampf eine Ruhephase eingehalten wird. Eine Untersuchung von Fogelholm hat gezeigt, daß bei Ausführung des klassischen Kohlenhydratloadings die Glykogenspeicherung ausbleibt, wenn die Athleten während der Ladephase täglich 45–60 min selbst mit nur geringer Intensität trainieren. Bei korrekter Durchführung steigt der muskuläre Glykogengehalt auf das zwei- bis dreifache der Norm, in der Leber auf fast das Doppelte der normalen Konzentration an.

Zur Frage der praktischen Bedeutung dieser vermehrten KH-Speicherung sind die Aussagen allerdings different. Für den Bodybuilder ergibt sich der erhoffte Vorteil offensichtlich nicht. Eine Untersuchung von Horowitz und Mitarbeitern zeigte bei ihnen keine Zunahme des Umfangs von sieben überprüften Muskelgruppen. Die Untersuchungsergebnisse hinsichtlich des Einflusses des Kohlenhydratloadings auf die Ausdauerleistungsfähigkeit sind unterschiedlich. Laboruntersuchungen zeigten eine relativ enge Korrelation zwischen der subjektiven Belastungszeit bis zur Erschöpfung und der Menge der mit der Ernährung zugeführten Kohlenhydrate bzw. der muskulären Glykogenkonzentration. Ein Vergleich der Ausdauerleistungsfähigkeit bei unterschiedlichen Ernährungsformen – fett- bzw. eiweißreiche Ernährung, ausgewogene Mischkost und kohlenhydratreiche Ernährung – die jeweils über 4–7 Tage durchgeführt wurden, ergab eine deutliche Verschlechterung der Leistungsfähigkeit bei einer fett-eiweißreichen Ernährung im Vergleich zu den beiden anderen Formen. Die Ergebnisse von Vergleichen zwischen einer kohlenhydratreichen Kost mit einer normalen Mischkost sind weniger eindeutig. Manche dieser Untersuchungen zeigen eine bessere Ausdauerleistungsfähigkeit bei kohlenhydratreicher Ernährung, andere nicht. Viele dieser Unterschiede sind allerdings methodischer Natur. Häufig wurden die Belastungstests einfach zu kurz durchgeführt. Ein positiver Effekt einer vermehrten Glykogenspeicherung läßt sich erst dann nachweisen, wenn der Belastungstest mindestens 2 Stunden oder länger durchgeführt wird, eine Voraussetzung, die bei manchen dieser Untersuchungen nicht gegeben war.

Eine methodisch besonders überzeugende Studie, die den Effekt des Kohlenhydratloadings belegen konnte, wurde in neuerer Zeit von Williams in England veröffentlicht. Eine Gruppe von Läufern bzw. Läuferinnen, führte ein Kohlenhydratloading durch. Bei einem 30-Kilometer-Lauf auf dem Laufband war im Vergleich zu einer leistungsmäßig gleich guten Kontrollgruppe, die sich konventionell ernährte, nach der Kohlenhydratanreicherung in der Muskulatur auf den letzten 5 km des Testlaufs eine deutliche Geschwindigkeitssteigerung zu verzeichnen. Trotz dieser überzeugenden, methodisch hinreichend abgesicherten Labordaten steht der letzte Beweis noch aus, daß derjenige wirklich vom Kohlenhydratloading profitiert, für den es konzipiert wurde, nämlich der Ausdauersportler im Wettkampf, z.B. der Marathonläufer in der Realität der 42-Kilometer-Strecke.

Auf der anderen Seite liegt eine Reihe von Labortests und Feldstudien vor, die es als wahrscheinlich erscheinen lassen, daß Läufer und Skilangläufer vom Kohlenhydratloading profitieren dürften. Dies gilt vor allem für die Endphase eines Wettkampfs, in der die Sportler in der Lage sind, eine höhere Geschwindigkeit länger durchzuhalten, während in der Anfangsphase kein Vorteil erkennbar ist, verständlich angesichts des physiologischen Grundmechanismus. Als gewissermaßen „negativer Beweis" für die Wertigkeit des Kohlenhydratloadings konnte gezeigt werden, daß Ultramarathonläufer, die keine KH-Speicherung durchführten, im Wettbewerb vorzeitig einbrachen.

Negative Effekte des Kohlenhydratloadings

Als Negativeffekt des Glykogenloadings muß angesehen werden, daß durch die Wassereinlagerung das Körpergewicht um 1–1,5 kg ansteigt, die transportiert werden müssen. Für die meisten Sportarten, für die dieses Ernährungsschema in Frage kommt, wiegt dieser Negativeffekt allerdings geringer als die hiermit verbundenen energetischen Vorteile durch das zusätzlich verfügbare Glykogen. Wird der Wettkampf bei hoher Temperatur ausgeführt, kann die Flüssigkeitseinlagerung sogar als Vorteil betrachtet werden, da das zusätzliche Wasser zur Schweißbildung und damit zur Regelung der Körpertemperatur zur Verfügung steht. Die praktische Bedeutung dieser These konnte bisher allerdings noch nicht belegt werden. In einer Untersuchung in Südafrika, bei der eine Ausdauerbelastung über 2,5 Stunden bei 21 °C ausgeführt wurde, ergab sich nach einem Kohlenhydratloading kein Vorteil hinsichtlich der Temperaturregulation. Es bleibt allerdings abzuwarten, ob sich ein solcher nicht doch zeigt, wenn Belastungen über längere Zeit und bei höheren Temperaturen, somit verbunden mit einem stärkeren Flüssigkeitsverlust, ausgeführt werden.

Auch aus gesundheitlicher Sicht könnten sich einige Risiken ergeben. Selbstverständlich bestehen Bedenken, wenn Diabetiker dieses Ernährungsschema anwenden. Auch wenn dies in der Praxis schon von Zuckerkranken ohne Nachteile realisiert wurde, sollte jeder diabetische Ausdauerathlet vorher auf jeden Fall seinen Arzt fragen. Sportler mit hohen Blutfetten, z.B. einer Hypercholesterinämie, sollten dann, wenn sie das klassische Schema des Kohlenhydratloadings anwenden, auf die Phase einer fett-eiweißreichen Ernährung verzichten, bzw. diese moderat durchführen, da es sonst zu einem Anstieg der Blutfette im Serum kommt. Dieser Gruppe ist auch dazu zu raten, während der Ladephase vor allem Polysaccharide einzunehmen, da bei ihnen auch Einfachzucker zu einem Anstieg der Blutfette führen können. Eine weitere gesundheitliche Komplikation, die auftreten kann, sind Hypoglykämien in der Phase der kohlenhydratarmen bzw. fetteiweißreichen Ernährung.

In einer Reihe von Laboruntersuchungen sowie in einer Fallstudie wurden bei Sportlern, die das Kohlenhydratloading durchführten, EKG-Veränderungen gefunden. Obwohl sich hierfür keine ursächliche Erklärung anbietet, werden von den Autoren Hypoglykämie bzw. Glukoseintoleranz als mögliche Ursache diskutiert. Andere gut kontrollierte Studien an Breitensportlern, Joggern und Marathonläufern zeigten nach dem klassischen Kohlenhydratloading dagegen keine EKG-Veränderungen.

Von weiteren Autoren wurde diskutiert, daß das Kohlenhydratloading durch die extreme Einlagerung von Glykogen in die Muskelfasern zu deren Destruktion führen könne. Daten, die eine solche Hypothese bestätigen, wurden allerdings nicht vorgelegt.

Während der Phase der kohlenhydratreichen Ernährung können Magen-Darm-Probleme wie Übelkeit und Durchfall auftreten, ferner Muskelkrämpfe, besonders dann, wenn die Ernährung allzu drastisch umgestellt wird bzw. sehr große Mengen an Einfachzuckern aufgenommen werden. Sportler, die das Kohlenhydratloading durchführen wollen, sollten daher zunächst ihre individuelle Verträglichkeit der Ernährungsumstellung im Training überprüfen, bevor sie es in der Vorbereitung auf einen wichtigen Wettkampf anwenden.

Trotzdem kann zusammenfassend gesagt werden, daß die vernünftige Durchführung eines Kohlenhydratloadings, so wie es für eine Sieben-Tages-Periode in der Tabelle 4.8 dargestellt wird, bei gesunden Sportlern zu keinem nennenswerten gesundheitlichen Risiko führt.

4.6 Der Einfluß spezieller Kohlenhydratformen bzw. Abbauprodukte auf die Leistungsfähigkeit

Im bisherigen Verlauf des Kapitels wurden die Kohlenhydrate als wichtigste Energiequelle für die körperliche Aktivität dargestellt. Ihre Zufuhr in geeigneter Form kann die Leistungsfähigkeit verbessern. Andererseits können spezielle Kohlenhydrate, wie z.B. Fruktose oder Laktose, wenn sie in großer Menge aufgenommen werden, besonders bei hierfür anfälligen Menschen zu einer Einschränkung der Leistungsfähigkeit führen. Im folgenden soll auf den Einfluß einiger spezieller Kohlenhydrate bzw. Abbauprodukte von Kohlenhydraten auf die Leistungsfähigkeit eingegangen werden, insbesondere Bienenhonig, Alkohol, ebenfalls ein Abbauprodukt der Kohlenhydrate, sowie Metabolite der Glykolyse.

Bienenhonig

Von der Einnahme von Bienenhonig erwarten viele Athleten wahre Wunderdinge im Hinblick auf Leistungssteigerung und Erholungsfähigkeit. Sie sind dabei das Opfer häufiger, fast marktschreierischer, zumindest pseudowissenschaftlicher Darstellungen, in denen ohne experimentelle Beweise solche Effekte versprochen werden. Danach nimmt die Leistungsfähigkeit vor allem in Kurzstreckenwettbewerben dramatisch zu, wenn man vorher 1–2 Teelöffel Honig zu sich nimmt, und Honig wird als das ideale Mittel angepriesen, wenn man sich optimal regenerieren will. Solange entsprechende wissenschaftliche Daten nicht verfügbar sind, sollte man mit solchen Behauptungen sehr vorsichtig umgehen. Ernährungsphysiologisch gesehen ist Honig eher weniger günstig. Er besteht vorwiegend aus Glukose und einem hohen Fruktoseanteil, der bei 40% liegt. Seine Wirkungen entsprechen somit weitgehend denen dieser beiden Substanzen, die im einzelnen diskutiert wurden. Die behaupteten hohen zusätzlichen Anteile an wertvollen Nährstoffen wie Kalium, Kalzium, Eisen und anderen sind eher bescheiden. Negativ kann sich insbesondere der hohe Fruktoseanteil auswirken, der, wie beschrieben, bei empfindlichen Personen Magen-Darm-Beschwerden auslösen kann. Wenn man es also einmal mit dem Honig probieren will, sollte man sich zuvor im Training davon überzeugen, ob man ihn auch verträgt.

1 Glas Wein	1 Fl. Bier	1 Schnaps
(0,125 l)	(0,33 l)	(0,04 l)
12 % Alkohol	4 % Alkohol	40 % Alkohol
ca. 100 Kal	ca. 100 Kal	ca. 100 Kal

Abbildung 4.10 Kaloriengehalt alkoholischer Getränke

Alkohol

Alkohol, chemisch exakt *Aethylalkohol* oder *Äthanol*, ist kein Kohlenhydrat, wird jedoch durch den fermentativen Abbau von Kohlenhydraten aus Pflanzen, aus Früchten oder Getreideprodukten, gewonnen und daher an dieser Stelle besprochen. In reiner Form ist er eine transparente, farblose Flüssigkeit, er wird vor allem in Form von Getränken als Nahrungs- und Genußmittel eingenommen. Der Alkoholgehalt ist dabei je nach Getränk sehr unterschiedlich, er liegt beim Bier im Durchschnitt bei 4–5%, im Wein bei 12–14%, bei hochkonzentrierten Alkoholika (Likör, Whisky, Rum, Gin, Wodka etc.) im Bereich von 40–45% oder noch höher, im konzentrierten Rum bei 75% und mehr (Abb. 4.10).

Wenn man die Alkoholkonzentrationen der üblichen Alkoholika kennt, kann man die Alkoholmenge errechnen, die man mit einem durchschnittlichen Getränk zu sich nimmt. Dies zeigt die Abbildung 4.10 für jeweils ein Glas Bier, Wein oder ein „hartes" Getränk. Technisch gesehen kann Alkohol auch als Lebensmittel qualifiziert werden, weil er sehr viele Kalorien beinhaltet. Ein Gramm Alkohol enthält mit 7 Kalorien fast doppelt soviel Energie wie ein Gramm Kohlenhydrat oder Eiweiß, fast soviel Energie wie ein Gramm Fett. Wenn man aus dem aufgenommenen Alkoholvolumen die Energiemenge errechnen will, muß man berücksichtigen, daß das

spezifische Gewicht von Alkohol bei 0,8 liegt und das Volumen mit diesem Faktor multiplizieren. Bei den alkoholischen Getränken ist ferner zu bemerken, daß sie, wie Bier und Wein, zusätzlich zum Alkohol Kohlenhydrate und damit weitere Kalorien enthalten können. Eine 0,5-Liter Flasche Bier enthält ca. 150 Kal, ein Glas Wein (125 ml) bzw. ein doppelter Schnaps 100 Kal. Tabelle 4.10 macht einige Angaben zu den üblichen, und zu den auch modifizierten alkoholischen Getränken wie Leichtbier und sog. alkoholfreies Bier.

Die im Alkohol enthaltenen Kalorien sind weitgehend sog. leere Kalorien. Bier und Wein enthalten bestenfalls in Spuren Zusatznährstoffe wie Proteine, Eiweiße, Mineralien, Vitamine etc. Die Bedeutung des Alkohols liegt in seiner Funktion als Genußmittel. Ein guter Wein oder ein gepflegtes Bier gelten manchem als Kulturgut, als Nahrungsmittel und Quelle von Nährstoffen ist ihr Wert dagegen eher gering einzuordnen.

Nach seiner Aufnahme werden über 20% des Alkohols bereits im Magen resorbiert, der Rest wird in den Dünndarm weiter transportiert, dort, vor allem bei leerem Magen-Darm-Trakt, sehr rasch in die Blutbahn aufgenommen und dann in die verschiedenen Körperbereiche transportiert. Ein verhältnismäßig geringer Anteil des Alkohols im Bereich von 3–10% wird über Atmung, Urin und Schweiß ausgeschieden, der Hauptteil wird in der Leber metabolisiert, in der chemischen Fabrik unseres Körpers, die auch sonstige Medikamente und Drogen etc. verarbei-

Tab. 4.10 Energiegehalt alkoholischer Getränke

Getränk	Menge	Kohlenhydrate		Alkohol		Gesamtkalorien
		Gramm	Kalorien	Gramm	Kalorien	
Bier, normales	0,33 l	13	52	13	91	150
Leichtbier	0,33 l	7	28	11	77	109
Alkohlfreies Bier	0,33 l	12	48	0	0	48
Tafelwein	1/4 l	4	16	12	84	100
Schnaps	40 ml	0	0	14	98	100

Die kleinen Diskrepanzen in der Berechnung der Gesamtkalorien zwischen Bier und Schnaps können sich durch den geringen Eiweißanteil im Bier bzw. Spuren von Kohlenhydraten im Schnaps ergeben.

tet. Man kann davon ausgehen, daß die Leber eines gesunden Erwachsenen in der Lage ist, stündlich etwa 8–10 g Alkohol abzubauen, also etwas weniger als die Alkoholmenge, die man mit einem üblichen Drink zu sich nimmt (siehe Abb. 4.10).

Obwohl Alkohol ein Abbauprodukt der Kohlenhydrate darstellt, wird er vom Körper wie ein Fett behandelt, d.h. seine Abbauprodukte werden in der Leber in freie Fettsäuren umgewandelt, die dann dort entweder gespeichert oder über die Blutbahn in die Depots transportiert werden. Daneben entstehen einige weitere Abbauprodukte wie Laktat, Azetat und Azetaldehyd, die ebenfalls an die Blut-

bahn abgegeben werden. Diese können dann direkt zur Energiegewinnung genutzt und zu Kohlendioxid und Wasser verbrannt werden. Abbildung 4.11 gibt ein Schema der Verstoffwechselung des Alkohols im Organismus.

Wird mehr Alkohol aufgenommen als die Leber pro Zeiteinheit abbauen kann, zeigt sich dies in einem Anstieg der Blutalkoholkonzentration (BAK), die normalerweise in Milligramm pro 1000 ml, d.h. in „Promille" angegeben wird. Die Blutalkoholkonzentration hängt natürlich von der Körpermasse des Trinkenden ab, bei einem größeren Menschen stehen ein größeres Verteilungsvolumen und eine höhere Abbaukapazität der

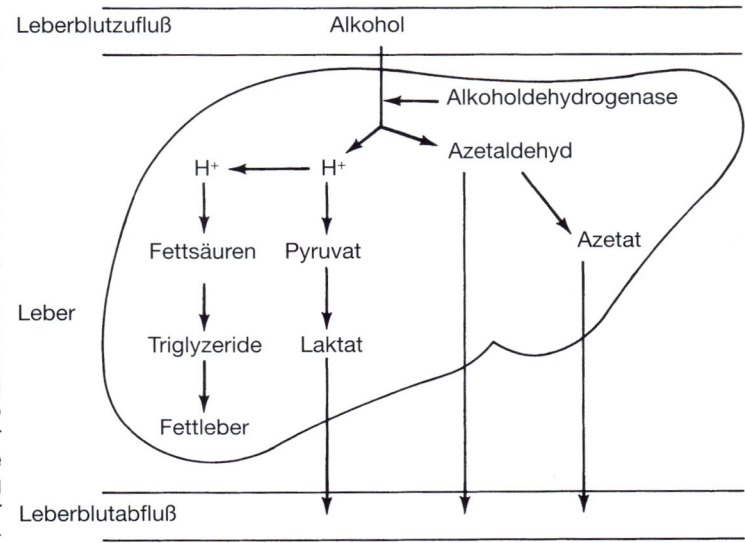

Abbildung 4.11 Vereinfachte Darstellung der Verstoffwechslung des Aethylalkohols in der Leber. Unter der Einwirkung von Alkoholdehydrogenase (ADH) wird Azetaldehyd gebildet, das mit dem Blutkreislauf zu anderen Organen bzw. Geweben transportiert werden kann. Das freigewordene Wasserstoffion kann sich mit freien Fettsäuren zu Triglyzeriden verbinden oder Pyruvat zu Laktat reduzieren. Wird zuviel Alkohol getrunken, so führt dies zum Anfall großer Mengen an Triglyzeriden, die den Einstieg in die Bildung einer Fettleber oder sogar einer Leberzirrhose bedeuten können.

131

Leber zur Verfügung, die gleiche Alkoholmenge wird bei ihm also zu einem geringeren Anstieg der BAK führen als bei einem kleineren Menschen. Als Durchschnittswert kann man davon ausgehen, daß ein übliches Getränk bei einem erwachsenen Mann mit 75 kg Gewicht die BAK um 0,25‰ ansteigen läßt. Wenn vier alkoholische Getränke in einer Stunde aufgenommen werden, so würde sich dies bei einer Alkoholkontrolle mit 1,0 ‰ bemerkbar machen.

Die Frage, ob Alkohol die Leistungsfähigkeit steigert oder nicht, wird seit langem kontrovers diskutiert. Viele Athleten sind der Ansicht, daß Alkohol angesichts seines hohen Energiegehaltes und seiner einfachen Verstoffwechselung eine wichtige Energiequelle unter Belastung darstellt. Sie schätzen ihn darüber hinaus als psychologisches Stimulans. Die im folgenden zu diskutierenden wissenschaftlichen Daten bestätigen eine solche Ansicht aber kaum.

Obwohl Alkohol viel Kalorien enthält, wird er unter körperlicher Belastung kaum zur Energiebereitstellung genutzt. Die wichtigsten energetischen Substrate des Organismus sind Kohlenhydrate und Fette, die im allgemeinen in ausreichender Menge zur Verfügung stehen. Zwar kann Alkohol in Fett umgewandelt werden, nach den vorliegenden Befunden geschieht dies unter körperlicher Aktivität jedoch nicht in nennenswertem Maße. Für die Belastung wäre dies darüber hinaus kein Vorteil, da die im Körper verfügbaren Fettdepots für die allermeisten Belastungssituationen mehr als ausreichend sind. Die Stoffwechselabbauprodukte des Alkohols werden zwar von der Leber an die Blutbahn abgegeben und von dort zur Muskulatur transportiert, spielen dann aber in der Energiebereitstellung des Skelettmuskels keine wesentliche Rolle. Auch dann, wenn der Alkohol unter Belastung energetisch genutzt werden könnte, würde er eine relativ unökonomische Energiequelle darstellen, da die zu seiner Verbrennung erforderliche Sauerstoffmenge deutlich höher ist als bei Kohlenhydraten oder Fetten. Weiterhin ist die Energiemenge, die von der Leber pro Zeiteinheit aus Alkohol freigesetzt werden kann, verhältnismäßig gering, sie wäre für einen Sportler, der sich mit hoher Intensität belastet, von unter-

geordneter Bedeutung. Zusammengefaßt kann Alkohol für die Energiebereitstellung unter Belastung kaum wesentlich herangezogen werden, und selbst wenn dies der Fall wäre, würde er quantitativ gegenüber den Kohlenhydraten und Fetten keine wichtige Rolle spielen. Entsprechend haben neuere Untersuchungen mit durch Radioisotope markiertem Kohlenstoff gezeigt, daß Alkohol nicht in der Lage ist, die Kohlenhydrate und Fette in der Energiebereitstellung unter körperlicher Aktivität in wesentlichem Maße zu ersetzen.

In einschlägigen Untersuchungen wurde ferner gefunden, daß Alkohol in kleineren Mengen die physiologischen Prozesse der Energiebereitstellung weder in positivem noch in negativem Sinn signifikant beeinflußt. Dies gilt für maximale aerobe Belastungen, gemessen an Parametern wie der maximalen Sauerstoffaufnahme und der maximalen Herzfrequenz oder der Belastungszeit unter aeroben Belastungsbedingungen bis zur subjektiven Erschöpfung, ebenso wie für anaerobe Belastungen, gemessen an Parametern wie der Maximalkraft bzw. der lokalen Muskelausdauer.

Auf der anderen Seite wurde gefunden, daß Alkohol negativ mit dem Glukosestoffwechsel interferieren kann. Die Zufuhr von Alkohol vor einem aeroben Belastungstest auf dem Laufband bei einer Belastungsintensität entsprechend 80–85% der VO_2max führte zu einer Verschlechterung der erreichten Leistungen, ein Ergebnis, das auf eine Beeinträchtigung des Glukosestoffwechsels zurückgeführt wurde. Alkohol hemmt ferner die Glukoneogenese in der Leber, bzw. nach langandauernden Belastungen die Glukoseaufnahme in der arbeitenden Muskulatur. Bei Ausdauerbelastungen, wie etwa bei einem Marathonlauf, kann dies zu einer vorzeitigen Hypoglykämie bzw. zu einer Entspeicherung der muskulären Glykogenvorräte mit einer entsprechenden Abnahme der Leistungsfähigkeit führen. Ein zusätzlicher negativer Effekt ergab sich in weiteren Untersuchungen, nämlich die Beeinträchtigung der Vitamin B_1-Resorption im Darm schon bei Aufnahme mäßiger Akoholmengen. Angesichts der großen Bedeutung des Vitamin B_1 in der aeroben Verstoffwechselung der Kohlenhydrate könnte auch dieser Aspekt theoretisch zu einer Verschlechterung der aeroben Ausdauer führen.

Wie bereits einleitend erwähnt wird Alkohol, unabhängig von den genannten physiologischen Effekten, teilweise wegen seiner psychologischen Wirkungen als leistungssteigernd betrachtet. Dies ist zunächst überraschend, da Alkohol pharmakologisch gesehen ein Narkotikum darstellt, das depressiv auf die Gehirnfunktion wirkt und daher kaum leistungssteigernd sein sollte. Andererseits sind die Alkoholwirkungen durchaus unterschiedlich und dosisabhängig. In geringen Mengen genossen führt Alkohol zu einer Steigerung des Selbstbewußtseins, psychologische Barrieren und Wettkampfangst werden abgebaut, die Schmerzempfindlichkeit wird reduziert, alles Effekte, die potentiell zu besseren sportlichen Resultaten führen können. In geringen Mengen kommt dem Alkohol daher ein paradoxer Effekt zu, er wirkt nicht narkotisierend, sondern stimulierend. Dies kann man sich dadurch erklären, daß Teile des Gehirns, die normalerweise inhibitorisch wirken, durch Alkohol in ihrer Funktion gedämpft werden, womit in der Summe dann ein erhöhter zerebraler Erregungszustand entsteht.

Trotz solcher individuell unterschiedlichen psychologischen Effekte konnte in wissenschaftlichen Untersuchungen keine systematische positive Auswirkung des Alkohols auf psychologische Prozesse bzw. sensomotorische Fähigkeiten gefunden werden. Unter sensomotorischer Fähigkeit wird hier der Gesamtprozess verstanden, der sich zwischen der Perzeption eines Reizes, seiner Integration und Verarbeitung im Gehirn und der Beantwortung durch eine motorische Reaktion im Rahmen eines gezielten Bewegungsablauf abspielt. Die Summe aller einschlägigen Untersuchungsergebnisse läßt den Schluß zu, daß sich Alkohol eher negativ auf psychomotorisch bestimmte Fähigkeiten auswirkt wie Reaktionszeit, Gleichgewichtsvermögen, Hand/Augenkoordination und die visuelle Perzeption, alles wichtige Fähigkeiten für die rasche Reaktion auf Reize im Sport, z.B. beim Tennis.

Die einzige Ausnahme in diesem Bereich könnte der Schießsport in seinen unterschied-lichen Formen sein wie Gewehr-, Pistolen-, Bogenschießen, Pfeilwerfen etc., wobei es dann weniger auf die Optimierung der Durchführung von Bewegungen ankommt als auf die Unterdrückung eines leistungsmindernden muskulären Tremors. Die uralte Erfahrung der Schützen, daß sie unter dem Einfluß von „Zielwasser" bessere Resultate erzielen, konnte bisher im objektiven wissenschaftlichen Versuch allerdings kaum bestätigt werden, zumal sich dieser bei Wettbewerben, bei denen der Tremor aufregungsbedingt auftritt, kaum doppelblind kontrolliert durchführen läßt. Einige wenige positive Resultate in dieser Richtung liegen vor, etwa beim Bogenschießen, bei dem bei niedrigen Alkoholkonzentrationen bessere Ergebnisse erzielt wurden als in nüchternem Zustand, wahrscheinlich aufgrund eines gleichmäßigeren Loslassens des Pfeils. Sicher spielt dabei auch die Blutalkoholkonzentration eine Rolle, nachgewiesen z.B. beim Pfeilwerfen, wobei bei Konzentrationen von 0,2‰ bessere, bei 0,5‰ schlechtere Resultate als im alkoholfreien Zustand erzielt wurden. In diesem Bereich bedarf es jedoch sicher noch weiterer Untersuchungen.

Die Frage, wie sich Alkoholgenuß, der vom Sportler nicht aus Leistungsgründen, sondern im Rahmen seiner sozialen Aktivitäten praktiziert wird, auf die Leistungsfähigkeit auswirkt, wurde bisher kaum untersucht. Es besteht jedoch weitgehend Einigkeit unter den Fachleuten, daß mäßiger, im üblichen Rahmen liegender Alkoholkonsum die Leistung am nachfolgenden Tag kaum beeinträchtigt. Entsprechende Untersuchungen, soweit vorhanden, zeigten keine Verschlechterungen von Parametern im Bereich der Reaktionszeit, Kraft, Schnellkraft und kardiovaskulären Leistungsfähigkeit, wenn am Abend vorher ein alkoholisches Getränk genossen worden war. Es entspricht allerdings schon der Alltagserfahrung, daß exzessives Trinken am Abend vor einem Wettkampf infolge von Kater, Sehstörungen und Dehydratation die Leistungsfähigkeit erheblich beeinträchtigen kann.

Angesichts dieser Schwierigkeiten in der Bewertung der Effekte von Alkohol sowie der Tatsache, daß Alkohol weitgehend als normaler Bestandteil der westlichen Ernährung angesehen wird, war auch die Politik hinsichtlich seiner Einordnung als Dopingsubstanz unterschiedlich. Zunächst generell vom IOC als Dopingmittel verboten, wurde er dann anläßlich der olympischen Spiele 1972 wieder von dessen Dopingliste gestrichen. Zur Zeit gilt Alkohol im Rahmen der Liste des IOCs als verboten, wenn seine Einnahme zu auffälligen Verhaltensweisen führt. Unabhängig vom IOC haben die einzelnen Fachverbände jedoch z.T. eigene und unterschiedliche Dopinglisten. Generell wird der Alkoholgenuß als Dopingmittel in Sportarten verboten, bei denen Schießen beteiligt ist, also nicht nur in den typischen Schießsportwettbewerben, sondern auch im modernen Fünfkampf.

Stoffwechselprodukte von Kohlenhydraten

Der Abbau des Muskelglykogens erfolgt im Rahmen der Glykolyse über ca. ein Dutzend Stoffwechselschritte, von denen jeder durch ein Enzym geregelt wird, bis zum Pyruvat (siehe Anhang F). Eine der Theorien der Ermüdung besagt, daß dann, wenn nur ein einziges der hierfür erforderlichen Enzyme nicht in ausreichender Menge zur Verfügung steht, gewissermaßen ein Stoffwechselengpass in der Produktion des ATP entsteht, der die Leistungsfähigkeit beeinträchtigt. Einige, bisher allerdings nicht allzu viele Untersucher haben sich mit der Frage beschäftigt, inwieweit einzelne dieser Stoffwechselzwischenprodukte bei einer Mangelsituation der Glykolyse leistungsmindernd sein könnten, bzw. wie weit es möglich ist, durch eine verstärkte Zufuhr solcher Zwischenprodukte an gezielter Stelle die Leistungsfähigkeit zu erhöhen.

Eines dieser Zwischenprodukte, das von besonderem Interesse ist, ist das **Fruktose-1,6-Diphosphat** (FDP), dem eine wichtige Rolle bei der Regulierung des Glykogenstoffwechsels zukommt. Bei Patienten nach Herzinfarkt konnte gezeigt werden, daß die exogene Zufuhr von FDP auf intravenösem Wege den Glykogenabbau verzögert bzw. die Glykogensynthese stimuliert. Wenn ein solcher Effekt auch bei Gesunden möglich sein soll-

te, so könnte man sich hiervon eine leistungssteigernde Wirkung erwarten. Entsprechende Untersuchungen von Myers et al., die bei gesunden trainierten Probanden die metabolische Reaktion nach einer einstündigen Belastung bei 70% der maximalen Sauerstoffaufnahme vor und nach einer Infusion von FDP überprüften, ließen solche Effekte bei Bestimmung einer großen Bandbreite von physiologischen, metabolischen und hormonalen Parametern allerdings nicht bestätigen. Offensichtlich lassen sich Ergebnisse, die bei Kranken unter ungünstigen Stoffwechselbedingungen erhoben werden, nicht bedingungslos auf die Situation des gesunden Leistungssportlers übertragen.

Eine weitere Substanz, die in diesem Zusammehang in der Literatur Interesse gefunden hat, ist das **DHAP**, eine Abkürzung für **Dihydroxyazetat plus Pyruvat**, also die Kombination zweier jeweils drei Kohlenstoffatome enthaltender Stoffwechselprodukte der Glykolyse. Stanko et al. konnten im Tierversuch nach der Gabe von DHAP eine Steigerung der muskulären Glykogenkonzentration erreichen. Die Frage, ob sich diese Resultate auch auf den Menschen übertragen lassen, wurde an zwei jeweils sehr gut geplanten und doppelblind kontrolliert durchgeführten Untersuchungen an untrainierten Männern überprüft. In beiden Untersuchungen wurden jeweils 100 g DHAP über sieben Tage gegeben und ersetzten einen Teil der üblichen täglichen Kohlenhydratzufuhr. Die Aufbereitung geschah in einem Verhältnis von 3:1 zwischen Dihydroxyazeton (75 g) bzw. Natriumpyruvat (25 g). Die Zufuhr erfolgte in Form eines Gels oder gesüßter Getränke. Als Plazebo wurden 100 g von Polykose, einem Kohlenhydrat, verwandt. In der ersten Untersuchung erfolgte die Ernährung standardisiert mit einem 55%igen Anteil der Kalorienzufuhr in Form von Kohlenhydraten. Die Belastung wurde als Armdrehkurbelarbeit bei 60% der unter dieser Bedingung höchsten Sauerstoffaufnahme vor und nach einer einwöchigen Gabe des Präparats bzw. Plazebos durchgeführt. Unter DAHP kam es zu einem signifikanten Anstieg der Belastungszeit bis zur Erschöpfung. Die Ursache hierfür wurde in einer Erhöhung der muskulären Glykogenkonzentration und einer verstärkten Utilisation des Blutzuckers gesehen, beides Faktoren, die für die arbeitende Skelettmuskulatur mehr Glukose bereitstellen. In der zweiten Untersuchungsreihe nahmen die Probanden eine kohlenhydratreiche Kost zu sich, entsprechend 70% der täglichen Kalorienzufuhr in Form von KH. Die Belastung erfolgte auf dem Fahrradergometer bei 70% der VO_2max bis zur subjektiven Erschöpfung. Auch hier wurde die Belastungszeit deutlich verbessert, wobei der Mechanismus vor allem in einer verstärkten Blutglukoseextraktion durch die arbeitende Muskulatur gesehen wurde. Die Ergebnisse dieser beiden Untersuchungen haben streng genommen bisher allerdings nur für untrainierte Probanden Gültigkeit, ein eventueller leistungssteigernder Effekt von DHAP auch beim gut trainierten Ausdauerathleten muß noch überprüft werden.

Das Endprodukt der anaeroben Glykolyse stellt das **Laktat** dar. Laktat wird im allgemeinen eher mit leistungsmindernden Effekten in Verbindung gebracht, da es durch die Freisetzung von Wasserstoffionen und die dadurch bedingte Übersäuerung zur Ermüdung beiträgt. Diese Ermüdung ist allerdings nicht dem Laktat selbst, sondern den Wasserstoffionen zuzuschreiben. Laktat stellt ein verhältnismäßig kleines Molekül dar. Seine Summenformel ist $C_3H_5O_3$, entspricht also genau der Hälfte der Glukose $C_6H_{12}O_6$ minus einem Wasserstoffatom. Trotzdem enthält Laktat noch erhebliche Energiemengen. Larsen und Mitarbeiter berichteten über die Effekte eines Kombinationspräparates aus Laktat und einer Aminosäure, das unter dem Namen Polylaktat angeboten wird, auf die physiologischen und psychologischen Reaktionen nach einer dreistündigen fahrradergometrischen Belastung bei 50% der maximalen Sauerstoffaufnahme. Im Vergleich zu einem Plazebo ließ sich unter diesem Präparat eine deutliche Stabilisierung des Blutzuckers, eine Verminderung des subjektiven Belastungsempfindens und eine erhöhte Pufferkapazität des Blutes, also eine geringere Übersäuerung, aufzeigen. Daten über seine Auswirkungen auf die Leistungsfähigkeit liegen allerdings bisher noch nicht vor. Die Ergebnisse sind insgesamt den Auswirkungen auch anderer Kohlenhydratpräparate auf die Ausdauerleistungsfähigkeit vergleichbar, der Erhöhung der Pufferkapazität des Bluts für Wasserstoffionen könnte jedoch eine besondere Bedeutung zukommen. In diesem Bereich sind weitere Untersuchungen erforderlich.

Zusammenfassend kann festgestellt werden, daß die Frage der Auswirkungen von Stoffwechselzwischenprodukten der Glykolyse auf die Leistungsfähigkeit ein sehr neues, bisher wenig untersuchtes, aber interessantes Gebiet darstellt.

4.7 Gesundheitliche Bedeutung der Kohlenhydrate in der Ernährung

Die durchschnittliche Ernährung in den westlichen Industrieländern kann nicht als ausgewogen bezeichnet werden, sie enthält zu viel Fett, zu viel hochgereinigte und zu wenig komplexe Kohlenhydrate. Diese Dysbalance ist die Ursache für die Häufigkeit von Übergewicht und ernährungsabhängigen Erkrankungen, wie dies im einzelnen in den Kapiteln 5 und 10 weiter ausgeführt wird. Stattdessen sollte eine aus gesundheitlicher Sicht vernünftige Ernährung mehr komplexe Kohlenhydrate und Ballaststoffe enthalten, bei gleichzeitiger Reduktion der Aufnahme von hochgereinigten Kohlenhydraten sowie Alkohol, gleichfalls einem Abbauprodukt der KH.

Der Einfluß von hochgereinigten Kohlenhydraten auf die Gesundheit

Bei der durchschnittlichen Ernährung in den westlichen Industrieländer werden etwa 20–25% der täglichen Kalorienaufnahme durch stark aufgearbeitete Kohlenhydrate in Form von Tafelzucker, Sirup, hochgereinigtem Mehl etc. abgedeckt. Inzwischen wurde von den Medizinern darauf hingewiesen, daß ein so hoher Anteil an hoch aufgearbeiteten Kohlenhydraten zu zahlreichen gesundheitlichen Problemen führen kann, nicht nur im Bereich der Herz-Kreislauf-Erkrankungen, sondern auch in Form von psychologischen Problemen wie Hyperaktivität, prämenstruellem Syndrom (PMS) bis hin zur Ausprägung von Gemüts- und Geisteskrankheiten.

Zur Frage der Auswirkung von einfachen Zuckern, speziell Rohrzucker, auf Gemütszustand und Verhaltensweisen liegt eine Reihe von wissenschaftlichen Untersuchungen vor. Dieser mögliche Zusammenhang ergibt sich aus dem bereits früher diskutierten Einfluß des Verhältnisses von verzweigtkettigen Aminosäuren zu freiem Tryptophan auf die Aufnahme von Tryptophan in das Gehirn und die davon abhängige Stimulation der Bildung des Neurotransmitters Serotonin, der erheblichen Einfluß auf die Stimmungslage und das Verhalten nimmt. Eine Ernährung, die sehr viele einfache Zucker enthält, stimuliert die Sekretion von Insulin, das nicht nur zu einer vermehrten Aufnahme von Glukose, sondern auch Aminosäuren in die Zellen, speziell die Muskelfasern führt. Hierdurch kommt es dann in der Blutbahn zu einer Abnahme des Quotienten verzweigtkettige Aminosäuren zu freiem Tryptophan, zu einer vermehrten Aufnahme von Tryptophan ins Gehirn und zu einer Stimulation der Serotoninbildung. Serotonin wirkt aktivitätsmindernd, entspannend, schlaffördernd und teilweise auch antidepressiv. Bei bestimmten psychischen Syndromen wie dem PMS und jahreszeit- (und damit auch ernährungs-) abhängigen Beschwerdebildern kommt es teilweise auch zu einer Entwicklung von Heißhunger nach Süßigkeiten und Kohlenhydratprodukten, die ihre Erklärung in einer Steigerung der Serotoninproduktion und dem hiermit verbundenen antidepressiven Effekt haben könnten. Während somit erhöhte Kohlenhydratzufuhr im allgemeinen eher mit einer Aktivitätsminderung in Zusammenhang gebracht wird, wird paradoxerweise die überschüssige Zufuhr von Zucker bei Kindern für die Ausbildung von Hyperaktivitätssyndromen verantwortlich gemacht. Die wissenschaftlichen Belege für die Richtigkeit einer solchen Hypothese sind allerdings bisher noch nicht ausreichend.

Eine erhöhte Aufnahme von hochgereinigten Kohlenhydraten spielt ferner bei der Entwicklung von Herz-Kreislauf- und Stoffwechselerkrankungen sowie der Adipositas eine Rolle, wobei auf der Grundlage der bisherigen wissenschaftlichen Daten die exakte Bedeutug der einfachen Zucker aus dieser Sicht bisher noch nicht ausreichend eingeordnet werden kann.

Über alle Verdächtigungen hinaus läßt sich die „Schuld" der einfachen KH bisher wissenschaftlich exakt nur in einem pathologischen Bereich sicher nachweisen, nämlich bei der Entstehung der Karies. Auch hier liegt das Problem weniger darin, wieviel Zucker man ißt, sondern darin, in welcher Form und wie oft man dies tut. Besonders gefährlich sind kohlenhydratreiche Süßigkeiten, die zwischen den Mahlzeiten eingenommen werden.

Trotz dieser zugegebenermaßen etwas dürftigen wissenschaftlichen Beweislagen wird weltweit von den meisten Gesundheitsorganisationen eine Einschränkung der Zufuhr von hochgereinigten Kohlenhydraten im Rahmen einer ausgewogenen Kost auf weniger als 10% der täglichen Gesamtkalorien empfohlen, da sie nur nur leere Kalorien und keine zusätzlichen wertvollen Nährstoffe enthalten. Konkrete Empfehlungen zur Reduktion der Zufuhr an hochgereinigten Kohlenhydraten wurden bereits im Kapitel 2 gegeben. Die wichtigsten dieser Empfehlungen sollen an dieser Stelle wiederholt werden:

- Beim Einkauf von Lebensmitteln sollten die Produktinformationen gelesen und vorzugsweise Lebensmittel mit niedrigem Gehalt an einfachen KH gewählt werden.

- Man sollte die verschiedenen Fachausdrücke der Lebensmittelindustrie kennen, hinter denen sich Einfachzucker verstecken.

- Einfache KH, speziell Rohrzucker, sollten bei der Nahrungszubereitung nur mit Zurückhaltung Verwendung finden.

- Die Zuckerdose sollte bei Tisch so wenig wie möglich benutzt werden.

- Der Zuckerbedarf sollte besser mit natürlicherweise vorkommenden Kohlenhydraten, z.B. durch Früchte, gedeckt werden.

- Stark zuckerhaltige Getränke sollten gemieden werden.

- Zum Süßen sollten besser natürliche Gewürze Verwendung finden bzw. künstliche Süßstoffe.

Künstliche Süßstoffe

Die Industrie hat eine Reihe von künstlichen Süßstoffen entwickelt, wie Zyklamat, Acesulfam, Saccharin und Aspartam. Die Marktführer sind im Augenblick Saccharin und Aspartam, die 300 bzw. 180 mal stärker süßen als Rohrzucker. Saccharin enthält keine Kalorien, es wird auf der Basis von Kohlenteer hergestellt. Aspartam, das sich von zwei Aminosäuren ableitet, dem Aspartat und dem Phenylalanin, enthält vier Kalorien pro Gramm.

Das Saccharin ist in die Diskussion gekommen, weil bei sehr hohen Dosen im Tierversuch Harnblasenkrebs ausgelöst werden konnte. Bei Menschen, die Saccharin in empfohlenen Mengen einnehmen, haben epidemiologische Untersuchungen allerdings keinen Zusammenhang mit der Häufigkeit des Blasenkrebses gezeigt, so daß die Substanz nach wie vor auf dem Markt ist. Beim Aspartam können folgende Nebenwirkungen auftreten: Kopfschmerzen, Benommenheit, Müdigkeit und bei dafür empfindlichen Personen allergische Reaktionen. Gefährliche gesundheitliche Probleme wurden bisher allerdings nicht beobachtet, von Menschen abgesehen, die an einer Phenylketonurie leiden, eine seltene genetische Erkrankung, bei der Phenylalanin nicht verstoffwechselt werden kann. Wer an dieser Krankheit leidet, sollte selbstverständlich kein Aspartam benutzen. Entsprechende Industrieprodukte enthalten einen entsprechenden Warnhinweis.

Süßstoffe spielen insbesondere in Programmen zur Gewichtsabnahme eine Rolle und werden deshalb im Kapitel 11 weiter diskutiert.

Gesundheitliche Bedeutung von komplexen Kohlenhydraten

Die Forderung, die Kohlenhydratzufuhr zu erhöhen, gleichzeitig aber die Aufnahme von hochgereinigten Zuckern zu verringern, ergibt automatisch die Konsequenz einer erhöhten Zufuhr von komplexen Kohlenhydraten in Form von Polysacchariden in Gemüsen und Vollkornprodukten. Diese Lebensmittel enthalten zusätzlich wichtige weitere Nährstoffe wie Proteine, essentielle Fettsäuren, Antioxidanzien, Spurenelemente, Vitamine und, aus gesundheitlicher Sicht heute besonders wichtig, Ballaststoffe.

Die gesundheitliche Bedeutung eines hohen Anteils an Ballaststoffen in der Ernährung aus präventiver Sicht wurde sowohl durch epidemiologische und zum Teil auch experimentelle Untersuchungen gesichert. Epidemiologisch konnte gezeigt werden, daß in Populationen, die sich ballaststoffreich ernähren, Kolon- und Rektumkarzinome seltener vorkommen, ebenso die Divertikulose, eine Wandveränderung des Dickdarms, die leicht zu Entzündungen, Divertikulitis, führen kann. Die Ausbuchtungen des Darms (Divertikel) können dann rupturieren und zu ernsthaften Komplikationen führen. Vegetarier, die sich mit einem hohen Anteil an komplexen Kohlenhydraten ernähren, leiden seltener an Übergewicht und einer Reihe von chronischen Erkrankungen. Eine neuere Metaanalyse der verfügbaren experimentellen Studien konnte zeigen, daß Menschen, die sehr viel lösliche Pflanzenfasern zu sich nehmen, etwa in Form von Haferkleie, meist nur niedrige Cholesterinwerte aufweisen, besonders dann, wenn sie dies im Rahmen einer fett- und cholesterinarmen Ernährung durchführen, ein Befund, der wichtig ist aus der Sicht der Prävention gegenüber der koronaren Herzkrankheit. Eine ballaststoffreiche Kost wird auch in der Therapie des Typ II-, also des nicht-insulinabhängigen Erwachsenen-Diabetes empfohlen.

Die genaue Wirkungsweise der Pflanzenfasern ist noch nicht bekannt, mehrere Mechanismen werden diskutiert. Ein wichtiger Faktor ist die Vermehrung des Darminhalts, dadurch werden mögliche krebserregende, also karzinogene Substanzen, die die Zellen der Darmwand angreifen, verdünnt. Zum zweiten stimuliert der vermehrte Darminhalt die Peristaltik und beschleunigt damit den Durchlauf der Nahrungsreste durch den Dickdarm. Eventuelle karzinogene Substanzen haben somit weniger Zeit für die Entfaltung ihrer Wirkung. Eine dritte Möglichkeit besteht in der Absorption der Karzinogene an die Fasern, die dann mit dem Stuhl ausgeschieden werden. Weiterhin binden die Pflanzenfasern Gallensalze, die ihrerseits Cholesterin enthalten. Die Gallensalze werden normalerweise vom Darm wieder resorbiert. Werden sie mit den Pflanzenfasern ausgeschieden, so geht damit auch Cholesterin verloren, der Cholesterinspiegel sinkt. Als vierter Faktor wird diskutiert, daß die Pflanzenfasern die Magenentleerung verzögern und damit die Resorption der Glukose im Dünndarm einschränken. Hierdurch kommt es zu einer Stabilisierung des Blutzuckers und damit des Sättigungs- bzw. einer Unterdrückung des Hungergefühls, ein wichtiger Aspekt im Rahmen des Versuchs, durch Ernährungsumstellung an Gewicht abzunehmen. Fünftens können schließlich lösliche Fasern im Dickdarm fermentativ zu kurzkettigen Fettsäuren abgebaut werden. Diesen wiederum kommt eine Reihe von positiven Effekten zu. Sie können von der Darmwand resorbiert und zur Leber transportiert werden. Dort hemmen sie die Cholesterinsynthese, der Cholesterinspiegel sinkt. Weiterhin spielen sie eine Rolle in der Hemmung der Karzinogenese, der Entstehung des Dickdarmkrebs. Als sechster Punkt ist zu nennen, daß eine ballaststoffreiche Kost meist wenig Neutralfette und Cholesterin enthält, ebenfalls ein aus gesundheitlicher Sicht positiver Faktor. Schließlich können noch weitere Mechanismen eine Rolle spielen. So konnte kürzlich gezeigt werden, daß phytochemische Verbindungen wie Glukorat und Sulforaphan, die von Mitgliedern der Familie der Kreuzblütler synthetisiert werden, wie Broccoli, die Krebsentstehung hemmen können. Zumindest wurde dies in Tierversuchen nachgewiesen.

Auch wenn es sich hierbei zunächst noch um weitgehend wissenschaftliches Neuland handelt, so erscheint es doch möglich, daß den einzelnen Fasertypen ganz besondere gesundheitliche Bedeutungen zukommen. Lebensmittel, die reich sind an wasserunlöslichen Pflanzenfasern, wie Vollkornprodukte, Weizenkleie, ungeschälter Reis und Linsen vermehren den Darminhalt; sie maximieren damit den Verdünnungseffekt und beschleunigen die Darmpassage. Sie wirken deshalb vor allem präventiv gegenüber Erkrankungen des Dickdarms und des Rektums. Nahrungsmittel, die viele wasserlösliche Fasern enthalten, wie Obst, Äpfel, Bananen, Zitrusfrüchte, Karotten, Haferprodukte, wirken über ihre Fähigkeit, Substanzen zu binden, beispielsweise das Cholesterin, und senken damit den Cholesterinspiegel. Manche Fachleute bezweifeln allerdings die Möglichkeit einer solchen differenzierten Aussage, je nach der Wasserlöslichkeit der Pflanzenfasern. So senkt beispielsweise Reiskleie, die sehr viel wasserlösliche Fasern enthält, das Serumcholesterin. Wenn diese löslichen Fasern enzymatisch zu kurzkettigen freien Fettsäuren abgebaut werden, beugen sie andererseits auch der Entstehung des Kolonkarzinoms vor. Am günstigsten ist es daher, darauf zu achten, daß die Ernährung eine gute Mischung von wasserlöslichen und wasserunlöslichen Fasern enthält.

Auch für die Ballaststoffe ist festzustellen, daß die bisherigen wissenschaftlichen Daten zu einer endgültigen Definition ihres gesundheitlichen Wertes noch nicht ausreichend sind. Trotzdem genügen die verfügbaren Untersuchungen, um einen hohen Anteil an Pflanzenfasern in der Ernährung in Form von Vollkornprodukten, Gemüse und Früchten als gesundheitsfördernd zu empfehlen. Die tägliche Zufuhr sollte bei 20–35 g Ballaststoffen liegen. Dies sollte in Form von natürlichen Nahrungsmitteln und nicht in Form von Pflanzenfaserpräparaten erfolgen. Diese Forderung ergibt sich schon aus der Tatsache, daß die natürlichen Träger der Pflanzenfasern auch noch weitere wichtige gesundheitsförderliche Nährstoffe enthalten, speziell Vitamine, die in solchen chemisch gereinigten Aufbereitungen nicht mehr vorhanden sind.

Nach unserem bisherigen Wissensstand dürfte eine Ernährung mit einem hohen Anteil an Ballaststoffen nicht mit gesundheitlich negativen Konsequenzen verbunden sein. Wie in Kapitel 8 ausgeführt wird, wurden zum Teil Befürchtungen geäußert, daß ein hoher Anteil an Pflanzenfasern zu einer Verminderung der Aufnahme an wichtigen Elektrolyten und Mineralien führen könnte, speziell Eisen und Zink. Die einschlägigen Untersuchungen haben solche Befürchtungen jedoch als weitgehend unbegründet gezeigt, wenn die Empfehlungen hinsichtlich der Durchführung einer solchen Ernährung, die hierzu gegeben wurden, berücksichtigt werden.

Laktoseintoleranz

Unter **Laktoseintoleranz** versteht man die Tatsache, daß manche Menschen, die angeboren einen Mangel an dem Enzym Laktase aufweisen, dann, wenn sie Milchprodukte zu sich nehmen, die größere Laktosemengen enthalten, diese in ihrem Magen-Darm-Trakt nicht abbauen können und Magen-Darm-Symptome, wie Blähungen, Bauchschmerzen und Diarrhö entwickeln, aber auch unspezifische Beschwerden wie Kopfschmerzen und Müdigkeit.

Die Diagnose wird durch den Arzt mit Hilfe eines Laktosetoleranztests gesichert. Man kann die Diagnose aber auch bei sich selbst stellen. Wenn man den Verdacht auf das Vorliegen dieser Störung für sich hat, wenn man also immer nach dem Genuß von Milch oder Milchprodukten Blähungen und Durchfall entwickelt, sollte man einmal mit der Aufnahme von Milchprodukten für mindestens zwei Wochen aussetzen und die Auswirkung dieser Maßnahme auf die Beschwerden kontrollieren. Wenn die Symptome unter einer milchzuckerfreien Diät verschwinden und bei einem erneuten Expositionsversuch wieder auftreten, ist die Diagnose gesichert. Dann ist es generell erforderlich, die Zufuhr von milchzuckerhaltigen Lebensmitteln weitgehend einzuschränken. Leider bedeutet dies, daß man auf alle Milchprodukte verzichten muß, die einen wichtigen Bestandteil unserer täglichen Ernährung darstellen, insbesondere auch eine wichtige Quelle für Kalzium.

Um die Kalziumzufuhr bei Laktose-empfindlichen Personen zu sichern, gibt es verschiedene Möglichkeiten. Eine Technik besteht darin, Milch bzw. Milchprodukte in nur sehr kleinen Mengen aufzunehmen, z.B. täglich nur eine halbe Tasse Milch, da möglicherweise der Darm in der Lage ist, solche geringen Mengen an Milchzucker zu verarbeiten, ohne daß es zu subjektiven Symptomen kommt. Dies kann dann über den Tag

mehrfach wiederholt werden. Auch solche jeweils kleineren Kalziummengen reichen aus, um den Tagesbedarf zu decken. Eine weitere Möglichkeit besteht darin, Milchprodukte zu sich nehmen, in denen durch fermentative Prozesse die Laktose abgebaut wurde, z.B. in Form von Joghurt, und die dann ebenfalls eine sehr gute Kalziumquelle darstellen. Auch Käse stellt eine gute Möglichkeit der Kalziumaufnahme dar, wenngleich er allerdings oft sehr stark fetthaltig ist. Ferner gibt es gute Kalziumquellen außerhalb der Milchprodukte wie z.B. grüne Blattgemüse, Tofu, Sardinen und Lachs. Wenn alle diese nicht ausreichen, können zusätzlich zur Ernährung auch Kalziumpräparate eingenommen werden.

Gesundheitliche Effekte von Alkohol

Alkohol nimmt in vielfältiger Art und Weise auf die verschiedenen Körpergewebe Einfluß. Viele dieser Effekte sind von gesundheitlicher Bedeutung. In vitro-Untersuchungen ließen beispielsweise nachweisen, daß Alkohol und Azetaldehyd die DNS, also das genetische Material der Zellen, in ähnlicher Art und Weise verändern wie krebserregende Substanzen (Karzinogene). Diese Beobachtung könnte die Tatsache erklären, daß regelmäßiger Alkoholgenuß das Auftreten bestimmter Krebserkrankungen beschleunigt.

Die Leberfunktion wird durch Alkohol in vielfältiger Art und Weise gestört. Die Wirkung des Alkohols kann mit der Verstoffwechselung anderer Drogen bzw. Medikamente interferieren und damit deren toxische Potenz steigern. In großen Mengen führt Alkohol zu einer Anhäufung von Fett in der Leber, zur sog. Fettleber, die schließlich in einer Destruktion der Leberzellen und in eine Leberverhärtung (Leberzirrhose) münden kann.

Die direkten toxischen Effekte des Alkohols lassen sich am ausgeprägtesten am Gehirn beobachten. Häufig sind sie paradoxer Natur. Die Wirkungen des Alkohols auf das Gehirn sind dosisabhängig, sie verlaufen hierarchisch in Abhängigkeit von der embryonalen Entwicklung des Gehirns. Im allgemeinen beeinflußt Alkohol zunächst die höheren Hirnzentren. Mit steigender Dosis werden dann auch die tiefer gelegenen Hirnzentren supprimiert und in ihrer Funktion gestört. Die Reihenfolge der zerebralen Störungen mit ansteigender Dosis kann etwa wie folgt angegeben werden:

Denkvermögen – Urteilsfähigkeit

Sensomotorische Reaktion – Reaktionszeit

Motorische Feinkoordination – Sprachmuskulatur

Motorische Grobkoordination – Gehen

Sehvermögen – Doppelbilder

Wachheitsgrad – Schlaf, Koma

Atemsteuerung – Atemstillstand, Tod

Tabelle 4.11 gibt eine Übersicht über die Auswirkungen ansteigender Blutalkoholkonzentrationen auf mentale und körperliche Funktionen.

Wenn man gesundheitliche Probleme durch Alkohol vermeiden will, so ist es das einfachste, ganz auf ihn zu verzichten. Auf der anderen Seite kommen mäßigem Alkoholgenuß aber auch gesundheitlich positive Effekte zu, die allerdings nicht so groß sind, daß man deshalb unbedingt mit dem Trinken beginnen sollte. Für denjenigen, der Alkohol nicht völlig meidet bzw. regelmäßig trinkt, gibt es einige wichtige Spielregeln: Die toxischen Effekte von zuviel Alkohol beeinträchtigen akut vor allem die motorische Koordination und das Urteilsvermögen, zwei Faktoren, die für den Autofahrer ausgesprochen wichtig sind. Wer trinkt und sich dann ans Steuer setzt, nimmt damit ernsthafte soziale, gesundheitliche und persönliche

Tab. 4.11 Typische Auswirkungen eines Anstiegs des Blutalkoholgehalts

Zahl der in 2 Stunden genossenen Getränke	Blutalkoholkonzentration (‰)	Symptome
2–3	0,2–0,4	Man fühlt sich wohlig entspannt, frei von jedem Alltagsstreß
4–5	0,6–0,9	In diesem Bereich, gesetzlich bei 0,8, liegt die Grenze der Fahrtüchtigkeit, eingeschränktes Urteilsvermögen, verschlechterte feinmotorische Kontrolle und Koordination
6–8	1,1–1,6	Verwaschene Sprache, Defizite in der Grobmotorik, gestörte Koordination, Gehstörungen
9–12	1,8–2,5	Verlust der willkürlichen Kontrolle, auffälliges Verhalten, Sehstörungen
13–18	2,7–3,9	Benommenheit, völliger Verlust der Koordinationsfähigkeit
19 und mehr	> 4,0	Koma, Depression der Atemzentren, Tod

* Ein Getränk = eine 0,33 l-Flasche Bier, 1/4 l Wein, 40 ml Schnaps
** Die Blutalkoholkonzentration wird berechnet für ein Körpergewicht von 72 kg. Bei geringerem Körpergewicht steigt die Blutalkoholkonzentration höher, bei höherem Körpergewicht geringer an. Bei einem 55 kg schweren Menschen können 4–5 Getränke schon zu einem Blutalkoholspiegel von 0,8–01,2 ‰ führen.

Konsequenzen in Kauf. Alkohol ist etwa bei jedem zweiten der 10.000 in Deutschland jährlich tödlich verlaufenden Autounfälle beteiligt. Nach Alkoholgenuß sollte es daher eine Grundregel sein: „Hände weg vom Steuer!"

Weiterhin steigert Alkohol aggressive Tendenzen in Abhängigkeit von der aufgenommenen Alkoholmenge, wie dies entsprechende Untersuchungen gezeigt haben. Alkoholkonsum geht daher mit einer deutlichen Häufung von sexuellen Straftaten, Gewalttaten wie Mord, aber auch Autoaggressionen bis hin zum Suizid einher.

Besonders Schwangere sollten jeden Alkoholgenuß meiden. Mütter, die während der Schwangerschaft regelmäßig trinken, gehen die Gefahr ein, daß ihr Kind unter einem **fetalen Alkoholsyndrom (FAS)** leidet. Wachstum und mentale Entwicklung des Kindes sind verzögert, häufig finden sich typische Gesichtsveränderungen. Wenn das Syndrom nicht voll, sondern nur in einzelnen Teilbereichen ausgebildet ist, spricht man von **fetalen Alkoholeffekten (FAE)**. Beide Störungen, FAS und FAE, können mit Lernbehinderungen der Kinder verbunden sein. Dabei läßt sich bis heute noch nicht sagen, wo die Sicherheitsgrenze des Alkoholgenusses für werdende Mütter liegt. Am besten meiden Frauen, die schwanger sind, den Alkohol völlig.

Die Frage, ob auch mäßiges Trinken von ein bis drei alkoholischen Getränken täglich ein gesundheitliches Risiko darstellt oder nicht, bleibt bisher unbeantwortet. Die meisten hierzu verfügbaren Daten stammen aus epidemiologischen Untersuchungen. Es liegen jedoch auch eine Reihe tierexperimenteller Studien und Untersuchungen am Menschen vor.

Zu den aufgeführten alkoholbedingten Schädigungen der DNS in den Zellkernen kann es bereits bei Alkoholkonzentrationen kommen, die nach 1–2 alkoholischen Getränken erreicht werden. So kann Alkohol bei der Entstehung bestimmter Krebsarten, z.B. Brust- und Dickdarmkrebs, beteiligt sein. Weitere Untersuchungen ergaben, daß Alkoholmengen entsprechend 3 oder mehr alkoholischen Getränken pro Tag, das Risiko von Bluthochdruck und Fettstoffwechsel-

störungen steigern können. Alkohol ist darüber hinaus, wie ausgeführt, eine wichtige Kalorienquelle – etwa 7 Kalorien pro Gramm Alkohol – und kann damit zur Entwicklung einer Adipositas beitragen. Alle diese letztgenannten Faktoren sind Risikofaktoren für die Entstehung einer koronaren Herzkrankheit (KHK). Mit Alkohol vorsichtig müssen ferner Menschen sein, die an bestimmten Erkrankungen leiden, etwa chronischen Lebererkrankungen, Magengeschwüren oder Gicht, da bei ihnen der Alkohol zu einer Verschlimmerung führen kann. Weiterhin sollte man mit Alkohol dann vorsichtig sein, wenn man bestimmte Medikamente einnimmt, wie Aspirin und nichtsteriodale antientzündliche Medikamente, z.B. Ibuprofen, da diese, ebenso wie Alkohol, die Magenwand reizen können. Bei der Kombination beider Reize besteht somit ein erhöhtes Risiko von Magen-Darm-Blutungen.

Auf der gesundheitlich gesehen positiven Seite haben neuere epidemiologische Untersuchungen nahe gelegt, daß Alkoholgenuß in mäßigen Mengen, etwa ein bis drei Glas Bier oder Wein pro Tag, bei Männern das Risiko der KHK vermindern. Inzwischen liegen auch ähnliche Daten für Frauen vor. Der genaue Mechanismus ist nicht bekannt. Einer der diskutierten Möglichkeiten geht davon aus, daß die entspannende Wirkung des Alkohols emotionalen Stress, ein Risikofaktor für die KHK, abbaut. Von besonderem Interesse ist heute die Theorie, daß mäßiger Alkoholgenuß die Blutkonzentration an HDL-Cholesterin erhöht, diejenige Form des Cholesterins, die präventiv gegenüber der KHK wirkt (im einzelnen siehe auch die Diskussion auf Seite 141 ff.). Obwohl hierzu eine ganze Reihe von entsprechenden Befunden vorliegt, ist der zugrunde liegende Mechanismus im Bereich des Fettstoffwechsels gleichfalls nicht hinreichend bekannt. In einigen Untersuchungen kam es unter Alkohol zu einem Anstieg des HDL_2-Cholesterins, derjenigen Cholesterinform, der eine besonders große präventive Bedeutung zugebilligt wird. Nach anderen Untersuchungen erhöht Alkohol eher die Konzentration von HDL_3, dessen präventiver Effekt umstritten ist. Möglicherweise werden beide, HDL_2 und HDL_3 erhöht. Nach der neuesten Diskussion soll es nicht der

Effekt des Alkohols sein, der die Schutzwirkung bewirkt, sondern vor allem die Wirkung von im Rotwein enthaltenen Antioxidanzien, die eine Oxidierung des LDL verhindern. Ein weiterer Mechanismus wird in einer Hemmung der Plättchenzusammenballung (Thrombozytenaggregation) durch Alkohol gesehen.

Zusammengefaßt sind die meisten Gesundheitsexperten heute der Ansicht, daß mäßiger Akoholgenuß für den sonst gesunden Menschen, der sich vernünftig, d.h. mit einer ausgewogenen Kost ernährt, kein gesundheitliches Risiko darstellt. Trotzdem, die Gefahr der Entwicklung eines Alkoholismus, bzw. das nie auszuschließende Risiko von Verkehrsdelikten bis zu Strafftaten unter Alhoholeinfluß läßt es grundsätzlich vernünftiger erscheinen, auf Alkohol ganz zu verzichten.

Wenn hier auch festgestellt wurde, daß mäßiger Alkohol gesundheitliche Vorteile mit sich bringen kann, so kann dies auf keinen Fall bedeuten, „je mehr desto besser". Auf die häufige Beteiligung von Alkohol bei insbesondere auch tödlichen Autounfällen wurde bereits hingewiesen, ebenso auf die Möglichkeit des Einflusses von Alkohol auf die Entwicklung von Brustkrebs sowie plötzliche Todesfälle infolge von Schlaganfall, Herzinfarkt oder Herzversagen. Alle diese Effekte, die besonders nach akutem Alkholgenuß auftreten können, werden durch chronisches Trinken noch weiter verstärkt. Weitere negative Effekte sind entzündliche Reizungen des Magen-Darm-Traktes bis hin zur Entwicklung von Mund- und Speiseröhrenkrebs. Auch das gehäufte Vorkommen einer Osteoporose ist bei chronischen Alkoholikern gesichert.

Dasjenige Organ, das im Zentrum des Angriffs des Alkohol steht, ist die Leber. Es konnte gezeigt werden, daß schon der tägliche Genuß von sechs alkoholischen Getränken über nur einen Monat hinweg trotz einer sonst ausgewogenen, eiweißreichen Ernährung zu einer vermehrten Ansammlung von Fett in der Leber führt. Wird dieser Mißbrauch über Jahre hinweg fortgeführt, so gehen Leberzellen zugrunde, sie werden durch Bindegewebe ersetzt, es kommt zu einem narbigen Umbau der Leberstruktur,

zur **Leberzirrhose**. Die zunehmende Verschlechterung der Leberfunktion führt dann zu Störungen im Fett- und Kohlenhydratstoffwechsel, die ihrerseits wiederum andere innere Organe negativ beeinflussen, wie Niere, Pankreas und Herz.

Der Alkoholmißbrauch bzw. Alkoholismus ist das größte Suchtproblem in den westlichen Industrieländern. Etwa jeder sechste Mann und jede sechzehnte Frau ist davon betroffen, bzw. jeder zehnte Mensch, der Alkohol trinkt, muß als Alkoholiker eingestuft werden. Die Faktoren, die zur Entwicklung einer Abhängigkeit führen, sind bisher nicht genau bekannt, aber offensichtlich spielt eine Kombination von physiologischen, psychologischen und soziologischen Faktoren eine Rolle. Selbst eine exakte Definition des Alkoholismus ist bis heute noch nicht möglich. Der Alkoholiker wird vor allem nach seinem sozialen Verhalten definiert. Nach den jeweiligen Verhaltensmustern können verschiedene Stadien des Alkoholismus beschrieben werden.

Literatur

Übersichtsartikel
Costill, C. 1988. Carbohydrates for exercise: Dietary demands for optimal performance. *International Journal of Sports Medicine* 9: 1–18.

Spezielle Studien
Blom, T., et al. 1987: The effects of different post-exercise sugar diets on the rate of muscle glycogen resynthesis. *Medicine and Science in Sports and Exercise* 19:491-96

Fogelholm, M., et al. 1991. Carbohydrate loading in practice: High muscle glycogen concentration is not certain. *British Journal of Sports Medicine* 25:41–44

Horowitz, J., et al. 1989. Effects of carbohydrate loading and exercise on muscle girth. *Medicine and Science in Sports and Exercise* 21:S58

Larsen, J., et al. 1988. Effects of ingesting polylactate during prolonged cycling. Paper presented at Southwest Regional Meeting of the American College of Sports Medicine, Las Vegas, NV. December 1988.

Myers, J. et al. 1990. Effect of fructose 1,6 diphosphate infusion on the hormonal response to exercise. *Medicine and Science in Sports and Exercise* 22:102–5

Pritikin, N. 1979. The Pritikin Program for Diet and Exercise. New York Grosset and Dunlop

Sherman, W., et al. 1993. Carbohydrate feedings 1 h before exercise improves cycling performance. *American Journal of Clinical Nutrition* 54:866–70

Sherman, W., et al. 1993. Dietary carbohydrate, muscle glycogen, and exercise performance during 7 d of training. *American Journal of Clinical Nutrition* 57:27–31

Stanko, R., et al. 1990. Enhanced leg exercise endurance with a high carbohydrate diet and dihydroxyacetone and pyruvate. *Journal of Applied Physiology* 68:1651–56

Stanko, R., et al. 1990. Enhancement of arm exercise endurance capacity with dihydroxyacetone and pyruvate. *Journal of Applied Physiology* 68:119–24

Williams, C. et al. 1992. The effect of a high carbohydrate diet on running performance during a 30 km treadmill trial. *European Journal of Applied Physiology* 65:18–24

Zawadzki, B., et al. 1992. Carbohydrate-protein complex increases the rate of muscle glycogen storage after exercise. *Journal of Applied Physiology* 72:1854–59

5 Die Fette – eine wichtige Energiequelle unter körperlicher Belastung

5.1 Einleitung

Aus gesundheitlicher Sicht erfordern in den westlichen Industrieländern unter allen Nährstoffen die Fette die höchste Aufmerksamkeit, da in unserer Ernährung die unnötig hohe Fettaufnahme die wichtigste Ursache für die Häufigkeit von ernährungsabhängigen Krankheiten darstellt, speziell Koronare Herzkrankheit, bestimmte Krebsformen und Übergewicht. Die wichtigste Ernährungsempfehlung ist daher aus gesundheitlicher Sicht der Rat zu einer Einschränkung des Fettverbrauchs. Die Begründung sowie entsprechende Ernährungsempfehlungen werden im folgenden Kapitel gegeben, zusätzlich wird auf die Kapitel 2 und 11 verwiesen.

Auf der anderen Seite enthalten die Fette einige wichtige essentielle Nährstoffe, die für eine Reihe von lebensnotwendigen Funktionen erforderlich sind. Für den Ausdauerathleten stellen die Fette weiterhin eine wesentliche Energiequelle dar. Sport- und Ernährungswissenschaftler haben eine Reihe von Techniken ausgearbeitet, mit deren Hilfe sich die Ausdauerleistungsfähigkeit durch eine Verbesserung der Fähigkeit des Muskels, Fette zu verbrennen, steigern läßt.

Im nachfolgenden Kapitel soll die Rolle des Fettanteils in unserer Ernährung für die Gesundheit und Leistungsfähigkeit definiert werden. Zu diesem Zweck wird zunächst die Biochemie der verschiedenen Typen der Fette, speziell der Neutralfette und des Cholesterins, beschrieben, anschließend werden ihre Verstoffwechselung im menschlichen Organismus, ihre physiologischen Funktionen, die Rolle der Fette als Energiequelle für körperliche Belastung, die Möglichkeit von leistungssteigernden Methoden zur Verbesserung der Fettverbrennung und der Ausdauerleistungsfähigkeit sowie schließlich die gesundheitlichen Probleme, die sich durch eine zu fettreiche Ernährung ergeben können, dargestellt.

5.2 Die Fette

Biochemie der Fette

Unter Fetten oder auch **Lipiden** versteht man Substanzen, die sich nicht in Wasser, dafür aber in Fettlösungsmitteln lösen, wie Alkohol oder Äther. Die drei wichtigsten Klassen der Fette für die menschliche Ernährung sind die Triglyzeride, das Cholesterin und die Phospholipide. Aus energetischer Sicht kommt dabei dem erstgenannten Fett, den Triglyzeriden, die wichtigste Bedeutung zu.

Die **Triglyzeride**, auch als Neutralfette bekannt, stellen die wichtigste Form der Fette für die Energiespeicherung bzw. Energiebereitstellung dar. Sie bestehen aus zwei Anteilen, den freien Fettsäuren und dem Glyzerin. Das Glyzerin ist ein dreiwertiger Alkohol, d.h. es besitzt drei Alkoholgruppen. An jede dieser Gruppen bindet sich eine freie Fettsäure. Der Vorgang dieser Verbindung einer Alkoholgruppe mit einer organischen Säure wird als Veresterung, das Ergebnis als **Ester** bezeichnet. Die Abbildung 5.1 zeigt das Prinzip der Triglyzeride als Verbindung aus jeweils einem Glyzerinmolekül mit drei freien Fettsäuren.

Die **freien Fettsäuren** (FFS), eine der beiden Komponenten der Triglyzeride, stellen unterschiedlich lange Ketten mit einem Kohlenstoffgerüst dar, hinzu kommen Sauerstoff- und Wasserstoffatome. Sie unterscheiden sich untereinander nicht nur in ihrer Kettenlänge, sondern auch hinsichtlich ihres Sättigungsgrades an Wasserstoff. Kurzkettige FFS enthalten bis zu sechs Kohlenstoffatome, mittellange sechs bis 12 und langkettige Fettsäuren mehr als 12 Kohlenstoffatome.

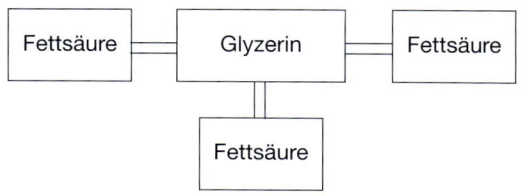

Abbildung 5.1 Schematische Darstellung der Struktur der Triglyzeride als Verbindung von jeweils einem Glyzerinmolekül mit drei freien Fettsäuren.

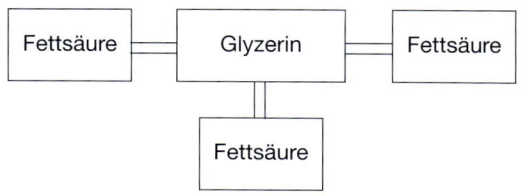

Gesättigte Fettsäure

Ungesättigte Fettsäure (cis)

Einfach ungesättigte Fettsäure

Ungesättigte Fettsäure (trans)

Mehrfach ungesättigte Fettsäure

Omega-3-Fettsäure

Abbildung 5.2 Die Struktur der verschiedenen Fettsäuren, der gesättigten, ungesättigten und mehrfach ungesättigten Fettsäuren, unter Einschluß der Cis- und Transformen sowie der Omega-3-Fettsäuren. Die einfach ungesättigten Fettsäuren zeigen jeweils nur eine Doppelbindung zwischen zwei Kohlenstoffatomen, die mehrfach ungesättigten zwei und mehr Doppelbindungen. Bei den Omega-3-Fettsäuren findet sich die Doppelbindung jeweils am drittletzten Kohlenstoffatom, das mit dem griechischen Buchstaben Ω (Omega) bezeichnet wird. R bedeutet Radikal bzw. eine beliebige Anzahl von C-H-Bindungen. In der Trans-Position steht ein Wasserstoffatom bezogen auf das andere auf der jeweils gegenüberliegenden Seite.

Bei den **gesättigten Fettsäuren** sind alle potentiellen Wasserstoffbindungen voll abgesättigt. Bei **ungesättigten Fettsäuren** entstehen sogenannte Doppelbindungen, dadurch, daß sich die nicht durch Wasserstoff abgesättigte Bindungen zweier Kohlenstoffatome miteinander verbinden. Man unterscheidet **einfach ungesättigte FFS**, bei denen nur eine Doppelbindung vorhanden ist, also theoretisch zwei Wasserstoffatome aufgenommen werden könnten, von **mehrfach ungesättigten FFS**, bei denen zwei oder mehr Doppelbindungen vorhanden sind, also vier oder mehr Wasserstoffatome aufgenommen werden könnten. Bei Raumtemperatur sind gesättigte Fette im allgemeinen fest, ungesättigte flüssig. Unter **gehärteten** oder **hydrogenierten Fetten** bzw. Ölen versteht man Fette mit primär ungesättigten Fettsäuren, bei denen ein Teil der Doppelbindungen durch die Zuführung von Wasserstoffatomen aufgefüllt wird. Die Fette werden dadurch mehr oder minder stark gesättigt. Bei dem Hydrogenierungsprozeß wird außerdem die normale Position des Wasserstoffatoms an der Doppelbindung verändert. Das Wasserstoffatom wird häufig von der gleichen oder cis-Seite auf die gegenüberliegende oder trans-Seite verschoben. Man spricht dann von **Trans-Fettsäuren**.

Eine besondere Klasse der hochungesättigten Fettsäuren sind die **Omega-3-Fettsäuren**, die vor allem in Fischölen vorkommen. Abbildung 5.2 zeigt die strukturellen Unterschiede zwischen gesättigten, einfach ungesättigten, mehrfach ungesättigten und Omega-3-Fettsäuren. Die gesundheitliche Bedeutung dieser biochemischen Unterschiede wird im weiteren Verlauf dieses Kapitels diskutiert.

Glyzerin ist, wie schon festgestellt, ein dreiwertiger Alkohol, eine farblose, visköse Flüssigkeit. Glyzerin wird als Bestandteil der Triglyzeride mit der Nahrung aufgenommen, es kann aber auch vom Körper selbst als Zwischenprodukt des Kohlenhydratstoffwechsels synthetisiert werden. Andererseits kann Glyzerin im Rahmen der Glukoneogenese in der Leber in Kohlenhydrate zurückgeführt werden.

In neuester Zeit wurden von der Nahrungsmittelindustrie eine Reihe von künstlichen Fetten bzw. Fett-Ersatzstoffen synthetisiert. Ein Beispiel stellt *Olestra* dar, eine Verbindung, die aus Rohrzucker und sechs bis acht freien Fettsäuren besteht. Dieser

Polyester des Rohrzuckers kann im Magen-Darm-Trakt nicht verdaut werden, er verläßt den Körper unverändert. Mit *Simplesse* wird ein Produkt bezeichnet, das aus Milch- und Eiweißproteinen hergestellt wird und das durch den Herstellungsprozeß den Geschmack und die Struktur von Fetten erhält. Der Vorteil besteht in der Kalorienarmut dieses künstlichen Fettes, es enthält lediglich 1,3 Kal/g im Vergleich zu 9 Kal/g Fett. Unter den vielen Kunstfetten dieser Art ist bisher nur *Simplesse* als Nahrungsmittel zugelassen. Aufgrund seines geringen Kaloriengehaltes wird es gerne in Ernährungsprogrammen genutzt, die zur Gewichtsabnahme führen sollen. Hierzu wird auf Kapitel 11 sowie auf den weiteren Verlauf des vorliegenden Kapitels verwiesen.

Fettreiche Lebensmittel

Der Fettgehalt der einzelnen Lebensmittel ist sehr unterschiedlich. Er liegt zwischen 5–10 % bei Obst und Gemüsen bzw. 100 % bei reinem Fett und Ölen, die zum Kochen verwendet werden. Manche Lebensmittel lassen sich sofort als mehr oder minder reine Fette oder als fettreich erkennen, wie Margarine, Butter, Öle, Backfett, Mayonnaise oder die sichtbare Fettschicht am Fleisch. Bei anderen Nahrungsmitteln ist ihr hoher Fettgehalt oft nicht von außen erkennbar, man spricht von **versteckten Fetten**. Typische Beispiele hierfür sind Wurst, Käse, Schokolade, Nüsse, Desserts, Kartoffelchips, sowie eine Vielzahl von kommerziell vorgefertigten Lebensmitteln. Eine ca. 150 g schwere, gebackene Kartoffel enthält beispielsweise 145 Kal, davon 3% Fett, die gleiche Menge in Form von Kartoffelchips enthält 795 Kal davon 60 % als Fettkalorien. Abbildung 5.3 zeigt typische Beispiele für versteckte Fette.

Im allgemeinen sind Nahrungsmittel tierischer Herkunft aus der Fleisch- und Fettgruppe reich an Fetten, besonders an gesättigten Fetten. Durch eine sorgfältige Auswahl und Nahrungszubereitung läßt sich aber auch bei Verwendung von Lebensmitteln aus dieser Gruppe der Fettverzehr erheblich reduzieren. Schweine- und Rindfleisch enthalten im allgemeinen sehr viel Fett, wenngleich sich

	Kalorien	Fettgehalt (g)	Fettkalorien
1/4 l Milch	150	8	48 %
30 g Käse (vollfett)	115	9	70 %
1 Teelöffel Erdnußbutter	95	8	76 %
1 Doughnut	100	5	45 %

Abbildung 5.3 Versteckte Fette. Viele Lebensmittel, die wir verzehren enthalten, obwohl man das vom äußeren Anschein nicht vermuten würde, einen großen Anteil ihres Kaloriengehalts in Form von „verstecktem" Fett.

die moderne Landwirtschaft bemüht, den veränderten Verbrauchergewohnheiten entsprechend auch mageres, rotes Fleisch anzubieten. Der Fettanteil in Schweine- und Rindfleisch variiert daher erheblich. Geflügel und Fisch haben dagegen einen sehr viel geringeren Fettgehalt. Auch hier gibt es allerdings Unterschiede. Flunder und Thunfisch weisen beispielsweise einen niedrigen Fettgehalt auf, Lachs und Makrele einen hohen. Diese wiederum enthalten andererseits einen hohen Anteil der gesundheitlich wertvollen Omega-3-Fettsäuren. Man kann den Fettgehalt seiner Ernährung neben einer entsprechenden Auswahl zusätzlich dadurch vermindern, daß man sorgfältig das Fett vom Muskelfleisch abschneidet bzw. beim Geflügel die Haut entfernt. Ein weiteres Beispiel für die Reduzierungsmöglichkeiten des Fettverbrauches: Vollmilch enthält 8 g Fett pro Tasse, Magermilch erheblich weniger, nämlich nur 0,5–1 g.

Pflanzliche Produkte enthalten meist nur wenig Fett, speziell Gemüse, Obst, Hülsenfrüchte und Vollkornprodukte. Ferner ist das in ihnen vorhandene Fett weitgehend ungesättigt. Es gibt aber auch Pflanzenprodukte, die viel Fett enthalten, wie Nüsse, Sonnenblumenkerne und andere Pflanzensamen, Avocados etc. Auch hier wiederum sind es vorwiegend ungesättigte Fette. Tropische Fette wie Kokosnüsse und Palmmark enthalten dagegen viel und überwiegend auch gesättigtes Fett.

Wegen der später zu diskutierenden gesundheitlichen Bedeutung der verschiedenen Fettarten wird in Tabelle 5.1 ein Überblick

Tab. 5.1 Ungefährer prozentualer Gehalt an Fettsäuren in häufig genutzten Fetten und Ölen*

Öl/Fett	Gesättigte Fette	Einfach ungesättigte Fette	Mehrfach ungesättigte Fette
Backfett (pflanzlich)	26	43	25
Backfett (tierisch)	44	48	5
Baumwollsamenöl	26	18	53+
Butterfett	62+	30	4
Erdnußöl	17	48	33
Hühnerfett	30	46	22
Kakaobutter (Schokolade)	60+	33	3
Kokosöl	87+	6	2
Maisöl	13	25	60+
Margarine	21	48	31
Olivenöl	14	74+	9
Palmkernöl	84+	12	2
Palmöl	50+	38	10
Rapsöl	6	62+	30
Rindertalg	50+	43	4
Safloröl	9	12	78+
Schweinefett (Schmalz)	40	47	12
Sojabohnenöl	15	24	58+
Sonnenblumenöl	11	20	66+
Thunfischfett	27	26	37
Weizenkeimöl	20	16	64+

* z. T. weniger als 100% aufgrund anderer Fette
+ = hoher Gehalt

über den unterschiedlichen Anteil an gesättigten, einfach ungesättigten und mehrfach ungesättigten Fettsäuren in verschiedenen Fetten und Ölen gegeben. Aus der Tabelle kann man sich Beispiele mit jeweils einem hohen oder niedrigen Anteil an diesen drei Fettsäuretypen auswählen.

Abschätzung der in Form von Neutralfetten aufgenommenen Nahrungskalorien

Selbst sogenannte „fettfreie" Lebensmittel, die maximal 5 % Fett aufweisen dürfen, können paradoxerweise einen hohen Anteil ihrer Kalorien in Form von Fett enthalten. Die Angabe des Prozentsatzes bezieht sich nämlich auf das Gewicht, nicht auf den Kaloriengehalt. Das jeweilige Lebensmittel kann einen hohen Anteil an Wasser besitzen, das kalorisch leer ist. So kann beispielsweise als fettfrei ausgezeichnetes Frühstücksfleisch in Abhängigkeit von seinem jeweiligen Wassergehalt bis zu 40 % seiner Kalorien in Form

von Fetten beinhalten. Bei sehr wasserreichen Nahrungsmitteln kann der prozentuale Anteil der Fettkalorien noch wesentlich höher sein. Vollmilch enthält gewichtsbezogen beispielsweise nur 3,5 % Fett, sie ist damit definitionsgemäß fettarm. Ein Glas Milch enthält andererseits 150 Kal und 8 g Fett, die somit mit 8 × 9 = 72 Kal oder 48 % des gesamten kalorischen Inhaltes des Glases zu Buche schlagen. Auch bei der als solche bezeichneten fettarmen Milch, die bis zu 2 % Fett enthalten darf, liegen noch 37 % der Kalorien in Form von Fetten vor.

Will man wissen, wieviel Fette man zu sich nimmt, ist es erforderlich, den jeweiligen Produktinformationen den Gesamtkaloriengehalt, die Fettkalorien, das Gesamtfett und den Gehalt an gesättigten Fettsäuren zu entnehmen. Manche Produktinformationen geben zusätzlich den Gehalt an gesättigten, einfach- und mehrfach-ungesättigten Fetten an. Verfügt man nicht über solche Produktinformationen, muß man die Gesamtkalorienzahl und die Fettmenge kennen, die im Durchschnitt mit den jeweiligen Lebens-

Tabelle 5.2   Die Berechnung des Kaloriengehalts von fetthaltigen Lebensmitteln

---

Methode A: Berechnung aus den Angaben der Produktinformation

Angaben pro Portion

Kalorien = 90
Fettkalorien = 30
Die Berechnungen der prozentualen Fettkalorien erfolgt nach folgender Formel:
30 × 100 : 90 = 33 %

Methode B: Berechnung aufgrund bekannter Zusammensetzung des Lebensmittels

Angaben pro Portion
Kalorien = 90
gesamter Fettgehalt = 8 g
gesättigte Fette = 3 g
Die Berechnung des Kalorienwertes der Fette erfolgt unter Zugrundelegung von 9 Kalorien pro Gramm Fett. Hieraus ergeben sich 9 × 8 = 72 Fettkalorien.
Danach weiter wie unter A: 72 × 100 : 90 = 80 % Fettkalorien.

Für die gesättigten Fette ergibt sich 3 × 9 = 27 Kalorien
27 × 100 : 90 = 30 % gesättigte Fette

---

mitteln aufgenommen werden. Diese Werte kann man den üblichen Nahrungsmitteltabellen entnehmen. Tabelle 5.2 zeigt beispielhaft, wie man den Anteil der Fettkalorien bzw. der gesättigten Fette aus den Produktinformationen oder Nahrungsmitteltabellen errechnet. Tabelle 5.3 gibt den Energiegehalt in Form von Fetten für einige der häufigsten Lebensmittel an, und zwar jeweils für das Gesamtfett und die gesättigten Fette. Zusätzliche Informationen finden sich in Kapitel 11, besonders auch hinsichtlich der Möglichkeit, den Anteil an fettreichen Nahrungsmitteln im Rahmen einer Ernährungsumstellung zur Gewichtsabnahme zu reduzieren.

Cholesterin

Cholesterin stellt das Strukturfett des Körpers dar. Es gehört zur Gruppe der Steroide. Da es vom Körper, speziell in der Leber, aus freien Fettsäuren sowie den Grundbausteinen von Kohlenhydraten und Eiweißen – Glukose und Aminosäuren – synthetisiert werden kann, stellt es trotz seiner Wichtigkeit keinen essentiellen Nährstoff im eigentlichen Sinne dar.

Cholesterinhaltige Lebensmittel

Cholesterin findet sich ausschließlich in tierischen, nicht in pflanzlichen Produkten, wie Obst, Gemüse, Nüssen, Getreideprodukten etc. Tab. 5.4 gibt den Cholesteringehalt einiger Lebensmittel aus der Fleisch/Milch-Gruppe in mg an. Zum Vergleich werden auch einige Lebensmittel aus der Brot/Getreide-Gruppe aufgeführt. Wenn diese mit tierischen Nahrungsprodukten zubereitet werden, beispielsweise Eiern, so kann auch auf diesem Wege Cholesterin aufgenommen werden (siehe Abb. 5.4).

Der tägliche Fettbedarf

Obwohl die meisten Neutralfette und das Cholesterin aus Kohlenhydraten und Eiweißen synthetisiert werden können, ist ein gewisser Fettanteil in der Ernährung unverzichtbar, um den Bedarf an essentiellen Fettsäuren sowie fettlöslichen Vitaminen abzudecken. Die Frage, welche Fettsäuren wirklich essentiell sind, also vom Körper nicht synthetisiert werden können und von außen zugeführt werden müssen, ist noch offen. Bisher eindeutig als essentiell definiert ist streng genommen nur die Linolsäure, eine mehrfach ungesättigte Fettsäure. Wahrscheinlich trifft dies auch für die Alpha-Linolensäure zu, eine Omega-3-Fettsäure. Für eine Reihe anderer Fettsäuren wird diese Qualität unter den Ernährungswissenschaftlern noch diskutiert. Wie dies später zu erörtern sein wird, kommt einer Reihe von Fettsäuren eine spezielle Bedeutung aus gesundheitlicher Sicht zu.

Tab. 5.3 Prozentsatz der gesamten Fett- bzw. der gesättigten Fettkalorien in ausgewählten Lebensmitteln*

Lebensmittel	% Gesamtfett-Kalorien	% gesättigte Fettkalorien	Lebensmittel	% Gesamtfett-Kalorien	% gesättigte Fettkalorien
Fleisch/Eiweißgruppe			*Gemüsegruppe*		
Ei, Eiweiß plus Dotter	67	22	Brokkoli	12	1,5
Fleisch, mager und fett	70	32	grüne Bohnen	7	1,5
Fleisch, nur mager			Karotten	4	<1
(Fett abgeschnitten)	35	15	Kartoffeln	1	<1
Flunder, Thunfisch	8	2	Spargel	8	2
Frühstücksfleisch	82	35			
Hamburger, Normalgröße	62	29	*Obst*		
Hühnerbrust (mit Haut)	35	11	Äpfel	5	<1
Hühnerbrust (ohne Haut)	19	5	Bananen	5	2
Hühnereiweiß	0	0	Orangen	4	<1
Lachs	37	7			
Schinken	80	30	*Brot/Getreidegruppe*		
			Brot		
			Weißbrot	12	2
			Vollkornbrot	12	2
Milchgruppe			Doughnuts	43	7
Eiscreme	49	28	Hafermehl	13	2
Käse, fettarm	56	35	Knäckebrot	30	12
Käse, vollfett	74	47	Makkaroni	5	<1
Magerjoghurt	29	14	Makkaroni mit Käse	46	20
Magermilch	5	2,5	Pfannkuchen	30	7
Milchshake	31	18	Spaghetti	5	<1
Vollmilch	45	28			
			Fett-/Ölgruppe		
			Butter	99	62
			Kokosöl	100	13
getrocknete Hülsenfrüchte, Nüsse			Maisöl	99	21
Bohnen	4	<1	Margarine	99	21
Bohnen mit			Salatdressing		
Schweinefleisch	28	12	französisch	95	15
Erdnußbutter	76	19	fettarm	14	<1
Erdnüsse	77	17	Schmalz	99	40

< 1 = weniger als 1%
* Unterschiedliche Prozentanteile. Im Einzelfall siehe, falls möglich, Produktinformation.

Wenngleich es für die Fette bislang nicht, wie bei anderen Nährstoffen, empfohlene tägliche Aufnahmemengen gibt, so kann man nach den üblichen Angaben doch davon ausgehen, daß der minimale Tagesbedarf an Linolensäure bei 3–6 g liegt. Nachdem mehr oder minder alle Lebensmittel einen gewissen Anteil an dieser essentiellen Fettsäure enthalten, ist bei einer Normalkost diese Menge im allgemeinen immer gesichert. Dies gilt selbst für reine Vegetarier, die sich nur von Obst, Gemüse, Hülsenfrüchten und Getreideprodukten ernähren, denn auch diese enthalten etwa 5–10 % Fett und damit ein ausreichendes Angebot an Linolensäure. Schon ein Eßlöffel pflanzliches Fett, also ca. 15 g Fett, enthält somit 5 g Linolensäure und damit den minimalen Tagesbedarf.

Tab. 5.4 Cholesteringehalt (in mg) für einige ausgewählte Lebensmittel

	Menge	Cholesterin
Fleisch/ Eiweißgruppe Rind/Schweine- fleisch/Schinken	100 g	85
Geflügel	100 g	80
Fisch	100 g	75
Krabben	100 g	160
Hummer	100 g	85
Eier	1	220
Leber	100 g	420
Milchgruppe Vollmilch	1/4 l	27
Milch, 2 %	1/4 l	15
Magermilch	1/4 l	7
Butter	1 Teel.	12
Margarine	1 Teel.	0
Rahmkäse	1 Teel.	18
Milchshake	1/4 l	10
Eiscreme	1/4 l	85
Brot-/Getreidegruppe Brot	1 Scheibe	0
Biskuit	1	17
Pfannkuchen	1	40
Brötchen, süß	1	25
Toast	1 Scheibe	130
Doughnut	1	28
Getreidebrei	1/4 l	0

Rein pflanzliche Produkte (Obst, Gemüse, Getreide, Nüsse etc.) enthalten kein Cholesterin.

Abbildung 5.4 Nahrungsmittel mit hohem Cholesteringehalt

Ein Defizit in diesem Bereich kann hierzulande im allgemeinen schon deshalb nicht auftreten, weil die meisten Deutschen zuviel Fette zu sich nehmen. Die durchschnittliche Fettaufnahme liegt bei 40 % der Gesamtkalorien, davon 15 % in Form von gesättigten Fetten, eine Fehlernährung, die die Ursache für viele ernährungsabhängige Krankheiten darstellt. Nach den Empfehlungen der Ernährungsgesellschaften sollten Fette nicht mehr als 30 % der aufgenommenen Kalorien ausmachen, davon 10 % in Form von gesättigten Fetten, 10–15 % von einfach ungesättigten Fetten und maximal 10 % als mehrfach ungesättigte Fette. Viele Ernährungsspezialisten empfehlen heute zusätzlich die Aufnahme vor allem von hochungesät-

tigten Omega-3-Fettsäuren in Form von Seefisch.

Der Körper braucht Cholesterin als Strukturmaterial sowie als Basis zur Synthese von physiologisch wichtigen Wirksubstanzen an den verschiedensten Stellen. Trotzdem ist er dank seiner Fähigkeit zur Cholesterinsynthese aus Kohlenhydraten, Fetten und Eiweißen nicht unbedingt auf eine Cholesterinzufuhr von außen angewiesen, im Gegenteil, eine zu hohe Cholesterinzufuhr in der Ernährung wird mit der Entstehung zahlreicher Erkrankungen, speziell der Koronaren Herzkrankheit, in Verbindung gebracht. Daher wird üblicherweise eine Reduktion der Cholesterinaufnahme in der Ernährung empfohlen. Die tägliche aufgenommene Cholesterinmenge liegt im Durchschnitt heute bei 400–500 mg, sie sollte auf maximal 300 mg oder auf 100 mg pro 1000 aufgenommene Kalorien reduziert werden. Tabelle 5.5 gibt einen Überblick über den jeweiligen Anteil an Gesamtfett sowie gesättigten Fetten und Cholesterin in mg für eine Diät, in der 30 % der Kalorien in Form von Fetten aufgenommen werden und die Cholesterinmenge unter 300 mg liegt, und zwar für unterschiedliche Gesamtkalorienmengen. Für die Errechnung der maximalen Fettzufuhr gibt es eine einfache Faustregel: man nimmt die Gesamtkalorien, streicht die Null und dividiert den Rest durch 3: bei 2100 Gesamtkalorien dürfen somit täglich 210 / 3 =70 g Fett aufgenommen werden. Bei 20 % Fettgehalt dividiert man durch 5 und dann durch 9. Eine

Tab. 5.5 Empfehlungen zur Tagesaufnahme von Fett, gesättigten Fetten und Cholesterin in Abhängigkeit von der Gesamtkalorienaufnahme*

Gesamtkalorien	Fettkalorien	Fett (g)	gesättigte Fette (g)	Cholesterin (in mg)
1000	300	33	11	100
1500	450	50	16	150
2000	600	66	22	200
2500	750	83	27	250
3000	900	100	33	300

* Berechnet auf der Basis eines Fettanteils von 30 % der Gesamtkalorien und maximal 100 mg Cholesterin pro 1000 Kalorien.

Ernährung von 2500 kal sollte somit 500 Kal in Form von Fetten enthalten, dividiert durch 9 Kal/g Fett ergibt sich eine Menge von maximal 55 g Fett pro Tag.

Wenn angeborene Fettstoffwechselstörungen, also erhöhte Blutfette vorliegen, so sollte die zugeführte Fettmenge noch unter diesen allgemeinen Empfehlungen liegen, die maximale Fettzufuhr sollte bei 20 % der gesamten Kalorien oder weniger liegen.

Die Empfehlung von maximal 30 % Fettkalorien gilt übrigens auch für die meisten Sportler. Dagegen zeigen die hierzu durchgeführten Untersuchungen im allgemeinen, daß auch bei Sportlern der Fettanteil meist höher liegt als empfohlen, oft im Bereich von 35–45 % der täglichen Energieaufnahme. Eine zu hohe Fettzufuhr kann auch für den Sportler aus mehrfacher Sicht ungünstig sein. Die Fette verdrängen die Kohlenhydrate in der Ernährung, zu viel Fette führen zu einer Gewichtssteigerung, es kann im Wettkampf zu Magen-Darm-Problemen unter Belastung kommen, alles Faktoren, die sich leistungsmindernd auswirken können.

5.3 Metabolismus und Funktion der Fette

Im folgendem Abschnitt soll ein kurzer Überblick über die Verdauung der Fette, ihre metabolische Verfügbarkeit im Körper, ihre Interaktion mit Kohlenhydraten und Eiweißen, ihre wichtigsten biologischen Funktionen im Organismus und über die Fettspeicherung gegeben werden.

Die Aufnahme der Fette mit der Ernährung

Die wichtigste Fettquelle in der Ernährung sind mit etwa 95 % die Triglyzeride, und zwar vorwiegend solche, die langkettige Fettsäuren enthalten. Die restlichen 5 % verteilen sich auf Steroide und Phospholipide. Da die Fette nicht wasserlöslich sind, gestaltet sich ihre Verdauung und Resorption im Körper etwas schwieriger als bei den Kohlenhydraten. Wenn mit der Nahrung Fette in den Dünndarm gelangen, stimulieren sie dort über Darmhormone die Entleerung der Galle aus der Gallenblase in den Darm. Die Gallensalze wirken als Emulgatoren, d.h. sie verkleinern die Fetttröpfchen und machen sie dadurch dem hydrolytischen Angriff der Lipidenzyme, wie der Pankreaslipase und der Cholesterase, besser zugänglich. Die Fette werden in freie Fettsäuren (FFS), Glyzerin, Cholesterin und Phospholipide aufgebrochen und von den Zellen der Darmschleimhaut aufgenommen. In diesen Zellen werden hieraus **Chylomikrone** gebildet, eine Form der **Lipoproteine**, die, wie der Name sagt, Fette und Eiweiße enthalten. Die Chylomikronen setzen sich aus großen Mengen an Triglyzeriden und nur kleinen Anteilen von Cholesterin, Phospholipiden und Eiweißen zusammen. Abbildung 5.5 zeigt das Modell eines Lipoproteins. Aus den Darmzellen werden die Chylomikronen dann an die Endverzweigungen des Lymphsystems abgegeben und über die Blutbahn weiter transportiert (siehe Abbildung 5.6). Daneben können aber auch freie **Fettsäuren mittlerer Kettenlänge** (6–12 Kohlenstoffatome) direkt an die Blutbahn abgegeben werden, ohne die Umwand-

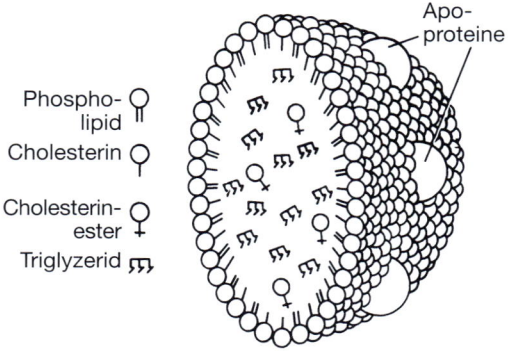

Phospho-
lipid
Cholesterin
Cholesterin-
ester
Triglyzerid

Apo-
proteine

Abbildung 5.5 Schematische Darstellung eines Lipoproteins. Lipoproteine sind aus einem Kern, bestehend aus Triglyzeriden und Cholesterinestern, und einer Hülle, bestehend bestehend aus Apoprotein, Cholesterin und Phospholipiden, aufgebaut . Die unterschiedlichen Typen der Lipoproteine unterscheiden sich jeweils hinsichtlich ihres Protein-, Cholesterin-, Triglyzerid- und Phospholipidanteils.

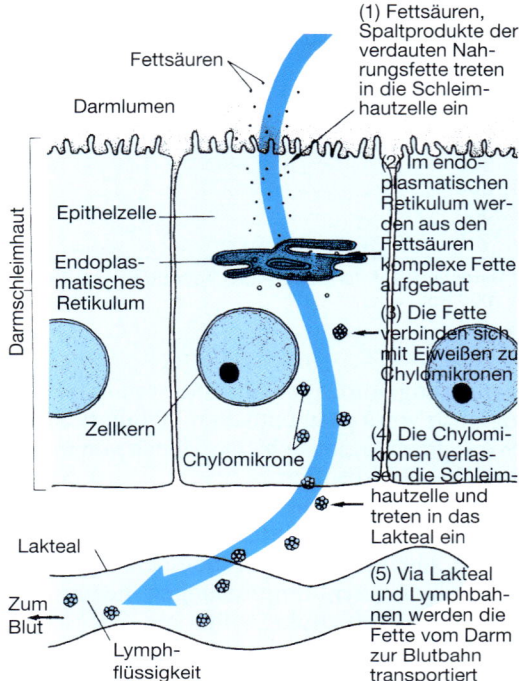

Fettsäuren

Darmlumen

Darmschleimhaut

Epithelzelle

Endoplas-
matisches
Retikulum

Zellkern

Chylomikrone

Lakteal

Zum
Blut

Lymph-
flüssigkeit

(1) Fettsäuren, Spaltprodukte der verdauten Nahrungsfette treten in die Schleimhautzelle ein

(2) Im endoplasmatischen Retikulum werden aus den Fettsäuren komplexe Fette aufgebaut

(3) Die Fette verbinden sich mit Eiweißen zu Chylomikronen

(4) Die Chylomikronen verlassen die Schleimhautzelle und treten in das Lakteal ein

(5) Via Lakteal und Lymphbahnen werden die Fette vom Darm zur Blutbahn transportiert

Abbildung 5.6 Die Resorption der Lipide. Im Darmkanal werden die Lipide durch Lipasen, unterstützt von Gallensalzen, in ihre Grundbausteine, freie Fettsäuren, Phosphorlipide, Cholesterin und Glyzerin aufgespalten. Diese werden dann durch die Epithelzellen der Darmschleimhaut resorbiert. Dort verbinden sie sich mit Eiweißen zu Chylomikronen, einer Form der Lipoproteine, die dann aus den Zellen in die Endaufzweigungen der Lymphgefäße gebracht werden. Von dort gelangen sie über den Lymphstrom in die Blutbahn.

lung in Chylomikrone. Sie werden dann direkt zur Leber transportiert. Aus diesem Grund wurde darüber diskutiert, ob Fettsäuren mittlerer Kettenlänge besonders günstig energetisch genutzt werden können und leistungssteigernd wirken, ein Aspekt, der im weiteren Verlauf zu diskutieren sein wird.

Stoffwechsel der Fette

Die Umwandlung der Lipide in Chylomikrone und ihre Resorption nach einer fettreichen Mahlzeit kann mehrere Stunden in Anspruch nehmen. Die Chylomikrone zirkulieren dann in der Blutbahn. Sie können mit verschiedenen Zellen des Körpers interagieren, vor allem mit Muskelfasern und Fettgewebszellen. Hierfür sind spezielle Proteine an der Außenschicht der Lipoproteine bedeutsam, sogenannte Apolipoproteine oder kurz Apoprotein genannt. Diese **Apoproteine** reagieren mit spezifischen Rezeptoren von Zellmembranen. Die Apoproteine von Chylomikronen interagieren mit einem Enzym, der Lipoprotein-Lipase (LPL), das von Muskelfasern und Fettgewebszellen freigesetzt wird und im Kapillarblut in der Umgebung dieser

Zellen zirkuliert. Sie setzen aus dem Lipoprotein freie Fettsäuren und Glyzerin frei. Die Fettsäuren werden von der Zelle aufgenommen, das Glyzerin und der verbliebene Rest des Chylomikrons (Remnant) werden über die Blutbahn zur Leber transportiert.

In der Muskelfaser können die FFS entweder direkt zur Energiebereitstellung verbrannt werden oder – häufiger – sich mit aus den Stoffwechselprodukten der Glykolyse synthetisiertem Glyzerin zu Triglyzeriden verbinden und in Fettzellen abgespeichert werden.

Die Leber stellt das Schlüsselorgan für die meisten Nährstoffe, darunter auch für die

Fette dar. Das vom Darm ankommende Blut wird über die Pfortader in die Leber gebracht, die in ihm enthaltenen Nährstoffe werden entnommen und in andere biochemische Formen überführt. Wie in Kapitel 4 dargestellt, kann die Leber beispielsweise Glukose aus einer Vielzahl unterschiedlicher Nährstoffe herstellen. An dieser Stelle geht es vor allen Dingen um ihre Rolle im Lipidstoffwechsel. Wie oben dargestellt werden Glyzerin, die Reste der Chylomikronen (Remnants) sowie freie Fettsäuren mittlerer Kettenlänge direkt aus dem Darm zur Leber transportiert. Die Fettzellen sind metabolisch sehr aktiv, sie geben ständig FFS an die Blutbahn ab, die von interessierten Organen und Körperzellen, unter anderem auch von der Leber, genutzt werden können. Die Hauptaufgabe der Leber besteht darin, diese Angebote von Fetten aus den verschiedenen Quellen mit Proteinen zu kombinieren und zu Lipoproteinen aufzubauen.

Lipoproteine

Nachdem die Chylomikronen nach einer fettreichen Mahlzeit aus der Blutbahn entfernt worden sind, was bis zu mehreren Stunden dauern kann, stellen die Lipoproteine etwa 95 % der im Serum enthaltenen Lipide. Der Stoffwechsel der Lipoproteine ist sehr komplex. Sie werden ständig von der Leber und anderen Geweben auf- und abgebaut. Zwischen den einzelnen Fett- und Eiweißkomponenten der einzelnen Lipoproteinklassen findet ein permanenter Austausch statt, so daß die verschiedenen Klassen fortlaufend ineinander überführt werden.

Die Lipoproteine können nach unterschiedlichen Methoden klassifiziert werden. Eine dieser Methoden geht von den verschiedenen Apoproteinen aus, die in unterschiedlicher Form in den jeweiligen Lipoproteinen vorhanden sind. Sie bestimmen, wie schon festgestellt, die Reaktionsfähigkeit der Lipoproteine mit den verschiedenen Zellen und Geweben. Die Lipoproteine werden mit Großbuchstaben bezeichnet, A, B, C, D und E. Diese werden inzwischen wiederum unterteilt in beispielsweise A_1 und A_2. Die zweite häufigere Einteilungsmethode geht von der Dichte bzw. dem spezifischen Gewicht der Lipoproteinpartikelchen aus. Die Einteilung reicht von Lipoproteinen mit einer sehr niedrigen bis zu solchen mit einer sehr hohen Dichte.

Auch die Chylomikronen sind eine Form der Lipoproteine, schon aufgrund ihrer sehr kurzen Lebensdauer jedoch keineswegs die wichtigste. Im folgenden wird eine Einteilung der wesentlichen Lipoproteine gegeben, so wie sie in dem vorliegenden Band benutzt wird. Eine graphische Darstellung findet sich in Abbildung 5.7. Es soll jedoch schon an dieser Stelle vermerkt werden, daß eine solche Einteilung sehr grob ist. Es gibt eine Fülle unterschiedlicher Proteine auch innerhalb dieser Klassen, die sich aufgrund ihres spezifischen Lipid- und Eiweißgehalts sowie ihrer Funktion voneinander unterscheiden. Die Aufklärung all dieser Unterschiede sowie ihre praktische Bedeutung steht bisher allerdings erst noch relativ am Anfang.

VLDL = Very-Low-Density Lipoproteine bestehen vor allem aus Triglyzeriden endogener, d. h. körpereigener Produktion, im Gegensatz zu den Chylomikronen, die exogene, also mit der Nahrung zugeführte, Triglyzeride enthalten. Die VLDL werden in die Gewebe transportiert, dort geben sie freie Fettsäuren und Glyzerin ab. Hierdurch werden sie verkleinert, es entstehen IDL (Intermediate-Density Lipoproteine), die in ihrer Größe zwischen VLDL und LDL liegen. Das wichtigste Apoprotein der VLDL ebenso wie der IDL ist das Apoprotein B.

LDL = Low-Density Lipoproteine enthalten einen hohen Anteil an Cholesterin und Phospholipiden, dagegen wenig Triglyzeride. LDL entstehen aus VLDL bzw. IDL, die ihren Triglyzeridanteil abgegeben haben. Neuerdings werden sie in unterschiedliche Größenklassen eingeteilt. Man unterscheidet speziell die sogenannten „small-dense LDL", also kleine, dichte Low-Density Lipoproteine. Auch für die LDL stellt das Apoprotein B die wichtigste Reaktionsgruppe dar.

HDL = High-Density Lipoproteine enthalten sehr viel, etwa 50–55 %, Protein, mittlere Mengen an Cholesterin und Phospholipiden, sowie sehr wenig Triglyzeride. Auch für die HDL-Moleküle wurde inzwischen eine Reihe von Unterklassen definiert, die wichtigsten von ihnen sind HDL_2 und HDL_3. Die

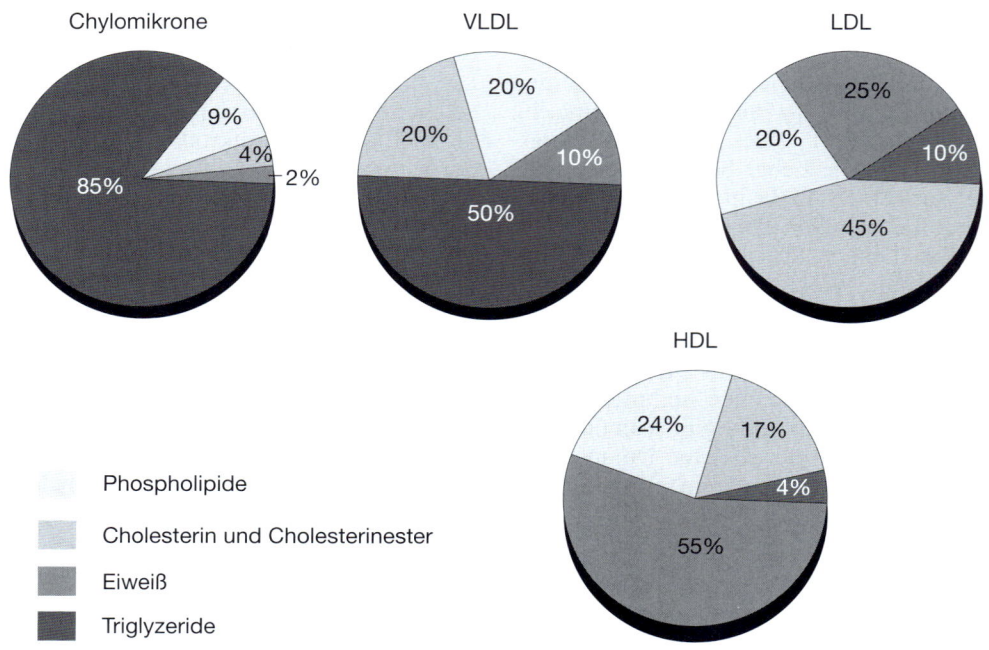

- Phospholipide
- Cholesterin und Cholesterinester
- Eiweiß
- Triglyzeride

Abbildung 5.7 Der Anteil der verschiedenen Fette an den einzelnen Klassen der Lipoproteine.

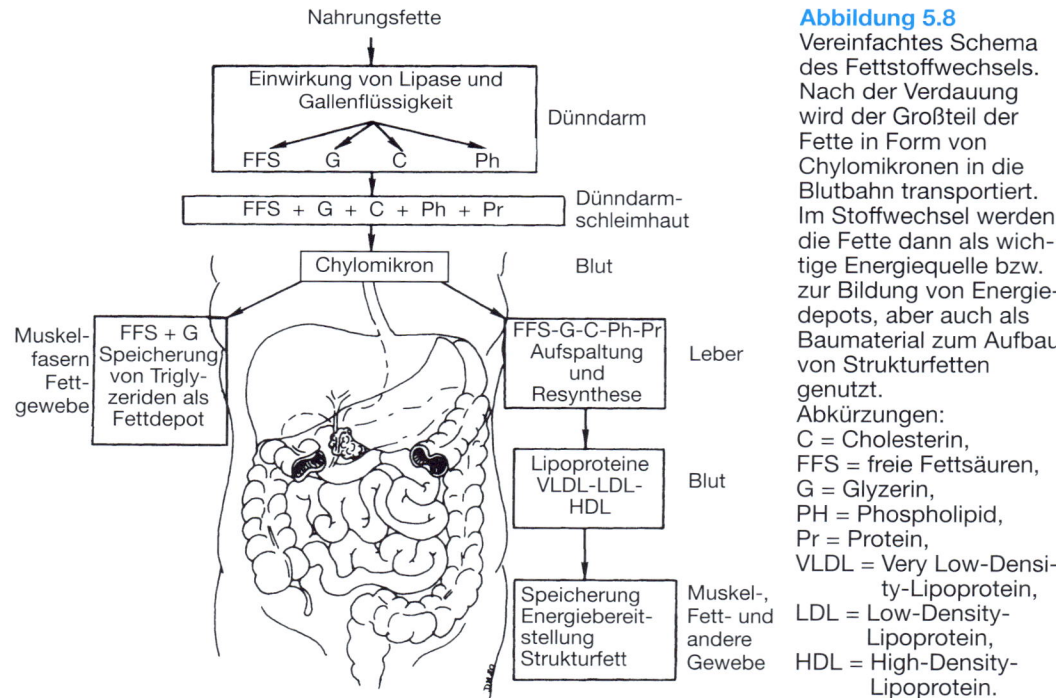

Abbildung 5.8
Vereinfachtes Schema des Fettstoffwechsels. Nach der Verdauung wird der Großteil der Fette in Form von Chylomikronen in die Blutbahn transportiert. Im Stoffwechsel werden die Fette dann als wichtige Energiequelle bzw. zur Bildung von Energiedepots, aber auch als Baumaterial zum Aufbau von Strukturfetten genutzt.
Abkürzungen:
C = Cholesterin,
FFS = freie Fettsäuren,
G = Glyzerin,
PH = Phospholipid,
Pr = Protein,
VLDL = Very Low-Density-Lipoprotein,
LDL = Low-Density-Lipoprotein,
HDL = High-Density-Lipoprotein.

154

wesentliche Reaktionsgruppe des HDL ist das Apoprotein A.

Eine vereinfachte Darstellung des Fettmetabolismus zeigt Abbildung 5.8.

Synthese von Fetten aus Proteinen und Kohlenhydraten

Fette können als Polymere des Azetyl-Co A betrachtet werden. Ebenso wie der Stoffwechsel in der Lage ist, Glykogen als polymere Substanz der Glukose zu synthetisieren, gilt dies auch für die Fette. Abbildung 4.9 zeigt, daß Aminosäuren zu Azetyl-Co A abgebaut werden, das dann zur Synthese von Fetten genutzt werden kann. Das gleiche gilt für die Kohlenhydrate. Sowohl Kohlenhydrate wie Eiweiße werden dann, wenn sie über den energetischen Bedarf hinaus aufgenommen werden, in Fette umgewandelt und in den Fettdepots gespeichert. Die Frage, ob man zu- oder abnimmt, ist letztlich also ein Bilanzproblem: ihre Beantwortung hängt davon ab, wieviel man ißt, und weniger davon, was man ißt. Wie in Kapitel 10 und 11 zu diskutieren sein wird, gibt es jedoch Hinweise darauf, daß mit der Nahrung aufgenommene Fette energetisch besonders günstig gespeichert werden können und somit in besonderem Maß für die Entwicklung einer Adipositas verantwortlich sind.

Die biologische Funktion der Fette

Die Fette stammen aus der Nahrungsaufnahme bzw. aus mit der Nahrung aufgenommenen Kohlenstoffverbindungen, speziell Fetten, Kohlenhydraten und Eiweißen. Mit Ausnahme der essentiellen Fettsäuren, speziell Linolensäure und Omega-3-Fettsäuren, können vom Körper bei Bedarf sämtliche Lipide in der Leber synthetisiert werden. Den im Blut vorhandenen Lipiden kommt eine Vielfalt von Aufgaben zu, die in allen drei Bereichen der grundsätzlichen Funktionen von Nährstoffen liegen, nämlich Aufbau von Körperstrukturen, Regulierung von Stoffwechselvorgängen und Energiebereitstellung.

Alle Zellwände, ganz speziell auch die Nervenmembranen, bestehen zu einem großen Teil aus Lipiden, ganz besonders Cholesterin und Phospholipiden. Die strukturellen Fettdepots in den Fettgeweben dienen zur Wärmeisolation sowie als mechanischer Schutz, d. h. zur Abpolsterung innerer Organe.

Cholesterin stellt eine Grundsubstanz für den Aufbau einer Reihe von Hormonen dar, speziell Testosteron, Östrogenen und Kortison, die wiederum für die Regelung des Stoffwechsels von großer Wichtigkeit sind. Der Hauptanteil des Cholesterins wird in der Leber zur Produktion von Gallensalzen genutzt, die für die Verdauung der Fette entscheidende Bedeutung haben. Phospholipide spielen unter anderem eine wichtige Rolle bei der Blutgerinnung.

Manche Fettsäuren dienen speziell als Ausgangsmaterial für Verbindungen mit wichtigen biologischen Funktionen. Durch Oxidation entsteht die Gruppe der **Eikosanoide**, zu denen Prostaglandine, Prostazykline, Thromboxane und Leukotriene gerechnet werden. Die Eikosanoide besitzen hormonähnliche Qualitäten, d. h. sie beeinflussen physiologische Vorgänge, darunter auch solche, die für die Gesundheit und Leistungsfähigkeit von großer Bedeutung sind. Einige der Eikosanoide leiten sich von den Omega-3-Fettsäuren ab. Ihre Bedeutung wird im weiteren Verlauf dieses Kapitels diskutiert.

Trotzdem liegt die Hauptfunktion der körpereigenen Lipide, speziell der Triglyzeride, in ihrer Bedeutung als Energiespeicher bzw. für die Energiebereitstellung. Die Masse der Triglyzeride findet sich in den Fettgewebsspeichern. Sie werden bei Bedarf zu freien Fettsäuren (FFS) und Glyzerin aufgespalten und in die Blutbahn abgegeben. Die freien Fettsäuren werden dann in die energiebedürftigen Gewebe, das Glyzerin wird zur Leber transportiert. In den Geweben werden die FFS zu Azetyl-Co A aufgespalten, sie treten in den Krebszyklus ein und dienen der Energiegewinnung im oxidativen System. Das Glyzerin wird in der Leber zur Resynthese von Lipiden bzw. Glukose genutzt.

In Körperruhe werden unter der Voraussetzung einer normalen Mischkost etwa 60 % der Energie aus der Verbrennung von Fetten gewonnen. Als Brennstoff nutzen die Zellen in erster Linie freie Fettsäuren, zum Teil aber auch Ketone. Die **Ketone** oder **Ketosäuren** entstehen, wenn in den Leberzellen mehr Azetyl-Co A anfällt, als in den Krebszyklus eintreten kann. Sie verlassen dann die Leberzellen, gelangen in die Blutbahn und werden den Zellen als zusätzliche Energiequelle angeboten. Die wichtigsten Ketone sind Azetoazetat, Beta-hydroxybuttersäure und Azeton. Sie treten normalerweise nur in geringen Mengen auf. Wenn jedoch sehr viele freie Fettsäuren anfallen, etwa beim Fasten, bei sehr fettreicher Ernährung oder auch bei Diabetikern steigt die Konzentration der Ketone im Blut an. Sie stellen beim Fasten bzw. bei Hungerzuständen eine wichtige Energiequelle dar. Zu hohe Ketonkonzentrationen im Blut sind allerdings ungünstig, da sie zu einer Übersäuerung führen (**Ketoazidose**), eine Bedingung, die beispielsweise beim entgleisten Diabetiker zum Koma und zum Tod führen kann.

Die Energiereserven des Körpers in Form von Fetten

Die Hauptenergiemenge des Körpers wird in Form der Triglyzeride gespeichert. Fett stellt aus mehreren Gründen eine sehr effektive Form der Energiespeicherung dar. Zum ersten besitzt Fett mit 9 Kal/g eine sehr hohe Energiedichte, die damit doppelt so hoch ist wie bei den Kohlenhydraten und Proteinen. Zum anderen ist im Fett relativ wenig Wasser enthalten im Vergleich zu 3–4 ml Wasser pro Gramm Kohlenhydrate oder Eiweiß. Beide Faktoren zusammen führen dazu, daß pro Gewichtseinheit in den Fetten 5–6 mal mehr Energie gespeichert werden kann als mit Hilfe der beiden anderen Energieträger. Ein hypothetischer Mensch, der keine Fette speichern kann und die gleiche Energiemenge in Form von Kohlenhydraten oder Eiweißen mit sich herumschleppen wollte, müßte das Doppelte seines normalen Körpergewichts wiegen.

Die meisten Triglyzeride finden sich im Fettgewebe. Sie liefern bei Bedarf für den erwachsenen Mann mit durchschnittlichem Fettgehalt etwa 80 000–100 000 Kalorien. Zusätzlich finden sich in der Muskulatur Fettdepots „im Werte" von ca. 2500–2800

Kalorien, während die im Blut zirkulierenden Fette nur einen Brennwert von 70–80 Kal besitzen. Die FFS im Blut enthalten etwa 7–8 Kal. Auch die Leber besitzt erhebliche Triglyzeridspeicher. Alle diese Speicher zusammen bedeuten ein riesiges Energiereservoir.

5.4 Bedeutung der Fette unter körperlicher Belastung

Die beiden wichtigsten Energiequellen zur Produktion von ATP stellen für den Muskel die Kohlenhydrate in Form des Muskelglykogens sowie die Fette in Form der freien Fettsäuren dar. Unter steady-state-Bedingungen werden beide in Azetyl-Co A überführt und anschließend im Zitronensäurezyklus und der Atmungskette verbrannt. Im allgemeinen werden beide Brennstoffe unter Belastung gemeinsam genutzt, wobei das Mischungsverhältnis von der jeweiligen Form und Dauer der Belastung, der Ernährung und dem individuellen Trainigszustand abhängt.

Die vom Muskel unter Belastung verbrannten Fettsäuren stammen aus verschiedenen Quellen, darunter den Triglyzeriden der im Plasma vorhandenen Chylomikronen bzw. VLDL. Die beiden wichtigsten Quellen sind die plasmatischen FFS sowie die muskulären Triglyzeridspeicher. Da die absolute Menge der FFS im Plasma nur gering ist, müssen sie bei Verbrauch ständig aus den Triglyzeriddepots der Fettgewebe wieder aufgefüllt werden. Zunächst werden dazu die in den Fettzellen vorhanden Triglyzeride mit Hilfe der hormonsensitiven Lipase (HSL) zu FFS und Glyzerin aufgespalten. Die FFS werden dann an die Blutbahn abgegeben, an Albumin als Trägereiweiß gebunden und zu den Muskelfasern oder anderen energiebedürftigen Körperzellen transportiert. Dort werden sie über die Zellmembran in die Zelle aufgenommen und zu energetischen Zwecken metabolisiert. In der Zelle selbst geschieht der Weitertransport durch eine komplexe Bindung an eine Trägersubstanz, das **Carnitin**, ein Transportvorgang, der erforderlich ist, um die FFS in die Mitochondrien einzuschleusen. Auch die muskulären Triglyzeride können in FFS und

Glyzerin aufgespalten werden, unter Mitwirkung eines Enzyms, das der HSL ähnlich ist. Auch diese intramuskulären FFS werden dann in den Mitochondrien weiter verstoffwechselt (siehe Abbildung 5.9). In Körperruhe erfolgt der größte Teil der Energiebereitstellung aus den Fetten auf dem Wege über die plasmatischen FFS. Diese werden ständig aus dem Blut entnommen und von den Fettgeweben wieder aufgefüllt. Die meisten dieser FFS, nämlich 70 %, die in Ruhe aus den Fettgeweben freigesetzt werden, werden dann allerdings wieder in Triglyzeridbindungen zurückgeführt, nur 30 % werden effektiv verbrannt.

Unter körperlicher Belastung kehrt sich dieses Verhältnis um, jetzt werden nur noch 25 % wieder in Esterbindungen zurückgeführt, der größte Teil der freigesetzten FFS wird in die Muskelzellen aufgenommen und dort verstoffwechselt. Hierzu tragen Hormone wie Katecholamine bei, die unter Belastung freigesetzt werden und die HSL aktivieren. Hierdurch steigern sie die Aufspaltung von Triglyzeriden in den Fettzellen und ihre Abgabe an die Blutbahn zum Transport zu der arbeitenden Muskulatur. Die Katecholamine stimulieren gleichzeitig die

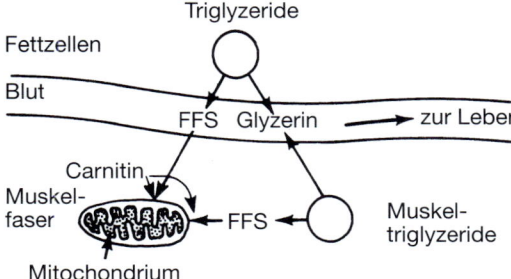

Abbildung 5.9 Die Bedeutung des Fetts als Energiequelle unter körperlicher Belastung. Freie Fettsäuren (FFS) bilden besonders für die Ausdauerbelastung eine wichtige Energiequelle. Sie können aus den Triglyzeriden in den Fettgeweben freigesetzt und über den Blutstrom zur Muskulatur gebracht, oder direkt den intramuskulären Triglyzeriddepots entnommen werden. Für den Transport der freien Fettsäuren in die Mitochondrien wird Carnitin benötigt. Das bei der Aufspaltung der Triglyzeride freiwerdende Glyzerin kann zur Leber transportiert und dann zur Glukoneogenese genutzt werden (siehe auch Anhang F, Abbildung F.4).

intramuskulären Lipasen, die die Triglyzeride in der Muskelfaser zu FFS und Glyzerin aufspalten. Beide Arten von FFS, die aus dem Plasma bzw. aus der Muskulatur selbst stammen, werden in die Mitochondrien eingeschleust und dort zu Azetyl-Co A abgebaut. Die Verstoffwechselung der langkettigen FFS zu Azetyl-Co A, einem aus zwei Kohlenstoffatomen aufgebauten Molekül, innerhalb der Zelle, wird nach der Benennung des zweiten Kohlenstoffatoms in der Kette mit Beta als Beta-Oxidation bezeichnet.

Bei Belastung geringer bis mittlerer Intensität, also zwischen 25 und 50 % der VO_2max, werden etwa 30–50 % der Energie aus Kohlenhydraten und 50–70 % aus Fetten freigesetzt. Unter diesen Bedingungen sind die FFS aus den Fettgeweben der entscheidende Energieträger, obwohl auch die intramuskulären Triglyzeride zur Energiebereitstellung herangezogen werden. Mit zunehmender Belastungsintensität in einem Bereich von 60–65 % der VO_2max gewinnen die intramuskulären Triglyzeride wachsende Bedeutung für die Bereitstellung von FFS. Die Frage des Beitrags der intramuskulären Triglyzeride zu der Energiebereitstellung während körperlicher Belastung war lange Zeit stark umstritten. Neuere mit Radioisotopenmarkierungen von Fetten und Kohlenhydraten durchgeführte Untersuchungen bei Belastungsintensitäten von 25, 65 und 85 % der VO_2max durch Romijn bestätigten die oben gegebene Darstellung, nach der die plasmatischen FFS die wichtigste Energiequelle bei Belastungen geringer Intensität darstellen, während dann mit weiter ansteigender Intensität die intramuskulären Triglyzeride in den Vordergrund treten. Tabelle 5.6 gibt eine zusammenfassende Darstellung der Fettutilisation während körperlicher Aktivität.

Somit ist einer der entscheidenden Faktoren, der bestimmt, welche Fette unter Belastung genutzt werden, die Belastungsintensität. Wie in den vorausgehenden Kapiteln dargestellt, sind die Kohlenhydrate die wichtigste Energiequelle bei Belastung mit hoher Intensität ab 65–70 % der VO_2max und darüber. Die Geschwindigkeit, mit der ATP unter Nutzung der FFS gebildet wird, ist limitiert. Sie alleine können daher die erforderliche

Tab. 5.6 Die Herkunft der unter Belastung verbrannten Fette

Chylomikrone im Plasma	Keine wesentliche Bedeutung
VLDL im Plasma	Keine wesentliche Bedeutung
Freie Fettsäuren (FFS) im Plasma	Wichtige Energiequelle. Die FFS werden vom Muskel dem Plasma entnommen und aus dem Fettgewebe nachgeliefert. Besonders wichtig bei Ausdauerbelastungen geringer bis mittlerer Intensität entsprechend 25–50 % VO_2 max. Je höher die Belastungsintensität, desto geringer die Bedeutung der FFS.
Muskuläre freie Fettsäuren (FFS)	Wichtige Energiequelle, freigesetzt aus den intramuskulären Triglyzeriden. Sie werden bei leichten Belastungen kaum genutzt, jedoch umso mehr in Anspruch genommen, je stärker die Belastungsintensität über 50 % der VO_2 max. ansteigt.

Energie für hohe Belastungsintensitäten nicht bereitstellen. Zwar spielen die freien Fettsäuren auch bei intensiven Belastungen eine gewisse Rolle für die Energiebereitstellung, ihr Beitrag nimmt aber mit ansteigender Belastungsintensität zunehmend ab. Hierfür können folgende Faktoren eine Rolle spielen:

– Unzureichende Geschwindigkeit der Freisetzung von FFS aus den Fettzellen

– Eingeschränkte Transportkapazität durch Albumine in der Blutbahn

– Limitierte Aufnahme der FFS in die Muskelzelle

– Unzureichende Verbrennungskapazität der Muskelfaser

Der letztlich entscheidende Punkt bleibt unklar. Eine der Hypothesen läuft darauf hinaus, daß durch den Anstieg der Laktatkonzentration im Serum die Freisetzung der FFS aus den Fettzellen inhibiert wird.

Nachdem die körpereigenen Glykogenvorräte in Leber und Muskulatur nur relativ gering sind, sind sie nach Ausdauerbelastungen von einer Stunde und mehr weitgehend erschöpft. Es kommt dann zu einer zunehmenden Nutzung der freien Fettsäuren unter gleichzeitiger Reduktion der Belastungsintensität. Bei sehr lang andauernden Belastungen, etwa bei einem Ultramarathonlauf, werden in der letzten Phase des Rennens bis zu 90 % der Energie aus Fetten freigesetzt. Zu diesem Zeitpunkt könnten theoretisch dann auch Ketokörper zur Energiefreisetzung beitragen. Diese Möglichkeit wird in der Praxis jedoch kaum realisiert.

Bessere Nutzung der Fette durch Frauen?

Frauen besitzen einen größeren Körperfettanteil. Es wurde daher darüber diskutiert, ob Frauen Fette besser verbrennen können als Männer und damit im Bereich der Langzeitausdauer Vorteile aufweisen. Einschlägige wissenschaftliche Untersuchungen, bei denen Frauen und Männer mit vergleichbarer maximaler Sauerstoffaufnahme zu dieser Fragestellung untersucht wurden, konnten eine solche Hypothese allerdings nicht bestätigen.

Auswirkungen eines Ausdauertrainings auf die Fettverbrennung unter körperlicher Belastung

Ausdauertrainierte Athleten weisen eine bessere Kapazität der Fettverbrennung auf als Untrainierte. Dies läßt sich auch im Längsschnitt nachweisen. Die gleiche Ausdauerbelastung wird nach einer Trainingsperiode von ein bis zwei Monaten mit dem gleichen Energieverbrauch bewältigt, dann allerdings mit einer geringeren Kohlenhydrat- und entsprechend höheren Fettutilisation. Es kommt damit zu einer Einsparung an Glykogenvorräten.

Die genauen Mechanismen dieser Stoffwechselumstellung sind noch nicht eindeutig identifiziert. Folgende Thesen wurden diskutiert und durch entsprechende Untersuchungsergebnisse untermauert:

Training führt zu einer Steigerung der Sensibilität der Fettzellen für Adrenalin. Dies steigert wahrscheinlich die Aktivität der HSL unter Belastung und damit die Abgabe von FFS an die Blutbahn. Der Gehalt der Skelettmuskulatur an Triglyzeriden wird erhöht, möglicherweise als Folge einer gesteigerten Insulinempfindlichkeit und damit einer verstärkten Aufnahme von FFS in die Muskelfaser. Vielleicht ist der Trainierte auch in der Lage, effektiver Ketokörper als Energiequelle zu nutzen. Training führt ferner zu einer Verbesserung der Enzymaktivitäten und anderer biochemischer Prozesse, wie beispielsweise der Carnitinaktivität. Hierdurch wird die Muskelfaser in die Lage versetzt, effektiver exogene freie Fettsäuren aus der Blutbahn aufzunehmen und diese gemeinsam mit den endogenen Fettsäuren aus den muskulären Triglyzeriden besser für die ATP-Bildung zu nutzen. Die gesteigerte Fähigkeit zur Fettverbrennung ist einer der wichtigsten adaptativen Prozesse in der Folge eines Ausdauertrainings. Die Hauptursache hierfür dürfte in der erhöhten Triglyzeridkonzentration in der Skelettmuskulatur liegen.

Auch wenn mit zunehmender Belastungsintensität in wachsendem Maße Kohlenhydrate für die Energiebereitstellung herangezogen werden, ist es für den ausdauertrainierten Athleten typisch, daß er selbst bei Belastungsintensitäten von mehr als 50 % der VO_2max noch relativ effektiv Fette nutzen kann. So wurde von Costill gefunden, daß Ausdauertrainierte in der Lage sind selbst bei einer Laufgeschwindigkeit entsprechend 70 % ihrer VO_2max noch 75 % ihrer Energie aus Fetten bereitzustellen. Diese Fähigkeit ist für den Ausdauerathleten von entscheidender Bedeutung, er spart dadurch Kohlenhydrate ein, die ihm für die Endphase des Rennens zur Verfügung stehen. Wenn Fette gleichzeitig mit Koh-

lenhydraten verbrannt werden, so kann hierdurch über lange Zeit eine relativ hohe Belastungsintensität aufrecht erhalten werden. Der Läufer, der in der Endphase nur noch mit seinen Fetten laufen kann, muß seine Geschwindigkeit reduzieren. Da für den Ausdauerathleten die Fähigkeit, Fette zu verbrennen, große Bedeutung hat, wurde versucht, in diesem Bereich eine Reihe von leistungssteigernden Hilfen zu entwickeln.

5.5 Verfahren zur Leistungssteigerung durch bessere Fettverbrennung

Angesichts der Tatsache, daß Ausdauertraining zu einer Verbesserung der Fettutilisation führt, und damit wahrscheinlich durch einen Einsparungseffekt im Bereich des Glykogens zu einer Steigerung der Leistungsfähigkeit, wurde eine Reihe von Ernährungs- bzw. pharmakologischen Techniken entwickelt bzw. vorgeschlagen, die die Nutzung der Fette erleichtern sollen. Im Ernährungsbereich wird versucht, durch spezielle Nahrungszusätze, wie Fettsäuren mittlerer Kettenlänge, Weizenkeimöl und Omega-3-Fettsäuren, die Serumkonzentration an freien Fettsäuren zu erhöhen und damit eine bessere Nutzung von FFS in der Muskelfaser zu erreichen. Andere Möglichkeiten bestehen in einer sehr fettreichen Ernährung oder im Fasten. Obwohl es sich dabei genau genommen nicht um ein Fett handelt, wurde auch Glyzerin eingesetzt, um die Leistungsfähigkeit zu steigern, das hier als wichtiger Baustein der Triglyzeride erwähnt wird. Als weitere Substanzen wurden Lezithin, Carnitin und Koffein eingesetzt, um die Mobilisation bzw. die Utilisation der Fettsäuren zu steigern.

Fettloading

Hierunter wird der Versuch verstanden, die Konzentrationen der Fettsäuren im Blut zu erhöhen unter der Annahme, daß dies zu einer Steigerung ihrer Utilisation in der Skelettmuskelfaser und damit zu einer Verbesserung der Ausdauerleistungsfähigkeit führen kann. Eine Möglichkeit besteht in der Infusion von Fettemulsionen. Hargreaves und andere konnten zeigen, daß nach einer solchen Infusion die plasmatischen FFS stark ansteigen, es kommt im Belastungsversuch von einer Stunde bei 80 % der maximalen Leistungsfähigkeit zu einer Zunahme der Aufnahme von Ketokörpern in der arbeitenden Beinmuskulatur bei gleichzeitiger Abnahme der Glukoseaufnahme. Die Aufnahme von Fettsäuren in der Beinmuskulatur wurde jedoch ebensowenig beeinflußt wie die muskuläre Glykogenutilisation. Über potentielle Einflüsse auf die Leistungsfähigkeit wurde von den Autoren nichts berichtet. Wie bekannt wurde, soll eine Mannschaft bei der Tour de France solche Infusionen versucht haben. Das Team trat dann aber gar nicht erst zum Rennen an, wahrscheinlich aufgrund von unangenehmen Nebenwirkungen.

Triglyzeride mit Fettsäuren mittlerer Kettenlänge (FMK) werden als potentiell leistungssteigernd angesehen, da sie wasserlöslich sind und über den Pfortaderkreislauf der Leber direkt angeboten werden, ohne erst den Umweg über die Bildung von Chylomikronen und die Lymphbahnen nehmen zu müssen. Entsprechende Präparate werden kommerziell angeboten. Mit ihnen wurde im Tierversuch eine Steigerung der Leistungsfähigkeit, speziell der Ausdauer, eine bessere Ausprägung der Muskulatur, eine Steigerung der Fettutilisation und eine Abnahme des Körperfettgehalts induziert. Ein unter dem Handelsnamen CapTri vertriebenes Präparat wird gut vertragen, Magen-Darm-Störungen, die sonst bei fettreichen Nahrungsmitteln häufig sind, treten nicht auf. Massicotte und seine Mitarbeiter konnten zeigen, daß exogen zugeführte FMK innerhalb der ersten halben Stunde einer Belastung in gleichem Maße oxidiert werden wie exogen zugeführte Glukose.

Wenn auch unter Zufuhr von FMK beim Menschen ein Anstieg des thermischen Effekts von Nahrungsmitteln beobachtet wird, ließ sich für ihn bisher hierdurch eine Leistungssteigerung jedoch nicht nachweisen. In entsprechenden Untersuchungen wurden Läufern ein bis vier Stunden vor einem Rennen Mahlzeiten gegeben, denen 25–45 g

FMK entsprechend 225–400 Kal zugesetzt worden waren. Die Laufleistung wurde hierdurch nicht verbessert. In einer weiteren Untersuchung, bei der jeweils eine Stunde vor einem zweistündigen Lauf bei $2/3$ der maximalen Sauerstoffaufnahme entweder Kohlenhydrate oder Fette in gleicher kalorischer Menge zugeführt wurden, kam es zu einer Steigerung der Utilisation der endogenen Kohlenhydrate nach der Fettapplikation. Bei einigen der Probanden führte die fettreiche Mahlzeit zu Magenbeschwerden.

Von dem Endokrinologen Sears wurde gerade für Sportler eine fettreiche Ernährung als besonders wertvoll herausgestellt. Seine Formel, bestehend aus 40 % Kohlenhydraten, 30 % Eiweiß und 30 % Fettkalorien, wurde von einer amerikanischen Firma aufgegriffen und als Sporternährung vermarktet. Zum Teil wurden die Erfolge bekannter Schwimmer hiermit in Verbindung gebracht. Insgesamt handelt es sich hierbei allerdings nur um anekdotische Berichte bzw. Hypothesen, ein wissenschaftlich exakter Beweis für die Wirksamkeit einer solchen Kost wurde bisher nicht erbracht. Möglicherweise hängt der Erfolg einer solchen fettreichen Ernährung auch mit ihrem Gehalt an Eikosanoid-produzierenden Fettsäuren zusammen. Auf diesen Punkt wird nachfolgend eingegangen.

Wenn man seine Ernährung auf eine fettreiche und kohlenhydratarme Kost umstellt, gewöhnt sich der Stoffwechsel nach einigen Wochen daran und verarbeitet die Fette effektiver. Hierauf wurde in einer anerkannten sportmedizinischen Zeitschrift unter der Überschrift „Fettloading verbessert die Ausdauerleistungsfähigkeit" Bezug genommen. Es wurde darüber berichtet, daß Radfahrer der Spitzenklasse ihre Leistungsfähigkeit nach einer vierwöchigen, fettreichen Ernährung deutlich verbessern konnten. Eine nähere Analyse der diesem Artikel zugrunde liegenden wissenschaftlichen Daten läßt eine solch weitgehende Schlußfolgerung allerdings nicht zu. Die Radfahrer verbesserten zwar bei einer Belastungsintensität entsprechend 62–64 % VO_2max ihre Fettutilisation, jedoch nicht ihre Ausdauerleistungsfähigkeit. Die Resultate weiterer hierzu durchgeführter Untersuchungen legen den Verdacht nahe, daß im Bereich hoher Belastungsintensitäten entsprechend mehr als 80 % der VO$_2$max, die Leistungsfähigkeit sogar verschlechtert werden kann, weil nicht genügend Kohlenhydrate zur Verfügung stehen.

Auch die Ergebnisse einiger neuerer Untersuchungen lassen vermuten, daß sich eine fettreiche Diät positiv auf die Leistungsfähigkeit auswirken könnte. So überprüften Muoio und andere die Leistungsfähigkeit von sechs sehr gut trainierten Läufern auf dem Laufband, einmal nach einer fettreichen Diät mit 38 % Fettkalorien und zum anderen nach einer kohlenhydratreichen Diät mit 15 % Fettkalorien für jeweils eine Woche. Die Laufzeit bis zur subjektiven Erschöpfung war nach der fettreichen Ernährung länger. Die Autoren diskutieren allerdings selbst Schwächen in ihrem experimentellen Ansatz. Die Untersuchung wurde beispielsweise nicht randomisiert durchgeführt. Sie empfehlen daher eine weitere Überprüfung ihrer Resultate. Bisher halten auch diese Autoren einen Fettanteil von mehr als 30 % der Gesamtkalorien noch für ungünstig.

Wie weitere Untersuchungen zeigten, läßt sich auch durch ein 24stündiges Fasten oder durch eine über mehrere Tage durchgeführte sehr fettreiche Ernährung die Konzentration an freien Fettsäuren im Blut steigern. Ein dadurch bewirkter leistungssteigernder Effekt war jedoch nicht zu beobachten, sondern im Gegenteil eine Leistungsverschlechterung, weil es zu einer Glykogenerschöpfung in der Muskulatur und/oder einer Hypoglykämie kam.

Zusammenfassend kann festgestellt werden, daß nach wie vor aus der Sicht der Leistungsfähigkeit in der Ernährung des Ausdauerathleten komplexen Kohlenhydraten die größte Bedeutung zukommt. Trotzdem ist auch Fett ein essentieller Nahrungsbestandteil zur Aufnahme von essentiellen Fettsäuren bzw. fettlöslichen Vitaminen. Ein leistungssteigernder Effekt durch ein zusätzliches Fettloading oder die Substitution von Fetten während Belastung konnte bisher nicht bewiesen werden und ist daher zumindest bisher noch nicht zu empfehlen.

Glyzerin

Glyzerin stellt ein Abbauprodukt der Triglyzeride dar, das in der Leber zur Glukose resynthetisiert werden kann. Theoretisch könnte eine zusätzliche Zufuhr von Glyzerin leistungssteigernd wirken. Hierzu durchgeführte gut kontrollierte Untersuchungen, bei denen Glyzerin als Nahrungszusatz gegeben wurde, konnten jedoch keinen Effekt auf die Leistungsfähigkeit nachweisen, weder eine Verzögerung des Einsetzens einer Hypoglykämie noch einer Erschöpfung der muskulären Glykogendepots. Der Grund hierfür dürfte wohl in der niedrigen Geschwindigkeit liegen, mit der die Leber Glyzerin in Glukose konvertiert, die nicht ausreicht, um bei intensiver Ausdauerbelastung einen nennenswerten energetischen Beitrag zu leisten. Wie allerdings in Kapitel 9 auszuführen sein wird, steigert Glyzerin die Wasserreserven des Körpers. Es könnte daher positiv zur Flüssigkeits- und Wärmeregulierung bei Belastungen unter hohen Umgebungsbedingungen beitragen und hierdurch dann indirekt leistungssteigernd wirken.

Weizenkeimöl

Vom Weizenkeimöl werden teilweise wahre Wunderdinge hinsichtlich einer möglichen Steigerung von Vitalität und Ausdauer erwartet. Seine wichtigsten Inhaltsstoffe sind Linolensäure, Vitamin E und Oktakosanol, ein fester weißer Alkohol, dem leistungssteigernde Wirkungen nachgesagt werden. Ein hierauf beruhendes Präparat, das Oktagol 4, ist in den USA auf dem Markt und wurde dort von einem der besten Marathonläufer propagiert. Weizenkeimöl soll insbesondere in Verbindung mit körperlichem Training den Glykogenstoffwechsel verbessern und die maximale Sauerstoffaufnahme erhöhen. Die wissenschaftliche Datenlage läßt eine solche Feststellung jedoch nicht zu. Eine Übersicht über 35 einschlägige Untersuchungen konnte den Effekt von Weizenkeimöl und/oder Oktakosanol nicht sichern. Von der US-amerikanischen Nahrungsmittelbehörde wurde daher eine Werbung für Weizenkeimöl unter Hinweis auf eine Verbesserung der Ausdauerleistungsfähigkeit untersagt.

Lezithin und Cholin

Lezithin ist ein Phospholipid, das in vielen Lebensmitteln vorkommt, speziell in Bohnen, Eiern und Weizenkeimöl. Es findet sich als wichtiger Bestandteil in zahlreichen Geweben des menschlichen Organismus. Aus physiologischer Sicht enthält es Cholin, das für die Synthese des Azetylcholins, also eines wichtigen Neurotransmitters, benötigt wird, und Phosphor. Der Gedanke liegt somit nahe, auch für Lezithin eine leistungssteigernde Wirkung anzunehmen. In einer Reihe von jetzt schon mehr als 50 Jahre zurückliegenden, in Deutschland durchgeführten Untersuchungen, ließ sich eine Steigerung insbesondere der Kraft- und Schnellkraftleistung nach einer Substitution von 22–83 mg Lezithin nachweisen. Diese Untersuchungen wurden jedoch in neuerer Zeit aufgrund von methodischen Schwächen in Frage gestellt. In einer neueren, methodisch besseren Untersuchung konnte Staton nach einer Gabe von immerhin täglich 30 g Lezithin keine Steigerung der Handgriffstärke finden.

Aufgrund der Beobachtung, daß sich nach erschöpfenden Ausdauerbelastungen, etwa nach einem Marathonlauf, eine deutliche Abnahme der Plasmacholinkonzentration nachweisen läßt, wurde als Möglichkeit der Entstehung von Ermüdung bzw. Erschöpfung unter diesen Bedingungen eine Reduktion der verfügbaren Azetylcholinmengen in den neuromuskulären Endplatten vermutet. In einer neueren Untersuchung führte daher Burns aus der Arbeitsgruppe von Costill eine Substitution mit einer Lezithinmenge durch, die 1,0 bzw. 1,8 g Cholin enthielt. Hierdurch wurde der Serumspiegel von Cholin angehoben. Anschließend folgte eine Ausdauerbelastung auf dem Fahrradergometer bei 70 % der VO_2max über 105 min mit einer abschließenden Maximalbelastung über weitere 15 min. Im Vergleich zur Plazebokontrolle konnte durch die Lezithingabe hierbei keine Leistungssteigerung erzielt werden.

Zusammenfassend kann aufgrund der bisherigen Datenlage nicht angenommen werden, daß Lezithin leistungssteigernd wirkt. Es enthält allerdings Phosphor, dessen mögliche leistungssteigernden Eigenschaften im Kapitel 8 diskutiert werden.

Omega-3-Fettsäuren

Auch den Omega-3-Fettsäuren wurde ein leistungssteigernder Effekt zugeschrieben, nicht aufgrund ihres Energiegehaltes, sondern aufgrund einer Reihe physiologischer Effekte, die sich bei verschiedenen Belastungsformen positiv auswirken könnten. Ein möglicher Effekt besteht in der Tatsache, daß diese Säuren in der Zellwand der roten Blutzellen eingelagert werden, sie elastischer machen und damit ihren Strömungswiderstand vermindern. Eine weitere Hypothese basiert auf der Tatsache, daß aus den Omega-3-Fettsäuren Eikosanoide gebildet werden, wie z. B. Prostaglandin E, das blutgefäßerweiternd wirkt und die Freisetzung von Wachstumshormon stimuliert. Beide Effekte können sich potenzieren, erweiterte Gefäße und herabgesetzte Blutviskosität führen zu einer besseren Durchblutung und Sauerstoffversorgung der arbeitenden Muskulatur, und damit zu einer Steigerung der Ausdauerleistungsfähigkeit. Erhöhte Wachstumshormonausschüttung stimuliert die muskuläre Hypertrophie und verbessert Kraft bzw. Schnellkraft von Athleten in entsprechenden Sportarten. Alle Effekte zusammen könnten sich positiv auf die Erholungsfähigkeit nach erschöpfenden Belastungen auswirken.

Zahlreiche Zusatz-Nahrungsangebote an Sportler, wie Energieriegel, enthalten daher heute neben Kohlenhydraten und Proteinen auch Omega-3-Fettsäuren auf der Basis von Pflanzenprodukten und besonders Fischölen. Die wissenschaftlichen Daten hierzu sind jedoch äußerst dürftig. Der interessierte Leser kann dies im einzelnen in dem Buch von Bucci nachlesen, der sich mit diesen Fragen intensiv beschäftigt hat und eine Reihe von hierzu vorliegenden Untersuchungen zitiert. Solche Untersuchungen, die vor allem an American Football-Teams durchgeführt wurden, ließen keine Erhöhung der Kraft und Schnellkraft nachweisen, ebensowenig einen anabolen Effekt aufgrund einer erhöhten Stimulation von Wachstumshormonen. Bei den Publikationen handelt es sich meist um Informationen der Hersteller, nicht um wissenschaftliche Literatur, Kontrollgruppen fehlen (Bucci, 1993). Wissenschaftlich anspruchsvollere Untersuchungen führten Brilla und Landerholm (1990) durch. Die Autoren fanden keinen Effekt einer Anreicherung der Ernährung mit 4 g Omega-3-Fettsäuren täglich auf den Erfolg eines Ausdauertrainings auf die maximale Sauerstoffaufnahme. Sie empfehlen daher weitere Untersuchungen zur Abklärung des potentiell leistungssteigernden Effekts der Omega-3-Fettsäuren, der aufgrund der bisherigen wissenschaftlichen Datenlage nicht als gegeben angesehen werden kann.

Carnitin

Beim Carnitin handelt es sich um eine wasserlösliche, vitaminähnliche Substanz, die den Eintritt von langkettigen freien Fettsäuren in die Mitochondrien begünstigt. Von den beiden optischen Isomeren des Carnitins, L- und D-Carnitin, ist die l-Form die biologisch aktive. Die im folgenden aufgeführten Untersuchungen beziehen sich daher überwiegend auf das L-Carnitin. Es gibt jedoch auch eine Reihe anderer Formen, wie z. B. das L-Proprionylcarnitin, das zum Teil auch in den zitierten Untersuchungen zum Einsatz kam.

Carnitin wurde 1905 entdeckt und zunächst für einen essentiellen Nährstoff bzw. ein Vitamin gehalten. Trotz seiner großen Stoffwechselbedeutung trifft dies sicher nicht zu, da Carnitin in großen Mengen aus den in vielen Nahrungsmitteln vorkommenden Aminosäuren Lysin und Methionin gebildet werden kann. Mit der Nahrung wird es ferner auch direkt in großen Mengen in Produkten tierischer Herkunft, dagegen nur in kleinen Mengen in Produkten pflanzlicher Herkunft aufgenommen. Rindfleisch enthält beispielsweise 300 mal mehr Carnitin als Brot. Eine offiziell empfohlene tägliche Aufnahmemenge gibt es nicht, wohl deshalb, weil unter normalen Umständen praktisch jede Ernährungsform ausreicht, um mehr als genügend Carnitin aufzunehmen, das darüber

hinaus auch ausreichend im Körper gespeichert werden kann. Mangelzustände sind daher extrem rar. Bei strengen Vegetariern wurden allerdings im Vergleich zu Kontrollpersonen, die sich mit einer durchschnittlichen Mischkost ernährten, niedrigere plasmatische Carnitinkonzentrationen gefunden.

Aufgrund seiner vielfältigen biologischen Funktionen im Organismus, speziell in der Muskelfaser, wurde die Carnitinsubstitution zur Leistungssteigerung empfohlen und wird auch in der Praxis durchgeführt. Etwa 90 % des körpereigenen Carnitins finden sich in der Skelettmuskulatur. Da die Verbrennung von Fettsäuren durch die für sie zur Verfügung stehende Transportkapazität in die Mitochondrien limitiert wird, könnte eine zusätzliche Carnitinzufuhr, die diese Transportkapazität erhöht, die Oxidationsfähigkeit von Fettsäuren steigern. In neueren Untersuchungen konnte bei Langläufern nach einer Carnitingabe eine Aktivitätssteigerung der mitochondrialen Atmungskettenenzyme gefunden werden. Durch die Kombination beider Effekte – erhöhte Transportkapazität, Steigerung der aeroben Enzymaktivität – könnte insbesondere die Langzeitausdauer, die stark von der Verbrennungskapazität für Fettsäuren abhängig ist, durch einen Einspareffekt auf das muskuläre Glykogen verbessert werden.

Weiterhin wird diskutiert, daß Carnitin die Oxidation von Pyruvat steigern und damit die aerobe Utilisation von Glukose bei gleichzeitiger Reduzierung der Laktatbildung erleichtern kann, ein Effekt, der auch die Leistungsfähigkeit auf Kurzstrecken, d. h. bei supramaximalen Belastungen, wie für Sprints zwischen 100 und 200 m, verbessern könnte. Auch ein vasodilatatorischer Effekt wurde beobachtet, eine Steigerung der Durchblutung der Skelettmuskulatur in Ruhe und unter körperlicher Belastung, verbunden mit einer Verbesserung der muskulären Leistungsfähigkeit, die dann, wenn sie bestätigt werden könnte, unabhängig von den metabolischen Effekten des Carnitins wäre. Auf der anderen Seite soll Carnitin auch die Oxidation von verzweigtkettigen Aminosäuren steigern. Dies würde letztlich zu einem vermehrten Eintritt von Tryptophan ins Gehirn führen und damit die vorzeitige Entstehung von

Ermüdung begünstigen, und einen leistungshemmenden Effekt nach sich ziehen. (Wagenmakers 1921)

Im klinischen Bereich wurde Carnitin, speziell L-Propionylcarnitin, erfolgreich zur Verbesserung der Leistungsfähigkeit bei Patienten mit einer Reihe von kardiovaskulären Erkrankungen eingesetzt. Bei peripheren Durchblutungsstörungen konnte die schmerzfreie Gehstrecke verlängert werden. Auch eine Verbesserung der Belastbarkeit von Patienten mit schwerer Herzkrankheit, speziell Herzinsuffizienz, konnte durch Carnitingabe erzielt werden.

Im Gegensatz zu diesen unbestrittenen klinischen Untersuchungsergebnissen kann bisher nicht eindeutig festgestellt werden, daß zusätzlich zugeführtes Carnitin auch die Leistungsfähigkeit von Gesunden, speziell guttrainierten Sportlern steigert. Hierzu muß auf die einschlägige Literatur verwiesen werden (siehe z. B. Bucci, Wagenmakers). In der derzeitigen Diskussion von eventuell leistungssteigernden Effekten des Carnitins geht es vor allem um folgende Punkte:

1. Durch Carnitingaben läßt sich seine Plasmakonzentration erhöhen. Dieses zusätzliche Carnitin wird dann allerdings vorwiegend über die Niere wieder ausgeschieden. Auch die intramuskuläre Konzentration an Carnitin dürfte geringfügig erhöht werden, da Carnitinverluste durch intensives Training partiell wieder ausgeglichen werden.

2. Die Ergebnisse der vorliegenden Untersuchungen zum Effekt des Carnitins auf die aerobe Ausdauerleistungsfähigkeit, speziell die VO_2max, sind in sich widersprüchlich, manche Untersuchungen sind positiv, andere negativ. Dagegen zeichnet sich im Bereich der anaeroben Energiebereitstellung die einheitliche Aussage eines fehlenden Effekts von Carnitin auf die Laktatakkumulation unter Belastung ab.

3. Falls ein Effekt vorliegen sollte, so ist dessen physiologischer Mechanismus noch unklar. Im allgemeinen wird eine Steigerung der Oxidation von freien Fettsäuren in den Mitochondrien unter Belastungsbedingungen angenommen, ein Befund, der aber nicht generell erhoben wurde. Auch

andere Mechanismen, insbesondere eine Steigerung der muskulären Durchblutung, werden diskutiert.

4. Die Gabe von D-Carnitin kann sich negativ auf die Leistungsfähigkeit auswirken, da sie zu einer Entspeicherung des L-Carnitins führt. Für das L-Carnitin wurden toxische Effekte bisher nicht beobachtet, trotzdem empfehlen einige Untersucher eine maximale Aufnahme von 2–5 g täglich über einen Zeitraum von höchstens einem Monat.

Der Stellenwert des Carnitins für den Sportler kann somit abschließend bisher noch nicht eingeordnet werden, weitere wissenschaftliche Untersuchungen hierzu sind erforderlich.

Koffein

Koffein kommt in zahlreichen Lebensmitteln und Getränken vor, keineswegs nur im Kaffee, sondern auch in Tee, Cola, Schokolade etc. Man kann Koffein als „legalisierte Droge" bezeichnen, der einige intensive Effekte auf physiologische Prozesse zukommen. Die normale, „therapeutische" Dosis liegt bei 100–300 mg. Übliche Mengen an Koffein sind beispielsweise pro Tasse Kaffee 100–150, pro Tasse Tee 20–50 und pro Glas Cola 35–55 mg. Darüber hinaus gibt es Koffein in Form von Tabletten, die meist 200 mg pro Tablette enthalten.

Physiologisch bzw. pharmakologisch wirkt Koffein stimulierend auf das Zentralnervensystem, der Wachheitsgrad wird gesteigert, aber auch die Herz-Kreislauf-Funktion wird angeregt. Gleichzeitig wird die Freisetzung von Adrenalin aus dem Nebennierenmark erhöht, das im gleichen Sinne wirkt und somit den Effekt des Koffeins verstärkt. Beide Substanzen, Koffein und Adrenalin, wirken auf eine Reihe peripherer Gewebe gleichsinnig ein, so werden die Abbaugeschwindigkeit des Muskel- und Leberglykogens, die Freisetzung von FFS aus den Fettgeweben und die Nutzung der muskulären Triglyzeride gesteigert. In Körperruhe kommt es zu einem Anstieg der Serumkonzentration an freien Fettsäuren. Die Summe dieser biologischen Reaktionen drückt sich in einer gesteigerten Aktivität der intrazellulären Funktionen aus, insbesondere in einer vermehrten intrazellulären Kalziumfreisetzung mit einem Anstieg der muskulären Kontraktionsfähigkeit bzw. der Aktivität von Enzymen, die die Freisetzung von Fettsäuren aus den Fettzellen katalysieren. Aufgrund dieser potentiell leistungssteigernden Effekte hat das IOC Koffein 1972 auf seine Dopingliste gesetzt. Andererseits ist Koffein natürlicher Bestandteil vieler allgemein üblicher Lebensmittel und besonders Getränke, die dem Sportler nicht verwehrt werden können. Zwischen 1972 und 1982 wurde Koffein daher wieder von der Dopingliste genommen. Anläßlich der Olympischen Spiele 1984 wurde dann der Verbrauch von Koffein erneut verboten, allerdings nur in sehr hohen und normalerweise nicht üblichen Mengen, da es entsprechende Versuche von Sportlern zur illegalen Leistungssteigerung mit Koffein gegeben hatte. Kleinere Mengen von Koffein sind erlaubt, große Mengen verboten. Das Nachweiskriterium ist die Urinkonzentration an Koffein, die 12 µg/ml nicht überschreiten darf. Dies entspricht der Aufnahme von 800 mg Koffein in zwei bis drei Stunden, oder praktisch ausgedrückt, von 5–6 Tassen Kaffee oder vier üblichen Koffeintabletten in dieser Zeit. Der Genuß von einer Tasse Kaffee entsprechend 100 mg Koffein führt bei einem durchschnittlichen, erwachsenen Mann beispielsweise zu einer Urinkonzentration von nur 1,5 µg/ml. Die Ausscheidungsgeschwindigkeit hängt vom Körpergewicht ab.

Wissenschaftliche Untersuchungen zu möglichen leistungssteigernden Effekten des Koffeins wurden und werden seit fast 100 Jahren durchgeführt. Sie konzentrierten sich zunächst auf die Bereiche Kraft, Schnellkraft und psychomotorische Parameter, wie die Reaktionszeit. Erste Hinweise darauf, daß Koffein den Fettmetabolismus verbessern und damit Glykgenvorräte einsparen kann, ein wichtiger Mechanismus zur Steigerung der Ausdauerleistungsfähigkeit, stammen aus der Arbeitsgruppe von Costill, die entsprechende Befunde Ende der 70er Jahre erhob. Diese Befunde haben zu einer Konzentration der wissenschaftlichen Bemühungen auf diesen Bereich geführt. Erst in jüngster Zeit werden auch die ursprünglichen Ansätze einer

möglichen Verbesserung der Belastbarkeit im hochintensiven Bereich bzw. der Kurzzeitausdauer wieder aufgegriffen.

Angesichts des großen Interesses an der Thematik liegen hunderte von wissenschaftlichen Untersuchungen zur Frage einer leistungssteigernden Wirkung des Koffeins vor. Diese lassen sich in ihren Aussagen angesichts der unterschiedlichen experimentellen Ansätze nur schwer auf einen gemeinsamen Nenner bringen. Die Unterschiede beziehen sich auf die Dosis (3–15 mg Koffein pro kg Körpergewicht), die Belastungsform (Kraft, Schnellkraft, Reaktionszeit, Kurzzeitausdauer, Langzeitausdauer), die Belastungsintensität (submaximale, maximale Belastung), Trainingszustand (trainiert, untrainiert), Ernährung (kohlenhydratreich, Mischkost), Koffeingewohnheiten (Kaffeetrinker, Nichtkaffeetrinker), die individuellen Reaktionsweisen auf Koffein und andere methodische Einzelheiten.

Die verfügbaren Untersuchungen wurden in einer Reihe von Übersichtsarbeiten zusammengefaßt, auf die der speziell interessierte Leser verwiesen werden kann, z. B. von Dodd et al., sowie von Tarnopolsky und Williams. Aus diesen Übersichtsarbeiten können die folgenden zentralen Aussagen herausgefiltert werden:

1. Die früheren Untersuchungen konzentrierten sich vorwiegend auf hochintensive Kurzzeitbelastungen in den Bereichen Kraft, Schnellkraft, Schnelligkeit, lokale Muskelausdauer sowie Ausdauerbelastungen von weniger als 30 min Dauer. In diesen Bereichen konnten im allgemeinen keine leistungssteigernden Effekte gefunden werden, wie dies die Übersicht von Williams ausweist, die sich vor allem auf Untersuchungen mit Belastungen höherer Intensität konzentriert. Neuere Untersuchungen zu dieser Thematik sind in ihrer Aussage uneinheitlich. Einige bestätigen die alten Befunde. Eine Reihe von neueren wissenschaftlich exakt geplanten, doppelblind, plazebokontrolliert und crossover durchgeführten Studien zeigt unter Koffein eine Verbesserung der Belastbarkeit im hochintensiven Bereich. Anselme und Mitarbeiter beobachteten beispiels-

weise eine Verbesserung der maximalen über 6 s erbrachten Leistung. Collomp et al. fanden bei sehr gut trainierten Schwimmern eine Steigerung der 100 m-Zeiten, Wiles et al. registrierten bei gut trainierten Mittelstreckenläufern eine Verbesserung der 1500 m-Zeiten, speziell eine höhere Geschwindigkeit in der Endphase des Rennens. Angesichts dieser sehr unterschiedlichen Aussagen sind zusätzliche Untersuchungen zu fordern.

2. Koffein steigert den allgemeinen Erregungszustand und damit die Reaktionszeit. Dies gilt besonders für Dosen im Bereich von 200 mg und für Versuchspersonen im Zustand der mentalen Ermüdung. Höhere Dosen jenseits von 400 mg führen dagegen eher zu Nervosität und Angespanntheit, die sich dann negativ auf die Leistungsfähigkeit auswirken können, speziell in Tests bzw. bei motorischen Fertigkeiten und Wettbewerben, die eine ruhige Hand erfordern, wie z. B. Pistolenschießen.

3. Kontrollierte Studien zeigen nach Koffeingenuß einheitlich eine Erhöhung der Konzentration der freien Fettsäuren (FFS) im Serum vor einer Belastung, während die Resultate von Kontrollen während Belastung unterschiedlich ausfallen. Eine Reihe von Untersuchungen an regelmäßigen Kaffeetrinkern, die unter Verwendung von kleinen Dosen Koffein durchgeführt wurden (5 mg/ kg) fanden unter Belastung keine Unterschiede zwischen Koffein und Plazebo. Die Ursache hierfür dürfte darin liegen, daß die körperliche Belastung per se als Stressor wirkt, und die Adrenalinfreisetzung und damit die FFS-Konzentration im Serum in ähnlicher Art und Weise steigert wie kleinere Koffeindosen. Andere Untersuchungen, die vor allem an Nichtkaffeetrinkern oder an Testpersonen, die mindestens 4–7 Tage auf Kaffeegenuß verzichtet hatten, und mit höheren Dosen (15 mg/kg) durchgeführt wurden, zeigten dagegen im Vergleich zur Plazebo-Untersuchung eine signifikante Steigerung der FFS-Konzentration im Plasma während Belastung. Auf eine entsprechende Übersichtsarbeit von Bucci, in die 15 Untersuchungen einbezogen wurden und die insgesamt einen Anstieg der FFS zeigten, wird verwiesen. Möglicherweise kann jedoch aus der Höhe der freien Fettsäuren im Plasma keine weitere Schlußfolgerung gezogen werden, denn, wie Tarnopolsky unterstreicht, muß sich hierin nicht die Umsatzrate der FFS ausdrücken, d. h. eine höhere FFS-Konzentration im Serum bedeutet noch nicht unbedingt eine höhere Freisetzung aus den Fettzellen bzw. eine höhere Aufnahme in die Muskelfasern.

4. Auch dann, wenn Koffein die Konzentration der freien Fettsäuren im Blut unter Belastung steigert, ist fraglich, ob dies zu einer verbesserten Fettutilisation führt. Dieser Frage wurde in einer Reihe von Untersuchungen durch Bestimmung des respiratorischen Quotienten (RQ) nachgegangen, der bei leichter bis mittelgradiger Belastung ein Maß für die Fettutilisation darstellt. Die Resultate dieser Untersuchungen waren unterschiedlich. Trotzdem überwiegt im Augenblick die Meinung, daß Koffein zu einer verstärkten Fettverbrennung führt, sei es durch eine vermehrte Abgabe der FFS aus den Fettdepots in die Blutbahn oder durch eine stärkere Nutzung von FFS aus intramuskulären Triglyzeriden. Besonders intensiv hat sich mit dieser Frage Essig beschäftigt, dessen über 20 Jahre hinweg durchgeführte Untersuchungen in ihren Ergebnissen nach Koffeingabe eine verstärkte Utilisation der muskulären Triglyzeride unter körperlicher Belastung nahelegen.

5. Bei länger dauernden Belastungen, vor allem bei Audauerbelastungen, die länger durchgeführt werden als eine Stunde, ist nach der überwiegenden, allerdings nicht einheitlichen Meinung der Literatur ein leistungssteigernder Effekt von Koffein anzunehmen. Als Ursache wird auf psychologische Wirkungen des Kaffees verwiesen, auf die Stimulation von Wachheitsgrad und Stimmungslage, wie dies in einigen Untersuchungen objektiviert wurde. Hierdurch kommt es zu einer Verringerung des subjektiven Belastungsempfindens und damit zu einer Leistungssteigerung.

Einige neuere, wissenschaftlich exakt angelegte Untersuchungen zeigen nach Kaffeegenuß unter Belastung einen Anstieg der Katecholaminkonzentration im Blut, und zwar gleichermaßen bei Leistungs- wie bei Breitensportlern. Möglicherweise ist der Adrenalinanstieg bei Nichtkaffeetrinkern stärker ausgeprägt als bei Personen, die Kaffee gewohnt sind. Das Adrenalin kann für sich allein psychologische Effekte bewirken bzw. Glykogen einsparen. Obwohl Adrenalin unter körperlicher Belastung schon normalerweise den intrazellulären Glykogenverbrauch steigert, kann es nach Koffeingenuß zu einer intrazellulären Wechselwirkung beider Substanzen kommen, die in ihrer Summe auf eine potenzierte Fettoxidation hinausläuft. Wie auch immer der Mechanismus sein mag, Untersuchungen von Graham und Spriet, sowie Spriet et al. und French et al. haben nach Kaffee eine ausgeprägte Leistungssteigerung nachgewiesen. So beobachteten Graham und Spriet bei sehr gut trainierten Langstreckenläufern eine Verbesserung der Laufzeit bis zur Erschöpfung bei einer Geschwindigkeit entsprechend 85 % der VO_2max nach Gabe von 9 mg Koffein pro kg Körpergewicht im Vergleich zum Plazebo von 49,2 auf 71,0 min, d.h. um 44 %. Ähnliche Ergebnisse ließen sich nach einer fahrradergometrischen Belastung bis zur subjektiven Erschöpfung reproduzieren. In den meisten Untersuchungen dieser Art wurde der Kaffee ca. eine Stunde vor der Belastung getrunken. French et al. fanden allerdings auch einen Effekt, wenn Koffein direkt vor einer Belastung verabreicht wurde.

6. Koffeineinnahme kurz vor einer Belastung hat einen glykogensparenden Effekt, wie dies durch muskelbioptische Untersuchungen gezeigt werden konnte. Wissenschaftlich gut durchgeführte Untersuchungen von Spriet und Graham zeigen einen solchen Effekt innerhalb der ersten 15 min einer Belastung in Bestätigung älterer Befunde von Essig. Eine Einsparung von Glykogen zu Belastungsbeginn ermöglicht eine höhere Leistung, da für die Endphase der Belastung dann mehr Glykogenreser-

ven zur Verfügung stehen. Die Untersuchungen von Spriet et al. wurden allerdings nicht cross-over durchgeführt, da alle Versuchspersonen zunächst das Plazebo und dann eine Woche später Koffein erhielten. Bei den Plazebountersuchungen wurde bis zur subjektiven Erschöpfung belastet und dann sofort eine Muskelbiopsie entnommen. Im Koffeinversuch wurde der Belastungstest zu demselben Zeitpunkt zum Zwecke der Muskelbiopsie unterbrochen, zu dem im Vorversuch die Erschöpfung eingetreten war. Anschließend wurde nach der Biopsie die Belastung fortgeführt. Muskelbioptisch ließ sich im Koffeinversuch dann eine höhere Glykogenkonzentration nachweisen, eine Tatsache, die dafür verantwortlich sein dürfte, daß die Athleten anschließend die fahrradergometrische Belastung weiterführen konnten.

7. Eine Reihe älterer Untersuchungen machte es in ihren Ergebnissen wahrscheinlich, daß Kohlenhydratloading bzw. ein kohlenhydratreiches Frühstück vor der Belastung die metabolischen Effekte des Koffeins aufheben können. Hohe Kohlenhydratkonzentrationen im Blut stimulieren die Insulinfreisetzung, die ihrerseits wiederum die Freisetzung von freien Fettsäuren durch Koffein blockieren kann. Angesichts der bereits zitierten Frage, ob sich in den Plasmaspiegeln tatsächlich auch die Umsatzrate für die freien Fettsäuren ausdrückt, kommt dieser Beobachtung möglicherweise allerdings keine allzu große Bedeutung zu. Andererseits führten die Testpersonen von Graham und Spriet vor den Plazebo- bzw. Koffeinversuchen jeweils eine kohlenhydratreiche Ernährung über mehrere Tage hinweg durch. Hierdurch wurde der leistungssteigernde Effekt des Koffeins offensichtlich nicht aufgehoben.

8. Wie bei den meisten Medikamenten auch kann es unter Koffein zu individuell sehr unterschiedlichen Reaktionen kommen. In einer Reihe von Untersuchungen waren, im Gegensatz zum allgemeinen Trend, sogar negative, d. h. leistungsmindernde Effekte des Koffeins zu beobachten.

9. Die leistungssteigernde Wirkung des Kaffees wird möglicherweise von den individuellen Kaffeegewohnheiten bestimmt. In den meisten Untersuchungen wurden die Belastungsuntersuchungen nach einem Kaffeentzug von mindestens zwei bis vier Tagen ausgeführt, um eventuelle Effekte des Koffeins besser nachweisen zu können. Tarnopolsky et al. fanden in einer Untersuchung an Ausdauersportlern, die regelmäßig Kaffee tranken, keinen leistungssteigernden Effekt, wenn die letzte Tasse Kaffee bei den Testpersonen nur 15 Stunden zurücklag. Bangsbo et al. konnten nach sechs Wochen intensivem Kaffeegenuß eine Verminderung der Koffeinempfindlichkeit aufzeigen, d.h. der Anstieg der Katecholaminkonzentration fiel nach dieser Periode geringer aus, als in dem vorher durchgeführten Kontrolltest. Zur Frage, wie lang oder kurz die Abstinenzphase vor einer Belastung sein sollte, um Koffeineffekte nachweisen zu können, bedarf es noch weiterer Untersuchungen.

10. Ein leistungsmindernder Effekt des Koffeins ließ sich, von individuellen Ausnahmen abgesehen, in den meisten Untersuchungen nicht nachweisen. Trotzdem kann es relative Kontraindikationen gegen Koffein geben. Wie in Kapitel 9 dargestellt, wirkt Koffein diuretisch. Dies könnte bei Belastungen unter hohen Umgebungstemperaturen potentiell die Leistungsfähigkeit verschlechtern. Als praktische Empfehlung kann angeraten werden, daß man dann, wenn man seine Leistung durch Koffein steigern will, zunächst seine individuelle Reaktion durch kleinere Mengen an Koffein, etwa ein bis zwei Tassen Kaffee oder eine Koffeintablette ca. eine Stunde vor einer intensiven Trainigseinheit eingenommen, austesten sollte. Wenn man dies für sich wirklich exakt überprüfen will, bietet es sich an, sich von einer dritten Person einmal koffeinhaltigen und dann, ohne dies selbst zu wissen, koffeinfreien Kaffee geben zu lassen. Wenn man dies einige Male durchführt, so erhält man objektive Informationen darüber, ob wirklich ein leistungssteigernder Effekt vorhanden oder nur eingebildet ist. Regelmäßige Kaffeetrinker sollten diese Prozedur nach einer vier bis fünftägigen Kaffeeabstinenz wiederholen. Um seine Reaktionsweisen so weit als möglich zu objektivieren und nicht nur auf sein Erinnerungsvermögen angewiesen zu sein, sollte man sich die subjektiven Empfindungen unter Belastung sowie die gelaufenen Zeiten in sein Trainingsbuch notieren.

Wenn man Koffein zur Leistungssteigerung benutzt, so sollte das stets innerhalb der legalisierten Grenzen geschehen, d.h. bis zu einer maximalen Koffeinzufuhr von 8–10 mg /kg Körpergewicht. Für einen Athleten mit durchschnittlichem Körpergewicht von 70 kg bedeutet diese Obergrenze 560 bis 700 mg Koffein entsprechend 4–6 Tassen Kaffee oder 3 üblichen Koffeintabletten.

5.6 Gesundheitliche Bedeutung der Fette

Aus gesundheitlicher Sicht wird heute insbesondere eine Veränderung des Fettanteils in der Ernährung gefordert, speziell eine Verminderung der Gesamtaufnahme von Fetten sowie der Zufuhr an gesättigten Fettsäuren und Cholesterin, dagegen eine erhöhte Zufuhr an einfach und mehrfach ungesättigten Fettsäuren, speziell Omega-3-Fettsäuren. Hierzu siehe im einzelnen auch Kapitel 2. Von einer solchen Ernährungsumstellung wird ein präventiver Effekt auf eine Fülle von Risikofaktoren bzw. Erkrankungen erwartet, speziell Übergewicht, Diabetes mellitus und andere Risikofaktoren für die Entstehung von Herz-Kreislauf-Erkrankungen, ferner für eine Reihe von Krebserkrankungen im Bereich von Kolon, Rektum, Prostata und Brustkrebs. Dabei ist darauf hinzuweisen, daß die Bedeutung der Zusammensetzung der Ernährung, speziell die Rolle des Fettgehalts, für die Entstehung der genannten Erkrankungen in unterschiedlichem Maße wissenschaftlich abgesichert ist. Sicher spielen bei der Ernährung für viele Erkrankungen neben dem Fettgehalt noch andere Faktoren eine Rolle. Weitere Untersuchungen hierzu sind dringend erforderlich und werden zur Zeit durchgeführt.

Ein Beispiel für diese Problematik ist der mögliche Einfluß von Fett und damit Übergewicht auf die Entwicklung von Brustkrebs, wie dies in Kapitel 10 dargestellt wird. Der Einfluß des Fettanteils in der Ernährung auf die Entwicklung des Mammakarzinoms wird kontrovers diskutiert. Auf der anderen Seite ist es aufgrund der Datenlage sehr wahrscheinlich, daß übergewichtige Frauen nach den Wechseljahren häufiger an Brustkrebs erkranken als schlanke, möglicherweise deshalb, weil Übergewicht und damit ein erhöhter Körperfettanteil zu einem Anstieg der Serumkonzentration an Östrogenen führt, der mit der Entstehung des Brustkrebs in Verbindung gebracht wird. Übergewicht ist ferner ein Risikofaktor für weitere Krebsformen, Diabetes, Hypertonie und andere Herzkreislauferkrankungen. Eine weitere mögliche gesundheitliche Bedeutung der Fette kann darin bestehen, daß spezifische Formen des Fetts zu unterschiedlichen biochemischen Reaktionen führen, die die Bedeutung von Risikofaktoren für bestimmte Erkrankungen verstärken oder abschwächen können. So führen gesättigte Fette zu einem Anstieg des Cholesterinspiegels, einfach ungesättigte Fette senken ihn. Eine weitere negative Bedeutung einer fettreichen Ernährung könnte eher indirekter Natur sein. Sie enthält im allgemeinen einen geringen Anteil an komplexen Kohlenhydraten aus pflanzlichen Produkten und damit wenig Pflanzenfasern bzw. weniger andere wichtige Nährstoffe, die vorwiegend in pflanzlichen Erzeugnissen vorkommen und die für die Gesundheit wichtig sind. Angesichts der überragenden Bedeutung, die heute dem Fettanteil bzw. der Fettzusammensetzung der Ernährung für die Entstehung der Herz-Kreislauf-Erkrankungen zugebilligt wird, wird im folgenden dieses Thema ausführlicher behandelt. Dabei ist zu berücksichtigen, daß die Ernährungsvorschläge, die hierzu gegeben werden, sich bei ihrer Umsetzung im allgemeinen nicht nur präventiv gegen die Entstehung von Herz-Kreislauf-Erkrankungen auswirken, sondern auch für die Verhinderung anderer chronischer Erkrankungen bzw. Risikofaktoren nützlich sind, speziell von Übergewicht und manchen Krebserkrankungen.

Herz-Kreislauf-Erkrankungen

In den westlichen Industrieländern stirbt ca. jeder zweite Einwohner an einer Erkrankung des Herzens und/oder der Blutgefäße. In Deutschland erliegen jährlich 400 000 Menschen einer solchen Erkrankung wie der koronaren Herzkrankheit, dem Schlaganfall, der Hypertonie, einer rheumatischen Herzkrankheit oder einem angeborenen Herzfehler. Unter den genannten Erkrankungen sind die häufigsten Todesursachen der Schlaganfall und die koronare Herzkrankheit, die jeweils für jeden dritten Herz-Kreislauf-Todesfall verantwortlich zeichnen. Die zahlenmäßige Entwicklung in den einzelnen Industrieländern ist dabei etwas unterschiedlich. In den USA läßt sich – allerdings von einem höheren Ausgangsniveau aus – inzwischen ein Rückgang der koronaren Herzkrankheit beobachten, in Deutschland ist eine solche Tendenz noch nicht festzustellen.

Die **koronare Herzkrankheit** (KHK) entsteht durch eine arteriosklerotische Einengung der Koronararterien, die in Abbildung 5.10 dargestellt sind. Hierdurch kommt es zu einer Verminderung der Durchblutung des Herzmuskels und dadurch zu seiner unzureichenden Sauerstoffversorgung, eine sogenannte Ischämie. Diese macht sich als typische **Angina pectoris** bemerkbar, als mehr oder minder intensiver Schmerz im Bereich des Brustkorbs, ausstrahlend in den Unterkiefer oder zur Innenseite des linken Arms. Kommt es zu einem völligen Verschluß einer Herzkranzarterie, meist durch eine **Koronarthrombose**, so entsteht das Bild eines **Herzinfarkts** bzw. Myokardinfarkts, d. h. es kommt zu einem Absterben von Herzmuskelzellen aufgrund von Sauerstoffmangel. Die **Arteriosklerose**, die Ursache der koronaren Herzkrankheit, führt zu einer Verdickung und zu einem Elastizitätsverlust der Arterienwand. Als Sonderform dieser Gefäßerkrankung wird die Atherosklerose abgegrenzt, die besonders durch Fettablagerungen in der Gefäßwand gekennzeichnet ist. Das abge-

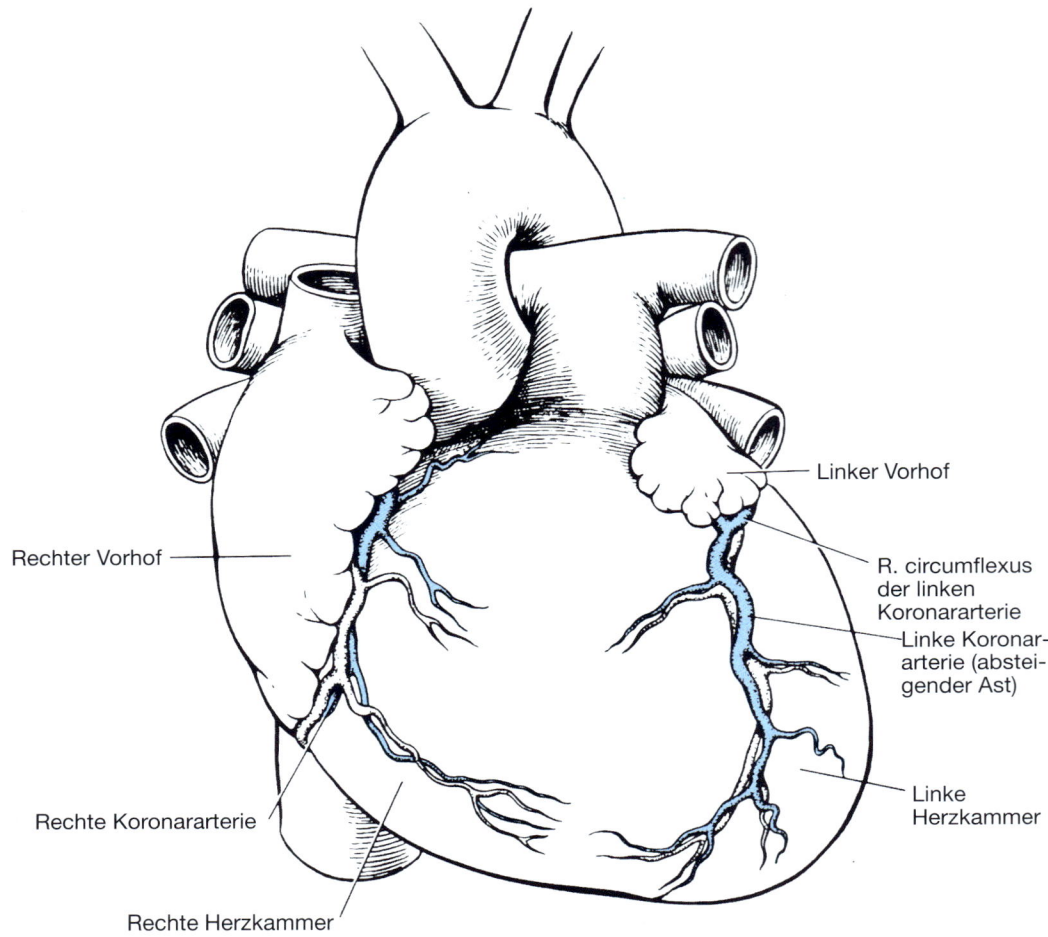

Rechter Vorhof

Linker Vorhof

R. circumflexus der linken Koronararterie

Linke Koronararterie (absteigender Ast)

Rechte Koronararterie

Linke Herzkammer

Rechte Herzkammer

Abbildung 5.10   Das Herz und die Koronararterien. Das Herz erhält sein Blut nicht direkt aus der Blutstrombahn durch sein Inneres, sondern über die Herzkranzschlagadern. Von denen stehen zwei, die rechte und die linke zur Verfügung, wobei sich die linke wieder in zwei Hauptäste, den umschlingenden (R. circumflexus) und den absteigenden Ast (R. descendens) aufzweigt. Wenn sich an den Koronararterien eine Arteriosklerose ausbildet, so kann dies zum Bild der koronaren Herzkrankheit führen.

lagerte Fett stellt zu einem hohen Anteil oxidiertes LDL-Cholesterin dar, das von den Makrophagen, also weißen Blutzellen, aufgenommen und in die Arterienwand transportiert wird. Hier wird es in sogenannten Schaumzellen gespeichert, zusammen mit Zelltrümmern, Kalzium und Fibrin, die dann als arteriosklerotische Massen das Innere des Arterienlumens austapezieren. Solche Ablagerungen, auch als **Plaques** bezeichnet, engen die Blutbahn ein. An ihren rauhen Oberflächen können sich Blutgerinnsel bil-

den und die Blutversorgung lebenswichtiger Organe, wie des Herzmuskels oder des Gehirns, blockieren. Abbildung 5.11 zeigt die zunehmende Einengung eines arteriellen Gefäßes. Abbildung 5.12 gibt eine schematische Darstellung eines arteriosklerotischen Plaques wieder.

Die Entwicklung der Arteriosklerose ist ein sehr langsam verlaufender Prozeß, der häufig schon in der Kindheit beginnt und meist erst im Erwachsenenalter manifest wird. Nachdem sich diese Erkrankung vor

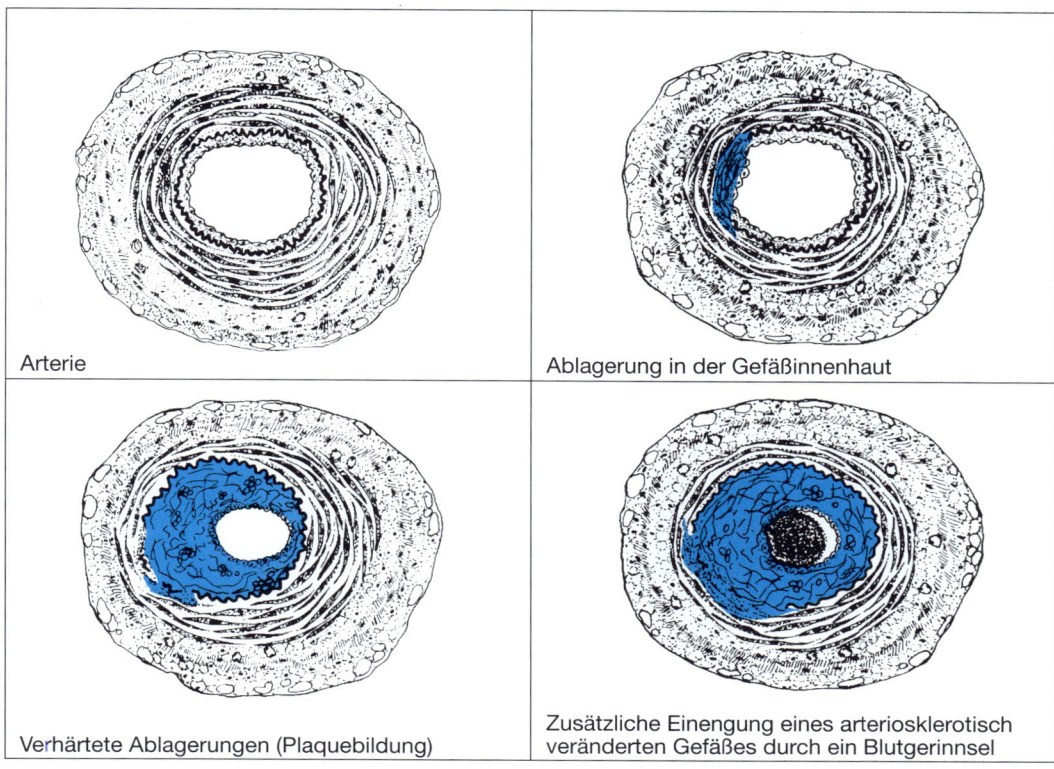

Arterie	Ablagerung in der Gefäßinnenhaut
Verhärtete Ablagerungen (Plaquebildung)	Zusätzliche Einengung eines arteriosklerotisch veränderten Gefäßes durch ein Blutgerinnsel

Abbildung 5.11   Die Entwicklung der Arteriosklerose. In der Gefäßinnenhaut werden Cholesterin und Zelltrümmer abgelagert. Hierdurch kommt es zu einer Gefäßeinengung (Plaque), die noch weiter verstärkt wird, wenn sich darüber auf der aufgerauhten Innenhaut ein Blutgerinsel ablagert (Thrombose). Durch diese Gefäßeinengung wird das von der Arterie abhängige nachgeordnete Gewebe unterversorgt. Wenn sich die Arteriosklerose an einer Koronararterie ausbildet, so entsteht eine der wichtigsten und häufigsten Herzkrankheiten, die koronare Herzkrankheit (siehe auch Abbildung 5.10).

allem in den Industrieländer findet, muß sie mit den dortigen Lebensgewohnheiten zu tun haben. Die letztliche Ursache ist noch nicht bekannt. Der Wissenschaft, speziell der Epidemiologie, ist es aber gelungen, eine Reihe von Risikofaktoren zu identifizieren, die die Entstehung einer solchen Erkrankung begünstigen.

Der Begriff des **Risikofaktors** bezeichnet eine statistische Beziehung zwischen einem Phänomen und einer Erkrankung, z. B. zwischen einem hohen Cholesterinspiegel und der Häufigkeit des Herzinfarkts, die nicht notwendigerweise kausal sein muß, auch dann nicht, wenn ein solcher Kausalzusammenhang nahe liegt. Die drei wichtigsten Risikofaktoren für die Entstehung der KHK

sind Bluthochdruck, Fettstoffwechselstörungen und Zigarettenrauchen. Weitere wichtige Risikofaktoren sind die genetische Belastung, Diabetes, Fehlernährung, Bewegungsmangel, Übergewicht, Lebensalter, Geschlecht, Streß und andere.

Einfluß der Serumlipide auf die Entwicklung der Arteriosklerose

Die arteriosklerotischen Plaques bestehen vor allem aus Triglyzeriden und Cholesterin. Es ist daher verständlich, daß hohe Serumfettkonzentrationen zur Bildung solcher Plaques beitragen. Da Fette nicht wasserlöslich sind, werden sie im Blut als Lipoproteine

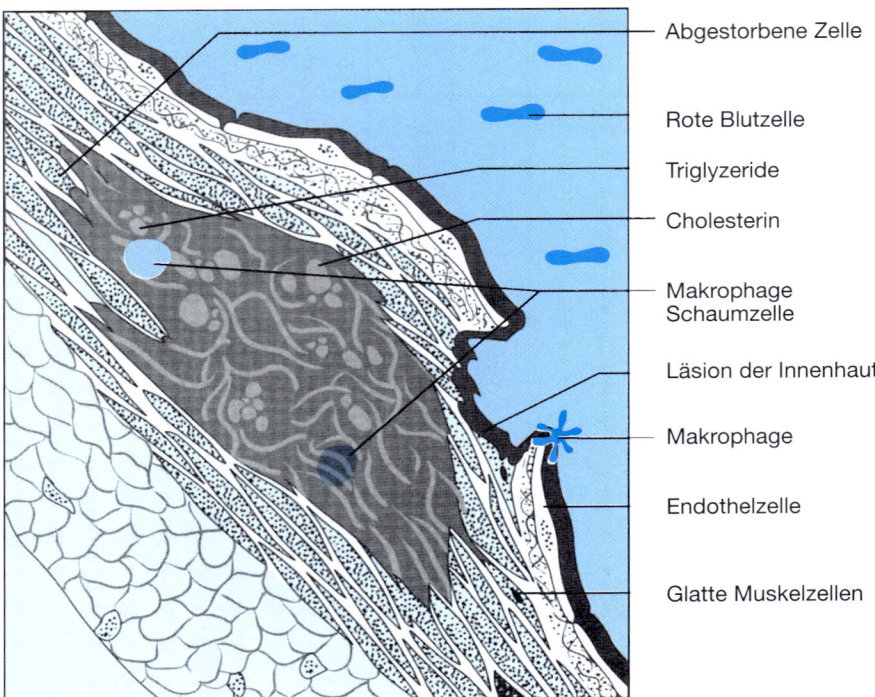

Abgestorbene Zelle

Rote Blutzelle

Triglyzeride

Cholesterin

Makrophage
Schaumzelle

Läsion der Innenhaut

Makrophage

Endothelzelle

Glatte Muskelzellen

Abbildung 5.12 Vergrößerte Darstellung eines atherosklerotischen Plaques. Diese entsteht durch die Einlagerung von oxidiertem LDL-Cholesterin, Makrophagen, Schaumzellen, fibrösem Material und weiteren Zellbestandteilen in die Innenhaut einer Schlagader, hier einer Koronararterie. Durch die Einlagerungen kann die Gefäßinnenhaut über dem Plaque verletzt werden. An dieser Stelle lagern sich dann Blutplättchen ab, die zu einem Gerinnsel führen.

transportiert. Diese Lipoproteine sind biochemisch sehr unterschiedlich zusammengesetzt. Zur Frage des Einflusses verschiedener Lipoproteine auf die Atherogenese wurden intensive Forschungsarbeiten durchgeführt. Wenn auch die Ergebnisse dieser Untersuchungen nicht ganz einheitlich sind, so lassen sich doch einige Aussagen herausfiltern, die weitgehend akzeptiert sind.

Das bedeutendste Blutfett in diesem Zusammenhang ist das **Cholesterin**, wie dies die Abbildung 5.13 darstellt. Die Cholesterinkonzentration wird in mg / 100 ml Blut angegeben. Wie in der Tabelle 5.7 aufgeführt, sollten Cholesterinwerte unterhalb von 200 mg% angestrebt werden. Werte zwischen 200 und 240 gelten als grenzwertig erhöht, und Werte von mehr als 240 mg% als im pathologischen Bereich liegend. Diese Werte weisen aber eine große statistische Streubreite auf, die sich auch schon in der methodischen Bestim-

mung des Cholesterins begründet, die in den unterschiedlichen Tests bis zu 30 mg betragen kann. Diese Streubreite besagt, daß bei einem Mittelwert von 220 im Einzelfall Werte von 190 (erstrebenswert), aber auch 250 (zu hoch) bestimmt werden können. Man sollte sich also mit einer einzigen Bestimmung allein nie zufriedengeben, sondern immer mindestens eine Kontrolluntersuchung durchführen lassen, wenn man seinen Cholesterinwert wissen will.

Entscheidend für die Atherogenese ist aber nicht nur die absolute Menge des im Blut transportierten Cholesterins, sondern auch die jeweilige Transportform. Besonders atherogen wirken hohe Spiegel an Low-Density Lipoproteinen (LDL), also Lipoproteinen mit einer geringen spezifischen Dichte. Eine zunehmend anerkannte Theorie besagt, daß LDL und verwandte Lipoproteine, z. B. die kleinen, dichten LDL und ein abnormales

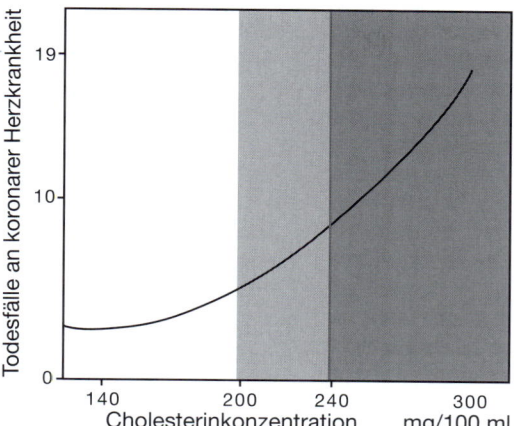

Die Inzidenz des Todes an koronarer Herzkrankheit in Abhängigkeit von der Cholesterinkonzentration im Blut

Abbildung 5.13 Die Häufigkeit des Todes an einer koronaren Herzkrankheit in Abhängigkeit von der Cholesterinkonzentration im Blut. Wie hieraus hervorgeht, sollte der Cholesterinspiegel optimal unter 200 mg/dl liegen. Mit zunehmendem Anstieg des Cholesterinwertes kommt es zu einer erhöhten Inzidenz des Koronartodes, wobei von einer grenzwertigen Cholesterinerhöhung bei Werten zwischen 200 und 240 mg/dl gesprochen werden kann, während ab 240 mg/dl Cholesterin von einem deutlich erhöhten arteriosklerotischen Risiko ausgegangen werden muß.

Lipoprotein, das Lipoprotein (a), an verletzten Stellen der Arterienwand mit Makrophagen in Verbindung kommen und von diesen oxidiert werden, in die Zellwand eingeschleust werden und zur Plaquebildung beitragen. Eine wichtige Rolle wird in diesem Zusammenhang dem Vorhandensein von freien Sauerstoffradikalen zugesprochen, die den Oxidationsprozeß stark beschleunigen. Ein weiterer wichtiger Mechanismus besteht in einer erhöhten Blutgerinnungsfähigkeit. Wie aus der Tabelle 5.7 hervorgeht, sind LDL-

Konzentrationen von unter 130 mg% anzustreben, Werte über 160 gelten als deutlicher Risikofaktor. Umgekehrt stellt eine hohe Konzentration an High-Density Lipoproteinen (HDL), also Lipoproteinen mit einem hohen spezifischen Gewicht, einen Schutzfaktor gegen die Arteriosklerose dar. Dies soll insbesondere für bestimmte Subfraktionen gelten, das HDL_2, sowie HDL mit Apoprotein A1, ferner für andere noch in der Erforschung befindliche Parameter. Anzustreben sind Werte von 60 mg% HDL und mehr. Bei der Bestimmung ist allerdings zu beachten, daß gerade der HDL-Wert im Tagesverlauf stark variabel ist. Um ein verläßliches Ergebnis zu erhalten, sollten Mehrfachbestimmungen ausgeführt werden. Die derzeitige wissenschaftliche Lehrmeinung besagt, daß es zu einer Interaktion zwischen Gefäßepithel und HDL kommt. Das HDL nimmt gewissermaßen wie ein Staubsauger (Scavenger) Cholesterin von der Gefäßwand auf und transportiert es zur Leber, wo es aus der Blutbahn entfernt wird. HDL kann möglicherweise auch die Oxidation des LDL und die Thrombozytenaggregation hemmen. Auch wenn erhöhte Triglyzeridwerte nicht allgemein als unabhängiger Risikofaktor für die Entstehung der KHK anerkannt werden, stehen sie doch mit einem gesteigerten Arterioskleroserisiko in Verbindung, da ein erhöhter Triglyzeridspiegel meist auch mit einem hohen LDL und einem niedrigen HDL einhergeht. Tabelle 5.8 zeigt eine Zusammenfassung derjenigen Lipidfraktionen, die mit einem erhöhten Arterioskleroserisiko in Verbindung gebracht werden.

Bei Feststellung eines hohen Cholesterinwerts sollte man daher immer auch das LDL und das HDL bestimmen lassen, um eine zusätzliche Information über das Ausmaß seines Arterioskleroserisikos zu erhalten. Auf der Basis von epidemiologischen Daten wurde eine Reihe von Quotienten zwischen

Tab. 5.7 Empfohlene Blutfettwerte bzw. Risikobereiche (Angabe in mg/dl)

	Gesamtcholesterin	LDL-Cholesterin	Triglyzeride	HDL-Cholesterin
Wünschenswert	< 200	< 130	< 250	> 60
Grenzwertig	200–239	130–159	250–400	–
Hohes Risiko	> 240	> 160	> 400	< 35

Tab. 5.8 Risikofaktoren für die Entstehung einer Arterioskleore im Bereich des Fettstoffwechsel

Hohes Gesamtcholesterin
Hohes LDL-Cholesterin
Hoher Anteil an kleinen, dichten LDL
Hohe Konzentration an Lipoprotein (a)
Hohe Triglyzeride
Niedriges HDL-Cholesterin
Niedriges HDL-$_2$-Cholesterin
Niedriges Apolipoprotein A1

den verschiedenen Lipidfraktionen erstellt, die das Gefäßrisiko ausdrücken, meist so formuliert, daß das Risiko um so größer ist, je höher der Quotient ausfällt und umgekehrt.

Sehr häufig wird der Quotient aus Gesamtcholesterin zu HDL-Cholesterin benutzt. Liegt dieser Faktor über 4,5, so bedeutet dies ein erhöhtes Risiko. Bei einem Gesamtcholesterin von 200 und einem HDL von 60 errechnet sich beispielsweise ein Quotient von 3,33, der ein niedriges Risiko bedeutet. Das gleiche Gesamtcholesterin von 200 ergibt bei einem HDL von 20 einen Faktor von 10, also ein sehr stark erhöhtes Risiko.

Ein weiterer Quotient dieser Art ist das Verhältnis von LDL zu HDL, das normalerweise im Bereich von 3,5 liegt. Bei einem LDL von 140 und einem HDL von 60 errechnet sich beispielsweise ein Quotient von 2,3. Das gleiche LDL von 140 ergibt bei einem HDL von 20 einen Quotienten von 7,0, also ein sehr viel höheres Risiko.

Möglichkeiten der Senkung erhöhter Cholesterinspiegel zur Prävention bzw. Regression arteriosklerotischer Veränderungen

Die Senkung eines erhöhter Cholesterinspiegels durch einen gesundheitsbewußten Lebensstil beugt nicht nur der Entwicklung arteriosklerotischer Erkrankungen vor, sondern kann, wie dies neuere Arbeiten zeigen, möglicherweise sogar zu einer Rückbildung atherosklerotischer Gefäßläsionen und damit verbundener klinischer Symptome bzw. Krankheitserscheinungen führen. Vernünftige Ernährung und körperliche Aktivität stellen im Rahmen eines solchen gesundheitsorientierten Lebensstils zwei Schlüsselelemente dar. Beiden Faktoren kommt dabei nicht nur eine Wirkung im Sinne einer Senkung erhöhter Serumfettwerte zu, sondern sie haben auch positive Effekte auf andere Risikofaktoren der KHK, speziell Hypertonie, Adipositas und Diabetes mellitus.

Nicht immer reicht jedoch ein gesundheitsbewußter Lebensstil allein aus, um jede Form der Hypercholesterinämie unter Kontrolle zu bringen. Bei schweren Formen einer genetisch determinierten Hypercholesterinämie kann eine medikamentöse Behandlung zur Senkung der Blutfette unausweichlich sein. Die Medikamente haben verschiedene Wirkungsansätze, z. B. einen erhöhten Abbau bzw. eine gesteigerte Exkretion des Cholesterins, oder auch eine Bindung der Gallensalze im Darm und dadurch die Verhinderung ihrer Reabsorption. Da Gallensalze sich vom Cholesterin ableiten, kommt es hierdurch zu einer vermehrten Cholesterinausscheidung. Die neueste, besonders effektive Generation der Cholesterinsenker basiert auf dem Prinzip der Cholesterinsynthesehemmung.

Ernährungsumstellung zur Cholesterinsenkung

In den USA wurde ein nationales Cholesterinerziehungsprogramm entwickelt, das an dieser Stelle dargestellt wird und das sicher auch für deutsche Bedingungen von großem Interesse ist. Im ersten Schritt dieses Programms sollen möglichst viele Risikoträger in der Bevölkerung erfaßt werden. Zu diesem Zweck müssen in großem Rahmen Screening-Untersuchungen durchgeführt werden, bei denen in Blutproben aus der Fingerspitze das Gesamtcholesterin bestimmt wird. Sind diese Werte erhöht (>240 mg%), oder liegen sie im Grenzbereich (200–240 mg%), muß eine weiterführende Untersuchung erfolgen in Form einer Bestimmung der LDL- und HDL-Konzentration im venösen Blut. Bei den Personen, bei denen erhöhte Cholesterinwerte gefunden werden, ist eine Änderung des Lebensstils, insbesondere eine Ernährungsumstellung und vermehrte körperliche Aktivität zu empfehlen.

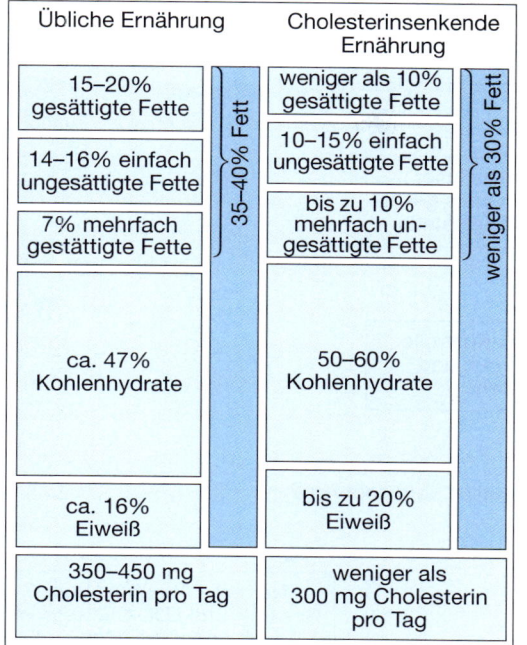

Übliche Ernährung	Cholesterinsenkende Ernährung
15–20% gesättigte Fette	weniger als 10% gesättigte Fette
14–16% einfach ungesättigte Fette	10–15% einfach ungesättigte Fette
7% mehrfach gesättigte Fette	bis zu 10% mehrfach ungesättigte Fette
ca. 47% Kohlenhydrate	50–60% Kohlenhydrate
ca. 16% Eiweiß	bis zu 20% Eiweiß
350–450 mg Cholesterin pro Tag	weniger als 300 mg Cholesterin pro Tag

(35–40% Fett / weniger als 30% Fett)

Abbildung 5.14 Vergleich der üblichen Ernährung in den Industrieländern mit einer Diät, wie sie zur Cholesterinsenkung empfohlen wird.

Abbildung 5.14 zeigt die durchschnittliche Ernährung in den Industrieländern und die in Stufe 1 des Programms empfohlene Ernährungsumstellung. Die Unterschiede zwischen beiden Ernährungsformen scheinen zwar nur graduell und eher bescheiden, trotzdem sind sie geeignet, um zu einer deutlichen Senkung der Serumfettkonzentrationen zu führen. Ein Flußdiagramm, nach dem man vorgehen kann, zeigt die Abbildung 5.15, die Ergebnisse eines solchen Verfahrens die Abbildung 5.16. Wenn ein solches Vorgehen nach Phase 1 nicht ausreicht, so kommt die verschärfte Stufe 2 des Plans zur Anwendung, in der der Anteil der in Form von gesättigte Fetten aufgenommenen Kalorien auf 7 % und weniger, sowie die tägliche Cholesterinmenge auf unter 200 mg gesenkt werden sollen.

Empfehlungen dieser und ähnlicher Art wurden von einer Reihe von Gesellschaften, auch der Deutschen Lipidliga und der Deutschen Gesellschaft für Ernährung erarbeitet.

Aus den vorliegenden Empfehlungen können folgende Kernpunkte herausgefiltert werden, die nicht nur therapeutisch zur Senkung erhöhter Cholesterinwerte empfohlen werden können, sondern auch präventiv zur Konstanterhaltung von normalen Werten. Diese folgenden Empfehlungen entsprechen im Prinzip einer Verstärkung der Empfehlungen, die in den vorherigen Abschnitten auch ganz allgemein für eine vernünftige Ernährung gegeben wurden.

1. Durch eine Kalorienanpassung ist eine **Normalisierung des Körpergewichts** anzustreben. Eine häufige Ursache für hohe Triglyzeride ist ein zu hoher Körperfettanteil. In vielen Fällen führt alleine schon eine Gewichtssenkung bzw. eine Reduzierung der Kalorienzufuhr zu einer Normalisierung der Serumtriglyzeride.

2. Maximal 30 % der Nahrungskalorien sollten in Form von **Fetten** aufgenommen werden. Eine Reduzierung der Nahrungsfettmenge führt nicht nur zu einer Kalorienverminderung, sondern auch zu einer Verbesserung der Nahrungszusammensetzung insgesamt.

3. Die **gesättigten Fette** sollten weniger als 10 % der Gesamtkalorien ausmachen. Gesättigte Fettsäuren, speziell Laurin-, Myristin- und Palmitinsäure steigern die Cholesterin- bzw. die LDL-Cholesterin-Konzentration im Blut und damit die Arteriosklerosegefahr.

4. Der Verzehr von **hydrogenierten** bzw. **teilhydrogenierten Pflanzenölen** sollte eingeschränkt werden. Durch die Hydrogenierung kommt es nicht nur zu einer stärkeren Sättigung, sondern es entstehen auch mehr trans-ungesättigte Fettsäuren. Diese haben einen negativen Effekt auf die Serumfettwerte, sie erhöhen die LDL- und Lipoprotein (a)-Konzentration und senken den HDL-Wert und das Apolipoprotein A1. Hierdurch steigt das Risiko einer KHK. Da zur Zeit auf den Nahrungsmittelauszeichnungen der Gehalt an trans-Fettsäuren noch nicht angegeben wird, sollte man auf Auszeichnungen wie hydrogeniert oder teilhydrogeniert achten. Eine gewisse Menge an trans-Fettsäuren kommt natürlicherweise im Fleisch vor. In vielen Lebensmitteln werden diese Fett-

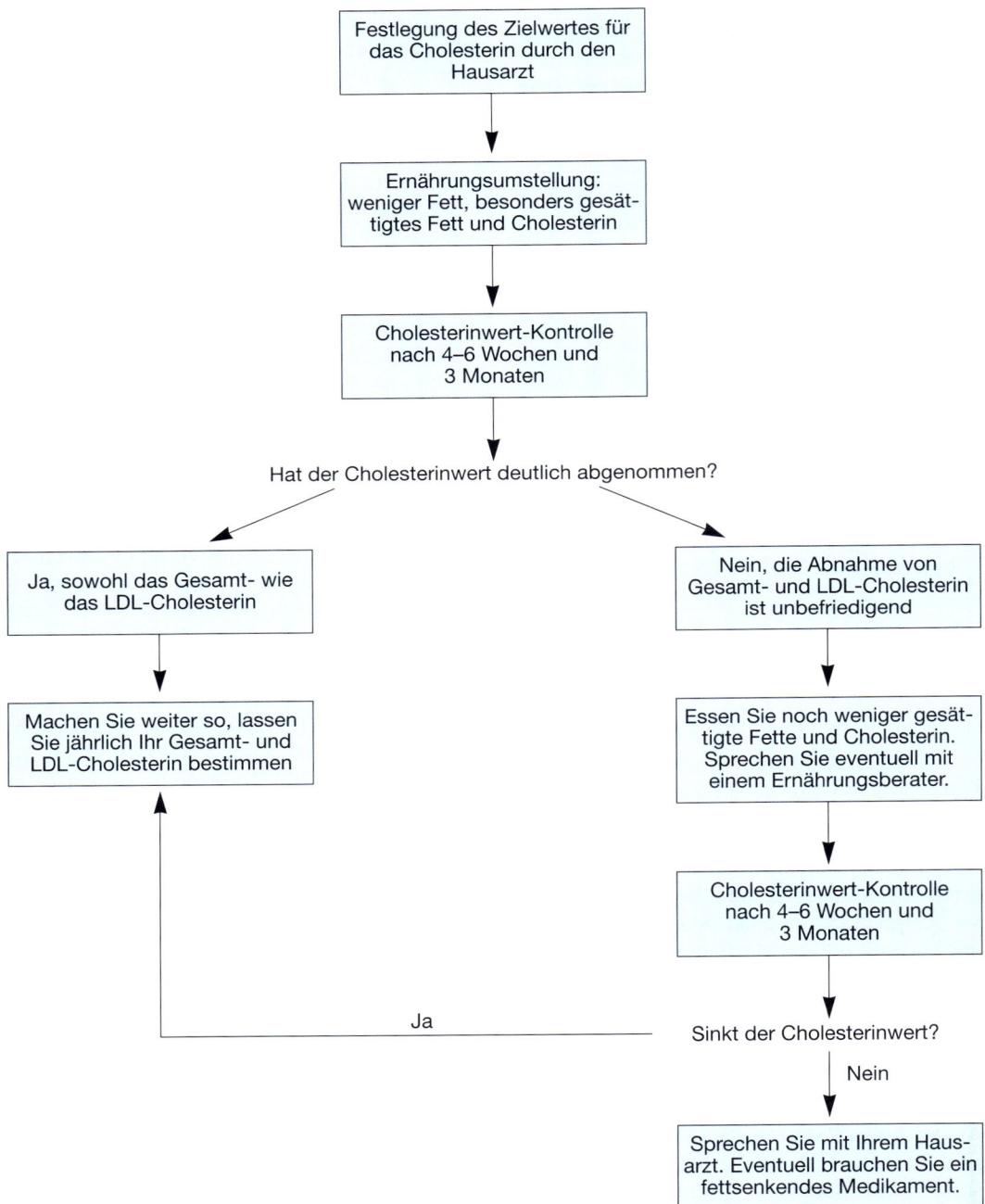

Abbildung 5.15 Programm zur Cholesterinsenkung. Bei Menschen mit hohem Risiko muß die Ernährung dann, wenn sie allein nicht zu einer befriedigenden Abnahme des Cholesterinspiegels führt, durch cholesterinsenkende Medikamente ergänzt werden.

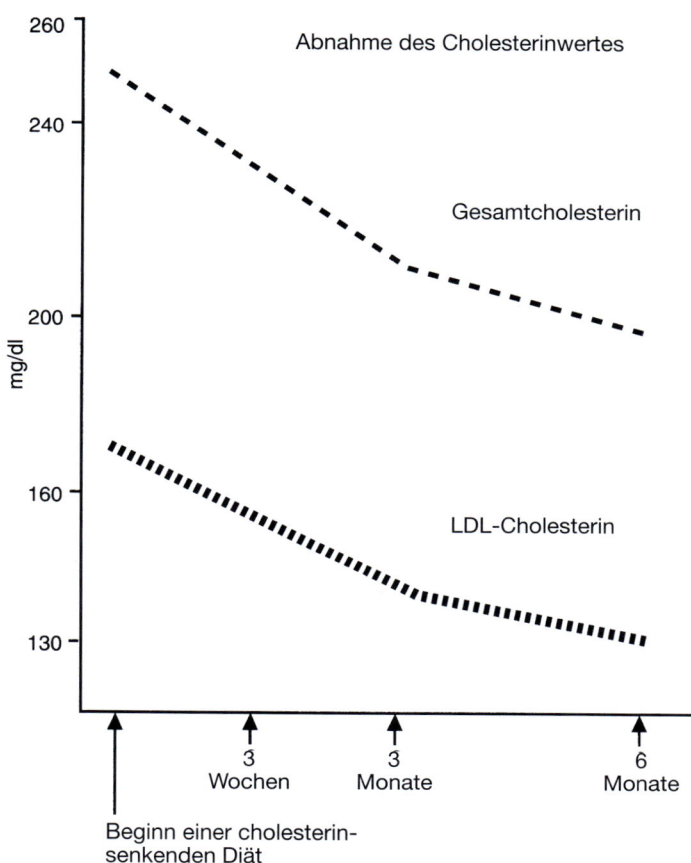

Abbildung 5.16
Abnahme des Serumcholesterinwerts bzw. des LDL-Cholesterins im Serum, wie sie bei einer Ernährungsmodifikation entsprechend der Abbildung 5.14 erwartet werden kann.

säuren jedoch durch den Verarbeitungsprozeß erzeugt, speziell in Margarine, Weißbrot, Kuchen, Keksen, Kartoffelchips, in Fett gebackenem fast food wie Pommes frites etc. Die trans-Fettsäuren entstammen dabei im allgemeinen gehärteten Pflanzenölen. Dies kann man durch die Verwendung von Olivenöl, Diät- oder fettfreien Margarinen, die wenig oder keine trans-Fettsäuren enthalten, vermeiden.

5. Die gesättigten Fette, sollten teilweise durch ungesättigte ersetzt werden, wobei die **mehrfach ungesättigten Fettsäuren** (MUF) maximal 10 % der Gesamtkalorien, die einfach ungesättigten 10–15 % ausmachen sollten.
Die Begrenzung der MUFs auf maximal 10 % ergibt sich daraus, daß sie nicht nur

positive Effekte mit sich bringen. Sie senken zwar das Gesamt- und LDL-Cholesterin, nach manchen Autoren sollen sie jedoch den HDL-Wert gleich mitsenken. Möglicherweise haben sie auch in zu großer Menge einen krebserregenden Effekt. Die in ihnen vorhandenen Doppelbindungen können nach Ansicht mancher Untersucher leicht aufgebrochen werden. Dadurch entstehen karzinogene freie Radikale, die zur Auslösung eines Dickdarmkarzinoms führen können. Glücklicherweise enthalten pflanzliche Nahrungsprodukte, in denen die MUF in besonderem Maße vorkommen, gleichzeitig auch Vitamine mit antioxidativen Eigenschaften, die die freien Radikale wieder neutralisieren können.
Einfach ungesättigte Fettsäuren (EUF) haben dagegen den gleichen günstigen

Cholesterin- und LDL-senkenden Effekt wie MUF, ohne das HDL zu erniedrigen. Oliven- und Rapsöl sind besonders reich an EUF. Somit wären aus der Sicht von Fettstoffwechselstörungen theoretisch einfach ungesättigte Fettsäuren zu bevorzugen. Neuere Untersuchungen konnten solche Unterschiede zwischen den Auswirkungen von MUF und EUF allerdings nicht bestätigen. Dreon et al. konnten beim Vergleich einer mit MUF bzw. EUF angereicherten Ernährung im Vergleich zu einer fettarmen Kontrolldiät keinen Vorteil der EUF im Hinblick auf den HDL-Wert erkennen, wenn sich die Versuchspersonen im übrigen nach den Regeln einer allgemein empfohlenen gesundheitsbewußten Diät richteten. Somit sind in diesem Bereich noch weitere Untersuchungen erforderlich. Für die Praxis kann man sagen, daß die Menge an aufgenommenen einfach und mehrfach ungesättigten Fettsäuren in etwa gleich groß sein sollte, mit einer gewissen Betonung der einfach ungesättigten.

6. Besonders zu bevorzugen sind **Omega-3-Fettsäuren**, eine spezielle Form der mehrfach ungesättigten Fettsäuren. Die wichtigste Omega-3-Fettsäure pflanzlicher Herkunft ist die Alpha-Linolensäure. In Fischölen bzw. -fetten finden sich vorwiegend die Eikosapentaensäure (EPA) bzw. die Dokosahexaensäure (DHA), die beide als gesundheitlich noch wichtiger als die Alpha-Linolensäure angesehen werden. Der Organismus ist in der Lage, aus Alpha-Linolensäure EPA und DHA zu synthetisieren, dies allerdings nur in verhältnismäßig geringen Mengen, so daß die wichtigste Quelle für diese beiden Fettsäuren Fischprodukte darstellen.

Auf die möglichen leistungssteigernden Effekte der Omega-3-Fettsäuren auf dem Wege über eine Umwandlung in Eikosanoide wurde bereits in den vorstehenden Abschnitten dieses Kapitels eingegangen. Auch ihr gesundheitlicher Effekt könnte mit der Bildung spezieller Eikosanoide zusammenhängen. Obwohl die gesundheitlichen Mechanismen komplex und noch nicht hinreichend untersucht sind,

soll hierzu an dieser Stelle eine kurze Zusammenfassung des derzeitigen Wissens gegeben werden. Die Zellwand enthält eine große Zahl von unterschiedlichen, komplexen molekularen Verbindungen, darunter die Phospholipide und die an ihrem Aufbau beteiligten Fettsäuren. Wenn die Ernährung sehr viel Linolensäure enthält, so findet sich in den Phopholipiden vor allem die Arachidonsäure, bei deren Verstoffwechselung ein bestimmtes Eikosanoid entsteht. Enthält die Nahrung dagegen sehr viel Fischöl, so werden die Eikosanoide vor allem aus EPA und DHA synthetisiert und sind damit biochemisch etwas anders aufgebaut als diejenigen, die der Arachidonsäure entstammen. Entsprechend ihrer unterschiedlichen Struktur wirken die Eikosanoide, denen die Funktion lokaler Hormone zukommt, jeweils etwas unterschiedlich, wobei den Omega-3-Fettsäuren von abgeleiteten Eikosanoiden spezielle, gesundheitlich positive Effekte zukommen könnten.

Diese Erkenntnisse gehen im wesentlichen auf epidemiologische Untersuchungen zurück, nach denen Populationen, die sehr viel Fisch, speziell Seefisch essen, eine geringe Inzidenz an koronarer Herzkrankheit aufweisen. Experimentelle Untersuchungen haben die zugrunde liegenden Mechanismen aufgedeckt. Omega-3-Fettsäuren senken die Triglyzeride und erhöhen den HDL-Wert, auf das Gesamtcholesterin haben sie dagegen keinen Einfluß. Die aus ihnen abgeleiteten Eikosanoide erschweren die Zusammenballung von Blutplättchen (Thrombozytenaggregation) und damit die Bildung von Blutgerinnseln. Sie wirken sich ferner auf den Gefäßtonus aus, sie vermindern die Blutviskosität und senken damit den Blutdruck. Alle diese Effekte wirken präventiv gegenüber der Entwicklung einer KHK: Allerdings – ebenso, wie es ein „gutes" (HDL) und ein „böses" (LDL) Cholesterin gibt, gibt es im Hinblick auf die Herz-Kreislauf-Gesundheit auch positiv oder negativ wirkende Eikosanoide. Eikosanoide, die aus den Omega-3-Fettsäuren abgeleitet sind, können ferner die Funktion des Immunsystems verbessern und damit der Entstehung von krebsartigem Tumorwachstum vorbeugen.

Omega-3-Fettsäuren finden sich vor allem in Seefisch (Lachs, Sardinen, Makrelen, Thunfisch etc.); Weizenkeim-, Rapsöl, sowie in einer Reihe von Hülsenfrüchten. Während somit der Seefischgenuß generell empfohlen wird, gilt das gleiche nicht für kommerzielle Fischölprodukte, da für diese ein langzeitlich positiver gesundheitlicher Effekt bisher noch nicht nachgewiesen wurde. Negativ für sie ist anzuführen, daß sie relativ viel Kalorien enthalten und im Einzelfall zu einer verstärkten Blutungsneigung führen können. Hierzu sind noch weitere Untersuchungen erforderlich. Bisher kann festgestellt werden, daß grundsätzlich eine Ernährung empfohlen werden sollte, die wenig gesättigte Fettsäuren, dafür reichlich ungesättigte, insbesondere Omega-3-Fettsäuren in Form von natürlichen Lebensmitteln enthält. Der interessierte Leser muß hierzu auf die weiterführende Literatur verwiesen werden.

7. Die mit der Nahrung aufgenommene **Cholesterinmenge** sollte niedrig gehalten werden. Zwar werden nur 35 bis 40 % des aufgenommenen Cholesterins im Darm resorbiert, trotzdem führt eine zu cholesterinreiche Ernährung auf die Dauer zu einem Anstieg der Cholesterinkonzentration in Abhängigkeit von der genetischen Disposition. Die Höhe des Cholesterinspiegels im Serum hängt nämlich keineswegs nur von der Ernährung ab, sondern insbesondere auch von der genetisch bestimmten, körpereigenen Cholesterinproduktion. Wer eine solche familiär überhöhte Cholesterinbildung aufweist, kann also nicht automatisch davon ausgehen, daß sich bei einer Verminderung der Cholesterinzufuhr mit der Ernährung die Blutfette normalisieren. Die durchschnittlich aufgenommene Cholesterinmenge in den Industrieländern liegt bei 400–500 mg pro Tag oder darüber. Die empfohlene Aufnahmemenge liegt dagegen bei 300 mg pro Tag oder weniger bzw. bei maximal 100 mg pro 1000 aufgenommenen Kalorien.

8. Sogenannte **Fettersatzstoffe**, hergestellt beispielsweise auf der Basis von komplexen Kohlenhydraten wie Zellulose, Maltodextrin, Harzen und Stärke, ja selbst auf der Basis von Wasser, sollten nur in eingeschränkter Menge konsumiert werden, obwohl gesundheitlich negative Effekte für sie bisher nicht nachgewiesen wurden. Die meisten der bisherigen Ersatzstoffe entsprechen dem Anspruch, die Fette hinsichtlich Geschmack und Konsistenz zu ersetzen, nur unvollkommen. Neuere Produkte werden diesem Anspruch schon eher gerecht, beispielsweise Simplesse®, das durch eine Mikropartikularisierung aus Eiweißen hergestellt wird und dem Charakter des Fettes sehr nahe kommt. Allerdings enthält es noch 1–2 Kal pro Gramm. Ein weiteres Produkt, Olestra®, stellt eine Mischung aus Rohrzucker-Fettsäureestern dar, die den Darm passiert, ohne resorbiert zu werden. Es bedeutet somit keine Kalorienbelastung. Beide Produkte sind inzwischen von der amerikanischen Behörde, die für die Lebensmittel zuständig ist, der FDA, zugelassen worden. Eine Reihe weiterer solcher Produkte befindet sich in der Entwicklung.

Zweifelsohne können solche Fettersatzstoffe die aufgenommene Fettmenge reduzieren und unter den Richtwert von maximal 30 % der Gesamtkalorien drücken. Andererseits sollte man das Fett nicht völlig ersetzen, denn auch Fett ist ein notwendiger Bestandteil einer gesunden Ernährung, da es essentielle Fettsäuren und fettlösliche Vitamine enthält. Dieser notwendige Fettanteil sollte durch natürliche Lebensmittel zugeführt werden, speziell in Form von Vollkornprodukten, Obst und Gemüse.

Die Frage, wie sich solche Fettersatzprodukte auf die Gesundheit auswirken, ist bisher noch nicht hinreichend abgeklärt, es stehen hierzu nur sehr wenige Untersuchungen zur Verfügung. Sie sollten daher nur mit Zurückhaltung eingesetzt werden, insbesondere im Rahmen von Programmen zur Gewichtsreduktion, wie dies im einzelnen in Kapitel 11 dargestellt wird.

9. Die Zufuhr von **Einfachzuckern** bzw. **hochgereinigten Kohlenhydraten** ist zu reduzieren, da sie die Triglyzeridkonzentration steigern. Sie sind soweit als möglich durch **komplexe Kohlenhydrate** bzw. Pflanzenfasern zu ersetzen, die den Cholesterinspiegel senken. Dies bedeutet eine Betonung des Verzehrs von Obst und Gemüse, denen aus der Sicht der Fettstoffwechselstörungen ein weiterer Vorteil zukommt, da sie gleichzeitig viele antioxidativ wirksame Substanzen und Vitamine enthalten (Vitamin C, E und Betakarotin), die unerwünschte oxidative Prozesse, insbesondere die Oxidation des LDL, verhindern. Auf die Empfehlungen zur Erhöhung des Anteils der komplexen Kohlenhydrate in der Ernährung im Kapitel 3 wird verwiesen, die Rolle der Antioxidanzien wird im Kapitel 7 dargestellt.

10. Die Ernährung sollte auf möglichst **viele kleine Mahlzeiten** pro Tag verteilt werden. Im Vergleich zur klassischen, auf drei Mahlzeiten konzentrierten Ernährung – Frühstück, Mittagessen, Abendessen – führt bei gleicher Kalorienzahl ein solches Ernährungsschema mit vielen kleinen Portionen zu einer Verminderung des Cholesterinspiegels.

Abschließend soll die Essenz dieser 10 Punkte nochmals zusammengefaßt werden. Sie bedeuten auf einen einfachen Nenner gebracht, daß es weder erforderlich noch wünschenswert ist, das Fett aus der Ernährung völlig zu streichen, man sollte einfach weniger Fett essen, insbesondere weniger Butter, fettes Fleisch, Innereien wie Leber und Nieren, Eigelb, Vollmilch, Käse, Eiscreme, Gebackenes, Schlagsahne, fettreiche Desserts etc., sowie wenig Einfachzucker und hochgereinigte Kohlenhydrate. Dafür sollte man sich mehr an mageres Fleisch, Fisch, Geflügel, Magermilchprodukte, Obst und Gemüse, Hülsenfrüchte und Vollkornprodukte halten. Weitere Hinweise finden sich in Tabelle 5.9.

Der Einfluß körperlicher Aktivität auf die Blutfette

Bewegungsmangel wurde als wichtiger Risikofaktor für die Entstehung der Arteriosklerose bzw. arteriosklerotischer Herz-Kreislauf-Erkrankungen und ihrer Risikofaktoren identifiziert. Dementsprechend wird körperliche Aktivität speziell in Form von aeroben Ausdauerbelastungen zu ihrer Prävention empfohlen. Die genauen Mechanismen, über die körperliche Aktivität zu einer Reduktion der Morbidität und Mortalität an Herz-Kreislauf-Erkrankungen, speziell der KHK, führt, sind bisher noch nicht eindeutig identifiziert. Die Meinungen darüber, ob körperliche Aktivität an sich und unabhängig von anderen Mechanismen präventiv wirkt, oder „nur" indirekt über die Abschwächung von Risikofaktoren wie Hypertonie, Adipositas, Diabetes und insbesondere Fettstoffwechselstörungen, gehen bisher noch weit auseinander. Zur Frage des Einflusses von körperlicher Aktivität auf die Blutfette, der hier zur Debatte steht, wurden in der Literatur Hunderte von epidemiologischen und experimentellen Untersuchungen durchgeführt, die hier selbstverständlich nicht umfassend, sondern nur in ihrer Essenz dargestellt werden können. Auf eine Fülle von sehr guten Übersichtsarbeiten prominenter Autoren kann verwiesen werden. Dabei sind an dieser Stelle weniger die Auswirkungen einer akuten Belastung auf die Blutfette von Bedeutung, die sich insbesondere in einer Abnahme der Triglyzeridspiegel zeigen, sondern vor allem die Effekte eines langzeitlich durchgeführten körperlichen Trainings. Zu dieser Frage zeigt die Literatur ein weitgehend einheitliches Bild. Es kommt zu einer Abnahme der Triglyzeride und des LDL bei Anstieg des HDL. Besonders die Bevölkerungsgruppe, die das höchste Risiko aufweist, also Personen mit Cholesterinspiegeln von 240 mg% und mehr, profitiert von körperlicher Aktivität.

Um einen Effekt auf die Blutfette zu erzielen, müssen wöchentlich mindestens 1000 Kalorien in Form von Ausdauerbelastungen verbraucht werden. Dieser Schwellenwert entspricht einer wöchentlichen Laufstrecke von ca. 15–25 km. Eine Wirkung läßt sich, in den einzelnen Publikationen unterschiedlich,

Tab. 5.9 Empfehlungen zur Verminderung des Gesamtfettanteils, der gesättigten Fettsäure und des Cholesterins in der Ernährung

	Günstig	Mit Einschränkungen	Selten
Fleisch, Geflügel, Fisch, Schalentiere (bis zu 200 g täglich)	Magere Fleischstücke mit abgeschnittenem Fettanteil. Mageres Rindfleisch, speziell Lendenstücke. Lammfleisch, Keule, Lende, Rippenstück. Schweinefleisch, fettarm, Lende, Keule, Schulter, Kalbfleisch, Hühnchen, ohne Haut, Fisch		Fettes Fleisch, Rindfleisch, Corned Beef, fette Rippchen, Schweinefleisch, Zunge, Gemästetes Geflügel, Gans, Ente. Innereien: Leber, Nieren, Gehirn, Gesüßtes Brot, Fette Saucen, Schinkenspeck, Frankfurter Würstchen, Frühstücksfleisch, Kaviar und andere Fischrogen, Schalentiere.
Milchprodukte 2 Portionen/Tag 3 Portionen für Schwangere und stillende Frauen	Magermilch 1 % fetthaltige Milch, fettarme Buttermilch, fettarme Dosenmilch, fettarmes Joghurt (natur), fettarmer Streichkäse, Käsesorten mit 20 % Fettgehalt und weniger lt. Angabe	2 % fetthaltige Milch „halbfetter" oder „light"-Käse z. B. halbfetter Mozzarella, halbfette süße bzw. saure Sahne	Vollmilch, natur oder Dosenmilch, süße oder saure Sahne, besonders auch geschlagen, auch Ersatzprodukte, wenn nicht ausdrücklich als fettarm bezeichnet, vollfetter Käse, Eiscreme, vollfettes Joghurt
Eier nicht mehr als 3 Eidotter/Woche	Eiweiß, cholesterinfreie Ei-Ersatzstoffe		Eidotter
Fette und Öle (6–8 Teelöffel/Tag)	Ungesättigte Pflanzenöle wie Getreide-, Oliven-, Erdnuß-, Raps-, Sonnenblumen-, Sesam-, Sojabohnenöl. Margarine oder Backfett aus ungesättigten Fetten wie oben ausgeführt, flüssig, halbfett oder fest. Diätmajonnaise, Salatdressings, hergestellt aus ungesättigten Fetten wie oben ausgeführt und/oder fettarm	Nüsse, Pflanzenkörner, Avocados, Oliven	Butter, Kokosnußöl, Palmkernöl, Palmöl, Schmalz, Speck, Margarine, Backfett aus gesättigten Fetten, wie oben aufgelistet, Salatdressings, die mit Eidotter hergestellt sind
Brot, Getreideflocken, Nudeln, Reis, getrocknete Hülsenfrüchte, Erbsen, Bohnen (6–11 Portionen/Tag)	Brot: Weißbrot, Vollkornbrot, Pumpernickel, Roggenbrot, Frühstücksbrötchen, Sandwichbrötchen, Reiskuchen, fettarmes Knäckebrot, Frühstücksgetreide, Zwieback. Getreidebrei warm oder kalt. Die meisten Nudelgerichte einschl. Spaghetti, Makkaroni, getrocknete Hülsenfrüchte, alle Sorten von Bohnen, einschl. Sojabohne und Produkte aus Sojabohnen (Tofu), Erbsen, Linsen etc.	Industriell gefertigte Kuchen, Waffeln, Bisquit, Hörnchen, Maisbrot	Croissants, Butterkekse, süße Brötchen, Tortengebäck, Doughnuts, die meisten Knabbereien und Chips für zwischendurch, soweit sie mit gesättigten Fetten hergestellt sind, ebenso Frühstücksgetreide, Käsechips, Butterchips, Kartoffelchips etc., Nudel- und Reisgerichte, die mit Butter-, Sahne-, Käsesaucen und Eiernudeln hergestellt sind.

Tab. 5.9 (Fortsetzung)

	Günstig	Mit Einschrän-kungen	Selten
Obst und Gemüse, 2–4 Obstportionen und 3–5 Gemüse-portionen/Tag	Frische, tiefgekühlte, konservierte und getrocknete Früchte und Gemü-se		Gemüse, die mit Butter, Sahne oder fetten Saucen angerichtet sind
Süßigkeiten und Zwischenmahlzeiten (insbesondere zu viel Süßigkeiten sollten vermieden werden)	Wünschenswert tiefgekühlte fettarme Desserts wie Sorbet, Joghurt, Eis, fettarme Kuchen, Kekse und Süßig-keiten wie Gummibärchen, Zwi-schenmahlzeiten mit geringem Kalo-riengehalt wie Popcorn, Brezeln, fettarme Getränke, Mineralwasser, Fruchtsaft, Tee, Kaffee	Milchshake, selbstgemachte Kuchen, Kekse und Pudding bei sparsamer Verwendung von ungesättigten Ölen, Früchtechips, Fruchtcock-tails, Kartoffel- und Getrei-dechips, soweit sie mit ungesättigten Pflanzenölen zubereitet wurden	Fettreiche, besonders geeiste Desserts wie Eiscreme, fetthaltige Kuchen, die meisten fer-tiggekauften und tiefgekühlten Kuchen, fer-tiggekaufte Desserts und Kekse, Süßigkeiten, speziell Schokoladeriegel, Kartoffel- und Getreidechips, die mit gesättigten Fetten zubereitet sind, mit Fett zubereitetes Pop-corn, fetthaltige Getränke wie (Voll)milchsha-kes, Getränke auf Kakaobasis, Eierflips etc.
Zutaten: Grundsätz-lich sollte man mit allen Produkten vor-sichtig umgehen, in denen bei den Zuta-ten an erster Stelle Fette, gesättigte Fettsäuren und/oder Cholesterin ausge-wiesen sind und umgekehrt Produkte bevorzugen, die einen niedrigen Fett-speziell gesättigten Fettanteil und wenig Cholesterin enthal-ten	Zutaten, die wenig Fett und/oder Cholesterin enthalten: Johannisbrot, Kakaopulver, Pflanzenöle wie Getrei-de-, Baumwoll-, Oliven-, Sesam-, Sojabohnen- und Sonnenblumenöl Fettarme Trockenmilch, Magermilch		Zutaten mit hohem Anteil an gesättigten Fet-ten und/oder Cholesterin: Schokolade, tieri-sche Fette wie Schinken, Rindfleisch, Speck, Lamm, Schweinefleisch, Hühnchen oder Truthahnfett, Butter, Schweineschmalz, Kokosnuß, Kokosnußöl, Palm- bzw. Palm-kernöl, Sahne, Eier und Eidotter, gehärtete Fette und Öle, hydrogeniertes Pflanzenöl, Backfett tierischer oder pflanzlicher Her-kunft, nicht näher definiertes Pflanzenöl (hierbei könnte es sich um Kokos- oder Palmöl handeln)

frühestens nach 3–9 Monaten eines solchen Trainings nachweisen. Haskell unterstreicht in seiner Übersicht, daß wahrscheinlich ein dosisabhängiger Effekt vorliegt. Eine weitere Erhöhung des Kalorienverbrauchs durch körperliche Aktivität führt zu einer Steigerung ihres positiven Effekts auf die Blutfette. Am günstigsten sind lebenslang durchgeführte aerobe Ausdauerbelastungen, jedoch auch körperliche Aktivität geringerer Intensität im Freizeitbereich, auch schon schnelles Gehen, wirkt sich günstig auf erhöhte Blutfette aus.

Zu hohe Dosen an Bewegung und Sport können dann allerdings wieder negative Effekte mit sich bringen. Dies gilt besonders für Frauen, bei denen es bei sehr intensiven Belastungen zu einer Amenorrhö kommen kann. Diese geht mit einer Erniedrigung der Östrogenproduktion einher, die wiederum zu einer Senkung des HDL-Cholesterins führen kann. Im einzelnen wird hierzu auf die Kapitel 8 und 10 verwiesen.

Der exakte Mechanismus, über den sich körperliche Aktivität positiv auf die Blutfette auswirkt, ist im letzten noch nicht bekannt, es liegen hierzu jedoch eine Reihe von interessanten Forschungsergebnissen vor. So lassen sich bei Trainierten erhöhte Enzymaktivitäten nachweisen, die sich günstig auf einen schnelleren Katabolismus der Triglyzeride und damit auf eine höhere Produktion an HDL auswirken, insbesondere eine Hemmung der hepatischen Lipase und eine Aktivierung der Gewebs-Lipoproteinlipase bzw. der LCAT (Lecithin-Cholesterin-Acetylcholin-Transferase). Darüber hinaus kann sich körperliche Aktivität indirekt positiv auf die Blutfette auswirken, beispielsweise durch eine Senkung des Körperfettanteils, sowie auf andere Aspekte eines gesundheitsorientierten Lebensstils, wie die Ernährung, die dann wiederum einen günstigen Einfluß auf die Blutfette nehmen.

Körperliches Training und vernünftige Ernährung in Form einer Reduktion der gesättigten zugunsten von ungesättigten Fettsäuren addieren sich nicht nur, sondern ergänzen sich teilweise auch in ihren positiven Auswirkungen auf den Blutfettgehalt. Eine cholesterinarme Ernährung kann zu einer Senkung des Gesamtcholesterinspiegels aber auch des HDL-Cholesterins führen,

ein Effekt, dem die Steigerung des HDL durch körperliches Training entgegenwirkt. Zur Verbesserung des Blutfettprofils ist somit die Kombination von körperlichem Training mit vernünftiger Ernährung in besonderer Weise zu empfehlen.

Koffein – ein Risikofaktor?

Die Frage, ob Koffeingenuß zu gesundheitlichen Risiken führt, wird in der Öffentlichkeit, aber auch in der wissenschaftlichen Literatur, umfangreich diskutiert. In den letzten 25 Jahren sind hierzu zahlreiche Studien durchgeführt worden. Epidemiologische Untersuchungen versuchten einen Zusammenhang zwischen Koffeingenuß und zahlreichen Erkrankungen und Risikofaktoren herzustellen, wie Herz-Kreislauf-Erkrankungen, Hochdruck, Pankreaskrebs, angeborenen Fehlbildungen und fibrozystische Veränderungen der weiblichen Brust etc., Annahmen, die in ebenso vielen anderen epidemiologischen Untersuchungen nicht bestätigt werden konnten. In solchen Untersuchungen wurden Kaffee bzw. Koffein in der Vielzahl ihrer unterschiedlichen Applikationsmöglichkeiten überprüft, wie Kaffee im Vergleich zu Tee, normaler Kaffee im Vergleich zu entkoffeiniertem Kaffee, sowie unterschiedliche Zubereitungsformen des Kaffee, z. B. Filterkaffee gegen aufgebrühten Kaffee etc. Eine ernsthafte Bedeutung des Koffeins als Risikofaktor konnte letztlich in keiner dieser Untersuchungen aufgezeigt bzw. von der Gesamtheit der Untersuchungen bestätigt werden.

Eine Reihe von Untersuchungen hat sich auch mit der Frage eines möglichen Einflusses von Koffein auf die Blutfette beschäftigt. Die Ergebnisse sind kontrovers. Manche Untersucher finden für normalen wie koffeinfreien Kaffee einen steigernden Effekt auf das Serumcholesterin, andere nicht oder nur in einem klinisch nicht relevanten Ausmaß. Nach weiteren Untersuchern läßt sich ein Anstieg des Cholesterins nur dann finden, wenn der Kaffee aufgebrüht wird, nicht bei Filterkaffee. Auf der Grundlage unseres derzeitigen Wissenstandes ist daher eine definitive Aussage über die Auswirkungen von

Kaffee bzw. Koffein auf die Blutfette nicht möglich.

Die einschlägigen wissenschaftlichen Gesellschaften haben daher einheitlich festgestellt, daß es bisher keinen Grund gibt anzunehmen, daß mäßiger Kaffeegenuß das Risiko von Herz-Kreislauf-Erkrankungen, speziell der Koronaren Herzkrankheit, oder Krebserkrankungen erhöht.

Diese Regel hat allerdings individuelle Ausnahmen. Manche Menschen reagieren auf Kaffee mit nervösen Veränderungen, Reizbarkeit, Kopfschmerzen, Schlaflosigkeit, etc. Dies ist meist aber nur eine Frage der Gewöhnung, nach einiger Zeit verschwinden solche Symptome. Auch unangenehmere Nebenwirkungen können auftreten, wie die Herzrhythmusstörungen oder vermehrte Magensäure. Wenn dies der Fall ist, sollte man auf Kaffee lieber verzichten. Die Beziehungen zwischen Koffeingenuß und fibrozystischen Veränderungen der weiblichen Brust bzw. angeborenen Fehlbildungen, die diskutiert werden, sind noch nicht hinreichend untersucht. In ganz seltenen Fällen und sehr hohen Dosen kann Koffein Todesfälle auslösen. Dies gilt aber nur für Mengen, die in Form von sehr vielen Koffeintabletten oder in Kombination mit anderen Drogen eingenommen werden.

Ärzte und Ernährungswissenschaftler haben im allgemeinen keine Einwände gegenüber regelmäßigem Kaffeegenuß, raten jedoch aus Vorsichtsgründen zu einer Beschränkung auf täglich 2–3 Tassen entsprechend 200–300 mg Koffein. Ebenso aus Vorsichtsgründen sollte man Schwangeren bzw. stillenden Frauen dazu raten, den Kaffeegenuß weitgehend einzuschränken oder völlig darauf zu verzichten.

Auf der anderen Seite können dem Koffein auch gesundheitlich positive Effekte zugeschrieben werden: es steigert die allgemeine Wachheit, Aufmerksamkeit und Aktivität, sowie das Denkvermögen, alles Faktoren, die auch zu einem aktiveren Gesundheitsverhalten beitragen können, beispielsweise schon zu erhöhter Wachsamkeit beim Autofahren, um nur ein ganz banales Beispiel zu nennen.

Gesundheitliche Bedeutung sehr niedriger Cholesterinspiegel

Während der Senkung eines erhöhten Cholesterinspiegels eine gesundheitlich positive Bedeutung zukommt, wird umgekehrt für sehr niedrige Cholesterinwerte eine negative gesundheitliche Auswirkung diskutiert. Im Vergleich zu Kollektiven mit Werten zwischen 160 und 200 mg/dl zeigen einschlägige Untersuchungen bei Werten unter 160 mg% eine leichte Erhöhung der Gesamtmortalität. Es findet sich ferner ein erhöhtes Risiko für bestimmte Krebsformen, ein stärker erhöhtes Risiko für Erkrankungen des Verdauungssystems, insbesondere ein erhöhtes Risiko für gewaltbedingte Todesfälle durch Suizid, Mord und Unfälle. In weiteren Untersuchungen wurde eine erhöhte Mortalität durch Hirnblutungen (Schlaganfall), Infektionskrankheiten und Alkoholabhängigkeit beobachtet.

Die Frage, ob solche Statistiken wirklich einen ursächlichen Zusammenhang widerspiegeln, wird intensiv diskutiert. Ein niedriger Cholesterinspiegel kann die Synthese bestimmter Zellinhaltsstoffe vermindern, die für die Verhinderung von Erkrankungen wichtig sind. So können niedrige Cholesterinspiegel im Gehirn zu einem Absinken des Serotoninspiegels führen, ein Neurotransmitter, der Entspannungseffekte induziert. Erniedrigtes Serotonin kann daher zu Depressionen oder aggressivem Verhalten führen. Weiterhin kann bei niedrigem Cholesterinspiegel die Blutungszeit verlängert und damit das Blutungsrisiko erhöht sein. Andererseits muß ein erniedrigter Cholesterinspiegel keineswegs die Ursache der genannten Erkrankungen sein, er könnte umgekehrt auch ihre Folge darstellen. Eine Reihe von Erkrankungen, speziell von Leber und Bauchspeicheldrüse oder Alkoholismus, können zu einem Absinken des Cholesterinspiegels führen. Alkoholismus geht beispielsweise mit zahlreichen Erkrankungen des Verdauungssystems einher, sowie mit einer Steigerung von gewaltbedingten Todesfällen durch Suizid, Mord und Unfällen, so daß diese dann keineswegs dem erniedrigten Cholesterinwert, sondern dem Alkoholmißbrauch zuzuschreiben sind.

In einer neueren Untersuchung hebt Harris hervor, daß bei der Bewertung eines niedrigen Cholesterinwerts zu berücksichtigen ist, ob sich dieser bei gesunden oder erkrankten Personen findet. In seiner Untersuchung fand er generell negative Effekte eines niedrigen Cholesterinspiegels vor allem bei Menschen ab einem Alter von 65 Jahren und mehr. Trotzdem war die Mortalität bei älteren Menschen mit niedrigem Cholesterin, die klinisch gesund und körperlich aktiv waren, im Vergleich zu Menschen mit durchschnittlichem Cholesterinspiegel nicht gesteigert. Wer gesund, insbesondere jung und gesund ist, braucht sich somit über einen niedrigen Cholesterinwert keine Gedanken machen, er sollte sich im Gegenteil eher darüber freuen.

Auf der Grundlage dieser Diskussion empfehlen daher die zuständigen Ernährungs- und Gesundheitsorganisationen sowie die medizinischen Fachgesellschaften einen Cholesterinspiegel von 200 mg% und darunter anzustreben, insbesondere um das Risiko einer KHK zu senken. Andererseits sollten Menschen mit Cholesterinwerten zwischen 160 und 200 mg% nicht noch zusätzlich versuchen, aggressiv ihren Cholesterinwert weiter zu senken. Es liegen keine Daten dafür vor, daß Menschen mit einem Cholesterinwert unter 160 mg% dann ein noch niedrigeres koronares Risiko aufweisen, im Gegenteil, potentiell ist zumindest bisher ein erhöhtes Gesundheitsrisiko bei solchen Werten nicht mit Sicherheit auszuschließen. Andererseits kann bei gesunden Personen mit Cholesterinwerten unter 160 mg% nicht empfohlen werden, zu versuchen, die Cholesterinkonzentration durch eine fettreiche Ernährung anzuheben. Entsprechende Daten, die eine solche Empfehlung stützen würden, liegen nicht vor.

Literatur

Bücher

Bucci, L, 1993. *Nutrients as Ergogenic Aids for Sports and Exercise*. Boca Raton, FL: CRC Press.

Sears, B. 1993. *Essential Fatty Acids, Eicosanoids and Dietary Endocrinology*. Marblehead MA, Eicotec Foods

Übersichtsartikel

Dodd, S., et al. 1993. Caffeine and exercise performance. An update. *Sports Medicine* 15:14–23

Haskell, W., 1986. The influence of exercise training on plasma lipids and lipoproteins in health and disease. *Acta Medica Scandinavica Supplementum* 711:25–37

Tarnopolsky, M. 1993. Protein, caffeine, and sports. *The Physician and Sportsmedicine* 21:137–49, March.

Wagenmakers, A., 1991. L-carnitine supplementation and performance in man. *Medicine and Sport Sciences*: Advances in Nutrition and Top Sport. Ed. F. Brouns, 32:110–27

Williams, J. 1991. Caffeine, neuromuscular function and high-intensity exercise performance. *Journal of Sports Medicine and Physical Fitness* 31:481–89.

Spezielle Studien

Anselme, F. et al. 1992. Caffeine increases maximal anaerobic power and blood lactate concentration. *European Journal of Applied Physiology* 65:188–91.

Bangsbo, J. et al. 1992. Acute and habitual caffeine ingestion and metabolic responses to steady state exercise. *Journal of Applied Physiology* 72:1297–1303

Brilla, L. and Landerholm, T. 1990. Effect of fish oil supplementation and exercise on serum lipids and aerobic fitness. *The Journal of Sports Medicine and Physical Fitness* 30:173–80.

Burns, J., et al. 1988. Effects of choline ingestion on endurance performance. *Medicine and Science in Sports and Exercise* 20:S25

Collomp, K. et al. 1992. Effects of caffeine ingestion on sprint performance in trained and untrained swimmers. *European Journal of Applied Physiology* 64:337–80

Collomp, K. et al. 1991. Effects of caffeine ingestion on performance and metabolism during the Wingate test. *International Journal of Sports Medicine* 13:439–43

Costill, D., et al. 1979. Lipid metabolism in skeletal muscle of endurance trained males and females. *Journal of Applied Physiology* 47:787–91.

Costill, D. et al., 1978. Effects of caffeine ingestion on metabolism and exercise performance. *Medicine and Science in Sports* 10:155–58.

Dreon, D., et al. 1990. The effects of polyunsaturated fat vs monounsaturated fat on plasma lipoproteins. *Journal of the American Medical Association*. 263:2462–66.

Essig, D., et al. 1980. Muscle glycogen and triglyceride use during leg cycling following caffeine ingestion. *Medicine and Science in Sports and Exercise* 12:109.

French, C., et al. 1991. Caffeine ingestion during exercise to exhaustion in elite distance runners. *The Journal of Sports Medicine and Physical Fitness* 31:425–32.

Graham, T., and Spriet, L. 1991. Performance and metabolic responses to a high caffeine dose during prolonged exercise. *Journal of Applied Physiology* 71:2292–98.

Hargreaves, M., et al. 1991. Effect of increased plasma free fatty acid concentrations on muscle metabolism in exercising men. *Journal of Applied Physiology* 70:194–201.

Harris, T., et al. 1992. The low cholesterol-mortality association in a national cohort. *Journal of Clinical Epidemiology* 45:595–601.

Massicotte, D., et al. 1992. Oxidation of exogenous medium-chain free fatty acids during prolonged exercise: comparison with glucose. *Journal of Applied Physiology* 73:1334–39

Muoio, D., et al. 1994. Effect of dietary fat on metabolic adjustments to maximal VO$_2$ and endurance in runners. *Medicine and Science in Sports and Exercise* 26:81–88

Romijn, J., et al. 1993. Regulation of endogenous fat and carbohydrate metabolism in relation to exercise intensity and duration. *American Journal of Physiology* 265:E380–E391

Spriet, D., et al. 1992. Caffeinee ingestion and muscle metabolism during prologed exercise in humans. *American Journal of Physiology* 262: E891–E898

Staton, W., 1951. The influence of soya lecithin on muscular strength. *Research Quarterly* 22:201–107.

Wiles, J. et al. 1992 Effect of caffeinated coffee on running speed, respiratory factors, blood lactate and perceived exertion during 1500 m treadmill running. *British Journal of Sports Medicine* 26:116–20

6 Eiweiß: ein Baumaterial

6.1 Einleitung

Die Proteine gehören zu den wichtigsten unter den essentiellen Nährstoffen. Ihnen kommt eine Fülle von physiologischen Funktionen zu, die für die körperliche Leistungsfähigkeit bedeutsam sind. Sie bilden die Basis der Struktur des Skelettmuskels, die wichtigste Komponente seiner meisten Enzyme und können bei Bedarf unter Belastung auch als Energiequelle herangezogen werden. Angesichts der großen Bedeutung des Eiweiß für die Struktur und Funktion des Muskels und für praktisch jede muskuläre Belastungsform nimmt es nicht Wunder, daß über lange Zeit hinweg Eiweiß als wichtigster Teil der Sportlerernährung angesehen wurde. Auch heute noch glauben viele Sportler, daß sie für ihre Leistung auf eine möglichst hohe Eiweißzufuhr angewiesen sind. Die Ernährungsindustrie nützt diese Ansicht weidlich aus. Zahlreiche Eiweißpräparate werden auf dem Markt für Sportler angeboten, vor allem für Kraftathleten wie Bodybuilder und Gewichtheber, um die Muskelbildung bzw. Kraftentwicklung zu fördern. In letzter Zeit konzentrieren sich die Angebote auf Aminosäurepräparate, denen für die Kraftentwicklung eine besondere Bedeutung zugeschrieben wird. Manche Annoncen gehen sogar soweit, für solche Aminosäurepräparate ähnliche Effekte zu versprechen, wie sie sonst nur durch die Einnahme von anabolen Steroiden, die auf der Dopingliste stehen, zu erwarten sind.

Aber auch für andere Sportarten, speziell im Ausdauerbereich, werden Eiweißpräparate vermarktet. Wissenschaftliche Untersuchungen, auf die sich diese Offerten beziehen, haben gezeigt, daß für den Ausdauerathleten Eiweiß zwar keine wesentliche Energiequelle darstellt, daß für ihn aber unter bestimmten Bedingungen spezifische Aminosäuren für die Energiebereitstellung wichtig sein können, eine Erkenntnis, die als „die große neue Proteinentdeckung" wie ein Lauffeuer in Läufermagazinen Verbreitung fand. Neuerdings werden auch speziellen Aminosäuren aufgrund ihres Einflusses auf bestimmte Nervenüberträgerstoffe im Gehirn eine Wirkung im Sinne einer Verzögerung des Eintretens von zentralen Ermüdungsvorgängen eingeräumt.

Obwohl kein Zweifel daran bestehen kann, daß eine ausreichende Versorgung mit Eiweißen und essentiellen Aminosäuren für jeden Menschen, auch für den Sportler, wichtig ist, liegt für die Behauptung, daß der Sportler durch zusätzliche Eiweißzufuhr, vor allem in Form von Eiweiß- und/oder Aminosäurepräparaten, seine Leistung noch weiter steigern könne, keinerlei wissenschaftlicher Beweis vor. Der Sportler hat, gemessen am Untrainierten, einen erhöhten Eiweißbedarf, wie dies von allen hiermit beschäftigten Wissenschaftlern bestätigt wird. Ihre Empfehlung lautet jedoch genauso einheitlich, daß diese erhöhte Zufuhr durch die normale Ernährung abgedeckt werden sollte, zusätzliche Eiweißpräparate sind im allgemeinen überflüssig und nur in ganz seltenen Fällen sinnvoll.

In dem vorliegenden Kapitel werden folgende Themen abgehandelt: genereller Eiweißbedarf in der Ernährung, eventuell erhöhter Eiweißbedarf bei Sportlern, wichtige Eiweißquellen in der Ernährung, Stoffwechsel und Funktion des Eiweißes im Körper, die Bedeutung der körperlichen Aktivität für den Eiweißstoffwechsel und den Eiweißbedarf, potentiell leistungssteigernde Bedeutung von Aminosäuren und Eiweißpräparaten, sowie die gesundheitlichen Aspekte des Eiweißanteils in der Ernährung.

6.2 Die Nahrungsproteine

Biochemie der Eiweiße

Die Proteine bestehen ebenso wie die Kohlenhydrate und Fette aus Kohlenstoff-, Wasserstoff- und Sauerstoffatomen, sie enthalten als zusätzliches Element jedoch Stickstoff, das etwa 16 % der Nahrungseiweiße ausmacht. Aus diesen vier Elementen werden die Grundstrukturen aller Eiweiße gebildet, die sogenannten **Aminosäuren**. Eine Aminosäure enthält jeweils mindestens eine Aminogruppe (NH_2), sowie eine organische Säuregruppe (COOH). Das Restskelett besteht aus einer unterschiedlichen Kombination von Kohlenstoff, Wasserstoff und Sauerstoff, z.T. zusätzlich auch Schwefel. Im menschlichen Organismus kommen 20 verschiedene Aminosäuren vor, die in sehr vielfältiger Art und Weise miteinander kombiniert die sehr unterschiedlichen Eiweiße bilden, die für die Struktur und Funktion des Organismus lebenswichtig sind. Abbildung 6.1 zeigt als Beispiel einer einfachen Aminosäure das Alanin, das im weiteren Verlauf näher vorgestellt werden wird.

Werden zwei oder mehr Aminosäuren miteinander verbunden, so entsteht ein Peptid, die Bindung zwischen den Aminosäuren wird entsprechend als Peptidbrücke bezeichnet. Im einfachsten Fall sind es nur zwei Aminosäuren, dann entsteht ein Dipeptid, werden viele Aminosäuren zusammengefügt, spricht man von einem Polypeptid, bei sehr großen Polypeptiden, ab etwa 300 Aminosäuren, von einem Protein oder Eiweiß. Abbildung 6.2 stellt schematisch den Aufbau eines Eiweißes dar.

Tierische vs. pflanzliche Eiweiße

Zur Deckung des menschlichen Eiweißbedarfs stehen sowohl tierische als auch pflanzliche Eiweißquellen zur Verfügung. Zur Beantwortung der Frage, ob Eiweißen aus diesen beiden Quellen eine unterschiedliche Bedeutung zukommt, müssen zunächst einige physiologische Grundlagen des Eiweißstoffwechsels besprochen werden. Von den 20 aufgeführten Aminosäuren kann der Körper neun nicht selbst synthetisieren, sie werden daher als **essentielle Aminosäuren** bezeichnet. Der Rest kann vom Körper aufgebaut werden, wenn die Grundbausteine vorhanden sind, sie werden entsprechend **nicht-essentielle Aminosäuren** genannt.

Um Mißverständnisse zu vermeiden, sollte unterstrichen werden, daß auch die sogenannten nicht-essentiellen Aminosäuren für die optimale Struktur und Funktion des Körpers unverzichtbar sind. Der Begriff essentiell bezieht sich lediglich auf die unbedingte Notwendigkeit, daß bestimmte Aminosäuren, die vom Körper nicht synthetisiert werden können, mit der Nahrung zuzuführen sind. Tabelle 6.1 zeigt die für den Körper notwendigen essentiellen und nicht-essentiellen Aminosäuren.

Alle Lebensmittel sowohl tierischer wie pflanzlicher Herkunft enthalten, solange sie nicht spezifisch aufbereitet sind, sämtliche 20 Aminosäuren, aber in jeweils sehr unterschiedlicher Menge. Von den Ernährungswissenschaften wurden Techniken ermittelt, um den Gehalt verschiedener Lebensmittel an

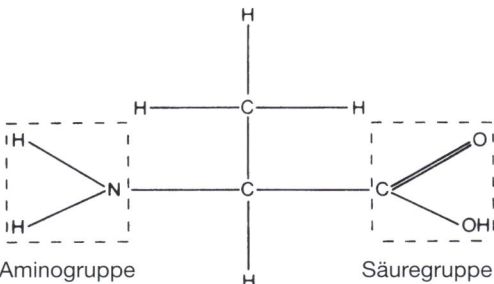

Aminogruppe   Säuregruppe

Abbildung 6.1 Chemische Strukturformel des Alanins, einer Aminosäure. Die Aminogruppe (NH_2) enthält Stickstoff, die Säuregruppe wird durch die COOH-Gruppe repräsentiert.

AA	Aminosäure
AA-AA	Dipeptid
AA-AA-AAA	Tripeptid
AA-AA-AA-AA-AA-AA-.....-AA	Polypeptid (50-100 AA)
AA-AA-AA-AA-AA-AA-AA-AA-AA-AA-AA—...-AA	Protein (< 100 AA)

Abbildung 6.2 Bildung von Peptiden, Polypeptiden und Eiweißen aus Aminosäuren.

188

Tab. 6.1 Die für den Menschen wichtigen Aminosäuren

Essentielle Aminosäuren	Nichtessentielle Aminosäuren
Histidin	Alanin
Isoleuzin*	Arginin
Leuzin	Asparagin
Lysin	Asparaginsäure
Methionin	Cystein
Phenylalanin	Glutaminsäure
Threonin	Glutamin
Tryptophan	Glycin
Valin*	Prolin
	Serin
	Tyrosin

*Verzweigtkettige Aminosäure

Aminosäuren zu untersuchen, vor allem auf der Basis von Tierversuchen. Lebensmittel, die alle neun essentiellen Aminosäuren in einer Menge enthalten, die ausreicht, um uneigeschränktes Wachstum und Lebensfunktion zu garantieren, werden als biologisch voll- oder hochwertige Eiweiße bezeichnet. Eiweiße, bei denen mehr oder minder ausgeprägt eine oder mehrere essentielle Aminosäuren fehlen, heißen dementsprechend nicht-vollwertige Eiweiße oder Eiweiße geringerer Qualität. Die essentielle Aminosäure, die gemessen am Bedarf in der niedrigsten Konzentration vorkommt, wird als limitierende Aminosäure bezeichnet.

Im allgemeinen sind tierische Eiweiße hochwertiger als pflanzliche. Dies bedeutet nicht, daß eine Aminosäure, die aus einer Pflanze stammt, geringerwertig sei als die gleiche Aminosäure tierischer Herkunft. Bezogen auf die einzelnen Aminosäuren bestehen keine qualitativen Unterschiede. Die Feststellung einer höheren Qualität der tierischen Eiweiße ergibt sich zum einen aus der Tatsache, daß es sich hierbei immer um vollwertige Eiweiße handelt, die stets alle essentiellen Aminosäuren enthalten, zum anderen daraus, daß diese essentiellen Aminosäuren in besonders großen Mengen vorhanden sind. Der Körper ist in der Synthese seiner Strukturen stets auf die Verfügbarkeit aller Aminosäuren angewiesen. Besteht nur bei einer einzigen Aminosäure ein Engpaß, so ist damit die Proteinsynthese blockiert. Die

Verwendung tierischer Eiweiße als Proteinquelle garantiert somit eine besonders ausgewogene Versorgung mit Aminosäuren.

Obwohl pflanzliche Eiweiße im allgemeinen somit biologisch geringerwertig sind als tierische, enthalten sie trotzdem alle notwendigen Aminosäuren, die für eine optimale Struktur und Entwicklung des Organismus erforderlich sind, jedoch in einer meist nur geringen Konzentration. So enthalten beispielsweise 30 g Fisch etwa 14 g Protein, 30 g Makkaroni dagegen nur 2 g und 30 g Bohnen, die als besonders gute pflanzliche Eiweißquelle betrachtet werden, auch nur 5 g. Weiterhin finden sich in den meisten pflanzlichen Eiweißen Defizite an der einen oder anderen essentiellen Aminosäure. Getreideeiweiß enthält beispielsweise zu wenig Lysin, Gemüse meist zu wenig Methionin. Eine rühmliche Ausnahme stellt aus dieser Sicht die Sojabohne dar, deren Eiweiß die gleiche Qualität aufweist wie tierische Proteine. Wie in Kapitel 2 dargestellt, können jedoch durch eine sinnvolle Kombination dieser verschiedenen pflanzlichen Eiweiße untereinander solche Defizite gegenseitig ausgeglichen werden. Viele Völker dieser Erde decken daher ihren Eiweißbedarf hauptsächlich und ausreichend aus pflanzlichen Quellen.

Wichtige Eiweißquellen

Tierische Lebensmittel aus der Milch- und Fleischgruppe weisen große Mengen von qualitativ hochwertigen Proteinen auf. Ein Glas Milch enthält 7–8 g Eiweiß, ebensoviel wie etwa 30 g Fisch, Fleisch oder Geflügel. Unter den Pflanzenprodukten sind gute Eiweißquellen insbesondere die Hülsenfrüchte, also Erbsen, Bohnen, Linsen und Sojabohnen. Diesen pflanzlichen Eiweißquellen kommt weiterhin der Vorteil zu, daß sie meist gleichzeitig auch gute Kohlenhydratquellen sind. Aus diesem Grund werden sie in der Brot-/Getreidegruppe aufgeführt. Aufgrund ihres Eiweißgehaltes könnten sie jedoch auch in die Eiweißgruppe eingeordnet werden. Eine halbe Tasse Hülsenfrüchte enthält beispielsweise 7–9 g Eiweiß. Auch Nüsse sind eiweißreich, sie enthalten jedoch gleichzeitig auch relativ viel Fett. Früchte, dunkelgrüne Gemüse und Getreideprodukte sind dagegen eher eiweißarm, sie enthalten etwa 1–3 g Eiweiß pro Portion, von einzelnen Ausnahmen abgesehen. Auch manche Sportgetränke und Energieriegel enthalten einen größeren Eiweißanteil. Tabelle 6.2 sowie Abbildung 6.3 geben einen Überblick über eine Reihe von häufig genutzten Lebensmitteln aus den verschiedenen Lebensmittelgruppen und den in ihnen enthaltenen Eiweißanteil. Die meisten Nahrungsmittelinformationen geben den Eiweißgehalt in

Tab. 6.2 Eiweißgehalt ausgewählter Lebensmittel

Lebensmittel	Menge	Protein (g)
Milchprodukte		
Vollmilch	0,25 l	8
Magermilch	0,25 l	8
Vollfettkäse	100 g	25
Joghurt	0,25 l	
Fleisch/Eiweißgruppe		
Mageres Rindfleisch	100 g	28
Hühnchenbrust	100 g	25
Frühstücksfleisch	100 g	18
Fisch	100 g	25
Eier	1	6
Bohnen, gekocht	0,125 l	7
Erdnüsse, geröstet	0,125 l	18
Erdnußbutter	1 Teel.	4
Gemüse		
Brokkoli	0, 125 l	2
Karotten	1	1
Obst		
Banane	1	1
Orange	1	1
Birne	1	1
Brot-/ Getreidegruppe		
Weizenbrot	1 Scheibe	3
Cornflakes	0,25 l	4
Doughnuts	1	1
Makkaroni	0,125 l	3
Makkaroni mit Käse	0,125 l	9
grüne Erbsen	0,125 l	4
gebackene Kartoffel	0,125 l	3
Sportgetränke/ Kraftriegel		
Gatorade	0,33 l	17
Kraftriegel	1	10

Gramm an. Man beachte die Möglichkeit sinnvoller Kombinationen von eiweißarmen und eiweißreichen Lebensmitteln miteinander, beispielsweise können eiweißarme Makkaroni durch die bei den Italienern übliche Kombination mit Käse zu einer eiweißreichen Mahlzeit aufgewertet werden.

Der tägliche Eiweißbedarf

Der Mensch benötigt streng genommen in der Ernährung überhaupt kein Eiweiß, sondern nur die für die Proteinsynthese erforderlichen Grundstoffe, nämlich ausreichende Mengen an Stickstoff und essentiellen Aminosäuren. Eine solche Argumentation ist jedoch eher sophistisch. Da nämlich Stickstoff und essentielle Aminosäuren fast ausschließlich in Form von Eiweiß aufgenommen werden, ist dieses ein grundlegender Bestandteil unserer Ernährung.

Der erforderliche Eiweißbedarf wird von der Körpermasse, vom Körpergewicht, sowie vom Lebensalter bestimmt. In der Kindheit und Jugend, also während der Wachstumsphase, benötigt der Organismus relativ mehr Eiweiß zum Aufbau seiner Gewebe. Beim Eintritt in das Erwachsenenalter nimmt der Eiweißbedarf pro kg Körpergewicht ab und stabilisiert sich auf diesem Niveau. Tabelle 6.3 zeigt den gewichtsbezogenen Eiweißbedarf in unterschiedlichen Lebensphasen. Diese Werte, die im Prinzip schon relativ alt sind, wurden inzwischen mit neueren Untersuchungsverfahren bestätigt. Sie gehen von einer ausgeglichenen Energiebilanz aus. Bei einer kalorienarmen Reduktionskost muß der Eiweißanteil erhöht werden. Wenn man seinen individuellen Eiweißbedarf errechnen will, so kann man dies aufgrund der in Tabelle 6.3 angegebenen Werte, multipliziert mit dem Körpergewicht, der jeweiligen Altersgruppe entsprechend durchführen. Für einen 70 kg schweren, 23 Jahre alten Mann errechnet sich der Eiweißbedarf beispielsweise mit $70 \times 0.8 = 56$ g pro Tag.

Der minimale Eiweißbedarf ist jedoch deutlich niedriger als sich dies nach dieser Tabelle ergibt. Wenn er mit biologisch vollwertigem Eiweiß, z.B. Hühnereiweiß, abgedeckt wird, liegt er nur bei 34 g pro kg

Abbildung 6.3
Nahrungsmittel mit
hohem Proteingehalt

Körpergewicht. Die üblichen höheren Empfehlungen berücksichtigen die Tatsachen, daß die normalerweise aufgenommenen Eiweiße keineswegs immer biologisch vollwertig sind, der individuelle Bedarf unterschiedlich sein kann und bei höheren Aufnahmemengen die Effektivität der Utilisation abnimmt.

Die Empfehlungen zur täglichen Kalorienzufuhr in Form von Eiweißen liegen etwas höher als die Bedarfsempfehlungen. Die Eiweiße sollten etwa 12–15 % der Gesamtkalorienzufuhr ausmachen. Geht man von 2200 Kalorien für einen durchschnittlichen Erwachsenen aus und errechnet für ihn, wie oben geschehen, 56 g Eiweiß als empfohlene Tagesmenge, so sind dies bei 4 Kal / g 224 Kalorien und damit ca. 10 % von 2200, also etwas weniger als die angeratenen 12–15 %.

Weiterhin wird für den durchschnittlichen Erwachsenen empfohlen, daß 10–15 % der Eiweißaufnahme aus essentiellen Aminosäuren bestehen sollten, also etwas mehr als 6 g. Tabelle 6.4 listet die Bedarfsempfehlungen für die 9 anerkannten essentiellen Aminosäuren beim erwachsenen Mann auf. Hierzu sind einige Anmerkungen erforderlich: Phenylalanin stellt eine essentielle Aminosäure dar, während Tyrosin normalerweise unter die nicht-essentiellen Aminosäuren eingeordnet wird. Beide sind sich jedoch chemisch sehr

Tab. 6.4 Ungefährer Tagesbedarf an essentiellen Aminosäuren für einen 70 kg schweren Mann, links körpergewichtsbezogen, rechts absolut

Tagesbedarf	(mg/kg)	mg
Histidin	8–12	560–840
Isoleucin	10	700
Leucin	14	980
Lysin	12	840
Methionin und		
Cystein	13	910
Phenylalnin		
und Tyrosin	14	980
Threonin	7	490
Tryptophan	3,5	245
Valin	10	700
Gesamt		6.405–6.685

Tab. 6.3 Eiweißbedarf (g/kg Körpergewicht) in Abhängigkeit vom Lebensalter

Alter (Jahre)	Eiweißbedarf (g/kg)
0,0–0,5	2,2
0,5–1,0	1,6
1–3	1,2
4–6	1,2
7–14	1,0
15–18	0,9
19 und darüber	0,8

ähnlich, so daß dann, wenn ausreichende Mengen an Tyrosin in der Ernährung verfügbar sind, der Bedarf an Phenylalanin abnimmt. Ähnliche Beziehungen gelten für die essentielle Aminosäure Methionin und ihren biochemisch verwandten Partner, das Cystein. Die in Tabelle 6.4 gegebenen Empfehlungen für die essentiellen Aminosäuren werden von manchen Autoren als zu niedrig angesehen. Wenn die in Tabelle 6.3 aufgeführten Empfehlungen zur Eiweißversorgung eingehalten werden, so kann man jedoch mit einer ausreichenden Versorgung an essentiellen Aminosäuren rechnen. Glücklicherweise muß der ernährungsbewußte Bürger nicht alle diese essentiellen Aminosäuren auswendig kennen und ihr Vorhandensein in der Ernährung einzeln überprüfen. Für ihn reicht es aus, einige allgemeine Grundregeln zu beachten, um einer ausreichenden, ausgeglichenen Eiweißbilanz sicher sein zu können.

Empfehlungen für eine ausreichende Eiweißversorgung

Die Frage, wie man sich ausreichend mit Eiweiß versorgen kann, läßt sich in einem einzigen Satz beantworten: man sollte ein möglichst breites Spektrum an hochwertigen tierischen und pflanzlichen Lebensmitteln zu sich nehmen. Das biologisch wertvollste Eiweiß findet sich in Lebensmitteln tierischer Herkunft, wie Fleisch, Fisch, Eiern, Geflügel, Milch und Käse. Sie enthalten alle Arten von essentiellen Aminosäuren, die für den Erhalt der biologischen Funktion, Wachstum und Entwicklung erforderlich sind, quantitativ und qualitativ in ausreichender Menge. Es handelt sich hierbei um Nahrungsmittel hoher Dichte, d. h. man braucht verhältnismäßig geringe Mengen, um seinen täglichen Nährstoffbedarf zu befriedigen. Obwohl der durchschnittliche Erwachsene 56 g Eiweiß pro Tag benötigt, braucht er bei Deckung mit tierischem Eiweiß aufgrund dessen hoher biologischer Wertigkeit nur 45 g. Ein Glas Milch mit einem Eiweißgehalt von 8 g deckt bereits 20 % der täglich notwendigen Proteinmenge ab. Der tägliche Eiweißbedarf läßt sich beispielsweise schon mit zwei Glas Milch, einem Ei und 100 g magerem Fleisch,

Fisch oder Geflügel absättigen. Tierische Nahrungsmittel enthalten zusätzlich größere Mengen an wichtigen weiteren Nährstoffen, speziell Vitaminen und Mineralstoffen. Wenn man fettarme Produkte auswählt, so wird die Nährstoffdichte noch weiter erhöht und die zugeführte Kalorienmenge vermindert, wie dies im einzelnen in Kapitel 5 weiter ausgeführt wurde.

Auch pflanzliche Lebensmittel können sehr gute Eiweißquellen sein. So enthalten Getreideprodukte wie Weizen, Reis und Mais, Sojabohnen, Bohnen, Erbsen und Nüsse nennenswerte Eiweißmengen. Die Pflanzeneiweiße besitzen häufig allerdings nicht die gleiche biologische Wertigkeit wie die tierischen Eiweiße, meist fehlt ihnen die eine oder andere essentielle Aminosäure. Wenn der tägliche Bedarf ausschließlich mit Pflanzeneiweiß abgedeckt wird, so liegt er beim Erwachsenen somit höher, durchschnittlich bei etwa 65 g pro Tag. Diese Menge läßt sich reduzieren, wenn man verschiedene Pflanzeneiweiße sinnvoll miteinander kombiniert, beispielsweise Getreide mit Gemüse, und damit die unterschiedlichen Defizite dieser verschiedenen Eiweißarten gegenseitig ausgleicht. In diesem Fall kann die Kombination ein durchweg vollwertiges biologisches Eiweiß ergeben.

6.3 Stoffwechsel und Funktion

Die Stoffwechselprozesse der Eiweiße im menschlichen Organismus

Im Verlaufe des Verdauungsprozesses werden die Proteine durch eiweißabbauende Enzyme, die Proteasen, zunächst in Polypeptide und dann weiter in ihre Bausteine, die Aminosäuren, zerlegt. Die Aminosäuren werden über die Wand des Dünndarms resorbiert, gelangen in die Blutbahn und von dort über die Pfortader in die Leber. Die Verdauungsarbeit im Darm dauert für die Proteine sehr lange, bis zu mehreren Stunden. Wenn die Aminosäuren aber erst einmal in die Blutbahn eingetreten sind, werden sie von dort sehr rasch, innerhalb von 5–10 min, wieder herausgeholt. Zwischen den Aminosäuren im Blut, der Leber und den Geweben findet ein ständiger Austausch statt. Die Leber ist dabei das Zentrum des Aminosäurestoffwechsels. Sie synthetisiert ständig das erforderliche Spektrum an Aminosäuren, das in der Peripherie für den Stoffwechsel benötigt wird. Die Aminosäuren werden als freie Aminosäuren in die Blutbahn abgegeben oder dort in Form von Plasmaeiweißen, wie z. B. Albumin, transportiert. Die wichtigste Bestimmung der mit der Nahrung aufgenommenen Aminosäuren ist ihr Einbau in körpereigene Proteine, in Strukturproteine wie die Muskeleiweiße, und Funktionsproteine wie die Enzymeiweiße. Den Zellen werden auf dem Blutwege Aminosäuren aus dem Eiweißpool des Körpers zur Verfügung gestellt, die sie aufgrund ihres genetischen Codes in Proteine nach ihren eigenen spezifischen Bedürfnissen umwandeln. Die Muskelfaser synthetisiert beispielsweise aus den angebotenen Aminosäuren kontraktile Proteine, aber auch Enzyme oder Kreatinphosphat für die Energiebereitstellung. Dabei können die Zellen nur so viele Aminosäuren aufnehmen, wie sie tatsächlich aktuell benötigen. Die Fähigkeit zur Speicherung von akut nicht genutzten Aminosäuren besitzen sie, wenn überhaupt, nur in sehr eingeschränktem Maße. Wenn nicht mehr gebrauchte oder abgenutzte Proteine abgebaut werden, so werden die dabei frei werdenden Aminosäuren in die Blutbahn zurückgegeben.

Ebensowenig wie die Einzelzelle kann auch der Gesamtorganismus weder Aminosäuren noch Stickstoff speichern. Werden Aminosäuren abgebaut, so wird die Aminogruppe (NH_2) im Prozeß der sogenannten **Desaminierung** abgespalten, es bleibt eine sogenannte **Alpha-Ketosäure**. Der überflüssige Stickstoff muß jetzt vom Körper ausgeschieden werden. Die Leber bildet aus der Aminogruppe zunächst **Ammoniak** (NH_3), dieser wird dann mit Kohlendioxid zu Harnstoff verbunden, an die Blutbahn abgegeben und in der Niere über den Urin ausgeschieden.

Für die verbleibende Alpha-Ketosäure gibt es verschiedene Möglichkeiten. Sie kann sich zum einen wieder mit einer Aminogruppe zu einer neuen Aminosäure verbinden. Sie kann zum anderen in die Stoffwechselwege der Kohlenhydrate oder Fette eingeschleust werden. Diese Umwandlungsprozesse geschehen vorwiegend in der Leber. Manche Aminosäurereste werden bevorzugt für die Bildung von Kohlenhydraten eingesetzt, sie werden daher als **glukogene Aminosäuren** bezeichnet. Sie können an verschiedenen Stellen der Energietransformationsprozesse in der Leber in den Prozeß der Glukoneogenese einbezogen werden. Die sogenannten **ketogenen Aminosäuren** werden ebenfalls in der Leber verstoffwechselt, und zwar zu Azetyl-CoA, das entweder zur Energiebereitstellung im Zitronensäurezyklus verbrannt oder in Fette umgewandelt werden kann. Die synthetisierten Kohlenhydrate und Fette können dann in andere Körperbereiche transportiert und dort energetisch genutzt werden. Somit ist festzuhalten, daß es zwar für den Körper keine Speicherungsmöglichkeit für Aminosäuren im wesentlichen Ausmaß gibt, trotzdem geht ein Überschuß an zugeführten Aminosäuren nicht verloren. Sie können in Kohlenhydrate oder Fette umgewandelt und dann je nach Bedarf verbrannt oder gespeichert werden.

Abbildung 6.4 gibt eine Zusammenfassung der verschiedenen Stoffwechselwege der Proteine.

Eiweißbildung aus Kohlenhydraten und Fetten

Eiweiße können unter bestimmten Voraussetzungen aus Kohlenhydraten oder Fetten synthetisiert werden. Sie bestehen im wesentlichen aus den gleichen Elementen wie die Kohlenhydrate und Fette, benötigen jedoch zusätzlich Stickstoff. Wenn die Leber über überschüssige Aminosäuren verfügt, kann sie aus Alpha-Ketosäuren, die im Verlaufe des Kohlenhydrat- oder Fettstoffwechsels anfallen, diese mit den Aminogruppen zu Aminosäuren verbinden. Die wichtigsten Alpha-Ketosäuren aus dem Kohlenhydratstoffwechsel sind das Pyruvat und aus dem Fettstoffwechsel das Azetoazetat. Die auf dieser Grundlage synthetisierten Aminosäuren sind per Definition zur Gruppe der nicht-essentiellen Aminosäuren zu rechnen.

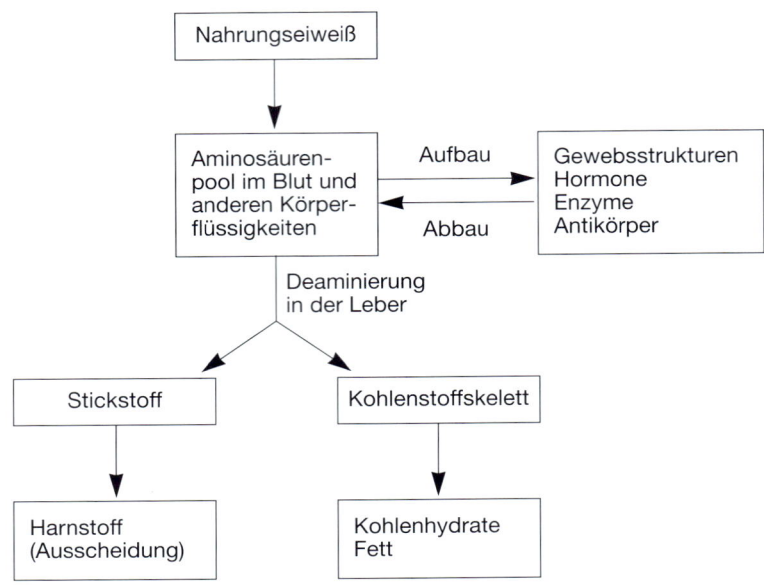

Abbildung 6.4 Vereinfachtes Flußdiagramm des Eiweißstoffwechsels. Die mit der Nahrung aufgenommenen Proteine werden verdaut, d.h. in ihre Einzelbestandteile, die Aminosäuren, zerlegt. Aus dem Aminosäurepool werden dann körpereigene Stoffe aufgebaut, wie Gewebsstrukturen, Enzyme, Hormone oder Antikörper. Die körpereigenen Proteine unterliegen andererseits einem ständigen Abbauprozeß, insbesondere in der Leber. Überschüssiger Stickstoff wird als Harnstoff ausgeschieden, das Kohlenstoffskelett der abgebauten Aminosäuren kann in andere Substanzgruppen umgeformt werden, z.B. Kohlenhydrate oder Fette.

Zusammengefaßt kann also der Körper eine Reihe von nicht-essentiellen Aminosäuren bilden, unter der Voraussetzung, daß ihm genügend Stickstoff zur Verfügung steht, der über das Nahrungseiweiß aufgenommen werden muß.

Funktionelle Bedeutung der Nahrungseiweiße

Die Nahrungseiweiße können in unterschiedlichem Ausmaß alle drei grundlegenden Funktionen der Nährstoffe erfüllen. Je nach spezifischem Aufbau fungieren sie als Struktureiweiße, die eingangs definiert wurden, sie sind vor allem als Enzyme wichtig für die Steuerung von Stoffwechselprozessen und sie können bei Bedarf auch als Energiequelle herangezogen werden. Proteine sind in irgendeiner Form an allen wichtigen Prozessen des Organismus beteiligt. Die Rolle der einzelnen Eiweiße kann an dieser Stelle nicht

diskutiert werden, im folgenden werden daher nur die wichtigsten Bedeutungen der Eiweiße aus der Sicht von Gesundheit und Fitneß dargestellt. Tabelle 6.5 zeigt nochmals die wichtigsten Funktionen der körpereigenen Eiweiße.

Die Proteine stellen den wichtigsten Nährstoff dar, der zur Bildung der körpereigenen Strukturen benötigt wird. Diese Rolle ist besonders in Phasen wichtig, in denen die Körpermasse rasch größer wird. So benötigen Kinder und Jugendliche in der Wachstumsphase ebenso wie Sportler, die versuchen, ihre Körper- und/oder Muskelmasse zu vermehren, eine erhöhte Eiweißzufuhr über die Ernährung. Besonders die sogenannten verzweigtkettigen Aminosäuren Leucin, Isoleucin und Valin sind an der Struktur des Skelettmuskels beteiligt. Die Proteine sind ferner entscheidend für die Steuerung fast aller Stoffwechselprozesse. Sie bilden die meisten Enzyme, viele Hormone sowie sonstige Verbindungen, denen eine Regelungsfunktion im

Tab. 6.5 Zusammenfassung der wichtigsten Funktionen der Aminosäuren und Proteine im Stoffwechsel

1. Strukturfunktion	Aufbau von vitalen Bestandteilen der Zellen, z.B. der kontraktilen Proteine des Skelettmuskels
2. Transportfunktion	Trägerstoffe für wichtige Substanzen, z.B. Lipoproteine zum Transport der Triglyzeride im Blut
3. Enzymfunktion	Fast alle Enzyme, die die verschiedensten physiologischen Prozesse regeln, enthalten einen Proteinanteil
4. Hormonale und Neurotransmitterfunktion	Verschiedene Hormone, z.B. Insulin, sind Peptide bzw. Proteine, ebenso zahlreiche Neurotransmitter (Neuropeptide) im Zentralnervensystem, z.B. das Serotonin
5. Immunfunktion	Eiweiße übernehmen eine Schlüsselrolle im körpereigenen Abwehrsystem, z.B. als Antikörper
6. Pufferfunktion im Säure-Basen-Gleichgewicht	Eiweiße binden sowohl saure wie alkalische Valenzen und sind daher von entscheidender Bedeutung für die Aufrechterhaltung des optimalen pH-Wertes
7. Bedeutung für den Flüssigkeitshaushalt	Der von den Proteinen bewirkte osmotische Druck ist für eine optimale Regelung des Flüssigkeitshaushaltes, insbesondere für die Verteilung der Flüssigkeit in den verschiedenen Flüssigkeitskompartimenten, ganz speziell für das Blutvolumen, von großer Bedeutung
8. Energiebereitstellung	Eiweiße tragen bis zu einem gewissen Grade auch zur Energiebereitstellung bei. Das Kohlenstoffskelett von deaminierten Aminosäuren kann zur Verbrennung in den Zitronensäurezyklus eingeschleust oder zur Synthese von Glukose bzw. Fetten Verwendung finden, die für eine spätere Energiebereitstellung zur Verfügung stehen.

Organismus zukommt. Als Beispiele für eiweißartige Substanzen, die für die Regelung des Energiestoffwechsels unter körperlicher Aktivität wichtig sind, seien Insulin, Hämoglobin oder die oxidativen Enzyme in den Mitochondrien genannt. Weitere wichtige Funktionen der Proteine finden sich in der Regelung des Flüssigkeits- und Säure/Basen-Haushalts, der Blutgerinnung und dem immunologischen Bereich für die Prävention von chronischen bzw. infektiösen Erkrankungen. Die Eiweiße dienen ferner als Trägersubstanzen für andere wichtige Nährstoffe, speziell für Triglyzeride, freie Fettsäuren und Cholesterin in Form der Lipoproteine im Blut, sowie für ihren Transport aus der Blutbahn in die Zellen.

Als Energiequelle spielen die Proteine in Ruhe nur eine untergeordnete Rolle, unter bestimmten Bedingungen können sie allerdings auch unter diesem Aspekt zunehmende Bedeutung gewinnen. In der Hauptsache werden die Nahrungseiweiße für den Aufbau von Struktur- und Funktionseiweißen des Körpers eingesetzt. Wenn es jedoch, wie oben ausgeführt, zu einer überschüssigen, über den Bedarf hinausgehenden Eiweißaufnahme kommt, können diese in Kohlenhydrate oder Fette umgewandelt und damit für die Energiebereitstellung und -speicherung genutzt werden. Wenn andererseits bei Hunger- oder Mangelernährungszuständen keine ausreichenden Mengen von Fetten und Kohlenhydraten zur Verfügung stehen, werden sowohl Nahrungs- wie körpereigene Eiweiße zur Energiebereitstellung genutzt, da die Sicherstellung der Energiebereitstellung vom Organismus offensichtlich höher bewertet wird als die Integrität seiner Struktur. Wer also körperlich aktiv ist und sich seine Muskelmasse erhalten will, muß nicht nur ausreichende Mengen von Eiweißen, sondern auch von Kohlenhydraten zu sich nehmen, denen aus dieser Sicht ein **proteineinsparender Effekt** zukommt. Die Kohlenhydrate werden dann für die einfachere Energiefreisetzung herangezogen, die kostbaren Eiweiße werden für die diffizileren metabolischen Funktionen aufgehoben.

Auch wenn im Grundsatz alle 20 Aminosäuren an dem Aufbau aller Körperstrukturen beteiligt sind, können einzelnen Aminosäuren spezielle Funktionen zukommen. So spielen Tryptophan und Tyrosin beispielsweise eine wichtige Rolle bei der Bildung einer Reihe von biochemischen Neurotransmittern im Gehirn. Wie schon erwähnt sind verzweigtkettige Aminosäuren (Leucin, Isoleucin und Valin) die Hauptbestandteile der Skelettmuskelfaser, sie werden bei Bedarf auch als Energiequelle genutzt.

Aufgrund der sehr vielfältigen Bedeutung der Eiweiße und Aminosäuren werden von Sportlern schon seit langer Zeit Eiweißzusätze mit dem Ziel der Leistungssteigerung genutzt. Spezielle Aminosäurepräparate sind erst jüngeren Datums. Die Frage des Sinns solcher Zusätze soll im weiteren Verlauf diskutiert werden.

6.4 Proteine und körperliche Aktivität

Die Bedeutung der Proteine für die Energiebereitstellung während Belastung

Den Eiweißen wird traditionell nur eine untergeordnete Rolle für die Energiebereitstellung unter Belastung zugebilligt, nachdem hierfür die Kohlenhydrate und Fette in besonderem Maße geeignet und zuständig sind. Neuere Untersuchungen haben allerdings gezeigt, daß die Eiweiße unter bestimmten Bedingungen trotzdem einen wichtigen Beitrag zur Energiebereitstellung leisten können. Zur Analyse des Eiweißstoffwechsels unter Belastung kommen verschie-

dene Methoden zur Anwendung. Eine der einfachsten Möglichkeiten ist die Bestimmung des Abbauprodukts der Proteine, der Harnstoffkonzentration in Urin, Schweiß und Blut. Die Messung des 3-Methylhistidins, einer modifizierten Aminosäure, die beim Abbau der Muskeleiweiße entsteht, gibt ein Maß für den Proteinkatabolismus in der Skelettmuskulatur. Unter der Bestimmung der **Stickstoffbilanz** versteht man die Ermittlung des Gleichgewichts zwischen zugeführtem und ausgeschiedenem Stickstoff. Je nach Überwiegen der anabolen oder katabolen Prozesse findet sich eine positive oder negative Stickstoff- und damit Eiweißbilanz. Detailliertere Bestimmungen der Umsatzraten der einzelnen Aminosäuren unter Belastung lassen sich mit Hilfe von Isotopenmarkierungen durchführen.

Obwohl trotz all dieser methodischen Fortschritte unser Wissen über den Eiweißstoffwechsel unter körperlicher Belastung noch lückenhaft ist, lassen neuere Untersuchungsergebnisse eindeutig feststellen, daß mit zunehmender Belastung in wachsendem Maße auch Eiweiße zur Energiebereitstellung herangezogen werden. Offen bleiben jedoch noch Fragen nach den spezifischen Eiweißquellen bzw. ihrer jeweiligen prozentualen Beteiligung am Eiweißstoffwechsel. Bei den meisten körperlichen Aktivitäten einschließlich intensiver Kraftbelastungen sind die Eiweiße als Energiequelle eher von geringer Bedeutung, ihr Beitrag liegt im allgemeinen unter 5 % des Gesamtenergieumsatzes. Die Ursache liegt unter anderem darin begründet, daß die Verbrennungsgeschwindigkeit für die Eiweiße wesentlich langsamer ist und damit viel weniger ATP pro Zeiteinheit bereitgestellt werden kann als bei der Nutzung der Kohlenhydrate, dem wichtigsten Brennstoff für hochintensive Belastungen. Auf der anderen Seite steigt bei intensiven und lang durchgeführten Ausdauerbelastungen in ihrer Endphase die Nutzung der Eiweiße bis auf 15 % des Energieumsatz an, vergleichsweise etwa den Bedingungen eines extremen Hungerzustandes. Wenn die endogenen Kohlenhydratdepots zur Neige gehen, wobei die kritische Grenze etwa bei einem Muskelglykogengehalt von 33–55 % liegt, muß der Skelettmuskel offensichtlich in wachsendem Maße

Proteine zur Verbrennung bzw. zur Glukoneogenese, heranziehen.

Kurze, intensive Belastungen verlangsamen die Geschwindigkeit der Proteinsynthese und beschleunigen den Eiweißabbau. Der genaue Mechanismus des Proteinstoffwechsels unter Belastung ist noch nicht bekannt, es wurden jedoch eine Reihe von Möglichkeiten diskutiert und experimentell überprüft. Parkhouse berichtete, daß körperliche Belastung, vor allem erschöpfende Belastung, proteolytische Enzyme im Muskel aktiviert, die die myofibrillären Eiweiße abbauen. Fitts und Metzger fanden im erschöpften Muskel erhöhte Konzentrationen solcher proteolytischer Enzyme. Eine Reihe von Aminosäuren, die beim Abbau von Muskeleiweißen frei werden, könnten theoretisch in den Energiestoffwechsel eintreten. Das Hauptaugenmerk der wissenschaftlichen Untersuchung hat sich unter diesen Aminosäuren auf das Leucin konzentriert, eine der verzweigtkettigen Aminosäuren, die im Muskel in größerer Menge vorkommen und unter Belastung in besonderem Maße oxidiert werden. Die Abbauprodukte des Leucins verbinden sich in der Muskelzelle mit Pyruvat und werden in Alanin und eine Alpha-Ketosäure umgewandelt. Die Alpha-Ketosäure kann in den Zitronensäurezyklus eintreten und zur Energiebereitstellung genutzt werden. Alanin wird in die Blutbahn abgegeben, zur Leber transportiert und dort in Glukose umgewandelt. Die Glukose wird ihrerseits wieder an das Blut abgegeben und steht unter anderem dem Zentralnervensystem zur Verfügung oder sie gelangt zum arbeitenden Muskel zurück und dient ihm als zusätzliche Energiequelle. Alanin scheint eine wichtige Transportform für die Aminogruppe zu sein, die auf diese Art und Weise zur Leber gebracht und dort als Harnstoff für die renale Ausscheidung vorbereitet wird. Dieser an der Glukoneogenese beteiligte sogenannte **Glukose-Alanin-Zyklus** wird graphisch in Abbildung 6.5 dargestellt. Nach den Ergebnissen einiger Untersucher kommt es in der Endphase von Ausdauerbelastungen zu einem Anstieg der Serumkonzentration an Alanin, wahrscheinlich aufgrund einer vermehrten Freisetzung aus der Muskulatur. Trotzdem läßt sich hieraus lediglich eine Glukoseproduktion von 4 g pro Stunde errechnen, die vielleicht bei Belastungen geringer Intensität eine Rolle spielen könnte, sicher aber nicht für intensive Belastungen, die energetisch mit einer Kohlenhydratverbrennung von bis zu 3 g pro Minute finanziert werden müssen. Weitere Untersucher fanden während Ausdauerbelastungen eine verstärkte Freisetzung von verzweigtkettigen Aminosäuren in die Blutbahn, die dann vermehrt von der Muskelfaser aufgenommen werden.

Somit können Proteine bzw. Aminosäuren unter körperlicher Belastung entweder direkt von der Muskulatur verbrannt werden oder indirekt nach Umwandlung in Glukose in der Leber, das letztere insbesondere dann, wenn

Abbildung 6.5
Der Glukose-Alanin-Zyklus. Alanin kann in der Muskulatur aus anderen Aminosäuren, insbesondere Leucin gebildet werden. Es wird dann in die Blutbahn abgegeben und zur Leber transportiert. Dort kann es als Ausgangsmaterial für die Glukoneogenese, also die Umwandlung in Glukose, dienen (bezüglich der energetischen Nutzung anderer Aminosäuren siehe Anhang F, Abbildung F.5).

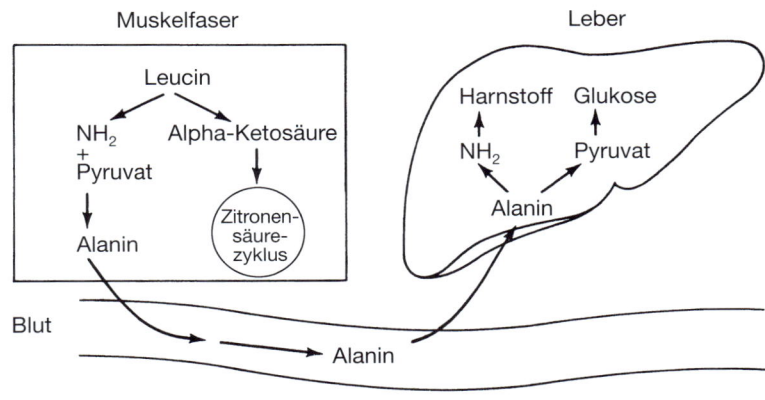

die Glykogendepots erschöpft sind und der Blutzuckergehalt absinkt. Der letztgenannte Vorgang kann durch eine kohlenhydratarme Ernährung begünstigt werden. Auf der anderen Seite könnte umgekehrt eine adäquate Kohlenhydratzufuhr während bzw. eine kohlenhydratreiche Ernährung vor Ausdauerbelastungen die Nutzung von Proteinen zur Energiebereitstellung reduzieren, da eine ausreichende Glykogenkonzentration in der Skelettmuskulatur diejenigen Enzyme in ihrer Aktivität hemmt, die den Abbau von Muskelproteinen katalysieren. Einer kohlenhydratreichen Diät dürfte somit beim Ausdauerathleten ein Protein-Spareffekt zukommen.

Während somit nach den vorliegenden Daten unter körperlicher Aktivität die Umsatzrate der Proteine und ihre energetische Nutzung ansteigt, ist das quantitative Ausmaß des Beitrags der Eiweiße zur Energiebereitstellung von verschiedenen Faktoren abhängig, wie z. B. Intensität und Dauer einer Belastung, sowie der Verfügbarkeit von anderen Brennstoffen für die Muskulatur wie insbesondere Glykogen. Zur Klärung der jeweiligen Bedeutung dieser Faktoren bedarf es weiterer wissenschaftlicher Untersuchungen.

Proteinverluste unter körperlicher Aktivität

Unter körperlicher Aktivität kommt es nicht nur durch die Verstoffwechselung von Eiweißen zu einem Proteinabbau, sondern auch zu Verlusten auf anderen Wegen. Eine Möglichkeit ist die verstärkte Ausscheidung von Proteinen über den Urin, die sogenannte **Proteinurie**. Eine solche Eiweißausscheidung im Urin nach Belastung wurde in verschiedenen Sportarten beobachtet, z. B. beim Laufen, im Fußball, Basketball und Handball. Nach den vorliegenden Beobachtungen scheint die Proteinurie um so ausgeprägter zu sein, je intensiver eine Belastung durchgeführt wird. Nach Poortmans könnte eine der Ursachen für dieses Phänomen in einer Verminderung der Reabsorption von Proteinen in den Nierentubuli während intensiver Belastung liegen. Der Proteinverlust, der auf diese Art und Weise eintritt, ist quantitativ allerdings nur

gering, er liegt im allgemeinen unter 3 g pro Tag.

Eine weitere Möglichkeit von Eiweißverlusten besteht über den Schweiß. Eine Reihe von Untersuchern konnte feststellen, daß sich in durch Belastung induziertem Schweiß vermehrt Aminosäuren und Proteine finden. Auch hier sind die Verluste jedoch quantitativ gering, sie liegen bei erwachsenen Männern größenordnungsmäßig im Bereich von 1g Eiweiß pro Liter Schweiß. Umgerechnet sind dies für die Trainingseinheit eines Ausdauerathleten bei hohen Temperaturen etwa 2–4 g Eiweiß.

Auswirkungen von Training auf den Eiweißstoffwechsel

Die Frage, wie sich Training auf den Proteinmetabolismus auswirkt, kann aus verschiedenen Richtungen heraus betrachtet bzw. beantwortet werden. Zum einen stellt sich die Frage, wie Training den Eiweißstoffwechsel unter Belastung beeinflußt, zum anderen ist zu fragen, was im Bereich des Eiweißstoffwechsels in der Erholungsphase zwischen den Trainingseinheiten passiert.

Da, wie dargestellt, durch Training der Stoffwechsel der beiden wichtigsten Energiequellen Kohlenhydrate und Fette deutlich gesteigert wird, liegt die Möglichkeit nahe, daß dies auch für Eiweiß gilt. Einige wenige bisher vorliegende Untersuchungsergebnisse in dieser Richtung bestätigen eine solche Annahme. Henriksson zitiert eine Reihe von Studien, in denen sowohl im Tierversuch wie auch in Untersuchungen am Menschen im Längsschnittsversuch vor und nach Training ebenso wie im Querschnittsvergleich zwischen Trainierten und Untrainierten eine Steigerung des Leucinumsatzes bzw. der Fähigkeit des Muskels zur Oxidation von Aminosäuren nachgewiesen werden konnte. Einspahr und Tharp beobachteten, daß Trainierte nach einer intensiven Trainingseinheit bei gleicher Belastungsintensität höhere Plasmaspiegel an Alanin aufweisen als untrainierte Kontrollpersonen. Die Autoren vermuteten, daß diesem Befund eine physiologische Bedeutung zukommen könnte. Sie unterstrichen allerdings auch, daß noch weitere Untersuchungen zur Absicherung einer solchen Interpretation erforderlich seien, beispielsweise die Bestimmung der Leberextraktion von Alanin bzw. der Umwandlung von Alanin in Glukose. Wolfe und George diskutierten die Möglichkeit, daß die Aminogruppen, die über das Alanin zur Leber transportiert werden, dort nicht zur Bildung von Harnstoff, sondern zur Synthese von anderen Aminosäuren bzw. Proteinen verwendet werden. Auch bei diesem Prozeß könnte es Unterschiede zwischen Trainierten und Untrainierten geben.

Ein solcher Trainingseffekt, die vermehrte Nutzung von Proteinen zur Energiebereitstellung, würde generell der Tendenz des Organismus entgegenlaufen, seine wertvollen Proteinstrukturen zu erhalten. Auf der anderen Seite könnte hierin ein Einspareffekt für die wichtigen Kohlenhydratreserven zum Ausdruck kommen. Weiterhin könnte es sich um das Bestreben des Organismus handeln, Ermüdungseffekte, die durch Ammoniak vermittelt werden, zu vermeiden. Auch wenn dies bisher noch nicht abgesichert ist, scheint ein Anstieg des Ammoniakspiegels mit Ermüdungsvorgängen zusammenzuhängen, ähnlich wie dies für die Laktatakkumulation gilt. Eine Theorie besagt, daß eine zunehmende Ammoniakkonzentration die oxidativen Prozesse im Muskel und damit die Energiebereitstellung hemmt. Ammoniak wird im Muskel aus den Aminogruppen der Proteine gebildet. Werden diese frei werdenden Aminogruppen in Form von Alanin oder Glutamin, einer anderen Aminosäure, gebunden, so könnte hierdurch das Einsetzen von Ermüdungsphänomenen verzögert werden. Die verstärkte Bildungskapazität für Alanin könnte somit einen positiven Trainingseffekt ausdrücken.

Mit Bezug auf den zweiten Teil der Eingangsfrage ist festzustellen, daß die Erholungsphase vor allem von den anabolen Prozessen einer Proteinsynthese gekennzeichnet ist, auch wenn während oder möglicherweise sogar nach einer Belastung ein Proteinkatabolismus stattfindet. In zahlreichen Untersuchungen wurde gefunden, daß nach Belastung die Eiweißbilanz ausgeglichen bleibt oder positiv wird. Trainierte setzen in Körperruhe ihre Energie vorwiegend durch

die Verbrennung von Fetten frei unter Einsparung von Proteinen, wie dies durch Untersuchungen des Leucinumsatzes bzw. des respiratorischen Quotienten festgestellt wurde. Die Belastung stimuliert offensichtlich die DNS in den muskulären Zellkernen zu einer gesteigerten Proteinsynthese, wobei das jeweils gebildete Protein spezifisch von der Art der Belastung abhängig ist. Aerobes Training regt die Synthese von Eiweißen zur Bildung von Mitochondrien und oxidativen Enzymen an, die für die aerobe Energiebereitstellung erforderlich sind. Ein Krafttraining steigert dagegen die Synthese von kontraktilen Muskelproteinen. In diesen spezifischen Anpassungsphänomenen sind die Schlüsselelemente für eine sportartspezifische Leistungssteigerung durch Training zu sehen.

Die Auswirkungen eines Trainings im Sinne einer positiven Stickstoff- bzw. Eiweißbilanz in der Erholungsphase setzt eine adäquate Versorgung des Organismus mit Proteinen, aber auch mit Kalorien insgesamt voraus.

Erhöhter Proteinbedarf beim Sportler, speziell im Wachstumsalter

Die Meinungen, ob unter körperlichem Training eine erhöhte Eiweißzufuhr mit der Ernährung erforderlich ist oder nicht, gehen zum Teil weit auseinander. Viele Ernährungswissenschaftler sind der Ansicht, daß der Sportler kaum mehr Eiweiß benötigt als der Untrainierte, von den relativ geringen Mengen, die zum Muskelaufbau erforderlich sind, abgesehen. Die in den üblichen Empfehlungen zur Eiweißaufnahme enthaltenen Sicherheitsmargen sollten nach dieser Ansicht ausreichen, um einen eventuell erhöhten Bedarf während des Trainings abzudecken. Manche Autoren gehen sogar soweit anzunehmen, daß dadurch, daß der trainierte Stoffwechsel mit seinem Eiweiß sparsamer umgeht, der Proteinbedarf beim Sportler sogar erniedrigt sein könnte, vorausgesetzt, daß die Kalorienversorgung ausreicht, um das Körpergewicht konstant zu halten.

Andere Autoren gehen dagegen von einem erhöhten Eiweißbedarf des Sportlers unter intensivem Training aus. Dies gilt insbesondere für Kraftathleten, Gewichtheber und Bodybuilder, denen eine erhöhte Eiweißaufnahme empfohlen wird, um die für eine Steigerung der Muskelmasse und damit der Maximalkraft erforderliche verstärkte Proteinsynthese zu ermöglichen. Aber auch Ausdauersportlern wird eine erhöhte Eiweißzufuhr angeraten, da sie zum einen mehr Eiweiß benötigen, um Mitochondrien und oxidative Enzyme zu synthetisieren, und da zum anderen Eiweiß auch eine Energiequelle darstellen kann. Andere Autoren halten eine erhöhte Eiweißzufuhr vor allem zu Beginn eines Ausdauertrainings für notwendig, um der Entwicklung einer Sportleranämie (siehe unten) vorzubeugen. Das Maß der erhöhten Eiweißaufnahme hängt von der jeweiligen Sportart ab. Die ältere Literatur geht von einem Bedarf von 1–3 g Eiweiß pro kg Körpergewicht oder noch höheren Werten aus. Neuere Empfehlungen liegen aufgrund entsprechender Untersuchungen wesentlich tiefer in einem Bereich von 1,2–1,7 g pro kg Körpergewicht.

Im folgenden soll eine kurze Zusammenfassung der derzeitigen Literaturaussagen zur Frage des Eiweißbedarfes bzw. einer Eiweißsubstitution bei Kraft- bzw. Ausdauersportlern gegeben werden. Zusätzlich findet sich eine kurze Darstellung des Spezialproblems der Sportleranämie.

Kraftsportarten

Das Trainingsziel in Kraftsportarten, speziell bei Gewichthebern, Bodybuildern, Kugelstoßern, Hammerwerfern etc., besteht in einer Verbesserung ihrer Maximalkraft bzw. Schnellkraft. Hierzu bedarf es des Aufbaus einer möglichst großen Muskelmasse bei Reduktion des Körperfettanteils. Es ist wenig wahrscheinlich, daß Kraftsportler Proteine in nennenswertem Maße auch zur Energiebereitstellung im Training benutzen. Tarnopolsky et al. fanden nach einem einstündigen Krafttraining während einer Nachbeobachtung über mehrere Stunden hinweg keine Steigerung des Leucinumsatzes. Pivarnik et al. beobachteten dagegen bei Untrainierten,

die ein Krafttrainingsprogramm begannen, ab dem dritten Tag eine vermehrte Urinausscheidung von 3-Methylhistidin, ein Hinweis darauf, daß es während des Krafttrainings zu einem vermehrten Abbau von Muskeleiweißen kommen kann.

Zur Frage, wieviel Eiweiß Gewichtheber benötigen, um ihre Stickstoffbilanz ausgeglichen zu halten, wurde eine Reihe von Untersuchungen ausgeführt. Eine ältere Literaturübersicht zu dieser Frage von Greg Paul ergab Werte zwischen 0,82–1,94 g Eiweiß pro kg Körpergewicht und Tag. Aufgrund neuerer Befunde kam dagegen Tarnopolsky zu der Aussage, daß auch Gewichtheber nicht wesentlich mehr Eiweiß benötigen, als dies die üblichen Empfehlungen angeben. In der oben zitierten Untersuchung von Pivarnik ergab sich kein Hinweis darauf, daß der muskuläre Aufbau so ausgeprägt ist, daß dies eine erhöhte Zufuhr an Nahrungsprotein erforderlich machen würde. Nach Ansicht von James Hickson, reicht die Beachtung der üblichen Empfehlungen zur Eiweißaufnahme auch bei Kraftathleten aus. Möglicherweise beziehen sich solche Feststellungen aber nur auf die Konstanz der Stickstoffbilanz, nicht auf eine positive Stickstoffbilanz, die erforderlich wäre, um zusätzliche Muskulatur aufzubauen.

Leider gibt es nur sehr wenige wissenschaftlich gesehen seriöse Literatur zur Frage, wieviel Eiweiß ein Kraftathlet wirklich braucht, um mehr Muskulatur aufzubauen. Im Verlaufe von Krafttrainingsprogrammen ist die Stickstoffbilanz im allgemeinen positiv, der Proteinüberschuß kann beim Kraftathleten 7–28 g pro Tag betragen. Dabei ist allerdings noch nicht geklärt, ob dieser Eiweißüberschuß dann auch wirklich in Muskulatur umgebaut wird. Kenner der Materie haben deshalb für Kraftathleten eine erhöhte Eiweißzufuhr empfohlen, beispielsweise Lemon in seiner Übersicht 1,5 bis 1,7 g und Tarnopolsky 1,2 bis 1,76 g Eiweiß pro kg Körpergewicht. Von Butterfield stammt die Angabe, der Kraftathlet solle doppelt soviel Eiweiß zu sich nehmen, wie dies der üblichen Empfehlung entspricht, zusätzlich 200 Gesamtkalorien pro Tag. Zur Frage des Effektes einer Eiweißsubstitution auf Körpergewicht und Körperzusammensetzung wurden eine

Reihe von Labor- und Felduntersuchungen durchgeführt. Auch wenn bei den Felduntersuchungen im allgemeinen keine Kontrollgruppen bezüglich Ernährung und körperlicher Aktivität vorhanden waren, kommen sie relativ einheitlich zu der Schlußfolgerung, daß eine Eiweißsubstitution zu einer Steigerung des Körpergewichts führt. Untersuchungen zur Körperzusammensetzung, zur Frage also, ob diese Gewichtssteigerung auf eine Zunahme der Fett- oder der fettfreien Körpermasse zurückzuführen ist, wurden dagegen meist nicht einbezogen. Aussagekräftiger sind dagegen kontrollierte Laboruntersuchungen, in denen im Verlaufe eines Krafttrainingsprogramms die Auswirkungen einer Ernährung mit normalem Eiweißanteil im Bereich von 0,8–1,4 g pro kg Körpergewicht im Vergleich zu einer eiweißreichen Kost mit einem Eiweißanteil von 1,6–2,8 g auf das Körpergewicht und die Körperzusammensetzung überprüft wurden. Diese Untersuchungen zeigen im Regelfall, daß es möglich ist, die Stickstoffbilanz auch mit einer üblichen Eiweißzufuhr ausgeglichen zu halten, bei einer erhöhten Eiweißzufuhr wird sie jedoch positiv. Die Zunahme des Körpergewichts bezieht sich vor allem auf die fettfreie Körpermasse. Allerdings fanden Weideman et al. in einer methodisch sehr gut durchgeführten Untersuchung mit Hilfe der nuklearen magnetischen Resonanzmethode nach einem 13-wöchigen Krafttraining bei Ernährung mit einer stark eiweißreichen Kost entsprechend 2,94 g Protein pro kg Körpergewicht keine Hypertrophie der Unterschenkelmuskulatur. Umgekehrt beobachteten Lemon und Mitarbeiter in einer vergleichbaren Untersuchung eine stärkere Muskelhypertrophie, wenn die Untersuchungspersonen 2,62 g Eiweiß pro kg und Tag zu sich nahmen, im Vergleich zu einer Kontrollgruppe, die 1,35 g Eiweiß pro kg und Tag erhielt. Ein wichtiger Aspekt im Zusammenhang mit der Auswirkung der Ernährung bei Kraftsportlern ist auch die Frage, ob die Kohlenhydrat- und Fettversorgung ausreichend ist. Hierauf wird im Kapitel 12 näher eingegangen.

Die vorliegenden Daten stützen somit die Annahme, daß eine eiweißreiche Kost beim Krafttraining zu einer positiven Stickstoffbilanz führt. Die Frage, ob dadurch auch die Leistungsfähigkeit ansteigt, wird hierdurch noch lange nicht beantwortet. Feldstudien, nach deren Ergebnissen der Kraftathlet von einer eiweißreichen Ernährung profitiert, sind meist methodisch nicht ausreichend ausgelegt. So gibt es beispielsweise eine Untersuchung, bei der bei Spitzengewichthebern die tägliche Proteinzufuhr durch einen Eiweißzusatz auf der Basis von Milchprotein von 2,5 auf 3,5 g pro kg Körpergewicht täglich gesteigert wurde. Die Untersucher beobachteten nach einigen Monaten eine signifikante Zunahme der fettfreien Muskelmasse und der Muskelkraft im Vergleich zu einer Abnahme dieser Parameter in einer Plazebophase. Auf den ersten Blick erscheint eine solche Untersuchung methodisch überzeugend, sie verliert jedoch an Wert, wenn man sich ihre Einzelheiten näher ansieht. Das Eiweißpräparat wurde in einer Phase gegeben, in der sich die Sportler auf Weltmeisterschaften vorbereiteten, das Plazebo in einer Phase deutlich geringerer Trainingsintensität. Die Erfolge dürften somit wohl eher auf das intensivere Training als auf das Eiweißpräparat zurückzuführen gewesen sein. In einer Reihe anderer, besser geplanter Studien konnten für Kraftathleten keine leistungssteigernden Effekte eines zusätzlichen Eiweißpräparats nachgewiesen werden, darunter in einer Studie, bei der 2,8 g Eiweiß pro kg Körpergewicht zugeführt wurden. In der oben zitierten Untersuchung von Weideman ließ sich auch bei 2,4 g Eiweiß pro kg und Tag keine Leistungssteigerung verzeichnen. Lemon et al. berichteten, daß eine Erhöhung der täglichen Proteinaufnahme von 1,35 auf 2,62 g pro kg und Tag in der Frühphase eines Trainingsprogramms zu keinem Kraftgewinn führte.

Ausdauersportarten

Wie vorstehend dargestellt, kann auch eine Ausdauerbelastung zu einem erhöhten Eiweißverbrauch führen, wenngleich die hierzu genutzte Proteinquelle bisher noch nicht exakt identifiziert werden konnte. Hierdurch könnte ein erhöhter Eiweißbedarf auch für den Ausdauersportler entstehen. In einer Übersicht über einschlägige Untersuchungen kam Paul zu der Feststellung, daß Ausdauersportler 0,97–1,37 g Eiweiß pro kg Körpergewicht und Tag benötigen, um ihre Stickstoffbilanz ausgeglichen zu halten. Lemon gibt 1,2–1,4 g an, Tarnopolsky 1,2–1,6 g, Butterfield 1,26 g und Poortmans 1,2 g. Sämtliche Empfehlungen liegen somit in einem ähnlichen Bereich. Trotz solcher Durchschnittswerte kann die individuelle Eiweißbilanz des Ausdauersportlers sehr unterschiedlich ausfallen, wobei insbesondere auch die gesamte Energieaufnahme, speziell die Kohlenhydratzufuhr, und die biologische Eiweißqualität eine Rolle spielen dürften. Speziell Ausdauersportlerinnen sollten mehr Eiweiß benötigen, da sie im allgemeinen weniger Gesamtkalorien aufnehmen. Auch Sportler, die versuchen, vor einem Wettkampf ihr Gewicht zu reduzieren, müssen einen größeren Anteil ihres Energiebedarfs über Proteine abdecken. Manche Autoren empfehlen daher grundsätzlich die Sicherheitsgrenzen für Ausdauersportler etwas höher anzusiedeln, beispielsweise im Bereich von 1,8–2,0 g Eiweiß pro kg Körpergewicht und Tag.

Zur Frage, ob eine proteinreiche Diät die Ausdauerleistungsfähigkeit steigern kann, liegen nur sehr wenige Daten vor. Umgekehrt wurde in einer schon älteren Untersuchung festgestellt, daß eine extrem eiweißarme Ernährung – nur 4 g Eiweiß pro Tag – über eine zehntägige Beobachtungsphase die Ausdauerleistungsfähigkeit nicht verschlechterte, wobei die Gesamtkalorienzufuhr ausreichend war. Sharp et al. untersuchten den Effekt eines über acht Wochen gegebenen Eiweißzusatzes (0,8 g pro kg und Tag) auf die Auswirkungen eines kombinierten aeroben und anaeroben Trainings auf dem Fahrradergometer. Während die VO_2max und die mittlere Leistung unverändert blieben, waren die Probanden unter der Proteinsubstitution in der Lage, im Bereich der anaeroben Laktatschwelle eine höhere Leistung zu erbringen. Die Autoren beobachteten ferner günstige Effekte des Proteinzusatzes auf anabole Hormone, speziell das Testosteron. Auch dieser hormonale Effekt könnte mit einer Leistungssteigerung verbunden sein. Auf der anderen Seite beobachteten Bigard et al. negative Effekte einer proteinangereicherten Ernährung. Die Untersuchungen wurden in

mittlerer Höhe durchgeführt. Die Probanden erhielten eine isokalorische Diät, in der der Proteinanteil von 12 auf 20 % der Gesamtkalorien erhöht wurde, bei entsprechender Reduktion des Kohlenhydratanteils. Während die VO_2max unverändert blieb, kam es zu einer signifikanten Verschlechterung der Zeit, die eine bestimmte Belastung bis zur Erschöpfung durchgehalten werden konnte.

Andere Untersucher beschäftigten sich mit der Frage der Auswirkungen eines Eiweißzusatzes auf muskuläre Verletzungen bzw. Überlastungsschäden im Training. Die Ergebnisse dieser Untersuchungen sind in sich sehr widersprüchlich. In einer Untersuchung konnte durch 15 g Protein, die direkt nach dem Training eingenommen wurden, eine Beschleunigung der muskulären Regenerations- bzw. Reparaturvorgänge registriert werden, beurteilt anhand von Enzymkonzentrationen, die als Indikator für muskuläre Schädigungen gelten können. Auf der anderen Seite konnte in einer ähnlichen Studie unter dem Einfluß von 37,5 g Protein keine beschleunigte Regeneration verletzter Muskeln nachgewiesen werden, wobei methodisch Krafttests zur Anwendung kamen. In einer relativ neuen Studie untersuchten Zawadzki et al. den Einfluß einer kombinierten Kohlenhydrat- (112 g) und Protein- (40 g) Substitution auf die muskuläre Erholungsfähigkeit nach einer Belastung. Sie fanden unter dieser Kombination einen größeren Effekt auf die Geschwindigkeit der muskulären Glykogensynthese als nach der alleinigen Gabe von Kohlenhydraten. Als möglicher Mechanismus kann eine gesteigerte Insulinsekretion angesehen werden, die die Autoren unter dieser Kombination fanden, da Insulin die Geschwindigkeit der Glykogenresynthese steigert. Die Frage, ob hierdurch auch die Leistungsfähigkeit ansteigt, kann nicht beantwortet werden, entsprechende Daten wurden nicht mitgeteilt. Zur Entscheidung der Frage, ob Eiweißzusätze die Leistungsfähigkeit auch im Ausdauerbereich steigern können oder nicht, bedarf es somit noch weiterer Untersuchungen.

Sportleranämie

Unter einer Anämie versteht man einen Abfall des Hämoglobinwerts bzw. der Erythrozytenzahl. Wenn dies beim Sportler zu Beginn einer Trainingsphase auftritt, so wird als Ursache ein erhöhter Proteinverbrauch für die Synthese von Myoglobin, Mitochondrien und Muskelproteinen im Rahmen der Adaptationsvorgänge gesehen, der zu Lasten der Hämoglobinbildung geht. Eine Reihe von Autoren haben daher empfohlen, zu Beginn eines Trainingsprogramms vermehrt Eiweiß zuzuführen, um die Entwicklung einer solchen Anämie zu verhindern.

Die meisten Untersuchungen zu diesem Problemfeld wurden in Japan durchgeführt. Danach müssen 1,5–2,0 g Eiweiß pro kg Körpergewicht zugeführt werden, damit keine Sportleranämie eintritt. Neuere Untersuchungen, die gleichfalls aus Japan stammen, zeigen jedoch, daß sich die Sportleranämie eher bei Athleten entwickelt, die zu wenig Eiweiß (0,5 g/kg) zu sich nehmen. Eine Normalisierung der Eiweißzufuhr auf 1,25 g pro kg reicht bereits aus, um die Entwicklung einer Blutarmut zu verhindern. Weitere Untersuchungsergebnisse weisen auf eine möglicherweise völlig andere Ursache der Sportleranämie hin, nämlich eine Vermehrung des Plasmavolumens, die zu einem Verdünnungseffekt auf die Hämoglobinkonzentration führt, so daß die Blutarmut eigentlich eine Scheinanämie darstellt. Eine Blutarmut scheint sich darüber hinaus keineswegs bei allen Sportlern auszuprägen, die ihr Training intensivieren, besonders dann nicht, wenn sie sich ausgewogen ernähren. Schließlich kann die Blutarmut des Sportlers auch etwas mit einem alimentären Eisenmangel zu tun haben. Hierauf wird im Kapitel 8 näher eingegangen.

Allgemeine Empfehlungen für die Eiweißernährung des Sportlers

Auch wenn die bisher verfügbaren Daten zu endgültigen Empfehlungen noch nicht ausreichen, so kann doch als wahrscheinlich angenommen werden, daß der Sportler minimal so viel Eiweiß benötigt, wie dies die üblichen Empfehlungen angeben, nämlich 0,8–1,0 g pro kg Körpergewicht, möglicherweise auch etwas mehr, um seine Eiweißbilanz ausgeglichen zu halten oder positiv zu gestalten. Im folgenden sollen einige hypothetische Berechnungen aus dieser Sicht ausgeführt werden. Der Proteinbedarf wird auf der Basis der allgemeinen Ernährungsempfehlungen berechnet, zuzüglich eines geschätzten unter intensiver Belastung erforderlichen zusätzlichen Proteinbedarfs, sowie einer weiteren Proteinmenge, die Sportler zu sich nehmen müssen, wenn sie ihr Körpergewicht steigern wollen. Als erstes Beispiel soll ein junger Gewichtheber dienen, der seine Körpermasse, vor allem seine Muskelmasse, vermehren will. Ein 70 kg schwerer, junger Mann befindet sich im Eiweißgleichgewicht, wenn er täglich 70 g einnimmt. Geht man von den oberen Grenzwerten der Empfehlungen aus, die für intensive körperliche Belastung gegeben werden, beispielsweise von 1,75 g pro kg Körpergewicht, so wäre der tägliche Eiweißbedarf dagegen 125 g. Die Frage stellt sich, ob eine solche Menge tatsächlich notwendig und vernünftig ist.

Der Skelettmuskel enthält etwa 70 % Wasser, 7 % Lipide und 22 % kontraktile Eiweiße. Ein Kilogramm Muskulatur beinhaltet somit ca. 220 g Eiweiß. Wenn eine Zunahme an fettfreier Körpermasse von 0,5 kg pro Woche angestrebt wird, eine relativ vernünftige Zielsetzung, so bedeutet dies eine zusätzliche Aufnahme von 110 g Eiweiß pro Woche bzw. ca. 15–16 g pro Tag. Wird eine Steigerung der Muskelmasse um wöchentlich ein Kilogramm angestrebt, so würde dies eine zusätzliche Eiweißzufuhr von 30–32 g pro Tag bedeuten. Wenn der erhöhte Eiweißbedarf durch das Training per se mit täglich 20 g eingesetzt wird, so ergibt sich ein Gesamteiweißbedarf von 70 g nach den allgemeinen Richtlinien zuzüglich 30 g für den Muskelaufbau und 20 g für die Belastung, also insgesamt 120 g. Die oben angegebene Empfehlung von 1,75 g pro kg Körpergewicht liegt somit durchaus in einem realistischen Bereich.

Im Gegensatz zum Kraftathleten sind Ausdauersportler nicht daran interessiert, ihre Körpermasse zu vermehren. Sie benötigen jedoch eine erhöhte Eiweißzufuhr, um das Eiweiß zu ersetzen, das während der Belastung aus energetischen Gründen verbrannt wurde. Ein Läufer, der im Training täglich 15 km läuft, verbraucht dabei etwa 1000 Kalorien. Wenn 10 % hiervon aus Proteinen freigesetzt werden, so sind dies bei einem Energiegehalt von 4 Kal pro g Protein 25 g Eiweiß, die ersetzt werden müssen. Nimmt man zusätzlich einen Eiweißverlust von 10 g über Urin und Schweiß an, so beträgt die erforderliche Eiweißmenge für einen 70 kg schweren jugendlichen Athleten $1,0 \times 70$ kg = 70 g + 25 + 10 also 105 g oder ca. 1,5 g pro kg Körpergewicht. Auch diese Zahl entspricht den üblichen Empfehlungen zur Eiweißaufnahme durch Ausdauersportler.

Diese erforderlichen zusätzlichen Eiweißmengen lassen sich ohne weiteres durch relativ geringfügige Ergänzungen der bei uns üblichen Ernährung durchführen. Die durchschnittliche Kalorienaufnahme eines körperlich aktiven jungen Mannes liegt etwa bei 2500–3000 Kalorien, bei einem Sportler durch den erhöhten Energieverbrauch während der körperlichen Aktivität bei etwa 3500–4000 Kalorien. Durch eine adäquate Energiezufuhr vor allem in Form von Kohlenhydraten läßt sich die Eiweißbilanz verbessern. Der Athlet, der ausreichend Kohlenhydrate zu sich nimmt, kann seinen Eiweißbedarf sogar absenken.

Die Eiweißzufuhr wird normalerweise mit 12 % der Nahrungskalorien empfohlen. Geht man von den obigen 3500 bis 4000 Kalorien aus, so würde dies 1,5 bis 1,7 g Eiweiß pro kg Körpergewicht bedeuten. Der Sportler liegt somit im Rahmen der oben gegebenen Empfehlungen. Erhöht er seine Eiweißzufuhr auf 15 % der Nahrungskalorien, so sind dies sogar 1,9–2,1 g Protein pro kg Körpergewicht. Er liegt dann im Bereich der Ober-

grenzen, die von einigen Autoren für Sportler angegeben werden. Im einzelnen werden diese Berechnungen in Tabelle 6.6 wiedergegeben. Untersuchungen an Kraftsportlern zeigen, daß diese teilweise wesentlich mehr Eiweiß zu sich nehmen. Grandjean berichtete über Eiweißaufnahmen bei männlichen Gewichthebern im Bereich von 1,4–3,0 g pro kg, bei Frauen von 1,0–2,0 g. Auf der anderen Seite wurde gefunden, daß Sportler, die bestimmte Gewichtsklassen einhalten müssen, wie Ringer, oder grundsätzlich ihr Körpergewicht niedrig halten müssen, wie Turner, somit also relativ wenig Kalorien zu sich nehmen und deshalb relativ mehr Eiweiß benötigen würden, in ihrer Proteinzufuhr unterhalb der üblichen Empfehlungen liegen. Bei Sportlerinnen kann eine zu geringe Proteinzufuhr mit dem Auftreten einer Amenorrhö verbunden sein, eine Thematik, die in den Kapiteln 8 und 10 weiter diskutiert wird.

Die für den Sportler wichtige Eiweißversorgung läßt sich durch eine vernünftige Auswahl der Lebensmittel im Rahmen einer ausgewogenen Mischkost ohne Schwierigkeiten sicherstellen. Auch ein erhöhter Proteinanteil an den Gesamtkalorien kann einfach realisiert werden. 70 g Eiweiß, also die empfohlene Tagesmenge, sind für einen 70 kg schweren jungen Mann beispielsweise schon in 250 g Hühnchen plus zwei Glas Magermilch enthalten, die zusammen weniger als 600 Kalorien enthalten. Hiermit sind bereits mehr als die Hälfte auch eines erhöhten Tagesbedarfes von 125 g enthalten, der zur Vergrößerung der Muskelmasse vorstehend errechnet wurde. Tabelle 6.2 und Anhang E ergeben Hinweise auf besonders eiweißhaltige Lebensmittel. Zusätzlich wird auf Kapitel 12 verwiesen, in dem die Frage einer

Tab. 6.6 Berechnung des Eiweißbedarfs pro kg Körpergewicht bei zwei unterschiedlich angenommenen Prozentsätzen am Gesamtkalorienbedarf

Körpergewicht 70 kg 1 g Eiweiß = 4 Kalorien		
Tägliche Kalorienzufuhr	3.500–4.000	3.500–4000
% Eiweiß	15	12
Eiweißkalorien	525–600	480–480
Absolutmenge Eiweiß (g)	131–150	105–120
Relativmenge Eiweiß (g/kg)	1,9–2,1	1,5–1,7

erwünschten Gewichtszunahme abgehandelt wird.

Auch in diesem Zusammenhang ist nochmals auf die Bedeutung der Kohlenhydrate für den Sportler, speziell den Ausdauersportler zu verweisen. Eine ausreichende Versorgung mit Kohlenhydraten reduziert die Utilisation von Protein zur Energiebereitstellung und die Bildung von Ammoniak. Kohlenhydrate sind also nicht nur ein besonders effizienter Brennstoff, sie haben auch einen Protein-sparenden Effekt. In Kapitel 2 wurde ferner daraufhingewiesen, daß in der letzten Stunde vor einem Wettkampf überwiegend Kohlenhydrate eingenommen und die Eiweißzufuhr eingeschränkt werden sollten. In einer neueren Untersuchung konnten Wiles et al. aufzeigen, daß eine Eiweißzufuhr von 0,4 g pro kg Körpergewicht innerhalb einer Stunde vor einer Belastung bei unterschiedlichen Belastungsintensitäten, ganz besonders aber bei intensiveren Belastungen, die Sauerstoffaufnahme für gleiche Leistung steigert, als Ausdruck einer ineffizienteren Energiebereitstellung. Auch das subjektive Belastungsempfinden steigt an. Keine negativen Beobachtungen wurden dagegen vermerkt, wenn das Eiweiß 3 Stunden vor dem Test aufgenommen wurde.

Zusammenfassend kann festgestellt werden, daß man kurz vor einem Wettkampf, besonders bei Wettkämpfen, die im Bereich der maximalen Sauerstoffaufnahme durchgeführt werden, auf eine Eiweißzufuhr soweit als möglich verzichten sollte.

6.5 Leistungssteigernde Aspekte der Eiweiße

Angesichts der großen Bedeutung der Eiweiße für die körperliche Leistungsfähigkeit nimmt es nicht wunder, daß von der Ernährungsindustrie dem Sportler eine Fülle von speziellen Eiweiß- und Aminosäurepräparaten sowie Abbauprodukte von Proteinen angeboten werden, die leistungssteigernd wirken sollen.

Die Bedeutung spezieller Eiweißzusätze

Wie vorstehend diskutiert, kann aufgrund der wissenschaftlichen Datenlage festgestellt werden, daß Sportler, Kraft- wie Ausdauerathleten gleichermaßen, bei sehr intensiven Belastungen etwas mehr Eiweiß benötigen als üblicherweise für die Normalbevölkerung empfohlen wird, besonders dann, wenn die Gesamtkalorienaufnahme nicht ausreicht, um den Energiebedarf abzudecken. Es wurde andererseits auch schon darauf hingewiesen, daß der Versuch, durch eine zusätzliche Eiweißaufnahme die Leistungsfähigkeit über den Trainingseffekt hinaus zu verbessern, in seinem Erfolg sehr fraglich ist.

Solche Eiweißzusätze werden in sehr unterschiedlicher Form angeboten, als Eiweißpulver, als Konserven mit Flüssigmahlzeiten, die sehr viel Eiweiß und auch Energie enthalten, sowie als spezielle Eiweiß-Fertiggerichte. Das Eiweiß in solchen Präparaten entstammt tierischen Eiweißquellen wie Milch und Hühnerei sowie Sojabohnen. Solche Präparate entsprechen somit natürlichen Eiweißquellen, wie z. B. Trockenmilch, Magermilch, Hühnereiweiß, Hühnchen etc., sie sind nur teurer. Das, was man sich hier für viel Geld kauft, kann man sich wesentlich billiger nach dem individuellen Geschmack selbst zusammenmixen, beispielsweise in Form von einem Glas Magermilch, in das man Milchpulver und einen Geschmackstoff wie Vanille verrührt.

Trotzdem kann der Sportler, der sich hier nicht selbst engagieren will oder zu beschäftigt ist, um dies zu tun, die teureren Fertigprodukte benutzen, um eine optimale Nährstoffversorgung sicherzustellen. Viele dieser Präparate enthalten neben qualitativ hochwertigem Milch- und Hühnereiweiß eine ausgewogene Mischung von zusätzlichen Kalorien in Form von Kohlenhydraten und Fetten sowie Vitamine und Mineralien. Solche Präparate beinhalten zwar nie gleichzeitig alle wichtigen Nährstoffe einer ausgewogenen Ernährung, sie können jedoch wertvolle Nahrungsergänzungsstoffe anbieten. Die Nutzung solcher Produkte ist manchmal günstiger als die Deckung des Eiweißbedarfs durch fettreiches Fleisch, z.B. Fastfood wie

Hamburger etc., durch die der Sportler neben dem Eiweiß auch Fett, vor allem Cholesterin, in unnötig großer und deshalb gesundheitsgefährdender Menge zu sich nimmt.

Weitere Produkte, die oft als Geheimtip zur Leistungssteigerung angepriesen werden, sind beispielsweise Hefe, spezielle Enzyme oder DNS-Präparate. Eine wissenschaftliche Absicherung für einen Effekt solcher Produkte liegt bisher aber in keinem Fall vor. Hefe ist eine gute Quelle für Eiweiß, Vitamine und Mineralien, Wunderdinge sind allerdings von ihr nicht zu erwarten. Die Einnahme von DNS- und Enzympräparaten dürften sich kaum leistungssteigernd auswirken, da sie im Magen-Darm-Kanal verdaut und damit degeneriert werden, bevor sie vom Körper aufgenommen werden.

Aminosäuren

In den letzten Jahren hat sich in Sportlerkreisen zunehmend die Einnahme von Aminosäurepräparaten verbreitet. Kraftathleten nehmen Aminosäuren in der Absicht, hierdurch die Freisetzung von Wachstumshormonen aus der Hypophyse und damit das Muskelwachstum zu stimulieren. Aminosäuren sollen ferner auch zu einer vermehrten Freisetzung von Insulin aus dem Pankreas führen. Insulin ist auch ein Wachstumshormon, es begünstigt die Aufnahme von Aminosäuren in die Muskelfaser, hat also damit anabole Effekte. In der Werbung findet sich sogar die Behauptung, daß Aminosäuremischungen wirksamer seien als Anabolika, die wichtigsten Dopingmittel im Kraft- und Schnellkraftbereich. Auch Ausdauerathleten werden Aminosäurepräparate als zusätzlicher Brennstoff angeboten, mit dem Argument, daß sie auf die Bildung bestimmter Neurotransmitter im Gehirn Einfluß nehmen und damit ermüdungshemmend wirken. Weitere auf dem Markt befindliche Präparate versprechen, den muskulären Gehalt an ATP und Kreatinphosphat zu steigern bzw. das Körpergewicht vor Wettkämpfen zu reduzieren.

Tatsächlich konnte in einer Reihe von Untersuchungen gezeigt werden, daß manche Aminosäurezusätze spezielle physiologische Reaktionen im Körper auslösen. Sie nehmen tatsächlich auf die Bildung von Neurotransmittern im Gehirn sowie auf die Freisetzung bestimmter Hormone Einfluß. Der Stoffwechsel der Aminosäuren ist allerdings sehr komplex. Er wird von zahlreichen Faktoren bestimmt, wie der Höhe ihrer Konzentration im Blut, der Konkurrenz mit anderen Aminosäuren, Rückkopplungsmechanismen und der Verfügbarkeit von weiteren Nährstoffen. Die Aufnahme von Aminosäurepräparaten oder einer stark eiweißreichen Kost kann im ungünstigen Fall dazu führen, daß ein Ungleichgewicht entsteht. Wenn die Ernährung einen erheblichen Überschuß einer bestimmten Aminosäure enthält, so kann dies die Blockade der Resorption anderer Aminosäuren bewirken.

Die sportmedizinische und sportwissenschaftliche Forschung hat sich in letzter Zeit auf die Wirkungen der zunehmend kommerziell angebotenen, gereinigten Aminosäuren auf die körperliche Leistungsfähigkeit konzentriert. Wissenschaftliche Daten stehen daher in wachsendem, aber noch nicht in ausreichendem Maße zur Verfügung. Hinzu kommt, daß die methodischen Ansätze häufig zu wünschen übrig lassen. Viele Untersucher kombinieren oft verschiedene Aminosäuren miteinander oder sie benutzen Fertigpräparate, die neben Aminosäuren noch weitere Nährstoffe enthalten, die gleichfalls leistungssteigernd wirken sollen. Wenn dann ein Effekt beobachtet wird, so weiß man nicht, worauf er zurückzuführen ist.

In der nachfolgenden Diskussion soll der Stand des derzeitigen Wissens über die Effekte von bestimmten Aminosäuren oder Aminosäurekombinationen zusammengefaßt werden.

Arginin, Lysin, Ornithin

Wie in einschlägigen Untersuchungen nachgewiesen werden konnten, führt die Infusion zahlreicher Aminosäuren zu einer verstärkten Freisetzung des menschlichen Wachstumshormons (HGH = Human Growth Hormone), ein Polypeptid, das aus dem Hinterlappen der Hirnanhangsdrüse (Hypophyse) an die Blutbahn abgegeben wird und in den peripheren Geweben die Produktion eines nachgeordneten Hormons, des insulinartigen Wachstumsfaktors I (IGF = Insulin-like Growth Factor), anregt. Dieses wiederum induziert Gewebs-, speziell Muskelwachstum. Einige Aminosäuren verstärken weiterhin die Sekretion von Insulin aus dem Pankreas, dem gleichfalls eine Bedeutung als Wachstumsfaktor zukommt. Obwohl diese Effekte nach Infusion für mehr als ein halbes Dutzend von Aminosäuren nachgewiesen wurden, sind sie bei oraler Gabe, wenn überhaupt vorhanden, dann deutlich weniger ausgeprägt. Bucci billigt in seinem Buch über die leistungssteigernden Wirkungen spezieller Nährstoffe dem Arginin und dem Ornithin einen stimulierenden Effekt auf die HGH-Freisetzung auch bei oraler Gabe zu. Weitere Autoren halten in dieser Hinsicht auch das Lysin für potent. In neueren experimentellen Untersuchungen konnten Bucci et al. vor allem unter Ornithin einen Anstieg der HGH-Konzentration im Serum nachweisen. Die Autoren gaben jeweils 40, 100 und 170 mg pro kg Körpergewicht. Sie beobachteten dabei einen Anstieg der HGH-Konzentration allerdings nur nach der höchsten Dosis von 170 mg pro kg Körpergewicht, die dann gleichzeitig häufig aber auch zu Verdauungsbeschwerden in Form einer osmotischen Diarrhö führte, eine Nebenwirkung, die die praktische Bedeutung einer Leistungssteigerung durch Ornithin in Frage stellt. Dagegen konnten die gleichen Autoren keine Steigerung der Sekretion von Insulin nach Gabe von Ornithin beobachten.

Die drei genannte Aminosäuren, Arginin, Lysin und Ornithin, werden jede für sich oder in verschiedenen Kombinationen in besonderem Maße von Kraft- und Schnellkraftathleten zur Leistungssteigerung benutzt und in den einschlägigen Magazinen marktschreierisch angepriesen. Dementsprechend hat sich die Forschung speziell mit diesen drei Aminosäuren beschäftigt. Zwei der beiden ältesten Untersuchungen hierzu stammen von Elam, der die Auswirkungen eines über fünf Tage gegebenen Präparats, das jeweils 1g Arginin und 1 g Ornithin enthielt, auf die Effekte eines Krafttrainings untersuchte. Der Autor beobachtete eine Reduktion des Körperfettanteils, eine Zunahme der fettfreien Körpermasse und der Muskelkraft. Diese Arbeit wurde aus methodischen Gründen allerdings erheblich kritisiert. Die statistischen Verfahren, die zum Vergleich der Experimental- mit der Kontrollgruppe zur Anwendung kamen, waren inadäquat. Bei Benutzung relevanter Verfahren ließ sich kein signifikanter Unterschied mehr zwischen beiden Gruppen nachweisen. Die Kritik richtete sich ferner auf die unzureichenden Meßtechniken sowie auf die Tatsache, daß die Autoren Schlußfolgerungen zogen, die sich durch ihre eigenen Daten nicht belegen ließen.

Neuere und besser geplante Untersuchungen zeigten keinen leistungssteigernden Effekt von Arginin und Lysin oder ähnlichen Aminosäurekombinationen. Lambert et al. beobachteten unter Arginin/Lysin bzw. Ornithin/Tyrosin keinen Anstieg der HGH-Konzentration, Fogelholm et al. fanden bei Gewichthebern unter einer Kombination von Arginin, Ornithin und Lysin keine vermehrte HGH- bzw. Insulinsekretion. Hawkins et al. beobachteten gleichfalls an männlichen Gewichthebern keine Verbesserung der Muskelkraft und -ausdauer nach einer Argininsubstitution. Suminski et al. fanden bei Freizeit-Gewichthebern nach einer Trainingseinheit einen Anstieg des HGH, nicht jedoch nach Gabe von Arginin und Lysin. Nach einer Substitution der gleichen Aminosäuren, Arginin und Lysin, registrierten Mitchell et al., die mit erfahrenen Gewichthebern arbeiteten, keine Wirkung auf die HGH-Sekretion, die Körperzusammensetzung und verschiedene Kraftparameter.

Zusammenfassend liefern die bisherigen wissenschaftlichen Daten keine ausreichende Begründung für die Annahme eines leistungssteigernden Effekts von Arginin, Ornithin und Lysin über eine vermehrte Sekretion von HGH in den Bereichen Kraft und Schnellkraft.

Die Frage einer leistungssteigernden Wirkung von HGH selbst ist in letzter Zeit zunehmend wichtig geworden angesichts der Möglichkeiten einer gentechnischen Synthese bzw. Manipulation dieser Substanz. Eine umfassende Darstellung dieser Thematik würde den verfügbaren Rahmen sprengen. An dieser Stelle können nur einige wichtige Aussagen zusammengefaßt werden. Nach den verfügbaren Daten kommt es besonders beim älteren Menschen, bei dem der HGH-Spiegel im allgemeinen erniedrigt ist, nach Injektion dieses Hormons zu einer Veränderung der Körperzusammensetzung, der Fettanteil nimmt ab, die fettfreie Körpermasse zu. Macintyre schließt jedoch aus Tierversuchen und aus einigen Studien an Erwachsenen mit Akromegalie, einer pathologisch bedingten Wachstumsstörung als Folge einer erhöhten HGH-Sekretion aus der Hypophyse, daß die Muskeln hierunter zwar größer, aber funktionell schwächer werden, möglicherweise deshalb, weil die Größenzunahme lediglich auf einer Vermehrung des intramuskulären Bindegewebes beruht. In die gleiche Richtung weisen die neueren Resultate von Yarasheski et al., die den plazebokontrollierten Effekt von HGH auf erwachsene Männer überprüften, die ein Krafttraining über 12 Wochen durchführten. Unter HGH fanden sie zwar eine signifikante Zunahme der fettfreien Körpermasse, sie registrierten jedoch keine vermehrte Synthese von Muskelproteinen. Muskelgröße und Muskelkraft nahmen nicht über das Maß hinaus zu, das in der Plazebogruppe alleine durch Training erreicht wurde. Auch nach Ansicht dieser Autoren wird durch HGH vorwiegend das Wachstum nichtkontraktiler Gewebe angeregt.

Zusammenfassend konnte bisher kein leistungssteigernder Effekt von HGH durch Zunahme der Muskelgröße, der Kraft oder der Schnellkraft über das Maß hinaus, das auch durch Training erreicht wird, nachgewiesen werden. Zusätzlich muß vor potentiellen, langfristigen gesundheitlichen Gefährdungen durch die Anwendung von HGH gewarnt werden, wobei solche Risiken allerdings weder für die Injektion noch für eine Stimulation von HGH durch Aminosäuresubstitution exakt untersucht wurden.

Diese Problematik ist um so wichtiger, als neuere Untersuchungen an amerikanischen Universitäten zeigten, daß dort immerhin 5 % aller Studenten zugaben, schon irgendwann HGH eingesetzt zu haben, ein Prozentsatz, der im gleichen Größenordnungsbereich liegt, wie der für die Anabolika zugegebene Mißbrauch, auf den im Kapitel 12 näher eingegangen wird.

Tryptophan

Auch Tryptophan ist eine Aminosäure, die die HGH-Sekretion stimulieren kann. Trotzdem wird ihr potentiell leistungssteigernder Effekt vor allem in ihrer Bedeutung für die Synthese der beiden wichtigen Neurotransmitter im Gehirn, das Serotonin und das 5-Hydroxytryptamin, gesehen, die sich beide vom Tryptophan ableiten. Sie dämpfen die allgemeine Aktivität und Stimmung, nach Segura und Ventura dämpfen sie möglicherweise auch die Schmerzrezeption und damit das Belastungs- bzw. Ermüdungsempfinden. Auf diesem Wege könnte nach Ansicht der beiden Autoren Tryptophan leistungssteigernd wirken, weil es zu einem späteren Einsetzen von Ermüdungsgefühlen führt. Die Autoren überprüften den Effekt von L-Tryptophan in einer Gesamtdosis von 1200 mg verteilt auf vier Einzeldosen zu 300 mg über 24 Stunden, von denen die letzte jeweils eine Stunde vor dem Test eingenommen wurde, auf die Leistungsfähigkeit von 12 gesunden Athleten in einem Laufbandtest mit einer Geschwindigkeit entsprechend 80 % ihrer VO$_2$max. Die Ergebnisse zeigten keine signifikante Steigerung der maximal erreichten Sauerstoffaufnahme oder der Herzfrequenzreaktion, jedoch eine signifikante Verlängerung der Laufzeit bis zur Erschöpfung um 49 % und eine Abnahme des subjektiven Belastungsempfindens. Allerdings waren die individuellen Laufzeiten bis zur subjektiven Erschöpfung sehr stark gestreut, sie lagen zwischen 2,5 und 18 Minuten, eine Angabe, die auf einen sehr unterschiedlichen Trainingszustand der Probanden hinweist.

Stensrund et al. verwiesen in ihrer Kritik an dieser Untersuchung darauf, daß eine 49-prozentige Zunahme der Laufzeit allein unter einer Supplementierung von was auch immer bei trainierten Sportlern ein kaum glaubliches Ergebnis darstellt. Sie wiederholten daher die Untersuchung an 49 gut trainierten männlichen Läufern und einer besser definierten Kontrollgruppe. Obwohl diese Untersuchungen mit einer höheren Belastungsintensität, nämlich einer Laufgeschwindigkeit entsprechend 100 % der VO$_2$max, ausgeführt wurden, fanden sie im Gegensatz zu Segura und Ventura keine signifikanten Effekte von Tryptophan auf die Leistungsfähigkeit.

Zusammenfassend kann aufgrund der bisherigen Datenlage Tryptophan nicht als leistungssteigernd angesehen werden, im Gegenteil, es kann sich sogar negativ auf die Leistungsfähigkeit auswirken, nachdem es nach Herbert möglicherweise die Glukoneogenese blockiert. Darüber hinaus kommen dem Tryptophan eventuell auch gesundheitlich negative Effekte zu, die im nächsten Abschnitt diskutiert werden, und die weitere Untersuchungen zu seinen Auswirkungen auf die Leistungsfähigkeit als problematisch erscheinen lassen.

Verzweigtkettige Aminosäuren (BCAA = Branched-Chain Amino Acids)

Im Gegensatz zur Hypothese von Segura und Ventura geht Newsholme davon aus, daß sich eine hohe Konzentration an freiem Tryptophan bei gleichzeitig niedriger Konzentration an BCAA im Serum leistungsmindernd auswirkt, da hierdurch vorzeitige Ermüdungsprozesse ausgelöst werden können. In Tierversuchen wurde gezeigt, daß die BCAA im Serum mit dem Tryptophan um den Eintritt ins Gehirn konkurrieren. Hohe BCAA-Spiegel können daher zu einer Verminderung der intrazerebralen Serotonin-Konzentration führen. Nach Newsholme könnte es unter einem Ausdauertraining zu einem Absinken der BCAA im Serum kommen, die für die Energiebereitstellung herangezogen werden. Dies bedeutet einen verstärkten Eintritt von Tryptophan in das Gehirn und eine Zunahme der Bildung von Serotonin, das dämpfend auf das Zentralnervensystem wirkt und damit die Leistungsfähigkeit verschlechtert. Blomstrand et al. fanden in einer Reihe von Untersuchungen nach Ausdauerbelastungen, wie z. B. einem Marathonlauf, einen Anstieg dieses Verhältnisses von freiem Tryptophan zu BCAA, ein Befund, den Conlay et al. bei erfahrenen Läufern nach dem Boston-Marathonlauf nicht bestätigen konnten. Wenn es nach Ausdauerbelastung tatsächlich zu einem Anstieg dieses Verhältnisses kommt, so würde dies bedeuten, daß man durch die orale Substitution von verzweigtkettigen Aminosäuren den Quotienten Tryptophan/BCAA im normalen Bereich halten und damit das Einsetzen von Ermüdungsvorgängen verzögern kann. Die enterale Aufnahme von oral zugeführten BCAA und ein hierdurch verursachter Anstieg ihrer Serumkonzentration wurde experimentell nachgewiesen. Sie werden nicht in der Leber, sondern vor allem in der Muskulatur und dort auch unter körperlicher Belastung metabolisiert. Eine Zufuhr von BCAA würde somit auch dem Abbau von körpereigenem Protein vorbeugen, also einen Proteinspareffekt ausüben. Die Frage, ob alle diese hypothetischen Effekte dann auch wirklich die Leistungsfähigkeit steigern, bleibt zu überprüfen. Nach einigen Untersuchungsergebnissen steigert die Einnahme von BCAA direkt vor oder während körperlicher Aktivität die körperliche und/oder mentale Leistungsfähigkeit. Blomstrand et al. erhoben diesen Befund, indem sie die geistige Leistungsfähigkeit von Fußballspielern nach einem Spiel bzw. von Läufern nach einem 30-km-Lauf überprüften. Sie untersuchten ferner den Effekt der Gabe von verzweigtkettigen Aminosäuren auf die Laufleistung von 193 Marathonläufern. In der Summe ergab sich kein signifikanter Effekt im Vergleich zu einem Plazebo. Ein solcher ließ sich allerdings für die Subgruppe der langsameren Läufer (Zeit 3,05–3,30 Stunden über die Marathonstrecke) aufzeigen, während die Läufer, die schneller als 3,05 h liefen, keine Verbesserung ihrer Leistungsfähigkeit verzeichneten. Eine solche Subgruppenanalyse ist allerdings statistisch fragwürdig. Trotzdem schlossen die Autoren daraus, daß möglicherweise die langsameren und damit schlechteren Läufer ihre Muskelglykogenvorräte erschöpft hatten und deshalb von einer BCAA-Gabe stärker profitierten als die guten Läufer.

In anderen teilweise sehr gut geplanten Untersuchungen konnte dagegen kein leistungssteigernder Effekt verzweigtkettiger Aminosäuren nachgewiesen werden. So fanden Galiano et al. in einem Plazebo-kontrollierten Cross-over-Experiment keine Steigerung der Laufleistung bei 70 % der VO_2max nach Gabe eines Gemisches aus Kohlenhydraten und BCAA in Getränkeform, obwohl die Serumspiegel der BCAA angestiegen waren. Vandewalle et al. untersuchten die Auswirkungen einer BCAA-Gabe vor und während einer erschöpfenden Belastung, die auf einem Fahrrad bei 75 % der VO_2max ausgeführt wurde und zu einer Erschöpfung der Muskelglykogenvorräte führte, um die Newsholme'sche Hypothese zu überprüfen. Auch sie beobachteten zwar einen Anstieg der Serumkonzentration der BCAA, jedoch keine Leistungssteigerung.

Während die oben aufgeführten Untersuchungen den Effekt einer akuten Zufuhr von BCAA kurz vor oder während einer Belastung überprüften, steht auch eine Reihe von Untersuchungen, bei denen eine chronische Substitution durchgeführt wurde, also für eine Woche oder länger, zur Verfügung. Fry et al. untersuchten den Effekt einer Mischung aus BCAA, Glutamin und Carnitin bei männlichen Nachwuchs-Gewichthebern und beobachteten keinen signifikanten Anstieg der Konzentration an Testosteron, Kortisol oder HGH. Schena et al. berichteten, daß eine plazebokontrollierte BCAA-Substitution dazu beitrug, einem Muskelabbau während einer 21 Tage andauernden Trekking-Tour vorzubeugen, und sahen darin einen möglichen eiweißsparenden Effekt dieser Aminosäuren bei einer Ausdauerbelastung. In einer doppelblind, plazebokontrolliert und cross-over ausgeführten Untersuchung überprüften Kreider, Mitchell et al. bei fünf hochtrainierten Triathleten den Effekt eines kommerziellen Präparats, bestehend aus BCAA, Glutamin und Carnitin, das 14 Tage lang vor einem Halb-Triathlon (2 km Schwimmen, 90 km Radfahren, 21 km Laufen), sowie noch einmal kurz vor und während des Wettbewerbes eingenommen wurde. Die Teilnehmer zeigten unter dem Aminosäuregemisch im Vergleich zu dem Plazebo keine signifikanten Unterschiede in der Gesamtzeit sowie in den beiden ersten Disziplinen, Schwimmen und Radfahren. Es fand sich jedoch eine Reihe günstiger metabolischer Veränderungen. Die Athleten liefen darüber hinaus in der letzten Disziplin unter den Aminosäuren im Durchschnitt um 12,8 Minuten schneller. Petruzello et al. untersuchten in einer doppelblind, plazebokontrollierten und cross-over ausgeführten Studie den Effekt von BCAA auf die Leistungsfähigkeit von 9 gut trainierten

Sportlern, die bei 65 % ihrer VO_2max bis zur Erschöpfung belastet wurden. Es fand sich weder eine Steigerung der Leistungsfähigkeit noch ein Einfluß auf die Stimmungslage, die mit dem POMS-Test untersucht wurde (Profil of Mood States).

Zusammenfassend kann festgestellt werden, daß zwar aus physiologischer Sicht ein leistungssteigernder Effekt von BCAA sehr gut erklärbar wäre, die verfügbare experimentelle Datenlage hierzu ist jedoch nur mager und in sich widersprüchlich. Vor einer endgültigen Stellungnahme müßten also noch weitere Untersuchungen über den Effekt einer akuten bzw. chronischen Gabe von BCAA durchgeführt werden.

Auch an dieser Stelle soll nochmals die große Bedeutung einer Kohlenhydratzufuhr während Belastung hervorgehoben werden, die sich auch in ihren Auswirkungen auf den Aminosäurestoffwechsel nachweisen läßt. Davis et al. fanden unter dem Einfluß von kohlenhydratangereicherten Getränken, die ohne BCAA während einer Fahrradbelastung über vier Stunden bei etwa 68 % der VO_2max gegeben wurden, eine Abschwächung des Anstiegs des Quotienten aus freiem Tryptophan zu BCAA im Vergleich zum Plazebogetränk und eine signifikante Verlängerung der bis zur subjektiven Erschöpfung durchgehaltenen Fahrzeit.

Glutamin

wird wie Alanin im Muskelgewebe synthetisiert und ist ein wichtiges Transportmittel zur Entfernung von überschüssigen Aminogruppen aus der Muskulatur zur Niere, wo diese dann über den Urin ausgeschieden werden. Das Glutamin unterliegt verschiedenen Stoffwechselprozessen, es dient insbesondere als Brennstoff in den Zellen des Immunsystems.

Insbesondere wird das Glutamin auch mit dem Übertrainingszustand in Verbindung gebracht, ein Syndrom, das von Symptomen wie Müdigkeit, Schlafstörungen, Reizbarkeit, depressiven Verstimmungen und insbesondere einer Verschlechterung der körperlichen Leistungsfähigkeit bestimmt wird. Ferner sollen bei übertrainierten Sportlern aufgrund einer Überbeanspruchung ihres

Immunsystems vermehrt Infekte vor allem der Atemwege auftreten.

Parry-Billings et al. fanden bei 41 Athleten, vorwiegend Ausdauersportlern, mit den Symptomen eines Übertrainings, die in einem britischen Olympiazentrum betreut wurden, im Vergleich zu gesunden Kontrollsportlern erniedrigte Serumglutaminspiegel. Die Autoren beobachteten ferner, daß es nach länger durchgeführten intensiven Belastungen, z. B. nach einem Marathonlauf, zu einer Abnahme der Serumglutaminkonzentration kommt. Obwohl es sich dabei zunächst nur um eine Beobachtung handelt, deren kausale Erklärung noch aussteht, gehen die Autoren von der Arbeitshypothese aus, daß sich hierin eine Verschlechterung des Immunstatus ausdrücken kann, nachdem Glutamin einen wichtigen Brennstoff für die Zellen des Immunsystems darstellt, obwohl sie keinen Unterschied in den Immunparametern zwischen der normal- und der übertrainierten Gruppe fanden. Parry-Billings et al. weisen ferner auf eigene frühere Untersuchungen hin, nach denen eine Substitution von BCAA den normalerweise nach einem Marathonlauf beobachteten Abfall der Serumglutaminkonzentration verhindert.

Die zitierte Arbeitsgruppe unterstreicht, daß Glutamin zwar eingesetzt wurde, um die Immunfunktion nach Verletzungen bzw. Überlastungsschäden zu verbessern, daß Untersuchungsdaten über seinen Effekt auf das Übertrainingssyndrom oder die Leistungsfähigkeit jedoch kaum vorliegen. Kreider et al. untersuchten an Mitgliedern einer Universitätsschwimmannschaft über eine Saison hinweg die Auswirkungen eines kommerziell verfügbaren Aminosäurepräparats, bestehend aus BCAA, Glutamin und Carnitin, auf Parameter der Immunfunktion und die Erkrankungshäufigkeit. Die Untersuchung wurde plazebokontrolliert an jeweils 10 Schwimmern durchgeführt, die das Verum einnahmen, an 10 Schwimmern, die ein Plazebo erhielten, und an einer Kontrollgruppe von „Nichtschwimmern". In der Verum-Gruppe waren von acht Parametern (Lymphozyten, Immunglobulin, mitogene Stimulation etc.) nur zwei besser als in der Plazebogruppe. Obwohl sich hinsichtlich der Erkrankungshäufigkeit kein signifikanter

Effekt nachweisen ließ, berichtete die supplementierte Gruppe über eine geringere Häufigkeit von Atemwegsinfekten wie Bronchitis und Husten. Die Autoren sehen in diesen Befunden einen ersten Hinweis darauf, daß eine Glutamin- und/oder BCAA-Zufuhr die Immunlage im Verlaufe einer intensiven Trainingsperiode verbessern kann. Es sind hierzu allerdings noch weitere wissenschaftliche Untersuchungen erforderlich, um die ersten vorliegenden Daten zu bestätigen.

Aspartat

Auch für das Kalium- bzw. Magnesiumaspartat, Salze der nicht essentiellen Aminosäure Asparaginsäure, wird eine Verbesserung der aeroben Leistungsfähigkeit angenommen. Als mögliche Ursachen werden eine Verbesserung des Fettsäurestoffwechsels und damit ein Spareffekt auf das Glykogen, die Reduktion der Akkumulation von Ammoniak, dem Stoffwechselendprodukt der Proteine, dessen Konzentrationsanstieg im Serum mit Ermüdungserscheinungen verbunden ist, oder möglicherweise auch psychologische Faktoren diskutiert.

Die Ergebnisse von Untersuchungen zur Frage des Einflusses von Aspartaten auf die Leistungsfähigkeit sind widersprüchlich. In einer Reihe von älteren und neueren Untersuchungen konnte kein positiver Effekt des Aspartats beobachtet werden. Maughan und Sadler belasteten acht Männer bei 75–80 % ihrer maximalen Sauerstoffaufnahme bis zur Erschöpfung plazebokontrolliert nach Gabe von je 3 g Kalium- bzw. Magnesiumaspartat 24 Stunden vor dem Test. Die Autoren beobachteten weder einen Effekt auf die Konzentration an energiereichen Substraten oder Ammoniak im Serum noch auf die von ihnen bestimmten psychologischen oder physiologischen Parameter der aeroben Leistungsfähigkeit.

Andererseits wurde, wenn zum Teil auch mit methodischen Mängeln behaftet, in einer etwa gleich großen Zahl von Untersuchungen ein positiver Effekt des Aspartats gesehen. Über eine Steigerung der aeroben Leistungsfähigkeit im Bereich von 21–50 % wurde berichtet. So fanden Wesson et al. in einer doppelblind-, plazebokontrolliert ausgeführten Untersuchung bei einer Belastung von 75 % der VO$_2$max nach Gabe von 10 g Aspartat, verteilt über eine Zeitraum von 24 Stunden, eine Steigerung der Ausdauerkapazität um durchschnittlich 15 %, einen Anstieg der Serumkonzentration an freien Fettsäuren und einen Abfall der Blutammoniakkonzentration.

Angesichts der Widersprüchlichkeit dieser Daten sind somit weitere Untersuchungen zu fordern, bevor eine definitive Stellungnahme zum Effekt des Aspartats auf die Leistungsfähigkeit möglich ist. Der Dosis scheint hier eine Schlüsselfunktion zuzukommen. Die meisten positiv ausgefallenen Untersuchungen wurden mit Dosen von 10 g Aspartat und mehr durchgeführt.

Glyzin und Gelatine

Glyzin, eine nicht-essentielle Aminosäure, ist an der Bildung von Kreatinphosphat beteiligt und könnte aus dieser Sicht leistungssteigernd wirken. Gelatine enthält bis zu 25 % Glyzin. Sie wird aus dem Kollagen des Bindegewebes gewonnen und stellt ein Eiweiß mit sehr geringer biologischer Wertigkeit dar, da ihr zahlreiche essentielle Aminosäuren fehlen.

In einer Reihe von mehr als 50 Jahre zurückliegenden Untersuchungen, die aus heutiger Sicht methodisch nicht mehr als ausreichend anzusehen sind, wurde ein positiver Effekt der Gelatine vor allem auf die Entwicklung der Muskelkraft gesehen. In neueren, methodisch besseren Untersuchungen konnte auch nach Gabe größerer Dosen Glyzin kein leistungssteigernder Effekt gefunden werden.

Nachdem Gelatine aus dem Bindegewebe gewonnen wird und muskuläre Überlastungen mit dem Abbau von intramuskulärem Bindegewebe in Verbindung gebracht werden, werden Gelatinepräparate zum „Muskelschutz" gegen Überlastungssyndrome angeboten. Experimentelle Untersuchungen konnten einen solchen Effekt allerdings nicht bestätigen.

Kreatin

Kreatin ist keine eigentliche Aminosäure, enthält aber Stickstoff. Es wird mit der Nahrung speziell in Form von Fleischprodukten aufgenommen, kann aber auch in der Leber und den Nieren aus Glyzin und Arginin vom Organismus selbst synthetisiert werden. Aufgrund seiner Rolle im Bereich der anaeroben alaktaziden Energiefreisetzung im ATP-Kreatinphosphat-Systems liegt es nahe, über eine leistungssteigernde Wirkung des Kreatins nachzudenken. Es kann von der Muskulatur aufgenommen werden und sich dort mit Phosphat zu dem hochenergiereichen Kreatinphosphat verbinden. Aus diesem Grund werden inzwischen auch entsprechende Präparate zur Verbesserung der Leistungsfähigkeit vor allem in den Bereichen Kraft und Schnellkraft angeboten.

In einer Reihe von Untersuchungen zu dieser Frage konnten Harris, Greenhaff und Mitarbeiter leistungssteigernde Effekte des Kreatins beobachten. Die orale Aufnahme von 20 g Kreatin täglich über fünf Tage führte zu einer Zunahme der Muskelkonzentration des Kreatinphosphats. Bei 12 Testpersonen kam es nach Einnahme von Kreatin nach demselben Muster bei fünf verschiedenen Kraft-/Schnellkraftbelastungen zu einer deutlichen Verbesserung, die sich nach Plazebogabe nicht finden ließ. Schwedische Untersucher beobachteten nach Gabe von 25 g Kreatin über sechs Tage eine Steigerung der Leistungsfähigkeit in einem Test, der aus 10 je 6-sekündigen maximalen Belastungen auf einem Fahrradergometer bestand. Zusätzlich zu diesen Untersuchungen, die einen leistungssteigernden Effekt des Kreatin auf Ultrakurzzeitbelastungen wahrscheinlich machen, wurden weitere Studien hinsichtlich einer möglichen Auswirkung auf länger dauernde Belastungen durchgeführt. So wurden beispielsweise in Estland 10 trainierte Mittelstreckenläufer plazebokontrolliert vor und nach Gabe von 30 g Kreatin über je sechs Tage einem Belastungstest unterzogen, der aus je vier Wiederholungen von 300 bzw. 1000 m-Läufen bestand. Während sich bei der Plazebogruppe kein Unterschied beobachten ließ, lief die Kreatingruppe jeweils die letzten 300 bzw. 1000 m schneller, für die

1000 m-Teststrecke ließ sich auch eine Verbesserung der Gesamtzeit zeigen. Dagegen konnte die schwedische Untersuchungsgruppe keine Verbesserung der maximalen Laufzeit, die über ca. 6 km auf dem Laufband oder in hügeligem Gelände erzielt wurde, nach Kreatingabe beobachten.

In den zitierten schwedischen Untersuchungen wurde nach Kreatingabe eine signifikante Zunahme der Körpermasse beobachtet, die auf eine Steigerung der Muskelmasse, hiermit verbunden aber auch eine Wassereinlagerung, zurückgeführt wurde. Aus der Sicht der Kraft-/Schnellkraftleistung würde dies einen Vorteil, durch die zusätzliche Gewichtsbelastung für Ausdauerbelastungen einen Nachteil bedeuten.

Zusammenfassend sind diese vorläufigen Daten zum Effekt des Kreatins bemerkenswert und sollten durch weitere wissenschaftliche Untersuchungen untermauert werden. Angeblich wurde Kreatin mit Erfolg von britischen Olympioniken bei den Spielen 1992 in Barcelona eingesetzt, darunter ein Goldmedaillengewinner in einer Ultrakurzzeitdisziplin, die vor allem das ATP-Kreatinphosphatsystem beansprucht.

Inosin

Inosin ist gleichfalls keine Aminosäure, sondern gehört zu den Nukleosiden und enthält Stickstoff. Aus diesem Grund wird es hier aufgeführt. Es spielt eine wichtige Rolle beim Aufbau der Purine, die für den Energiestoffwechsel von großer Bedeutung sind. Unter Bezugnahme auf die Ergebnisse von Tierversuchen und Studien zur optimalen Blutlagerung wurde vor allem in der Laienpresse ein möglicher leistungssteigernder Effekt des Inosins in einer Vielzahl verschiedener Sportarten diskutiert. Wie in der einschlägigen Werbung angepriesen wird, soll Inosin gleichermaßen die ATP-Produktion im Muskel und damit die Kraftleistung verbessern wie die Sauerstoffabgabe im Muskel steigern und damit auch dem Ausdauerathleten zugute kommen.

Eine solche Werbung läßt sich durch wissenschaftliche Daten nicht belegen. Es finden sich weder Untersuchungen, die eine Steige-

rung der Kraft-/Schnellkraft- noch der Ausdauerleistungsfähigkeit aufzeigen. In unseren eigenen Untersuchungen fanden wir eher einen negativen Effekt auf die Ausdauerleistungsfähigkeit. Dabei führten 9 hochtrainierte Läufer plazebokontrolliert Testläufe nach Gabe von 6 g Inosin durch. Wir beobachteten keine Verbesserung der maximalen Sauerstoffaufnahme oder der Zeit, die in einem simulierten Rennen über 3 Meilen auf dem Laufband erreicht wurde, noch im Bereich einer Reihe von hämatologischen und psychologischen Parametern; im Gegenteil, die maximale Laufzeit, die auf dem Laufband durchgehalten werden konnte, war im Plazebotest länger. Als Ursache für diesen negativen Effekt diskutieren wir eine mögliche Beeinträchtigung der Funktion der schnellen Muskelfasern in der Endphase einer hochintensiven Belastung. Zusammenfassend kann aufgrund der vorliegenden Daten für das Inosin kein leistungssteigernder Effekt angenommen werden.

Zusammenfassung

In einer ausgewogenen Mischkost mit einem Eiweißanteil von 12–15 % der Gesamtkalorien sind größere Mengen an allen wichtigen Aminosäuren enthalten, als sie nach den allgemeinen Empfehlungen erforderlich sind. Die zusätzliche Einnahme von bestimmten Aminosäuren durch Sportler läßt sich nicht begründen. So wird beispielsweise behauptet, Ausdauersportler benötigen mehr Leucin, weil sie beispielsweise in einem 2-Stunden-Lauf 850 mg oder 87 % der empfohlenen Tagesmenge dieser Aminosäure verbrauchen. Dem ist entgegenzuhalten, daß schon ein Glas Milch 950 mg Leucin enthält. In einer normalen Mischkost werden täglich 5 g Leucin aufgenommen. Ähnliche Zahlen lassen sich auch für andere Aminosäuren anführen.

In ihrer Werbung behaupten dagegen die Anbieter, daß die mit der normalen Ernährung zugeführten Aminosäuren zu langsam aufgenommen werden. Spezielle Aminosäureprodukte bzw. Aminosäuren in freier Form sollen rascher resorbiert werden und damit leistungssteigernd wirken. Die Frage, ob dies wirklich zutrifft, kann heute noch nicht wissenschaftliche exakt beantwortet werden. Für eine Reihe von Aminosäuren liegen bereits zum Teil hoffnungsvolle, zum Teil widersprüchliche Daten vor, die jedoch noch weiterer Bestätigung bedürfen. Dies gilt insbesondere auch für die verzweigtkettigen Aminosäuren, sowie Aspartat und Kreatin.

Die bisher im Handel angebotenen Präparate sind darüber hinaus sehr teuer und enthalten nur geringe Mengen der jeweiligen Aminosäure. Wenn beispielsweise diejenigen Mengen Arginin aufgenommen werden sollten, für die ein Anstieg der Konzentration an Wachstumshormon beobachtet wurde, so ist dies für den Sportler kaum bezahlbar. Weiterhin ist zu berücksichtigen, daß die Aminosäuresubstitution mit einem potentiellen Gesundheitsrisiko verbunden sein kann, wie dies im nächsten Abschnitt zu diskutieren sein wird.

6.6 Negative gesundheitliche Effekte des Nahrungsproteins

Während für eine vernünftige Ernährung heute allgemein eine Steigerung der Kohlenhydrat- und eine Reduktion der Fettzufuhr empfohlen werden kann, sollte die Proteinaufnahme unverändert gehalten werden. Die Aufnahme sehr hoher Eiweißmengen sowie eine Aminosäuresubstitution könnten mit Gesundheitsrisiken verbunden sein.

Gesundheitliche Risiken durch Eiweißmangel

Während kurzfristige Eiweißdefizite über einige Tage aus gesundheitlicher Sicht problemlos toleriert werden, können langfristige Eiweißmangelzustände aufgrund des Fehlens essentieller Aminosäuren zu schweren gesundheitlichen Störungen führen, wie dies aus Ländern der Dritten Welt mit einer Eiweißmangelversorgung der Bevölkerung hinreichend bekannt ist. Eiweißmangel stellt eines der wichtigsten Ernährungsprobleme weltweit dar, ganz besonders für Kinder und Heranwachsende, bei denen es darunter zu

körperlichen und geistigen Entwicklungsstörungen kommen kann. In den Industrieländern findet sich ein Eiweißmangel im allgemeinen nur dann, wenn Drogen- oder Alkoholabhängigkeit bzw. schwere Ernährungsstörungen vorliegen. Soweit dies bei Erwachsenen auftritt, sind eventuelle gesundheitliche Schädigungen nach Korrektur der Ursache im allgemeinen meist wesentlich besser korrigierbar als bei Kindern.

Auch bei Sportlern kann es zum Eiweißmangel kommen und zwar vor allem in Sportarten, in denen durch drastische Diäteinschränkungen Gewichtsabnahmen angestrebt werden, wie bei Turnern oder Ballettänzern bzw. in Sportarten, in denen in Gewichtsklassen gekämpft wird, wie bei Ringern oder Boxern. Dies kann zu einer negativen Stickstoffbilanz führen, d. h. es wird mehr Stickstoff ausgeschieden als aufgenommen. Die Konsequenz kann ein Verlust an körpereigenen Proteinen sein, die für die Erbringung einer Leistung erforderlich sind, wie Muskelproteine und Hämoglobin, mit entsprechender Reduktion der Leistungsfähigkeit im Kraft- und/oder Ausdauerbereich. Eine adäquate Eiweißzufuhr ist somit gleichermaßen für körperlich aktive wie inaktive Individuen erforderlich. Auf Gesundheitsschäden, die als Folge eines chronischen Eiweißmangels im Rahmen einer drastischen Gewichtsabnahme entstehen können, wird im Kapitel 10 näher eingegangen.

Gesundheitsschäden durch überhöhte Eiweißzufuhr

Eine zu hohe Eiweißzufuhr kann vom Körper in einem weiten Bereich toleriert werden, da er über ein hohes Maß an Ausscheidungsfähigkeit für überflüssigen Stickstoff verfügt. Trotzdem wird im allgemeinen angeraten, daß die Eiweißaufnahme das Doppelte der empfohlenen Tagesmenge nicht übersteigen sollte. Die durchschnittliche Eiweißaufnahme liegt in den Industrieländern bei 100 g pro Tag, davon etwa 70 g tierischer Herkunft und damit etwa das Doppelte der empfohlenen Menge. Trotzdem sind Gesundheitsschädigungen hierdurch noch nicht bekannt geworden. Sportler nehmen teilweise noch wesentlich höhere Eiweißmengen zu sich, häufig bis zu 200 g, in Einzelfällen bei Bodybuildern bis zu 400 g pro Tag. Hier stellt sich die Frage nach möglichen negativen gesundheitlichen Konsequenzen.

Ein Nachteil ergibt sich dadurch, daß diese großen Eiweißmengen im allgemeinen in Form von tierischem Eiweiß aufgenommen werden und damit gleichzeitig meist auch größere Mengen an Triglyzeriden und Cholesterin. Will man einen erhöhten Eiweißbedarf mit natürlichen Lebensmitteln decken, so sollte man daher bei der Auswahl vorsichtig sein. So enthält beispielsweise ein Gramm Magermilch 8 g Eiweiß und nur 1 g Fett, ein Gramm Vollmilch dagegen die gleiche Eiweißmeng, aber zusätzlich 8 g Fett. Relativ gesehen macht bei der Magermilch das Eiweiß 40 % der Gesamtkalorien aus, bei der Vollmilch nur 22,5 %. Um den hohen Fettanteil zu vermeiden, ist es daher günstig, einen erhöhten Proteinbedarf vor allem über pflanzliche Eiweiße abzudecken.

Wenn Leber- und/oder Nierenprobleme in der persönlichen oder Familienanamnese vorhanden sind, sollte man mit einem hohen Eiweißanteil in der Ernährung besonders vorsichtig sein. Die Leber ist der wichtigste Ort des Eiweißstoffwechsels. Dort kann das mit der Nahrung aufgenommene Protein in Kohlenhydrate oder Fette umgewandelt werden. Der dabei anfallende Stickstoff wird in Harnstoff umgewandelt und über die Nieren ausgeschieden. Eine sehr eiweißreiche Ernährung kann ferner zur vermehrten Bildung von Ketokörpern führen, die gleichfalls über die Niere ausgeschieden werden müssen, um ihre Akkumulation im Blut, eine sogenannte Ketose, zu verhindern. Bei eingeschränkter Leber- und/oder Nierenfunktion kann es somit zu Gesundheitsstörungen in Folge eines Anstiegs der Ketokörper und/oder Harnstoffkonzentration im Blut kommt. Da Diabetiker zu Nierenerkrankungen neigen, sollten auch sie die empfohlenen Eiweißmengen in der täglichen Ernährung nicht überschreiten.

Nachdem die Ausscheidung größerer Mengen an Harnstoff und Ketokörpern über die Niere aus osmotischen Gründen auch eine größere Flüssigkeitsmenge erfordert, kann sie unter ungünstigen Bedingungen, z. B. bei Belastungen bei hoher Temperatur, zu einer Dehydratation führen und damit die Leistungsfähigkeit beeinträchtigen. Siehe hierzu auch Kapitel 9.

Beim Abbau größerer Eiweißmengen fallen ferner auch größere Purinmengen an, die zu Harnsäure metabolisiert werden. Bei hierfür entsprechend anfälligen Personen kann es dadurch zu Gichtanfällen kommen, d. h. die Harnsäure kristallisiert in den Gelenken aus und ruft hier schmerzhafte Entzündungen hervor.

Frühere Untersuchungen haben ferner gezeigt, daß es dann, wenn Eiweiß vor allem in Form von hochgereinigten Proteinpräparaten aufgenommen wird, zu einer vermehrten Harnausscheidung von Kalzium und Phosphat kommen kann, verbunden mit einer Abnahme der Knochendichte. Dies läßt sich vermeiden, wenn gleichzeitig ausreichende Mengen von Phosphat zugeführt werden, z. B. in Form von Fleisch oder anderen natürlichen Lebensmitteln. In diesem Fall wird die Kalzium-Ausscheidung im Urin nicht erhöht, selbst bei einer täglichen Eiweißzufuhr von mehr als 100 g. Eine erhöhte Phosphatzufuhr kann allerdings zu einer Freisetzung von endogenem Kalzium in den Darm führen, mit jedoch nur geringen Verlusten an Kalzium über den Stuhlgang. Da eine sehr eiweißreiche und gleichzeitig kalziumarme Ernährung zu einer Störung der Kalziumbilanz des Körpers führen kann, sollte man im Falle einer eiweißreichen Ernährung auch auf eine entsprechende Kalziumzufuhr achten, um die Kalziumkonzentration konstant zu halten. Das Thema der Kalziumbilanz wird im Kapitel 8 detailliert dargestellt.

Freie Aminosäuren

Freie Aminosäuren kommen normalerweise in unserer Ernährung nicht vor. Sie werden künstlich hergestellt und finden beispielsweise bei der intravenösen Ernährung von Patienten Anwendung. Theoretisch könnten sie auch zur Verbesserung der biologischen Qualität von Eiweißen mit entsprechenden Defiziten angewandt werden. Allerdings sind dabei gesundheitliche Risiken nicht auszuschließen. So wurde beispielsweise das sogenannte eosinophile Myalgie-Syndrom, ein Symptomkomplex bestehend aus Schwäche, Fieber, Ödemen, Hautrötung, Knochenschmerzen etc. mit der Aufnahme von gereinigtem L-Tryptophan in Verbindung gebracht (Herbert 1992 sowie Teman 1991).

Die Einnahme von Aminosäuren in reiner Form und in großer Menge muß in gewisser Weise wie die Anwendung eines Medikaments betrachtet werden, dessen Wirkungen noch nicht hinreichend bekannt sind. Als Beispiel für eine solche mögliche Wirkung sei auf die erhöhte Sekretion von HGH unter dem Einfluß von Arginin verwiesen. Ein weiteres gesundheitliches Problem kann dadurch entstehen, daß derjenige, der freie Aminosäuren zu sich nimmt, dadurch auf diätetische Eiweiße verzichtet und in eine Mangelsituation im Hinblick auf bestimmte Vitamine und Mineralstoffe kommen kann, die normalerweise in eiweißreichen Lebensmitteln gefunden werden, wie z B. Eisen und Zink in Fleisch, Fisch und Geflügel. Weitere mögliche Gesundheitsschädigungen, die nach einschlägigen Untersuchungen auftreten können, sind die Interferenz von freien Aminosäuren mit der Resorption anderer essentieller Aminosäuren, Appetitminderung, Ernährungsstörungen, Gewebsschädigungen, Nierenschäden, Osteoporose, gastrointestinale Reizerscheinungen wie Übelkeit, Erbrechen und Diarrhö, sowie negative psychologische Effekte. Selbst Todesfälle wurden ihnen zugeschrieben.

Zusammenfassend kann bisher aufgrund der nicht ausreichenden wissenschaftlichen Datenlage keine endgültige Stellungnahme zur Frage eines leistungssteigernden bzw. gesundheitlich positiven oder negativen Effektes der Zufuhr einzelner freier Aminosäuren abgegeben werden. Weitere wissenschaftliche Untersuchungen zu diesem Thema sind daher erforderlich. Desgleichen sollte die Empfehlung gegeben werden, den Aminosäurebedarf im Rahmen einer gesunden, ausgewogenen Ernährung und nicht durch Präparate zu decken. Bei Beachtung der Empfehlungen zur Proteinaufnahme ist dadurch in jedem Fall eine ausreichende Versorgung mit allen notwendigen Aminosäuren sichergestellt.

Literatur

Bücher

Bucci, L, 1993. *Nutrients as Ergogenic Aids for Sports and Exercise*. Boca Raton, FL, CRC Press.

Butterfield, G. 1991. Amino acids and high protein diets. In *Perspectives in Exercise Sciences and Sports Medicine*. Ergogenics: Enhancement of Sports Performance, eds. D. Lamb and M. Williams, Indianapolis, IN: Benchmark Press

Williams, M.H. 1985. *Nutritional Aspects of Human Physical and Athletic Performance*. Springfield, IL: C.C: Thomas.

Übersichtsartikel

Fitts, R. and Metzger, J. 1993. Mechanisms of muscular fatigue.In *Principes of Exercise Biochemistry*, ed. J. Poortmans, Basel, Switzerland: Karger

Grandjean, A. 1993. What are the protein requirements of athletes? *Food and Nutrition News* 65:11, March/April.

Henriksson, J. 1991. Effect of exercise on amino acid concentrations in skeletal muscle and plasma. *Journal of Experimental Biology* 160: 149–65.

Herbert, V. 1992. L-Tryptophan. A medicolegal case against over-the-counter marketing of supplements of amino acids. *Nutrition Today* 27:27–30, March/April.

Hickson, J. and Wolinsky, J. 1994. Research directions in protein nutrition for athletes. In *Nutrition in Exercise and Sport*, eds. J. Wolinsky and J. Hickson, Boca Raton, FL: CRC Press

Kreider, R., et al. 1993. Amino acid supplementation and exercise performance: Analysis of the proposed ergogenic value. *Sports Medicine* 16:190–209.

Lemon, P. 1991. Protein and amino acid needs of the strength athlete. *International Journal of Sport Nutrition* 1:127–45

Lemon, P. 1991. Effect of exercise on protein requirements. *Journal of Sports Sciences* 9:53–70.

Lemon, P., and Proctor, D. Protein intake and athletic performance. *Sports Medicine* 12 (5). 313–315

Macintyre, J. 1978. Growth hormone and athletes. *Sports Medicine* 4:129–42.

Newsholme, E. 1993. Application of knowledge of metabolic integration to the problem of metabolic limitations in sprints, middle distance and marathon running. In *Principles of Exercise Biochemistry*, ed. J. Poortmans. Basel, Switzerland: Karger.

Parkhouse, W. 1988. Regulation of skeletal muscle myofibrillar protein degradation: Relationships to fatigue and exercise. *International Journal of Biochemistry* 20:769–75.

Paul, G. 1989. Dietary protein requirements of physically active individuals. *Sports Medicine* 8:156–76

Poortmans, J. 1993. Protein metabolism. In *Principles of Exercise Biochemistry*, ed. J. Poortmans. Basel, Switzerland: Karger.

Tarnopolsky, M. 1993. Protein, caffeine, and sports. Guidelines for active people. *Physician and Sportsmedicine* 21:137–49, March.

Teman, A., and Hainline, B. 1991. Eosinophilia-myalgia syndrome. *Physician and Sportsmedicine* 19:80–86.

Wolfe, R. 1987. Does exercise stimulate protein breakdown in humans? Isotope approaches to the problem. *Medicine and Science in Sports and Exercise* 19:S172–S178.

Wolfe, R. and Georges, S. 1993. Stable isotopic tracers as metabolic probes in exercise. *Exercise and Sport Sciences Reviews* 21:1–31

Spezielle Studien

Bigard, A., et al. 1993. Effects of protein supplementation during prolonged exercise at moderate altitude on performance and plasma amino acid pattern. *European Journal of Applied Physiology* 66:5–10.

Blomstrand, E., et al. 1991. Administration of branched-chain amino acids during sustained exercise – effects on performance and on plasma concentration of some amino acids. *European Journal of Applied Physiology* 65:83–88

Bucci, L., et al. 1990. Ornithine ingestion and growth hormone release in bodybuilders. *Nutrition Research* 10:239–45.

Bucci, L., et al. 1992. Ornithin supplementation and insulin release in body builders. *International Journal of Sports Nutrition* 2:287–91.

Conlay, L. et al. 1989. Effects of running the Boston marathon on plasma concentrations of large neutral amino acids. *Journal of Neural Transmission* 76:65–71

Davis, J., et al. 1992. Effects of carbohydrate feedings on plasma free tryptophan and branched-chain amino acids during prolonged cycling. *European Journal of Applied Physiology* 65:513–19.

Einspahr, K., and Tharp, G. 1989. Influence of endurance training on plasma amino acid concentrations in humans at rest and after intense exercise. *International Journal of Sports Medicine* 10:233–36.

Elam, R. 1988. Morphological changes in adult males from resistance exercise and amino acid supplementation. *Journal of Sports Medicine and Physical Fitness* 28:35–39.

Fogelholm, G. M. et al. 1993. Low-dose amino acid supplementation: No effects on serum human growth hormone and insuline in male weightlifters. *International Journal of Sport Nutrition* 3:290–97.

Friedman, J., and Lemon, P. 1989. Effect of chronic endurance exercise on retention of dietary protein. *International Journal of Sports Medicine* 10:118–23.

Fry, A., et al. 1993. Endocrine and performance responses to high volume training and amino acid supplementation in elite junior weightlifters. *International Journal of Sport Nutrition* 3: 306–22.

Galiano, F., et al. 1991. Physiological, endocrine, and performance effects of adding branched chain amino acids to a 6% carbohydrate-electrolyte beverage during prolonged cycling. *Medicine and Science in Sports and Exercise* 23:S14.

Greenhaff, P., et al. 1992. Influence of oral creatine supplementation of muscle torque during repeated bouts of maximal voluntary exercise in man. *Clinical Science* 84:565–71.

Harris, R., et al. 1992. Elevation of creatine in resting and exercised muscle on normal subjects by creatine supplementation. *Clinical Science* 83:367–74.

Harris, R., et al. 1992. The effect of oral creatine supplementation on running performance during maximal short term exercise in man. *Queen Mary and Westfield College Meeting*, 17–18 December.

Hawkins, C., et al. 1991. Oral arginine does not affect body composition or muscle function in male weight lifters. *Medicine and Science in Sports and Exercise* 23:S15.

Kreider, R., et al. 1993. Effects of amino acid and carnitine supplementation on immune status and symptoms of infection during an intercollegiate swim season. *Medicine and Science in Sports and Exercise* 25:S123.

Lambert, M., et al. 1993. Failure of commercial oral amino acid supplements to increase serum growth hormone concentrations in male bodybuilders. *International Journal of Sport Nutrition* 3:298–305.

Maughan, R., and Sadler, D. 1983. The effects of oral administration of salts of aspartic acid on the metabolic response to prolonged exhausting exercise in man. *International Journal of Sports Medicine* 4:119–23.

Mitchell, M., et al. 1991. Effects of amino acid supplementation on metabolic responses to ultra-endurance triathlon performance. *Medicine and Science in Sports and Exercise* 23:S15.

Parry-Billings, M., et al. 1991. Plasma amino acid concentrations in the overtraining syndrome: possible effects on the immune system. *Medicine and Science in Sports and Exercise* 24: 1353–58.

Petruzzello, S., et al. 1992. Effect of branched-chain amino acid supplements on exercise-related mood and performance. *Medicine and Science in Sports and Exercise* 24:S2.

Pivarnik, J., et al. 1989. Urinary 3-methylhistidine excretion increases with repeated weight training exercise. *Medicine and Science in Sports and Exercise* 21:283–87.

Schena, F., et al. 1992. Branched-chain amino acid supplementation during trekking at high altitude. The effects on loss of body mass, body composition, and muscle power. *European Journal of Applied Physiology* 65:394–98.

Segura, R., and Ventura, J. 1988. Effect of L-tryptophan supplementation on exercise performance. *International Journal of Sports Medicine* 9:301–5.

Sharp, R., et al. 1988. Effect of a protein supplement on adaptations to combined aerobic and anaerobic training. *Medicine and Science in Sports and Exercise* 20:S3.

Stensrund, T., et al. 1992. L-tryptophan supplementation does not improve running performance. *International Journal of Sports Medicine* 13:481–85.

Suminski, R., et al. 1993. The effect of amino acid ingestion and resistance exercise on growth hormone responses in young males. *Medicine and Science in Sports and Exercise* 25:S77.

Vandewalle, L., et al. 1991. Effect of branched-chain amino acid supplements on exercise performance in glycogen depleted subjects. *Medicine and Science in Sports and Exercise.* 23:S16.

Weideman, C., et al. 1990. Effects of increased protein intake on muscle hypertrophy and strength following 13 weeks of resistance training. *Medicine and Science in Sports and Exercise* 22:S27.

Wesson, M., et al. 1988. Effects of oral administration of aspartic acid salts on the endurance capacity of trained athletes. *Research Quarterly for Exercise and Sport* 59:234–39.

Wiles, J. et al. 1991. Effect of pre-exercise protein ingestion upon VO_2, R, and perceived exertion during tradmill running. *British Journal of Sports Medicine* 25:26–30

Yarasheski, K., et al. 1992. Effect of growth hormone and resistance exercise on muscle growth in young men. *American Journal of Physiology* 262:E261–E267.

Zawadzki, K., et al. 1992. Carbohydrate-protein complex increases the rate of muscle glycogen storage after exercise. *Journal of Applied Physiology* 72:1854–59.

7 Vitamine: die Regulatoren des Organismus

7.1 Einleitung

Mit dem Begriff *Vitamine* werden zur Zeit 13 biochemisch sehr unterschiedliche Nährstoffe bezeichnet, die an fast allen metabolischen Prozessen beteiligt sind. Obwohl der Körper von den Vitaminen nur sehr geringe Mengen benötigt, sind sie diejenigen Nährstoffe, bei denen eine Unterversorgung am häufigsten zu kritischen Engpässen führt. Bei mehreren dieser Vitamine treten Mangelsymptome nach bereits 3–4 Wochen einer Minderversorgung auf, bei länger dauernden Defiziten kann es zu schweren Krankheitszuständen kommen.

Während Vitaminmangelerkrankungen in Entwicklungsländern häufig sind, kommen sie in Industrieländern nur selten vor. Für die große Mehrheit der Bevölkerung werden dort schon aufgrund der hohen Kalorienaufnahme, aber auch aufgrund von Vitaminanreicherungen in den industriellen Verarbeitungsprozessen der Lebensmittel die empfohlenen Aufnahmemengen von Vitaminen garantiert. Zusätzlich nehmen zahlreiche Menschen Vitamintabletten ein. In bestimmten Subgruppen der westlichen Populationen können jedoch Vitaminmangelzustände auftreten, die allerdings dann meist nicht sehr ausgeprägt sind.

Wie die meisten einschlägigen Untersuchungen zeigen, kann auch bei Sportlern im allgemeinen von einer ausreichenden Vitaminversorgung ausgegangen werden. Zu Defiziten kann es allerdings auch hier bei bestimmten Gruppen kommen, vor allem bei solchen Sportlern, die sich Ernährungsrestriktionen zur Gewichtskontrolle unterziehen, etwa um bestimmte Gewichtsklassen einzuhalten oder um ihre sportliche Leistung durch Gewichtsabnahme zu steigern. Darüber hinaus kann es in Einzelfällen auch bei sonst ausreichend ernährten Sportlern zu Vitaminmangelzuständen kommen.

Wie im vorliegenden Kapitel darzustellen sein wird, ist eine ausreichende Vitaminversorgung eine der Grundlagen für Gesundheit und sportliche Leistungsfähigkeit. Trotzdem stellt sich gerade aus der Sicht des Sportlers eine Reihe von Fragen, die aufgrund der vorliegenden wissenschaftlichen Datenlage zu beantworten sein werden: Kommt es dann, wenn die empfohlenen Aufnahmemengen eines bestimmten Vitamins nicht erfüllt werden und wenn ja, in welcher Form, zu gesundheitlichen Einschränkungen bzw. Leistungsminderungen? Führt umgekehrt die Aufnahme von Vitaminen über die empfohlenen Tagesmengen hinaus zu besonders positiven gesundheitlichen Effekten bzw. zu Leistungssteigerungen?

Im ersten Abschnitt des Kapitels werden die biochemischen und physiologischen Grundlagen von Struktur und Funktion der Vitamine behandelt. Die nächsten beiden Abschnitte beschäftigen sich mit den fettlöslichen bzw. wasserlöslichen Vitaminen, den empfohlenen Einnahmemengen, den Lebensmitteln, die für die Versorgung mit Vitaminen besonders wichtig sind, ihren metabolischen Funktionen im Organismus aus der Sicht von Gesundheit und körperlicher Aktivität sowie den möglichen Auswirkungen von Mangelzuständen an bzw. der Substitution von bestimmten Vitaminen. Der vierte Abschnitt behandelt mögliche leistungssteigernde Effekte spezieller Vitaminpräparate. Im letzten Abschnitt wird schließlich auf gesundheitliche Konsequenzen einer Einnahme von Vitaminpräparaten eingegangen.

7.2 Allgemeine Grundlagen

Physiologische Wirkungen der Vitamine

Die Vitamine stellen eine Reihe von komplexen organischen Verbindungen dar, die sich in kleinen Mengen in den meisten Lebensmitteln finden und die für die optimale Funktion zahlreicher physiologischer Prozesse unverzichtbar sind. Die Aktivität vieler dieser Prozesse steigert sich unter körperlicher Belastung erheblich, so daß die Vitaminversorgung gerade für den Sportler von besonderer Bedeutung ist.

Alle physiologischen Abläufe des Körpers werden durch sogenannte Enzyme gesteuert, die als Biokatalysatoren bezeichnet werden können. Jedes dieser Enzyme, von denen im menschlichen Stoffwechsel bereits mehrere Hundert identifiziert worden sind, steuert jeweils einzelne ganze spezifische Stoffwechselschritte. Enzyme sind erforderlich für die Verdauungsprozesse der einzelnen Lebensmittel, für die Muskelkontraktion, die Energiebereitstellung, den Blutgastransport, das Wachstum, die Blutgerinnung etc. Wie der Begriff des Biokatalysators besagt, regeln Enzyme Stoffwechselvorgänge, ohne an dem Ergebnis der Reaktion beteiligt zu sein, ohne also dabei selbst verändert zu werden.

Wie die Abbildung 7.1 zeigt, bestehen Enzyme im allgemeinen aus zwei Anteilen, einem Eiweißträger (**Apoenzym**) und einer Wirkstoffgruppe, dem **Koenzym**, wobei beide Anteile für die Funktion des Enzyms gleichermaßen erforderlich sind. Das Koenzym enthält sehr häufig ein Vitamin oder eine von einem Vitamin abgeleitete Verbindung. Obwohl die Enzyme, wie beschrieben, an den Reaktionsprodukten nicht direkt beteiligt sind, verschleißen sie mit der Zeit und müssen ersetzt werden. Auch die Koenzyme werden im Verlauf des Stoffwechsels abgebaut. Die Funktion als lebenswichtige Koenzyme ist insbesondere für die Vitamine des B-Komplex bekannt. Durch ihren Verschleiß im Stoffwechsel ist somit eine ständige Neuversorgung mit diesen wasserlöslichen Vitaminen durch die Ernährung erforderlich.

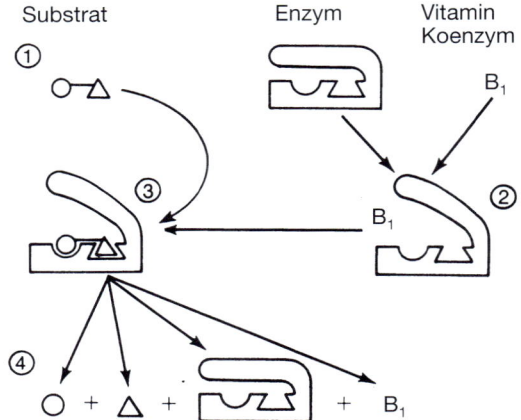

Abbildung 7.1 Die Rolle der Vitamine als Koenzym. Die Verstoffwechslung von Substraten, in diesem Fall Pyruvat (1), benötigt zu ihrer Beschleunigung das Vorhandensein von Enzymen. Diese sind häufig, um wirksam zu werden, auf die Verfügbarkeit eines Koenzyms, oft eines Vitamins angewiesen. Im oberen Teil der Abbildung ist das Enzym, in dem Beispiel die Karboxylase, inaktiviert. Sie wird durch das Hinzukommen von Vitamin B_1, das für sie als Koenzym wirkt, aktiviert (geöffnet,2). Der Komplex aus Enzym und Koenzym bildet das aktivierte Enzym (3). Dieses spaltet das Substrat, das Pyruvat, in zwei Bruchstücke, CO_2 und Essigsäure, wobei das Enzym seinerseits in seine beiden Einzelbestandteile, Apoenzym und Koenzym zerfällt (4) und damit inaktiviert wird.

Eine weitere Aufgabe von Vitaminen kann die Funktion im Sinne von Hormonen oder Antioxidanzien sein. So erfährt beispielsweise das Vitamin D im Körper mehrere Umwandlungsprozesse, die endgültige und aktive Form hat dann die Funktion eines Hormons. Wie die Abbildung 7.2 zeigt, können die Vitamine C und E sowie die Betakarotine als Antioxidanzien wirken. Durch verschiedene biochemische Reaktionen im Körper werden sogenannte **freie Radikale** gebildet. Hierunter versteht man biochemische Substanzen, die ein Ion enthalten, also ein unpaariges Elektron auf der äußeren Umlaufbahn. Eine Untergruppe der freien Radikale sind die sogenannten freien Sauerstoffradikale oder reaktiven Sauerstoffverbindungen. Sie enthalten, wie der Name sagt, Sauerstoff mit einem unpaarigen Elektron, und zwar im einzelnen Singlet-Sauerstoff, Superoxid und

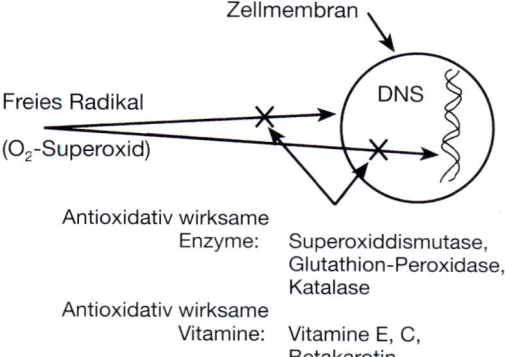

Antioxidativ wirksame
Enzyme: Superoxiddismutase,
Glutathion-Peroxidase,
Katalase

Antioxidativ wirksame
Vitamine: Vitamine E, C,
Betakarotin.

Abbildung 7.2 Die Bedeutung der Vitamine als Antioxidanzien. Die Zellen enthalten eine Reihe von antioxidativ wirksamen Enzymen, wie Superoxiddismutase, Glutathion, Peroxidase oder Katalase, um sich vor der schädlichen Wirkung freier Radikale wie Singlet-Sauerstoff bzw. Superoxid zu schützen. Diese neutralisieren die Antioxidanzien und verhindern dadurch die Zerstörung der Zellwand bzw. des genetischen Materials der Zelle. Gleichartig wie diese antioxidativen Enzyme wirkt auch eine Reihe von Vitaminen als Antioxidanzien, speziell Vitamin E, C und Betakarotin. Für diese Vitamine wird eine Schutzwirkung gegen die Entwicklung von Krebs und Arteriosklerose angenommen, sie sollen unter anderem auch die Alterungsvorgänge verzögern.

Wasserstoffperoxid. Die freien Radikale sind instabile Verbindungen und besitzen ein ungleichgewichtiges Magnetfeld, das die molekularen Strukturen und biochemischen Reaktionen im Organismus beeinflußt. Sie reagieren daher intensiv mit Gewebsstrukturen. Obwohl oxidative Prozesse für das menschliche Leben von essentieller Bedeutung sind, können sie umgekehrt durch die Oxidation von ungesättigten Fettsäuren in der Zellwand und den intrazellulären Membranen auch zu Zellschädigungen führen. Zur Verhinderung solcher Schädigungen und damit gesundheisschädigenden Wirkungen dieser freien Radikale hat der Körper daher eine Reihe von antioxidativ wirksamen Enzymen entwickelt, wie die Superoxiddismutase (SOD), die Glutathion-Peroxidase und die Katalase. Zu ihrer optimalen Funktion benötigen diese antioxidativen Enzyme eine Reihe wichtiger Nährstoffe, speziell Kupfer, Zink und Selen. Auch die Vitamine E, C und

die Betakarotine besitzen antioxidative Eigenschaften. Die Bedeutung dieser antioxidativ wirksamen Vitamine für Gesundheit und Leistungsfähigkeit hat in letzter Zeit spezielle wissenschaftliche Aufmerksamkeit erfahren und wird im Verlaufe des vorliegenden Kapitels weiter diskutiert.

Zusammenfassend ist festzustellen, daß Vitamine Substanzen sind, die für die Regelung vieler physiologischer Prozesse und für den Erhalt der Gesundheit unverzichtbar sind. Sie stellen dagegen keine Energiequelle dar, wie Kohlenhydrate oder Fette, und leisten keinen Beitrag zur Struktur des Organismus, wie Proteine oder Mineralstoffe.

Klassifizierung der Vitamine

Die Existenz von Vitaminen wurde aufgrund ihrer physiologischen Wirkungen erkannt, bevor ihre biochemische Struktur aufgeklärt werden konnte. Die Bezeichnung dieser zunächst strukturell noch unbekannten Vitamine erfolgte daher in der Reihenfolge ihrer Entdeckung mit den Buchstaben des Alphabets. Für einige Vitamine verging ein langer Zeitraum zwischen ihrer Entdeckung und der biochemischen Aufklärung ihrer Struktur, so daß sich die Buchstabenbezeichnung durchgesetzt hat, in anderen Fällen war dieser Zeitraum nur kurz, so daß für sie die biochemische Benennung gebräuchlicher ist.

Zur Zeit sind 13 Vitamine bekannt, deren Zufuhr mit der Ernährung für den Körper unverzichtbar ist. Im allgemeinen ist eine ausreichende Vitaminversorgung durch eine ausgewogene Mischkost voll abgesichert. Vier dieser Vitamine sind fettlöslich und werden vor allem mit dem Fettanteil der Ernährung aufgenommen, die restlichen neun sind wasserlöslich und verteilen sich über ein großes Spektrum verschiedener Lebensmittel. Während die meisten Vitamine mit der Ernährung aufgenommen werden müssen, können einige im Organismus aus Vorstufen gebildet werden, die in Lebensmitteln vorhanden sind, beispielsweise Vitamin D unter dem Einfluß von ultravioletten Sonnenstrahlen in der Haut oder Vitamin K durch Darmbakterien.

Für eine Reihe von anderen Substanzen wurde primär ein Vitamincharakter vermutet, d. h. es wurde angenommen, ihre Zufuhr mit der Ernährung sei unverzichtbar, eine Annahme, die jedoch später nicht bestätigt werden konnte bzw. widerlegt wurde. Hierzu gehören z. B. Inositol, Cholin, Para-Aminobenzolsäure (PABS), Pangamsäure (das sogenannte Vitamin B_{15}) oder Laetril (das sogenannte Vitamin B_{17}).

Tabelle 7.1 gibt einen Überblick über die 13 zur Zeit als solche anerkannten Vitamine, die am häufigsten benutzten Synonyme, die empfohlenen Aufnahmemengen, die wichtigsten Nahrungsquellen, ihre Hauptfunktion im Organismus sowie die Symptome, die bei Mangelzuständen bzw. Überdosierung entstehen können.

Allgemeine Aspekte der Auswirkungen von Vitaminmangelzuständen bzw. Überdosierungen auf Gesundheit und Leistungsfähigkeit

Die Frage, ob sich ein Vitaminmangelzustand negativ auf Gesundheit und/oder Leistungsfähigkeit auswirkt, hängt unter anderem vom Ausmaß des Defizits ab. Nach Hornig lassen sich in Abhängigkeit vom Grad des Vitaminmangels in der Ernährung bzw. der Dauer der Mangelernährung vier Stadien definieren:

1. *Vorstadium*: Ein bestimmtes Vitamin ist in der Ernährung nicht in ausreichender Menge vorhanden bzw. nicht ausreichend verfügbar. Durch eine drastische Ernährungsumstellung kann es beispielsweise zu einer verminderten **Bioverfügbarkeit** des Vitamins kommen, d. h. es wird nicht in ausreichender Menge resorbiert, oder der Bedarf ist erhöht, z. B. in der Schwangerschaft.

2. *Biochemischer Mangel*: Die körpereigenen Vorräte an einem bestimmten Vitamin sind vermindert. Für eine Reihe von Vitaminen kann dies durch die Feststellung eines Absinkens der Konzentration des jeweiligen Vitamins im Blut bzw. im Gewebe nachgewiesen werden, etwa für Riboflavin, für das ein Mangelzustand frühzeitig durch die Verminderung seiner Aktivität in den Erythrozyten (roten Blutkörperchen) festgestellt werden kann.

3. *Physiologischer Mangel*: Es treten unspezifische Symptome wie Appetitverlust, allgemeine Schwäche und leichte Ermüdbarkeit auf.

   Die bisher genannten drei Stadien werden zusammenfassend auch als latenter oder leichter Vitaminmangel im Rahmen einer **subklinischen Mangelernährung** bezeichnet. Die Frage, ob hierdurch die körperliche Leistungsfähigkeit beeinträchtigt wird, hängt unter anderem von Art und Intensität des betriebenen Sportes ab. Wenn es jedoch im Stadium drei zu Ermüdungserscheinungen und Schwäche kommt, so ist dies sicher leistungshemmend.

4. *Klinisch manifester Vitaminmangel*: Es kommt zu für den jeweiligen Vitaminmangelzustand charakteristischen Symptomen. So führt der Mangel an einer Reihe von Vitaminen beispielsweise zur Anämie, etwa der Mangel an Folsäure und/oder Vitamin B_6. In diesem Zustand ist per Definition somit die Gesundheit und im allgemeinen auch die Leistungsfähigkeit beeinträchtigt.

Während es bei einer Mangel- bzw. Fehlernährung relativ rasch zu Vitaminmangelsymptomen kommen kann, ist es vergleichsweise schwierig, alleine durch natürliche Lebensmittel soviel Vitamine zu sich zu nehmen, daß diese im Sinne einer Überdosierung gesundheitsschädlich werden können. Eine Ausnahme stellt die Ernährung mit zuviel Fischleber bzw. Lebertran dar. Hier kann es zu einer Vitamin A -Vergiftung kommen. Die meisten Vitamine sind wasserlöslich, wenn hiervon zuviele aufgenommen werden, werden sie vom Körper problemlos wieder ausgeschieden. Fettlösliche Vitamine werden dagegen im Körper gespeichert, zu große Mengen können zu toxischen Reaktionen führen.

7.3 Fettlösliche Vitamine

Die vier fettlöslichen Vitamine sind die Vitamine A, D, E und K. Aufgrund ihrer Löslichkeitsverhältnisse werden sie mit dem Fettanteil der Ernährung aufgenommen (s. Abb. 7.3). Wegen ihrer Fettlöslichkeit können sie in größerer Menge gespeichert werden. Hinzu kommt, daß sie zum Teil auch aus Vorstufen vom Organismus selbst hergestellt werden können. Mangelzustände an diesen Vitaminen kommen daher in den Industrieländern selten vor. Aufgrund ihrer Speicherungsfähigkeit können sie auf der anderen Seite bei Überdosierung toxisch wirken. Vom Vitamin E abgesehen wurden bisher nur ganz wenige Untersuchungen über ihre Effekte bei Mangelzuständen bzw. Substitution auf die körperliche Leistungsfähigkeit durchgeführt.

Vitamin A (Retinol)

Die aktive Form des Vitamin A, eines fettlöslichen ungesättigten Alkohols, ist das Retinol. Es kann im Organismus auch aus Vorstufen, den Karotinoiden, speziell dem **Betakarotin** gebildet werden. Sowohl das aktive Retinol wie seine Vorstufe, das Betakarotin, kommen nur in natürlichen Lebensmitteln vor.

Der Bedarf an Vitamin A kann somit in Form von Retinol, Betakarotin oder durch eine Kombination beider Substanzen abgedeckt werden. Entsprechend wird die empfohlene Aufnahmemenge in unterschiedlichen Einheiten ausgedrückt, im allgemeinen als **Retinoläquivalente** oder als **internationale Einheiten** (IU). Die empfohlene tägliche Aufnahmemenge liegt für erwachsene Männer bei 1000 Retinoläquivalenten oder 5000 IU, für erwachsene Frauen bei 800 Retinoläquivalenten oder 4000 IU. Dies entspricht für den Mann 1 mg Retinol oder 6 mg Betakarotin. Für Kinder werden etwas geringere Mengen empfohlen. Im einzelnen wird hierzu auf Anhang A verwiesen.

Aktives Vitamin A findet sich in einer Reihe von Lebensmitteln tierischer Herkunft wie Leber, Butter, Käse, Eidotter, Fischölen und Vollmilch. Provitamin A in Form von Betakarotin findet sich in dunkelgrünen und gelben Gemüsen sowie in Früchten wie Orangen, Zitronen, Ananas, Pflaumen und Melonen. Zum Teil werden auch manche Margarine-Sorten mit Betakarotin angereichert. Mit einem Glas Milch werden etwa 10 % der empfohlenen Tagesmenge abgedeckt, eine mittelgroße Karotte enthält 200 % und eine Portion Leber 900 % des Tagesbedarfs.

Dem Vitamin A kommt eine Reihe von physiologisch wichtigen Funktionen zu. Es

Abbildung 7.3
Nahrungsmittel mit hohem Gehalt an fettlöslichen Vitaminen

Tab. 7.1   Vitamine

Name/Synonyma	Tagesbedarf*	Wichtige Quelle
Fettlösliche Vitamine		
Vitamin A (Retinol, Provitamin: Karotinoide)	Männer 1000 RE Frauen 800 RE	Retinol in tierischen Lebensmitteln, Leber, Vollmilch, vitaminangereicherter Milch, Karotinoide in Pflanzenprodukten, Karotten, dunkelgrünem Blattgemüse, Margarine aus Pflanzenölen
Vitamin D (Cholecalciferol)	200 IU = 500 Mikrogramm	Milchprodukte, Margarine, Fisch, Öle, Einwirkung von Sonnenlicht auf die Haut
Vitamin E (Tocopherol)	Männer 10 mg Frauen 8 mg alpha-TE	Pflanzenöle, Margarine, dunkelgrüne Blattgemüse, Weizenkeimprodukte, Vollkornprodukte, Eidotter
Vitamin K (Phyllochinon, Menochinon)	Männer 80 Mikrogramm Frauen 65 Mikrogramm	Schweine- und Rinderleber, Eier, Spinat, Blumenkohl, Bildung im menschlichen Darm durch Darmbakterien
Wasserlösliche Vitamine		
Thiamin (Vitamin B_1)	Männer 1,5 mg Frauen 1,1 mg	Schinken, Schweinefleisch, mageres Rindfleisch, Leber, Vollkornprodukte, vitaminangereichertes Brot und Getreideflocken, Hülsenfrüchte
Riboflavin (Vitamin B_2)	Männer 1,7 mg Frauen 1,3 mg	Milch und Milchprodukte, Fleisch, vitaminangereicherte Getreideprodukte, dunkelgrüne Blattgemüse, Bohnen
Niacin (Nikotinamid, Nikotinsäure)	Männer 19 mg Frauen 15 mg	Mageres Fleisch, Fisch, Geflügel, Vollkornprodukte, Bohnen. Niacin kann im Körper aus Tryptophan, einer essentielle Aminosäure, gebildet werden
Vitamin B_6 (Pyridoxal, Pyridoxin, Pyridoxamin)	Männer 2 mg Frauen 1,6 mg	Eiweißreiche Lebensmittel, Leber, mageres Fleisch, Fisch, Geflügel, Hülsenfrüchte, dunkelgrüne Blattgemüse
Vitamin B_{12} (Cobalamin, Cyanocobalamin)	2 Mikrogramm	Nur in tierischen Lebensmitteln, Fleisch, Fisch, Geflügel, Milch, Eiern
Folsäure	Männer 200 Mikrogramm Frauen 180 Mikrogramm	Leber, dunkelgrüne Blattgemüse, Hülsenfrüchte, Nüsse
Biotin	30–100 Mikrogramm	Fleisch, Hülsenfrüchte, Milch, Eidotter, Vollkornprodukte, fast alle Gemüse
Pantothensäure	4–7 mg	Rind- und Schweineleber, mageres Fleisch, Milch, Eier, Hülsenfrüchte, Vollkornprodukte, die meisten Gemüse
Vitamin C (Ascorbinsäure)	60 mg	Zitrusfrüchte, grüne Blattgemüse, Brokkoli, Paprika, Erdbeeren, Kartoffeln

* Empfohlene Tagesmengen für Erwachsene über 25 Jahre; Tagesbedarf für andere Altersgruppen siehe Anhang A

Hauptfunktion

Fettlösliche Vitamine

Wichtig für die Gesunderhaltung von Haut- und Schleimhautgeweben, bildet den Sehfarbstoff für das Dunkelsehen, begünstigt die Knochenentwicklung

wirkt als Hormon zur Steigerung der Kalziumresorption im Darm. Wichtig für die Knochen- und Zahnbildung

schützt als Antioxidanz die Zellmembran vor Oxidation

wichtig für die Blutgerinnung

Wasserlösliche Vitamine

Als Koenzym bei der Energiebereitstellung aus Kohlenhydraten beteiligt. Wichtig für die Funktion des Zentralnervensystems

Als Koenzym bei der Energiebereitstellung aus Kohlenhydraten und Fetten beteiligt. Wichtig für die Hautgesundheit

Als Koenzym an der aeroben und aneroben Energiebereitstellung aus Kohlenhydraten beteiligt. Wichtig für die Synthese von freien Fettsäuren, deren Abgabe aus dem Fettgewebe blockiert wird, nötig für die Hautgesundheit

Als Koenzym am Eiweißstoffwechsel beteiligt. Wichtig für die Bildung von Hämoglobin und roten Blutzellen, notwendig für die Glykogenolyse bzw. Glukoneogenese

Als Koenzym bei der Bildung von DNS beteiligt. Wichtig für die Bildung der roten Blutkörperchen und die Funktion des Nervengewebes

Als Koenzym am Kohlenhydrat-, Fett- und Eiweißstoffwechsel beteiligt.

Als Teil des Konzym A am Energiestoffwechsel beteiligt

An der Kollagenbildung im Bindegewebe beteiligt. Wichtig für die Eisenresorption und die Adrenalinbildung. Heute besonders interessant seine Bedeutung als Antioxidanz.

Tab. 7.1 Vitamine (Fortsetzung)

Name/Synonyma	Mangelsymptome	Überdosierungserscheinungen
Fettlösliche Vitamine		
Vitamin A (Retinol, Provitamin: Karotinoide	Nachtblindheit, Darminfekte, Wachstumsstörungen, Xerophthalmie	Übelkeit, Kopfschmerzen, Müdigkeit, Leber und Milzschäden, Hautschuppung, Gelenkschmerzen
Vitamin D (Cholecalciferol)	Selten bei Kindern Rachitis, beim Erwachsenen Osteomalazie	Appetitverlust, Übelkeit, Reizbarkeit, Gelenkschmerzen, Kalziumablagerungen in Weichteilgeweben, z.B. in der Niere
Vitamin E (Tocopherol)	Extrem rar, Zerstörung der Erythrozytenmembran, Anämie	Bei Dosen bis 400 mg nicht bekannt, bei extrem hohen Dosen liegen Berichte über Kopfschmerzen, Müdigkeit und Diarrhö vor
Vitamin K (Phyllochinon, Menochinon)	Blutungsneigung	Verstärkte Blutgerinnung, Thromboseneigung, Erbrechen
Fettlösliche Vitamine		
Thiamin (Vitamin B_1)	Appetitmangel, Apathie, Depression, Schmerzen in der Wadenmuskulatur, Beriberi	Nicht bekannt
Riboflavin (Vitamin B_2)	Dermatitis, Rhagadenbildung an den Mundwinkeln, Zungenrhagaden, Hornhautschäden	Nicht bekannt
Niacin (Nikotinamid, Nikotinsäure)	Appetitlosigkeit, Schwäche, Hautschäden, gastrointestinale Störungen, Pellagra	Verursacht Kopfschmerzen,
Vitamin B_6 (Pyridoxal, Pyridoxin, Pyridoxamin)	Nervöse Reizbarkeit, Krampfanfälle, Dermatitis, Zungenrhagaden, Anämie	Übelkeit, Brennen, Rötung und Jucken der Haut, Leberschäden Sensible Nervenschädigungen, Gefühlsverlust, Gehstörungen
Vitamin B_{12} (Cobalamin, Cyanocobalamin)	Perniziöse Anämie, Nervenschädigungen bis hin zur Paralyse	Nicht bekannt
Folsäure	Selten, können vorkommen bei extrem hohem Konsum von rohem Hühnereiweiß, leichte Ermüdbarkeit, Übelkeit, Hautrötungen	Nicht bekannt
Biotin	Selten, nur durch klinische Überdosierung erreichbar, Übelkeit, Erbrechen, Appetitverlust, Depression	Nicht bekannt
Pantothensäure		
Vitamin C (Ascorbinsäure)	Schwäche, Hautschäden, schlechte Wundheilung, Zahnfleischblutungen, Skorbut	Diarrhö, möglicherweise Nierensteine, „Rebound-skorbut"

ist besonders für den Erhalt der Epithelzellen bedeutsam, also der Zellen, die die Körperoberfläche bedecken bzw. die Körperhöhlen aussäumen. Weiterhin spielt es bei einer Reihe von Sehfunktionen eine Rolle, speziell für das Nacht- und das periphere Sehen. Seine Bedeutung für einige weitere wichtige physiologische Funktionen ist bekannt, wird aber noch nicht hinreichend verstanden. Besonders scheint Vitamin A auch für das Immunsystem wichtig zu sein. Dem Betakarotin kommt ferner die Bedeutung eines Antioxidanz zu, seine gesundheitliche Bedeutung wird heute vor allem aus dieser Sicht diskutiert.

Vitamin A kann im Körper in größeren Mengen gespeichert werden. Trotzdem kann es zu **Mangelzuständen** kommen. Als erstes Symptom eines Vitamin A-Mangels tritt im allgemeinen eine Verschlechterung der Sehfähigkeit im Dunkeln auf. Ein weiteres Symptom eines latenten Vitamin A-Mangels ist eine erhöhte Anfälligkeit gegen Infekte und Hautschäden. Nach epidemiologischen Untersuchungen scheint ferner ein Mangel an Betakarotin die Entstehung von Krebserkrankungen der Oberflächengewebe, speziell der Haut, der Lunge, der weiblichen Brust und des Magen-Darm-Trakts, zu begünstigen. Schwere Vitamin A-Mangelzustände sind in den Industrienationen selten, wenn sie – überwiegend in den Entwicklungsländern – auftreten, führen sie durch eine Zerstörung der Augenlinse zu Erblindung, eine Krankheit, die als **Xerophthalmie** bezeichnet wird. Besonders in den Entwicklungsländern wird ein Vitamin A-Mangel auch mit einer erhöhten Kindersterblichkeit in Verbindung gebracht. Einige, aber nicht alle Untersuchungen in dieser Richtung konnten durch Vitamin A-Substitution eine Reduktion dieser Sterblichkeit nachweisen, wahrscheinlich aufgrund einer Verbesserung der Leistungsfähigkeit des Immunsystems.

Theoretisch könnte ein Vitamin A-Mangel die Leistungsfähigkeit negativ beeinflussen. Nach Ansicht mancher Autoren kommt es dadurch zu einer Verschlechterung der Glukoneogenese in der Leber, ein Aspekt, der vor allem für Ausdauersportler in der Endphase eines Rennens wichtig wäre. Weitere negative Wirkungen, die diskutiert werden, sind eine Beeinträchtigung der Synthese von Muskelproteinen bzw. eine Verschlechterung der Sehfähigkeit, ein Aspekt, der sich für solche Sportler, die besonders auf eine optimale Sehleistung angewiesen sind, negativ auswirken kann. Hierbei handelt es sich bisher allerdings überwiegend nur um hypothetische, experimentell nicht abgesicherte Überlegungen. Betakarotin wurde gemeinsam mit anderen Antioxidanzien eingesetzt, um Muskelschädigungen unter Belastung vorzubeugen. Dieser Aspekt wird im weiteren Verlauf dieses Kapitels eingehender diskutiert.

Im allgemeinen wird die Einnahme von Vitamin A-Präparaten nicht empfohlen, schon deshalb nicht, weil zu hohe Vitamin A-Dosen zu toxischen Erscheinungen führen können (**A-Hypervitaminose**). Die Symptome bestehen in körperlicher Schwäche, Kopfschmerz, Appetitverlust, Übelkeit, Gelenkschmerzen, Hautschuppen und Leberschädigungen. Extreme Dosen können sogar zu Todesfällen führen. Die Einnahme von Überdosen an Vitamin A durch Schwangere wird mit der Entstehung von Fehlbildungen des sich entwickelnden Kindes in Verbindung gebracht. Dagegen wurden nach der Einnahme von Betakarotin auch in sehr großen Mengen keine toxischen Nebenwirkungen beobachtet, von einer harmlosen und reversiblen Gelbverfärbung der Haut durch die Einlagerung des Farbstoffs in das Unterhautfettgewebe abgesehen.

Zusammenfassend gibt es keinen Beleg für die Annahme, daß die Anreicherung der Ernährung durch Vitamin A bzw. die Einnahme von Vitamin A-Präparaten zu einer Leistungssteigerung führen kann. Trotzdem bestehen gegen die Einnahme von Vitamin A-Tabletten keine Bedenken, solange dies nicht in stark überhöhten Dosen geschieht. Die Frage, inwieweit man durch eine Substitution von Betakarotin einen antioxidativen Schutz erreichen kann, wird in den letzten Abschnitten dieses Kapitels besprochen.

Vitamin D (Cholecalciferol)

Unter dem Begriff *Vitamin D* werden eine Reihe biochemisch eng miteinander verwandter Verbindungen zusammengefaßt, denen sowohl die Bedeutung eines fettlöslichen Vitamins wie auch eines Hormons zukommt. Die physiologisch aktive Form ist das Cholecalcitriol, das die Hormonform dieser Vitamine darstellt. Durch die Einwirkung der ultravioletten Anteile des Sonnenlichts wird in der Haut aus Vorstufen das Cholecalciferol (Vitamin D_3) gebildet, ein Prohormon, das an die Blutbahn abgegeben und dann wahrscheinlich in der Leber und den Nieren in die aktive Form des Calcitriols überführt wird.

Die empfohlenen Tagesmengen für Vitamin D werden in Mikrogramm (µg) Cholecalciferol oder internationalen Einheiten (IU) angegeben. Ein µg Cholecalciferol entspricht 40 IU. In der Phase des Knochenwachstums, etwa bis zum 25. Lebensjahr, liegt ein erhöhter Vitamin D-Bedarf vor, die Tagesmenge liegt bei 10 µg oder 400 IU. Der Bedarf bei Erwachsenen liegt niedriger, siehe hierzu auch Anhang A.

Den Tagesbedarf an Vitamin D kann man schon sicherstellen, wenn man im Sommer drei Mal pro Woche Hände, Arme und Gesicht 10–20 min der Sonne aussetzt. Diese Methode ist in letzter Zeit etwas in Verruf geraten angesichts der Diskussion um die hautkrebsfördernde Wirkung des Sonnenlichts. Durch Verwendung von starken Sonnenschutzcremes wird auch die Vitamin D-Bildung abgeschwächt. Trotz dieses Nachteils wird angesichts der Krebsgefährdung heute ein solcher Hautschutz empfohlen, schon deshalb, weil zur Stimulation der Vitamin D-Bildung auch schon sehr geringe Sonneneinstrahlungen ausreichend sind. Im Winter kann es, insbesondere in den nördlichen Ländern, schon schwieriger sein, für eine hinreichend lange Sonnenexposition zu sorgen. In diesem Fall ist man auf die Zufuhr von Vitamin D mit der Ernährung angewiesen. Vitamin D kommt nur in relativ wenigen natürlichen Lebensmitteln vor, vor allem in Fischölen, in kleineren Mengen auch in Eiern, Thunfisch und Lachs. Aus diesem Grund wird heute eine Reihe von Lebensmitteln mit Vitamin D angereichert, wie Milch, Margarine und manche Brotsorten. Ein Glas Vitamin D-angereicherte Milch deckt beispielsweise für ein Kind etwa 25 % seines Tagesbedarfs an Vitamin D ab.

Vitamin D ist für den Kalzium- und Phosphat- und damit insgesamt für den Knochenstoffwechsel von entscheidender Bedeutung. Es wirkt synergistisch mit einer Reihe von Hormonen, speziell den Parathormonen, die in den Nebenschilddrüsen gebildet werden. Vitamin D begünstigt die Resorption von Kalzium im Magen-Darm-Kanal bzw. seine Reabsorption in den Nieren und sorgt für eine Konstanz der Serumkalziumkonzentration, die für den Knochenstoffwechsel wesentlich ist. Auch der Stoffwechsel des Phosphors, des zweiten für die Knochenbildung entscheidenden Minerals, wird vom Vitamin D gesteuert. Zusätzlich ist Vitamin D für die Haut wichtig, es wird daher auch in der Behandlung der Schuppenflechte (Psoriasis), einer chronischen Hauterkrankung, eingesetzt. Bezüglich weiterer Einzelheiten wird der Leser auf die umfangreiche Literatur zum Vitamin D verwiesen.

In Ländern mit zumindest gemäßigtem Klima sind Vitamin D-Mangelzustände selten angesichts der Tatsache, daß der Körper in der Lage ist, größere Mengen des Vitamins zu speichern und es in der Haut nachzubilden. Zu Mangelzuständen kommt es höchstens bei Menschen, die sich kaum der Sonne aussetzen, z. B. bei älteren Menschen, die nicht mehr ins Freie kommen. Ein ausgeprägter Vitamin D-Mangel führt zu Störungen des Kalziumstoffwechsels und damit Knochendeformationen, die beim Kind als **Rachitis** bekannt sind. Die Rachitis wird heute in den Industrieländern praktisch nicht mehr gesehen, nachdem bestimmte Nahrungsmittel gezielt mit Vitamin D angereichert werden. Bei Erwachsenen wird der Abbau von Knochensubstanz aufgrund eines Vitamin D-Mangels als **Osteomalazie** bezeichnet. Sie ist meist auch mit einer muskulären Schwäche verbunden, die ihre Ursache in einer Störung des Kalziumstoffwechsels der Muskelproteine haben dürfte. Angesichts der Seltenheit von Mangelzuständen wird eine zusätzliche Vitamin D-Supplementierung beim Erwachsenen nicht empfohlen, schon angesichts der Tatsache, daß Vitamin D fettlöslich ist und zu hohe Dosen deshalb zu toxischen Erscheinungen führen können. Diese wurden selbst bei Dosen beobachtet, die nur das 5-fache der empfohlenen Tagesmenge betragen. Die

Symptome einer **D-Hypervitaminose** bestehen in Übelkeit, Erbrechen, Gewichtsverlust, schlaffem Muskeltonus und Schädigungen der inneren Organe, speziell der Nieren, des Herzens und der Blutgefäße durch Kalziumeinlagerungen. Einerseits sind adäquate Mengen an Vitamin D notwendig, um der Entwicklung einer Osteoporose bzw. Osteomalazie vorzubeugen. Andererseits kann aber auch eine überhöhte Zufuhr dieses Vitamins die Entwicklung einer Osteoporose fördern. Ferner besteht darunter die Gefahr der Exazerbation einer Atherosklerose durch eine vermehrte Kalziumeinlagerung in atherosklerotische Plaques. Bei einer ausgewogenen Ernährung kann auch sehr lange Sonnenexposition nicht zu einer Vitamin D-Intoxikation führen. Dies ist allerdings dann möglich, wenn eine zu stark Vitamin D-angereicherte Ernährung oder Vitamin D-Präparate in großen Mengen eingenommen werden. Ebenso wie für Vitamin A gilt also, daß der gesunde Erwachsene keine Vitamin D-Präparate aus rein präventiven Überlegungen heraus einnehmen sollte.

Für eine Steigerung der **Leistungsfähigkeit** durch Vitamin D-Präparate beim Sportler ergibt sich kein überzeugender theoretischer Ansatz. Aus diesem Grund wurden hierzu auch nur sehr wenige Untersuchungen durchgeführt. Soweit dies geschehen ist, haben sie selbst bei Gabe von sehr hohen Dosen über zwei Jahre hinweg keinen leistungssteigernden Effekt aufgezeigt. In einigen neueren Untersuchungen konnte gezeigt werden, daß es unter einem Krafttraining auf die Dauer zu einem Anstieg der Vitamin D-Konzentration im Serum kommt. Die Autoren dieser Studien gehen von der Annahme aus, daß sich hierin die Zunahme der Knochenmasse in Folge des Trainingsprozesses widerspiegelt. Aus dieser Beobachtung kann jedoch kein leistungssteigernder Effekt einer Vitamin D-Substitution abgeleitet werden.

Vitamin E (Alpha-Tocopherol)

Vitamin E, ein fettlösliches Vitamin, stellt einen Sammelbegriff für eine Reihe von unterschiedlichen Tocopherolen und Tocotrienolen dar, die sich in natürlichen Lebensmitteln finden. Die biologisch aktivste Form ist das Alpha-Tocopherol. Dementsprechend werden die Tagesaufnahmemengen in Alpha-Tocopherol-Äquivalenten (Alpha-TE) angegeben, oder auch in internationalen Einheiten (IU). Eine Alpha-TE entspricht 1 mg Alpha-Tocopherol oder 1,5 IU. Empfohlen wird eine Tagesmenge von 10 Alpha-TE (10 mg Alpha-Tocopherol entsprechend 15 IU) für Männer bzw. 8 Alpha-TE (8 mg bzw. 12 IU) für Frauen. Die empfohlene Menge für Kinder liegt geringfügig niedriger. Im einzelnen siehe hierzu Anhang A. Neuere Empfehlungen gehen allerdings sogar bis zum Doppelten, 30 IU täglich.

Vitamin E kommt in zahlreichen Lebensmitteln vor, vor allem in ungesättigten Pflanzenölen wie Weizenkeimöl, Sojabohnenöl, Sonnenblumenöl bzw. Margarinen, die aus solchen Pflanzenölen hergestellt werden. Ein Teelöffel Pflanzenöl enthält 3–5 IU. Der Tagesbedarf an Vitamin E hängt u. a. von der Aufnahme von mehrfach ungesättigten Fetten ab, je höher diese ist, um so mehr Vitamin E sollte man zu sich nehmen. Fischölpräparate sind daher negativ zu bewerten, wenn sie viele mehrfach ungesättigte Fettsäuren enthalten, aber wenig Vitamin E. Sie sollten dann mit Vitamin E angereichert werden. Weitere gute Vitamin E-Quellen sind Vollkornprodukte, Weizenkeimöl und Eier. Ein Teelöffel Weizenkeimöl enthält etwa 40 IU Vitamin E. Kleinere Vitamin E-Mengen finden sich ferner in Fleisch, Milchprodukten, Früchten, Gemüsen, besonders Süßkartoffeln und dunkelgrünen Gemüsen.

Die Funktionen des Vitamin E im menschlichen Organismus sind noch nicht hinreichend bekannt. Zur Zeit wird als wichtigste Bedeutung seine Rolle als Antioxidanz diskutiert. Vitamin E verhindert die Oxidation von ungesättigten Fettsäuren in den Phospholipiden der Zellmembran und beugt damit einer oxidativen Zellschädigung vor. Es verhindert ferner die Oxidation von Vitamin A. Weiterhin wird auf der Basis der Resultate von Tierversuchen diskutiert, daß dem Vitamin E eine wichtige Rolle in der Synthese des Hämoglobins zukommt, ferner soll es oxidative Enzyme in den Mitochondrien mobilisieren und damit die aerobe Energiebereitstellung verbessern. Diese Mechanismen sind jedoch wissenschaftlich noch nicht hinreichend gesichert.

Aufgrund seiner weiten Verbreitung in einer Vielzahl von Lebensmitteln und seiner guten Speicherungsfähigkeit in den Körpergeweben kommt ein Vitamin E-Mangel beim Menschen nur sehr selten vor. In einem Experiment wurden Gefangene 13 Monate Vitamin E-arm ernährt, ohne daß es zu irgendwelchen Mangelsymptomen kam. Solche wurden bisher nur in großen Ausnahmefällen beobachtet, beispielsweise bei Menschen mit bestimmten genetischen Erkrankungen, die zu einer Unfähigkeit der Fettresorption im Darm führen. In diesen Fällen kann es zu einer Oxidation der Zellmembran der Erythrozyten kommen, die roten Blutzellen werden unter Freisetzung des Hämoglobins zerstört. Im Tierversuch wurden unter Vitamin E-Mangel eine muskuläre Dystrophie bzw. Schädigungen des Herzens und der Blutgefäße beobachtet. Aufgrund der Bedeutung des Vitamin E als Schutzfaktor gegenüber der Oxidation durch freie Radikale wurde auch für den Menschen ein Vitamin E-Mangel als begünstigender Faktor für die Entwicklung von Herz-Kreislauf-Erkrankungen und Krebs diskutiert. Ferner wird ein Vitamin E-Mangel mit vorzeitigen Alterungsprozessen und Fertilitätsstörungen in Verbindung gebracht. Die antioxidative Rolle des Vitamin E und anderer antioxidativ wirksamer Vitamine wird gemeinsam im weiteren Verlauf dieses Kapitels noch ausführlicher diskutiert.

Obwohl somit ein Vitamin E-Mangel beim Menschen nur selten vorkommt, wurden die zitierten Ergebnisse aus Tierversuchen sowie die Beobachtungen bei Menschen mit genetischen Defekten von manchen Autoren als Begründung für eine Vitamin E-Substitution beim Sportler herangezogen. Nach ihrer Ansicht führt ein Vitamin E-Mangel durch die Schädigung der roten Blutkörperchen zu einer Einschränkung des Sauerstofftransportvermögens, ferner zu einer Verminderung der oxidativen Kapazität der Muskelfasern, beides Faktoren, die die maximale Sauerstoffaufnahme vermindern und damit die aerobe Leistungsfähigkeit vor allem des Ausdauersportlers beeinträchtigen könnten.

Zur Frage des Effekts von Vitamin E-Präparaten auf die körperliche Leistungsfähigkeit, speziell die maximale Sauerstoffaufnahme und die aerobe Ausdauerleistungsfähigkeit, liegen mehr als ein Dutzend Untersuchungen vor. Einige frühere Studien fanden positive Effekte, vor allem Untersuchungen unter Höhenbedingungen. Sie waren im Regelfall jedoch methodisch aus heutiger Sicht unzureichend geplant und durchgeführt. In einer methodisch einwandfreien Untersuchung, die doppelblind und plazebokontrolliert ausgeführt wurde, fand Kobayashi nach Gabe von 1200 IU Vitamin E täglich über 6 Wochen eine Verbesserung der VO$_2$max, eine Abnahme der Blutlaktatkonzentration bei submaximaler Belastung und einen Anstieg der aeroben Leistungsfähigkeit in Höhen zwischen 1500 und 5000 m. Als Mechanismus wurde die Verhinderung der Oxidation von Erythrozytenmembranen, die bei körperlicher Belastung in größeren Höhen in verstärktem Maße auftreten soll, durch Vitamin E angenommen. Allerdings wurde die Untersuchung an untrainierten Probanden durchgeführt, ihre Übertragbarkeit auf trainierte Ausdauerathleten muß daher in Frage gestellt werden. In einer neueren Untersuchung bestätigten Simon-Schnass und Pabst diese älteren Befunde. In dieser Untersuchung wurde alpinen Bergsteigern über einen Zeitraum von 10 Wochen täglich 400 mg Vitamin E gegeben. Die Autoren beobachteten eine Verbesserung der anaeroben Laktatschwelle. Somit scheinen insbesondere Untersuchungen über die Belastbarkeit von Sportlern in größerer Höhe unter dem Einfluß von Vitamin E erfolgversprechend zu sein. Andere Autoren haben ferner darauf hingewiesen, daß ähnliche Bedingungen für solche Athleten gelten könnten, die in Großstädten unter dem Einfluß von Auto- und Industrieabgasen trainieren, da auch bei ihnen die hierin enthaltenen Schadstoffe zu einer Zerstörung der Erythrozytenmembranen führen könnten. Auch sie würden dann von einer Vitamin E-Supplementierung profitieren. Aufgrund solcher Befunde und Überlegungen sowie unter Berücksichtigung einer möglichen Prävention von Muskelschädigungen, die im weiteren Verlauf dieses Kapitels diskutiert werden, kommt Simon-

Schnass zu der Empfehlung, daß Sportler täglich 100–200 IU Vitamin E einnehmen sollten. Die Unterlassung einer Vitamin E-Gabe an Sportler grenzt nach seiner Ansicht an einen Kunstfehler.

Auf der anderen Seite konnten diese Beobachtungen in zahlreichen anderen, methodisch ebenso sauber durchgeführten Untersuchungen, bei denen Vitamin E-Dosen zwischen 400–1200 IU täglich an trainierte Sportler verabreicht wurden, nicht bestätigt werden. Es fand sich keine Verbesserung von Leistungsparametern wie der maximalen Sauerstoffaufnahme oder der aeroben Ausdauerleistungsfähigkeit in Meereshöhe. Ein Grund hierfür mag darin liegen, daß nach den Befunden von Pincemail et al. unter körperlicher Aktivität der Vitamin E-Spiegel im Plasma signifikant ansteigt. Auf der anderen Seite beobachteten Rokitzki et al. bei Radsportlern der nationalen Spitzenklasse nach einer fünfmonatigen Substitution von Vitamin E im Vergleich zu einem Plazebo zwar einen signifikanten Anstieg der Vitamin E-Konzentration im Serum, jedoch keine Verbesserung der VO$_2$max oder der fahrradergometrischen Leistungsfähigkeit. Auf der Grundlage dieser Untersuchungen kann die Schlußfolgerung gezogen werden, daß von einer Vitamin E-Substitution selbst in Megadosen in Meereshöhe keine Verbesserung der Leistungsfähigkeit zu erwarten ist. Auf der anderen Seite ist auch nicht auszuschließen, daß Vitamin E-Gaben in sehr hohen Dosen aufgrund seiner Fettlöslichkeit toxisch wirken können, ähnlich wie beim Vitamin A und D. Dosen von 200–600 IU täglich werden im allgemeinen problemlos vertragen, unter höheren Dosen wurden jedoch Beschwerden in Form von Kopfschmerz, Müdigkeit und gastrointestinalen Reizerscheinungen wie Diarrhö beobachtet.

Vitamin K (Phyllochinon)

Vitamin K, ebenfalls ein fettlösliches Vitamin, wird auch als Blutgerinnungs- oder antihämorrhagisches Vitamin bezeichnet. Die empfohlene Tagesmenge liegt für Erwachsene, Männer und Frauen gleichermaßen, bei 65–80 µg. Vitamin K findet sich in zahlreichen Lebensmitteln pflanzlicher und tierischer Herkunft, es wird darüber hinaus von den Darmbakterien gebildet. Die durchschnittliche Ernährung enthält etwa 200–300 µg pro Tag, also weit mehr als den Tagesbedarf. Mangelzustände kommen daher normalerweise nicht vor.

Das Phyllochinon wird zur Bildung von vier Verbindungen benötigt, die für zwei wichtige Schritte der Blutgerinnung unverzichtbar sind. Bei einem Mangelzustand kommt es somit zur Störung der Blutgerinnung bzw. zu einer Blutungsneigung. Solche Zustände lassen sich beispielsweise dann beobachten, wenn eine antibiotische Behandlung durchgeführt wird und darunter die Darmbakterien, die das Vitamin bilden, abgetötet werden. Ein Zusammenhang zwischen Vitamin K-Mangel und der körperlichen Leistungsfähigkeit ist nicht bekannt, ebensowenig kommt es bei der Einnahme sehr großer Mengen an Vitamin K mit der Ernährung zu Intoxikationserscheinungen. Solche Nebenwirkungen wurden allerdings für einige synthetische Formen des Vitamins beschrieben, wenn sie in großen Dosen eingenommen wurden.

Zusammenfassend gibt es keinen Hinweis dafür, daß eine Vitamin K-Substitution außer bei medizinischen Indikationen zu einer Verbesserung des Gesundheitsstatus bzw. zu einer Steigerung der Leistungsfähigkeit führen könnte.

7.4 Wasserlösliche Vitamine

Die Gruppe der wasserlöslichen Vitamine umfaßt neun Einzelvitamine, und zwar Vitamin C (Ascorbinsäure), sowie die Vitamine des Vitamin B-Komplexes, nämlich Thiamin, Riboflavin, Niacin, B$_6$, B$_{12}$, Folsäure, Biotin und Pantothensäure. Aufgrund ihrer Wasserlöslichkeit werden diese Vitamine nur zu einer geringen Menge im Körper gespeichert. Deshalb kommt es bei einem Vitamindefizit schon relativ kurzfristig, nach etwa 2–4 Wochen, zu Mangelsymptomen und zu einer Beeinträchtigung der körperlichen Leistungsfähigkeit. Auf der anderen Seite werden zu viel aufgenommene Vitamine mit dem Urin wieder ausgeschieden, Überdosierungerscheinungen kommen daher bei was- serlöslichen Vitaminen bis auf wenige Aus- nahmen nicht vor.

Nachdem mehrere der B-Vitamine eng in den Energiestoffwechsel eingebunden sind, haben sich zahlreiche Studien mit den Aus- wirkungen von Mangelzuständen oder einer Substitution der verschiedenen B-Vitamine beschäftigt. Im folgenden soll daher eine Übersicht zu jedem einzelnen dieser Vitami- ne gegeben werden.

Abbildung 7.4 gibt eine zusammenfassen- de Darstellung der wichtigsten Wirkungs- ansätze der wasserlöslichen Vitamine unter Einbeziehung ihrer Wechselwirkungen mit dem Vitamin E und anderer Antioxidanzien.

Thiamin (Vitamin B$_1$)

Thiamin, ein wasserlösliches Vitamin, auch als antineuritisches Vitamin bezeichnet, war einer der ersten überhaupt entdeckten Ver- treter der Klasse der Vitamine. Die empfohle- nen Tagesaufnahme hängt von der Kalorien- zufuhr ab, sie liegt bei 0,5 mg pro 1000 Kal, für einen erwachsenen Mann somit etwa bei 1,5 mg pro Tag, bei der Frau bei 1,1 mg pro Tag. Bezüglich weiterer Altersgruppen siehe Anhang A.

Vitamin B$_1$ kommt in zahlreichen pflanz- lichen und tierischen Lebensmitteln vor, speziell in Vollkorngetreiden, Bohnen, Samenkörnern, Nüssen, Schweinefleisch, vielen Früchten und Gemüsen. Auch die Darmbakterien synthetisieren kleinere Men- gen an Thiamin. Ein Stück mageres Schwei- nefleisch enthält etwa 30 % des täglichen Thiaminbedarfs. Weiterhin sind manche industriell verarbeitete Lebensmittel mit Thiamin angereichert.

Thiamin spielt eine zentrale Rolle im Koh- lenstoffstoffwechsel. In Form des Thiamin- Pyrophosphates ist es das Koenzym der Karboxylase, also desjenigen Enzyms, das Pyruvat in Azetyl Co A umwandelt und damit in den Zitronensäurezyklus einschleust. Thia- min ist deshalb für die Funktion des Nerven- systems besonders wichtig, da dies seine Energie ausschließlich aus Kohlenhydraten bezieht, sowie für die Energiebereitstellung des Muskels aus Glykogen.

Ein Vitamin B$_1$-Defizit führt nach einigen Wochen zu **Vitaminmangelsymptomen** wie Appetitverlust, Verwirrtheitszuständen, Mus- kelschwäche und Schmerzen speziell in der Wadenmuskulatur. Bei länger dauerndem Mangel entwickelt sich das typische Bild der **Beriberi** mit schweren Nerven- und Herz- Kreislauf-Schädigungen. Aufgrund des häu- figen Vorkommens von Vitamin B$_1$ sind Thiaminmangelzustände zumindest in den Industrieländern allerdings selten, von Rand- gruppen wie Obdachlosen, Alkoholikern, Drogenabhängigen etc. abgesehen.

Für den Sportler ist von Bedeutung, daß der Thiaminbedarf unter körperlicher Akti- vität sowie bei hoher Kohlenhydratzufuhr ansteigt, beides Bedingungen, die speziell für den Ausdauerathleten zutreffen, der seinen aeroben Energiebedarf vor allem aus der Ver- brennung von Kohlenhydraten abdeckt. So zeigten einige ältere, schon im zweiten Welt- krieg, aber methodisch sauber durchgeführte Untersuchungen eine Abnahme der Ausdau- erleistungsfähigkeit nach einer mehrwöchi- gen Thiamin-Mangelernährung. In neueren Untersuchungen wurden im allgemeinen die Auswirkungen eines Thiaminmangels nicht isoliert untersucht, sondern gemeinsam mit Defiziten an Riboflavin und Niacin. Diese Untersuchungen werden im weiteren Verlauf unter dem Abschnitt Vitamin B-Komplex dargestellt.

Zur Frage eines potentiell leistungsstei- gernden Effekts von Vitamin B$_1$-Präparaten liegen erstaunlicherweise keine neueren Untersuchungen, sondern nur ältere, schon vor 50 Jahren gewonnene Daten vor, deren Methodik den heutigen Anforderungen nicht mehr entspricht. Unter dieser Einschränkung läßt sich aus diesen älteren Studien schlußfol- gern, daß offensichtlich eine Steigerung der Thiaminaufnahme über den Tagesbedarf hinaus zu keiner Zunahme der körperlichen Leistungsfähigkeit führt.

Der Sportler, der körperlich wesentlich mehr leistet als der Durchschnittsbürger, braucht einerseits mehr Kalorien, anderer- seits mehr Thiamin. Da die mehr aufgenom- menen Kalorien dann auch mehr Thiamin enthalten, besteht bei der Deckung des erhöh- ten Thiaminbedarfs im allgemeinen kein Problem. Dies setzt allerdings eine geeignete

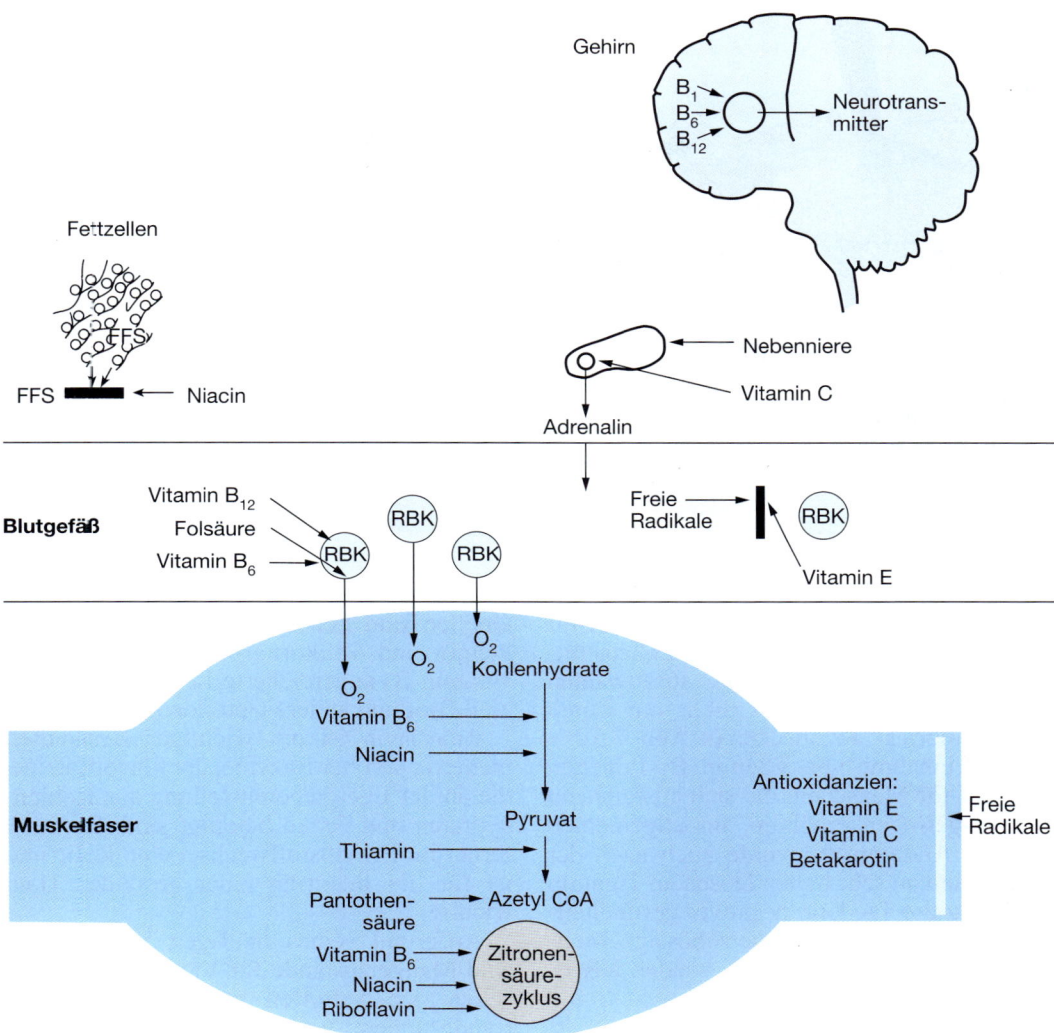

Abbildung 7.4 Die Bedeutung der Vitamine für die sportliche Leistungsfähigkeit. Eine Reihe von Vitaminen, wie Thiamin, Riboflavin, Niacin, B_6 und Pantothensäure sind für die Energiebereitstellung aus Kohlenhydraten und damit für die Muskelkontraktion wichtig. Vitamin B_{12} und Folsäure werden für die Bildung der roten Blutkörperchen (RBK) benötigt, die den Sauerstoff zur Muskelfaser transportieren. Vitamin E schützt die Zellwand, speziell auch die der roten Blutkörperchen, vor der Destruktion durch freie Radikale. Vitamin E und andere oxidativ wirksame Vitamine sollen zusätzlich die schädliche Wirkung der freien Radikale auf die Muskelfasern während körperlicher Belastung verhindern. Vitamin C wird für die Bildung von Adrenalin in der Nebenniere benötigt, ein Schlüsselhormon unter intensiver Belastung. Niacin kann die Abgabe von freien Fettsäuren aus dem Fettgewebe verhindern, ein potentieller Nachteil für den Ausdauerathleten. Schließlich sind B-Vitamine an der Bildung von Neurotransmittern im Gehirn beteiligt, die bei den Ermüdungs- und Erholungsvorgängen eine wichtige Rolle spielen.

Abbildung 7.5
Nahrungsmittel mit
hohem Gehalt an
B-Vitaminen

Auswahl der Lebensmittel voraus. Gerade für den Sportler ist es daher wichtig, Lebensmittel mit hoher Nährstoffdichte auszuwählen und seinen Energiebedarf nicht nur durch „leere Kalorien" abzudecken (s. Abb. 7.5).

Die Einnahme von Vitamin B_1-Tabletten ist somit für Menschen, die sich ausreichend und ausgewogen ernähren, im allgemeinen unnötig. Andererseits wurde auch nach der Einnahme von sehr hohen Dosen an Thiamin bis zu 1 g pro Tag kein negativer gesundheitlicher Effekt gesehen. Überschüssige Mengen werden über den Urin wieder ausgeschieden.

Riboflavin (Vitamin B_2)

Riboflavin ist ein wasserlösliches Vitamin, Teil des Vitamin B-Komplexes. Die empfohlene Tagesmenge ist nur geringfügig höher als für das Thiamin und ebenfalls von der Kalorienzufuhr abhängig. Sie liegt bei 0,6 mg pro 1000 Kal, durchschnittlich somit für den Mann bei 1,7 mg und für die Frau bei 1,3 mg. Bezüglich spezieller Altersgruppen wird auf den Anhang A verwiesen.

Riboflavin findet sich in zahlreichen Lebensmitteln. Wichtige B_2-Quellen sind Milch und Milchprodukte. Ein Glas Milch enthält 20% des Tagesbedarfs. Weitere wichtige Quellen sind Leber, Eier, Gemüse, Weizenkeimöl und Vollkornprodukte, Hefe, sowie Vitamin B_2 angereicherte Lebensmittel, speziell Brot und andere Getreideprodukte.

Riboflavin ist ein wichtiger Bestandteil mehrerer aerober Enzyme, der Flavoproteine, die an der Energiebereitstellung aus Kohlenhydraten und Fetten beteiligt sind. Es spielt ferner im Eiweißstoffwechsel eine Rolle und ist für die Integrität einer gesunden Haut wichtig.

Aufgrund seines häufigen Vorkommens sind Mangelzustände für Vitamin B_2 äußerst selten, sie betreffen meist nur spezielle Randgruppen, vor allem Alkoholiker und Menschen mit schweren Ernährungsstörungen. Frühsymptome sind Zungenentzündung (Glossitis), Mundrhagaden, d. h. Einrisse in den Mundwinkeln, sowie trockene, schuppende Haut an den Nasenwinkeln.

Direkte Untersuchungen zum Einfluß eines Riboflavinmangels auf die körperliche Leistungsfähigkeit liegen nicht vor. Allerdings konnte gezeigt werden, daß bei bis dahin untrainierten Frauen, die mit einem Ausdauertraining begannen, die normale Riboflavinzufuhr nicht ausreichte, um den Riboflavinspiegel im Blut konstant zu halten. Offensichtlich benötigten die Frauen mehr B_2, um die erforderlichen zusätzlichen Enzyme in ihrer Muskulatur aufzubauen. Um den erhöhten Bedarf auszugleichen, war eine geringe Steigerung der Zufuhr auf 1,1 mg pro 1000 Kal ausreichend. Haralambie berichtete über einen relativen Vitamin B$_2$-Mangel bei hochtrainierten Sportlern, Angaben zu den Auswirkungen dieser Tatsache auf ihre Leistungsfähigkeit wurden aber auch von ihm nicht gemacht.

Zur Frage der Auswirkungen einer Riboflavinsubstitution auf die körperliche Leistungsfähigkeit findet sich in den einschlägigen Übersichten von Keith und van der Beek nur eine einzige, methodisch korrekt durchgeführte Arbeit. Tremblay et al. fanden bei Leistungsschwimmern nach einer 16–20 tägigen Gabe von täglich 60 mg Riboflavin keine Verbesserung der VO$_2$max, der Laktatschwelle oder der Schwimmleistung. Angesichts der guten Versorgung mit Riboflavin und der Literaturlage ergibt sich somit kein Anhalt für die Annahme, daß eine zusätzliche Riboflavinaufnahme die Leistungsfähigkeit steigern könnte. Andererseits wurden auch unter erheblichen Überdosen keinerlei negative Effekte gesehen. Zuviel aufgenommenes Riboflavin wird offensichtlich problemlos mit dem Urin wieder ausgeschieden.

Niacin

Auch beim Niacin handelt es sich um ein wasserlösliches Vitamin des B-Komplexes, Synonyma sind Nikotinsäure, Nikotinamid, Antipellagra-Faktor und, allerdings fälschlich, Vitamin B$_3$. Es findet sich natürlicherweise in zahlreichen Lebensmitteln, es kann allerdings im Körper auch aus Tryptophan, einer essentiellen Aminosäure, gebildet werden. Die empfohlene Tagesaufnahmemenge wird daher in Niacinäquivalenten (NE) angegeben. 1 NE entspricht 1 mg Niacin bzw. 60 mg Tryptophan, da aus dieser Menge Tryptophan 1 mg Niacin gebildet werden kann. Die erforderliche Aufnahmemenge ist wie für B$_1$ und B$_2$ von der Kalorienzufuhr abhängig, sie liegt bei 6,6 mg pro 1000 Kal, durchschnittlich somit bei 16–19 NE für den Mann und 13–14 NE für die Frau. Bezüglich weiterer Angaben für spezielle Altersgruppen wird auf Anhang A verwiesen.

Niacin findet sich vor allem in eiweißreichen Lebensmitteln wie magerem Fleisch, Innereien, Fisch, Geflügel, Vollkornprodukten, Gemüse, Bohnen und Erdnüssen sowie in speziell angereicherten Lebensmitteln. Milch und Eier enthalten so gut wie kein Niacin, allerdings geringere Mengen an Tryptophan. Durch eine halbe Hähnchenbrust werden etwa 60 % des Tagesbedarfs an Niacin abgedeckt.

Die wichtigste Bedeutung des Niacins im Organismus besteht in seiner Funktion als Koenzym, und zwar in zwei Enzymen, die für die Energiebereitstellung wichtig sind. Eines dieser Enzyme spielt im Verlauf der Glykolyse eine Rolle und ist somit für die aerobe sowie anaerobe Energiebereitstellung aus Kohlenhydraten in der Muskelfaser wichtig. Das zweite Enzym ist am Fettstoffwechsel, und zwar an der Synthese des Körperfetts, beteiligt.

Aufgrund von Ernährungsdefiziten waren Niacinmangelzustände in der Vergangenheit häufig, zumindest in den Industrieländern sind sie aufgrund der inzwischen erfolgten Anreicherung bestimmter Lebensmittel mit Niacin überaus selten geworden. Niacinmangelsymptome zeigen sich in Form von Appetitmangel, Hautausschlägen, Verwirrtheitszuständen und Muskelschwäche. In schwersten Fällen kommt es zum charakteristischen Bild der **Pellagra**, die sich in einer schweren Dermatitis, Diarrhö und psychischen Symptomen ausprägt.

Theoretisch sollte angesichts der Bedeutung von Niacin für die Energiebereitstellung Niacinmangel zu einer Leistungseinschränkung sowohl im Bereich der aeroben wie der anaeroben Energiebereitstellung führen. Entsprechende Untersuchungen hierzu liegen allerdings nicht vor. Dagegen haben sich eine Reihe von Untersuchern mit der Frage beschäftigt, ob eine zusätzliche Niacinsubstitution über den normalen Bedarf hinaus zu einer Steigerung der Leistungsfähigkeit führen kann. Eine solche wurde in keiner dieser Untersuchungen nachgewiesen. Es kann dagegen bei sehr hohen Dosen (3–9 g pro Tag) vor allem bei Ausdauersportlern zu negativen Effekten kommen, da hierdurch die Freisetzung von freien Fettsäuren (FFS) aus den Fettdepots blockiert wird. Wie von Heath et al. gezeigt werden konnte, führt die reduzierte Versorgung der Muskelfaser mit FFS zu einer verstärkten Inanspruchnahme und damit vorzeitigen Erschöpfung der muskulären Glykogendepots. Bulow fand dementsprechend nach einer Niacinsupplimentierung eine Verschlechterung der Ausdauerleistungsfähigkeit.

Aufgrund einer histaminartigen Wirkung steigert Niacin die Hautdurchblutung. In neueren Untersuchungen konnten Kolka und Stephenson zeigen, daß es hierdurch unter körperlicher Belastung zu einer besseren Wärmeabgabe und zu einer Reduzierung der Schweißbildung kommt. Dieser Effekt könnte sich für den Sportler vor allem bei hohen Temperaturen leistungssteigernd auswirken, allerdings sind zur Beantwortung dieser Frage noch weitere Untersuchungen erforderlich.

Niacin wird medizinisch in hohen Dosen in der Behandlung verschiedener Krankheitsbilder eingesetzt. Dies geschieht u. a., allerdings mit relativ geringem Erfolg, bei manchen Formen von Geisteskrankheiten. Anerkannt ist seine Bedeutung in der Therapie von Fettstoffwechselstörungen. Niacin bewirkt eine Senkung des Gesamt- und des LDL-Cholesterins sowie der Triglyzeride und einen Anstieg des HDL-Cholesterins. Ernsthafte Nebenwirkungen treten auch unter hohen Gaben von Niacin nicht auf, es kann allerdings aufgrund des histaminartigen Effekts 15–20 min nach Einnahme zu Rötungen und Brennen im Bereich der Haut, vor allem des Gesichts, des Halses und der Hände, kommen. Bei längerfristiger Einnahme können Leberschäden und Magengeschwüre auftreten.

Zusammenfassend ist die Einnahme von Niacin-haltigen Präparaten für den Sportler, der sich vernünftig und ausgewogen ernährt, nicht zu empfehlen. Größere Niacin-Mengen können die Leistungsfähigkeit beeinträchtigen und sind gesundheitlich gesehen nicht unbedenklich.

Vitamin B_6 (Pyridoxin)

Vitamin B_6, ein wasserlösliches Vitamin, stellt einen Sammelbegriff für drei natürlicherweise vorkommende, biochemisch und physiologisch eng miteinander verwandte Verbindungen dar, Pyridoxin, Pyridoxal und Pyridoxamin, wobei Pyridoxin im allgemeinen als Synonym für Vitamin B_6 benutzt wird.

Die empfohlene Tagesaufnahmemenge liegt für den Erwachsenen bei 2 mg. Die altersabhängigen Unterschiede im Tagesbedarf sind verhältnismäßig gering, siehe hierzu Anhang A. Der Vitamin B_6-Bedarf hängt von der Eiweißaufnahme ab, bei sehr eiweißreicher Ernährung steigt der Bedarf an.

Pyridoxin findet sich in vielen Lebensmitteln. Wichtige Quellen sind eiweißhaltige Lebensmittel wie Fleisch, Geflügel, Fisch, Weizenkeimöl, Vollkornprodukte, ungeschälter Reis und Eier. Eine halbe Hähnchenbrust deckt etwa 25 % des Tagesbedarf ab.

Die Hauptbedeutung des Vitamin B_6 liegt in der Rolle eines Koenzyms, vor allem in Form des Pyridoxalphosphats, besonders im Eiweiß- aber auch im Kohlenhydrat- und Fettstoffwechsel. Als Koenzym ist es Bestandteil von mehr als 60 Enzymen, die wichtige Prozesse regeln, wie den Aufbau von nicht-essentiellen Aminosäuren, die Umwandlung von Tryptophan in Niacin, die Bildung von Neurotransmittern und den Einbau von Aminosäuren in körpereigene Proteine wie Hämoglobin, Myoglobin und oxidative Enzyme. Es spielt ferner eine Rolle beim Abbau des Muskelglykogens sowie bei der Glukoneogenese in der Leber.

Aufgrund seiner weiten Verteilung sind Vitamin B_6-Mangelzustände kein größeres gesundheitliches Problem. Bei einer durchschnittlichen Ernährung ist in den Industrieländern der B_6-Bedarf stets gesichert. Zu Mangelzuständen kommt es bei schweren Ernährungsfehlern, aber auch bei der Einnahme von Diuretika und oralen Kontrazeptiva („Antibabypille"). In einigen Untersuchungen konnte auch ein relativer Vitamin B_6-Mangel bei Sportlern nachgewiesen werden. **Mangelsymptome** bestehen in Übelkeit, Immunschwäche, Hautveränderungen, Mundrhagaden, allgemeiner Schwäche, Depressionen, Anämie und epileptischen Anfällen.

Theoretisch sollte ein B_6-Mangel aufgrund seiner Stoffwechselbedeutung insbesondere für die aerobe Energiebereitstellung leistungshemmend wirken. So ist B_6 beispielsweise am Aufbau des Hämoglobins beteiligt, das für den Sauerstofftransport wichtig ist, sowie an der energetischen Nutzung des Muskelglykogens, die für den Ausdauerathleten von herausragender Bedeutung ist. Aufgrund seiner Funktion in der Bildung von Neurotransmittern könnte sich ein Mangelzustand negativ in solchen Sportarten auswirken, in denen die koordinativen Prozesse im Vordergrund stehen, beispielsweise beim Bogen- oder Gewehrschießen. Ein weiterer Aspekt in dieser Richtung ist der erhöhte B_6-Bedarf, der bei einer eiweißreichen Ernährung auftritt und der für Sportler wichtig sein könnte, die sich in dieser Form ernähren, also speziell Kraftsportler. Andererseits findet sich B_6 in reichlichen Mengen in eiweißhaltigen Nahrungsmitteln, so daß dieser erhöhte Bedarf durch eine solche Ernährung gleichzeitig mit abgedeckt wird.

Untersuchungen zur Frage eines möglichen leistungsmindernden Effekts eines B_6-Mangels liegen nicht vor. In einer Untersuchung wurde ein erhöhter Bedarf an Vitamin B_6 bei Läufern gezeigt, die täglich 8–15 km zurücklegten. Allerdings hoben die Autoren gleichzeitig hervor, daß es bei diesen Läufern offensichtlich zu einer verstärkten Speicherung von Vitamin B_6 kam, die einer möglichen Mangelsituation entgegenwirkte. Unter Belastung steigen die Serumspiegel an Pyridoxin an. Nach Hoffman kann die bisher noch nicht ganz geklärte Ursache für diesen Anstieg in einer vermehrten Freisetzung von Pyridoxin aus der Phosphorylase begründet sein, die am Glykogenabbau beteiligt ist und während körperlicher Aktivität vermehrt in Anspruch genommen wird. Der Muskel kann bis zu einem gewissen Grad B_6 speichern, diese Speicherung läßt sich nach Befunden von Coburn et al. allerdings durch eine erhöhte B_6-Zufuhr nicht noch weiter steigern.

Umgekehrt liegt eine Reihe von Untersuchungen zur Frage einer möglichen Leistungssteigerung durch eine B_6-Substitution vor. Im allgemeinen zeigen diese keine signifikanten Auswirkungen einer B_6-Gabe auf die Stoffwechselfunktionen unter körperlicher Belastung oder im Sinne einer Leistungszunahme. Von einem Autor wird andererseits die Hypothese eines negativen Einflusses von zusätzlichem B_6 auf die Leistungsfähigkeit diskutiert und mit der Möglichkeit eines verstärktem Kohlenhydratabbaus und damit einer vorzeitigen Erschöpfung des muskulären Glykogens begründet, eine theoretische Annahme, die allerdings (noch) nicht experimentell abgesichert ist.

Vitamin B_6 wird bei verschiedenen Beschwerde- bzw. Krankheitsbildern therapeutisch eingesetzt, wie Schwangerschaftserbrechen, Depressionen nach Einnahme von oralen Kontrazeptiva und beim prämenstruellen Syndrom (PMS). Allerdings ist der therapeutische Nutzen dabei jeweils noch umstritten. Für kleine bis mittlere Dosen wurden keine toxischen Nebenwirkungen gesehen, bei sehr hohen Dosen im Bereich von 2–6 g pro Tag kann es allerdings zu sensiblen und motorischen Störungen im Bereich der Extremitäten, vor allem zu Störungen des Gehvermögens kommen. Neurologische Symptome wurden auch nach kleineren Dosen von 117 mg täglich beschrieben, die über lange Zeit hinweg – 6 Monate bis 5 Jahre – eingenommen wurden.

Zusammenfassend kann eine zusätzliche Vitamin B_6-Gabe für Sportler nicht empfohlen werden.

Vitamin B_{12} (Cyanocobalamin)

Vitamin B_{12}, ein wasserlösliches Vitamin, ist gewissermaßen das jüngste Mitglied der B-Familie, das zuletzt entdeckte Vitamin. Die für den Erwachsenen empfohlene Tagesmenge liegt bei 2 µg. Die durchschnittliche Ernährung in den Industrieländern enthält täglich 5–15 µg. Bezüglich kleinerer Abweichungen des Bedarfs in Abhängigkeit vom Lebensalter siehe Anhang A.

B_{12} findet sich in nennenswerten Mengen nur in Lebensmitteln tierischer Herkunft wie Fleisch, Fisch, Geflügel, Käse, Eiern und Milch. Ein Glas Milch enthält etwa 30 % des Tagesbedarfs. Dagegen findet sich B_{12} nicht in pflanzlichen Lebensmitteln wie Früchten, Gemüse, Bohnen und Getreideprodukten. Andererseits wird es von einer Reihe von Mikroorganismen, Bakterien und Hefepilzen, gebildet, die in pflanzlichen Produkten vorkommen können. Die Bioverfügbarkeit des so gebildeten B_{12} ist allerdings umstritten.

Auch im menschlichen Darm wird von den dort angesiedelten Mikroorganismen B_{12} produziert, allerdings in einem Bereich des Darms, in dem keine nennenswerte Resorption mehr stattfindet.

Die physiologische Bedeutung des B_{12} liegt in seiner Funktion als Koenzym für verschiedene Enzyme, die in allen Körperzellen vorkommen und für die Synthese der DNS wichtig sind. Dabei arbeitet es eng mit der Folsäure zusammen, beide Vitamine sind für die Bildung der roten Blutkörperchen von entscheidender Bedeutung. Weiterhin ist B_{12} essentiell an der Ausbildung der Markscheide der Nervenfasern beteiligt.

B_{12}-Mangelzustände aufgrund von Ernährungsfehlern sind zumindest in den Industrieländern selten. Selbst strenge Vegetarier nehmen genügend Vitamin B_{12} zu sich, entweder in Form von Mikroorganismen in pflanzlichen Produkten oder durch eine B_{12}-Anreicherung von industriell gefertigten vegetarischen Nahrungsmittel. Die Leber kann große Mengen an Vitamin B_{12} speichern, die den Bedarf für Jahre abdecken können. Zu einem Mangelzustand kommt es allerdings dann, wenn der sogenannte intrinsische Faktor in der Magenschleimhaut nicht mehr ausreichend verfügbar ist, der für die Resorption des Vitamin B_{12} unbedingt erforderlich ist. In diesem Fall bildet sich das Krankheitsbild der **perniziösen Anämie** aus, eine schwere Form der Blutarmut, bei der häufig auch Lähmungserscheinungen als Folge von Nervenschädigungen vorkommen können.

Aufgrund seiner Bedeutung für die Bildung der roten Blutkörperchen und des negativen Effekts einer Anämie auf die Leistungsfähigkeit könnte sich ein B_{12}-Mangel potentiell negativ vor allem auf die Ausdauerleistungsfähigkeit auswirken. Entsprechende Untersuchungsdaten hierzu liegen allerdings nicht vor. Andererseits haben sich zahlreiche Untersucher mit der Frage beschäftigt, inwieweit eine zusätzliche B_{12}-Gabe die **Leistungsfähigkeit** steigern kann. Die wohl allzu simple Grundidee besagt, daß dann, wenn ein B_{12}-Mangel eine Anämie hervorruft und die Leistungsfähigkeit verschlechtert, umgekehrt eine zusätzliche B_{12}-Gabe den Sauerstofftransport und damit die Leistungsfähigkeit steigern sollte und dies in hohen Dosen besonders ausgeprägt. Aus diesem Grund wird B_{12} wohl wie kein anderes Vitamin von Sportlern eingenommen und oft in sehr hohen Dosen speziell vor Wettkämpfen injiziert. Trotz dieses weit verbreiteten Glaubens, um nicht zu sagen Aberglaubens, haben die genannten, sehr zahlreichen und methodisch exakt durchgeführten Untersuchungen bisher keinerlei leistungssteigernden Effekt einer zusätzlichen B_{12}-Gabe im Sinne einer Verbesserung der VO_2max, der Ausdauerleistungsfähigkeit oder metabolischer Funktionen nachweisen können.

Eine spezielle Koenzymform des B_{12}, das Dibencobal wird besonders den Bodybuildern zur Kräftigung ihrer Muskulatur angepriesen. Wie Williams in einer Übersicht betont, beruht diese Werbung auf – milde ausgedrückt – unkorrekten Daten, ein wissenschaftlicher Beweis für eine Leistungssteigerung durch Dibencobal liegt nicht vor.

Zusammenfassend stellt Vitamin B_{12} ein wichtiges Medikament zur Behandlung bestimmter Krankheitsbilder, speziell der perniziösen Anämie, dar. Ein leistungssteigernder Effekt ist für B_{12} dagegen bisher nicht nachgewiesen worden. Andererseits scheint auch die Zufuhr von sehr hohen Dosen nicht mit toxischen Nebenwirkungen verbunden zu sein.

Folsäure (Folat)

Folsäure ist ein wasserlösliches Vitamin, ein Teil des Vitamin B-Komplexes. Die tägliche empfohlene Aufnahmemenge liegt für Erwachsene bei 0,2 mg. Bezüglich geringer Abweichungen hiervon bei Kindern, sowie bei Frauen während der Schwangerschaft und der Stillperiode siehe Anhang A. Neuere amerikanische Empfehlungen liegen zum Teil doppelt so hoch, bis zu 0,4 mg täglich.

Folsäure leitet ihren Namen von folia, Blätter ab, da sie vor allem in dunkelgrünen Gemüsen, z. B. Spinat vorkommt. Weitere wichtige Quellen sind Innereien, wie Leber und Nieren, Bohnen, Vollkornprodukte sowie Früchte, speziell Orangen und Bananen. Eine Banane deckt etwa 10 % des Tagesbedarfs ab.

Die physiologische Funktion der Folsäure liegt vor allem in ihrer Rolle als Koenzym bei der Bildung der DNS, der genetischen Matrix, die die Zellteilung steuert. Sie ist auch aus diesem Grund besonders wichtig für die Bildung der roten Blutzellen, die einen besonders intensiven Teilungsprozeß aufweisen.

Zu **Mangelzuständen** an Folsäure kommt es bei einer normalen Ernährung fast nie, betroffen sind, wenn überhaupt, nur Randgruppen, wie Alkoholiker, aber auch Frauen, die die Antibabypille einnehmen, da hierdurch die Resorption des Vitamins im Magen-Darm-Kanal beeinträchtigt werden kann. Die wichtigste Konsequenz eines Folsäuremangels ist die Ausbildung einer Anämie. Wenn ein nachgewiesener Folsäuremangel besteht, ist eine Substitution natürlich sinnvoll. Tsui und Nordstrom beobachteten bei Mädchen mit Folsäuremangel nach einer Gabe von 400 µg täglich über zwei Monate einen Anstieg des Hämoglobinwertes. Auch für Frauen, die schwanger werden wollen, wird eine Einnahme von 400 µg täglich empfohlen. Nachdem die durchschnittlich empfohlene Aufnahme der Frau bei 200–300 µg liegt, bedeutet dies, daß Frauen in dieser Situation zusätzlich ca. 200 µg einnehmen sollten. Die Begründung hierfür ergibt sich aus epidemiologischen Untersuchungen, nach denen sich hierdurch die Inzidenz von angeborenen Defekten des Neuralrohrs bzw. Störungen des Verschlusses des Wirbelkanals im Sinne einer Spina bifida beim sich entwickelnden Kind verringern läßt. Solche Fehlbildungen können zu Paralyseerscheinungen im Bereich der Beine führen. Betroffen hiervon sind in Deutschland ca. 1000 Neugeborene jährlich. Die empfohlenen 400 µg sind eine durchaus vertretbare Dosis, sie entsprechen sogar neueren generellen Empfehlungen der täglich aufzunehmenden Menge. Die Einnahme noch höherer Dosen ist dagegen nicht ratsam.

Von Vertretern einer Vitaminsubstitution bei Athleten wird mit Hinblick auf die Folsäure angeführt, daß diese erforderlich sei, um beim intensiven Training zerstörte Erythrozyten zu ersetzen. Ein Beweis für diese Hypothese wurde bisher ebensowenig erbracht wie für eine leistungssteigernde Wirkung einer Folsäuresubstitution. Zu dieser Thematik liegt bisher nur eine wissenschaftlich exakte Untersuchung vor. Matter et al. behandelten Marathonläuferinnen, bei denen ein Folsäuremangel bestand, mit 5 mg Folsäure täglich über 11 Wochen. Obwohl es zu einer Normalisierung der Folsäurekonzentration im Blut kam, wurden keine Verbesserung der VO_2max, der maximalen Laufzeit auf dem Laufband, der maximalen Laktatkonzentration bzw. der Laufgeschwindigkeit im Bereich der aerob-anaeroben Laktatschwelle beobachtet.

Die Gabe von sehr hohen Dosen wird im allgemeinen als unschädlich betrachtet. Als potentieller Nachteil wird allerdings angeführt, daß es dadurch zu einer Maskierung eines gleichzeitigen B_{12}-Mangels kommen könnte, weil die hierdurch sonst zu erwartende Entwicklung einer Anämie unterdrückt würde. Die B_{12}-Mangelanämie würde dadurch zwar verhindert, auf der anderen Seite kommt der Folsäure kein präventiver Effekt gegenüber der Entwicklung von Nervenschädigungen zu, so daß sich diese dann unter einem B_{12}-Mangel ohne die Vorwarnung durch eine Anämie ausprägen könnten.

Zusammenfassend führt Folsäuremangel zu einer Anämie, die sich selbstverständlich im Bereich der Ausdauerleistungsfähigkeit negativ auswirkt. Ein Folsäuremangel läßt sich jedoch zuverlässig durch eine ausgewogene Ernährung verhindern, die stets ausreichende Mengen an diesem Vitamin enthält.

Pantothensäure

Pantothensäure ist ein wasserlösliches Vitamin, ein Teil des Vitamin B-Komplexes. Als Pantothenat wird das Salz der Pantothensäure bezeichnet. Die üblicherweise empfohlene Tagesmenge liegt bei 4–7 mg, neuere Empfehlungen liegen bei 10 mg. Pantothensäure findet sich in einer Vielzahl von tierischen und pflanzlichen Lebensmitteln, die wichtigsten Quellen sind Innereien, Eier, Gemüse, Hefe und Vollkornprodukte. Durch industrielle Verarbeitungsprozesse geht jedoch bei vielen Lebensmitteln der Pantothensäuregehalt verloren.

Die biologische Bedeutung der Pantothensäure liegt in ihrer Rolle als wichtiger Bestandteil des Koenzym A (Co A), das im

Energiestoffwechsel einen zentralen Platz einnimmt, da es das Substrat für den Zitronensäurezyklus bildet. Pantothensäure ist ferner bei der Glukoneogenese, der Synthese und dem Abbau von Fettsäuren, sowie der Synthese von Azetylcholin beteiligt, dem Überträgerstoff in der neuromotorischen Endplatte, der die Muskelkontraktion auslöst.

Mangelzustände, wie sie beim Menschen bisher nur unter experimentellen Bedingungen gesehen wurden, führen zu Müdigkeit, Muskelkrämpfen und Störungen der neuromotorischen Koordination.

Aus theoretischen Überlegungen sollte aufgrund ihrer zentralen Funktion im Energiestoffwechsel die Pantothensäure für den Sportler besonders wichtig sein. Nach Ansicht einer Reihe von Autoren kann ein Mangel an Pantothensäure zu einer unzureichenden Einschleusung des Koenzym A in den Zitronensäurezyklus führen und damit zu einer Verschiebung der Energiebereitstellung zur anaeroben Glykolyse hin, die weniger effizient ist als die oxidative Energiefreisetzung. Nachdem de facto allerdings solche Mangelzustände bisher nicht bekannt geworden sind, handelt es sich nur um theoretische Überlegungen, eine Leistungsminderung aufgrund eines Pantothensäuremangels wurde bisher nicht beschrieben. Umgekehrt wurde im Rahmen einer sauber durchgeführten wissenschaftlichen Untersuchung unter einer Substitution von 2 g Pantothensäure über 14 Tage eine Verminderung des Sauerstoffbedarfs bzw. der Laktatbildung bei einer Belastung entsprechend 75 % der VO_2max, die über 40 min durchgeführt wurde, beobachtet. Dieser Befund würde bei seiner Bestätigung auf eine Verbesserung des Wirkungsgrades unter körperlicher Aktivität schließen lassen. Angaben zur maximalen Leistungsfähigkeit finden sich in dieser Veröffentlichung allerdings nicht. Leider sind diese Daten der wissenschaftlichen Öffentlichkeit bisher auch nur in einem kurzen Abstract mit sehr wenigen Details vorgestellt worden. Andererseits wurde in einer weiteren, ebenso wissenschaftlich gut geplanten Untersuchung nach Gabe von 1 g Pantothensäure über 14 Tage bei hochtrainierten Langstreckenläufern keine Verbesserung von einschlägigen mit der Energie-

bereitstellung in Verbindung stehenden Serumparametern bzw. der maximalen Leistungsfähigkeit registriert. In seiner Übersicht faßt Keith sechs Untersuchungen zusammen, die sich mit den Beziehungen zwischen der körperlichen Leistungsfähigkeit und der Pantothensäure beschäftigen. Leider wurden nur zwei dieser Untersuchungen an Menschen durchgeführt, der Rest als Tierversuche. Die Ergebnisse sind in sich widersprüchlich, so wie dies oben anhand zweier Studien dargestellt wurde. Zur Entscheidung der Frage der Bedeutung dieses Mitglieds der Vitamin B-Familie für den Sportler bedarf es somit noch weiterer wissenschaftlicher Untersuchungen. Eine Substitution von Pantothensäure scheint jedoch nicht mit toxischen Nebenwirkungen verbunden zu sein. Bei sehr hohen Dosen im Bereich von 10–20 g pro Tag können Durchfälle auftreten.

Biotin

Biotin ist ein wasserlösliches Vitamin aus dem B-Komplex. Die empfohlenen Tagesaufnahmemengen liegen bei 30–100 µg, neuere Empfehlungen gehen bis 300 µg. Biotin findet sich vor allem in Innereien wie Leber, in Eidotter, Hülsenfrüchten (Erbsen, Bohnen) und grünem Blattgemüse. Es wird ferner in größeren Mengen von den Darmbakterien synthetisiert.

Die biologische Bedeutung des Biotins liegt in seiner Rolle als Koenzym für eine Reihe von Enzymen, die am Aminosäurestoffwechsel sowie der Synthese von Glukose und freien Fettsäuren beteiligt sind. Aufgrund seiner Bedeutung als Koenzym für die Glukoneogenese kann Biotin für die Ausdauerleistungsfähigkeit wichtig sein.

Mangelzustände an Biotin sind selten, sie können vorkommen, wenn die Ernährung sehr viel rohes Hühnereiweiß enthält, da dies das Biotin bindet und seine Resorption im Darm verhindert. **Mangelsymptome** sind Appetitverlust, Depressionen, Hautentzündungen und Muskelschmerzen. Für Athleten, die einen erhöhten Eiweißbedarf vor allem mit Hühnereiweiß abdecken, ist daher die Information wichtig, daß durch das Kochen der Eier der negative Effekt auf die Biotin-resorption ohne einen Qualitätsverlust des aufgenommenen Proteins unterdrückt wird. Die Berücksichtigung dieses Tips ist auch aus einem ganz anderen Grund heraus wichtig, angesichts der Tatsache nämlich, daß gerade rohe Eier heute häufig Salmonellen enthalten, Bakterien, die oft für das Auftreten von Lebensmittelvergiftungen verantwortlich sind.

Eine Substitution von Biotin wird im allgemeinen als harmlos angesehen. Untersuchungen, die einen leistungssteigernden Effekt von Biotin nachweisen, liegen nicht vor, so daß es für Sportler eigentlich keinen Grund für die zusätzliche Einnahme von Biotin gibt.

Vitamin B-Komplex

Nachdem mehrere der Vitamine des B-Komplexes im Stoffwechsel eng miteinander zusammenarbeiten, liegt eine Reihe methodisch guter, bereits im Zeitraum des 2. Weltkriegs durchgeführter, aber auch neuerer Untersuchungen vor, die sich mit den Auswirkungen entweder eines Mangels an oder einer gemeinsamen Substitution von Vitaminen des B-Komplexes beschäftigen.

Wenn man die vorstehend getroffenen Aussagen zu den Mangelzuständen der einzelnen Vitamine des B-Komplexes zusammenfaßt, so ist zu erwarten, daß sich ein gleichzeitiger Mangel an mehreren dieser Vitamine negativ auf die körperliche Leistungsfähigkeit auswirken sollte. Diese Annahme trifft zu, wenn man diejenigen Studien betrachtet, bei denen die Zufuhr auf unter 50 % der üblicherweise empfohlenen Aufnahmemengen abgesenkt wurde. Eine Reihe von Untersuchungen aus der Arbeitsgruppe von van der Beek in den Niederlanden zeigte unter einer Zufuhr von nur einem Drittel des Bedarfs an mehreren B-Vitaminen (B_1, B_2, B_6) bei gleichzeitiger Verringerung der Vitamin C-Zufuhr innerhalb von weniger als vier Wochen eine massive Absenkung der VO_2max sowie der Leistung im Bereich der aerob-anaeroben Schwelle. Diese Leistungsminderung ließ sich auch dann nicht verhindern, wenn zum Ausgleich die Zufuhr von anderen Vitaminen gemessen an den üblichen Empfehlungen verdoppelt wurde. In einer der neuesten Untersuchungen aus dieser Arbeitsgruppe kam es unter einer Vitamin B-Komplex-armen Ernährung nach 8 Wochen zu einer Verminderung der maximalen Sauerstoffaufnahme um 10 % bzw. der Leistung im Bereich der aerob-anaeroben Schwelle um 20 %. Diese Untersuchungen bestätigen ältere Daten, nach denen es unter einem Mangel an Vitamin B-Komplex zu einer Abnahme der Ausdauerleistungsfähigkeit kommt. Eine Reihe weiterer Untersuchungen, die vor allem an Kindern durchgeführt wurden, zeigt, daß dann, wenn ein Vitamin B-Komplex-Mangel durch eine Vitaminsubstitution beseitigt wird, die Leistungsfähigkeit in vollem Umfang wiederhergestellt wird. Untersuchungen, in denen eine Substitution an Vitamin B-Komplex über den normalen Tagesbedarf hinaus durchgeführt wurde, zeigten im allgemeinen keine Steigerung der Leistungsfähigkeit. Neuere Untersuchungen, bei denen sehr hohe Dosen an B_1, B_6 und B_{12} gegeben wurden, die etwa 60–200 mal über den üblichen Aufnahmeempfehlungen lagen, konnten allerdings eine Verbesserung der feinmotorischen Steuerung und der Leistungen im Pistolenschießen aufzeigen. Bonke interpretiert diese Befunde als Ausdruck der Bedeutung dieser Vitamine in der Synthese von Neurotransmittersubstanzen. Diese vorläufigen Daten müssen allerdings noch durch weitere Untersuchungen bestätigt werden.

Vor allem die in diesem Bereich führenden holländischen Ernährungswissenschaftler unterstreichen die Bedeutung einer Vitamin B-Komplex-Substitution für Sportler, die ihren Energiebedarf vorwiegend mit sogenannten leeren Kalorien, also hochgereinigte Kohlenhydraten und/oder Fetten, abdecken. Diese Aussage unterstreicht erneut die Empfehlung an den Athleten, sich vor allem an Lebensmittel mit hoher Nährstoffdichte zu halten.

Vitamin C (Ascorbinsäure)

Vitamin C ist ein wasserlösliches Vitamin, dessen Bedeutung für die Gesundheit und Leistungsfähigkeit sehr kontrovers diskutiert

Abbildung 7.6
Viele einheimische
Obstsorten sind
reich an Vitamin C

wurde und wird. Der Tagesbedarf liegt für den Erwachsenen bei 60 mg. Für Kinder werden etwas kleinere Mengen empfohlen, im einzelnen siehe hierzu Anhang A.

Die besten Quellen für Vitamin C sind Obst, speziell Zitrusfrüchte, und Gemüse, hier speziell die dunkelgrünen Blätter. Ausgezeichnete Quellen sind beispielsweise Orangen, Zitronen, Grapefruit, Brokkoli und grüne Salate. Weitere gute Quellen sind grüner Pfeffer, Kartoffeln, Erdbeeren und Tomaten (s. Abb. 7.6). Eine einzige Orange deckt beispielsweise schon den gesamten täglichen Vitamin C-Bedarf ab. Milch, Fleisch und Getreideprodukte enthalten dagegen wenig Ascorbinsäure.

Das Vitamin C erfüllt im Körper verschiedene Aufgaben, von denen einige besonders auch aus der Sicht sportlicher Aktivität besonders wichtig sind. Im Gegensatz zu den B-Vitaminen übernimmt Vitamin C zwar nicht die Rolle von Koenzymen, es wird jedoch die Möglichkeit diskutiert, daß es über eine Modifikation von Ionen Enzyme aktivieren kann. Seine wichtigste Aufgabe liegt in der Beteiligung an der Synthese des Kollagens und damit am Aufbau und dem Erhalt der Bindegewebe des Körpers und der von ihm abstammenden Strukturen, wie Knorpel, Sehnen und Knochen. Vitamin C ist ferner wichtig für die Bildung einer Reihe von Hor-

monen und Neurotransmittern, die bei Streßsituationen, also auch bei körperlicher Belastung, vermehrt ausgeschüttet werden, wie z. B. Adrenalin. Ferner spielt es eine Rolle bei der Resorption von bestimmten Eisenformen im Darmkanal, die unter Einwirkung des Vitamin C auf das zwei- bis vierfache gesteigert wird. Es ist weiterhin an der Bildung der roten Blutkörperchen beteiligt. Vitamin C nimmt an der Regulierung des Stoffwechsels von Folsäure, Cholesterin und Aminosäuren teil. Auch die Wundheilung, speziell die Narbenbildung, ist von einer ausreichenden Verfügbarkeit von Vitamin C abhängig. Schließlich, aus heutiger Sicht ganz besonders wichtig, besitzt Vitamin C ausgeprägte antioxidative Eigenschaften.

In den Industrieländern sind Vitamin C-Mangelzustände ausgesprochen rar, da frisches bzw. tiefgekühltes Obst und Gemüse in ausreichender Menge verfügbar ist. Der menschliche Körper besitzt darüber hinaus Vitamin C-Reserven von 1,5–3 g. Zu einem erhöhten Vitaminbedarf kann es unter einer Reihe von Bedingungen kommen, wie z. B. bei der Einnahme von Aspirin, unter oralen Kontrazeptiva (Antibabypille) und psychosozialem bzw. körperlichem Streß. Die schwerste Form des Vitamin C-Mangels, der **Skorbut**, wird in den Industrieländern allerdings heute kaum noch gesehen. Er entwickelt sich nach einer etwa einmonatigen Vitamin C-freien Ernährung und beruht auf einer Desintigration des Bindegewebes im Zahnfleisch, der Haut, der Sehnen und im Knorpel. Die typischen Symptome bestehen in Zahnfleisch- und Hautblutungen, verzögerter Wundheilung, allgemeiner körperlicher Schwäche, Muskelkrämpfen und der Entwicklung einer ausgeprägten Anämie.

Es liegt auf der Hand, daß sich angesichts einer solchen Symptomatik ein Vitamin C-Mangel negativ auf die Leistungsfähigkeit auswirken muß, die Muskelschwäche in den meisten Sportarten, eine Anämie vor allem in Ausdauersportarten. Dies wurde auch in einer Reihe von Studien nachgewiesen, darunter das von Keys geleitete bekannte Minnesota-Hunger-Experiment im zweiten Weltkrieg.

Nachdem Vitamin C zu denjenigen Vitaminen gehört, die von Sportlern regelmäßig und teilweise in großen Mengen eingenommen werden in dem Glauben, dadurch ihre **Leistungsfähigkeit** zu steigern, wurde dieser Frage in zahlreichen älteren und neueren Untersuchungen nachgegangen. Zusammenfassend kann hierzu festgestellt werden, daß eine Leistungssteigerung nur dann eintritt, wenn wirklich ein Vitamin C-Mangel vorliegt. Bei einer ausreichenden Vitamin C-Versorgung läßt sich durch eine weitere Vitamin C-Substitution keine zusätzliche Leistungssteigerung mehr erzielen. Exakte Untersuchungen über die Auswirkungen von sehr hohen Ascorbinsäure-Dosen im Bereich von 5–10 g, die manche Athleten einnehmen, liegen nicht vor. Der interessierte Leser wird hierzu auf die entsprechenden Übersichten, z. B. von Gerster und Keith, verwiesen.

Andererseits nimmt eine Reihe von Autoren für Sportler angesichts des erhöhten körperlichen Streß, dem sie sich regelmäßig aussetzen, einen erhöhten Vitamin C-Bedarf im Bereich von 200–300 mg täglich an. In einschlägigen Untersuchungen an Läufern, die täglich 10–15 km trainierten, konnte eine solche Hypothese zwar nicht belegt werden, aber auch dann, wenn sie zuträfe, läßt sich ein solch mäßig erhöhter Bedarf problemlos über eine vernünftige Ernährung abdecken. Die Einnahme von Tabletten ist hierzu nicht erforderlich. Keith diskutiert ferner die Möglichkeit einer verbesserten Hitzeanpassung unter dem Einfluß von Vitamin C, eine Frage, der noch weiter durch Untersuchungen speziell an trainierten Sportlern nachgegangen werden sollte.

Aus gesundheitlicher Sicht wird für das Vitamin C in hohen Dosen vor allem ein präventiver Effekt gegenüber Infektionen, speziell Erkältungsinfekten angenommen. Einige Autoren vermuten in diesem Zusammenhang aufgrund einer Antihistaminwirkung des Vitamin C eine Abschwächung von erkältungsbedingten Symptomen. So beobachteten beispielsweise Peters et al. nach einer Substitution von 600 mg Vitamin C über drei Wochen vor einem Ultramarathonlauf eine Abschwächung der Symptomatik von Atemwegsinfekten. In der Mehrheit der einschlägigen Untersuchungen konnte eine Infektionsprophylaxe durch Vitamin C allerdings nicht bestätigt werden. Ferner wird Vitamin C mit der Prävention von Herz-Kreislauf- und Krebserkrankungen in Verbindung gebracht. Dieser Punkt wird im weiteren Verlauf im Zusammenhang mit der antioxidativen Wirkung des Vitamin C gemeinsam mit anderen Antioxidanzien, speziell Vitamin E und Betakarotin, besprochen.

Die Einnahme von sehr hohen Vitamin C-Dosen im Bereich von 5–10 g täglich wird von manchen Autoren sehr kritisch gesehen. Es kann darunter zu unangenehmen Nebenwirkungen kommen wie Diarrhö, Zerstörung von in der Ernährung enthaltenem Vitamin B_{12}, überhöhter Ausscheidung von Vitamin B_6, verringerter Bioverfügbarkeit von Kupfer, erhöhter Inzidenz von Gicht, Gelenkschmerzen und Bildung von Nierensteinen aus Oxalatsalzen, die beim Abbau von Vitamin C entstehen. Die bereits angesprochene erhöhte Eisenresorption kann sich in manchen Fällen positiv auswirken, in anderen, z. B. dann, wenn eine Neigung zur Eisenspeicherkrankheit, die im weiteren Verlauf zu besprechen sein wird, vorliegt, dagegen negativ. Ferner kann die Einnahme großer Vitamin C-Mengen die Interpretation der Ergebnisse von Blut- und Urinuntersuchungen erschweren. Schließlich wurde das Phänomen des sogenannten „Rebound-Skorbut" beschrieben, ein Phänomen, das dann eintritt, wenn die Einnahme von hohen Vitamin C-Dosen beendet wird. Als Mechanismus wird diskutiert, daß es durch die überhöhte Einnahme zu einer Aktivierung von Enzymen kommt, die überschüssiges Vitamin C abbauen. Deren fortdauernde Aktivität führt nach Beendigung der Einnahme dann auch zu einer Deaktivierung von normalerweise ausreichenden Ascorbinsäuremengen und initiiert die Symptome eines Skorbuts. Von anderen Autoren wird die Einnahme von Megadosen Ascorbinsäure dagegen als harmlos angesehen, da überschüssiges Vitamin C über die Nieren ausgeschieden werde. Nach ihrer Ansicht beruhen die obigen Befürchtungen lediglich auf Hypothesen oder Einzelbeobachtungen. Eine dritte Gruppe von Autoren hält sich in der Mitte, sie nimmt an, daß hohe von Dosen Vitamin C im allgemeinen harmlos sind, jedoch unter bestimmten Voraussetzungen zu Problemen führen können, dann beispielsweise, wenn in der Familienvorgeschichte eine Neigung zu Nierensteinbildung besteht. Die Einnahme hoher Vitamin C-Dosen ist zusammenfassend somit nicht unproblematisch und kann nicht allgemein empfohlen werden. Der interessierte Leser wird hierzu auf die ausführliche Diskussion dieser Problematik durch Herbert und Enstrom verwiesen.

Dem Sportler sollte man, von besonderen Bedingungen abgesehen, dazu raten, auf die Einnahme von Vitamin C-Tabletten zu verzichten und seinen Ascorbinsäurebedarf besser aus natürlichen Quellen, aus frischem oder tiefgekühltem Obst und Gemüse, zu decken.

7.5 Vitaminsubstitution – leistungssteigernde Effekte?

Ebenso wie für die Gesamtbevölkerung kann für Sportler festgestellt werden, daß eine normale, ausgewogene Kost ihren Vitaminbedarf voll abdeckt. Es wurde zwar in einer Reihe von Untersuchungen aufgezeigt, daß bei Sportlern zum Teil die Vitaminzufuhr unterhalb der allgemeinen Empfehlungen liegt, zum Teil läßt sich sogar anhand von Serum- und Gewebsparametern ein biochemischer

Mangelzustand nachweisen. In ihrer ausführlichen Übersicht zu dieser Problematik kommt jedoch Sarah Short zu der Schlußfolgerung, daß sich echte Vitaminmangelsymptome beim Sportler nur überaus selten finden. Trotzdem ist der Glaube an das Vitamin C als unverzichtbare Voraussetzung für den sportlichen Erfolg in Athletenkreisen überall verbreitet und führt dazu, daß praktisch alle Athleten auf den verschiedensten Ebenen – vernünftigerweise – darauf achten, reichlich Vitamin C mit der Ernährung aufzunehmen oder – nicht unproblematisch – versuchen, durch Vitamin C-Tabletten ihre Leistungsfähigkeit zu steigern. Diese Tendenz wurde nicht zuletzt durch die Entdeckung des Sportlermarktes durch die Vitaminhersteller und durch eine von ihnen betriebene, intensive Werbung für ihre Produkte, die die Leistungsfähigkeit des Sportlers steigern sollen, angeheizt.

Ist die Einnahme von Vitaminpräparaten für Sportler sinnvoll?

Für die Einnahme von Vitaminpräparaten durch Sportler kann es gute Gründe geben. Ein Beispiel hierfür sind Sportler, die durch Hungerkuren versuchen oder versuchen müssen, ihr Gewicht innerhalb bestimmter Grenzen zu halten, wie Ringer, Turner oder Balletttänzer. Wie in Kapitel 10 dargestellt, sind solche Hungerkuren zwar nicht zu empfehlen, trotzdem sind sie in diesen Sportarten üblich. Wie entsprechende Übersichten gezeigt haben, kann dann, wenn die Kalorienaufnahme unter 1200–1600 Kal pro Tag absinkt, die Vitaminversorgung von Sportlern nicht mehr ausreichend sein. Dies gilt ganz besonders für die wasserlöslichen Vitamine, da diese praktisch täglich ersetzt werden müssen. Es kommt relativ rasch zu einem Vitamindefizit. Ähnliche Überlegungen gelten für Sportler, die zwar ausreichend Kalorien zu sich nehmen, dies aber aus bestimmten Gründen in ungünstiger Form, wie dies im nächsten Abschnitt zu diskutieren sein wird.

Summarisch kann man feststellen, daß der Athlet, der sich ausgewogen ernährt, keine Vitaminsubstitution benötigt und hierdurch seine Leistungsfähigkeit auch nicht steigern kann. Trotzdem gibt es einige für den Sportler sehr interessante Hypothesen über Vitaminwirkungen, speziell über die Möglichkeit, Muskelschädigungen im Training durch Vitamine zu verhindern. Darüber hinaus wird von der Industrie für Sportler eine Reihe von vitaminartigen Verbindungen angeboten, die in den nächsten Abschnitten diskutiert werden sollen.

Prävention von Muskelschädigungen durch antioxidativ wirksame Vitamine

Körperliche Belastung geht physiologischerweise mit akuten und chronischen Muskelschädigungen einher. Besonders exzentrische Muskelkontraktionen, wie etwa die Belastung des Quadrizeps beim Bergablaufen, bedeuten für den Muskel eine hohe mechanische Beanspruchung, die zu einer Schädigung des Muskel- und Bindegewebes führt und sich am nächsten Tag in einem intensiven Muskelkater bemerkbar machen kann. Besonders bei hochintensiven Belastungen werden, wie neuere Forschungen gezeigt haben, darüber hinaus freie Radikale gebildet, die durch eine Lipidperoxidation in den Zellwänden und den subzellulären Membranen zu Muskelschädigungen führen. Wie bereits an anderer Stelle dargestellt, werden als Gegenreaktion im Verlaufe des Trainings antioxidative Enzyme gebildet, wie die Superoxiddismutase, die bestrebt sind, solche Schädigungen zu minimieren und dadurch protektiv wirken.

In den letzten Jahren hat sich das wissenschaftliche Interesse aus mehreren Gründen der Bedeutung von **Antioxidanzien** zur Reduktion von belastungsinduzierten Muskelschädigungen zugewandt. Antioxidanzien können zwar die Leistungsfähigkeit nicht direkt verbessern, wenn durch sie jedoch Muskelschädigungen verhindert werden, verbessert dies die Trainingsfähigkeit des Athleten und damit indirekt seine sportliche Leistungsfähigkeit. Ein weiterer Aspekt ist das Höhentraining, das von vielen Athleten, besonders Ausdauersportlern, zur Verbesserung ihrer Leistungsfähigkeit durchgeführt wird. Auch dabei sollen vermehrt freie Radikale gebildet werden, zu deren Neutralisierung eine Vitamin E-Substitution empfohlen wurde. Ein weiteres Phänomen des modernen Sports besteht in der Tatsache, daß heute immer mehr und immer ältere Menschen aus Gesundheitsgründen Sport betreiben, aber auch an den verschiedensten Formen des Leistungssports teilnehmen. Beim älteren Menschen soll sich oxidativer Streß schwerer auswirken als beim jüngeren, nachdem die Aktivität der antioxidativen Enzyme mit dem Alter abnehmen soll. So ist es wohl kein Zufall, wenn Umfragen ergaben, daß unter den Teilnehmern an Laufwettbewerben in der Klasse von 40 Jahren und älter Vitamin E das am meisten eingenommene Vitaminpräparat darstellt. Auch Olympiateilnehmer sollen Antioxidanzien einnehmen. Hersteller werben für ihre Vitamin E-angereicherten Produkte mit dem Hinweis auf das „Lebensenzym". Da nicht auszuschließen ist, daß angesichts einer solch massiven Propaganda extreme Mengen von Antioxidanzien zu Gesundheitsschädigungen führen können, hat daher das US-Amerikanische Olympische Komitee Obergrenzen empfohlen, und zwar 3–20 mg Betakarotin, 250–1000 mg Vitamin C und 150–400 IU Vitamin E täglich.

Zur Frage des präventiven Effekts von Antioxidanzien gegenüber belastungsinduzierten Muskelschädigungen, zum Teil auch zur Frage eines möglichen Einflusses auf die Leistungsfähigkeit, wurden zahlreiche Untersuchungen durchgeführt. Diese unterscheiden sich erheblich in ihrem methodischen Ansatz, in den Untersuchungsobjekten (Tierversuche gegenüber Untersuchungen am Menschen), den Methoden zur Induktion einer Muskelschädigung (z. B. Bergablaufen gegenüber Laufen in der Ebene), Art und Dosis der jeweils gegebenen antioxidativen Substanz, sowie den biochemischen Parametern zur Beurteilung der Muskelschädigung. Am häufigsten kamen Vitamin E, C und Betakarotin zum Einsatz, es liegen aber auch Untersuchungen zum Effekt von Koenzym Q 10, Selen und anderen Substanzen vor. Manche Untersucher applizierten einen „antioxidativen Cocktail", bestehend z. B. aus 800 IU Vitamin E, 1000 mg Vitamin C und 10–30 mg Betakarotin. Als Indikatoren für die Muskelschädigung kommen Enzyme zur Anwendung, die die lädierte Muskelmembran passieren, wie Kreatinkinase (CK) oder die Laktat-Dehydrogenase (LDH), Produkte der Lipidoxidation, wie Malondialdehyd (MDA), ferner aus der Muskelfaser stammendes Myoglobin und andere.

Die Ergebnisse dieser Untersuchungen können als vielversprechend, aber noch nicht als definitiv bezeichnet werden. In einer Reihe von Untersuchungen zeigte sich ein präventiver Effekt einer antioxidativen Substitution, die Indikatoren für eine Muskelschädigung nahmen im Vergleich zur Plazebokontrolle deutlich ab, und zwar gleichermaßen für junge wie für ältere Sportler. Es liegen jedoch auch Untersuchungen vor, in denen solche Effekte nicht nachgewiesen werden konnten.

In den meisten Untersuchungen kam eine Reihe von unterschiedlichen Indikatoren zum Nachweis der Muskelschädigung zum Einsatz, von denen nicht immer für alle gleichermaßen ein positiver Effekt aufgezeigt werden konnte. Das gleiche gilt für die Antioxidanzien, die in einigen der Studien miteinander verglichen wurden und von denen nicht für alle ein präventiver Effekt zu beobachten war. Soweit Wiederholungsuntersuchungen durchgeführt wurden, konnte ein Reihe von Untersuchern ihre primär positiven Ergebnisse später nicht mehr reproduzieren.

Die Gesamtproblematik kann hier nicht erschöpfend dargestellt werden. Der an weiteren Details interessierte Leser kann auf die Ergebnisse eines umfangreichen Symposiums zur Frage der Bedeutung der Antioxidanzien im Sport verwiesen werden, das vom *American College of Sports Medicine* durchgeführt und von seinen beiden Vorsitzenden, Jenkins und Goldfarb, veröffentlicht wurde. In seiner Zusammenfassung hierzu stellt Goldfarb fest, daß aufgrund der vorliegenden Daten für den Trainierten ein erhöhter Bedarf an Antioxidanzien anzunehmen ist. Zur definitiven Beantwortung der Frage, ob Antioxidanzien einen präventiven Effekt gegenüber der belastungsinduzierten Lipidperoxidation und Muskelschädigung bewirken, bedarf es noch zusätzlicher Untersuchungen. Dieser Tenor entspricht auch der Tendenz weiterer Übersichten, beispielsweise von Kanter.

Die Bedeutung spezieller Vitaminpräparate für den Sportler

Die einschlägige Industrie bietet dem Sportler eine Fülle von Präparaten an, die angeblich seine Leistungsfähigkeit steigern sollen, von einfachen Vitaminpillen über Multivitamin- oder Vitamin-Mineralpräparate bis hin zu mehr oder minder geheimnisvollen Spezialmixturen wie Bienenpollen etc. Im folgenden soll auf vier solcher Präparate näher eingegangen werden, für die im Augenblick besonders viel Werbung gemacht wird.

Multivitamin-Mineral-Präparate

Nachdem Vitamine und Mineralstoffe im Stoffwechsel eng miteinander zusammenarbeiten, wurde eine mögliche leistungssteigernde Wirkung von entsprechenden Kombinationen schon seit einem halben Jahrhundert wissenschaftlich untersucht. Wie Williams in seiner Übersicht feststellt, sind die älteren Untersuchungen hierzu aus heutiger Sicht methodisch allerdings nur unzureichend durchgeführt. Neuere Untersuchungen zeigen keinen leistungssteigernden Effekt solcher Präparate bei Sportlern, die sich ausgewogen ernähren. So beobachteten Barnett und Conlee nach einer vierwöchigen Substitution durch ein Multivitaminmineralpräparat, das zusätzlich Aminosäuren enthielt, keine Verbesserung der maximalen Sauerstoffaufnahme. Weight führte in Südafrika eine plazebokontrollierte Doppelblindstudie über drei Monate durch. Während es in der Vitaminsubstitutionsphase über drei Monate zu einem Anstieg der Serumkonzentrationen einiger Vitamine kam, wurde keine Verbesserung der maximalen Sauerstoffaufnahme, der aerob-anaeroben Schwelle, der Laufzeit auf dem Laufband bis zur Erschöpfung bzw. der Leistung über eine 15 km-Strecke verzeichnet. Ähnliche Ergebnisse wurden von Labadarios aus der gleichen Arbeitsgruppe berichtet. Schrijver et al. führten gleichfalls eine plazebokontrollierte Doppelblind-Untersuchung durch, in der über 4 Monate alle Vitamine außer Vitamin K, zuzüglich Eisen, in einer Menge, die dem Zehnfachen des empfohlenen Tagesbedarfs entsprach, substituiert wurden. Die Autoren fanden keinen Effekt auf die körperliche Leistungsfähigkeit gemessen an der Belastungsherzfrequenz, der VO_2max, sowie der Laufzeit im Cooper-Test. Singh et al. applizierten bei 22 gesunden Sportlern über 90 Tage entweder ein hochdosiertes Multivitamin-Mineral-Präparat oder ein Plazebo. Die Vitamindosis lag im Bereich von 300–6000 % des regulären Tagesbedarfs. Es kam zwar zu einem Anstieg der Serumkonzentration einer Reihe von Vitaminen, jedoch zu keiner signifikanten Verbesserung von Leistungsparametern während eines 90 min-Laufes, der maximalen Herzfrequenz, der VO_2max oder der Laufzeit bis zur subjektiven Erschöpfung. Schließlich führte R. Telford, leitender Leistungsphysiologe und Ernährungswissenschaftler am australischen Sportinstitut zusammen mit seiner Arbeitsgruppe eine Untersuchung durch, bei der 82 Spitzensportler randomisiert einer Plazebo- oder einer Vitaminsubstitutionsgruppe zugeordnet wurden. Die Vitamindosen lagen im Bereich von 100–5000 % der empfohlenen Tagesaufnahmemenge, die Applikationszeit lag zwischen 7 und 8 Monaten. Die Leistungsuntersuchungen geschahen jeweils sportartspezifisch als Schwimmtests, Kraftuntersuchungen, Bestimmung der anaeroben Leistungsfähigkeit im 400 m-Lauf bzw. der aeroben Leistungsfähigkeit in einem 12 min-Lauf bzw. durch die Bestimmung der VO_2max. Die Autoren fanden keine Verbesserung der Leistungsparameter im Vergleich zur Kontrollgruppe, deren Vitamin- und Mineralbedarf nur durch die Ernährung gedeckt wurde.

Zusammenfassend kann aufgrund der derzeitigen Literaturlage keinerlei leistungssteigernder Effekt eines Multivitamin-Mineral-Präparats bei ausreichend ernährten Sportlern erwartet werden.

Bienenpollen

Bienenpollen, die chemisch eine Mischung verschiedener Vitamine, Mineralstoffe, Aminosäuren und anderer Nährstoffe enthalten, werden als natürliches Wundermittel zur Steigerung der Leistungsfähigkeit des Sportlers, speziell des Läufers, angeboten. Aufgrund der Bedeutung der in ihnen enthaltenen Vitamine für die Energiebereitstellung bieten sich einige theoretische Ansätze für einen leistungssteigernden Effekt an, seriöse wissenschaftliche Beweise hierfür liegen jedoch bisher nicht vor. Soweit sich die Werbung auf Veröffentlichungen bezieht, sind diese überwiegend zweifelhafter Natur. In einer Untersuchung wurde angeblich eine Beschleunigung der Erholungsfähigkeit von Sportlern nach der Einnahme von Bienenpollen beobachtet. In sechs wissenschaftlich korrekt, plazebokontrolliert und doppelblind durchgeführten Untersuchungen konnte nach Gabe von Bienenpollen dagegen kein Effekt auf die VO_2max oder andere Leistungsparameter speziell der Ausdauerleistungsfähigkeit gefunden werden, ebensowenig auf die Erholungsgeschwindigkeit nach einer erschöpfenden Belastung. Ferner ist die Einnahme von Bienenpollen nicht ganz risikofrei, da entsprechend empfindliche Individuen allergisch darauf reagieren können.

Vitamin B$_{15}$

Vitamin B$_{15}$ ist die Bezeichnung für ein weiteres Präparat, das Sportlern zur Leistungssteigerung kommerziell angeboten wird. Chemisch läßt sich dieser Begriff nur unscharf definieren. Es handelt sich nicht um eine fest umrissene chemische Substanz, sondern um eine Mischung von verschiedenen Verbindungen. Synonym wird auch der Begriff Pangamsäure benutzt. Eine patentierte Form ist das Kalziumpangamat, das eine Mischung aus Kalziumglukonat und Dimethylglyzin, einer Aminosäure, darstellt. Der Begriff Vitamin B$_{15}$ ist schon deshalb inkorrekt, da bisher Mangelzustände für diese Verbindungen nicht nachgewiesen wurden. Die Vermarktung dieses fragwürdigen Vitamins als ergogene Hilfe beruht auf angeblichen russischen Untersuchungen an Ratten, nach denen es bei diesen zu einer Steigerung der oxidativen Prozesse unter körperlicher Belastung führt. Die Hersteller konnten einen Boxweltmeister sowie ein Profi-Footballteam für sich verpflichten, deren Leistungsfähigkeit sich hierunter verbessert haben soll. Ernsthafte wissenschaftliche Untersuchungen bzw. Publikationen, die dies belegen, liegen nicht vor. Dagegen wurden vier Untersuchungen veröffentlicht, nach denen eine Vitamin B_{15}-Substitution zu keiner Verbesserung von Herz-Kreislauf- oder Stoffwechselparametern während körperlicher Belastung, der VO_2max oder der Ausdauerleistungsfähigkeit führt. Aufgrund der derzeitigen wissenschaftlichen Datenlage kann somit nicht von einer leistungssteigernden Wirkung des sogenannten Vitamin B_{15} ausgegangen werden. Hinzu kommt, daß die Einnahme einzelner Verbindungen, die unter diesem Begriff aufsummiert werden, mit gesundheitlichen Risiken verbunden sein kann.

CoQ10

CoQ10, eine Abkürzung für Koenzym Q10, auch als Ubichinon bezeichnet, ist ein Lipid, das biochemisch mit dem Vitamin K verwandt ist und einige Eigenschaften aufweist, die für Vitamine charakteristisch sind. Es findet sich in den Mitochondrien aller Säugetiere, in besonders hoher Konzentration im Herzmuskel, sowie in anderen menschlichen Organen. Physiologisch ist es als Teil der Atmungskette am oxidativen Stoffwechsel der Mitochondrien beteiligt und wichtig für die ATP-Bildung. Weiterhin besitzt es antioxidative Eigenschaften. Im medizinischen Bereich wurde es zur Behandlung von Herz-Kreislauf-Erkrankungen eingesetzt, nachdem Befunde erhoben wurden, nach denen es den Herzmuskel bei relativem Sauerstoffmangel vor Schädigungen schützt. Ein wissenschaftlicher Beweis für die klinische Bedeutung dieser Befunde wurde jedoch bis jetzt noch nicht erbracht.

Aufgrund von Untersuchungen, nach denen Ubichinon bei Herzpatienten zu einer Verbesserung der Herzfunktion, der maximalen Sauerstoffaufnahme und der Leistungsfähigkeit führen kann, wurde für dieses Koenzym auch eine leistungssteigernde Wirkung bei gesunden Sportlern angenommen. Diese Ansicht wurde durch Befunde unterstützt, nach denen gut trainierte Sportler im Vergleich zu untrainierten Kontrollpersonen einen erniedrigten Koenzym Q10-Spiegel im Serum aufweisen, der durch Substitution aus-

geglichen werden kann (Literatur siehe bei Bucci 1993). Aufgrund seiner biologischen Funktion könnte Ubichinon somit vor allem die aerobe Ausdauerleistungsfähigkeit verbessern. Dagegen wurde von Demopoulous et al. eher ein negativer Effekt auf die Leistungsfähigkeit angenommen. Nach Ansicht dieser Autoren kann Koenzym Q10 bei oraler Einnahme autooxidativ wirken, freie Radikale bilden und damit die Mitochondrien schädigen.

In seiner zusammenfassenden Darstellung zur Frage der ergogenen Hilfen zitiert Bucci zum Thema Koenzym Q10 sechs Untersuchungen, nach denen es unter dieser Substanz zu einer Verbesserung folgender Parameter kommt: VO_2max, maximale Belastbarkeit, aerobe Leistungsfähigkeit, antioxidative Funktion. Die Untersuchungen wurden bei unterschiedlichen Kollektiven durchgeführt, wie untrainierten jungen Männern und Frauen im mittleren Lebensalter, trainierten Volleyballspielern, männlichen Basketballprofis und Langläufern. Die meisten dieser Untersuchungen wurden ausschließlich in einem spezifisch zu diesem Thema veröffentlichten Buch „Biomedizinische und Klinische Aspekte des Koenzyms Q" veröffentlicht und nicht in referierten wissenschaftliche Zeitungen. Die meisten dieser Studien weisen schwere methodische Mängel auf, entweder fehlt die Kontrollgruppe oder das Plazebo bzw. das Präparat wurden nicht in randomisierter Reihenfolge gegeben, und/oder die maximale Sauerstoffaufnahme wurde nur aus der maximalen Herzfrequenz abgeleitet, d. h. nicht gemessen.

Zur Frage einer leistungssteigernden Wirkung von Koenzym Q10 liegen nur wenige Studien vor. Soweit sie vorhanden sind, zeigen sie überwiegend keinen positiven Effekt. Zuliani et al. beobachteten nach Applikation von 100 mg CoQ10 täglich über einen Monat bei untrainierten Männern unter submaximaler und maximaler Belastung nur geringfügige Veränderungen des Blutzuckers bzw. des Laktatspiegels. Allerdings wurden die Konzentrationen an freien Fettsäuren und Glyzerin gesenkt. Leistungsdaten finden sich in der Veröffentlichung nicht. Braun et al. fanden bei gleicher Dosierung der Substanz, die über acht Wochen gegeben wurde, zwar einen

Anstieg der Ubichinonkonzentration im Serum, jedoch keinen Einfluß auf submaximale Leistungsparameter, wie aerobe Kapazität, VO$_2$max, Belastungszeit bis zur Erschöpfung auf dem Fahrradergometer bzw. auf Indikatoren der Lipidperoxidation, somit keinen Hinweis auf einen Effekt im Bereich des aeroben Stoffwechsels bzw. keine antioxidative Funktion. Ferner liegt eine Reihe von Abstracts über Untersuchungen vor, aus denen gleichfalls kein leistungssteigernder Effekt des Koenzym Q10 hervorgeht. Roberts fand bei männlichen und weiblichen Studenten nach 100 mg über 10 Wochen zwar einen signifikanten Anstieg der Serumkonzentration von Ubichinon, jedoch keine Effekte auf die Herz-Kreislauf-Funktion bzw. die VO$_2$max. Porter und Wagner aus der Arbeitsgruppe von Costill überprüften die Leistungsparameter nach Applikation von 150 mg der Substanz täglich über zwei Monate bei männlichen und weiblichen Studenten auf dem Fahrradergometer bzw. bei einer Kraftbelastung des Unterarms mit 65 % der Maximalkraft. Sie fanden keine Effekte auf die VO$_2$max, die Laktatschwelle oder Parameter des aeroben bzw. Laktatstoffwechsels am Unterarm. Probanden im mittleren Lebensalter berichteten diesen Studien zufolge jedoch unter Einfluß von Co Q10 über das Gefühl gesteigerter Vitalität. Snider et al. überprüften in einer doppelblind, plazebokontrolliert durchgeführten Cross-over-Studie die Auswirkungen eines kommerziell angebotenen Präparats, das neben CoQ10 auch Vitamin E, Inosin und Zytochrom C enthält, auf die Ausdauerleistungsfähigkeit. Das Präparat, dessen Einnahme unter Ausdauersportlern, speziell Triathleten, weit verbreitet ist, wurde über vier Wochen appliziert. Der Belastungstest bestand, den Bedingungen des Triathleten nachempfunden, in einem 90 min-Lauf auf einem Laufband bei 70 % der VO$_2$max, gefolgt von einer Fahrradbelastung gleichfalls bei 70 % der VO$_2$max, die bis zur Erschöpfung durchgehalten werden sollte. Es fand sich unter dem Präparat kein Hinweis auf eine verbesserte Leistungsfähigkeit.

Zusammenfassend ist eine endgültige Stellungnahme zur Wirksamkeit des CoQ10 aufgrund der wissenschaftlichen Datenlage bisher noch nicht möglich. In seiner Übersicht hierzu zitiert Bucci einige positive Befunde, die methodisch allerdings fragwürdig sind. Zum Teil standen Bucci auch noch nicht alle jetzt vorliegenden Untersuchungen zur Verfügung. Weitere Studien zu dieser Thematik sind daher erforderlich. Bucci unterstreicht jedoch, daß Gesundheitsschäden auch bei längerfristiger Einnahme der Substanz bisher nicht bekannt geworden sind.

Zusammenfassende Betrachtung

Aufgrund der bisherigen wissenschaftlichen Datenlage ergibt sich kein überzeugender Hinweis für eine Leistungssteigerung durch einzelne Vitamine, Vitamin-Mineral-Kombinationen oder vitaminartige Substanzen. Positiven Hinweisen sollte durch weitere wissenschaftliche Untersuchungen nachgegangen werden, zum Beispiel einem möglichen Effekt von Vitamin E auf die Leistungsfähigkeit unter Höhenbedingungen. Zur Zeit sollte man dem Sportler empfehlen, seinen Vitaminbedarf über eine vernünftige Ernährung abzudecken. Solchen Sportlern, die glauben, unbedingt Vitamintabletten einnehmen zu müssen, sollte man raten, Multivitaminpräparate zu verwenden, die von allen Vitaminen, außer dem Vitamin K, 50 %–150 % der empfohlenen Tagesmengen und zusätzlich Mineralstoffe enthalten.

7.6 Vitaminpräparate – gesundheitliche Aspekte

Vitaminpräparate werden in großen Mengen verbraucht, eine stichhaltige gesundheitliche Begründung hierfür gibt es nicht. Die Ernährung in der westlichen Industriegesellschaft deckt den Vitaminbedarf mehr als ausreichend. Auch wenn sich für bestimmte Bevölkerungsgruppen eine Vitaminzufuhr nachweisen läßt, die unter den empfohlenen Tagesmengen liegt, so führt dies im allgemeinen nicht zu Krankheitserscheinungen, da die üblichen Empfehlungen eine große Sicherheitsbreite enthalten. Trotzdem hämmert die einschlägige Werbung der Bevölkerung unverdrossen die Mär von einer nicht ausreichenden Vitaminversorgung aufgrund unserer nicht mehr natürlichen Ernährung ein. Vitamine werden als Wundermittel gegen alles mögliche angepriesen, zur Bekämpfung des psychosozialen Stresses, zur Vorbeugung gegen Erkältungen, zur Senkung des Cholesterins im Blut, zur Verhinderung von Haarausfall, Altern, Arthritis, Krebs und was auch immer. Angesichts einer solch intensiven Werbung ist es nicht verwunderlich, daß beispielsweise in den USA 35–40 % der Bevölkerung Vitaminpillen einnehmen und dafür jährlich mehr als vier Milliarden Dollar ausgeben. Vitamine sind das große Geschäft. Sie werden für alle Bevölkerungsgruppen angepriesen, gewissermaßen von der Wiege bis zur Bahre, vom Vitaminzusatz für den Säugling bis hin zu Vitaminpillen, die dem Greis wieder auf die Sprünge helfen sollen.

In den vorausgegangenen Abschnitten wurden die Vitamine jeweils einzeln abgehandelt unter Besprechung von Mangelzuständen, bzw. der Auswirkung einer Substitution auf die Gesundheit (siehe Tabelle 7.1). Im folgenden Abschnitt soll eine Übersicht über allgemeine Empfehlungen zu einer vernünftigen Vitaminversorgung mit der Ernährung sowie über den möglichen gesundheitlichen Nutzen der Einnahme von Vitaminpräparaten allgemein gegeben werden.

Die Deckung des Vitaminbedarfs durch vernünftige Ernährung

Wenn man die Werbung für Vitaminpräparate liest, so kommt man zu dem Eindruck, daß es schwierig bis unmöglich ist, sich alleine durch die Ernährung ausreichend mit Vitaminen zu versorgen. Solche Behauptungen stehen im krassen Gegensatz zu allen Empfehlungen und Richtlinien medizinischer und ernährungswissenschaftlicher Gesellschaften, nach denen eine vernünftige, ausgewogene Ernährung für gesunde Personen den Bedarf an allen wichtigen Nährstoffen mehr als abdeckt. Die Wahrheit dürfte – wie immer – in der Mitte liegen. Im allgemeinen ist eine vernünftige Ernährung für die Vitaminversorgung sicher ausreichend, in Einzelfällen kann es allerdings Ausnahmen geben.

Zu Problemen mit der Vitaminversorgung kann es aus mehreren Gründen kommen. Durch die industriellen Aufbereitungsprozesse vieler Nahrungsmittel gehen Vitamine verloren. Bei der Bleichung des Getreides zu Mehl werden beispielsweise Vitamine zerstört, die im Getreidekorn vorhanden sind. Diese werden dann anschließend zwar zum Teil wieder angereichert, jedoch oft nicht vollständig. Industrieprodukte können daher weniger Vitamine enthalten als naturbelassene Lebensmittel. Diese Aussage gilt jedoch keineswegs generell. Durch die Anreicherung mit Vitaminen können Industrieprodukte teilweise durchaus auch einen erhöhten Vitamingehalt aufweisen. Dies gilt beispielsweise für die Anreicherung von Milch mit den Vitaminen A und D bzw. den Zusatz von Vitamin C als Antioxidanz zu einer Reihe von Lebensmitteln. Weitere Vitaminverluste können durch eine unzureichende Lagerung von Lebensmitteln eintreten. Schon direkt mit der Ernte beginnt sich beispielsweise durch die Einwirkung von Luft, Wärme und Licht der Vitamingehalt in Obst und Gemüse zu vermindern. Um diesen Prozeß zu verhindern, sollte die Lagerung in gekühlter bzw. eingefrorener Form, in luftdichten Behältern und im Dunkeln vorgenommen werden. Auch ungeeignete Zubereitungsmethoden können Vitaminverluste bewirken. Vitaminreiche Lebensmitteln sollten nicht allzu lange hohen Temperaturen ausgesetzt werden, Gemüse sollte nicht in Wasser gekocht werden. Wesentlich günstiger für den Erhalt der Vitamine sind Dünsten, Erhitzen in der Mikrowelle, die Verwendung von Dampftöpfen bzw. wasserfreies Kochen. Wer sich nur von industriell vorgefertigten Lebensmitteln ernährt, die dann dazu noch zuhause schlecht zubereitet werden, läuft somit Gefahr, in seiner Vitaminversorgung unterhalb der empfohlenen Aufnahmemengen zu bleiben.

Um sich ausreichend mit Vitaminen zu versorgen, sollte man sich möglichst ausgewogen und mit möglichst naturbelassenen Lebensmitteln ernähren, die eine hohe Nährstoffdichte besitzen. Die Lebensmittel sollten in so weit als möglich natürlichem Zustand gekauft, geeignet gelagert und so zubereitet werden, daß ein nur geringer Vitaminverlust entsteht. Im allgemeinen sollte man, ob Sportler oder Nichtsportler, seinen Vitaminbedarf über eine vernünftige Ernährung abdecken. Dadurch hat man die Garantie, daß man gleichzeitig auch andere wichtige Nährstoffe in ausreichender Menge zu sich nimmt, insbesondere Mineralsubstanzen, die häufig mit Vitaminen zusammenarbeiten, z. B. Vitamin D und Kalzium, Vitamin B_6 und Magnesium, Vitamin E und Selen. Für den körperlich aktiven Sportler gibt es noch einige weitere, über diese allgemeinen Empfehlungen hinausgehende Hinweise. Körperliche Aktivität kann zu einem Mehrbedarf an wasserlöslichen Vitaminen führen. Dieser wird im allgemeinen jedoch problemlos mit der erhöhten Kalorienzufuhr abgedeckt, wenn dies in Form von Lebensmitteln mit hoher Nährstoffdichte geschieht. Tabelle 7.2 gibt einen Überblick über Lebensmittel, die größere Mengen an wichtigen Vitaminen enthalten. Tabelle 7.3 zeigt eine Liste von zehn Lebensmitteln, durch die bei mindestens 1200 Kal wenigstens 100 % der empfohlenen Tagesaufnahmemengen aller Vitamine abdeckt werden, unter Voraussetzung einer hinreichenden Sonnenexposition zur körpereigenen Synthese von Vitamin D, bzw. einer ungestörten Bildung von Biotin und Vitamin K durch die Darmbakterien.

Tab. 7.2 Vitaminreiche Lebensmittel

Vitamin A (Retinol)	Rinderleber, Fischleber (Lebertran), Eidotter, Milch, Butter, Käse, vitaminangereicherte Margarine, gelbe Blattgemüse (Karotten, Süßkartoffeln), dunkelgrüne Blattgemüse (z.B. Spinat)
Vitamin B_1 (Thiamin)	Schweinefleisch, Hülsenfrüchte (getrocknete Bohnen und Erbsen), Milch, Nüsse, Erdnüsse, Vollkornprodukte und vitaminangereicherte Getreideprodukte (Brot), sämtliche Gemüse, Obst
Vitamin B_2 (Riboflavin)	Fleisch, Innereien (Leber, Niere), Eier, Milch, Käse, Vollkornprodukte und vitaminangereicherte Getreideflocken, Weizenkeimöl, dunkelgrüne Blattgemüse
Niacin	Mageres Fleisch, Innereien (Leber), Geflügel, Hülsenfrüchte, Erdnüsse, Erdnußbutter, Vollkornprodukte und vitaminangereicherte Getreideflocken
Vitamin B_6 (Pyridoxin)	Fleisch, Hühnchen, Fisch, Vollkorngetreideprodukte, Körner, Gemüse
Pantothensäure	Fleisch, Hühnchen, Fisch, Milch, Käse, Hülsenfrüchte, Vollkornprodukte
Folsäure	Fleisch, Leber, Eier, Milch, Hülsenfrüchte, Vollkornprodukte, dunkelgrüne Blattgemüse
Vitamin B_{12} (Cyanocobalamin)	Fleisch, Hühnchen, Fisch, Eier, Milch, Käse, Butter (keine pflanzlichen Lebensmittel)
Biotin	Fleisch, Leber, Eidotter, Hülsenfrüchte, Nüsse, Gemüse
Vitamin C (Ascorbinsäure)	Zitrusfrüchte (Orangen, Zitronen, Grapefrucht), Melonen, Erd- und zahlreiche andere Beeren, Tomaten, Brokkoli, Kohl, grüner Salat, grüner Pfeffer, Blumenkohl
Vitamin D (Cholecalciferol)	Leber, Thunfisch, Lachs, Lebertran, Eier, vitaminangereicherte Milch und Margarine
Vitamin E (Tocopherol)	Hülsenfrüchte, Nüsse, Pflanzenkörner, Margarine, Salatöle, Weizenkeimöl, dunkelgrüne Blattgemüse
Vitamin K (Phyllochinon)	Schweinefleisch, Leber, Rindfleisch, dunkelgrüne Blattgemüse, Blumenkohl, Kohl, Spinat

Tab. 7.3 Beispiel für eine 1200-Kalorien-Ernährung, die mindestens 100 % des Tagesbedarfs aller wichtigen Vitamine enthält

Lebensmittel	Menge
Magermilch ange-reichert mit Vitamin A und D	2 Meßbecher*
Karotten	eine mittlere
Orange	eine durchschnitt-liche Frucht
Vollkornbrot	4 Scheiben
Hühnchenbrust geröstet	100 g
Margarine	1 Teelöffel
Getreideflocken	60 g
Thunfisch in Wasser	100 g
Blumenkohl	1/2 Meßbecher
Brokkoli	1 Stange

* 1 Meßbecher = 250 ml

Gründe für eine Vitaminsubstitution

Die Einnahme von Vitaminpräparaten wird häufig aus guten Gründen und in gutem Glauben empfohlen. So raten viele Ärzte Frauen in der Schwangerschaft und Stillperiode aufgrund eines erhöhten Bedarfs an mehr oder minder allen Vitaminen zu solchen Präparaten. Auch funktionelle Störungen bzw. Krankheitszustände können zu einem erhöhten Bedarf an speziellen Vitaminen führen. Störungen in der Fettresorption resultieren beispielsweise in einem Mangel an fettlöslichen Vitaminen. Ein Mangel an intrinsischem Faktor macht die Injektion von Vitamin B_{12} erforderlich. Intoleranzen gegen bestimmte Lebensmittel, z. B. eine Milchzuckerunverträglichkeit, kann zur Reduktion der Aufnahme von wichtigen Vitaminen wie Riboflavin und Vitamin D führen. Auch die Einnahme von Medikamenten kann als Nebenwirkung Vitaminmangelzustände hervorrufen. So können beispielsweise Antibiotika

die Darmbakterien abtöten und damit ihre Vitamin K-Produktion unterbrechen. In solchen Fällen wird der Arzt sinnvollerweise eine gezielte Vitaminsubstitution durchführen.

Eine Vitaminsubstitution kann ferner für bestimmte Individuen aufgrund ihrer speziellen Lebensbedingungen sinnvoll sein. Bei einer stark kalorienreduzierten Kost von 1200 Kal und weniger ist häufig ohne Vitaminpräparate eine ausreichende Versorgung nicht mehr sichergestellt. Auch eine kalorisch ausreichende Ernährung kann dann, wenn sie ungünstig zusammengestellt ist, zu Vitamindefiziten führen. Ein erhöhter Bedarf für bestimmte Vitamine kann durch die Einnahme von Drogen, durch Zigarrettenrauchen, durch Alkoholismus sowie durch die medizinisch indizierte Einnahme von Medikamenten, wie Aspirin oder orale Kontrazeptiva („Antibabypille"), induziert werden. In solchen Fällen empfiehlt sich ein Vitaminersatz, am günstigsten durch Multivitaminpräparate, die 50–150 % der empfohlenen Tagesmenge von allen wichtigen Vitaminen enthalten. Die Einnahme solcher Präparate auch über längere Zeit hinweg führt nach übereinstimmender Ansicht nicht zu gesundheitlichen Schädigungen. Die pharmazeutische Industrie bietet eine Reihe von solchen Präparaten an. Auch wenn von großen Teilen der Bevölkerung teilweise unvernünftig hohe Dosen von Vitaminpräparaten eingenommen werden, ohne daß bisher gesundheitliche Schäden bekannt geworden sind, ist bei längerfristiger Einnahme von solchen Multivitaminpräparaten und vor allem Megadosen an Vitaminen eine ärztliche Kontrolle anzuraten.

Gründe für die Einnahme von Vitaminen in Megadosen

Wie bereits mehrfach festgestellt, läßt sich im allgemeinen eine ausreichende Vitaminversorgung durch eine vernünftig zusammengesetzte Ernährung problemlos erreichen. Die Gesamtmenge an allen 13 Vitaminen, die wir täglich zu uns nehmen müssen, liegt im Bereich von 100 mg. Trotzdem nehmen viele nach dem Motto „viel hilft viel" teilweise unglaublich hohe Mengen von Vitaminen im

Grammbereich und dies angeblich aus Gesundheitsgründen zu sich. Am häufigsten sind dies Vitamin C und E, zunehmend aber auch Betakarotin, also diejenigen Verbindungen, die aufgrund ihrer antioxidativen Eigenschaften heute zunehmend interessant geworden sind. Obwohl nach Kim et al. durch die Einnahme von Vitamin- und Mineralpräparaten keine Verlängerung der Lebenserwartung angenommen werden kann, sind in letzter Zeit einige interessante Gesundheitsaspekte für die Antioxidanzien bekannt geworden.

Wie bereits mehrfach diskutiert können sich freie Radikale durch die Oxidation von ungesättigten Fettsäuren in den Zellwänden bzw. den subzellulären Membranen gewebsschädigend auswirken. Sie werden mit den Alterungsprozessen ebenso wie mit der Entstehung von mehr als 60 verschiedenen Erkrankungen unter Einschluß von Herz-Kreislauf- und Krebserkrankungen in Verbindung gebracht. Koltover schätzt, daß die menschliche Lebenserwartung bei 250 Jahren läge, wenn es die freien Radikale nicht geben würde. Die Zelle besitzt einen Verteidigungsapparat gegenüber diesen negativen Effekten in Form einer Reihe von antioxidativ wirksamen Enzymen. Wir verfügen heute über eine zunehmende Fülle von wissenschaftlichen Daten darüber, wie wir diese Abwehrmechanismen durch die Zusammensetzung unserer Ernährung unterstützen können.

In zahlreichen epidemiologischen Untersuchungen konnte belegt werden, daß ein hoher Anteil an Obst und Gemüse in der Ernährung präventiv gegenüber der Entwicklung einer Reihe von verschiedenen Krebsformen wirkt, wobei der genaue Mechanismus dieser Wirkung bisher noch nicht bekannt ist. Von einer Reihe von Autoren wird die Ursache in bestimmten Phytochemika wie Sulforaphan in Pflanzen gesehen, die wachstumshemmend auf Tumoren wirken. Andere Autoren führen diesen günstigen Effekt auf antioxidativ wirksame Vitamine, wie Vitamin C, E und Betakarotin zurück, die natürlicherweise in Obst und Gemüsen vorkommen, nachdem in einer Reihe von epidemiologischen Untersuchungen belegt werden konnte, daß eine hohe Konzentration an Antioxidanzien das Risiko von Krebserkrankungen vermindert. In einer Übersicht hierzu stellte Block biochemische Daten vor, nach denen die Einnahme von Antioxidanzien gegenüber den Auswirkungen von negativen Umweltfaktoren wie Zigarrettenrauchen und Luftverschmutzung, die freie Radikale bilden können und damit die Krebsentstehung begünstigen, schützt. Antioxidanzien können ferner das Immunsystem unterstützen, dem wichtigsten körpereigenen Verteidigungsmechanismus gegenüber bösartigen Tumoren.

Neuere Untersuchungen zeigen weiterhin eine mögliche präventive Wirkung von Antioxidanzien gegenüber der Entwicklung von Herz-Kreislauf-Erkrankungen. In zwei Studien konnten Rimm et al. für Männer bzw. Stampfer et al. für Frauen nachweisen, daß die Einnahme von hohen Vitamin E-Dosen das Risiko der Entwicklung einer koronaren Herzkrankheit vermindert. Als Mechanismus wird die Verhinderung der Oxidation von LDL-Cholesterin und dadurch die Hemmung der Ausbildung einer Atherosklerose gesehen. Auch anderen Erkrankungen, etwa der Entwicklung eines Katarakts, soll durch antioxidativ wirksame Nährstoffe vorgebeugt werden können. Aufgrund solcher Daten wird heute die Einbeziehung von möglichst viel Obst und Gemüse in die Ernährung empfohlen. Das amerikanische nationale Krebsinstitut wirbt beispielsweise mit dem Slogan „Fünf mal täglich für mehr Gesundheit" dafür, täglich fünf oder besser mehr Portionen an Obst und/oder Gemüse zu sich zu nehmen.

Zur Frage, ob durch eine Substitution von Antioxidanzien über deren natürliches Vorkommen in Obst und Gemüsen hinaus eine zusätzliche Schutzwirkung gegenüber Herz-Kreislauf-, Krebs- oder anderen chronischen Erkrankungen erreicht werden kann, liegen bisher nur wenige gesicherte epidemiologische Daten vor. Gridley et al. fanden bei Personen, die regelmäßig Vitamin C und E-Präparate einnehmen, ein signifikant niedrigeres Risiko für die Entwicklung von Mund- oder Rachenkrebs. In den bereits zitierten Untersuchungen von Rimm und Stampfer fand sich das niedrigste Risiko der Entwicklung einer koronaren Herzkrankheit in der Gruppe, die regelmäßig Vitamin E-Präparate einnahm. Obwohl solche Daten ermutigend sind, wird auch von den Autoren hervorgehoben, daß sie zunächst nur einen statistischen und nicht einen kausalen Zusammenhang darstellen.

Eine solche kausale Beziehung läßt sich nur aufgrund von Interventionsstudien sichern. Auch hierzu liegen einige Daten vor. Shibata fand bei Frauen, aber nicht bei Männern nach der Einnahme von Antioxidanzien ein niedrigeres Risiko für die Entwicklung von bösartigen Blasen- bzw. Kolontumoren. Chandra berichtete über eine verbesserte Immunität von älteren Probanden, die über ein Jahr hinweg täglich ein Multivitamin-Mineralpräparat einnahmen, das das Vierfache des Tagesbedarfs an Vitamin E und Betakarotin enthielt, daneben auch noch kleinere Mengen an 16 verschiedenen Vitaminen und Mineralstoffen. Meydani et al. registrierten eine verbesserte Immunlage bei älteren Personen, die über einen Monat täglich 800 mg Vitamin E erhielten. Auf der anderen Seite konnte in einer finnischen Untersuchung, bei der männliche Raucher 5–8 Jahre lang Vitamin E bzw. Betakarotin erhielten, keine Reduktion der Inzidenz an Lungenkrebs beobachtet werden, im Gegenteil, in der Gruppe, die Betakarotin einnahm, war die Lungenkrebsrate sogar höher. An dieser Untersuchung wird wiederum allerdings von anderen Autoren kritisiert, daß die Substitution erst im Alter von 65–69 einsetzte, zu einem Zeitpunkt also, zu dem das langjährige Zigarrettenrauchen aller Wahrscheinlichkeit nach schon irreversible Lungenschädigungen hervorgerufen haben dürfte, die durch Antioxidanzien nicht mehr reparabel waren. Schließlich registrierte eine Untersuchergruppe unter der Leitung von Greenberg, daß die Substitution von Vitamin C-, E- oder Betakarotin, jedes für sich oder in Kombination untereinander, in einer 4 Jahresperiode nicht zu einer Reduktion der Inzidenz an Adenomen, also gutartigen Tumoren, führte.

Zusammenfassend ist aufgrund der bisherigen Datenlage die Frage, ob die Einnahme von Vitamin C, E und Betakarotinpräparaten einen zusätzlichen präventiven Effekt gegenüber Herz-Kreislauf-, Krebs- oder anderen Erkrankungen bewirken kann, noch offen. Das Ergebnis weiterer klinischer Untersuchungen, die im Augenblick in größerer Zahl durchgeführt werden, bleibt abzuwarten.

Gefahren durch Vitamin-Megadosen?

Als „Megadosis" wird meist eine Vitamindosis bezeichnet, die die empfohlene Tagesmenge um mindestens das 10fache übersteigt, sie kann jedoch auch niedriger liegen, für das Vitamin A nur beim Fünffachen und beim Vitamin D nur beim Zweifachen der empfohlenen Menge. Bei einer ausreichenden Vitaminversorgung kann eine zusätzliche Zufuhr nichts nützen, unter bestimmten Bedingungen sogar gesundheitsschädlich sein. Wie betont, wirken Vitamine vor allem als Koenzyme. Das mit der Nahrung in den Körper aufgenommene Vitamin wird über die Blutbahn zu bestimmten Körperzellen transportiert und dort als Teil eines intrazellulären Enzymkomplexes übernommen. Wenn die Enzymkapazität der Zelle ausgereizt ist, kann sie mit einem weiteren Vitaminangebot nichts mehr anfangen. Das Überschußvitamin kann dann ein unterschiedliches Schicksal erfahren. Es wird, wie vor allem die wasserlöslichen Vitamine, entweder aus dem Körper ausgeschieden oder, wie die fettlöslichen Vitamine, gespeichert. Es kann aber auch einen Funktionswandel erfahren und vom Nährstoff zum Pharmakon, also zum Medikament, werden.

Obwohl die vorliegenden Daten zum gesundheitlichen Effekt von Antioxidanzien sehr vielversprechend sind, warnt daher eine Reihe von Autoren davor, bereits jetzt schon konkrete Empfehlungen hinsichtlich spezifischer Dosen zu geben. Es könnte sein, daß ein optimaler Gleichgewichtszustand zwischen freien Radikalen und Antioxidanzien im Körper bestehen muß, bei dessen Störung, auf welcher Seite des Gleichgewichts auch immer, es zu negativen gesundheitlichen Effekten kommen kann, deren klinische Manifestation möglicherweise Jahre benötigt.

Wie vorstehend in diesem Kapitel dargestellt, können Megadosen von bestimmten Vitaminen gesundheitlich ungünstige Effekte hervorrufen, speziell bei den Vitaminen A, D, Niacin und B_6. In den USA werden jährlich etwa 4000 Krankheitsfälle durch Überdosierung von Vitamin/Mineral-Präparaten registriert, darunter ca. 30 Todesfälle. In den meisten Fällen sind hiervon Kinder betroffen, es wurden jedoch auch eine Reihe von schweren Erkrankungen bei Erwachsenen beschrieben, darunter auch von Sportlern, die Vitamin-Megadosen eingenommen hatten, um ihre Leistungsfähigkeit zu verbessern. Bezüglich weiterer Einzelheiten kann der Leser auf zwei sehr gute Übersichten von Snodgrass bzw. Cook und McDermott verwiesen werden, die sich mit möglichen negativen Effekten einer zu hohen Vitaminsubstitution auseinandersetzen.

Empfehlungen zur Einnahme von Vitamin-Mineral-Präparaten

Obwohl keine wissenschaftlich begründete Empfehlung für die optimale Einnahme bestimmter Mengen für jedes einzelne Vitamin gegeben werden kann, hat Liebman das aktuelle Wissen bzw. den derzeitigen allgemeinen Konsens zur Frage der Einnahme von Vitamin- bzw. Elektrolytpräparaten in folgenden Empfehlungen zusammengefaßt:

Der optimale Gehalt für die einzelnen Vitamine bzw. Mineralstoffe pro Tablette sollte in folgenden Bereichen liegen:

1. *Vitamin A*: Möglichst hoher Anteil an Betakarotin und geringer Anteil an Retinol. Tabletten mit einem Gehalt von 5000 IU Vitamin A und mehr sollten außer in medizinisch begründeten Fällen nicht eingenommen werden.

2. *Vitamin C*: 250–500 mg pro Tablette

3. *Vitamin E*: 100–400 IU pro Tablette

4. *Folsäure*: 200 µg pro Tablette. Besonders wichtig für Frauen im gebärfähigen Alter. Hierdurch wird der in der natürlichen Ernährung vorhandene Folsäureanteil auf den Optimalwert von 400 µg täglich ergänzt.

5. *Vitamin D*: 400 IU pro Tablette, besonders wichtig für Frauen nach den Wechseljahren, die wenig Gelegenheit haben, sich der Sonne auszusetzen.

6. *Vitamin B_{12}*: 6 µg, besonders wichtig für Vegetarier

7. *Eisen, Kupfer und Zink*: Der Gehalt pro Tablette sollte nicht höher liegen als die empfohlenen Tagesmengen.

8. *Kalziumpräparate*: Besonders wichtig für Frauen, sie sollten nicht zusätzlich zu einer kalziumreichen Ernährung eingenommen werden.

9. *Chrom und Selen*: 50–200 µg

10. Teure Vitaminpräparate sind im allgemeinen nicht besser und enthalten die gleichen Inhaltsstoffe wie billige Haushaltspackungen.

Zum Abschluß dieser Empfehlung sollte aber nochmals hervorgehoben werden, daß sich fast alle Untersucher darüber einig sind, daß die vernünftigste Art und Weise einer Vitaminversorgung in einer ausgewogenen Ernährung besteht, die reich ist an frischem Obst und Gemüse.

Literatur

Bücher
Bucci, L. 1993. *Nutrients as Ergogenic Aids for Sports and Exercise*. Boca Raton, Fl: CRC Press.
Williams, M. H. 1985. *Nutritional Aspects of Human Physical and Athletic Performance*. Springfield IL: C. C. Thomas.
Williams, M. H. 1989. *Beyond Training: How Athletes Enhance Performance Legally and Illegally*. Champaign, Il: Leisure Press.

Übersichtsartikel
Block, G. 1992. The data support a role for antioxidants in reducing cancer risk. *Nutrition Reviews* 50:207–13.
Bulow, J. 1993. Lipid mobilization and utilization. In *Principles of Exercise Biochemistry*, ed. J. Poortmans. Basel, Switzerland: Karger.
Cook, M., and McDermott R. 1991. Vitamin supplementation: changing the view that more is better. *Journal of Health Education* 22:217–23
Demopoulous, H., et al. 1986. Free radical pathology: Rationale and toxicology of antioxidants and other supplements in sports medicine and exercise science. In *Sport, Health and Nutrition*, ed. F. Katch. Champaign, Il: Human Kinetics.
Enstrom, J. 1993. Counterpoint: Vitamin C and mortality. *Nutrition Today* 28:39–42, May/June.
Gerster, H. 1989. Review: The role of vitamin C in athletic performance. *Journal of the American College of Nutrition* 8:636–43.

Goldfarb, A. 1993. Antioxidants: role of supplementation to prevent exercise-induced oxidative stress. *Medicine and Science in Sports and Exercise* 25:232–36.

Herbert, V. 1993. Viewpoint: Does mega-C do more good than harm, or more harm than good? *Nutrition Today* 28:28–32, January/February

Hornig, D., et al. 1988. Vitamin C. In *Modern Nutrition in Health and Disease*, eds. m. Shils and V. Young. Philadelphia: Lea and Febiger.

Jenkins, R. 1993. Introduction: oxidant stress, aging, and exercise. *Medicine and Science in Sports and Exercise* 25:210–12.

Kanter, M. 1994. Free radicals, exercise, and antioxidant supplementation. *International Journal of Sport Nutrition* 4:205–20.

Keith, R. 1994. Vitamins and physical activity. In *Nutrition in Exercise and Sport*, eds. I. Wolinsky and J. Hickson. Boca Raton, Fl: CRC Press.

Koltover, V. 1992. Free radical theory of aging: view against the reliability theory. *EXS* 65:12–19

Liebman, B. 1993. The ultra mega vitamin guide. *Nutrition Action Newsletter* 20:7–9, January/February.

Short, S. 1994. Surveys of dietary intake and nutrition knowledge of athletes and their coaches. In *Nutrition in Exercise and Sport*, eds. I Wolinsky and J. Hickson. Boca Raton, Fl: CRC Press.

Snodgrass, S. 1992. Vitamin neurotoxicity. *Molecular Neurobiology* 6:41–73.

van der Beek, E. 1991. Vitamin supplementation and physical exercise performance. *Journal of Sports Sciences* 92:77–79.

Williams, M. 1989. Vitamin supplementation and athletic performance. 1989. *International Journal for Vitamin and Nutrition Research*, Supplement 30:161–91.

Spezielle Studien

Barnett, D., and Conlee, R. 1984. The effects of a commercial dietary supplement on human performance. *American Journal of Clinical Nutrition* 40:586–90.

Bonke, D. 1986. Influence of vitamin B_1, B_6 and B_{12} on the control of fine motoric movements. *Bibliotheca Nutritio et Dieta* 38:104–9.

Braun, B., et al. 1991. The effect of coenzyme Q10 supplementation on exercise performance, VO_2 max, and lipid peroxidation in trained cyclists. *International Journal of Sport Nutrition* 1:353–65.

Chandra, R. 1992. Effect of vitamin and trace-element supplementation on immune responses and infection in elderly subjects. *Lancet* 340:1124–27.

Coburn, S., et al. 1990. Effect of vitamin B_6 intake on the vitamin content of human muscle *FASEB Journal* 4:A365.

Greenberg, E., et al. 1994. Clinical trial of antioxidant vitamins to prevent colorectal adenomas. *New England Journal of Medicine* 331:141–47.

Gridley, G., et al. 1992. Vitamin supplement use and reduced risk of oral and pharyngeal cancer. *American Journal of Epidemiology* 135:1083–92.

Haralambie, G., 1976: Vitamin B_2 status in athletes and the influence of riboflavin administration on neuromuscular irritability. *Nutrition and Metabolism* 20:1.

Heath, E., et al. 1993. Effect of nicotinic acid on respiratory exchange ratio and substrate levels during exercise. *Medicine and Science in Sports and Exercise* 25:1018–123.

Hoffman, A., et al. 1989. Plasma pyridoxal phosphate concentrations in response to ingesting water of glucose polymer during a two hour run. *Medicine and Science in Sports and Exercise* 21:S59.

Kim, I., et al. 1993. Vitamin and mineral supplement use and mortality in a U.S. cohort. *American Journal of Public Health* 83:546–50.

Kobayashi, Y. 1974. Effect of vitamin E on aerobic work performance in man during acute exposure to hypoxic hypoxia. *Unpublished doctoral dissertation*. University of New Mexico.

Kolka, M., and Stephenson, L. 1990. Skin blood flow during exercise after niacin ingestion. *FASEB Journal* 4:A279.

Labadarios, D., et al. 1989. The effects of vitamin and mineral supplementation on running performance in trained athletes. *American Journal of Clinical Nutrition* 49:1133.

Matter, M., et al. 1978. The effect of iron and folate therapy on maximal exercise performance in female marathon runners with iron and folate deficiency. *Clinical Science* 72:415–22.

Meydani, M. 1992. Vitamin E requirement in relation to dietary fish oil and oxidative stress in elderly. *EXS* 62:411–18.

Peters, E., et al. 1993. Vitamin C supplementation reduces the incidence of postrace symptoms of upper-respiratory-tract infection in ultramarathon runners. *Americal Journal of Clinical Nutrition* 57:170–74.

Pincemail, J., et al. 1988. Tocopherol mobilization during intensive exercise. *European Journal of Applied Physiology* 57:188–91.

Porter, D., et al. 1992. The effect of oral coenzyme Q10 on the exercise tolerance of middle-aged, untrained men. *Medicine and Science in Sports and Exercise* 24:S49.

Rimm, E., et al. 1993. Vitamin E consumption and the risk of coronary heart disease in man. *New England Journal of Medicine* 328:1450–56.

Roberts, J. 1990. The effect of coenzyme Q10 on exercise performance. *Medicine and Science in Sports and Exercise* 22:S87.

Rokitzki, L., et al. 1994. •-tocopherol supplementation in racing cyclists during extreme endurance training. *International Journal of Sport Nutrition* 4:253–64.

Schrijver, J., et al. 1987. Effect of vitamin and iron supplementation on physical performance. Presented at International Symposium on Elevated Dosages of Vitamins: Benefits and hazards. Interlaken, Switzerland. September 1987.

Shibata, A. et al. 1992. Intake of vegetables, fruits, beta-carotene, vitamin C and vitamin supplements and cancer incidence among the elderly: a prospective study. *British Journal of Cancer* 66:673–79

Simon-Schnass, I., and Pabst, H. 1988. Influence of vitamin E on physical performance. *International Journal for Vitamin and Nutrition Research* 58:49–54.

Singh, A. et al. 1992. Chronic multivitamin-mineral supplementation does not enhance physical performance. *Medicine and Science in Sports and Exercise* 24:726–32.

Snider, I. et al. 1992. Effects of coenzyme athletic performance system as an ergogenic aid on endurance performance to exhaustion. *International Journal of Sport Nutrition* 2:272–86.

Stampfer, M., et al. 1993. Vitamin E consumption and the risk of coronary heart disease in women. New England Journal of *Medicine* 328:1444–49.

Telford, R., et al. 1992. The effect of 7 to 8 months of vitamin/mineral supplementation on athletic performance. *International Journal of Sport Nutrition* 2:135–53.

Telford, R., et al. 1992. The effect of 7 to 8 months of vitamin/mineral supplementation on the vitamin and mineral status of athletes. *International Journal of Sport Nutrition* 2:123–23.

Tsui, J. and Nordstrom, J. 1990. Folate status of adolescents: effects of folic acid supplementation. *Journal of the American Dietetic Association* 90:1551–56.

van der Beek, et al. 1988. Thiamin, riboflavin and vitamins B-6 and C: impact of combined restricted intake on functional performance in man. *American Journal of Clinical Nutrition* 48:1451–62.

Wagner, E., et al. 1992. The effect of oral coenzyme Q10 on forearm metabolism in middle-aged, untrained men. *Medicine and Science in Sports and Exercise* 24:S49.

Weight, L., et al. 1988. Vitamin and mineral supplementation: effect on the running performance of trained athletes. *American Journal of Clinical Nutrition* 47:92–95.

Zuliani, U., et al. 1989. The influence of ubiquinone (CoQ10) on the metabolic response to work. *Journal of Sports Medicine and Physical Fitness* 29:57–61.

8 Mineralstoffe: die anorganischen Regulatoren

8.1 Einleitung

Der Frage der adäquaten Mineralversorgung durch die Ernährung wurde in den letzten Jahren zunehmende Aufmerksamkeit gewidmet, sowohl in Form von epidemiologischen wie labormedizinischen Untersuchungen. Gemessen an den empfohlenen Tagesaufnahmemengen wurden in der Gesamtbevölkerung bzw. bestimmten Subpopulationen für einige Mineralstoffe Versorgungsdefizite, für andere eine zu hohe Einnahme nachgewiesen. Der Frage der Auswirkungen solcher Defizite bzw. Überversorgungen aus gesundheitlicher Sicht wurde in Tierversuchen sowie in Untersuchungen am Menschen nachgegangen. Eine wachsende Zahl von Untersuchern hat sich ferner mit der Frage des Zusammenhangs zwischen Mineralstoffversorgung und sportlicher Leistungsfähigkeit beschäftigt, bzw. umgekehrt mit den Fragen der Auswirkungen von körperlicher Belastung auf den Mineralstoffwechsel. Da manche Mineralstoffe eine ähnliche Funktion aufweisen wie Vitamine müßte theoretisch ein Mineraldefizit die Leistungsfähigkeit negativ beeinflussen. Im Sinne eines Zirkulus vitiosus kann körperliche Aktivität Mineralverluste und damit Störungen des Mineralstoffwechsels bzw. Leistungseinschränkungen verstärken. Daher werden dem Sportler zahlreiche Mineralstoff-Präparate zur Verbesserung seiner Leistungsfähigkeit angeboten.

Die Frage der Beziehungen zwischen körperlicher Aktivität und Mineralstoffwechsel ist besonders für die sporttreibende Frau wichtig, speziell im Hinblick auf Kalzium und Eisen. Sie wird daher in diesem Kapitel gezielt angesprochen. Aus der bei der Sportlerin häufig anzutreffenden Trias – Ernährungsstörung, Amenorrhö und Osteoporose – wird wegen ihrer Beziehung zum Kalzium-

stoffwechsel in diesem Kapitel besonders auf die Osteoporose eingegangen. Bezüglich einer ausführlicheren Diskussion von Ernährungsstörungen bei Sportlerinnen wird auf Kapitel 10 verwiesen. Für die Ausdauersportlerin ist vor allem eine ausreichende Eisenversorgung in der Ernährung wichtig wegen der Bedeutung des Eisens für den Sauerstofftransport bzw. die aerobe Energiebereitstellung. In diesem Kapitel sollen die in der Literatur verfügbaren Daten über die Beziehungen zwischen der Mineralstoffversorgung durch die Ernährung und der körperlichen Leistungsfähigkeit bzw. der Gesundheit von Sportlern dargestellt werden. Im ersten Abschnitt werden die physiologischen Grundlagen der für die menschliche Ernährung essentiellen Mineralstoffe abgehandelt. Der zweite und dritte Abschnitt beschäftigen sich mit speziellen Aspekten der wichtigsten Mineralstoffverbindungen bzw. Spurenelemente. Im einzelnen werden hierzu die empfohlenen Tagesaufnahmemengen, besonders günstige Lebensmittel, metabolische Funktionen im Organismus unter spezieller Berücksichtigung der körperlichen Aktivität, sowie die Bedeutung von Defiziten bzw. einer Substitution der Mineralstoffe dargestellt. Im letzten Abschnitt werden allgemeine Ernährungsempfehlungen aus der Sicht der Mineralstoffversorgung speziell für den Sportler gegeben.

8.2 Physiologische Grundlagen

Definition der Mineralstoffe und ihre Bedeutung für den Menschen

Unter einem **Mineralstoff** wird ein anorganisches, natürlicherweise vorkommendes Element verstanden, das sich normalerweise in einem festen Zustand befindet. Während jeder Mineralstoff ein Element ist, ist umgekehrt nicht jedes Element ein Mineralstoff. So ist etwa Sauerstoff ein Element, aber kein Mineral. In der Ernährung wird der Begriff Mineralstoffe im allgemeinen auf solche Elemente bezogen, die für lebenswichtige Stoffwechselprozesse unentbehrlich sind.

Die Mineralstoffe sind nur an zwei der drei erwähnten basalen Funktionen von Nährstoffen beteiligt. Zum einen sind sie Aufbaustoffe, beispielsweise im Bereich von Knochen, Zähnen, Muskeln und anderen organischen Strukturen. Zum zweiten sind sie Regelstoffe, meist als Bestandteile von Enzymen, die dann auch als **Metalloenzyme** bezeichnet werden. Wenn Mineralstoffe elektrische Ladungen tragen, werden sie als **Ionen** oder **Elektrolyte** bezeichnet. Auch diese sind wesentliche Komponenten bzw. Aktivatoren einer Reihe von Enzymen bzw. Hormonen. Wichtige physiologische Prozesse, an deren Regelung Mineralstoffe entscheidend beteiligt sind, sind beispielsweise Muskelkontraktion, Sauerstofftransport, Nervenleitung, Säure-Basen-Haushalt, Flüssigkeitshaushalt, Blutgerinnung und Herzrhythmus. Dagegen sind Mineralstoffe an der dritten Funktion der Nährstoffe, der Energieversorgung, nicht beteiligt.

Die meisten Mineralien finden sich im Boden, sie werden von dort infolge von Wachstumsvorgängen durch Pflanzen entnommen und mit diesen wiederum von Tieren aufgenommen. Dem Menschen stehen für seine Mineralstoffversorgung somit Lebensmittel pflanzlicher wie tierischer Herkunft zur Verfügung. Weitere Mineralien können durch das Trinkwasser aufgenommen werden. Der Körper scheidet Mineralstoffe durch Schweiß, Urin und Stuhl aus, die mit der Ernährung wieder ersetzt werden müssen. Eine inadäquate Mineralstoffversorgung wird mit einer Vielzahl von Erkrankungen in Verbindung gebracht, wie Anämie, Bluthochdruck, Diabetes, Krebs, Karies und Osteoporose. Eine adäquate Mineralstoffversorgung durch die Ernährung ist aus der Sicht von Gesundheit und körperlicher Leistungsfähigkeit daher unverzichtbar.

Für die menschliche Ernährung essentielle Mineralstoffe

Von den 103 Elementen des natürlichen periodischen Systems sind, soweit bisher bekannt, 25 für den Menschen essentiell. Fünf dieser Elemente machen zusammen 96 % der Körpermasse aus. In unterschiedlichen Kombinationen sind Wasserstoff, Sauerstoff, Kohlenstoff, Schwefel und Stickstoff die Bestandteile von Wasser, Eiweiß, Fett und Kohlenhydraten, die im wesentlichen den menschlichen Körper ausmachen. Die verbleibenden 20 Elemente teilen sich somit nur 4% der Körpermasse, ihre Bedeutung liegt also weniger im quantitativen als im qualitativen Bereich.

Die zur Zeit für den Menschen als essentiell betrachteten Mineralstoffe werden in Tabelle 8.1 aufgelistet. Für acht dieser Mineralstoffe gibt es empfohlene Tagesaufnahmemengen, für weitere fünf Sicherheitsmargen und für drei, nämlich Kalium, Chlorid und Natrium, nur geschätzte Untergrenzen, die nicht unterschritten werden sollten.

Im menschlichen Körper finden sich darüber hinaus eine Reihe von weiteren Mineralstoffen wie Bor, Nickel, Silikon und Vanadium, deren Bedeutung für ihn noch nicht definitiv abgeklärt ist.

Auswirkungen einer überhöhten oder zu geringen Mineralstoffzufuhr auf Gesundheit und Leistungsfähigkeit

Mineralstoffdefizite können in die gleichen Stadien eingeteilt werden wie Vitaminmangelzustände (siehe Kapitel 7). Die ersten drei Stadien (Vorstadium, biochemisches und physiologisches Defizit) können als subklinischer Mangel zusammengefaßt werden. Sie können, müssen aber nicht zu negativen Konsequenzen führen. Ein klinisch manifester Mangelzustand ist dagegen durch eine objektive Beeinträchtigung der Gesundheit bzw. der Leistungsfähigkeit definiert.

Die Interaktion zwischen körperlicher Aktivität und Mineralstoffversorgung kann zu spezifischen Gesundheitsproblemen führen, wie dies im weiteren Verlauf des vorlie-

Tab. 8.1 Tagesbedarf der für den erwachsenen Menschen essentiellen Mineralstoffe*

Mineralstoff	Symbol	Tagesbedarf (mg) Männer	Frauen	Menge im Körper (g)
Kalzium	Ca	800	800	1500
Phosphor	P	800	800	850
Kalium	K	2000	2000	180
Chlorid	Cl	750	750	75
Natrium	Na	500	500	65
Magnesium	Mg	350	280	25
Eisen	Fe	10	15	5
Fluor	F	1,5–4,0	1,5–4,0	2,5
Zink	Zn	15	12	2
Kupfer	Cu	1,5–3,0	1,5–3,0	0,1
Selen	Se	0,070	0,055	0,013
Mangan	Mn	2,0–5,0	2,0–5,0	0,012
Jod	I	0,15	0,15	0,011
Molybdän	Mo	0,075–0,25	0,075–0,25	0,009
Chrom	Cr	0,05–0,2	0,05–0,2	0,006

Die Werte für Natrium, Chlorid und Kalium geben den geschätzten Minimalbedarf an.

* Bezüglich weiterer Werte siehe Anhang A

genden Kapitels darzustellen sein wird. Zu einem mindestens potentiellen Mineralstoffmangel kann es bei solchen Sportlern kommen, die versuchen, durch Kalorieneinschränkung ihr Körpergewicht zu vermindern. Auch durch ungünstige Auswahl der Lebensmittel kann es zu Mineralstoffdefiziten kommen, da die Bioverfügbarkeit der Mineralstoffe von der Form abhängig ist, in der die Nährstoffe zugeführt werden. Die meisten Mineralstoffe werden im Magen-Darm-Kanal nur schlecht resorbiert. Die empfohlene Tagesaufnahmemenge für Eisen ist beispielsweise 10 x höher als der Bedarf, den der Körper wirklich hat, denn nur 10 % des mit der Ernährung aufgenommenen Eisens werden im Darm resorbiert. Ferner kann die Resorption von Mineralstoffen durch andere Bestandteile der Ernährung behindert werden. Beim Sportler können sich Faktoren, die die Mineralstoffresorption im Darm vermindern, und Faktoren, die den Mineralstoffbedarf durch die körperliche Aktivität erhöhen, gegenseitig potenzieren. Ferner besteht beim Sportler ein erhöhter Bedarf an Mineralstoffen für den Gewebsaufbau im Rahmen von trainingsbedingten adaptativen Gewebshypertrophien sowie zum Ersatz eines erhöhten Mineralstoffverlustes über Schweiß, Urin und Stuhl in Folge der intensiven körperlichen Belastung in Training und Wettkampf.

Alle diese Faktoren können sich gegenseitig aufsummieren und aus einem latenten Mineralstoffmangel ein klinisch manifestes Defizit machen. Die vorliegenden Untersuchungen über die Ernährungssituation des Sportlers zeigen im allgemeinen seine ausreichende Mineralstoffversorgung. Es gibt jedoch auch Ausnahmen. Zu Defiziten kommt es vor allem in Sportarten, in denen das Gewicht niedrig gehalten werden muß, z. B. bei Turnern oder Ringern. Auch eine über ein Jahr oder länger durchgeführte vegetarische Ernährung führt zu einer Verminderung der Mineralstoffkonzentrationen im Plasma. Die Meinungen der Experten, wie weit sich solche nur biochemisch nachweisbare Defizite konkret negativ auf die Leistungsfähigkeit auswirken, gehen noch weit auseinander. Andererseits sind unter bestimmten Bedingungen reale Leistungseinschränkungen bzw. klinische Symptome als Folge von Mineralstoffdefiziten bekannt.

Der Körper verfügt für die meisten Mineralstoffe über effektive Kontrollsysteme. Liegt hinsichtlich eines bestimmten Minerals ein Mangelzustand vor, so kommt es zu einer verstärkten Resorption dieses Mineralstoffs im Darm bzw. zu einer Verminderung seiner

Ausscheidung über den Urin. Bei einer überhöhten Aufnahme kommt es zu den umgekehrten Regelvorgängen, d. h. die Resorption wird eingeschränkt und die Ausscheidung erhöht. Bei manchen Mineralstoffen sind die Kontrollsysteme allerdings wenig effektiv, hier können besonders bei einer überhöhten Aufnahme Gesundheitsprobleme auftreten, selbst dann, wenn sich diese überhöhte Aufnahme nur langsam durch die Summation zahlreicher kleiner Einzeldosen ergibt. Ferner können eine Reihe von Mineralstoffen, die primär für den Menschen nicht von Bedeutung sind, toxisch wirken, wenn sie in größeren Mengen in den Organismus gelangen, wie z. B. Blei, Quecksilber, Kadmium, Arsen, sowie eine Reihe von industriell gefertigten Chromverbindungen.

8.3 Makromineralien

Unter Makromineralien werden solche Mineralstoffe verstanden, von denen pro Tag mehr als 100 mg aufgenommen werden müssen bzw. von denen der Körper mehr als 5 g enthält, speziell Kalzium, Phosphor, Magnesium, Kalium, Natrium, Chlor und Schwefel. Diese Mineralstoffe werden im Organismus im allgemeinen sehr sorgfältig ausbalanciert, trotzdem kann es zu Defiziten bzw. überhöh-

ten Aufnahme kommen und damit zu gesundheitlichen Störungen bzw. Leistungsbeeinträchtigungen. Da Kalium, Natrium und Chlor die wichtigsten Elektrolyte im Schweiß sind, werden sie im Zusammenhang mit der Thermo- bzw. Flüssigkeitsregulation im nachfolgenden Kapitel behandelt.

Kalzium (Ca)

Kalzium, ein weißes metallisches Element, stellt mit 2 % der Körpermasse den quantitativ wichtigsten Mineralstoff dar. Die empfohlene Tagesaufnahmemenge liegt bei Kindern bis zu 11 Jahren sowie bei Erwachsenen bei 800 mg pro Tag. Im Wachstumsalter zwischen 11 und 25 Jahren werden aufgrund des erhöhten Bedarfs für die Knochenbildung täglich 1200 mg empfohlen. Auch die Schwangerschafts- bzw. Stillperiode erhöhen den Bedarf. Empfohlen werden dann 1000 mg täglich. Von Matkovic und Ilich werden diese Empfehlungen für noch zu niedrig gehalten, um eine ausreichende Knochendichte im Wachstumsalter zu garantieren. Für Frauen nach den Wechseljahren werden 1000–1500 mg täglich empfohlen.

Der Kalziumgehalt ist besonders hoch in Milchprodukten (s. Abb. 8.1). Ein Glas Magermilch enthält 300 mg Kalzium, ein Drittel

Abbildung 8.1
Nahrungsmittel mit hohem Kalziumgehalt

des Tagesbedarfs eines Erwachsenen bzw. ein Viertel des Tagesbedarfs eines Heranwachsenden. Diese Menge wird als Äquivalenzdosis für Kalzium betrachtet. Sie entspricht etwa dem Kalziumgehalt von 30–50 g Käse, einem Becher Joghurt oder drei Vierteln eines Eisbechers. Weitere gute Kalziumquellen sind Fisch mit kleinen Gräten wie Sardinen, Lachskonserven, grünes Gemüse, speziell Brokkoli, Kohl, Rübenblätter, Tofu, Hülsenfrüchte und Nüsse. Durch die Einbeziehung von Milch bzw. Käse in die Zubereitung von Nahrungsmitteln in Form beispielsweise von Suppen, Nudelgerichten und Pizza läßt sich der Kalziumbedarf hervorragend abdecken. Bei Menschen, die unter einer Laktoseintoleranz leiden, empfiehlt sich die Verwendung von Joghurt, Laktasepräparaten bzw. die Nutzung von Milch in kleinen Mengen. Kalzium wird ferner in manchen Lebensmitteln wie z. B. Brot als Konservierungsstoff verwendet und steht mit diesen Nahrungsmitteln in allerdings nicht allzu großen Mengen zur Verfügung. Neuerdings werden weiterhin eine Reihe von Lebensmitteln mit Kalzium angereichert, z. B. Orangensaft. Tabelle 8.2 gibt eine Liste von Lebensmitteln, die viel Kalzium enthalten.

Zwischen der Kalziumresorption im Darm und zahlreichen anderen Nährstoffen bestehen Wechselwirkungen. Durch Vitamin D, Laktose und Eiweiß wird die Kalziumaufnahme gefördert. Fett, Phosphor und Pflanzenfasern absorbieren Kalzium und verringern dadurch seine Aufnahme. Bestimmte Verbindungen, die in Getreideprodukten vorkommen, sogenannte Phytate, und Oxalate aus dunkelgrünen Gemüsen hemmen die Kalziumresorption. So enthält beispielsweise Spinat zwar viel Kalzium, das jedoch kaum resorbiert wird. Dieses Problem ist insgesamt jedoch weniger wichtig, als es häufig in der

Tab. 8.2 Die wichtigsten Mineralstoffe: Kalzium, Phosphor und Magnesium

Mineralstoff	wichtige Lebensmittelquellen	Hauptfunktion	Mangelsymptome	Überdosierungssymptome
Kalzium	alle Milchprodukte, Milch, Käse, Eiscreme, Joghurt, Eidotter, getrocknete Erbsen und Bohnen, grüne Gemüse, Blumenkohl	Knochenbildung, Enzymaktivierung, Nervenleitung, Muskelkontraktion, Zellmembranpotential	Osteoporose, Rachitis, Störungen der Muskelkontraktion, Muskelkrämpfe	Verstopfung, Störung der Resorption von Spurenelementen bei hierfür empfindlichen Personen, Herzrhythmusstörungen, Nierensteine, Verkalkung von Weichteilgeweben
Phosphor	Alle eiweißhaltigen Lebensmittel, Fleisch, Geflügel, Fisch, Eier, Milch, Käse, getrocknete Erbsen und Bohnen, Vollkornprodukte, Mineralwasser	Säure-Basen-Haushalt, Aufbau der Zellwand, Aktivierung von Vitamin B, Bestandteil von wichtigen organischen Molekülen z.B. ATP, Kreatinphosphat, 2,3-DPG	Selten, im allgemeinen parallel den Symptomen eines Kalziummangels, Muskelschwäche	Selten, gestörter Kalziumstoffwechsel, gastrointestinale Reizerscheinungen durch Phosphatsalze
Magnesium	Milch und Joghurt, getrocknete Bohnen, Nüsse, Vollkornprodukte, Obst und Gemüse, speziell dunkelgrüne Blattgemüse	Eiweißsynthese, Metalloenzyme, 2,3-DPG-Bildung, Glukosestoffwechsel, Kontraktion der glatten Muskulatur, Knochenbestandteil	Selten, Muskelschwäche, Apathie, Muskelzuckungen und -krämpfe, Herzrhythmusstörungen	Übelkeit, Erbrechen, Diarrhö

einschlägigen Literatur dargestellt wird. Die Mengen an Eiweiß, Phosphor, Pflanzenfasern, Phytaten und Oxalaten, die sich in der durchschnittlichen Ernährung finden, sind nicht groß genug, um die Kalziumresorption in wesentlichem Maße zu beeinträchtigen. Auch durch eine vegetarische Diät läßt sich eine ausreichende Kalziumversorgung sicherstellen, wie dies durch die Untersuchung der Kalziumspeicher von Vegetariern nachgewiesen wurde. Große Mengen von Kaffee und Alkohol können zu einer verstärkten Kalziumausscheidung führen, bei mäßigem bzw. durchschnittlichem Konsum dieser beiden Genußmittel entstehen hieraus jedoch im allgemeinen keine Probleme für die Kalziumbilanz.

Es liegen einige epidemiologische Hinweise darauf vor, daß ein zu geringer Kalziumgehalt in der Ernährung zur Entwicklung von Dickdarmkrebs beitragen kann. Folgender Mechanismus wird angenommen: Kalzium verbindet sich mit Gallensalzen bzw. freien Fettsäuren zu nicht wasserlöslichen Komplexen, begünstigt damit ihre Ausscheidung über den Stuhlgang und vermindert ihre potentiell karzinogenen Effekte auf die Dickdarmschleimhaut. In einer Reihe von Untersuchungen am Menschen bzw. am Tier konnte nachgewiesen werden, daß ein erhöhter Kalziumgehalt der Nahrung bzw. eine Kalziumsubstitution die Proliferationstendenz der Epithelzellen des Kolons hemmt. Diese Daten sind jedoch noch nicht ausreichend und bedürfen weiterer Bestätigung (Zimmerman). Der mit Abstand größte Teil des Kalziumgehalts des Körpers, nämlich 98 %, findet sich im Knochenskelett, dem es durch die Bildung von Salzen, wie Kalziumphosphat, seine Festigkeit verleiht. 1 % wird zur Zahnbildung benötigt. Das restliche Prozent findet sich vor allem als ionisiertes Kalzium oder ist an Eiweiße gebunden und nimmt in dieser Form erheblichen Einfluß auf den Stoffwechsel. Kalziumionen (Ca^{2+}) sind bei allen Typen der Muskelkontraktion wesentlich beteiligt, beim Herzmuskel gleichermaßen wie beim Skelettmuskel oder der glatten Muskulatur in der arteriellen Gefäßwand. Kalzium aktiviert zahlreiche Enzyme, darunter auch diejenigen, die den Glykogenabbau in der Skelettmuskulatur bzw. der Leber katalysieren.

Auch bei der Übertragung der Nervenimpulse, der Blutgerinnung und der Sekretion von zahlreichen Hormonen nimmt Kalzium eine Schlüsselstellung ein. Selbst das im Knochenskelett enthaltene Kalzium ist keineswegs inaktiv. Die physiologischen Funktionen des Kalziums, z. B. bei der Nervenimpulsleitung, sind dem Organismus offensichtlich wichtiger als die Knochenfestigkeit. Wenn aufgrund eines Kalziumdefizits in der Ernährung für solche physiologischen Zwecke Kalzium benötigt wird, so wird es über Hormone wie Parathormon oder T3 aus dem Kochensystem mobilisiert, damit genügend Kalzium in ionisierter Form zur Verfügung steht.

Die Kalziumbilanz des menschlichen Stoffwechsels ist ziemlich kompliziert. Abbildung 8.2 schildert das statistische Schicksal einer Menge von 800 mg Kalzium, die der empfohlenen Tagesaufnahmemenge entspricht. Von diesen 800 mg werden nur 300 mg, also ca. 40 %, resorbiert, die restlichen 500 mg gehen direkt über den Stuhlgang verloren. Die aufgenommenen 300 mg gelangen dann in die Blutbahn und interagieren mit den im Körper vorhandenen Depots. Um die Kalziumhomöostase konstant zu halten, wird zum Ausgleich die gleiche Menge, nämlich 300 mg über Darm, Niere und Schweiß ausgeschieden. Ein Kalziummangel kann sich somit entweder durch eine unzureichende Zufuhr oder eine zu hohe Ausscheidung entwickeln.

Auch wenn in bestimmten Fällen Kalziummangelzustände auftreten können, kann generell festgestellt werden, daß im allgemeinen die Kalziumversorgung als sehr stabil zu bezeichnen ist. Dies ist die Konsequenz der Tatsache, daß der Kalziumstoffwechsel im Körper über mehrere Hormone sehr gut geregelt wird. Der Körper ist deshalb in der Lage, sich auch einem niedrigen Kalziumgehalt in der Ernährung anzupassen, indem er bei Bedarf die Resorption im Darm erhöht bzw. die Ausscheidung über die Niere reduziert. Wenn allerdings in der Ernährung gleichzeitig ein Phosphatmangel besteht, so können diese homöostatischen Reaktionen beeinträchtigt werden. Da dem Körper in seinem Skelettsystem ein riesiger Kalziumspeicher zur Verfügung steht, kommen erniedrigte

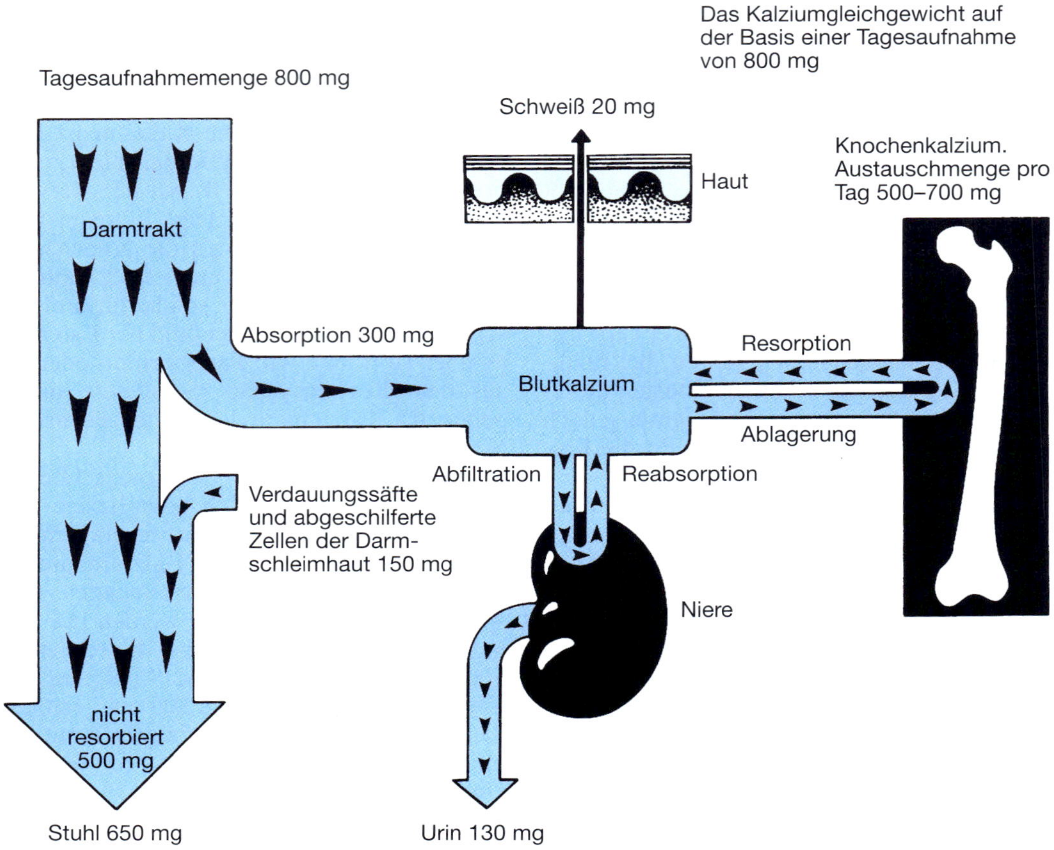

Abbildung 8.2 Das Kalziumgleichgewicht beim Erwachsenen. Von der empfohlenen Tagesaufnahmemenge von 800 mg werden im Darm effektiv nur 300 mg resorbiert, der Rest von 500 mg wird mit dem Stuhlgang ausgeschieden. Damit das Kalzium im Gleichgewicht bleibt, müssen somit täglich 300 mg abgegeben werden, und zwar geschieht dies für 150 mg über den Stuhlgang, 130 mg werden über die Niere bzw. den Urin ausgeschieden und weitere 20 mg im Schweiß. Bezüglich weiterer Einzelheiten siehe Text.

Serumkalziumspiegel nur selten vor. Wenn dies der Fall ist, so ist es im allgemeinen die Folge einer hormonalen Dysregulation und nicht eines Defizits in der Ernährung.

Trotzdem kann es zu einer Reihe von mehr oder minder ernsthaften physiologischen Störungen durch Kalziummangel kommen. Als typisches Symptom für einen **Kalziummangel** werden häufig Muskelkrämpfe angesehen, dann, wenn es zu einer Reduktion der Kalziumkonzentration in der interstitiellen Flüssigkeit der Muskulatur kommt. Kalziummangel soll ferner durch eine erhöhte Kontraktionsbereitschaft der glatten Muskulatur in der Arteriolenwand zur Entwicklung einer

Hypertonie beitragen. Die epidemiologischen Daten über die Beziehungen zwischen dem Kalziumgehalt in der Ernährung und der Inzidenz der Hypertonie sind bisher jedoch noch wenig überzeugend.

Sinkt der Serumkalziumspiegel ab, kann es aufgrund der großen Bedeutung des ionisierten Kalziums für zahlreiche lebenswichtige physiologische Funktionen zu ernsthaften Störungen kommen. Durch die Beeinträchtigung der Muskelkontraktion kann die körperliche Leistungsfähigkeit beeinträchtigt werden, ein Punkt, der selbstverständlich besonders für den Sportler wichtig ist. Glücklicherweise kommen aus den oben genannten

Gründen ausgeprägte Kalziummangelzustände höchst selten vor. Störungen des Kalziumstoffwechsels werden insbesondere mit einer Reihe von Knochenerkrankungen in Verbindung gebracht. Die Bildung bzw. Mineralisation des Knochens wird von zahlreichen Faktoren beeinflußt, wie dem mechanischen Reiz während körperlicher Belastung, Hormonen wie Parathormon, Kalzitonin und Östrogenen, Vitamin D_3, sowie dem mit der Ernährung aufgenommenen Kalzium. Wenn einer dieser Faktoren gestört ist, kann es zu einer Demineralisierung des Knochens kommen mit der Entwicklung von Krankheitsbildern wie Rachitis beim Kind oder Osteoporose bzw. Osteomalazie beim Erwachsenen.

Unter **Osteoporose** wird eine Verdünnung bzw. Schwächung der Knochenstruktur aufgrund von Kalziumverlusten verstanden. Die Entwicklung einer Osteoporose ist stark alters- bzw. geschlechtsabhängig. Im Alter von 55–65 Jahren sind 60 % aller Frauen davon betroffen. Dieser Prozentsatz steigt im höheren Alter noch weiter an. Die wichtigsten Risikofaktoren für die Entwicklung einer Osteoporose sind eine in dieser Hinsicht positive Familienanamnese bzw. andere erbliche Faktoren sowie ein niedriger Östrogenspiegel. Das Östrogen, dessen Serumkonzentration bei der Frau nach den Wechseljahren abnimmt, ist für ihr Kalziumgleichgewicht von entscheidender Bedeutung. Die Identifizierung von Östrogenrezeptoren am Knochen unterstreicht die aktive Rolle dieses Hormons für den Knochenstoffwechsel. Ein Absinken des Östrogenspiegels führt zu einer negativen Kalziumbilanz und einer raschen Entmineralisierung des Knochens. Die hieraus resultierende Knochenerweichung begünstigt die Entstehung von Frakturen, speziell im Bereich der Wirbelsäule, des distalen Radiusendes, sowie des Oberschenkelhalses (siehe Abbildung 8.3). Besonders die Unterarm- bzw. Oberschenkelhalsfraktur können den älteren Menschen in seiner Mobilität erheblich beeinträchtigen. Am häufigsten kommen unter diesen drei typischerweise mit der Osteoporose in Verbindung stehenden Frakturen Brüche der Wirbelsäule vor. Die **trabekulären Strukturen** des Wirbelknochens sind offensichtlich für einen Kalziumverlust stärker anfällig als der dichtere kompakte Knochen, obwohl beide Knochenformen von der Osteoporose betroffen sein können, wie dies Abbildung 8.4 verdeutlichen soll.

Neben den bereits genannten wichtigsten Risikofaktoren für die Entwicklung der Osteoporose, genetische Belastung und Östrogenstatus, können auch Lebensstilfaktoren den Knochenstoffwechsel beeinträchtigen. Hierzu gehören insbesondere Bewegungsmangel und unzureichende Kalziumzufuhr in der Ernährung, aber auch

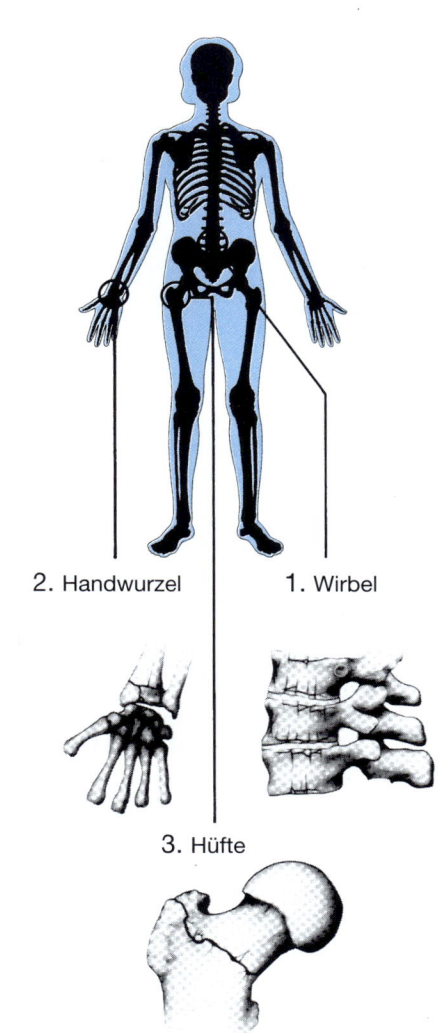

2. Handwurzel   1. Wirbel

3. Hüfte

Abbildung 8.3 Prädilektionsstellen für osteoporotisch bedingte Frakturen.

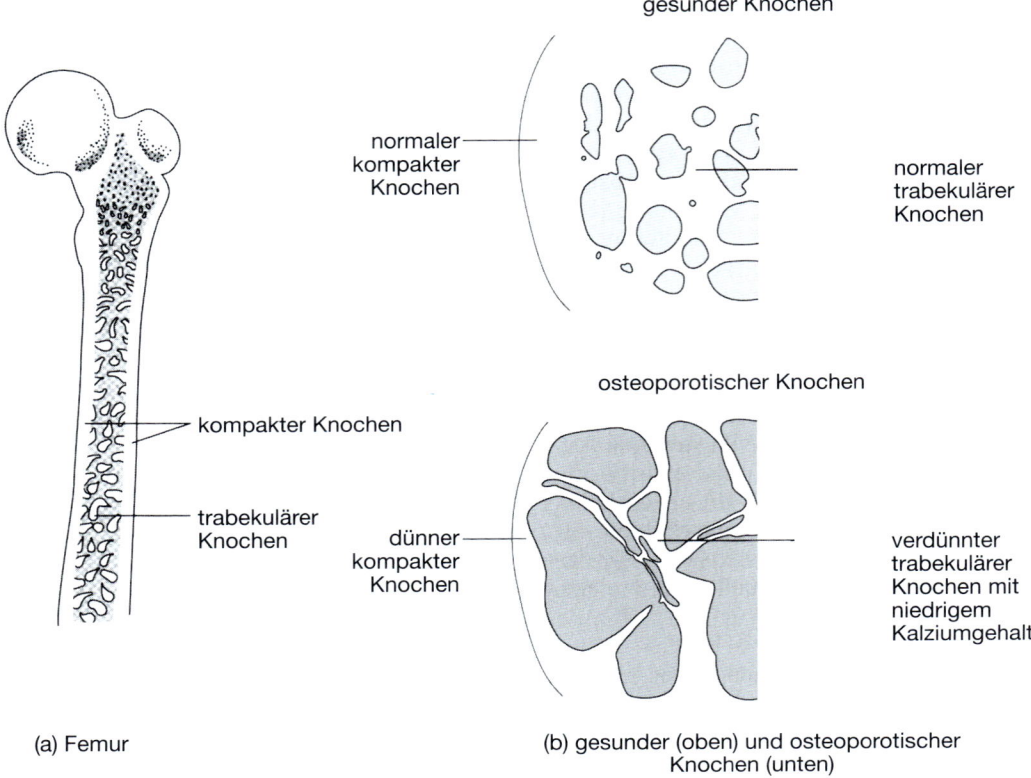

Abbildung 8.4 Bei der Osteoporose kommt es aufgrund eines gestörten Kalziummetabolismus zu einer Abnahme der Dicke der äußeren kompakten Knochenschicht und zu einer Ausdünnung des trabekulären Netzwerkes.

Zigarrettenrauchen, Mißbrauch von Kaffee und Alkohol, psychosozialer Streß und die Einnahme einer Reihe von Medikamenten. Die wichtigsten Risikofaktoren werden in Tabelle 8.3 zusammengefaßt.

Obwohl somit die Osteoporose typischerweise eine Erkrankung des älteren Menschen, speziell der älteren Frau, ist, wird in letzter Zeit zunehmend auch die Möglichkeit der Entwicklung einer vorzeitigen Knochenerweichung unter dem Einfluß von körperlicher Aktivität in bestimmter Form diskutiert. Betroffen sollen insbesondere Sportlerinnen in Ausdauer- und Kraftsportarten sein. In zahlreichen Untersuchungen wurde über einen typischen Symptomenkomplex berichtet, der in Form der sog. **Triade der sporttreibenden Frau** – Ernährungstörung, Amenorrhö und Osteoporose – auftritt. Auf der

einen Seite ist, wie im Folgenden dargestellt wird, körperliche Aktivität in vernünftiger Form und Dosierung von entscheidender Bedeutung für die Verhinderung der Entwicklung einer Osteoporose. Auf der anderen Seite kann gewissermaßen eine Überdosis an Sport, besonders bei Ausdauersportlerinnen, paradoxerweise zur Entwicklung einer Osteoporose bzw. Amenorrhö beitragen. Diese Zusammenhänge sind allerdings kompliziert. Auch wenn die Ursache letztlich nicht bekannt ist, scheint die Ernährungsstörung Ausdruck einer komplexen Verhaltensänderung zu sein, wie dies im einzelnen in Kapitel 10 diskutiert wird. Wenn Frauen aus kosmetischen Gründen abnehmen wollen und/oder um ihre sportliche Leistungsfähigkeit zu verbessern, kann es in Folge der so induzierten Mangelernährung zu einer negativen Kalo-

Tab. 8.3 Risikofaktoren für die Entstehung einer Osteoporose

Vererbung	Positive Familienvorgeschichte
Geschlecht	Frauen
Alter	nach der Menopause
körperliche Aktivität	Bewegungsmangel, Bettruhe
Ernährung	Unzureichende Kalzium- und Vitamin D-Zufuhr, Koffein- und Alkoholmißbrauch
Nikotin	Zigarettenrauchen
Streß	Psychosozialer Streß, Angstzustände
Medikamente	Manche Medikamente führen zu Kalziumverlusten

rien- bzw. Proteinbilanz kommen. Hierdurch wird die hormonale Regulation auf verschiedenen Wegen negativ beeinflußt. Es kann zu einer Störung der Funktion des vorderen bzw. hinteren Hypophysenlappens kommen, deren Hormone als übergeordnete Steuerungshormone die periphere endokrine Sekretion kontrollieren. Dies und die Verminderung des Körperfettanteils führt zu einer Abnahme der Freisetzung an Östrogenen. Die Folge ist eine **sekundäre Amenorrhö**, also das Aussetzen der weiblichen Regelblutung, ein klassisches Symptom für hormonale Dysregulation in Folge von Ernährungsstörungen bei Mädchen nach der Pubertät, ebenso wie bei Patientinnen mit **Anorexia nervosa**. Bei Athletinnen wird in diesem Zusammenhang von einer **Sportamenorrhö** gesprochen. Häufig ist eine solche Sportamenorrhö mit einer Osteoporose verbunden.

Mit teilweise komplizierter Methodik wurde in einer Reihe von Untersuchungen gefunden, daß amenorrhoische Sportlerinnen in der Wirbelsäule und in anderen Knochen eine geringere Mineraldichte aufweisen als Nichtsportlerinnen bzw. Sportlerinnen mit normaler Regelblutung. Bei den amenorrhoischen Sportlerinnen treten darüber hinaus gehäuft Ermüdungsfrakturen auf. Als Ursache wird ebenso wie bei Frauen in der Menopause eine verminderte Östrogenkonzentration angesehen. Nach einigen Literaturhinweisen kommt es mit der Normalisierung der Menstruation bei vorher amenorrhoischen Sportlerinnen zu einem Anstieg des Kalziumgehalts im Knochen. Andererseits weist Barbara Drinkwater, eine Expertin in diesem Bereich, darauf hin, daß bestimmte Formen des Mineralverlustes bei der amenorrhoischen Sportlerin irreversibel sein können.

Interessanterweise liegen Untersuchungen vor, beispielsweise von Bilanin bzw. Ormerod, nach deren Ergebnissen es auch bei männlichen Langstreckenläufern im Bereich der Wirbelsäule zu einer Verminderung der Knochendichte kommen kann. Bilanin et al. sehen auch hierfür hormonale Dysregulationen als ursächlich an und zwar in Form eines Absinkens des Testosteronspiegels und/oder eines Anstiegs des Kortisolspiegels, wie dies bei Ausdauerathleten häufig vorkommt.

Aufgrund solcher Probleme wurde von einigen Autoren generell eine Erhöhung der empfohlenen Tagesaufnahmemenge für Kalzium vorgeschlagen. Tatsächlich zeigen einschlägige Untersuchungen eine inadäquate Kalziumversorgung für Kinder, die meisten Frauen, sowie ältere Männer. Die durchschnittliche Tagesaufnahmemenge liegt bei diesen Gruppen nur bei 450–550 mg. Untersuchungen an Sportlerkollektiven ergaben uneinheitliche Resultate. Während bei den meisten Sportlern die Kalziumversorgung ausreichend ist, besonders bei Männern, finden sich vor allem bei solchen Sportlerinnen Defizite, die einer strengen Gewichtskontrolle unterliegen, z. B. Turnerinnen, Langstreckenläuferinnen und Tänzerinnen.

Die Standardtherapie der Osteoporose besteht zur Zeit aus den drei Elementen Hormonsubstitution, alimentäre Kalziumzufuhr und körperliche Aktivität. Bei Frauen nach der Menopause wird meist eine Östrogentherapie erforderlich. Diese ist ihrerseits jedoch wiederum mit einer Reihe von gesundheitlichen Risiken verbunden, wie z. B. einem erhöhten Risiko von Brustkrebs. Auch die Anwendung von Kalzitonin, einem Hormon, das die Kalziumablagerung im Knochen begünstigt, hat sich als sinnvoll erwiesen. Weiterhin stehen eine Reihe von neueren Pharmaka zur Verfügung, die den Abbau von Knochensubstanz speziell in der Wirbelsäule hemmen, ohne mit den gleichen Gesundheitsrisiken verbunden zu sein, wie die Östrogentherapie. Bei Sportlerinnen, die amenorröisch werden und einen Östrogenmangel aufweisen, kann die Östrogenzufuhr in Form von Kontrazeptiva („Antibabypille") erfolgen. Die Meinungen der Endokrinologen hierzu gehen allerdings weit auseinander, insbesondere auch zur Frage, ob eine kombinierte Östrogen-/Progesteronsubstitution erfolgen sollte. Auf jeden Fall sollte man vor Einleitung einer solchen Therapie einen im Bereich des Sports erfahrenen Gynäkologen zu Rate ziehen. Zusätzlich wird von manchen Autoren eine Erhöhung der Kalziumzufuhr auf 1200–1500 mg pro Tag empfohlen.

Die Frage, ob die alleinige Substitution von Kalzium in Dosen von 1000–1200 mg täglich präventiv gegenüber der Entwicklung einer Osteoporose wirkt, kann aufgrund der widersprüchlichen Studienergebnisse in dieser Richtung zur Zeit noch nicht eindeutig beantwortet werden. Nach Avioli ist angesichts der bisher vorliegenden Befunde davon auszugehen, daß bei Frauen vor der Menopause durch eine Kalziumsubstitution die Entwicklung einer Osteoporose hinausgezögert werden kann. Die präventive Bedeutung des Kalzium kann durch gleichzeitige körperliche Aktivität verstärkt werden. In einer Reihe von Untersuchungen wurde nachgewiesen, daß durch körperliches Training in Verbindung mit einer Kalziumsubstitution von 1200 mg pro Tag bei Frauen nach der Menopause der Kalziumgehalt des Knochens

gesteigert werden kann. E. Smith konnte zeigen, daß auch körperliche Aktivität alleine bei Frauen nach den Wechseljahren den Verlust an Knochensubstanz verzögern kann. Nach Ansicht der meisten Experten ist zwar eine Kalziumsubstitution in Verbindung mit körperlichen Aktivitäten, bei denen das Körpergewicht von den Beinen getragen werden muß, und/oder Kraftbelastungen präventiv gegenüber der Entwicklung einer Osteoporose wirksam, ersetzt jedoch keine Hormontherapie. Auch eine Vitamin D-Substitution trägt zur Verminderung des Risikos der Entstehung einer Osteoporose bei der Frau bei.

Dagegen werden bei Frauen vor den Wechseljahren im allgemeinen präventiv zunächst nur lebensstiländernde Faktoren empfohlen. Die Frau sollte bis zu ihrem 25. Lebensjahr das Maximum an Knochenmasse entwickelt haben, das ihr genetisch möglich ist, und dann versuchen, sich dieses Knochenmaterial so lange wie möglich zu erhalten. Junge Frauen sollten es sich zum Ziel machen, Zeit ihres Lebens körperlich aktiv zu sein und mit der Ernährung ausreichend Kalzium zu sich zu nehmen, zumindest die empfohlenen Tagesmengen. Dabei geht es nach dem Motto, je eher die Prävention einsetzt, um so besser sind die Erfolge. Den größten Zuwachs an Knochenmasse beobachtet man, wenn man bei Mädchen vor der Pubertät eine Kalziumsubstitution durchführt. Eine ausreichende Kalziumaufnahme ist jedoch auch für Heranwachsende von großer Bedeutung. Durch Bewegungsformen, bei denen das Körpergewicht getragen werden muß, wie Gehen oder Joggen, wird die Knochenmineralisierung im Bereich von Hüften und Wirbelsäule verstärkt. Auch Liegestütze stellen eine hervorragende Möglichkeit dar, die Wirbelsäule und vor allem die Radiusknochen im Bereich des Handgelenks zu kräftigen. Vier Gläser Magermilch oder ein entsprechendes Nahrungsmittel-Äquivalent enthalten 1200 mg Kalzium, gleichzeitig auch 32 g Eiweiß und damit 80 % der empfohlenen Eiweißaufnahme für die durchschnittliche Frau, zuzüglich weitere Vitamine und Mineralstoffe, gleichzeitig aber weniger als 400 Kal. Kaffee, Alkohol und Tabak werden als Risikofaktoren für die Entwicklung einer Osteoporose angesehen und sollten daher, wenn überhaupt, nur in

Maßen genossen oder besser ganz gemieden werden.

Die Kalziumsubstitution erfolgt in unterschiedlichen chemischen Formen, als Kalziumkarbonat, -laktat oder -glukonat, Verbindungen, die z. B. in einer Reihe von Antazida vorkommen. Die Bioverfügbarkeit des Kalziums hängt dabei sehr stark vom jeweiligen Präparat ab. Manche Autoren nehmen Wechselwirkungen zwischen Antazida und der Kalziumresorption an. Wenn man Kalzium in Tablettenform zu sich nimmt, sollte man sich anhand des Beipackzettels über den Kalziumgehalt pro Tablette informieren, der sehr unterschiedlich sein und zwischen 50 und 600 mg liegen kann. Am besten ist es, die Gesamtdosis auf mehrere Einzeltabletten zu verteilen. Bei Einnahme von drei Tabletten à 200 mg jeweils zu den Mahlzeiten ist die Resorption im Vergleich zu einer Einzeldosis von 600 mg besser. Durch die Einnahme der Tabletten zu den Mahlzeiten wird die Resorption durch die dabei freigesetzte Magensäure sowie durch die verzögerte Magen-Darm-Passage begünstigt. Für die meisten Menschen kann von einer optimalen Versorgung ausgegangen werden, wenn zu den 500–600 mg Kalzium, die im Mittel täglich mit der Ernährung aufgenommen werden, zusätzlich noch eine Substitution von 600 mg in Tablettenform erfolgt. Es sollte jedoch an dieser Stelle nochmals unterstrichen werden, daß eine medikamentöse Kalziumsubstitution keinesfalls absolut erforderlich ist. Wer sich seine Lebensmittel entsprechend aussucht, kann damit seinen Kalziumbedarf stets voll abdecken.

Von einer Substitution bis zu 600 mg Kalzium pro Tag sind keine unangenehmen Nebenwirkungen zu erwarten. Größere Mengen können allerdings zu Problemen führen, wie Herzrhythmusstörungen, Darmverstopfung und, bei dafür anfälligen, besonders familiär belasteten Personen zur Entwicklung von Nierensteinen. Eine sehr hohe Kalziumzufuhr in der Ernährung oder in Form von Präparaten kann ferner die Resorption weiterer wichtiger Mineralstoffe wie Eisen und Zink verschlechtern. Werden Kalziumtabletten eingenommen, so sollte die zusätzliche Gesamtkalziummenge nicht höher liegen als die empfohlene Tagesaufnahmemenge.

Untersuchungen zur Auswirkung einer Kalziumsubstitution auf die körperliche Leistungsfähigkeit liegen bisher so gut wie nicht vor. Für Sportler gibt es daher keinen Grund für eine Kalziumsubstitution, von der amenorrhoischen Sportlerin abgesehen. Eine ausreichende Kalziumversorgung ist durch die Verwendung von kalziumreichen Lebensmitteln, speziell von Milchprodukten, problemlos möglich. Eventuelle kurzfristige Kalziumdefizite in der Ernährung können problemlos aus den großen Kalziumdepots des Skelettsystems abgedeckt werden.

Phosphor (P)

Phosphor, ein nichtmetallisches Element, ist nach dem Kalzium der zweithäufigste Mineralstoff, der im menschlichen Körper anzutreffen ist. Der Tagesbedarf entspricht, vom ersten Lebensjahr abgesehen, dem des Kalziums, und zwar für den Mann wie die Frau gleichermaßen 800 mg täglich. Im Wachstumsalter zwischen 11 und 25 Jahren ist ebenso wie beim Kalzium ein höherer Bedarf vorhanden. Bezüglich spezieller Altersgruppen wird auf den Anhang A verwiesen. Wie aus Tabelle 8.2 hervorgeht, findet sich Phosphor in zahlreichen Lebensmitteln, vor allem in tierischen Eiweißen. Sehr gute Quellen sind Meeresfrüchte, Fleisch, Eier, Milch, Käse, Nüsse, Hülsenfrüchte, Getreideprodukte, zahlreich Gemüsesorten, zum Teil auch Obstsäfte. In manchen Lebensmitteln kommt Phosphor in Form der Phytate vor, bei denen sich im Darm das Phosphor mit einer Reihe von Mineralien, wie Kalzium, Eisen, Zink und Kupfer zu unlöslichen Phosphatsalzen verbindet und die Resorptionsfähigkeit dieser Mineralstoffe dadurch beeinträchtigt. Wie bereits vorstehend betont, führt dies im Rahmen einer üblichen Ernährung jedoch zu keinen nennenswerten Problemen.

Im Organismus kommt Phosphor nur in Form von Phosphat, also als Salz, vor, entweder als anorganisches Phosphat oder gebunden an andere Mineralstoffe bzw. organische Verbindungen. Phosphate sind für den Stoffwechsel von entscheidender Bedeutung. 80–90 % des Phosphors ist in Form des Kalziumphosphats gebunden, das für die Knochen- bzw. Zahnbildung erforderlich ist. Ebenso wie für das Kalzium stellt das Skelettsystem ein großes Depot für Phosphate dar. Andere Phosphatverbindungen, z. B. das Natriumphosphat, spielen im Säure-Basen-Haushalt eine Rolle. Das verbleibende Phosphat findet sich in einer Vielzahl von organischen Verbindungen, z. B. in Form der Phospholipide, die zum Aufbau der Zellmembran benötigt werden, oder der DNS als Teil des genetischen Materials. Eine Reihe weiterer organischer Phosphorverbindungen sind insbesondere auch aus der Sicht der körperlichen Aktivität von Bedeutung. Organische Phosphate sind beispielsweise für die Funktion der meisten B-Vitamine wichtig, die an dem Prozeß der intrazellulären Energiefreisetzung beteiligt sind. Phosphate stehen ferner im Zentrum der Energiebereitstellung in der Muskelfaser als Bestandteil von energiereichen Verbindungen, ATP und Kreatinphosphat, die für die muskuläre Kontraktion benötigt werden. Auch die Glukose muß zunächst phosphorilisiert werden, um in den Prozeß der Glykolyse eintreten zu können. Organische Phosphate sind ferner Bestandteil des 2,3 Diphosphoglyzerats, einer Verbindung, die in den roten Blutkörperchen vorkommt und die Abgabe des Sauerstoffs an das Muskelgewebe begünstigt.

Phosphordefizite sind aufgrund des fast ubiquitären Vorkommens des Phosphors in Lebensmitteln sowie dank der effektiven hormonalen Kontrolle des Phosphorstoffwechsels sehr selten. Sie können bei Menschen vorkommen, die über längere Zeit Antazida einnehmen, da diese die Resorption des Phosphors erschweren. Die Symptome eines Phosphordefizits entsprechen denen eines Kalziummangels, es kommt zu Knochenschädigungen in Form der Osteomalazie bzw. Rachitis-ähnlichen Krankheitsbildern. Auch eine ausgeprägte Muskelschwäche kann auf einen Phosphatmangel zurückzuführen sein. Für den Sportler ist von Interesse, daß unter intensiver körperlicher Belastung die Phosphatausscheidung im Urin ansteigt. Bisher ist aber noch nicht bekannt geworden, daß es hierdurch zu einem Phosphatmangel kommen kann. Theoretisch sollte Phosphatmangel die Leistungsfähigkeit beeinträchtigen. Untersuchungen, die sich mit dieser Thematik beschäftigen, liegen bisher jedoch kaum vor.

Im ersten Weltkrieg wurde bei deutschen Soldaten nach Gabe von Natrium- bzw. Kaliumphosphat ein ermüdungshemmender Effekt gesehen. In den dreißiger Jahren wurden ebenfalls in Deutschland Untersuchungen durchgeführt, nach deren Ergebnissen Phosphatsalze die Leistungsfähigkeit verbessern können. Obwohl diese älteren Untersuchungen methodisch den heutigen Anforderungen nicht mehr entsprechen, werden vor allem in europäischen Sportjournalen Phosphatsalze zur Leistungssteigerung angepriesen und zum Teil auch von Sportlern eingenommen. Geworben wird für entsprechende Präparate mit dem Argument, daß Phosphate Laktat besonders gut abpuffern können.

Die Ergebnisse neuerer Untersuchungen zur Frage des möglichen leistungssteigernden Effektes einer Phosphatsubstitution sind widersprüchlich. Eine Reihe von Untersuchungen, die mit einem wissenschaftlich einwandfreien Ansatz die Auswirkungen von Phosphaten in einer üblicherweise empfohlenen Dosierung auf eine größere Zahl von Leistungsparametern überprüften, kam zu negativen Resultaten. So wurde in einer einschlägigen Untersuchung kein Effekt eines kommerziellen Phosphatpräparats auf die anaerobe Leistungsfähigkeit, überprüft in Form einer Kraftbelastung bzw. eines 2–3 min-Laufs bis zur subjektiven Erschöpfung auf einem Laufband, gesehen. Otto et al. beobachteten keine leistungsfördernden Effekte von Phosphatsalzen beurteilt an der maximalen Sauerstoffaufnahme, der Milchsäurebildung bzw. der Leistung in einem Radrennen über 8 km. Mannix et al. konstatierten zwar nach Phosphatsubstitution eine Zunahme der 2,3-Diphosphoglyzerat (DPG)-Konzentration, jedoch keine Verbesserung der Herz-Kreislauffunktion bzw. der Sauerstoffverwertung bei einer Belastung entsprechend 60 % der VO_2max. Thompson et al. beobachteten keine Auswirkungen von Phosphatsalzen auf 2,3-DPG, Hämoglobin oder VO_2max. Im Vergleich zu Plazebo fand sich jedoch im Phosphatversuch eine 6 %-ige, nicht signifikante Steigerung der VO_2max. Zusammenfassend kamen die Untersucher zu der Schlußfolgerung, daß sich durch eine

Phosphatsubstitution keine Leistungssteigerung erreichen läßt, zumindest nicht im Rahmen der von ihnen durchgeführten Testverfahren.

Im Gegensatz zu den bisher genannten Untersuchungen liegen allerdings auch einige neuere Studien vor, die einen leistungssteigernden Effekt von Phosphaten wahrscheinlich machen. Eine der ersten Studien dieser Art war die doppelblind, cross-over und plazebokontrolliert durchgeführte Untersuchung von R. Cade et al., die trainierten Langläufern vier Mal täglich 1 g Natriumphosphat bzw. ein Plazebo verabreichten. Unter dem Phosphat kam es zu einem Anstieg des 2,3-DPG in den roten Blutkörperchen und einer relativ eng hiermit korrelierten Zunahme der VO_2max. Der Laktatspiegel nahm bei gleicher Belastung ab, ein Hinweis auf eine effizientere Sauerstoffutilisation in der Skelettmuskulatur. Die Autoren gaben zwar keine exakten Daten zur Leistungsfähigkeit ihrer Probanden an, berichteten jedoch, daß diese unter dem Verum in der Lage waren, den Belastungstest auf dem Laufband länger durchzuhalten. Die subjektiv empfundene Belastung (der RPE-Wert) war bei gleicher Belastungsintensität reduziert.

Auch andere Untersucher kamen in ähnlichen Untersuchungsansätzen zu positiven Resultaten. Kreider et al. fanden bei hochtrainierten Querfeldeinläufern nach Gabe von 4 g Trinatriumphosphat über 6 Tage einen signifikanten Anstieg der VO_2max um etwa 10 % im gleichen Größenordnungsbereich wie Cade. Die Autoren sahen die Ursache nicht in einem Anstieg des 2,3-DPG, da dieser Parameter in ihren Untersuchungen unverändert blieb. Obwohl die Querfeldeinläufer im Durchschnitt unter dem Phosphat 12 s schneller liefen, war ihre maximale Leistung in einem 8 km-Rennen auf dem Laufband nicht besser. Stewart et al. untersuchten den Effekt von 3,6 g Natriumphosphat, die über drei Tage gegeben wurden, auf die Leistungsfähigkeit von gut trainierten Radsportlern. Sie beobachteten einen Anstieg des 2,3-DPG, der VO_2max um 11 %, sowie der maximalen Belastungszeit, die auf dem Fahrradergometer bis zur subjektiven Erschöpfung durchgehalten werden konnte, um 16 %. In

weiterführenden Untersuchungen überprüften Kreider et al. den Effekt von 4 g Trinatriumphosphat täglich, gegeben in jeweils vier Einzeldosen über 3–5 Tage, auf physiologische und Leistungsparameter während eines maximalen fahrradergometrischen Tests, sowie während eines Radrennens über 40 km. In dieser doppelblind und plazebokontrolliert durchgeführten Cross-over-Studie fanden die Autoren einen signifikanten Anstieg der VO_2max um 9 %, die Zeit über die 40 km-Strecke verbesserte sich signifikant von 45,75 auf 42,25 min und die echokardiographisch kontrollierte Herzfunktion zeigte eine größere myokardiale Effizienz. Wenngleich Kreider aufgrund dieser Untersuchungsergebnisse einen leistungssteigernden Effekt einer Phosphatsalz-Substitution für möglich hält, unterstreicht er andererseits die Notwendigkeit weiterer Untersuchungen zur Bestätigung dieser Befunde bzw. zur Abklärung des möglicherweise zugrunde liegenden physiologischen Mechanismus. Tremblay et al. wiesen in einer Übersicht auf methodische Unterschiede in den verschiedenen Studien hin, z. B. die Verwendung von Kalzium- oder Natriumphosphat, die für die teilweise kontroversen Resultate verantwortlich sein könnten, und fordern gleichfalls die Durchführung weiterer, methodisch exakt kontrollierter Studien.

Nachdem die wichtigste Phosphatverbindung aus energetischer Sicht das Adenosintriphosphat (ATP), die direkte Energiequelle des Muskels, darstellt, werden kommerziell ATP-haltige Präparate für Sportler angeboten. Ein leistungssteigernder Effekt wurde für eine ATP-Substitution jedoch nicht nachgewiesen, wahrscheinlich deshalb nicht, weil diese Verbindung im Magen-Darm-Trakt enzymatisch abgebaut wird und den Muskel nicht erreicht. Eine Alternative stellt das Kreatinphosphat dar, das im Rahmen der alaktaziden Energiebereitstellung zur Resynthese von ATP herangezogen wird. Wie im Kapitel 6 dargestellt, ist nach den Ergebnissen neuerer Untersuchungen ein leistungssteigernder Effekt einer Kreatinsubstitution auf Muskelkraft und Laufgeschwindigkeit anzunehmen. In einer erst jüngst erschienenen Veröffentlichung wird darüber berichtet, daß es im Rahmen eines Rehabilitationsprogramms bei Patienten im Alter von über 60 Jahren mit Muskelatrophie nach Oberschenkelfraktur plazebokontrolliert unter einer Kreatinphosphatsubstitution zu einer signifikanten Muskelhypertrophie kam. Ebenso wie für die Untersuchungen zum Kreatin gilt allerdings auch hier, daß eine Übertragbarkeit solcher Befunde im Sinne der Annahme eines leistungssteigernden Effekts von Kreatinphosphat auch beim Sportler erst noch durch weitere Untersuchungen abgesichert werden muß.

Zuviel aufgenommenes Phosphat wird, außer bei Nierenkranken, über den Urin wieder ausgeschieden, so daß hierdurch keine Probleme entstehen. Die Einnahme von Phosphatpräparaten kann bei empfindlichen Personen allerdings zu Magen-Darm-Beschwerden führen, die sich vermeiden lassen, wenn die Tabletten in Wasser aufgelöst bzw. zu den Mahlzeiten eingenommen werden. Die Aufnahme größerer Phosphatmengen über längere Zeit hinweg kann jedoch zu Störungen des Kalziumstoffwechsels führen.

Magnesium (Mg)

Magnesium liegt quantitativ gesehen unter den Mineralstoffen, die im Körper vorkommen, an vierter Stelle. Es kommt vorwiegend als positiv geladenes Ion in enger Beziehung zu Kalzium bzw. Phosphor vor. Die empfohlene Aufnahmemenge liegt für den Mann bei 350 und für die Frau bei 280 mg täglich. Neuere Empfehlungen liegen etwas höher, nämlich bei 400 mg. Hinsichtlich geringerer Abweichungen von diesen Empfehlungen im Kindes- und Jugendalter wird auf Anhang A verwiesen.

Magnesium findet sich in zahlreichen Lebensmitteln wie Nüssen, Meeresfrüchten, grünen und anderen Gemüsearten, Obst und Vollkornprodukten. Ein halber Meßbecher Krabben deckt beispielsweise 20 % des Tagesbedarfs ab, ein Glas Magermilch 10 %. Die meisten Lebensmittel enthalten pro Portion 2–10 % der empfohlenen Tagesaufnahmemenge. Etwa 25–60 % des mit der Ernährung zugeführten Magnesiums werden im Darm resorbiert, siehe Tabelle 8.2.

50–60 % des körpereigenen Magnesiums befinden sich im Knochensystem, ein großes Depot, aus dem kurzfristige Defizite in der Ernährung problemlos abgepuffert werden können. Eine kleine Menge von Magnesium ist im Serum gelöst. Der große Restanteil von 40–50 % befindet sich in den Weichteilgeweben, so auch in der Muskulatur, vorwiegend als Bestandteil von mehr als 300 Enzymen. Somit kommt dem Magnesium eine Schlüsselrolle für eine Vielzahl von physiologischen Prozessen zu, von denen viele auch für die körperliche Aktivität wichtig sind. Mg ist beispielsweise ein Bestandteil der ATPase, die für die Muskelkontraktion sowie für alle weiteren Körperfunktionen bedeutsam ist, in deren Rahmen energetische Prozesse ablaufen, die stets ATP als Energiequelle benötigen. Mg ist ferner an der Synthese von Proteinen und anderen wichtigen Verbindungen beteiligt, wie z. B. dem 2,3-DPG, die für die aerobe Energiebereitstellung bedeutsam sind. Es ist ferner Bestandteil von Enzymen, die den Glukoseabbau in der Muskulatur katalysieren. Teilweise wirkt Magnesium als Antagonist für kalziumgesteuerte Funktionen, beispielsweise die Kontraktion des Skelett- und des glatten Muskels.

Obwohl immer wieder auf einen angeblich häufigen Magnesiummangel in der Ernährung hingewiesen wird (z. B. Elin 1988), läßt sich ein solcher nur schwer nachweisen. Angesichts des vielfältigen Vorkommens des Elements in sehr unterschiedlichen Lebensmitteln und der effektiven körpereigenen Kontrollmechanismen zur Resorption des Mg im Darm bzw. seiner Ausscheidung über die Niere, sowie des großen Depots im Knochensystem ist bei einer durchschnittlichen Ernährung eine ausreichende Magnesiumversorgung praktisch immer sichergestellt. Zu Defiziten kommt es nur unter besonderen Bedingungen, z. B. bei Nierenfunktionsstörungen, längerfristiger Durchfallerkrankung, Einnahme von Diuretika oder Alkoholmißbrauch. Magnesiummangelsymptome sind Apathie, Muskelschwäche, Muskelzuckungen und Tremor, Muskelkrämpfe, besonders in den Beinen, und Herzrhythmusstörungen. Die Ursache für diese Symptome liegt vorwiegend darin, daß eine verminderte Konzentration an Magnesium nicht mehr in der Lage ist, den stimulierenden Effekt des Kalziums auf die Muskelkontraktion zu inhibieren. Aus diesem Grund wird Magnesiummangel auch mit der Entwicklung eines Bluthochdrucks in Verbindung gebracht, da es dann durch das hieraus resultierende Kalzium-Magnesium-Ungleichgewicht zu einer verstärkten Kontraktion der glatten Muskulatur in den Arteriolenwänden kommen kann.

Durch körperliche Aktivität wird der Magnesiumstoffwechsel beeinflußt, wobei über die Art dieses Einflusses die Meinungen allerdings noch erheblich auseinandergehen. Nach Deuster ist einer der häufigsten Befunde die Abnahme der Serumkonzentration des Magnesiums nach einer körperlichen Belastung. Als Ursache hierfür wird eine Verschiebung von Mg aus dem Serum in die Körpergewebe angenommen, die an der Energiebereitstellung beteiligt sind, wobei das Magnesium beispielsweise in der Muskulatur zur Energiebereitstellung bzw. im Fettgewebe zur Lipolyse benötigt wird. Ferner kommt es nach längeren Belastungen zu Verlusten von Magnesium über Urin und Schweiß. Diese liegen im Größenordnungsbereich von 4–15 mg pro Liter Schweiß und sind damit verhältnismäßig gering im Vergleich zur täglichen Magnesiumzufuhr bzw. der Größe der körpereigenen Depots. Casoni et al. beobachteten im Vergleich zu den Referenzwerten der Durchschnittsbevölkerung bei Ausdauerathleten signifikant erniedrigte Serumspiegel für Magnesium, die jedoch noch klar innerhalb der normalen Grenzwerte lagen. Auch über positive Korrelationen zwischen der Plasmakonzentration von Mg und der VO_2max bei trainierten Sportlern wurde berichtet, ein Befund, der jedoch nicht von allen Autoren reproduziert werden konnte. Magnesiummangel wurde ferner mit dem chronischen Müdigkeitssyndrom (CFS = Chronic Fatigue Syndrome) in Verbindung gebracht, ein Syndrom, das als eine mindestens sechs Monate dauernde, sonst nicht erklärbare verstärkte Erschöpfbarkeit definiert ist. Aufgrund dieser Befunde wird von einigen Autoren für Sportler eine erhöhte Einnahme von Magnesium empfohlen, wobei diese Empfehlungen allerdings innerhalb der Grenzen der auch sonst üblicherweise empfohlenen Tagesaufnahmemengen liegen. Eine erhöhte Magnesiumzufuhr ergibt sich beim Sportler im allgemeinen schon durch den gesteigerten Kalorienverbrauch, da die zu dessen Ausgleich aufgenommenen Lebensmittel auch zusätzliches Magnesium enthalten.

Zur Stützung der Annahme einer Leistungsminderung durch Magnesiummangel finden sich in der Literatur kaum Befunde. In ihrer ausführlichen Übersicht kommen McDonald und Keen zu der Feststellung, daß es keine Untersuchungsdaten gibt, die eine Magnesiumsubstitution zur Leistungssteigerung bei Sportlern begründen, die mit ihrer Ernährung ausreichend Mg zu sich nehmen. Einige neuere Untersuchungen zu dieser Thematik sind in ihren Resultaten kontrovers, bieten allerdings einige Ansätze zur Leistungssteigerung durch Magnesiumsubstitution. Gullestad et al. beobachteten nach einer plazebokontrollierten Magnesiumsubstitution über sechs Wochen bei chronischen Alkoholikern, bei denen ein Magnesiummangel häufig vorkommt, eine signifikante Verbesserung der Muskelkraft, während sich bei der Plazebogruppe kein Unterschied ergab. Die Alkoholiker wurden in dieser Studie jedoch keinem Bewegungsprogramm unterzogen. Brilla und Haley führten bei bis dato untrainierten Männern und Frauen ein Krafttraining über sieben Wochen durch, wobei eine Magnesiumsubstitution von 8 mg pro kg Körpergewicht erfolgte. Eine Kontrollgruppe erhielt ein Plazebo in gleicher Menge. Bei beiden Gruppen kam es durch das Training zu einer Zunahme der isokinetisch gemessenen Kraft am Quadrizeps. Die Zunahme war bei der Magnesiumgruppe signifikant größer als bei der Plazebogruppe. Die Autoren nahmen einen Stimulationseffekt des Mg auf die Proteinsynthese an. Mit einem ähnlichen Untersuchungsdesign überprüfte Brilla zusammen mit Gunter den Effekt von Magnesium auf die aerobe Leistungsfähigkeit. Die Autoren fanden bei einer Laufgeschwindigkeit entsprechend 90 % der VO_2max eine Absenkung des Sauerstoffbedarfs im Vergleich zur Plazebokontrolle und folgerten hieraus eine Verbesserung der Sauerstoffutilisation durch Magnesium. Eine Zunahme der Laufzeit bis zur Erschöpfung unter Magnesium wurde von den Autoren jedoch nicht beobachtet.

Terblanche et al. untersuchten den Effekt von Magnesium auf die Marathonlaufzeit. Hierzu wurden 20 Läufer aufgrund ihrer Laufzeit in zwei Gruppen randomisiert, wobei die Läufer in der Kontrollgruppe vier Wochen lang vor dem Lauf täglich ein Plazebo, die Läufer der Experimentalgruppe täglich 365 mg Mg erhielten. Diese Substitution wurde sechs Wochen nach dem Lauf fortgeführt. Registriert wurden die Marathonlaufzeiten sowie die Ergebnisse einer Reihe von Tests zur Messung der Kraft des Quadrizeps, ferner einige Parameter zur Erholungsfähigkeit nach dem Lauf. Ein signifikanter Effekt des Magnesiums auf diese Parameter, speziell auf die muskuläre oder Serumkonzentration des Magnesiums, die Marathonlaufzeit, die Muskelfunktion und die muskuläre Erholungsfähigkeit wurde nicht beobachtet. Die Autoren nehmen an, daß dann, wenn der Bedarf des Körpers an Magnesium abgesättigt ist, weiteres Magnesium im Magen-Darm-Kanal nicht mehr resorbiert wird.

Die beiden letztgenannten Untersuchungen, beide gleichermaßen methodisch einwandfrei durchgeführt, kommen zu partiell kontroversen Resultaten. Möglicherweise kann durch eine Magnesiumsubstitution ein latentes Defizit an diesem Mineral in der Muskulatur beseitigt werden und damit leistungssteigernd wirken, ähnlich wie dies bei den Alkoholikern der Fall war. Im Einzelfall läßt sich immer wieder beobachten, daß durch Magnesium sportinduzierte Muskelkrämpfe, etwa bei Tennisspielern, behoben werden können. Aufgrund der derzeitigen wissenschaftlichen Datenlage läßt sich jedoch ein leistungssteigernder Effekt von Magnesium nicht mit Sicherheit annehmen. Auch zu dieser Thematik sind weitere Untersuchungen zu fordern.

Von Nierenerkrankten abgesehen scheint die Einnahme auch großer Magnesiummengen nicht zu gesundheitlichen Problemen zu führen. Bei hierfür anfälligen Menschen kann es allerdings zu Magen-Darm-Reizungen kommen, speziell von Übelkeit, Erbrechen und Durchfall. Dies ist besonders häufig der Fall, wenn die Einnahme in Form von Magnesiumsalzen, z. B. als Magnesia-Milch, die Magnesiumoxid enthält, erfolgt.

8.4 Spurenelemente

Unter Spurenelementen werden Mineralstoffe verstanden, von denen nur sehr geringe Mengen von weniger als 100 mg pro Tag aufgenommen werden müssen und die deshalb auch als **Mikromineralstoffe** bezeichnet werden. Von manchen dieser Mineralstoffe benötigt der Körper täglich nur wenige Millionstel Gramm (μg), diese werden deshalb auch als Ultraspurenelemente bezeichnet.

Eisen (Fe)

Eisen kommt zweiwertig (Fe^{2+}) oder dreiwertig (Fe^{3+}) vor. Der Tagesbedarf beträgt in Abhängigkeit von Lebensalter und Geschlecht 1,0–1,5 mg. Da jedoch nur 10 % des Eisens in der Nahrung resorbiert werden, d. h. die Bioverfügbarkeit nur gering ist, beträgt die empfohlene Tagesmenge dementsprechend beim Mann 10 mg, bei der Frau sowie bei Heranwachsenden beiderlei Geschlechts 15 mg. In neueren Empfehlungen werden sogar 18 mg angeben. Bezüglich detaillierter Empfehlungen für verschiedene Altersgruppen wird auf Anhang A verwiesen.

Eisen kommt in Nahrungsmitteln in zwei Formen vor. Als sogenanntes **Häm-Eisen** ist es an Hämo- bzw. Myoglobin gebunden und findet sich nur in Lebensmitteln tierischer Herkunft, wie Fleisch, Geflügel und Fisch (s. Abb. 8.5). Alles in Pflanzen vorkommende Eisen ist per Definition nicht an Hämoglobin gebunden (Non-Häm-Eisen). Auch das Eisen in Lebensmitteln tierischer Herkunft liegt zu 60 % in der Non-Häm-Form vor. Das Häm-Eisen weist eine wesentlich bessere Bioverfügbarkeit auf, es wird im Darm zu 10–30 % resorbiert, im Vergleich zu nur 2–10 % für das Non-Häm-Eisen.

Gute tierische Eisenquellen sind Leber, Herz, mageres Fleisch, Muscheln, speziell Austern, sowie dunkles Geflügelfleisch (s. Abb. 8.5). 30 g mageres Fleisch enthalten beispielsweise 1 mg Häm-Eisen. Unter den pflanzlichen Lebensmitteln sind gute Eisenlieferanten getrocknete Früchte wie Aprikosen, Pflaumen und Rosinen, Bohnen, sowie Vollkornprodukte. Drei getrocknete Aprikosen oder eine halbe Tasse Bohnen enthalten

Abbildung 8.5   Fleisch ist reich an Eisen

beispielsweise 3 mg Non-Häm-Eisen. Manche Frühstücksgetreideprodukte sind mit Eisen angereichert und enthalten pro Portion die empfohlene Tagesaufnahmemenge. Durch die Nahrungszubereitung in eisernen Töpfen oder Pfannen wird den Lebensmitteln weiterhin Eisen zugeführt. Eine ausgewogene Ernährung enthält pro 1000 Kal etwa 6 mg Eisen. Bezüglich guter Eisenquellen in der Ernährung wird auch auf Tabelle 8.4 verwiesen.

Die Resorption von Eisen wird durch bestimmte Lebensmittel begünstigt. So soll es einen bisher noch nicht näher identifizierten, sogenannten MFP-Faktor geben (**M**eat, **F**ish, **P**oultry), der nach seiner Bezeichnung vor allem in Fleisch, Fisch und Geflügel vorkommt und der die Resorption von Häm-ebenso wie von Non-Häm-Eisen begünstigt. Die Annahme der Existenz eines solchen Faktors wird durch die Beobachtung nahegelegt, daß die Aufnahme von geringen Fleischmengen gemeinsam mit Gemüse oder Getreideprodukten die Resorption von pflanzlichem Non-Häm-Eisen erheblich verbessert. Auch bestimmte Fleischeiweiße können zu einer verstärkten Eisenaufnahme beitragen. Vitamin C verhindert die Oxidation von zweiwertigem zu dreiwertigem Eisen und begünstigt damit die Resorption von Non-Häm-Eisen, das in der zweiwertigen Form besser aufgenommen wird als in der dreiwertigen. Ein Effekt auf die Resorption von Häm-Eisen wird durch Vitamin C dagegen nicht bewirkt. Orangensaft zum Frühstück begünstigt somit die Aufnahme von Eisen aus dem Toastbrot. Andererseits können manche Inhaltsstoffe von Nahrungsmitteln wie Tannin, Phosphate, Phytate, Oxalate oder ein hoher Pflanzenfaseranteil, die Bioverfügbarkeit des Non-Häm-Eisens reduzieren, entweder durch die Bildung von wasserunlöslichen Salzen oder durch die Beschleunigung des Magen-Darm-Transports. Tee enthält beispielsweise sehr viel Tannin und verschlechtert damit die Eisenresorption um 60 %. Innerhalb einer ausgewogenen Ernährung gleichen sich diese Faktoren allerdings weitgehend untereinander aus und führen zu keinen Engpässen in der Eisenversorgung. Bestimmte Mineralpräparate, speziell Kalziumpräparate und auch das Kalzium in der Milch, können die Resorption des Non-Häm-Eisens beeinträchtigen. Diesen Effekt kann man abschwächen, wenn man mit den Mahlzeiten Vitamin C einnimmt. Umgekehrt vermindern Eisenpräparate die Bioverfügbarkeit anderer Mineralstoffe, insbesondere von Zink.

Die Hauptfunktion des Eisens im Organismus besteht in seiner Beteiligung an der Bildung von Verbindungen, die für den Transport und die Utilisation des Sauerstoffs von entscheidender Bedeutung sind. Der größte Anteil des Eisens im Körper findet sich im Hämoglobin, einem Eiweiß bzw. eisenhaltigen Farbstoff in den roten Blutkörperchen, der den Sauerstoff aus den Lungen zu den Körpergeweben transportiert. Weitere wichtige eisenhaltige Verbindungen sind das Myoglobin, die Zytochrome sowie eine Reihe von sogenannten Metalloenzymen des Zitronensäurezyklus, die die oxidativen Prozesse auf der zellulärer Ebene regeln. Der Restbestand des körpereigenen Eisens wird in den Geweben gespeichert, hauptsächlich als **Ferritin**, d. h. in eiweißgebundener Form. Eine weitere Speicherform des Eisens wird als **Hämosiderin** bezeichnet. Im Blut wird eine Reihe von Parametern als Maß für die Größe der Eisendepots des Organismus bestimmt, insbesondere Serumferritin, Transferrin, Protoporphyrin und Hämoglobin. Weitere wichtige Eisendepots finden sich in der Leber, der Milz sowie im Knochenmark. Etwa 30 % des körpereigenen Eisens sind in Depots abgelagert, die restlichen 70 % nehmen aktiv am aeroben Stoffwechsel teil. Angesichts der

Tab. 8.4 Spurenelemente: Eisen, Kupfer, Zink, Chrom, Selen

Spurenelement	wichtigste Nahrungsquellen	Hauptfunktion	Mangelsymptome	Überdosierungssymptome
Eisen	Innereien z.B. Leber, Fleisch, Fisch, Geflügel, Schalentiere, speziell Austern, Erbsen, Bohnen, Vollkornprodukte, dunkelgrüne Blattgemüse, Brokkoli, getrocknete Aprikosen, Datteln, Feigen, Rosinen, eisernes Kochgeschirr	Hämoglobin- und Myoglobinbildung, Elektronentransfer, wichtig für oxidative Prozesse	Müdigkeit, Anämie, Störungen der Thermoregulation, Infektanfälligkeit	Hämochromatose, Leberschäden
Kupfer	Innereien z.B. Leber, Fisch, Fleisch, Geflügel, Schalentiere, Nüsse, Eier, Getreideflocken, Avocado, Brokkoli, Bananen	Wirkt synergistisch mit Eisen, u.a. in Hämoglobin, Metallen, Enzymen, beteiligt an der Bindegewebsbildung und an oxidativen Prozessen	Selten, Anämie	Selten, Übelkeit, Erbrechen
Zink	Innereien, Fleisch, Fisch, Hühnchen, Schalentiere speziell Muscheln, Milchprodukte, Nüsse, Vollkornprodukte, Gemüse, Spargel, Spinat	Kofaktor bei vielen Enzymen des Energiestoffwechsels, bei der Eiweißsynthese, der Immunfunktion, der sexuellen Reife beteiligt, wichtig für Geschmack und Geruch	Immunschwäche, verzögerte Wundheilung, Appetitmangel, Wachstumsstörungen, Hautentzündung	Anstieg des HDL, Abfall des LDL-Cholesterins, Störungen der Immunfunktion, Übelkeit, Erbrechen, Störungen der Kupferresorption
Chrom	Innereien z.B. Leber, Fleisch, Austern, Käse, Vollkornprodukte, Spargel, Bier, Kochen in rostfreiem Stahlgeschirr	Verstärkt Insulinwirkung als Glukosetoleranzfaktor	Glukoseintoleranz, Fettstoffwechselstörungen	Rein durch Ernährung sehr selten
Selen	Fleisch, Fisch, Hühnchen, Innereien wie Niere und Leber, Meeresfrüchte, Vollkornprodukte, Nüsse, pflanzliche Lebensmittel die auf selenreichem Boden wachsen	Kofaktor für Glutathion, Peroxidase und andere antioxidative Enzyme	Selten, Herzmuskelschaden	Übelkeit, Erbrechen, Bauchbeschwerden, Haarausfall

großen Bedeutung des Eisens für die Verbrennungsprozesse ist eine ausreichende Eisenversorgung mit der Ernährung vor allem für Ausdauersportler von Bedeutung. Abbildung 8.6 zeigt ein Schema des Eisenstoffwechsels im Organismus.

Nach Scrimshaw stellt Eisenmangel weltweit das am häufigsten beobachtete Ernährungsdefizit dar. Eisenmangel gehört zu den wenigen Mangelzuständen, die sich relativ häufig auch in den durchschnittlich ernährten Populationen westlicher Industrieländer finden, speziell bei Frauen und Heranwachsenden. Der Eisenverlust über die Haut, den Magen-Darm-Trakt, die Haare und den Schweiß ist normalerweise nur gering und läßt sich, wie oben bereits festgestellt, durch eine tägliche Aufnahme von etwa 10 mg Eisen mit der Ernährung ausgleichen. Frauen verlieren zusätzlich Eisen mit der Menstruation und benötigen daher im Durchschnitt täglich 15 mg zum Ausgleich des Eisenverlustes. Heranwachsende haben aufgrund des Eisenbedarfs für den Aufbau der Muskulatur bzw. die Vergrößerung des Blutvolumens zum Zeitpunkt des stärksten Wachstumsschubes einen täglichen Eisenbedarf von etwa 12 mg. Bei 6 mg Eisen pro 1000 aufgenommenen Kalorien hat also der erwachsene

Mann keine Probleme seine 10 mg täglich abzudecken. Bei einem durchschnittlichen Energiebedarf von 2900 Kal nimmt er im Mittel täglich 17,4 mg Eisen auf. Der durchschnittliche Kalorienbedarf der Frau von 2200 Kal enthält jedoch nur 13,2 mg Eisen und liegt damit unterhalb des weiblichen Tagesbedarfs von 15 mg.

Vor 1989 in den USA durchgeführte Untersuchungen zeigten, daß bis dahin bei rund 90 % aller Frauen die Eisenzufuhr geringer war, als dies den empfohlenen Tagesaufnahmemengen entsprach. Trotzdem ließ sich bei ihnen im allgemeinen ein normaler Hämoglobin-Wert bzw. Serumeisenstatus nachweisen. Da der Eisenverlust normalerweise nur gering ist und eine überhöhte Aufnahme von Eisen toxisch wirken kann, besitzt der Organismus sehr effektive Kontrollmöglichkeiten für die Eisenaufnahme im Darm. Bei einem überschüssigen Angebot an Eisen mit der Ernährung sinkt die Resorption im Darm, bei Eisenmangel steigt sie bis zu 50 % der angebotenen Eisenmenge. Nach entsprechenden Untersuchungen ist die Häufigkeit eines reinen Serum-Eisenmangels wesentlich größer als die einer klinisch nachweisbaren Eisenmangelanämie. Trotzdem findet sich in den

Abbildung 8.6
Vereinfachte Darstellung des Eisenstoffwechsels. Das mit der Ernährung zugeführte und im Verdauungstrakt resorbierte Eisen wird zur Bildung von Hämoglobin, Myoglobin und einer Reihe von wichtigen Zellenzymen genutzt, die alle für den Transport bzw. die Utilisation des Sauerstoffs in der Zelle von Bedeutung sind.

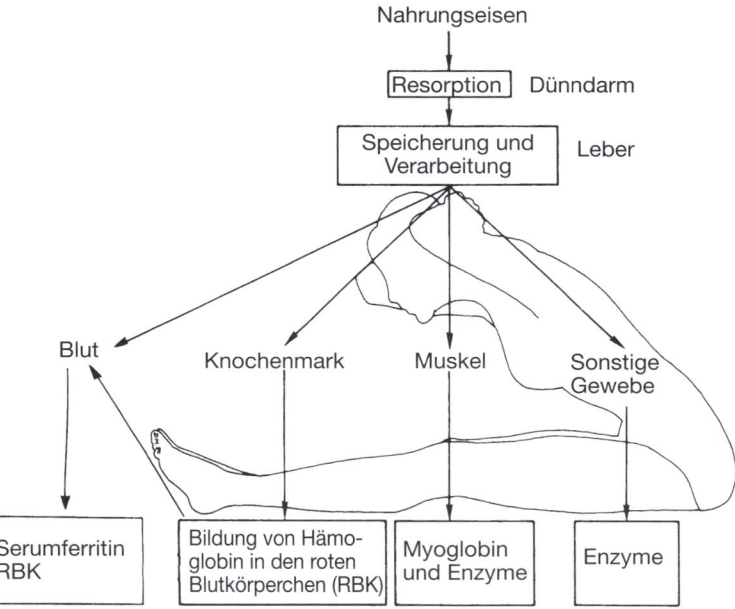

USA bei 6 % aller Frauen eine Eisenmangelanämie, sie ist somit die häufigste Ernährungsmangelerkrankung in der Vereinigten Staaten.

Der Eisenmangel läßt sich in verschiedene Stadien einteilen. Im Stadium 1 findet sich ein Eisenmangel im Knochen sowie eine Abnahme des Serumferritins (Eisenentspeicherung). Im zweiten Stadium kommt es zu einem weiteren Absinken des Serumferritins, die hämoglobingebundene Eisenmenge ebenso wie die Konzentration an freiem Eisen im Serum sind reduziert. Weitere Indikatoren für die Erschöpfung der Eisendepots in diesem Stadium sind ein Anstieg des freien **Erythrozytenprotoporphyrins** (FEP), eine Vorstufe des Hämoglobins, bzw. des Serumtransferrins, eines Transporteiweiß für das Eisen im Serum. Dieses Stadium wird auch als Eisenmangel-Erythropoese bezeichnet. Da in diesen beiden ersten Stadien die Hämoglobinkonzentration noch normal bleibt, werden sie auch als **Eisenmangel ohne Anämie** zusammengefaßt. Im dritten Stadium kommt es zu einem Absinken des Serumferritins und der Hämoglobinkonzentration, also zur **Eisenmangelanämie**. Typische klinische Symptome sind blasse Haut, Müdigkeit, reduzierte Vitalität und Störungen in der Thermoregulation, d. h. der Fähigkeit, die Körpertemperatur in kalter Umgebung aufrecht zu erhalten.

Angesichts der großen Bedeutung des Eisens für die aerobe Energiebereitstellung ist eine ausreichende Versorgung mit diesem Element besonders für den Ausdauersportler von großer Bedeutung. Über die Häufigkeit eines Eisenmangels beim Sportler gehen die Meinungen zum Teil erheblich auseinander. Aufgrund von Bestimmungen des Ferritinspiegels im Serum kommen zahlreiche Untersuchungen zur Feststellung eines Eisenmangels bei 50–80 % aller Sportlerinnen, speziell aller Ausdauerathletinnen. Andererseits sollte man sich davor hüten, einen Mangelzustand nur an einem einzigen Parameter festzumachen. Werden weitere Parameter des Eisenstoffwechsels hinzugezogen, so kommt es nach Newhouse und Clement zu einer erheblichen Abweichung der Aussagen dieser einzelnen Meßgrößen voneinander. Bei Bestimmung von Serumferritin und der

Transferrinsättigung beobachteten Risser et al. bei 31 % der untersuchten Sportlerinnen und 45 % der Nichtsportlerinnen einen Eisenmangel, ein Unterschied, der nicht signifikant war. In einer neueren Untersuchung fand Haymes bei 30 % der von ihm untersuchten Langläufer einen latenten Eisenmangel. Obwohl nach den meisten Untersuchungen der Eisenmangel für den männlichen Sportler kein größeres Problem darstellt, wurde in einer Reihe von Studien zumindest für Langläufer ein Eisendefizit in 15–30 % der Fälle beobachtet. Eine dieser Studien beruhte auf den Ergebnissen von Knochenmarkbiopsien. Aufgrund einer Literaturübersicht kam Clarkson zu der Ansicht, daß der Eisenmangel bei Sportlern nur selten stark genug ausgeprägt ist, um in eine manifeste Anämie, also eine Abnahme der Erythrozyten- und/ oder Hämoglobinkonzentration, zu führen. Nach einigen Untersuchungen kommen Eisenmangelanämien bei Sportlerinnen in etwa 5–7% der Fälle vor und damit nicht häufiger als in der weiblichen Durchschnittsbevölkerung, nach anderen Untersuchungen dagegen in einer leicht höheren Rate. Die normale Hämoglobinkonzentration liegt für den Mann bei 14–16 g pro 100 ml Blut (g/dl), bei der Frau bei 12–14 g/dl. Bei Männern wird eine Anämie angenommen, wenn der Hämoglobinwert unter 13 g abfällt, bei Frauen wird der Grenzwert auf 12, von anderen Autoren auf 11 g/dl festgelegt. Eichner stellt die Frage, ob für einen Sportler, dessen Hämoglobinwert bei 16 g/dl liegen sollte, nicht auch schon ein Abfall auf 14 g/dl als anämischer Zustand gelten muß.

Obwohl zusammenfassend das Problem des Eisenmangels für den Sportler in seiner Bedeutung unterschiedlich diskutiert wird, sind sich die meisten Untersucher darüber einig, daß es groß genug ist, hieraus Konsequenzen hinsichtlich der Ernährung bzw. der Eisenbilanz abzuleiten, besonders dann, wenn eine Leistungseinschränkung sonst unklarer Ursache vorliegt. Kasuistisch wird hierzu gerne Greg Lemond zitiert, der während eines Giro d'Italia auf den ersten Etappen große Probleme hatte, bis sein Trainer als Ursache einen Eisenmangel vermutete und eine entsprechende Substitution einleitete. Nach einigen Eiseninjektionen fuhr

Lemond immer stärker und gewann die letzte Etappe. Einen Monat später wurde er in einem unvergeßlichen Finish Sieger der Tour de France. Bei Leistungssportlern sollte somit der Hämoglobin- und Hämatokrit-Wert mindestens zweimal jährlich kontrolliert werden. Bei Sportlerinnen empfiehlt sich die zusätzliche Kontrolle weiterer Parameter des Eisenstoffwechsels.

Für das Vorkommen eines Eisenmangels bzw. einer Eisenmangelanämie bei Sportlern kann es verschiedene Gründe geben. Während der männliche erwachsene Sportler im allgemeinen keine Probleme mit der Eisenversorgung hat, konnte in zahlreichen Untersuchungen gezeigt werden, daß Eisenresorptionsstörungen besonders bei Heranwachsenden beiderlei Geschlechts häufig vorkommen. Auch die Art des Eisens in der Ernährung kann eine Rolle spielen. Snyder et al. beobachteten bei zwei Gruppen von Frauen, die jeweils täglich 14 mg Eisen aufnahmen, einmal in Form einer normalen Mischkost und zum anderen in Form einer modifizierten vegetarischen Ernährung, daß die vegetarisch ernährte Gruppe signifikant niedrigere Eisendepots aufwies als die Vergleichsgruppe. Dieser Befund unterstreicht die Bedeutung des Häm-Eisens in der Ernährung. Auch Befunde von Weight und Lyle weisen darauf hin, daß sich durch Fleischprodukte ein trainingsbedingter Abfall der Eisendepots besonders günstig verhindern läßt. Telford betont den Wert des Nahrungseiweißes für die Eisenversorgung. Hierzu reichen schon täglich 100 g Rindfleisch aus. Sportler, die sich vegetarisch ernähren, sollten auf die Auswahl speziell solcher Lebensmittel pflanzlicher Herkunft achten, die viel Eisen enthalten. Auch Sportler, die ein Höhentraining durchführen, sollten zumindest zu Beginn eine eisenreiche Ernährung durchführen, um den erhöhten Eisenbedarf für die vermehrte Bildung von roten Blutzellen abzudecken.

Körperliche Aktivität, speziell Laufen, kann auf verschiedenen Wegen zu einem verstärkten Eisenverlust führen. Ein nicht selten bei Langläufern gesehenes Phänomen ist die **Hämaturie** bzw. die **Myoglobinurie**, d. h. die Ausscheidung von Hämoglobin bzw. Myoglobin im Urin nach einem Lauf. Ursache der Hämaturie ist häufig die sogenannte **Marschhämolyse**, d. h. die Tatsache, daß bei Sportlern mit besonders empfindlichen roten Blutkörperchen diese beim ständigen Kontakt des Fußes mit dem Boden zerstört werden können. Das aus den Erythrozyten freigesetzte Hämoglobin wird über die Niere ausgeschieden. Eine solche traumatische Hämolyse wurde beispielsweise auch bei Gewichthebern als Folge von ständig wiederholten Kompressionen der Gefäße durch die Muskulatur beobachtet. Bei Läufern kann es ferner zu einer Zerstörung von Muskelfasern kommen, aus denen Myoglobin freigesetzt und dann über die Niere ausgeschieden wird. Auch bei Sportlern, die keinen solchen mechanischen Belastungen ausgesetzt sind, wie bei Ruderern, wurde eine Hämolyse beobachtet. Eine weitere Möglichkeit für das Auftreten einer Hämaturie bzw. eines Erythrozytenverlustes über den Urin stellt eine entzündliche Reizung der Blasenschleimhaut dar. In einer Reihe von Untersuchungen konnte ferner bei Ausdauersportlern eine verstärkte Ausscheidung von Blut über den Stuhlgang gesehen werden, speziell bei Langläufern und Radfahrern. Die Ursache hierfür ist nicht klar, diskutiert werden eine verstärkte Abschilferung von Zellen der Darmschleimhaut, aber auch Blutungen als Folge der Einnahme von Aspirin oder anderen entzündungshemmenden Medikamenten zur Schmerzbekämpfung. Wenn ein Sportler in seinem Stuhl oder Urin Blut entdeckt, sollte er sich in jedem Fall einem Arzt vorstellen, da dies Ausdruck einer behandlungsbedürftigen Erkrankung sein kann. Weiterhin geht während Belastung Eisen mit dem Schweiß verloren. Während der Eisenverlust in der Sauna mit 0,02 mg pro Liter Schweiß gering ist, wird beim Schwitzen unter körperlicher Belastung mehr Eisen abgegeben. Möglicherweise ist dies die Folge der Tatsache, daß während körperlicher Aktivität die Serum-Eisenkonzentration ansteigt. Eine Reihe von Untersuchungen z. B. von Arouma et al., haben unter Belastung eine Eisenkonzentration im Schweiß von 0,3–0,4 mg pro Liter gezeigt. Geht man von einer Fe-Resorptionsrate im Darm von 10 % aus, würde dies die Notwendigkeit einer zusätzlichen Zufuhr von 3–4 mg Eisen pro Liter Schweiß bedeuten.

Zusammengefaßt ist der Eisenverlust bei Sportlern als Trainingsfolge erhöht. In einer neueren Übersicht schätzen Weaver und Rajaran die Steigerung der Eisenausscheidung via Stuhl, Urin und Schweiß beim männlichen Sportler mit 75 % ein (1,75 mg Bedarf im Vergleich zu 1,0 mg beim Untrainierten) und mit 65 % bei der Sportlerin (2,3 vs. 1,4 mg).

Die Konsequenz des erhöhten Eisenverlustes beim Sportler, vor allem beim Ausdauersportler, kann eine Eisenmangelanämie sein, die, wie eine Reihe von Untersuchungen gezeigt hat, mit einer deutlichen Einschränkung der Leistungsfähigkeit einhergehen kann. So kommt es beispielsweise nach einer Blutspende als Folge des hierdurch bedingten Abfalls des Hämoglobins und des dadurch reduzierten Sauerstofftransportvermögens zu einer Abnahme der einschlägigen aeroben Leistungsparameter.

Die beim Sportler, speziell beim Ausdauersportler, auftretende Abnahme des Hämoglobinwertes wird, wie in Kapitel 6 dargestellt, auch als **Sportanämie** bezeichnet. Dabei handelt es sich nicht notwendigerweise um eine Anämie im klinischen Sinn. Es kommt zwar zu einem Absinken der Hämoglobinkonzentration in den unteren Normalwertbereich, weitere Parameter des Eisenstoffwechsels sind häufig jedoch dabei nicht betroffen. Die Frage, ob diese „Anämie" aus Leistungssicht positiv oder negativ einzuschätzen ist, ist noch nicht ausdiskutiert. Eine kurzfristige Anämie entwickelt sich beim Sportler häufig zu Beginn eines Trainingsprogrammes oder einer Phase, in der die Trainingsintensität intensiv gesteigert wird. Durch ein Ausdauertraining kommt es zu einer Zunahme sowohl des Plasmavolumens wie der Zahl der roten Blutkörperchen. Da von diesen beiden Elementen der Blutvolumenvergrößerung die Plasmaexpansion deutlicher ausgeprägt ist, werden die roten Blutkörperchen verdünnt und es kommt zu einer relativen Erniedrigung der Hämoglobinkonzentration. Als Folge wird die Blutviskosität vermindert und die Durchströmungsmöglichkeit in der Peripherie verbessert. Bei zahlreichen Sportlern normalisiert sich der Hämoglobinwert nach dem ersten Monat des Abfalls dann wieder. Eine langfristig bestehende Sportanämie findet man andererseits häufig bei hochtrainierten Ausdauerathleten. Eine der Erklärungshypothesen besagt, daß aufgrund der hohen Effektivität der Sauerstoffabgabe aus den Erythrozyten beim Trainierten deren Bildung im Knochenmark zurückgeregelt wird. Die Sportanämie hat nach Ansicht der Vertreter dieser Hypothese nichts mit einem Eisenmangel zu tun. Dementsprechend konnte durch eine Eisensubstitution von bis zu 36 mg pro Tag in zwei Studien die Entwicklung einer Sportanämie weder bei Sportlerinnen zu Beginn eines Trainingsprogramms noch bei männlichen Sportlern, die ihre Laufstrecken für drei Wochen verdoppelten, verhindert werden. Magazanik et al. berichteten dagegen über den günstigsten Effekt einer Eisensubstitution von 160 mg täglich auf den Hämoglobinwert und die VO$_2$max bei jungen Sportlerinnen innerhalb der ersten drei Wochen des Trainings. Nach der sechsten Trainingswoche ließ sich dagegen kein Unterschied mehr zwischen der eisensubstituierten und der plazebotherapierten Gruppe nachweisen.

Eichner ebenso wie Weight wiesen darauf hin, daß der Ausdruck Sportanämie eigentlich irreführend ist und nicht verwendet werden sollte, weil diese Anämie ihrer Ansicht nach nicht durch den Sport entsteht, sondern aus Gründen einer nicht adäquaten Eisenversorgung durch die Ernährung, die auch beim Untrainierten zu einer Anämie führt. Die Frage der Auswirkung körperlicher Aktivität auf einen Eisenmangel ohne Anämie wird noch kontrovers diskutiert und bedarf vor einer abschließenden Stellungnahme weiterer Untersuchungen. Lukaski et al. führten Untersuchungen an 11 Frauen durch, die 80–100 Tage unter metabolischer Isolierung verbrachten mit dem Ziel, einen Eisenmangel ohne Anämie zu induzieren. Es kam zu einer Reduktion der Sauerstoffaufnahme bzw. der Energiebereitstellung unter körperlicher Belastung. Weitere Untersuchungen an nichtanämischen Probanden mit Eisenmangel zeigten bei maximaler Belastung eine Zunahme der Laktatbildung als Ausdruck einer schlechteren Sauerstoffutilisation in der Muskulatur. Auf der anderen Seite wurde demonstriert, daß es möglich ist, trotz massiver Verarmung der Eisendepots die maximale Sauerstoffaufnahme, die Ausdauerleistungsfähigkeit und die Funktion der oxidativen Muskelenzyme aufrecht zu erhalten. Ekblom und Celsing entnahmen Probanden innerhalb von vier Wochen Blut und verursachten dadurch einen Eisenmangel. Anschließend reinfundierten sie das Blut, so daß die Situation eines Eisenmangels ohne Anämie vorlag. Trotz des Eisendefizits fanden die Autoren keine Beeinträchtigung der von ihnen untersuchten physiologischen Parameter bzw. der Ausdauerleistungsfähigkeit. Nach ihrer Ansicht muß ein erniedrigter Serumferritinspiegel nicht unbedingt ein Eisendefizit in der Skelettmuskulatur widerspiegeln. Die Widersprüche zwischen den Ergebnissen dieser beiden Studien könnten methodisch bedingt sein, durch die Art und Weise der Induktion des Eisenmangels, auf der einen Seite durch inadäquate Zufuhr mit der Ernährung, auf der anderen Seite durch Blutabnahme. Es liegen jedoch auch Untersuchungen vor, nach deren Resultaten es unter einem ernährungsinduzierten Eisenmangel zwar zu einem Anstieg des Laktats bei gleicher Belastungsintensität, jedoch nicht zu einer Abnahme der VO_2max bzw. der Ausdauerleistungsfähigkeit kommt.

Die Bedeutung des Eisens für den Sauerstofftransport und die Ausdauerleistungsfähigkeit sowie die Häufigkeit des Eisenmangels bei Sportlern, speziell bei Sportlerinnen, haben viele Autoren im Bereich der Sporternährung dazu veranlaßt, Athleten eine regelmäßige Eisensubstitution anzuraten. Andere Autoren warnen dagegen vor einer unkritischen und unkontrollierten Eiseneinnahme. Der Frage, ob eine Eisensubstitution die Leistungsfähigkeit verbessern kann oder nicht, wurde in vielen Untersuchungen nachgegangen. Die Antwort dürfte vom Eisenstatus der Probanden abhängig sein. Wenn ein Eisenmangel oder eine Eisenmangelanämie vorliegen, so werden diese durch eine Eisensubstitution beseitigt, die damit verständlicherweise auch die vorher eingeschränkte Leistungsfähigkeit normalisiert. Die meisten Untersuchungen, die bei bestehendem Eisenmangel, aber noch fehlender Anämie ausgeführt wurden, zeigten dagegen, daß es zwar gelingt, durch eine Eisensubstitution den Eisenstatus zu verbessern, gemessen beispielsweise an einem Anstieg des Serumferritins, daß dies aber nicht notwendigerweise eine Verbesserung der maximalen Leistungsfähigkeit, gemessen z. B. an der VO_2max, bedeuten muß. In einigen dieser Untersuchungen war zwar eine geringfügige Zunahme des Hämoglobinwerts mit einem Anstieg der VO_2max verbunden, insgesamt sind die vorliegenden Daten jedoch in sich widersprüchlich. In einer neueren, methodisch sehr gut doppelblind und plazebokontrolliert durchgeführten Untersuchung an Studentinnen mit Eisenmangel, die jedoch nicht anämisch waren, konnte nach einer Eisensubstitution über einen Monat hinweg eine Verbesserung der Laufleistung festgestellt werden. Ähnliche positive Ergebnisse wurden in einer Reihe von anderen Untersuchungen bei Probanden mit einem Eisenmangel beobachtet. Hudgins et al. fanden nach Gabe von 65 mg Eisen täglich bei 12 Querfeldeinläuferinnen eine Verbesserung der Laufzeit über die 5 km-Strecke. Rowland et al. berichteten über eine signifikante Verbesserung der auf dem Laufband durchgehaltenen Belastungszeit bei Läufern nach einer Substitution mit Eisensulfat über vier Wochen. Lamanca und Haymes konstatierten nach einer Eisensubstitution eine Verbesserung der Ausdauerleistungsfähigkeit um 38 % in der Experimentalgruppe, während es bei der Kontrollgruppe zu einer Abnahme um 1 % kam, ein Unterschied, der zwar zahlenmäßig eindrucksvoll, aber statistisch nicht signifikant war.

In einer Reihe von weiteren Untersuchungen fand sich dagegen bei reinem Eisenmangel ohne Anämie keine Verbesserung der Leistungsfähigkeit nach einer Eisensubstitution. In der Untersuchung von Risser et al. wurde die fehlende Leistungssteigerung aufgrund der Aussagen der Sportlerinnen sowie ihrer Trainer konstatiert, eine objektive Bestimmung der Leistungswerte fand jedoch nicht statt. Matter et al. ermittelten die Ausdauerleistungsfähigkeit bei Marathonläuferinnen auf dem Laufband nach einer ein- oder zehnwöchigen Eisensubstitution, die mit Folsäuregabe kombiniert durchgeführt wurde, und fanden keine Leistungssteigerung. Newhouse et al. registrierten nach einer achtwöchigen oralen Eisensubstitution in einer Reihe von unterschiedlichen aeroben und anaeroben

Belastungstests bei Sportlerinnen keinen Leistungszuwachs. In einer einfachblind und plazebokontrolliert durchgeführten Crossover Studie behandelten Powell und Tucker zehn hochtrainierte Querfeldeinläuferinnen über zwei bis zehn Wochen mit täglich 130 mg eines elementaren Eisenpräparats. Die Autoren beobachteten weder eine Verbesserung der Serumeisenwerte noch der von ihnen bestimmten metabolischen Parameter oder der Leistungsfähigkeit ihrer Probandinnen. Fogelholm et al. überprüften plazebokontrolliert den Effekt einer Eisensubstitution von 100 mg täglich über 8 Wochen bei zwei Gruppen von Sportlerinnen auf die auf dem Fahrradergometer bis zur subjektiven Erschöpfung durchgehaltene Belastungszeit. Es kam zwar zu einem Anstieg des Serumferritinspiegels, aber nicht der Leistungsfähigkeit. Klingshirn et al. untersuchten bei 18 Langstreckenläufern, die nach ihrer Laufzeit randomisiert wurden, plazebokontrolliert den Effekt einer Substitution mit 100 mg elementarem Eisen, die über 8 Wochen durchgeführt wurde. Es kam zwar zu einer Verbesserung der Serumeisenparameter, nicht jedoch der auf einem Laufband bis zur subjektiven Erschöpfung durchgehaltenen Laufzeit, noch der VO_2max.

Zusammenfassend läßt sich feststellen, daß dann, wenn nur ein Eisenmangel aber keine Anämie vorliegt, trotz der zum Teil noch kontroversen Literaturlage davon ausgegangen werden kann, daß es durch eine Eisensubstitution zwar zu einer Verbesserung der Eisenparameter im Serum kommt, nicht jedoch der Leistungsfähigkeit.

Dann, wenn normale Hämoglobin- und Eisenwerte vorliegen, läßt sich, wie dies in einer Reihe von Untersuchungen besonders an Sportlerinnen gezeigt wurde, durch eine Eisensubstitution weder eine Verbesserung der Hämoglobin-, noch der Serumeisenwerte oder der Hämoglobinsättigung mit Eisen erreichen. Untersuchungen zur Frage des Einfluß einer Eisensubstitution auf die Leistungsfähigkeit unter diesen Bedingungen liegen nicht vor.

Wenn ein Sportler ein Eisenpräparat über längere Zeit einnehmen möchte, sollte er vorher seinen Serumferritinspiegel überprüfen lassen, da bei hierfür empfindlichen Personen die unnötige Einnahme von Eisen in großen Mengen und über lange Zeit zu einer Störung des Eisenstoffwechsels führen kann. Das überschüssige Eisen wird in der Leber als Hämosiderin gespeichert und führt bei einer entsprechenden genetischen Disposition zum Krankheitsbild der **Hämochromatose**, die im Extremfall in einer völligen Zerstörung der Leber in Form einer Leberzirrhose enden kann. Die Häufigkeit dieser genetischen Disposition wird mit 2–3 ‰ angegeben. Bezüglich weiterer Risiken einer Eisensubstitution wird auf die ausführliche Darstellung von Emery verwiesen. Besonders bei Kindern kann die Einnahme hoher Eisendosen zu Todesfällen führen. In den USA sterben jährlich etwa 30 Kinder an Eisenintoxikationen als Folge der Einnahme von großen Mengen eisenhaltiger Vitamintabletten, die von ihnen für Süßigkeiten gehalten wurden.

In einer neueren epidemiologischen Untersuchung aus Finnland wurde auf einen möglichen Zusammenhang zwischen dem Serumeisenspiegel und der Häufigkeit des Herzinfarktes hingewiesen, der bei einer Serumeisenkonzentration über 200 µg/l vermehrt auftreten soll. Als Erklärungshypothese wird angenommen, daß es durch entzündliche Prozesse in den Koronararterien zu einer Steigerung der Zahl der weißen Blutkörperchen kommt, die vermehrt Eisen freisetzen. Das Eisen fungiert dann als Prooxidanz, es begünstigt die Oxidierung von LDL-Cholesterin und fördert damit die Entwicklung der Atherosklerose. Auf einen Zusammenhang zwischen der Häufigkeit der koronaren Herzkrankheit und dem Serumeisenspiegel könnte auch die Tatsache hinweisen, daß Frauen, die aufgrund ihrer Regelblutung einen niedrigeren Serumeisenspiegel aufweisen als Männer, seltener einen Herzinfarkt erleiden. Die Tatsache, daß Aspirin das Herzinfarktrisiko reduziert, könnte unter anderem auch damit erklärt werden, daß es gastrointestinale Blutungen und damit einen Eisenmangel induziert. Die finnischen Daten müssen jedoch noch als vorläufig betrachtet werden und bedürfen weiterer Bestätigung. Wer einen zu hohen Eisenspiegel aufweist, sollte jedoch vorsichtshalber mit seinem Arzt darüber sprechen.

Zusammenfassend sollten insbesondere Jugendliche beiderlei Geschlechts sowie Frauen in besonderem Maße auf eine ausreichende Eisenversorgung durch ihre Ernährung achten. Dies gilt ganz besonders für Ausdauersportler, wenn auch der bei ihnen bestehende erhöhte Eisenbedarf im Regelfall durch die vermehrt aufgenommenen Kalorienmengen und das darin enthaltene Eisen abgedeckt wird.

Sportler und Sportlerinnen sollten in ihrer Ernährung systematisch auf eisenreiche Lebensmittel achten, wie mageres, rotes Fleisch, und sie mindestens zwei bis drei Mal pro Woche in ihren Ernährungsplan einbauen. Die Mischung von eisenhaltigen pflanzlichen Lebensmitteln mit kleinen Fleischmengen, z. B. mageres Fleisch mit Bohnen, verbessert die Eisenversorgung. Auch die gleichzeitige Einnahme von Vitamin C mit Nicht-Häm-Eisen-haltigen Lebensmitteln, sowie die Zubereitung von Lebensmitteln in Eisengefäßen steigert die Bioverfügbarkeit dieses wichtigen Mineralstoffs. Die zusätzliche Einnahme von Eisenpräparaten kann unter bestimmten Bedingungen sinnvoll sein, etwa bei Frauen mit sehr starker Regelblutung oder bei Sportlern, die sich kalorienarm ernähren. Meist geschieht dies in Form von Vitamin-Eisenpräparaten, wobei eine Tablette 15 mg Eisen enthalten sollte, entsprechend 100 % der empfohlenen Tagesaufnahme für Frauen bzw. 125 % für Männer. Somit reicht als Tagesbedarf im Durchschnitt eine Eisentablette, die auf nüchternen Magen eingenommen werden sollte, um mögliche negative Effekte anderer Nahrungsmittel auf die Eisenresorption zu eliminieren.

Wenn eine Eisenmangelanämie vorliegt, sollte der Sportler eine ärztliche Behandlung durchführen lassen, die im allgemeinen in der Verordnung von 100–200 mg Eisen pro Tag so lange besteht, bis sich die Eisen- und Hämoglobinwerte wieder normalisiert haben. Eisenpräparate sollten wegen der hiermit verbundenen potentiellen gesundheitlichen Gefährdung nicht unkritisch, sondern nur unter ärztlicher Überwachung des Serumeisenstatus eingenommen werden.

Kupfer (Cu)

Kupfer ist ein essentieller Mineralstoff, der funktionell eng mit dem Eisen in Verbindung steht. Die Empfehlungen für die Tagesaufnahme liegen bei Erwachsenen im Bereich von 1,5–3,0 mg.

Kupfer kommt in zahlreichen Lebensmitteln vor, besonders in Meeresfrüchten, Fleisch, Nüssen, Bohnen und Getreideprodukten. Eine Scheibe Weißbrot enthält 6 % des Tagesbedarfs. Kupfer findet sich speziell auch im Trinkwasser, vor allem in weichem Wasser, wenn dies durch Kupferrohre geleitet wird. Tabelle 8.4 führt eine Reihe von Lebensmitteln mit besonders hohem Kupfergehalt auf.

Die Funktion des Kupfers entspricht dem eines Metalloenzyms, das eng verbunden mit dem Eisen eine wichtige Rolle im aeroben Stoffwechsel spielt. Kupfer ist für die Resorption von Eisen im Magen-Darm-Trakt wichtig, es ist an der Bildung des Hämoglobins beteiligt und spielt eine Rolle bei der Aktivität der Zytochrome, den Enzymen der Atmungskette in den Mitochondrien. Kupfer ist ferner ein Bestandteil des Coeruloplasmins, ein Glykoprotein im Plasma, sowie der Superoxiddismutase (SOD), ein Enzym, dem im Rahmen der antioxidativen Abwehrmechanismen gegen freie Radikale eine große gesundheitliche Bedeutung zukommt.

Unter normalen Ernährungsbedingungen kommt ein Kupfermangel praktisch nicht vor. Ein solcher wurde bisher lediglich bei Patienten beobachtet, die über längere Zeit intravenös mit kupferfreien Lösungen ernährt wurden. Das wichtigste Symptom eines Kupfermangels besteht in der Entwicklung einer Anämie.

Die Ergebnisse von Untersuchungen zur Auswirkung einer akuten Belastung oder von körperlichem Training auf den Serumkupferspiegel sind kontrovers. Es wurden sowohl eine Zunahme wie eine Abnahme oder keine Veränderungen gefunden. In einer Reihe von Untersuchungen wurde bei Sportlern nach einer Trainingsphase oder intensiven Ausdauerbelastungen ein erniedrigter Kupferspiegel beobachtet, der mit einem Kupferverlust über den Schweiß und/oder den Stuhl erklärt wurde. Über Kupfermangelsymptome bei

Sportlern wurde hingegen bisher nicht berichtet.

Untersuchungen zur Frage der Auswirkungen einer Kupfersubstitution auf die körperliche Leistungsfähigkeit liegen nicht vor. Generell sollte, wenn keine spezifische Indikation vorliegt, von Kupferpräparaten abgeraten werden, da schon die Einnahme von 5–10 mg zu Übelkeit und Erbrechen führen kann. Beobachtungen von Kupferintoxikationen durch zu hohe Kupfermengen in der Ernährung sind ausgesprochen rar.

Zink (Zn)

Zink ist ein bläulich-weißliches Metall, das für den Menschen einen essentiellen Nährstoff darstellt. Die empfohlene Tagesmenge liegt bei 15 mg für den Mann bzw. 12 mg für die Frau.

Gute Zinkquellen sind tierische Eiweiße wie Fleisch, Milch, Meeresfrüchte, speziell Austern. Während 100 g Fleisch 33 % des Tagesbedarfs an Zink abdecken, enthält eine einzige Auster davon schon 70 %. Auch Vollkornprodukte liefern größere Mengen an Zink, die hierin gleichfalls enthaltenen Phytate und Pflanzenfasern können jedoch die Bioverfügbarkeit dieses Elements reduzieren. Wer genug Eiweiß zu sich nimmt, deckt damit im allgemeinen auch seinen Zinkbedarf ausreichend ab. Der bereits für das Eisen beschriebene sogenannte MFP-Faktor, also ein in Fleisch, Fisch und Geflügel (Meat, Fish, Poultry) vorkommender, bisher biochemisch nicht näher identifizierter Faktor begünstigt die Zinkresorption. Etwa 20–50 % des mit der Ernährung aufgenommenen Zinks werden im Darm resorbiert. Tabelle 8.4 zeigt einige Lebensmittel, die einen besonders hohen Zinkgehalt aufweisen.

Zink findet sich in praktisch allen Körpergeweben als Bestandteil von mehr als 100 Metalloenzymen. Viele dieser Enzyme spielen für den Energiestoffwechsel eine wichtige Rolle, darunter die Laktatdehydrogenase (LDH), die für die Milchsäurebildung verantwortlich ist. Darüber hinaus ist Zink an zahlreichen weiteren, essentiellen physiologischen Funktionen beteiligt wie der Proteinsynthese, den Wachstumsprozessen und der Wundheilung. Auch bei der Immunfunktion spielt Zink eine wesentliche Rolle.

Die Zinkversorgung ist in der Regel ausreichend, wenngleich in den Industrieländern leichtere Defizite durchaus vorkommen können, besonders in Gegenden, in denen sich die Bevölkerung mit einem relativ geringen Anteil von tierischen Produkten überwiegend pflanzlich ernährt. Zinkmangelsymptome kommen vor allem bei kleinen Kindern vor, in Form von verzögerter Wundheilung, Appetitmangel und Wachstumsstörungen, obwohl die genaue Rolle des Zinks für die Wachstumsprozesse erst noch definiert werden muß.

Zinkmangel kann besonders bei solchen Sportlern zu einem Problem werden, die sich kalorienarm ernähren bzw. ihr Gewicht reduzieren müssen. Auch über den Schweiß geht Zink verloren, etwa 1 mg pro Liter. Beide Faktoren können sich addieren. So wurde beispielsweise gezeigt, daß bei Nachwuchsringern, die ihr Körpergewicht sowohl über Reduktionskost wie Schweißinduktion kontrollieren, ein Zinkmangel auftritt, der dann zu Wachstumsstörungen führen kann. In einer Reihe von Untersuchungen wurden bei Läufern bzw. Triathleten niedrige Serumzinkspiegel nachgewiesen und mit erhöhter Schweißbildung, verstärkter Urinausscheidung und kalorienarmer Ernährung erklärt. Ein Zinkmangel in der Ernährung kann zu einer Reduktion des Serumtestosteronspiegels führen, eine Beobachtung, die die häufige Feststellung von niedrigen Testosteronwerten bei Ausdauersportlern bzw. Ringern erklären könnte. Nachdem bei diesen Sportlern jedoch im allgemeinen keine Zinkmangelsymptome auftreten, muß ein niedriger Serumzinkspiegel nach Ansicht der hiermit beschäftigten Autoren nicht unbedingt auch einen niedrigen intramuskulären Zinkgehalt widerspiegeln. Aufgrund ihrer Übersicht über die einschlägigen Literaturdaten kam Lane zu der Ansicht, daß es keinen Hinweis für die Verursachung eines Zinkmangels durch körperliche Aktivität gibt bzw. für eine Leistungseinschränkung durch grenzwertige Zinkmangelzustände.

Aufgrund der großen Bedeutung des Zinks für den Energiestoffwechsel ist es überraschend, daß sich bisher nur eine einzige

Untersuchung mit einer möglichen leistungssteigernden Wirkung einer Zinksubstitution beschäftigt hat. Die Untersuchung überprüfte bei bis dato untrainierten Frauen im Alter von 35 Jahren die Auswirkungen einer Zinksubstitution auf eine Reihe von isometrischen und isokinetischen Kraft- bzw. Ausdauerparametern. Es fand sich eine Verbesserung der isometrischen Ausdauer sowie der isokinetischen Kraft bei einer vorgegebenen Bewegungsgeschwindigkeit. Die isokinetische Ausdauer wurde jedoch ebensowenig gesteigert wie die isokinetische Kraft bei zwei überprüften Muskelkontraktionsgeschwindigkeiten. Die Autoren konstatieren zwar einen leistungssteigernden Effekt einer Zinksubstitution und sehen die Ursache hierfür in einer Optimierung der Funktion der intramuskulären LDH während schneller Muskelkontraktionen, vor der generellen Annahme einer solchen Hypothese sind jedoch noch weitere Untersuchungen erforderlich, die die erhobenen Befunde bestätigen. Diese Untersuchungen sollten nicht zuletzt auch an trainierten Probanden durchgeführt werden.

Während die Substitution von kleineren Zinkmengen unbedenklich ist, können bei Einnahme größerer Mengen gesundheitliche Probleme auftreten. Bei Einnahme von 25–50 mg Zink und mehr täglich kann es zu einer Verschlechterung der Resorption von anderen wichtigen Mineralstoffen kommen, speziell Kupfer und Eisen. Bei einer Einnahme von 100 mg pro Tag wurde eine Zunahme des LDL- bei gleichzeitiger Abnahme des HDL-Cholesterins beobachtet, also ein erhöhtes Risiko für die Entwicklung einer koronaren Herzkrankheit, ferner die Ausbildung einer Anämie. Hohe Zinkdosen können weiterhin die Immunfunktion verschlechtern und Übelkeit und Erbrechen hervorrufen. Nach schweren Zinkintoxikationen wurden Todesfälle beobachtet.

Auf der Basis der derzeitigen wissenschaftlichen Datenlage ist somit dem Sportler von der Einnahme von zinkhaltigen Präparaten im allgemeinen abzuraten. Für das Zink gilt die gleiche Feststellung, die bereits für das Eisen getroffen wurde: ein beim Sportler erhöhter Bedarf wird problemlos durch die Ernährung abgedeckt, wenn ein Teil des durch das Training erhöhten Kalorienbedarfs

in Form von tierischem Eiweiß ausgeglichen wird. Sportler, die ihr Gewicht besonders streng kontrollieren, ganz speziell Ringer, sollten auf die Zufuhr von zinkreichen Lebensmitteln achten. Soweit solche Sportler Zinkpräparate einnehmen, sollten sie nicht mehr als die empfohlene Tagesaufnahmemenge enthalten. Wenn es sich dabei, wie häufig, um ein Multivitamin-Mineral-Präparat handelt, so haben Singh und andere festgestellt, daß körperliche Aktivität die Zinkresorption im Darm nicht negativ beeinflußt, wenn das Präparat kurz vor einer Belastung eingenommen wird.

Chrom (Cr)

Chrom ist ein relativ hartes Metall, das für den Menschen einen essentiellen Nährstoff darstellt. Die empfohlene Tagesaufnahmemenge liegt bei 50–200 µg. Reich an Chrom sind Hefe, Vollkornprodukte, Nüsse, Sirup, Käse, Pilze und Spargel. Auch Bier enthält etwas Chrom. Eine Scheibe Vollkornbrot deckt 15 % des Tagesbedarfs an diesem Metall ab. Chrom wird im Magen-Darm-Trakt mit nur 1 % der zugeführten Menge sehr schlecht resorbiert. Die Resorptionsrate steigt an, wenn die Ernährung wenig Chrom enthält.

Physiologisch ist Chrom insbesondere für den Glukosestoffwechsel bedeutsam. Es aktiviert das Insulin und ist deshalb neben dem Kohlenhydrat- auch für den Fett- und Eiweißstoffwechsel wichtig. Chrom ist an der Regulierung des Blutzuckerspiegels, der Bildung des Muskelglykogens und dem Transport von Aminosäuren in die Muskulatur beteiligt, es beeinflußt ferner den Cholesterinstoffwechsel.

Klinische Symptome eines Chrommangels sind selten. Bei Patienten, die über längere Zeit intravenös chromfrei ernährt wurden, wurden hohe Blutzuckerspiegel festgestellt. Anderson beobachtete, daß in den USA die Chromversorgung mit der Ernährung nur am unteren Ende des wünschenswerten Bereiches liegt und sah hierin eine gesundheitliche Gefährdung. In einer Untersuchung an Personen mit einer gestörten Glukosetoleranz konnte diese durch eine Chromsubstitution in fast der Hälfte der Fälle verbessert werden. Die Bedeutung des Chroms für die Entwicklung eines Diabetes mellitus wird zur Zeit untersucht.

Chrommangelzustände könnten wegen der Bedeutung des Chroms für den Kohlenhydratstoffwechsel sowohl für den Ausdauersportler bzw. wegen seiner Rolle im Aminosäuretransport auch für den Kraftsportler wichtig werden. Aufgrund von Tierversuchen wurden von Anderson Verbindungen zwischen dem Chrom- und dem Kohlenhydrat- bzw. Eiweißstoffwechsel während Belastung hergestellt. So kommt es bei Ratten mit einem artifiziell induzierten Chrommangel zu einem schnelleren Abbau des Muskelglykogens. Nach Ansicht dieses Autors steigert intensive Belastung den Chrombedarf. Nach Andersons Befunden wird unter körperlicher Aktivität vermehrt Chrom ausgeschieden. So wurde nach einem intensiven Lauf eine gesteigerte renale Chromexkretion beobachtet. In einer neueren Übersicht kommt Lefavi zu der Ansicht, daß bei Sportlern unter verschiedenen Bedingungen eine negative Chrombilanz zu beobachten ist. Belastungen hoher Intensität und Dauer steigern zum einen die Chromausscheidung, zum anderen benötigen Sportler, die große Mengen von Kohlenhydraten umsetzen, hierzu auch mehr Chrom. Zum dritten kann es bei Sportlern, die sich kalorienreduziert ernähren, zu einer Abnahme der Chromaufnahme mit der Ernährung kommen.

Theoretisch könnte sich eine Chromsubstitution für den Sportler leistungssteigernd auswirken, und zwar für den Ausdauersportler durch eine Verbesserung der Insulinsensitivität und des Kohlenhydratstoffwechsels bzw. für den Kraftsportler durch die verstärkte Aufnahme von Aminosäuren in die Muskulatur, die zu einem anabolen Effekt führen könnte, d. h. zu einer Änderung der Körperzusammensetzung in Form einer Zunahme der Muskelmasse und einer Abnahme des Körperfettanteils. Angesichts der kommerziellen Möglichkeiten, die sich aus diesen Aspekten nicht nur für den Sportler, sondern mit Hinblick auf die Veränderung der Körperzusammensetzung auch für Abnahmewillige ergeben, hat sich eine Reihe von Untersuchern mit dem Effekt einer Chrom-

substitution vor allem unter dem letztgenannten Aspekt beschäftigt.

Evans überprüfte die Auswirkungen von Chrompicolinat auf den Erfolg eines Krafttrainings auf die Körperzusammensetzung. Picolinat ist ein natürlicherweise vorkommendes Derivat des Tryptophans, einer essentiellen Aminosäure, das die Resorption von Chrom begünstigt. In einer ersten Studie dieser Art erhielten zehn männliche Probanden entweder ein Plazebo oder 200 μg eines Chrompräparats, also eine Dosis, die im oberen Bereich der empfohlenen Tagesaufnahmemenge liegt. Nach einem über 40 Tage durchgeführten Krafttraining kam es bei der chromsubstituierten Gruppe zu einer Gewichtszunahme von 2,2 kg, davon 73 % fettfreie Körpermasse, bei der Plazebogruppe zu einer Zunahme von 1,25 kg, die praktisch ausschließlich den Körperfettanteil betraf. An einer zweiten Studie des Autors nahmen 32 Football-Spieler teil. Nach einem über 42 Tage durchgeführten Krafttraining nahm das Körpergewicht im Mittel um 1,2 kg ab, dabei handelte es sich fast ausschließlich um Fett, so daß die fettfreie Körpermasse von 84,2 auf 87,8 % zunahm. Auch die Plazebogruppe nahm an Körpergewicht ab, bei ihr nahm jedoch die fettfreie Körpermasse nur von 84,6 auf 85,8 % zu. Die Unterschiede waren jeweils statistisch signifikant. Der Autor kommt zu der Schlußfolgerung, daß Chrompicolinat die Körperzusammensetzung durch eine Abnahme der Fettmasse bei Zunahme der fettfreien Körpermasse verbessert. Trotz bzw. wegen des Interesses, das solchen Befunden zukommt, sind einige Punkte kritisch zu diskutieren. Zum einen sind diese Untersuchungen nur in einem Übersichtsartikel vorgestellt worden, in dem es vorwiegend um die gesundheitlichen Aspekte des Chroms ging, sie wurden offensichtlich nicht vorher in einer referierten Zeitschrift veröffentlicht. Die Bestimmung des Körperfettanteils bzw. der fettfreien Körpermasse erfolgt mittels Hautfaltendicken- und Körperumfangsmessungen, einer Methodik, die zwar in der Praxis häufig zur Anwendung kommt, etwa zur Bestimmung des Erfolgs von Programmen zur Gewichtsreduktion, die aber wissenschaftlichen Ansprüchen heute nicht mehr genügt. Veränderungen in den Ernährungs-

und Bewegungsgewohnheiten der Probanden, die ebenfalls einen Einfluß auf die Körperzusammensetzung hätten nehmen können, wurden nicht kontrolliert. In der Veröffentlichung finden sich ferner keine Daten über eventuelle Veränderungen der Leistungsfähigkeit. Trotz Skepsis, die diesem Artikel somit entgegenzubringen ist, wurde er werbewirksam vermarktet. Chrompicolinat wurde in den Magazinen der Bodybuilder aufgrund seines angeblich insulinartigen Effektes als Alternative zu den Anabolika angeboten. In der allgemeinen Werbung wurde insbesondere versprochen, daß man durch das Präparat Fett abbauen könne.

Spätere kontrolliert durchgeführte Untersuchungen konnten die anfänglichen Resultate dagegen nicht bestätigen. Hasten et al. untersuchten den Effekt einer täglichen Chromdosis von 200 µg, die Studenten bzw. Studentinnen im Verlaufe eines 12 Wochen lang durchgeführten Krafttrainings gegeben wurden, auf die Körperzusammensetzung bzw. Kraftentwicklung. In der doppelblind, plazebokontrolliert angelegten Untersuchung wurde als einziger Befund in der Verum- im Vergleich zur Plazebogruppe eine stärkere Gewichtszunahme bei den Sportlerinnen festgestellt. In ihrer Diskussion wiesen die Autoren darauf hin, daß die Gewichtszunahme bei den Frauen auf eine Vermehrung der fettfreien Körpermasse und nicht des Körperfetts zurückzuführen gewesen war. Methodisch ist allerdings auch hier einschränkend festzustellen, daß die Körperzusammensetzung mit der Hautfaltendicke-Methode bestimmt wurde, die sicher nicht so exakt ist wie die Technik des Unterwasserwiegens. Hallmark et al. führten eine ähnliche Untersuchung an 16 primär untrainierten Männern durch, die über 12 Wochen ein progressives Krafttraining absolvierten. Die Gruppe wurde nach den Eingangsmeßwerten für die Kraft randomisiert und erhielt entweder ein Plazebo oder täglich 200 µg Chrompicolinat. Die Autoren fanden keine signifikanten Effekte der Chromsubstitution auf die mit Hilfe der Unterwasser-Methode bestimmte fettfreie Körpermaße bzw. den Körperfettanteil oder die muskuläre Kraftentwicklung. Eine gleichartige Untersuchung wurde von Clancy et al. bei 21 Football-Spielern durchgeführt, die während eines neunwöchigen Krafttrainings randomisiert entweder Plazebo oder 200 µg Chrompicolinat erhielten. Auch hier ergaben sich keine positiven Effekte des Chroms auf die durch die Unterwasser-Wiegetechnik bestimmte Körperfettzusammensetzung hinsichtlich fettfreier Körpermasse bzw. Fettmasse, der Muskelkraft, sowie anthropometrischer Parameter, speziell der Muskelumfangsmaße. Die Untersuchungen von Hallmark bzw. Clancy wurden somit methodisch ganz ähnlich durchgeführt wie diejenigen von Evans, kamen jedoch zu diametral entgegengesetzten Resultaten.

Zusammenfassend kann festgestellt werden, daß unter Berücksichtigung von nur denjenigen Untersuchungen, die methodisch einwandfrei durchgeführt wurden, kein Effekt einer Chromsubstitution auf die fettfreie Körpermasse, den Körperfettanteil und die Kraftentwicklung zu erwarten ist. Diese zugegebenermaßen noch ergänzungsbedürftigen Daten sprechen gegen einen leistungssteigernden Effekt einer Chromsubstitution. Die Auswirkung von Chrompräparaten auf die aerobe Ausdauerleistungsfähigkeit bleibt allerdings noch zu untersuchen.

Eine Chromsubstitution kann theoretisch auch aus gesundheitlicher Sicht interessant sein. Auf die Möglichkeit der Verbesserung des Glukosestoffwechsels bei Glukoseintoleranz wurde bereits hingewiesen. In anderen Untersuchungen konnte bei Personen mit Fettstoffwechselstörungen unter einer Chrombehandlung eine Senkung des Gesamt- und LDL-Cholesterins sowie ein Anstieg des HDL-Cholesterins nachgewiesen werden. Von Anderson wurde allerdings daraufhingewiesen, daß eine Chromsubstitution nur dann effektiv sein dürfte, wenn ein Mangelzustand an diesem metallischen Spurenelement vorliegt. So gesehen bewirkt eine Chromsubstitution bei bestehendem Defizit eine Beseitigung des Mangelzustandes, wie dies für jeden anderen Nährstoff bei einer entsprechenden Mangelsituation auch gilt. Nach Anderson wirkt Chrom dann als Nährstoff und nicht etwa als Therapeutikum. Ein Hinweis darauf, daß größere Chrommengen in der Ernährung zu Intoxikationen führen könnten, besteht nicht. Bei einer Einnahme von 200 µg pro Tag ist man auf jeden Fall immer auf der sicheren Seite.

Selen (Se)

Selen ist ein dem Schwefel ähnliches Element. Der Tagesbedarf wird mit 70 µg für Männer und 55 µg für Frauen angegeben. Selen findet sich insbesondere in Meeresfrüchten, Innereien wie Niere und Leber, Fleisch, sowie Getreide, das auf selenreichem Boden wächst. Mangelzustände kommen nur sehr selten vor.

Das Selen spielt eine Rolle als Bestandteil mehrerer Enzyme, speziell der Glutathionperoxidase, ein Biokatalysator, der an der Beseitigung von freien Radikalen und der Verhinderung von hierdurch bedingten zellulären Schädigungen, speziell Schädigungen der Membran der roten Blutkörperchen, beteiligt ist. Wie im letzten Kapitel dargestellt, wirkt Selen gemeinsam mit dem Vitamin E als Antioxidanz und soll deshalb für die Prävention von Krebserkrankungen wichtig sein. Der Selengehalt von Pflanzen hängt von dem Selengehalt des Bodens ab, auf dem sie wachsen. Mangelzustände kommen besonders in geographischen Regionen vor, in denen der Boden nur wenig Selen enthält. So wird in China die sogenannte Keshankrankheit beobachtet, eine Kardiomyopathie, die als Folge eines Selenmangels entsteht. In dieser Region sind die Böden sehr selenarm und damit auch die auf ihnen gewonnenen pflanzlichen Lebensmittel. Die Entstehung von Herz-Kreislauf-Erkrankungen als Folge von Selenmangel wird auf den hierdurch bedingten fehlenden antioxidativen Schutz zurückgeführt, ebenso wie die hiermit verbundenen Störungen des Immunsystems und ein erhöhtes Krebsrisiko, das diskutiert wird. Der interessierte Leser wird auf die Übersichtsarbeit von Oldfield verwiesen. In Industrieländern wird ein Selenmangel nur sehr selten beobachtet, weil die hier verzehrten Lebensmittel aus sehr unterschiedlichen geographischen Regionen stammen und nicht nur aus einem einzigen Bereich mit möglicherweise selenarmen Böden.

Theoretisch sollte Selen besonders auch unter körperlicher Belastung die Zellmembranen vor einer Peroxidation schützen. Diese Hypothese wurde durch Selengabe in Tierversuchen vor allem an Ratten und Pferden überprüft mit sehr widersprüchlichen Resultaten.

In Untersuchungen an Menschen wurde das Selen im allgemeinen als Teil eines „antioxidativen Cocktails" appliziert, also gemeinsam mit Vitamin C, E und/oder Betakarotin. Bezüglich der Diskussion dieser Resultate wird auf die Seite 244–266 verwiesen.

Eine hohe Selenaufnahme im Bereich von 1 mg pro Tag kann sich insbesondere in einer Veränderung der Fingernägel zeigen. Nach irrtümlichen Einnahmen sehr großer Mengen von bis zu 25 mg pro Tag kam es zu Intoxikationserscheinungen in Form von Übelkeit, Erbrechen, Bauchschmerzen, Haarausfall und ausgeprägter Müdigkeit. Wenn zusammenfassend Selentabletten in einer Dosis, die der empfohlenen Tagesaufnahmemenge entspricht, eingenommen werden, so ist hiervon keine gesundheitliche Gefährdung zu erwarten. Anders sieht dies bei hohen Dosen aus. Hier kann eine gesundheitliche Unbedenklichkeit zur Zeit noch nicht bescheinigt werden, solche hohen Selendosen können potentiell toxisch wirken.

Bor (B)

Bor wird nicht zu den essentiellen Nährstoffen gerechnet, wenngleich Nielsen in seiner Übersicht darauf hinweist, daß diesem Element beim Menschen doch einige positive Effekte zuzurechnen sind. Borsalze wurden zu Beginn dieses Jahrhunderts in großen Mengen zu Konservierungszwecken von Lebensmitteln verwendet, eine Praxis, die inzwischen verlassen wurde, da sie aus gesundheitlicher Sicht nicht unbedenklich ist.

In seiner Übersicht gibt Nielsen zum Thema Bor anhand seiner eigenen Untersuchungen ein demonstratives Beispiel dafür, wie übertrieben und verzerrt von der industriellen Werbung häufig Ergebnisse nur singulärer wissenschaftlicher Untersuchungen zu Verkaufszwecken genutzt werden. Der Autor führte bei 12 Frauen nach der Menopause eine Untersuchung zur Frage der Auswirkungen eines Bordefizits durch. Hierzu wurden die Probandinnen über vier Monate borfrei ernährt, anschließend erhielten sie über 48 Tage bei gleicher Ernährung täglich 3 mg Bor in Form von Obst und Gemüse. Der Autor fand durch die Substitution eine

Abnahme der Kalziumkonzentration im Serum und der Urinausscheidung von Kalzium und Magnesium, ferner einen Anstieg der Serumkonzentration von Östrogen und Testosteron. Aus den Untersuchungen zog er die Schlußfolgerung, daß Bormangel zu einem Kalziumverlust führen könne, daß somit bei einem Bormangel einer entsprechende Substitution in der Ernährung ein präventiver Effekt gegenüber der Entwicklung einer Osteoporose zuzumessen sei.

Die Medien machten daraus etwas ganz anderes. In großen Schlagzeilen wurde berichtet, daß man mit Bor eine Osteoporose heilen könne. Die einschlägige Industrie stürzte sich auf diesen neuen Markt und bot Bortabletten zur Prävention und Therapie der Osteoporose an. Nielsen, wandte sich scharf gegen eine solche von Sensations- und Kommerzdenken bestimmte, übertriebene Interpretation und Vermarktung seiner Resultate.

Auch der Befund des Anstiegs des Testosteronspiegels im Serum bei Frauen nach der Menopause wurde von der interessierten Industrie begierig aufgegriffen. In einschlägigen Anzeigen wurde behauptet, daß Bortabletten pharmakologisch genauso wirken würden wie Anabolika. Auch dieser Werbung trat Nielsen entschieden entgegen. Die Resultate seiner Untersuchungen berechtigen nur zu der Feststellung, daß der Testosteronspiegel bei Frauen nach der Menopause unter einer Borsubstitution ansteigt, die vorher vier Monate borfrei ernährt wurden. Nielsen fand ferner in Untersuchungen an männlichen Versuchspersonen keine Veränderungen im Testosteronspiegel unter einer erhöhten nutritiven Borzufuhr. Zur Frage, ob Bor die Leistungsfähigkeit steigern kann, liegen nur wenige Untersuchungen vor. Ferrando und Green überprüften den Effekt einer Borsubstitution auf die Leistungsfähigkeit von 19 männlichen Bodybuildern. Die Autoren fanden zwar einen Anstieg der Borkonzentration im Serum, jedoch keinen Effekt auf das gesamte und freie Testosteron im Serum, die fettfreie Körpermasse oder die Muskelkraft. Diese Resultate sprechen gegen einen ergogenen Effekt einer Borsubstitution, sie müssen jedoch sicher noch durch weiterführende Untersuchungen ergänzt werden.

Offizielle Empfehlungen zur Tagesaufnahmemenge von Bor liegen nicht vor. Nielsen kommt aufgrund von Tierversuchen zur Annahme eines täglichen Bedarfs von 0,5–1,0 mg Bor für den Menschen, der durch eine ausgewogene Kost problemlos abgedeckt wird. Bor findet sich vor allem in einer Reihe von pflanzlichen Nahrungsmitteln wie besonders Nüssen, Trockenfrüchten und auch Wein. Eine entsprechend zusammengesetzte Ernährung kann bis zu 10 mg Bor täglich enthalten, eine Menge, die somit deutlich über dem Bedarf liegt, jedoch nicht toxisch sein dürfte. Nielsen weist allerdings darauf hin, daß bei sehr großen Mengen jenseits von 50 mg Bor pro Tag toxische Wirkungen nicht auszuschließen sind.

Weitere Spurenelemente

Neben den bisher genannten gibt es eine Reihe von weiteren Spurenelementen, die für die Gesundheit und Leistungsfähigkeit wichtig sein könnten. Soweit hierfür Empfehlungen für die Tagesaufnahmemengen verfügbar sind, werden sie in der Tabelle 8.5 aufgeführt. Unter den in der Tabelle nicht genannten seien Nickel, Zinn, Vanadium, Silikon und Arsen erwähnt, denen ebenfalls eine physiologische Bedeutung zukommen kann. Mangelzustände oder Intoxikationen durch diese Nährstoffe lediglich aufgrund der Ernährungsbedingungen kommen extrem selten vor. Um sicher zu sein, daß man auch von diesen Spurenelementen genügend zu sich nimmt, sollte man möglichst naturbelassene Lebensmittel verzehren, da bei den industriellen Verarbeitungsprozessen besonders die Spurenelemente häufig verloren gehen und bei diesen selteneren Nährstoffen nicht substituiert werden. Zur erhöhten, dann möglicherweise toxischen Aufnahme kann es durch die Einnahme von zu vielen Mineralstofftabletten kommen oder auch durch industrielle Verunreinigungen. Zwei von diesen weiteren Spurenelementen sollen besonders hervorgehoben werden, da ihre gesundheitliche Bedeutung unumstritten ist, nämlich Fluor und Jod. Fluor ist wichtig zur Prävention der Karies. Eine überhöhte Aufnahme kann besonders bei Kindern zu fleckigen Ver-

Tab. 8.5 Spurenelemente: Kobalt, Fluor, Jod, Mangan, Molybdaen

Mineral	Tagesbedarf	Wichtige Lebensmittelquellen	Hauptfunktion	Mangelsymptome	Überdosierungssymptome	Substitution empfohlen
Kobald (Co)		Leber, Fleisch, Milch	Komponente des Vitamin B_{12}; begünstigt die Bildung der roten Blutzellen	Beim Menschen nicht bekannt	Übelkeit, Erbrechen, Tod	Nein
Fluor (F)	1,5–4,0 mg	Milch, Eidotter, Trinkwasser, Meeresfrüchte	Knochen- und Zahnbildung	Zahnschäden	Zahnverfärbungen	Nein
Jod (I)	150 Mikrogramm	Jodiertes Salz, Meeresfisch, Meeresfrüchte, Gemüse	Bestandteil der Schilddrüsenhormone	Kropf (Vergrößerung der Schilddrüse)	Schilddrüsenfunktionsstörungen	Nein
Mangan (Mn)	2,0–5,0 mg	Vollkornprodukte, Erbsen, Bohnen, dunkelgrüne Blattgemüse, Bananen	An vielen Enzymen der Energiebereitstellung beteiligt, Knochenbildung, Fettsynthese	Wachstumsstörungen	Schwäche, Nervenschädigungen, Verwirrtheitszustände	Nein
Molybdaen (Mo)	75–250 Mikrogramm	Leber, Innereien, Vollkornprodukte, Erbsen, Bohnen	Wirkt zusammen mit Riboflavin in Enzymen des Kohlenhydrat- und Fettstoffwechsels	Beim Menschen nicht bekannt	Selten	Nein

* Tagesbedarf für andere Altersgruppen siehe Anhang E
** Wichtig als Teil des Vitamin B_{12}

färbungen des Zahnschmelzes führen. Jod wird für die Bildung von Thyroxin und Trijodthyronin in der Schilddrüse benötigt. Sinkt die Sekretion dieser beiden Hormone ab, wird der Stoffwechsel verlangsamt, ein Effekt, der unter anderem zur Entwicklung von Übergewicht beiträgt. Ein weiteres typisches Zeichen von Jodmangel ist die Ausbildung einer Schilddrüsenvergrößerung in Form des Kropfes. In den Industrieländern sind Jodmangelzustände durch die Verwendung von jodiertem Kochsalz weitgehend eliminiert worden.

Untersuchungen zu den Beziehungen zwischen diesen beiden Elementen und körperlicher Aktivität, zu ihrer Verstoffwechselung unter Belastungsbedingungen bzw. zu den Auswirkungen einer Substitution auf die körperliche Leistungsfähigkeit liegen so gut wie nicht vor, wahrscheinlich aufgrund der Tatsache, daß Mangelzustände überaus selten geworden sind.

8.5 Mineralstoffpräparate: Gesundheits- und Leistungsaspekte

Der Glaube an die Bedeutung von Mineralstoffen, speziell Mineralstoffpräparaten, für die Leistungsfähigkeit hat sich in den letzten Jahren in Sportlerkreisen erheblich verstärkt bzw. verbreitet, kräftig unterstützt durch eine entsprechende Werbung. Wie die vorausgegangene Übersicht zeigt, ist es zweifellos richtig, daß bei Mineralmangelzuständen durch eine Substitution der Gesundheits- und Leistungszustand verbessert werden kann. Bei einer ausreichenden Mineralstoffversorgung, die bei einer ausgewogenen Ernährung im allgemeinen immer angenommen werden darf, läßt sich von einer zusätzlichen Substitution durch Mineralstoffpräparate jedoch keine Verbesserung mehr erwarten.

Mineralstoffbedarf unter Belastung

Körperliche Belastung kann zu Mineralstoffverlusten führen. Viele Mineralien werden unter Belastung aus den muskulären oder sonstigen Depots mobilisiert und vermehrt an den Kreislauf abgegeben. Diese zirkulierenden Mineralien werden dann von den Nieren über den Urin oder, besonders bei Belastung in höheren Umgebungstemperaturen, über den Schweiß verstärkt ausgeschieden. Über den Magen-Darm-Trakt gehen unter Belastung gleichfalls vermehrt Elektrolyte verloren.

Auch der Elektrolytbedarf kann durch Sport gesteigert werden. Wenn Sportlerinnen eine sekundäre Amenorrhö entwickeln, benötigen sie mehr Kalzium. Ähnliches gilt für den Ausdauersportler, bei dem es zu einer Reduktion der Knochenmasse kommt. Andererseits braucht die amenorrhoische Sportlerin durch das Aussetzens ihrer Blutungen weniger Eisen.

Die Abdeckung des Mineralstoffbedarfs beim Sportler durch die Ernährung

Entsprechende Übersichten zeigen, daß gemessen an den empfohlenen Tagesaufnahmemengen in den Industrieländern die Ernährung gewisse Defizite an Mineralstoffen aufweist, vor allem im Bereich von Eisen, Zink, Kalzium und Chrom. Solche Defizite gelten sinngemäß auch für Sportler, ganz besonders in solchen Sportarten, in denen die Athleten auf ein niedriges Körpergewicht achten müssen. Wie für alle Nährstoffe gilt auch hier, daß das wichtigste eine gut ausgewogene Ernährung ist, die auf einem möglichst breitem Angebot an Lebensmitteln aus den verschiedenen Nahrungsmittelgruppen beruht. Tabelle 8.6 zeigt für verschiedene Lebensmittel aus den unterschiedlichen Lebensmittelgruppen den Prozentsatz der empfohlenen Tagesaufnahmemenge an Mineralstoffen, den jeweils eine Portion enthält. Dieser Prozentsatz ist für Lebensmittel aus der gleichen Gruppe teilweise sehr unterschiedlich. So ist der Kalziumgehalt in Milchprodukten hoch, im Fleisch niedrig. Mit dem Eisengehalt verhält es sich genau umgekehrt. Auch beim Fleisch gibt es allerdings deutliche Unterschiede, so ist der Kupfergehalt im Schweinefleisch hoch, im

Rindfleisch niedrig. Ferner ist es wichtig, die Lebensmittel so weit als möglich in ihrem natürlichen Zustand zu verzehren. Durch das Ausmahlen des Getreides werden beispielsweise sehr viele Mineralstoffe entfernt, von denen dann meist nur das Eisen wieder angereichert wird. Dies wird deutlich, wenn man den Unterschied im Mineralstoffgehalt zwischen Vollkornbrot und sogenanntem angereicherten Weißbrot betrachtet, wie er sich in der Tabelle 8.6 darstellt.

Wenn man auf eine ausreichende Mineralstoffversorgung achten will, so ist es nicht erforderlich, sämtliche der zahlreichen Mineralien und Spurenelemente einzeln zu kontrollieren. Es genügt, auf einen hinreichenden Gehalt der verzehrten Lebensmittel an Kalzium und Eisen zu achten. Wenn dies der Fall ist, kann man im allgemeinen sicher sein, daß auch keine Defizite im Bereich der anderen Mineralstoffe bestehen. Die wichtigsten Quellen für die Mineralstoffe und Spurenelemente sind Fleisch und Getreideprodukte, aber auch andere Lebensmittel insbesondere Hülsenfrüchte und/oder Blattgemüse. Bezüglich Lebensmittel, die viel Kalzium und Eisen enthalten, wird auf Tabelle 8.2 und 8.4 verwiesen. Man beachte die weitgehende Übereinstimmung dieser beiden Tabellen mit der Tabelle 8.5, in der Lebensmittel aufgelistet sind, die andere Mineralien und Spurenelemente enthalten.

Die Bedeutung von Mineralstoffpräparaten für den Sportler

Die Frage, ob Sportler Mineralstofftabletten einnehmen sollten, kann im allgemeinen mit einem klaren Nein beantwortet werden. Zum ersten trifft die Behauptung zahlreicher Tablettenhersteller keineswegs zu, daß unsere heutige Ernährung nicht mehr ausreicht, um unseren Mineralstoffbedarf abzudecken. Wer sich vernünftig ernährt, muß kein Mineraldefizit befürchten. Zum zweiten kann festgestellt werden, daß selbst dann, wenn die empfohlenen Tagesmengen für manche Mineralstoffe, nicht ganz erreicht werden, außer in extremen Ausnahmefällen hiervon keine Einschränkung der Leistungsfähigkeit zu erwarten ist. Die einzige Ausnahme könnte vielleicht das Serumeisen sein. Die Frage, ob eine alleinige Erniedrigung des Serumeisens ohne Anämie die Leistungsfähigkeit einschränkt und einer Substitution bedarf, wird zur Zeit noch kontrovers beantwortet. Zum dritten kann eine Reihe von Mineralstoffen, wenn sie in Überdosen genommen werden, toxisch wirken. Wie für verschiedene Mineralstoffe in diesem Kapitel festgestellt wurde, ist ihre Resorption im Darm im allgemeinen gering. Die prozentuale Aufnahme für Kalzium liegt bei 40 %, für Eisen bei 10 %, für Chrom sogar nur bei 1–2 %. Der biologische Sinn dieser relativ schlechten Resorption kann in einem Schutzmechanismus gesehen werden, in dem Bestreben des Organismus, sich vor einer Übermineralisierung zu schützen. Wer diesen biologischen Schutzmechanismus durch Überdosen von

Tab. 8.6 Prozentsatz der empfohlenen Tagesaufnahmemenge an bestimmten Mineralstoffen in einer Portion ausgewählter Lebensmittel

Lebensmittel	Portion	Kalorien	Ca	P	Mg	Fe	Cu	Zn
Magermilch	1 Glas	90	35	28	10	1	3	7
Vollfettkäse	30 g	114	21	15	2	1	0	6
Austern	1	10	1	2	1	6	28	75
Leber, Rind	100 g	150	1	41	4	50	157	29
Rindfleisch (Lende)	100 g	176	1	22	6	21	3	33
Lammfleisch, mager	mittelgroße Portion	95	1	11	3	6	22	14
Bohnen	½ Meßbecher	131	3	15	8	19	8	6
Brokkoli	1 Stange	25	8	6	3	4	63	1
Vollkornbrot	1 Scheibe	80	2	5	4	3	6	3
Weißbrot	1 Scheibe	80	2	2	4	2	1	1

Mineralstoffen durchbricht, geht das Risiko von Stoffwechselstörungen und Gesundheitsschädigungen ein. Bei einer Reihe von Mineralstoffen kann eine massive Überdosierung zu Todesfällen führen.

Andererseits ist festzustellen, daß bei bestimmten Sportlergruppen, die sich aus Wettbewerbsgründen oder aus Gründen des Regelwerks ihrer Sportart unterkalorisch ernähren, ein Mineraldefizit auftreten kann. Bei ihnen wurden zum Teil zu geringe Aufnahmen von Eisen und/oder Kalzium nachgewiesen. Es kann daher davon ausgegangen werden, daß für sie auch ein Defizit an anderen Spurenelementen besteht. In diesem Fall würden die Sportler von einer Mineralsubstitution profitieren.

Wenn ein Sportler oder sein Trainer den Verdacht auf einen Mineralstoffmangel haben, sollten sie am besten mit einem im Sportbereich erfahrenen Ernährungsberater und/oder Arzt sprechen. Leider ist dies bisher nur allzu selten der Fall, die Situation beginnt sich aber zu bessern.

Sportler, die aufgrund ihrer Ernährungssituation für sich einen Mineralstoffmangel annehmen kann man zur Einnahme eines Vitamin-Mineralpräparats einmal täglich raten, in dem die wichtigsten Vitamine und Mineralstoffe mit maximal 50–100 % der empfohlenen Tagesaufnahmemenge enthalten sind. Dem Athleten sollte man auch klarmachen, daß solche Tabletten nur dem Ausgleich eines eventuellen Defizits dienen, ein leistungssteigernder Effekt ist darüber hinaus von ihnen nicht zu erwarten. Hierzu darf auf Kapitel 7 verwiesen werden, in dem eindeutig festgestellt wurde, daß die Einnahme von großen Dosen an Multivitamin-Mineraltabletten auch über lange Zeit hinweg zu keiner Leistungssteigerung führt.

Megadosen von Mineralstoffen

Eine der Grundregeln der Mineralstoffversorgung besagt, daß es praktisch unmöglich ist, mit der natürlichen Ernährung soviel Mineralstoffe aufzunehmen, daß diese zu toxischen Nebenwirkungen führen können. Dies gelingt, wenn überhaupt, nur durch spezifische Mineralpräparate. Angesichts der großen Mengen von Mineraltabletten, die heute von Sportlern und Nichtsportlern zur vermeintlichen Steigerung ihrer Gesundheit und Leistungsfähigkeit eingenommen werden, stellt sich dann doch die Frage, wie häufig es hierdurch zu Vergiftungserscheinungen kommt. Im allgemeinen enthalten diese Tabletten aber nur eher geringe Mengen an Mineralstoffen, im Bereich der empfohlenen Tagesaufnahmemengen oder weniger, von denen keine gesundheitlichen Probleme zu erwarten sind. Andererseits beobachtet man leider auch, daß viele Sportler nach dem Motto „viel hilft viel" sich nicht an die Dosierungsregeln der Hersteller halten und Pillen in Unzahl schlucken. Daß ein solcher Mißbrauch zu toxischen Erscheinungen und gesundheitlichen Problemen führen kann, ist für eine Reihe von Mineralstoffen wie Kalzium, Eisen, Zink und Kupfer belegt, für andere Spurenelemente, denen eher eine therapeutische Bedeutung zukommt, liegen weniger Erfahrungen vor. Trotzdem muß davon ausgegangen werden, daß letztlich alle Spurenelemente und Mineralstoffe toxisch wirken können, wenn sie nur lange genug in überhöhten Dosen eingenommen werden.

Zusammenfassend kann festgestellt werden, daß man dann, wenn man schon Mineralstofftabletten einnimmt, dies nur in Dosen tun sollte, die den empfohlenen Tagesaufnahmemengen entsprechen oder darunter liegen. Für die Einnahme von Megadosen an Mineralstoffen besteht außer in einer medizinisch indizierten und ärztlich kontrollierten Behandlung von bestimmten Krankheiten keine vernünftige Begründung.

Literatur

Bücher

Emery, T. 1991. *Iron and your Health*. Boca Raton, FL: CRC Press.

Celsing, F. 1987. Influence of Iron Deficiency and Changes in Haemoglobin Concentration on Exercise Capacity in Man. Stockholm, Repro Print

Übersichtsartikel

Anderson, R. 1988. Selenium, chromium and manganese. (B) Chromium. In *Modern Nutrition in Health and Disease*, eds. M. Shils and V. Young. Philadelphia: Lea and Febiger.

Avioli, L. 1988. Calcium and Phosphorus. In *Modern Nutrition in Health and Disease*, eds. M. Shils and V. Young. Philadelphia: Lea and Febiger.

Clarkson, P. 1991. Vitamins, iron, and trace minerals. In Perspectives in Exercise Science and Sports Medicine Ergogenics: The Enhancement of Sport Performance, eds. D. Lamb and M. Williams, Indianapolis, IN: Benchmark

Deuster, P. 1989. Magnesium in sports medicine. *Journal of the American College of Nutrition* 8:462

Drinkwater B. 1989. Amenorrheic athletes: At risk for premature osteoporosis. Proceedings of the First IOC World Congress on Sport Sciences. Colorado Springs, CO. United States Olympic Committee

Eichner, E. R. 1992. Sports anemia, iron supplements and blood doping. *Medicine and Science in Sports and Exercise* 24:S215–S318

Elin, R. 1988. Magnesium metabolism in health and disease. *Disease-a-Month* 34:161–218

Evans, G. 1989. The effect of chromium picolinate on insulin controlled parameters in humans. *International Journal of Biosocial and Medical Research* 11:163–80

Haymes, E. 1993. Dietary iron needs in exercising women. A rational plan to follow in evaluating iron status. *Medicine, Exercise, Nutrition, and Health* 2:203–12

Kreider, R. 1992. Phosphate loading and exercise performance. *Journal of Applied Nutrition* 44:29–49.

Lane, H. 1989. Some trace elements related to physical activity: Zinc, copper, selenium, chromium, and iodine. In: *Nutrition in Exercise and Sport*, eds. J. Hickson and I. Wolinsky. Boca Raton, FL: CRC Press.

Lefavi, R. 1992. Efficacy of chromium supplementation in athletes: Emphasis on anabolism. *International Journal of Sport Nutrition* 2:111–22.

Matkovic, V., and Ilich, J. 1993. Calcium recommendations for growth: Are current recommendations adequate? *Nutrition Reviews* 51:171–80.

McDonald, R., and Keen, C. 1988. Iron, zinc and magnesium nutrition and athletic performance. *Sports Medicine* 5:171–84.

Nielsen, F. 1992. Facts and fallacies about boron. *Nutrition Today* 27:6–12

Oldfield, J. 1991. Some implications of selenium for human health. *Nutrition Today* 26:6–11, July/August.

Rowland, T. 1990. Iron deficiency in the young athlete. *Pediatric Clinics of North America* 37:1153–62

Scrimshaw, N. 1991. Iron deficiency. *Scientific American* 265:46–52

Thompson, D., et al. Effects of phosphate loading on erythrocyte 2,3-diphosphoglycerate (2,3-DPG), adenosine 5'-triphosphate (ATP), hemoglobin (hb), and maximal oxygen consumption (VO$_2$max). *Medicine and Science in Sports and Exercise* 22:S36.

Tremblay, M. et al. 1994. Ergogenic effects of phosphate loading: Physiological facts of methodo-

logical fiction? *Canadian Journal of Applied Physiology* 19:1–11

Weaver, D., and Rajaram, S. 1992. Exercise and iron status. *American Institute of Nutrition* 122:782–87

Zimmerman, J. 1993. Does calcium supplementation reduce the risk of colon cancer? *Nutrition Reviews* 51;109–11.

Spezielle Studien

Aruoma, O., et al. 1988. Iron, copper and zinc concentrations in human sweat and plasma: the effect of exercise. *Clinical Chimica Acta* 177:81–87.

Bilanin, J., et al. 1989. Lower vertebral bone density in male long distance runners. *Medicine and Science in Sports and Exercise* 21:66–70.

Brilla, L., and Gunter, K., 1994. Magnesium ameliorates aerobic contribution at high intensity. *Medicine and Science in Sports and Exercise* 26:S53.

Brilla, L. and Haley, T. 1992. Effect of magnesium supplementation on strength training in humans. *Journal of the American College of Nutrition* 112:326–29

Cade, R., et al. 1984. Effects of phosphate loading on 2,3-diphosphoglycerate and maximal oxygen uptake. *Medicine and Science in Sports and Exercise* 16:263–68.

Casoni, I., et al. 1990. Changes in magnesium concentrations in endurance athletes. *International Journal of Sports Medicine* 11:234–37.

Clancy, S., et al. 1993. Chromium supplementation in football players. *Medicine and Science in Sports and Exercise* 25:S198.

Eichner, R., et al. 1989. Intravascular hemolysis in elite college rowers. *Medicine and Science in Sports and Exercise* 21:S78.

Ferrando, A., and Green, N. 1993. The effect of boron supplementation on lean body mass, plasma testosterone levels, and strength in male bodybuilders. *International Journal of Sport Nutrition* 3:140–49.

Fogelholm, M., et al. 1992. Effect of iron supplementation in female athletes with low serum ferritin concentration. *International Journal of Sports Medicine* 13:158–62.

Gullestad, L., et al. 1992. Oral magnesium supplementation improves metabolic variables and muscle strength in alcoholics. *Alcoholism, Clinical and Experimental Research* 15:986–90.

Hallmark, M., et al. 1993. Effects of chromium supplementation and resistive training on muscle strength and lean body mass in untrained men. *Medicine and Science in Sports and Exercise* 25:S101.

Hasten, D., et al. 1992. Effects of chromium picolinate on beginning weight training students. *International Journal of Sport Nutrition* 2:343–50.

Hudgins, P., et al. Effects of iron supplementation on hematologic profile and performance in female endurance athletes. *FASEB Journal* 4:A1197.

Klingshirn, L., et al. 1992. Effect of iron supplementation on endurance capacity in iron-depleted female runners. *Medicine and Science in Sports and Exercise* 24:819–24.

Kreider, R., et al. 1990. Effects of phosphate loading on oxygen uptake, ventilatory anaerobic threshold, and run performance. *Medicine and Science in Sports and Exercise* 22:20–47.

Lamanca, J., et al. 1988. Sweat iron loss of male and female runners during exercise. *International Journal of Sports Medicine* 9:52–55.

Lukaski, H. et al. 1991. Iron status in exercising women during graded, maximal exercise. *European Journal of Applied Physiology* 63:140–45.

Magazanik, A., et al. 1991. Effect of an iron supplement on body iron status and aerobic capacity of young training women. *European Journal of Applied Physiology* 62:317–23.

Mannix, E., et al. 1990. Oxygen delivery and cardiac output during exercise following oral phosphate-glucose. *Medicine and Science in Sports and Exercise* 22:341–47.

Matter, M., et al. 1987. The effect of iron and folate therapy on maximal exercise performance in female marathon runners with iron and folate deficiency. *Clinical Science* 72:415–22.

Newhouse, I., et al. 1989. The effects of prelatent/latent iron deficiency on physical work capacity. *Medicine and Science in Sports and Exercise* 21:263–68.

Newhouse, I., et al. 1989. Effects of iron supplementation and discontinuiation on serum copper, zinc, calcium, and magnesium levels in women. *Medicine and Science in Sports and Exercise* 25:562–71.

Nielsen, F. and Shuler, T. 1992. Studies of interaction between boron and calcium, and its modification by magnesium and potassium, in rats. Effects on growth, blood variables, and bone mineral composition. *Biological Trace Elements Research* 35:225–37.

Ormerod, S., et al. 1990. The relationship between weekly mileage and bone density in male runners. *Medicine and Science in Sports and Exercise* 22:S62.

Powell, P., and Tucker, A. 1991. Iron supplementation and running performance in female cross-country runners. *International Journal of Sports Medicine* 12:462–67.

Risser, W., et al. 1988. Iron deficiency in female athletes: Its prevalence and impact on performance. *Medicine and Science in Sports and Exercise* 20:116–21.

Singh, A., et al. 1991. Chronic multivitamin-mineral supplementation does not enhance physical performance. *Medicine and Science in Sports and Exercise* 24:726–31.

Smith, E. 1989. Deterring bone loss by exercise intervention in premenopausal and postmenopausal women. *Calcified Tissue International* 44:312–21

Snyder, A., et al. 1989. Influence of dietary iron source on measures of iron status among female runners. *Medicine and Science in Sports and Exercise* 21:7–10.

Stewart, I., et al. 1990. Phospate loading and the effects on VO$_2$ max in trained cyclists. *Research Quarterly for Exercise and Sport* 61:80–84.

Telford, R., et al. 1993. Iron status and diet in athletes. *Medicine and Science in Sports and Exercise* 25:796–800.

Terblanche, S., et al. 1992. Failure of magnesium supplementation to influence marathon running performance or recovery in magnesium-replete subjects. *International Journal of Sport Nutrition* 2:154–64.

Weight, L., et al. 1988. Vitamin and mineral supplementation.: Effect on the running performance of trained athletes. *American Journal of Clinical Nutrition* 47:186–91.

Weight, L., et al. 1992. Dietary iron deficiency and sports anaemia. *British Journal of Nutrition* 68:253–60.

9 Wasser, Elektrolyte und Thermoregulation

9.1 Einleitung

Wasser ist physikalisch eine durchsichtige farb-, geruch- und geschmacklose Flüssigkeit. Chemisch ist es eine sehr einfach aufgebaute Substanz. Ein Wassermolekül besteht jeweils aus zwei Atomen Wasserstoff und einem Atom Sauerstoff (H_2O). Aus physikalischer ebenso wie aus biochemischer Sicht ist Wasser der wichigste aller Nährstoffe für alle Lebensformen. Auch wenn ein Mensch unter optimalen Bedingungen ohne Wasserzufuhr etwa eine Woche überleben kann, können unter ungünstigen Bedingungen extreme Wasserverluste schon in wenigen Stunden zum Tode führen, etwa bei Kindern, die bei einer massiven Diarrhö sehr große Mengen an Wasser und damit auch Elektrolyten verlieren.

Wasser enthält zwar keine Kalorien, die meisten essentiellen Nährstoffe können vom Organismus jedoch nur aufgrund ihrer Interaktionen mit Wasser genutzt werden. Wasser stellt je nach Lebensalter zwischen der Hälfte und drei Viertel der Körpermasse, es ist das Medium, in dem die anderen Nährstoffe wirksam werden. Unter zahlreichen wichtigen Funktionen des Wassers ist eine besonders wichtige, speziell auch für den Sportler unter körperlicher Belastung, seine Rolle bei der Regulierung der Körpertemperatur. Unter allen flüssigen und festen Lebensmitteln, auf die der Sportler achten sollte, ist nach wie vor Wasser das Lebensmittel, dem sein höchstes Interesse gelten sollte.

Wenn der Körper Flüssigkeit verliert, auf welchem Wege auch immer, so gehen damit auch automatisch Elektrolyte verloren. Elektrolyte, vor allem diejenigen, die in diesem Kapitel diskutiert werden, nämlich Natrium, Kalium und Chlor, spielen bei zahlreichen physiologischen Funktionen wie der Muskelkontraktion und dem Wasserhaushalt eine entscheidende Rolle. Störungen im Elektrolythaushalt sind häufig auch mit gesundheitlichen Störungen und Leistungseinschränkungen verbunden.

Eine ausreichende Flüssigkeitszufuhr ist ebenso aus gesundheitlicher Sicht wie für die sportliche Leistung wichtig. Zur Senkung der Mortalität an infektiösen Magen-Darm-Erkrankungen in den Entwicklungsländern, speziell der Cholera, wurden Lösungen entwickelt, mit deren Hilfe Flüssigkeits- und Elektrolytverluste auf oralem Wege rasch beseitigt werden können. Solche Lösungen enthalten im allgemeinen Natrium- und Kaliumchlorid, Trinatriumzitrat, Glukose und Wasser. Sie haben entscheidend zur Senkung der Mortalität von Choleraepidemien beigetragen. Hieraus hat man auch für den Flüssigkeitsersatz bei körperlicher Belastung, speziell unter Hitzebedingungen, wichtige Erkenntnisse gewonnen. In den 50er und 60er Jahren wurden bei Soldaten häufig Hitzeschäden beobachtet, nicht zuletzt aufgrund von unvernünftigen Vorschriften, die einen adäquaten Flüssigkeitsersatz verhinderten. Inzwischen hat das sportmedizinische Wissen dazu beigetragen, solche Regeln außer Kraft zu setzen. Es wurden Empfehlungen zur Durchführung körperlicher Aktivität bei hohen Umgebungstemperaturen erarbeitet, deren Beachtung zu einer deutlichen Senkung der Häufigkeit von schweren Hitzeschäden geführt hat. Solche Untersuchungen haben u.a. auch gezeigt, daß starke Flüssigkeitsverluste zu einer deutlichen Einschränkung der Leistungsfähigkeit führt, während sich umgekehrt vorzeitige Erschöpfung durch rechtzeitigen Flüssigkeitsersatz verhindern läßt. Diese Forschung hat u.a. zur Entwicklung der heute verfügbaren zahlreichen Sportgetränke geführt.

Einer der wichtigsten externen Faktoren, die die körperliche Leistungsfähigkeit beeinflussen, ist die Umgebungstemperatur. Jeder, der Ausdauersport betreibt, weiß, wie stark seine Leistungsfähigkeit von der Außentemperatur abhängt. Besonders dann, wenn bei hohen Umgebungstemperaturen die von außen einwirkende Wärme zu der vermehrten Wärmeproduktion durch den Belastungsstoffwechsel hinzukommt, kann es zu Störungen des Wasser- und Elektrolythaushaltes sowie der Thermoregulation kommen, die die Ausdauerleistungsfähigkeit negativ beeinflussen und im Extremfall zu Todesfällen führen können.

Dieses wichtige Thema wird in diesem Kapitel somit vor allem aus der Sicht der Probleme besprochen, die während körperlicher Aktivität bei hoher Umgebungstemperatur auftreten können bzw. mit der Frage, wie solchen Problemen vorgebeugt werden kann und wie sie, wenn sie einmal eingetreten sind, beseitigt werden können.

Im einzelnen werden folgende Themen abgehandelt: Die Bedeutung des Wassers und der wichtigsten Elektrolyte im menschlichen Stoffwechsel, die Regulierung der Körpertemperatur, die Auswirkungen von Elektrolyt- und Flüssigkeitsverlusten auf die Leistungsfähigkeit, Methoden zum Flüssigkeits- und Elektrolytersatz, mögliche leistungssteigernde Effekte von Wasser und Elektrolyten, Gesundheitsstörungen, die mit Flüssigkeit und Elektrolyten zu tun haben wie Hitzeschäden und Bluthochdruck.

9.2 Wasser

Der tägliche Flüssigkeitsbedarf

Der tägliche Wasserbedarf hängt u.a. von der Körpermasse ab, aber auch von zahlreichen anderen Faktoren, insbesondere dem Lebensalter. Bei normaler Umgebungstemperatur und durchschnittlicher körperlicher Aktivität benötigt der Erwachsene etwa 1 ml Wasser pro Kalorie Energieaufnahme. Der Mann benötigt somit im Mittel 2800 ml, die Frau 2000 ml Flüssigkeit täglich, um ihre Wasserbilanz ausgeglichen zu halten.

Ein Flüssigkeitsgleichgewicht besteht dann, wenn Wasserzufuhr und -abgabe ausgeglichen sind. Kleinere Flüssigkeitsmengen

gehen mit dem Stuhlgang sowie der Atemluft verloren. Wesentlich größere Wassermengen werden über die Haut abgegeben. Dieses geschieht auch in Körperruhe ständig und unbemerkt, die sog. **Perspiratio insensibilis**, die etwa 30% des täglichen Wasserverlustes ausmacht. Bei hohen Umgebungstemperaturen oder vermehrter Wärmeproduktion unter körperlicher Belastung wird darüber hinaus aktiv Flüssigkeit abgegeben in Form des Schwitzens, die sog. **Perspiratio sensibilis**. Die größte Quelle des Flüssigkeitsverlustes ist jedoch die Urinausscheidung über die Niere. Diese kann über diuretisch wirkende Lebens- bzw. Genußmittel, wie Alkohol und Koffein, verstärkt werden, aber auch durch einen hohen Eiweißanteil in der Ernährung, der zur Bildung von viel Harnstoff führt, der dann zu seiner Ausscheidung über die Nieren ein adäquates Quantum von Lösungswasser benötigt.

Die Wasserversorgung erfolgt vor allem über flüssige Lebensmittel wie Wasser, Mineralwasser, Milch, Kaffee oder Tee, aber auch feste Lebensmittel können auf unterschiedlichen Wegen zur Wasserversorgung beitragen. Zum einen enthalten auch scheinbar feste Lebensmittel Wasser in unterschiedlichen Mengen. Gemüse, Salat, Melonen und Obst bestehen beispielsweise zu mehr als 90 % aus Wasser, viele andere Lebensmittel enthalten mehr als 60 % Flüssigkeit. Selbst ein scheinbar so trockenes Nahrungsmittel wie Brot besteht noch zu 36 % aus Wasser. Zum anderen entsteht auch bei der Metabolisierung von Nährstoffen zur Energiebildung Wasser. Die Verbrennung von Fetten, Kohlenhydraten und Proteinen geht jeweils mit der Bildung von Wasser einher. Dies zeigt sich beispielhaft in der chemischen Formel, die die Verbrennung von Glukose zur Energiegewinnung ausdrückt:

$$C_6H_{12}O_6 + 6O_2 \rightarrow \text{Energie} + 6CO_2 + 6H_2O.$$

Als Abbauprodukt entsteht somit neben Kohlendioxid Wasser. Tabelle 9.1 stellt die Flüssigkeitsbilanz am Beispiel der Wasseraufnahme bzw. -ausscheidung einer erwachsenen Frau dar. Die hier für Normalbedingungen gegebenen Werte können, wie im weiteren Verlauf darzustellen sein wird, unter speziellen Voraussetzungen allerdings erhebliche Veränderungen erfahren.

Tab. 9.1 Flüssigkeitsbilanz, Durchschnittswerte von Zufuhr und Verlust für eine 60 kg schwere Frau

Flüssigkeitsverluste	
Urinmenge	1.100 ml
Wasser im Stuhlgang	100 ml
über die Atmung	
abgegebenes Wasser	200 ml
Hautverdunstung	
(Perspiratio insensibilis)	600 ml
Gesamt	2.000 ml
Flüssigkeitszufuhr	
Getränke, flüssige Nahrungsmittel	1.000 ml
Lebensmittelgebundenes Wasser	700 ml
Stoffwechselwasser	300 ml
Gesamt	2.000 ml

Das, was wir als Wasser zu uns nehmen, ist keineswegs reines Wasser. Es enthält natürlicherweise, wenn auch regional sehr unterschiedlich, mehr oder minder große Mengen an Mineralstoffen wie Kalzium, Natrium, Magnesium, Eisen, Zink und Blei. Hohe Konzentrationen dieser Mineralstoffe können, wie z.B. bei Natrium oder Blei, zu Gesundheitsproblemen führen, während andere wie Kalzium und Magnesium aus gesundheitlicher Sicht eher positiv einzuordnen sind. Neben diesen gewissermaßen natürlichen Wasserzusätzen kann unser Leitungswasser mehr als 700 verschiedene industriell oder landwirtschaftlich bedingte Verunreinigungen, z.B. Pflanzenschutzmittel, enthalten. Die Trinkwassergesetze geben feste Regelungen für die zulässigen Obergrenzen für solche teilweise gesundheitsschädlichen Verunreinigungen vor, die von den Behörden überwacht werden.

Die Flüssigkeitsverteilung im Körper

Man kann das im Körper enthaltene Wasser schematisch verschiedenen Flüssigkeitsräumen zuordnen, muß sich aber darüber im klaren sein, daß zwischen diesen einzelnen Räumen ein steter Austausch erfolgt. Ca. 65% der Körperflüssigkeit findet sich als **intrazelluläre Flüssigkeit** innerhalb der Körperzellen. Die verbleibenden 35% liegen außerhalb

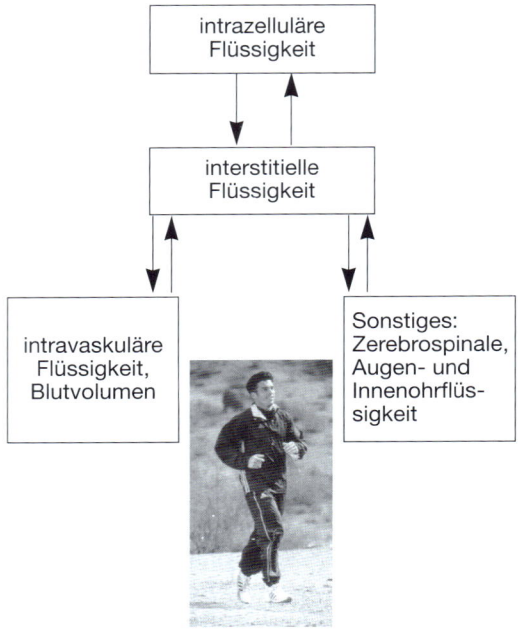

Abbildung 9.1 Die Flüssigkeitsräume des Körpers. Diese werden hier schematisch voneinander abgegrenzt, in Wirklichkeit findet ein ständiger Austausch zwischen ihnen statt. Die intrazelluläre, also die in den Zellen vorhandene Flüssigkeit ist von großer Bedeutung für die Zellfunktion. Alle anderen Flüssigkeitsräume (interstitielle, intravasale und sonstige Flüssigkeiten) können als extrazelluläre Flüssigkeit zusammengefaßt werden. Besonders eine Verminderung der intravasalen Flüssigkeit, speziell des Blutvolumens, beeinflußt die Leistungsfähigkeit negativ.

und werden deshalb als **extrazelluläre Flüssigkeit** bezeichnet. Diese wiederum kann man in die **intravasale** Flüssigkeit, die Flüssigkeit innerhalb der Gefäße, und die **interzelluläre** bzw. **interstitielle Flüssigkeit**, die die Zellgewebe umspült, unterteilen. Zu der intravasalen Flüssigkeit wird auch die Flüssigkeit gerechnet, die sich innerhalb umschriebener Flüssigkeitsräume befindet, wie insbesondere „das Nervenwasser", also der Liquor cerebrospinalis. Eine schematische Darstellung der Flüssigkeitsräume gibt die Abbildung 9.1.

Für die Wasserverteilung bzw. -bindung im Körper sind die jeweiligen Konzentrationen an Eiweißen, Kohlenhydraten und Elektrolyten von großer Bedeutung. Der Eiweißgehalt im Muskel, Blut und anderen Geweben führt zu einer Bindung des dort vorhandenen Wassers. Im Muskelglykogen finden sich erhebliche Wassermengen, etwa 3 ml Wasser pro 1 g Glykogen, auf deren Bedeutung bereits im Kapitel 4 eingegangen wurde. Hieraus folgt, daß bei der Verbrennung von 350 g Kohlenhydraten ca. 1 Liter Wasser frei wird und dem Organismus zur Verfügung steht. Auch das Natrium in der extrazellulären Flüssigkeit, einschließlich des Kreislaufsystems, ist für die Wasserbindung wichtig.

Die korrekte Wasser- und Elektrolytverteilung innerhalb dieser einzelnen Flüssigkeitsräume ist gerade auch für die sportliche Leistungsfähigkeit von großer Bedeutung. Unter körperlicher Belastung, besonders bei hohen Temperaturen, kann es durch Flüssigkeitsverschiebungen zu einer Verminderung des Blutvolumens bzw. zu einer zellulären Dehydratation kommen, beides Faktoren, die die Leistungsfähigkeit einschränken bzw. den Eintritt einer vorzeitigen Ermüdung begünstigen können und bei der Entwicklung von Hitzeschäden eine wichtige Rolle spielen.

Der Wassergehalt beträgt im Durchschnitt 60% der Körpermasse des Mannes bzw. 50% bei der Frau. Bei Übergewichtigen kann dieser Anteil auf 40% absinken, bei sehr muskulösen Individuen auf 70% ansteigen. Der Grund für diese Tatsache liegt darin, daß Fettgewebe relativ wenig, Muskelgewebe dagegen viel Wasser bindet.

Die Regulierung des Flüssigkeitshaushaltes

Die Regelung der Flüssigkeitsbilanz obliegt beim Gesunden ganz überwiegend der Niere. Bei einem normalen Körperwassergehalt spricht man von einer **Normohydratation** oder **Euhydratation**. Kommt es zu einem Wasserverlust, entsteht eine **Hypohydratation**, umgekehrt wird eine Überwässerung des Körpers als **Hyperhydratation** bezeichnet. Die Aufgabe der Niere ist es, im Zustand der Hyperhydratation vermehrt Wasser auszuscheiden bzw. umgekehrt bei einer Hypohydratation Flüssigkeit zu konservieren.

Die Verfügbarkeit von effektiven Kontrollmechanismen für den Körperwassergehalt ist für den Organismus angesichts der großen Bedeutung des Flüssigkeitshaushaltes im Rahmen der **Homöostase** von entscheidender Bedeutung. Mit dem Begriff der Homöostase wird die Konstanterhaltung des sog. inneren Milieus bezeichnet, das u.a. die korrekte Verteilung des Wassers in den einzelnen Flüssigkeitsräumen und die Konstanz der Konzentrationen an Elektrolyten, Hormonen und anderen, für die Lebensprozesse wichtigen Substanzen beschreibt. Die homöostatischen Mechanismen sind überaus komplex, ihre vollständige Beschreibung würde den Rahmen dieses Bandes sprengen. Grundlegend arbeiten alle solchen homöostatischen Mechanismen nach dem Rückkopplungsprinzip. Wenn diese Steuerungsmechanismen normal funktionieren, bestehen für den Organismus im allgemeinen keine Schwierigkeiten, die normalen physikalischen und biochemischen Konditionen in den einzelnen Flüssigkeitsräumen zu garantieren.

Die wichtigste Steuerungsgröße für diese Rückkopplungsmechanismen ist in Bezug auf den Flüssigkeitshaushalt die sog. **Osmolalität**. Diese Größe beschreibt die Menge bzw. die Konzentration der innerhalb eines bestimmten Flüssigkeitsraumes gelösten Substanzen. Die Osmolalität wird von einer großen Zahl sehr unterschiedlicher Stoffe bestimmt, insbesondere Glukose, Proteinen und von Elektrolyten, speziell Natrium, die im Körperwasser gelöst sind. Die Mengenangabe für eine solche gelöste Substanz ist das **Osmol**. Ein Osmol ist dann vorhanden, wenn ein Mol einer nichtionisierten Substanz wie Glukose in einem Liter Wasser gelöst ist. Dissoziiert eine Substanz in zwei gegenpolig geladene Ionen, wie z.B. Natriumchlorid, so entspricht ein Mol dieser Substanz zwei Osmol. Ein Mol Kochsalz entspricht somit zwei Osmol Kochsalz, ein Millimol (mmol) Kochsalz zwei Milliosmol (mOsm).

Häufig wird in Verbindung mit dem Begriff der Osmolalität auch der Ausdruck der **Tonizität** benutzt, der den Lösungs- bzw. osmotischen Druck einer Lösung beschreibt. Wenn zwei Lösungen den gleichen osmotischen Druck aufweisen, werden sie als isoos-

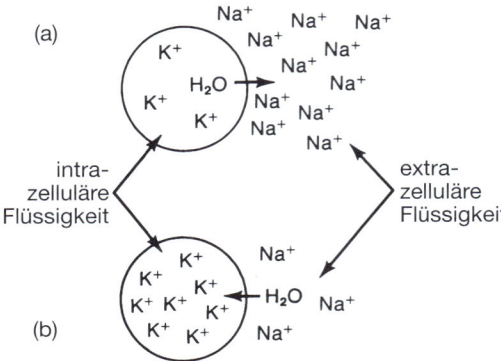

(a)

(b)

intrazelluläre Flüssigkeit

extrazelluläre Flüssigkeit

Abbildung 9.2 Osmose und osmotischer Druck. (a) Wenn die extrazelluläre Flüssigkeit mehr Elektrolyte oder andere osmotisch wirksame Substanzen enthält als die intrazelluläre, ist sie dieser gegenüber hyperton. Dies führt dazu, daß Flüssigkeit aus dem Intrazellulärraum zum Ort des größeren osmotischen Drucks hin abgesogen wird. (b) Wenn dagegen die intrazelluläre Flüssigkeit mehr osmotisch wirksame Substanzen enthält als die extrazelluläre, ist hier der osmotische Druck größer, die Flüssigkeit fließt jetzt in der Gegenrichtung aus dem Extra- in den Intrazellulärraum.

motisch oder, gebräuchlicher, als isoton bezeichnet, abgeleitet von dem griechischen „iso = gleich". Werden zwei Lösungen mit unterschiedlichen Konzentrationen miteinander verglichen, so ist die Lösung mit der höheren Konzentration der anderen gegenüber hyperton, umgekehrt die andere hypoton.

Werden zwei Lösungen unterschiedlicher Konzentration durch eine semipermeable Membran voneinander getrennt, wie dies beispielsweise zwischen den einzelnen Flüssigkeitsräumen des Körpers der Fall ist, entwickelt sich eine Druckdifferenz zwischen diesen Räumen, die zu einer Flüssigkeitsbewegung vom Ort der höheren zum Ort der niedrigeren Konzentration führt. Der Sog oder Druck, der hierbei entsteht, wird als **osmotischer Druck** bezeichnet. Er stellt den Druck dar, der die Flüssigkeit aus der hypotonen in die hypertone Lösung bewegt. Hochkonzentrierte Lösungen üben damit einen hohen osmotischen Druck oder besser Sog aus, der dazu führt, daß das Wasser in ihren Raum gesaugt wird. Abbildung

9.2 zeigt die Wirkung des osmotischen Drucks, der zwischen dem Blut und dem Zellinneren herrscht.

Die Effizienz der Rückkopplungsmechanismen zur Steuerung des Flüssigkeitsgleichgewichts soll am Beispiel einer Dehydratation infolge eines Wasserverlustes oder einer zu geringen Wasserzufuhr dargestellt werden. In diesem Fall steigt die Elektrolytkonzentration im Blut an, das Blut wird hyperton. Da für den Körper die Konstanz des Blutvolumens von entscheidender Wichtigkeit ist, führt dies zu einem Einstrom von Wasser aus den Zellen in den Gefäßraum. Bestimmte Zellen im Hypothalamus, die als Osmorezeptoren bezeichnet werden, registrieren solche Veränderungen des osmotischen Drucks im intravasalen Raum. Als Gegenregulation stimulieren sie die Freisetzung eines Hormons aus der Hirnanhangsdrüse, der Hypophyse, der übergeordneten Steuerungsdrüse des endokrinen Systems. Dieses als **antidiuretisches Hormon (ADH)** bezeichnete Hormon gelangt über das Kreislaufsystem zur Niere und führt dort zu einer verstärkten Reabsorption von Wasser, d.h. zu einer Verminderung der Urinausscheidung. Dieser Feedback-Mechanismus zur Konstanterhaltung des Körperwassers und des Blutvolumens wird in Abbildung 9.3 schematisch dargestellt. Umgekehrt werden im Zustand der Hyperhydratation, die zu hypotonen Bedingungen führt, hormonale Systeme stimuliert, die eine vermehrte Wasserausscheidung bewirken. Wie im folgenden darzustellen sein wird, spielen auch Hormone, die die Natriumbilanz regeln, eine wichtige Rolle in der Regulierung des Flüssigkeitshaushaltes.

Die Osmorezeptoren und andere Mechanismen sind auch für den Einsatz einer wichtigen psychologischen Regelgröße im Flüssigkeitshaushalt verantwortlich, nämlich für den Durst. Das Trinkbedürfnis ist ein gutes Maß für den Bedarf an Körperwasser und von entscheidender Bedeutung für die mittelfristige Konstanterhaltung der täglichen Flüssigkeitsbilanz. Dagegen kann der Durst als Ausdruck des akuten Wasserbedarfs unter körperlicher Belastung, besonders bei hohen Umgebungstemperaturen, häufig ein nur unzureichendes Signal darstellen.

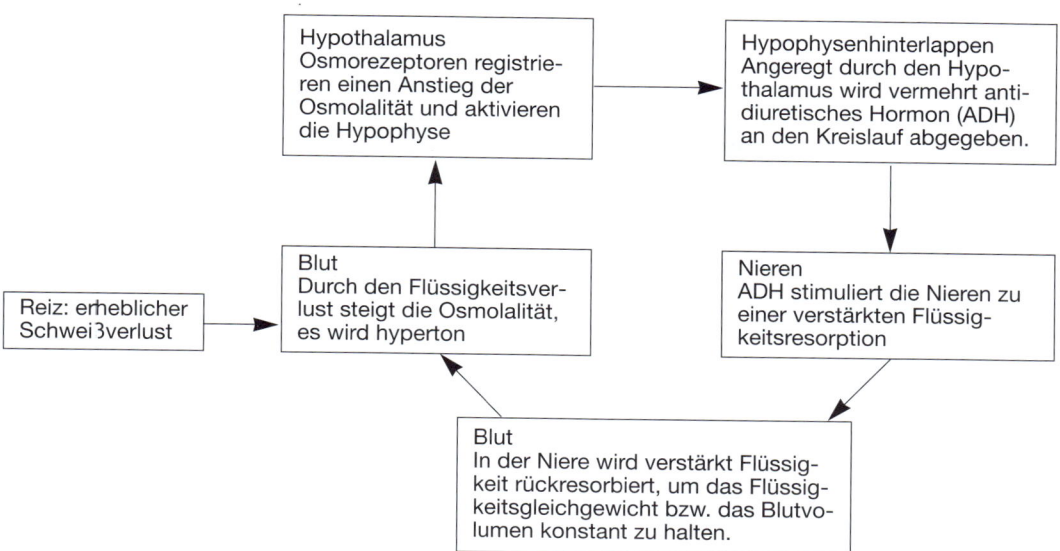

Abbildung 9.3 Ein Rückkopplungsmechanismus für die homöostatische Kontrolle des Flüssigkeits- und Blutvolumens. Parallel hierzu, teilweise auch gegenläufig, gibt es auch noch andere Feedbackmechanismen. So steigert im Bedarfsfall beispielsweise der Hypothalamus das Trinkbedürfnis um die Flüssigkeitsaufnahme zu erhöhen.

Die physiologische Bedeutung des Körperwassers

Wasser stellt den Träger des Lebens dar, das Medium, in dem sich die essentiellen Nährstoffe sowie biologisch aktiven Substanzen lösen und ihre Aktivität entfalten. Seine verschiedenen Funktionen lassen sich wie folgt zusammenfassen:

1. Wasser ist ein wichtiger Bestandteil des Zellplasma, der Grundsubstanz jeder lebenden Struktur.

2. Da Wasser nicht komprimierbar ist, dient es als Schutzmantel für wichtige Gewebe, speziell für das aus Rückenmark und Gehirn bestehende Zentralnervensystem.

3. Der Wassergehalt des Körpers ist entscheidend für den osmotischen Druck bzw. für die Konstanterhaltung des Elektrolyt-Flüssigkeits-Gleichgewichts. Stärkere Veränderungen der Elektrolytkonzentrationen können zu erheblichen Beeinträchtigungen der zellulären Funktionen führen. Eine stärkere Auslenkung des osmotischen Drucks aus der Normallage kann vom Körper nur für kurze Zeit toleriert werden.

4. Wasser ist der Hauptbestandteil des Blutes, das wichtigste Transportmittel des Körpers für die Beförderung von Sauerstoff, Nährstoffen, Hormonen und anderen Substanzen zu den Zellen, die dort ihre Wirkung entfalten bzw. genutzt werden, sowie zum Abtransport von Stoffwechselendprodukten aus den Zellen zu den Ausscheidungsorganen wie Lungen und Nieren.

5. Dem Wasser kommt entscheidende Bedeutung bei der Funktion der Sinnesorgane zu. Die Schallwellen werden im Innenohr über eine Flüssigkeit transportiert. Die Flüssigkeit im Auge ist durch ihre Reflektionsverhältnisse mitverantwortlich für das korrekte Sehen. Auch der Geschmacks- bzw. Geruchssinn funktioniert nur dann, wenn die Geschmacks- bzw. Geruchsstoffe vorher in Wasser gelöst werden.

6. Aus der Sicht des Sporttreibenden liegt eine entscheidende Bedeutung des Wassers in seiner Beteiligung an der Regulierung der Körpertemperatur. Wasser ist der Hauptbestandteil von Schweiß, durch seine Verdunstung über die Hautoberfläche wird überschüssige Körperwärme

abgegeben. Von allen Nährstoffen, die sich der Sportler zuführt, ist Wasser der wichtigste. Die Frage, ob die Aufnahme bestimmter Nährstoffe kurz vor einer Belastung leistungssteigernd wirkt, ist umstritten. Einer der wenigen Nährstoffe, für den diese Frage bejaht werden kann, ist das Wasser. Der Sportler sollte daher sehr genau darüber Bescheid wissen, was er tun muß, um seinen Wasserhaushalt während einer Belastung ausgeglichen zu halten. Dieses Thema wird im folgenden ausführlich dargestellt.

9.3 Elektrolyte

Unter einem **Elektrolyt** versteht man eine Substanz, die in gelöster Form elektrische Ladungen transportiert. Eine Lösung, in der sich Elektrolyte befinden, wird entsprechend als Elektrolytlösung bezeichnet. Die häufigsten Elektrolyte sind Säuren, Basen und Salze. In wässriger Lösung dissoziieren sie in Ionen, d.h. sie zerfallen in Teilchen, die entweder positive (Kationen) oder negative (Anionen) Ladungen tragen. Die für den Menschen wichtigsten Elektrolyte sind Natrium, Kalium, Chlor, Bikarbonat, Sulfat, Magnesium und Kalzium. Die wichtigste Funktion der Elektrolyte spielt sich an den Zellwänden ab, an denen sie Spannungen erzeugen, die für die Zellaktivität, beispielsweise für die Nervenleitung oder die Muskelkontraktion, von entscheidender Bedeutung sind. Sie aktivieren ferner eine Reihe von Enzymen, die eine Vielzahl von zellulären Stoffwechselaktivitäten steuern. Im vorliegenden Kapitel wird vor allem auf Natrium, Kalium und Chlor eingegangen. Während die metabolischen Funktionen von Kalzium, Phosphor und Magnesium bereits im Kapitel 8 abgehandelt wurden, beschäftigt sich das vorliegende Kapitel vor allem mit Natrium, Kalium und Chlor.

In den nachfolgenden Abschnitten wird auf folgende Aspekte eingegangen: Interaktionen von Elektrolyten mit körperlicher Aktivität, besonders bei hohen Umgebungstemperaturen, die Frage von leistungssteigernden Effekten von Natriumsalzen, (siehe hierzu auch die entsprechende Diskussion über Natriumphosphat im Kapitel 8), und die Bedeutung der Elektrolyte für die Entwicklung eines Bluthochdrucks. Vorausgehend sollen die drei genannten Elektrolyte speziell unter dem Aspekt ihrer Bedeutung für den menschlichen Organismus näher vorgestellt werden.

Natrium (Na)

Natrium, ein mineralisches Element, kommt im Körper ausschließlich in ionisierter Form vor. Das positiv geladene Natriumion gehört zu den wichtigsten Elektrolyten der Körperflüssigkeiten. Der minimale Natriumbedarf des Erwachsenen liegt bei 0,5 g täglich. Nachdem das Kochsalz (Natriumchlorid = NaCl) 40% Natrium enthält, sind somit täglich 1,25 g Kochsalz erforderlich, um diesen Minimalbedarf abzudecken. Die Obergrenze der aus physiologischer Sicht zu empfehlenden Kochsalzzufuhr liegt bei 6 g pro Tag. Kochsalz kommt in der Natur reichlich vor, allerdings nur in geringen Mengen in natürlichen Lebensmitteln. Dieser Mangel wird durch den Zusatz von Kochsalz zur Ernährung zu Konservierungszwecken sowie als Geschmacksstoff mehr als wieder ausgeglichen. Ein Teelöffel Kochsalz enthält ca. 2 g Natrium. Während beispielsweise eine Portion frischer oder tiefgekühlter grüner Bohnen nur 2 mg Natrium enthält, steigt dieser Gehalt bei der Verarbeitung von Bohnen zu Konserven auf 240 mg an! Während naturbelassene Nahrungsmittel somit sehr wenig Kochsalz enthalten, ist der Gehalt in verarbeiteten bzw. konservierten Lebensmitteln sehr hoch. Angesichts der gesundheitlichen Probleme, die dadurch bei hierfür anfälligen Menschen auftreten können, speziell im Hinblick auf eine Hochdruckentwicklung, ist die Lebensmittelindustrie z.T. intensiv darum bemüht, den Kochsalzgehalt zumindest in einem Teil ihrer Angebote zu reduzieren.

Trotzdem haben einschlägige Untersuchungen gezeigt, daß der durchschnittliche Amerikaner täglich 10–12 g Kochsalz, entsprechend 4–4,8 g Natrium zu sich nimmt, davon 3 g in Form von naturbelassenen Lebensmitteln, 3–5 g durch industriell hergestellte Produkte und weitere 4 g durch Nachsalzen, Zahlen, die in etwa auch für Deutschland gelten. Tabelle 9.2 gibt Beispiele für den Kochsalzgehalt einiger Nahrungsmittel aus den verschiedenen Lebensmittelgruppen. Die Tabelle zeigt deutlich den Unterschied im Kochsalzgehalt zwischen frischen und indu-

Tab. 9.2 Natriumgehalt in ausgesuchten Lebensmitteln

Lebensmittelgruppe	Menge	Natrium (mg)
Milchgruppe		
fettarme Milch	125 ml	120
Streichkäse	60 g	320
salzarmer Käse	60 g	30
Hartkäse	30 g	445
Gemüsegruppe		
Bohnen, frisch gekocht	100 g	17
Bohnen, konserviert	100 g	525
Gewürzgurke	mittlere Größe	900
Kartoffel, gebacken	mittlere Größe	6
Obst, Banane, Orange	mittlere Größe	1
Brot/Getreidegruppe		
Vollkornbrot	eine Scheibe	130
Cornflakes	100 g	340
Hafermehl, gekocht	125 g	175
Brezel	100 g	2.635
Fleisch/Eiweißgruppe		
Frühstücksfleisch	100 g	1.575
Frankfurter Würstchen	mittelgroß	495
Hühnchen	100 g	140
Beefsteak	100 g	245
Wurst, Schweinefleisch	mittelgroß	170
Thunfisch in Öl	100 g	1.800
Fisch (Kabeljau, Flunder)	100 g	350
Krabben, geschält, gefroren	125 g	2.085
Fette		
Butter, gesalzen	1 Teelöffel	50
Margarine, gesalzen	1 Teelöffel	50
Lebensmittelkonserven		
Schweineschmalz	125 g	1.050
Spaghetti	125 g	1.220
Truthahngericht (Tiefkühlgericht)	1 x	1.735
Hühnchen-Nudelsuppe	150 ml	655
Zutaten		
Senf	1 Teelöffel	195
Tomatenketchup	1 Teelöffel	135
Sojasauce	1 Teelöffel	1.320

Wie der Tabelle zu entnehmen ist, variiert der Natriumgehalt in den verschiedenen Lebensmitteln sehr stark. Im allgemeinen enthalten verarbeitete bzw. konservierte Nahrungsmittel sehr viel mehr Natrium als frische Lebensmittel. Daher sollte man soweit als möglich frisches Fleisch, Obst, Gemüse und Getreideprodukte verzehren und bei ihrer Zubereitung so wenig Salz wie möglich verwenden. Wer Probleme mit dem Kochsalz hat, insbesondere Hochdruckpatienten, sollte stark salzhaltige Lebensmittel meiden, wie Gewürzgurken, Brezeln, Sojasauce, etc. Beim Einkaufen sollte man solche Lebensmittel auswählen, die als salzarm ausgezeichnet sind.

Abbildung 9.4 Lebensmittel mit hohem Salz-gehalt

striell verarbeiteten Nahrungsmitteln. Etwa 80% des Kochsalzes werden durch industriell vorgefertigte Lebensmittel aufgenommen. Wenn man diese Menge reduzieren will, ist es wichtig, die Produktinformationen sorgfältig durchzulesen. Nach den gesetzlichen Vorschriften muß der Kochsalzgehalt vom Hersteller angegeben werden. Einige industrielle Lebensmittelprodukte mit besonders hohem Kochsalzgehalt werden in Abbildung 9.4 gezeigt.

Dem Kochsalz kommen in seiner Eigenschaft als Hauptelektrolyt in den extrazellulären Flüssigkeiten wichtige physiologische Funktionen zu, die vorwiegend der Konstanterhaltung der Flüssigkeitsbilanz bzw. des osmotischen Drucks dienen. Es ist durch seinen Einfluß auf das Blutvolumen für die Regulierung des Blutdrucks von großer Bedeutung. Die Rolle des Natriums bei der Entstehung des Bluthochdrucks wird im weiteren Verlauf dieses Kapitels dargestellt.

In Zusammenarbeit mit einer Reihe von anderen Elektrolyten ist Natrium entscheidend an der Auslösung der Nervenimpulse bzw. der Muskelkontraktion beteiligt. Es spielt ferner in Form einer Reihe verschiedener Verbindungen wie besonders Natriumbikarbonat eine wichtige Rolle im Säure-Basen-Haushalt und kann, wie ebenfalls später darzustellen sein wird, in dieser Form leistungssteigernd wirken. Tabelle 9.3 gibt einen Überblick über die physiologischen Funktionen des Natriums im Vergleich zu Kalium und Chlor.

Angesichts der lebenswichtigen Bedeutung des Blutdrucks besitzt der Körper effektive Rückkopplungsmechanismen, die es ihm erlauben, diesen innerhalb eines weiten Bereichs der täglichen Kochsalzzufuhr in normalen Grenzen zu halten. Wenn die Kochsalzkonzentration im Serum abfällt, kommt es zu einer Reihe von komplexen Reaktionen, die zu einer vermehrten Sekretion von Aldosteron aus der Nebennierenrinde führen. Dieses Hormon stimuliert die Niere zu einer verstärkten Natriumretention. Umgekehrt wird durch eine erhöhte Natriumzufuhr in der Ernährung die Aldosteronproduktion gebremst, die Nieren scheiden dann vermehrt Kochsalz über den Urin aus. Auch andere Hormone spielen bei der Steuerung der Natriumkonzentration im Serum eine wichtige Rolle, beispielsweise das ADH durch seinen Effekt auf die Wasserausscheidung über die Nieren. Während körperlicher Aktivität, speziell bei intensiven Belastungen, steigt die Natriumkonzentration im Serum an und trägt dadurch dazu bei, das Blutvolumen konstant zu halten. Körperliche Belastung führt ferner zu einer verstärkten Sekretion von ADH und Aldosteron mit dem Ziel, die Wasser- und Natriumvorräte im Organismus konstant zu halten.

Aufgrund der großen Bedeutung des Kochsalzes verfügt der Organismus über exzellente Mechanismen zur Stabilisierung des Natriumgleichgewichts. Zu diesen gehört auch das natürliche Bedürfnis des Menschen nach Kochsalzaufnahme – Salz wird als wohlschmeckendes Gewürz empfunden. Wichtig sind besonders auch Salzsparmechanismen, die im Falle einer reduzierten Salzaufnahme in der Ernährung die Natriumausscheidung einschränken. Zu Salzmangelzuständen kann es bei extremen Salzverlusten trotzdem kommen, beispielsweise auch unter körperlicher Belastung, besonders dann, wenn beim Sport unter hohen Umgebungstemperaturen mit dem Schweiß sehr viel Kochsalz verloren geht. Eine hierdurch entstehende Hyponatriämie kann vorübergehend die sportliche Leistungsfähigkeit einschränken oder auch zu gesundheitlichen Störungen führen, wie dies in den nachfolgenden Abschnitten unter den Überschriften: „Elektrolyt- und Flüssig-

Tab. 9.3 Die wichtigsten Elektrolyte – Natrium, Kalium, Chlor

Elektrolyte	geschätzter minimaler Bedarf	Hauptfunktion	Mangelsymptome	Symptome bei zu hoher Zufuhr
Natrium	500 mg	Wichtigstes positives geladenes Ion der Extrazellulärflüssigkeit, Nervenleitung, Muskelkontraktion, Säure-Basen-Haushalt, Homöostase des Blutvolumens	Hyponatriämie, Muskelkrämpfe, Übelkeit, Erbrechen, Appetitlosigkeit, Benommenheit, Ohnmachtsanfälle, Schock, Koma	Bei entsprechend anfälligen Personen Manifestation eines Bluthochdrucks
Chlorid	750 mg	Wichtigstes negativ geladenes Ion in der extrazellulären Flüssigkeit, Nervenleitung, Magensäurebildung	Selten, eventuell Folge von massivem Erbrechen und damit Verlust an Magensäure, Krampfzustände	Bluthochdruck in Verbindung mit zu großer Natriumaufnahme
Kalium	2.000 mg	Wichtigstes positiv geladenes Ion in der intrazellulären Flüssigkeit, im Prinzip die gleiche Funktion wie Natrium, aber innerhalb der Zelle, Glukosetransport in die Zelle	Hypokaliämie, Appetitverlust, Muskelkrämpfe, Apathie, Herzrhythmusstörungen	Hyperkaliämie, negative Auswirkungen auf die Herzfunktion

Bezüglich von natrium- bzw. kaliumreichen Lebensmitteln wird auf die Tabellen 9.2 und 9.4 verwiesen. Chlor findet sich in den gleichen Lebensmitteln wie Natrium.

keitsersatz" und „Gesundheitliche Aspekte" abgehandelt wird.

Chlorid (Cl⁻)

Chlorid ist das wichtigste negativ geladene Ion in der extrazellulären Flüssigkeit. Der Tagesbedarf an Chlorid liegt beim Erwachsenen bei 750 mg. Chlorid findet sich in zahlreichen Lebensmitteln, ganz besonders eng verbunden mit dem Natrium, in Form des Kochsalzes, das zu 60% aus Chlorid besteht.

Chlorid erfüllt im Körper eine Reihe wichtiger physiologischer Funktionen. Zusammen mit Natrium ist es an der Regelung des Flüssigkeitshaushaltes sowie am Aufbau der elektrischen Potentiale der Zellmembran beteiligt, ferner wird es für die Bildung der Magensäure benötigt, die für die Verdauungsprozesse erforderlich ist.

Ebenso wie Natriummangelzustände ist ein Defizit an Chlorid aufgrund seines häufigen Vorkommens selten. Ein ausgeprägter Flüssigkeitsverlust kann parallel zu einem Natriumdefizit auch zu einem Chloridmangel führen, beispielsweise durch extremes Schwitzen bei körperlicher Aktivität unter hohen Umgebungstemperaturen. Die Auswirkungen von Elektrolytverlusten und -ersatz unter Einschluß von Chlorid auf die körperliche Leistungsfähigkeit bzw. die Gesundheit werden in den späteren Abschnitten dieses Kapitels abgehandelt. Tabelle 9.3 gibt einen Überblick über die physiologischen Bedeutungen des Chlorids im Vergleich zu Natrium und Kalium.

Kalium (K)

Kalium ist ein mineralisches Element, das im Körper ausschließlich in Form eines positiven Ions vorkommt. Der tägliche Kaliumbedarf wird beim Erwachsenen mit minimal 2 g angegeben. Empfehlungen für die optimale Zufuhr liegen im Bereich von 3,5 g täglich.

Kalium findet sich in den meisten Lebensmitteln, ganz besonders in Bananen, Zitrusfrüchten, Gemüse, Milch, Fleisch und Fisch. Tabelle 9.4 gibt einige Daten über den Kaliumgehalt ausgesuchter Nahrungsmittel aus den einzelnen Lebensmittelgruppen.

Kalium ist das wichtigste intrazelluläre Elektrolyt. Es wirkt mit Natrium und Chlorid gemeinsam im Flüssigkeitshaushalt sowie bei der Bildung der Membranpotentiale, die für die Nervenleitung ebenso wichtig sind wie für die Kontraktion des Skelett- und Herzmuskels. Kalium ist darüber hinaus für die intramuskulären energetischen Prozesse von Wichtigkeit, da es am Transport der Glukose in die Muskelzelle ebenso wie an der Glykogenspeicherung und der Bildung hochenergetischer Verbindungen beteiligt ist.

Ebenso wie die Natriumbilanz wird auch das Kaliumgleichgewicht durch das Aldosteron geregelt. Ein erhöhter Kaliumspiegel im Serum führt zu einer Freisetzung von Aldosteron aus der Nebennierenrinde, das dann eine vermehrte Kaliumausscheidung der Nieren über den Urin stimuliert. Umgekehrt führt ein Abfall des Kaliumspiegels zu einer Hemmung der Aldosteronsekretion und damit zu einer verstärkten Kaliumretention in der Niere. Da Störungen des Kaliumstoffwechsels für den Körper mit sehr ernsten gesundheitlichen Konsequenzen verbunden sein können, verfügt der Organismus über effiziente Steuerungsmechanismen für das Kaliumgleichgewicht. Kaliummangelzustände kommen daher beim Gesunden ebenso selten vor wie eine Kaliumakkumulation.

Trotzdem können Kaliummangelzustände unter besonderen Bedingungen vorkommen, beispielsweise beim Fasten, als Folge von massivem Durchfall oder nach der Einnahme von Diuretika. In diesen Fällen kann ein zu niedriger Serumkaliumspiegel aufgrund von Störungen in der Erregungsbildung von Nerven und Muskeln zu Funktionsstörungen des

Tab. 9.4 Kaliumgehalt in ausgesuchten Lebensmitteln der wichtigsten Lebensmittelgruppen

Lebensmittel	Menge	Kalium (mg)
Milchgruppe		
Magermilch	0,25 l	410
Joghurt, fettarm	125 g	530
Vollfettkäse	100 g	100
Fleisch/Eiweißgruppe		
Hühnchenbrust	100 g	245
Rindfleisch, mager	100 g	350
Fisch, Flunder	100 g	540
Brot/Getreidegruppe		
Vollkornbrot	1 Scheibe	65
Getreideflocken	100 g	385
Obst		
Banane	mittelgroß	460
Orange	mittelgroß	260
Apfel	mittelgroß	35
Gemüse		
Kartoffel, gebacken	mittelgroß	780
Brokkoli	1 Stange	270
Karotte	mittelgroß	275

Skelettmuskels (muskuläre Schwäche) und des Herzmuskels bis hin zum Herzstillstand führen. Immer wieder werden plötzliche Todesfälle, die bei einem unkontrollierten Fasten, ganz besonders auch in Verbindung mit einem Fasten bei Eiweißmilch-Ernährung auftreten, auf eine **Hypokaliämie** zurückgeführt.

Eine zu große Speicherung von Kalium im Körper kommt gleichfalls selten vor, im allgemeinen nur in Zusammenhang mit einer Reihe von Erkrankungen, in Einzelfällen aber auch als Folge einer Überdosierung von Kaliumpräparaten. Ein erhöhter Serumkaliumspiegel, eine sog. **Hyperkaliämie**, kann zu einer Störung der elektrischen Erregungsbildung führen und damit Herzrhythmusstörungen bis hin zu plötzlichen Herztodesfällen auslösen. Kaliumpräparate, besonders in hoher Dosierung, sollten daher nicht ohne ärztliche Kontrolle eingenommen werden. Ein Überblick über die physiologische Bedeutung des Kaliums im Vergleich zu Natrium und Chlorid wird in der Tabelle 9.3 gegeben.

Theoretisch kann somit Kaliummangel zu einer Beeinträchtigung der körperlichen Leistungsfähigkeit führen. Der Bedeutung der körperlichen Aktivität für Kaliumverluste bzw. der Notwendigkeit einer Kaliumsubstitution bei Sportlern wurde daher in einer Reihe von Untersuchungen nachgegangen. Auch die Auswirkungen von Kalium auf die Entstehung des Bluthochdrucks war Gegenstand experimenteller und epidemiologischer Studien. Auf diese Fragen wird in den weiteren Abschnitten dieses Kapitels näher eingegangen.

9.4 Die Regelung der Körpertemperatur

Die normale Körpertemperatur

Wenn wir von der „normalen Körpertemperatur" sprechen, ist dabei zu berücksichtigen, daß die Temperatur der einzelnen Körperteile unterschiedlich sein kann. Während die **Hauttemperatur** in Abhängigkeit von den Umgebungsbedingungen sehr stark schwan-

ken kann, ist die **Körperkerntemperatur** in engen Grenzen konstant.

Die Kerntemperatur liegt beim Menschen im allgemeinen bei etwa 37 °C. Sie kann auf verschiedenen Wegen gemessen werden, am häufigsten erfolgt dies unter der Achsel (axillär), im Darm (rektal), oder auch mit Mundthermometern (oral). Wenn die Kerntemperatur in wissenschaftlichen Experimenten noch genauer gemessen werden soll, so kann zu diesem Zweck eine Thermosonde über die Nase in die Speiseröhre vorgeführt werden. Die normale Schwankungsbreite der Kerntemperatur in Ruhe liegt zwischen 36,1 und 37,2 °C. Die Rektaltemperatur ist in Ruhebedingungen etwa um 0,5–1,0° höher als die axilläre bzw. orale Temperatur. Unter körperlicher Belastung kann dieser Unterschied allerdings wesentlich größer sein, die Rektaltemperatur kann bis zu 3 °C höher liegen als die axillär oder oral gemessene. Die letztgenannten beiden Methoden sind zur exakten Temperaturmessung somit weniger geeignet.

Wenn auch der Mensch in der Lage ist, einen größeren Schwankungsbereich der Kerntemperatur für kurze Zeit zu überleben, so ist eine optimale physiologische Funktion nur in den Grenzen zwischen 36–40 °C gewährleistet. Die Körpertemperatur wird von einer Vielzahl von Faktoren beeinflußt, die an dieser Stelle nicht vollständig abgehandelt werden können. Hier geht es vor allem um den Einfluß der körperlichen Aktivität auf die Temperatur und um die Frage, wie das Wärmegleichgewicht auch unter Belastungsbedingungen aufrecht erhalten werden kann.

Faktoren, die die Körpertemperatur beeinflussen

Der Mensch gehört zu den sog. Warmblütlern, d.h. er ist in der Lage, auch unter sehr verschiedenen Umgebungsbedingungen durch einen ständigen Abgleich von Wärmezufuhr und -verlust eine weitgehend konstante Körpertemperatur aufrecht zu erhalten.

Der Mensch kann gewissermaßen als wärmeproduzierende Maschine betrachtet werden. Die basale Wärmebildung erfolgt durch die Verbrennung der drei wichtigsten Energieträger in der Ernährung, nämlich der Kohlenhydrate, Fette und Proteine. Zu einer Steigerung der basalen Wärmeproduktion können bestimmte Bedingungen führen, beispielsweise eine verstärkte Stoffwechselgeschwindigkeit, Infektionskrankheiten, Kältezittern und körperliche Aktivität.

Der menschliche Organismus verfügt über unterschiedliche Möglichkeiten der Wärmeabgabe, die im folgenden darzustellen sind:

- **Wärmeleitung:** Abgabe von Wärme durch den direkten physikalischen Kontakt der Haut mit der Umgebung, wenn diese eine niedrigere Temperatur aufweist.

- **Konvektion:** Wärmeabgabe durch aktiven Transport, z.B. durch eine bewegte Umgebung, sei dies Luft oder Wasser.

- **Strahlung:** Wärmeabgabe durch Strahlung, die der Körper an die Umgebung abgibt.

- **Verdunstung:** Wärmeabgabe durch die Umwandlung von Flüssigkeit in Dampf, bei der Verdunstungskälte entsteht. Dies kann entweder über die Haut passiv (Perspiratio insensibilis) bzw. aktiv über die Schweißbildung (Perspiratio sensibilis) oder bis zu einem gewissen Grade auch durch die Verdunstung von in den Atemwegen enthaltener Flüssigkeit erfolgen.

In Ruhe und bei normalen Umgebungstemperaturen wird die Wärme durch Leitung und Konvektion vom Körperkern zur Körperschale transportiert, wobei insbesondere der Blutkreislauf ein wichtiges Transportmedium darstellt. Der größte Teil der Wärme wird unter diesen Bedingungen vom Körper über Strahlung und Konvektion abgegeben, ein eher kleinerer Teil der Wärme verläßt den Körper auf dem Wege der Perspiratio insensibilis. Die Wärmeabgabe wird durch kühle Umgebungsbedingungen, verstärkte Luftbewegung und ganz besonders durch die Kombination beider Faktoren in Form z.B. von kaltem Wind sowie durch eine verstärkte Hautdurchblutung oder eine vergrößerte Wärmeabstrahlungsfläche begünstigt.

Unter bestimmten Umgebungsbedingungen, ganz besonders bei körperlicher Aktivität unter starker Sonneneinstrahlung bzw. an heißen Tagen, können sich die genannten Prozesse umkehren. Statt daß der Körper vermehrt Wärme abgeben kann, muß er dann zusätzliche Wärme aufnehmen. Die Strahlungsenergie der Sonne kann beispielsweise unter solchen Bedingungen Wärme auf den Körper transferieren.

Diese Beziehungen werden durch die folgende **Gleichung der Wärmebilanz** dargestellt.

$$W = M \pm A \pm K \pm R{-}V$$

In der Gleichung bedeuten W = Wärme, M = Stoffwechsel (Metabolismus), A = Arbeit, K = Konvektion und Leitung, R = Strahlung (Radiatio), V = Verdunstung.

Wenn die Änderung eines dieser Faktoren der Wärmeproduktion bzw. -abgabe nicht durch eine gegensinnige Änderung eines anderen Faktors ausgeglichen wird, geht das Wärmegleichgewicht verloren, die Körpertemperatur weicht von den Sollwerten ab. Während körperlicher Aktivität kommt es zu einem gesteigerten Energieumsatz und damit zu einer erhöhten Wärmeproduktion (M). Um diese auszugleichen, muß Wärme vermehrt durch Strahlung, Leitung, Konvektion und/oder Verdunstung abgegeben werden. Abbildung 9.5 zeigt die Faktoren, die zu einer Hitzebelastung führen bzw. die Mechanismen, durch die während Belastung Wärme abgegeben werden kann.

Die Regulierung der Körpertemperatur

Die Körpertemperatur wird durch ein autonomes Zentrum im Zentralnervensystem geregelt. Dieses findet sich im Hypothalamus, einer wichtigen Hirnstruktur, die an der Steuerung einer Fülle von physiologischen Funktionen, darunter auch des Wärmehaushaltes, beteiligt ist. Man kann sich die Funktion des Hypothalamus aus der Sicht der Wärmeregulation wie die eines Thermostaten vorstellen. Wenn in der Wohnung die Temperatur absinkt, schaltet sich die Heizung ein. Wird es zu warm, beginnt die Klimaanlage zu arbeiten, so man eine hat. Die Wärmeregulation des Hypothalamus funktioniert nach

Abbildung 9.5
Die Thermogerulation, d.h. die Mechanismen der Wärmezufuhr/bildung bzw. der Wärmeabgabe unter körperlicher Belastung (bezüglich weiter Einzelheiten siehe Text).

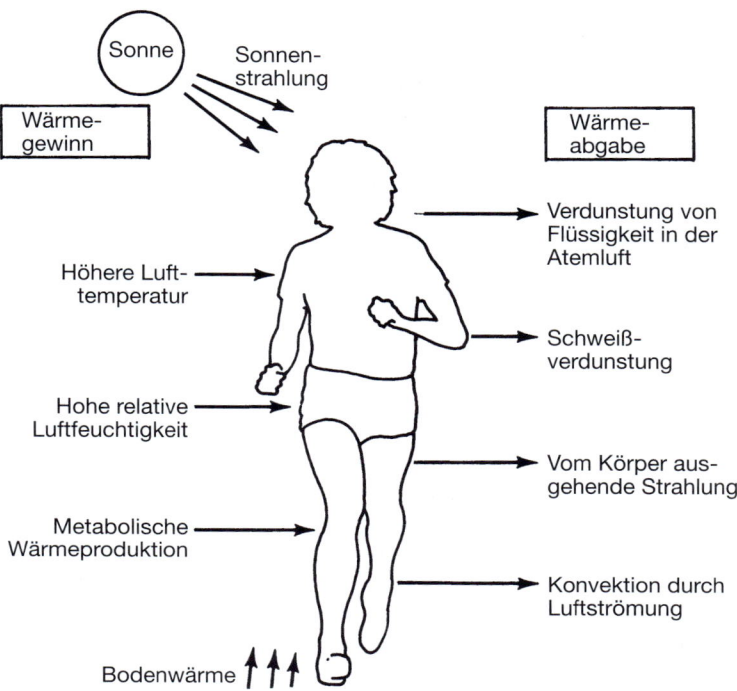

dem gleichen Prinzip wie der Thermostat in der Wohnung. Die Informationseingabe erfolgt über verschiedene Quellen. Zum einen werden von den Wärme- bzw. Kältesensoren Informationen über die Außentemperatur an den Hypothalamus übermittelt. Zum anderen kann die Temperatur des Blutstroms die Einstellung des Wärmezentrums beeinflussen. Wenn es zu einem Anstieg der Haut- bzw. Bluttemperatur kommt, wird der Körper bestrebt sein, mehr Wärme abzugeben. Hierzu stehen ihm zwei hauptsächliche Anpassungsmechanismen zur Verfügung. Zum einen wird der warme Blutstrom näher an die Haut herangeführt, so daß die Wärme besser über Leitung und Strahlung nach außen abgegeben werden kann. Zum anderen setzt eine aktive Schweißbildung ein, die Verdunstung der Schweißflüssigkeit auf der Haut entzieht dem Körper Wärme.

Melden die Hautfühler einen Temperaturabfall bzw. sinkt die Bluttemperatur, kommt es umgekehrt zu Gegenreaktionen des Körpers, die das Ziel haben, die Körperwärme zu konservieren bzw. mehr Wärme zu produzieren. Zum einen wird Blut aus der Körper-

schale in den Körperkern verlagert. Hierdurch wird einerseits die Wärmeabgabe durch Strahlung bzw. Leitung reduziert, zum anderen wird die Wärme auf die lebenswichtigen inneren Organe konzentriert. Weiterhin setzt eine aktive Wärmebildung durch Kältezittern ein, das den Ausdruck von Muskelkontraktionen zur Steigerung der metabolischen Wärmebildung darstellt. Abbildung 9.6 gibt ein vereinfachtes Schema der Temperaturkontrolle des Körpers.

Die Wärmeregulierung durch den Hypothalamus erfolgt sehr effektiv und ist im weiten Temperaturbereich in der Lage, eine Temperaturkonstanz zu garantieren. Unter besonderen Bedingungen können diese Regelmechanismen allerdings überfordert werden. Wasser ist beispielsweise ein ausgezeichneter Wärmeleiter. Wenn man in kaltes Wasser fällt, wird dem Körper so rasch und so viel Wärme entzogen, daß die Körperkerntemperatur trotz aller Gegenregulationen absinkt, es kommt zu einer Unterkühlung bzw. zu einer **Hypothermie**. Hierzu kann es beispielsweise auch dann kommen, wenn die Wärmeabgabe größer ist als die Wärmebil-

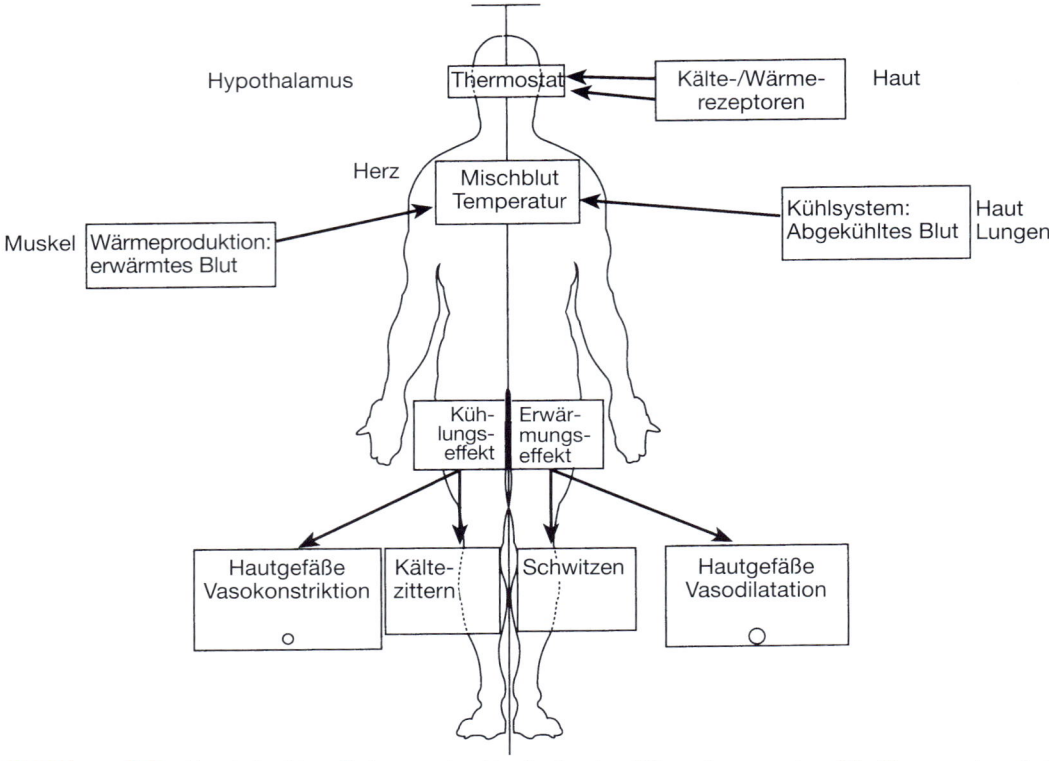

Abbildung 9.6 Vereinfachtes Schema der Kontrolle der Körpertemperatur. Die Temperatur des Blutes, das aus der Muskulatur bzw. der Haut in den Körperkern zurückkommt, beeinflußt die Aktivität des Wärmeregulationszentrums im Hypothalamus, das wie ein Thermostat arbeitet. Dieses Zentrum erhält ferner auf nervalem Wege Informationen von den Wärme- bzw. Kälterezeptoren der Haut. Wenn in der Gesamtbilanz Abkühlung signalisiert wird, veranlaßt das Zentrum eine Konstriktion der Blutgefäße im Bereich der Körperoberfläche sowie Muskelzittern, um Wärme zu konservieren bzw. zu produzieren. Wird in der Summe eine Überwärmung gemeldet, so werden umgekehrt die Blutgefäße in der Haut weitgestellt und der Vorgang des Schwitzens wird in Gang gesetzt, um die Wärmeabgabe zu steigern.

dung, beispielsweise bei einem Läufer, der bei kaltem und windigem Wetter in der Endphase der Laufstrecke langsamer wird. Frühsymptome einer Unterkühlung können muskuläre Koordinationsstörungen und beginnende Verwirrtheitszustände sein. Auf sie wird im folgenden näher eingegangen.

Wesentlich häufiger und meist bedrohlicher ist für den Sportler allerdings die Überwärmung, die **Hyperthermie**, die vor allem bei körperlicher Aktivität unter hohen Außentemperaturen droht. Die Hyperthermie ist einer der häufigsten Faktoren, die die Leistungsfähigkeit einschränken und gleichzeitig einer der gefährlichsten.

Umgebungsfaktoren, die die Entstehung einer Hyperthermie fördern

Die Hitzebelastung für einen Sportler wird durch das Zusammenwirken der folgenden vier Faktoren bestimmt:

1. **Lufttemperatur**. Vorsicht ist generell angezeigt bei Temperaturen über 25 °C. Unter ungünstigen Bedingungen, bei hoher relativer Luftfeuchtigkeit und starker Sonneneinstrahlung kann es jedoch auch schon bei niedrigeren Temperaturen zu Hitzeschädigungen kommen.

2. **Luftfeuchtigkeit**. Die Luftfeuchtigkeit ist ein Maß für den Wassergehalt der Luft. Eine hohe Luftfeuchtigkeit behindert die Schweißbildung und die Effektivität der Wärmeabgabe. Wenn die Luftfeuchtigkeit auf 90–100% ansteigt, sinkt die Wärmeabgabe durch Wasserverdunstung praktisch auf Null ab. Vorsicht ist immer angezeigt bei einer relativen Luftfeuchtigkeit von 50–60% und mehr, besonders wenn gleichzeitig die Lufttemperatur erhöht ist.

3. **Luftbewegung**. Ein wichtiger Faktor für die Wärmeabgabe ist ferner die Luftbewegung. Selbst ein kleiner Windhauch trägt erheblich zur Kühlung bei, indem er die direkt über der Haut liegenden, erwärmten Luftschichten abtransportiert.

4. **Strahlung**. Direkte Sonneneinstrahlung kann die Körpertemperatur zusätzlich ansteigen lassen.

Empfehlungen zur körperlichen Aktivität bei hohen Temperaturen müssen alle die genannten vier Faktoren berücksichtigen. Dies geschieht beispielsweise aufgrund der Meßwerte eines sog. WBGT (Wet-Bulb Globe Temperature)-Thermometers, das alle vier Faktoren feststellt. Ein solches Thermometer ist in Abbildung 9.7 dargestellt. Inzwischen sind auch kleine, handliche Ausgaben solcher Thermometer verfügbar. Das Gerät besteht im Prinzip aus drei Meßelementen, wobei das Trockenthermometer (DB) die Lufttemperatur mißt, das Kugelthermometer (G) die Strahlungshitze sowie das Feuchtthermometer (WB) die relative Luftfeuchtigkeit und die Luftbewegung, soweit sie die Lufttemperatur beeinflußt. Aus diesen drei Meßwerten wird nach einer Formel der sog. WBGT-Index ermittelt, der ein Maß für die Wärmebelastung darstellt.

Ein weiterer Indikator der Wärmebelastung ist der sog. **Wärmeindex,** der sich aus der Lufttemperatur sowie der relativen Luftfeuchtigkeit errechnet. Er ist gewissermaßen Ausdruck des subjektiven Temperaturempfindens, das nicht nur von der objektiven Temperatur, sondern sehr stark auch von der Luftfeuchtigkeit bestimmt wird. Auf Seite 312 werden Empfehlungen zur Vermeidung von Hitzeschäden auf der Grundlage des Wärmeindex gegeben.

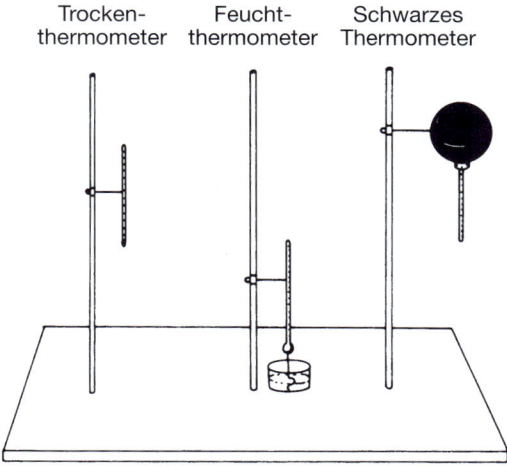

Trocken-thermometer   Feucht-thermometer   Schwarzes Thermometer

Abbildung 9.7   Gerät zur Messung des WBGT (Wet Bulb Globe Temperature)-Index. Das Trockenthermometer mißt die Lufttemperatur, das Feuchtthermometer indirekt die Luftfeuchtigkeit und das schwarze Thermometer die von der Sonne ausgehende Strahlungswärme. Heute sind auch computerisierte Geräte verfügbar, die den WBGT-Index direkt angeben.

In den letzten Abschnitten dieses Kapitels werden die hierzu vom *American College of Sports Medicine*, also der amerikanischen sportmedizinischen Gesellschaft, erarbeiteten Empfehlungen vorgestellt. Eine modifizierte Form dieser Empfehlungen auf der Basis des WBGT-Index findet sich in Tabelle 9.5.

Der Einfluß von körperlicher Aktivität auf die Körpertemperatur

Unter körperlicher Belastung kommt es zu einer Beschleunigung des Stoffwechsels und zu einer Steigerung der Energieproduktion. Da der mechanische Wirkungsgrad des Körpers nur 20–25% beträgt, werden 75–80% der bei einer Belastung umgesetzten Energie direkt in Form von Wärme frei. Die unter einer Belastung entstehende Wärmemenge hängt in ihrer Größe von Dauer und Intensität der Belastung ab. Je intensiver eine Belastung erfolgt bzw. je länger sie dauert, um so größer ist die pro Zeiteinheit bzw. die gesamte umgesetzte Wärmemenge.

Tab. 9.5 Richtlinien zur Verhinderung von Hitzeschäden bei Laufwettbewerben, Volksläufen etc.

Farbe der Warn-flagge/WBGT	Risiko	Warnhinweise*
Grün/18 °C	Gering	Trotz geringen Risikos kann es zu Hitzeschäden kommen. Vorsicht ist angezeigt.
Gelb 18–22 °C	Mittelgradig	Alle Läufer sollten sorgfältig auf Zeichen einer beginnenden Hitzeschädigung achten und, falls erforderlich, langsamer laufen bzw. die Belstungs-intensität reduzieren. Bei sehr langen Läufen kann das Risiko ansteigen, wenn der Lauf in den frühen Morgenstunden beginnt und bis in die heißen Mittagsstunden fortgeführt wird.
Rot 23–28 °C	Hoch	Die Läufer sollten ihr Tempo vermindern und auf Warnsymptome eines Hitzeschadens achten. Man sollte gar nicht erst starten, wenn man sich nicht entsprechend vorbereitet hat, nicht fit, nicht akkli-matisiert ist oder sich krank fühlt bzw. generell für Hitzeschädigungen anfällig ist.
Schwarz 28 °C und mehr	Sehr hoch	Unter solchen Bedingungen sollten Rennen nicht gestartet bzw. abgesagt werden. Auch ein Läufer, der sehr langsam läuft, leidet unter den extremen Außenbedingungen.

WBGT = Wet Blub Globe Temperature, siehe Text
Die Warnhinweise gelten nicht nur für Wettkämpfe, sondern auch für das Training. Für die Orga-nisatoren von Wettkämpfen stehen kommerziell verfügbare Geräte zur Bestimmung des WBGT-Index zur Verfügung. Bezüglich eines einfachen Geräts wird auf Spickard et al. (siehe Literatur-verzeichnis) verwiesen.

* Die Warnhinweise werden im allgemeinen für Laufwettbewerbe ausgeführt, sie gelten jedoch gleicher-maßen für andere Sportarten, die häufig unter hohen Temperaturen durchgeführt werden, wie Fußball oder Feldhockey.

Um das Ausmaß der Wärmebildung bzw. die Bedeutung der Thermoregulation unter Belastung zu verdeutlichen, soll das Verhalten der Körpertemperatur eines hypotheti-schen Individuums bei körperlicher Aktivität dargestellt werden, das nicht in der Lage ist, Wärme abzugeben. Ein normalgewichtiger Mann, der 70 kg schwer ist, verbrennt während einer Stunde Joggens etwa 900 Kal. Bei einem Wirkungsgrad von 20% werden hiervon 80%, also 720 Kal, in Form von Wärme frei. Die **spezifische Wärme** des Körpers, also die Wärmemenge, ausgedrückt in Kalorien, die 1 kg Körpersubstanz um 1 °C erwärmt, liegt bei 0,83, d.h. 0,83 Kal steigern die Temperatur von einem kg Körpergewebe um 1 °C. In unserem fiktiven Beispiel werden 70 kg × 0,83 = 58 Kalorien benötigt, um die Körpertemperatur des Modells um 1 °C zu erhöhen. Die 720 Kalorien an Wärme, die bei dem einstündigen Lauf entstehen, würden die Körpertemperatur somit um 720/58 = 12,4 °C steigern. Bei einem Ausgangswert von 37 °C würde die Temperatur somit auf knapp 50 ° ansteigen, ein Wert, der mit dem Leben nicht mehr vereinbar ist. Aufgrund der dem Orga-nismus zur Verfügung stehenden Wärmeab-gabemechanismen steigt die Körperkerntem-peratur während Belastungen bei mittleren Temperaturen jedoch höchstens auf 39–40 °C an.

Die Wärmeabgabe unter körperlicher Belastung

Bei körperlicher Aktivität unter relativ niedri-gen Außentemperaturen wird die Belastungswärme vor allem durch Strahlung bzw. durch Konvektion über die Luftbewegungen an der Körperoberfläche abgegeben. Bis zu einem gewissen Grad trägt auch die Verdunstung von Schweiß bzw. die Wärmeabgabe über die Atemluft zur Temperaturregelung bei.

Je höher die Temperatur ansteigt, um so mehr wächst die Bedeutung der Schweißverdunstung als wichtigster Mechanismus der Temperaturkontrolle. Bei einer Temperatur von 10 °C werden etwa 20 % der entstehenden Wärme durch Schweißverdunstung abgegeben, bei 20 °C steigt dieser Anteil auf 45 und bei 30 °C auf 70% an. Unter Berücksichtigung der individuellen Streubreite kann die maximale Schweißmenge, die verdunstet werden kann, mit 30 ml pro Minute bzw. 1,8 l pro Stunde angegeben werden. Die effektiven Schweißmengen liegen noch höher, unter Anrechnung der Anteile des Schweißes, die nicht verdunsten, sondern von der Haut abtropfen. Nur demjenigen Schweißanteil kommt ein Kühleffekt zu, der auch wirklich auf der Haut verdunstet. Ein Liter Schweiß, der völlig verdampft, entzieht dem Körper 580 Kalorien. Im Beispiel unseres o.a. Läufers, der 720 Kalorien in Form von Wärme produziert, würden zu der Elimination somit 720 : 580 = 1,24 l Schweiß benötigt, vorausgesetzt, das dieser vollständig in Wasserdampf umgesetzt wird. Da jedoch längst nicht aller Schweiß wirklich verdunstet, soll angenommen werden, daß die nutzlos abtropfende Menge bei 2,0 l liegt. Zusammen mit den 1,24 Liter verdunstetem Schweiß hätte der Läufer somit in einer Stunde 3,24 l Flüssigkeit verloren bzw. 3,24 kg an Gewicht abgenommen. Die Tatsache, daß die Schweißbildung sehr starke individuelle Unterschiede aufweist, wurde von Maughan anhand eines eindrucksvollen Beispiels belegt. Der Autor untersuchte zwei Läufer, die die Marathonstrecke in der gleichen Zeit zurücklegten. Der eine verlor dabei 1%, der andere 6% seines Körpergewichts!

Im allgemeinen reichen selbst bei höheren Außentemperaturen die Kontrollmechanismen des Körpers aus, um die Kerntemperatur unter der kritischen Grenze von 40,5 °C zu halten. Wenn diese überschritten wird, kommt es besonders in Verbindung mit aus-geprägtem Flüssigkeits- und Elektrolytverlust, zu einer massiven Einschränkung der Leistungsfähigkeit und/oder zu schweren Gesundheits-, d.h. Hitzeschäden.

9.5 Flüssigkeits- und Elektrolytverluste

Der Einfluß der Umgebungstemperatur auf die körperliche Leistungsfähigkeit

Während Leistungen, die in weniger als einer Minute erbracht werden müssen, Kraft-, Schnellkraft- und Schnelligkeitsbelastungen, durch hohe Umgebungstemperaturen im allgemeinen nicht beeinträchtigt werden, ist die Leistungsfähigkeit im aeroben Ausdauerbereich bei hohen Temperaturen deutlich schlechter als unter kühlen Bedingungen. Das Ausmaß der Leistungsbeeinträchtigung hängt von der Länge der Strecke ab. Während der 100-m-Sprinter bei hohen Temperaturen eher schneller läuft, wird der 5000-m-Läufer, und ganz besonders der Marathonläufer, sein Tempo erheblich zurücknehmen müssen.

Bei dem 5-Kilometer-Läufer wird sehr viel Energie pro Zeiteinheit benötigt und damit auch sehr viel Wärme gebildet. Um einen Anstieg der Kerntemperatur zu verhindern, wird durch eine verstärkte Hautdurchblutung vermehrt Wärme abgegeben. Hierdurch steht weniger Blut für die Muskeldurchblutung und damit für den Sauerstofftransport zur Muskulatur zur Verfügung. Nadel ebenso wie Young fanden, daß es unter Wärmebedingungen zu Stoffwechselumstellungen kommt. Das Muskelglykogen tritt als Brennstoff stärker in den Vordergrund, für gleiche Laufgeschwindigkeit liegt die Laktatbildung höher als in kühlerer Umgebung. Der Läufer muß bei gleicher Laufgeschwindigkeit jetzt eventuell oberhalb seiner aerob-anaeroben Schwelle laufen, er befindet sich nicht mehr im steady state, oder, subjektiv gesehen, er muß sich stärker anstrengen. Bei nicht hitzeadaptierten Läufern ist die Kreislaufleistung dann oft nicht mehr ausreichend, es kommt zu einem Anstieg der Kerntemperatur, also einer Hyperthermie. Der Läufer fühlt sich schlecht und muß seine Geschwindigkeit drosseln. Zu dieser Beeinträchtigung der Laufleistung tragen neben der Blutverschiebung in die Haut auch weitere Faktoren bei, die im einzelnen zum Teil noch nicht ausreichend untersucht sind.

Auch wenn ein Mittelstreckenläufer ganz erheblich schwitzt, so reicht dies aufgrund der kurzen Laufzeit meist nicht aus, um zu einem leistungslimitierenden Flüssigkeitsverlust zu führen. Wenn der Lauf allerdings länger dauert, z.B. beim Marathonläufer, hat dieser nicht nur mit den gleichen Temperaturproblemen zu kämpfen wie der Mittelstreckenläufer, sondern es kommt zusätzlich zu einem zunehmenden Flüssigkeitsverlust und damit zu einer Dehydratation. Ein Marathonläufer kann während eines Laufes bis zu 5% oder mehr seines Körpergewichts verlieren, und zwar fast ausschließlich in Form von Wasserverlusten. Hierdurch wird nicht nur seine Leistungsfähigkeit beeinträchtigt, ein großer Flüssigkeitsverlust kann auch mit schwerwiegenden gesundheitlichen Risiken verbunden sein.

Der Einfluß von Flüssigkeitsverlusten auf die körperliche Leistungsfähigkeit

Der Einfluß von Flüssigkeitsverlusten auf die körperliche Leistungsfähigkeit ist aus zwei Aspekten heraus von praktischem und wissenschaftlichem Interesse: Zu einem unbeabsichtigten Flüssigkeitsverlust kommt es bei Sportlern, die bei der Temperaturregulation über den Schweiß erhebliche Flüssigkeitsmengen verlieren. Zum anderen führen Sportler, die bestimmte Gewichtsklassen einhalten müssen, wie Ringer oder Boxer, absichtlich Flüssigkeitsverluste herbei, um in für sie günstigeren Gewichtsklassen starten zu dürfen.

Zu einer Dehydratation kann es auf verschiedenen Wegen kommen. Absichtliche Wasserverluste werden durch unterschiedliche Techniken herbeigeführt, wie durch körperliche Aktivität oder durch Wärmeexposition, z.B. Sauna, durch Einnahme von Diuretika zur Steigerung der Urinmenge oder durch Einschränkung der Flüssigkeits- und Nahrungsaufnahme. Zu einer unbeabsichtigten Dehydratation kommt es vor allem durch ausgeprägte Schweißverluste bei Belastungen unter hohen Umgebungstemperaturen.

Zahlreiche Untersuchungen über die Auswirkungen von absichtlich induzierten Flüssigkeitsverlusten wurden an Ringern durchgeführt. Zur Frage der Bedeutung solcher Praktiken für die Leistungsfähigkeit wurde eine Reihe von unterschiedlichen Parametern überprüft, z.B. im Bereich von Kraft, Schnellkraft, lokaler Muskelausdauer sowie die Leistungsfähigkeit bei anaeroben Belastungen, die der realen Situation im Ringerwettkampf nachempfunden wurden. Die Resultate solcher Untersuchungen sind zum Teil kontrovers. Während überwiegend gefunden wurde, daß selbst Flüssigkeitsverluste von bis zu 8% des Körpergewichts zu keiner Beeinträchtigung von muskulären Leistungen im Schnelligkeits- und Schnellkraftbereich führen, zeigte doch eine Reihe anderer Untersuchungen Beeinträchtigungen bei solchen Belastungen bereits bei Flüssigkeitsverlusten in der Größenordnung von 4% der Körpermasse. Während die Untersuchungsergebnisse hinsichtlich möglicher negativer Effekte einer Dehydratation auf die Muskelkraft somit sehr uneinheitlich sind, zeigt sich bei anaeroben Belastungen, die länger als 20–30 s durchgehalten werden müssen, in den einschlägigen Untersuchungen ganz überwiegend eine Verschlechterung der Belastbarkeit. Als mögliche Mechanismen der Leistungsverschlechterung werden eine Kaliumverarmung des Muskels oder erhöhte intramuskuläre Temperaturen während Belastung diskutiert. Eine Leistungssteigerung im Bereich solcher Belastungsformen läßt sich nach einer Dehydratation dagegen auf keinen Fall konstatieren.

Die negativen Effekte einer Dehydratation wirken sich besonders deutlich im Bereich der aeroben Ausdauer aus. Wenn die Entwässerung mehr als 2% des Körpergewichts ausmacht, kommt es regelhaft zu einer Reduktion der Leistungsfähigkeit. Die Abnahme der Leistungsfähigkeit geht parallel mit dem Ausmaß der Entwässerung einher, je größer der Flüssigkeitsverlust, umso stärker die Leistungseinschränkung. Der Mechanismus dürfte nach Übersichtsarbeiten von Sawka

314

und Greenleaf in dem negativen Einfluß des Flüssigkeitsverlustes auf die Herz-Kreislauf-Funktion bzw. die Temperaturregulation begründet sein. Nach diesen Autoren führt eine Gewichtsabnahme von bis zu 3% bei Belastung in neutraler Umgebungstemperatur zu einer Verschlechterung der Leistungsfähigkeit um 4-8%. Je stärker die Außentemperatur ansteigt, umso ausgeprägter ist die Leistungseinschränkung. Die Abnahme des Blutvolumens führt zu einer Verminderung des Herzminutenvolumens, Anstieg der Herzfrequenz und Abfall des Schlagvolumens sowie zu einer Herabsetzung der Schweißbildung und damit zu einem Anstieg der Körperkerntemperatur. Entsprechende Befunde wurden in einer neueren Studie von Montain und Coyle durch artifiziell induzierte Zustände von Dehydratation bei ausdauertrainierten Radfahrern erhoben. Weitere Faktoren, die zur Leistungsverschlechterung beitragen, bestehen in einer Störung des intrazellulären Flüssigkeits- und Elektrolytgehalts, die die energetischen Prozesse beeinträchtigt, ferner in den negativen Effekten der Hyperthermie auf mentale Prozesse bzw. der hierdurch bedingten vorzeitigen Entwicklung einer zentralen Ermüdung. Die Auswirkungen einer Dehydratation werden in der Abbildung 9.8 zusammenfassend dargestellt.

Angesichts der großen Schweißbildung bei trainierten Sportlern von 2–3 Litern pro Stunde ist eine Abnahme des Körpergewichts von 2–3% relativ rasch, bei fehlender Flüssigkeitszufuhr oft schon nach einer Stunde, erreicht. Bei Sportlern, die mehrfach am Tag trainieren, wie Fußballspielern, kann es zu Gewichtsverlusten von 5–6 kg/Tag kommen! Solche ausgeprägten Flüssigkeitsverluste beeinträchtigen nicht nur die Leistungsfähigkeit, sie stellen auch ein hohes gesundheitliches Risiko dar.

Die Zusammensetzung des Schweißes

Man unterscheidet zwei verschiedene Typen von Schweißdrüsen. Die apokrinen Schweißdrüsen finden sich in behaarten Körperbereichen wie in der Achselhöhle und geben eine

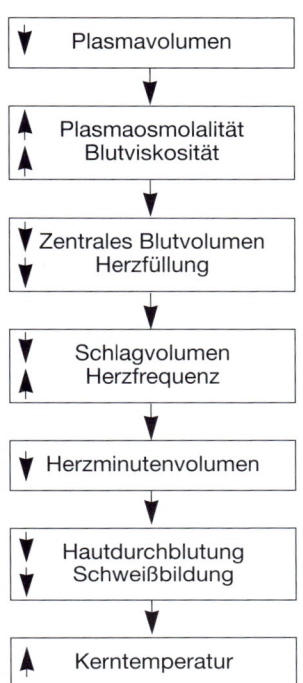

Abbildung 9.8 Einige physiologische Auswirkungen einer Dehydratation. Insbesondere die Abnahme des Blutvolumens und der Anstieg der Körperkerntemperatur können zu Ermüdung und zur Entwicklung eines Hitzeschadens beitragen.

fetthaltige Flüssigkeit ab, die u.a. den Zweck hat, die Reibung zwischen zwei Hautschichten zu vermindern. In diesem Schweißtyp sind auch Duftstoffe enthalten. Im Hinblick auf die Wärmeregulation sind vor allem die ekkrinen Schweißdrüsen wichtig, von denen etwa 2–3 Millionen auf der Hautoberfläche verteilt sind.

Der Schweiß besteht zu 99% aus Wasser, er enthält jedoch auch wichtige Elektrolyte und andere Nährstoffe in unterschiedlichen Mengen. Bezogen auf die Körperflüssigkeit ist der Schweiß hypoton, d.h. er weist eine niedrigere Elektrolytkonzentration auf. Die Zusammensetzung des Schweißes variiert interindividuell, aber auch intraindividuell in Abhängigkeit von dem jeweiligen Zustand der Hitzeakklimatisation, wobei sich diese Unterschiede vor allem auf den Elektrolytgehalt des Schweißes beziehen.

Die wichtigsten im Schweiß zu findenden Elektrolyte sind analog zum Plasma und der interzellulären Flüssigkeit Natrium und Chlor. Entsprechend kann man auf der Haut bzw. der Sportkleidung nach intensivem Schwitzen Salzablagerungen beobachten. Nach Gisolfi liegt bei einer Schweißproduktion von 1–1,5 Litern unter körperlicher Belastung mit einer gewissen Streubreite die mittlere Kochsalzkonzentration bei 2,6 g (= 45 mEq) pro Liter Schweiß. Weiterhin gehen mit dem Schweiß kleinere Mengen an anderen Elektrolyten wie Kalium, Magnesium, Kalzium, Eisen, Kupfer und Zink verloren. Ferner werden über den Schweiß ebenfalls kleinere Mengen von Stickstoff, Aminosäuren und wasserlöslichen Vitaminen ausgeschieden.

Elektrolytverluste durch ausgeprägte Schweißbildung

Die Frage des Elektrolytverlustes durch Schweißbildung unter körperlicher Belastung muß vor dem Hintergrund von zwei Fragestellungen diskutiert werden, zum einen aus der Sicht des Elektrolytgleichgewichts während der Belastung, zum anderen aus der Sicht des Elektrolytersatzes in der Regenerationsphase zwischen den Trainingseinheiten an verschiedenen Tagen.

Die Auswirkungen einer ausgeprägten Schweißbildung auf die Elektrolytkonzentration im Serum wurden sowohl unter Laborbedingungen überprüft wie auch bei intensiven sportlichen Belastungen wie etwa nach Marathonläufen oder Triathlonwettbewerben. Im allgemeinen kommt es zu einem Anstieg der Natrium- bzw. Kaliumkonzentration, da durch den Wasserverlust mit dem Schweiß die Konzentration des Blutes ansteigt (Hämokonzentration) und damit den Elektrolytverlust mehr als ausgleicht. Der Anstieg der Kaliumkonzentration dürfte vor allem dadurch bedingt sein, daß es unter Belastung zu einem Austritt von Kalium aus der Muskulatur in das Blut kommt. Die Konzentration an Kalzium- und Chlorionen bleibt dagegen weitgehend unverändert. Die Magnesiumkonzentration fällt im allgemeinen ab, wahrscheinlich deshalb, weil Magnesium unter Belastung in die Muskelfasern und andere aktive Gewebe übertritt, die aufgrund ihrer Aktivität dieses Ion unter Belastung im verstärkten Maße benötigen. Zusammenfassend kommt es somit unter sportlicher Belastung auch bei starkem Schwitzen im allgemeinen nicht zu nennenswerten Elektrolytdefiziten.

Diese Aussage bedeutet allerdings nicht, daß ein Elektrolytersatz unter Belastung unnötig ist. Wie im nachfolgenden Abschnitt zu besprechen sein wird, kann es besonders bei sehr lang ausgeführten Belastungen wie Ultramarathonläufen oder Triathlonwettbewerben zu ausgesprochenen Elektrolytdefiziten kommen, wenn keine geeignete Flüssigkeits- bzw. Salzsubstitution durchgeführt wird. Auch eine inadäquate Salzaufnahme nach einer Belastung in der Regenerationsphase kann zur Entwicklung eines Elektrolytmangelzustandes beitragen. Entsprechende Untersuchungen haben gezeigt, daß es bei intensivem und langem Schwitzen zu einem Verlust des Körpergehalts an Natrium und Chlorid im Bereich von 5–7% kommen kann, während der Kaliumgehalt um etwa 1% abfällt. Hieraus kann sich, wenn keine entsprechende Substitution erfolgt, über längere Zeit hinweg ein ausgeprägter Elektrolytmangel entwickeln.

Während im Kapitel 8 die Notwendigkeit eines Ersatzes von Spurenelementen, speziell von Eisen und Zink, unter solchen Bedingungen dargestellt wurde, wird im folgenden Abschnitt auf den adäquaten Flüssigkeits- und Elektrolytersatz eingegangen.

9.6 Flüssigkeits- und Elektrolytersatz

Flüssigkeits-, Elektrolyt- und Kohlenhydratersatz

1960 entwickelte Cade an der Universität von Florida ein Getränk, mit dem er den Flüssigkeits- und Kochsalzverlust bei Sportlern ersetzen wollte, und nannte es nach dem Spitznamen der dortigen Studenten (Gator) Gatorade. Unter diesem Namen wurde das Sportgetränk vermarktet, das erste in der Reihe eines inzwischen riesigen Angebots solcher Getränke, die unter sehr phantasie-vollen Namensgebungen und mit großem Werbeaufwand vermarktet werden.

Im Prinzip enthalten sie alle im wesent-lichen Wasser, Elektrolyte und Kohlenhydra-te. Sie unterscheiden sich in der Elektrolyt-konzentration (vor allem Natrium, Chlor und Kalium) sowie den zugesetzten Kohlenhydra-ten, wobei es sich zu Beginn vor allem um Glukose handelte. Heute werden zunehmend Oligosaccharide bevorzugt, unter Verwen-dung von Polymerisationsprodukten aus Glu-kose, Fruktose bzw. Rohrzucker. Nachdem der Schweiß keine Kohlenhydrate enthält, ist der Zusatz von Glukose als Ausgleich für den Schweißverlust eigentlich nicht erforderlich, er dient zum einen zur Geschmacksverbesse-rung, zum anderen als Ersatz für die unter der körperlichen Aktivität verbrauchte Energie.

Alle drei in den Sportgetränken enthalte-nen prinzipiellen Inhaltsstoffe können für den Sportler, in Abhängigkeit von den jewei-ligen Umständen, in unterschiedlichem Aus-maß wichtig sein. Stehen Dehydratation und Hyperthermie im Vordergrund, ist vor allem der Flüssigkeitsersatz wichtig. Wie im Kapi-tel 4 dargestellt, kommt es bei lang durchge-führten Ausdauerbelastungen zu einer Er-schöpfung der muskulären Glykogendepots. In diesem Fall stellen die extern zugeführten Kohlenhydrate eine wichtige Energiequelle dar. Bei Ultralangzeitausdauerwettbewerben, besonders, wenn diese bei hohen Außentem-peraturen stattfinden, tritt mehr und mehr die Notwendigkeit des Elektrolytersatzes in den Vordergrund, um der Ausbildung eines Salz-mangelsyndroms bzw. von Hitzeschäden vor-zubeugen.

Im folgenden wird vor allem auf die ad-äquate Durchführung eines Elektrolyt- und Flüssigkeitsersatzes bei Ausdauerbelastun-gen unter hohen Umgebungstemperaturen eingegangen. Wenngleich die Notwendigkeit einer Kohlenhydratzufuhr bereits in Kapitel 4 dargestellt wurde, wird im Zusammenhang mit den Sportgetränken diese Frage auch an dieser Stelle nochmals aufgegriffen.

Flüssigkeitsersatz

Nachdem, wie vorstehend ausgeführt, stärke-rer Flüssigkeitsverlust zu einer Leistungs-einschränkung im Ausdauerbereich führt, wird umgekehrt durch eine Minimierung des Flüssigkeitsverlustes einem solchen negati-ven Effekt vorgebeugt. Hierzu kommen drei Techniken zur Anwendung, nämlich Re-hydrierung, Hyperhydrierung und Haut-befeuchtung.

Wie einschlägige wissenschaftliche Studi-en mit verschiedenen Untersuchungsansätzen gezeigt haben, ist unter diesem Verfahren die Rehydrierung, also der Flüssigkeitsersatz, die wirkungsvollste. Eine Reihe von solchen Untersuchungen wurden als Labortests ins-besondere bei Ringern durchgeführt. Sie lau-fen im allgemeinen nach folgendem Schema: es werden zunächst bestimmte Leistungspa-rameter im Bereich Kraft und anaerober Aus-dauer erhoben, es erfolgt dann eine Dehydrie-rung sowie eine Rehydrierung mit jeweils erneuter Überprüfung derselben Parameter. Dabei wird festgestellt, inwieweit die Meß-größen durch die Dehydrierung einge-schränkt werden bzw. wie weit es möglich ist, durch einen Flüssigkeitsersatz die alte Lei-stungsfähigkeit wieder herzustellen. Die Ergebnisse solcher Untersuchungen sind kontrovers. Dies hängt sicher auch mit den überprüften Parametern zusammen. In man-chen Fällen wurde kein Effekt einer Rehy-drierung auf Parameter im Bereich von Kraft, Schnellkraft und lokaler Muskelausdauer gefunden. Dies dürfte damit zu erklären sein, daß eine Dehydrierung im allgemeinen nicht zu einer Einschränkung in diesen Leistungs-bereichen führt, entsprechend kann von einer Rehydrierung auch keine Verbesserung über den Ausgangszustand hinaus erwartet wer-den. Anders sieht dies in Studien aus, in denen die aerobe Ausdauer untersucht wurde. Hier wird häufig nach Flüssigkeitsersatz eine Verbesserung gefunden, wobei allerdings im allgemeinen der Normalzustand vor der Ent-wässerung nicht wieder erreicht wird. Da auch die aerobe Ausdauerleistungsfähigkeit für die Ringer bedeutsam ist, empfiehlt sich somit für sie trotz der negativen Effekte in den genannten anderen Bereichen ein Flüs-sigkeitsersatz.

Bei einem anderen häufig durchgeführten Untersuchungstyp erfolgte ein Flüssigkeitsersatz im Verlauf von Ausdauerbelastungen, die vor allem bei hohen Umgebungstemperaturen durchgeführt werden. Wie gezeigt werden konnte, führt ein Flüssigkeitsersatz unter solchen Bedingungen zu einer Reduzierung des Anstiegs der Körperkerntemperatur sowie einer Verminderung der Kreislaufbelastung, da das Blutvolumen weitgehend konstant gehalten werden kann. Aufgrund dieser positiven Effekte kann das optimale Lauftempo über längere Zeit durchgehalten werden. Diese günstigen Effekte werden im allgemeinen mit einer Reduzierung der Dehydrierung bzw. der Konstanz der intra- und extravasalen Flüssigkeitsräume erklärt.

Damit ein Flüssigkeitsersatz effektiv wird, muß gewährleistet sein, daß das Wasser auch wirklich aus dem Magen-Darm-Kanal in die Blutzirkulation aufgenommen wird und damit zur Konstanterhaltung des Blutvolumens bzw. der Schweißproduktion unter Ausdauerbelastungen zur Verfügung steht. Entsprechende Untersuchungen unter Verwendung von radioaktiv markiertem Wasser haben gezeigt, daß dieses bei körperlicher Belastung innerhalb von 10–20 Minuten im Plasma bzw. Schweiß erscheint.

Die Flüssigkeitsaufnahme wird im wesentlichen von zwei Faktoren bestimmt, zum einen von ihrer Entleerung aus dem Magen in den Darm, zum anderen von ihrer intestinalen Resorption. Die Magenentleerung ihrerseits wiederum wird von einer Reihe von Faktoren beeinflußt wie Temperatur, Kaloriengehalt, Volumen und Osmolalität des Getränks bzw. Intensität und Art der Belastung. Kalte Getränke passieren den Magen im allgemeinen schneller und tragen zusätzlich zur Senkung der Kerntemperatur bei. Bei mittelgradigen Belastungen erfolgt die Magenentleerung schneller, während umgekehrt intensive Belastungen im Bereich von mehr als 70–75% der VO_2max die Magenentleerung negativ beeinflussen. Hinsichtlich der Belastungsform ergab ein Vergleich zwischen Radfahren und Laufen bei Belastungen in einem Bereich von 75% der VO_2max innerhalb der ersten Stunde keinen wesentlichen Unterschied, nach einigen Untersuchungen scheint jedoch bei lang andauernden Bela-

stungen über eine Stunde hinaus die Magenentleerung beim Radfahrer besser zu sein als beim Laufen. Flüssigkeiten mit hoher Osmolalität hemmen im allgemeinen die Magenentleerung. Dies führt somit zu einer schlechteren Magenentleerung für Flüssigkeiten mit hohen Konzentrationen an Elektrolyten bzw. an einfachen Kohlenhydraten, während Oligosaccharide die Osmolalität nur wenig erhöhen und damit die Magenentleerung verbessern. Von anderen Untersuchern wurde dagegen kein wesentlicher Einfluß des osmotischen Drucks auf die Geschwindigkeit der Magenentleerung gesehen, wenn dieser durch Zufuhr von Elektrolyten, Glukose oder Oligosacchariden verändert wurde. Eine zusammenfassende Metaanalyse von Bennett und Dotson ergab jedoch, daß unter allen Flüssigkeitszusätzen Oligosaccharid-Fruktoselösungen im Hinblick auf die Magenentleerung am günstigsten abschneiden.

Die beiden wichtigsten Faktoren für die Magenentleerung sind anscheinend das Volumen bzw. die Konzentration an einfachen Kohlenhydraten in der jeweiligen Flüssigkeit. Die Magenentleerung steigt in Abhängigkeit von dem Flüssigkeitsvolumen an, sie erfolgt zunächst relativ schnell, mit 20–30 ml in der ersten Minute und verlangsamt sich dann auf 3–5 ml pro Minute. Flüssigkeitsmengen von mehr als 500–600 ml wirken sich retardierend auf die Magenentleerung aus. Große Trinkmengen führen darüber hinaus aufgrund der Überdehnung des Magens beim Sportler häufig zu abdominellen Beschwerden. Auch eine hohe Zuckerkonzentration in der aufgenommenen Flüssigkeit verzögert die Magenentleerung. Der Grund hierfür ist nach einer neueren Übersicht von Gisolfi und Duchman nicht klar, wahrscheinlich dürfte er mit dem Effekt der Kohlenhydrate auf die Osmolalität zusammenhängen. Der Effekt ist besonders ausgeprägt bei höheren Konzentrationen, speziell dann, wenn die Zuckerkonzentration 10% übersteigt. Umgekehrt konnte in einer Reihe von anderen Studien bei einer Konzentration von 6–8% kein negativer Effekt auf die Magenentleerung festgestellt werden.

Die Faktoren, die die Flüssigkeitsresorption unter Belastung im Darm beeinflussen, sind bisher noch nicht in gleicher Art und

Weise untersucht worden wie die Magenentleerung. Dieses Defizit wurde bei einer Konsensuskonferenz, die zu dieser Problematik von der Amerikanischen Gesellschaft für Sportmedizin einberufen worden war, deutlich, ebenso wie sich hieraus ergebende Forderungen nach der Durchführung von weiteren Untersuchungen zur Definition optimaler Sportgetränke aus der Sicht der intestinalen Flüssigkeitsresorption. Wie einer der Teilnehmer des Symposions, Maughan, feststellte, dürften Belastungen im Bereich von 70–80% der VO$_2$max keinen negativen Einfluß auf die Flüssigkeitsresorption bewirken, während intensivere Belastungen die Wasseraufnahme im Darm negativ beeinflussen könnten. Demgegenüber steht die Ansicht, daß die resorptive Kapazität des Darms so groß ist, daß sie in jedem Fall ausreicht, den Flüssigkeitsverlust durch Schweiß zu ersetzen. Kleinere Zusätze von Kohlenhydraten und Elektrolyten dürften nach Ansicht der meisten Konferenzteilnehmer die Flüssigkeitsresorption im Darm begünstigen. Hierbei läßt sich eine positive Interaktion zwischen Glukose und Natrium beobachten, Glukose stimuliert die Natriumabsorption und umgekehrt. Wenn

Glukose und Natrium dann erst einmal in die Darmwand aufgenommen worden sind, ziehen sie aufgrund ihres osmotischen Effektes Wasser nach und begünstigen, wie in Abbildung 9.9 (a) dargestellt, damit auch die Flüssigkeitsaufnahme. Der an den Ergebnissen dieser Konsensuskonferenz näher interessierte Leser wird auf die Zusammenfassung der dort geführten Diskussion durch Schedl et al. verwiesen.

Wie Costill auf der Grundlage einer entsprechenden Literaturübersicht feststellt, bestehen hinsichtlich der Magenentleerung bzw. der intestinalen Resorptionskapazität erhebliche individuelle Unterschiede. Bei gleicher Magenfüllung kann die individuelle Kapazität zur Magenentleerung innerhalb der ersten 15–20 Minuten zwischen 10 und 80–90% des Mageninhalts liegen. Wie in Abbildung 9.9 (b) dargestellt wird, kann es bei hierfür anfälligen Sportlern durch eine unzureichende Flüssigkeitsresorption im Darm zu Durchfallbeschwerden kommen.

Mit dem Begriff der **Hyperhydratation**, auch als Superhydratation bezeichnet, wird eine bewußt herbeigeführte Überwässerung durch Flüssigkeitsaufnahme über das norma-

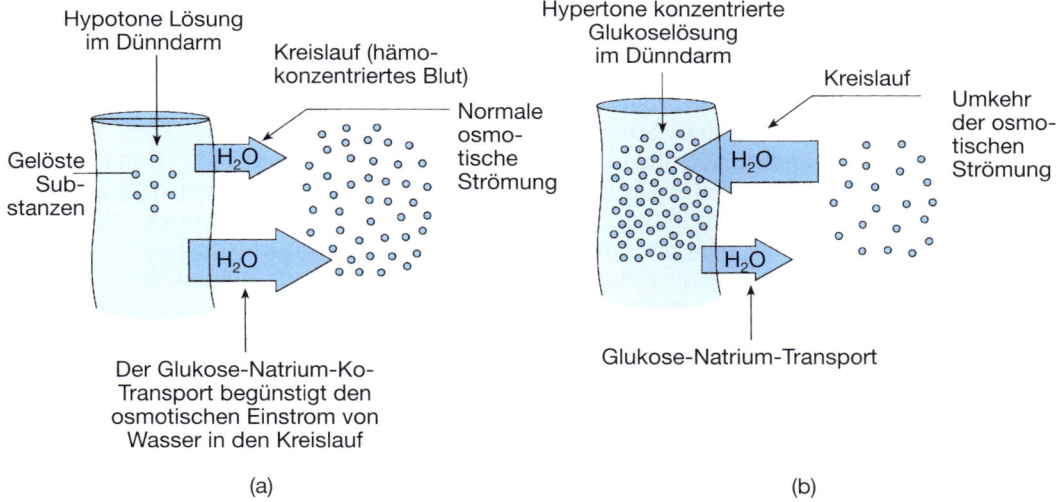

(a)

(b)

Abbildung 9.9 Die Bedeutung der osmotischen Konzentration von Sportgetränken für ihre Verträglichkeit. Wasser diffundiert normalerweise aufgrund der osmotischen Verhältnisse aus dem Darm in den Kreislauf. (a) Wenn einem Getränk Glukose bzw. Elektrolyte zugesetzt werden, wird der osmotische Druck erhöht, verdeutlicht durch den dicken Pfeil. (b) Eine hypertone Lösung kann die osmotischen Verhältnisse umkehren, hierdurch kann Flüssigkeit aus dem Kreislauf in den Darm abgesaugt werden. Dies kann zu Magen-Darm-Beschwerden und Diarrhö führen.

le Trinkbedürfnis hinaus verstanden. Hierdurch soll sichergestellt werden, daß der Körper auch bei Belastung in hohen Umgebungstemperaturen ausreichend Wasser zur Verfügung hat. Eine solche Überwässerung kann der Entwicklung einer Dehydratation vorbeugen und die Ausdauerleistungsfähigkeit länger konservieren. Wie entsprechende Untersuchungen gezeigt haben, ist dieses Verfahren weniger effektiv als der Flüssigkeitsersatz unter körperlicher Belastung, es kann jedoch signifikant die Wärmebelastung des Herz-Kreislauf-Systems und den Anstieg der Körperkerntemperatur reduzieren und ist daher vor Ausdauerbelastungen bei hohen Temperaturen zu empfehlen. In der Praxis sollte man hierzu, wenn man die Technik zum ersten Mal anwendet, 15–30 Minuten vor der Belastung etwa $1/2$ Liter kaltes Wasser trinken. Mit zunehmender Erfahrung kann die Trinkmenge gesteigert werden. Dabei ist allerdings besonders vor Wettkämpfen der mögliche diuretische Effekt einer hohen Flüssigkeitsaufnahme zu berücksichtigen.

Die **Hautbefeuchtung** bzw. -kühlung durch Wasser, das mit einem Schwamm oder einem Guß auf den Kopf und Oberkörper aufgebracht wird, mindert die Schweißbildung. Hierdurch wird besonders bei Ausdauerbelastungen die Bildung eines Flüssigkeitsdefizits verzögert. Das als angenehm empfundene Kältegefühl auf der Haut wirkt im Sinne eines psychologischen Stimulanz leistungssteigernd. Objektive Untersuchungen haben jedoch gezeigt, daß es im Wettkampf durch eine solche Hautkühlung nicht zu einer Reduzierung der Körperkerntemperatur bzw. der Herz-Kreislauf-Belastung kommt. Eine Reihe von Untersuchern hat ferner auf mögliche negative Effekte dieser Prozedur hingewiesen. Das Kältegefühl kann den Sportler dazu verführen, unkritisch seine Laufgeschwindigkeit zu erhöhen und damit seine Wärmeregulation außer Kontrolle zu bringen. Dies könnte in ungünstigen Fällen die Entwicklung einer Hitzeschädigung begünstigen. Trotz dieser wissenschaftlichen Bedenken sind in der Praxis zahlreiche Sportler von den positiven Auswirkungen einer solchen externen Abkühlung überzeugt. Vor einer endgültigen Stellungnahme ist daher

die Durchführung weiterer wissenschaftlicher Untersuchungen erforderlich.

Kohlenhydratzufuhr bei Belastungen in hohen Umgebungstemperaturen

Auf die große Bedeutung eines Kohlenhydratersatzes bei intensiven Belastungen, die über längere Zeit – eine Stunde und mehr – durchgeführt werden, wurde speziell im Kapitel 4 eingegangen. Dabei wurde allerdings der zusätzliche Aspekt einer Belastung bei hohen Temperaturen nicht berücksichtigt. Kohlenhydrate stellen unter Ausdauerbelastungen die wichtigste Energiequelle dar. Nach allerdings nicht allen Untersuchungen kommt es bei hohen Temperaturen zu einem beschleunigten Abbau der intramuskulären Glykogendepots. Einer Kohlenhydrataufnahme kann unter diesen Bedingungen somit eine zusätzliche leistungssteigernde Bedeutung zukommen, wenngleich unter Hitzebedingungen der Flüssigkeitsersatz an erster Stelle steht, der – wie oben diskutiert – durch den negativen Effekt der Kohlenhydrate auf die Magenentleerung beeinträchtigt werden kann. Die Aufgabe bestand somit in der Entwicklung von Sportgetränken, die einen Kohlenhydratersatz ermöglichen, ohne die Wasserresorption negativ zu beeinflussen.

Die erste Generation der kommerziellen Sportgetränke bestand aus Kohlenhydrat-Elektrolytlösungen mit einem Zuckergehalt im Bereich von 5–10%, wobei vor allem Fruktose, Glukose oder Rohrzucker zugesetzt wurden. Hierdurch wurde ein Energiegehalt von 20–25 Kalorien/100 ml erreicht. Als Elektrolyte enthalten diese Sportgetränke vorwiegend Natrium, Chlor, Kalium und Phosphat. Manche Hersteller fügen ihren Sportgetränken weiterhin Magnesium, Kalzium, Zitronensäure, Vitamin C und Farbstoffe bei.

Als gewissermaßen zweite Generation wurden Sportgetränke auf der Basis von Oligosacchariden entwickelt mit dem Ziel, den negativen Effekt der Kohlenhydrate auf die Magenentleerung zu minimieren. In diesen Getränken liegt die Oligosaccharidkonzentration im Bereich von 15–20%. Der Sportler kann sich allerdings auch schwächere oder stärkere Lösungen unter Verwendung von entsprechenden Pulverpräparaten selbst zubereiten. Empfehlungen hierzu finden sich im Kapitel 4.

Solche Getränke stellen eine effektive Möglichkeit dar, sich unter Ausdauerbelastungen vermehrt Kohlenhydrate und damit Energie zuzuführen. Die Kohlenhydratresorption hängt von der Zuckerkonzentration im Getränk ab, je höher die Konzentration, um so mehr Zucker wird aufgenommen. Andererseits führt, wie oben dargestellt, eine erhöhte Osmolalität als Summe der Konzentration an Einfachzuckern, Oligosacchariden und Elektrolyten zu einer Verzögerung der Magenentleerung und damit insbesondere der Wasserresorption. Für körperliche Belastung bei hohen Umgebungstemperaturen werden daher nur Sportgetränke mit einer maximalen Kohlenhydratkonzentration bis zu 2,5% empfohlen.

Zur Frage einer unterschiedlichen Auswirkung dieser verschiedenen Typen von Sportgetränken auf die Belastbarkeit bei hohen Umgebungstemperaturen liegt eine Reihe von älteren Untersuchungen vor. Diese zeigen im allgemeinen keine günstigeren Effekte der verschiedenen Arten von Sportgetränken als der Flüssigkeitsersatz nur durch Wasser. Von den Autoren wurde daher konsequenterweise empfohlen, unter Hitzebedingungen den Flüssigkeitsersatz ausschließlich mit reinem Wasser durchzuführen.

Neuere Untersuchungen geben jedoch Hinweise darauf, daß der Kohlenhydratzusatz zu Sportgetränken auch die Steuerung der Körpertemperatur und damit die Leistungsfähigkeit bei Ausdauerbelastungen unter Hitzebedingungen positiv beeinflussen kann. In den negativ ausgefallenen älteren Untersuchungen wurde wahrscheinlich der Effekt des Kohlenhydratzusatzes auf die Magenentleerung nur relativ kurzfristig in einem Bereich von 15 Minuten beobachtet und auch dies meist nur unter Ruhebedingungen. Die Magenentleerung unter körperlicher Belastung über längere Zeitdauer hinweg, ganz speziell unter Hitzebedingungen, wurde dagegen nicht dezidiert überprüft.

Nach diesen neueren Untersuchungen scheinen kohlenhydrathaltige Sportgetränke mit Zuckerkonzentrationen im Bereich von 5–10% bei Belastungen unter hohen Umgebungstemperaturen genau so effektiv aus dem Magen entleert zu werden wie reines Wasser. Die Kohlenhydratzufuhr dürfte wahrscheinlich die Flüssigkeitsresorption im Darmtrakt verbessern. Im Vergleich zu Wasser wurden für solche Lösungen keine negativen Auswirkungen auf das Plasmavolumen, die Schweißbildung oder die Wärmeregulation gefunden. Sie können offensichtlich effektiv zur Konstanterhaltung des Plasmavolumens, der Leberglykogenkonzentration und des Blutzuckerspiegels sowie nach Ansicht der meisten Untersucher auch der Belastbarkeit gerade bei Ausdauerbelastungen unter Hitzebedingungen beitragen. Coggan und Coyle empfehlen daher die Zufuhr von 1 g Kohlenhydrate pro Minute. Die positiven Auswirkungen scheinen vom Typ des jeweils zugesetzten Kohlenhydrates unabhängig zu sein, sie finden sich für Einfachzucker gleichermaßen wie für Oligosaccharide.

Die günstigen Effekte ließen sich theoretisch durch eine Erhöhung der Kohlenhydratkonzentration steigern, da dies zu einer vermehrten Kohlenhydrataufnahme führt. Andererseits wird ab Kohlenhydratkonzentrationen von 10–12% die Magenentleerung und damit die Flüssigkeitsaufnahme verschlechtert. Weiterhin können solche konzentrierten Lösungen zu gastrointestinalen Reizerscheinungen führen. Nach Peters et al. kann dann nicht resorbiertes Kohlenhydrat bis in den Dickdarm gelangen und dort durch den bakteriellen enzymatischen Abbau zu vermehrter Gasbildung, Flatulenz, zwanghafter Stuhlentleerung und Magenkrämpfen führen. Läufer sollen davon mehr betroffen sein als Radfahrer, besonders negativ wirken sich hohe Fruktosekonzentrationen aus. Trotzdem kann dem einzelnen Ausdauerathleten die Empfehlung gegeben werden, mit erhöhten Glukosekonzentrationen für sich selbst zu experimentieren. Wenn er sie verträgt, kann er möglicherweise hierdurch seine Leistungsfähigkeit steigern. Lindemann berichtet über einen Radfahrer, der bei einem Rennen „Quer durch Amerika" Getränke mit einer Kohlenhydratkonzentration von 23% zu sich nahm!

Tab. 9.6 Flüssigkeitsmenge (ml), die getrunken werden muß, um bei einer bestimmten Kohlenhydratkonzentration eine gewünschte Kohlenhydratmenge aufzunehmen

Kohlenhydrat-konzentration	Aufgenommene Kohlenhydratmenge (g)							
	30	40	50	60	70	80	90	100
2%	1500	2000	2500	3000	3500	4000	4500	5000
4%	750	1000	1250	1500	1750	2000	2250	2500
6%	500	666	833	1000	1166	1333	1500	1666
8%	375	500	625	750	875	1000	1125	1250
10%	300	400	500	600	700	800	900	1000
12%	250	333	417	500	583	667	750	833
15%	225	300	375	450	525	600	675	750

Zusammenfassend kam in der bereits zitierten Konsensuskonferenz der Amerikanischen Gesellschaft für Sportmedizin Maughan zu der Schlußfolgerung, daß sich kohlenhydrathaltige Getränke auf die Leistungsfähigkeit unter Hitzebedingungen besser auswirken als reines Wasser. Wasser ist ein essentieller Nährstoff, der besonders unter Ausdauerbelastungen in der Hitze benötigt wird, um Flüssigkeitsverluste auszugleichen und damit negative Auswirkungen einer Dehydratation auf die Leistungsfähigkeit zu vermeiden.

Wenn eine zusätzliche Kohlenhydratzufuhr sinnvoll erscheint, so sollte dies in Form einer 5–10%igen Glukose-Elektrolytlösung, einer Oligosaccharidlösung oder einer Oligosaccharid-Fruktoselösung realisiert werden. Cola oder Fruchtsäfte, die einen höheren Kohlenhydratanteil enthalten, können bei entsprechender Verdünnung mit Wasser gleichfalls Verwendung finden.

Tabelle 9.6 gibt für verschiedene Getränke die erforderlichen Mengen an, die bei gegebenen Konzentrationen aufgenommen werden müssen, um 30–100 g Kohlenhydrate zuzuführen. Beispiel: Wenn ein Sportler 60 g Kohlenhydrate pro Stunde aufnehmen will, kann er dies in Form von einem Liter einer 6%igen oder 1/2 Liter einer 12%igen KH-Lösung realisieren.

Elektrolytersatz in der Regenerationsphase

Nachdem mit dem Schweiß neben Wasser insbesondere Elektrolyte verloren gehen, wurden intensive Untersuchungen zur Frage des optimalen Ersatzes von Elektrolyten, speziell von Natrium und Kalium, durchgeführt. Auch diese Frage soll aus der Sicht des Elektrolytersatzes während der Akutbelastung sowie in der Erholungsphase diskutiert werden.

Nachdem der Schweiß gemessen an der Körperflüssigkeit hypoton ist, nimmt bei starkem Schwitzen die Elektrolytkonzentration im Blut und in den Körperflüssigkeiten zu, sie werden hyperton. Während der Belastung ist daher ein Elektrolytersatz im allgemeinen nicht erforderlich. Zahlreiche Untersuchungen haben selbst bei solch intensiven und lang durchgeführten Belastungen wie einem Marathonlauf gezeigt, daß reines Wasser als Flüssigkeitsersatz durchaus ausreicht, ohne daß es zu Störungen des Elektrolytgleichgewichtes kommt. Die häufig praktizierte unnötige Einnahme großer Kochsalzmengen kann eher zu einer Störung des Elektrolytgleichgewichtes führen und damit die Leistungsfähigkeit beeinträchtigen. Dagegen scheint der Zusatz von kleineren Kohlenhydratmengen zur Trinkflüssigkeit zur Wiederauffüllung der Energiereserven sinnvoll zu sein. Geringere Elektrolytmengen beeinträchtigen dagegen die Leistungsfähigkeit gleichfalls nicht und begünstigen ihrerseits die Resorption von Wasser und Kohlenhydraten. Trotzdem führen nach Untersuchungen von Hargreaves et al. Kochsalzkonzentrationen in den Sportlergetränken in einem so weiten Bereich von 0,25–50 mmol Natrium pro Liter zu keinem meßbaren Effekt auf den Blutzucker unter körperlicher Belastung. Die typischen Sportgetränke enthalten im allgemeinen 10–25 mmol Natrium pro Liter.

Andererseits kann bei sehr langen und intensiv durchgeführten körperlichen Aktivitäten, etwa bei Ultramarathonläufern, Triathlonwettbewerben oder Tennisturnieren, die über einen ganzen Tag und länger dauern, ein Ersatz der verlorengegangenen Elektrolyte notwendig werden. Wenn der ständige Flüssigkeits- und damit Elektrolytverlust immer nur durch Wasser ausgeglichen wird, kann hierdurch ein Kochsalzverlust entstehen, die Natriumkonzentration im Blut sinkt ab (Hyponatriämie). In einem Ironman-Triathlon wurde beispielsweise bei 27 % aller Teilnehmer am Ende des Rennens eine Hyponatriämie festgestellt, die allerdings keineswegs bei allen Betroffenen zu klinisch faßbaren Symptomen führte. In schweren Fällen kann es aufgrund des gestörten Wassergehalts im Gehirn zu epileptischen Krampfanfällen und sogar zu Todesfällen kommen. Die häufigste Ursache der Hyponatriämie ist die Zufuhr zu großer Wassermengen, d.h. eine Wasservergiftung (Wasserintoxikation). Wenn Sportler Wettbewerbe von vier bis fünf oder mehr Stunden durchführen, verlieren sie, ganz besonders bei hohen Umgebungstemperaturen, sehr viel natriumhaltigen Schweiß. Wenn sie diesen dann nur durch Wasser ersetzen, kann es zu einer Überwässerung des Körpers mit mehreren Litern Flüssigkeit kommen. Die Körperflüssigkeiten werden gewissermaßen verdünnt, die Natriumkonzentration sinkt auf zu niedrige Werte ab. Aufgrund von Einzelfallstudien wiesen Armstrong et al. darauf hin, daß diese Gefahr besonders groß ist, wenn bereits vor dem Wettbewerb eine relativ niedrige Kochsalzkonzentration im Serum vorliegt. Um dies zu verhindern, sollten vor und bei Wettbewerben unter Hitzebedingungen der Trinkflüssigkeit kleinere Kochsalzmengen zugesetzt werden. Die Konzentration pro

Liter von 20 mEq Natriumchlorid, die sich üblicherweise in Sportgetränken findet, kann nach Untersuchungen von Barr et al. zur Verhinderung einer Hyponatriämie häufig nicht ausreichend sein. Manche Autoren haben daher Getränke mit einer Kochsalzkonzentration empfohlen, die in etwa an die Salzkonzentration im Schweiß (ca. 40–50 mEq pro Liter) herankommt, entsprechend etwa 2,5 g Kochsalz pro Liter. Solche Getränke schmecken dann allerdings sehr salzig und sind kaum tolerabel. In einer Übersicht über die Problematik der Hyponatriämie unter Belastung empfahl Noakes die Flüssigkeitszufuhr auf einen halben Liter pro Stunde zu beschränken, eine Empfehlung, die für manche Athleten geeignet sein kann, für andere aber nicht. Die Frage, ob ein Ausdauerathlet durch eine Hyponatriämie bedroht ist oder nicht, wird auch von individuellen Faktoren bestimmt. Generell kann man Ausdauersportlern empfehlen, in ihrer Ernährung in den letzten Tagen vor einem Wettbewerb auf einen relativ hohen Kochsalzgehalt zu achten, um sicherzustellen, daß ihre Körperflüssigkeiten und -gewebe vor dem Start eine optimale Salzkonzentration aufweisen. Trotz der methodischen Schwierigkeiten in der Untersuchung dieser Frage unter Laborbedingungen werden in der Zukunft auf der Grundlage besserer wissenschaftlicher Daten konkretere Empfehlungen möglich sein.

Aufgrund der körpereigenen Steuerungsmechanismen führen im allgemeinen selbst chronische und erhebliche Elektrolytverluste durch starke Schweißbildung nicht zu einem Elektrolytmangel. Wenn die Natrium- bzw. Kaliumkonzentration im Serum absinkt, kommt es zu einer verstärkten Reabsorption dieser wichtigen Elektrolyte in der Niere bzw. zu einer Verminderung ihrer Ausscheidung im Urin. Wie entsprechende Untersuchungen gezeigt haben, ist in der Regenerationsphase des Sportlers im allgemeinen keine zusätzliche Kochsalzzufuhr erforderlich. Der Gehalt an Elektrolyten ist in einer ausgewogenen Ernäährung so groß, daß die verlorengegangenen Mineralstoffe auch dann ausreichend ersetzt werden, wenn der Sportler nur reines Wasser trinkt.

Zu Elektrolytmangelzuständen kann es nur dann kommen, wenn unter ungünstigen

Bedingungen, beispielsweise über eine Periode von 4–7 Tagen sehr intensiv bei hohen Außentemperaturen trainiert wird, wenn also ständig große Schweißmengen abgegeben werden.

Kochsalz und/oder Kaliumsubstitution

Im allgemeinen ist die Einnahme von Salz bzw. Kochsalztabletten zum Ersatz von Elektrolytverlusten beim Sportler unnötig, da, wie oben ausgeführt, die mit dem Schweiß verlorengegangenen Elektrolyte ausreichend durch eine ausgewogene Ernährung ausgeglichen werden können.

Wie gleichfalls bereits betont, ist die Kochsalzkonzentration im Schweiß sehr unterschiedlich. Sie liegt bei hitzeungewohnten Individuen, die sich bei hohen Umgebungstemperaturen belasten, bei 4,5 g/l, ein Wert, der beim hitzeakklimatisierten Sportler bis auf 1,75 g pro Liter absinken kann. Als Durchschnittswert können 2,6 g Kochsalz pro Liter Schweiß angenommen werden. Da Kochsalz 40% Natrium und 60% Chlor enthält, macht der Natriumanteil in 2,6 g Kochsalz 1 g und in 4,5 g 1,8 g, bzw. bei 1,75 g 0,7 g aus. Für einen nicht akklimatisierten Sportler bedeutet ein Schweißverlust von 4 Litern damit einen Natriumverlust von 7,2 g. Wenn der gleiche Athlet an die Hitze adaptiert ist, verliert er dagegen bei gleicher Schweißmenge nur 3 g Natrium. Eine durchschnittlich gesalzene Mahlzeit enthält etwa 2–3 g Natrium. Bei drei Mahlzeiten pro Tag macht dies 6–9 g aus. Auch hohe Salzverluste im Schweiß können somit im allgemeinen über die Ernährung problemlos ausgeglichen werden. Der Athlet verliert allerdings auch noch auf anderen Wegen unter körperlicher Aktivität Kochsalz, insbesondere über den Urin und zwar auch hier im nicht akklimatisierten Zustand mehr als nach erfolgter Hitzeanpassung. Hiller, ein Sportarzt, der sich vor allem mit Ausdauersportlern beschäftigt, rät aufgrund seiner einschlägigen Erfahrung, daß Athleten während der 1–2 wöchigen Periode der Hitzeanpassung täglich 10–25 Kochsalz entsprechend 4–10 g Natrium aufnehmen sollten. Eine solche Menge erreicht man leicht, wenn man etwas großzügiger mit dem Kochsalz umgeht. 1 Teelöffel Kochsalz entspricht 5 g Natriumchlorid, bzw. 2 g Natrium. Diese Menge liegt weit über den maximalen 6 g, die für eine durchschnittliche Ernährung beim Nichtsportler empfohlen werden, verständlich angesichts der hohen Natriummengen, die während der Phase der Hitzeanpassung mit dem Schweiß verlorengehen.

Salztabletten enthalten ausschließlich Natriumchlorid. Ihre Einnahme zum Kochsalzersatz ist selbst bei starkem Schweißverlust unnötig, da ein Ausgleich mit der Ernährung allein problemlos möglich ist. Trotzdem spricht wenig dagegen, daß Sportler solche Tabletten zu Beginn eines Wärmeakklimatisierungsprozesses einnehmen, und zwar besonders dann, wenn sie große Mengen an Schweiß verlieren. Dies läßt sich am besten durch den Gewichtsverlust, d.h. durch die Feststellung des Körpergewichts vor und nach einer Trainingseinheit, objektivieren. Eine vernünftige Empfehlung besagt, daß die Einnahme von Salztabletten nur dann notwendig ist, wenn Sportler 4 Liter und mehr trinken müßten, um den Schweißverlust auszugleichen. Pro Liter Schweiß, der die 4-Liter-Grenze übersteigt, sollten 2 Salztabletten eingenommen werden. Da diese Tabletten im allgemeinen 1/2 g Natrium enthalten, lautet die Empfehlung somit auf 1 g Natrium pro Liter Schweißverlust, der über die 4 Litergrenze hinausgeht. Wenn die Phase der Hitzeakklimatisierung vorüber ist, im Regelfall also nach 6–9 Tagen, sollte die Einnahme der Tabletten beendet werden.

Von einer **Kaliumsubstitution** sollte im allgemeinen eher abgeraten werden. Hierfür gibt es mehrere Gründe. Zum einen haben die Untersuchungen von David Costill und seiner Gruppe ergeben, daß Kaliummangelzustände sehr selten sind, selbst bei erheblichem Schweißverlust und einer kaliumarmen Ernährung. Zum zweiten kann eine zu hohe Kaliumaufnahme zu gefährlichen, eventuell sogar tödlichen Herzrhythmusstörungen führen. Dies gilt allerdings nicht für kleinere Kaliummengen, beispielsweise für die Benutzung von Kaliumchlorid als Ersatz für Kochsalz. Trotzdem ist es besser, einen erhöhten Kaliumbedarf auf natürlichem Wege über die Ernährung abzudecken, wobei insbesondere

Zitrusfrüchte und Bananen als besonders kaliumreiche Lebensmittel zu empfehlen sind. 1 Glas Orangensaft deckt beispielsweise die Kaliummenge ab, die mit einem Liter Schweiß verlorengeht.

Empfehlungen für den Flüssigkeitsersatz bei körperlicher Aktivität unter hohen Umgebungstemperaturen

Kein anderes Problem hat die Forschung im Bereich der Sporternährung so intensiv beschäftigt wie die Entwicklung idealer Getränkeformulierungen für Sportler, die sich bei hohen Umgebungstemperaturen belasten. Die Ursache für diese intensiven Bemühungen könnte darin liegen, daß Wasser und Kohlenhydrate zwei Nährstoffe sind, von denen eine Leistungssteigerung unter solchen Bedingungen erwartet wird. Ferner ist die Zufuhr von Flüssigkeit und Elektrolyten wichtig für die Verhinderung von Hitzeschädigungen. Wie bereits vorstehend in bezug auf den Flüssigkeits-, Kohlenhydrat- und Elektrolytbedarf diskutiert, wird die gewissermaßen ideale Zusammensetzung des jeweiligen Sportgetränks im Einzelfall von zahlreichen Faktoren beeinflußt, wie Art, Intensität und Dauer der sportlichen Belastung, Umgebungsfaktoren und individuellen Bedingungen wie der Geschwindigkeit der Schweißbildung, der Magenentleerung und der intestinalen Flüssigkeitsresorption. Vor diesem Hintergrund ist es nicht verwunderlich, daß unter den wichtigsten Spezialisten für die Sporternährung wie Coyle, Gisolfi, Maughan oder Noakes eigentlich nur in einem Punkt Einigkeit besteht, nämlich darüber, daß hinsichtlich der Zusammensetzung des optimalen Sportgetränks zur Rehydrierung von Ausdauerathleten weitgehend Uneinigkeit zu verzeichnen ist.

Trotzdem kommt man auf der Grundlage der Untersuchungsergebnisse der genannten Autoren zu einigen Empfehlungen, die als vernünftig angesehen werden können, selbst wenn der letzte wissenschaftliche Beweis über jeden Einzelpunkt teilweise noch aussteht. Folgende Punkte sollten von Sportlern bei hohen Umgebungstemperaturen im Hinblick auf den Flüssigkeitsersatz zum Erhalt ihrer Leistungsfähigkeit bzw. zur Verhinderung von Hitzeschäden berücksichtigt werden:

1. Wenn die Kohlenhydratzufuhr keine Rolle spielt, z.B. bei Belastungen, die maximal 60 Minuten dauern, erfolgt der Flüssigkeitsersatz am besten durch Wasser mit Temperaturen zwischen 5 und 10 °C. Wie im Kapitel 4 vermerkt, sollten zusätzlich dann, wenn die muskulären Glykogenvorräte von vornherein niedrig sind, vor der Belastung Kohlenhydrate aufgenommen werden.

2. Bei Belastungen, die länger dauern als eine Stunde, ist die Kohlenhydratzufuhr zur Energieversorgung wichtig. Wenn die Kohlenhydrate zusammen mit der Flüssigkeit aufgenommen werden, sollte ihre Konzentration nicht zu hoch sein, um die Wasseraufnahme nicht zu behindern. Eine Konzentration von 6–8% ist ein guter Kompromiß zwischen den Erfordernissen der Flüssigkeitszufuhr bzw. der Kohlenhydrataufnahme. Die durchschnittlich tolerable Obergrenze scheint nach einschlägigen Untersuchungen bei 10% zu liegen, Konzentrationen über 10–12% liegen, können die Flüssigkeitsentleerung aus dem Magen verzögern.

3. Die zugeführte Flüssigkeit sollte Elektrolyte in niedriger Konzentration enthalten. Nach den Resultaten der Arbeitsgruppe der Universität Limburg in den Niederlanden sollte ein Sportgetränk aus der Sicht extremer Ausdauerbelastungen im Bereich von vier bis fünf Stunden etwa 400–1100 mg Natrium und 120–225 mg Kalium pro Liter enthalten, um die dabei auftretenden, teilweise erheblichen Elektrolytverluste auszugleichen. Solche Konzentrationen finden sich in vielen kommerziell angebotenen Sportgetränken. Der Natriumanteil verbessert zusätzlich die Flüssigkeits- und Kohlenhydratresorption.

4. Die Getränke sollten gut schmecken, nachdem entsprechende Untersuchungen zeigen konnten, daß kühle und wohlschmeckende Getränke stimulierend auf die Flüssigkeitsaufnahme wirken. Kohlen-

säurezusatz und Aspartame, ein künstlicher Hilfsstoff, verschlechtern die Magenleerung nicht. Dies ist jedoch nach Zachwieja et al. für manche Geschmacksstoffe der Fall, wie z.B. Zitronensäure, die die Magenentleerung um bis zu 25 % reduziert. Die Arbeitsgruppe von Costill fand keinen Einfluß von Kohlensäurezusätzen zu Getränken auf deren Einfluß auf die Thermoregulation bei körperlicher Belastung unter hohen Umgebungstemperaturen. Lambert et al. erhoben zwar im Prinzip gleichartige Befunde, sie fanden jedoch bei Verwendung von kohlensäurenhaltigen Getränken eine geringere Flüssigkeitsaufnahme und interpretierten dies als mögliche Konsequenz eines negativen Geschmackseffekts des CO_2.

5. Sportler sollten sich bei zu erwartenden langen Belastungen etwa 15–30 min vorher mit 300–500 ml eines kühlen Getränks hyperhydrieren. Bei sehr langen Belastungsdauern können Kohlenhydrate in einer Konzentration von 6–8 % zugesetzt werden, im Einzelfall können diese Konzentrationen unter Berücksichtigung der subjektiven Erfahrung bis auf 20 % ansteigen.

6. Während einer Ausdauerbelastung sollten alle 10–15 Minuten weitere 200–250 ml eines kalten Getränks aufgenommen werden. Hierdurch erreicht man einen Flüssigkeitsersatz von etwa einem Liter pro Stunde, der bei mäßigem bis mittelgradigem Schwitzen ausreicht, um die Flüssigkeitsbilanz ausgeglichen zu halten. Bei intensivem Schwitzen ist es technisch teilweise sehr schwierig, einen solchen Ausgleich zu erreichen. Costill konnte im Einzelfall eine Schweißbildung von bis zu 50 ml pro Minute bzw. 3 Liter pro Stunde nachweisen, während die maximale Kapazität der Flüssigkeitsaufnahme im allgemeinen mit 20–30 ml/min angegeben wird. In diesem Fall ist die Schweißbildung somit höher als die Menge an Flüssigkeit, die vom Magen in den Darm entleert werden kann. In solchen Fällen ist ein gewisses Ausmaß an Dehydratation somit unvermeidlich. Umso wichtiger ist es dann, durch einen ständigen Flüssigkeitsersatz im Rahmen des Möglichen den Kreislauf und die Wärme-

bilanz zu stabilisieren, um die Ausdauerleistungsfähigkeit solange als möglich konstant zu halten.

7. Durst ist nur ein sehr eingeschränkter Indikator für den Flüssigkeitsbedarf. Er setzt im allgemeinen erst ab einem Flüssigkeitsverlust entsprechend 1–2 % der Körpermasse ein, zu einem Zeitpunkt also, an dem schon eine deutliche Verschlechterung der Leistungsfähigkeit zu beobachten ist. Die Flüssigkeitszufuhr sollte also längst beginnen, bevor der Sportler Durst verspürt. Zusätzlich haben Untersuchungen der Limburger Arbeitsgruppe durch Reher, Brouns und Saris ergeben, daß eine Dehydratation die Flüssigkeitsentleerung im Magen noch weiter verschlechtert und die gastrointestinale Belastung zusätzlich ansteigen läßt.

8. Koffeinhaltige Getränke sollte man vermeiden, da ihnen ein diuretischer Effekt zukommt, der ein Flüssigkeitsdefizit noch weiter verstärken kann.

9. In der Erholungsphase sollte man zumindest so viel Flüssigkeit zu sich nehmen, daß das Ausgangsgewicht wieder erreicht wird. Wenn gleichzeitig die Kohlenhydratdepots durch lange Belastung erschöpft sind, sollte dies durch kohlenhydrathaltige Getränke geschehen. Hierfür eignen sich besonders Fruchtsäfte und kohlenhydrathaltige Sportgetränke. Wie in Kapitel 4 dargestellt, kann ein Proteinzusatz die Geschwindigkeit der muskulären Glykogen-Resynthese erhöhen.

10. Der Sportler sollte individuell für sich unter Trainings- oder wettkampfähnlichen Bedingungen austesten, welche Art der Flüssigkeitszufuhr hinsichtlich Menge und Konzentration an Kohlenhydraten und Elektrolyten für ihn am günstigsten ist.

Tabelle 9.7 gibt eine Zusammenfassung der Empfehlungen zum optimalen Ersatz von Flüssigkeit, Kohlenhydraten und Elektrolyten für körperliche Aktivitäten bei hohen Umgebungstemperaturen.

Tab. 9.7 Empfehlungen zum Flüssigkeits-, Kohlenhydrat und Elektrolytersatz in verschiedenen Sportarten bei hohen Umgebungstemperaturen

Sportart	Zeitpunkt der Zufuhr	Art und Menge des Getränks
Sportdisziplinen mit Belastungsdauern von weniger als 60 Minuten: 10 Kilometerlauf 25 km Radrennen	**Vorher:** 1–2 Stunden 15–30 Minuten **Während des Wettbewerbs:** Alle 10–15 Minuten **Erholungsphase:**	500 ml kaltes Wasser 300–500 ml kaltes Wasser Das Getränk kann Kohlenhydrate in einer Konzentration von 6–8 % enthalten, wenn ein niedriger muskulärer Glykogengehalt vermutet wird 180–240 ml kaltes Wasser Ausreichende Flüssigkeitszufuhr zum Ersatz der beim Wettbewerb verlorengegangenen Flüssigkeitsmenge
Sportliche Wettkämpfe von 1–4 Stunden Dauer: Marathonlauf 42 km Kurztriathlon 1,6 km Schwimmen, 40 km Radfahren, 10 km Laufen Fußballspiel Feldhockeyspiel Tennismatch	**Vorher:** 1–2 Stunden 15–30 Minuten **Während des Wettbewerbs:** Alle 10–15 Minuten **Erholungsphase:** Sofort nach und dann alle 2 Stunden	500 ml einer 5–10 % Glukose-Elektrolytlösung (GEL) 300–500 ml GEL 5–10 % Kohlenhydrate 180–240 ml GEL 5–10 % Kohlenhydrate GEL mit einer Kohlenhydratmenge entsprechend 1 g Kohlenhydrat/kg Körpergewicht, im Durchschnitt etwa 50–70 g Kohlenhydrate. Zusätzliche Eiweißbeimischungen begünstigen die Glykogenresynthese. Auch die Aufnahme von Kohlenhydraten und Eiweißen in fester Form ist sinnvoll.
Belastungsdauer von mehr als 4 Stunden: Ultralangläufe 80 km und mehr LangstreckenRadrennen 160 km und mehr Vollständiger Triathlon 4 km Schwimmen, 150 km Radfahren, 42 km Laufen	**Vorher:** 1–2 Stunden 15–30 Minuten **Während:** Alle 10–15 Minuten **Erholung:** Sofort und alle 2 Stunden	500 ml GEL 5–10 % Kohlenhydrate 300-500 ml GEL 5–10 % Kohlenhydrate Bei entsprechender individueller Erfahrung können auch höhere Kohlenhydratkonzentrationen von bis zu 20–50 % genutzt werden. 180–240 ml GEL 5–10 % unter Zusatz von 20–30 Milliäquivalenten Natrium und Chlorid GEL mit einer Kohlenhydratzufuhr von 1 g/kg Körpergewicht, im Durchschnitt 50–70 g Kohlenhydrate. Ein Zusatz von Eiweißen verbessert die Glykogenresynthese. Auch die Einnahme von Kohlenhydraten und Proteinen in fester Form ist sinnvoll

Bei den Empfehlungen handelt es sich um generelle Richtlinien, die den individuellen Erfahrungen, dem Trainings- und Leistungszustand sowie den Außenbedingungen anzupassen sind.

Leistungssteigernde Aspekte

Wenn die Beseitigung eines Defizits an einem bestimmten Nährstoff als ergogene Technik definiert werden kann, dann ist das Trinken von Wasser hierfür ein besonders gutes Beispiel. Sowohl für die Hyperhydratation vor wie die Rehydratation während Belastung kann im Vergleich zu dem Sportler, der auf jede Flüssigkeitszufuhr verzichtet, ein leistungssteigernder Effekt nachgewiesen werden. Auf der anderen Seite wurde aus ergogenen Gründen auch das Gegenteil versucht, nämlich den Körperwassergehalt zu reduzieren. Während generell eine Hypohydration die Leistungsfähigkeit nicht steigert, bzw. sie vor allem im Ausdauerbereich, deutlich verschlechtern kann, ist es andererseits denkbar, daß gewichtsabhängige Sportler wie z.B. Hochspringer durch eine Gewichtsreduktion, z.B. als Folge der Einnahme von Diuretika, ihre objektive Leistung steigern, da der Wasserverlust die Schnellkraft nicht beeinträchtigt. Der Sportler kann dann höher springen, da er mit der gleichen Sprungkraft ein geringeres Gewicht nach oben verlagern muß. Entsprechende Untersuchungen konnten die Realität solcher Überlegungen in der Praxis bestätigen. Dieses Thema kann und soll hier nicht weiter abgehandelt werden, nicht zuletzt auch deshalb, weil Diuretika auf der Dopingliste stehen.

Während ein Elektrolytdefizit die körperliche Leistungsfähigkeit in bestimmten Bereichen beeinträchtigt, führt umgekehrt eine Elektrolytsubstitution über das erforderliche Maß hinaus nicht zu einer zusätzlichen Leistungsverbesserung.

Im folgenden soll auf zwei Versuche der Leistungsverbesserung auf der Basis von Eingriffen in den Wasserhaushalt eingegangen werden, von denen es sich bei der einen schon um ein sehr altes, bei dem anderen um ein neueres Verfahren handelt. Versuche, die anaerobe Leistungsfähigkeit durch die Einnahme von Natriumbikarbonat zu verbessern, gehen in ihren Anfängen bereits auf die 30er Jahre zurück. Überlegungen, besonders bei hohen Temperaturen den Körperwassergehalt durch die Zufuhr von Glyzerin zu steigern, sind dagegen erst neueren Datums.

Glyzerin als ergogene Hilfe bei Belastungen unter hohen Umgebungstemperaturen?

Wie in Kapitel 5 dargestellt, bildet Glyzerin, ein dreiwertiger Alkohol, zusammen mit den freien Fettsäuren die Triglyzeride. Untersuchungen über mögliche leistungssteigernde Effekte des Glyzerins wurden, wie dort vorgestellt, bereits unter der Arbeitshypothese der Induzierung einer vermehrten Neoglukogenese, also einer verstärkten Neubildung von Glukose, durchgeführt, allerdings ohne Erfolg.

In einem neueren Ansatz wurde versucht, den Körperwassergehalt vor Belastungen bei hohen Umgebungstemperaturen durch den Zusatz von Glyzerin zu Getränken, die vorher zur Hyperhydratation eingenommen werden, zu steigern und dadurch den Hitzestreß während körperlicher Aktivität zu reduzieren. Lyons et al. führten solche Untersuchungen durch, unter Verwendung von Getränken, die jeweils pro kg Körpergewicht 1 g Glyzerin auf 21,4 ml Wasser enthielten. Die Autoren sahen hierunter im Vergleich zur Überwässerung durch reines Wasser einen positiven Effekt im Sinne eines Abbaus der Hitzebelastung. Montner et al. führten einen ähnlichen Untersuchungsansatz durch. Dabei erhielten die Testpersonen doppelblind, plazebokontrolliert, jeweils vor einer Fahrradbelastung, die bei 65 % der VO_2max unter neutralen Laborbedingungen durchgeführt wurde, 1,2 g Glyzerin und 25 ml Wasser pro kg Körpergewicht im Vergleich zu reinem Wasser. Die Autoren beobachteten nach Glyzerinzufuhr bei gleicher Belastungsintensität eine niedrigere Herzfrequenz bzw. Rektaltemperatur und interpretierten dies als einen positiven Effekt eines vermehrten Plasmavolumens. Sawka, Freund und De Luca vom Institut der US-amerikanischen Armee für Umweltmedizin überprüften den Effekt von 1,5 g Glyzerin, gelöst in 37 ml Wasser, pro Liter Körperflüssigkeit ihrer Probanden auf den Flüssigkeitshaushalt.

Die Untersucher fanden unter Glyzerin eine größere Wasserretention nach artifizieller Überwässerung. Als Ursache wurde eine erhöhte Osmolalität sowie eine größere Konstanz des ADH-Spiegels im Serum und damit eine geringere Wasserausscheidung über die Niere diskutiert. Das Plasmavolumen stieg zwar unter einer Glyzerin-Hyperhydratation an, der Unterschied war jedoch nicht signifikant von der Steigerung durch alleiniges Wassertrinken verschieden.

Zusammenfassend weisen die Ergebnisse dieser Untersuchung darauf hin, daß dem Glyzerin aufgrund der von ihm bewirkten Vergrößerung der Flüssigkeitsdepots in den Extrazellulärräumen ein leistungssteigernder Effekt zukommen könnte, besonders für Ausdauerbelastungen bei hohen Temperaturen. Diese ersten Daten müssen allerdings noch durch weitere Untersuchungen abgesichert werden. Obwohl die in den Untersuchungen gegebenen Glyzerinmengen offensichtlich kein gesundheitliches Risiko darstellen und nach Sawka die zusätzliche Flüssigkeitsmenge sich proportional in den intra- bzw. extrazellulären Räumen verteilt, ist nicht auszuschließen, daß unter höheren Glyzeringaben Probleme auftreten können. Es besteht die Gefahr einer verstärkten Flüssigkeitsretention speziell im Intrazellulärraum mit einem Anstieg des Flüssigkeitsdrucks und dem Risiko von Gewebsschädigungen.

Leistungssteigerung durch Natriumbikarbonat bzw. Soda-Loading?

Das **Natriumbikarbonat** stellt ein alkalisches Salz dar, das als Puffersubstanz natürlicherweise im Organismus vorkommt, d.h. es dient vor allem zur Abpufferung von überschüssigen Säuren. Letzlich ist es nichts anderes als das Soda, das die Hausfrau beim Backen einsetzt. Seinen Effekt kann man sich ebenso vorstellen, wie den der Tabletten, die man bei Magenbeschwerden aufgrund von zuviel Magensäure schluckt. Bei hochintensiven, sogenannten anaeroben Belastungen kommt es zu einer verstärkten Milchsäurebildung, an deren Abpufferung das Bikarbonat beteiligt ist. Wie in Kapitel 3 dargestellt führt die Akkumulation von Milchsäure zu einer Störung der Enzymfunktionen und zwingt ab einer bestimmten Konzentration

zu einem Abbruch der Belastung. Die im Körper vorhandenen Natriumbikarbonatspeicher erhöhen umgekehrt die anaerobe Ausdauer, d.h. den Ermüdungswiderstand unter anaeroben Belastungen. Der Mechanismus besteht in einer Bindung der Wasserstoffionen, die von der in der Muskulatur entstehenden Milchsäure abgespalten werden. Theoretisch sollte also eine Vergrößerung des Bikarbonatspeichers durch externe Zufuhr dieser Substanz die anaerobe Belastbarkeit verbessern.

In Deutschland wurden schon vor mehr als 50 Jahren Untersuchungen durchgeführt, nach deren Ergebnissen die orale Zufuhr von Bikarbonat oder anderen alkalischen Salzen die anaerobe Leistungsfähigkeit erhöht. Diese Daten konnten lange Zeit durch nachfolgende Untersuchungen nicht bestätigt werden. Inzwischen liegen aber einige neuere, wissenschaftlich exakte und von erfahrenen Untersuchern durchgeführte Studien vor, die die früheren deutschen Erfahrungen stützen. Bei diesen Untersuchungen werden den Probanden im allgemeinen 1–3 Stunden vor der Belastung 0,15–0,3 g Natriumbikarbonat/kg Körpergewicht verabreicht. McNaughton fand einen optimalen Effekt bei 0,3 g Bikarbonat/kg, eine weitere Dosissteigerung führte zu keiner weiteren Verbesserung der beobachteten Leistungszunahme. In Absolutwerten entspricht dies für den durchschnittlichen Erwachsenen 20–25 g Bikarbonat. Die Untersuchungen wurden im allgemeinen doppelblind nach einem plazebokontrollierten Cross-over-Design durchgeführt. Als Leistungstests kamen hochintensive Belastungen von 1–3 Minuten Dauer zur Anwendung, die eine laktazide Energiebereitstellung erfordern. Solche Belastungen werden auch als supramaximal bezeichnet, da sie absolut höher liegen, als die Leistung, die bei einer VO_2 max von 100 % erbracht werden kann. Häufig kamen auch hochintensive intervallförmige Belastungen zur Anwendung, z.B. fünf 100-m-Schwimmsprints mit jeweils zweiminütigen Erholungsphasen zwischen den einzelnen Starts.

Nach den bisherigen Erfahrungen ist von einer Bikarbonatgabe kein leistungssteigernder Effekt auf Belastungen zu erwarten, die vor allem die energiereichen Phosphate beanspruchen. Untersuchungen, bei denen die Belastungen kürzer dauerten als 30 Sekunden, erbrachten überwiegend keinen leistungssteigernden Effekt. Das gleiche gilt für Kraft- und Schnellkraftleistungen bzw. für Belastungen, die die lokale muskuläre Kurzzeit-Ausdauer beanspruchen.

Zur Frage der Auswirkungen einer Bikarbonatgabe auf aerobe Belastungen, also auf Belastungen, die vor allem die Verbrennung beanspruchen und länger als 10 Minuten dauern, liegen bisher noch keine ausreichenden Daten vor. Es finden sich zwar Hinweise darauf, daß Bikarbonat zu einer Suppression des aeroben Stoffwechsels führt, diese Angaben bedürfen jedoch noch weiterer Bestätigung. So wurde beispielsweise eine Reihe von Untersuchungen durchgeführt, bei denen die Probanden jeweils über 9–10 Minuten bis zur Erschöpfung belastet wurden, unter Beanspruchung sowohl der aeroben wie auch der laktaziden Kapazität. Die Ergebnisse dieser Untersuchungen hinsichtlich einer möglichen Leistungssteigerung sind kontrovers. Übereinstimmend zeigen sie jedoch zumindest keine negativen Auswirkungen des Bikarbonats.

Dagegen belegen die Ergebnisse der bisher verfügbaren Studien ziemlich einheitlich, daß eine Bikarbonatgabe die Leistungsfähigkeit bei solchen Belastungen verbessert, die energetisch über die Milchsäurebildung finanziert werden. Die Befunde demonstrieren den angestrebten Anstieg des pH-Wertes im Serum. Unter den sonstigen überprüften Parametern konnte jeweils etwa die Hälfte der experimentell einwandfrei durchgeführten Untersuchungen einen Abfall der intrazellulären Azidose in den Muskelfasern registrieren, eine Abnahme des subjektiven Ermüdungsgefühls bei gleicher Belastungsintensität sowie eine Zunahme der Leistungsfähigkeit bei hochintensiven bis zur subjektiven Erschöpfung durchgeführten anaeroben Belastungen. Auch in Felduntersuchungen konnten Leistungssteigerungen in Disziplinen beobachtet werden, die vorwiegend die Milchsäurebildung beanspruchen, und zwar bei Leistungssportlern in den Bereichen 400–800-m-Lauf, 100 m Schwimmen sowie 5-km-Rennen im Radfahren. Auch wenn in der anderen Hälfte der aufgeführten Untersuchung solche positiven Effekte jeweils nicht gesehen wurden, ergab sich jedoch in keiner der Studien eine Verschlechterung der Leistungsfähigkeit nach Bikarbonatgabe.

In mehreren neueren Übersichtsarbeiten kamen Linderman und Fahey, Matson und Tran sowie Williams jeweils zu der Schlußfolgerung, daß der Bikarbonatgabe offensichtlich ein leistungssteigernder Effekt in solchen Belastungsformen zukommt, bei denen die Energie überwiegend durch Milchsäurebildung bereitgestellt wird. Die von Matson und Tran sehr sorgfältig durchgeführte Metaanalyse der 29 in diesem Bereich methodisch besten Untersuchungen kommt zu der Feststellung einer generellen Leistungssteigerung bei laktaziden Belastungsformen. In solchen Untersuchungen, in denen die Belastungszeit bis zur subjektiven Erschöpfung gemessen wurde, fand sich eine durchschnittliche Leistungsverbesserung um 27 %.

Der exakte Mechanismus, über den Natriumbikarbonat ergogen wirkt, wurde bisher noch nicht definitiv abgeklärt. Auch andere natriumhaltige Verbindungen wie Natriumzitrat oder Trinatriumphosphat verbessern die Leistungsfähigkeit. So fanden McNaughton und Cedaro unter Natriumzitrat eine Leistungssteigerung bei anaeroben Belastungen, die über 2-3 Minuten durchgehalten werden können. Im Kapitel 8 wurde eine Reihe von Studien aufgeführt, die eine Verbesserung der aeroben Ausdauer nach Trinatriumphosphatgabe nachweisen konnten. In einer neueren, an Pferden durchgeführten Untersuchung fanden Hinchcliff et al. im Vergleich zum Kontrollversuch eine Leistungssteigerung nach Gabe von Natriumbikarbonat, aber auch nach Natriumchlorid. Die Autoren diskutieren, daß die Leistungssteigerung des Natriumbikarbonats damit nicht nur durch seine Pufferkapazität begründet sein dürfte, sondern daß möglicherweise auch dem Natrium per se ein leistungssteigernder Effekt zukommt.

Die in den meisten Studien gegebene Dosis von 0,3 g Bikarbonat/kg Körpergewicht scheint wirksam und nicht mit gefährlichen Nebenwirkungen verbunden zu sein. Bei einigen Untersuchungspersonen kommt es zu gastrointestinalen Beschwerden wie Übelkeit und Durchfall. Höhere Dosen könnten zu einer Alkalose führen, die sich in Apathie, Reizbarkeit und Muskelkrämpfen ausdrücken würde.

Die Einnahme von Natriumbikarbonat durch Sportler zum Zwecke der Leistungssteigerung wird in Anlehnung an den Begriff des „Kohlenhydratloadings" auch als „Sodaloading" bezeichnet. Durch das Kohlenhydratloading sollen die Muskel- und Leberglykogendepots erhöht und damit das Einsetzen von Ermüdung bei Ausdauerbelastungen verzögert werden. Das Sodaloading wird ähnlich interpretiert. Ziel ist es, die natürlicherweise im Körper vorkommenden Puffervorräte zu steigern und damit gleichzeitig den anaeroben Ermüdungswiderstand. Nachdem jedoch Natriumbikarbonat auch als Medikament betrachtet wird bzw. betrachtet werden kann, stellt sich die Frage nach seiner Klassifizierung als Dopingmittel. Bisher gibt es jedoch noch keinen brauchbaren Test zum Nachweis der Einnahme von Natriumbikarbonat zur Leistungssteigerung. Im Urin kann zwar ein erhöhter pH-Wert nachgewiesen werden, dies könnte jedoch auch die Folge der Einnahme von andersartigen Antazida sein oder völlig andere Ursachen haben. Bisher ist auf jeden Fall die Einnahme von Bikarbonat nicht als Doping klassifiziert.

9.7 Gesundheitsaspekte: Hitzeschädigungen, Bluthochdruck

In den vorausgegangenen Abschnitten wurde eine Reihe möglicher negativer Auswirkungen von Störungen des Wasser- und Elektrolythaushalts unter körperlicher Belastung diskutiert, insbesondere eine Verschlechterung der Leistungsfähigkeit, aber auch gesundheitlich negative Auswirkungen, speziell die Gefahr einer Hyponatriämie. Der folgende, ausschließlich den gesundheitlichen Aspekten gewidmete Abschnitt konzentriert sich auf den Einfluß der Flüssigkeits- und Elektrolytbilanz auf die mögliche Gefährdung durch Hitzeschädigungen während Belastun-

gen bei hohen Umgebungstemperaturen sowie auf den Bluthochdruck, der hier diskutiert wird, da er in seiner Manifestation zum einen von der Kochsalzzufuhr in der Ernährung abhängig ist und zum anderen durch regelmäßiges körperliches Training positiv beeinflußt werden kann.

Hitzeschäden

Eine der häufigsten und wichtigsten gesundheitlichen Risiken, denen der Sportler ausgesetzt ist, ist in Abhängigkeit von den Außenbedingungen die Entwicklung eines Hitzeschadens. Solche Gesundheitsschädigungen werden zunehmend häufig beobachtet, da heute immer mehr Menschen an Volksläufen teilnehmen, die nicht selten bei hohen Temperaturen durchgeführt werden. Zum Auftreten von Hitzeschäden tragen häufig die Verantwortungslosigkeit und schlechte Vorbereitung der Läufer selbst ebenso wie der Organisatoren bei. Oft treten völlig unzureichend trainierte und vorbereitete Freizeitsportler zu Rennen an, bei denen von den Organisatoren nicht selten auch die einfachsten Sicherheitsregeln für die Ausrichtung solcher Rennen nicht beachtet werden.

Wer sich unvernünftig bei hohen Außentemperaturen belastet, geht das Risiko einer größeren Bandbreite von Hitzeschäden ein. Zu ihrer Ausbildung tragen im wesentlichen drei Faktoren bei: Erhöhte Körperkerntemperatur, Flüssigkeits- und Elektrolytverlust.

Abbildung 9.10 zeigt ein einfaches Diagramm der Ausbildung von Hitzeschäden. Die Kombination einer vermehrten Wärmebildung durch körperliche Aktivität mit einer hohen Wärmeeinwirkung von außen aktiviert die Kühlungsmechanismen des Organismus in Form einer Erweiterung der Hautgefäße und eines Anstiegs der Schweißbildung. Wenn diese beiden Mechanismen an ihrer Leistungsgrenze angekommen sind, entsteht eine gesundheitlich problematische Situation. Die Kreislaufregulation wird überfordert. Sie muß gleichzeitig die Hautgefäße weitstellen, um Wärme abzugeben und trotzdem den Blutdruck aufrecht erhalten. Im Zweifelsfall siegt in diesem Konflikt die biologisch kurzfristig wichtigere Notwendig-

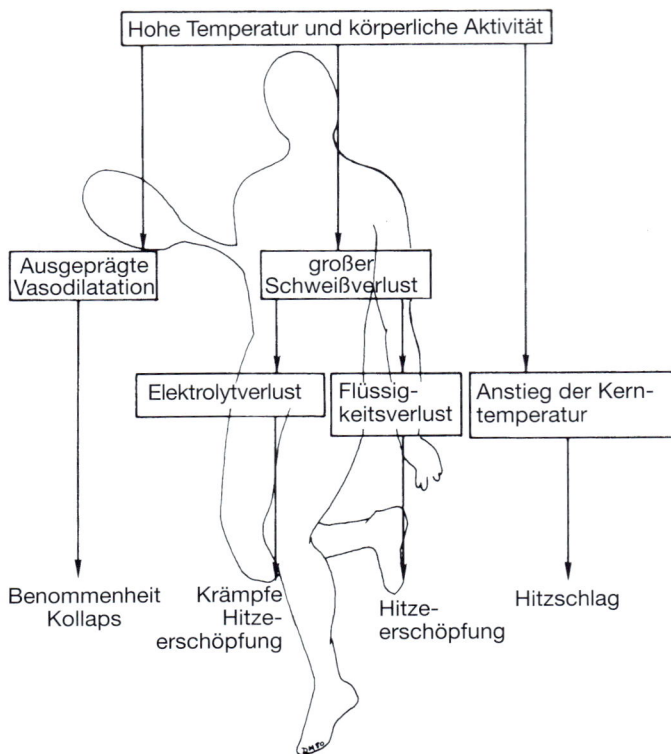

Abbildung 9.10
Vereinfachte Darstellung der Entstehung von Hitzeschäden. Durch die Kombination von äußerer Hitze mit verstärkter Wärmebildung durch körperliche Aktivität kann es zu einer ausgeprägten Vasodilatation und damit zu einem Versacken von Blut in der Peripherie kommen. Die zum Herzen und damit zum Gehirn zurückkommende Blutmenge nimmt ab, Benommenheit und Bewußtlosigkeit können die Folge sein. Erhebliche Schweißverluste führen zu einer signifikanten Abnahme der Flüssigkeitsmenge des Körpers und zu Elektrolytverlusten, die sich in unterschiedlichen Bildern eines Hitzeschadens ausprägen können. Bezüglich weiterer Einzelheiten siehe Text.

keit der Blutdruckregulierung, die Temperaturkontrolle versagt. Bei sehr intensiven Belastungen können sich allerdings auch Hitzeschäden unabhängig von einem Kreislaufversagen oder einer exzessiven Schweißbildung ausprägen.

Wenn die Hautgefäße sehr stark aufgeweitet werden, kommt es zu einer Kreislaufinstabilität. Die erweiterten Blutgefäße weisen eine stark erhöhte Fassungskapazität auf. Das Blut versackt gewissermaßen in den Hautgefäßen. Das relative Blutvolumen nimmt ab, der Blutdruck fällt, es kommt zu Schwindelerscheinungen und schließlich zur Ohnmacht, einem **Hitzekollaps**, auch als **Hitzesynkope** bezeichnet.

Hitzekrämpfe werden im allgemeinen als Folge eines Elektrolytverlustes, des Verlustes an Natrium, Kalium und/oder Magnesium erklärt, der bei starkem Schwitzen eintritt, wenngleich diese wohl wahrscheinliche Hypothese bisher letztlich noch nicht abgesichert werden konnte. Häufig treten die Elek-

trolytverluste erst nach längerer Belastung unter hohen Temperaturen auf, dann, wenn der Sportler den Flüssigkeitsverlust mit reinem Wasser ausgleicht. Das Wasser verdünnt die Elektrolytkonzentration und erhöht dadurch die Krampfbereitschaft der Muskulatur. Betroffen sind vor allem die Waden- und Bauchmuskulatur.

Hitzeerschöpfung infolge von **Wasserverlust** ist eine der häufigsten Formen des Hitzeschadens. Der Mechanismus ist ähnlich wie beim Hitzekollaps. Es kommt zu einer verminderten Hirndurchblutung, die allerdings nicht zur Bewußtlosigkeit führt. Typische Symptome sind Erschöpfung und Erbrechen, der Betroffene liegt flach und ist ansprechbar. Die Haut ist blass, kalt und schweißbedeckt. Die Rektaltemperatur wird im allgemeinen unter 40 °C gemessen. Unter einer entsprechenden Therapie, die vor allem in Abkühlung besteht, erholt sich der Betroffene im allgemeinen nach wenigen Stunden.

Die **anhydrotische Hitzeerschöpfung** stellt eine weitere Steigerung des vorausgehend beschriebenen Zustandes dar. Die Schweißbildung wird eingestellt, die Haut ist heiß und trocken. Wenn der Betroffene trotz der fehlenden Schweißbildung und dadurch bedingt fehlenden Kühlung die Belastung fortsetzt, kann die Kerntemperatur relativ rasch weiter ansteigen, es kann sich das Bild eines Hitzschlages entwickeln.

Das **Salzverlustsyndrom** betrifft vor allem Menschen, die sich in nicht-akklimatisiertem Zustand bei hohen Temperaturen belasten und den Salzverlust über mehrere Tage hinweg nicht kompensieren. Die Symptome sind denen eines Flüssigkeitsverlustes ähnlich. Häufig treten Erschöpfung und Muskelkrämpfe ein.

Der **Hitzschlag** ist die gefährlichste Form des Hitzeschadens, er kann tödlich enden. Betroffen sind vor allem Kinder und Jugendliche sowie Menschen im höheren Lebensalter, aber auch gesunde, körperlich fitte Athleten können beim Sport einen Hitzschlag erleiden. In solchen Fällen wird auch vom **Belastungshitzschlag** gesprochen, der als Resultat einer intensiven körperlichen Belastung unter Hitzebedingungen entsteht, wobei keine gleichzeitige Dehydratation vorliegen muß. Aber auch ein massiver Flüssigkeitsverlust kann zur Entstehung des Hitzschlags beitragen. Frühsymptome sind psychomentale Auffälligkeiten wie Desorientierung, die schließlich in Bewußtlosigkeit enden. Die Haut ist im allgemeinen warm und rot, die Schweißbildung kann, muß aber nicht erhalten sein. Das Leitsymptom ist die Erhöhung der Rektaltemperatur auf Werte von über 41 °C.

Symptome und Therapie von Hitzeschäden

Die Symptome eines beginnenden Hitzeschadens können vielfältig sein. Sie treten auf in Form von Muskelschwäche, Frösteln, Piloerektion (Gänsehaut) am Brustkorb und im Bereich der Oberarme, Übelkeit, Kopfschmerzen, Schwindel, Desorientierung, Muskelkrämpfen und Einstellung der Schweißbildung. Wenn trotz solcher Symptome die Belastung fortgeführt wird, kann dies in einem Hitzeschaden münden. Tabelle 9.8 gibt eine Übersicht über die häufigsten Hitzeschäden mit ihren wichtigsten Ursachen, klinischen Anzeichen und optimalen Therapieformen.

Individuelle Hitzetoleranz

Die Disposition zur Ausprägung eines Hitzeschadens ist individuell sehr unterschiedlich. Sie wird bestimmt von Faktoren wie Geschlecht, körperlicher Leistungsfähigkeit, Lebensalter, Körperzusammensetzung, Akklimatisierungsgrad und einer eventuellen anamnestischen Belastung durch einen vorausgegangenen Hitzeschaden. In früheren Untersuchungen wurde für Frauen häufig eine größere Hitzeempfindlichkeit unter körperlicher Belastung beschrieben. Neuere Untersuchungen bestätigen diese Befunde nicht mehr, möglicherweise waren die damaligen Beobachtungen in einer generell niedrigeren körperlichen Fitness der Frau begründet. Der körperlichen Leistungsfähigkeit kommt für die Entstehung bzw. Vermeidung von Hitzeschäden offensichtlich eine Schlüsselrolle zu. Je höher der Fitnessgrad, umso größer ist bei gegebener Hitzebelastung die Wärmetoleranz. In einer neueren Studie beobachteten Stephenson und Kolka, daß die Thermoregulation der Frau in der Lutealphase des Menstruationszyklus schlechter ist als in der Follikelphase, möglicherweise deshalb, weil in dieser Phase aufgrund des erhöhten Progesteronspiegels die Basaltemperatur generell erhöht ist. Umgekehrt wird die Thermoregulation bei Frauen nach der Menopause durch eine Östrogentherapie verbessert.

Hinsichtlich des Faktors Lebensalter zeigt sich, daß Menschen an beiden Enden des Altersspektrums für Hitzeschäden besonders anfällig sind. Die amerikanische Akademie für Kinderheilkunde weist darauf hin, daß im Vergleich zum Erwachsenen Kinder unter Belastung, bezogen auf ihre Körpermasse relativ mehr Wärme produzieren, eine geringere Fähigkeit zur Schweißbildung aufweisen und weniger Wärme vom Körperkern zur Haut transportieren können, alles Faktoren, die die Anfälligkeit gegenüber einem Hitze-

Tab. 9.8 Hitzeschäden, Ursachen, klinische Befunde, Therapie

Hitzeschaden	Ursachen	Klinische Befunde	Therapie*
Hitzekollaps	Ausgeprägte Vaso-dilatation, Blutver-sacken in den Haut-gefäßen	Schwächegefühl, Schwindel, Erschöp-fung, Ohnmachtszu-stand	Rückenlagerung in kühler Umgebung, Zufuhr gekühlter Flüssigkeit, wenn keine Bewußtlosigkeit besteht
Hitzekrämpfe	Ausgeprägter Elek-trolytverlust durch Schweiß, inadäqua-te Salzzufuhr	Muskelkrämpfe	Lagerung in kühler Umgebung, orale Zufuhr von salzhaltigen Getränken, salzhaltige Lebens-mittel zur Prävention, in schwe-ren Fällen ärztliche Behandlung
Salzverlustsyn-drom	Ausgeprägter Salz-verlust durch Schweiß, ungenü-gende Salzzufuhr	Übelkeit, Schwäche, Schwindel, Muskel-krämpfe	Lagerung in kühler Umgebung, salzhaltige Getränke, in schwe-ren Fällen ärztliche Behandlung
Wasserverlust-syndrom	Ausgeprägter Flüs-sigkeitsverlust durch Schweiß, ina-däquate Flüssig-keitszufuhr	Schwäche, Übelkeit, kalte blasse schweiß-bedeckte Haut, Rek-taltemperatur unter 40 °C	Kühle Lagerung, Zufuhr kalter Getränke, Kühlung durch kalte Umschläge, in schweren Fällen ärztliche Behandlung.
Anhydrotische Hitzeerschöp-fung	siehe Wasser-verlust-Syndrom	Übelkeit, die Schweißbildung hört auf, trockene Haut, Rektaltemperatur unter 40 Grad Celsius	Wie beim Wasserverlust-syndrom
Hitzschlag	Extremer Tempe-raturanstieg	Kopfschmerzen, Erbrechen, Desorien-tierung, Bewußtlosig-keit, Temperaturan-stieg auf 40 Grad und mehr	Sofortige Abkühlung mit Eispackungen, kalten Umschlä-gen, Absenkung der Temperatur auf unter 39 Grad, falls Bewußt-sein besteht, Verabreichung von kalten Getränken, sofortige ärztliche Behandlung.

* Therapiebeginn so rasch als möglich, bei Verdacht auf Hitzschlag sofort.

schaden vergrößern. Auch beim älteren Menschen ist die Wärmetoleranz geringer als im jungen Erwachsenenalter, wahrscheinlich deshalb, weil die maximale Schweißbildung im Alter abnimmt. Auch die beim älteren Menschen meist niedrigere Leistungsfähigkeit kann zur Entwicklung einer geringeren Hitzetoleranz beitragen. Bei Menschen im mittleren und höheren Lebensalter, die sich ihre körperliche Aktivität und damit auch ihre Fitness bewahren, läßt sich dagegen im Vergleich zum jüngeren Menschen keine Verschlechterung der Hitzetoleranz beobachten. Übergewichtige sind von Hitzeschäden in besonderem Maße

bedroht. Zum einen produzieren sie durch ihr erhöhtes Körpergewicht bei gleicher Belastung mehr Wärme, zum anderen sind sie meist weniger leistungsfähig als Normalgewichtige.

Wenn bereits ein Hitzeschaden durchgemacht wurde, so kann dies das Risiko späterer Hitzeschädigungen verstärken. Viele Patienten verfügen 8–12 Wochen nach einem durchgemachten Hitzeschaden wieder über ihre frühere Hitzetoleranz. Bei anderen Hitzegeschädigten bleibt die Fähigkeit des Kreislaufsystems, sich einer Hitzebelastung anzupassen, jedoch eingeschränkt, möglicherweise aufgrund einer irreversiblen Schädigung der Thermoregulationszentren im Gehirn. Der Transfer der Wärme vom Körperkern zur Haut bleibt beeinträchtigt, die Körpertemperatur steigt unter Belastung schneller an als vorher.

Ein besonders wichtiger Faktor für die individuelle Hitzereaktion ist das Ausmaß der Hitzeakklimatisation, ein Punkt, auf den im folgenden intensiver eingegangen wird.

Empfehlungen zur Vermeidung von Hitzeschäden während körperlicher Aktivität bei hohen Temperaturen

1. Informieren Sie sich vor jedem Training bzw. Wettkampf über die Temperatur und die relative Luftfeuchtigkeit. Auch bei moderaten Temperaturen unter 25 °C kann es bei hoher Luftfeuchtigkeit zu Hitzeschäden kommen. Insbesondere bei schwül-warmem Wetter, also hoher Luftfeuchtigkeit und gleichzeitig hoher Temperatur, sollten Sie Ihre Belastungsintensität zurücknehmen.

2. Verlegen Sie bei hohen Temperaturen Ihr Training in die kühleren Morgen- bzw. Abendstunden.

3. Suchen Sie während des Sports soweit als möglich den Schatten, um die Sonneneinstrahlung zu minimieren.

4. Tragen Sie geeignete Kleidung. Sie sollte locker sein, um die Luftzirkulation zu ermöglichen, möglichst hell, um die Sonneneinstrahlung zu reflektieren, und wasserdurchlässig zur Schweißverdunstung.

5. Wenn Sie an einem warmen windigen Tag trainieren, legen Sie wenn möglich Ihre Laufstrecke so, daß Sie im letzten Teil gegen den Wind laufen. Hierdurch nützen Sie seinen Kühleffekt zu dem Zeitpunkt, zu dem Sie ihn besonders benötigen.

6. Nehmen Sie in regelmäßigen Abständen kalte Getränke zu sich. Wenn Sie längere Strecken laufen, planen Sie Ihren Lauf so, daß Sie an Stellen vorbeikommen, an denen Sie sich mit Getränken versorgen können, z.B. Wasserkränen, Tankstellen etc. Sie sollten etwa alle 15 Minuten 200–250 ml Flüssigkeit zu sich nehmen. Beachten Sie: Der Durst ist nur ein schlechter Regulator für den Flüssigkeitsbedarf. Trinken Sie auch dann, wenn Sie sich nicht durstig fühlen.

7. Gleichen Sie regelmäßig eventuelle Wasserverluste aus. Zu diesem Zweck kontrollieren Sie besonders bei warmem Wetter an jedem Morgen Ihr Körpergewicht. Wenn Sie ein Kilo zu wenig wiegen, trinken Sie entsprechend einen Liter nach. Bevor Sie mit dem nächsten Training beginnen, sollte sich Ihr Gewicht wieder normalisiert haben.

8. Bevor Sie sich intensiver bei hohen Temperaturen belasten, überwässern Sie sich: Zu diesem Zweck trinken Sie etwa 30–60 Minuten vor Beginn der Belastung ca. einen halben Liter.

9. Achten Sie auf einen ausreichenden Elektrolyt- bzw. Salzersatz, wenn Sie stark geschwitzt haben. Salzen Sie Ihr Essen intensiver als sonst, nehmen Sie zusätzliches Kalium auf in Form von Bananen, Zitrusfrüchten etc.

10. Reduzieren Sie ihre Eiweißaufnahme, da die Proteinverdauung zusätzliche Wärme produziert und damit die Gefahr eines Hitzeschadens vergrößert.

11. Vermeiden Sie in den letzten Stunden vor einem Training oder Wettkampf koffeinhaltige Getränke. Koffein kann das Risiko eines Hitzeschadens auf zwei Wegen erhöhen: Zum einen wirkt Koffein diuretisch und verstärkt damit den Wasserverlust. Zum anderen steigert Koffein die metabolische Wärmeproduktion unter Ruhebedingungen und damit auch die Ausgangstemperatur des Körpers vor Beginn einer Belastung.

12. Auch Alkohol wirkt diuretisch. Alkohol sollten Sie also schon ab dem Abend vor einem geplanten intensiveren Training oder Wettkampf bei hohen Temperaturen vermeiden.

13. Untrainierte, übergewichtige und/oder ältere Menschen sind vorzugsweise von Hitzeschäden bedroht und sollten bei hohen Temperaturen besonders vorsichtig sein.

14. Achten Sie auf Warnsymptome eines beginnenden Hitzeschadens wie Fröstelgefühl, Gänsehaut, Benommenheit, Schwäche, Ermüdung, Desorientierung, Übelkeit, Kopfschmerzen etc. Beenden Sie beim Auftreten solcher Symptome Ihre Aktivität, suchen Sie einen kühlen Platz auf und nehmen Sie kalte Getränke zu sich.

15. Wenn Sie sich nicht wohl bzw. krank fühlen und/oder in den letzten Tagen Fieber gehabt haben, verzichten Sie lieber auf Ihr Training, ganz besonders dann, wenn es sehr warm ist.

16. Wenn Sie vorhaben, an einem Wettkampf teilzunehmen, der voraussichtlich bei hohen Temperaturen durchgeführt wird, sollten Sie vorher eine systematische Hitzeakklimatisierung durchführen.

Hitzeakklimatisation

Durch eine systematische Akklimatisierung kann man den durch hohe Umgebungstemperaturen bedingten Leistungsverlust deutlich reduzieren. Der alleinige Aufenthalt in einer warmen Umgebung trägt allerdings nur wenig zur Akklimatisierung bei. Besonders günstig ist es, wenn man sich hierzu systematisch unter hohen Temperaturen belastet, wobei die Belastungsintensität in einem Bereich von 50 % der zu erwartenden Wettkampfbelastung liegen sollte. Dabei ist zu berücksichtigen, daß auch eine ideale Akklimatisierung den wärmebedingten Leistungsverlust nicht völlig ausgleichen kann. Trotzdem ist eine Hitzeakklimatisierung wichtig, um die Leistungsfähigkeit bei hohen Temperaturen zu optimieren. Die Durchführung der Akklimatisierung ist relativ einfach. Wichtig ist es, daß man mit Beginn des warmen Wetters seine Belastungsintensität zurücknimmt und sein Training modifiziert, d.h. man sollte Belastungen in der Hitze nicht völlig aussetzen, jedoch reduzieren und dann erst allmäh-

lich wieder steigern. Wer beispielsweise normalerweise täglich 10 km läuft, sollte die in der Wärmeperiode des Tages gelaufene Strecke auf 4–5 km reduzieren und den Rest des Laufpensums in die kühleren Morgen- oder Abendstunden verlegen. Man kann dann allmählich die in den heißen Stunden gelaufene Strecke wieder verlängern. Eine vollständige Akklimatisierung benötigt im allgemeinen 1–2 Wochen, wobei nochmals zu betonen ist, daß auch danach die Leistungsfähigkeit im Vergleich zu Normalbedingungen bis zu einem gewissen Maße reduziert bleibt.

Häufig stellt sich auch die Frage, wie sich ein Athlet akklimatisieren soll, der in Gegenden mit gemäßigtem bis kälterem Klima lebt und sich auf einen Wettbewerb im Ausland bei tropischen oder subtropischen Temperaturen vorbereiten will. Eine Möglichkeit besteht in der Durchführung von Läufen in Hallen mit relativ hohen Innentemperaturen. Durch das Tragen von mehreren Schichten von Trainingsanzügen übereinander wird die Schweißverdunstung gehemmt und damit gewissermaßen ein feuchtwarmes Mikroklima geschaffen, das den Körper umgibt. Durch einschlägige Untersuchungen konnte gezeigt werden, daß sich auch durch solche Techniken ein gewisses Maß an Akklimatisierung erreichen läßt. Diese Methode sollte allerdings nur bei niedrigen bis mittleren Temperaturen durchgeführt werden. Wer derart bekleidet – oder gar noch in einem wasserundurchlässigen Gummianzug – bei hohen Temperaturen trainiert, läuft dadurch Gefahr, sich schon im Training einen Hitzeschaden zuzuziehen bevor er überhaupt zum Wettkampf kommt. Dies kann, wenn man sich sehr unvernünftig verhält, selbst schon bei niedrigen Temperaturen geschehen. Ein Läufer, der solche Techniken zur Akklimatisierung verwendet, sollte somit sorgfältig auf eventuelle Warnsymptome einer beginnenden Hitzeschädigung achten.

Im Verlaufe einer Hitzeakklimatisierung lassen sich folgende physiologische Anpassungserscheinungen beobachten:

1. Aufgrund der Steigerung des intravasalen osmotischen Drucks durch die Retention

von Eiweiß und Natrium und damit verbunden auch Wasser, kommt es zu einer Zunahme des Plasma- und Blutvolumens.

2. Die Steigerung des Blutvolumens führt zu einem Anstieg des Schlagvolumens und damit zu einer Entlastung des Herzens pro Herzschlag.

3. Mit der Zunahme des Blutvolumens verbessert sich auch die Hautdurchblutung und damit der Kühleffekt, der sich im Bereich der Haut abspielt sowie die Durchblutung und damit die Sauerstoffversorgung des Muskels, beides Faktoren, die die Ausdauerleistungsfähigkeit steigern.

4. Bei gleicher Belastungsintensität wird weniger Glykogen verbrannt. Der Muskel kann mit dieser für ihn unter Ausdauerbedingungen besonders wichtigen Energiequelle sparsamer umgehen.

5. Die Schweißdrüsen hypertrophieren und erhöhen ihre Kapazität um bis zu 30 %. Damit kann im Bedarfsfall mehr Schweiß und somit auch mehr Wärme abgegeben werden.

6. Der Elektrolytgehalt im Schweiß sinkt bis zu 60 % ab. Die Schweißverdunstung wird somit effizienter bei gleichzeitiger Einsparung von Elektrolyten.

7. Der Vorgang des Schwitzens beginnt bereits bei niedrigeren Körperkerntemperaturen, der Kühleffekt setzt somit eher ein.

8. Die Kerntemperatur steigt weniger und langsamer an als im nichtakklimatisierten Zustand.

9. Das subjektive Belastungsempfinden sinkt für eine gegebene Belastungsintensität ab.

Die Summe dieser Veränderungen führt, wie in Abbildung 9.11 dargestellt, zu einer Erhöhung der Wärmeabgabefähigkeit und einer Reduzierung des Hitzestreß für das Herz-Kreislauf-System. Im Endeffekt wird eine Verbesserung der Thermoregulation unter Belastungsbedingungen und eine bessere Ausdauerleistungsfähigkeit bei körperlicher Aktivität unter erhöhten Temperaturen erreicht. Nach Rückkehr in gemäßigtes Klima lassen sich solche Anpassungseffekte noch einige Tage nachweisen, sie sind jedoch nach etwa 7–10 Tagen bereits wieder völlig verschwunden.

Bluthochdruck

Unter dem Blutdruck wird die Kraft verstanden, mit der das Herz das Blut durch die Gefäße treibt. Dieser Druck ist lebenswich-

Abbildung 9.11 Zeitlicher Verlauf der Hitzeakklimatisierung. Innerhalb von 1–2 Wochen eines Aufenthalts bei hohen Umgebungstemperaturen kommt es zu einer Zunahme des Blutvolumens und zu einer Steigerung der Fähigkeit zur Schweißbildung. Bei gleicher Belastung kommt es unter Hitzebedingungen zu einer Abnahme der Herzfrequenz, zu einem geringeren Natriumverlust, zu einem Absinken der Körperkerntemperatur und damit letztlich auch zu einer Verbesserung der Leistungsfähigkeit bei erhöhten Temperaturen.

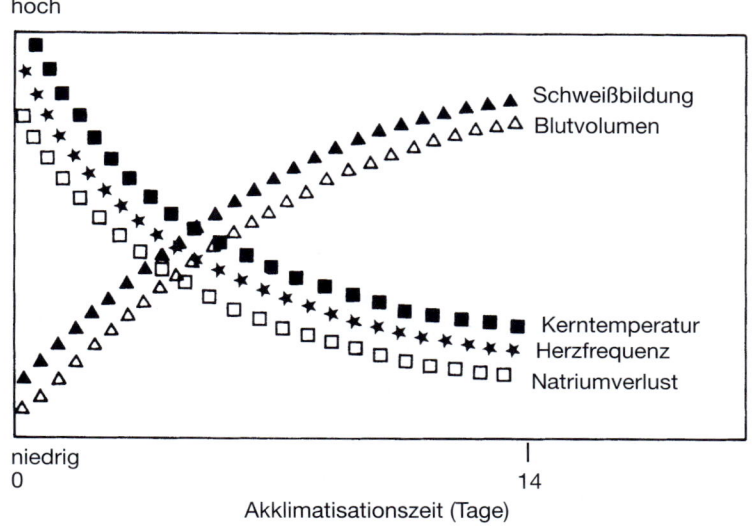

hoch

Schweißbildung
Blutvolumen

Kerntemperatur
Herzfrequenz
Natriumverlust

niedrig
0
14
Akklimatisationszeit (Tage)

tig, ohne ihn würden die Gewebe und Organe nicht das Blut und damit den Sauerstoff erhalten, den sie für ihren Stoffwechsel benötigen. Wenn wir von Blutdruck sprechen, so ist dies eigentlich eine Vereinfachung, genau genommen bezieht sich dieser Ausdruck auf den arteriellen Blutdruck. Natürlich herrscht in allen Blutgefäßen ein Druck, dieser ist in den Arterien am höchsten. Der Blutdruck wird normalerweise mit einem Sphygmomanometer in mm Quecksilber (mmHg) gemessen. Dabei werden typischerweise zwei Werte angegeben, beispielsweise 120/80 mmHg. Die erste, höhere Zahl repräsentiert den höchsten Druck, der in der Systole erreicht wird, also in der Phase, in der das Herz das Blut durch die Gefäße pumpt. Man bezeichnet ihn dementsprechend als *systolischen Druck*. Umgekehrt gibt der zweite Wert den *diastolischen Druck* an, also den niedrigsten Druck, der in der Diastole beobachtet wird, in der Phase, in der das Herz erschlafft ist und vor dem nächsten Schlag wieder mit Blut aus den Körpervenen gefüllt wird. Die Höhe des Blutdrucks wird im wesentlichen von zwei Parametern bestimmt, zum einen von der Blutmenge, die das Herz durch den Kreislauf pumpt (Herzminutenvolumen), zum anderen von der Summe der Widerstände in den arteriellen Blutgefäßen, dem sogenannten peripheren Widerstand.

Ein **Bluthochdruck** bzw. ein **Hypertonus** (hyper = zu hoch, Tonus = Druck) liegt, wie der Name sagt, vor, wenn der Druck zu hoch ist, und zwar wenn der obere Wert über 140 und/oder der untere über 90 mmHg liegt. Die hieraus entstehende Krankheit, die von dem Betroffenen im allgemeinen zunächst nicht bemerkt wird, wird als **Hypertonie** bezeichnet. In Deutschland leiden etwa 15 Millionen Menschen an dieser Erkrankung, wobei die meisten hiervon nichts wissen. Gelegentlich können Symptome wie Kopfschmerzen, Müdigkeit, Benommenheit etc. darauf hinweisen, sie sind jedoch keineswegs für einen erhöhten Blutdruck charakteristisch. Die genaue Ursache dieser Erkrankung ist in den meisten Fällen, nämlich bei 90 % der Betroffenen nicht bekannt. Man spricht dann von einem sogenannten **essentiellen** oder **primären Hochdruck**. Dieser kann zwar nicht geheilt, jedoch kann der Druck durch

Medikamente gesenkt werden, die entweder die Pumpleistung des Herzens oder den Widerstand vermindern. Aber auch Allgemeinmaßnahmen, insbesondere körperliches Training und vernünftige Ernährung, können eine deutliche Blutdrucksenkung bewirken.

Der Hochdruck ist aus mehreren Gründen gefährlich. Es ist verständlich, daß ein Herz, das ständig gegen erhöhten Druck anarbeiten muß, mit der Zeit überlastet wird. Das Herz vergrößert sich, um den erhöhten Druck aufbringen zu können. Trotz teilweise exzessiver Herzvergrößerung kommt es mit der Zeit auf Dauer zum Herzversagen. Zum zweiten führt der erhöhte Druck in den arteriellen Gefäßen zu einer Schädigung der Gefäßwand. Der Hochdruck ist damit einer der wichtigsten Risikofaktoren für die Entwicklung der Arteriosklerose und damit der koronaren Herzkrankheit und des Herzinfarktes bzw. des Schlaganfalls.

Die Hypertonie stellt somit gleichermaßen eine eigenständige Erkrankung wie auch einen wichtigen Risikofaktor für die Entwicklung einer Vielzahl von arteriosklerotisch bedingten Erkrankungen dar.

Jede Definition des Bluthochdrucks stellt eine mehr oder minder willkürliche Festlegung bestimmter Grenzen dar. Die Frage, ob nur der systolische, nur der diastolische Druck oder beide Werte in die Definition des Hochdrucks einbezogen werden sollen, wurde in der Vergangenheit sehr kontrovers diskutiert. Inzwischen hat sich die Ansicht durchgesetzt, daß die Erhöhung beider Druckwerte jeweils für sich oder besonders natürliche beider gemeinsam als Hochdruck zu definieren ist.

Die Behandlung des Bluthochdrucks

Viele Hochdruckpatienten sind auf eine medikamentöse Behandlung angewiesen, um eine ausreichende Blutdrucksenkung zu erzielen. Dabei kommen verschiedene Behandlungsprinzipien zum Einsatz. Diuretika, also harntreibende Medikamente, vermindern den Wasseranteil des Körpers, senken damit das Blutvolumen und reduzieren den Blutdruck. Betarezeptorenblocker besetzen die Rezeptoren, an denen Adrenalin bzw. Noradrenalin angreifen, um im Bedarfsfall die Blutgefäße zu verengen. Auch durch diese Blockade wird der Blutdruck gesenkt. Daneben gibt es noch zahlreiche andere Behandlungsprinzipien, wie insbesondere Kalziumantagonisten und neuerdings ACE-Hemmer. Alle Medikamente haben andererseits potentielle Nebenwirkungen. Beim leichten bis mittelgradigen Hochdruck kommt man oft auch ohne Medikamente mit sogenannten Allgemeinmaßnahmen, also lebensstiländernden Maßnahmen, zurecht, die in diesen Fällen das Mittel der Wahl darstellen.

Auch dann, wenn eine medikamentöse Behandlung unverzichtbar ist, stellen die Allgemeinmaßnahmen einen wichtigen Teil jeder Hochdruckbehandlung dar. Folgende Punkte sind hierbei zu erwähnen: Nikotinverzicht, Einschränkung des Alkoholkonsums, Reduzierung eines erhöhten psychosozialen Streß, Verminderung eines eventuellen Übergewichts, Änderung der Ernährungsgewohnheiten und körperliche Aktivität. Auf das Thema Alkohol sowie Gewichtsabnahme wird in anderen Kapiteln dieses Bandes eingegangen. Die beiden folgenden Abschnitte widmen sich daher den zentralen Anliegen dieses Buches, Ernährung und Bewegung, aus der Sicht der Hypertonie.

Ernährungsumstellung im Bluthochdruck

Der Blutdruck ist sehr stark vom Körpergewicht abhängig. Besonders bei Übergewicht kann eine Gewichtssenkung zu einer deutlichen Abnahme des Blutdrucks führen. Dem übergewichtigen Hochdruckpatienten ist daher dringend zu einer Normalisierung seines Körpergwichts zu raten. Die Ergebnisse von epidemiologischen Untersuchungen weisen ferner darauf hin, daß Kalium, Kalzium und Magnesium bei der Entstehung des Hochdrucks eine Rolle spielen können, nachdem erniedrigte Serumspiegel und/oder ein Defizit an diesen drei Mineralstoffen in der Ernährung mit einer erhöhten Inzidenz der Bluthochdruckkrankheit einhergehen. Umgekehrt führt eine faserreiche Diät bzw. eine Ernährung, die sehr viel Omega-3-Fettsäuren

aus Fischölen enthält, zu einer Abnahme des Hochdruckrisikos. Die zuständigen wissenschaftlichen Gesellschaften empfehlen daher eine ausreichende Zufuhr an den genannten Mineralstoffen bzw. von hochungesättigten Omega-3-Fettsäuren durch die geeignete Auswahl entsprechender natürlicher Lebensmittel. Eine Supplementierung dieser Substanzen in Form von Elektrolyt-Tabletten oder Fischölkapseln wird dagegen nicht angeraten. Einigkeit besteht besonders hinsichtlich der Empfehlung einer Einschränkung des Kochsalzkonsums. Bis in die 80er Jahre hinein wurde dabei vor allem das Natrium als „Hauptsünder" angeschuldigt. Inzwischen konzentrieren sich die Empfehlungen auf das Natriumchlorid, nachdem unter anderem Einhorn und Landsberg darauf hingewiesen haben, daß die Diskussion um das Natrium vor allem eine Diskussion um das Kochsalz darstellt. Möglicherweise ist für die Entwicklung eines Hochdrucks gerade auch die Menge des zugeführten Chlorids von größerer Bedeutung. Die wissenschaftliche Diskussion zu dieser Frage ist noch nicht entschieden.

Unabhängig vom Ausgang dieser Diskussion erscheint es auf der Basis des heutigen Wissenstandes vernünftig, eine generelle Einschränkung des Kochsalzkonsums zu empfehlen. Es ist zwar richtig, daß die meisten Menschen ein effektives Kontrollsystem für ihre Kochsalzbilanz besitzen. Es ist auch unbestritten, daß bei sehr vielen Menschen Salzmengen, wie sie heute in unserer Ernährung üblich sind, aus einem normalen Blutdruck noch keinen Hochdruck machen. Auf der anderen Seite ist bekannt, daß viele Menschen Natrium- bzw. Kochsalz-empfindlich sind, daß sich somit bei ihnen durch die Aufnahme großer Kochsalzmengen ein Hochdruck entwickeln kann. Bei dieser Disposition kommt es wahrscheinlich aufgrund eines genetischen Defekts der Natriumausscheidung zu einer Natriumakkumulation im Körper, damit zu einer Flüssigkeitsretention, speziell im Intravasalraum, und auf diesem Wege zu einer Blutdrucksteigerung. Etwa 20 % der Bevölkerung bzw. jeder Fünfte weisen die genetische Anlage für die Manifestation eines Bluthochdrucks auf. Von diesen 20 % ist wiederum jeder zweite bis dritte, also 6–10 % der

Bevölkerung Natrium- bzw. Salz-empfindlich. Da viele Menschen um ihre Hypertonie bzw. ihre Neigung zur Entwicklung einer Hypertonie nicht wissen, dürften somit mehrere Millionen Deutsche von einer generellen Einschränkung des Kochsalzverbrauchs profitieren.

Die derzeitige Empfehlung zum Thema Kochsalz lautet somit aus der Sicht der Prävention der Hypertonie, ganz besonders aber auch aus der Sicht einer diätetischen Behandlung eines bereits bestehenden Hochdrucks, daß man auf ein Nachsalzen völlig verzichten, die Lebensmittel möglichst in ihrem natürlichen Zustand verzehren, ohne den Salzstreuer einzusetzen und den Verzehr von besonders kochsalzreichen Lebensmitteln bzw. industriell verarbeiteten und damit ebenfalls häufig stark kochsalzhaltigen Produkten soweit als möglich einschränken sollte. Die Obergrenze der empfohlenen Kochsalzaufnahmemenge liegt bei 6 g täglich, entsprechend etwas mehr als einem Teelöffel Salz bzw. einer Natriummenge von 2,4 g.

Die Rolle der körperlichen Aktivität in der Behandlung des Hochdrucks

Die Empfehlung von Ausdauerbelastungen mäßiger bis mittlerer Intensität wie Joggen, schnelles Gehen oder Radfahren gehört zu den Standardratschlägen, die jedem Hochdruckpatienten gegeben werden bzw. gegeben werden sollten. Die meisten einschlägigen Untersuchungen konnten, wenn auch nicht einheitlich, zeigen, daß es bei Hypertonikern durch ein Training allein zu einer Senkung des systolischen Blutdrucks im Bereich von 5–25 mmHg kommt. Auch bei Normotonikern läßt sich eine, wenn auch geringere, Blutdrucksenkung nachweisen. Umstritten sind bisher allerdings noch die Mechanismen, durch die körperliches Training blutdrucksenkend wirkt. Ein Faktor besteht sicher in der Gewichtsreduktion durch vermehrte körperliche Aktivität, die gleichzeitig dann indirekt zu einer Blutdrucksenkung führt. Die Frage, ob es auch eine eigenständige gewichtsunabhängige Senkung des Blutdrucks durch Training gibt oder nicht, kann dagegen bisher noch nicht definitiv beantwortet werden. Interessanterweise gibt es immer wieder Hochdruckpatienten, deren Blutdruck auf körperliche Aktivität nicht reagiert, die gewissermaßen trainingsunempfindlich sind, so wie es salzempfindliche bzw. salzunempfindliche Hypertoniker gibt. Trotz dieser noch ungeklärten Fragen gehen die meisten Autoritäten auf diesem Gebiet davon aus, daß die bisher vorliegenden wissenschaftlichen Daten ausreichend sind, Hypertonikern generell Ausdauerbelastungen zu empfehlen. Bei milden Hypertonikern kann dadurch im Mittel eine Senkung sowohl des systolischen wie auch des diastolischen Drucks um jeweils 10 mmHg erwartet werden. An weiteren Details interessierte Leser können hierzu auf die Übersichtsarbeiten von Tipton bzw. Hagberg verwiesen werden. Die amerikanische Gesellschaft für Sportmedizin (ACSM) empfiehlt zur Zeit aerobe Belastungen unter Einsatz möglichst großer Muskelmassen, mit einer Intensität zwischen 40 und 85 % der VO_2 max über eine Dauer von jeweils 20–60 Minuten bei 3–5 Trainingseinheiten pro Woche.

Wer als Hochdruckpatient Sport betreiben will, sollte dies jedoch nur nach Absprache mit seinem Arzt über Art und Intensität der körperlichen Belastung in Angriff nehmen. Einerseits können insbesondere Ausdauerbelastungen den Blutdruck in Ruhe senken und den Blutdruckanstieg unter Belastung abschwächen, andererseits kann körperliche Aktivität, die in ungünstiger Form durchgeführt wird, zu einem erhöhten Risiko führen. Ungünstig sind vor allem dynamische Belastungen mit hoher Intensität sowie Belastungen mit intensivem Krafteinsatz, also isometrische Belastungen, Gewichtheben, Liegestütze, Klimmzüge etc. Dies gilt beispielsweise auch für ein Training mit Gewichten im Fitness-Studio. Solche Belastungen können zu erheblichen Druckanstiegen führen und damit beim Hypertoniker, dessen Blutdruck bereits in Ruhe erhöht ist, ein unkontrollierbares Risiko bedeuten.

Literatur

Bücher

Gisolfi, C., et al. (Eds.) 1993. *Perspectives in Exercise Science and Sports Medicine. Exercise, Heat, and Thermoregulation*. Dubuque, IA: WCB Brown and Benchmark.

Übersichtsartikel

Armstrong, L., et al. 1990. Time course or recovery and heat acclimation ability of prior exertional heatstroke patients. *Medicine and Science in Sports and Exercise* 22:36–48.

Bennett, B., and Dotson, C. 1990. Effects of carbohydrate solutions on gastric emptying: A meta-analysis. *Medicine and Science in Sports and Exercise* 22:S121.

Brouns F. 1991. Heat – sweat – dehydratation – rehydration: a praxis orientated approach. *Journal of Sports Sciences* 9:143–52

Coggan, A. and Coyle, E. 1991. Carbohydrate ingestion during prolonged exercise: Effects on metabolism and performance. *Exercise and Sports Sciences Reviews* 19:1–40

Costill, D. 1990. Gastric emptying of fluids during exercise. In: *Perspectives in Exercise Science and Sports Medicine. Fluid Homeostasis During Exercise*, eds. C. Gisolfi and D. Lamb. Indianapolis, IN: Benchmark.

Coyle, E., and Montain, S. 1992. Benefits of fluid replacement with carbohydrate during exercise. *Medicine and Science in Sports and Exercise* 24 (9 Suppl): S324–330.

Coyle, E., and Montain, S., 1992. Carbohydrate and fluid ingestion during exercise: are there trade-offs? *Medicine and Science in Sports and Exercise* 24:671–78.

Coyle, E., and Montain, S., 1993. Thermal and cardiovascular responses to fluid replacement during exercise. In: *Perspectives in Exercise Science and Sports Medicine. Exercise, Heat, and Thermoregulation*, eds. C. Gisolfi, D. Lamb and E. Nadel. Dubuque, IA: Brown and Benchmark, 179–223.

Einhorn, D., and Landsberg, L. 1988. Nutrition and diet in hypertension. *In Modern Nutrition in Health and Disease*, eds. M. Shils and V. Young. Philadelphia: Lea and Febiger.

Gisolfi, C., and Duchman, S. 1992. Guidelines for optimal replacement beverages for different athletic events. *Medicine and Science in Sports and Exercise* 24:679–87.

Greenleaf, J. 1992. Problem: Thirst, drinking behaviour, and involuntary dehydration. *Medicine and Science in Sports and Exercise* 24:645–56.

Hagberg, J. 1990. Exercise, fitness and hypertension. In *Exercise, Fitness, and Health*, eds. C. Bouchard et al. Chapaign, IL: Human Kinetics

Hiller, D. 1989. Dehydration and hyponatremia during triathlons. *Medicine and Science in Sports and Exercise* 21:S219–S221.

Linderman, J., and Fahey, T. 1991. Sodium bicarbonate ingestion and exercise performance. *Sports Medicine* 11:71–77.

Matson, L., and Tran, S. V. 1993. Effects of sodium bicarbonate ingestion on anaerobic performance: A meta-analytic review. *International Journal of Sport Nutrition* 3:2–28

Maughan, R., et al. 1993. Fluid replacement in sport and exercise. A consensus statement. *British Journal of Sports Medicine* 27:34–35.

Nadel, E. 1988. Temperature regulation and prolonged exercise. In: *Perspectives in Exercise Science and Sports Medicine. Prolonged Exercise*, eds. D. Lamb and R. Murray. Indianapolis, IN: Benchmark.

Noakes, T. 1992. Fluid replacement during exercise. *International Journal of Sport Nutrition* 2:205–28.

Sawka, M. 1992. Physiological consequences of hypohydration: Exercise performance and thermoregulation. *Medicine and Science in Sports and Exercise* 24:657–70.

Schedl, H., et al. 1994. Intestinal absorption during rest and exercise: Implications for formulating an oral rehydration solution (ORS). *Medicine and Science in Sports and Exercise* 26:267–80.

Spickard, A. 1968. Heat stroke in college football and suggestions for prevention. *Southern Medical Journal* 61:791–96.

Stephenson, L., and Kolka, M. 1993. Thermoregulation in Women. *Exercise and Sport Sciences Reviews* 21:231–62.

Tipton, C. 1990. Exercise and hypertension: Management concepts for coaches and educators. *Sports Science Exchange* 1:1–4

Williams, M. 1992. Bicarbonate loading. *Sports Science Exchange* 4:1–4, January.

Young, A.. 1990. Energy substrate utilization during exercise in extreme environments. *Exercise and Sport Sciences Reviews* 18:65–118.

Spezielle Studien

Barr, S., et al. 1991. Fluid replacement during prolonged exercise: Effects of water, saline, and no fluid. *Medicine and Science in Sports and Exercise* 23:811–17.

De Luca, J. et al. 1993. Hormonal responses to hyperhydration with glycerol vs water alone. *Medicine and Science in Sports and Exercise* 25:S26

Freund, B. et al. 1993. Renal responses to hyperhydration using aqueous glycerol vs water alone provide insight to the mechanism for glycerol's effectiveness. *Medicine and Science in Sports and Exercise* 25:S35

Hargreaves, M. et al. 1994. Influence of sodium on glucose bioavailability during exercise. *Medicine and Science in Sport and Exercise* 26:365–68

Hinchcliff, K., et al. 1993. Effect of oral sodium loading on acid: base status and athletic capacity of horses. *Medicine and Science in Sports and Exercise* 25:S25.

Lambert, G., et al. 1993. Effects of carbonated and noncarbonated beverages at specific intervals during treadmill running in the heat. *International Journal of Sport Nutrition* 3:177–93.

Lindeman, A. 1991. Nutrient intake of an ultraendurance cyclist. *International Journal of Sport Nutrition* 1:79–85.

Lyons, T., et al. 1990. Effects of glycerol-induced hyperhydration prior to exercise in the heat on sweating and core temperature. *Medicine and Science in Sports and Exercise* 22:477–83.

McNaughton, L., 1992. Sodium bicarbonate ingestion and its effects on anaerobic exercise of various durations. *Journal of Sports Sciences* 10:425–35.

McNaughton, L., 1992. Bicarbonate ingestion: Effects of dosage on 60 s cycle ergometry. *Journal of Sports Sciences* 10:415–23.

McNaughton, L. and Cedaro, R. 1992. Sodium citrate ingestion and its effects on maximal anaerobic exercise of different durations. *European Journal of Applied Physiology* 64:36–41

Montain, S., and Coyle, E. 1992. Influence of graded dehydration on hyperthermia and cardiovascular drift during exercise. *Journal of Applied Physiology* 73:1340–50.

Montner, P., et al. 1992. Glycerol, hyperhydration and endurance exercise. *Medicine and Science in Sports and Exercise* 24:S157.

Peters, H., et al. 1993. Gastrointestinal problems as a function of carbohydrate supplements and mode of exercise. *Medicine and Science in Sports and Exercise* 25:1211–24.

Rehrer, N., et al. 1990. Gastric emptying during running and cycling. *Medicine and Science in Sports and Exercise* 22:S92.

Rehrer, N., et al. 1992. Gastrointestinal complaints in relation to dietary intake in triathletes. *International Journal of Sport Nutrition* 2:48–59.

Zachwieja, J., et al. 1991. Effects of drink carbonation on the gastric emptying characteristics of water and flavored water. *International Journal of Sport Nutrition* 1:45–51.

10 Körpergewicht und Körperzusammensetzung

10.1 Einleitung

Unser Körper ist eine höchst bemerkenswerte Konstruktion. Dies gilt besonders auch für das Körpergewicht. Die meisten Menschen nehmen jährlich ca. eine Tonne und mehr Lebensmittel zu sich und verändern ihr Gewicht in dieser Zeit nur minimal. Die internen Kontrollmechanismen stimmen Energieverbrauch und Energiezufuhr optimal aufeinander ab. Trotzdem kommt es häufig zu Störungen der Energiebilanz mit der Konsequenz erheblicher Ausschläge des Gewichtes nach oben oder unten.

Das körperliche Erscheinungsbild wird von vielen Faktoren bestimmt, unter anderen auch von psychologischen, ganz speziell aber vom Körpergewicht bzw. von der Verteilung der Körpermasse. Das Körpergewicht ist eines der Hauptprobleme der Wohlstandsbürger. Entsprechende Untersuchungen in den USA haben ergeben, daß dort 40 % aller Männer und 55 % aller Frauen mit ihrem Gewicht nicht zufrieden sind. Diese Zahlen dürften zwar nicht absolut, aber von der Tendenz her auch auf Deutschland übertragbar sein. Ähnliche Aussagen finden sich in den USA auch bereits an den Universitäten bzw. Schulen, ganz besonders bei Schülerinnen bzw. Studentinnen. Drenowsky und Jews fanden in entsprechenden Umfragen, daß 85 % aller Studenten/innen im ersten Universitätsjahr eine Änderung ihres Körpergewichts anstrebten. Die Ursache hierfür liegt in der hohen Bedeutung, die dem äußeren Erscheinungsbild in einer Leistungsgesellschaft zugemessen wird. Dick zu sein bedeutet ein persönliches, aber auch berufliches Handicap. Schlankheit stellt ein Schönheitsideal insbesondere der Frauen dar. Aber auch Muskeln werden wieder modern, nicht nur bei Männern, sondern auch zunehmend bei Frauen. Unzufriedenheiten mit dem eigenen Erscheinungsbild liegen ganz überwiegend in dem Gefühl, übergewichtig zu sein. Neuere Umfragen haben gezeigt, daß 35–40 % aller Frauen bzw. 20–25 % aller Männer zum Zeitpunkt der Befragung versuchten abzunehmen.

Übergewicht ist jedoch nicht nur ein kosmetisches Problem, sondern wirkt sich in ausgeprägter Form auch negativ auf die Gesundheit und Leistungsfähigkeit aus. Zahlreiche Erkrankungen werden in ihrer Entstehung mit dem Übergewicht in Verbindung gebracht. Die Adipositas ist eines der Hauptprobleme der modernen Industriegesellschaften. Der Plan *Gesundheit 2000* des amerikanischen öffentlichen Gesundheitsdienstes sieht eines seiner wichtigsten Ziele in der signifikanten Reduktion des Anteils der übergewichtigen Kinder und Erwachsenen in der Gesamtbevölkerung. Für den Sportler kann sich auch schon ein geringes Übergewicht negativ auf die Leistungsfähigkeit auswirken, da es für die Bewegungen des Körpers zusätzliche Energie erfordert. Auf der anderen Seite kann in anderen Sportarten ein erhöhtes Körpergewicht, insbesondere bei geeigneter Körperzusammensetzung, durchaus auch einen Vorteil darstellen. Aber auch das andere Extrem des Körpergewichtkontinuums, ein ausgeprägter Körpergewichtverlust wirkt sich negativ auf die Gesundheit und die Leistungsfähigkeit aus. Mit den Begriffen Anorexia nervosa, also Magersucht, und Bulimie (Freß- und Brechsucht) werden zwei aus gesundheitlicher Sicht extrem schwere Probleme angesprochen. Beim Sportler kann ein Absinken des Körpergewichtes unter bestimmte Minimalgrenzen die Leistungsfähigkeit beeinträchtigen. Im vorliegenden Kapitel sollen die physiologischen Grundlagen von Körpergewicht und Körperzusammensetzung sowie ihre Auswirkungen auf Gesundheit und Leistungsfähigkeit dargestellt werden. Die beiden nachfolgenden Kapitel beschäftigen sich mit Methoden zur Gewichtskontrolle bzw. zur Veränderung der Körperzusammensetzung.

10.2 Körpergewicht und Körperzusammensetzung

Das Idealgewicht

Die Frage des idealen Körpergewichtes kann aus verschiedenen Blickrichtungen definiert werden, beispielsweise aus dem Blickpunkt von Gesundheit, äußerlichem Erscheinungsbild oder körperlicher Leistungsfähigkeit. Wenn im medizinischen und ernährungswissenschaftlichen Bereich von Idealgewicht gesprochen wird, so bezieht sich dieser Ausdruck auf Gesundheitsaspekte. Er wurde aufgrund der Daten von Lebensversicherungsgesellschaften, speziell der Metropolitan-Lebensversicherungsgesellschaft, definiert und bezieht sich auf das Körpergewicht der Bevölkerungsgruppen, die die höchste Lebenserwartung aufweisen. In Tabelle 2 und 3 im Anhang C werden zwei einschlägige Tabellen zur optimalen Körper-Längen-Beziehung auf der Grundlage dieser Versicherungsstatistik gegeben. Die Körperlänge wird dabei ohne Schuhe gemessen, das Körpergewicht im unbekleideten bzw. leicht bekleideten Zustand. Körpergewichtsgrenzen werden für jeweils drei Konstitutionstypen angegeben – schlank, Normaltyp, untersetzt. Tabelle 1 gibt eine Methode zur Zuordnung des jeweiligen Körpertyps.

Die in den Tabellen 1–3 angeführten Werte sind, wie gesagt, den von der Metropolitan Lebensversicherungsgesellschaft 1959 veröffentlichten Daten entnommen. Die Gesellschaft hat 1983 neuere Daten publiziert, die aber von verschiedenen Seiten massiv kritisiert wurden, da sie höhere Gewichte zugrunde legten als die 59er-Tabellen. Als Kritik wurde aufgeführt, daß in diesen Veränderungen Selektionsfaktoren zum Ausdruck kommen dürften. So ist beispielsweise die Sterberate bei Rauchern, die häufig untergewichtig

sind, besonders hoch. Dies könnte für die Gewichtszunahme in den 1983 veröffentlichten Tabellen ursächlich sein, die auf Mortalitätsstatistiken basieren. Das Gewicht nimmt danach zu, weil die überlebenden Nichtraucher schwerer sind als die verstorbenen Raucher.

Die Werte der Tabellen 2 und 3 im Anhang C beziehen sich auf Männer bzw. Frauen im Alter von 25 Jahren und älter. Für Frauen im Alter von 18 bis 25 Jahren sind für jedes Lebensjahr unter 25 0,5 kg abzuziehen. Für eine normaltypische, 1,73 m große und 20 Jahre alte Frau ist der angegebene Grenzwert von 59,9–66,7 kg somit um 2,5 kg zu reduzieren. Man kommt dann auf einen Idealbereich zwischen 57,4 und 64,2 kg. Eine weitergehende Differenzierung des anzustrebenden Körpergewichts in Abhängigkeit vom Lebensalter ist in diesen Tabellen nicht enthalten. Die Altershängigkeit wird jedoch durch den angegebenen Streubereich abgedeckt. Mit zunehmendem Lebensalter sollte normalerweise das Gewicht leicht abnehmen, es nimmt jedoch im Gegenteil in der Praxis meist zu. Die Ursache hierfür dürfte nicht im Älterwerden an sich begründet sein, sondern in der abnehmenden körperlichen Aktivität des älter werdenden Menschen, bei dem sich dadurch die Muskelmasse zurückbildet und der Körperfettanteil zunimmt. Derjenige älter werdende Mensch, der sich seine körperliche Aktivität erhält, erhält sich damit auch sein normales Körpergewicht und eine ideale Körperzusammensetzung.

Die normale Streubreite des Gewicht/Körperlängen-Verhältnisses

Die Normwerte des Körperlängen-Gewichtsverhältnisses werden aufgrund von epidemiologischen Untersuchungen großer Bevölkerungsgruppen erstellt. Aus diesen Zahlen werden Mittelwerte bzw. Korrelationen errechnet, aus denen wiederum Normal- oder Durchschnittsgewichte festgestellt werden bzw. das Idealgewicht, das als das Gewicht definiert wird, das prospektiv über einen bestimmten Zeitraum mit der niedrigsten Mortalität korreliert ist. Wie bereits erwähnt, beziehen sich die heute üblichen Gewichtsangaben überwiegend auf die Daten der Metro-politan-Lebensversicherungsgesellschaft. An diesem Vorgehen wurde Kritik erhoben, da diese Daten an einer selektierten Population erhoben wurden, nämlich an Menschen, die eine Lebensversicherung abschließen und die damit nicht dem Durchschnitt der Bevölke-rung entsprechen müssen. Nicht-Weiße sind in diesen Tabellen generell unterrepräsen-tiert. Nach Angaben des amerikanischen Nationalen Instituts für Alternsforschung (NIA) dürfte in diesen Zahlen auch der Ein-fluß des Lebensalters nicht hinreichend berücksichtigt worden sein. Die Tabellen geben globale Daten für 25–59jährige wie-der. Nach Angaben des o.a. Instituts dürften diese Werte jedoch für die jüngere Gruppe in diesem Kollektiv zu hoch, für die Gruppe um 40 Jahre zutreffend und für die 50–60jährigen zu niedrig sein.

Trotz aller Kritik geben diese Tabellen jedoch brauchbare Anhaltspunkte für das Körpergewicht, das für einen Menschen eines bestimmten Alters mit einer bestimmten Kör-perlänge erwartet werden sollte. Nach diesen Tabellen werden auch Unter- bzw. Überge-wicht definiert. Wenn das Gewicht 10 % und mehr unterhalb des Erwartungswertes liegt spricht man von Untergewicht, ab 10 % über dem Sollgewicht von Übergewicht und ab 20 % über dem Sollgewicht von Adipositas bzw. Fettsucht.

Dies soll an einem Beispiel verdeutlicht werden: Nach Tabelle 3 im Anhang C betra-gen die normalen Gewichtsgrenzen für einen 178 cm großen jungen Mann 64,9–71,7 kg, Mittelwert 68,8 kg. Wenn dieser junge Mann 80 kg wiegt, dann ist er damit um 11,2 kg übergewichtig bzw. sein relatives Körperge-wicht beträgt, gemessen am Sollgewicht, 80 : 68,8 × 100 = 117 %. Das relative Überge-wicht beträgt somit 17 %. Die genannten Tabellen sagen allerdings nichts über die Körperzusammensetzung aus. Zwei Men-schen können beispielsweise exakt die glei-che Körpergröße und das gleiche Gewicht aufweisen, trotzdem kann ihre Körperzusam-mensetzung sehr unterschiedlich sein. Bei dem einen steht z.B. der Fettanteil, bei dem anderen der Muskelanteil im Vordergrund. In dem o.g. Beispiel können die 17 % Überge-wicht beispielsweise Fett als Folge von Bewe-gungsmangel und Überernährung sein, es könnte sich aber genausogut um Muskelmas-se als das Ergebnis eines intensiven Krafttrai-nings handeln.

Der menschliche Körper

Der menschliche Körper ist aus den unter-schiedlichsten Elementen zusammengesetzt, von denen für die normale Funktion 25 essen-tiell zu sein scheinen. Nur 4 % des Körpers bestehen aus Mineralstoffen, vor allem Kalzi-um und Phosphat im Knochen, aber auch Eisen, Kalium, Natrium, Chlorid und Magne-sium. Die große Masse unseres Körpers ist aus den vier organischen Elementen Kohlen-stoff, Wasserstoff, Sauerstoff und Stickstoff aufgebaut. Diese Elemente bilden die Grund-lage für Eiweiße, Kohlenhydrate, Fett und Wasser.

Zur Definition der Körperzusammenset-zung wurden komplizierte Techniken ent-wickelt. Grundsätzlich wird der Körper dabei in 4 Komponenten aufgeteilt, und zwar Was-ser, Knochen-, Eiweiß- und Fettmasse. Jede dieser Komponenten hat eine unterschiedli-che Dichte. Der Begriff der Dichte gibt die Masse eines Gegenstands, dividiert durch sein Volumen an. Bei der Analyse der Kör-perzusammensetzung erfolgt diese Angabe im allgemeinen als Gramm/ml (g/ml) bzw. als Gramm/Kubikzentimeter (g/cm^3). Als Bezugsgröße für die Dichte eines Körpers dient die Dichte des Wassers, die definitions-gemäß 1,0 bzw. 1,0 g/ml ist, nachdem das Gramm als die Masse von 1 ml Wasser fest-gelegt ist. Die Dichtewerte für die anderen Komponenten des menschlichen Körpers lie-gen bei etwa 1,3–1,4 für Knochen, 1,1 für fettfreies Proteingewebe und 0,9 für Fettge-webe. Die Gesamtdichte des menschlichen Körpers kann individuell je nach Gewebszu-sammensetzung differieren, sie liegt zwi-schen 1,02 und 1,1. Aufgrund der Bestim-mung der Körperdichte ist es möglich, das Verhältnis von fettfreier Körpermasse zu Fettmasse abzuschätzen. Je höher die durch-schnittliche Dichte ist, umso größer ist der Anteil an fettfreier Körpermasse. Eine niedri-ge Dichte ist Ausdruck eines hohen Körper-fettanteils.

Für die praktischen Zwecke des vorliegenden Bandes ist es ausreichend, das Modell der Körperzusammensetzung auf zwei Komponenten, die Fett- und die fettfreie Masse zu reduzieren. Die Fettmasse läßt sich wiederum in zwei Anteile untergliedern, das essentielle und das Depotfett. Unter dem **essentiellen Fett** versteht man den Anteil des Fettgewebes, der für die Funktion von Organen und Geweben notwendig ist, z.B. im peripheren und zentralen Nervensystem, Knochenmark, Herzmuskel und in den Zellmembranen. Beim erwachsenen Mann macht es etwa 3 % der Körpermasse aus. Bei der Frau kommt eine weitere essentielle Fettmenge von 9–12 % der Körpermasse hinzu, die für die reproduktiven Prozesse wichtig sind, so daß bei ihr der Gesamtanteil an essentiellem Fett bei 12–15 % liegt, mit allerdings erheblicher individueller Schwankungsbreite.

Das **Depotfett** findet sich zu 50 % als subkutanes Fett im Bereich der Unterhaut. Weiteres Depotfett umgibt die inneren Organe. Ihm kommt dort eine zusätzliche Aufgabe, eine Schutzfunktion für diese Organe zu. Wenn das Unterhautfett durch bindegewebige Membranen unterteilt wird, so entsteht das typische Bild der „Apfelsinenhaut". Dieses Fett wird dann auch als Zellulit bezeichnet. Dabei handelt es sich im Prinzip um ganz normales Fett, das jedoch einen relativ hohen Anteil an Glykoproteinen enthält. Diese können zu einer vermehrten Wassereinlagerung führen, was dann für das typische Bild der Apfelsinenhaut verantwortlich ist.

Die **fettfreie Masse** (FFM) besteht vor allem aus Eiweiß und Wasser mit kleineren Anteilen von Mineralstoffen und Glykogen. Der wichtigste Anteil der FFM ist die Masse der Skelettmuskulatur, hinzu kommen innere Organe wie Herz, Leber, Nieren etc. Teilweise synonym für die FFM wird auch der Begriff der „Magermasse" (lean body mass) benutzt, allerdings nicht ganz zu Recht, denn genaugenommen umfaßt die Magermasse zusätzlich zu der FFM das essentielle Fett.

Der Körper des durchschnittlichen Erwachsenen besteht zu 60 % aus Wasser. Die restlichen 40 % stellen die Trockensubstanz dar, die sich in diesem internen wässrigen Milieu befindet. Der Wassergehalt der einzelnen Strukturen ist sehr unterschiedlich. Im Blut ist er hoch, im Knochen eher niedrig. Die FFM enthält etwa 70 % Wasser, das Depotfett weniger als 10 %. Normalerweise wird der Wassergehalt der verschiedenen Gewebe den aktuellen Bedürfnissen entsprechend sehr genau geregelt. Angaben über den prozentualen Anteil eines Gewebes oder Organs an der gesamten Körpermasse beziehen stets den Wassergehalt dieses Gewebes bzw. Organs mit ein. Die folgende Tabelle gibt einen Überblick über die Wasserverteilung in den verschiedenen Geweben beim erwachsenen Mann bzw. bei der erwachsenen Frau.

	Mann	Frau
Muskeln	43	36
Knochen	15	12
Gesamtfett	15	26
Essentielles Fett	3	15
Depotfett	12	11
Sonstige Gewebe	27	26
Gesamt	100 %	100 %

Die Körperzusammensetzung wird von zahlreichen Faktoren beeinflußt, insbesondere vom Lebensalter, Geschlecht, der Ernährung und der körperlichen Aktivität. Die Auswirkungen des Lebensalters auf die Körperzusammensetzung sind besonders deutlich in der Entwicklungsphase, in der sich die Muskulatur und andere Körpergewebe voll ausbilden. Beim Erwachsenen nimmt danach die Muskelmasse häufig ab, wahrscheinlich bedingt durch das im Vergleich zum Jugendlichen geringere Ausmaß an körperlicher Aktivität. Die geschlechtsspezifischen Unterschiede in der Körperzusammensetzung zwischen Jungen und Mädchen bilden sich erst mit der Pubertät aus, bis dahin sind sie nur gering. Mit der Pubertät steigt beim Mädchen der Körperfettanteil an, beim Jungen vergrößert sich der Muskelanteil. Die Ernährung kann die Körperzusammensetzung kurzfristig, beispielsweise durch Flüssigkeitseinschränkung oder Hungerzustände, beeinflussen, insbesondere aber durch die langfristigen Ernährungsgewohnheiten. Über- und insbesondere fettreiche Ernährung führt zu einer Zunahme des Speicherfetts. Körperliche Aktivität reduziert in geeigneter Form umgekehrt die Fettmasse und steigert den Muskelanteil.

Methoden zur Bestimmung der Körperzusammensetzung

Die Bestimmung des Körperfettanteils erfreut sich in den letzten Jahren einer zunehmenden Verbreitung, nicht nur in wissenschaftlichen Labors, sondern auch in der Sportpraxis. Eine zunehmende Zahl von Athleten kontrolliert ihren Körperfettanteil regelmäßig, um hieraus Konsequenzen für ihr optimales Wettkampfgewicht abzuleiten. Auch zu den Angeboten der meisten, zur Zeit wie Pilze aus dem Boden schießenden Fitness- und Wellness-Zentern gehört die Analyse der Körperzusammensetzung. Leider geschieht dies häufig sehr unkritisch, es werden weitgehende Konsequenzen gezogen, ohne daß sich die Untersucher und ganz besonders die Untersuchten der Grenzen ihrer Methodik bewußt sind.

Die einzige wissenschaftlich korrekte Methode zur Bestimmung des Körperfettanteils würde darin bestehen, allen Geweben das Fett zu entziehen und dann quantitativ zu bestimmen, eine Methode, die natürlich am lebenden Objekt nicht durchführbar ist. Stattdessen wurde eine Vielzahl von indirekten Methoden entwickelt, die von der rein visuellen Begutachtung der Körperformen bis zur Untersuchung mit der Nuklearen Magnetischen Resonanz (NMR)-Darstellung in Millionen DM teuren Geräten reichen. Im Prinzip soll mit all diesen Techniken ein Vergleich zwischen der Fett- und der fettfreien Körpermasse durchgeführt werden. Durch die einfacheren Techniken erhält man nur eine ungefähre Schätzung des Körperfettanteils, die exakteren, aber auch teureren Methoden lassen dagegen eine relative genaue quantitative Aussage zu.

Aufgrund der indirekten Natur all dieser Methoden handelt es sich letztlich bei ihren Ergebnissen jedoch nur um mehr oder minder genaue Schätzungen, nicht um exakte Messungen. Dies gilt insbesondere für den Einzelfall. Die Mittelwerte größerer Kollektive sind dagegen genauer, da sich die individuellen Fehler gegenseitig ausgleichen. Die Fehlerbreite wird statistisch als Standardmeßfehler angegeben, ein Maß, das die Genauigkeit der jeweiligen Methode zur Fettmessung widerspiegelt. Ohne näher auf die statisti-

schen Meßgrößen einzugehen, soll dies an einem Beispiel demonstriert werden. Nach der Methode der Hautfaltendickenmessung wird beispielsweise bei einem Probanden ein Körperfettanteil von 17 % ermittelt. Diese Methode hat eine Standardabweichung von 3 %. Dies besagt, daß nach der Glockenverteilung 2/3, also etwa 66 % aller Werte zwischen 14 und 20 % liegen. Auch Werte unter 14 % oder über 20 % können vorkommen, wenn auch nur mit einer geringen Wahrscheinlichkeit. Die Fettmessung auf diesem Wege ergibt somit keine individuell exakten Werte, sondern nur einen ungefähren Meßbereich in Abhängigkeit vom Standardmeßfehler.

Im wissenschaftlichen Bereich ist eine der besten Methoden zur Bestimmung der Körperzusammensetzung die Messung der Körperdichte mit Hilfe des **Unterwasserwiegens**. Diese Technik basiert auf dem archimedischen Prinzip, das besagt, daß dann, wenn ein Körper in eine Flüssigkeit getaucht wird, auf ihn eine Auftriebskraft wirkt, die dem Gewicht der verdrängten Flüssigkeit entspricht (siehe Abbildung 10.1a). Da Fettgewebe eine geringere, Knochen- und Muskelgewebe dagegen eine höhere Dichte aufweisen als Wasser, verdrängt eine gleiche Fettmenge mehr Wasser als Knochen oder Muskulatur und erfährt dadurch einen größeren Auftrieb. Zur Bestimmung der Körperdichte wurden verschiedene Formeln ent-

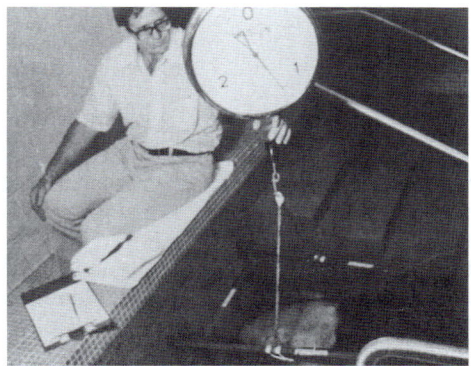

Abbildung 10.1a Technik des Unterwasserwiegens zur Bestimmung der Körperzusammensetzung. Auch diese Technik hat allerdings wie alle vergleichbaren Verfahren noch eine Fehlerbreite (s. Text).

wickelt, die Lebensalter und Geschlecht berücksichtigen.

Obwohl das Unterwasserwiegen gewissermaßen als „Goldstandard" zur Bestimmung der Körperzusammensetzung gilt und im wissenschaftlichen Bereich sehr häufig eingesetzt wird, hat jedoch auch diese Methode ihre Fehlermöglichkeiten. Die Annahme, daß die Dichte der fettfreien eiweißhaltigen Gewebe bei 1,1 g/ml liegt, muß nicht unbedingt für alle Menschen zutreffen, beispielsweise insbesondere nicht für Sportler oder Personen im höheren Lebensalter. Die Standardabweichung liegt immerhin bei 2–2,5 %. Da das Unterwasserwiegen ziemlich aufwendig und teuer ist, wurde eine Reihe von alternativen Verfahren gleichermaßen für wissenschaftliche wie für praktische Zwecke entwickelt. Die aufwendigeren Techniken bleiben im allgemeinen wissenschaftlichen bzw. medizinischen Untersuchungen vorbehalten, die möglichst genaue Werte erfordern. Genannt seien NMR, Computertomographie (CT), die Messung der gesamten elektrischen Körperleitfähigkeit (Total Body Electrical Conductivity = TOBEC), duale Photonenabsorptiometrie (DPA), duale Röntgenstrahlenenergie Absorptiometrie (DEXA = Dual Energy X-ray Absorpitometry), Neutronenaktivierungsanalyse, Bestimmung des Gesamtkörperkaliumgehalts etc. Mit diesen, meist sehr teuren Techniken können auch die tiefen Anteile des Körperfetts differenziert werden, beispielsweise mit CT und NMR. Zur Bestimmung des globalen prozentualen Körperfettanteils sind sie im allgemeinen jedoch nicht wesentlich besser als das Unterwasserwiegen.

Die weniger kostspieligen und für die Praxis besser geeigneten Methoden beruhen vorwiegend auf anthropometrischen Verfahren bzw. der Ausmessung von Körperteilen, wie der Bestimmung von Umfangmaßen im Bereich von Hals und Abdomen, Durchmessern im Bereich von Hüfte, Schultern, Ellenbogen und Handgelenk sowie die Bestimmung von Hautfaltendicken. Umfangbestimmungen im Bereich des Abdomens, der Hüfte, des Gesässes, der Oberschenkel und anderer Körperteile geben einen guten Eindruck von der anatomischen Fettverteilung, die auch als **regionale Fettverteilung**

bezeichnet wird. Wie im weiteren darzustellen sein wird, ist die regionale Fettverteilung heute aus der Sicht der Definition gesundheitlicher Risikofaktoren wichtig geworden. Ein einfaches und häufig benutztes Maß für die Fettverteilung ist das Verhältnis von Taillen- zu Hüftumfang, die sogenannte Waist-Hip-Ratio (WHR). Hierzu wird mit einem Maßband der Taillenumfang an seiner engsten Stelle sowie der Gesäßumfang an seiner weitesten Stelle bestimmt. Aus beiden Meßwerten wird dann ein Quotient gebildet. Diese WHR ist ein einfaches und praktikables Maß für die regionale Fettverteilung. Sie gibt allerdings nur Auskunft über das Oberflächenfett, nicht über das tiefe, viszerale Fett, das z.B. mit CT oder NMR bestimmt werden kann.

Bei der **Hautfaltendicken-Messung**, der am weitesten verbreiteten Methode zur Bestimmung des Körperfettanteils, wird die Dicke der subkutanen Fettschicht bestimmt (siehe Abbildung 10.1b). Der prozentuale Körperfettanteil ergibt sich nach Einsetzen der an definierten Stellen erhobenen Meßwerte in eine Reihe von unterschiedlichen Formeln. Nachdem, je nach Körperfettverteilung, die Meßwerte an einzelnen Stellen wenig repräsentativ sein können, wird die Ermittlung umso genauer, je mehr Meßpunkte einbezogen werden. Das Untersuchungsergebnis wird ferner umso verläßlicher sein, je höher die Qualität des verwandten Kalipers und die Erfahrung des Untersuchers sind. Auf dem gleichen Prinzip beruht auch die Bestim-

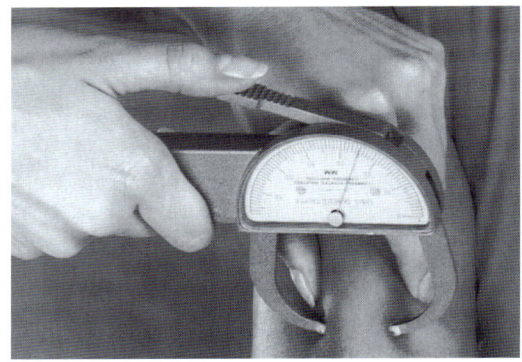

Abbildung 10.1b Hautfaltendickenmessung mit einem Kaliper.

mung der Fettdicke mit Hilfe von Ultraschallgeräten, die naturgemäß kostspieler sind als einfache Kaliper. Die Formel, nach der man arbeitet, kann man sich in Abhängigkeit vom mittleren Alter bzw. Geschlecht seines Untersuchungsgutes aussuchen. Auch spezielle Formeln für Sportler stehen zur Verfügung. Die Methode weist einen Standardmeßfehler von 3–3,5 % auf, der sich zum einen aus dem Fehler bei der Datenerhebung ergibt, zum anderen aus der Tatsache, daß die Formeln durch Vergleich zur Unterwasser-Gewichtsbestimmung entwickelt wurden. Es handelt sich somit um einen relativ großen Standardmeßfehler, der bei der Bewertung im Einzelfall zu berücksichtigen ist. Entsprechende Formeln für Männer und Frauen sowie verschiedene Altersgruppen finden sich im Anhang C. Neuere Untersuchungen zur Validität der Hautfaltendickenmessung im Vergleich zu zwei exakteren Methoden, die nachfolgend diskutiert werden, nämlich der bioelektrischen Impedanzanalyse und einer Infrarotmethode, konnten die ausreichende Zuverlässigkeit der einfachen Kaliperbestimmung für praktische Zwecke bestätigen.

Eine ebenfalls für praktische Zwecke geeignete, allerdings kostspieligere Methode ist die **bioelektrische Impedanzanalyse (BIA)**. Sie basiert auf der Bestimmung des Widerstands, den ein Strom, der durch den Körper geleitet wird, erfährt. Je niedriger der Widerstand ist, umso höher ist der Körperwassergehalt und damit die Körperdichte. Die früheren Erfahrungen mit dieser Methode waren wenig günstig, es wurde ein relativ großer durchschnittlicher Meßfehler beobachtet. Inzwischen wurden jedoch neuere Techniken und Korrelationsgeraden mit geringeren Standardabweichungen entwickelt, die im gleichen Bereich oder besser liegen als für die Hautfaltendickenmessung. Nach wie vor ergeben sich bei dieser Methode jedoch Probleme bei Extremwerten nach beiden Seiten, besonders bei ausgeprägter Fettsucht bzw. bei sehr schlanken Athleten und auch bei Menchen im höheren Lebensalter. Die BIA gilt ferner als relativ unzuverlässig bei einem vom Normalen abweichenden Körperwassergehalt. Die Magermasse kann beim Sportler daher mit dieser Technik zu niedrig

und beim Übergewichtigen zu hoch bestimmt werden.

Ein weiteres Meßverfahren ist inzwischen kommerziell unter dem Namen **Nahfeld Infrarot Interaktanz** (NIR) verfügbar. Davis und Israel konnten mit dieser Technik allerdings nur wenig befriedigende Daten erheben, so daß auf sie hier nicht weiter eingegangen wird.

Tabelle 10.1 gibt einen Überblick über die zahlreichen Methoden, die zur Bestimmung der Körperzusammensetzung Anwendung finden unter Beschreibung des jeweils zugrundeliegenden Prinzips. Diese Techniken wurden in einer Reihe von Studien hinsichtlich ihrer Validität überprüft, im allgemeinen unter Bezug auf die Unterwasser-Gewichtsbestimmung als Referenzmethode. Dabei wurden zum Teil erheblich voneinander abweichende Resultate gefunden. In einer Untersuchung wurden beispielsweise vier verschiedene Techniken miteinander verglichen, es fanden sich systematische Abweichungen der Werte für den Körperfettgehalt von bis zu 10 %. Bei einer weiteren Untersuchung, bei der unter Verwendung der BIA vier verschiedene Korrelationsgleichungen zur Anwendung kamen, ergaben sich bei Turnern Werte zwischen 12,2 und 22,8 % Körperfettanteil. Zusammenfassend kann festgestellt werden, daß aufgrund der Ungenauigkeit der zur Zeit verfügbaren Methoden sämtliche Bestimmungsverfahren des Körperfettanteils nur als Schätzungen eingeordnet werden können. Der interessierte Leser wird hierzu auf die Übersicht von Martin und Drinkwater verwiesen. Als Lösungsansatz wurde von Wang et al. ein Fünfkomponentenmodell vorgeschlagen, in dem der Körper in einer atomaren, molekularen, zellulären, Gewebs- und Ganzkörperebene betrachtet wird.

Forbes, einer der führenden Experten im Bereich der Bestimmung der Körperzusammensetzung, ist der Ansicht, daß sich eine perfekte Methodik in diesem Bereich wahrscheinlich nie entwickeln lassen wird. Dies bedeutet, daß sich die kritische Frage „bin ich zu fett" wahrscheinlich nie wissenschaftlich exakt beantworten lassen wird. Jean Mayer, ein bekannter Ernährungswissenschaftler, hat zu diesem Zweck daher den einfachen „Spie-

Tab. 10.1 Methoden zur Bestimmung der Körperzusammensetzung

Anthropometrie	Messung von Körperumfängen zur Bestimmung des Körperfettanteils
Bioelektrische Impedanzanalyse (BIA)	Messung des elektrischen Widerstands zur Bestimmung des Körperwassers, der fettfreien Körpermasse und des Körperfettanteils
Computertomographie	Bildliche Darstellung durch Röntgenstrahlen zur Ermittlung der Dicke der subkutanen Fettschicht und zur Berechnung des Körperfettanteils sowie der Knochenmasse
Duale Energie Röntgenabsorptiometrie (DEXA)	Röntgentechnik mit zwei unterschiedlich energiereichen Durchleuchtungen zur Bestimmung des Körperfettanteils und der Knochenmasse
Duale Photonenabsorptiometrie (DPA)	Ein Photonenstrahl wird durch die Gewebe geschickt, der zwischen Weichteilen und Knochengeweben differenziert. Berechnung des Körperfettanteils und der Knochenmasse.
Gesamtkörper-Kaliumbestimmung	Bestimmung des Kaliumgehalts des Körpers, des wichtigsten intrazellulären Ions, zur Errechnung der fettfreien Körpermasse bzw. des Körperfettgehalts
Gesamtkörper-Wassergehalt	Bestimmung des Körperwassergehalts durch eine Verdünnungstechnik zur Berechnung der fettfreien Körpermasse und des Körperfettanteils
Hautfaltendicken-Messung	Messung der Dicke verschiedener Hautfalten zur Bestimmung des Körperfettanteils und der fettfreien Körpermasse
Infrarot-Interaktanz	Das Gewebe wird mit Infrarotlicht durchleuchtet, aus der Interaktion des Lichtes mit dem Gewebe kann der Körperfettanteil berechnet werden.
Neutronenaktivationsanalyse	Ein Neutronenstrahl wird durch das Gewebe geschickt, mit dessen Hilfe der Gehalt an Stickstoff und Mineralstoffen im Körper analysiert werden kann. Berechnung der fettfreien Körpermasse.
TOBEC = Total Body Electrical Conductivity, Messung der gesamten elekschen Leitfähigkeit des Körpers	Messung der elektrischen Leitfähigkeit des Körpers zur Bestimmung seines Wasser-und Elektrolytgehaltes und zur Berechnung des Körperfettanteils bzw. der fettfreien Körpermasse
Ultraschall	Anwendung von Ultraschall zur Messung der Dicke der subkutanen Fettschicht und zur Berechnung des Körperfettgehalts
Unterwasserwiegen (Densitometrie)	Ermittlung des Körpergewichts unter Wasser zur Berechnung der Körperdichte, des Körperfettanteils und der fettfreien Körpermasse, nach dem archimedischen Prinzip

geltest" vorgeschlagen. Wenn man sich in unbekleidetem Zustand vor einen Spiegel stellt, dann sieht man schon ohne größere Schwierigkeit, wie es mit dem Körpergewicht steht. Im allgemeinen hat der Mensch ein natürliches Gefühl dafür, ob er mit seinem Körperlängenverhältnis noch im biologisch vernünftigen Bereich liegt oder nicht mehr. Ausnahmen von dieser Regel sind allerdings chronisch Magersüchtige, die, so dünn sie auch sind, immer noch von der wahnhaften Idee besessen sind, übergewichtig zu sein. Auf dieses Thema wird im letzten Kapitel näher eingegangen.

Der normale Körperfettanteil

Die Frage nach Normwerten für den Körperfettanteil ist sehr komplex zu beantworten, in Abhängigkeit von der jeweiligen Zielvorstellung, aus der Sicht von äußerem Erscheinungsbild, Gesundheit und/oder körperlicher Leistungsfähigkeit. Legt man das äußere Erscheinungsbild als Maßstab zugrunde, so ist die Beantwortung dieser Frage sehr subjektiv, ausgehend von der jeweiligen Idealvorstellung. Abartige Schönheitsideale können dann, wenn sie realisiert werden, allerdings zu erheblichen Problemen führen, sowohl mit Hinblick auf die Gesundheit wie auch auf die körperliche Leistungsfähigkeit.

Aus gesundheitlicher Sicht benötigt der Körper ein Minimum an essentiellem Fett, und zwar, wie vorstehend erwähnt, 3 % der Körpermasse für den Mann und 12–15 % für die Frau. Einige Autoren halten darüber hinaus auch ein Minimum an Depotfett für unverzichtbar und kommen dann auf ein gesundheitliches Mindestmaß bei Männern von 5–10 % und für Frauen von 15–18 %. Die Durchschnittswerte in der Bevölkerung liegen deutlich höher, und zwar bei 15–18 % für Männer und 22–25 % für Frauen.

Im Sport sind zur Realisierung einer optimalen Leistungsfähigkeit häufig wesentlich niedrigere Werte erforderlich als sie der Bevölkerungsdurchschnitt aufweist. Männliche Sportler wie Ringer und Turner erreichen ihr Leistungsoptimum häufig in einem Bereich von nur 5–7 % Körperfettanteil. Für Langläuferinnen wurde aus Leistungssicht

eine Obergrenze von 10 % Körperfettanteil angegeben. Trotzdem sind im Einzelfall Sportler bzw. Sportlerinnen in ihrer jeweiligen Disziplin sehr erfolgreich, obwohl sie deutlich über diesen Angaben liegende Körperfettanteile aufweisen.

Aufgrund unseres derzeitigen Wissensstandes ist es zusammenfassend nicht möglich, Optimalwerte für den Körperfettanteil aus der Sicht von Gesundheit und/oder Leistungsfähigkeit zu definieren. Trotzdem können einige allgemeine Richtlinien gegeben werden, die in den folgenden beiden Abschnitten ausgeführt werden.

10.3 Körperzusammensetzung und Gesundheit

Definition von Übergewicht und Adipositas

Adipositas (Fettsucht) wird medizinisch einfach als ein zu hoher Körperfettanteil definiert. Sie ist das häufigste ernährungsabhängige Problem in den Industrieländern und gilt, je nach Definition, als Risikofaktor bzw. als eigenständige Erkrankung. Die Frage, ab welchem Körpergewicht von einer Adipositas zu sprechen ist, kann bisher noch nicht exakt beantwortet werden. Hierzu liegen mehrere und unterschiedliche Definitionen vor.

Bei der Definition nach dem **Relativgewicht** wird vom Gewichts-Längen-Verhältnis ausgegangen. Der Istwert wird mit einem Sollwert verglichen, der Normwerttabellen entnommen wird, wie sie z.B. in Anhang C, Tabellen 2 und 3 gegeben werden. Die Definitionen, ab wann von Adipositas gesprochen wird, sind unterschiedlich. Sie liegen zwischen 115 und 130 % des Sollwerts. Im allgemeinen wird von 120 % ausgegangen, d.h. ein Übergewicht liegt vor, wenn das Istgewicht 20 % oberhalb des Sollwerts liegt. In Deutschland wird hierzu meist vom Broca-Index ausgegangen. Der Normalwert ist danach Körpergröße minus 100. Für einen 175 cm großen Mann läge somit das „Normalgewicht" bei 75 kg, die Definition der Adipositas beginnt für ihn bei plus 20 %, also ab 90 kg.

Tab. 10.2 Bewertung des prozentualen Körperfettanteils für Männer bzw. Frauen im Alter von 8–10 Jahren

Bewertung	Männer	Frauen
Ausgezeichnet	6–10	10–15
Gut	11–14	16–19
Akzeptabel	15–18	20–25
Zu hoch	19–24	26–29
Adipös	25 und mehr	30 und mehr

Hinweis: Bei der Bewertung handelt es sich nur um ungefähre Angaben mit individuellen Streubreiten. In der Kategorie Ausgezeichnet finden sich vor allem auch Sportler in Disziplinen, in denen ein hohes Körpergewicht einen Nachteil für die Leistungsfähigkeit darstellt.

Im wissenschaftlichen Bereich kommt heute überwiegend der Körpermassenindex (**Body Mass-Index = BMI**), auch Quetelet-Index genannt, zur Anwendung. Der BMI ergibt sich nach folgender Formel: BMI = Körpergewicht in kg : Körperlänge in Meter². Für einen 70 kg schweren und 178 cm großen Mann ergibt sich somit ein BMI von 70 dividiert durch $1,78^2 = 22,1$. Der Normalbereich wird mit 20–25 angenommen, der günstigste Bereich liegt für Frauen zwischen 21,3 und 22,1 und für Männer zwischen 21,9 und 22,4. Von Übergewicht kann bei Frauen ab einem BMI von 27,3, für Männer ab 27,8 gesprochen werden. Statistisch läßt sich ab diesem BMI eine erhöhte Inzidenz von Herz-Kreislauf- und Stoffwechselerkrankungen wie Bluthochdruck und Diabetes feststellen. Ab einem BMI von 30 kann man von einer Adipositas sprechen, ab 35–40 von einer ausgeprägten Fettsucht. Der einfache Broca-Index, also die Bestimmung des Körperlängen-Gewichts-Verhältnisses, ist eine gute Screeningmethode. Sie gibt allerdings keine Information über die Körperzusammensetzung. In diesem Zusammenhang ist daran zu erinnern, daß Übergewicht und Fettsucht keine synonymen Begriffe darstellen. Bei muskulösen Sportlern kann durchaus ein Übergewicht vorhanden sein, ohne daß dies durch einen erhöhten Körperfettanteil bedingt sein muß.

Als weiterer Ansatz zur Definition der Adipositas bietet sich die Möglichkeit der **Bestimmung des Körperfettanteils** an, eine Möglichkeit, die besonders dann in Anspruch genommen werden sollte, wenn die beiden vorausgegangenen Methoden keine eindeutige Aussage zulassen. Auch hier werden teilweise sehr unterschiedliche Angaben über die Grenzwerte gemacht. Am häufigsten wird für Männer die Grenze zur Adipositas bei einem Körperfettanteil von 25 % und für Frauen ab 30 % festgelegt. Tabelle 10.2 zeigt eine entsprechende Bewertungsskala.

Eine vierte Methode zur Definition der Adipositas ergibt sich aus der **Bestimmung der Körperfettverteilung**, insbesondere unter Berücksichtigung der vorstehend definierten Waist-Hip-Ratio, also des Vergleichs von Taillen- und Hüftumfang. Die Konsequenzen, die sich aus der Fettverteilung aus gesundheitlicher Sicht ergeben, werden in den nachstehenden Kapiteln diskutiert.

Die Regulierung des Körpergewichts

Die Regulierung des Körpergewichts ist ein sehr komplexer Vorgang, der im allgemeinen sehr gut funktioniert. Der Mensch ißt pro Jahr täglich eine Tonne Lebensmittel und mehr und hält trotzdem im allgemeinen sein Körpergewicht gleichmäßig im vorgegebenen Rahmen. Hierzu ist ein exakter Abgleich von Energiezufuhr und Energieverbrauch erforderlich. Die genauen physiologischen Mechanismen, über die die Konstanterhaltung des Gewichts erfolgt, sind bisher noch nicht bis ins Letzte bekannt. Es liegen jedoch schon zahlreiche sehr gute Informationen in Bezug auf Energieaufnahme und Energieverbrauch vor, s. Abb. 10.2.

Die **Steuerung der Nahrungsaufnahme**, d.h. die Appetitregulierung in Abhängigkeit

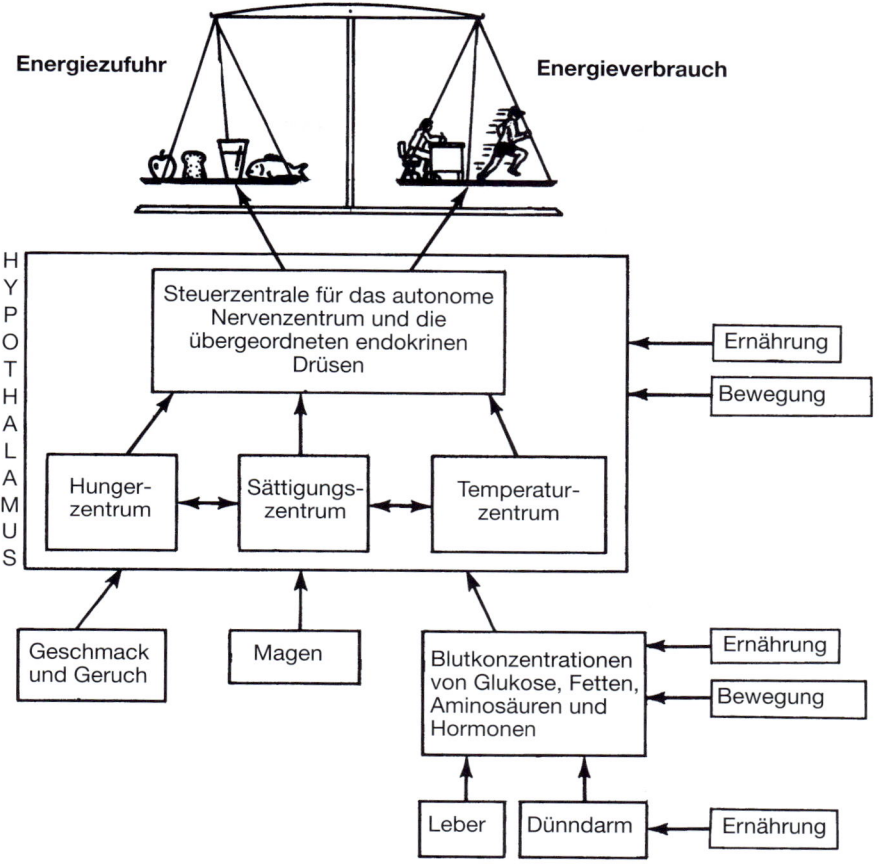

Abbildung 10.2 Kontrollmechanismen für das Körpergewicht. Die Kontrollzentren für die Nahrungs- bzw. Energieaufnahme und den Ruhestoffwechsel (Energieverbrauch) liegen im Hypothalamus. Diese, in der Basis des Gehirns lokalisierte zentrale Schaltstelle ist im Prinzip eine Ansammlung zahlreicher Kontrollzentren, die durch Rückkopplungsmechanismen mit dem Körper verbunden sind, darunter die Blutkonzentration an Glukose und anderen wichtigen Nährstoffen. Diese Konzentrationen werden einerseits vom Hypothalamus geregelt, andererseits nehmen sie umgekehrt auf ihn Einfluß. Körperliche Belastung stimuliert den Hypothalamus zur Abgabe von Steuerungshormonen, die die nachgeordneten endokrinen Drüsen aktivieren. Körperliche Aktivität beeinflußt ferner auch die Temperaturkontrollzentren sowie die Blutkonzentration einer Reihe von Nährstoffen, die ihrerseits wiederum auf den Hypothalamus Einfluß nehmen. Bezüglich einer ausführlicheren Diskussion siehe Text.

vom Energiebedarf, erfordet die Interaktion zahlreicher physiologischer Faktoren untereinander, die Abstimmung der Aktivität des Appetitzentrums mit peripheren Rückkopplungsinformationen aus Leber, Darm und Stoffwechsel sowie mit hormonalen Aktivitäten und Umgebungsfaktoren, die ebenfalls auf den Energiebedarf Einfluß nehmen können. Diese Faktoren regeln das Nahrungsaufnahmebedürfnis, den Appetit, sowohl kurzfri-

stig auf täglicher Basis sowie, wichtiger, langfristig zur Konstanterhaltung des Körpergewichts über Jahre hinweg. Das Appetitzentrum wird im Hypothalamus vermutet und in ein Hungerzentrum sowie ein Sättigungszentrum unterteilt, die jeweils das Bedürfnis nach Nahrungsaufnahme stimulieren bzw. hemmen. Die Frage, wie die Aktivität dieser Zentren biochemisch geregelt wird, kann bisher noch nicht genau beantwortet werden. Wahrscheinlich ist es nicht ein einzelner biochemischer Parameter, der allein den Appetit steuert. Die zahlreichen Mechanismen, für die ein Einfluß auf den Appetit diskutiert wird bzw. wurde, sind in Abb. 10.2 zusammenfassend dargestellt. Im einzelnen wird besonders für folgende Faktoren bzw. Parameter ein Einfluß auf das Eßverhalten angenommen:

- *Sensorische Einflüsse:* Jedem ist aus eigener Erfahrung bekannt, wie stark die optische Präsentation, der Geruch und der Geschmack von Essen den Appetit stimulieren oder ggfs. auch hemmen können.

- *Magenfüllung:* Über Reflexmechanismen kann, ausgehend von seiner Wandspannung, ein leerer Magen das Hungerzentrum und umgekehrt ein voller Magen das Sättigungszentrum stimulieren.

- *Biochemische Rezeptoren* im Hypothalamus, der Leber oder an anderer Stelle werden vermutet, die die Konzentrationen von verschiedenen Nährstoffen im Blut kontrollieren. Hierzu wurden drei Theorien entwickelt: Die **glukostatische Theorie** geht davon aus, daß der Appetit über Veränderungen des Blutzuckerspiegels geregelt wird, d.h. ein Abfallen des Blutzuckers wird den Appetit stimulieren, ein Anstieg wird ihn hemmen. Entsprechend gehen die **lipostatische** bzw. **aminostatische Theorie** davon aus, daß der Serumfettspiegel bzw. die Konzentrationen an bestimmten Aminosäuren im Serum diejenigen Parameter sind, die im wesentlichen die Nahrungsaufnahme regeln.

- *Veränderungen der Körpertemperatur:* Thermofühler im Hypothalamus, die auf den Anstieg der Körpertemperatur reagieren, steuern nach dieser Theorie das Appetitzentrum.

- *Endokrine Steuerung:* Eine Reihe von Hormonen nimmt auf den Appetit Einfluß, insbesondere Insulin und Thyroxin, aber auch einige im Darm produzierte Peptide, die als Hormone oder Neurotransmitter wirksam werden.

Während die bisher erwähnten Faktoren bzw. Parameter für die Energieaufnahme wichtig sind, steht auf der anderen Seite der Energiebilanz der Energieverbrauch bzw. der Stoffwechsel. Der Energieverbrauch des Körpers wird zum größten Teil vom Grundumsatz bzw. Ruheumsatz bestimmt, wie dies in Kapitel 3 näher dargestellt wurde. Der Mehrverbrauch durch körperliche Aktivität spielt im allgemeinen nur eine verhältnismäßig geringe Rolle. Im folgenden wird eine Reihe von Faktoren dargestellt bzw. diskutiert, die auf den Ruheumsatz Einfluß nehmen können.

Braunes Fett, ein spezifisches Fettgewebe, das sich deutlich von dem überwiegend vorkommenden weißen bzw. gelben Fett unterscheidet, findet sich in eher geringen Mengen im Bereich von Hals, Rücken und Brustkorb. Diese Fettgewebsart besitzt einen intensiven Stoffwechsel und produziert sehr viel Wärme. Die Aktivität dieses Gewebes steigt oder sinkt unter bestimmten Bedingungen, z.B. nach einer Mahlzeit bzw. bei Kälteexposition, bei der es für die Thermogenese eine wichtige Rolle spielt. Untersuchungen an Ratten haben gezeigt, daß diejenigen Tiere, die nur einen geringen Anteil an braunem Fett aufweisen, verstärkt zur Adipositas neigen. Beim Menschen macht die braune Fettmasse nur 1 % des Körpergewichts aus. Auch diese geringe Menge ist jedoch bedeutsam, nachdem Stock zeigen konnte, daß nur 50 g braunes Fettgewebe für 10–15 % des gesamten menschlichen Energieumsatzes verantwortlich sind. Die Bedeutung des braunen Fettanteils für die Entwicklung der Adipositas beim Menschen ist zur Zeit ein wichtiges Forschungsobjekt.

Hormone: Die Intensität des Stoffwechsels steigt mit zunehmender Konzentration bzw. sinkt mit abfallender Konzentration der Schilddrüsen- bzw. Nebennierenrindenhormone. Die Schilddrüsenhormone Trijodthyronin und Thyroxin sind möglicherweise an der Stimulation des braunen Fettgewebes beteiligt. Andere Hormone wie insbesondere die Katecholamine können die Aktivität bestimmter Enzyme und damit den Energieverbrauch steigern. Umgekehrt kann ein Absinken der hormonalen Aktivität zu einer Verlangsamung des Stoffwechselgeschehens führen.

Der Mensch hat in seiner Entwicklungsgeschichte eine Reihe von sehr effektiven physiologischen Rückkopplungsmechanismen zur Steuerung seiner Körperfunktionen entwickelt. Die Temperaturkontrolle ist hierfür ein gutes Beispiel. Die Kontrollmechanismen für das Körpergewicht können in kurzzeitig bzw. langzeitig wirksame unterschieden werden. Wenn z.B. durch eine Dehnung der Magenwand nach einer reichhaltigen Mahlzeit über Nervenimpulse, die zum Hypothalamus laufen, das Appetitzentrum gehemmt wird, so handelt es sich um einen Kurzzeitmechanismus. Bei langfristigen Mechanismen wird von der Einstellung einer bestimmten Sollgröße ausgegangen. Wenn das Gewicht von dieser Sollgröße abweicht, werden physiologische Mechanismen aktiviert, die sein Rückschwingen in den Sollbereich initiieren.

Diese bisher lediglich im Tierversuch an Ratten überprüfte Hypothese bezieht die oben aufgeführten Faktoren, beispielsweise die glukostatische und lipostatische Theorie ein, die die Energieaufnahme bzw. den Energieverbrauch beeinflussen.

Wenn man beispielsweise anfängt zu hungern, so wird aufgrund des Abweichens des Gewichts von der Sollgröße der Grundumsatz heruntergeregelt, um die körpereigenen Reserven zu schonen. Der Organismus registriert die verminderte Energiezufuhr und versucht den Energieverbrauch zu reduzieren. Wenn sich jemand umgekehrt überernährt, beginnt der Ruheumsatz anzusteigen, in Abhängigkeit vom thermodynamischen Effekt verschiedener Lebensmittel. Im allgemeinen kommt es dann zu einer Verminderung der Nahrungsaufnahme als Ausdruck der Tatsache, daß im einzelnen nicht näher bekannte metabolische Veränderungen das Appetitzentrum hemmen. Die Sollgrößen-Theorie erklärt, warum sich die meisten Menschen ein langes Leben hindurch weitgehend ihr normales Körpergewicht erhalten.

Die Ursachen der Adipositas

Die energetischen Prozesse im menschlichen Körper unterliegen, wie in technischen Maschinen auch, den grundlegenden Gesetzen der Thermodynamik. Wenn der Körper weniger Kalorien aufnimmt als er in seinen metabolischen Prozessen verbraucht, resultiert hieraus eine negative Energiebilanz, das Körpergewicht nimmt ab. Wenn umgekehrt die Kalorienzufuhr größer ist als der Energieverbrauch, d.h. im Falle einer positiven Energiebilanz, kommt es zu einer Gewichtszunahme. Die Adipositas ist somit die Konsequenz eines positiven energetischen Ungleichgewichts.

Für die meisten Menschen, die in ihrer Kindheit und Jugend normalgewichtig sind und bei denen sich dann allmählich und schleichend zwischen dem 20. und 40. Lebensjahr ein Übergewicht entwickelt, ist die Ursache hierfür entweder in einer zu hohen Kalorienaufnahme oder in Bewegungsmangel, also einem zu geringen Energieverbrauch bzw. in einer Kombination beider Faktoren miteinander zu sehen.

Auch wenn letztlich das Körpergewicht somit immer nur den globalen Ausdruck der Energiebilanz darstellt, ist nach Ansicht vieler Untersucher der Hauptschuldige für die Entwicklung einer Adipositas ein zu hoher Fettanteil in der Ernährung. Epidemiologische Untersuchungen zeigen eine positive Korrelation zwischen dem Nahrungsfettanteil und der Inzidenz der Adipositas. Hierzu gibt es eine Reihe von verschiedenen Erklärungsmöglichkeiten. Fett wird als wohlschmeckend empfunden, es besitzt sehr viele Kalorien pro Gramm, führt aber nicht zum gleichen Sättigungseffekt wie Kohlenhydrate und es kann sehr viel besser gespeichert werden als Kohlenhydrate oder Proteine. Die Speicherungskapazität für Kohlenhydrate und Proteine ist nur gering. Wenn sie überschritten ist, so müssen KH und Eiweiße in Fette umgewandelt werden, was viel Energie erfordert. Nach einer neueren Untersuchung von Dattilo wird zur Energiespeicherung durch Umwandlung von KH in Fett dreimal mehr Energie benötigt als zur direkten Speicherung von Fetten, die mit der Nahrung aufgenommen werden. Der interessierte Leser wird bezüglich weitergehender Informationen über die Beziehungen zwischen Nahrungsfettanteil und Körpergewicht auf die Übersichtsarbeiten von Dattilo sowie von Rolls und Shide verwiesen.

Auch Bewegungsmangel kann erheblich zur schleichenden Entwicklung einer Adipositas beitragen. In einer Reihe neuerer Untersuchungen konnte gezeigt werden, daß das Risiko von Übergewicht direkt mit der Zeit korreliert, die vor dem Fernsehen verbracht wird, wobei dann auch noch oft zusätzlich hochkalorische Chips und Erdnüsse geknabbert werden. Klesges et al. konnten ferner zeigen, daß der Ruheumsatz vor dem Fernsehen absinkt.

Im Gegensatz zu dem „Allerweltsübergewicht" der Wohlstandsbürger sind die Ursachen der extremen Adipositas bisher noch weitgehend unbekannt. In diesem Zusammenhang werden heute überwiegend multikausale Theorien diskutiert, solche Formen der Adipositas permagna sollen als das Ergebnis einer Interaktion mehrerer genetischer und Umweltfaktoren entstehen. Zu den wichtigsten Ursachen gehören wahrscheinlich Erbfaktoren. Eine Reihe von genetisch bedingten Erkrankungen gehen mit Adipositas einher. In Vergleichsuntersuchungen zwischen blutsverwandten und adoptierten Geschwistern bzw. an identischen Zwillingen, die voneinander getrennt und von unterschiedlichen Familien aufgezogen wurden, konnte gezeigt werden, daß in Bezug auf Körpergewicht und Körperzusammensetzung zwischen den biologischen Eltern und ihren von ihnen getrennt aufgewachsenen Kindern eine engere Beziehung besteht als zwischen diesen und ihren Adoptiveltern. Offensichtlich werden körpereigene Faktoren, die für die Entwicklung einer Adipositas entscheidend sind, in erheblichem Maße durch Vererbung determiniert. Auch wenn es bisher nicht gelungen ist, ein spezifisches Adipositasgen zu identifizieren, spielen doch genetische Faktoren bei zahlreichen Prozessen eine Rolle, die die Entwicklung eines Übergewichts begünstigen, wie Vorliebe für Süßigkeiten bzw. fettreiche Nahrungsmittel, hormonale Unterfunktionen im Bereich von Insulin und Kortisol, niedriger Grundumsatz, niedriger thermodynamischer Nahrungsmitteleffekt, Hemmungslosigkeit beim Essen, erhöhte Konzentration von Nährstoffen im Blut, die auf das Appetitzentrum einwirken, verstärkte metabolische Kapazität für die Fettspeicherung, große Zahl von Fettzellen, kleiner prozentualer Anteil von schnellen Muskelfasern, niedrige Konzentration an Wachstumshormon, geringe spontane körperliche Aktivität, niedriger Energieverbrauch bei körperlicher Aktivität mäßiger Intensität etc. Von einigen Autoren wurde die Existenz eines „Spar-Gens" angenommen, das beim Übergewichtigen zu der Tendenz führt, mit der Energie möglichst sparsam umzugehen. Danach ist das Übergewicht eine genetisch bedingte Stoffwechselerkrankung. Der an weiteren Einzelheiten hierzu interessierte Leser kann auf folgende Arbeiten verwiesen werden: Bouchard und Mitarbeiter führten Untersuchungen an überernährten eineiigen Zwillingen durch und Stunkard et al. untersuchten den Body-Mass-Index bei Zwillingen, die getrennt voneinander aufwuchsen.

Neben genetischen Aspekten sind insbesondere auch Lebensstilfaktoren für die Entwicklung der massiven Adipositas von entscheidender Bedeutung, insbesondere Überernährung, d.h. die Aufnahme von zuviel Kalorien und speziell von zu viel Fettkalorien sowie Bewegungsmangel. Dies gilt, wie oben ausgeführt, ganz besonders für die Entwicklung der Adipositas im Erwachsenenalter. Dabei ist bisher noch unklar, ob die Ursache eher in der Überernährung oder im Bewegungsmangel zu suchen ist. Einige Untersucher kommen zu der Ansicht, daß sich Übergewichtige im Vergleich zu Normalgewichtigen zwar normal bewegen, aber mehr essen, andere fanden eher, daß die Dicken normal essen und sich auch sehr viel bewegen. Ähnliche Befunde wurden bei Untersuchungen erhoben, bei denen die Zeit registriert wurde, in der sich das Übergewicht entwickelt. Die Kontroversität dieser Untersuchungsergebnisse wird zum Teil durch die Feststellung von Forbes et al. erklärt, nach denen zwischen den subjektiven Angaben von Übergewichtigen über ihre Kalorienaufnahme bzw. ihre körperliche Aktivität und den objektiven Daten häufig eine erhebliche Diskrepanz besteht. Untersuchungen mit neueren und objektiveren Verfahren zeigen, daß Übergewichtige im allgemeinen mehr essen und/oder sich weniger bewegen als Normalgewichtige bzw. als dies ihren eigenen Angaben entspricht.

Die Bedeutung von Ernährung und Bewegung für die besonders schwere, bereits in der Kindheit beginnende Form der Adipositas

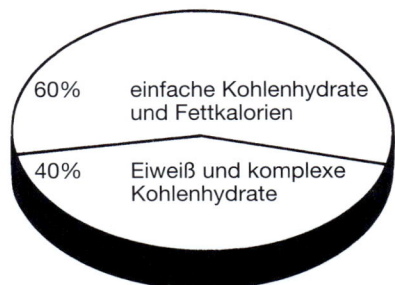

Abbildung 10.3 In der durchschnittlichen Ernährung in den Industrieländern stammen ca. 60 % oder 3 von 5 Kalorien aus hochgereinigten Kohlenhydraten und/oder Fetten. Die Gewichtskontrolle ist letztlich ein einfaches Bilanzproblem. Zuviel Energiezufuhr mit der Ernährung bzw. zuwenig Energieverbrauch durch Bewegung führen zu einer positiven Energiebilanz und damit zu einer Gewichtszunahme. Geringere Nahrungsaufnahme und/oder Steigerung der körperlichen Aktivität lassen die Energiebilanz negativ werden und führen zu einer Gewichtsabnahme.

ist bisher ebenfalls noch nicht klar. Wahrscheinlich dürfte die Fehlernährung dabei der wichtigere Faktor sein, wobei insbesondere die familiären Ernährungsgewohnheiten eine Rolle spielen. Wenn ein Kind in eine Familie geboren wird, in der man gewohnt ist, viel und falsch zu essen, dann wird letztlich nicht die Adipositas vererbt, sondern die Ernährungsgewohnheiten werden weitergegeben. Auch das heutige vom Supermarkt diktierte Nahrungsmittelangebot steht oft bei der Ausprägung eines Übergewichts Pate. Zahlreiche Lebensmittel sind von einem hohen Gehalt an einfachen Kohlenhydraten und Fetten bestimmt, die drei von fünf Kalorien, die wir zu uns nehmen, ausmachen (Abbildung 10.3). Die wissenschaftliche Datenlage ist hierzu allerdings nicht ganz einheitlich. Es gibt einige Untersuchungen, nach denen übergewichtige Kinder nicht mehr essen als ihre normalgewichtigen Alterskameraden. Diese Daten wurden allerdings nicht in der Phase erhoben, in der sich das Übergewicht entwickelte, sondern erst später, als es schon vorhanden war. Die Untersuchungen, die während der Entwicklungsphase des Übergewichts ausgeführt wurden, zeigen eher, daß die später adipösen Kinder mehr und insbesondere auch schneller essen als normalgewichtige.

Die Bedeutung von Bewegungsmangel scheint dagegen besonders auch für Kinder weniger wichtig zu sein als die Ernährung. Entsprechende Untersuchungen zeigen im allgemeinen, daß sich die übergewichtigen Kinder genauso viel bewegen wie normalgewichtige. Dies dürfte allerdings nicht schwer sein, da die Bewegungsmöglichkeiten für die Kinder in einer Industriegesellschaft heute generell sehr stark eingeschränkt sind. Hieraus kann und sollte allerdings nicht die umgekehrte Schlußfolgerung gezogen werden, daß Bewegung keine Rolle für die Prävention und Therapie der Adipositas im Kindesalter spielt. Pate stellte in einer neueren Übersichtsarbeit hierzu fest, daß sich zu diesem Aspekt die Rolle der körperlichen Aktivität derzeit noch nicht exakt festlegen läßt. Nach einer Reihe von Untersuchungen besteht bei Kindern und Jugendlichen eine inverse, wenn auch nur lockere Korrelation zwischen Übergewicht und dem Ausmaß an körperlicher Aktivität. Wie im nächsten Kapitel darzustellen sein wird, kommt der körperlichen Aktivität besonders in der Phase der Gewichtskontrolle große Bedeutung zu.

Auch wenn genetischen Faktoren bei der Entstehung der Adipositas offensichtlich eine wichtige Rolle zukommt, so spricht doch vieles dafür, daß es sich beim Dicksein nicht um ein unausweichliches Schicksal handelt. Auch derjenige, der entsprechend genetisch belastet ist, kann sich bei einem entsprechend disziplinierten Lebensstil durch regelmäßige körperliche Aktivität und vernünftige Ernährung ein normales Körpergewicht und eine schlanke Figur erhalten.

Die Mechanismen der Fettspeicherung

Die Fettspeicherung kann im Prinzip auf zwei Wegen geschehen, zum einen durch eine **Hyperplasie,** d.h. durch eine Zunahme der Fettzellen, zum anderen durch **Hypertrophie,** d.h. durch die Zunahme des Fettgehalts in den einzelnen Fettzellen. Bisher ist es die gängige Theorie, daß die in der Kindheit entstehende Fettsucht überwiegend auf einer Hyperplasie beruht, während bei der Adipositas mit Beginn im Erwachsenenalter nur eine Hypertrophie zu beobachten ist. Diese Theorie wurde in letzter Zeit besonders von Widdowson in Frage gestellt, der in seiner kritischen Übersicht hierzu auf die methodische Schwierigkeit bei der Bestimmung der Zahl der Fettzellen (Adipozyten) hinweist, die so groß ist, daß ein solches Konzept heute kaum mehr mit wissenschaftlicher Seriosität vertreten werden kann. Nach Forbes ist davon auszugehen, daß im allgemeinen gleichzeitig eine Vergrößerung und Vermehrung der Fettzellen vorliegt. Fettzellen haben offensichtlich eine limitierte Speicherkapazität. Wenn diese ausgeschöpft ist, so wird hierdurch die Bildung neuer Fettzellen durch die Anhäufung von Fett in ihren Vorstufen, den Präadipozyten, stimuliert, die sich dann in typische Fettzellen umwandeln. Es ist zwar möglich, daß die genetische Disposition zur Entwicklung einer Adipositas auf einer hohen Zahl von Fettzellen beruht, wie dies die traditionelle Theorie besagt. Genauso wahrscheinlich ist es jedoch, daß auch Menschen mit einer ganz normalen Fettzellenpopulation adipös werden können, wenn sie sich auf Dauer überernähren.

Gesundheitliche Konsequenzen der Adipositas

Adipositas verkürzt das Leben im statistischen Mittel um vier Jahre. Dies wußten schon die alten Griechen. Der Urvater der Ärzte, Hippokrates, stellte fest, daß übergewichtige Menschen eher sterben als schlanke. Nach Kushner ergibt die Bestimmung der Gewichts-Längen-Relation als Maß des Ernährungszustandes einen signifikanten Prädiktor für die Mortalität innerhalb einer Population. Adipositas trägt zur Entwicklung einer Reihe von wichtigen Erkrankungen bei und stellt damit eine zum Tode führende Erkrankung dar. Mehr als 26 Krankheiten werden mit der Adipositas in Verbindung gebracht, wie z.B. Nierenerkrankungen, Leberzirrhose, Polyarthritis, Dickdarm- und Rektumkrebs etc. Sie soll in den westlichen Industrieländern für 15–20 % der Todesfälle verantwortlich sein.

Die wichtigste Korrelation zwischen dem Körperfettgehalt und einzelnen Krankheitsbildern besteht zu den Herz-Kreislauf-

Erkrankungen, speziell zur koronaren Herzkrankheit (KHK). Mit der Adipositas steigt die Inzidenz von Bluthochdruck, Hypercholesterinämie und Diabetes, alles wichtige Risikofaktoren für die Entwicklung der koronaren Durchblutungsstörungen. Zusätzlich kommt nach den Daten der Framingham-Studie der Adipositas eine hiervon unabhängige eigenständige Bedeutung als Risikofaktor für die Entstehung einer KHK zu. Die Inzidenz der KHK steigt ab einem BMI für Männer von 27,8 bzw. für Frauen ab 27,3 signifikant an. Die negativen Auswirkungen der Adipositas auf die Gesundheit im Sinne der Entwicklung von chronischen Erkrankungen werden manifest, wenn sie mindestens 10 Jahre besteht. Übergewichtige leben zusammenfassend im allgemeinen kürzer als Schlanke.

Nicht nur die Adipositas per se stellt einen Risikofaktor dar, sondern, wahrscheinlich noch wichtiger, besonders auch die Art der Fettverteilung. Bei der männlichen, **androiden Fettverteilung** findet sich das Fett vor allem im Bereich der Abdominalregion, sowohl subkutan wie auch als tiefgelegenes viszerales Fett. Synonyma sind zentrale, oberkörperbetonte Fettverteilung oder auch volkstümlich die „Apfelform" (siehe Abbildung 10.4). Bei der weiblichen, **gynoiden Fettverteilung**, finden sich die Fettdepots vor allem im Bereich des Gesäßes, der Hüften und der Oberschenkel, also an den sogenannten „Problemzonen" der Frau. Synonyma sind Unterkörperfettsucht bzw. „Birnenform" (siehe gleichfalls Abbildung 10.4). Beide Typen der Fettverteilung sind genetisch determiniert. Die Fettverteilung kann quantitativ durch die Taillen-Hüftrelation erfaßt werden (Waist-Hip-Ratio = WHR), auch als abdominell-gluteale Relation bzw. androidgynoide Relation bezeichnet. Beim Mann besteht ein erhöhtes koronares Risiko ab einer WHR von 0,9, bei der Frau ab 0,8. Nach einigen Untersuchern soll dabei eine quantitative Abhängigkeit bestehen, je höher die WHR, umso größer das Risiko. Tabelle 10.3 gibt hierzu einige allgemeine Hinweise. Die Bestimmungsmethodik der WHR wird im Anhang C dargestellt.

Die eigenständige Bedeutung der androiden Fettverteilung als Risikofaktor wird zunehmend erkannt. Die Fettzellen scheinen

Abbildung 10.4
Die androide Fettsucht (Apfelform) ist mit einem höheren Risiko für chronische Herz-Kreislauf- und Stoffwechsel-erkrankungen (z. B. Diabetes) verbunden als die gynoide Fettsucht (Birnenform).

beim androiden Typ in ihren biochemischen Funktionen von denen des gynoiden Typs different zu sein, insbesondere mit Hinblick auf die Aktivität der Lipoproteinlipase, eines Enzyms, dem in der Regulation des Fettstoffwechsels entscheidende Bedeutung zukommt. Die Fettzellen in den tiefen, viszeralen Depots sind groß und metabolisch hochaktiv. Unter Stimulation durch Adrenalin, beispielsweise unter psychosozialem Streß, geben sie rasch und in großen Mengen freie Fettsäuren an die Blutbahn ab und tragen dadurch zur Entwicklung von Kohlenhydrat- und Fettstoffwechselstörungen bei. Daten aus Tierversuchen haben gezeigt, daß die Interaktion zwischen Insulin und dem Stoffwechsel der Fettzellen in den unterschiedlichen Körperregionen verschieden stark ausgeprägt ist. Diese Daten dürften wahrscheinlich auch auf den Menschen übertragbar sein, da gezeigt werden konnte, daß der androide Typ häufig mit Hyperinsulin-ämie, Insulinresistenz, Hypercholesterin-ämie, Hypertriglyzeridämie, Diabetes mellitus und Bluthochdruck verbunden ist. Dieser Symptomenkomplex, der, vom Rauchen abgesehen, die wichtigsten Risikofaktoren für die Entwicklung einer koronaren Herzkrankheit umfaßt, wird daher heute auch als **metabolisches Syndrom** oder als Syndrom X zusammengefaßt.

Obwohl sich der androide Typ, wie dies schon aus seiner Bezeichnung hervorgeht, vor allem bei Männern findet, haben unter anderem Untersuchungen von St. Jeor und Folsom gezeigt, daß er auch einen wichtigen Risikofaktor für eine erhöhte Mortalität der Frau darstellen kann. Rodin et al. konnten zeigen, daß Frauen, die zyklisch an Gewicht ab- und zunehmen, häufiger dazu neigen, Fett im Bauchbereich abzulagern und damit einen androiden Typ zu entwickeln, einschließlich der hiermit verbundenen gesundheitlichen Risiken.

Tab. 10.3   Taillen-Hüftumfang-Relation (WHR) als Risikokriterium

Gesundheitsrisiko	Männer	Frauen
Hohes Risiko	> 0,95	> 0,85
Mittelgradig erhöhtes Risiko	0,90–0,95	0,80–0,85
Geringes Risiko	< 0,90	< 0,80

Die Fettzellen des gynoiden Typs scheinen Fett schneller zu speichern und langsamer wieder abzugeben als die „androiden" und damit im Vergleich zum männlichen Typ das gesundheitliche Risiko zu reduzieren. Durch ein kombiniertes Ernährungs- und Bewegungsprogramm gelingt es beim gynoiden Typ zwar, die Adipositas quantitativ zu reduzieren, das Fettverteilungsmuster im Sinne der „Birnenform" ist jedoch im allgemeinen entsprechenden Bemühungen gegenüber wesentlich resistenter als die männliche Apfelform. Mehrere neuere Untersuchungen an erwachsenen Frauen wie Männern und Jugendlichen haben gezeigt, daß es bei Gewichtsreduktionsprogrammen durch Ernährung und Bewegung vor allem zum Abbau des Bauchfetts kommt, verbunden mit einer entsprechenden Verbesserung des Lipidprofils im Serum.

Auch die Adipositas bei Kindern und Jugendlichen ist mit einer Zunahme der koronaren Risikofaktoren verbunden. In diesem Alter ist eine koronare Herzkrankheit zwar extrem selten, entsprechende epidemiologische Untersuchungen haben jedoch gezeigt, daß adipöse Kinder und Jugendliche später im Erwachsenenalter im Vergleich zu normalgewichtigen häufiger an einer KHK erkranken und eine erhöhte Gesamtmortalität aufweisen. Die wichtigsten Nachteile liegen für adipöse Kinder und Jugendliche wahrscheinlich jedoch weniger im medizinischen als im psychosozialen Bereich. Da sich die Persönlichkeit in dieser Phase ausprägt, sind die negativen psychosozialen Konsequenzen, die eine Adipositas mit sich bringt, bei der bereits in der Kindheit entstehenden Adipositas größer als bei der erst im Erwachsenenalter erworbenen Fettsucht. Die psychologische Entwicklung, die Ausbildung eines den eigenen Vorstellungen entsprechenden Selbstwertgefühls wird nachhaltig gestört. Übergewichtige Kinder stoßen bei ihren Altersgenossen, aber auch bei Erwachsenen und selbst bei ihren Eltern, häufig auf Ablehnung. Es kommt zur Ausbildung negativer Selbstwertgefühle, geringer Selbstachtung bis hin zu schweren psychischen Störungen. Der negative Einfluß der Adipositas auf die körperliche bzw. sportliche Leistungsfähigkeit kann die sowieso schon vorhandenen mit dem Überge-

wicht verbundenen psychologischen Probleme noch weiter verstärken. Ein Kind, das aufgrund seines Übergewichts im Sport erfolglos ist, tendiert dazu, sich hiervor zu drücken und kommt daher nicht in den Genuß der positiven sozialisierenden Effekte von Bewegung, Spiel und Sport. Wenn auch in quantitativ geringerem Ausmaß, sind auch Erwachsene für die negativen psychologischen Konsequenzen des Übergewichts anfällig.

Etwa 30 % der Erwachsenen und 25 % der Kinder und Jugendlichen in den USA sind übergewichtig, eine Zahl, die, wenn auch mit Abstrichen, in der Tendenz auch auf Deutschland übertragbar sein dürfte, mit den entsprechenden negativen Konsequenzen. Von Kuczmarski et al. wurde darauf hingewiesen, daß die Inzidenz der Adipositas im Ansteigen begriffen ist. Nicht alle Übergewichtigen erfahren gesundheitliche oder psychosoziale Störungen, wie auch nicht jeder Zigarettenraucher am Lungenkrebs erkranken muß. Trotzdem stellt das Übergewicht einen wichtigen Risikofaktor für die Entwicklung zahlreicher gesundheitlicher und psychologischer Probleme dar und sollte so rasch als möglich therapeutisch angegangen werden. Besonders dann, wenn eine lebensbedrohliche Adipositas vorliegt, definitionsgemäß ab einem Übergewicht von 70 % bzw. einem BMI von 40, ist eine dringende und sofortige ärztliche Behandlung angezeigt.

Die Adipositasforschung beschäftigt sich zur Zeit intensiv mit der Suche nach genetischen metabolischen oder anthropometrischen Prädiktoren für die Manifestation von Übergewicht, um diejenigen Kinder zu identifizieren, die von der Entwicklung einer Adipositas besonders bedroht sind. Diese könnten dann in präventive und therapeutische Programme zur Vermeidung bzw. Behandlung der Adipositas eingeschleust werden, die inzwischen zur Verfügung stehen. Entsprechende Empfehlungen finden sich im nachfolgenden Kapitel.

Gesundheitliche Probleme bei massiver Gewichtsabnahme

Gewichtsabnahme bzw. die Normalisierung eines erhöhten Körpergewichts kann im allgemeinen durch die Beseitigung eines mit der Adipositas verbundenen gesundheitlichen Risikos als positiv betrachtet werden. Der Wunsch, abzunehmen, ist allerdings keineswegs nur immer gesundheitlich motiviert. Schlanksein ist modern, besonders das Idealbild der Frau ist heute in jedem Lebensalter von Schlankheit bestimmt. Schlanksein ist nicht nur Ausdruck sexueller Attraktivität, sondern auch mit psychologischen Signalen besetzt, wie Unabhängigkeit, Leistungsfähigkeit und Selbstdisziplin. Auch im Sport wird in zahlreichen Disziplinen von Männern wie Frauen als Leistungsvoraussetzung ein niedriges Körpergewicht gefordert, beispielsweise im Laufen, Turnen, Ringen, Reiten, Ballett etc. Eine hierdurch motivierte Gewichtsverminderung kann indirekt auch mit gesundheitlichen Vorteilen verbunden sein. So ist P. Williams der Ansicht, daß die HDL-Erhöhung des Langläufers vor allem die Konsequenz seines geringen Körperfettanteils darstellt. Auf der anderen Seite kann eine exzessive Gewichtsabnahme auch zu erheblichen gesundheitlichen Problemen führen.

Wie im nächsten Kapitel dargestellt wird, gehören heute zu jedem vernünftigen Programm zur Gewichtsabnahme adäquate Ernährung und vermehrte körperliche Aktivität. Der Wunsch, abzunehmen, kann allerdings nicht selten auch dazu führen, daß in der Zielsetzung ebenso wie in den Methoden übertrieben wird, mit der Konsequenz möglicher ernsthafter krankhafter Entwicklungen. Als Beispiele für solche unvernünftigen Methoden seien genannt absolute Fastenkuren, selbst induziertes Erbrechen, die Einnahme von Diätpillen, Abführmitteln und Diuretika, Methoden, mit denen sich zwar ein rascher Anfangserfolg bei der Gewichtsabnahme erreichen läßt, die auf die Dauer jedoch zu schweren Gesundheitsstörungen führen können. Die negativen gesundheitlichen Effekte einer zu raschen und zu intensiven Gewichtsabnahme werden im folgenden näher dargestellt.

Eine sehr schnelle und ausgeprägte Gewichtsabnahme wird im allgemeinen durch Entwässerung oder kalorisch sehr stark reduzierte Ernährung bis hin zu Hungerkuren erreicht. Die Entwässerung wird durch körperliche Belastung, Hitzeexposition, z.B.

durch Sauna, sowie Diuretika und Laxanzien induziert. Die negativen gesundheitlichen Effekte einer solchen Dehydratation, insbesondere im Sinne einer verstärkten Anfälligkeit gegenüber Hitzeschädigungen, wurden bereits im vorausgehenden Kapitel dargestellt. Die Einnahme von Diuretika bzw. Laxanzien kann zu Elektrolyt-, speziell Kaliumverlusten, führen und damit neurologische und Herzrhythmusstörungen induzieren. Nach ausgeprägten Entwässerungskuren kann es zu schweren Nierenfunktionsstörungen kommen.

Eine massive Einschränkung der Kalorienzufuhr kann entweder in Form eines absoluten Fastens oder einer stark eingeschränkten Kalorienzufuhr erfolgen, die auch als modifiziertes Fasten bezeichnet wird und als eine Kalorienaufnahme von weniger als 800/Tag definiert wird. Solche Diätformen sollten, wenn überhaupt, nur unter stationärer Kontrolle erfolgen. Unter ärztlicher Überwachung kann hierdurch ohne größeres gesundheitliches Risiko bei stark übergewichtigen Patienten eine anfänglich sehr große und damit stark motivierende Gewichtsabnahme erzielt werden. Ein ein- oder zweitägiges Fasten ist dagegen auch unkontrolliert nicht mit einer gesundheitlichen Gefährdung verbunden. Ernährungswissenschaftler sind sogar der Ansicht, daß ein gesunder Mensch unbedenklich ein bis zwei Wochen fasten kann, ohne sich zu schädigen. Obwohl das modifizierte Fasten unter entsprechender Überwachung somit sicher und kurzfristig auch effektiv ist, sind die Langzeitergebnisse wenig befriedigend und nicht besser als diejenigen, die mit weniger eingreifenden Diätverfahren erreicht werden. Atkinson weist ferner darauf hin, daß für das absolute bzw. modifizierte Fasten Kontraindikationen bestehen können. Solche Verfahren sollten daher nur nach einer gründlichen ärztlichen Voruntersuchung zur Anwendung kommen. Folgende Nebenwirkungen können beim modifizierten Fasten auftreten: Müdigkeit, Erschöpfung, Kopfschmerzen, Übelkeit, Verstopfung, Libidoverlust, Ausbildung von Nieren- bzw. Gallensteinen, Abnahme des HDL-Spiegels im Serum, Verschlechterung der phagozytären Funktion der Leukozyten, Entzündungen von Darm und Pankreas,

Abnahme des Blutvolumens, Vermindung der Herzmuskelmasse, niedriger Blutdruck, Herzrhythmusstörungen und selbst Todesfälle können vorkommen.

Im allgemeinen sind Hungerkuren nur von kurzfristigem Erfolg, das verlorengegangene Gewicht wird rasch wieder durch eine Phase der Überernährung ausgeglichen. Dieser sogenannte Jo-Jo-Effekt ist, wie Grodner unterstreicht, potentiell mit gesundheitlich negativen Effekten verbunden. Durch das Fasten kommt es zu einer Abnahme des thermodynamischen Effekts der Ernährung, des Grundumsatzes bzw. zu einer größeren Nahrungsmitteleffizienz, d.h. bei der metabolischen Umsetzung der aufgenommenen Nährstoffe geht weniger Energie verloren. Der Körper registriert die verminderte Energiezufuhr und aktiviert entsprechende Gegenmaßnahmen zur Energieeinsparung. Wenn man dann wieder auf normale Essensgewohnheiten umschaltet, bleiben diese Energiesparmechanismen für einige Zeit in Kraft, bei gleicher Ernährung nimmt man somit stärker zu als vor der Hungerkur. Ein großer Teil des Gewichtverlustes während einer Fastenkur geht ferner zulasten des Proteins, vor allem des Muskelgewebes, das zum Teil in Glukose umgewandelt wird, die das Zentralnervensystem benötigt. Bei Rückkehr zur „normalen" Ernährung wird dieses Eiweiß dann nicht wieder automatisch regeneriert, die zusätzlichen Kalorien werden stattdessen vermehrt in Fett umgewandelt. Nicht selten endet weiterhin eine Fastenkur zur Feier des Erfolges in einer „Freßtour". Aufgrund früherer Untersuchungen wurde angenommen, daß durch diesen Jo-Jo-Effekt selbst bei auf die Dauer konstantem Gewicht der Körperfettanteil immer stärker zunimmt. Neuere Untersuchungen in Tierversuchen wie am Menschen haben dagegen gezeigt, daß dies nicht notwendigerweise der Fall sein muß. Auf eine entsprechende Übersichtsarbeit von Prentice et al. wird verwiesen. Untersuchungen von Schmidt et al. an Sportlern, die zyklisch ihr Gewicht ändern, speziell Ringern, konnten keine negativen Auswirkungen einer hiermit verbundenen Schaukeldiät auf den Ruheumsatz nachweisen.

Neuere Untersuchungen haben ferner keine ungünstigen Auswirkungen des Jo-Jo-Effekts auf Körperzusammensetzung, Stoffwechsel, Herz-Kreislauf-Risikofaktoren bzw. die Effektivität späterer Programme zur Gewichtsabnahme nachweisen können. Daten über einen negativen Effekt auf die gesundheitliche Langzeitprognose, auf Morbidität und Mortalität, liegen ebenfalls nicht vor. Obwohl somit gesundheitliche Schädigungen durch den rhythmischen Wechsel zwischen Diäten, Hungerkuren und Freßorgien, Gewichtsabnahme und -zunahme, der das Leben der meisten Übergewichtigen prägt, nicht bewiesen werden können, so ist doch eine langfristige und moderate Änderung des Lebensstils, der Ernährung und der Bewegungsgewohnheiten sicher der vernünftigere Weg.

Besondere Bedenken gegenüber allzu drastischen Hungerkuren und Gewichtsreduktionen über längere Zeit hinweg müssen ganz speziell bei Kindern geäußert werden, die sich noch im Wachstumsalter befinden. Wenn Kinder und Jugendliche in dieser wichtigen Entwicklungsphase, in der sie auf eine adäquate Ernährung besonders angewiesen sind, aus sportlichen Gründen Hungerkuren längerfristig durchführen, um „Gewicht zu machen", so kommt es zu einem Mangel an wichtigen Nährstoffen wie Proteinen, Eisen, Zink und Kalzium. Einschlägige Untersuchungen konnten bei Nachwuchsathleten in bestimmten Sportarten wie Ringen oder Ballett erhebliche Ernährungsdefizite bzw. gesundheitlich sehr bedenkliche Praktiken zur Gewichtskontrolle nachweisen. Leider liegen nur wenige Daten über die langfristigen gesundheitlichen Konsequenzen eines solchen Ernährungsverhaltens bei Kindern und Jugendlichen vor. Bernadot und Czerwinski verglichen die Körperlängen-, Altersund Gewichts-Perzentilen für Turnerinnen im Alter von 7–10 Jahren mit denen von 11–14-jährigen. Sie fanden die ältere Gruppe der Turnerinnen überwiegend in den jeweilig unteren Perzentilen , eine Beobachtung, für deren Erklärung neben Ernährungsdefiziten auch die sportspezifische Selektion kleiner, muskelkräftiger Frauen in Frage kommt, oder auch eine Kombination beider Faktoren miteinander. In einer neueren, prospektiv durchgeführten Studie konstatierten Theintz et al. nach einer Beobachtungszeit von 2–3 Jahren bei adoleszenten Turnerinnen eine geringere Wachstumsgeschwindigkeit als bei gleichaltrigen Schwimmerinnen. Als Ursache hierfür nahmen sie das intensive Training der Turnerinnen von mehr als 18 Stunden/Woche, möglicherweise in Kombination mit dem metabolischen Effekt einer Mangelernährung, an, wodurch eine Hemmung des Hypothalamus bzw. der Hypophyse induziert werden könnte, verbunden auch mit einer Suppression der altersentsprechenden sexuellen Ausdifferenzierung.

In den letzten $1\,^1/_2$ Jahrzehnten sind die gesundheitlichen Folgen von Ernährungsstörungen zunehmend bewußt geworden. Sie werden daher im nachfolgenden Abschnitt näher dargestellt.

Ernährungsstörungen

Der Wunsch, schlank zu sein, kann dann, wenn er übertrieben wird, zu schweren Ernährungsstörungen mit ernsthaften gesundheitlichen Konsequenzen führen. Die **Magersucht** oder **Anorexia nervosa** beruht auf komplexen pathophysiologischen Zusammenhängen, die im einzelnen noch nicht genau bekannt sind, wobei jedoch offensichtlich die psychologischen Faktoren ganz im Vordergrund stehen. Patienten mit Magersucht weisen häufig die Charakteristika einer zwanghaften Persönlichkeit auf, nicht selten betrifft sie Menschen, die auch zum Mißbrauch psychoaktiver Drogen neigen. Folgende diagnostische Kriterien sind für die Anorexie charakteristisch:

1. Die völlig unbegründete, oft absurde Angst, an Gewicht zuzunehmen und dick zu werden bei einem objektiv eher untergewichtigen Patienten.

2. Störungen der Vorstellung vom eigenen Körperbild.

3. Abnahme des Körpergewichts auf weniger als 85 % des Normalgewichts bei gleichzeitiger Weigerung des Patienten wieder zuzunehmen. Bei Kindern und Jugendlichen in der Entwicklungsphase bleibt die normalerweise mit dem Wachstum verbundene Gewichtszunahme aus.

4. Bei Frauen Amenorrhö oder ein Ausbleiben der Regelblutung über mindestens drei Zyklen hinweg.

Die Inzidenz der Anorexia nervosa ist relativ niedrig, sie liegt in der allgemeinen Bevölkerung bei knapp 1 % oder darunter. Bei Studentinnen, vor allem in den unteren Semestern, soll sie dagegen bis zu 2 % betragen, also doppelt so hoch liegen. Zu 85–95 % sind Frauen unter 25 Jahren betroffen. Für ihre Entstehung wurden zahlreiche Faktoren diskutiert. Die wichtigste Ursache scheint die bedingungslose Akzeptanz eines von der Gesellschaft indoktrinierten übertriebenen Schlankheitsideals zu sein. Als der besonders von Anorexie bedrohte Typ kann eine junge Frau aus der Ober- und Mittelschicht beschrieben werden, die zum Perfektionismus und überzogener Selbstkritik neigt und deshalb unter mangelndem Selbstvertrauen leidet. Häufig stammt sie aus einem besonders gut behüteten Elternhaus. Auch wenn vorwiegend Frauen betroffen sind, weisen auch die selteneren männlichen Magersüchtigen ganz ähnliche Charakterzüge auf.

Die medizinischen Folgen einer ausgeprägten Magersucht können sehr ernsthaft bis fatal sein. Es kommt zur Eisenmangelanämie, die Herzmuskelmasse nimmt ab, als Folge von Elektrolytstörungen treten Herzrhythmusstörungen auf, schließlich kann es zu Todesfällen kommen. Die Behandlung muß, wenn sie erfolgreich sein will, konsequent über Jahre hinweg betrieben werden, wobei die Psychotherapie ganz im Vordergrund steht.

Unter der **Bulimia nervosa** wird eine krankhafte Appetitstörung verstanden, bei der der (meist die) Betroffene die Kontrolle über sein/ihr Eßverhalten verliert. Es kommt zu Freßorgien mit anschließender künstlicher Auslösung von Erbrechen, um eine Gewichtszunahme zu vermeiden. Alternativ werden zu diesem Zweck von manchen Patienten statt des Erbrechens auch Abführmittel oder Diuretika benutzt. Folgende Charakteristika einer Bulimie können genannt werden:

1. Zwanghaftes Auftreten von Freßperioden mindestens 2 ×/Woche über mindestens 3 Monate hinweg.

2. Verlust der Kontrolle über die Nahrungsaufnahme während der Freßphasen.

3. Gebrauch von Kompensationsmechanismen zur Vermeidung einer Gewichtszunahme wie selbstinduziertes Erbrechen, Abführmittel, Diuretika, Hungerkuren oder auch extremer körperlicher Aktivität.

4. Erhebliche und rasche Schwankungen des Körpergewichts im Bereich von 5 kg und mehr als Folge des Wechsels zwischen Freß- und Hungerphasen.

5. Ständige, übertriebene Beschäftigung mit dem eigenen Körpergewicht und dem äußeren Erscheinungsbild.

Die Bulimie ist häufiger als die Magersucht, ihre Inzidenz in der allgemeinen Bevölkerung wird mit 2–3 % angegeben. Unter Studenten liegt sie noch deutlich höher. Bei amerikanischen College-Studenten fand Haller eine Häufigkeit von bis zu 10 %. Die Charakteristika der betroffenen Patienten (vorwiegend Patientinnen) sind ähnlich wie bei der Anorexia nervosa. Es lassen sich insbesondere ein übertriebenes Schlankheitsideal und mangelndes Selbstbewußtsein feststellen.

Als gesundheitlich negative Folgen der Bulimie treten durch das Erbrechen Schleimhautrisse im Bereich von Mund und Oesophagus auf, ferner Aspirationspneumonien und in schweren Fällen Herzversagen. Obwohl Wilson und Eldredge feststellten, daß etwa 30–60 % aller jungen Frauen ständig versuchen, durch zumindest zeitweise Ernährungsrestriktion ihr Gewicht bzw. ihr Erscheinungsbild zu kontrollieren, sind Ernährungsstörungen bei einer Inzidenz der Anorexie von 1–2 % und der Bulimie von 1–3 % eher selten. Dies gilt jedoch nur für die schweren Formen, wie sie vorstehend definiert wurden. Leichtere Formen einer artifiziellen Mangelernährung dürften, wie dies Brownell und Rodin unterstreichen, wesentlich häufiger vorkommen. Dies gilt ganz besonders für bestimmte Bevölkerungs- und Berufsgruppen, zu denen auch Sportler/ Innen zu zählen sind.

Spezielle Ernährungsprobleme bei Sportlern

In einer Reihe von Sportarten ist ein niedriges Körpergewicht aus Gründen des äußeren Erscheinungsbildes bzw. der Biomechanik Voraussetzung für den Erfolg, wie z.B. im Ringen, Turnen, Ballett, Eiskunstlauf, Wasserspringen, Leichtgewichtrudern, Langlauf etc. In diesen Sportarten finden sich daher häufig Ernährungsgewohnheiten, die zumindest partielle Züge der Anorexie bzw. Bulimie aufweisen. Da das Vollbild einer solchen Ernährungsstörung jedoch nicht vorliegt, sollte der Ausdruck einer Magersucht für solche Sportler vermieden werden, sondern besser allgemein von Ernährungsstörungen gesprochen werden. Andererseits wurde in diesem Zusammenhang auch der Ausdruck der **Anorexia athletica** geprägt.

Solche den krankhaften Bereich berührende Ernährungsstörungen bei Sportlern sind häufig. In einer Untersuchung in amerikanischen Universitätsportclubs fand Dick in 70 % der überprüften Vereine mindestens je einen Fall eines pathologischen Ernährungsverhaltens. Sportlerinnen sind daran zu 20–40 % betroffen. In hierfür besonders anfälligen Sportarten wie Turnen, Langlauf und Bodybuilding, die Schlankheit bzw. ein spezifisches Körpergewicht erfordern, finden sich Ernährungsstörungen sogar bei 50–75 % der Athletinnen. Im allgemeinen normalisiert sich das Eßverhalten dieser Sportler dann wieder mit dem Ende der Wettkampfsaison. In vielen Fällen kann jedoch das, was primär kurzfristig rationell und bewußt als Kontrolle des Körpergewichts aufgrund von sportlich induzierten Zwängen durchgeführt wurde, in einen krankhaften Zustand umschlagen.

Besonders bedroht hiervon sind Sportlerinnen, vor allem Turnerinnen und Ballett-Tänzerinnen, da bei ihnen oft die gleichen sozioökonomischen sowie Alters- und Geschlechtsfaktoren vorliegen, die auch die Prädisposition für die Entstehung einer Anorexia nervosa darstellen. Trainer, Freunde und Familienangehörige solcher Sportlerinnen sollten daher auf entsprechende Warnsymptome achten, die auf die Entwicklung einer Magersucht oder Bulimie hinweisen, wie

Anorexia nervosa

Massive Gewichtsabnahme

Abneigung gegen Essen, Kalorien und Gewicht

Schlabbrige sackartige Kleidung

Bewegungsbesessenheit

Auffällige Stimmungsschwankungen

Abneigung gegen gesellschaftliche Veranstaltungen, die mit Essen verbunden sind.

Bulimie

Häufiger Wechsel zwischen Gewichtsverlust und Gewichtszunahme

Auffällige Besorgnis um das eigene Körpergewicht

Regelmäßiges Aufsuchen der Toilette nach einem Essen

Depressive Verstimmungen

Wechsel zwischen Hungerkuren und Freßorgien

Zunehmend negative Einstellung dem eigenen Körper gegenüber

massive, sonst nicht zu erklärende Gewichtsverluste, häufige starke Gewichtsschwankungen, unnötige zwanghafte Steigerung des Trainingsumfanges, extreme Beschäftigung mit dem eigenen Körpergewicht und dem äußeren Erscheinungsbild sowie anomale Ernährungspraktiken. Eine zusammenfassende Darstellung solcher Warnsignale findet sich in der Tabelle 10.4.

Diese Ernährungsstörungen sind neben Amenorrhö und Osteoporose Teil der sogenannten **Sportlerinnentriade**, aus der die **Osteoporose** bereits in Kapitel 8 vorgestellt wurde. Im folgenden soll auf die Bedeutung von Ernährungsstörungen für die Entstehung der Osteoporose im Rahmen dieser Triade eingegangen werden. Das Aussetzen der Regelblutung (Amenorrhö) ist bei Sportlerinnen häufig und wird daher auch als **Sport-amenorrhö** bezeichnet. Die genauen Ursachen dieser sekundären Amenorrhöform sind nicht bekannt. Es werden jedoch eine Reihe von Faktoren diskutiert, die hierzu beitragen können. Als einer dieser möglichen Faktoren wird die von Sportlern oft bevorzugte vegetarische Ernährung angesehen, die angesichts der hohen Belastung im Training mit einer zu geringen Zufuhr an Kalorien, Protein und Fett sowie mit einem ausgeprägten Gewichtsverlust verbunden sein kann. Andere Untersucher stellen Intensität und Umfang der Belastung sowie den hiermit verbundenen psychologischen Streß ganz in den Vordergrund ihrer Überlegungen. Die sportmedizinische Forschung in diesem Bereich konzentriert sich zur Zeit ganz auf die Auswirkungen dieser Faktoren auf die hypothalamisch-hypophysäre-gonadale Achse und die damit verbundenen Einflüsse auf die hormonale Steuerung des Menstruationszyklus. Die Hypothalamusfunktion und, da der Hypothalamus das übergeordnete Zentrum der Hypophyse darstellt, damit auch die Sekretion der hypophysären Hormone kann von allen genannten Faktoren beeinflußt werden. Da die Hypophysenhormone ihrerseits wiederum die Sekretion der Geschlechtshormone, speziell des Östrogens steuern, sind auch diese betroffen. Weitere Hormone, die bei der Entstehung der Amenorrhö eine Rolle spielen können, sind die Nebennierenrindenhormone (Kortisol) und die Katecholamine, speziell das Adrenalin.

Eine gängige Hypothese geht davon aus, daß die Sportamenorrhö mit einer ausgeprägten Reduktion des Körperfettanteils in Verbindung zu bringen ist, weil hierdurch die Östrogenproduktion reduziert wird. Wie in Kapitel 8 dargestellt wurde, spielt Östrogen bei der Regulierung des Knochenstoffwechsels eine wichtige Rolle. Die Abnahme des Östrogenspiegels führt zu einer Reduktion der Knochenbildung und begünstigt damit die Entwicklung einer **Osteoporose**. Obwohl körperliche Aktivität im allgemeinen als Mittel zur Verhinderung der Entstehung einer Knochenentkalkung betrachtet wird, begünstigt sie offensichtlich und paradoxerweise bei hoher Intensität über den Mechanismus einer Senkung des Körperfettanteils und damit der Östrogenproduktion die Entstehung der Osteoporose bei der Leistungssportlerin, zumindest wirkt sie der Entwicklung einer solchen Veränderung dann nicht mehr entgegen. In einer Reihe von Untersuchungen konnte gezeigt werden, daß bei amenorrhoischen Sportlerinnen die Knochendichte in den Skelettanteilen, die nicht durch das Körpergewicht belastet werden, wie der Wirbelsäule, reduziert ist. Neuere Untersuchungen, z.B. von Myburgh et al. konnten allerdings auch bei Sportlerinnen eine Verminderung der Dichte von gewichtsbelasteten Knochen wie des Femurs aufzeigen. Amenorrhoische Sportlerinnen sind Überlastungsschäden im Bewegungsapparat, speziell Ermüdungsfrakturen gegenüber stärker anfällig als eumenorrhoische. Ferner können die hormonalen Veränderungen, die mit der Sportamenorrhö verbunden sind, den Grundumsatz vermindern. Diese Problematik wird im Augenblick intensiv erforscht. Untersuchungen in die-sem Bereich am Menschen sind allerdings schwierig, nachdem die Ursache der Amenorrhö bei der Sportlerin letztlich nach wie vor noch nicht bekannt ist.

Mit der Bestimmung des Körperfettanteils sollte man in der Sportpraxis nur kritisch umgehen. Leider kommt es immer wieder vor, daß in diesem Bereich halbgebildete Trainer unrealistische Vorgaben über einen angeblich optimalen Körperfettanteil machen und diesen dann womöglich unter Nichtberücksichtigung der Fehlerbreite der verwendeten Methode falsch bestimmen und damit bei den von ihnen betreuten Sportlern gefährliche Ernährungsstörungen induzieren. Dem Trainer ist es eben oft nicht bekannt, daß man mit der einen Methode 10 %, mit der anderen beim gleichen Sportler jedoch 15–20 % Körperfettanteil messen kann. Wenn überhaupt, sollte er mehr als eine Methode anwenden und dann das niedrigste Ergebnis verwenden. Er ist dann immer auf der sicheren Seite und wird nicht unnötigerweise Ernährungsrichtlinien geben, die möglicherweise in gefährlichen Ernährungsstörungen münden.

In Anhang D werden Hinweise für die frühzeitige Erkennung eines möglicherweise pathogenen Ernährungsverhaltens zur Gewichtskontrolle bzw. -reduktion gegeben. Im Zweifelsfall oder dann, wenn bereits offensichtliche Ernährungsstörungen vorliegen, sollte sich der Trainer mit Ernährungswissenschaftlern und/oder einschlägig ausgebildeten Psychologen bzw. Ärzten in Verbindung setzen. Auch in diesem Bereich spezialisierte Krankenhäuser bieten Untersuchungsverfahren, z.B. Fragebogen, zur Identifizierung von Ernährungsstörungen sowie diätetische Programme zu ihrer Therapie an. Auch von den Sportverbänden ist Informationsmaterial über die gesundheitliche Gefährdung durch bzw. den Umgang mit Ernährungsstörungen zu erhalten.

Im Falle der Sportamenorrhö ist die Behandlung einfach, sie besteht hauptsächlich in den beiden Hinweisen, etwas weniger zu trainieren und dafür etwas mehr zu essen. Bei manchen Sportlerinnen reicht schon die Reduktion der Trainingsintensität um etwa 10 %, bei anderen eine Gewichtszunahme von 2–3 kg aus, um die normale Regelblutung wiederherzustellen. Bei der Ernährung sollte neben einer Vermehrung der Gesamtkalorien besonders auf eine Erhöhung des Eiweißanteils geachtet werden, etwa durch die Einbeziehung von mehreren kleinen Fleischportionen in den wöchentlichen Speiseplan. Auch Milchprodukte sind zu empfehlen, da sie neben Eiweiß vor allem viel Kalzium enthalten.

10.4 Körperzusammensetzung und Leistungsfähigkeit

Der Einfluß von Übergewicht auf die Leistungsfähigkeit

In manchen Sportarten, in denen Körperkontakte erlaubt, wenn nicht sogar erwünscht sind, stellt ein robuster und stabiler Körper und damit auch ein gewisses Maß an Übergewicht durchaus einen Vorteil dar, vom American Football über Eishockey bis im extremen Fall hin zu den Sumo-Ringern. Zum Teil wirkt sich ein Übergewicht in den gleichen Sportarten dann andererseits aber auch wieder negativ aus, wenn es die Beweglichkeit und die Bewegungsgeschwindigkeit reduziert. Im Gegensatz zum Adipösen wird der Sportler sein Körpergewicht im allgemeinen allerdings nicht durch die Fettmasse sondern durch eine Vergrößerung der Muskelmasse vermehren. In selteneren Fällen kann auch eine große Fettmasse von Vorteil sein, beispielsweise dann, wenn Langstreckenwettbewerbe im Schwimmen in relativ kaltem Wasser ausgeführt werden. Das Fett dient dann als Wärmeisolation und verbessert den Auftrieb und damit die Wasserlage.

In den meisten Sportarten ist Übergewicht allerdings von Nachteil. Immer dann, wenn es darum geht, den Körper mit Muskelkraft möglichst schnell und möglichst effektiv von einem Ort zum anderen zu transportieren, wie beim Weitsprung, Hochsprung, Ballett, im Turnen, beim Sprint oder Langstreckenlauf stellt Übergewicht eine zusätzliche und damit leistungsmindernde Belastung dar. Athleten in diesen Sportarten weisen eine zwar individuell unterschiedlich ausgeprägte Muskulatur auf, gemeinsam ist ihnen jedoch ein niedriger Körperfettanteil.

Nach den Grundgesetzen der Physik stellt unnötiges Fett ein Bewegungshindernis dar. Fett vergrößert die träge Masse und trägt nicht zur Energiebereitstellung bei. Wenn ein Hochspringer mit einer gegebenen Maximalkraft abspringt, so bedeutet 3 kg unnötiges Zusatzgewicht eine Reduktion der erreichbaren Sprunghöhe. Ein 75 kg schwerer Marathonläufer, der sein Gewicht und damit die zu bewegende Masse um 5 % entsprechend 4 kg reduziert, kann bei gleicher Energiebereitstellung seine Laufzeit über die 42 km um etwa 6 Minuten verbessern, umgekehrt wird er bei entsprechender Gewichtszunahme um die gleiche Zeit langsamer. Zusammenfassend verschlechtert unnötiger Ballast in Form von Fettdepots die Effektivität der Maschine Mensch.

Aus verschiedenen Gründen läßt sich ein Optimum für den Körperfettanteil aus der Sicht der Leistungsfähigkeit bezogen auf die einzelne Sportart kaum angeben. Es liegen jedoch zahlreiche vergleichende Untersuchungen über die Körperzusammensetzung von Spitzensportlern vor, die hierzu einige allgemeine Hinweise ableiten lassen. Bei Männern in den Sportarten Sprint, Langstreckenlauf, Ringen, Turnen, Basketball, Fußball, Schwimmen und Bodybuilding liegt das Optimum des Körperfettanteils zwischen 5 und 10 %. Für Spitzenathleten im Baseball, Tennis, Gewichtheben und in leichtathletischen Kraftdisziplinen wie Kugelstoßen etc. werden Mittelwerte von 11–15 % gefunden,

Werte, die nur wenig unter dem durchschnittlichen Körperfettanteil nichtsportlicher Vergleichspersonen liegen. Für Sportlerinnen werden von einigen Autoren maximale Körperfettanteile von 20 % angegeben, während andere diese Grenze bei 15 % festlegen. Für Turnerinnen und Ruderinnen wurden Werte deutlich unter 15 %, in einzelnen Fällen sogar unter 10 % gefunden. Die meisten Sportlerinnen liegen im Bereich von 15–20 %, bei Kraftsportlerinnen wie Diskuswerferinnen wurden Werte von mehr als 25 % gemessen. Wie bereits eingangs festgestellt, ist der Körperfettanteil jedoch nur ein Parameter unter vielen anderen für die körperliche Leistungsfähigkeit. Es gibt durchaus Sportlerinnen, die von diesen Normwerten abweichen und die trotz eines höheren Körperfettanteils optimale Leistungen erbringen. Trotz solcher Ausnahmen kann jedoch festgestellt werden, daß ein zu hohes Körpergewicht in den meisten Sportarten einen Nachteil darstellt.

Andererseits sollten Sportler davor gewarnt werden, sich irreal niedrige Ziele für ihre Körperfettzusammensetzung zu setzen. Der Sportler, der gewissermaßen in einer Fettphobie ein Minimum von unter 5 % Körperfettanteil anstrebt, sollte sich zunächst daran erinnern, daß dies aufgrund des essentiellen Körperfettanteils biologisch praktisch unmöglich ist. Zum anderen gibt die große Fehlerbreite der Fettbestimmung im Bereich von 2–4 % eine exakte Bestimmung eines solchen Wertes nicht her. Eine zu intensive Gewichtsabnahme wird letztendlich zu einer Leistungsverschlechterung führen, zum Gegenteil also von dem, was sich der Sportler eigentlich vorgestellt hatte.

Der Einfluß von extremen Gewichtsverlusten auf die körperliche Leistungsfähigkeit

Das „Gewichtmachen" wie es in einer Reihe von Sportarten, in denen in bestimmten Gewichtsgrenzen gekämpft wird, üblich ist, ist sowohl aus Gesundheits- wie auch aus Leistungsgründen abzulehnen. Die hiermit verbundenen Maßnahmen wie Fastenkuren und drastischer Flüssigkeitsentzug vermindern Muskelkraft und Ausdauerleistungsfähigkeit, wobei verschiedene Mechanismen eine Rolle spielen, wie die Verminderung des Blutvolumens, die Abnahme des Testosteronspiegels, eine Einschränkung der Herz-Kreislauf-Funktion, die Verschlechterung der Temperaturregulationsfähigkeit, Hypoglykämie und Erschöpfung der Glykogendepots in der Muskulatur und in der Leber.

Entscheidend für das Ausmaß der Leistungseinschränkung ist zum einen die Technik, mit der die Gewichtsabnahme erzielt wird – Dehydratation und/oder Fasten–und zum anderen die Zeit, in der der Gewichtsverlust eintritt.

Der Einfluß eines Gewichtsverlusts in Folge einer Dehydratation auf die Leistungsfähigkeit wurde in Kapitel 9 diskutiert. Kurz zusammengefaßt werden Kraft-, Schnellkraft- und Schnelligkeitsleistungen durch eine kurzfristige Dehydratation nicht negativ beeinflußt, im Gegensatz zur aeroben bzw. anaeroben Leistungsfähigkeit, die besonders bei hohen Umgebungstemperaturen deutlich beeinträchtigt werden können.

Untersuchungen zum Einfluß einer stark kalorienreduzierten Kost bzw. von Hungern auf die Leistungsfähigkeit wurden über unterschiedliche Zeiträume zwischen einem Tag und einem Jahr ausgeführt. Kurzfristiges Fasten kann die Leistungsfähigkeit negativ beeinflussen, wenn Blutzucker und Muskelglykogendepots deutlich reduziert werden. Auch wenn Muskelkraft und VO_2 max durch kurzfristiges Fasten im allgemeinen unbeeinflußt bleiben, wurde durch den Einfluß auf Blutzucker und Muskelglykogen doch eine Beeinträchtigung der aeroben bzw. der anaeroben Ausdauer nachgewiesen. Eine langfristige unterkalorische Ernährung führt auf die Dauer zu einem signifikanten Verlust an fettfreier Muskelmasse und damit zu einer Einschränkung in praktisch allen motorischen Bereichen.

Interessanterweise konnten in einer Reihe von Untersuchungen, in denen die Testpersonen mit weniger als 1000 Kalorien täglich ernährt wurden, trotz deutlicher Gewichtsverluste von diesen Trainingsprogramme mit relativ hoher Intensität fortgeführt werden. Wie die Autoren dieser Untersuchungen betonen, ist dies möglich, wenn Hypoglykämie, Dehydratation und größere Verluste an fett-

freier Muskelmasse verhindert werden. Unter diesen Voraussetzungen muß eine Gewichtsabnahme nicht mit einer Einschränkung der Leistungsfähigkeit einhergehen. Trotzdem beobachteten Horswill et al. bei Probanden, die sich hypokalorisch ernährten, und zwar einmal mit einem niedrigen und zum anderen mit einem hohen Kohlenhydratanteil, eine signifikante Reduktion der Leistungsfähigkeit, wenn ein Gewichtsverlust von 6 % und mehr erreicht worden war. Die Leistungseinschränkung war bei der kohlenhydratreichen Kost geringer als bei der KH-armen. Daher sollte man Athleten, die vor Wettkämpfen an Gewicht abnehmen wollen, raten, den relativen Anteil an Kohlenhydraten in ihrer Diät zu erhöhen. Maffulli fand in einer Untersuchung von zwei Sumo-Ringern nach einem Gewichtsverlust von immerhin 8 % der Körpermasse über 22 Tage hinweg keinen negativen Effekt auf die aerobe Leistungsfähigkeit bzw. die maximale isometrische Kraft, dagegen eine Einschränkung der anaeroben Ausdauer. Umgekehrt beobachteten Fogelholm et al. nach einem Gewichtsverlust von 5 % der Körpermasse, der entweder in zwei Tagen oder über drei Wochen induziert wurde, bei Ringern und Judoka keinen Einfluß auf die anaerobe Leistungsfähigkeit. Zusammenfassend läßt sich nur schwer ein genereller Grenzwert der Gewichtsabnahme angeben, ab dem die Leistungsfähigkeit abnimmt. Für Athleten, die „Gewicht machen" empfiehlt es sich daher, während dieser Phase ihre Leistungsfähigkeit ständig zu überprüfen, z.B. durch Messungen der Kraft, der lokalen Muskel- bzw. der kardiovaskulären Ausdauer. Wenn es zu einer Einschränkung von hierfür aussagekräftigen Leistungsparametern kommt, so kann dies ein Hinweis darauf sein, daß mit der Gewichtabnahme übertrieben wurde. Auch subjektive Veränderungen, wie ungewöhnliche Müdigkeit, Schwäche oder Motivationsverlust können entsprechende Fingerzeige geben.

Als Kernaussage dieses Kapitels sollte herausgearbeitet werden, daß Gewichtsabnahme je nach Qualität und Quantität die Leistungsfähigkeit verschlechtern oder, ganz besonders dann, wenn es sich vor allem um Fettmasse handelt, die abgebaut wird, auch verbessern kann. Im folgenden Kapitel sollen Hinweise dafür gegeben werden, wie eine Gewichtsabnahme erzielt werden kann, die das Ausmaß an Gesundheit und Leistungsfähigkeit vergrößert.

Literatur

Übersichtsartikel

Atkinson, R. 1991. Massive obesity: Complications and treatment. *Nutrition Reviews* 49:49–53.

Bernadot, D., and Czerwinski, C. 1991. Selected body composition and growth measures of junior elite gymnasts. *Journal of the American Dietetic Association* 91:29–33.

Bouchard, C. 1991. Heredity and the path to overweight and obesity. *Medicine and Science in Sports and Exercise* 23:285–91.

Brownell, K., and Rodin, J. 1992. Prevalence of eating disorders in athletes. In *Eating, Body Weight and Performance in Athletes: Disorders of Modern Society*, eds. K. Brownell, et al. Philadelphia PA, Lea and Febiger.

Dattilo, A., 1992. Dietary fat and its relationship to body weight. Nutrition Today 27:13–19, January/February.

Forbes, G. 1994. Body composition: Influence of nutrition, disease, growth, and aging. In *Modern Nutrition in Health and Disease*, eds. M. Shils et al. Philadephia, PA, Lea and Febiger.

Grodner, M. 1992. "Forever dieting": Chronic dieting syndrom. *Journal of Nutrition Education* 24:207–10.

Kushner, R., 1993. Body weight and mortality. *Nutrition Reviews* 50:12–16.

Martin, A., and Drinkwater, D. 1991. Variability in the measures of body fat. Assumption of technique? *Sports Medicine* 11:277–88.

Pate, R. 1993. Physical activity in children and youth: Relation to obesity. *Contemporary Nutrition* 18(2):1–2.

Prentice, A. et al. 1992. Effects of weight cycling on body composition. *American Journal of Clinical Nutrition* 56: S209–S212

Rodin, J., et al. 1989. Psychological features of obesity. *Medical Clinics of North America* 73:47–66.

Rolls, B., and Shide, D. 1992. The influence of dietary fat on food intake and body weight. *Nutrition Reviews* 50:283–90.

St. Jeor, S. 1993. The role of weight management in the health of women. *Journal of the American Dietetic Association* 93:1007–12.

Stock, M. 1989. Thermogenesis and brown fat: Relevance to human obesity. *Infusionstherapie* 16:282–84.

Wang, L. et al. 1992. The five-level model: A new approach to organizing body-composition research. *American Journal of Clinical Nutrition* 56:19–28

Widdowson, E. 1988. Nutrition and cell and organ growth. In *Modern Nutrition in Health and Dis-ease*, eds. M. Shils and V. Young, Philadephia, PA, Lea and Febiger.

Wilson, G. and Eldredge, K. 1992: Pathology and development of eating disorders. Implications for athletes. In Eating, Body Weight and Performances in Athletes: Disorders of Modern Society, eds. K. Brownell et al., Philadelphia, PA: Lea and Febiger

Spezielle Studien

Davis, P., et al. 1989. Near infrared interactance vs. hydrostatic weighing to measure body composition in lean, normal and obese women. *Medicine and Science in Sports and Exercise* 21:S100.

Dick, R. 1993. Eating disorders in NCAA athletics programs: Replication of a 1990 study. *NCAA Sports Sciences 3*: Spring.

Fogelholm, G. M., et al. 1993. Gradual and rapid weight loss: Effects on nutrition and performance in male athletes. *Medicine and Science in Sports and Exercise* 25:371–77.

Folsom, A. et al. 1993. Body fat distribution and 5 year risk of death in older women. *Journal of the American Medical Association* 269:483–87

Haller, E. 1992. Eating disorders. A review and update. *Western Journal of Medicine* 157:658–62.

Horswill, D., et al. 1990. Weight loss, dietary carbohydrate modifications, and high intensity, physical performance. *Medicine and Science in Sports and Exercise* 22:470–76.

Klesges, R., et al. 1993. Effects of television on metabolic rate. Potential implications for childhood obesity. *Pediatrics* 91:281–86.

Kuczmarski, R., et al. 1994. Increasing prevalence of overweight among U.S. adults. *Journal of the American Medical Association* 272: 205–11.

Maffulli, N. 1992. Making weight: A case study of two elite wrestlers. *British Journal of Sports Medicine* 26:107–10.

Myburgh, K., et al. 1993. Low bone mineral density at axial and appendicular sites in amenorrheic athletes. *Medicine and Science in Sports and Exercise* 25:15–22.

Prentice, A., et al. 1992. Effects of weight cycling on body composition. *American Journal of Clinical Nutrition* 56:S209–S216.

Schmidt, W., et al. 1993. Two seasons of weight cycling does not lower resting metabolic rate in collegiate wrestlers. *Medicine and Science in Sports and Exercise* 25:613–19.

Stunkard, A., et al. 1990. The body-mass index of twins who have been reared apart. *New England Journal of Medicine* 322:1483–87.

Theintz, G., et al. 1993. Evidence for a reduction of growth potential in adolescent female gymnasts. *Journal of Pediatrics* 122:306–13.

Williams, P. 1990. Weight set-point theory and the high-density lipoprotein concentrations of long-distance runners. *Metabolism* 39:460–67.

Wilson, J. 1992. Bulimia nervosa: Occurrence with psychoactive substance use disorders. *Addictive Behaviors* 17:603–7.

11 Gewichtskontrolle und -abnahme durch Ernährung und Bewegung

11.1 Einleitung

Angesichts des Schlankheitsideals unserer Gesellschaft, dem Millionen von Übergewichtigen mehr oder minder hilflos gegenüberstehen, nimmt es nicht wunder, daß sich eine umfangreiche Industrie entwickelt hat, die bei der Bewältigung dieses Konfliktes zwischen Anspruch und Wirklichkeit des Körpergewichtes behilflich ist – und dabei nicht zuletzt auch sich selbst. Fitneß- und Gesundheitszentren, die versprechen, das leidige Gewichtsproblem zu bewältigen, schießen wie Pilze aus dem Boden. Die pharmazeutische Industrie bietet Pillen an, die mit oder ohne Rezept erhältlich sind, und die versprechen, das Fett dahinschmelzen zu lassen. Natürlich ist auch die Lebensmittelindustrie an dem Geschäft beteiligt. Sie bietet Spezialernährungen zur Gewichtsabnahme an, deren Kaloriengehalt niedrig und deren Preis hoch ist. Jedes Jahr steht ein neues Ernährungsbuch in den Bestsellerlisten, das uns die nun endgültig beste und damit letzte Diät verspricht, die wir unbedingt benötigen, um schlank und rank zu werden und zu bleiben.

Zur Gewichtssenkung werden zahlreiche Verfahren angeboten, manche sinnvoll, andere unsinnig. Medikamente zum Abnehmen sollen den Appetit zügeln oder den Stoffwechsel anheizen. Durch Spezialcremes sollen die „Problemzonen" gestrafft und lokale Fettdepots abgebaut werden. Operative Techniken umfassen intestinale Bypass-Operationen, die Entfernung von Teilen des Magens oder das Anbringen von Abnähern am Magen zu seiner Verkleinerung, das Absaugen oder Ausschneiden von subkutanem Fett, ja selbst die Vernähung der Kiefer mit Drahtschlingen. Patentdiäten bieten sich in fast allen möglichen Formen und Kombinationen an, Hungerkuren, Fett-, Eiweiß- oder Kohlenhydrat-

reiche Ernährungen, die Grapefruitdiät oder selbst die „Nicht-Diät" werden angepriesen. Für Sportprogramme werden Spezialkleidungen angeboten, die versprechen, das Fett in wenigen Stunden dahinschmelzen zu lassen. Nicht zuletzt stehen auch die Psychologen in der Reihe der Anbieter, aus ihrem Arsenal sollen Hypnose und Verhaltensmodifikationen dazu beitragen, die Ernährungsgewohnheiten abzuändern.

In schweren Fällen von Fettsucht kommt häufig eine Kombination dieser verschiedenen Verfahren unter ärztlicher Aufsicht bzw. eine ärztlich gesteuerte Therapie zur Anwendung unter Einschluß von Operation, Hormontherapie, medikamentöser Behandlung und Nulldiät. In solch schweren Fällen von Adipositas ist eine Gewichtsabnahme medizinisch dringend indiziert, da sie mit zahlreichen gesundheitlichen Risikofaktoren verbunden ist. Leider sind die Erfolge im allgemeinen nur gering, rund 95 % der Übergewichtigen, die abnehmen, haben innerhalb von spätestens 5 Jahren ihr Ausgangsgewicht wieder erreicht. Häufig geht dies nach dem Jo-Jo-Prinzip auf und ab. Wie im Kapitel 10 dargestellt, haben solche Gewichtsfluktuationen jedoch keine negativen gesundheitlichen Effekte und sollten den Übergewichtigen nicht von immer neuen Anläufen zur Gewichtsabnahme abhalten. Eine besondere ärztliche Überwachung ist auch bei speziellen Gruppen von Übergewichtigen erforderlich, nämlich bei Kindern, Schwangeren, Menschen über 65 Jahren sowie bei Patienten mit Erkrankungen, die sich unter dem Versuch abzunehmen verschlimmern könnten.

Versuche zur Gewichtsabnahme haben vor allem bei solchen Patienten eine Erfolgschance, bei denen die Adipositas überwiegend durch einen ungünstigen Lebensstil bedingt ist, wie speziell Überernährung und

Bewegungsmangel, während die Prognose bei einem vorwiegend genetisch bedingten Übergewicht deutlich schlechter ist.

Verfahren zur Gewichtsabnahme wurden vorwiegend für Erwachsene entwickelt, da die Hauptperiode der Adipositasentwicklung zwischen dem 25. und 35. Lebensjahr liegt. Die Zahl der Übergewichtigen hat in der Industriegesellschaft in den letzten 25 Jahren sowohl für Kinder wie Erwachsene erheblich zugenommen. In den USA stieg der BMI für den durchschnittlichen 25–50 Jahre alten Mann zwischen 1980 und 1990 von 22 auf 25, für die Frau von 21 auf 24. Letztlich ist jede Prävention der Adipositas erfolgreicher als die Therapie. Wie dies die oben aufgeführten Daten zeigen, sollte eine solche Prävention durch das Erlernen eines vernünftigen Lebensstils bereits in der Kindheit beginnen, der dann während des späteren Lebens fortgeführt wird. Dies ist besonders wichtig für junge Erwachsene. Untersuchungen an Studentinnen amerikanischer Universitäten haben beispielsweise gezeigt, daß sie in den ersten zwei Studienjahren im Durchschnitt 5–7,5 kg zunehmen. Aber auch derjenige, der einschlägig genetisch belastet ist, kann, wie dies Untersuchungen von Newman et al. an Zwillingen belegt haben, durch einen vernünftigen Lebensstil der Entwicklung einer Adipositas vorbeugen.

Das folgende Kapitel konzentriert sich auf die zentralen Aspekte des Aufbaus und der Durchführung von Programmen zur Gewichtskontrolle bzw. -abnahme, d. h. auf die Probleme des Normalgewichtigen, der seine Figur halten will oder sogar, um seine Leistungsfähigkeit zu verbessern, noch einige Pfunde abbauen möchte, sowie insbesondere auf die Probleme des Übergewichtigen, der versucht einen Teil seines unnötigen Fettes abzubauen.

In modernen Programmen zur Gewichtsabnahme müssen folgende drei Elemente enthalten sein:

1. Ernährungsumstellung auf eine zwar ausgewogene, aber kalorienreduzierte Kost.

2. Bewegungsprogramm zur Steigerung des Energieverbrauches unter Betonung insbesondere aerober Ausdauerbelastungen.

3. Verhaltensmodifikation zur Realisierung der beiden erst genannten Komponenten, die im folgenden Kapitel weiter angesprochen werden.

11.2 Grundlagen der Gewichtskontrolle

Der Energiegehalt des Fettgewebes

Ein Gramm reines Fett entspricht neun Kalorien. Nachdem jedoch Fettgewebe nicht nur aus Fett besteht, sondern auch Eiweiß, Mineralstoffe und Wasser beinhaltet, deren Kaloriengehalt niedriger ist, beträgt im Mittel der Energiegehalt von 1 g Fettgewebe nur 7,7 Kal bzw. 1 kg Fettgewebe entspricht ca. 7700 Kal.

Die Gültigkeit des kalorischen Konzepts der Gewichtskontrolle

Die Gewichtskontrolle stellt sich zunächst als ein reines Bilanzproblem dar, als Resultat des Verhältnisses von Energiezufuhr zu Energieverbrauch. Wenn man mehr Kalorien aufnimmt als verbraucht, im Falle also einer positiven Energiebilanz, wird man zunehmen und umgekehrt, bei einer negativen Energiebilanz, dann also, wenn der Energieverbrauch die Aufnahme übersteigt, abnehmen. Wenn das Körpergewicht konstant bleiben soll, müssen Energiezufuhr und -verbrauch gleich groß sein. Auch der Energieumsatz des Menschen unterliegt den physikalischen Grundgesetzen der Energietransformation. Wie für jede andere Maschine auch werden Energieverbrauch bzw. -speicherung beim Menschen nach dem ersten Gesetz der Thermodynamik geregelt, nach dem Energie nicht verschwinden kann. Einmal aufgenommene Kalorien können sich nicht in Nichts auflösen, sie müssen entweder verbraucht oder gespeichert werden. Obwohl an diesem Grundprinzip immer wieder gezweifelt wird und es viele scheinbare Ausnahmen gibt, liegen keinerlei objektive Befunde vor, die seine grundsätzliche Geltung in Frage stellen. Es bleibt nach

371

wie vor die physikalische Basis jeder Gewichtskontrolle.

Scheinbare Abweichungen von diesen energetischen Grundgesetzen, die sich bei der Gewichtsreduktion ergeben können, sind häufig aufgrund der verschiedenen Einflußnahme einer Intervention auf die unterschiedlichen Komponenten zu erklären, aus denen sich der Körper zusammensetzt, nämlich das Körperwasser, das Eiweiß der fettfreien Körpermasse, die relativ geringen Kohlenhydratspeicher und unterschiedlich ausgeprägte, häufig sehr große Fettdepots. Quantitative Änderungen in der Relation dieser Komponenten untereinander können zu Gewichtsverschiebungen führen, die scheinbar der Energiebilanz widersprechen, da diese Komponenten sehr verschiedene Kalorienmengen enthalten, Fett 9, Eiweiß und Kohlenhydrate 4 und Wasser keine Kalorien. Ein Wasserverlust von 2–3 Litern kann z. B. in nur einer Stunde zu einem Gewichtsverlust von 2–3 kg führen, der sich energetisch nicht erklären ließe. Durch eine Nulldiät läßt sich zumindest zu Beginn eine sehr rasche Gewichtsabnahme erzielen, die allerdings keineswegs nur die Reduktion der Fettmasse darstellt. Zum großen Teil wird sie durch den Abbau der Glykogendepots sowie von Eiweißen, z. B. Muskeleiweiß, und durch den Verlust des von Glykogen bzw. Eiweiß gebundenen Wassers erklärt. Der Übergewichtige, der abnehmen will, möchte Fett abbauen und nicht Kohlenhydrate oder Eiweiße. Ernährungs- und/oder Bewegungsprogramme sollten also so gestaltet sein, daß es zu einer Maximierung des Fettabbaus und zu einer Minimierung des Eiweißverlustes kommt.

Die Verstoffwechselung der unterschiedlichen Energiequellen erfolgt sehr komplex. Trotz der grundsätzlichen Gültigkeit der Gesetze der Thermodynamik muß daher die Gewichtskurve nicht streng dem kalorischen Gleichgewicht folgen, da die Gewichtsabnahme nicht nur durch eine Verminderung des Körperfettanteils bestimmt wird. Auf die große individuelle Variabilität der Stoffwechselaktivität wurde bereits im vorausgegangen Kapitel hingewiesen. Dies erklärt, warum bei gleicher Kalorienzufuhr der eine zunimmt, der andere sein Gewicht konstant hält und der dritte abnimmt. Ferner ist aufgrund der

Unterschiede in den Stoffwechselwegen Kalorie nicht gleich Kalorie. Auch hierzu wurde im vorausgegangenen Kapitel bereits darauf hingewiesen, daß Fettkalorien wesentlich effektiver, d. h. mit einem deutlich geringeren Kalorienverbrauch gespeichert werden als Kohlenhydrat- oder Eiweißkalorien. Dieses Konzept wird im Verlaufe des vorliegenden Kapitels weiter ausgebaut.

Der tägliche Kalorienbedarf

Der Kalorienbedarf wird von individuellen Faktoren bestimmt, wie Lebensalter, Körpergewicht und -zusammensetzung, sowie dem Geschlecht. Er läßt sich in drei Unterfraktionen zerlegen, nämlich Ruheumsatz, thermodynamischer Effekt der Ernährung und Mehrverbrauch durch körperliche Aktivität.

Der relative Kalorienbedarf pro kg Körpergewicht ist beim Kind in der Entwicklungsperiode, das sehr viel Energie bzw. Nährstoffe zum Aufbau seiner Körpersubstanz benötigt, besonders hoch. Mit zunehmendem Lebensalter nimmt der relative Kalorienbedarf ab, unterbrochen allerdings von Lebensphasen, wie insbesondere Schwangerschaft bzw. Laktationsperiode der Frau, die wiederum eine höhere Energiezufuhr erfordern.

Durch Veränderungen des Körpergewichts wird der absolute Energiebedarf modifiziert, nicht jedoch der relative ausgedrückt in Kalorien pro kg Körpergewicht. Der große bzw. übergewichtige Mensch benötigt mehr Kalorien, um seine Körpermasse konstant zu halten. Der wichtigste Faktor, der beim Erwachsenen die Kalorienaufnahme bestimmt, ist die Körpermasse. Die Körperzusammensetzung hat hierfür zwar auch eine, aber eine wesentlich geringere Bedeutung.

Bis zur Pubertät, also bis zum Alter von 11–12 Jahren, unterscheidet sich der relative Kalorienbedarf zwischen Jungen und Mädchen nicht wesentlich. Nach der Pubertät benötigen die Jungen bzw. männlichen Jugendlichen mehr Kalorien pro kg Körpergewicht als ihre Altersgenossinnen, wahrscheinlich aufgrund ihres relativ höheren Anteils an aktiver Muskelmasse.

Aufgrund seiner individuellen Schwankungsbreite von 10–20 % kann der Ruheumsatz den Kalorienbedarf steigern oder absenken. Bezüglich einer ausführlicheren Diskussion der Größe des Ruhestoffwechsels wird auf Kapitel 3 verwiesen. Ähnliches gilt für den thermischen Effekt der Ernährung, der gleichfalls im Kapitel 3 dargestellt wurde. Körperliche Aktivität kann den Energieverbrauch erheblich und in sehr unterschiedlichem Maße beeinflussen. In Sportarten wie z. B. Kegeln wird man seinen Stoffwechsel kaum über den Ruheumsatz hinaus steigern, andere, intensiver betriebene Sportarten können den täglichen Kalorienbedarf um 1000–1500 Kal erhöhen. Auch hierzu wird auf Kapitel 3 verwiesen.

Aufgrund dieser sehr unterschiedlichen Faktoren ist es im Einzelfall oft schwierig, den exakten Kalorienbedarf genau festzulegen. Leichte bis mittelgradige körperliche Aktivität variiert im Mittel den Kalorienbedarf um etwa 20 %. Auf der Grundlage der im Anhang A gegebenen Daten ergibt sich für den durchschnittlichen Mann im Alter von 19–24 Jahren ein Kalorienbedarf von 2320–3480, für die Frau von 1760–2640 Kal. Bezüglich der Zahlen für andere Altersgruppen wird auf Anhang A verwiesen.

Tabelle 11.1 gibt auf der Grundlage der Daten der Tabellen im Anhang A Zahlen über den relativen, d. h. gewichtsbezogenen, Kalorienbedarf bei Kindern mit normaler körperlicher Aktivität bzw. für Erwachsene, die sich nur mäßig körperlich belasten. Auf der Grundlage dieser Zahlen kann man unter Kenntnis des Körpergewichts den ungefähren Energieverbrauch ermitteln. Eine 25 Jahre

Tab. 11.1 Täglicher Kalorienbedarf in Abhängigkeit vom Lebensalter

	Männer	**Frauen**
Alter	*Kal/kg*	*Kal/kg*
11–14	55	47
15–18	45	40
19–24	40	38
25–50	37	36
51 und darüber	30	30

Die Werte gelten für Kinder mit durchschnittlicher Aktivität bzw. Erwachsene mit überwiegend sitzender Tätigkeit. Bei stärkerer körperlicher Aktivität können sie wesentlich höher sein.

alte, 55 kg schwere Frau benötigt danach 55 x 36, also etwa 1980 Kal täglich.

Tabelle 11.2 gibt einige Zahlen über den relativen Kalorienbedarf in Abhängigkeit vom Ausmaß der körperlichen Aktivität. Diese Zahlen können als Eckwerte für die Errechnung der Kalorienzufuhr im Rahmen von Programmen zur Gewichtsabnahme dienen. Danach benötigt beispielsweise ein 70 kg schwerer Büroangestellter 70 × 31 = 2177 Kal täglich, um sein Gewicht zu halten. Wenn er zunehmen oder – meistens – abnehmen will, muß er entsprechend mehr oder weniger Kalorien verbrauchen. Es ist nochmals darauf hinzuweisen, daß es sich bei diesen Angaben nur um Mittelwerte handelt, im individuellen Fall kann der Kalorienbedarf im Rahmen seiner natürlichen Schwankungsbreite von diesen Zahlen abweichen. Trotzdem erlauben sie eine gute, auch individuelle

Tab. 11.2 Kalorienbedarf in Abhängigkeit vom Ausmaß der körperlichen Aktivität (Angabe pro kg Körpergewicht)

Körperliche Aktivität	Kal/kg
1. Ausgesprochen bewegungsarm (z. B. Patienten, die nicht außer Haus kommen)	29
2. Durchschnittlich bewegungsarm (mit Hausarbeit, Bürotätigkeit etc.)	31
3. Mäßig körperlich aktiv (Freizeitsport am Wochenende)	33
4. Stärkere körperliche Aktivität (mindestens 3 × pro Woche Sport)	35
5. Wettkampfsport (fast tägliches Training in einer Sportart mit hoher energetischer Belastung)	37 und mehr

Vorstellung vom tatsächlichen Kalorienbedarf und können zumindest als Ausgangsdaten für die Gewichtskontrolle dienen.

Gewichtsabnahme ohne Risiko

Wer ohne ärztliche Überwachung an Gewicht abnehmen will, sollte sich als vernünftige Zielsetzung eine Obergrenze von 1 kg Abnahme pro Woche setzen. Nachdem, wie vorstehend ausgeführt, ein kg Fettgewebe etwa 7700 Kal entspricht, bedeutet dies eine Negativierung der Energiebilanz um 1100 Kal täglich. Für übergewichtige Kinder sollten die entsprechenden Obergrenzen bei 0,5 kg wöchentlich bzw. ca. 550 Kal täglich liegen. Hierbei handelt es sich, um dies nochmals zu unterstreichen, um Obergrenzen. Geringere mittelfristige Gewichtsabnahmen von durchschnittlich 0,5 kg wöchentlich für den Erwachsenen, bzw. 0,25 kg für Kinder und Jugendliche sind teilweise sogar besser realisierbare Zielvorstellungen.

Besonders zu Beginn eines Programms zur Gewichtsabnahme gehen Energiebilanz und Gewichtsabnahme durch den anfänglichen Wasserverlust häufig weit auseinander. Oft läßt sich in dieser Anfangsphase eine wesentlich größere Abnahme beobachten. Bei der 1 kg/Woche-Regel handelt es sich um eine mittelfristige durchschnittliche Zielvorstellung. Ferner sollte in solchen Programmen angestrebt werden, die Körperfettmasse zu vermindern, nicht etwa die fettfreie Körpermasse.

Wenn man 5 kg abnimmt, wird die körperliche Leistungsfähigkeit im allgemeinen verbessert. Wenn die Hälfte davon allerdings Muskelgewebe ist, so kann sich dies negativ auf die Leistungsfähigkeit auswirken. Wenn man genau wissen will, was man abnimmt, sollte man daher nicht nur sein Körpergewicht kontrollieren, sondern gleichzeitig auch die Fettmasse bestimmen, z. B. durch die Messung von Hautfaltendicken oder Körperumfängen, um sicher zu sein, daß man auch wirklich Körperfett verliert, und dies dann auch noch „an den richtigen Stellen".

Zielsetzungen für die Gewichtsabnahme

Die Zielsetzungen für die Gewichtsreduktion kann man nach den Körperlängen-Gewichtsstandards der Metropolitan Lebensversicherungstabellen festlegen, die in Anhang C aufgeführt sind. In diesen Tabellen werden Normalbereiche in Abhängigkeit von Geschlecht, Körpergröße und Körperbau gegeben. Am besten ist es, wenn man seinen Zielpunkt jeweils in der Mitte des angegebenen Streubereiches ansetzt. Für einen 178 cm großen, normaltypischen Mann mit einem Gewicht von 90 kg ergibt sich nach den Tabellen des Anhangs C ein Zielbereich von 64,9–71,7 kg. Er sollte sich also in etwa eine Zielvorstellung von 68 kg setzen und somit ca. 22 kg abnehmen.

Hierbei handelt es sich allerdings um ein sehr hochgestecktes Ziel, nämlich um das sogenannte Idealgewicht. Eine realistischere Zielsetzung ist das Normalgewicht, das auch schon für viele sehr schwer erreichbar ist. Statt der Tabellen der Metropolitan Lebensversicherung ist es einfacher, hierfür den Broca-Index zu benutzen. Danach entspricht das Normalgewicht der Körpergröße in cm – 100, für das Idealgewicht sind beim Mann noch weitere 10 %, für die Frau 15 % abzuziehen. In unserem Beispiel wäre somit das Normalgewicht 78 kg, das Idealgewicht minus zusätzlichen 10 % (ca. 8 kg) somit 70 kg. Um das Normalgewicht zu erreichen müßte unsere Modellperson somit 12 kg abnehmen, für das Idealgewicht 20 kg.

Man kann sein Wunschgewicht auch nach dem Body-mass Index (BMI) errechnen, siehe hierzu auch Seite 352. Der Normalbereich für diesen Index liegt zwischen 19 und 25. Das Zielgewicht ergibt sich dann nach folgender Formel:

$$\text{Zielgewicht (kg)} = \text{Ziel-BMI} \times \text{Körpergröße (m)}^2.$$

Beispiel: Für einen 172 cm großen, 89,4 kg schweren Mann errechnet sich ein BMI von $89{,}4 / 1{,}72^2 = 30$. Geht man von einem Ziel-BMI von 22 aus, also einem Wert im mittleren Bereich des Wünschenswerten, so ergibt sich das anzustrebende Gewicht mit $22 \times 1{,}72^2 = 65{,}1$ kg. Um dieses Gewicht zu erreichen, müßte die Modellperson somit 24,3 kg abnehmen.

Eine weitere Möglichkeit besteht darin, das Zielgewicht nach dem Körperfettgehalt zu definieren. Hierzu ist es erforderlich seinen Körperfettanteil zu bestimmen und eine Zielgröße festzulegen. Die Methoden zur Bestimmung des Körperfettanteils werden im Anhang C dargestellt. Der Sportler, der beispielsweise seinen Fettgehalt von 20 % auf 15 % senken will, kann nach folgender Formel vorgehen:

Zielgewicht = fettfreie Körpermasse /
(1 − angestrebter, prozentualer Fettgehalt)

Wenn der Athlet beispielsweise 75 kg wiegt, so bedeutet dies bei einem Fettanteil von 20 % eine Fettmenge von 15 kg. Der Rest, 60 kg, ist fettfreie Körpermasse. In die Formel eingesetzt ergibt dies:

60/1−0,15 = 60/0,85 = 70,6 kg

Der Sportler müßte somit 4,4 kg Fett abnehmen, um auf einen Körperfettanteil von 15 % zu kommen. Dabei ist durch die weiter oben geschilderten Methoden sicherzustellen, daß der Gewichtsverlust wirklich auch in Form von Fett erreicht wird und nicht auf Kosten der fettfreien Körpermasse.

11.3 Verhaltensmodifikation

Ein Schlüsselelement in jedem Programm zur Gewichtsabnahme stellt die Lebensstiländerung dar. Wer abnehmen will, muß zunächst einmal feststellen, warum er zugenommen hat und versuchen, die Fehler, die dazu geführt haben, in Zukunft zu meiden. Die Ursachen des menschlichen Verhaltens und seiner Veränderungen sind sehr komplex. Die Psychologen unterscheiden im wesentlichen drei Gruppen von Faktoren, die hierzu beitragen: materielle, soziale und individuelle Faktoren. Wenn jemand die genetische Disposition zur Entwicklung einer Adipositas mitbringt, dann sind für ihn ein gut gefüllter Eisschrank (materieller Faktor), eine Familie, in der gut und reichlich gegessen wird (sozialer Faktor), sowie die eigene Freude am Essen (individueller Faktor) Trigger-Mechanismen, die eine Fettsucht manifestieren können.

Im Zusammenhang mit einer Verhaltensänderung, z. B. der Änderung der Ernährungsgewohnheiten oder dem Einstieg in ein Bewegungsprogramm zur Gewichtskontrolle, wird gerne von einem dreischrittigen Modell ausgegangen, nämlich Wissensvermittlung, Einstellungsveränderung und Verhaltensänderung. Als erstes muß man wissen, worum es geht. Zur Bedeutung von Ernährung und Bewegung zur Gewichtskontrolle bestehen teilweise völlig fehlerhafte Vorstellungen, ohne deren Korrektur kein Erfolg zu erwarten ist. Diese Kenntnisse müssen dann zu einer Änderung der persönlichen Einstellung zu Ernährungs- und Gesundheitsfragen führen. Wer Übergewicht nicht nur als kosmetisches Problem, sondern als reale Bedrohung seiner physischen und psychischen Existenz empfindet, wird eher bereit sein, sein Verhalten zu ändern. Der dritte Schritt besteht schließlich in der Umsetzung der gewonnenen Erkenntnisse auf der Basis einer geänderten Einstellung in die Realität eines vernünftigeren Verhaltens.

Unter dem Begriff der **Verhaltensmodifikation** wird eine in der Psychotherapie häufig verwendete Technik verstanden, die zur Entwicklung eines wünschenswerten Verhaltens führen soll. Das Verfahren geht von dem Reiz-Reaktionsmodell als Grundlage erlernter Verhaltensweisen aus. Ein solcher Reiz kann beispielsweise ein Fernsehspot über einen bestimmten Leckerbissen sein, der dann den Schritt zum Eisschrank auslöst. Da solche Reaktionen erworben sind, können sie auch wieder eliminiert werden. Bezüglich der ausführlicheren Darstellung eines komplexen Programms zur Verhaltensänderung, wie es von Verhaltenspsychologen durchgeführt wird, kann der Leser beispielsweise auf Brownell und Kramer verwiesen werden. In Programmen zur Gewichtsabnahme werden solche Techniken vor allem genutzt, um materielle bzw. soziale Reize, die zur überhöhten Nahrungsaufnahme bzw. Bewegungsarmut führen, außer Kraft zu setzen. Bray, eine Autorität in der Behandlung der Fettsucht, hat hierzu festgestellt, daß die wichtigste Komponente jedes Programmes zur Gewichtsabnahme in einer Verhaltensänderung besteht, die den Übergewichtigen dazu bringt, mit seinem alten Problem in neuer Art und Weise umzugehen.

Der Einbau von Techniken zur Verhaltensmodifikation in Programme zur Gewichtsabnahme

Wenn es darum geht, mit lieb gewordenen, aber ungesunden Lebensgewohnheiten zu brechen, ist große Selbstdisziplin und Willensstärke erforderlich. Die wichtigste Komponente in jedem Programm zur Gewichtsreduktion ist der Übergewichtige selbst. Er wird nur dann Erfolg haben, wenn er auch wirklich abnehmen will und bereit ist, selbst die Verantwortung für die Verwirklichung seiner Ziele zu übernehmen. Er muß davon überzeugt sein, daß die Gewichtsabnahme für ihn von großer Bedeutung ist und diesem Ziel hohe Priorität einräumen.

Um zum Erfolg zu kommen, sollte er sich kurz- und langfristige Ziele setzen. Das langfristige Ziel kann es beispielsweise sein, in einem halben Jahr 20 kg abzunehmen. Hierzu wird das kurzfristige Ziel einer Gewichtsabnahme von 0,5 bis 1 kg pro Woche gesetzt. Um das langfristige Ziel zu verwirklichen, müssen eine Reihe von Verhaltensänderungen vorgenommen werden. Dies geschieht in kurzfristig festgelegten Einzelschritten. Man kann nicht erwarten, gewissermaßen über Nacht in allem ein besserer Mensch zu werden. Eine alte Erfahrung besagt, daß nichts soviel Erfolg bringt wie der Erfolg. Aus diesem Grunde sollte man sich realisierbare Ziele setzen, die in kurzer Zeit erreicht werden können, um das langfristige Ziel über eine Stufenleiter von kurzfristigen Erfolgen zu verwirklichen. Wenn das erste Nahziel erreicht ist, wird das zweite gesetzt und so weiter auf dem Wege zu dem langfristig angestrebten, zunächst utopisch erscheinenden Erfolg. Dabei sollte man sich am Anfang mit kleinen Schritten zufrieden geben und die Zwischenziele nicht zu hoch setzen. Jeder Erfolg, auch der kleinste, ist besser als Frustration. Damit die Zwischenerfolge auch ihre volle Würdigung erfahren, sollte man sich immer dann, wenn sie erreicht worden sind, eine Belohnung gönnen. Hierdurch erreicht man im Sinne einer positiven Rückkopplung das Gefühl, das Programm zur Gewichtsabnahme auch erfolgreich umzusetzen. Einer der ersten Schritte jeder Verhaltensmodifikation muß in der Feststellung derjenigen materiellen und sozialen Fehler bestehen, die zu dem Problemverhalten geführt haben. Als gute Methode hierzu hat es sich bewährt, ein oder zwei Wochen lang ein Tagebuch zu führen, um die Verhaltensmuster zu identifizieren, die zur Überernährung und Gewichtszunahme beitragen. Im folgenden werden einige konkrete Hinweise darauf gegeben, was man sich beispielsweise zu jeder Gelegenheit aufschreiben sollte, bei der man ißt, wobei gleichzeitig beispielhafte Erklärungen dafür angeführt werden, warum dies wichtig ist. Auch körperliche Aktivitäten sollten jeweils notiert werden.

Art und Menge der verzehrten Lebensmittel
Diese können dann auch mit anderen Faktoren in Beziehung gesetzt werden. Nehmen Sie beispielsweise hochkalorische Zwischenmahlzeiten zu sich?

Zahl der Mahlzeiten oder Zwischenmahlzeiten
Wenn Sie dies aufschreiben, werden Sie beispielsweise feststellen, daß Sie mindestens fünfmal am Tag „zwischendurch" etwas essen.

Essenszeiten
Essen Sie zu regelmäßigen Zeiten oder beispielsweise nur ein Abendessen?

Appetit
Wie hungrig sind Sie, wenn Sie essen? Sehr hungrig oder überhaupt nicht?

Bei welcher Gelegenheit essen Sie?
Vielleicht stellen Sie fest, daß Fernsehen bei Ihnen immer mit dem Essen von Erdnüssen oder Kartoffelchips verbunden ist.

Wo essen Sie?
In vielen Kantinen oder Cafeterias werden hochkalorische Mahlzeiten angeboten.

Mit wem essen Sie?
Allein oder mit anderen? Gemeinsames Essen kann oft dazu verführen, daß es dann doch zuviel wird.

Wie fühlen Sie sich beim Essen?
Essen Sie mehr, wenn Sie deprimiert, oder umgekehrt, glücklich sind?

Körperliche Aktivität:
Welche Strecken legen Sie zu Fuß zurück? Wieviele Treppen steigen Sie? Wie oft treiben Sie Sport? Lassen Sie auch schon mal Ihr Auto stehen? Wieviel Zeit sitzen Sie am Tag?

Solche Aufzeichnungen können häufig das Bewußtsein für materielle und soziale Umstände wecken, die für Überernährung oder Bewegungsmangel verantwortlich sind und an die man vorher gar nicht gedacht hat. Ist man sich ihrer erst einmal bewußt geworden, so ist es dann wesentlich leichter, sein Verhalten zu ändern und damit effektiver abzunehmen. Die folgenden Ratschläge sind dabei oft hilfreich:

Ernährungsgewohnheiten:
1. Für „zwischendurch" verwenden Sie Lebensmittel mit geringem Kaloriengehalt.
2. Gestalten Sie ihre Ernährung so, daß sie wenig Kalorien, aber viel Nährstoffe enthält.
3. Machen Sie sich vorab einen Plan, wie an dem jeweiligen Tag ihre Ernährung aussehen soll.
4. Essen Sie nur Lebensmittel, die, wenn überhaupt, wenig industriell verarbeitet sind.
5. Erlauben Sie sich nur kleine Mengen von hochkalorischen Lebensmitteln, die Sie besonders gerne essen und bauen Sie diese dann in ihren kalorischen Gesamtplan ein.
6. Sie sollten das Lebensmittel-Austauschsystem kennen, besonders in Bezug auf Lebensmittel mit hohem Fettgehalt.

Lebensmitteleinkauf:
1. Kaufen Sie nie ein, wenn Sie hungrig sind.
2. Machen Sie sich zu Hause eine Liste von dem, was Sie kaufen wollen und lassen Sie sich im Supermarkt davon nicht abbringen.
3. Kaufen Sie nur Lebensmittel mit geringem Kalorien- und hohem Nährstoffgehalt.
4. Kaufen Sie soweit als möglich nur naturbelassene Lebensmittel.

Lagerung der Lebensmittel:
1. Verstauen Sie Lebensmittel mit hohem Kaloriengehalt zu Hause so, daß Sie sie nicht täglich sehen, in verschlossenen Behältern oder Schränken.
2. Stellen Sie sich für den „Hunger zwischendurch" Snacks mit geringem Kalo-

riengehalt in Sichtweite, wie Radieschen oder Karotten.

Lebensmittelzubereitung:
1. Kaufen Sie nur Lebensmittel, die in irgendeiner Form zubereitet werden müssen und nicht direkt gegessen werden können.
2. Verzichten Sie soweit als möglich bei der Zubereitung auf den Zusatz von Fett oder Zucker.
3. Bereiten Sie sich stets nur kleinere Mahlzeiten zu.
4. Stellen Sie keine großen, vollgefüllten Essensschüsseln auf den Tisch.
5. Bereiten Sie sich stattdessen nur jeweils eine einzige Mahlzeit zu, die Sie auf einem möglichst kleinen Teller auf den Tisch bringen.

Wo sollten Sie essen:
1. Essen Sie möglichst immer am gleichem Platz, in der Küche oder im Eßzimmer.
2. Meiden Sie Verführungen. Gehen Sie auf Partys nicht in die Küche oder in die Nähe des Buffets.
3. Gehen Sie nicht in Restaurants, von denen Sie wissen, daß dort vor allem Kalorien serviert werden.

Essen im Restaurant:
1. Wählen Sie sich von der Speisekarte ein kalorienarmes Gericht aus.
2. Bitten Sie um eine fettfreie Zubereitung.
3. Lassen Sie sich Beilagen, wie Butter, Mayonnaise, Salatdressing vom eigentlichen Gericht getrennt bringen.

Wie sollten Sie essen:
1. Essen Sie langsam, kauen Sie gründlich, trinken Sie zwischendurch immer mal wieder einen Schluck Wasser.
2. Essen Sie öfters in Begleitung, durch eine gute Unterhaltung essen Sie langsamer und dadurch auch weniger.
3. Schneiden Sie die Lebensmittel soweit als möglich in kleine Stücke.
4. Machen Sie nichts nebenbei. Essen Sie nicht etwa beim Fernsehen.
5. Spannen Sie ab und genießen Sie Ihr Essen.
6. Essen Sie immer nur zu festen Tageszeiten.
7. Essen Sie nur solange, bis Sie sich angenehm satt fühlen, nicht bis Sie bis oben hin vollgestopft sind.

8. Verteilen Sie die Kalorien über den Tag, essen Sie lieber weniger pro Mahlzeit und dafür öfters.

Körperliche Aktivität:
1. Gehen Sie mehr zu Fuß. Stellen Sie öfters mal den Wagen ab, oder steigen Sie ein bis zwei Haltestellen zu früh aus dem Bus, damit Sie ein Stück zu Fuß gehen können.
2. Meiden Sie soweit als möglich Fahrstühle, benutzen Sie statt dessen besser die Treppe.
3. Nutzen Sie die Arbeitspause lieber zu kurzen Spaziergängen als zu einer Unterhaltung bei Kaffee und Kuchen.
4. Schließen Sie sich anderen an, die sich aktiv bewegen, nutzen Sie jede Gelegenheit, mehr Kalorien zu verbrennen.
5. Meiden Sie Beschäftigungen, die mit körperlicher Inaktivität verbunden sind.

Einstellung zum Abnehmen:
1. Halten Sie sich stets vor Augen, daß wir alle keine Engel sind, jeder Mensch macht Fehler, auch beim Abnehmen.
2. Wenn Sie diätetisch gesündigt haben, vergessen Sie es, steigen Sie wieder voll in Ihre guten Vorsätze ein.
3. Kleben Sie, wo immer möglich, Zettel mit Hinweisen auf Ihren guten Willen zum Abnehmen auf, beispielsweise zu Hause auf den Eisschrank, oder auf das Telefon im Büro.
4. Wenn immer Sie das Gefühl haben, Ihren Plänen treu geblieben zu sein, gewähren Sie sich eine kleine Belohnung.

Selbstdisziplin und Selbstkontrolle:
1. Räumen Sie Ihrer Absicht abzunehmen hohe Priorität ein.
2. Denken Sie immer, wenn Sie sich an Ihren Eßtisch setzen, daran, daß Sie abnehmen wollen.

Der an weiteren Einzelheiten der Verhaltensmodifikation im Rahmen von Programmen zur Gewichtsabnahme interessierte Leser kann auf die sehr guten Bücher von Dusek und Mahoney verwiesen werden. Auch bei vielen kommerziell bzw. medizinisch orientierten Gesundheitszentren, die sich mit Gewichtsabnahme beschäftigen, oder auch entsprechenden Organisationen wie den Weight Watchern kann man sich mit entsprechenden Informationen versorgen. Wie dies Miller et

al. belegt haben, können jedoch auch selbstgeplante und durchgeführte Programme zum Abnehmen sehr erfolgreich sein.

Wenn jedoch eine massive Adipositas vorliegt, kommt man alleine meist nicht zurecht, sondern bedarf bei der Verwirklichung einer Verhaltensmodifikation der Hilfe professioneller Berater. Bei einem nur durchschnittlichen, eher kosmetisch lästigen als klinisch gefährlichen Übergewicht reicht es häufig aus, wenn man über gute Informationen verfügt und diese dann für sich alleine umsetzt. Im weiteren Verlauf dieses Kapitels wird darauf eingegangen, wie Ernährung und körperliche Aktivität aussehen sollten, wenn man sicher und ungefährdet abnehmen will.

11.4 Ernährungsmodifikation

Festlegung der Kalorienmenge

Um die Kalorienzahl festzulegen, bei der man abnehmen will, ist es zunächst erforderlich, den individuellen Bedarf zu errechnen als Summe aus Ruheumsatz plus aktivitätsbedingtem Mehrbedarf. Tabelle 11.2 ist zu entnehmen, wieviel Kalorien man benötigt, um sein Gewicht konstant zu halten. Wie weiter vorn festgestellt, benötigt man zur Abnahme von 1 kg Fett ein energetisches Defizit von 7700 Kal.

Wenn ein halbes Kilogramm in einer Woche abgenommen werden soll, so entspricht dies einem täglichem Defizit von 7700 / 0,5 × 7 = 550 Kalorien. Wer ein Kilo abnehmen will, muß somit auf ein Tagesdefizit von 1100 Kal kommen. Zur Ermittlung der aufzunehmenden Tageskalorienzahl wird von dem errechneten täglichen Kalorienbedarf das kalorische Defizit abgezogen, der Rest gibt die Kalorienzahl an, die man täglich aufnehmen sollte, bzw. darf. Im folgenden wird hierfür ein Beispiel gegeben.

Eine 35 Jahre alte, bewegungsarme Frau, die 65 kg wiegt, möchte ein halbes kg pro Woche abnehmen.

1. Nach der Tabelle 11.2 benötigt sie 31 Kal pro kg Körpergewicht, um ihr Gewicht zu halten.

2. Multipliziert mit dem Körpergewicht benötigt sie somit 31 x 65 = 2015 Kal täglich.

3. Um ein halbes Kilo abzunehmen, müßte sie ein tägliches energetisches Defizit von 550 Kal aufweisen.

4. Um ihren Plan zu verwirklichen, sollte sie somit ihre Kalorienaufnahme vom Bedarfswert 2015 um 550 auf 1465 täglich reduzieren.

Eine einfache Faustregel gibt die Zahl der Kalorien an, die man aufnehmen darf, wenn man abnehmen will, als das Produkt aus dem Körpergewicht ausgedrückt in Pfund mal 10. Unser Modell wiegt beispielsweise 65 kg oder 130 Pfund. Multipliziert mit 10 ergibt sich somit eine Kalorienmenge von 1300 pro Tag. Die tägliche Kalorienmenge sollte, zumindest in selbst verordneten Abnahmekuren, bei längerer Durchführung nicht unter 1000 absinken. Eine noch drastischere Kalorienbeschränkung bleibt ärztlich überwachten Therapieverfahren vorbehalten.

Wieviel nimmt man bei einer Diät ab?

Bereits im letzten Kapitel wurde darauf hingewiesen, daß der menschliche Organismus aus verschiedenen Komponenten aufgebaut ist, die sich vereinfacht in das Körperfett und die fettfreie Körpermasse einteilen lassen. Die fettfreie Körpermasse besteht zu 70 % aus Wasser. Wenn es unter einer Diät zu einer Gewichtssenkung kommt, so kann sich hierin eine Abnahme des Körperfettanteils, des Körperwasser oder der Muskelmasse ausdrücken, für die jeweils ein sehr unterschiedlicher kalorischer Wert einzusetzen ist. Wie ausgeführt, entspricht ein kg Fettgewebe beispielsweise 7700 Kal, der Energiewert von einem kg (1 Liter) Wasser ist dagegen gleich 0. Da diese Komponenten in individuell unterschiedlicher Weise an einer Gewichtssenkung beteiligt sind, läßt es sich im Einzelfall schwer voraussagen, wieviel man bei einer bestimmten Diät abnehmen wird. Trotzdem lassen sich Erfahrungsrichtwerte für die Zeit angeben, die benötigt wird, um eine bestimmte Fettmenge abzubauen.

Der Zentralpunkt ist das kalorische Defizit. Wenn man 1 kg Fettgewebe loswerden will, so muß man ein Defizit von, wie gesagt, 7700 Kal aufweisen. Wenn man wissen will, wie lange dies im Mittel dauert, so ist es nur erforderlich, die mittleren Defizite der einzelnen Tage zu addieren und daraus zu errechnen, wie lange man braucht, um auf die 7700 Kal zu kommen.

Tabelle 11.3 demonstriert die Bedeutung der Größe des kalorischen Defizits als wichtigste Determinante für die Geschwindigkeit

Tab. 11.3 Ungefähre Anzahl von Tagen, die man bei einem bestimmten kalorischen Difizit braucht, um eine bestimmte Gewichtsabnahme zu erreichen

Tägliches kalorisches Defizit	Angestrebte Gewichtsabnahme (kg)				
	2,5	5	7,5	10	12,5
100	175	350	525	700	875
200	87	175	262	350	438
300	58	116	175	232	292
400	44	88	131	176	219
500	35	70	105	140	175
600	29	58	87	116	146
700	25	50	75	100	125
800	22	44	66	88	109
900	19	39	58	78	97
1000	17	35	52	70	88
1250	14	28	42	56	70
1500	12	23	35	46	58

Weitere Einzelheiten siehe Text.

der Gewichtsabnahme im Verlauf einer Diät. Je größer das Defizit ist, um so schneller wird man an Gewicht abnehmen. Andererseits ist ein sehr rascher Verlust von vielen Kilogrammen in nur wenigen Tagen keineswegs erstrebenswert. Eine moderate Gewichtsabnahme durch ein kalorisches Defizit von 500 Kal täglich führt im allgemeinen mit einem wesentlich geringerem gesundheitlichen Risiko und langfristig stabiler zum Erfolg.

Bei diesen Berechnungen ist mittelfristig jedoch zu berücksichtigen, daß sich mit dem Körpergewicht auch der Kalorienbedarf reduziert. Wenn unsere obige Modellfrau beispielsweise nach einem Monat 4 kg abgenommen hat, dann reduziert sich ihr Kalorienbedarf um $4 \times 31 = 124$ Kal. Diese Menge ist somit dann von der erlaubten kalorischen Tagesmenge abzuziehen, wenn das Defizit von 500 Kal gehalten werden soll.

Bei diesen Berechnungen handelt es sich allerdings nur um mittel- bis langfristige Aussagen. Von Tag zu Tag kann es trotz des jeweils gleichen kalorischen Defizits aufgrund von Änderungen des Körperwassergehalts zu teilweise wesentlich deutlicheren Gewichtsschwankungen kommen.

Anfangserfolge der Gewichtsabnahme

Nach den obigen Ausführungen sollte es bei einem kalorischen Defizit von 1000 Kal täglich etwa 3–4 Tage dauern, bis man ein halbes Kilo Fettgewebe abgebaut hat. Der Gewichtsverlust ist jedoch innerhalb der ersten Tage wesentlich größer, er liegt in dieser Zeit meistens bei 1,5–2 kg. Diese Gewichtsabnahme ist vor allem auf den Abbau von Kohlenhydraten sowie auf einen Verlust von Körperwasser zurückzuführen. Bei einer kalorienreduzierten Ernährung muß der Organismus auf die körpereigenen Reserven zurückgreifen, um das energetische Defizit abzudecken. Diese Reserven finden sich als Fett- und Kohlenhydratdepots, wobei vor allem die Kohlenhydratspeicher, das Leber- und Muskelglykogen, in wenigen Tagen aufgebraucht sind. Da 1 g Glykogen 3 g Wasser bindet, kann es durch den Verlust von Kohlenhydraten zu einer deutlichen Gewichtsabnahme

kommen. Wer 300 g Glykogen abbaut, scheidet dabei gleichzeitig 900 ml Wasser aus, es kommt zu einer Gesamtgewichtabnahme von 1,2 kg. 70 % der in den ersten Tagen erzielten Gewichtsabnahme sind auf Wasserverlust zurückzuführen, 25 % sind dem Abbau von Fett und 5 % dem Abbau von Eiweiß zuzuschreiben. Auch der Abbau von Eiweiß geht mit Wasserverlusten einher und zwar mit etwa 4–5 ml Wasser pro abgebautem Gramm Protein. Speziell niedrig-kalorische Diäten können, wie im folgenden darzustellen sein wird, mit deutlichen Eiweißverlusten verbunden sein.

Wer in zwei bis drei Tagen maximal abnehmen will, erzielt den größten Erfolge weniger durch eine Kalorien- als vielmehr durch eine Wasserrestriktion, wie dies beim sogenannten „Gewichtmachen" durchgeführt wird. Solche Praktiken sind aufgrund der negativen Folgen eines gestörten Wasserhaushalts nicht zu empfehlen. Außerdem sind die Erfolge rasch wieder verschwunden, wenn das Flüssigkeitsdefizit ausgeglichen wird. Wenn man eine Diät durchführt, deren Erfolg vor allem in Wasserverlusten besteht, so hat man mit dem Nachteil zu rechnen, daß dann, wenn man am Ende wieder auf eine normale Ernährung umschaltet, der erzielte Wasserverlust wieder ausgeglichen wird, d. h. man nimmt enttäuschenderweise wieder genauso schnell zu, wie man vorher abgenommen hat.

Hierin spiegelt sich unter anderem die Wiederauffüllung der künstlich erschöpften Glykogenvorräte wieder, die ein entsprechendes Maß an Flüssigkeit binden. Ausgeprägte und rasche Reduktionen des Körpergewichts im Bereich von 1–1,5 kg täglich können nicht über einen Substanzverlust erklärt werden. Sie sind Ausdruck von Wasserverlusten, von freiem und/oder von kohlenhydrat- bzw. eiweißgebundenem Wasser, das bei dem Abbau dieser Energieträger frei und über die Nieren ausgeschieden wird.

Die Plateaubildung der Gewichtsabnahme

In den ersten Tagen einer Abnahmekur nimmt man meist sehr rasch ab, weil vorwiegend Wasser verloren geht. Hierzu ist nur eine geringe kalorische Einschränkung erforderlich, weil Wasser keine Kalorien enthält. Nachdem der Gewichtsverlust anfangs zu 70 % aus Wasser besteht, muß das kalorische Defizit, das zur Reduktion des Körpergewichts um 1 kg erforderlich ist, nicht bei 7700, sondern nur bei 30 % davon, also bei 2600 Kal liegen. Dieses Defizit wird vor allem aus den Fettdepots und nur zu einem geringen Anteil über Eiweiß abgedeckt. Bis zum Ende der zweiten Woche einer Diätkur geht jedoch der Wasseranteil an der Gewichtsabnahme auf nur noch 20 % zurück. Wenn man jetzt 1 kg abnehmen will, benötigt es dafür eines energetischen Defizits von ca. 6200 Kal. Ab Ende der dritten Woche ist der Wasserverlust nur noch minimal. Was jetzt an Gewicht abgenommen wird, ist überwiegend reines Fett, das mit einem entsprechend hohen energetischen Defizit von 7700 Kal pro kg bezahlt werden muß. Je mehr und je länger man abnehmen will, um so mehr muß man sich also kalorisch einschränken, da der Wasseranteil immer geringer wird. Anders ausgedrückt bedeutet dies, daß man ab Ende der zweiten und ganz besonders der dritten Woche einer Reduktionskost bei gleicher Kalorienzufuhr immer langsamer abnimmt.

Auf einen weiteren Aspekt wurde bereits oben hingewiesen: Je mehr das Körpergewicht abnimmt, um so weniger Kalorien braucht man zum Erhalt der Körpermasse. Ein 100 kg schwerer Athlet benötigt beispielsweise nach Tabelle 11.2 37 Kal oder 3700 Gesamtkalorien, um sein Gewicht zu halten. Wenn dieser Athlet dann beispielsweise aufgrund eines Kaloriendefizits von 1000 Kal täglich sein Gewicht auf 90 kg reduziert hat, dann benötigt er nur noch 90×31, also 3330 Kal täglich. Um sich sein 1000-Kaloriendefizit zu erhalten, muß er somit seine tägliche Kalorienzufuhr jetzt von 2700 auf 2330 reduzieren. Anderenfalls würde sich sein kalorisches Defizit um 370 Kal vermindern und damit die Gewichtsabnahme entsprechend verlangsamen.

Wer also traurig feststellt, daß er ab einem bestimmten Zeitpunkt nur noch langsam abnimmt, sollte wissen, daß es sich dabei um einen normalen Vorgang handelt. Andererseits mag es ihn trösten, wenn er erfährt, daß es sich ab jetzt nicht mehr nur um Wasserverluste, sondern um wirklichen Fettabbau handelt. Um einen hierdurch bedingten Stillstand zu durchbrechen, sollte man im weiteren Verlauf das kalorische Defizit steigern, um unter Kenntnis der geschilderten Zusammenhänge das vorher festgelegte Ziel der Gewichtsabnahme auch wirklich zu erreichen. Für die Konstanz der Geschwindigkeit der Gewichtsabnahme sind auch noch weitere Faktoren im Bereich der Kalorienreduzierung bzw. der körperlichen Aktivität bedeutsam, die in den nachfolgenden Abschnitten dieses Kapitels diskutiert werden.

Vernünftig abnehmen

Die Zahl der Programme zur Gewichtsabnahme ist unendlich. Kaum ein Monat vergeht, in dem nicht in Gesundheitsmagazinen und Tageszeitungen neue Wunderdiäten empfohlen werden, durch die man garantiert und problemlos sein überschüssiges Fett abbauen kann. Manche dieser Programme sind durchaus vertretbar, sicher und effektiv, andere überaus problematisch, aus ernährungswissenschaftlicher Sicht unzureichend und nicht selten mit einer gesundheitlicher Gefährdung verbunden. Eine Analyse von elf populären Diätformen ergab beispielsweise in jeder von ihnen einen signifikanten Mangel an mindestens einem essentiellen Nährstoff im Bereich von 70 % und mehr, speziell für B-Vitamine, Kalzium, Eisen und/oder Zink. In einer dieser Diätformen wurden beispielsweise 70 % der täglich erlaubten Kalorien in Form von Fetten zugeführt. Dies ist angesichts der hiermit verbundenen relativ großen Cholesterinmengen, die einen Risikofaktor für die Entstehung von Herz-Kreislauf-Erkrankungen darstellen, aus gesundheitlicher Sicht nicht unproblematisch.

Grundsätzlich sollte man allen Ernährungsformen kritisch gegenüberstehen, die nur aus einem oder zwei Lebensmitteln bestehen, wie z. B. die Reisdiät oder die Bananen-Milch-Diät, da hier Defizite an wichtigen Nährstoffen vorliegen können. Skeptisch sollte man ferner gegenüber allen Patentdiäten sein, die auf irgendeinem geheimnisvollen gewichtsreduzierenden Inhaltsstoff beruhen oder sogenannte speziell fettverbrennende Enzyme enthalten. Seien Sie vorsichtig bei jeder Diät, die Ihnen eine schnelle und problemlose Gewichtsabnahme verspricht. Abnehmen ist immer ein schwieriges und langwieriges Unterfangen! Empfehlenswert sind nur solche Ernährungsformen, die auf vernünftigen Ernährungsprinzipien beruhen und die auch dem Geschmack des Übergewichtigen entsprechen. Die Ernährungswissenschaften haben eine Reihe von Anforderungen herausgearbeitet, denen Programme zur Gewichtsabnahme entsprechen müssen, wenn sie sicher, effektiv und realisierbar sein sollen.

Eine Diät zur Gewichtsabnahme sollte:

1. wenig Kalorien und alle wichtigen Nährstoffe enthalten, die der Körper für seine Funktion benötigt.

2. aus einem möglichst breiten Angebot verschiedenartiger Lebensmittel aufgebaut sein, die dem individuellen Geschmack entsprechen und das Hungergefühl zwischen den Mahlzeiten kontrollieren lassen.

3. dem individuellen Lebensstil entsprechen und dort wo man ißt, zu Hause oder außerhalb, leicht und in ausreichender Menge und Variabilität verfügbar sein.

4. zu einer Gewichtsabnahme von 0,5–1 kg pro Woche führen.

5. dann, wenn das Zielgewicht erreicht ist, auch auf Dauer fortgeführt werden können. Hierzu ist die Erfüllung der unter Punkt 1–3 genannten Anforderungen notwendig.

Zusätzlich ist zu fordern, daß die verwendeten Lebensmittel den Grundprinzipien einer gesunden Ernährung gerecht werden, wie sie im zweiten Kapitel dargestellt wurden.

Wie streng sollte man seine täglichen Kalorien zählen?

Die Frage, ob man gewissermaßen akribisch jede Kalorie zählen oder die Diät lieber großzügiger angehen sollte, hat für beide Seiten jeweils ihre Verfechter bzw. Gegner. Nicht immer ist es einfach, jede Kalorie aufzuschreiben, wenn man stark beschäftigt ist.

Wenn man auswärts ißt, ist es oft schwierig festzustellen, wieviele Kalorien in einem Geschäftsessen versteckt sind. In den vorliegenden Tabellen gibt es zwar genaue Angaben über den Kaloriengehalt von jeweils einer Portion, aber was ist dann in der Realität eine Portion, wieviel Kalorien sind 50 g Roastbeef oder 15 g Käse? Der exakte Kaloriengehalt kann auch für scheinbar gleiche Lebensmittel unterschiedlich ausfallen, eine Scheibe Brot ist kleiner oder größer als die andere und enthält dann mehr oder weniger Kalorien. Natürlich sind all diese Probleme lösbar, trotzdem ist es in der Praxis meist sehr schwierig, jede einzelne Kalorie auf die Goldwaage zu legen. Auf der anderen Seite trägt eine ständige und möglichst genaue Kontrolle der aufgenommenen Kalorien dazu bei, daß eine Diät auch wirklich bewußt durchgehalten wird. Nur wenn man sich mit dem Energiegehalt der verschiedenen Lebensmittel intensiv auseinandersetzt, ist es möglich, sich eine kalorienarme Ernährung zusammenzustellen und dann auch tatsächlich durchzuhalten und abzunehmen. Ziel muß es sein, sich an die Nahrungsmittel zu halten, die arm sind an Kalorien, dafür reich an essentiellen Nährstoffen und umgekehrt „leere Kalorien" zu meiden. Am Anfang erfordert es zwar etwas Engagement und Zeit, um sich darüber zu informieren, wie groß der Kalorien- und Nährstoffgehalt bestimmter Lebensmittel ist, wenn man sich aber erst einmal dieser Mühe unterzogen hat, so ist das erworbene Wissen nicht nur wichtig in der Phase der Gewichtsabnahme, sondern besonders auch in der sich anschließenden Phase, in der der erreichte Erfolg konserviert und das verminderte Gewicht gehalten werden soll. Der Griff zu kalorienarmen, nährstoffreichen Lebensmitteln, wie in Abbildung 11.1 gezeigt, wird mit der Zeit gewissermaßen automatisiert und dann entfällt auch die Notwendigkeit jede Kalorie einzeln abzurechnen.

Entscheidend für die Kalorienzufuhr ist der Konsum von Fett. Wenn man sich mit dem Lebensmittelaustauschsystem vertraut gemacht hat und in der Lage ist, die Produktinformationen auf den Lebensmitteln zu verstehen, ist es einfach, den Fettgehalt eines bestimmten Lebensmittels zu bestimmen. Die in Form von Fetten aufgenommene Energie-

Abbildung 11.1
Nahrungsmittel mit
hohem Nährstoff- und
geringem Kaloriengehalt

menge sollte unter 30 % der Gesamtkalorien liegen. Dies bedeutet somit, daß bei einer 1800-Kaloriendiät die Zahl der Fettkalorien maximal bei 540 liegen sollte, oder, nachdem 1 g Fett 9 Kal entspricht, täglich nicht mehr als 60 g Fett verzehrt werden sollten. Weitere Informationen hierzu werden im folgenden gegeben.

Wenn man abnehmen will, besonders aber auch dann, wenn man einmal sein Wunschgewicht erreicht hat und dies halten will, ist eine gute Waage ein wichtiges Hilfsmittel. Wenn man sich täglich wiegt, merkt man sofort, wenn sich das Gewicht wieder auf der aufsteigenden Kurve befindet und kann gegensteuern, indem man die Kalorienaufnahme für einige Tage wieder reduziert. Solche kurzfristigen Interventionen sind wesentlich einfacher und erfolgreicher durchzuführen als ein erneuter, langfristiger Versuch wieder von einem sehr hohen Gewicht ausgehend abzunehmen. Bei solchen Kurzeinsätzen wirken sich die zu Beginn der Phase des Gewichtabnehmens erworbenen Kalorien-Kontrollmechanismen sehr positiv aus.

Das Lebensmittelaustauschsystem

An dieser Stelle soll das Lebensmittelaustauschsystem, das bereits in Kapitel 1 einge-

führt wurde, näher vorgestellt werden. Es ist das Ergebnis der Kooperation mehrerer gesundheitlich orientierter Institutionen unter Einschluß der amerikanischen Ernährungsgesellschaft mit dem Ziel, eine Beratungshilfe für vernünftiges Eßverhalten zu entwickeln. Das Basisprinzip des Systems besteht in der Einteilung sämtlicher Lebensmittel in sechs verschiedene Kategorien, wobei die Zuordnung jeweils aufgrund eines ähnlichen Kalorien- und Nährstoffgehalts vorgenommen wird. Nach der Zielsetzung des vorliegenden Kapitels soll die Vorstellung dieses Systems vor allem aus der Sicht des Kaloriengehalts erfolgen.

Die sechs Austauschlisten finden sich im Anhang E. Wer sich über vernünftige Ernährung orientieren will, sollte sich diese Listen sorgfältig durchsehen, um eine Vorstellung von ihren jeweiligen Inhalten bzw. den damit verbundenen Austauschmöglichkeiten zu erhalten. Wenn man abnehmen will, ist es unverzichtbar, sich über den Kaloriengehalt der verschiedenen Lebensmittel zu informieren, um sich auf dieser Grundlage eine vernünftige, gesunde und kalorienarme Diät zusammenzustellen. Nachfolgend wird der Kaloriengehalt von jeweils einer Portion aus den sechs Austauschgruppen angegeben, dieser wird auch nochmals in der Abb. 11.2 optisch deutlich gemacht.

383

Tab. 11.4 Durchschnittlicher Gehalt einer Portion an Kohlenhydraten, Fett, Eiweiß und Kalorien in den sechs Lebensmittelgruppen

Lebensmittel-gruppe	Kohlen-hydrate	Fett	Pro-tein	Kalo-rien	Durchschnittliche Portionsgröße
Gemüse	5	0	2	25	1/2 Meßbecher gekocht, 1 Meßbecher roh
Obst	15	0	0	60	1/2 Meßbecher frisches Obst oder Obstsaft
Fett	0	5	0	45	1 Teelöffel (5g)
Fleisch					
mager	–	10,5	25	200	100 g
mittelfett	–	17,5	25	260	100 g
fett	–	26	25	350	100 g
Brot/Getreide	15	Spur	3	80	1/3–1/2 Meßbecher Getreide, Nudeln, 1 Scheibe Brot
Milch					
Magermilch	12	Spur	8	90	1 Meßbecher = 0,25 l
niedriger Fettgehalt	12	5	8	120	1 Meßbecher = 0,25 l
Vollmich	12	8	8	150	1 Meßbecher = 0,25 l

Kohlenhydrate, Fett, Eiweiß, Angabe in g
1 g Kohlenhydrate = 4 Kal
1 g Fett = 9 Kal
1 g Eiweiß = 4 Kal.

* Bezüglich spezieller Lebensmittel siehe Anhang E
** 1 Meßbecher = 250 ml, $^1/_2$ Meßbercher = 125 ml, $^1/_3$ Meßbecher = 80 ml

1 Gemüseeinheit	= 25 Kal
1 Obsteinheit	= 60 Kal
1 Fetteinheit	= 45 Kal
1 Brot/Getreideeinheit	= 80 Kal
1 Fleischeinheit	= 55–100 Kal
mageres Fleisch	= 55 Kal
mittelfettes Fleisch	= 75 Kal
fettes Fleisch	= 100 Kal
1 Milcheinheit	= 90–150 Kal
Magermilch	= 90 Kal
fettarme Milch	= 120 Kal
Vollmilch	= 150 Kal

Tabelle 11.4 gibt neben dem Kaloriengehalt der Austauscheinheiten Informationen über die jeweilige Zusammensetzung hinsichtlich Kohlenhydraten, Fetten und Proteinen.

Die Ermittlung der täglichen Kalorienaufnahme

Wenn man seine genaue Kalorienaufnahme wissen will, eine Grundvoraussetzung für alle Abnahmebemühungen, ist es zunächst wichtig, die täglich aufgenommenen Lebensmittel exakt zu registrieren und dann nach entspre-chenden Listen, wie im Anhang E gegeben, in verbrauchte Kalorien umzurechnen. Da die Energieaufnahme an einzelnen Tagen schwan-ken kann, sollte man ein solches Protokoll über drei bis sieben Tage durchführen, um einen vernünftigen Mittelwert zu erhalten. Wie ent-sprechende Untersuchungen gezeigt haben, läßt sich auf diesem Wege eine relativ zuver-lässige Schätzung der Kalorienaufnahme erreichen, allerdings unter der selbstverständ-lichen Voraussetzung, daß die angegebenen Nahrungsmengen auch wirklich relativ genau bestimmt wurden. Bei der Führung solcher Protokolle ist es für den Anfänger im allge-meinen recht schwierig festzulegen, was und wieviel er gegessen bzw. getrunken hat. Wenn man $^1/_2$ Liter Milch getrunken hat, so läßt sich dies leicht registrieren und dem Anhang E ist der Kaloriengehalt der Milch genau zu ent-nehmen. Wie groß ist jedoch der Kalorienge-halt von einem Stück Pizza, das Sie beim Itali-ener um die Ecke gegessen haben? Wie groß war die Pizza? Wie hoch war der Kalorienge-halt von Käse, Paprika, Peperoni und Pilzen, die Ihnen auf der Pizza so gut geschmeckt haben? Bei solchen komplex zusammenge-setzten Lebensmitteln kann die Kalorien-

	Milch	1 Meßbecher Magermilch = 90 Kalorien
	Fleisch/Fisch	30 g mageres Fleisch = 55 Kalorien
	Fett	1 Teelöffel Öl/Butter = 45 Kalorien
	Obst	1 mittelgroße Frucht = 60 Kalorien
	Gemüse	$1/_2$ Meßbecher = 25 Kalorien
	Brot/Getreide	1 Scheibe Brot = 80 Kalorien

Abbildung 11.2
Voraussetzung jedes gezielten Programms zur Gewichtsabnahme ist die Kenntnis des Kaloriengehalts der Lebensmittel, die man zu sich nimmt. Entsprechendes Grundwissen kann man sich rasch und mit geringem Aufwand erwerben. Bezüglich weiterer Kalorienangaben zu verschiedenen Lebensmitteln und Portionsgrößen wird auf Anhang E verwiesen.

schätzung jeweils nur ungefähr ausfallen. Trotzdem sind hierzu jedoch Angaben möglich, wie sie im Anhang E aufgeführt werden. Ein Viertel einer 30 cm-Pizza mit dünner Kruste enthält beispielsweise jeweils zwei Brot/Getreideeinheiten, sowie eine Einheit mittelfettes Fleisch und eine Fetteinheit, zusammen 280 Kal. Im einzelnen wird hierzu auf den Abschnitt kombinierte Lebensmittel im Anhang E hingewiesen.

Die verzehrten Lebensmittel kann man zu Hause in ihrer Menge sehr genau mit Hilfe eines Lineals, einer kleinen Lebensmittelwaage und eines Meßgefässes bestimmen. Außerhalb, beispielsweise in Restaurants, ist dies nicht möglich. Um hier zu halbwegs genauen Angaben zu kommen, können die folgenden Empfehlungen gegeben werden:

1. Führen Sie stets ein Notizbuch mit sich, in das sie möglichst sofort die verzehrten Gerichte bzw. Lebensmittel nach Art und Menge eintragen.

2. Informieren Sie sich aus den Produktinformationen über die Inhaltsstoffe der von Ihnen verzehrten Lebensmittel. Solche Informationen unter Einschluß von Angaben über den Kaloriengehalt finden Sie heute auf fast allen im Handel erhältlichen Lebensmittelprodukten. Soweit verfügbar, notieren Sie sich solche Angaben.

3. Der Kaloriengehalt von Flüssigkeiten bzw. Getränken wird normalerweise auf ml bezogen. Im Alltagsgebrauch werden häu-

fig aber auch sogenannte Haushaltsmaße benutzt, eine Tasse oder ein Glas entsprechen etwa 150 ml.

4. Die Angaben für Fleisch, Geflügel, Fisch etc. erfolgen in g. Um eine Vorstellung zu bekommen, wieviel 100 g Fleisch sind, kann man sich beispielsweise beim Metzger ein entsprechendes Stück zuschneiden lassen und sich die Größe einprägen.

5. Für Obst und Gemüse erfolgen die Angaben im allgemeinen bezogen auf eine halbe Tasse oder beim Obst auf eine kleine Frucht. Auch hier bietet es sich an, zu Hause einmal ein solche Menge auszumessen und sich für die verschiedenen Obstsorten durch den Vergleich am Obststand klar zu machen, was eine kleine, eine mittlere und eine große Frucht ist.

6. Die Angaben für Brot/Getreideprodukte beziehen sich häufig auf Portionsangaben, etwa eine Scheibe Brot. In diesen Fällen ist es relativ einfach, die Kalorienmenge zu bestimmen. Ein weiterer häufig verwendeter Meßwert ist $1/_3$ oder $1/_2$ Meßbecher, mit dem die Menge an Frühstücksgetreideflocken, Nudelgerichten etc. bestimmt wird. Auch von diesen Mengenangaben sollte man sich eine bildliche Vorstellung machen.

7. Die Angaben für Zucker, Marmelade, Gelee, Cremes etc. geschehen meist in Form von Tee- oder Eßlöffeln. Ein Teelöffel entspricht 5 ml, ein Teelöffel Zucker sind

somit 20 Kal. Dies ist in etwa auch der Kaloriengehalt von Marmelade und Gelees. Der Kaloriengehalt kommerzieller Produkte kann häufig den aufgedruckten Informationen entnommen werden.

8. In Anhang E werden beispielhafte Angaben zum Kaloriengehalt von selbstzubereiteten Gerichten gemacht, beispielsweise für einen Schweinebraten. Im allgemeinen muß man hierbei so vorgehen, daß man den Kaloriengehalt der einzelnen Zutaten auflistet und addiert. Für diese einzelnen Zutaten ist der kalorische Gehalt pro Portion jeweils den Produktinformationen zu entnehmen.

Wenn man sich intensiv mit der Materie beschäftigt, so wird man rasch zum Experten und ist dann in der Lage, mit geringer Fehlerbreite festzustellen, wieviel Kalorien man zu sich nimmt. Solche Kenntnisse sind nicht nur hilfreich, wenn es darum geht, seinen gesamten kalorischen Rahmen festzulegen, sie stellen nicht zuletzt auch eine hervorragende motivationale Unterstützung beim Abnehmen dar. Wenn man weiß, wieviel Kalorien das Essen enthält, vor dem man gerade sitzt, ist es oft wesentlich einfacher, die Hälfte davon auf dem Teller liegen zu lassen.

Die folgende Tabelle soll ein Beispiel für eine Dokumentation eines Frühstücks und die Errechnungen seines Kaloriengehalts unter Verwendung der im Anhang E enthaltenen Tabellen geben.

Frühstück Nahrungsmittel	Menge	Kalorien
Magermilch	1 Glas = 150 ml	90
Eier	2 Rühreier	150
Toast, Vollkorn	2 Scheiben	160
Butter	10 g	90
Marmelade	1 Teelöffel	60
Orangensaft	1 Glas = 150 ml	120
Wasser zur Verdünnung		0
Kaffee	1 Tasse = 150 ml	0
Zucker	1 Teelöffel	20
Gesamt		**690**

Kommerzielle und/oder wissenschaftliche Institute, die sich mit der Gewichtsabnahme beschäftigen, verfügen inzwischen über Computerprogramme, mit deren Hilfe es möglich ist, den Nährstoff- und Kaloriengehalt einer bestimmten Kost exakt zu analysieren. Diese Programme lassen sich auch auf den hauseigenen PC übertragen. Wer eine solche Möglichkeit für sich persönlich nutzen will, kann sich an diese Institute oder Ernährungsberater wenden.

Das Wissen um eine vernünftige Ernährung ist der erste Schritt zur Lösung von Gewichtsproblemen. Die besten Kenntnisse helfen aber nicht weiter, wenn der zweite Schritt, ihre Umsetzung in die Praxis, ausbleibt. Das Wissen, daß Magermilch 60 % weniger Kalorien enthält als Vollmilch, nützt wenig, wenn man sich an den Geschmack von Magermilch nicht gewöhnen will oder kann, und nach wie vor, wenn auch mit schlechtem Gewissen, das Glas Vollmilch zum Frühstück für unverzichtbar hält.

Allgemeine Empfehlungen für die Auswahl und Zubereitung von Lebensmitteln beim Abnehmen

Im Kampf gegen die Kalorien gibt es eine Menge von Tips, wie man sich seine Ernährung vernünftig zusammenstellen und zubereiten kann.

1. Der wichtigste Grundsatz ist die Auswahl von **hochwertigen kalorienarmen Nahrungsmitteln** aus den sechs Austauschgruppen der Lebensmittelpyramide, d. h. die Wahl solcher Lebensmittel, die wenig Kalorien, dafür aber viele Nährstoffe enthalten. Hochgereinigte bzw. verarbeitete Nahrungsmittel sollten so weit als möglich zugunsten von naturbelassenen Produkten vermieden werden. Bei jedem Einkauf von Fertigmahlzeiten sollte man sich mit einem Blick auf die Produktinformation über den Kalorien- und Fettgehalt orientieren und nur dann zugreifen, wenn diese niedrig sind. Im einzelnen wird hierzu auf Tabelle 5.2 auf Seite 148 verwiesen.

2. Der **Fettanteil** in der Ernährung sollte soweit als möglich reduziert werden, da er aus mehreren Gründen eine entscheidende Rolle bei der Entwicklung einer Adipositas spielt. Zum ersten steigert Fett den Appetit und erhöht damit die Kalorienaufnahme.

Tab. 11.5 Berechnung der täglichen Fettaufnahme, Angabe in Gramm

Tägliche Kalorienzufuhr	30 % Fettkalorien	20 % Fettkalorien	10 % Fettkalorien
1000	33	22	11
1200	40	26	13
1500	50	33	16
1800	60	40	20
2000	66	44	22
2200	73	49	24
2500	83	55	28

Die täglich aufgenommene Fettmenge berechnet sich aus der Gesamtkalorienzahl und dem prozentualen Fettgehalt. Wenn man z. B. 2200 Kalorien zu sich nimmt und die Fettkalorien bei 20% halten will, so sind dies bis zu 49 g.

Zum zweiten wird Fett bei gleicher Kalorienaufnahme effizienter gespeichert als Kohlenhydrate oder Proteine. Dies gilt ganz besonders für Menschen, die an Gewicht abgenommen haben, eine der wichtigsten Ursachen für den Jo-jo-Effekt, die Tatsache also, daß man einige Kilogramm, die man sich mühsam abgehungert hat, sehr rasch wieder „drauf hat", wenn man nicht aufpaßt. Zum dritten wird Fett gerade bei Männern sehr häufig im Bauchbereich gespeichert und stellt damit ein gesundheitliches Risiko dar. Miller et al. konnten bei schlanken Menschen im Vergleich zu Übergewichtigen einen geringeren Fettanteil in der Ernährung und dafür eine höhere Nährstoffdichte nachweisen.

Um den Fettanteil einer Diät zu reduzieren, sollte man exakt kontrollieren, wieviel Gramm Fett man täglich zu sich nimmt. Der Fettanteil sollte maximal 30 % der Gesamtkalorienzufuhr betragen, noch günstiger wäre ein noch niedrigerer Wert im Bereich von 20 %. Um zu wissen, wieviel dies in Gramm ist, muß man die Gesamtkalorienzahl mit 20 oder 30 % multiplizieren und durch 9, den Kaloriengehalt pro g Fett, dividieren. Diesen Wert sollte man dann mit der effektiven Fettaufnahme vergleichen. Zu diesem Zweck muß man jedes Gramm Fett dokumentieren, das man zu sich nimmt. Um zu demonstrieren, wie dies praktisch aussehen kann, zeigt Tabelle 11.5 Berechnungen für die Fettzufuhr bei einem Fettanteil von 10, 20 und

30 % für unterschiedliche tägliche Kalorienaufnahmen zwischen 1000 und 2500 Kal.

In dem Bemühen, die Kalorien- bzw. Fettaufnahme einzuschränken, können sich Neuentwicklungen der Lebensmittelindustrie, fettarme bzw. fettfreie Produkte oder Fettersatzstoffe als hilfreich erweisen, wenn man kritisch und vorsichtig mit ihnen umgeht. Eine Reihe von weiteren, sinnvollen Empfehlungen werden nachfolgend gegeben. Hierzu wird auch auf die Übersicht in Kapitel 5 verwiesen. Wenn man sich erst einmal an eine fettarme Ernährung gewöhnt hat, so empfindet man diese meist sogar als angenehmer, weil viel Fett in der Ernährung die Verdauung verzögert bzw. eine erhöhte Magen-Darm-Belastung darstellt und gastrointestinale Beschwerden verursachen kann.

3. Der Anteil von **hochgereinigten Kohlenhydraten** bzw. **Einfachzuckern** in der Ernährung sollte möglichst gering gehalten werden. Soweit als möglich sollte man auf den Zusatz von Zucker sowie auf hochverarbeitete Lebensmittel verzichten. Der Gebrauch von künstlichen Süßstoffen kann sich als hilfreich erweisen. In einer neueren Übersicht wies Pi-Sunyer darauf hin, daß durch den Gebrauch von Süßstoffen wie Aspartame die Kohlenhydratzufuhr vermindert werden kann, ohne daß dieser Erfolg durch die kompensatorische Aufnahme von anderen Lebensmitteln wieder zunichte gemacht wird.

Tab. 11.6 Einfach zu verwirklichende Vorschläge zur Kalorieneinsparung

Weglassen	Stattdessen	Eingesparte Kalorien
1 Croissant	1 einfaches Brötchen	35
1 Ei	Das Eiweiß von 2 Eiern und die Eidotter weglassen	50
100 g Vollfettkäse	100 g Magerkäse (z.B. Mozzarella)	100
100 g normaler Schinkenspeck	100 g magerer Schinkenspeck	350
100 g Thunfisch in Öl	100 g Thunfisch in Wasser	60
1 Eisbecher	1 fettfreies Eisdessert	150
100 g Truthahnwurst	100 g Truthahnbrust	175
1 Glas Vollmilch	1 Glas Magermilch	60
100 g Kartoffelchips	Brezel, 100 g	310
1 Glas Coca Cola	1 Glas Diätcola	150

4. Wenn man abnehmen will, reicht es in vielen Fällen aus, einfach den **Kohlenhydrat- und Fettanteil** in der Ernährung zu reduzieren. Dies wird klar, wenn man weiß, daß bei vielen Übergewichtigen der Fettanteil bis zu 60 % der Kalorien ausmacht, 3 von 5 zugeführten Kalorien entstammen somit dem Fett. Tabelle 11.6 gibt Beispiele dafür, wie man stark kohlenhydrat- und/oder fetthaltige Lebensmittel einfach ersetzen kann.

5. **Milchprodukte** stellen eine ausgezeichnete Eiweißquelle dar, sie können aber, wenn der Fettanteil nicht entfernt wird, viele Kalorien enthalten. Ungünstig und zu meiden sind beispielsweise Vollmilch, süße oder saure Sahne, Butter etc., günstig dagegen sind Magermilch, fettarmer Käse, Joghurt und entfettetes Trockenmilchpulver.

6. Ähnliches gilt für die **Fleischgruppe**, auch Fleisch enthält sehr viel hochwertiges Eiweiß und wichtige Nährstoffe, aber, wenn man nicht aufpaßt, auch viele Fettkalorien. Diese kann man vermeiden, wenn man mageres Fleisch auswählt, Flanken- und Lendenstücke. Auch Fisch und Geflügel enthalten im allgemeinen wenig Kalorien. Bei Eiern enthält das Eiklar sehr viel Eiweiß, der Eidotter dagegen sehr viel Cholesterin. Soweit als möglich sollte man beim Fleisch von außen erkennbares Fett abschneiden und das Fleisch fettfrei backen bzw. grillen. Wenn man schon in Schnellrestaurants essen will oder muß, sollte man die üblichen fettreichen Fastfoods, die bis zu 40–60 % Fettkalorien enthalten können, meiden und sich dafür fettarme Gerichte bestellen, wie gegrilltes Hühnchen, mageres Fleisch, Salate oder spezielle „fettfreie Hamburger", in denen der Fettanteil bis auf 4 % reduziert sein kann.

7. Die Lebensmittel der **Brot-/Getreidegruppe** sind von einem hohen Anteil an Vitaminen, Mineral- und Ballaststoffen gekennzeichnet. Zu empfehlen sind insbesondere Vollkornprodukte, ungeschälter Reis, Müsli, Hafermehl und -kleie, Bohnen, sowie stärke- und damit auch faserreiche Gemüse. Zu vermeiden sind dagegen hochgereinigte bzw. mit Fett und Einfachzuckern angereicherte Getreideprodukte, insbesondere auch Teigwaren, die in reichlich Fett gebacken werden, z. B. Croissants.

8. **Obst** enthält viele Vitamine und Faserstoffe. Zu bevorzugen ist es in frischer oder tiefgekühlter Form, soweit Konserven verwendet werden, sollte man darauf achten, daß die Früchte in ihrem eigenen Saft verarbeitet wurden. Zu meiden sind dagegen stark zuckerhaltige Säfte und Sirup. Mit Trockenobst sollte man zurückhaltend umgehen, da es viel Kalorien enthalten

kann. Empfehlenswert ist der Verzehr von mindestens einer Zitrusfrucht, also einer Apfelsine oder Pampelmuse, täglich.

9. Auch **Gemüse** enthält wenig Kalorien, viel Vitamine, Mineralstoffe und Pflanzenfasern. Zu bevorzugen sind insbesondere dunkelgrüne und gelborange Gemüse, die ihren festen Platz in der täglichen Ernährung einnehmen sollten. Für „zwischendurch" eignen sich Karotten, Radieschen oder Sellerie. Viele dieser Gemüse werden im Anhang E unter der Gruppe der unbeschränkt erlaubten Lebensmittel aufgeführt, da sie weniger als 20 Kal pro Portion enthalten. Obst und Gemüse vergrößern besonders das Volumen der Ernährung, man erreicht ein Maximum an Sättigungsgefühl mit einem Minimum an Kalorienzufuhr.

10. **Fette bzw. stark fetthaltige Lebensmittel**, wie Butter, Margarine, Öle, Mayonnaise, Salatdressings etc. sollten soweit als möglich gemieden werden. Das gleiche gilt für die Zubereitung von Lebensmitteln in Fetten, insbesondere das Backen in Fett. Statt dessen sollten fettsparende Kochgeräte verwendet werden. Inzwischen werden auch schon zahlreiche fettarme bzw. fettfreie Versionen von primär fettreichen Lebensmitteln angeboten.

11. Wenn man abnehmen will, sollte man möglichst viel trinken, um auch zwischen den Mahlzeiten ein Sättigungsgefühl zu schaffen. Hierbei sollte man kalorienfreie **Getränke** wie Wasser, ungesüßten Kaffee und Tee bevorzugen. Hierzu siehe auch die Liste der frei verwendbaren Lebensmittel im Anhang E. Mit kalorienhaltigen Getränken, z. B. Milch und Fruchtsäften, sollte man zurückhaltender umgehen. Auf weitere kalorienhaltige Getränke, speziell Alkoholika (siehe Punkt 12) sollte man möglichst ganz verzichten.

12. **Alkohol** enthält sehr viele Kalorien, nämlich 7 pro g und damit fast doppelt soviel wie Kohlenhydrate und Eiweiße, dagegen keine wertvollen Nährstoffe. Wenn man ein Glas Gin trinkt, so hat man sich damit 100 Kal ohne jeden wertvollen Zusatznährstoff einverleibt. Nimmt man die gleiche Kalorienmenge in Form von 50 g Hühnerbrust auf, so hat man damit etwa $^1/_3$ der empfohlenen Tagesmenge an Eiweiß abgedeckt, sowie größere Mengen an Eiweiß, Zink, Niacin und anderen Vitaminen aufgenommen. Wenn man schon nicht ganz auf Alkohol verzichten will, so sollte man alkoholarme Weine bzw. alkoholarmes Bier bevorzugen. Die sogenannten Light-Varianten von Bier enthalten etwa 50 % weniger Kalorien als die Normalform. Auch das alkoholfreie Bier ist deutlich kalorienreduziert.

13. Die Salzaufnahme sollte auf den **Kochsalzgehalt** beschränkt bleiben, der natürlicherweise in Lebensmitteln vorhanden ist. Zur Geschmacksverbesserung kann man Kochsalz soweit als möglich durch pflanzliche Gewürze ersetzen.

14. Statt zwei oder drei große **Mahlzeiten** sollte man lieber täglich fünf oder sechs kleine zu sich nehmen, indem man zwei bis drei kalorienarme, dafür nährstoffdichte Zwischenmahlzeiten einfügt. Wissenschaftliche Untersuchungen konnten zeigen, daß es hierdurch gelingt, die Insulinfreisetzung zwischen den Mahlzeiten zu verringern und damit das Hungergefühl besser zu kontrollieren. Ein zweiter positiver Effekt einer geringeren Insulinfreisetzung ergibt sich aus der Tatsache, daß das Insulin wesentlich zur Fettspeicherung beiträgt.

15. Man sollte nur jeweils **kleine Portionen** kochen und servieren, um die Versuchung, mehr zu essen als notwendig, zu verkleinern.

16. Grundlage jeder lebenslang durchgeführten, vernünftigen Ernährung zur Gewichtskontrolle ist ein entsprechendes **Wissen** und die Umsetzung dieses Wissens in die Praxis. Hierzu ist es erforderlich zu lernen, wieviel Kalorien welche Lebensmittel enthalten, um auf dieser Basis dann hochkalorische Lebensmittel durch solche mit einem niedrigen Kaloriengehalt ersetzen zu können.

Die Planung einer ausgewogenen, niedrigkalorischen Ernährung

Der Schlüssel zu jeder erfolgreichen Gewichtsreduktion besteht in der Auswahl von Lebensmitteln mit geringem Kaloriengehalt und hohem Nährwert nach den 16 Punkten, die im vorausgegangenen Abschnitt ausgeführt wurden. Tabelle 11. 7 zeigt das Schema eines Ernährungsmusters auf der Grundlage des Lebensmittelaustauschsystems. Die konkreten Lebensmittel können in dieses Schema nach den Austauschlisten im Anhang E eingesetzt werden.

Die Kalorienzufuhr wird in dem Schema der Tabelle 11.7 über drei Mahlzeiten abgedeckt. Wenn man statt dessen Zwischenmahlzeiten einfügen will in Form von Obst und Gemüse, sind diese jeweils nur aus den Hauptmahlzeiten herauszunehmen. Zusätzliche Getränke sollten kalorienfrei sein, es sollten also auch nicht Fruchtsaft oder Milch sein. Bei den Gemüsen sollte es sich um möglichst kalorienarme Produkte handeln, wie Blattsalat oder Radieschen. Stärkehaltige pflanzliche Lebensmittel, wie z. B. Kartoffeln, sind aufgrund ihres höheren Kaloriengehalts in die Brot-/Getreidegruppe eingeordnet.

Die Tabelle 11.8 beruht auf sieben unterschiedlichen Kalorienstufen. Selbstverständlich ist es möglich, auch Zwischenstufen zu bilden. Wer beispielsweise eine 1700 Kal-Diät durchführen will, muß einfach aus der 1800 Kal-Diät 100 Kal herausnehmen, beispielsweise in Form von zwei Fleischeinheiten (110 Kal). In der Praxis sollte man zunächst die Kalorienmenge, den gesamtkalorischen Rahmen festlegen, den man einhalten will, und danach mit Hilfe der Tabelle 11.8 die Ernährung im Detail planen. Um dies zu verwirklichen und den Ernährungsplan im täglichen Wechsel einzuhalten, sollte man sich einen „3 × 5"-Plan machen, ähnlich wie dies nachfolgend beschrieben wird. Auf diesem Plan kreuzt man jeweils die aufgenommenen Lebensmitteleinheiten nach dem Verzehr an. Für jeden Tag sollte man sich dann einen neuen Plan machen. Der folgende Plan ist für 1500 Kal angelegt, wobei die einzelnen Aus-

tauscheinheiten aus der Tabelle 11.8 summiert wurden.

Tagesernährungsplan		1500 Kal
Magermilcheinheiten	(2)	1 2
Magerfleischeinheiten	(7)	1 2 3 4 5 6 7
Brot-/ Getreideeinheiten	(6)	1 2 3 4 5 6
Gemüseeinheiten	(3)	1 2 3
Salat	(2)	1 2
Obst	(4)	1 2 3 4
Fetteinheiten	(2)	1 2
Getränke	(3)	1 2 3

Hierbei handelt es sich um einen Rahmenplan, der Abweichungen erlaubt. Das Minimum sollten zwei Magermilch-, fünf Magerfleisch-, vier Brot-/Getreide-, zwei Gemüse- und zwei Obsteinheiten enthalten. Den Rest kann man variieren, solange man innerhalb des kalorischen Gesamtrahmens bleibt. So könnte man beispielsweise zwei Brot-/Getreideeinheiten (160 Kal) durch eine Magermilch- und eine Magerfleischeinheit (zusammen 145 Kal) ersetzen. Auch eine Verschiebung von Einheiten zwischen den einzelnen Mahlzeiten ist möglich. Wer beispielsweise lieber etwas reichhaltiger frühstückt und dafür sein Mittagessen reduziert, kann eine entsprechende Umstellung vornehmen.

Wenn man seine Ernährung plant, sollte man sich hierzu ein wenig Zeit nehmen, das Muster auf Seite 391 verwenden und folgendermaßen vorgehen:

1. Festlegung des Kalorienrahmens nach den Richtlinien der Seite 391.

2. Festlegung der Zahl der Portionen für die einzelnen Austauscheinheiten nach Tabelle 11.8.

3. Errechnung des gesamten Kaloriengehalts durch Multiplikation der einzelnen Lebensmittelportionen mit dem jeweiligen Kaloriengehalt und Addition der einzelnen Positionen, die sich für die jeweiligen Lebensmittelgruppen ergeben.

4. Zusammenstellung der Lebensmittel nach den Austauschlisten im Anhang E.

Ein letzter Punkt: Wenn der gesamte Kalorienrahmen unter 1600 Kal liegt, empfiehlt es sich, zusätzlich ein Vitamin/Mineralpräparat einzunehmen, um die empfohlenen Tages-

Tab. 11.7 Tagesplan zur Kontrolle der Kalorienaufnahme

Mahlzeit	Zahl der Portionen	Kalorien pro Portion	Gesamt-kalorien	gewählte Lebensmittel
Frühstück				
Magermilch		90		
mageres Fleisch		55		
Obst		60		
Gemüse		25		
Getreideflocken/Brot		80		
Fett		45		
Getränke		0		
Mittagessen				
Magermilch		90		
mageres Fleisch		55		
Obst		60		
Gemüse		25		
Getreideflocken/Brot		80		
Fett		45		
Getränke		0		
Abendessen				
Magermilch		90		
mageres Fleisch		55		
Obst		60		
Gemüse		25		
Getreideflocken/Brot		80		
Fett		45		
Getränke		0		

mengen für die wichtigen Vitamine und Mineralstoffe, wie Eisen und Zink, abzudecken.

Tabelle 11.9 gibt ein Beispiel für eine konkrete 1500-Kal-Diät auf der Basis des Lebensmittelaustauschsystems.

Der Stellenwert von niedrig-kalorischen Diäten zur Gewichtsabnahme

Wie in Kapitel 10 ausgeführt, wird von niedrigkalorischen Diäten (NKD) oder auch modifiziertem Fasten gesprochen, wenn die tägliche Kalorienzufuhr bei maximal 800 Kal oder weniger liegt. In medizinisch überwachten Einrichtungen wird zum Teil auch ein totales Fasten praktiziert. Wenn solche Programme ärztlich kontrolliert werden, führen sie im allgemeinen zu einer schnellen und weitgehend risikolosen Gewichtsabnahme. Solche drastischen Hungerkuren eignen sich allerdings nur bei massivem Übergewicht in der Anfangsphase eines langfristig geplanten therapeutischen Programms zur Gewichtssenkung. Wer nur in Eigenregie 10–20 kg abnehmen möchte, sollte auf ein totales oder modifiziertes Fasten verzichten, nicht nur wegen der potentiellen Risiken, sondern auch deshalb, weil es hier meist nach dem Jo-jo-Prinzip geht, d. h. die abgenommenen Kilo-

Tab. 11.8 Diätvorschläge für unterschiedliche Kalorienzufuhr auf der Basis der Lebensmittelaustauschlisten

	Ungefähre tägliche Kalorienzufuhr						
	1000	**1200**	**1500**	**1800**	**2000**	**2200**	**2500**
Frühstück							
Magermilch	1	1	1	1	1	1	1
mageres Fleisch	1	1	2	2	2	3	3
Brot/Getreide	1	1	2	3	3	3	3
Obst	1	1	1	1	2	2	2
Fett	0	0	1/2	1	1	2	2
Getränke	1	1	1	1	1	1	1
Mittagessen							
Magermilch	1	1	1	1	1	1	2
mageres Fleisch	2	2	2	3	3	3	4
Brot/Getreide	2	2	2	2	2	3	3
Gemüse	1	1	1	2	2	2	2
Salat	1	1	1	1	1	1	1
Obst	1	2	2	2	2	2	2
Fett	1/2	1/2	1/2	2	2	2	2
Getränke	1	1	1	1	1	1	1
Abendessen							
Magermilch	0	0	0	0	1	1	1
mageres Fleisch	2	2	3	3	3	3	4
Brot/Getreide	1	2	2	3	3	4	4
Gemüse	1	2	2	2	2	2	2
Salat	1	1	1	1	1	1	1
Obst	0	0	1	1	2	2	2
Fett	1/2	1	1	1	1	1	2
Getränke	1	1	1	1	1	1	1
Gesamt							
Magermilch	2	2	2	2	3	3	4
mageres Fleisch	5	5	7	8	8	9	11
Brot/Getreide	4	5	6	8	8	10	10
Gemüse	2	3	3	4	4	4	4
Salat	2	2	2	2	2	2	2
Obst	2	3	4	4	6	6	6
Fett	1	2	2	4	4	5	6
Getränke	3	3	3	3	3	3	3

Wichtige Hinweise:
1. Kaloriengehalt für andere Produkte der jeweiligen Austauschgruppen
   Magermilch = 90
   mageres Fleisch = 55
   Obst = 60
   Gemüse = 25
   Getreide/Brot = 80
   Fett = 45
   Getränke = 0
   Salat = 20
2. Bezüglich von Austauschlebensmitteln siehe Anhang A.
   a) Der Ausdruck *Milchgruppe* beinhaltet stets gleichartige Lebensmittel aus dieser Gruppe wie Joghurt etc.
   b) In der *Fleischgruppe* sind eiweißhaltige Lebensmittel zusammengefaßt wie Eier, Käse, Fisch, Geflügel, fettarme Hülsenfrüchte (Erbsen, Bohnen)
   c) In der *Brot/Getreidegruppe* finden sich auch einige stärkehaltige Gemüsearten.
3. Die Lebensmittel sollten gegrillt oder gekocht, nicht in Fett gebraten werden. Falls doch, ist das verwendete Fett unter *Fett* aufzulisten.
4. Kalorienarmes Gemüse wie Salat oder Radieschen wird unter *Salat* aufgeführt. Salatdressing sollte nur kalorienarm und in geringer Menge benutzt werden.
5. Die verwendeten Getränke sollten keine Kalorien enthalten.

Tab. 11.9   Beispiel für eine 1500-Kalorien-Diät auf der Basis des Lebensmittelaustauschsystems

Mahlzeit/ Lebensmittelgruppe	Portionszahl	Kalorien pro Austauscheinheit	Gesamtkalorien	Lebensmittelbeispiele
Frühstück				
mageres Fleisch	2	44	110	30 g magerer Schinkenspeck
Fett	1/2	45	25	mit 30 g Diätkäse überbacken
Brot/Getreide	2	45	25	und 2 Scheiben Vollkornbrot, getoastet
Obst	1	660	60	125 ml Orangensaft
Getränke	1	0	0	1 Tasse Kaffee mit Süßstoff
Mittagessen				
Magermilch	1	120	120	250 ml fettarmes Joghurt, Natur
Obst	1	60	60	mit frischem Obst
Fleisch	2	55	110	Sandwich mit Hühnerbrust (30g) auf
Brot/Getreide	2	80	160	1 Vollkornbrötchen
Gemüse	1	25	25	1 Karotte
Salat	1	20	20	grüner Salat mit
Fett	1/2	45	25	kalorienarmem Dressing
Getränke	1	0	0	Diät-Cola
Abendessen				
Magermilch	1	90	90	1/2 Glas Milchshake
Fleisch	3	55	165	90 g gegrillter Fisch
Brot/Getreide	2	80	160	1 gebackene Kartoffel
Gemüse	2	25	50	1 Tasse Brokkoli, gedämpft
Salat	1	20	20	Gurkensalat
Fett	1	45	45	etwas Margarine zur Kartoffel und kalorienreduziertes Dressing zum Salat
Obst	2	60	120	1 Banane für den Milchshake
Getränke	1	0	0	Eistee
Gesamt			1525	

gramme sind schnell wieder zurück und zusätzlich einige mehr. Bevor man in ein solches Programm einsteigt, sollte man sich daher auf jeden Fall mit seinem Arzt und/oder Ernährungsberater absprechen.

11.5 Körperliche Aktivität

Die Bedeutung der körperlichen Aktivität für Gewichtsabnahme und Gewichtskontrolle

Der Mensch ist von Natur aus auf Bewegung angelegt. Die körperliche Aktivität, die den Lebensrythmus unserer Vorfahren bestimmt hat, wird uns heute allerdings durch mechanische Hilfsmittel fast völlig abgenommen. Dieser Entwicklung haben sich die Gehirnzentren, die unser Eßverhalten steuern, nicht angepaßt. Die Frage, ob in dieser Diskrepanz die Ursache des heute so weit verbreiteten Problems des Übergewichts liegt, ist, wie in Kapitel 10 dargestellt, unter Experten stark umstritten. Die Frage stellt sich, ob das Übergewicht die Folge des Bewegungsmangels ist oder umgekehrt der Bewegungsmangel die Folge von Übergewicht. Trotz solcher wissenschaftlicher Diskussionen kann festgestellt werden, daß ein von Bewegungsarmut geprägter Lebensstil, ob ursächlich oder nicht, häufig mit Adipositas einhergeht, die heute schon bei Kindern und Jugendlichen, die immer mehr Zeit vor dem Fernseher verbringen, zu einem immer größeren Problem wird. Dr. Jean Mayer, eine internationale Autorität auf dem Gebiet der Gewichtsabnahme, hat hierzu festgestellt, daß zwar sicher viele Ursachen bei der Entwicklung eines Übergewichts zusammenwirken, daß aber unter diesen dem Bewegungsmangel eine herausragende Bedeutung zukommt.

Unabhängig von der Frage, welche Rolle Bewegungsmangel in der Pathogenese der Adipositas spielt, stellen körperliche Aktivität und Bewegung ein unverzichtbares Element in jedem Programm zur Gewichtsabnahme bzw. -kontrolle dar. Hierbei spielt nicht nur der vermehrte Energieverbrauch durch körperliche Aktivität eine Rolle, sie ist darüber hinaus mit wichtigen psychologischen und physiologische Vorteilen verbunden.

Rein biochemisch gesehen liegt die Hauptbedeutung der körperlichen Aktivität in den zusätzlich verbrannten Kalorien (siehe Abbildung 11.3) und damit in einer Negativierung d Energiebilanz, d. h. des Verhältnis von ugeführten zu verbrauchten Kalorien. Wie in Kapitel 3 ausgeführt, kann die Stoffwechselgeschwindigkeit unter Belastung erheblich ansteigen. Während der Energieumsatz eines ruhenden Erwachsenen im Bereich von 60–70 Kal pro Stunde liegt, kann dieser Wert bei intensiven Belastungen in Form von Laufen, Schwimmen oder Radfahren bis auf 1000 ansteigen! Bei extremen Ausdauerbelastungen, wie bei der Tour de France oder bei Ultramarathonläufen, wurde ein Kalorienverbrauch von 6000–13 000 pro Tag bestimmt!

Da der Übergewichtige eine größere Masse bewegen muß, wird er bei gleicher Lauf- oder Gehgeschwindigkeit mehr Energie verbrauchen und damit stärker abnehmen als der schlanke Jogger. Wenn jemand, der 50 kg wiegt, für einen Kilometer Joggen 50 Kal verbrennt, bedarf es keiner großen Rechenkünste, um festzustellen, daß der, der 100 kg wiegt, für die gleiche Leistung 100 Kal benötigt. Abbildung 11.4 stellt diese Beziehung nochmals graphisch am Beispiel des Gehens dar.

Viele Übergewichtige lassen sich enttäuscht von körperlicher Aktivität abhalten, wenn sie hören, wie vergleichsweise wenig Kalorien hierbei verbraucht werden, etwa durch die Angabe, daß man 100 km joggen muß, um 1 kg Fett zu verbrennen. Unter Berücksichtigung des geringen Kalorienver-

Abbildung 11.3 Um 200 Kal zu verbrauchen, muß man ungefähr 3 km joggen

brauchs bei Bewegung (ca. 70 Kal pro km) und des hohen Energiegehalts des Fettgewebes (ca. 7700 Kal pro kg) ist eine solche Feststellung zwar kurzfristig richtig. Gewichtsabnahme sollte jedoch stets auf der Grundlage eines **langfristigen Konzepts** angestrebt werden. Wer jeden Tag 3 km joggt, verbraucht hierdurch nur etwa 210 Kal, entsprechend einer Gewichtsabnahme von 30 g. Auf einen Monat gesehen, sind dies ca. 6500 Kal oder knapp 1 kg. Auf ein halbes Jahr umgerechnet, addiert sich die Gewichtsabnahme auf 5–6 kg, über ein ganzes Jahr auf 10–12 kg!

Zusätzlich kommen indirekte Effekte hinzu. Wie in Kapitel 3 dargestellt, erhöht körperliche Aktivität den Grundumsatz auch in der Phase nach der Belastung. Als weiteres Argument wird in der Diskussion angeführt, daß körperliche Aktivität den thermischen Effekt der Lebensmittel steigert, wenn man sich nach einer Mahlzeit belastet. Leider ist dieser Effekt allerdings nur gering, so daß es praktisch für die Gewichtsabnahme unwichtig ist, ob man sich vor oder nach dem Essen bewegt. Als weiteres wichtiges Argument ist anzuführen, daß körperliche Aktivität dazu beiträgt, den Appetit zu kontrollieren.

Der körperlichen Aktivität kann darüber hinaus ein sehr vorteilhafter Effekt auf das Verhalten des Grundumsatzes während längerfristiger Programme zur Gewichtsabnahme zukommen. Wie ausgeführt, kommt es unter einer kalorienreduzierten Kost zu einer Abnahme des Grundumsatzes und damit zu

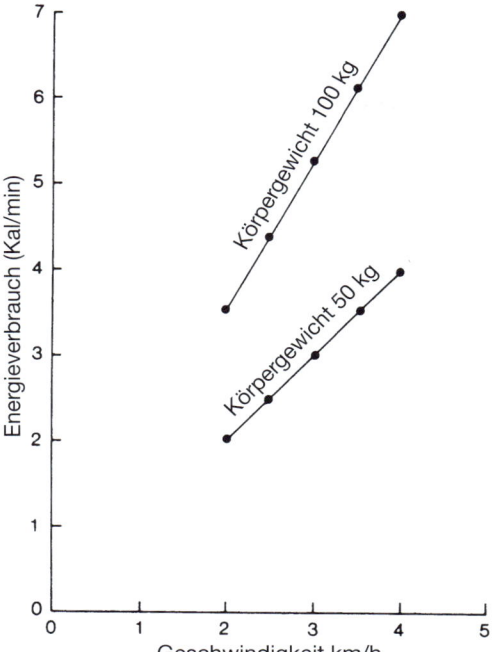

Abbildung 11.4 Die Auswirkungen der Bewegungsgeschwindigkeit und des Körpergewichts auf den Energieverbrauch, ausgedrückt in Kal/min beim Gehen. Je schwerer ein Mensch, umso mehr Energie verbraucht er bei gleicher Gehgeschwindigkeit. Gleiches gilt selbstverständlich auch für Laufen, Radfahren und andere Bewegungsformen, bei denen man sich unter Einsatz der eigenen Muskelkraft aktiv vorwärts bewegt.

einer Verlangsamung der Gewichtsabnahme. Wie einige Untersuchungen belegt haben, kann dieser Effekt durch regelmäßige Bewegung zwar nicht völlig aufgehoben, jedoch erheblich reduziert werden. Wer sich für diese zum Teil noch kontrovers geführte Diskussion interessiert, kann bezüglich weiterer Einzelheiten auf die Übersichtsartikel von Donnelly et al., Hill et al. und Forbes verwiesen werden.

Weiterhin werden durch Bewegung Fette zur Energiebereitstellung für die Muskulatur mobilisiert, hierdurch werden Fettdepots abgebaut. Umgekehrt kommt es durch das Training zu einer Vergrößerung der Muskelmasse, d. h. der fettfreien Körpermasse, während durch alleiniges Fasten die fettfreie

Masse reduziert wird. Da Muskelgewebe metabolisch aktiver ist als Fettgewebe, kann auch diese Veränderung der Körperzusammensetzung à la longue der Abnahme des Grundumsatzes entgegenwirken.

Umgekehrt weisen einige Untersuchungsergebnisse daraufhin, daß es bei sehr schlanken Athleten im Verlauf des Trainingsprozesses zu einer Reduzierung des Grundumsatzes kommen kann. Dieses Phänomen wird teleologisch als Schutzmechanismus des Körpers interpretiert, der Versuch, die Körpermasse trotz erhöhtem Energieverbrauchs zu konservieren. Probleme ergeben sich aus diesem Phänomen naturgemäß für den Übergewichtigen, der durch Bewegung und Sport abnehmen will, nicht. Probleme können allerdings für den schlanken Athleten auftreten, der versucht, trotzdem noch einige Kilogramme abzubauen, um bestimmte Gewichtsgrenzen für den Wettkampf einzuhalten oder seine relative, gewichtsbezogene Leistungsfähigkeit zu verbessern.

Neben den physiologischen Auswirkungen von Sport und Bewegung können sich für den Übergewichtigen auch psychologische Vorteile ergeben, wenn er sich körperlich aktiviert. Zunehmende Fitneß, Gewichtsabnahme und Verbesserung der Körperzusammensetzung heben die Stimmung des Übergewichtigen, steigern seine Alltagsenergie und verbessern sein Selbst- und äußeres Erscheinungsbild. Körperliche Aktivität kann den psychologischen Katalysator zur Optimierung der Ernährungsgewohnheiten und anderer gesundheitsorientierter Verhaltensweisen darstellen.

Schließlich kommen der körperlichen Aktivität auch wichtige gesundheitliche Auswirkungen zu. Bewegung spielt eine bedeutsame Rolle in der Primär- und Sekundärprävention von Herz-Kreislauf-Erkrankungen. Die Häufigkeit eines Herzinfarktes sinkt unter körperlicher Aktivität. Selbst dann, wenn trotzdem ein solches Ereignis eintritt, steigt die Überlebenschance deutlich an. Viele der gesundheitlich positiven Effekte der körperlichen Aktivität stehen, wie in den Kapiteln 2 und 10 diskutiert, mit Gewichtsabnahme in Verbindung. Körperliche Aktivität wirkt sich besonders positiv vor allem auf die männliche Form der Fettsucht aus, die mit dem höchsten Herz-Kreislauf-Risiko verbunden ist. Es kommt insbesondere zu einer Abnahme der Fettablagerung im Bauchbereich.

Bewegung und Sport empfehlen sich nicht nur für den Übergewichtigen zum Abnehmen, sondern auch für den Normalgewichtigen, um die Ausbildung einer Adipositas zu verhindern. Vorbeugen ist besser als heilen, dieser Grundsatz gilt ganz besonders auch für das Übergewicht. Präventive Bemühungen sollten bereits im Kindesalter anfangen. Gerade Kinder sind in ihrem Wohlbefinden auf regelmäßige körperliche Aktivität angewiesen. Bei den meisten Menschen entwickelt sich eine Fettsucht nicht über Nacht, sondern langsam durch 75–150 Kalorien zusätzlich pro Tag, die zu einer Fetteinlagerung von täglich nur 10–20 g führen. Diese kann sich dann auf Dauer zu einer massiven Adipositas addieren. Solche Überschußkalorien kann man durch regelmäßige körperliche Aktivität abbauen. Für den, der gerne ißt und trotzdem schlank bleiben will, stellen Bewegung und Sport die intelligente Alternative dar.

Der Einfluß von körperlicher Aktivität auf den Appetit

Die Konstanz unseres Körpergewichts beruht auf dem Gleichgewichtsbestreben des Organismus. Normalerweise wird ein erhöhter Energieverbrauch durch gesteigerte körperliche Aktivität über eine vermehrte Energieaufnahme mit der Ernährung ausgeglichen. Dieser biologische Grundsatz muß jedoch nicht für den bewegungsarmen Übergewichtigen gelten. Entsprechende Untersuchungen haben gezeigt, daß Übergewichtige dann, wenn sie beginnen, sich mehr zu bewegen, nicht unbedingt mehr essen, häufig nimmt ihre Kalorienaufnahme dann sogar ab. Umgekehrt läßt sich häufig beobachten, daß Sportler, die aus irgendeinem Grund, beispielsweise durch eine Verletzung, ihre körperliche Aktivität reduzieren müssen, dann nicht notwendigerweise weniger essen. Der bei ihnen im gesunden Zustand aufgrund der hohen körperlichen Aktivität sinnvoll gesteigerte Appetit bleibt ihnen auch dann erhalten, es

kommt zu einer vermehrten Fettablagerung. Der in seiner Bewegung eingeschränkte Sportler muß also bewußt seine Kalorienzufuhr reduzieren, wenn er nicht an Gewicht zunehmen will.

Wie im weiteren Verlauf zu diskutieren sein wird, stellt die beste Möglichkeit zur Gewichtsabnahme ein kombiniertes Programm aus Kalorieneinschränkung und verstärkter körperlicher Aktivität dar. In einem solchen Programm kann die Bewegung besonders auch dazu genutzt werden, um den Appetit zumindestens kurzfristig zu unterdrücken. Thompson et al. fanden, daß Belastungen höherer Intensität, im Bereich von 68 % der VO_2max, im Gegensatz zu Belastungen geringerer Intensität das Hungergefühl unterdrücken. Dieser appetithemmende Effekt der körperlichen Aktivität wird mit der Steigerung der Körpertemperatur in Verbindung gebracht. Als Erklärungsansatz wird auf die räumliche Nähe von Temperatur- und Appetitzentrum im Hypothalamus verwiesen. Körperliche Aktivität sowie der thermodynamische Effekt von Lebensmitteln führen gleichermaßen zu einem Anstieg der Körperkerntemperatur. Die Hemmung des Appetits bei Anstieg der Körpertemperatur unter intensiver Belastung kann somit gleichfalls als eine Art Schutzreflex interpretiert werden, der den Sinn hat, die Temperatur nicht durch die Prozesse, die mit der Verdauung verbunden sind, noch weiter ansteigen zu lassen. Unter körperlicher Aktivität kommt es ferner zur Sekretion von zahlreichen Hormonen, speziell Adrenalin, die sich gleichfalls appetithemmend auswirken.

Es ist eine alte, für jeden leicht nachvollziehbare Erfahrung, daß körperliche Aktivität den Appetit hemmt. Eine halbe Stunde intensive körperliche Belastung kann im Hinblick auf den Appetit ein guter Ersatz für ein reichliches Mittagessen darstellen. Durch den Kalorienverbrauch bei der Bewegung sowie durch die hiermit verbundene Appetithemmung, die dazu führt, daß man sich statt eines Mittagessens mit einem niedrig-kalorischen Snack zufrieden gibt, werden somit gleichzeitig auf zwei Wegen Kalorien eingespart. Während intensive Belastungen kurzfristig den Appetit hemmen können, ist der Erfolg körperlicher Aktivität in der Langzeitregulation des Eßverhaltens weniger ausgeprägt. Man kann zwar durch eine halbe Stunde Sport den Appetit auf ein Mittagessen unterdrücken, wenn man jedoch nicht aufpaßt, holt man dann die versäumten Kalorien beim Abendessen wieder nach und möglicherweise noch einige dazu.

Die Effektivität verschiedener Programme zur Gewichtsabnahme

Zur Gewichtsabnahme wird eine Fülle von Programmen und Patentrezepten angeboten. Entsprechende Anzeigen, in denen der einfache und perfekte Weg angepriesen wird, auf dem man in einer Woche 10 kg und mehr abnehmen kann, finden sich in jeder Tageszeitung. Glaubt man diesen Anzeigen, so ist das Gewichtabnehmen ganz besonders leicht, wenn man dies in hochtechnisierten Fitneß-Studios oder mit Geräten bzw. Programmen zu Hause durchführt, die man sich für teures Geld kaufen muß. Fakt ist, daß man zum Abnehmen keinerlei spezielle Geräte oder spezifische Programme benötigt. Jeder kann durch Bewegung und Sport abnehmen, wenn er einige physiologische Grundregeln des Energieverbrauchs durch Bewegung berücksichtigt. Die besten Formen der körperlichen Aktivität zur Gewichtsabnahmen stellen aerobe Ausdauerbelastungen dar (siehe Abbildung 11.5), die auch gleichzeitig den höchsten gesundheitlichen Stellenwert besitzen. Dabei sollte man folgende Punkte berücksichtigen:

1. Eine Belastung ist um so wertvoller, je mehr Muskeln eingesetzt werden. Die Beinmuskulatur stellt einen großen Anteil der gesamten Muskelmasse dar, diese Aussage trifft aber auch für die Armmuskeln zu. Häufig wird der Energieverbrauch bei Bewegungen der Arme unterschätzt, weil nicht berücksichtigt wird, daß bei allen Armbewegungen fast immer auch die großen Brust- und Rückenmuskeln beteiligt sind. Während beim Gehen, Wandern, Joggen, Laufen, Treppensteigen und Radfahren vor allem die Beinmuskeln eingesetzt werden, werden beim Schwimmen und Rudern überwiegend die Arme

belastet. Wer beim Gehen und Joggen in der Hand gehaltene Gewichte mitschwingt, setzt gleichzeitig mit den Beinmuskeln verstärkt auch die Armmuskulatur ein. Besonders günstig sind Skilanglauf, Seilspringen und bis zu einem gewissen Grad auch Aerobic, weil hier neben der Beinmuskulatur systematisch auch die Armmuskulatur eingesetzt wird. Neben den bereits genannten Beispielen könn-ten hier noch weitere günstige Ausdauerbelastungsformen angeführt werden.

2. Als zweiter Faktor muß die **Belastungsintensität** berücksichtigt werden. Je intensiver eine Belastung ausgeführt wird, um so höher ist der Kalorienverbrauch. Pro Zeiteinheit werden beim Gehen weniger Kalorien verbraucht als beim Joggen, beim sportlichen Laufen wiederum mehr als beim langsamen Joggen. Wer seinen Körper schneller durch die Gegend bewegt, verbraucht damit auch mehr Kalorien. Die optimale Belastungsintensität hängt von der **Belastungsdauer** ab. Die Geschwindigkeit, die man über 50 m durchhalten kann, wird man sicher nicht über fünf Kilometer laufen können. Belastungsdauer und Belastungsintensität sind umgekehrt miteinander korreliert. Für den Kalorienverbrauch ist dabei die Belastungsdauer von größerer Bedeutung als die Intensität. Die Belastungsintensität muß daher der Zeit angepaßt werden, die man für eine körperliche Aktivität eingeplant hat.

Ein Eindruck von der Höhe des Kalorienverbrauchs pro kg Körpergewicht in Abhängigkeit von der Belastungsintensität wird in Anhang B vermittelt. Diese Tabelle wurde aus einer Vielzahl von Daten aus unterschiedlichen Literaturquellen zusammengestellt. Bei ihrer Benutzung sollten folgende Punkte berücksichtigt werden:

a. Bei den Daten handelt es sich um Mittelwerte, die auch den Ruheumsatz enthalten. In dem angegebenen Kalorienverbrauch ist also auch die Energiemenge einbezogen, die man in der gleichen Zeit verbrauchen würde, wenn man sich nicht bewegt hätte. Beispiel: Wenn angegeben wird, daß pro Stunde Laufen 800 Kal verbraucht werden, so bedeutet dies bei einem Ruheumsatz von 75 Kal in dieser Zeit einen belastungsinduzierten Mehrverbrauch von nur 725 Kal.

b. Die Angaben beziehen sich nur auf die reine Belastungszeit. In einer Stunde Basketball bewegt man sich aufgrund von Unterbrechungen, Freiwürfen und Auszeiten etc., effektiv durchschnittlich meist nur 35–40 min. Wenn man aufgrund solcher Tabellen seinen Kalorienverbrauch bestimmen will, so muß man somit streng genommen dabei die Zeit messen bzw. zugrundelegen, die man sich auch wirklich aktiv bewegt.

c. Die Zahlen geben Durchschnittswerte an, die in Abhängigkeit vom technischen Können und Umgebungsfaktoren (z. B. Bergauf- oder Gegenwindlaufen etc.) erheblich variieren können.

d. In der Tabelle konnten nicht alle möglichen Körpergewichte aufgeführt werden, nicht vorhandene Angaben lassen sich jedoch ohne weiteres aus den vorhandenen Daten intra- bzw. extrapolieren.

e. Der belastungsabhängige Kalorienverbrauch kann sich bei Frauen und Männern geringfügig unterscheiden, diese Unterschiede sind jedoch so gering, daß ihnen keine größere praktische Relevanz zukommt.

Aufgrund von Anhang B bzw. Tabelle 3.5 auf Seite 85 kann man sich nach seinen individuellen Vorstellungen diejenigen Belastungen auswählen, die man optimal zur Gewichtsabnahme ausführen will. Man sollte sich vor allem solche Aktivitäten aussuchen, die mit einem hohen Kalorienverbrauch verbunden sind und dann über ihre praktische Realisierung Buch führen.

3. Den wichtigsten Faktor für den Energieverbrauch stellt die **Belastungsdauer** dar.

Diese drückt sich bei den typischen Ausdauerbelastungen wie Gehen, Laufen, Schwimmen oder Radfahren in der zurückgelegten Strecke aus. Wenn der Energieverbrauch für 1 km Laufen 70 Kal beträgt, so bedeuten 5 km zurückgelegte Strecke logischerweise 350 verbrannte Kalorien. Wenn man täglich 3 km läuft, braucht man etwa einen Monat, um nur durch Bewegung 1 kg abzunehmen. Wenn man die tägliche Laufstrecke auf 15 km vergrößert, so verkürzt sich diese Zeit automatisch auf ein Fünftel, also auf knapp eine Woche. Wer abnehmen will, sollte sich also möglichst lange belasten.

Hieraus ergibt sich, daß die zurückgelegte Strecke wichtiger ist als die Zeit, die man bzw. die Geschwindigkeit, mit der man läuft. So sind beispielsweise Tennis und Laufen gleichermaßen beliebte Belastungsformen. Der Läufer ist dauernd in Bewegung und verbraucht damit pro Stunde bis zu 2–3 mal mehr Kalorien als der Tennisspieler, dessen Aktivität von ständigen Pausen, Unterbrechungen und Phasen geringerer körperlicher Aktivität gekennzeichnet ist.

Viele, insbesondere erwachsene massiv Übergewichtige verzichten auf die Integration von körperlicher Aktivität in ihr Programm zur Gewichtsabnahme, weil sie sich nicht hinreichend fit fühlen, um Bewegung ausreichender Intensität über längere Zeit durchzuhalten. Aber auch der Übergewichtige mit geringer Belastbarkeit wird durch Bewegung, die mit niedriger Intensität ausgeführt wird, einen Trainingseffekt erfahren und kann dann mit der Zeit seine Belastungsphasen immer weiter ausdehnen.

Letztlich stehen Belastungsintensität und -dauer in einem engen Zusammenhang und können sich in Bezug auf die Gewichtsabnahme gegenseitig ersetzen. Ballor et al. fanden beispielsweise, daß eine Belastung hoher Intensität, die über 25 min durchgeführt wird, innerhalb von 8 Wochen zur gleichen Gewichtsabnahme führt, wie eine Belastung, die mit der halben Intensität täglich über 50 min erfolgt.

4. Als weiterer Faktor, der neben Belastungsdauer und -intensität ein Bewegungsprogramm charakterisiert, ist die **Belastungshäufigkeit** zu nennen, d. h. die Zahl der wöchentlichen Bewegungseinheiten. Es ist logisch, daß mit der Zahl der Bewegungseinheiten der Energieverbrauch ansteigt. Im allgemeinen reichen bei adäquater Belastungsdauer und -intensität drei bis vier wöchentliche Einheiten aus. Selbstverständlich läßt sich jedoch der Energieverbrauch verdoppeln, wenn man sich bis zu sechs bis sieben Mal wöchentlich bewegt. Wenn es also darum geht, durch Bewegung abzunehmen, so ist es am günstigsten, wenn man sie täglich durchführt.

5. Ein entscheidender Faktor für den Erfolg eines Bewegungsprogramms liegt nicht zuletzt auch in der **Motivation**, die mit ihm verbunden ist. Damit ein Sportprogramm längerfristig durchgehalten wird, muß es Spaß machen. Die für manchen in sich konträre Forderung, daß eine Belastung ausreichender Intensität möglichst lange durchgehalten werden und dann auch noch Spaß machen soll, läßt sich durch die Auswahl geeigneter Bewegungsformen verwirklichen. Wer nicht gerne joggt, kann es beispielsweise mit dem Walking versuchen, eine Form des Gehens, bei der die Arme kräftig mitschwingen, oder stattdessen Golf spielen und dabei, um mehr Kalorien zu verbrauchen, den Wagen selbst ziehen, schwimmen, radfahren, Tennis oder Fußball spielen, alles Sportarten, die für viele mit einer wesentlich stärkeren Motivation verbunden sind als Joggen bzw. Laufen, und bei denen ebenfalls große Kalorienmengen verbraucht werden. Auch Freizeitaktivitäten bzw. die Arbeit in Haus und Garten, wie Rasenmähen, Autowaschen, Reparaturarbeiten in der Wohnung oder am Haus steigern den Kalorienverbrauch und erhöhen die Fitneß. Sport soll nicht als belastend, sondern als freudvoll empfunden werden. Nur dann wird er das, was er sein soll, nämlich ein Teil des individuellen Lebensstils. Auch wenn man den Teppich saugt oder den Rasen mäht, sollte man versuchen, etwas Positives daraus zu machen und sich vorstellen, daß man hierdurch eine Trainingseinheit ersetzt.

6. Ein weiterer Anspruch an die gewählte Sportart ergibt sich aus der **Praktikabilität**. Viele Sportarten, die Spaß machen, wie Tennis oder Golf, sind nicht gerade billig bzw., wie z. B. Schwimmen und Skilanglauf, bedürfen der Voraussetzung eines Schwimmbades oder von Schnee, die nicht immer gegeben sind. Probleme ergeben sich hier insbesondere für denjenigen, der aus Berufsgründen viel unterwegs ist. Auch hieraus erklärt sich die Tatsache, daß als ideale Belastungsform, auch für denjenigen der abnehmen will, immer wieder Gehen, Joggen und Laufen genannt werden, da hierfür praktisch kaum äußere Voraussetzungen erfüllt sein müssen. Zum Gehen oder Laufen braucht man nichts anderes als ein paar Turnschuhe und wetterangepaßte Kleidung, außer einer Verletzung kann einen praktisch nichts davon abhalten. Derjenige, der lieber Tennis oder Golf spielt, kann dann, wenn dies einmal nicht möglich sein sollte, seine übliche körperliche Aktivität durch Joggen ersetzen. Für die, die nicht joggen können, weil sie zu stark übergewichtig, zu wenig leistungsfähig oder zu alt sind, stellt heute das schnelle Gehen, das Walking, wohl die beste Möglichkeit zu vermehrter körperlicher Aktivität dar.

7. Ein weiterer wichtiger Faktor ist, nicht zuletzt aus psychologischer Sicht, eine möglichst große **Bandbreite** der durchgeführten körperlichen Aktivitäten. Man sollte sich nicht nur auf eine Sportart konzentrieren, sondern sich mit verschiedenen Bewegungstechniken, wie Laufen, Radfahren, Schwimmen, Rudern eventuell auf einem Ruderergometer, Treppensteigen, Walking etc. vertraut machen. Wenn man abwechslungsreich trainiert, beispielsweise drei Tage in der Woche läuft, zwei Tage radfährt und zwei weitere Tage schwimmt, vermeidet man Langeweile im Training und reduziert das Risiko von Überlastungsschäden. Wer jeden Tag eine Stunde trainiert, kann durch Belastungs-

kombinationen, wie eine halbe Stunde laufen und eine halbe Stunde radfahren, sein Sportprogramm abwechslungsreicher gestalten.

Die Bedeutung eines Kraft-trainings zur Gewichtsabnahme

Im nächsten Kapitel werden Krafttrainings-programme zur Steigerung des Körperge-wichts ausführlich dargestellt. Ein Krafttrai-ning kann jedoch auch effektiv zur Gewichtsabnahme beitragen. Untersuchun-gen von Ballor et al. konnten zeigen, daß es durch ein Krafttraining gelingt, den Verlust an fettfreier Körpermasse während des Abnehmens zu verhindern. Wenn man nur hungert, kommt es gleichzeitig mit der Reduktion der Fettmasse zu einer Verminde-rung des Körpereiweisses, speziell zu einem Verlust an Muskeleiweiß. Der Hypertrophie-reiz eines Krafttrainings auf die Muskulatur kann dieser negativen Entwicklung entgegen-wirken und zum Erhalt der fettfreien Körper-masse beitragen. Das gleiche gilt übrigens auch hinsichtlich einer Verhinderung der Abnahme des Grundumsatzes. Schließlich wird im nächsten Kapitel dargestellt, daß dynamische Kraftübungen auch genutzt wer-den können, um zusätzliche Kalorien zu ver-brennen.

Die sportärztliche Vorsorgeunter-suchung vor Aufnahme eines Bewegungsprogrammes

Zur Frage der Notwendigkeit einer sportärzt-lichen Vorsorgeuntersuchung kann auf die Empfehlungen entsprechender Fachgesell-schaften, z. B. des Deutschen Sportärztebun-des, verwiesen werden. Eine umfangreiche Darstellung dieser Problematik würde den Rahmen des vorliegenden Bandes sprengen. Im folgenden sollen nur die wichtigsten Aspekte der Notwendigkeit einer sportmedi-zinischen Vorsorgeuntersuchung herausgeho-ben werden.

1. Wer mit einem Sport-/Bewegungspro-gramm beginnt, sollte sich darüber klar werden, ob bei ihm hierdurch gesundheit-liche Probleme induziert bzw. verstärkt werden können. Wer sich nicht sicher ist, sollte vorher mit seinem Arzt darüber spre-chen. Programme zur Gewichtsabnahme sind sehr häufig mit hohen Belastungen für das Herz-Kreislauf-System verbunden, das seinerseits wiederum im Zusammen-hang mit dem Übergewicht zahlreichen Risikofaktoren ausgesetzt ist.

2. Unabhängig von seinem Alter sollte der Übergewichtige daher stets die Möglich-keit des Vorliegens einer koronaren Herz-krankheit überprüfen lassen. Entsprechen-de Risikofaktoren sind in Tabelle 11.10 aufgelistet.

3. Jüngere Menschen im Alter von bis zu 30 Jahren, bei denen keine erkennbaren Risikofaktoren vorliegen, gehen im allge-meinen auch kein größeres Risiko ein, wenn sie ein Sport-/Bewegungsprogramm beginnen.

4. Mit zunehmendem Alter steigt die Bedeu-tung einer sportmedizinischen Vorsor-geuntersuchung. Wer 40 Jahre alt und übergewichtig ist, sollte daher in jedem Fall vor Beginn eines Sportprogramms eine ärztliche Untersuchung einschließ-lich eines Belastungs-EKGs durchführen lassen.

Tab. 11.10 Die wichtigsten Risikofaktoren für die Entwicklung einer koronaren Herzkrankheit

1. Bluthochdruck
2. Zigarettenrauchen
3. Erhöhte Blutfette, speziell Cholesterin und Triglyzeride
4. Diabetes
5. Übergewicht
6. Auffälliges Ruhe-EKG
7. Familiäre Belastung, Fälle von koronarer Herzerkrankung in der Familie

Sonstige Vorsichtsmaßnahmen vor Aufnahme eines Bewegungs/Sportprogramms

Eine sehr wichtige Determinante für die Trainingsintensität stellt zumindest in der Frühphase eines solchen Programms die Eingangsfitness dar. Wer völlig untrainiert ist, sollte sich zu Beginn mit geringerer Intensität belasten, er sollte beispielsweise nicht sofort mit dem Joggen beginnen, sondern erst mit mehr oder weniger schnellem Gehen. Der Zustand von Übergewicht und Bewegungsmangel hat sich schließlich nicht an einem Tag entwickelt, er kann auch nicht an einem Tag beseitigt werden. Den Schlüssel zum Erfolg in einem solchen Programm stellt die nur langsame Steigerung der Belastungsintensität dar. Entsprechende Beispiele werden im weiteren Verlauf gegeben.

Weitere Sicherheitsmaßnahmen beziehen sich auf die zeitliche Relation zwischen Sport und Nahrungsaufnahme, umweltbedingte Risikofaktoren und die Sportausrüstung. Wer Sport betreibt, sollte auf die Vermeidung von Unfällen achten, dies gilt ganz besonders für Schwimmen, Radfahren, aber auch für Joggen im Straßenverkehr. Wer läuft, sollte innerhalb der letzten zwei bis drei Stunden vorher nicht gerade ein reichliches Mittagessen zu sich genommen haben, sich vorher einen leicht verdaulichen Snack zuführen oder etwas trinken. Wie in Kapitel 9 dargestellt ergeben sich die größten Risiken für den Sporttreibenden heute meist durch hohe Umgebungstemperaturen. Man sollte bei Belastung in der Hitze sehr genau auf die Anzeichen einer beginnenden Hitzeschädigung achten, wie Schwindel, Brechreiz und/oder Muskelschwäche. Wenn solche Anzeichen auftreten, sollte man die Belastung unterbrechen und sich nach Möglichkeit abkühlen. Auch die geeignete Sportausrüstung ist, in Abhängigkeit von der jeweiligen Sportart, sehr wesentlich. Für den Geher, Läufer und Jogger sind vor allem gut sitzende Sportschuhe wichtig. Hierdurch wird das Auftreten von Überlastungsschäden in Form z. B. einer Achillessehnenreizung oder von Schienbeinbeschwerden verhindert, die vor allem in der Frühphase eines solchen Sportprogramms häufig zum vorzeitigen Abbruch führen.

Allgemeine Planung von Bewegungsprogrammen zur Gewichtsabnahme

In den Grundzügen sind Programme zur Gewichtsabnahme identisch mit denjenigen, die zur Steigerung der Leistungsfähigkeit des Herz-Kreislauf-Systems empfohlen werden. Das ideale Programm basiert auf einem ausgeglichenen Verhältnis von Belastungsintensität, -dauer und -häufigkeit. Jede Trainingseinheit sollte grundsätzlich in die drei Phasen Aufwärmen, Trainingsphase und Abkühlen unterteilt werden. Besonders die Aufwärm- bzw. Abkühlphasen sind wichtige Komponenten eines jeden aeroben Trainingsprogramms. Hierdurch werden akute Überlastungen wie z. B. der Muskelkater, chronische Überlastungsschäden im Bereich des Bewegungsapparates und Herz-Kreislauf-Zwischenfälle vermieden.

Jeder reizwirksamen Trainingsphase sollte ein **Aufwärmen** vorausgehen, das in unterschiedlicher Art und Weise durchgeführt werden kann, z. B. als Gymnastik oder auch sportartspezifisch in Abhängigkeit von der jeweiligen Trainingsform, die dann zum Aufwärmen in geringerer Intensität ausgeführt wird. Der Einbau von Dehnungsphasen (Streching) in Aufwärmprogramme hat sich sehr bewährt.

Bei Ausdauerbelastungen sollten vor allem diejenigen Muskeln gut aufgewärmt werden, die in ihrem Verlauf vorwiegend Einsatz finden. Wer zum Beispiel joggen will, sollte vor ab Dehnungsübungen der Beinmuskulatur durchführen und dann einige Minuten mit einem langsameren Tempo traben, als dies seiner eigentlichen Laufgeschwindigkeit entspricht, um seine Muskulatur adäquat aufzuwärmen. Wenn der Schweiß zu fließen beginnt, ist dies ein hinreichendes und gutes Zeichen dafür, daß die Körpertemperatur ausreichend hoch ist. Mit dem Anstieg der Körpertemperatur steigt insbesondere auch die Temperatur in der Arbeitsmuskulatur an.

Die **Abkühlphase** folgt der eigentlichen Trainingsphase und soll vor allem die Aktivität des Herz-Kreislauf-Systems wieder auf Ruhebedingungen zurückfahren. Wenn man die Belastung allzu abrupt beendet, kann Blut in den vorher arbeitenden Bereichen versacken und zu einem zu geringen Blutrückfluß zum Herzen führen. Dies kann dann eine Verringerung der Pumpleistung des Herzens, insbesondere eine Verminderung der Gehirnversorgung und damit Schwindelgefühle bis hin zu Kollapszuständen verursachen. Durch den plötzlichen Druckabfall werden reaktiv Hormone, speziell Katecholamine, ausgeschüttet, die Herzrhythmusstörungen auslösen können. Um dies zu verhindern, sollte man nach einer intensiven Belastung langsam auslaufen. Hierdurch wird die Muskelpumpe in Gang gehalten, die den venösen Rückfluß zum Herzen verbessert. Das Abkühlen sollte durch Dehnungsübungen (Streching) unterstützt werden. Nach Belastung sind die Muskeln erwärmt und besonders gut dehnbar. Hierdurch wird Muskelverspannungen vorgebeugt.

Trotz der großen Bedeutung der Aufwärm- und Abkühlungsphase ist aus der Sicht des Kalorienverbrauches die eigentliche Trainingsphase die wichtigste Periode.

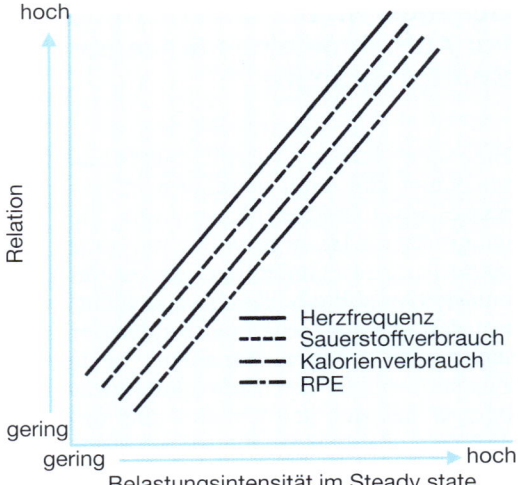

Abbildung 11.6 Beziehung zwischen Belastungsintensität und Parametern des Energieverbrauchs. Im allgemeinen steigen Herzfrequenz, Sauerstoffaufnahme und Kalorienverbrauch sowie das Belastungsempfinden (RPE) unter steady-state-Bedingungen, d.h. dann, wenn die Sauerstoffaufnahme dem Sauerstoffbedarf entspricht, linear mit der Belastungsintensität an.

Die Trainingsphase

Während der Trainingsphase wird bei adäquater Auswahl von Belastungsintensität und -dauer ein Reiz für die angestrebten Trainingseffekte gesetzt. Wie Abbildung 11.6 demonstriert, wird der dafür erforderliche Schwellen- bzw. ideale Reiz durch eine Reihe von unterschiedlichen Faktoren definiert.

Die beiden wichtigsten Determinanten für den trainingswirksamen Reiz stellen Belastungsintensität und -dauer dar. Beide Komponenten sind nicht nur generell, sondern auch für jede einzelne Trainingseinheit invers miteinander verbunden. Wenn die Belastungsintensität hoch ist, muß ihre Dauer kurz sein, umgekehrt kann eine Belastung geringer Intensität lange ausgeführt werden. Eine weitere wichtige Determinante ist die Belastungshäufigkeit, d. h. die Zahl der wöchentlichen Trainingseinheiten. Die von verschiedenen Seiten gegebenen Empfehlun-

gen über die optimale Gestaltung eines Trainingsprogramms unter Berücksichtigung dieser Grundkomponenten variieren in den Details bis zu einem gewissen Grade, die Grundzüge der Empfehlungen sind jedoch weitgehend identisch. Das folgende, vom amerikanischen College für Sportmedizin gegebene Programm kann als Beispiel dienen. Es kann, wie an entsprechender Stelle jeweils angemerkt, besonderen Bedingungen angepaßt werden.

1. Trainingsintensität bei 60–90 % der maximalen Herzfrequenz oder 50–85 % der maximalen Sauerstoffaufnahme bzw. der maximalen Herzfrequenzreserve (Definition siehe unten).

2. Belastungsdauer 20–60 min aerobe Ausdauerbelastung

3. Trainingshäufigkeit 3–5 Mal pro Woche

Belastungsintensität

Der geeigneten Belastungsintensität kommt zum Erreichen des Trainingseffektes entscheidende Bedeutung zu. Damit sich überhaupt ein Effekt einstellt, muß eine bestimmt **Reizschwelle** überschritten werden. Die Belastungsintensität kann in verschiedenen Parametern ausgedrückt werden, z. B. als Prozentsatz der VO_2max, als Kalorienverbrauch pro min oder durch die Herzfrequenz. Unter steady-state-Bedingungen besteht zwischen diesen Parametern eine sehr enge Beziehung. Für den Einzelnen drückt sich in einer bestimmten Herzfrequenz immer die gleiche Sauerstoffaufnahme bzw. der gleiche Kalorienverbrauch aus. Da die Herzfrequenz unter diesen drei Parametern derjenige ist, der am einfachsten ermittelt werden kann, wird sie am häufigsten zur Definition der Reizschwelle benutzt. Ein weiterer gern verwendeter Parameter ist das subjektive Belastungsempfinden, ausgedrückt in Form der sogenannten RPE-Werte (RPE = Rating of Perceived Exertion = Bewertung des Belastungsempfindens).

Im folgenden soll die Ermittlung der idealen Trainingsintensität auf der Grundlage der beiden am einfachsten zu bestimmenden Parameter, der Herzfrequenz und des Belastungsempfindens, näher dargestellt werden. Die Herzfrequenz kann durch die Bestimmung des Pulsschlages an verschiedenen Stellen leicht ermittelt werden. Am häufigsten dient hierzu der Radialispuls, der im Bereich des Handgelenkes an der Daumenseite gefühlt wird, oder der Karotispuls. Die Halsschlagader (A. carotis) fühlt man unterhalb des Kiefers, seitlich am Adamsapfel. Man sollte sie nicht mit dem Daumen, sondern mit Mittel- und Zeigefinger tasten und nicht zu hart drücken, da dies zu einer teilweise sehr stark ausgeprägten reflektorischen Verlangsamung des Herzschlages bis hin zu Ohnmachtszuständen führen kann. Weitere Orte, an denen der Puls gefühlt werden kann, sind die Schläfenarterie, die Arm- und die Leistenschlagader, sowie das direkte Fühlen des Herzschlages (siehe Abbildung 11.7).

Zur Ermittlung der Herzfrequenz können die Pulsschläge über 6 s gezählt und mit 10 multipliziert werden, oder, genauer über 15 s bei Multiplikation mit dem Faktor 4. Während die Ruhe und Erholungsherzfrequenz leicht zu ermitteln sind, ist es aufgrund der Störungen durch die Bewegung schwierig, die Herzfrequenz unter Belastungsbedingungen exakt zu ermitteln. Diese Schwierigkeit läßt sich jedoch dadurch beseitigen, daß man den Pulsschlag direkt nach Beendigung der Belastung über 6 s zählt. In dieser Zeit ist die Belastungsherzfrequenz noch nicht wesentlich abgesunken, so daß man einen korrekten Wert erhält, der allerdings bereits durch das Einsetzen der Erholungseffekte geringfügig erniedrigt sein kann. Wenn das Zählen in 6 s nicht gelingt, kann man auch über 10 s zählen und den Wert dann mit 6 multiplizieren, um auf eine Minute zu kommen. Wenn man die Herzfrequenz in Ruhe ermittelt, kann man, falls man sehr genau sein will, auch über 30 s zählen und das Ergebnis mit 2 multiplizieren. Zur Bestimmung der wirklichen Ruheherzfrequenz ist es günstig, morgens im Bett sofort nach dem Aufwachen den Puls zu ermitteln. Für die im folgenden zu bestimmenden Werte der Ruhefrequenz für die Belastungssteuerung ist es besonders günstig, diese in der Position festzustellen, die man auch während der Belastung einnimmt, beim Schwimmen also in liegender Position, beim Radfahren im Sitzen, beim Gehen und/oder Laufen in aufrechter Körperhaltung.

Eine der am häufigsten benutzten Methoden zur Definition der Trainingsherzfrequenz beruht auf der Ermittlung der maximalen **Herzfrequenzreserve**, also der Differenz zwischen der maximalen Herzfrequenz und dem Ruhepuls. Der Ruhepuls wird direkt nach dem Aufwachen am Morgen gezählt. Wenn man keinen Sport gewohnt ist, so ist es nicht unbedingt ratsam, sich maximal zu belasten, um die individuelle maximale Herzfrequenz festzustellen. Man kann dann stattdessen allgemeine Formeln zugrunde legen. Die maximale Herzfrequenz unterliegt zwar individuellen Schwankungen, im Durchschnitt kann man jedoch für Frauen und Männer gleichermaßen von einem Wert von 220 minus Lebensalter in Jahren ausgehen. Für trainierte Sportler eignet sich folgende Formel besser: 205 minus der Hälfte des Lebensalters in Jahren, für Übergewichtige

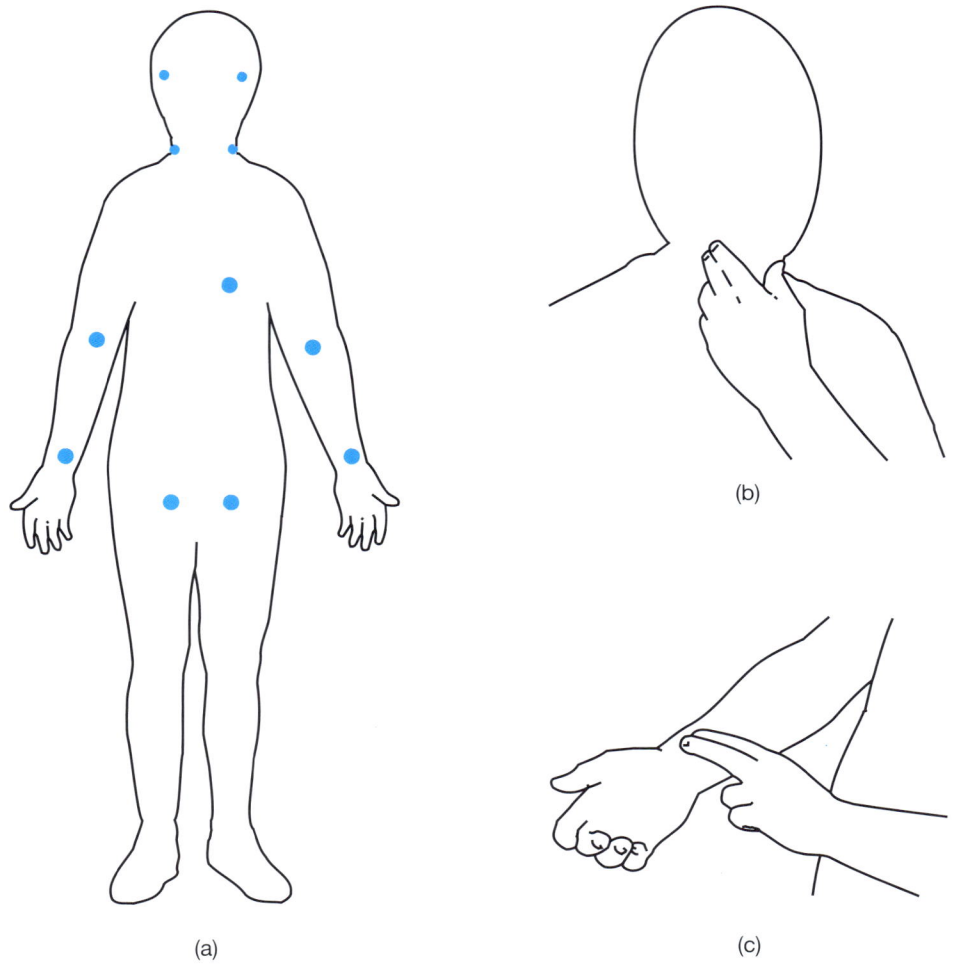

(a)

(b)

(c)

Abbildung 11.7   Typische Palpationspunkte für die Pulsfrequenz. Grundsätzlich läßt sich der Puls an den verschiedensten Schlagadern tasten (a). Am häufigsten geschieht dies an der Halsschlagader (b) bzw. (c) am Handgelenk („Pulsschlagader" = Radialisarterie).

200 minus der Hälfte der Lebensjahre. Auf der Grundlage dieser Formel wäre die maximale Herzfrequenz nach der ersten angegebenen Formel für einen 40jährigen bei 180. Nach der zweiten Formel liegt die maximale Herzfrequenz eines 40jährigen Trainierten bei 185. Für alle solche Formeln muß allerdings die große individuelle Streubreite berücksichtigt werden. Bei den angegebenen Werten handelt es sich nur um Durchschnittsgrößen. Im Einzelfall kann ein 40jähriger mit einer mittleren Maximalfrequenz von 180 Werte zwischen 160 und 200 erreichen.

Wenn pathologische Veränderungen vorliegen, wie beispielsweise eine koronare Herzkrankheit, werden noch tiefere Werte beobachtet. In den allgemeinen Trainingsempfehlungen findet sich übereinstimmend die Angabe, daß dann, wenn die Leistungsfähigkeit gesteigert werden soll, die Herzfrequenz auf 50–85 % der maximalen Frequenzreserve ansteigen muß. Nach neueren Untersuchungen können vor allem bei bisher untrainierten Personen auch geringere Frequenzsteigerungen zu einem Trainingserfolg führen.

Im folgenden soll für das obige Beispiel des 40 Jahre alten Mannes die **Trainingsherzfrequenz** errechnet werden. Hierzu müssen die altersabhängige maximale Herzfrequenz (HFmax) und die Ruheherzfrequenz (RHF) bekannt sein, die für das obige Beispiel mit 180 bzw. 70 angenommen werden.

Hierzu gilt folgende Formel:

$$\text{Trainingsherzfrequenz (THF) ist}$$
$$\text{THF} = X\% \times (\text{HFmax} - \text{RHF}) + \text{RHF}.$$

Wird die Trainingsschwelle mit 50 % angenommen, so ergibt sich

$$\text{THF} = 0,5 \times (180 - 70) + 70$$
$$= 0,5 \times 110 + 70 = 55 + 70 = 125.$$

Wird die Trainingsschwelle mit 85 % angenommen, so errechnet sich die Trainingsherzfrequenz wie folgt:

$$\text{THF} = 0,85 \times (180 - 70) + 70$$
$$= 0,85 \times 110 + 70 = 163.$$

Der 40jährige Beispielproband wird somit einen Trainingseffekt erreichen, wenn er im Bereich einer Herzfrequenz von 125–163 trainiert. Zur Vereinfachung des Verfahrens werden in Tabelle 11.11 Trainingsherzfrequenzen für einen Ruheherzfrequenzbereich zwischen 45 und 90 angegeben. Unter Berücksichtigung von Lebensalter und Ruheherzfrequenz kann man hieraus den trainingswirksamen Pulsbereich entnehmen. Die Tabelle geht von einer maximalen Herzfrequenz von 220 minus Lebensalter in Jahren aus.

Die Tabelle gibt einen guten durchschnittlichen Anhalt für die Schwellen- bzw. Trainingsherzfrequenz. Im Einzelfall ist allerdings die große individuelle Variabilität der Herzfrequenz zu berücksichtigen, insbesondere bei älteren Menschen. Wenn die maximale Herzfrequenz niedriger liegt als 220 minus Lebensalter, so werden in der Tabelle zu hohe Trainingsfrequenzen, umgekehrt bei einer höheren maximalen Herzfrequenz zu niedrige Trainingsfrequenzen angegeben. Solche Unterschiede sind allerdings nicht von allzu großer praktischer Relevanz. Wenn die Trainingsherzfrequenz ein paar Schläge ober- oder unterhalb des realen physiologischen Optimums liegt, so wird man dennoch auf jeden Fall einen Trainingseffekt

erreichen, wenn man in der Mitte des Zielbereichs liegt.

Nach einigen Monaten Training kann der engagierte Sportler den Wunsch haben, seine tatsächliche maximale Herzfrequenz unter den Bedingungen seiner spezifischen körperlichen Aktivität zu bestimmen. Die Ermittlung kann durch ein einfaches Verfahren geschehen, das nachfolgend beschrieben wird. Die Testperson läuft auf einer Aschenbahn mit ansteigender, der jeweiligen Form ihres Ausdauertrainings angepassten Geschwindigkeiten so lange, bis sie ihre maximale Herzfrequenz erreicht hat. Für das Schwimmen wurden niedrigere maximale Herzfrequenzen bestimmt als für das Laufen. Der Unterschied liegt im Bereich von 10–15 Schlägen pro min. Die Trainingsherzfrequenz sollte daher beim Schwimmen tiefer liegen als beim Laufen. McArdle hat für die Maximalfrequenz beim Schwimmen die Formel 205 minus Lebensalter in Jahren angegeben.

Zur Bestimmung der optimalen Trainingsintensität nach dem Belastungsempfinden wird im allgemeinen die von Gunnar Borg entwickelte RPE-Skala verwendet. In dieser Tabelle werden Zahlenwerten, die die durch 10 dividierte Herzfrequenz darstellen, Ausdrücke für das Belastungsempfinden zugeordnet (siehe Tabelle 11.12). Wie fühlen Sie sich beim Laufen? Laufen Ihre Beine noch leicht und locker oder sind sie schwer? Fangen sie an zu schmerzen oder zu brennen? Wie geht ihre Atmung? Atmen Sie leicht und locker? Können Sie sich noch unterhalten? Können Sie noch in ganzen Sätzen sprechen oder werden die Sätze immer kürzer bzw. stoßen Sie nur noch mühsam einzelne Worte heraus? Was sagt Ihnen Ihr Körper? Ist die Belastung noch zu leicht oder schon zu schwer? Von Borg wurden inzwischen auch neuere Formen seiner Belastungsskala auf der Basis etwa eines 10-Punkte-Systems entwickelt. Seine ursprüngliche Skala hat allerdings in der Praxis immer noch den höchsten Stellenwert.

Am besten bringt man Pulsfrequenz und Belastungsempfinden in Übereinstimmung. Wenn man beim Laufen beispielsweise einen Puls von 150 zählt, so sollte man dieser Laufgeschwindigkeit das Belastungsempfinden

Tab. 11.11 Trainingsherzfrequenzbereich

Ruhe-herzfre-quenz	Lebensalter											
	15–19	20–24	25–29	30–34	35–39	40–44	45–49	50–54	55–59	60–64	65–69	70–74
45–49	125–180	123–175	120–171	118–167	115–163	113–158	110–154	108–150	105–146	103–141	100–137	98–133
50–54	127–181	125–176	122–172	120–68	117–164	115–159	112–155	110–151	107–147	105–142	102–138	100–134
55–59	130–181	128–176	125–172	123–168	120–164	118–159	115–155	113–151	110–147	108–142	105–138	103–134
60–64	132–182	130–177	127–173	125–169	122–165	120–160	117–156	115–152	112–142	110–143	107–139	105–135
65–69	135–183	133–178	130–174	128–170	125–166	123–161	124–157	118–153	115–149	113–144	110–140	100–136
70–74	137–184	135–179	132–175	130–171	127–167	125–162	122–158	120–154	117–150	115–145	112–141	110–127
75–79	140–184	138–180	135–176	133–172	130–168	128–163	125–159	123–155	120–151	118–146	115–142	113–138
80–84	142–185	140–181	137–177	135–173	132–169	130–164	127–160	125–156	122–152	120–147	117–143	115–139
85–89	145–186	143–181	140–177	138–173	135–169	133–164	130–160	128–156	125–152	123–147	120–143	118–139

Der Bereich der Trainingsherzfrequenz umfaßt 50–85% der Schwellenleistung und wurde aufgrund der Mittelwerte für jede Altersgruppe unter Berücksichtigung der jeweiligen Ruheherzfrequenz berechnet.

Tab. 11.12 Die Borgskala

6	
7	sehr, sehr leicht
8	
9	sehr leicht
10	
11	leicht
12	
13	etwas anstrengend
14	
15	schwer
16	
17	sehr schwer
18	
19	sehr sehr schwer
20	

RPE (Received Perception of Exertion)-Werte

von 15 = schwer zuordnen. Die Borg-Skala hat sich vor allem bei gesunden Probanden und in dem Bereich von Herzfrequenzen oberhalb von 150 als sehr brauchbares Verfahren zur Belastungssteuerung bewährt. Ein weiteres sehr einfaches Verfahren stellt die Beachtung der Atmung dar. Als allgemeine Faustregel kann gesagt werden, daß man sich dann, wenn man sich beim Laufen nicht mehr unterhalten kann, zu intensiv belastet.

Die Zuordnung der Trainingsintensität zur Trainingspulsfrequenz

Um diejenige Trainingsintensität exakt zu bestimmen, die der empfohlenen Traingingsherzfrequenz zuzuordnen ist, bedarf es nichts weiter als einer Stoppuhr, mit deren Hilfe man seine Pulsfrequenz bei verschiedenen Geschwindigkeiten während des Gehens, Laufens, Schwimmens oder Radfahrens ermittelt. Für das Laufen ist es beispielsweise ideal, wenn man jeweils eine Runde um die Aschenbahn (meist 400 m) mit verschiedenen Geschwindigkeiten zurücklegt und dann die Pulsfrequenz bestimmt.

   Zur Einstellung einer steady-state-Herzfrequenz werden bei Ausdauerbelastungen im allgemeinen 3–5 min benötigt. Das folgende

für Gehen, Joggen oder Laufen beschriebene Verfahren läßt sich unter Berücksichtigung der besonderen Bedingungen auf andere Belastungsformen wie Schwimmen, Radfahren, Gymnasik oder Aerobic übertragen. Am besten geschieht die Bestimmung der Trainingsherzfrequenz auf einer 800 m-Strecke, entsprechend zwei üblichen Runden um eine Aschenbahn. Wenn eine solche nicht zur Verfügung steht, kann man sich auch eine gleich lange Strecke auf einer Straße abmessen. Nachdem man die Ruheherzfrequenz bestimmt hat, geht oder läuft man los. Wenn eine gleichmäßige Geschwindigkeit erreicht ist, wird auf die Stoppuhr gedrückt und die Zeit über 800 m ausgemessen. Sofort nach Beendigung der 800 m wird die Belastungsherzfrequenz bestimmt. Während des Gehens oder Laufens wurde bereits das Belastungsempfinden (RPE) festgelegt. Anschließend werden folgende Fragen gestellt: Wurde die Trainingsherzfrequenz erreicht? Wie war das Verhältnis von Belastungsempfinden (RPE) zu Belastungsherzfrequenz? Wenn die aktuelle Belastungsfrequenz im Bereich der Trainingsherzfrequenz lag und die Belastung nicht als zu anstrengend empfunden wurde, so ist die optimale Laufgeschwindigkeit damit bekannt, man kann mit dem Trainingsprogramm beginnen. War die Trainingsherzfrequenz nach dem Testlauf zu niedrig, so wird der Lauf nach einer Pause mit höherer Geschwindigkeit wiederholt. Dieser Vorgang kann mehrfach mit unterschiedlichen Geschwindigkeiten erfolgen. Auf diese Art und Weise kann man, eine graphische Darstellung der Beziehung zwischen Laufgeschwindigkeit einerseits und der Trainingsherzfrequenz bzw. dem Belastungsempfinden (RPE-Wert) andererseits erstellen. Aus der Veränderung dieser Graphik nach Durchführung des Trainingsprogrammes läßt sich der Trainingserfolg ablesen. Als Beispiel seien folgende Werte genannt:

Test	Zeit (min)	RPE	HF	min/km
1	8:00	11	108	10:00
2	7:10	13	132	9:00
3	6:30	15	156	8:10
4	6:00	18	180	7:30

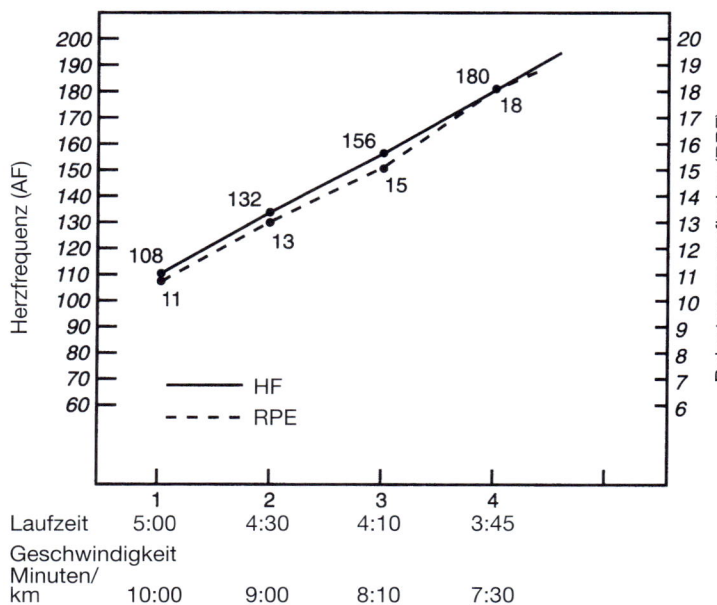

Abbildung 11.8
Grafische Darstellung der Beziehung zwischen Herzfrequenz und Belastungsempfinden (RPE) nach jeweils einem halben Kilometer Gehen mit verschiedenen Geschwindigkeiten zur Bestimmung der Schwellen-Herzfrequenz.

Mit zunehmender Laufgeschwindigkeit steigen selbstverständlich Belastungsempfinden (RPE) und Herzfrequenz an. Wenn die maximale Herzfrequenz bei 200 und die Ruhefrequenz bei 70 liegen, ergibt sich der 50–85 % Bereich der Trainingsherzfrequenz mit einer Schlagzahl von 135 bis 180. In diesem Test wäre die Frequenz im Versuch 1 auf jeden Fall zu niedrig, im Test 2 knapp unterhalb der Grenze der Trainingsherzfrequenz, im Test 3 im mittleren Bereich und in Test 4 an der oberen Leistungsgrenze. Die Trainingsgeschwindigkeit sollte somit zwischen 7:30 und 8:10 min pro km liegen. Auf die RPE-Werte kann man vor allem dann zurückgreifen, wenn keine Möglichkeit besteht, die Geh- bzw. Laufstrecke und die Herzfrequenz exakt auszumessen. Der Kalorienverbrauch für die einzelnen Geschwindigkeiten kann jeweils dem Anhang B entnommen werden.

Planung des individuellen Trainingsprogramms

Wenn man sich sein Trainingsprogramm zusammenstellt, sollte man folgende Punkte berücksichtigen: Es sollte effektiv und mit mög-

lichst geringem Risiko verbunden sein sowie so gestaltet werden, daß man es auch auf Dauer durchhält. Leider geben mehr als die Hälfte aller, die mit einem Training anfangen, um abzunehmen, schon nach kurzer Zeit wieder auf. Die Erfahrung mit solchen Programmen hat eine Reihe von Empfehlungen ableiten lassen, deren Beachtung die Wahrscheinlichkeit ihrer Durchführung auf Dauer erhöht:

1. Überfordern Sie sich nicht zu Beginn eines Trainingsprogrammes. Beginnen Sie mit relativ geringer Intensität und steigern Sie die Belastung nur allmählich.

2. Setzen Sie sich Kurz- und Langzeitziele. Ein Kurzzeitziel kann es beispielsweise sein mit einer Geschwindigkeit von 10 min pro km zu laufen, das langfristige Ziel ist es, an einem 10 km Volkslauf teilzunehmen.

3. Führen Sie ein Trainingstagebuch. Hierin können Sie Ihre Fortschritte bzw. die Verwirklichung ihrer Ziele dokumentieren.

4. Nehmen Sie sich Zeit für ihr Trainingsprogramm. Nicht immer ist es leicht, sich einen Freiraum hierfür zwischen den zeitlichen Zwängen von Arbeit, Schule und sonstigen Freizeitaktivitäten zu schaffen.

Nehmen Sie das Trainingsprogramm mindestens genauso wichtig wie andere unausweichliche Termine auch.

5. Schaffen Sie sich eine Möglichkeit, wo Sie ohne großen Aufwand trainieren können. Wenn Sie erst 5 km zum Zeitpunkt des Spitzenverkehrs zu einem Trainingszentrum fahren müssen, dann findet sich leicht eine Ausrede, warum es gerade heute nicht geht. Schließlich und letztens ist ein entscheidender Punkt auch Ihre Motivation. Sie werden ein Training nur dann auf Dauer durchhalten, wenn es Ihnen Spaß macht, wenn Sie sich der Belastung gewachsen fühlen und wissen, daß diese Sie Ihrem selbstgesetzten Ziel näherbringt. Hierdurch wird Ihre Motivation weiter verbessert und Ihr Trainingsprogramm zu einem unverzichtbaren Bestandteil Ihres gesundheitsorientierten Lebensstils. Obwohl prinzipiell verschiedene Ausdauerbelastungen gleichermaßen für Programme der Gewichtsabnahme bzw. zur Verbesserung der Herz-Kreislauf-Leistung geeignet sind, wird im folgenden vor allem auf Gehen und Laufen eingegangen, da diese Bewegungsformen offensichtlich in besonderem Maße die Kriterien erfüllen, die aus der Sicht von Effektivität, Sicherheit und Praktikabilität an solche Programme zu stellen sind.

Gerade für Übergewichtige ist im Vergleich zum Joggen und Laufen das Gehen häufig besonders günstig, da die unteren Extremitäten durch das Körpergewicht weniger stark belastet werden. Gemütliches Spazierengehen führt allerdings häufig nicht zu einer adäquaten Steigerung der Herzfrequenz bis in den trainingswirksamen Bereich. Wenn schon Gehen, dann muß dies schnell ausgeführt werden, eine Form des Gehens, die heute unter dem Begriff des Walkings oder auch aeroben Walkings populär geworden ist; wenn es schnell durchgeführt wird, so werden hierbei fast so viele Kalorien verbraucht wie beim Joggen oder Laufen. Das Walking wird mit schnellen großen Schritten und einem kräftigen Mitschwingen der Arme ausgeführt. Zur Verstärkung können Gewichte in den Händen gehalten werden, diese steigern den Energieverbrauch bis um 5–10 % und

kräftigen darüber hinaus die Armmuskulatur. Gewichtsmanschetten von jeweils 1,5 kg, die um die Handgelenke getragen werden, erhöhen den Energieverbrauch um 1 Kal pro min. Solche Gewichtsmanschetten scheinen günstiger zu sein als Hanteln, die in den Händen getragen werden, da diese den Blutdruck stärker ansteigen lassen. Man kann jedoch den Energieverbrauch auch ohne solche Zusatzgewichte steigern, indem man einfach schneller bzw. länger geht. Zum Beginn eines Geh-/Jogging- oder Laufprogramms steht eine große Zahl von Methoden zur Verfügung. Der Schlüssel zum Erfolg aller Programme besteht darin, langsam zu beginnen und dann die Belastung mit zunehmend besserem Trainingszustand langsam zu steigern. Wenn man die Trainingsintensität, wie oben ausgeführt, entsprechend der individuellen Trainingsherzfrequenz ermittelt, so ist es sehr einfach, sich sein persönliches Trainingsprogramm zu erstellen. Die Tabellen 11.13 und 11.14 geben zwei Beispiele von Trainingsprogrammen, die jeweils für bis dahin bewegungsarme Personen mit geringer körperlicher Leistungsfähigkeit ausgearbeitet wurden. Diese Tabellen bzw. Programme können entsprechend der individuellen Trainingsherzfrequenz benutzt werden.

Tabelle 11.13 gibt ein einfaches Programm für das aerobe Walking. Ziel ist es, die Belastungsintensität innerhalb eines 12-Wochen-Programms so lange zu steigern, bis das Training wesentlich zur Gewichtsabnahme beiträgt. Wenn man seine Trainingsintensität schneller steigern will, als dies in der Tabelle angegeben wird, so ist dies durchaus möglich, man sollte jedoch dabei innerhalb seiner vorgegebenen Trainingsherzfrequenz bleiben und sich nicht subjektiv allzu stark erschöpft fühlen.

Tabelle 11.14 zeigt ein Joggingprogramm mit relativ raschem Leistungsfortschritt, das auf dem Intervallprinzip beruht. Beim **Intervalltraining** wechseln Belastungs- und Erholungsphasen miteinander ab. Auch hierbei sollte das Trainingsprogramm auf der Grundlage der Trainingsherzfrequenz durchgeführt werden.

Wie immer man sein Training gestaltet, Grundprinzip ist es, daß die Trainingsherzfrequenz über mindestens 20–30 min eingehal-

Tab. 11.12 Einfaches aerobes Gehprogramm

Woche	Aufwärmen	Trainingsbereich	Abkühlen	Gesamtzeit
1	Langsames Gehen, 5 min	Schnelles Gehen, 5 min	Langsames Gehen, 5 min	15 min
2	Langsames Gehen, 5 min	Schnelles Gehen, 7 min	Langsames Gehen, 5 min	17 min
3	Langsames Gehen, 5 min	Schnelles Gehen, 9 min	Langsames Gehen, 5 min	19 min
4	Langsames Gehen, 5 min	Schnelles Gehen, 11 min	Langsames Gehen, 5 min	21 min
5	Langsames Gehen, 5 min	Schnelles Gehen, 13 min	Langsames Gehen, 5 min	23 min
6	Langsames Gehen, 5 min	Schnelles Gehen, 15 min	Langsames Gehen, 5 min	25 min
7	Langsames Gehen, 5 min	Schnelles Gehen, 18 min	Langsames Gehen, 5 min	28 min
8	Langsames Gehen, 5 min	Schnelles Gehen, 20 min	Langsames Gehen, 5 min	30 min
9	Langsames Gehen, 5 min	Schnelles Gehen, 23 min	Langsames Gehen, 5 min	33 min
10	Langsames Gehen, 5 min	Schnelles Gehen, 26 min	Langsames Gehen, 5 min	36 min
11	Langsames Gehen, 5 min	Schnelles Gehen, 28 min	Langsames Gehen, 5 min	38 min
12	Langsames Gehen, 5 min	Schnelles Gehen, 30 min	Langsames Gehen, 5 min	40 min

Ab der 13. Woche Fortführung des Programms mit gelegentlicher Kontrolle der Pulsfrequenz, um festzustellen, ob man noch im trainingswirksamen Bereich ist. Mit zunehmender Leistungsfähigkeit sollte man schneller gehen und sich im oberen Bereich der Trainingsherzfrequenz bewegen (Progressionsprinzip!)

Wenn man ein Wochenprogramm als anstrengend empfindet, sollte man nicht gleich zum nächsten Wochenprogramm fortschreiten, sondern es erst noch einmal wiederholen. Man muß das Programm auch nicht in 12 Wochen durchziehen. Wichtig ist, daß man seine Ziele erreicht und an der Bewegung Spaß hat. Man sollte auf seinen Körper hören und, wenn man dies möchte, die Belastungsdauer langsamer steigern.

* Das Programm sollte mindestens 3 Trainingseinheiten/Woche umfassen

ten werden sollte, entweder kontinuierlich oder intermittierend. Die 20 min Trainingsherzfrequenz können also in einer einzigen Phase durchgehalten werden oder in jeweils vier 5 min-Intervallen jeweils unterbrochen durch Erholungsphasen.

Die Trainingshäufigkeit sollte mindestens 3–5 mal pro Woche betragen. Am besten wird, zumindest zu Beginn eines Trainingsprogramms, täglich trainiert, damit Bewegung auch wirklich zur Gewohnheit wird. Wenn man dies tut, sollte man sich beim Training allerdings eher niedrig belasten, beispielsweise in Form von Gehen, um akute muskuläre Belastungen (Muskelkater) oder die Ausbildung eines Überlastungsschadens zu vermeiden. Wenn man dann von einem Gehprogramm auf Joggen oder Laufen überwechselt, so sollte man die Häufigkeit von täglich auf 3–4 Einheiten pro Woche reduzieren, gleichfalls zur Vermeidung von Überlastungsschäden. Mit zunehmend besserem Trainingszustand kann anschließend die Zahl der Belastungseinheiten wieder ansteigen.

Für Trainingsprogramme, die mit dem Ziel der Gewichtsabnahme durchgeführt werden, sind Belastungsdauer und Belastungshäufigkeit die entscheidenden Elemente. Je länger und je häufiger man trainiert, um so mehr Kalorien wird man verbrauchen. Wenn man täglich 8–10 km geht, so entspricht dies einem Gewichtsverlust von 0,5 kg pro Woche.

In der Literatur stehen einige hervorragende Trainingsprogramme für bis dato Untrainierte zur Verfügung. Zu den weltweit populärsten Programmen dieser Art gehört sicher das von Kenneth Cooper, auf das hier verwiesen werden kann.

Die Einzelbeiträge der verschiedenen Körperkompartimente zur Gewichtsabnahme als Folge von körperlicher Belastung

Wie vorstehend erwähnt, können in unterschiedlichem Ausmaß alle drei Körperkompartimente zur Gewichtsabnahme beitragen, nämlich das Körperwasser, die fettfreie Körpermasse, insbesondere die Muskelmasse, sowie die Fettdepots. Unter einer Reduktions-kost, speziell einer stark kalorienreduzierten Kost, kommt es zu Beginn zu einer sehr schnellen Gewichtsabnahme, die vor allem auf Wasserverlust und eine Verminderung der Magermasse zurückzuführen ist. Zu Beginn eines solchen Programms ist der Fettabbau gering, er trägt erst im weiteren Verlauf in nennenswertem Maße zur Gewichtsabnahme bei. Wenn eine Gewichtsabnahme alleine durch körperliche Aktivität angestrebt wird, erfolgt sie langsam. Der Wassergehalt des Körpers bleibt weitgehend unverändert, wobei der aktuelle Wasserverlust durch das Schwitzen jeweils wieder sofort ausgeglichen wird. Die fettfreie Masse kann durch den Hypertrophiereiz der körperlichen Aktivität auf die Muskulatur sogar ansteigen. Aufgrund der vermehrten Fettverbrennung zur Energiebereitstellung werden dagegen die Fettdepots abgebaut, ganz besonders im Bauchbereich (Abbildung 11.10). Wie ebenfalls vorher ausgeführt, ist der Kaloriengehalt eines kg Fett wesentlich größer als der eines kg Muskelgewebes und ganz besonders natürlich als der eines kg Wassers. Eine weitverbreitete und immer wieder tradierte Legende ist die Behauptung, man müsse sich mit einem sehr niedrigen Prozentsatz der VO_2max belasten, wenn man besonders viel Fett verbrennen möchte. Wie in den Kapiteln 3–5 dargestellt, ist die relative Fettverbrennung bei geringen Belastungen im Bereich von 50 % der VO_2max und darunter niedriger als bei hohen Belastungsintensitäten von 70 % der VO_2max aufwärts. Trotz des niedrigeren Prozentsatzes der Energiebereitstellung aus Fett bei hoher Belastungsintensität ist die Absolutmenge der verbrannten Fette durch den höheren Gesamtkalorienumsatz bei intensiven Belastungen mindestens genauso groß wie bei niedrigen Belastungsintensitäten, hinzu kommt der Vorteil des insgesamt höheren Kalorienverbrauches. Wenn man abnehmen will, sollte man bestrebt sein, in der verfügbaren Zeit so viel Kalorien als möglich zu verbrennen. Dies sei an einem Beispiel belegt: eine Frau läuft 30 min lang bei 50 % ihrer VO_2max mit einer Geschwindigkeit von 6 min pro 1000 m und legt somit 5 km zurück. Sie verbraucht dabei etwa 300 Kal, von denen unter der Annahme, daß 50 % der Energie aus Fetten stammen,

Tab. 11.14 Beispiel für ein Joggingprogramm in Intervallform

Woche	Aufwärmphase	Trainingsphase
1*	Dehnungs- und Lockerungsübungen, 5 min	Gehen 10 min
2	Dehnungs- und Lockerungsübungen, 5 min	Gehen 5 min, Joggen 1 min, Gehen 5 min, Joggen 1 min
3	Dehnungs- und Lockerungsübungen, 5 min	Gehen 5 min, Joggen 3 min, Gehen 5 min, Joggen 3 min
4	Dehnungs- und Lockerungsübungen, 5 min	Gehen 5 min, Joggen 4 min, Gehen 5 min, Joggen 4 min
5	Dehnungs- und Lockerungsübungen, 5 min	Gehen 4 min, Joggen 5 min, Gehen 4 min, Joggen 5 min
6	Dehnungs- und Lockerungsübungen, 5 min	Gehen 4 min, Joggen 6 min, Gehen 4 min, Joggen 6 min
7	Dehnungs- und Lockerungsübungen, 5 min	Gehen 4 min, Joggen 7 min, Gehen 4 min, Joggen 7 min
8	Dehnungs- und Lockerungsübungen, 5 min	Gehen 4 min, Joggen 8 min, Gehen 4 min, Joggen 8 min
9	Dehnungs- und Lockerungsübungen, 5 min	Gehen 4 min, Joggen 9 min, Gehen 4 min, Joggen 9 min
10	Dehnungs- und Lockerungsübungen, 5 min	Gehen 5 min, Joggen 13 min
11	Dehnungs- und Lockerungsübungen, 5 min	Gehen 4 min, Joggen 15 min
12	Dehnungs- und Lockerungsübungen, 5 min	Gehen 4 min, Joggen 17 min
13	Dehnungs- und Lockerungsübungen, 5 min	Gehen 2 min, langsames Joggen 2 min, Joggen 17 min
14	Dehnungs- und Lockerungsübungen, 5 min	Gehen 1 min, langsames Joggen 3 min, Joggen 17 min
15	Dehnungs- und Lockerungsübungen, 5 min	Gehen 4 min, langsames Joggen 3 min, Joggen 17 min

Ab der 16. Woche wird das Programm fortgeführt. Dabei wird die Pulsfrequenz gelegentlich kontrolliert. Mit zunehmender Leistungsfähigkeit sollte man schneller laufen, so daß man sich im oberen Bereich der Trainingsherzfrequenzzone bewegt. Wenn man ein bestimmtes Wochenprogramm als zu anstrengend empfindet, sollte man es wiederholen, bevor man zum nächsten übergeht. Man

*Pro Woche sollte man mindestens drei Trainingseinheiten durchführen.

Abkühlphase	Gesamtzeit
Langsames Gehen 3 min, Stretching 2 min	20 min
Langsames Gehen 3 min, Stretching 2 min	22 min
Langsames Gehen 3 min, Stretching 2 min	26 min
Langsames Gehen 3 min, Stretching 2 min	28 min
Langsames Gehen 3 min, Stretching 2 min	28 min
Langsames Gehen 3 min, Stretching 2 min	30 min
Langsames Gehen 3 min, Stretching 2 min	32 min
Langsames Gehen 3 min, Stretching 2 min	34 min
Langsames Gehen 3 min, Stretching 2 min	36 min
Langsames Gehen 3 min, Stretching 2 min	27 min
Langsames Gehen 3 min, Stretching 2 min	29 min
Langsames Gehen 3 min, Stretching 2 min	31 min
Langsames Gehen 3 min, Stretching 2 min	31 min
Langsames Gehen 3 min, Stretching 2 min	31 min
Langsames Gehen 3 min, Stretching 2 min	30 min

muß das Programm nicht in 15 Wochen durchziehen. Man sollte sich dabei wohlfühlen, seine persönlichen Ziele verwirklichen und Spaß an der Bewegung haben - das ist wichtiger als die strikte Einhaltung eines "Fahrplans".

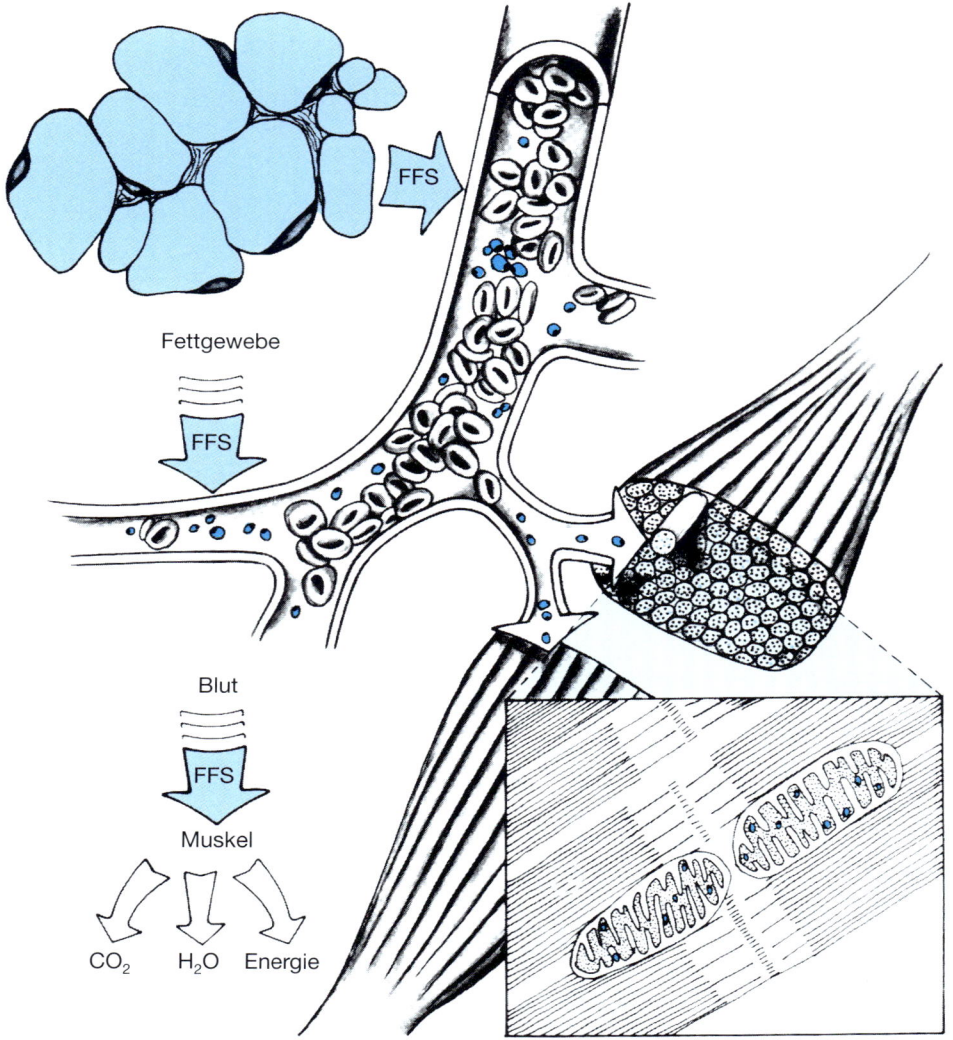

Fettgewebe

Blut

Muskel

CO_2 H_2O Energie

Abbildung 11.9   Körperliche Aktivität trägt zur Mobilisierung von freien Fettsäuren (FFS) aus den Fettdepots bei. Die Fette werden mit dem Blut zur Muskulatur transportiert, dort werden die freien Fettsäuren zur Energiebereitstellung verbrannt. Körperliche Bewegung stellt somit eine wichtige Hilfe zum Abbau der Fettdepots dar.

150 Kal durch Fettverbrennung gewonnen werden. Wenn sie schneller läuft, mit einer Geschwindigkeit von etwa 5 min pro 1000 m entsprechend 75 % der VO_2max, dann legt sie in der gleichen Zeit etwa 7 km zurück und verbraucht 450 Kal. Nimmt man an, daß sie dabei 33 % ihrer Kalorien aus der Fettverbrennung gewinnt, so entspricht dies 150 Fettkalorien, also dem gleichen Betrag. Bei gleicher verbrannter Fettmenge hat sie insge-

samt 150 Kal mehr verbraucht und damit stärker an Gewicht abgenommen oder umgekehrt, sie kann bei Gewichtskonstanz im Werte von 150 Kal mehr essen. Wenn sie genug Zeit hat, kann sie aber auch langsamer und länger laufen und in der Summe dann noch mehr Kalorien verbrauchen. Wenn man jeden Tag 500 Kal durch Laufen verbrauchen will, muß man 8000 m dafür laufen, wobei die Zeit, in der man bzw. die Geschwindigkeit, mit der man diese Strecke zurücklegt, unerheblich ist. Wichtig ist weniger die Geschwindigkeit, als die zurückgelegte Strecke. Wie in Kapitel 3 ausgeführt, kann einfach durch die Formel 0,43 × Körpergewicht in kg die Kalorienmenge errechnen, die man pro gelaufenem km verbraucht.

Gezieltes Abnehmen?

Heiß diskutiert wird immer wieder die Frage, ob man gezielt an den Stellen abnehmen kann, an denen das Fett ganz besonders stört, vor allem bei Frauen im Bereich der sogenannten Problemzonen. Hierzu werden von Fitneß-Studios und der Industrie Spezialverfahren und Geräte mit großen Versprechungen angeboten. Die Wirklichkeit sieht anders aus. Alle diese Techniken zum gezielten Abnehmen scheinen ohne größeren Effekt zu sein. In einer entsprechenden Studie wurde durch Fettbiopsien überprüft, ob durch 5000 „Klappmesser" (Sit-ups), die in vier Wochen durchgeführt wurden, eine bevorzugte Mobilisation erreichbar war. Das Ergebnis dieser Untersuchung war, wie auch die Resultate ähnlicher Studien, negativ, es konnte keine Reduktion der Fettzellengröße nachgewiesen werden.

Nach der derzeitigen Lehrmeinung wird das Fett zunächst dort abgebaut, wo es bevorzugt abgelagert wird, unabhängig von der jeweiligen Belastungsform. Manche Fettdepots erweisen sich gegenüber Abnahmeversuchen allerdings besonders resistent, speziell die angesprochenen „Problemzonen der Frau", also die typischen Fettablagerungen beim gynoiden Typ der Adipositas im Bereich von Hüften, Gesäß und Oberschenkeln. Sowohl die Kontraktion großer wie kleiner lokaler Muskelgruppen führen zu vermehrtem Fettabbau, ohne daß es jedoch möglich ist, dabei dem Körper vorzuschreiben, aus welchen Depots er sich das Fett herholen soll. Die Aktivierung großer Muskelgruppen ist zu bevorzugen, da hier entsprechend auch der Kalorienverbrauch größer ist.

Gewichtskonstanz trotz körperlicher Aktivität

Viele Übergewichtige sind von dem relativ geringen Erfolg ihrer Bemühungen zur Gewichtsabnahme durch Bewegung und Sport enttäuscht. Nach anfänglichen Erfolgen kommt es im weiteren Verlauf dann häufig sogar zu einem Gewichtsstillstand. Wenn sie die Zusammenhänge nicht verstehen, so lassen sie sich von dem enttäuschenden Blick auf die Waage dann oft allzu rasch davon überzeugen, daß Bewegung doch nichts bringt, und sie lassen es lieber, was ihrer Bequemlichkeit entgegenkommt. Für diesen scheinbaren Mißerfolg kann es mehrere Gründe geben.

Wenn jemand sich nie bewegt hat und dann ein Sportprogramm beginnt, kommt es im Körper zu Anpassungserscheinungen, die das Ziel haben, die Belastbarkeit zu steigern (Abbildung 11.10):

1. Die Muskelmasse vergrößert sich durch eine Hypertrophie der Muskelfasern. Die vermehrten Muskelproteine binden zusätzlich Wasser.

2. Intramuskuläre Substanzen und Strukturen, die der Sauerstoffverarbeitung dienen, wie Myoglobin, Mitochondrien und Enzyme werden vermehrt.

3. Energiereiche Substanzen werden im Muskel verstärkt eingelagert, ganz speziell das Glykogen, das wiederum vermehrt Wasser bindet.

4. Auch das intra- und perimuskuläre Bindegewebe wird gekräftigt und verdickt.

5. Das Blutvolumen steigt an. Man hat eine Zunahme des Blutvolumens von bis zu 0,5 Liter pro Woche festgestellt, entsprechend einer Gewichtzunahme von 0,5 kg.

Gleichzeitig beginnt umgekehrt der Abbau der Fettdepots, da die Fette als Energiequelle herangezogen werden. Es kommt somit zu einer Zunahme der fettfreien Körpermasse bei gleichzeitiger Abnahme der Fettdepots. Wenn sich beide Prozesse quantitativ ausgleichen, bleibt das Gewicht unverändert. Trotz dieser zu Beginn eines Trainingsprogrammes relativ häufig beobachteten

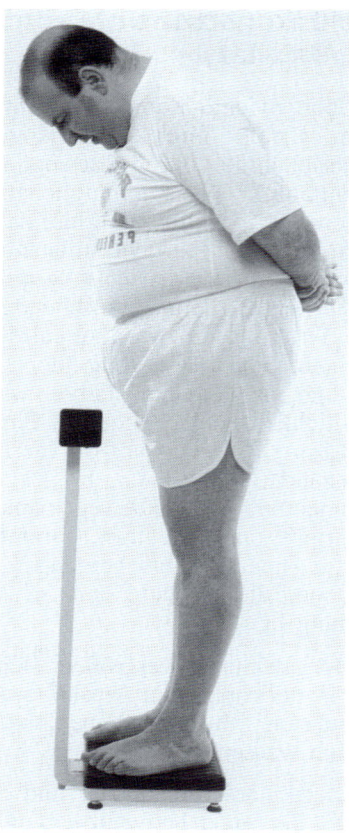

Abbildung 11.10 Durch körperliche Aktivität und Reduzierung der Kalorienzufuhr läßt sich am besten eine Gewichtsabnahme erreichen.

Gewichtskonstanz kommt es trotzdem zu einer vorteilhaften Veränderung der Körperzusammensetzung, weil der Körperfettanteil abnimmt.

Wenn diese adaptiven Veränderungen nach etwa einem Monat abgeschlossen sind, kommt es zu einer Reduktion des Körpergewichts parallel zu den unter körperlicher Belastung überschüssig verbrauchten Kalorien. Die Gewichtsabnahme durch Bewegung und Sport erfolgt zwar langsam aber stetig. Wenn es gelingt, jeden Tag 300 Kal durch vermehrte körperliche Aktivität zu verbrennen, so bedeutet dies pro Monat einen Gewichtsverlust von 1,5 kg, vorausgesetzt, die vermehrt verbrannten Kalorien werden nicht durch eine entsprechend gesteigerte Kalorienzufuhr wieder ausgeglichen.

Gelegentlich kommt es vor, daß im weiteren Verlauf nach einigen Monaten das Körpergewicht stabil bleibt, obwohl das festgelegte Zielgewicht noch nicht erreicht ist und die körperliche Aktivität konsequent fortgeführt wird. Einer der Gründe hierfür ist paradoxerweise der erreichte Zwischenerfolg, d. h. das niedrigere Körpergewicht. Ein Blick auf Anhang B zeigt, daß der Kalorienverbrauch bei gleicher Belastungsintensität um so geringer ausfällt, je niedriger das Körpergewicht ist. Wenn man ubei schon reduziertem Körpergewicht die gleiche Kalorienmenge aufnimmt, dann kann sich die Energiebilanz wieder ausgleichen, d. h. das Gewicht bleibt stabil. Ein weiterer Grund, der hierzu beitragen kann, ist eine möglicherweise besser gewordene Bewegungsökonomie, d. h. bei scheinbar gleicher Belastungsintensität verringert sich der Energieverbrauch pro Zeiteinheit. Diesem Gesichtspunkt kommt allerdings eine praktische Bedeutung vorwiegend nur in solchen Sportarten zu, in denen die Bewegungskoordination eine wichtige Rolle spielt, z. B. beim Schwimmen, weniger bei einfacheren Belastungsformen wie beim Joggen.

Zusammenfassend kann es vorkommen, daß in der Anfangsphase eines Trainingsprogrammes das Gewicht gleichbleibt, dann in der Folgephase abnimmt, um sich in der dritten Phase wiederum auf einem Plateau einzupendeln. Diese Zusammenhänge sollte man kennen. In der ersten scheinbaren Plateauphase sollte man sich nicht entmutigen lassen. Wenn man in der dritten Phase, also auf dem zweiten Plateau, weiter abnehmen will, muß man entsprechend seine Belastungsintensität steigern bzw. die Kalorienzufuhr weiter vermindern.

Die Bedeutung hohen Gewichtsverlustes während akuter Belastungen

Unter intensiver Ausdauerbelastung, besonders bei hohen Umgebungstemperaturen kann es zu teilweise extremen Gewichtsverlusten von 5–6 kg kommen, die allerdings fast ausschließlich auf einen hohen Wasserverlust zurückzuführen sind. Sie werden hinterher durch Flüssigkeitszufuhr rasch wieder ausgeglichen. Das Körpergewicht kann umgekehrt als Indikator für die nötige Flüssigkeitszufuhr dienen. Pro kg Gewichtsverlust nach einer intensiven Belastung muß etwa 1 l Flüssigkeit nachgetrunken werden.

Aus diesem Grund ist es auch nicht sinnvoll, um nicht zu sagen unsinnig und gefährlich, zu versuchen durch verstärktes Schwitzen vermehrt abzunehmen. Wer sich zu diesem Zweck in schweißhemmende Gummianzüge zwängt und dann bei hohen Außentemperaturen trainiert, muß sich nicht wundern, wenn er in einen Hitzeschaden hineinläuft. Nur der Schweiß, der wirklich verdunsten kann, kann auch seinen Zweck erfüllen, nämlich den Körper kühlen.

Gewichtsverluste, die nur durch Dehydratation entstehen, müssen, ganz besonders bei hohen Umgebungstemperaturen, auf jeden Fall vor der nächsten Trainingseinheit wieder ausgeglichen werden.

11.6 Umfassende Programme zur Gewichtsabnahme bzw. -kontrolle

Die wichtigste Voraussetzung zur Gewichtsabnahme ist die Bereitschaft zu einer umfassenden Änderung des Lebensstils. Noch schwieriger als abzunehmen ist die anschließende Sicherung des Erfolges, die Stabilisierung des reduzierten Gewichts. Die in diesem Kapitel aufgeführten Grundprinzipien der Verhaltensänderung, Ernährungsumstellung und vermehrten körperlichen Aktivität können, eine entsprechende Bereitschaft vorausgesetzt, bei leichter bis mittelschwerer Adipositas ausreichen, um eine Gewichtsreduktion zu induzieren und eine Gewichtskontrolle zu ermöglichen. Bei Fällen von massiver Adipositas bedarf es aber im allgemeinen einer zusätzlichen professionellen Unterstützung und der Mithilfe des Umfeldes, um eine Gewichtsabnahme zu erreichen, und der Fortführung dieser Unterstützung, um das erniedrigte Gewicht dann auch auf Dauer in einem vernünftigen Bereich zu halten.

Diät und körperliche Aktivität zur Gewichtsabnahme

Sowohl Diät wie vermehrte körperliche Aktivität führen beide für sich alleine zu einer Gewichtsreduktion. Beide Verfahren haben ihre Vor- und Nachteile, die sich allerdings gegenseitig weitgehend ergänzen bzw. ausgleichen. Eine kalorienarme Ernährung führt zu einer negativen Energiebilanz und damit zumindest zu Beginn eines Diätprogramms zu einer raschen Gewichtsabnahme. Als Nachteil steht dagegen die Möglichkeit einer Verringerung der fettfreien Körpermasse und des Grundumsatzes. Umgekehrt führt vermehrte körperliche Aktivität zu einer langsamen Gewichtsabnahme, dagegen trägt sie zu einem Erhalt der fettfreien Körpermasse bei und verhindert einen Abfall des Grundumsatzes. Nach Garfinkel und Coscina geht der Gewichtsverlust bei einer Reduktionskost zu 75 % zu Lasten der Fett- und zu 25 % der Eiweißmasse. Durch die Kombination mit körperlicher Aktivität läßt sich der Verlust der Eiweißmasse auf 5 % drücken. Besonders ein Krafttraining, wie es im nächsten Kapitel dargestellt wird, kann zum Erhalt der aktiven Körpermasse beitragen. In einer neueren Übersicht unterstreichen Hill und Mitarbeiter, daß die vorteilhaften Auswirkungen der körperlichen Aktivität auf Körpergewicht und -zusammensetzung erhalten bleiben, wenn diese mit einer Reduktionskost kombiniert wird.

Alle einschlägigen Fachgesellschaften empfehlen daher zur Gewichtsabnahme ein Programm, das die Prinzipien einer Reduktionskost mit vermehrter körperlicher Belastung und Verhaltensänderungen kombiniert, so wie diese in den vorausgegangenen Abschnitten des Kapitels dargestellt wurden. Der Erfolg solcher umfassenden Programme wurde in einer Reihe von wissenschaftlichen Untersuchungen an Männern und Frauen sowie an Kindern gesichert. In fast allen einschlägigen Studien war der Erfolg einer Kombination von körperlicher Aktivität mit Ernährungsumstellung größer als derjenige, der sich mit den beiden Einzelkomponenten alleine erzielen ließ.

Entsprechende Untersuchungen wurden gleichfalls an früher Übergewichtigen durch-

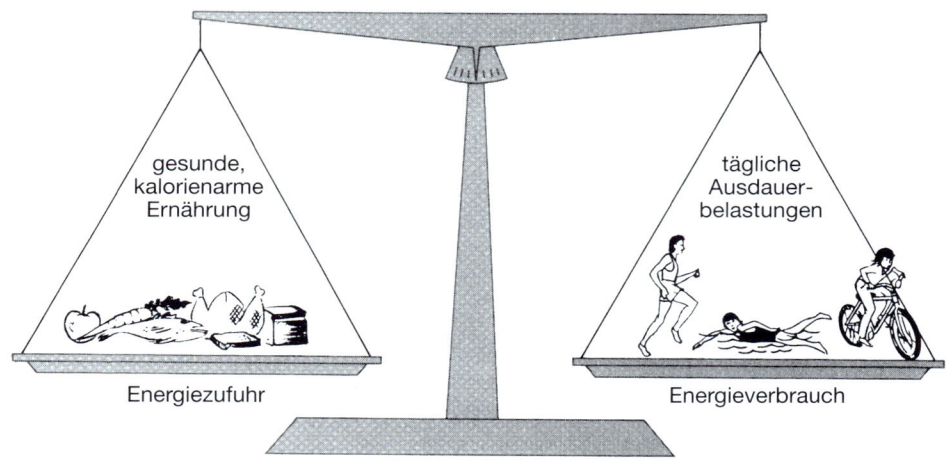

Abbildung 11.11 Moderne erfolgreiche Programme zur Gewichtsabnahme verbinden Diät und Bewegung. Durch eine moderate Kalorieneinschränkung ist es in Verbindung mit Ausdauerbelastungen nicht schwer, wöchentlich 1–2 Pfund abzunehmen.

geführt, denen es gelungen war, ihr Gewicht zu normalisieren und den erreichten Erfolg zu stabilisieren. Als wichtigster Garant für diesen Erfolg zeigte sich dabei die Bereitschaft, Verantwortung für das eigene Körpergewicht zu übernehmen und die Fähigkeit, sich hierzu ein eigenes Programm aufzubauen. Dazu war es nicht unbedingt nötig, auf Dauer eine Diät durchzuführen. Es reichte oft schon aus, einfach die aufgenommene Kohlenhydrat- und Fettmenge zu reduzieren, weniger zwischen den Mahlzeiten zu sich zu nehmen und häufiger einmal ein Essen auszulassen. Fast alle diese erfolgreichen Gewichtsreduzierten führten ein Bewegungsprogramm durch bzw. fort.

Durch eine Verminderung der durchschnittlichen Kalorienzufuhr um 500 täglich bei einem gleichzeitigen durchschnittlichen täglichen Kalorienverbrauch von weiteren 500 durch körperliche Aktivität wird das Gewicht im Mittel um wöchentlich 1 kg vermindert, das Maximum dessen, was man ohne spezielle ärztliche Überwachung anstreben sollte. Die Kalorienreduktion läßt sich problemlos durch eine Verminderung der täglichen Kohlenhydrat- und Fettzufuhr erreichen, so wie dies vorausgehend beschrieben wurde. Die wichtigste Regel ist dabei der Ersatz von hochkalorischen Lebensmitteln durch niedrigkalorische Nahrungsmittel mit

dafür großer Nährstoffdichte. Um täglich 500 Kalorien durch verstärkte körperliche Aktivität verbrauchen zu können, bedarf es einer Aufbauphase von etwa einem Monat. Wenn man die vorstehend gegebenen Grundregeln beachtet, erreicht man das hierfür erforderliche Fitnessniveau ohne gesundheitliche Gefährdung. Bis dahin kann man auch vermehrt Kalorien bei Alltagsaktivitäten verbrauchen, z.B. durch Treppensteigen statt Aufzug, Gehen statt Autofahren etc., dort wo es möglich ist (Abb. 11.11).

Wenn es erst einmal gelungen ist, das überschüssige Fett abzubauen, so kommt der körperlichen Aktivität eine besonders große Bedeutung zu, um das erreichte reduzierte Gewicht auf Dauer zu stabilisieren. Dieser Aspekt wurde in drei neueren Übersichtsarbeiten von King und Tribble, Phinney sowie Safer übereinstimmend hervorgehoben.

Der Stellenwert kommerzieller Programme zur Gewichtsabnahme

Die Gewichts-Abnahmeindustrie ist inzwischen ein Milliardengeschäft geworden. Kommerzielle Programme wie die Weight-Watchers sind nicht gerade billig, die Teilnahme kann 150 DM und mehr pro Woche kosten. Leider wird die Qualität solcher Programme von den Behörden kaum kontrolliert. Sie sind zum Teil hervorragend, bei anderen Programmen müssen sowohl hinsichtlich des erreichbaren Erfolges sowie der gesundheitlichen Sicherheit der Teilnehmer doch deutliche Zweifel angemeldet werden. Wenn man die Qualität eines kommerziellen Angebotes beurteilen will, sollte man auf folgende Punkte achten:

1. Das Personal sollte gut ausgebildet sein, d.h. Ausbildungsgängen entstammen, die für die Problematik der Gewichtsabnahme relevant sind, wie Mediziner, Medizinisch-technische Assistenten, Ernährungsberater, Sportlehrer bzw. -innen etc.

2. Vor dem Einstieg in das Programm muß eine ärztliche Untersuchung durchgeführt werden um auszuschließen, daß medizinische oder psychische Probleme vorliegen, die durch ein solches Programm verschlimmert werden könnten.

3. Unter Berücksichtigung des persönlichen Gewichtsproblems und seiner Vorgeschichte müssen vernünftige, kurz- und mittelfristig erreichbare Ziele festgelegt werden.

4. Die Gewichtsabnahme sollte auch in den ersten drei Wochen nicht mehr als 1 kg pro Woche betragen.

5. Jeder Teilnehmer sollte einen Behandlungsplan erhalten, unter Berücksichtigung seiner individuellen Zielvorgaben zur Gewichtsabnahme.

6. Vor Aufnahme des Programms sollte der Teilnehmer über die Ziele, Vorteile und gesundheitlichen Risiken des Programms schriftlich aufgeklärt werden, wobei er Gelegenheit haben muß, diese Information sorgfältig durchzulesen mit einer anschließenden schriftlichen Erklärung seines Einverständnisses.

7. Folgende Anforderungen sind an die Ernährung zu stellen:

a) Sie sollte bei fehlender ärztlicher Überwachung nicht weniger als 1000 Kalorien täglich beinhalten.

b) Der Fettgehalt sollte zwischen 10 und 30 % der täglichen Gesamtkalorien liegen.

c) Die tägliche Kohlenhydratzufuhr sollte mindestens 100 g betragen.

d) Die erforderliche Zufuhr von Mineralstoffen und Vitaminen sollte garantiert sein. Wenn dies in Form von Tabletten erfolgt, sollten diese maximal 100 % der empfohlenen Tagesmengen enthalten.

e) Bei Durchführung einer Abnahmediät unter ärztlicher Aufsicht sollte sie mindestens 600 Kalorien und mindestens 50 g Kohlenhydrate täglich enthalten.

8. Das Programm sollte eine Ernährungsumstellung anstreben und ensprechende Informationen zu einer Lebensstiländerung speziell mit Hinblick auf die Ernährungsgewohnheiten anbieten.

9. In das Programm muß obligatorisch eine Bewegungskomponente einbezogen sein unter Betonung von aeroben Ausdauerbelastungen, die hinsichtlich Art, Intensität, Dauer und Häufigkeit nach den Grundsätzen gestaltet werden, wie sie in diesem Kapitel vorstehend dargestellt wurden. Wichtig ist es ferner, daß das Bewegungsprogramm so aufgebaut wird, daß es nach Beendigung des Kurses auf Dauer fortgeführt werden kann.

10. Techniken zur Verhaltensmodifikation sollten in einer individuellen Form vermittelt werden, die es dem einzelnen erlauben, mit ihrer Hilfe die Prinzipien einer gesunden Ernährung und vernünftiger körperlicher Aktivität in den persönlichen Lebensstil zu integrieren.

11. Das Programm sollte obligatorisch nach der anfänglichen Phase der Gewichtsabnahme bzw. nach dem Erreichen des angestrebten Körpergewichts eine Stabilisierungsphase beinhalten, um den Erhalt des Erreichten auf Dauer zu garantieren. Programme, die zu einer drastischen aber kurzfristigen Gewichtsabnahme führen, die dann rasch wieder

verloren geht (Jo-Jo-Effekt), machen wenig Sinn.

Abschließend ist zu unterstreichen, daß sicherlich viele Übergewichtige auf die Hilfe solcher gut strukturierter Programme angewiesen sind, um abzunehmen, andererseits gibt es aber auch viele, die in der Lage sind, sich nach einer entsprechenden Basisinformation ihr eigenes Programm zusammenzustellen und damit erfolgreich abzunehmen.

Programme zur Gewichtsabnahme speziell für Sportler

In einer Reihe von Sportarten wird ein möglichst niedriges Gewicht abgestrebt, in Sportarten, in denen nach Gewichtsklassen gekämpft wird, wie Ringen, Boxen und anderen Kampfsportarten sowie in Sportarten wie Turnen, in denen die Athleten und ihre Trainer davon überzeugt sind, daß ein möglichst geringes Körpergewicht eine der Voraussetzungen für den sportlichen Erfolg darstellt. Wie in diesem Kapitel dargestellt wurde, kann es hierdurch zu erheblichen gesundheitlichen Problemen kommen, dann, wenn sich die Sportler unrealistisch niedrige Ziele für ihr Körpergewicht setzen oder gefährliche Techniken zur Gewichtsreduktion anwenden, wie Hungerkuren, Einnahme von Diuretika, Abführmittel bzw. Appetithemmer oder Flüssigkeitsentzug. Steen et al. fanden, daß sich bei Athleten wie Ringern, die im Verlaufe einer Saison je nach Wettkampfplan teilweise erheblich ab- und dann wieder zunehmen, Schwierigkeiten in der Gewichtsreduktion entwickeln können, weil sich der Stoffwechsel in den Phasen der Gewichtsabnahme verlangsamt, um Energie einzusparen. In vier neueren Studien von Schmidt, Loprinzi, Melby sowie McCargar und Crawford wurde dagegen gefunden, daß diese Abnahme des Grundumsatzes nur vorübergehend erfolgt und die Stoffwechselaktivität sich nach Abschluß der Wettkampfsaison wieder auf die Vorwerte einstellt. Besondere ärztliche Bedenken bestehen dahingehend, daß sich eine extreme Gewichtsabnahme in den Jahren des Wachstums und der Entwicklung negativ auf das spätere Leben auswirken könnte.

Diese Bedenken hinsichtlich gesundheitlicher Risiken stoßen bei vielen Trainern und Athleten, die solche Praktiken durchführen, häufig noch auf Unverständnis. In einer retrospektiven Fragebogenuntersuchung an ehemaligen Universitätsringern der Universität Wisconsin-Madison zwischen 1950 und 1988 fanden Nitzke et al. im Vergleich zu Vertretern anderer Sportarten keine negativen Effekte hinsichtlich Body-Mass-Index, Gewichtszunahme seit Abschluß der sportlichen Laufbahn, Bewegungs- und Sportgewohnheiten sowie chronischer Erkrankungen. Diese Aussage traf auch für die ehemaligen Sportler zu, die 40 Jahre und älter waren. Leider liegen Untersuchungen dieser Art bisher aber nur sporadisch vor. Zur endgültigen Klärung der hiermit verbundenen Fragen bedarf es sicher noch der Durchführung intensiver Langzeitstudien.

Trotz dieser noch weitgehend ungeklärten Datenlage haben ärztliche Organisationen wie die Amerikanische Medizinische Gesellschaft und das Amerikanische College für Sportmedizin einige allgemeine Empfehlungen zur gesundheitlich unschädlichen Durchführung der Gewichtskontrolle bei Sportlern gegeben.

1. Die Gewichtsreduktion sollte vor allem in der Vorwettkampfsaison durch Abstimmung einer mäßig kalorienreduzierten Ernährung (1500–2400 Kalorien) mit dem Trainingsprogramm angestrebt werden. Dabei ist auf eine ausreichende Versorgung des Athleten mit Kohlenhydraten, Proteinen, Mineralstoffen und Vitaminen zu achten. Hierdurch gelingt es, das Körpergewicht zu reduzieren bei gleichzeitigem Erhalt einer hohen aeroben und anaeroben Belastbarkeit für das Training.

2. Dehydratationstechniken wie der übertriebene Besuch von Sauna oder Dampfbädern sowie die Einnahme von Diuretika sollten verboten werden.

3. In Sportarten, in denen in Gewichtsklassen gekämpft wird, ist von einer drastischen Reduktion des Körpergewichts direkt vor dem Wettkampf abzuraten. Stattdessen wird die Einführung von mehr intermediären Gewichtsklassen empfohlen, vor

allem in solchen Sportarten, in denen sich sehr viele Athleten finden, deren Körpergewicht gerade zwischen zwei Klassengrenzen liegt.

4. Versuche, einen minimalen Körperfettanteil festzulegen, der nicht unterschritten werden sollte, haben sich aufgrund mangelnder Erfahrung in diesem Bereich bisher noch nicht durchgesetzt. Das gleiche gilt auch für den Vorschlag einer sportärztlichen Festsetzung eines Minimalgewichts für den individuellen Sportler.

Die gesundheitliche Bedeutung von Programmen zur Gewichtsabnahme

Programme zur Gewichtsabnahme werden heute von fast allen großen Gesundheitsorganisationen als wichtigstes Element dafür angesehen, um die Häufigkeit der sogenannten Zivilisationskrankheiten einzudämmen. Die beiden Hauptkomponenten solcher Programme sind Ernährungsumstellung, vor allem die Reduktion der Aufnahme von Kalorien, gesättigten Fetten und Cholesterin, bei gleichzeitiger Erhöhung des Verbrauchs von nährstoffdichten Lebensmitteln, und vermehrte körperliche Aktivität.

Obwohl sich das vorliegende Kapitel vor allem mit den therapeutischen Möglichkeiten zur Reduktion eines bereits vorhandenen Übergewichts beschäftigt, lassen sich die ausgeführten Empfehlungen natürlich auch als Grundlage von präventiven Programmen zur Verhinderung der Ausbildung eines Übergewichts und der Entwicklung von damit verbundenen Risikofaktoren anwenden. Das Übergewicht stellt in unserer Gesellschaft eines der ernsthaftesten medizinischen Probleme in epidemiologischer Größenordnung dar. Auch wenn Verfahren zur Therapie des Übergewichts kurzfristig häufig erfolgreich sind, ist die Rezidivrate sehr hoch. Die meisten Übergewichtigen haben leider nach kürzerer oder längerer Zeit ihren Ausgangsstand wieder erreicht. Es gilt daher, die präventiven Bemühungen in Schulen und Kommunen zu verstärken. Diese Bemühungen müssen sich besonders an Kinder und Jugendliche richten,

denn Kindheit und Jugend sind die Lebensphasen, in denen die Weichen für die Entwicklung eines chronischen Übergewichts gestellt werden. Hierzu müssen alle diejenigen, die auf die Ernährungsgewohnheiten unserer Kinder und Jugendlichen Einfluß nehmen, für diese Problematik sensibilisiert und über die Grundprinzipien vernünftiger Ernährung und die Bedeutung körperlicher Aktivität informiert werden, speziell Eltern, Ärzte und andere Gesundheitserzieher, Angehörige weiterer pädagogischer Berufe und besonders auf Sportlehrer. Angesichts der Schwierigkeit einer Einflußnahme auf ein einmal ausgebildetes Übergewicht ist, so die Amerikanische Medizinische Gesellschaft, bei der Adipositas in ganz besonderem Maße die Prävention die Therapie der Wahl.

Es bedarf flächendeckender Programme für Erwachsene, ganz besonders aber auch für Kinder in den Schulen, denn in der Kindheit und Jugend entwickelt sich die Adipositas, mit der der Betroffene hinterher meist ein Leben lang zu kämpfen hat. Es ist die Aufgabe aller, die für Erziehung und Gesundheit verantwortlich sind, Eltern, Lehrer und Ärzte, besonders Kinder und Jugendliche von der Notwendigkeit einer vernünftigen Ernährung und ausreichender Bewegung zu überzeugen.

Literatur

Bücher

Cooper, K. 1982. *The Aerobics Program for Total Well-Being*. New York: M. Evans.
Dusek, D. 1989. *Weight Management: The Fitness Way*. Boston: Jones and Bartlett.
Mahoney, M. and Mahoney, K. 1970. Permanent Weight Control. The Total Solution of the Dieters Dilemma.– New York, Norton
Mayer, J. 1968: *Overweight, causes, cost and control*. Englewood Cliffs, NJ: Prentice Hall.

Übersichtsartikel

Borg, G. 1973. Perceived exertion. A note on "History" and Methods. *Medicine and Science in Sports* 5:90–93
Bray, G. 1990. Exercise and obesity. In *Exercise, Fitness and Health*, eds. C. Bouchard, et al. Champaign, IL: Human Kinetics.
Brownell, K., and Kramer, F. 1989. Behavioral management of obesity. *Medical Clinics of North America* 73:185–202.
Donnelly, J., et al. 1991. Diet and body composition: Effect of very low calorie diets and exercise. *Sports Medicine* 12:237–49.

Forbes, G. 1992. Exercise and Lean Weight: The influence of body weight. *Nutrition Reviews* 50:157–61

Garfinkel, P., and Coscina, D. 1990. Discussion: Exercise and obesity. *In Exercise, Fitness and Health.* Eds. C. Bouchard, et al. Champaign, IL: Human Kinetics.

Hill, J., et al. 1994. Physical activity, fitness, and moderate obesity. *In Physical Activity, Fitness, and Health*, eds. C. Bouchard, et al. Champaign, IL: Human Kinetics.

King, A. and Tribble, D. 1991. The role of exercise in weight regulation in nonathletes. *Sports Medicine* 11:331–49

Melby, C., et al. 1990. Resting metabolic rate in weight-cycling collegiate wrestlers compared with physically active, noncycling control subjects. *American Journal of Clinical Nutrition* 52:409–14.

Miller, W. 1991. Diet composition, energy intake and nutritional status in relation to obesity in men and women. *Medicine and Science in Sports and Exercise* 23:280–84.

Phinney, S. 1992. Exercise during and after very-low-calorie dieting. *American Journal of Clinical Nutrition* 56:S190–S194.

Pi-Sunyer, F. X. 1994. Obesity. In *Modern Nutrition in Health and Disease*, eds. M. Shils et al. Philadephia: Lea and Febiger.

Safer, D. 1991. Diet, behavior modification, and exercise: A review of obesity treatments from a long-term-perspective. *Southern Medical Journal* 84:1470–74.

Saris, W. 1993. The role of exercise in the dietary treatment of obesity. *International Journal of Obesity* 17 (Supplement 1):S17–S21.

Spezielle Studien

Ballor, D., et al. 1988. Resistance weight training during caloric restriction enhances lean body weight maintenance. *American Journal of Clinical Nutrition* 47:19–25

Loprinzi, M., et al. 1991. Resting metabolic rates of wrestlers: Effects of repetitive weight loss. *Medicine and Science in Sports and Exercise* 23:S75

McCargar, L., and Crawford, S. 1992. Metabolic and anthropometric changes with weight cycling in wrestlers. *Medicine and Science in Sports and Exercise* 24:1270–75.

Miller, W. et al. 1990. Diet Composition, energy intake, and exercise in relation to body fat in men and women. *American Journal of Clinical Nutrition* 52:157–61.

Newman, B., et al. 1990. Nongenetic influences of obesity on other cardiovascular disease risk factors: An analysis of identical twins. *American Journal of Public Health* 80:675–75

Nitzke, S., et al. 1992. Weight cycling practices and long-term health conditions in a sample of former wrestlers and other collegiate athletes. *Journal of Athletic Training* 27:257–61.

Phinney, S., et al. 1988. Effects of aerobic exercise on energy expenditure and nitrogen balance during very low calorie dieting. 37:758–65

Schmidt, W., et al. 1993. Two competitive seasons of weight cycling does not lower resting metabolic rate in college wrestlers. *Medicine and Science in Sports and Exercise* 25:613–19.

Steen, S., et al. 1988. Metabolic effects of repeated weight loss and regain in adolescent wrestlers. *Journal of the American Medical Association* 260:47–50.

Thompson, D., et al. Acute effects of exercise intensity on appetite in young men. *Medicine and Science in Sports and Exercise* 20:222–27.

12 Gewichtszunahme durch Ernährung und Bewegung

12.1 Einleitung

Dieselben Gründe, die die Motivation darstellen, um abzunehmen, nämlich Verbesserung des äußeren Erscheinungsbildes, mehr Gesundheit und die Steigerung der körperlichen Leistungsfähigkeit, können umgekehrt im Einzelfall auch das Bestreben initiieren, an Gewicht zuzunehmen. Der Jugendliche, der in der Pubertät in die Höhe schießt, ohne parallel dazu auch seine Körpermasse zu vermehren, der sich gewissermaßen zur Bohnenstange entwickelt, kann bestrebt sein, an Gewicht zuzunehmen, um besser auszusehen und seine sportliche Leistungsfähigkeit zu verbessern, beides Aspekte, die für ihn aus psychologischer Sicht wichtig sind. Eine zunehmende Zahl von jungen Frauen führt Kraftübungen durch, um ihre Muskelmasse zu vergrößern und damit ihr Aussehen – zumindestens aus ihrer Sicht – zu verbessern.

Unabhängig von der jeweiligen Motivationslage sollte derjenige, der zunehmen will, sich darüber klar werden, in welcher Form diese Gewichtszunahme erfolgen soll. Die Energiebilanzgleichung gilt für die Gewichtszunahme im Prinzip genauso wie für die Gewichtsabnahme. Wenn die Gewichtszunahme nur durch die Anlagerung von Fett erfolgt, so wird hierdurch das äußere Erscheinungsbild, die Gesundheit oder die sportliche Leistungsfähigkeit in keiner Weise verbessert, das Gegenteil dürfte eher der Fall sein. Wer an Gewicht zulegen will, sollte dies auf der Grundlage einer Steigerung speziell der fettfreien Muskelmasse anstreben, ohne oder verbunden mit einer nur minimalen Vergrößerung seiner Fettdepots.

Zur Steigerung der Muskelmasse werden zahlreiche und sehr unterschiedliche Verfahren angeboten. Die wichtigsten und erfolgreichsten sind sicher spezielle Geräte und Trainingsverfahren. Im Ernährungsbereich wurden von Kraftathleten, speziell Gewichthebern, über lange Jahre hinweg Proteinzusätze eingenommen. In neuerer Zeit setzen sich zunehmend spezifische Aminosäure- oder Mineralpräparate durch, denen, zumindest in der Werbung, ein anaboler, d.h. muskelaufbauender Effekt zugeschrieben wird. Manche Sportler, aber auch Nichtsportler, benutzen zusätzlich Medikamente, um ihr Gewicht zu vergrößern und damit ihre Leistungsfähigkeit und/oder ihr äußeres Erscheinungsbild zu verbessern.

Ebenso wie bei der Gewichtsabnahme können Programme zur Gewichtszunahme sicher und risikofrei, aber andererseits auch verbunden mit einer erheblichen gesundheitlichen Gefährdung durchgeführt werden. Manche Menschen haben sogar ausgesprochene Schwierigkeiten, zuzunehmen. Das Ziel des vorliegenden Kapitels ist die Vermittlung von Informationen über die optimalen Formen von Ernährung und körperlicher Aktivität, die eine sichere und gefahrlose Steigerung des Körpergewichts erreichen lassen.

1.2 Allgemeine Grundlagen

Die Ursachen von Untergewicht

Ein mehr oder minder ausgeprägtes Untergewicht kann auf eine Reihe unterschiedlicher Faktoren zurückgeführt werden. Ein wichtiger Faktor liegt in der Vererbung. Schlanke Eltern können ihr niedriges Gewicht an ihre Kinder weitergeben, beispielsweise aufgrund eines hohen Ruhestoffwechsels. Auch medizinische Probleme können für Untergewicht verantwortlich sein, etwa Ernährungs- und Verdauungsstörungen. Bei entsprechendem Verdacht sollte ein Arzt aufgesucht werden, um eine organische Ursache, hormonale Störungen oder Störungen im Bereich der Nahrungsresorption festzustellen bzw. auszuschließen. Besonders bei Mädchen im Wachstumsalter kann auch der soziale Druck, schlank zu sein, in die Unterernährung führen, im Extremfall zur Magersucht (Anorexia nervosa), wie im Kapitel 10 dargestellt. Auch emotionale Probleme können sich in Ernährungsstörungen dokumentieren. In vielen Fällen führen psychosoziale Krisen zu einer Überernährung, in manchen Fällen können sie sich aber auch in Form einer langfristig bestehenden Appetithemmung auswirken. Auch schlichte ökonomische Engpässe können die Ursache eines Untergewichts sein. Manche Menschen verzichten dann, wenn es finanziell knapp wird, lieber auf das Essen als auf anderes, was ihnen wichtiger erscheint.

Ein ausgeprägtes Untergewicht, definiert als 10 % oder weniger unterhalb des Mittelwerts der Standardtabellen bzw. als ein Body Mass Index von 19 und weniger, kann als Ausdruck einer Fehl- bzw. Unterernährung interpretiert werden. In jedem Fall muß vor einer Therapie sorgfältig die zugrunde liegende Ursache abgeklärt werden. Die psychosozialen oder ökonomischen Probleme, die vorstehend genannt wurden, sind nicht der Gegenstand des vorliegenden Kapitels. Hier geht es uns lediglich um diejenigen, die deshalb nicht zunehmen, weil sie zuviel Energie durch Sport verbrauchen oder dabei relativ zuwenig Kalorien aufnehmen. In diesen Fällen liegt die Lösung in einer Steigerung der Kalorienzufuhr bzw. soweit als möglich, in einer Modifikation der körperlichen Aktivität.

Empfehlungen zur Gewichtszunahme

Die folgenden Empfehlungen gehen von der Zielvorstellung aus, eine Gewichtszunahme durch Maximierung der Muskelmasse zu erreichen, bei gleichzeitiger Minimierung der Zunahme der Fettdepots.

1. Werden Sie sich klar über die Zielsetzung der von Ihnen angestrebten Gewichtszu-

nahme. Der Grund kann eine Verbesserung des äußeren Erscheinungsbildes sein oder, speziell für den Sportler, die Zunahme der Muskelmasse zur Steigerung der sportlichen Leistungsfähigkeit speziell in Kraft- und Schnellkraftsportarten. Gerade der Sportler sollte sich allerdings darüber klar sein, daß sich aus anderer Zielrichtung heraus gesehen eine Gewichtszunahme auch negativ auswirken kann, sie geht beispielsweise auf Kosten der Schnelligkeit.

2. Berechnen Sie Ihre täglich erforderliche Kalorienzufuhr. Tabelle 11.1 auf Seite 373 gibt Hinweise für die Kalorienmenge, die erforderlich ist, um ihr Körpergewicht konstant zu halten.
Diese Werte sind etwas höher als diejenigen in der Tabelle 11.2.

3. Führen Sie zunächst ein drei- bis siebentägiges Protokoll Ihrer normalen Ernährung. Auf den Seiten 384–385 werden Hinweise zur Bestimmung der durchschnittlichen Kalorienaufnahme gegeben. Wenn der ermittelte Wert unter dem effektiven Kalorienbedarf liegt, der gemäß Punkt 2 bestimmt wird, dann liegt hierin der Grund, warum Sie nicht an Gewicht zunehmen.

4. Überprüfen Sie Ihre Lebensgewohnheiten. Haben Sie genug Ruhe und Schlaf? Falls nicht, dann verbrauchen Sie mehr Energie als unter Punkt 2 beschrieben. Auch das Zigarettenrauchen steigert die Stoffwechselrate um fast 10 % und damit den täglichen Energiebedarf um etwa 200 Kal. Koffein in Kaffee oder Cola-ähnlichen Getränken erhöht die Stoffwechselrate jeweils für mehrere Stunden. Wer zunehmen will, sollte ausreichend schlafen und sich Ruhe gönnen, gegebenenfalls das Rauchen und Kaffeetrinken einstellen, um seinen Energieverbrauch zu reduzieren.

5. Setzen Sie sich realistische Ziele. Im allgemeinen ist eine Zunahme von 0,5 kg pro Woche gut realisierbar. Manche Untergewichtige haben aber erhebliche Probleme zuzunehmen und sollten ihre Zielvorstellungen entsprechend niedriger ansetzen. Spezifische Zielsetzungen können in einer Zunahme der Muskelmasse in bestimmten Körperbereichen bestehen.

6. Steigern Sie Ihre Kalorienaufnahme im Rahmen einer gesundheitsorientierten Kost mit einem adäquaten Eiweißanteil.

7. Führen Sie ein Krafttraining durch, das einen Reiz für die Muskelentwicklung darstellt.

8. Kontrollieren Sie mit einem Maßband Ihre Körperumfänge im Verlaufe des Programms an definierten Stellen, im Bereich von Hals, oberen und unteren Extremitäten, Brustkorb, Bauch und Hüften. Hierdurch haben Sie eine Kontrolle darüber, daß die Gewichtszunahme proportioniert erfolgt. Die Massenzunahme sollte vor allem im Bereich von Brustkorb und Gliedmaßen stattfinden. Wenn statt dessen der Bauch- und Hüftumfang zunehmen, so weist dies darauf hin, daß Ihre Gewichtszunahme vor allem in Form einer unerwünschten Steigerung der Fettdepots geschieht.

Zusammenfassend liegt der Schlüssel zum Erfolg einer vernünftigen Gewichtszunahme in ausreichend Ruhe und Schlaf, Steigerung der Kalorienzufuhr und einem Krafttraining in geeigneter Form.

Medikamentöse Unterstützung einer Gewichtszunahme

Einer Reihe von körpereigenen Hormonen kommt ein anaboler Effekt auf die Körperzusammensetzung zu, speziell dem Wachstumshormon (HGH), sowie dem Testosteron. In beiden Fällen handelt es sich um Medikamente, die auch therapeutisch bei entsprechenden Defiziten zur Verbesserung der Körperzusammensetzung vor allem bei Männern im mittleren und höheren Lebensalter eingesetzt werden. Wie im Kapitel 6 dargestellt, kann HGH zu einer Steigerung der fettfreien Körpermasse bzw. zu einer Abnahme der Fettmasse bei älteren Männern führen, bei denen ein Mangel an Wachstumshormon vorliegt. Auch von jüngeren Menschen beiderlei Geschlechts wurden beide Hormone zur Verbesserung ihres äußeren Erscheinungsbildes sowie ihrer sportlichen Leistungsfähigkeit, ganz besonders im Bereich des Bodybuildings, eingesetzt. Hierdurch werden aller-

dings erhebliche medizinische Nebenwirkungen in Kauf genommen. Testosteron und HGH sind stark wirksame Hormone mit einer Vielzahl von physiologischen Effekten, die bei nicht medizinisch kontrolliertem und indiziertem Einsatz zu Störungen des hormonalen Gleichgewichts führen können und ernsthafte gesundheitliche Gefährdungen mit sich bringen. Wie gleichfalls in Kapitel 6 dargestellt, führt die Anwendung von HGH bei jungen Männern ohne entsprechendes hormonales Defizit im Verlauf eines Krafttrainings nicht zu einer Zunahme der Muskelmasse bzw. -kraft, dagegen häufig zu unangenehmen Nebenwirkungen. Testosteron, das männliche Sexualhormon, war eines der ersten anabolen Hormone, das zur körperlichen Leistungssteigerung genutzt wurde, es kommt auch heute noch und zwar in zunehmendem Maße als Dopingmittel in verschiedenen Sportarten zum Einsatz. Wegen der virilisierenden Nebenwirkungen des Testosterons werden an seiner Stelle allerdings überwiegend sogenannte **anabole** bzw. **androgene Steroide** eingesetzt, synthetische Hormone, die den anabolen Effekt des Testosterons besitzen bei geringeren geschlechtsspezifischen Auswirkungen. Die Anabolika werden in großem Stil von Kraftathleten und Bodybuildern zu Dopingzwecken genutzt, zum Teil werden sie auch von nicht sportlich aktiven jungen Männern eingenommen, um ihre Muskelmasse und damit ihr körperliches Aussehen zu verbessern.

Aufgrund ihrer Bedeutung in der Dopingproblematik wurden die Auswirkungen der Anabolika ausführlich untersucht. Trotz einiger methodischer Probleme kommen die meisten Untersucher und Übersichtsarbeiten zu der Feststellung, daß die Anabolika effektiv Muskelmasse und -kraft steigern können.

Diese Wirkung wird allerdings mit einer Reihe von medizinischen Nebenwirkungen bezahlt. Einige dieser Nebenwirkungen sind von geringer Bedeutung, wie die Entwicklung von Akne und Haarverlust. Unangenehmer sind schon psychologische Effekte wie verstärkte Aggression, Depressionen bis hin zu Suizidversuchen, sowie die Entwicklung krimineller Aktivitäten, im Extremfall bis zu Mordanschlägen. Sowohl in experimentellen wie in epidemiologischen Untersuchungen

425

konnte ein Abfall des HDL-Cholesterins und ein Anstieg des Blutdruckes nachgewiesen werden, beides Risikofaktoren für die Entwicklung einer koronaren Herzkrankheit, die dementsprechend unter der Einwirkung von Anabolika gehäuft und vorzeitig eintreten kann. Die Zunahme der Muskelmasse bei gleichzeitiger Schwächung des Bindegewebes, speziell der Sehnen, begünstigt die Entstehung von Verletzungen, vor allem von Sehnenrissen. Bei langfristiger Einnahme kommt es zu Leberschädigungen bis hin zur Entwicklung von Leberkrebs. Wenn Kinder und Jugendliche vor Abschluß des Wachstumsalters Steroide einnehmen, schließen sich die Wachstumsfugen vorzeitig mit konsekutiven Störungen des Längenwachstums. Weiterhin kommt es zu einer Ausprägung männlicher Geschlechtsmerkmals bei der Frau, von denen manche irreversibel sind, insbesondere die Entwicklung einer tiefen Stimme. Anabolika sind in deutschen Apotheken nur gegen ärztliches Rezept erhältlich. Trotzdem bestehen für den Athleten im allgemeinen keine Probleme, sich diese Substanzen auf dem schwarzen bzw. grauen Markt zu besorgen. Gerade solche Schwarzmarktpräparate sind aber oft ganz besonders gefährlich, da sie keinerlei Qualitätskontrolle unterliegen und zusätzliche gesundheitsgefährdende Substanzen enthalten können.

Von der Einnahme von Anabolika zur Gewichtssteigerung kann also nur dringend abgeraten werden. Sportler, die Anabolika nehmen, kommen zusätzlich mit den Dopingregeln in Konflikt.

Wie in den vorausgehenden Kapiteln dargestellt, werden ferner eine Reihe von speziellen Nährstoffen mit dem Ziel eingenommen, durch hormonale Veränderungen die Muskelmasse zu steigern. In Kapitel 6 wurde erwähnt, daß Aminosäure-Präparate mit der Behauptung angepriesen werden, die HGH-Freisetzung zu steigern, eine Annahme, die wissenschaftlich nicht bewiesen ist. In Kapitel 8 wurde dargestellt, daß Chrom die Wirkung des Insulins, also eines weiteren anabolisch wirksamen Hormons, steigern soll, eine Behauptung, die gleichfalls nicht belegt ist. Bisher ist weder ein leistungs- oder kraftsteigernder Effekt des Chroms noch seine positive Auswirkung auf die Körperzusammensetzung nachgewiesen worden.

12.3 Trainingsaspekte

Im vorausgehenden Kapitel wurde dargestellt, daß durch aerobe Ausdauerbelastungen Körperfett abgebaut werden kann. Es wurde bereits an dieser Stelle darauf hingewiesen, daß ein Krafttraining einem unerwünschten Abbau an fettfreier Körpermasse entgegenwirkt. Im vorliegenden Fall soll der Nutzen eines Krafttrainings zum Aufbau von fettfreier Körpermasse und Körpergewicht erörtert werden. Bevor auf die Praxis des Krafttrainings aus dieser Sicht eingegangen wird, sind einige Bemerkungen zu seiner Terminologie erforderlich.

Kraftbelastungen werden von der Intensität, d. h. dem Widerstand, gegen den trainiert wird und der Zahl der Wiederholungen (Repetition) bestimmt. Die Beziehung zwischen diesen beiden Faktoren wird unter Bezug auf das sogenannte **Repetitionsmaximum** (RM) ausgedrückt. Wenn ein Athlet beispielsweise ein Gewicht von 75 kg gerade einmal hochstemmen kann, so entspricht dieses Gewicht einem RM. Wenn er in der Lage ist, 60 kg fünfmal zu stemmen, so entspricht diese Leistung 5 RM. Unter einer *Serie* wird eine definierte Zahl von Wiederholungen verstanden, beispielsweise fünf oder zehn. Der Umfang einer Trainingseinheit ergibt sich als das Produkt aus der Zahl der Serien, Wiederholungen und dem Widerstand. Wenn ein Kraftathlet beispielsweise beim Bankdrücken 3 Serien à 5 Wiederholungen gegen einen Widerstand von 50 kg durchführt, so erbringt er eine Gesamtarbeit von $3 \times 5 \times 50 = 750$ kg. Mit dem Begriff der *Erholungsphase* bezeichnet man zum einen die Zeit zwischen zwei Serien innerhalb einer Trainingseinheit oder zum anderen die Zeit zwischen zwei Trainingseinheiten.

Die Grundprinzipien eines Krafttrainings

Die im folgenden aufgeführten fünf Grundprinzipien sind streng genommen nicht für das Krafttraining spezifisch, sie betreffen alle Formen von Training, auch das Ausdauertraining, wie im Kapitel 11 dargestellt. Sie werden an dieser Stelle spezifisch für das Krafttraining ausgeführt. Statt des Überlastprinzips kann man beispielsweise auch den Begriff der Belastungsintensität verwenden.

Das **Überlastprinzip** ist eines der wichtigsten Prinzipien eines Krafttrainings. Es besagt, daß der Muskel gegen einen Widerstand anarbeiten muß, der das normale Maß seiner Belastung übersteigt. Dies bedeutet für den Muskel einen Wachstumsreiz mit dem Ziel, kräftiger zu werden, um bei der nächsten Belastung dieser Art den Widerstand besser überwinden zu können (siehe Abbildung 12.1). Um den Muskel zu überlasten, muß von ihm eine überdurchschnittlich hohe Arbeit gefordert werden. Dies kann grundsätzlich auf zwei Wegen geschehen, zum einen über eine Steigerung des Widerstandes gegen den angearbeitet wird, zum anderen über eine Erhöhung der Wiederholungs- bzw. Serienzahl. Obwohl es bezüglich der Kombination von Wiederholungszahl und Widerstand keine Idealkombination gibt, kann im allgemeinen davon ausgegangen werden, daß zwei bis drei Serien mit fünf bis zehn RM für den Muskel einen adäquaten Wachstumsreiz darstellen. Fünf bis zehn RM entsprechen etwa 70–80 % der Belastung bei einem RM. Wenn im obigen Beispiel ein RM beim Bankdrücken 75 kg entspricht, so betragen 5 RM 80 % dieses Wertes oder $0,8 \times 75 = 60$ kg.

Ein weiteres grundlegendes Prinzip im Krafttraining ist das sogenannte **progressive Widerstandstraining**. Es bedeutet, daß dann, wenn unter einem bestimmten Training kein weiterer Leistungsfortschritt mehr erzielt wird, der Belastungsumfang des Muskels erhöht werden muß, wenn zusätzliche Trainingsanpassungen angestrebt werden.

Für Anfänger empfiehlt sich nach einer Phase des Erlernens des Bewegungsablaufes ein Einstieg mit drei bis fünf Serien bei fünf RM. Hierzu muß zunächst dieser Wert bestimmt werden, d. h. das Maximum an Gewicht, das fünfmal hintereinander gehoben werden kann. Wenn man das Gewicht öfters als fünfmal heben kann, ist es zu leicht, und man muß eine weitere Gewichtsscheibe

Abbildung 12.1 Überlastprinzip beim Training mit Gewichten.

auflegen. Mit zunehmender Kraftentwicklung kann im Trainingsverlauf die Wiederholungszahl gesteigert werden. Wenn 10 Wiederholungen erreicht sind, ist soviel Zusatzgewicht aufzulegen, daß die Wiederholungszahl wieder auf fünf reduziert wird, entsprechend dem progressiven Widerstandsprinzip. Im Verlauf eines mehrmonatigen Trainings werden solche Anpassungsvorgänge wiederholt erforderlich.

Spezifität: Jedes Training findet spezifisch statt, d. h. es finden nur Trainingseffekte in dem Bereich statt, der auch trainiert wird. Nur ein Ausdauertraining führt zu einer Verbesserung der Ausdauer, nur ein Krafttraining zur Verbesserung der Muskelkraft. Ein Schwimmer, der beispielsweise seinen Armzug verbessern möchte, muß sich dafür ein Krafttrainingsprogramm aussuchen, das speziell die Muskeln beansprucht, die er beim

Armzug benötigt. Wer die Muskeln eines bestimmten Körperteils vergrößern bzw. kräftigen will, muß speziell diese Muskeln belasten.

Wichtig ist ferner das **Grundprinzip der Belastungssequenz**. Wenn man beispielsweise 10 Kraftübungen durchführen will, so sollte man hierfür eine logische Abfolge festlegen, die es erlaubt, die gewünschte Sequenz ohne vorzeitige Ermüdungserscheinungen zu absolvieren. Dies kann beispielsweise so aussehen, daß die erste Übung den Bizeps, die zweite die Bauchmuskulatur, die dritte den Quadrizeps beansprucht etc. Nach Absolvierung der ersten Sequenz folgt eine zweite in der gleichen Reihenfolge und möglicherweise noch eine dritte. Ein solches Vorgehen eignet sich besonders für Anfänger im Krafttraining. Ein anderes, gleichfalls gerne genutztes Verfahren besteht darin, jeweils drei Mal die gleiche Übung zu wiederholen, dann eine Pause einzulegen, danach drei Mal die zweite Übung, Pause etc. Diese Methode führt zu einer größeren Beanspruchung der gleichen Muskulatur und daher leichter zu Ermüdung, scheint jedoch besonders effektiv zu sein.

Ein Krafttraining, das auch wirklich etwas bringen soll, erfordert eine erhebliche muskuläre Belastung und deshalb Erholungspausen sowohl zwischen den einzelnen Serien einer Trainingseinheit wie zwischen den jeweiligen Trainingseinheiten. Belastungen von 5–10 RM führen zu einer raschen Entspeicherung des ATP, des energiereichen Phosphats der Muskulatur. Das ATP kann jedoch in einer zwei- bis dreiminütigen Pause wieder resynthetisiert werden. Hierauf beruht das **Erholungsprinzip**. Zwischen den einzelnen Serien sollten daher, wenn die gleichen Muskelgruppen beansprucht werden, jeweils einige Minuten Pause eingeschaltet werden. Zu Beginn eines Krafttrainings sollte man zwischen zwei Übungseinheiten jeweils einen Erholungstag einlegen, man sollte nicht mehr als drei Mal pro Woche üben. Dieser Erholungstag gibt dem Muskel Zeit, die erforderlichen Regenerationsprozesse durchzuführen sowie das Muskeleiweiß zu synthetisieren, das für die Wachstumsvorgänge erforderlich ist. Einschlägige wissenschaftliche Untersuchungen konnten zeigen, daß nach einer intensiven Krafttrainingseinheit die Neusynthese des Muskeleiweiß etwa 24 Stunden benötigt. Diese Grundprinzipien können als Empfehlung für die Durchführung des Krafttrainings in den ersten drei Monaten genutzt werden, sie haben aber auch für ein über diesen Zeitraum hinaus fortgeführtes Training Gültigkeit, wie es im folgenden beschrieben wird.

Beispiel für ein Krafttraining zur Gewichtszunahme und zur Vergrößerung der fettfreien Körpermasse

Es liegt auf der Hand, daß die Größe des zu hebenden Gewichts und die Zahl der Wiederholungen umgekehrt miteinander korreliert sind. Wenn beim Bankdrücken ein RM 75 kg entspricht, so kann ein Gewicht von 50 kg häufiger gehoben werden als eines von 70 kg. Die Beziehungen zwischen Gewicht und Wiederholungszahl werden durch das Trainingskonzept des **Kraft-Ausdauer-Kontinuums** beschrieben. Zur Steigerung der Maximalkraft muß mit großer Kraft und geringer Wiederholungszahl trainiert werden. Umgekehrt wird zur Verbesserung der Kraftausdauer mit hoher Wiederholungszahl gegen niedrigen Widerstand trainiert.

Da die energiereichen Phosphate ATP und Kreatinphosphat für die Energiebereitstellung bei Kraft- und Schnellkraftbelastungen dominieren, während die Laktatbildung bei der anaeroben und das Sauerstoffsystem bei der aeroben Ausdauer im Vordergrund stehen, sind in diesem Kraft-Ausdauer-Kontinuum im Prinzip alle drei Formen der Energiebereitstellung, wenn auch in unterschiedlichem Ausmaß, beteiligt. Wenn das Ziel des Krafttrainings darin besteht, eine möglichst große Muskelmasse auszubilden, so wird hierzu am besten nach der **Muskelaufbau-Methode** vorgegangen. Dabei werden sechs bis zehn Übungen eingesetzt, die vor allem die großen Muskelgruppen des Körpers beanspruchen. Es werden jeweils 3–5 Serien jeder Übung absolviert. Die Belastungen erfolgen am Kraftende des Kontinuums. Dabei geht man nach dem vorher beschriebenen System des progressiven Widerstandstrainings vor, d. h. man beginnt mit einer

Belastung entsprechend 5 RM und steigert die Wiederholungszahl mit zunehmender Kraft auf 10. Danach wird durch eine Lasterhöhung die Wiederholungszahl wieder auf 5 „zurückgestellt". Diese Muskelaufbaumethode kann für einige Monate durchgeführt werden, bis eine hinreichende Massen- bzw. Gewichtszunahme erreicht wird. Im Bodybuilding schließt sich dann eine spezifische Muskelformung an, die mit leichteren Gewichten, großen Wiederholungszahlen und hoher Geschwindigkeit ausgeführt wird. Man arbeitet jetzt im Ausdauerbereich des Kontinuums. Anschließend kann man jeweils zwischen der Aufbaumethode und der Muskelformung wechseln, um Muskelmasse und -form konstant zu halten.

Der Anfänger sollte beim Einstieg in ein Krafttraining folgende Punkte beachten:

1. Man beginne mit leichten Gewichten, beispielsweise nur mit der Hantel ohne daran befestigte Gewichtsscheiben, um die Technik zu erlernen. Dabei werden ca. 10–12 Wiederholungen der Übung durchgeführt. Die Belastungen sollten in dieser Lernphase so ausgeführt werden, daß sie nicht zur Ermüdung führen.

2. Nach zwei Wochen der Lernphase wird das Gewicht bestimmt, das fünf mal gehoben werden kann, entsprechend 5 RM.

3. Durchführung einer Serie von acht Übungen und zwar in folgender Reihenfolge, wobei jeweils die Zielmuskulatur angegeben wird:

   a. Bankdrücken: Brustmuskulatur

   b. Zugübungen an der Kraftmaschine mit gestreckten oder gebeugten Armen: Rückenmuskulatur

   c. Kniebeugen: Oberschenkelmuskulatur

   d. Schulter anheben gegen Widerstand im Stehen: Schultermuskulatur

   e. Fersenstand: Wadenmuskulatur

   f. Rollübung des Unterarms (Curls): Beugemuskulatur des Arms

   g. Überkopfpressen im Sitzen: Oberarmmuskulatur

   h. Bauchmuskelübungen

4. Eine regelmäßige Protokollführung über die durchgeführten Übungen zur Dokumentation des Trainingsfortschritts ist sinnvoll, wie das Beispiel in Tabelle 12.1 zeigt.

5. Da die Reihenfolge der Übungen jeweils unterschiedliche Muskeln beansprucht sind nur kurze Erholungszeiten im Bereich von ca. 30 s zwischen den einzelnen Übungen erforderlich.

6. Durchführung von jeweils 3–5 Serien, zwischen den Serien können jeweils 2–3 min Pause eingelegt werden.

7. Das Training sollte 3 mal wöchentlich ausgeführt werden. Dabei sollte versucht werden, in jeder Serie jede Übung so oft als möglich zu wiederholen. Wenn nach einiger Zeit die Übung 10 mal wiederholt werden kann, muß das Gewicht durch zusätzliche Gewichtsscheiben erhöht werden, um die Wiederholungszahl wieder auf 5 zurückzustellen.

8. Der unter Punkt 7 beschriebene Vorgang wiederholt sich mit wachsender Kraftzunahme auf einem immer höheren Niveau.

Die häufigste Form des Krafttrainings erfolgt mit freien Gewichten, Kurz- und Langhanteln oder auch mit den unterschiedlichen Kraftmaschinen eines Fitneßstudios. Man berücksichtige dabei, daß selten ein einzelner Muskel allein beansprucht wird, im allgemeinen sind an einer Übung mehrere Muskelgruppen beteiligt. Eine Übung, die vorwiegend der Kräftigung der Brustmuskulatur dient, kann gleichzeitig auch die Arm- und Schultermuskulatur beanspruchen. Wenn im vorliegenden Text ein Körperbereich genannt wird, so bedeutet dies, daß sich hier der Haupteffekt abspielt, es können jedoch gleichzeitig durchaus auch andere Bereiche angesprochen werden.

Die genannten acht Übungen beanspruchen alle wichtigen großen Muskelgruppen und bilden damit einen adäquaten Reiz zur Entwicklung von Kraft und Muskelmasse bzw. zur Gewichtszunahme. Hierbei handelt es sich, wie gesagt, nur um ein Beispiel aus Hunderten von Programmen dieser Art. Wer hier Abwechslung sucht, kann auf eines der zahlreichen Bücher zum Krafttraining und Bodybuilding verwiesen werden.

Tab. 12.1 Wöchentliches Krafttrainingsprotokoll für acht Standardübungen

	Brustkorb		Rücken		Ober-schenkel		Schulter		Wade		Arm Vorder-seite		Arm Rück-seite		Bauchmuskeln	
	Bankdrücken		Latissimus-Übung		Halbe Kniebeuge		Seitliches Schulterheben		Zehenstand		Curls		Drücken im Sitzen		Kopf anheben (Curl ups)	
	Gewicht	Wiederholungen	Gewicht	Wiederholungen	Gewicht	Wiederholungen	Gewicht	Wiederholungen	Gewicht	Wiederholungen	Gewicht	Wiederholungen	Gewicht	Wiederholungen	Gewicht	Wiederholungen
Datum																
Serie 1																
Serie 2																
Serie 3																
Serie 4																
Serie 5																
Datum																
Serie 1																
Serie 2																
Serie 3																
Serie 4																
Serie 5																
Datum																
Serie 1																
Serie 2																
Serie 3																
Serie 4																
Serie 5																
Datum																
Serie 1																
Serie 2																
Serie 3																
Serie 4																
Serie 5																

Gewichtszunahme durch Krafttraining

Die physiologische Grundlage der Gewichtszunahme durch Krafttraining ist im wesentlichen die **Muskelhypertrophie**, also das Muskelwachstum. Abbildung 12.2 zeigt die Mikrostruktur des Skelettmuskels. Ein Krafttraining führt zu einer Überlastung der Skelettmuskelfaser, die versucht, sich durch Wachstum diesem Reiz anzupassen. Hierzu hat sie verschiedene Möglichkeiten. Zum einen kann die Muskelfaser einfach insgesamt unter Einschluß ihrer Substrukturen, der in ihr enthaltenen Myofibrillen, größer werden. Zum zweiten kann sich die Zahl dieser Myofibrillen und damit die Gesamtmuskelfaser vergrößern. Drittens kann auch ein Wachstum des Bindegewebes zwischen den einzelnen Muskelfasern und um die einzelne Muskelfaser herum an Menge zunehmen und damit das Gesamtvolumen des Muskels vergrößern. Viertens kann weiterhin der Gehalt des Muskels an Enzymen und Energiedepots, speziell ATP und Glykogen, größer werden. Als letzte Variante besteht schließlich die Möglichkeit einer Vermehrung der Zahl der Muskelfasern, eine sogenannte Hyperplasie. Bisher muß jedoch davon ausgegangen werden, daß diese im Verlaufe eines Krafttrainings beim menschlichen Skelettmuskel nicht induziert wird.

Durch Krafttraining können effektiv Muskelgröße und -masse gesteigert werden. Hierdurch steigt nicht nur das Gewicht, sondern auch die Kraft und Ausdauer der Muskulatur, ein wichtiger Faktor für die Gewichtskontrolle. Krafttrainingseffekte kann auch die Frau, wenn auch in geringerem Maße als der Mann, realisieren. Für die Frau ist ferner auch der Gesichtspunkt wichtig, daß es wahrscheinlich aufgrund der erhöhten Spannung infolge eines Krafttrainings zu einer vermehrten Mineralstoffeinlagerung in den Knochen kommt, ein Krafttraining stellt somit auch eine Möglichkeit der Prävention gegenüber der Entwicklung einer Osteoporose dar, die bei der Frau ab Beginn der Wechseljahre häufig zu befürchten ist.

Spezielle Formen des Krafttrainings und Trainingsgeräte

Im Krafttraining kommen verschiedene Methoden zum Einsatz, die auf folgenden unterschiedlichen Möglichkeiten der Muskelkontraktion beruhen: beim **isometrischen Training** kontrahiert sich der Muskel bei gleichbleibender Länge, also ohne sich zu verkürzen, gegen einen festen Widerstand. Verändert der Muskel während des Trainings seine Länge, so kann dies beim **konzentrischen Training** in Form einer Verkürzung geschehen. Beim **exzentrischen Training** wird der Muskel durch eine äußere Kraft gegen seinen Widerstand aufgedehnt. Beim Liegestütz wird beispielsweise der Muskel in der Phase der Beugung, wenn der Körper zum Boden bewegt wird, exzentrisch aufgedehnt, bei der Streckphase der Arme, wenn sich der Körper aufrichtet, erfolgt eine konzentrische Kontraktion. Die Kraft, die den Muskel gegen seinen Widerstand dehnt, ist in den meisten Fällen die Schwerkraft, etwa die Kraft, die den Quadrizeps dehnt, wenn er versucht, gegen ihren Widerstand das Körpergewicht beim Absteigen einer Treppe zu halten. Eine neuere technische Entwicklung stellt das **isokinetische Training** dar, bei dem durch spezielle Krafttrainingsgeräte die Geschwindigkeit der Muskelkontraktion konstant gehalten wird. Man kann dabei beispielsweise versuchen, den Arm so schnell als möglich zu bewegen, die Bewegungsgeschwindigkeit wird von der isokinetischen Kraftmaschine dann jedoch durch eine Widerstandszunahme stets im gleichen Geschwindigkeitsbereich gehalten. Aus diesem Grund wird das isokinetische Training auch als Akkomodations-Widerstandstraining bezeichnet, weil der Widerstand sich automatisch der ausgeübten Kraft anpaßt und dadurch die Geschwindigkeit kontrolliert. Für diese unterschiedlichen Formen des Muskeltrainings stehen verschiedene, teilweise sehr kostspielige Geräte zur Verfügung, die jeweils eine oder mehrere der genannten Techniken ermöglichen. Mit solchen Geräten wird naturgemäß vorwiegend in Fitneßstudios trainiert.

In der Literatur liegt eine große Zahl von Studien über die Vor- und Nachteile dieser

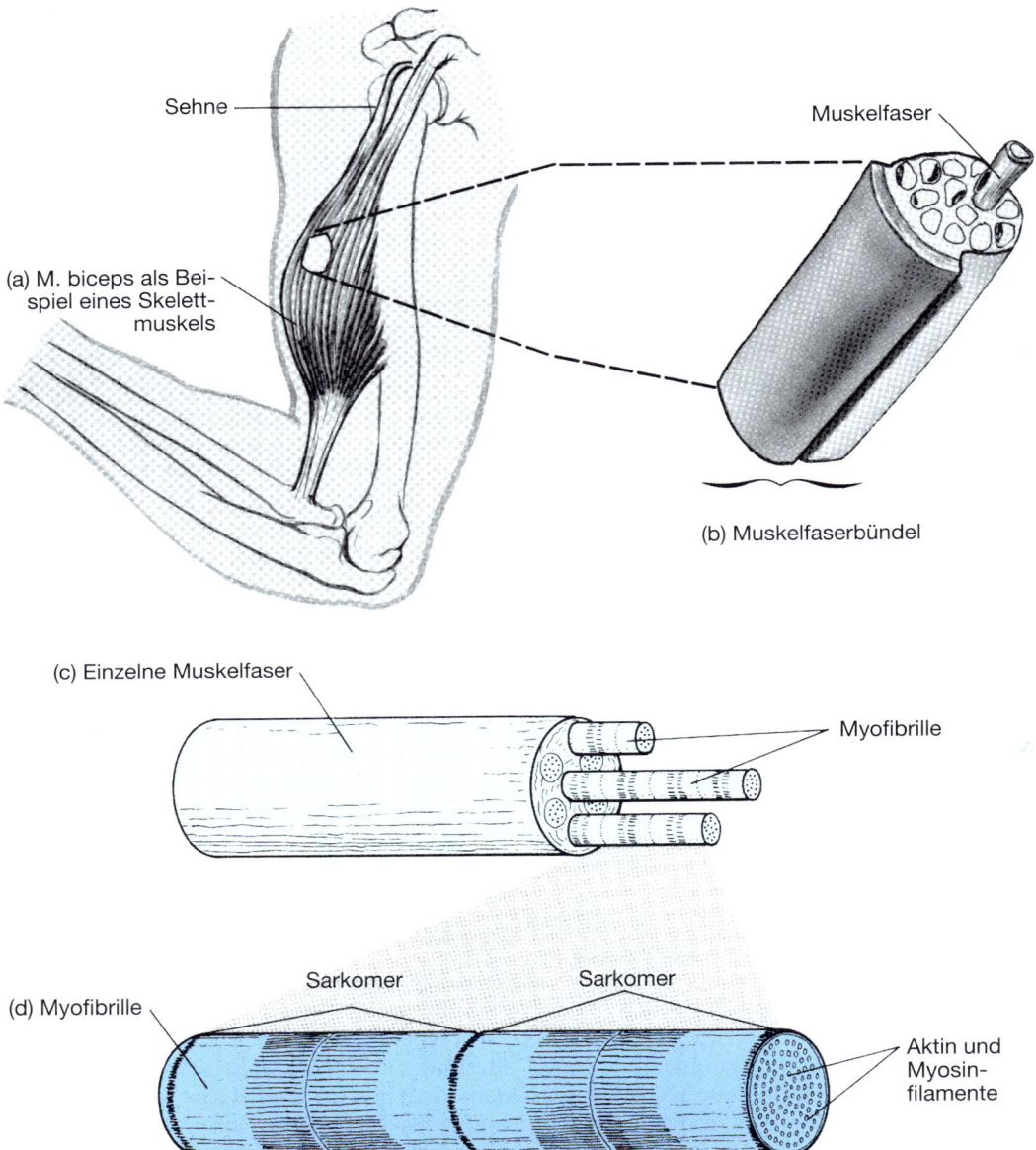

Sehne

Muskelfaser

(a) M. biceps als Bei-
spiel eines Skelett-
muskels

(b) Muskelfaserbündel

(c) Einzelne Muskelfaser

Myofibrille

Sarkomer   Sarkomer

(d) Myofibrille

Aktin und
Myosin-
filamente

Abbildung 12.2 Struktur des Skelettmuskels. Der Muskel ist aus einzelnen Muskelfaserbündeln aufgebaut. Jede Muskelfaser beinhaltet ihrerseits zahlreiche Myofibrillen, die die eigentlichen kontraktilen Elemente darstellen. Sie bestehen aus Aktinomyosin, wobei die dicken und die dünnen Filamente so angeordnet sind, daß sie ineinander gleiten können und dadurch die Verkürzung bewirken. Die einzelnen Muskelfasern sind durch Bindegewebsschichten eingescheidet. Diese vereinigen sich zu der Gesamtmuskelfaszie, die ihrerseits in die Sehne übergeht.

einzelnen Krafttrainingsmethoden vor. Zusammenfassend kann gesagt werden, daß letztlich für keine dieser Techniken eine definitive Überlegenheit über die Konkurrenzverfahren herausgearbeitet werden konnte, ganz besonders auch nicht für das isokinetische Training. Auch ein spezieller Vorteil der Kraftmaschinen gegenüber der Arbeit mit freien Gewichten, also mit Hanteln, konnte bisher nicht belegt werden. Diese Aussagen gelten sowohl hinsichtlich des Trainingserfolges wie der Verletzungsgefährdung und der Gewichtszunahme, solange die Grundsatzprinzipien des Krafttrainings einschließlich des Überlastprinzips befolgt werden. Wenn man an einer Kraftmaschine trainiert, sollte man sicher sein, daß auch wirklich große Muskelmassen beansprucht werden. Freie Gewichte sind wesentlich billiger als Kraftmaschinen und können zu einer Vielzahl von Übungen eingesetzt werden. Sie werden in unterschiedlicher Form ganz besonders auch für das Training zu Hause angeboten.

Der Kalorienverbrauch beim Krafttraining

Theoretisch ist es paradox, zum Zwecke der Gewichtszunahme zu trainieren, also vermehrt Kalorien zu verbrauchen. Tatsächlich ist der Kalorienverbrauch durch das Krafttraining im Vergleich zur Ausdauerbelastung allerdings gering. Die Kraftbelastung ist zwar auch energetisch gesehen hochintensiv, sie kann aber jeweils nur sehr kurze Zeit durchgehalten werden. Eine Trainingseinheit von einer Stunde stellt im allgemeinen nur eine effektive Belastungseinheit von 15 min dar, der Rest besteht aus Erholungsphasen. Im Durchschnitt verbraucht der Mann während einer Stunde Krafttraining nur etwa 200, die Frau 150 Kal.

Kontraindikationen gegen ein Krafttraining

Gesundheitliche Risiken beim Krafttraining ergeben sich vor allem durch den teilweise sehr hohen Blutdruckanstieg, insbesondere bei Maximalkraftausübung unter Einsatz des Preßdrucks (Valsalvaeffekt). Der Blutdruck kann hier Werte von 300 mmHg und mehr erreichen. Problematisch ist daher ein Krafttraining besonders bei Patienten mit Bluthochdruck, also bei einem systolischen Druck von über 140 und einem diastolischen Blutdruck über 90 mmHg in Ruhe. Wenn dieser Hochdruck schon längere Zeit besteht und zu Gefäßveränderungen geführt hat, kann es unter einer Kraftbelastung zu Gefäßeinrissen kommen, die dann, wenn sie im Gehirn stattfinden, zum Schlaganfall führen können. Gefährdet sind durch diese hohen Druckanstiege auch Patienten mit anderen Herz-Kreislauf-Erkrankungen, insbesondere der koronaren Herzkrankheit. Die Steigerung des erhöhten Innendrucks im Bauchraum beim Pressen kann bei einer Schwäche der Bauchwand zur Ausbildung von Bauchwandbrüchen (Hernien) führen, oder, wenn diese schon vorhanden sind, eine Verschlimmerung bewirken. Insbesondere durch ungünstige Hebetechniken können Rückenschmerzen ausgelöst oder verstärkt werden. In all diesen Fällen muß jedoch ein Krafttraining nicht unbedingt kontraindiziert sein, es kommt insbesondere auch auf die Art der Durchführung an. Während von einem Training mit Maximalkraft abzuraten ist, können leichtere muskuläre Übungen durchaus wünschenswert sein. Im Zweifelsfall sollte man hierzu seinen Arzt fragen, bevor man ein Krafttraining beginnt.

Ferner wurde das Krafttraining insbesondere für Kinder vor der Pubertät problematisiert. Da beim Kind die Gelenke sehr beweglich sind und die Muskelkraft noch nicht adäquat entwickelt ist, kann es bei einer Überlastung zu Schädigungen der Wachstumsscheiben kommen. Dies muß nicht bedeuten, daß Kinder vor der Pubertät kein Krafttraining durchführen sollten, im Gegenteil, in manchen Sportarten, z.B. beim Turnen oder Schwimmen, ist dies durchaus üblich. Entscheidend ist auch hier die Technik, die korrekte Durchführung der Übungen. Im Gegensatz zu früheren Meinungen haben neuere Untersuchungen gezeigt, daß auch bei Kindern vor der Pubertät durch ein Krafttraining die Muskelkraft gesteigert werden kann. Ähnliche Überlegungen gelten auch für den älteren Menschen. Auch für ihn wird ein

Krafttraining oft als kontraindiziert angesehen. Aufgrund des geringeren Hormonspiegels des Älteren sind seine Trainingseffekte zwar nicht mehr so ausgeprägt wie beim Jüngeren, selbst bei 90jährigen wurden jedoch Krafttrainingseffekte nachgewiesen, wenn das Trainingsprogramm in geeigneter Form durchgeführt wurde. Gerade für den älteren Menschen ist ein gewisses Ausmaß an Kraft im Hinblick auf die Selbständigkeit seiner Lebensführung wichtig.

Im Vergleich zu anderen Sportformen ist die Zahl der Verletzungen und Überlastungsschäden im Krafttraining bei adäquater Durchführung ausgesprochen gering. Um solche Schädigungen zu vermeiden, sollten folgende Punkte berücksichtigt werden:

1. Das Erlernen einer korrekten Atemtechnik. Bei intensivem Krafteinsatz, insbesondere beim Einsatz der Maximalkraft, kommt es reflektorisch zu einem Atemanhalten bzw. zu einer Steigerung des Druckes im Brustinnenraum, dem sogenannten **Preßdruck** oder **Valsalvamanöver**. Physiologischerweise passiert hierbei folgendes: Es wird eine Ausatmungsbewegung durchgeführt, wobei das Ende der Luftröhre im Bereich der Stimmritze (Glottis) verschlossen wird. Die Luft kann nicht entweichen, es kommt zum Aufbau eines hohen Druckes im Bereich des Brust- und Bauchraumes. Der physiologische Sinn dieses Reflexes besteht darin, Brustkorb und Wirbelsäule als Ansatz für die wichtigsten großen Muskelgruppen zu stabilisieren. Dieser Reflex führt zu einer erheblichen Umstellung in den Kreislaufverhältnissen. Der hohe Druck behindert den venösen Rückstrom des Blutes aus der Peripherie zum Herzen und vermindert damit dessen Pumpleistung, das Herzminutenvolumen. Im Extremfall kann es zu einer Unterversorgung des Gehirns und damit zu einem Kreislaufkollaps kommen. Gleichzeitig steigt der Blutdruck teilweise massiv an in Abhängigkeit von der ausgeübten Kraft. Um es nochmals hervorzuheben, im Prinzip sind das Atemanhalten bzw. der Valsalvaeffekt physiologische Mechanismen bzw. Reflexe, die bei Gesunden kein Risi-

ko bedeuten. Insbesondere dann, wenn eine der vorher genannten relativen Kontraindikationen vorliegt, bestehen hierdurch jedoch gesundheitliche Risiken. Diese lassen sich durch eine geeignete Atemtechnik vermeiden.

Man sollte gleichzeitig durch Mund und Nase beim Heben des Gewichts aus- und beim Absetzen einatmen. Diese Atemtechnik sollte man speziell beim Erlernen neuer Kraftübungen ganz besonders bewußt praktizieren. Wenn eine ernsthaftere Erkrankung vorliegt, sollte generell auf das Pressen verzichtet werden.

2. Beim Training mit freien Gewichten sollte man aus Sicherheitsgründen bei potentiell gefährlichen Übungen, z. B. beim Bankdrücken, Spotter benutzen. Man kann sich leicht vorstellen, was passieren kann, wenn man beispielsweise beim Bankdrücken in Rückenlage unter maximalem Krafteinsatz einen Blackout erleidet. Beim Training an Kraftmaschinen entfällt natürlich diese Notwendigkeit.

3. Beim Üben mit freien Gewichten ist es selbstverständlich, daß man die aufgesetzten Scheiben mit Muffen sichert, damit diese beim Heben nicht herabfallen und zu Fußverletzungen führen. Auch dieses Risiko entfällt naturgemäß beim Training an den Kraftmaschinen. Auch an diesen können allerdings Unfälle auftreten, beispielsweise wenn jemand versucht, die Gewichtsscheiben zu wechseln, während ein anderer trainiert. Auf diese Art und Weise kommt es immer wieder zu schweren Fingerverletzungen.

4. Vor Beginn eines jeden Trainings sollte man sich unter Betonung von Dehnungsübungen sorgfältiger aufwärmen.

5. Bevor man eine neue Kraftübung mit Maximalkraft ausführt, sollte man sie mit leichten Gewichten üben, bis man die korrekte Technik beherrscht, um sich nicht durch fehlerhafte Techniken zu überlasten.

6. Übungen, die zu Rückenschmerzen führen, speziell durch schlechte Hebetechniken, sollten vermieden werden. Dies gilt vor allem für eine extreme Vorwärtsbeu-

gung oder für Übungen, die zu hohen Belastungen der unteren Wirbelsäule führen.

7. Das Absetzen des Gewichts sollte langsam geschehen. Ein schnelles Absetzen bedeutet für die Muskulatur eine rasche Kontraktion gegen den Widerstand des absinkenden Gewichtes, also eine ausgeprägte exzentrische Belastung. Solche exzentrischen Belastungen sind für den Muskel besonders ungünstig. Hierdurch kann es zu kleineren oder größeren Rissen vor allem des Bindegewebes im Muskel und damit zu erheblichen Muskelbeschwerden kommen.

Zur Kombination von Kraft- und Ausdauertraining

Krafttraining hat nicht nur positive Auswirkungen auf Kraft, Muskelmasse und Körpergewicht, sondern auch weitere aus gesundheitlicher Sicht wünschenswerte Effekte. Bei Frauen kommt es, wie bereits festgestellt, zu einer Erhöhung des Mineralstoffgehalts im Knochen und damit zu einem präventiven Effekt gegenüber der Osteoporose. Wenn auf der Ausdauerseite des Kraft-Ausdauer-Kontinuums trainiert wird, erzielt man auch eine Steigerung der VO_2max und eine Ökonomisierung der Herz-Kreislauf-Funktion in Ruhe und unter Belastung. In einer Reihe von Untersuchungen konnte darüber hinaus, wenn auch nicht einheitlich, ein positiver Effekt auf metabolische Risikofaktoren der koronaren Herzkrankheit nachgewiesen werden, speziell ein Anstieg des HDL_2-Cholesterins, ein Abfall des LDL-Cholesterins, eine Abnahme des Körperfettanteils und eine Verbesserung der Glukosetoleranz. Solche Befunde stehen im Widerspruch zu der häufig vertretenen Ansicht, daß aus präventiver Sicht nur Ausdauerbelastungen wünschenswert seien. Übrigens enthalten auch kardiale Rehabilitationsprogramme im allgemeinen Elemente eines Muskeltrainings.

Trotz solcher Befunde erscheint es aus gesundheitlicher Sicht auf jeden Fall ratsam, das Krafttraining mit einem Ausdauertraining zu kombinieren. Krafttraining ersetzt ein Ausdauertraining nicht, sondern ergänzt es.

Da aber im Ausdauertraining mehr Kalorien verbrannt werden als im Krafttraining, sollte derjenige, der durch Sport zunehmen will, diesen Mehrverbrauch durch eine erhöhte Kalorienzufuhr ausgleichen. Um das Krafttraining durch die günstigen Ausdauereffekte zu ergänzen, muß das Ausdauertraining und damit der Kalorienverbrauch allerdings keineswegs extrem sein. Um Trainingsreize für das Herz-Kreislauf-System zu setzen, reicht es aus, an vier Tagen in der Woche je drei bis fünf Kilometer zu joggen entsprechend einem kalorischen Mehrverbrauch von 200–300 Kal an dem jeweiligen Tag. Diese Kalorienmenge hat man schnell wieder ersetzt, beispielsweise schon durch zwei Gläser Orangensaft oder ähnliches.

Die Kombination von Kraft- und Ausdauerbelastungen innerhalb eines Programms

Obwohl die physiologischen Grundprinzipien eines Kraft- bzw. Ausdauertrainings letztlich sehr ähnlich sind, haben beide doch verschiedene Zielsetzungen. Durch aerobe Ausdauerbelastungen soll die Leistungsfähigkeit des Herz-Kreislauf-Systems gesteigert werden, ein Krafttraining wird durchgeführt, um Muskelgröße, Kraft und Körpergewicht zu verbessern.

Eine Trainingsform, in der sich beide Zielsetzungen miteinander vereinigen lassen, ist beispielsweise das Kraft-Zirkel-Training, eine Übungsform, bei der der Übende eine Reihe von verschiedenen Stationen hintereinander absolviert. Beim Kraftzirkel bestehen die einzelnen Stationen in Gewichten, die mit unterschiedlichen Muskelmassen bewegt werden, meist leichteren Gewichten, so daß eine große Wiederholungszahl möglich ist. Hierdurch wird der prozentuale aerobe Anteil des Trainings erhöht. Der Energieverbrauch liegt für Männer etwa bei 10, für Frauen bei 7 Kal pro Minute.

Eine neuere Variante dieser Methode ist das **aerobe Zirkeltraining**. Auch hierzu gibt es verschiedene Möglichkeiten. Das Grundprinzip besteht in der Integration von aeroben und Kraftelementen. Im Prinzip entspricht es einem aeroben Intervalltraining, in der Pause zwischen den aeroben Belastungen werden jedoch keine Erholungsphasen eingeschaltet, sondern Kraftübungen. Hierdurch realisiert man in einer einzigen Trainingseinheit zahlreiche Ziele aus Gesundheits- und Leistungssicht, nämlich eine Steigerung der Herz-Kreislauf-Fitneß, des Energieverbrauches und damit einen vermehrten Abbau von Körpergewebe, kombiniert mit einer Steigerung der muskulären Kraft und Ausdauer, sowie des Muskeltonus im Bereich der sogenannten Problemzonen, die bei den reinen Ausdauersportarten im allgemeinen nicht angesprochen werden.

Nochmals, trotz solcher Überlegungen sollte derjenige, der vor allem durch Sport an Gewicht und Muskelmasse zunehmen will, überwiegend auf der Kraftseite des Kraft-Ausdauer-Kontinuums trainieren.

12.4 Ernährungsaspekte

Der Kalorienbedarf für den Muskelaufbau

Muskelgewebe besteht zu 70 % aus Wasser, zu 22 % aus Eiweiß, der Rest wird von Fetten, Kohlenhydraten und Mineralstoffen gestellt. Aufgrund des großen Gehalts an kalorienfreiem Wasser ist der Brennwert der Muskulatur daher gering, entsprechend nur etwa 1400–1600 Kal pro kg im Vergleich zu 7700 Kal pro kg Fett!

Um 1 kg Muskelgewebe aufzubauen, bedarf es allerdings einer größeren Kalorienmenge, da Energie auch für die Synthese der Muskelproteine und -strukturen notwendig ist. Die Größe dieses Kalorienbedarfs für den Baustoffwechsel ist allerdings nicht genau bekannt. Sie wird beim Erwachsenen mit 5–8 Kal pro g angegeben (Forbes). Für den Aufbau von einem kg Muskulatur wären somit zusätzliche 5000–8000 Kal erforderlich. Rechnet man einen „Materialbedarf" von 1400–1600 Kal hinzu, so ergibt sich ein Gesamtkalorienverbrauch zwischen 6400 und 9600. Wenn das Ziel einer vernünftigen Gewichtszunahme bei wöchentlich 0,5 kg festgelegt wird, entsprechend also 3200–4800 Kal, so ergibt sich ein täglicher Mehr-

bedarf zwischen 500 und 700 Kal. In einer entsprechenden Untersuchung von Bartels et al. konnten diese theoretischen Überlegungen in der Praxis bestätigt werden. Die Autoren fanden bei einer Erhöhung der Kalorienzufuhr um täglich 500 unter einem Krafttraining eine Zunahme der fettfreien Körpermasse um wöchentlich 0,5 kg.

Feststellung des individuellen Kalorienbedarfs zur Gewichtszunahme

Um den exakten Mehrbedarf an Kalorien festzustellen, den man während eines Krafttrainings zum Muskelaufbau benötigt, sollte man zunächst anhand der Tabelle 11.1 die für die Gewichtskonstanz notwendige Kalorienmenge ermitteln. Diesem Wert wird dann der Energiebedarf für die körperliche Aktivität sowie den Muskelaufbau zugeschlagen. Tabelle 12.2 zeigt das Beispiel eines 75 kg schweren Jugendlichen, der wöchentlich ein halbes Kilo zunehmen möchte. Dieses Beispiel kann sinngemäß nach den individuellen Eingangsdaten und Zielsetzungen modifiziert werden.

Tab. 12.2 Täglicher Kalorienbedarf für einen 75 kg schweren Jugendlichen, der pro Woche 1 Pfund zunehmen will

Ort des Energie-verbrauchs	Kalorien-menge
1. Kalorischer Bedarf zum Erhalt der Gewichtskonstanz, 41 Kalorien pro Kilogramm	2850
2. Krafttraining 200 Kalorien pro Einheit bei 4 Einheiten pro Wochen 800 : 7	115
3. Ausdauertrainig 300 Kalorien pro Einheit bei 4 Trainingseinheiten pro Woche 1.200 : 7	170
4. Muskelgewebsaufbau 3.500 pro 0,5 kg = 3.500 : 7	500
Gesamter Kalorienbedarf	3.635

Eiweißsubstitution während eines Krafttrainings

Wenn man durch ein Krafttraining an Gewicht zunehmen will, muß man auch für ein entsprechendes Eiweißangebot zum Aufbau der Muskelstrukturen sorgen, sonst erfolgt die Zunahme nur durch eine Vergrößerung der Fettdepots. Nachdem 0,5 kg Muskelgewebe 22 % = 110 g Eiweiß enthalten, bedeutet dies eine Mehraufnahme von 15 g Eiweiß über den durchschnittlichen Tagesbedarf hinaus. Im allgemeinen ist der Eiweißanteil in unserer Ernährung jedoch sowieso schon größer als notwendig, so daß eine zusätzliche Eiweißaufnahme eigentlich nicht erforderlich ist. Wenn man trotzdem diesen erhöhten Eiweißbedarf ersetzen will, so sind 15 g Eiweiß beispielsweise in nur 2 Gläsern Milch, je 30 g Käse, Fleisch, Fisch, Geflügel oder 2 Rühreiern enthalten. Die empfohlene Tagesaufnahmemenge für Eiweiß liegt bei 1 g pro kg Körpergewicht. Für den Kraftsportler werden bei intensivem Training 1,5–1,75 g/kg angegeben. Wie in Kapitel 6 dargestellt, reichen bei einer üblichen Ernährung schon geringe Eiweißzulagen aus, um diesen Mehrbedarf abzudecken. Im einzelnen wird hierzu auch auf die Berechnungen in Tabelle 6.6 und die Diskussion auf den Seiten 203–207 hingewiesen.

Eine Eiweißsubstitution mit teuren Protein- oder Aminosäurepräparaten ist für den Kraftsportler also keineswegs erforderlich. Die durchschnittliche Ernährung enthält genügend biologisch hochwertige Eiweiße, um den vermehrten Bedarf bei einem Krafttraining abzudecken, besonders dann, wenn wie im folgenden empfohlen die Gesamtkalorienzahl erhöht wird. Wer unnötig Eiweiß zuführt, läuft Gefahr, daß das Eiweiß, das nicht zum Muskelaufbau gebraucht wird, in Fett umgewandelt und in den Depots gespeichert wird.

Beispiele für eine ausgewogene Ernährung zur Gewichtssteigerung

Auch für die Zusammenstellung einer vernünftigen Ernährung zur Gewichtssteigerung ist die Benutzung des Lebensmittelaustauschsystems hilfreich. Auszuwählen sind insbesondere Lebensmittel mit hohem Nährwert, ergänzt durch die Zusatzkalorien zur Gewichtssteigerung. Im einzelnen können zu den verschiedenen Lebensmittelgruppen folgende Empfehlungen gegeben werden:

Milchprodukte

Die Lebensmittel dieser Gruppe sind von einem hohen Proteinanteil gekennzeichnet. Es empfiehlt sich, 1–2 % fetthaltige Vollmilch statt Magermilch zu trinken, dies entspricht 15–30 Zusatzkalorien pro Tag. Milchgetränke sollten mit Trockenmilchpulver zubereitet und Früchten angereichert werden. Für Sandwiches und Zwischenmahlzeiten benutzt man fettarmen Käse. Auch Joghurt sollte mit Früchten gegessen werden.

Fleisch-/Eiweißgruppe

Auch die Lebensmittel der Fleisch-/Eiweißgruppe enthalten viel Proteine. Zu empfehlen sind insbesondere mageres Fleisch, Hühnchen, Fisch, bei den Gemüsen Hülsenfrüchte wie Bohnen und Erbsen, die viel Kalorien und wenig Fett enthalten, ferner Nüsse und Körner. Erdnußbutter sollte dagegen wegen des hohen Fettanteils nur eingeschränkt Verwendung finden.

Brot/Getreidegruppe

Die Lebensmittel dieser Gruppe enthalten viele komplexe Kohlenhydrate, jedoch auch 15 % des Kalorienanteils in Form von Proteinen. Zu empfehlen sind insbesondere Vollkornprodukte, ferner Nudelgerichte und Reis, die viele vernünftige Kalorien enthalten. Das gleiche trifft für stärkehaltige Gemüsesorten zu, wie z. B. Kartoffeln. Brot und Gebäck können durch Früchte und Nüsse aufgewertet werden. Zu empfehlen sind ferner Frühstücksgetreide, Müsli etc., die, durch Obst ergänzt, zusätzliche Kalorien enthalten und als Desserts oder Zwischenmahlzeiten Verwendung finden.

Obst

Obst gehört zu jeder vernünftigen Ernährung. Fruchtsäfte enthalten sowohl Nährstoffe wie Kalorien. Relativ hoch an Kalorien ist ferner Trockenobst in Form von Aprikosen, Ananas, Datteln, Rosinen etc., die sich auch hervorragend als Zwischenmahlzeiten verwenden lassen.

Gemüsegruppe

Zu empfehlen sind frische Gemüse, wie Brokkoli und Blumenkohl, besonders auch als Zwischenmahlzeiten ergänzt durch fettarmen Käse oder gleichfalls relativ kalorienhaltige Dressings.

Fettgruppe

Fette enthalten viele Kalorien, aus der Sicht der Gewichtszunahme günstig, weniger jedoch aus gesundheitlicher Sicht. Insbesondere der Verzehr von gesättigten Fetten ist einzuschränken, statt dessen sollte man einfach und mehrfach ungesättigte Fette bevorzugen. Wie im vorherigen Punkt ausgeführt, kann der Kaloriengehalt von Salaten und Gemüse durch Dressing- bzw. Magarinezusatz erhöht werden.

Getränke

Milch und Obstsäfte enthalten sowohl Nährstoffe wie Kalorien. Der Alkoholgenuß sollte eingeschränkt werden. Für Kraftsportler werden spezielle flüssige Präparate angeboten, die viel Kalorien und Eiweiß enthalten. Wenn man diese benutzt, sollte man sich sehr genau aus der Produktinformation über den jeweiligen Fett- und Kohlenhydratanteil informieren.

Zwischenmahlzeiten

Zur Gewichtszunahme empfehlen sich täglich drei volle Mahlzeiten ergänzt durch zwei bis drei Zwischenmahlzeiten in Form von Trockenobst, Nüssen und Körnern, oder auch Flüssigmahlzeiten, die kommerziell angeboten werden.

Tabelle 12.3 zeigt das Beispiel eines Tagesplans einer hochkalorischen Ernährung auf der Basis des Lebensmittelaustauschsystems bestehend aus drei vollen Mahlzeiten und drei Zwischenmahlzeiten mit einem Gesamtgehalt von 4000 Kal und 160 g Eiweiß, entsprechend 16 % der Gesamtkalorien. Auch der Kohlenhydratanteil wurde hoch angesetzt aus der Vorstellung heraus, hierdurch die Insulinfreisetzung zu steigern und damit zur Synthese der Muskeleiweiße den Transport der Aminosäuren in die Muskelfasern zu verbessern. Die Verbrennung von Kohlenhydraten bewirkt ferner einen Spareffekt auf das Muskelprotein als Energiequelle. Die einzelnen aufgeführten Lebensmittel können entsprechend dem Anhang E durch andere Nahrungsmittel der gleichen Austauschgruppe ersetzt werden. Dieser Vorschlag enthält alle notwendigen Nährstoffe, Kalorien und genügend Eiweiß, die für den Aufbau der Muskelmasse erforderlich sind bei nur 30 % der angebotenen Kalorien in Form von Fett. Der Plan kann entsprechend dem individuellen Kalorienbedarf modifiziert werden.

Gesundheitlich negative Konsequenzen einer kalorienreichen Ernährung

Wie in Kapitel 5 dargestellt, ist das Hauptproblem unserer Ernährung aus gesundheitlicher Sicht der zu hohe Anteil an Fett, speziell an gesättigten Fetten. Viele hochkalorische Diätformen enthalten leider auch sehr viel Fett. Diese führen insbesondere dann zu Problemen, wenn ein vermehrtes Herz-Kreislauf-Risiko vorliegt, z. B. bei einer hohen familiären Belastung oder Fettstoffwechselstörungen. Eine stark eiweißhaltige hochkalorische Ernährung kann für Patienten mit Nierenerkrankungen, die Schwierigkeiten haben, die verstärkt anfallenden Harnstoffmengen auszuscheiden, problematisch sein. Wer mit einem Krafttraining beginnt und seine Ernährung umstellt, sollte sich also vorher über seine gesundheitliche Situation und eventuelle Risiken klarwerden. Trotzdem kann auch eine Ernährung zur Gewichtssteigerung durchaus aus gesundheitlicher Sicht vernünftig durchgeführt werden. Sie sollte

Tab. 12.3 Kalorienreiche Ernährung auf der Basis des Lebensmittelaustauschsystems

Lebensmittelgruppe		Kalorien
Frühstück		
Milchgruppe	0,25 l 2% fetthaltige Milch	120
Fleisch/Eiweißgruppe	1 Rührei	80
	60 g magerer Schinkenspeck	110
Brot/Getreidegruppe	2 Scheiben Vollkornbrot, getoastet	160
Obst	0,25 l Orangensaft	120
Sonstiges	1 Teelöffel Gelee	50
Zwischenmahlzeit morgens		
Obst	0,25 l Aprikosensaft	160
Brot/Getreidegruppe	2 Scheiben Vollkornbrot	160
Fleisch/Eiweißgruppe	1 Teelöffel Erdnußbutter	100
Mittagessen		
Milchgruppe	0,25 l 2% fetthaltige Milch	120
Fleisch/Eiweißgruppe	120 g mageres Frühstücksfleisch	220
Brot/Getreidegruppe	2 Scheiben Vollkornbrot	160
	2 Kekse	100
Obst	1 Banane	120
Gemüse/Getreide	1 Portion Pommes frites	300
Zwischenmahlzeit nachmittags		
Obst	$^{1}/_{4}$ Tasse Rosinen	120
Abendessen		
Milchgruppe	0,25 l 2% fetthaltige Milch	120
Fleisch/Eiweißgruppe	150 g Hühnchenbrust	175
Brot/Getreidegruppe	2 Scheiben Vollkornbrot	160
Obst	1 Stück Apfeltorte	350
Gemüse/Getreide	1 Meßbecher* Bohnen	160
	1 Süßkartoffel kandiert	300
Gute-Nacht-Snack		
Obst	1/2 Tasse getrocknete Pfirsiche	210
Milchgruppe	0,25 l Bananenmilch	240
Gesamt		4.015

* 1 Meßbecher = 250 ml

einen hohen Anteil an komplexen Kohlenhydraten, alle wichtigen Nährstoffe in ausreichender Menge, einen gering gesteigerten Eiweißanteil und einen niedrigen Fettanteil enthalten. Eine solche Diät ist trotz ihres hohen Kalorienanteils immer noch weitaus vernünftiger als die durchschnittliche Ernährung in den meisten Industrieländern. Die Grundregel besagt, daß man dann, wenn man zunehmen will, gesunde Lebensmittel essen sollte, nur einfach mehr als man braucht, um sein Gewicht konstant zu halten.

Literatur

Übersichtsartikel
Bartels, R. 1992. Weight training. How to lift-and eat-for strength and power. *Physician and Sportsmedicine* 20:223–34. *March*.
Forbes, G. 1994. Body composition: Influence of nutrition, disease, growth and aging. In *Modern Nutrition in Health and Disease*, eds. M. Shils et al. Philadephia, PA, Lea and Febiger.

Anhang A

Empfohlene Tagesaufnahmemengen für wichtige Nährstoffe

Vitamine und Mineralstoffe[a]

Gruppe	Alter (Jahre)	Vitamine[a]	
		Biotin (µg)	Pantothensäure (mg)
Säuglinge/	0–0,5	10	2
Kleinkinder	0,5–1	15	3
Kinder/	1–3	20	3
Jugendliche	4–6	25	3–4
	7–10	30	4–5
	11 +	30–100	4–7
Erwachsene		30–100	4–7

Gruppe	Alter (Jahre)	Spurenelemente[a, b]				
		Kupfer (mg)	Mangan (mg)	Fluor (mg)	Chrom (µg)	Molybdän (µg)
Säuglinge/	0–0,5	0,4–0,6	0,3–0,6	0,1–0,5	10–40	15–30
Kleinkinder	0,5–1	0,6–0,7	0,6–1,0	0,2–1,0	20–60	20–40
Kinder/	1–3	0,7–1,0	1,0–1,5	0,5–1,5	20–80	25–50
Jugendliche	4–6	1,0–1,5	1,5–2,0	1,0–2,5	30–120	30–175
	7–10	1,0–2,0	2,0–3,0	1,5–2,5	50–200	50–150
	11 +	1,5–2,5	2,0–5,0	1,5–2,5	50–200	75–250
Erwachsene		1,5–3,0	2,0–5,0	1,5–4,0	50–200	75–250

a) Die Angaben zu diesen Vitaminen und Mineralstoffen sind wesentlich weniger gut abgesichert und werden daher gesondert von den anderen aufgeführt.
b) Da bei vielen Spurenelementen Akkumulation zu toxischen Effekten führen kann, gelten die angegebenen Obergrenzen für Dauerzufuhr, bei der sie nicht überschritten werden sollten.

Empfohlene Tagesaufnahmemengen[a] für wichtige Nährstoffe

Gruppe	Alter (Jahre)	Gewicht[b] (kg)	Körpergröße[b] (cm)	Eiweiß (g)	Fettlösliche Vitamine			
					Vitamin A (μg RE)[c]	Vitamin D (μg)[d]	Vitamin E (mg α-TE)[e]	Vitamin K (μg)
Säuglinge/ Kleinkinder	0,0–0,5	6	60	13	375	7,5	3	5
	0,5–1,0	9	71	14	375	10	4	10
Kinder	1–3	13	90	16	400	10	6	15
	4–6	20	112	24	500	10	7	20
	7–10	28	132	28	700	10	7	30
Männer	11–14	45	157	45	1.000	10	10	45
	15–18	66	176	59	1.000	10	10	65
	19–24	72	177	58	1.000	10	10	70
	25–50	79	176	63	1.000	5	10	80
	51 +	77	173	63	1.000	5	10	80
Frauen	11–14	46	157	46	800	10	8	45
	15–18	55	163	44	800	10	8	55
	19–24	58	164	46	800	10	8	60
	25–50	63	163	50	800	5	8	65
	51 +	65	160	50	800	5	8	65
Schwangere				60	800	10	10	65
Stillende Frauen	in den ersten 6 Monaten			65	1.300	10	12	65
	in den zweiten 6 Monaten			62	1.200	10	11	65

a) Die Empfehlungen stellen Durchschnittswerte für Personen dar, die unter den üblichen Bedingungen einer westlichen Industriegesellschaft leben. Sie sollten durch eine möglichst große Bandbreite von Lebensmitteln abgedeckt werden, um sicherzustellen, daß auch solche Nährstoffe in ausreichender Menge zugeführt werden, für die der exakte Bedarf noch nicht bekannt ist.
b) Bei den Gewichts- und Körperlängenangaben handelt es sich um Durchschnittswerte, die keine ideale Relation von Gewicht zu Körpergröße voraussetzen.
c) Retinoläquivalente = 1 μg Retinol bzw. 6 μg Betakarotin
d) Wie Cholecalciferol. 10 μg Cholecalciferol = 400 IU Vitamin D
e) α-Tocopherol-Äquivalente. 1 mg α-Tocopherol = 1 α-TE

Empfohlene Tagesaufnahmemengen[a] für wichtige Nährstoffe (Fortsetzung)

Gruppe	Alter (Jahre)	Gewicht[b] (kg)	Körpergröße[b] (cm)	Wasserlösliche Vitamine						
				Vitamin C (mg)	Thiamin (mg)	Riboflavin (mg)	Niacin (mg NE)[f]	Vitamin B_6 (mg)	Folsäure (µg)	Vitamin B_{12} (µg)
Säuglinge/	0,0–0,5	6	60	30	0,3	0,4	5	0,3	25	0,3
Kleinkinder	0,5–1,0	9	71	35	0,4	0,5	6	0,6	35	0,5
Kinder	1–3	13	90	40	0,7	0,8	9	1,0	50	0,7
	4–6	20	112	45	0,9	1,1	12	1,1	75	1,0
	7–10	28	132	45	1,0	1,2	13	1,4	100	1,4
Männer	11–14	45	157	50	1,3	1,5	17	1,7	150	2,0
	15–18	66	176	60	1,1	1,3	15	1,5	180	2,0
	19–24	72	177	60	1,5	1,7	19	2,0	200	2,0
	25–50	79	176	60	1,5	1,7	19	2,0	200	2,0
	51 +	77	173	60	1,2	1,4	15	2,0	200	2,0
Frauen	11–14	46	157	50	1,1	1,3	15	1,4	150	2,0
	15–18	55	163	60	1,1	1,3	15	1,5	180	2,0
	19–24	58	164	60	1,1	1,3	15	1,6	180	2,0
	25–50	63	163	60	1,1	1,3	15	1,6	180	2,0
	51 +	65	160	60	1,0	1,2	13	1,6	180	2,0
Schwangere				70	1,5	1,6	17	2,2	400	2,2
Stillende Frauen	in den ersten 6 Monaten			95	1,6	1,8	20	2,1	280	2,6
	in den zweiten 6 Monaten			90	1,6	1,7	20	2,1	260	2,6

f) 1 Niacinäquivalent (NE) entspricht 1 mg Niacin oder 60 mg Tryptophan.

Empfohlene Tagesaufnahmemengen[a] für wichtige Nährstoffe (Fortsetzung)

Gruppe	Alter (Jahre)	Gewicht[b] (kg)	Körpergröße[b] (cm)	Mineralstoffe						
				Kalzium (mg)	Phosphor (mg)	Magnesium (mg)	Eisen (mg)	Zink (mg)	Iod (µg)	Selen (µg)
Säuglinge/	0,0–0,5	6	60	400	300	40	6	5	40	10
Kleinkinder	0,5–1,0	9	71	600	500	60	10	5	50	15
Kinder	1–3	13	90	800	800	80	10	10	70	20
	4–6	20	112	800	800	120	10	10	90	20
	7–10	28	132	800	800	170	10	10	120	30
Männer	11–14	45	157	1.200	1.200	270	12	15	150	40
	15–18	66	176	1.200	1.200	400	12	15	150	50
	19–24	72	177	1.200	1.200	350	10	15	150	70
	25–50	79	176	800	800	350	10	15	150	70
	51 +	77	173	800	800	350	10	15	150	70
Frauen	11–14	46	157	1.200	1.200	280	15	12	150	45
	15–18	55	163	1.200	1.200	300	15	12	150	50
	19–24	58	164	1.200	1.200	280	15	12	150	55
	25–50	63	163	800	800	280	15	12	150	55
	51 +	65	160	800	800	280	10	12	150	55
Schwangere				1.200	1.200	320	30	15	175	65
Stillende Frauen	in den ersten 6 Monaten			1.200	1.200	355	15	19	200	75
	in den zweiten 6 Monaten			1.200	1.200	340	15	16	200	75

Empfehlungen zur Energieaufnahme in Abhängigkeit von Körpergröße und Gewicht

Gruppe	Alter (Jahre)	Gewicht (kg)	Körper- größe (cm)	RU[a] Kcal/Tag	Durchschnittlicher Kalorienbedarf (Kal)[b] Vielfache des RU	pro kg	pro Tag[c]
Säuglinge/	0,0–0,5	6	60	320		108	650
Kleinkinder	0,5–1,0	9	71	500		98	850
Kinder	1–3	13	90	740		102	1300
	4–6	20	112	950		90	1800
	7–10	28	132	1130		70	2000
Männer	11–14	45	157	1440	1,70	55	2500
	15–18	66	176	1760	1,67	45	3000
	19–24	72	177	1780	1,67	45	2900
	25–50	79	176	1800	1,60	37	2900
	51+	77	173	1530	1,50	30	2300
Frauen	11–14	46	157	1310	1,67	47	2200
	15–18	55	163	1370	1,60	40	2200
	19–24	58	164	1350	1,60	38	2200
	25–50	63	163	1380	1,55	36	2200
	51+	65	160	1280	1,50	30	1900
Schwangere	1. Trimester						+ 0
	2. Trimester						+ 300
	3. Trimester						+ 300
stillende	1. Halbjahr						+ 500
Frauen	2. Halbjahr						+ 500

a) RU = Ruheumsatz, Definition s. Kap. 3
b) Bei leichter bis mittelgradiger Aktivität liegt die Streubreite bei +/– 20%. Eine durchschnittliche Kalorienemp-
   fehlung von 2500 Kal kann somit bei einer Streubreite von +/– 500 kal im Einzelfall zwischen 2000 und 3000
   Kalorien liegen. Über den Einfluß körperlicher Aktivität auf den Kalorienbedarf siehe Kap. 3
c) aufgerundete Zahlen

Anhang B

Kalorienverbrauch pro Minute bei verschiedenen Bewegungsformen und Sportarten

Bei der Benutzung der nachfolgenden Tabelle sind folgende Punkte zu berücksichtigen:

A) Die Zahlen geben Näherungswerte an und beinhalten den Ruheumsatz. Ein angegebener Kalorienwert für eine bestimmte Belastung drückt also nicht allein den Mehrverbrauch durch die körperliche Aktivität aus, sondern beinhaltet zusätzlich die Kalorien, die man in der gleichen Zeit in Körperruhe verbraucht hätte. Beispiel: Wenn die Berechnung einen Kalorienverbrauch für eine Stunde Laufen von 800 ergibt, so beträgt der Energiemehrverbrauch durch das Laufen 725 Kalorien, wenn man von einem Ruheumsatz von 75 Kalorien für die gleiche Zeit ausgeht.

B) Die angegebenen Zahlen beziehen sich auf die reine Belastungszeit, Unterbrechungen sind nicht einzurechnen. In einem Basketballspiel ist die effektive Spielzeit für eine Stunde Spieldauer häufig nur 35-40 Minuten aufgrund von Spielunterbrechungen, Auszeiten, Freiwürfen etc.

C) Der jeweilige Energieverbrauch wird durch zahlreiche personenbezogene bzw. äußere Faktoren modifiziert. Beim Radfahren hängt er beispielsweise stark von der Art des Fahrrads ab, vom Ausmaß des Gegenwinds oder von der Frage, ob man bergauf oder bergab fährt. Der Läufer, der mit Gewichten in der Hand oder mit Gewichtsmanschetten um die Knöchel läuft, erhöht damit seinen Energieverbrauch. Beim Schwimmen ist der Energieverbrauch für eine bestimmte Geschwindigkeit erheblich von der Schwimmtechnik abhängig, der schlechte Schwimmer verbraucht bei gleicher Schwimmgeschwindigkeit wesentlich mehr Energie als der gute. Somit sind die angegebenen Zahlen nur ungefähre Mittelwerte, die im Einzelfall von zahlreichen Faktoren modifiziert werden können.

D) In der Tabelle konnten nicht kontinuierlich alle möglichen Körpergewichte aufgeführt werden. Im Bedarfsfall ist es möglich, zwischen den Werten zu interpolieren, bzw. die Zahl zu verwenden, die für das jeweils nächstgelegene Körpergewicht angegeben ist.

E) Zwischen Frauen und Männern können kleinere systematische Abweichungen im Energieverbrauch für gleiche Belastung bestehen, die jedoch so gering sind, daß ihnen für praktische Zwecke keine große Relevanz zukommt.

Körpergewicht (kg)		45	48	50	52	55	57	59	61	64	66
Alltagsaktivitäten											
– Körperruhe		.99	1.0	1.1	1.1	1.2	1.3	1.3	1.4	1.4	1.5
– Sitzen, Schreiben, Kartenspielen		1.2	1.3	1.4	1.5	1.5	1.6	1.7	1.7	1.8	1.8
– Leichte Arbeit im Stehen, Putzen		2.7	2.9	3.0	3.1	3.3	3.4	3.5	3.7	3.8	3.9
Verschiedene Sportarten											
American Football											
– mäßig		3.3	3.5	3.6	3.8	4.0	4.1	4.3	4.5	4.6	4.8
– intensiv		5.5	5.8	6.1	6.4	6.6	6.9	7.2	7.5	7.8	8.0
Badminton											
– Freizeit/Einzel		3.6	3.8	4.0	4.2	4.4	4.6	4.7	4.9	5.1	5.3
– Freizeit/Doppel		2.7	2.9	3.0	3.1	3.3	3.4	3.5	3.7	3.8	3.9
– Leistungssport		5.9	6.1	6.4	6.7	7.0	7.3	7.6	7.9	8.2	8.5
Baseball											
– Läufer		3.1	3.3	3.4	3.6	3.8	4.0	4.1	4.3	4.4	4.5
– Werfer		3.9	4.1	4.3	4.5	4.7	4.9	5.1	5.3	5.5	5.7
Basketball											
– Kleinfeld		3.0	3.1	3.3	3.5	3.6	3.8	3.9	4.1	4.2	4.4
– Freizeitsport		4.9	5.2	5.5	5.7	6.0	6.2	6.5	6.7	7.0	7.2
– Leistungssport		6.5	6.8	7.2	7.5	7.8	8.2	8.5	8.8	9.2	9.5
Bergsteigen		6.5	6.8	7.2	7.5	7.8	8.2	8.5	8.8	9.2	9.5
Billard		1.5	1.6	1.6	1.7	1.8	1.9	1.9	2.0	2.1	2.2
Bogenschießen		3.1	3.3	3.5	3.6	3.8	4.0	4.1	4.3	4.5	4.6
Eishockey		6.6	7.0	7.3	7.7	8.0	8.3	8.7	9.0	9.4	9.7
Eiskunstlauf		4.2	4.4	4.6	4.8	5.1	5.2	5.5	5.7	5.9	6.1
Fechten											
– mäßig		3.3	3.5	3.6	3.8	4.0	4.1	4.3	4.5	4.6	4.8
– intensiv		6.6	7.0	7.3	7.7	8.0	8.3	8.7	9.0	9.4	9.7
Feldhockey		5.0	6.3	6.7	7.0	7.3	7.6	7.9	8.2	8.5	8.8
Fußball		5.9	6.2	6.6	6.9	7.2	7.5	7.8	8.1	8.4	8.7
Gehen											
(km/h)	(min/km)										
1,5	40:00	1.5	1.6	1.7	1.8	1.8	1.9	2.0	2.1	2.2	2.2
3,0	20:00	2.1	2.2	2.3	2.4	2.5	2.6	2.8	2.9	3.0	3.1
4,0	15:00	2.3	2.4	2.5	2.7	2.8	2.9	3.0	3.1	3.2	3.4
5,0	12:00	2.7	2.9	3.0	3.1	3.3	3.4	3.5	3.7	3.8	3.9
5,5	11:00	3.1	3.3	3.4	3.6	3.8	4.0	4.1	4.3	4.4	4.5
6,0	10:00	3.3	3.5	3.7	3.9	4.0	4.2	4.4	4.6	4.7	4.9
6,5	9:00	4.2	4.4	4.6	4.8	5.1	5.3	5.5	5.7	5.9	6.1
7,0	8:30	4.7	5.0	5.2	5.4	5.7	5.9	6.2	6.4	6.7	6.9
8,0	7:30	5.4	5.7	6.0	6.3	6.5	6.8	7.1	7.4	7.7	7.9
8,5	7:00	6.2	6.6	6.9	7.2	7.5	7.9	8.2	8.5	8.8	9.2
9,0	6:30	7.7	8.0	8.4	8.8	9.2	9.6	10.0	10.4	10.8	11.1

68	70	73	75	77	80	82	84	86	89	91	93	95	98	100
11.5	1.5	1.6	1.6	1.7	1.7	1.8	1.8	1.9	1.9	2.0	2.0	2.1	2.1	2.2
1.9	2.0	2.0	2.1	2.2	2.2	2.3	2.4	2.4	2.5	2.5	2.6	2.7	2.7	2.8
4.1	4.2	4.4	4.5	4.6	4.8	4.9	5.0	5.2	5.3	5.4	5.6	5.7	5.9	6.0
5.0	5.2	5.3	5.5	5.7	5.8	6.0	6.2	6.3	6.5	6.7	6.8	7.0	7.1	7.3
8.3	8.6	8.9	9.2	9.4	9.7	10.0	10.3	10.6	10.8	11.1	11.4	11.7	12.0	12.2
5.4	5.6	5.8	6.0	6.2	6.4	6.6	6.7	6.9	7.1	7.3	7.4	7.6	7.8	8.0
4.1	4.2	4.4	4.5	4.6	4.8	4.9	5.0	5.2	5.3	5.4	5.6	5.7	5.9	6.0
8.8	9.1	9.4	9.7	10.0	10.3	10.6	10.9	11.2	11.5	11.8	12.1	12.4	12.7	13.0
4.7	4.8	5.0	5.2	5.3	5.5	5.6	5.8	5.9	6.1	6.3	6.4	6.6	6.8	6.9
5.9	6.0	6.3	6.5	6.7	6.9	7.1	7.3	7.4	7.7	7.9	8.0	8.2	8.5	8.6
4.5	4.7	4.8	5.0	5.1	5.3	5.4	5.6	5.7	5.9	6.0	6.2	6.4	6.5	6.7
7.5	7.7	8.0	8.2	8.5	8.7	9.0	9.2	9.5	9.7	10.0	10.2	10.5	10.7	11.0
9.9	10.2	10.5	10.9	11.2	11.5	11.9	12.2	12.5	12.9	13.2	13.5	13.8	14.2	14.5
9.8	10.2	10.5	10.8	11.2	11.5	11.8	12.1	12.5	12.8	13.1	13.5	13.8	14.1	14.5
2.2	2.3	2.4	2.5	2.6	2.6	2.7	2.8	2.9	2.9	3.0	3.1	3.2	3.2	3.3
4.8	4.9	5.1	5.3	5.4	5.6	5.7	5.9	6.0	6.2	6.4	6.5	6.7	6.9	7.0
10.0	10.4	10.7	11.0	11.4	11.7	12.1	12.4	12.7	13.1	13.4	13.8	14.1	14.4	14.8
6.4	6.6	6.8	7.0	7.2	7.4	7.6	7.9	8.1	8.3	8.5	8.7	8.9	9.1	9.4
5.0	5.2	5.3	5.5	5.7	5.8	6.0	6.2	6.3	6.5	6.7	6.8	7.0	7.1	7.3
10.0	10.4	10.7	11.0	11.4	11.7	12.1	12.4	12.7	13.1	13.4	13.8	14.1	14.4	14.8
9.1	9.4	9.7	10.0	10.3	10.6	10.9	11.2	11.5	11.8	12.1	12.4	12.7	13.0	13.3
9.0	9.3	9.6	9.9	10.2	10.5	10.8	11.1	11.4	11.7	12.0	12.3	12.6	12.9	13.2
2.3	2.4	2.4	2.5	2.6	2.7	2.8	2.9	2.9	3.0	3.1	3.2	3.2	3.3	3.4
3.2	3.3	3.4	3.5	3.6	3.7	3.9	4.0	4.1	4.2	4.3	4.4	4.5	4.6	4.7
3.5	3.6	3.7	3.8	4.0	4.1	4.2	4.3	4.4	4.5	4.7	4.8	4.9	5.0	5.1
4.1	4.2	4.4	4.5	4.6	4.8	4.9	5.0	5.2	5.3	5.4	5.6	5.7	5.9	6.0
4.7	4.8	5.0	5.2	5.3	5.5	5.6	5.8	5.9	6.1	6.3	6.4	6.6	6.8	6.9
5.1	5.3	5.4	5.6	5.8	6.0	6.2	6.3	6.5	6.7	6.9	7.0	7.2	7.4	7.6
6.4	6.6	6.8	7.0	7.2	7.4	7.6	7.9	8.1	8.3	8.5	8.7	8.9	9.1	9.4
7.1	7.4	7.6	7.9	8.1	8.3	8.6	8.8	9.1	9.3	9.5	9.8	10.0	10.3	10.5
8.2	8.4	8.7	9.0	9.2	9.5	9.8	10.1	10.4	10.6	10.9	11.2	11.5	11.8	12.0
9.5	9.8	10.1	10.4	10.8	11.1	11.4	11.8	12.1	12.4	12.7	13.0	13.4	13.7	14.0
11.5	11.9	12.3	12.7	13.1	13.5	13.9	14.3	14.7	15.0	15.4	15.8	16.2	16.6	17.0

Körpergewicht (kg)		45	48	50	52	55	57	59	61	64	66
Golf											
– Zweierteams		3.6	3.8	4.0	4.2	4.4	4.6	4.7	4.9	5.1	5.3
– Viererteams		2.7	2.9	3.0	3.1	3.3	3.4	3.5	3.7	3.8	3.9
– Elektrowagen		1.9	2.0	2.1	2.2	2.3	2.4	2.5	2.6	2.7	2.8
Gymnastik											
– locker		3.4	3.6	3.8	4.0	4.1	4.3	4.5	4.7	4.8	5.0
– intensiv		9.7	10.1	10.6	11.1	11.6	12.1	12.6	13.1	13.6	14.1
Handball											
– Freizeitsport		6.5	6.8	7.2	7.5	7.8	8.2	8.5	8.8	9.2	9.5
– Leistungssport		7.7	8.0	8.4	8.8	9.2	9.6	10.0	10.4	10.8	11.1
Hufeisenwerfen		2.5	2.6	2.8	2.9	3.0	3.1	3.3	3.4	3.5	3.7
Jogging s. Laufen											
Judo		8.5	8.9	9.3	9.8	10.2	10.6	11.0	11.5	11.9	12.3
Kanusport											
km/h	min/km										
4	15	1.9	2.0	2.1	2.2	2.3	2.5	2.5	2.6	2.7	2.8
6	10	4.4	4.6	4.9	5.1	5.3	5.5	5.8	6.0	6.2	6.4
8	7,5	5.7	6.0	6.3	6.6	6.9	7.2	7.5	7.8	8.1	8.4
Karate		8.5	8.9	9.3	9.8	10.2	10.6	11.0	11.5	11.9	12.3
Kegeln		2.7	2.8	3.0	3.1	3.3	3.4	3.5	3.7	3.8	3.9
Krafttraining		5.2	5.4	5.7	6.0	6.2	6.5	6.8	7.0	7.3	7.6
Laufen											
km/h	min/km										
8	7:30	6.0	6.3	6.6	7.0	7.3	7.6	7.9	8.2	8.5	8.8
9	6:30	6.7	7.0	7.3	7.7	8.0	8.4	8.7	9.0	9.4	9.7
10	6:00	7.2	7.6	8.0	8.4	8.7	9.1	9.5	9.8	10.2	10.6
11	5:50	8.5	8.9	9.3	9.8	10.2	10.6	11.0	11.5	11.9	12.3
12	5:00	9.7	10.2	10.7	11.2	11.6	12.1	12.6	13.1	13.6	14.1
14	4:20	10.8	11.3	11.9	12.4	12.9	13.5	14.0	14.6	15.1	15.7
16	3:45	12.1	12.7	13.3	13.9	14.5	15.1	15.7	16.4	17.0	17.6
18	3:20	13.3	14.0	14.6	15.3	16.0	16.7	17.3	18.0	18.7	19.4
20	3:00	14.5	15.2	16.0	16.7	17.4	18.2	18.9	19.7	20.4	21.1
Radfahren/Geschwindigkeit											
km/h	min/km										
8	7:30	1.9	2.0	2.1	2.2	2.3	2.4	2.5	2.6	2.7	2.8
16	3:75	4.2	4.4	4.6	4.8	5.1	5.3	5.5	5.7	5.9	6.1
24	2:30	7.3	7.6	8.0	8.4	8.7	9.1	9.5	9.8	10.0	10.5
32	1:50	10.7	11.2	11.7	12.3	12.8	13.3	13.9	14.4	14.9	15.5
Reiten											
– Schritt		1.9	2.0	2.1	2.2	2.3	2.4	2.5	2.6	2.7	2.8
– leichter Trab		2.7	2.9	3.0	3.1	3.3	3.4	3.5	3.7	3.8	3.9
– Trab, Aussitzen		4.2	4.4	4.6	4.8	5.1	5.3	5.5	5.7	5.9	6.1
– Galopp		5.7	6.0	6.3	6.6	6.9	7.2	7.5	7.8	8.1	8.4

68	70	73	75	77	80	82	84	86	89	91	93	95	98	100
5.4	5.6	5.8	6.0	6.2	6.4	6.6	6.7	6.9	7.1	7.3	7.4	7.6	7.8	8.0
4.1	4.2	4.4	4.5	4.6	4.8	4.9	5.0	5.2	5.3	5.4	5.6	5.7	5.9	6.0
2.9	3.0	3.1	3.2	3.3	3.4	3.5	3.6	3.7	3.8	3.9	4.0	4.1	4.2	4.3
5.2	5.4	5.5	5.7	5.9	6.1	6.3	6.4	6.6	6.8	7.0	7.1	7.3	7.5	7.7
14.6	15.1	15.6	16.1	16.6	17.1	17.6	18.1	18.6	19.1	19.6	20.0	20.5	21.0	21.5
9.9	10.2	10.5	10.9	11.2	11.5	11.9	12.2	12.5	12.9	13.2	13.5	13.8	14.2	14.5
11.5	11.9	12.3	12.7	13.1	13.5	13.9	14.3	14.7	15.0	15.4	15.8	16.2	16.6	17.0
3.8	3.9	4.0	4.2	4.3	4.4	4.5	4.7	4.8	4.9	5.2	5.2	5.3	5.4	5.6
12.8	13.2	13.6	14.1	14.5	14.9	15.4	15.8	16.2	16.6	17.1	17.5	17.9	18.4	18.8
2.9	3.0	3.1	3.2	3.3	3.4	3.5	3.6	3.7	3.8	3.9	4.0	4.1	4.2	4.3
6.7	6.9	7.1	7.4	7.6	7.8	8.0	8.2	8.5	8.7	8.9	9.1	9.4	9.6	9.8
8.7	9.0	9.3	9.5	9.8	10.1	10.4	10.7	11.0	11.3	11.6	11.9	12.2	12.5	12.8
12.8	13.2	13.6	14.1	14.5	14.9	15.4	15.8	16.2	16.6	17.1	17.5	17.9	18.4	18.8
4.1	4.2	4.4	4.5	4.6	4.8	4.9	5.0	5.2	5.3	5.5	5.6	5.7	5.9	6.0
7.8	8.1	8.3	8.6	8.9	9.1	9.4	9.7	9.9	10.2	10.5	10.7	11.0	11.2	11.5
9.1	9.4	9.7	10.0	10.3	10.6	10.9	11.2	11.6	11.9	12.2	12.5	12.8	13.1	13.4
10.0	10.4	10.7	11.1	11.4	11.7	12.1	12.4	12.8	13.1	13.4	13.8	14.1	14.5	14.8
10.9	11.3	11.7	12.0	12.4	12.8	13.1	13.5	13.8	14.3	14.6	15.0	15.4	15.7	16.1
12.8	13.2	13.6	14.1	14.5	14.9	15.4	15.8	16.2	16.6	17.1	17.5	17.9	18.4	18.8
14.6	15.1	15.6	16.1	16.6	17.1	17.6	18.1	18.5	19.0	19.5	20.0	20.5	21.0	21.5
16.2	16.8	17.3	17.9	18.4	19.0	19.5	20.1	20.6	21.2	21.7	22.2	22.8	23.3	23.9
18.2	18.8	19.4	20.0	20.7	21.3	21.9	22.5	23.1	23.7	24.2	24.8	25.4	26.0	26.7
20.0	20.7	21.4	22.1	22.7	23.4	24.1	24.8	25.4	26.1	26.8	27.5	28.1	28.8	29.5
21.9	22.6	23.3	24.1	24.8	25.6	26.3	27.0	27.8	28.5	29.2	30.0	30.7	31.5	32.2
2.9	3.0	3.1	3.2	3.3	3.4	3.5	3.6	3.7	3.8	3.9	4.0	4.1	4.2	4.3
6.4	6.6	6.8	7.0	7.2	7.4	7.6	7.9	8.1	8.3	8.5	8.7	8.9	9.1	9.4
10.9	11.3	11.6	12.0	12.4	12.7	13.1	13.4	13.8	14.2	14.5	14.9	15.3	15.6	16.0
16.0	16.5	17.1	17.6	18.1	18.7	19.2	19.7	20.3	20.8	21.3	21.9	22.4	22.9	23.5
2.9	3.0	3.1	3.2	3.3	3.4	3.5	3.6	3.7	3.8	3.9	4.0	4.1	4.2	4.3
4.1	4.2	4.4	4.5	4.6	4.8	4.9	5.0	5.2	5.3	5.4	5.6	5.7	5.9	6.0
6.4	6.6	6.8	7.0	7.2	7.4	7.6	7.9	8.1	8.3	8.5	8.7	8.9	9.1	9.4
8.7	9.0	9.3	9.5	9.8	10.1	10.4	10.7	11.0	11.3	11.6	11.9	12.2	12.5	12.8

Körpergewicht (kg)	45	48	50	52	55	57	59	61	64	66
Ringen	8.5	8.9	9.3	9.8	10.2	10.6	11.0	11.5	11.9	12.3
Rollerskaten 15 km/h	4.2	4.4	4.6	4.8	5.1	5.3	5.5	5.7	5.9	6.1
Schwimmen (m/min)										
– Rücken										
25	2.5	2.6	2.8	2.9	3.0	3.1	3.3	3.4	3.5	3.7
30	3.5	3.7	3.9	4.1	4.2	4.4	4.6	4.8	4.9	5.1
35	4.5	4.7	5.0	5.2	5.4	5.6	5.9	6.1	6.3	6.6
40	5.5	5.8	6.1	6.4	6.6	6.9	7.2	7.5	7.8	8.0
– Brust										
20	3.1	3.3	3.5	3.6	3.8	4.0	4.1	4.3	4.5	4.6
30	4.7	5.0	5.2	5.4	5.7	5.9	6.2	6.4	6.7	6.9
40	6.3	6.7	7.0	7.3	7.6	8.0	8.3	8.6	8.9	9.3
– Kraul										
20	3.1	3.3	3.5	3.6	3.8	4.0	4.1	4.3	4.5	4.6
25	4.0	4.2	4.4	4.6	4.8	5.0	5.2	5.4	5.6	5.8
35	4.8	5.1	5.4	5.6	5.9	6.1	6.4	6.6	6.8	7.0
45	5.7	6.0	6.3	6.6	6.9	7.2	7.5	7.8	8.1	8.4
50	7.0	7.4	7.7	8.1	8.5	8.8	9.2	9.5	9.9	10.3
Segeln, Jolle	2.7	2.9	3.0	3.1	3.3	3.4	3.5	3.7	3.8	3.9
Ski alpin	6.5	6.8	7.2	7.5	7.8	8.2	8.5	8.8	9.2	9.5
Skilanglauf km/h min/km										
4 15:00	5.0	5.2	5.5	5.7	6.0	6.2	6.5	6.7	7.0	7.2
6 10:00	6.5	6.8	7.2	7.5	7.8	8.2	8.5	8.8	9.2	9.5
8 12:00	7.7	8.0	8.4	8.8	9.2	9.6	10.0	10.4	10.8	11.1
Squash										
– Freizeitsport	6.5	7.0	7.3	7.7	8.0	8.4	8.7	9.1	9.5	9.8
– Leistungssport	7.7	8.0	8.4	8.8	9.2	9.6	10.0	10.4	10.8	11.1
Tanzen										
– Gesellschaftstanz	3.1	3.3	3.5	3.6	3.8	4.0	4.1	4.3	4.5	4.6
– mittlere Intensität (Volkstanz, Disco)	4.5	4.7	5.0	5.2	5.4	5.6	5.9	6.1	6.3	6.6
– Tanzsport	6.0	6.3	6.7	7.0	7.3	7.6	7.9	8.2	8.5	8.8
Tennis										
– Einzel/Freizeit	5.0	5.2	5.5	5.7	6.0	6.2	6.5	6.7	7.0	7.2
– Doppel/Freizeit	3.4	3.6	3.8	4.0	4.1	4.3	4.5	4.7	4.8	5.0
– Leistungssport	6.4	6.7	7.1	7.4	7.7	8.1	8.4	8.7	9.1	9.4
Tischtennis	3.4	3.6	3.8	4.0	4.1	4.3	4.5	4.7	4.8	5.0
Volleyball										
– Freizeitsport	2.9	3.0	3.2	3.3	3.5	3.6	3.8	3.9	4.1	4.2
– Leistungssport	6.5	6.8	7.1	7.5	7.8	8.1	8.4	8.8	9.1	9.4
Wandern mit Rucksack (5 km/h)	4.5	4.7	5.0	5.2	5.4	5.6	5.9	6.1	6.3	6.6
Wasserski	5.0	5.2	5.5	5.7	6.0	6.2	6.5	6.7	7.0	7.2

68	70	73	75	77	80	82	84	86	89	91	93	95	98	100
12.8	13.2	13.6	14.1	14.5	14.9	15.4	15.8	16.2	16.6	17.1	17.5	17.9	18.4	18.8
6.4	6.6	6.8	7.0	7.2	7.4	7.6	7.9	8.1	8.3	8.5	8.7	8.9	9.1	9.4
3.8	3.9	4.0	4.2	4.3	4.4	4.5	4.7	4.8	4.9	5.1	5.2	5.3	5.4	5.6
5.3	5.5	5.6	5.8	6.0	6.2	6.4	6.5	6.7	6.9	7.1	7.2	7.4	7.6	7.8
6.8	7.0	7.3	7.5	7.7	7.9	8.2	8.4	8.6	8.9	9.1	9.3	9.5	9.8	10.0
8.3	8.6	8.9	9.2	9.4	9.7	10.0	10.3	10.6	10.8	11.1	11.4	11.7	12.0	12.2
4.8	4.9	5.1	5.3	5.4	5.6	5.7	5.9	6.0	6.2	6.4	6.5	6.7	6.9	7.0
7.1	7.4	7.6	7.9	8.1	8.3	8.6	8.8	9.1	9.3	9.5	9.8	10.0	10.3	10.5
9.6	9.9	10.2	10.5	10.9	11.2	11.5	11.9	12.2	12.5	12.8	13.1	13.5	13.8	14.1
4.8	4.9	5.1	5.3	5.4	5.6	5.7	5.9	6.0	6.2	6.4	6.5	6.7	6.9	7.0
6.0	6.2	6.4	6.6	6.8	7.0	7.2	7.4	7.6	7.8	8.0	8.2	8.4	8.6	8.8
7.3	7.5	7.8	8.0	8.3	8.5	8.8	9.0	9.2	9.4	9.7	9.9	10.2	10.4	10.7
8.7	9.0	9.3	9.5	9.8	10.1	10.4	10.7	11.0	11.3	11.6	11.9	12.2	12.5	12.8
10.6	11.0	11.3	11.7	12.0	12.4	12.8	13.1	13.5	13.8	14.2	14.5	14.9	15.2	15.6
4.1	4.2	4.4	4.5	4.6	4.8	4.9	5.0	5.2	5.3	5.4	5.6	5.7	5.9	6.0
9.9	10.2	10.5	10.9	11.2	11.5	11.9	12.2	12.5	12.9	13.2	13.5	13.8	14.2	14.5
7.5	7.8	8.0	8.3	8.5	8.8	9.0	9.3	9.5	9.8	10.0	10.3	10.6	10.8	11.1
9.9	10.2	10.5	10.9	11.2	11.5	11.9	12.2	12.5	12.9	13.2	13.5	13.8	14.2	14.5
11.5	11.9	12.3	12.7	13.1	13.5	13.9	14.3	14.7	15.0	15.4	15.8	16.2	16.6	17.0
10.1	10.5	10.8	11.2	11.5	11.8	12.2	12.5	12.9	13.2	13.5	13.9	14.2	14.6	14.9
11.5	11.9	12.3	12.7	13.1	13.5	13.9	14.3	14.7	15.0	15.4	15.8	16.2	16.6	17.0
4.8	4.9	5.1	5.3	5.4	5.6	5.7	5.9	6.0	6.2	6.4	6.5	6.7	6.9	7.0
6.8	7.0	7.3	7.5	7.7	7.9	8.2	8.4	8.6	8.9	9.1	9.3	9.5	9.8	10.0
9.1	9.4	9.7	10.0	10.3	10.6	10.9	11.2	11.5	11.8	12.1	12.4	12.7	13.0	13.3
7.5	7.8	8.0	8.3	8.5	8.8	9.0	9.3	9.5	9.8	10.0	10.3	10.6	10.8	11.1
5.2	5.4	5.5	5.7	5.9	6.1	6.3	6.4	6.6	6.8	7.0	7.1	7.3	7.5	7.7
9.8	10.1	10.4	10.8	11.1	11.4	11.8	12.1	12.4	12.8	13.1	13.4	13.7	14.1	14.4
5.2	5.4	5.5	5.7	5.9	6.1	6.3	6.4	6.6	6.8	7.0	7.1	7.3	7.5	7.7
4.4	4.5	4.7	4.8	5.0	5.1	5.3	5.4	5.6	5.7	5.9	6.0	6.1	6.3	6.4
9.8	10.1	10.4	10.7	11.1	11.4	11.7	12.0	12.4	12.7	13.0	13.4	13.7	14.0	14.4
6.8	7.0	7.3	7.5	7.7	7.9	8.2	8.4	8.6	8.9	9.1	9.3	9.5	9.8	10.0
7.5	7.8	8.0	8.3	8.5	8.8	9.0	9.3	9.5	9.8	10.0	10.3	10.6	10.8	11.1

Anhang C

Die Definition des anzustrebenden Körpergewichts

Zur Definition des wünschenswerten Körpergewichts stehen eine Reihe von unterschiedlichen Methoden zur Verfügung, von denen im folgenden vier genannt werden.

Methode A basiert auf dem Gewichtslängenverhältnis, B auf dem Body-Mass-Index (BMI) und C auf dem prozentualen Fettanteil. In der Methode D wird als Zieldefinition nicht das Körpergewicht, sondern die Körperfettverteilung benutzt.

Methode A

1. Bestimmung der Körpergröße

2. Bestimmung der Ellenbogenbreite bzw. Definition des Körpertyps nach Tabelle C 1
   _____ Ellenbogenbreite
   _____ Körperbau

3. Ablesen des idealen Gewichtsbereichs nach den Metropolitan-Gewichts-Längentabellen C2 und C3. Das Zielgewicht wird als Mittelpunkt des angegebenen Gewichtsbereichs definiert.
   _____ Körperlänge
   _____ Körpertyp
   _____ idealer Gewichtsbereich
   _____ Mittelwert

4. Bestimmung des aktuellen Gewichts (nackt oder so wenig wie möglich bekleidet).
   _____ Istgewicht

5. Bestimmung des Zielgewichts. Anzustreben ist der Mittelwert oder der untere Bereich des Idealgewichts.

Istgewicht – Zielgewicht = anzustrebende Gewichtsabnahme

Tab. C.1 Bestimmung des Körperbaus

Strecken Sie Ihre Arme aus und beugen Sie die Unterarme in einem Winkel von 90 Grad nach oben. Halten Sie Ihre Finger gerade und drehen Sie die Handgelenke nach innen zum Körper hin. Wenn Sie einen Kaliper verfügbar haben, messen Sie damit den Abstand zwischen den beiden jeweils prominenten Knochen am Ellenbogen (den Kondylen). Wenn Sie keinen Kaliper haben, fixieren Sie den Abstand mit Daumen und Zeigefinger und bestimmen Sie dann diesen Abstand mit Hilfe eines Lineals oder eines Maßbandes. Vergleichen Sie dann in der unten angegebenen Tabelle den erhaltenen Wert Ihrer Ellenbogenbreite unter Berücksichtigung Ihrer jeweiligen Körperlänge. Wenn Sie im angegebenen Bereich sind, ist Ihre Körperstatur als mittel einzuordnen, wenn Sie geringere Werte aufweisen als grazil, wenn Sie höhere Werte aufweisen als kräftig.

Körperlänge (cm)*	Ellenbogenbreite (cm)
Männer	
155–159	6,35–7,3
160–169	6,66–7,3
170–179	7,0–7,3
180–188	7,0–7,95
190	7,3–8,25
Frauen	
145–159	5,70–6,34
160–179	6,0–6,67
180	6,35–7,0

* Körperlänge ohne Schuhe gemessen.

Persönliche Daten

Methode B

Istgewicht
– Mittelwert des Zielbereichs
= anzustrebende Gewichtsabnahme

Der Body Mass Index (BMI-Körpermassen-index) wird nach folgender Formel bestimmt

Körpergewicht in kg : Körperlänge in m^2

Für den BMI wird der Bereich zwischen 20 und 25 als normal definiert, der Zielbereich sollte für Frauen zwischen 21,3 und 22,1 bzw. für Männer zwischen 21,9 und 22,4 liegen. BMI-Werte oberhalb von 27,8 für Männer bzw. 27,3 für Frauen müssen als Risikofaktor für koronare Herzkrankheit, Diabetes, Hoch-druck etc. gelten. Bei BMI-Werten ab 30 wird definitionsgemäß von einer Adipositas gesprochen. Wenn als Zielgröße ein BMI-Wert von 22 festgelegt wird, so kann das zugehörige Körpergewicht in kg nach folgen-der Formel errechnet werden:

$$\text{Körpergewicht (kg)} = \text{Ziel-BMI} \times \text{Körpergröße im Quadrat.}$$

Istgewicht
– unterer Wert des Idealbereichs
= anzustrebende Gewichtsabnahme

Beispiel: Eine 1,75 m große Frau mit einem BMI von 27,7 möchte einen BMI von 23 erreichen. Das Zielgewicht beträgt

$$\text{Gewicht (kg)} = 23 \times 1{,}75^2 = 70{,}6 \text{ kg}$$

Tabelle C 2: Zielgewichte für Frauen ab 25 Jahren in Abhängigkeit vom Körperbau (Definition Tab. C 1)

Körpergröße	graziler Körperbau (kg)	mittlerer Körperbau (kg)	kräftiger Körperbau (kg)
178	60,8–65,3	63,5–70,3	67,6–76,6
175	59,0–63,5	61,7–68,5	65,8–74,4
173	57,2–61,7	59,9–66,7	64,0–72,1
170	55,3–59,4	58,1–64,9	62,1–69,9
168	53,5–57,6	56,2–63,1	60,3–68,1
165	51,7–55,8	54,4–61,2	58,5–66,2
163	49,9–54,0	52,6–59,4	56,7–64,4
160	48,5–52,2	50,8–57,2	54,9–62,6
157	47,2–50,8	49,4–55,3	53,1–60,8
155	45,8–49,4	48,1–53,5	51,7–59,0
152	44,4–48,1	46,7–52,2	50,3–57,6
150	43,1–46,7	45,4–50,8	49,0–56,2
147	41,7–45,4	44,0–49,4	47,6–54,9
145	40,8–44,0	42,6–48,1	46,3–53,5

Für Frauen unter 25 Jahren ist pro Jahr unter 25 jeweils 0,5 kg abzuziehen.
Größe und Gewicht werden ohne Schuhe und Kleidung bestimmt.

nach den Tabellen der Metropolitan Lebensversicherung
Die fehlenden Zwischenwerte in den Körperlängenangaben ergeben sich durch die Umrechnung aus dem eng-lischen Maßsystem. Trifft Ihre Körperlänge eine solche Lücke, nehmen Sie den nächst gelegenen Wert.

Methode C

Bei dieser Methode wird die Gewichtsabnahme nach dem anzustrebenden Körperfettanteil definiert, der der Tabelle 10.2 zu entnehmen ist. Hierzu ist es erforderlich, den aktuellen Körperfettanteil nach der Methode der Tabelle C4 oder nach einem anderen üblichen Verfahren zu bestimmen. Die Berechnung geschieht dann nach folgenden Schritten:

1. Bestimmung des fettfreien Körpergewichts (FFG): Multiplikation des Körpergewichts mit dem prozentualen Fettanteil zur Errechnung des absoluten Körperfettanteils in kg. Subtraktion des Körperfettanteils vom Gesamtgewicht zur Bestimmung des FFG.

2. Bestimmung des anzustrebenden prozentualen Körperfettanteils nach folgender Formel: anzustrebender Körperfettanteil = fettfreies Körpergewicht = 1 – anzustrebendem prozentualen Körperfettgehalt.

Beispiel: Ein Mann mit einem Körpergewicht von 100 kg und einem Körperfettanteil von 25 % möchte seinen Fettanteil auf 20 % senken. Seine absolute Fettmasse sind 25 % von 100 kg = 25 kg. Durch Subtraktion ergibt sich eine fettfreie Körpermasse von 75 kg. Setzt man in diese Formel die Zielvorstellung von 20 % ein, so errechnet sich ein Körpergewicht von 93,75 kg.

Zielgewicht
$$= 75 : 1,0 - 0,20 = 75 : 0,8 = 93,75$$

Istgewicht _____

Körperfettanteil _____

Absolute Fettmenge _____

Fettfreie Körpermasse _____

Anzustrebender Körperfettanteil _____

Anzustrebendes Körpergewicht

= fettfreie Körpermasse : 1,0 – ?

= _____

Methode D

Die Methode D geht von dem Taillen-Hüftumfang-Verhältnis (WHR = Waist-Hip-Ratio) aus, einem Maß für die regionale Fettverteilung. Zu diesem Zweck wird mit einem Maßband im Stehen der Taillenumfang an seiner engsten bzw. der Hüftumfang an seiner größten Zirkumferenz gemessen. Der sogenannte Hüftumfang bezieht sich, je nach größtem Umfang, auf die Hüften, das Gesäß oder oder im Einzelfall auch die Oberschenkel. Wenn die Messung in bekleidetem Zustand geschieht, sollte die Kleidung dicht ansitzen. Man sollte nicht der Versuchung erliegen, zu mogeln, indem man Haut bzw. Fett mit dem Maßband komprimiert. Die Werte werden wie folgt dokumentiert:

Taillenumfang _____

Hüftumfang _____

$$\frac{\text{Taillenumfang}}{\text{Hüftumfang}} =$$

Die Wertung der Ergebnisse aus der Sicht ihrer Risikobedeutung für die Entwicklung einer koronaren Herzerkrankung kann aus der Tabelle 10.3 abgelesen werden.

Literaturnachweis: Van Itallie, T.B. Topography of body fat: Relationship to risk of cardiovascular and other diseases. In Anthropometric standardization reference manual, (pp. 143-149) ed T.G. Lohmann, A.F. Roche, and R. Martorell. Champaign, Ill: Human Kinetics. Copyright 1988 by T. G. Lohmann, A.F. Roche, and R. Martorell.

Tabelle C 3 Zielgewichte für Männer ab 25 Jahren in Abhängigkeit vom Körperbau (Definition Tab. C 1)

Körpergröße	graziler Körperbau (kg)	mittlerer Körperbau (kg)	kräftiger Körperbau (kg)
190	71,2–76,2	74,9–83,0	79,4–89,3
188	69,4–74,4	72,6–80,8	77,6–87,1
185	67,6–72,6	70,3–78,5	75,3–84,8
183	65,8–70,3	68,5–76,2	73,0–82,6
180	64,0–68,5	66,7–74,0	71,2–80,2
178	62,1–66,7	64,9–71,1	69,0–78,0
175	60,3–64,9	63,1–69,4	67,1–75,3
173	58,5–62,6	61,2–67,6	65,3–74,0
170	56,7–60,8	59,4–65,8	63,5–72,1
168	54,9–59,0	57,6–63,5	61,2–69,9
165	53,1–57,2	55,8–61,7	59,4–67,6
163	51,7–55,3	54,4–58,5	58,1–65,8
160	50,3–54,0	53,1–58,5	56,7–64,0
157	49,0–52,6	51,7–57,2	55,3–62,1
155	47,6–51,3	50,3–55,3	54,0–60,8

Siehe Legende Tab. C 1

Tabelle C.4 Korrelationsgleichungen zur Berechnung des Körperfettanteils

Messung der Hautfalten bei Frauen (Trizeps, Oberschenkel, suprailiakal) bzw. für Männer (Brustkorb, Abdomen, Oberschenkel) entsprechend den Abbildungen auf Seite 458–459. Zur Bestimmung des Körperfettanteils können entweder die angegebenen Gleichungen verwendet werden oder die Tabellen auf Seite 456–457

Frauen*	Männer**
$KD = 1,0994921 - 0,0009929\,(X_1)$ $+ 0,0000023\,(X_1)^2 - 0,0001392\,(X_2)$	$KD = 1.10938 - 0,0008267\,(X_1)$ $+ 0,0000016\,(X_1)^2$
KD = Körperdichte	KD = Körperdichte
X_1 = Summe aus Trizeps- + Oberschenkel-	X_1 = Summe aus thorakaler, abdomineller
+ suprailiakaler Hautfaltendicke	und Oberschenkel-Hautfaltendicke
X_2 = Lebensalter	X_2 = Lebensalter

Zur Berechnung des Körperfettanteils werden die Werte in die Siri-Gleichung eingesetzt $(4{,}95 : KD - 4{,}5) \times 100$

* Nach Jackson, A., Pollock, M., and Ward, A. 1980, Generalized equations for predicting body density of women. Medicine and Science in Sports and Exercise 12:175-182.
** Nach Jackson A., and Pollock, M. 1978. Generalized equations for predicting body density of men. British Journal of Nutrition 40: 497-504.

Prozentualer Fettanteil für Männer, Summen der thorakalen, abdominellen und Oberschenkel-Hautfaltendicke

Summe der Hautfalten-dicke (mm)	Lebensalter in Jahren								
	Unter 22	23–27	28–32	33–37	38–42	43–47	48–52	53–57	Darüber
8–10	1,3	1,8	2,3	2,9	3,4	3,9	4,5	5,0	5,5
11–13	2,2	2,8	3,3	3,9	4,4	4,9	5,5	6,0	6,5
14–16	3,2	3,8	4,3	4,8	5,4	5,9	6,4	7,0	7,5
17–19	4,2	4,7	5,3	5,8	6,3	6,9	7,4	8,0	8,5
20–22	5,1	5,7	6,2	6,8	7,3	7,9	8,4	8,9	9,5
23–25	6,1	6,6	7,2	7,7	8,3	8,8	9,4	9,9	10,5
26–28	7,0	7,6	8,1	7,7	9,2	9,8	10,3	10,9	11,4
29–31	8,0	8,5	9,1	9,6	10,2	10,7	11,3	11,8	12,4
32–34	8,9	9,4	10,0	10,5	11,1	11,6	12,2	12,8	13,3
35–37	9,8	10,4	10,9	11,5	12,0	12,6	13,1	13,7	14,3
38–40	10,7	11,3	11,8	12,4	12,9	13,5	14,1	14,6	15,2
41–43	11,6	12,2	12,7	13,3	13,8	14,4	15,0	15,5	16,1
44–46	12,5	13,1	13,6	14,2	14,7	15,3	15,9	16,4	17,0
47–49	13,4	13,9	14,5	15,1	15,6	16,2	16,8	17,3	17,9
50–52	14,3	14,8	15,4	15,9	16,5	17,1	17,6	18,2	18,8
53–55	15,1	15,7	16,2	16,8	17,4	17,9	18,5	19,1	19,7
56–58	16,0	16,5	17,1	17,7	18,2	18,8	19,4	20,0	20,5
59–61	16,9	17,4	17,9	18,5	19,1	19,7	20,2	20,8	21,4
62–64	17,6	18,2	18,8	19,4	19,9	20,5	21,1	21,7	22,2
65–67	18,5	19,0	19,6	20,2	20,8	21,3	21,9	22,5	23,1
68–70	19,3	19,9	20,4	21,0	21,6	22,2	22,7	23,3	23,9
71–73	20,1	20,7	21,2	21,8	22,4	23,0	23,6	24,1	24,7
74–76	20,9	21,5	22,0	22,6	23,2	23,8	24,4	25,0	25,5
77–79	21,7	22,2	22,8	23,4	24,0	24,6	25,2	25,8	26,3
80–82	22,4	23,0	23,6	24,2	24,8	25,4	25,9	26,5	27,1
83–85	23,2	23,8	24,4	25,0	25,5	26,1	26,7	27,3	27,9
86–88	24,0	24,5	25,1	25,7	26,3	26,9	27,5	28,1	28,7
89–91	24,7	25,3	25,9	26,5	27,1	27,6	28,2	28,8	29,4
92–94	25,4	26,0	26,6	27,2	27,8	28,4	29,0	29,6	30,2
95–97	26,1	26,7	27,3	27,9	28,5	29,1	29,7	30,3	30,9
98–100	26,9	27,4	28,0	28,6	29,2	29,8	30,4	31,0	31,6
101–103	27,5	28,1	28,7	29,3	29,9	30,5	31,1	31,7	32,3
104–106	28,2	28,8	29,4	30,0	30,6	31,2	31,8	32,4	33,0
107–109	28,9	29,5	30,1	30,7	31,3	31,9	32,5	33,1	33,7
110–112	29,6	30,2	30,8	31,4	32,0	32,6	33,2	33,8	34,4
113–115	30,2	30,8	31,4	32,0	32,6	33,2	33,8	34,5	35,1
116–118	30,9	31,5	32,1	32,7	3,3	33,9	34,5	35,1	35,7
119–121	31,5	32,1	32,7	33,3	33,9	34,5	35,1	35,7	36,4
122–124	32,1	32,7	33,3	33,9	34,5	35,1	35,8	36,4	37,0
125–127	32,7	33,3	33,9	34,5	35,1	35,8	36,4	37,0	37,6

Aus: A.S. Jackson, M.L. Polluck: Practical Assessment of Body Composition, May 1985, In: *The Physician and Sportsmedicine*

Prozentualer Fettanteil für Frauen, Summen der Triceps- Oberschenkel- und suprailikalen Hautfaltendicke

Summe der Hautfalten-dicke (mm)	Lebensalter in Jahren								
	Unter 22	23-27	28–32	33-37	38-42	43-47	48-52	53-57	Darüber
23–25	9,7	9,9	10,2	10,4	10,7	10,9	11,2	11,4	11,7
26–28	11,0	11,2	11,5	11,7	12,0	12,3	12,5	12,7	13,0
29–31	12,3	12,5	12,8	13,0	13,3	13,5	13,8	14,0	14,3
32–34	13,6	13,8	14,0	14,3	14,5	14,8	15,0	15,3	15,5
35–37	14,8	15,0	15,3	15,5	15,8	16,0	16,3	16,5	16,8
38–40	16,0	16,3	16,5	16,7	17,0	17,2	17,5	17,7	18,0
41–43	17,2	17,4	17,7	17,9	18,2	18,4	18,7	18,9	19,2
44–46	18,3	18,6	18,8	19,1	19,3	19,6	19,8	20,1	20,3
47–49	19,5	19,7	20,0	20,2	20,5	20,7	21,0	21,2	21,5
50–52	20,6	20,8	21,1	21,3	21,6	21,8	22,1	22,3	22,6
53–55	21,7	21,9	22,1	22,4	22,6	22,9	23,1	23,4	23,6
56–58	22,7	23,0	23,2	23,4	23,7	23,9	24,2	24,4	24,7
59–61	23,7	24,0	24,2	24,5	24,7	25,0	25,2	25,5	25,7
62–64	24,7	25,0	25,2	25,5	25,7	26,0	26,2	26,4	26,7
65–67	25,7	25,9	26,2	26,4	26,7	26,9	27,2	27,4	27,7
68–70	26,6	26,9	27,1	27,4	27,6	27,9	28,1	28,4	28,6
71–73	27,5	27,8	28,0	28,3	28,5	28,8	29,0	29,3	29,5
74–76	28,4	28,7	28,9	29,2	29,4	29,7	29,9	30,2	30,4
77–79	29,3	29,5	29,8	30,0	30,3	30,5	30,8	31,0	31,3
80–82	30,1	30,4	30,6	30,9	31,1	31,4	31,6	31,9	32,1
83–85	30,9	31,2	31,4	31,7	31,9	32,2	32,4	32,7	32,9
86–88	31,7	32,0	32,2	32,5	32,7	32,9	33,2	33,4	33,7
89–91	32,5	32,7	33,0	33,2	33,5	33,7	33,9	34,2	34,4
92–94	33,2	33,4	33,7	33,9	34,2	34,4	34,7	34,9	35,2
95–97	33,9	34,1	34,4	34,6	34,9	35,1	35,4	35,6	35,9
98–100	34,6	34,8	35,1	35,3	35,5	35,8	36,0	36,3	36,5
101–103	35,3	35,4	35,7	35,9	36,2	36,4	36,7	36,9	37,2
104–106	35,8	36,1	36,3	36,6	36,8	37,1	37,3	37,5	37,8
107–109	36,4	36,7	36,9	37,1	37,4	37,6	37,9	38,1	38,4
110–112	37,0	37,2	37,5	37,7	38,0	38,2	38,5	38,7	38,9
113–115	37,5	37,8	38,0	38,2	38,5	38,7	39,0	39,2	39,5
116–118	38,0	38,3	38,5	38,8	39,0	39,3	39,5	39,7	40,0
119–121	38,5	38,7	39,0	39,2	39,5	39,7	40,0	40,2	40,5
122–124	39,0	39,2	39,4	39,7	39,9	40,2	40,4	40,7	40,9
125–127	39,4	39,6	39,9	40,1	40,4	40,6	40,9	41,1	41,4
128–130	39,8	40,0	40,3	40,5	40,8	41,0	41,3	41,5	41,8

Aus: A.S. Jackson, M.L. Polluck: Practical Assessment of Body Composition, May 1985, In: *The Physician and Sportsmedicine*

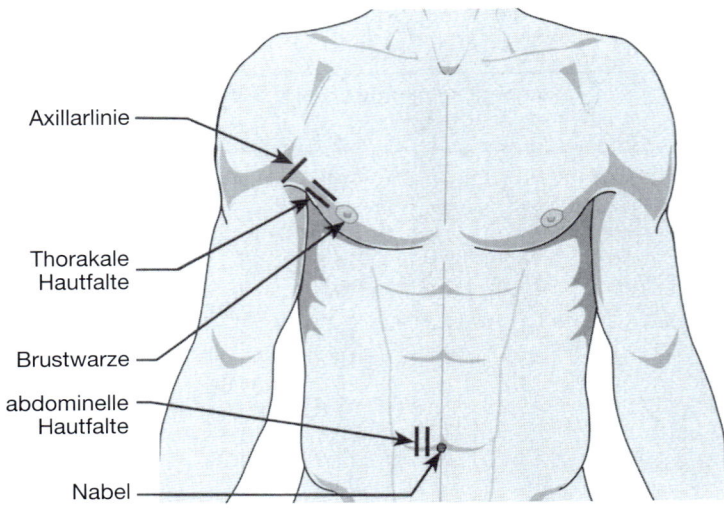

Abbildung C.1
Bestimmung der thoraka-
len und abdominellen
Hautfaltendicken. Thora-
kale Hautfalte: Man zieht
eine Linie zwischen dem
untersten Punkt der vor-
deren Axillarlinie und der
Brustwarze. Bei Männern
wird in der Mitte dieser
Linie, bei Frauen am Ende
des ersten Drittels gemessen. Abdominelle Hautfal-
te: Man nimmt eine verti-
kale Hautfalte 2,5 cm
seitlich des Nabels.

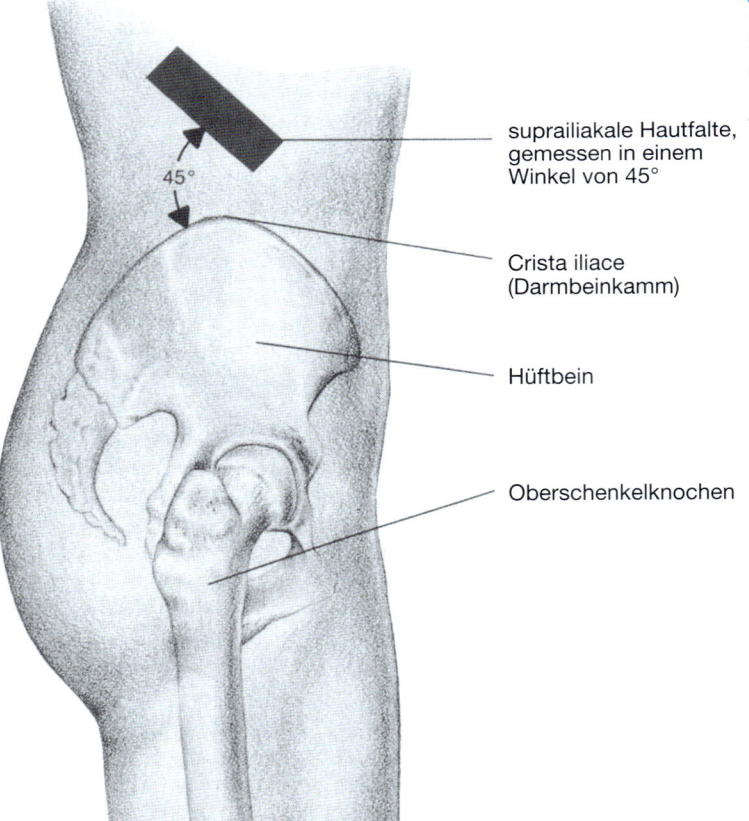

Abbildung C.2
Bestimmung der suprailia-
kalen Hautfalte. Man
nimmt eine diagonale
Falte in einem Winkel von
45 Grad zur Körper-
längsachse oberhalb des
Darmbeinkamms.

Abbildung C.3
Die Oberschenkel-Hautfalte wird vertikal an der Vorderseite des Oberschenkels in der Mitte zwischen der Spina iliaca anterior und der Kniescheibe gemessen.

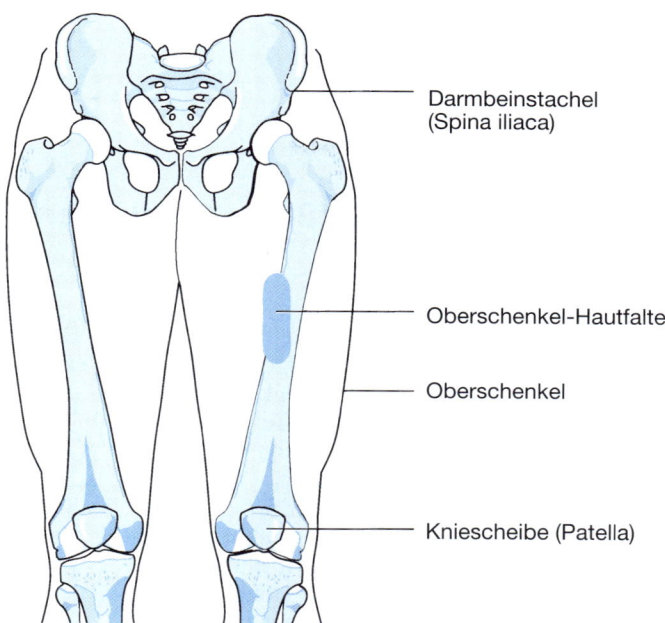

Darmbeinstachel (Spina iliaca)

Oberschenkel-Hautfalte

Oberschenkel

Kniescheibe (Patella)

Abbildung C.4
Trizeps- und subskapuläre Hautfalten. Die Trizepshautfalte wird vertikal über dem Trizepsmuskel an der Rückseite des Oberarms in der Mitte zwischen dem Akromion der Schulter und dem Olekranon des Ellenbogens gemessen. Die subskapuläre Hautfalte wird in einem Winkel von 45 Grad zur Wirbelsäule direkt unterhalb des unteren Schulterblattwinkels bestimmt.

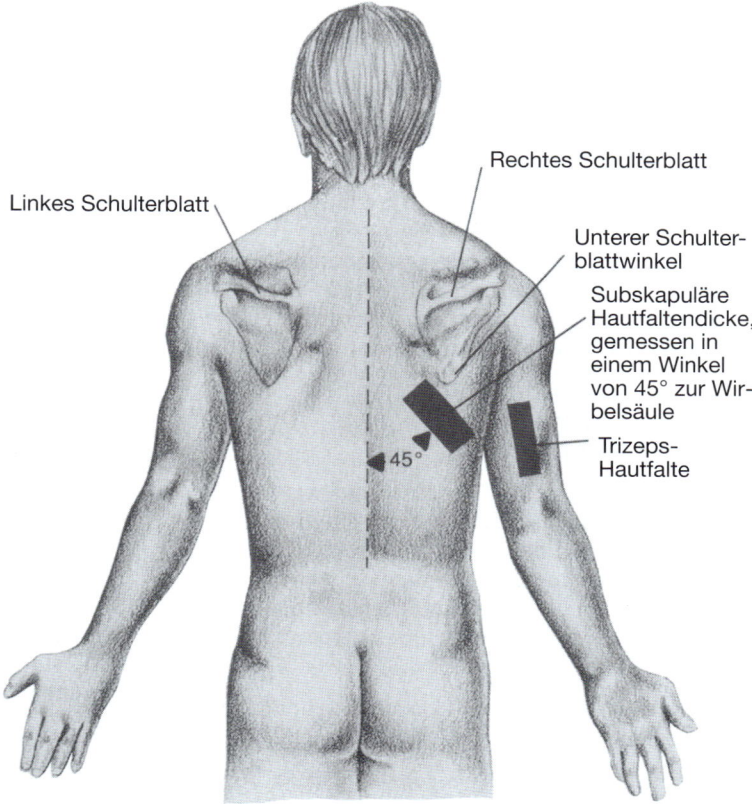

Linkes Schulterblatt

Rechtes Schulterblatt

Unterer Schulterblattwinkel

Subskapuläre Hautfaltendicke, gemessen in einem Winkel von 45° zur Wirbelsäule

Trizeps-Hautfalte

45°

461

Anhang D

Verdachtshinweise für das Vorliegen von krankhaftem Eßverhalten

Vor allem Sportlerinnen können in ihrem Bemühen um ein niedriges Körpergewicht zur Verbesserung ihrer Leistungsfähigkeit übertreiben und in pathologische, zum Teil lebensbedrohliche Ernährungsstörungen geraten. Die folgende Liste soll Hinweise für das Betreuerteam geben, mit deren Hilfe sich solche Störungen früh und in einem noch reparablen Zustand aufdecken lassen. Die einzelnen Hinweise müssen jede für sich noch keine krankhafte Ernährungsstörung beweisen, sie sollen aber im positiven Fall eine verstärkte Aufmerksamkeit in dieser Richtung wecken.

1. Ständige besorgte Hinweise von Sportler/Innen, daß sie sich als zu dick empfinden, obwohl sie eher untergewichtig sind.

2. Besorgnis des/der Athleten/-in, er/sie fühle sich übergewichtig oder werde übergewichtig, eine Besorgnis, die trotz Gewichtsabnahme nicht geringer wird.

3. Weigerung, das Körpergewicht am unteren Grenzbereich dessen zu halten, was nach der jeweiligen Sportart, dem Alter und der Körpergröße vernünftig erscheint.

4. Verzehr großer Lebensmittelmengen, in offensichtlichem Widerspruch zu einem niedrigen Körpergewicht.

5. Heimliches Essen oder Entwenden von Lebensmitteln, häufiges Verschwinden von Lebensmitteln vom Tisch, Entdeckung von leeren Süßigkeitsschachteln und anderen Lebensmittelverpackungen im Spind des/der Athleten/-in bzw. in seinem/ihrem Zimmer.

6. Verzehr von größeren Lebensmittelmengen bei Tisch, unterbrochen von Toilettenbesuchen, nach denen dann weitergegessen wird.

7. Blutunterlaufene Augen, besonders nach Toilettenbesuchen.

8. Entdeckung von Erbrochenem oder Geruch von Erbrochenem in der Toilette, im Bad, in der Dusche oder im Papierkorb.

9. Starke Gewichtsschwankungen in kurzen Zeiträumen.

10. Klagen über Gleichgewichtsstörungen, Benommenheit und Kopfschmerzen, die sich medizinisch sonst nicht erklären lassen.

11. Verdacht des Mißbrauchs appetithemmender Medikamente, besonders bei häufigem Wechsel zwischen Phasen von Reizbarkeit und Lethargie.

12. Klagen über bzw. Symptome von Wassereinlagerungen, die nicht anderweitig erklärt werden können, z.B. im Rahmen eines prämenstruellen Syndroms.

13. Mißbrauch von Abführmitteln bzw. Entdeckung von leeren Packungen von Abführmitteln im Spind des Sportlers, im Papierkorb etc.

14. Wiederholte Phasen von starker Kalorieneinschränkung bzw. komplette Fastentage.

15. Körperlicher Hyperaktivismus ohne erkennbares Ziel außerhalb des Trainingsprogramms, besonders bei sehr mageren SportlerInnen.

16. Depressive Stimmungsschwankungen und Selbstvorwürfe, besonders im Zusammenhang mit Essen.

17. Angst, sich beim Essen beobachten zu lassen bzw. mit anderen zu essen, beispielsweise die Ausrede auf Sportreisen,

man habe schon gegessen oder werde erst später essen.

18. Auffällige Besorgnis über das Eßverhalten anderer Mannschaftskameraden, Verwandter oder Freunde.

19. Veränderungen im äußeren Erscheinungsbild, z.B. Vorwölbungen unterhalb des Kieferwinkels, Mundwinkelrhagaden oder Rhagaden im Bereich der Zunge, Haarausfall bzw. Haarausdünnung.

20. Familiäre Belastung mit Ernährungsstörungen bzw. generell gestörte Familienverhältnisse.

Wenn bei einem Sportler der Verdacht auf ein krankhaftes Ernährungsverhalten besteht oder ein solches offensichtlich vorliegt, können folgende Empfehlungen gegeben werden:

1. Der Trainer oder sonstige Personen aus dem Umfeld, zu denen der/die SportlerIn ein besonders gutes Verhältnis hat, sollte mit ihm/ihr ein persönliches Gespräch führen.

2. In einem solchen Gespräch sollte man auf keinen Fall Vorwürfe erheben, sondern die Bereitschaft zur Hilfe, die Besorgnis um den/die Athleten/-in ausdrücken.

3. Man sollte dem/der SportlerIn ohne jede Agression im Ton klarmachen, aus welchen Gründen heraus die Besorgnis entstanden ist und sich die Antwort völlig unvoreingenommen und sorgfältig anhören.

4. Man sollte dem/der SportlerIn klarmachen, daß durch die Ernährungsstörung auf keinen Fall sein/ihr Platz in der Mannschaft gefährdet ist. Eine solche Gefährdung entstehe nur dann, wenn durch das krankhafte Eßverhalten die Leistungsfähigkeit eingeschränkt und die Gesundheit bedroht werden, insbesondere wenn es hierdurch zu Verletzungen, Erkrankungen oder Leistungseinbußen kommt.

5. Man sollte feststellen, ob der/die SporterIn die kritische Grenze bereits überschritten hat bzw. ob er/sie nicht mehr in der Lage ist, allein mit dem Problem fertigzuwerden.

6. Wenn der/die SportlerIn sich weigert, ein offensichtlich vorliegendes Problem zuzugeben bzw. wenn es sich anscheinend schon um ein sehr langandauerndes Problem handelt, mit dem der/die Betroffene nicht fertig werden kann, sollte man sich an einen Arzt wenden, der in diesem Bereich erfahren ist. Die meisten Betroffenen haben schon – meist erfolglos – versucht, das Problem in den Griff zu bekommen. Solche Versagenszustände sind gerade für den Sportler, der vom Erfolg lebt, besonders demoralisierend. Man sollte dem/der SportlerIn klarmachen, daß viele in seiner/ihrer Situation auf die Annahme von Hilfe angewiesen sind und das dies dann nicht als Versagen interpretiert werden kann.

7. Man sollte sich nach dem ersten Gespräch mit dem/der SportlerIn zu weiteren Treffen außerhalb der Trainingszeit verabreden, oder, wenn der/die SportlerIn in ärztliche oder psychologische Betreuung kommt, den Fachmann fragen, wie man die Hilfe fortführen kann.

8. Die meisten SportlerInnen mit Ernährungsstörungen sind schon wiederholt darauf hingewiesen worden, daß bei ihnen ein Gewichtsproblem vorliegt. Daher ist es erforderlich, in Erfahrung zu bringen, welche Rolle frühere Trainer bei der Entwicklung dieses Problems gespielt haben. Man sollte dem/der SportlerIn auch klarmachen, daß man sehr wohl weiß, daß bei der Ausbildung dieser Störung die hohen Anforderungen des Sports eine wichtige Rolle gespielt haben.

Was man nicht tun sollte:

1. Man sollte mit dem/der SportlerIn sprechen, nicht aber über ihn/sie, schon gar nicht mit anderen Mannschaftsmitgliedern.

2. Man sollte sofort mit dem/der SportlerIn sprechen, wenn man ein solches Problem vermutet und nicht „erst einmal abwarten".

3. Man sollte dem/der SportlerIn deutlich sagen, was los ist, aber keine unklaren, unbegründeten Verdächtigungen aussprechen.

4. Man sollte dem/der SportlerIn nicht einfach sagen, er/sie solle sich zusammenreißen und man werde dies ab und zu kontrollieren.

5. Man sollte nicht unbedingt davon ausgehen, daß der/die SportlerIn, wenn er/sie sich denn ändern möchte, unbedingt Erfolg haben muß und jeder Mißerfolg Ausdruck eines fehlenden guten Willens sei.

6. Man sollte nicht der Ansicht sein, daß man als Trainer selbst oder auch die Anforderungen des Sports mit der Entwicklung des Problems auf keinen Fall etwas zu tun haben könnten.

7. Man sollte sich nicht weigern, wenn es nötig ist, Hilfe von außen zu suchen, man sollte auf keinen Fall nach dem Motto handeln, das Problem müsse „in der Familie bleiben".

Anhang E

Die Lebensmittelaustauschlisten

Die Lebensmittelaustauschlisten wurden von einer gemeinsamen Kommission der amerikanischen Diabetesgesellschaft und der amerikanischen Ernährungsgesellschaft primär als Basis für die Ernährungsplanung von Diabetikern und Patienten mit anderen Erkrankungen, die auf eine spezielle Diät angewiesen sind, entwickelt. Da sie jedoch auf den generellen Prinzipien einer vernünftigen Ernährung beruhen, sind sie grundsätzlich auch für den Gesunden anwendbar. Das Grundprinzip besteht darin, die einzelnen Lebensmittel, die jeweils einen sehr unterschiedlichen Anteil an Kohlenhydraten, Proteinen, Fetten und Kalorien enthalten, in Gruppen einzuteilen, die sich in ihrer Zusammensetzung ähnlich sind.

Die folgende Tabelle gibt die Zusammensetzung einer Vergleichsportion aus den jeweiligen Lebensmittelgruppen wieder. Dabei sind, wie die Austauschlisten im einzelnen zeigen, die jeweiligen Portionsgrößen aufgrund der Unterschiedlichkeit der einzelnen Lebensmittel quantitativ zum Teil erheblich voneinander verschieden. Trotzdem ist der jeweilige Gehalt an Kohlenhydraten, Eiweißen, Fetten und Kalorien pro Portion innerhalb der einzelnen Gruppe weitgehend identisch.

Für bestimmte Lebensmittel finden sich innerhalb der Austauschlisten Symbole, die spezielle Eigenschaften definieren sollen. Lebensmittel, die sehr faserreich sind, d.h. 3 g Fasern oder mehr pro Portion, haben folgendes Symbol . Nachdem ein hoher Gehalt an Pflanzenfasern (Ballaststoffe) gesund ist, sollte man sich vor allem an die so gekennzeichneten Lebensmittel halten.

Lebensmittel mit einem hohen Gehalt an Natrium (400 mg oder mehr pro Portion) sind durch ein Salzstreuersymbol gekennzeichnet. Nachdem viel Salz nicht gerade gesund ist, besonders dann, wenn man zu hohem Blutdruck neigt, sollte man mit Lebensmitteln, bei denen sich dieses Symbol findet, zurückhaltend umgehen.

Wenn man ein spezielles Lebensmittel, das man sucht, innerhalb der Listen nicht findet, sollte man einen Ernährungsberater fragen. Im Prinzip kann jedes Lebensmittel in die Ernährungsplanung aufgenommen werden, Lebensmittel, die als „weniger gesund" eingestuft werden, sollte man jedoch seltener verzehren.

Austauschliste	Kohlenhydrate (g)	Eiweiß (g)	Fette (g)	Kalorien
Brot/Getreide	15	3	Spuren	80
Fleisch				
– mager		7	3	55
– mittelfett	–	7	5	75
– hochfett	–	7	8	100
Gemüse	5	2	–	25
Obst	15	–	–	60
Milch				
– Magermilch	12	8	Spur	90
– fettarme Milch	12	8	5	120
– Vollmilch	12	8	8	150
Fett	-	-	5	45

Durchschnittlicher Gehalt einer Portion aus der jeweiligen Lebensmittelgruppe an KH, Eiweiß, Fett und Kalorien.

Brot/Getreidegruppe

In der folgenden Aufstellung enthält jede Portion etwa 15 g Kohlenhydrate, 3 g Eiweiß, Spuren von Fett und 80 Kalorien. In Vollkornprodukten finden sich etwa 2 g Pflanzenfasern pro Portion, in einigen Lebensmitteln noch mehr. Lebensmittel, die 3 oder mehr g Pflanzenfasern pro Portion enthalten werden mit dem Fasersymbol 🌾 gekennzeichnet.

Man kann seine Getreideeinheiten mit jedem Lebensmittel aus dieser Liste abdecken. Wenn sich ein bestimmtes Lebensmittel nicht in der Liste findet, gilt folgende Grundregel: Eine Portion entspricht jeweils 1/2 Meßbecher (1 Meßbecher entspricht 250 ml, 1/2 Meßbecher = 125 ml) Getreideflocken, Körnern oder Nudeln bzw. 30 g Brot. Genauere Festlegungen lassen sich mit Hilfe eines Ernährungsberaters treffen.

Getreideflocken/Körner/Nudeln

gekochter Getreidebrei	1/2 Meßbecher
🌾 Kleieflocken, konzentriert	1/3 Meßbecher
🌾 Kleieflocken	1/2 Meßbecher
Maismehl (trocken)	2 1/2 Teelöffel
Nudeln (gekocht)	1/2 Meßbecher
Puffreis	1 1/2 Meßbecher
Reis, weiß oder braun, gekocht	1/3 Meßbecher
sonstige fertige ungesüßte Getreideflocken	3/4 Meßbecher
Weizenflocken	1/2 Meßbecher
🌾 Weizenkeimöl	3 Teelöffel

Hülsenfrüchte, Bohnen, Erbsen, Linsen

🌾 Bohnen, gebacken	1/4 Meßbecher
🌾 Bohnen oder Erbsen, gekocht	1/3 Meßbecher
🌾 Linsen, gekocht	1/3 Meßbecher

Stärkehaltige Gemüse

🌾 Bohnen	1/2 Meßbecher
Brötchen, normale	1/2
🌾 grüne Erbsen, tiefgefroren oder Konserven	1/2 Meßbecher
Hamburger, Brötchen für	1/2
Kartoffeln, gebacken	1 kleine (90 g)
Kartoffelbrei	1/2 Meßbecher
🌾 Mais	1/2 Meßbecher
🌾 Maiskolben, 15 cm lang	1
🌾 Pumpernickel	1 Scheibe (30 g)
Rosinenbrot	1 Scheibe
Sirup, Winter	3/4 Meßbecher
Vollkornbrot	1 Scheibe
🌾 Weißbrot	1 Scheibe
Süßkartoffel	3/4 Meßbecher

Kekse/Snacks

Malzkeks	6
Popcorn ohne Fett	3 Meßbecher
Vollkornkeks ohne Fett	2–4

466

In Fett zubereitete Getreideprodukte

(gerechnet als jeweils eine Brot/Getreide- und zusätzlich eine Fetteinheit)

Biskuit 5 cm Durchmesser	1
Brotfüllung	1/4 Meßbecher
Butterkeks	6
Hörnchen, fettgebacken, klein	1
Pfannkuchen, 10 cm Durchmesser	2
Pommes frites	50 g
Vollkornkekse mit Fett	4–6
Waffel, 10 cm Durchmesser	1

🌾 3 g oder mehr Pflanzenfasern pro Portion

Fleisch/Eiweißgruppe

Der gemeinsame Nenner der Fleisch/Eiweißgruppe besteht in dem hohen Eiweißgehalt, der 7 g pro Portion der in dieser Gruppe aufgeführten Lebensmittel beträgt. Der Fettanteil bzw. die Kalorienmenge pro Portion kann dagegen erheblich variieren. In Abhängigkeit vom Fett- bzw. Kaloriengehalt wird die Gruppe in drei Untergruppen unterteilt, und zwar in mageres, mittelfettes und fettes Fleisch. Die jeweils in einer Austauscheinheit (30 g) dieser Untergruppen enthaltenen Protein-, Fett- und Kalorienmengen sind in der nachfolgenden Tabelle aufgeführt.

Aus gesundheitlicher Sicht sollte man mageres bzw. mittelfettes Fleisch, Hühnchen und Fisch bevorzugen. Hierdurch wird die Fettaufnahme und damit das Risiko für die Entwicklung einer Herz-Kreislauf-Erkrankung reduziert. In der hochfetten Gruppe finden sich vor allem auch gesättigte Fette, Cholesterin und insbesondere sehr viel Kalorien. Die Zahl der pro Woche aufgenommenen Portionen aus der Hochfettgruppe sollte auf drei beschränkt bleiben. Zu berücksichtigen ist ferner, daß die Lebensmittel aus der Fleischgruppe keinerlei Ballaststoffe (Pflanzenfasern) enthalten.

Hinweise:

1. Fleisch sollte nicht in Fett gebraten werden, günstiger ist die Zubereitung in Form von Kochen, Sieden, Grillen etc.

2. Benutzen Sie teflonbeschichtete Pfannen, mit denen man ohne Fett braten kann oder Sprays, die bei Verzicht auf Backfett das Anbacken des Fleisches verhindern.

3. Vor bzw. nach der Zubereitung sollte sichtbares Fett abgeschnitten werden.

4. Bei der Fleischzubereitung sollte auf den Zusatz von Mehl, Brot, Fett etc. generell verzichtet werden.

5. Im Rahmen einer kontrollierten Diät sollte man das Fleisch nach Entfernung der Knochen und Abschneiden des Fetts sowie nach dem Kochen wiegen. 100 g gekochtes Fleisch entsprechen ungefähr 130 g rohem Fleisch. Beispiele für typische Fleischportionen:
60 g Fleisch =
  2 Austauscheinheiten =
  ein kleiner Hühnchenschenkel
  1/2 Tasse Hüttenkäse oder Thunfisch.
90 g Fleisch =
  3 Austauscheinheiten =
  ein mittelgroßes Schweinesteak
  ein kleiner Hamburger
  die Hälfte einer Hühnchenbrust
  ein Fischfilet
  gekochtes Fleisch (in der Größe etwa von einem Kartenspiel).

6. Das Fleisch, das man im Restaurant ißt, ist im allgemeinen fettreich und enthält sehr viele Kalorien.

	Kohlenhydrate (g)	Eiweiß (g)	Fett (g)	Kalorien
mageres Fleisch	0	7	3	55
mittelfettes Fleisch	0	7	5	75
fettes Fleisch	0	7	8	100

Magerfleisch/Eiweißgruppe

Eine Austauscheinheit entspricht jeweils einem der folgendem Beispiele

Rindfleisch	magerer Rindfleischbraten, Lenden- und Flankenstück 🔺	30 g
Schweinefleisch	Mageres Schweinefleisch, z.B. frischer Schinken, Fleischkonserven, gepökelter oder gekochter Schinken, magerer Speck 🔺	30 g
Kalbfleisch	im allgemeinen immer mager, außer Koteletts	30 g
	Beispiele für mageres Kalbfleisch sind Kalbsschnitzel, Kalbsbraten	30 g
Geflügel	Hühnchen, Pute	30 g
Fisch	jede Art von frischem oder tiefgekühltem Fisch	30 g
	Krabben, Krebse, Hummer, Langusten, Muscheln (frisch oder in Wasser konserviert) 🔺	60 g
	Austern	6 mittelgroße
	Thunfisch in Wasser konserviert 🔺	$1/4$ Meßbecher*
	Hering, ohne saure Sahne, nicht geräuchert	30 g
	Sardinen (konserviert)	2 mittelgroße
Wild	Reh, Hase, Hirsch	30 g
	Fasan, Ente, Gans (ohne Haut)	30 g
Käse	Streichkäse	$1/4$ Meßbecher
	Parmesan, gerieben	2 Teelöffel
	Diätkäse 🔺 (weniger als 55 Kalorien pro Portion)	30 g
Sonstiges	95%iges fettfreies Frühstücksfleisch	30 g
	Eiklar	von 3 Eiern
	Eiersatzstoffe mit weniger als 55 Kalorien pro $1/4$ Meßbecher	$1/4$ Meßbecher

🔺 400 mg oder mehr Natrium pro Austauscheinheit

* 1 Meßbecher entspricht 250 ml, $1/2$ Meßbecher 125 ml, $1/3$ Meßbecher 80 ml.

Mittelfettes Fleisch/Eiweißgruppe

Eine Austauscheinheit entspricht einer der folgenden Angaben

Rindfleisch	in diesen Bereich fallen die meisten Rindfleisch- zubereitungen wie Rinderbraten, Rippenstücke, Rumpfstücke, Steaks etc.	30 g
Schweinefleisch	Die meisten Schweinefleischzubereitungen wie Schnitzel, Braten, Koteletts	30 g
Lamm	Die meisten Lammprodukte wie Braten, Schnitzel, Keule	30 g
Kalbfleisch	Kalbfleisch, nicht paniert	30 g
Geflügel	Hühnchen mit Haut, Gans bzw. Ente (Fett abgeschnitten)	30 g
Fisch	Thunfisch, getrocknet oder in Öl konserviert ▮	$1/4$ Meßbecher
	Lachs, konserviert	$1/4$ Meßbecher
Käse	Mager- bzw. Nicht-Vollfettkäse, z.B. Mozzarella	$1/4$ Meßbecher
	Diätkäse, mit 46-80 Kalorien pro Portion ▮	30 g
Sonstiges	86 % fettfreies Frühstücksfleisch ▮	30 g
	Ei enthält viel Cholesterin, maximal 3 pro Woche	1
	Eiersatzstoffe mit 56-80 Kalorien pro $1/4$ Meßbecher	$1/4$ Meßbecher
	Tofu (6 x 6 x 2,5 cm)	120 g
	Innereien wie Leber, Herz, Niere, Bries (cholesterinreich)	30 g

▮ mit diesem Symbol sind alle Lebensmittel gekennzeichnet, die 400 Milligramm oder mehr Natrium pro Austauscheinheit beinhalten.

Fettreiches Fleisch/Eiweißgruppe

Jedes der folgenden Lebensmittel entspricht einer Portion bzw. Austauscheinheit

Rindfleisch	Fette Stücke, besonders Rippenstücke, Corned beef ▲	30 g
Schweinefleisch	Schweinerippen, Schweinewurst ▲, Gehacktes	30 g
Lammfleisch	In Form von Füllungen	30 g
Fisch	In Fett gebackener Fisch	30 g
Käse	Vollfettkäse ▲, z.B. Cheddar, Schweizer Käse	30 g
Sonstiges	Frühstücksfleisch	30 g
	Die meisten Wurstarten wie Bratwurst ▲, Frankfurter Würstchen ▲, Krakauer	30 g
	Erdnußbutter (enthält viel ungesättigte Fettsäuren)	1 Teel.

Bei den folgenden fettreichen Fleisch-/Eiweißprodukten ist jeweils zur Eiweißeinheit noch eine Fetteinheit hinzuzurechnen.

	Frankfurter Würstchen aus Rind und/oder Schweinefleisch ▲	50 g

Fast alle diese Lebensmittel enthalten sehr viel Kalorien und gesättigte Fettsäuren (Ausnahme Erdnußbutter) und sollten maximal 3 x/Woche verzehrt werden.

▲ 400 mg oder mehr Natrium pro Austauscheinheit

Gemüsegruppe

Eine Gemüseeinheit enthält 5 g Kohlenhydrate, 2 g Eiweiß, 25 Kalorien und im allgemeinen 2–3 g Pflanzenfasern. Gemüse, die mehr als 400 mg Natrium pro Portion enthalten, sind mit dem Salzstreuersymbol 🔺 gekennzeichnet.

Gemüse sind ferner gute Quellen für Vitamine und Mineralstoffe, ganz besonders frisches und tiefgekühltes Gemüse, das dann auch weniger Kochsalz enthält als konserviertes Gemüse.

Wenn nicht anders angegeben, entspricht eine Gemüseportion 1/2 Meßbecher gekochtem Gemüse oder Gemüsesaft bzw. 1 Meßbecher rohem Gemüse.

Artischocken (1/2 mittelgroße)

Auberginen

Blumenkohl

Bohnen (grün)

Bohnensprossen

Brokkoli

Erbsenschoten

Eßkastanien

grüne Blattgemüse

Karotten

Kohl, gekocht

Kohlrabi

Kürbis

Paprika (grün)

Pilze, gekocht

rote Beete

Rüben

Sauerkraut 🔺

Schnittlauch

Spargel

Spinat, gekocht

Tomate (1 große)

Tomaten/Gemüsesaft 🔺

Zucchini gekocht

🔺 400 mg oder mehr Natrium pro Portion

Sehr stärkehaltige Gemüse wie Getreide, Bohnen, Kartoffeln, finden sich in der Brot/Getreideliste.

Für frei verzehrbare Gemüse siehe Seite 437.

Obstgruppe

Eine Portion aus der Obstgruppe enthält 15 g Kohlenhydrate und 60 Kalorien. Frisches, tiefgekühltes Obst oder getrocknete Früchte enthalten ca. 2 g Pflanzenfasern pro Portion. Wenn 3 oder mehr g Pflanzenfasern in einer Portion enthalten sind, so ist das Lebensmittel mit dem Fasersymbol 🌾 gekennzeichnet. Fruchtsäfte enthalten dagegen sehr wenig Ballaststoffe.

Die Kohlenhydrat- bzw. Kalorienangaben beruhen auf üblicherweise verzehrtem Obst. Man sollte soweit als möglich frisches Obst bzw. tiefgekühlte Früchte verwenden oder Konserven ohne Zuckerzusatz. Für denjenigen, der abnehmen will, ist es besser, ganze Früchte zu essen als Obstsaft zu trinken, da hierdurch der Magen besser gefüllt wird. Wenn keine anderen Angaben gemacht werden, so entspricht eine Obsteinheit 1/2 Meßbecher frischem Obst oder Obstsaft bzw. einer 1/4 Tasse getrockneten Früchen.

Frisches, tiefgekühltes Obst oder ungesüßt konservierte Früchte

Ananas (aus der Dose)	1/3 Meßbecher
(frisch)	3/4 Meßbecher
Apfel (roh 5 cm Durchmesser)	1 Apfel
Apfelmus (nicht gesüßt)	1/2 Meßbecher
Aprikosen (mittelgroß, frisch)	4 Aprikosen
(aus der Dose)	1/2 Meßbecher oder 2 Hälften
Banane, ca. 20 cm lang	1/2 Banane
Birne	1/2 große oder 1 kleine
Birnen (aus der Dose)	1/2 Meßbecher oder 2 Hälften
🌾 Blaubeeren, frisch	3/4 Meßbecher
🌾 Brombeeren, frisch	3/4 Meßbecher
🌾 Erdbeeren frisch (ganz)	1 1/4 Meßbecher
Feigen, roh 5 cm Durchmesser	2 Feigen
Fruchtcocktail (aus der Dose)	1/2 Meßbecher
Granatapfel	1/2 Granatapfel
Grapefruit (mittelgroß)	1/2 Grapefrucht
Grapefruit (Stücke)	3/4 Meßbecher

Honigmelone, mittelgroß	1/8 Melone
Würfel	1 Meßbecher
Kirschen, große, frisch	12 Kirschen
(aus der Dose)	1/2 Meßbecher
Kiwi, groß	1 Kiwi
Mandarinen	3/4 Meßbecher
Mango (klein)	1/2 Mango
🌾 Nektarine (4 cm Durchmesser)	1 Nektarine
Orange (6–7 cm Durchmesser)	1 Orange-
Papaya	1 Meßbecher
Pfirsich, 6 cm Durchmesser	1 Pfirsich oder 3/4 Meßbecher (aus der Dose)
	1/2 Meßbecher oder 2 Hälften
Pflaume (mittelgroß) natur	2 Pflaumen
frisch 5 cm Durchmesser	2 Pflaumen
🌾 Stachelbeeren, frisch	1 Meßbecher
Trauben (klein)	15 Beeren
Wassermelone (Würfel)	1 1/4 Meßbecher

Getrocknete Früchte

🌾 Äpfel	4 Ringe
🌾 Aprikosen	7 Hälften
Datteln	2 1/2 mittelgroße
🌾 Feigen	1 1/2
🌾 Pflaumen	3 mittelgroße
Rosinen	2 Teelöffel

Obstsäfte

Ananassaft	1/2 Meßbecher
Apfelsaft/Apfelwein	1/2 Meßbecher
gemischter Obstsaft	1/3 Meßbecher
Grapefruitsaft	1/2 Meßbecher
Orangensaft	1/2 Meßbecher
Pflaumensaft	1/3 Meßbecher
Traubensaft	1/3 Meßbecher

🌾 enthält 3 oder mehr g Pflanzenfasern pro Portion

Milchproduktegruppe

Eine Portion aus der Gruppe der Milch/ Milchprodukte enthält jeweils 2 g Kohlenhydrate und 8 g Eiweiß. Der Fettanteil in der Milch wird als Prozent Butterfett angegeben. Die Kalorienzahl ist in Abhängigkeit von dem gewählten Milchprodukt jeweils unterschiedlich. Die Liste wird in Abhängigkeit vom Fett/Kaloriengehalt in drei Abschnitte untergliedert, und zwar in Mager- bzw. sehr fettarme Milch, fettarme Milch und Vollmilch. Eine Milchaustauscheinheit enthält danach jeweils:

	Kohlenhydrate (g)	Eiweiß (g)	Fett (g)	Kalorien
Mager/ sehr fettarm	12	8	Spur	90
fettarm	12	8	5	120
Vollmilch	12	8	8	150

Milch bzw. Milchprodukte sind die wichtigsten Quellen des Körpers für Kalzium und damit wichtig für das Knochenwachstum bzw. die Knochenstabilität. Auch Joghurt ist eine sehr gute Kalziumquelle. Joghurt und viele getrocknete Milchprodukte enthalten teilweise sehr unterschiedliche Fettmengen. Wenn man sich über die Zusammensetzung eines bestimmten Milchproduktes nicht im klaren ist, sollte man den Fett- bzw. Kaloriengehalt der Produktinformation entnehmen.

Milch ist nicht nur ein gutes Getränk, sie kann auch sehr gut Frühstücksgetreide und anderen Lebensmitteln zugesetzt werden. Viele Gerichte, beispielsweise Pudding, werden mit Milch hergestellt (siehe Liste der kombinierten Lebensmittel). Um Naturjoghurt geschmacklich zu verbessern, sollte man es am besten mit Früchten verzehren.

Mager- bzw. sehr fettarme Milchprodukte

1 % Milch	1 3/4 Meßbecher
fettarme Buttermilch	1 3/4 Meßbecher
fettarme Trockenmilch	1/3 3/4 Meßbecher
fettarmes Naturjoghurt	1 3/4 Meßbecher
Halbprozentmilch	1 3/4 Meßbecher
Kondensmagermilch	1/2 3/4 Meßbecher
Magermilch	1 3/4 Meßbecher

Fettarme Milch

2 % Milch	1 3/4 Meßbecher
Fettarmes Naturjoghurt	1/2 3/4 Meßbecher

Vollmilch

Die Produkte der Vollmilchgruppe enthalten wesentlich mehr Fett als Mager- bzw. fettarme Milch. Vollmilch enthält mehr als 3 1/4 % Fett. Die Lebensmittel der Vollmilchgruppe sollte man daher soweit als möglich nur eingeschränkt verwenden.

Vollmilch	1 3/4 Meßbecher
Kondensierte Vollmilch	1/2 3/4 Meßbecher
Vollmilchjoghurt	1 3/4 Meßbecher

473

Fettgruppe

Die Lebensmittel der Fettgruppe sind vor allem durch ihren hohen Fettgehalt gekennzeichnet, manche von ihnen enthalten auch mehr oder minder große Mengen an Eiweiß. Eine Portion enthält im Durchschnitt 5 g Fett und 45 Kalorien. Der Kaloriengehalt ist somit sehr hoch, daher sollten diese Lebensmittel sehr sorgfältig abgemessen werden. Aus gesundheitlicher Sicht ist vor allem der Verzehr von ungesättigten Fetten zu empfehlen, während gesättigte Fette nur eingeschränkt zu verwenden sind. Auch der Natriumgehalt ist sehr unterschiedlich, kochsalzreiche Lebensmittel sind mit dem Salzstreuersymbol 🧂 gekennzeichnet. Im einzelnen sollte man sich über den Natriumgehalt auch anhand der Produktinformation informieren.

Ungesättigte Fette

Avocado	1/8 mittelgroß
Diätmargarine*	1 Teelöffel
Kalorienreduzierte Mayonnaise	1 Teelöffel
Margarine*	1 Teelöffel
Mayonnaise	1 Teelöffel

Nüsse und Pflanzenkörner:

Erdnüsse	20 kleine oder 10 große
Kürbissamen	2 Teelöffel
Mandeln geröstet	6 ganze
Sonnenblumen- oder sonstige Pflanzenkerne ohne Schalen	1 Teelöffel
Sonstige Nüsse	1 Teelöffel
Walnüsse	2 ganze

Pflanzenöle (Weizen-, Baumwollsamen-, Distel-, Sojabohnen-, Sonnenblumen-, Oliven-, Erdnußöl)	1 Teelöffel
Olivenöl *	10 kleine oder 5 große
*Salatdressing	1 Teelöffel
Salatdressing mayonnaiseartig	2 Teelöffel
Salatdressing mayonnaiseartig, kalorienreduziert	1 Teelöffel
Salatdressing, kalorienreduziert 🧂	2 Teelöffel

2 Teelöffel kalorienarmes Salatdressing können ohne Berechnung zugeführt werden.

Gesättigte Fette

Butter	1 Teelöffel
Innereien	15 g
Kaffeesahne	2 Teelöffel
Kokosnuß, geraspelt	2 Teelöffel
Salzfleisch*	7,5 g
Saure Sahne	2 Teelöffel
Schinkenspeck*	1 Scheibe
Schmelzkäse	1 Teelöffel
Süße Sahne fettarm für Kaffee	2 Teelöffel
Süße Sahne vollfett geschlagen	1 Teelöffel
Trockenmilch	4 Teelöffel

* Beim Verzehr von mehr als zwei Portionen enthalten diese Lebensmittel 400 oder mehr mg Natrium.

🧂 400 mg oder mehr Natrium pro Portion

Freiverzehrbare Lebensmittel

In dieser Gruppe werden alle Lebensmittel zusammengefaßt, die weniger als 20 Kalorien pro Portion enthalten. Soweit keine Portionsgröße angegeben wird, kann man diese Lebensmittel ohne jede Mengenbeschränkung verzehren, wenn eine Portionsgröße angegeben ist, sind bis zu zwei bis drei Portionen pro Tag frei, die man dann über den Tag verteilen sollte.

Suppen/Getränke

Bouillon, natriumarm, gesalzen 🧂 oder als klare Suppe ohne Fett

Kaffee/Tee

Kakaopulver nicht gesüßt, 1 Teelöffel

Kohlensäurehaltiges Mineralwasser

Kohlensäurehaltige Getränke, zuckerfrei

Mischgetränke zuckerfrei

Soda

Tonicwasser zuckerfrei

Obst

Preiselbeeren, ungesüßt, 1/2 Meßbecher

Rhabarber, ungesüßt, 1/2 Meßbecher

Gemüse

🌾 Chinakohl

Gemüse, roh, 1 Meßbecher

grüne Zwiebeln

Gurken

Kohl

Pfeffer

Pilze

Radieschen

Sellerie

🌾 Zucchini

Grüne Salate

Endiviensalat

Kopfsalat

Spinat

Zuckerersatzstoffe

Gelatine zuckerfrei

Kandis, hart, zuckerfrei

Kaugummi, zuckerfrei

Marmelade, Gelee, zuckerfrei, 2 Teelöffel

Schlagsahne, 2 Teelöffel

Sirup, zuckerfrei 1–2 Teelöffel

Zuckerersatzstoffe oder Süßstoffe
(Saccharin, Aspartame)

Gewürze

Essig

Gurken 🧂 , Dill, ungesüßt

Ketchup, 1 Teelöffel

Meerrettich

Salatdressing, kalorienarm 2 Teelöffel

Senf

Tacosauce, 1 Teelöffel

Gewürze verbessern den Geschmack. Mit Salz sollte man jedoch vorsichtig sein. Bei allen Gewürzen sollte man auf der Produktinformation nachlesen, wieviel Kochsalz sie enthalten.

Basilikum (frisch)

Chili

Curry

Dill

Geschmacksextrakte (Vanille, Mandel, Walnuß, Pfefferminz, Butter, Zitrone, etc.)

Gewürzkräuter

Knoblauchzehen

Knoblauchpulver

Kochwein (1/4 Meßbecher)

Limonellensaft

Minze

Nelken (frisch)

Oregano

Paprika

Pfeffer

Pfeffersauce scharf

Schnittlauch

Sellerie

Sojasauce kochsalzarm („light")

Worcestersoße

Zimt

Zitrone

Zitronensaft

Zwiebelpulver

🌾 3 g oder mehr Pflanzenfasern pro Portion

🧂 400 mg oder mehr Natrium pro Portion

Kombinierte Lebensmittel

Vieles von dem, was wir essen, läßt sich aufgrund seiner komplexen Zusammensetzung nur schwierig oder gar nicht in eine der vorstehenden Austauschlisten einpassen. Solche Beispiele für kombinierte Lebensmittel werden in der nachstehenden Tabelle zusammengefaßt. Diese Beispiele können hilfreich sein, wenn es darum geht, einen Diätplan zusammenzustellen. Bezüglich von Lebensmitteln, die nicht in der Liste enthalten sind, sollte man gegebenenfalls einen Ernährungsberater fragen oder sich bei der Deutschen Gesellschaft für Ernährung erkundigen. Dort erhält man zahlreiche weitere Informationen sowie Rezepte. Auch in der Buchhandlung findet man bzw. von Krankenkassen erhält man viele gute Bücher über vernünftige Ernährung, in denen man sich weiter informieren kann.

Lebensmittel	Menge	Austauscheinheiten
Bohnen oder Hülsenfrüchte werden in die Fleischgruppe eingeordnet		
Bohnen 🌾, Erbsen Linsen 🌾	1 Meßbecher (gekocht)	2 Brot/Getreide, 1 mageres Fleisch
Bohnensuppe 🌾 🧂	1 Meßbecher (250 ml)	1 Brot/Getreide, 1 Gemüse, 1 mageres Fleisch
Chili mit Bohnen 🌾, (Fertigprodukt)	1 Meßbecher (250 ml)	2 Brot/Getreide, 2 mittelfettes Fleisch, 2 Fett
Cremesuppe (mit Wasser angemacht) 🧂	1 Meßbecher (250 ml)	1 Brot/Getreide, 1 Fett
Eintopf, selbstgemacht	1 Meßbecher (250 ml)	2 Brot/Getreide, 2 mittelfettes Fleisch, 1 Fett
Gemüsesuppe oder Kraftbrühe 🧂	1 Meßbecher (250 ml)	1 Brot/Getreide
Käsepizza 🧂, dünner Teig	100 g oder $1/4$ einer Pizza mit 25 cm Durchmesser	2 Brot/Getreide, 1 mittelfettes Fleisch, 1 Fett
Makkaroni mit Käse 🧂	1 Meßbecher (250 ml)	2 Brot/Getreide, 1 mittelfettes Fleisch, 2 Fett
Pudding ohne Zucker, aus Magermilch hergestellt	1 Meßbecher (250 ml)	1 Brot/Getreide
Spaghetti mit Fleischbällchen (Konserve) 🧂	$1/2$ Meßbecher	2 Brot/Getreide, 1 mittelfettes Fleisch, 1 Fett

🌾 3 g oder mehr Pflanzenfasern pro Portion   🧂 400 mg oder mehr Natrium pro Portion

Lebensmittel, die nur gelegentlich verzehrt werden sollten

Die folgenden Lebensmittel können trotz ihres hohen Zucker- und Fettgehaltes gelegentlich verzehrt werden, speziell bei Diabetikern nur solange der Blutzucker unter Kontrolle bleibt. In dieser Liste werden die durchschnittlichen Austauscheinheiten angegeben. Man beachte, daß aufgrund ihres hohen Kaloriengehaltes die Portionen nur jeweils relativ klein ausfallen. Im Einzelfall sollte man mit seinem Ernährungsberater absprechen, wieviel und wie oft man davon essen kann.

Lebensmittel	Menge	Austauscheinheit
Butterkeks	3	1 Brot/Getreide
Chips, alle Arten ▲	30 g	1 Brot/Getreide, 2 Fett
Eiscreme, jede Geschmacksrichtung	$1/_2$ Meßbecher	1 Brot/Getreide, 2 Fett
Fruchteis, jede Geschmacksrichtung	$1/_2$ Meßbecher	1 Brot/Getreide
Fruchtjoghurt	$1/_3$	1 Brot/Getreide
Kekse, süß	2 kleine, 5 cm Durchmesser	1 Brot/Getreide, 1 Fett
Kuchen	1 kleines Stück	2 Brot/Getreide
Milchshake, jede Geschmacksrichtung	$1/_2$ Meßbecher	1 Brot/Getreide, 1 Fett
Torte, ohne Zuckerguß	Tortenstück ($1/_{12}$ einer Torte)	2 Brot/Getreide, 2 Fett
Waffeln	6 kleine	1 Brot/Getreide, 1 Fett

▲ Wenn mehr als eine Portion davon gegegessen wird, enthalten diese Lebensmittel 400 oder mehr mg Natrium

477

Verhaltenstips

Im folgenden werden einige Tips für eine Verbesserung der Ernährungsgewohnheiten gegeben, die sich praktisch bewährt haben:

Stellen Sie sich nur langsam um, versuchen Sie nicht alles auf einmal zu erreichen. Setzen Sie sich Ziele, verwirklichen Sie diese aber nur allmählich, auch Rom ist nicht an einem Tag gebaut worden.

Setzen Sie sich kurzfristige, realistische Ziele – Wenn Sie langfristig abnehmen wollen, versuchen Sie nicht, in einer Woche 10 kg zu verlieren, die haben Sie sehr schnell wieder drauf! Ein Pfund pro Woche ist, mittelfristig gesehen, ein guter Richtwert. Das gleiche gilt für die körperliche Aktivität. Versuchen Sie nicht gleich am ersten Tag, 3 km zu joggen, gehen Sie lieber 1 km zügig! Sie vermeiden hierdurch Frustrationen und Sie erreichen rasch einen Erfolg, auf dem Sie aufbauen können.

Belohnen Sie sich! – Wenn Sie ein kurzfristiges Ziel erreicht haben, gönnen Sie sich etwas. Gehen Sie beispielsweise ins Kino, kaufen Sie sich ein neues Hemd, das Sie schon immer haben wollten, lesen Sie ein gutes Buch, besuchen Sie einen Freund!

Messen und wiegen Sie die verzehrten Lebensmittel – Wenn man abnehmen will, ist es von entscheidender Bedeutung, daß man kontrolliert, was und wieviel man ißt. Man muß dies nicht täglich tun, man kann beispielsweise die wöchentlich verzehrten Lebensmittel registrieren. Die Trinkmengen sollte man mit einem Meßbecher messen. Auch eine Reihe von festen Lebensmitteln wie Thunfisch, Streichkäse, konservierte Früchte, kann man mit einem Meßbecher messen. Andere, konzentriertere Lebensmittel werden mit Löffeln (Teelöffeln, Eßlöffeln) bestimmt, wie Öle, Salatdressing, Erdnußbutter. Für viele Lebensmittel benötigt man eine Küchenwaage, beispielsweise für Geflügel,

Lebensmittel	vor dem Kochen	gekocht
Brot/Getreide-gruppe		
Bohnen	3 Teelöffel	$1/3$ Meßbecher
Erbsen	3 Teelöffel	$1/3$ Meßbecher
Hafermehl	3 gestrichene Teelöffel	$1/2$ Meßbecher
Haferschrot	3 gestrichene Teelöffel	$1/2$ Meßbecher
Linsen	3 Teelöffel	$1/3$ Meßbecher
Makkaroni	$1/4$ Meßbecher	$1/2$ Meßbecher
Nudeln	$1/3$ Meßbecher	$1/2$ Meßbecher
Reis	2 gestrichene Teelöffel	$1/3$ Meßbecher
Spaghetti	$1/2$ Meßbecher	$1/2$ Meßbecher
Weizengrütze	2 gestrichene Teelöffel	$1/2$ Meßbecher
Fleisch-gruppe		
Hühnchen	kleiner Schenkel	30 g
	$1/2$ Hühnchen-brust	100 g
Hamburger	120 g	90 g

Fisch und Fleisch. Das Wiegen sollte man nach dem Kochen vornehmen, denn viele Lebensmittel wiegen nach dem Kochen weniger als vorher, insbesondere Fleisch. Bei anderen Lebensmitteln ist es umgekehrt, Getreide quillt beim Kochen auf und wiegt dann wesentlich mehr. Die obige Tabelle zeigt diese Änderungen für einige Lebensmittel.

Anhang F

Biochemie des Kohlenhydrat-, Fett- und Eiweißstoffwechsels

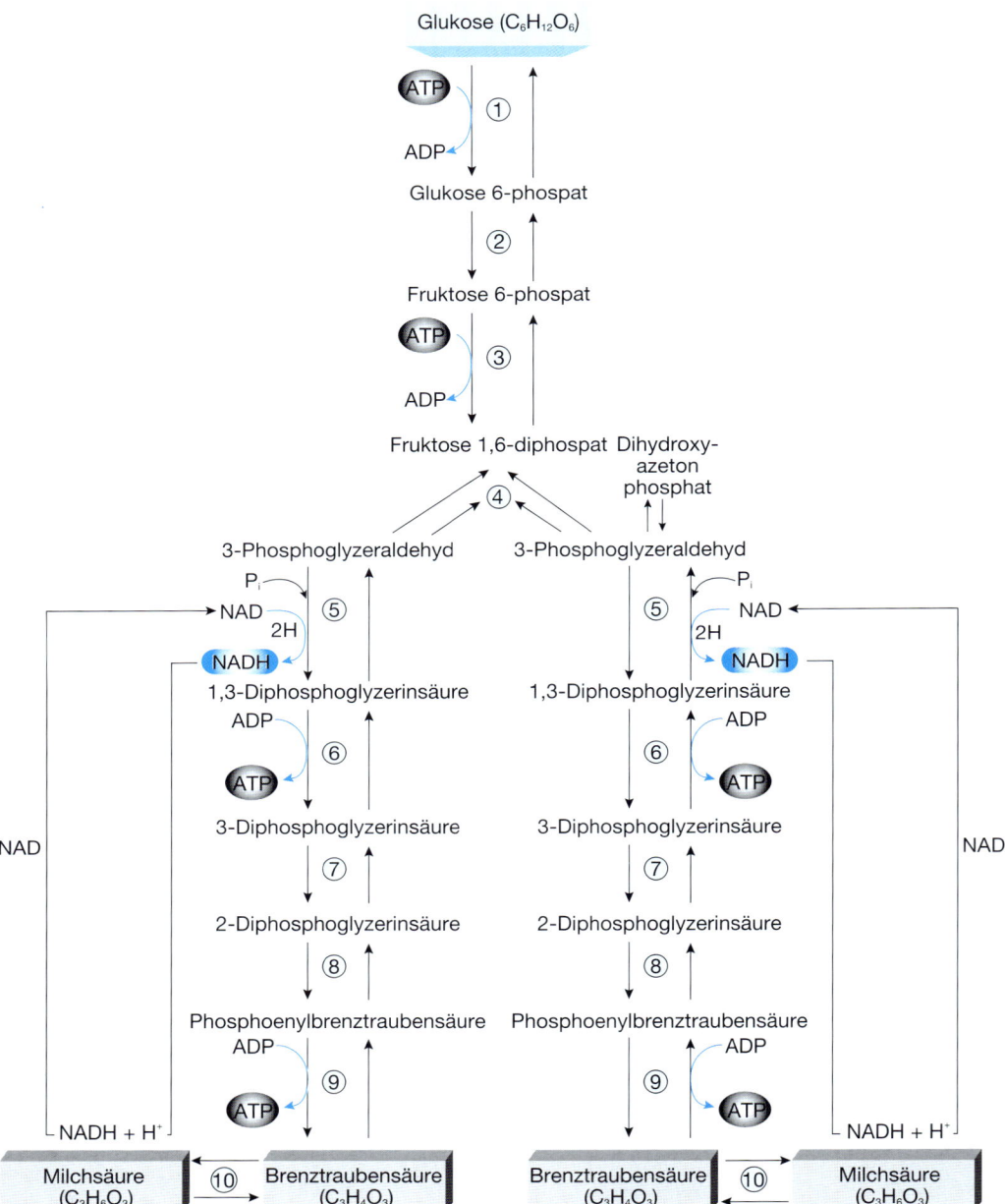

Abbildung F.1 **Die Glykolyse.** In der Glykolyse wird im Verlauf von 9 Einzelschritten ein Glukose-molekül in zwei Pyruvatmoleküle aufgespalten. Zusätzlich entstehen zwei NADH und vier ATP. Da zu Beginn der Glykolyse zwei ATP benötigt werden, ergibt sich ein Nettogewinn von 2 ATP. Bei in-adäquater Sauerstoffversorgung oder zu hohem Pyruvatnafall kann dieses (Schritt 10) in Laktat umgewandelt werden, hierdurch wird NAD regeneriert und die Fortführung der Energiegewinnung auf dem Wege der Glykolyse ermöglicht.

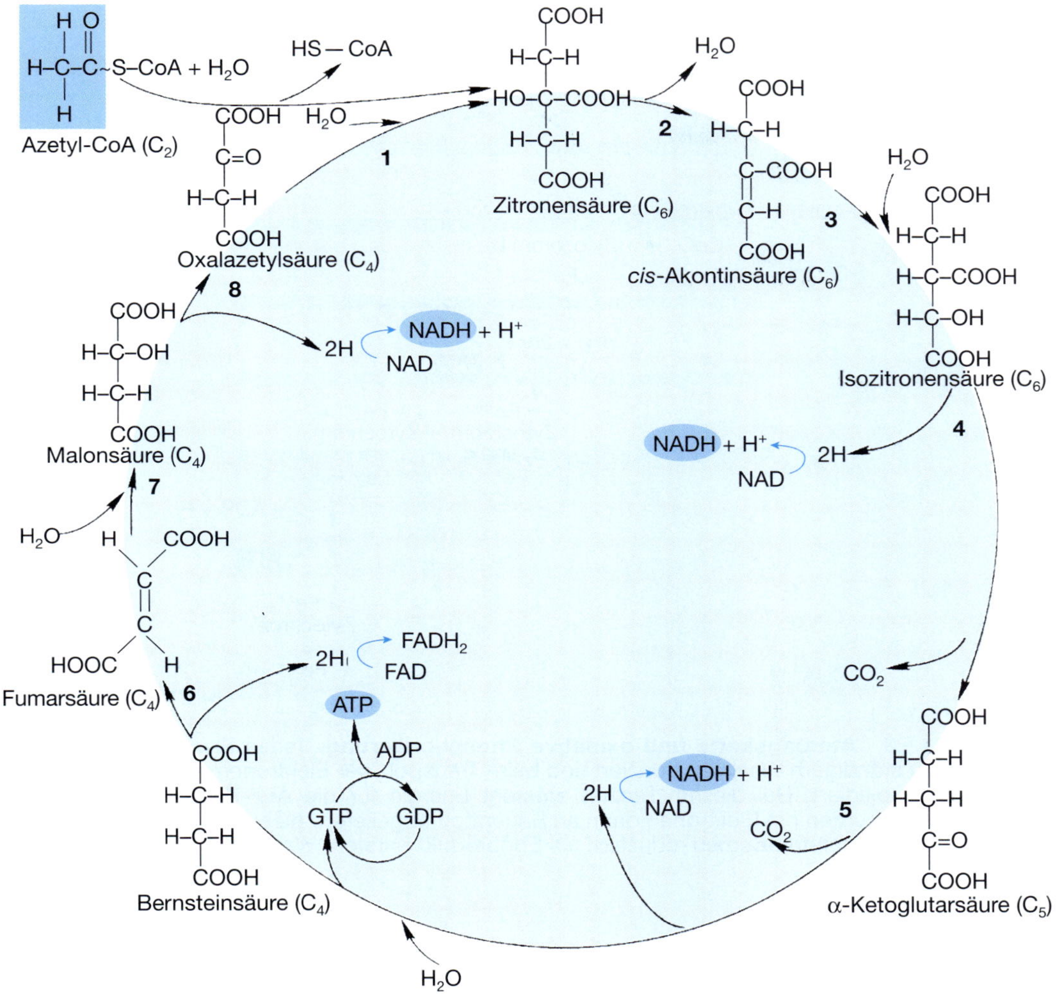

Abbildung F.2 Der Zitronensäurezyklus. Beim Eintritt in den Zitronensäurezyklus verbindet sich ein Azetyl CoA mit einer Oxalessigsäure zur Zitronensäure. In den verschiedenen Schritten des Zitronensäurezyklus werden von der Zitronensäure dann Wasserstoffionen und Elektronen an das NAD (Nikotin Adenin Dinukleotide) und das FAD (Flavin Adenin Dinukleotid) abgegeben und in die Atmungskette eingeschleust. Mit der dadurch gewonnenen Energie kann ATP gebildet werden. Nur kleine Mengen energiereicher Phosphate (Guanosin-Tri-Phosphat = GTP) entstehen direkt im Zitronensäurezyklus.

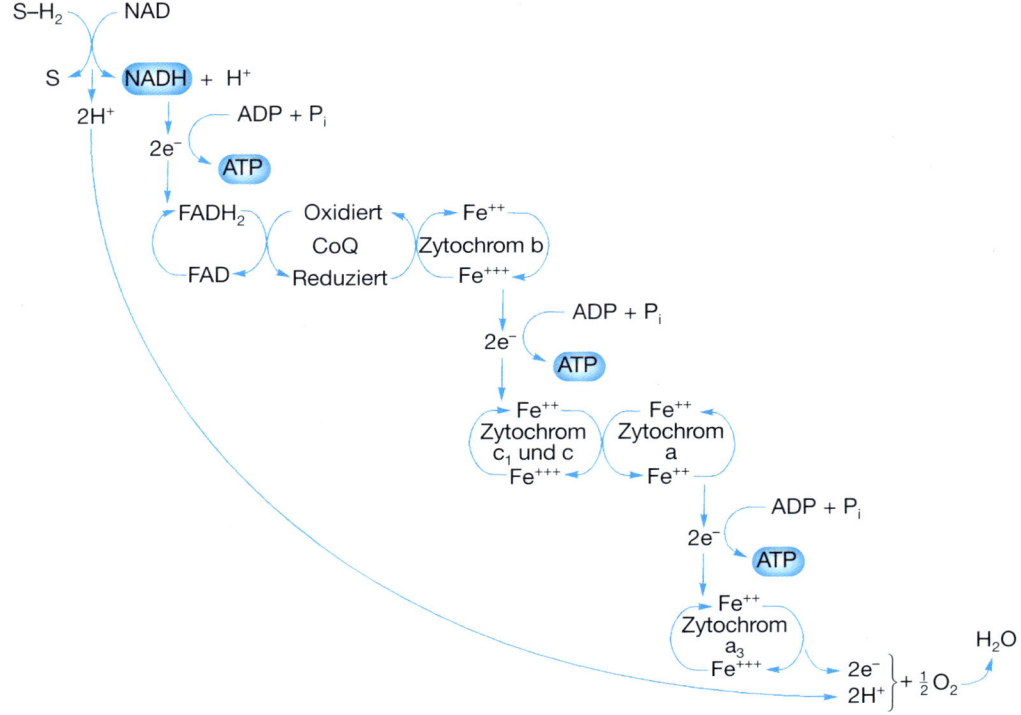

Abbildung F.3   Atmungskette und oxidative Phosphorilierung. Jedes Element der Atmungskette wird in ständigem Wechsel reduziert und beim Transport der Elektronen zur nächsten Station
dann wieder oxidiert. Bei diesem Prozeß entsteht Energie für die ATP-Bildung. Am Ende der
Atmungskette werden die Elektronen dann an Sauerstoff abgeliefert, dieser wird durch die Aufnahme von zwei Wasserstoffatomen reduziert, als Endprodukt entsteht Wasser (H_2O).

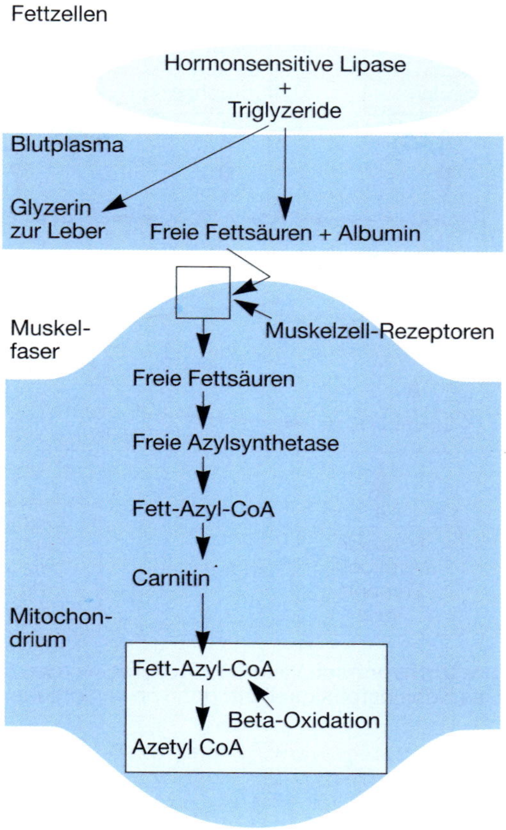

Fettzellen

Abbildung F.4   Energiestoffwechsel der Fette. Die Triglyzeride der Fettgewebe werden durch die hormonsensitive Lipase aufgespalten. Die hieraus entstehenden freien Fettsäuren werden an das Plasma abgegeben und binden sich dann dort an Albumin. Die zweite Komponente, das Glyzerin, wird auf dem Blutwege zur Leber transportiert und dort in den Stoffwechsel eingeschleust. Die freien Fettsäuren gelangen über die Blutbahn zur Muskelfaser, werden dort über einen wandständigen Rezeptor gebunden und in das Zellinnere gebracht. Dort werden sie unter der Aktivität eines Enzyms (Azyl CoA-Synthetase) in Fettazyl CoA umgewandelt. Dieser Komplex wird dann unter Nutzung der Trägerfunktion des Carnitins in die Mitochondrien eingeschleust. Dort werden die mit dem CoA verbundenen freien Fettsäuren dann im Rahmen der sogenannten *Betaoxidation* verbrannt, d.h. es werden jeweils Azetyl CoA-Einheiten abgespalten und in den Zitronensäurezyklus eingeschleust.

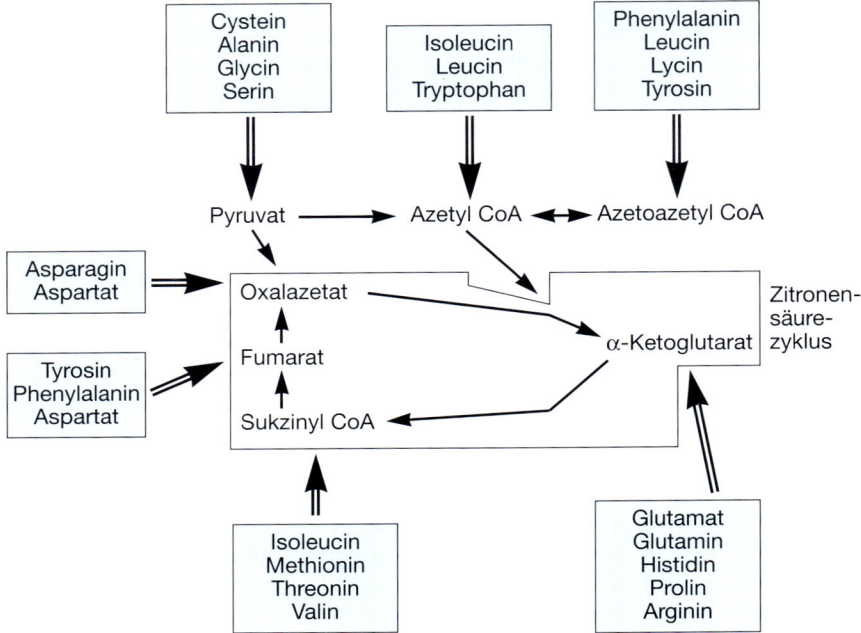

Abbildung F.5 Aminosäurestoffwechsel. Viele Aminosäuren werden *deaminiert*, d.h. die Amino-gruppe wird abgespalten. Das Kohlenstoffsketell tritt dann an verschiedenen Stellen in den Energie-stoffwechsel ein.

Sachwortverzeichnis

Sportanatomie des Bewegungsapparates

Fucci/Benigni/Fornasari
Sportanatomie des Bewegungsapparates
Atlas und erläuternder Text
1997. 116 Seiten, 249 Abb., 43 Tab., 50 Farbtafeln
Format 29.0 cm x 37.0 cm,
Hardcover
ISBN 3-86126-140-5

Deutsche Ausgabe herausgegeben von Horst Michna, Deutsche Sporthochschule Köln

Der Atlas erläutert detailliert die Anatomie des Menschen im Hinblick auf sportliches Training. Zahlreiche Abbildungen verdeutlichen eindrucksvoll die wesentlichen Inhalte. Die großformatige Ausführung erlaubt die optimale Darstellung der anatomischen Grundlagen, von Übungsbeispielen und erläuterndem Text. Durch den klaren didaktischen Aufbau, die verständliche Sprache und die zahlreichen instruktiven Abbildungen ist das Buch sowohl für Ärzte interessant, die Sportler betreuen, wie auch für Sport- und Bewegungstherapeuten, Sportlehrer, Trainer und Übungsleiter.

Die Autoren, renommierte Fachleute von der „Scuola dello Sport" in Rom, haben schon die dritte Auflage des bewährten Atlas veröffentlicht. Das ursprünglich in italienischer Sprache erschienene Werk liegt hiermit nun erstmals in Deutsch vor. Die Übersetzung wurde von Dr. Dr. Horst Michna von der Deutschen Sporthochschule Köln bearbeitet.

Ullstein Mosby GmbH & Co. KG
Mainzer Straße 75
65189 Wiesbaden

ULLSTEIN MOSBY